编委会

主　　　任	徐塞声　李华强
副　主　任	徐光煦　唐润明　周廷勇　曾　金
编辑小组成员	田　姝　黄亚丽　俞荣新　王润吉
	袁仁景　左　涛　刘承海　张雪艳
	曾向前　邱卫祥　王　筱　刘　静
	温长松

编辑说明

一、新中国成立后,重庆作为长江上游的工商重镇,在全国发展战略中处于重要地位。在党中央的正确领导与巨大关怀下,中共重庆市委、市人民政府不负中央期望,带领全市各族人民取得了革命、建设和改革开放的巨大成就。在此历史进程中,形成了大量珍贵的档案文献资料。这些档案文献,是历史的真实记录,是重庆各族人民团结、奋进的历史见证,是研究重庆发展进步的第一手材料,弥足珍贵。为了加强对重庆社会主义革命、建设和改革开放的研究和宣传,达到存史、资政、育人,服务全市中心工作的目的,中共重庆市委党史研究室、重庆市档案馆联合编辑出版《重庆市重要历史文献选编》多卷本文献集。

二、新中国成立后的发展与进步,并非一帆风顺,而是经历了艰难与曲折。档案作为历史的真实记录,也带有历史的烙印。为保持档案的原貌,维护历史的真实,本文献集对档案中的一些"时代用语"未作改动,需要读者加以理解与辨别。个别明显的错别字作了更改。

三、关于本文献集的一些技术处理,说明如下:

1. 因时间跨度较长,各个时期的文号不统一,有用〔〕、[ ]、【】、<>、( )者,现均统一为〔〕;

2. 本书标题一般尊重原文,但个别不符合出版规定的标题,由编者重新拟定,并用脚注加以说明;

3. 所辑档案,凡遇残缺、脱落、污损的字,经考证确认者,加□并在□内填写确认的字;无法确认者,则以□代之;错别字的校勘用〔 〕注明之;增补漏字用[ ]标明之;修正衍文用( )标明,内注明是衍文;改正颠倒字句也用( )标明,内注明是颠倒;整段删略者,以<略>标明;段内部分内容删节者,以<……>标明。

编者
2022年10月

目录 MULU

1	**第一编　重要会议**
3	**一、党代会**
3	中共重庆市顾问委员会向中国共产党重庆市第六次代表大会的工作报告（1988年5月）
6	抓住机遇　加快发展　为夺取重庆社会主义现代化建设新胜利而奋斗 ——在中国共产党重庆市第七次代表大会上的报告（1993年5月16日）／孙同川
18	中共重庆市顾问委员会向中国共产党重庆市第七次代表大会的工作报告（1993年5月）
20	中共重庆市纪律检查委员会向中国共产党重庆市第七次代表大会的工作报告（1993年5月）
29	**二、政府工作报告**
29	在重庆市第十一届人民代表大会第一次会议上的政府工作报告（1988年5月31日）／市长　肖　秧
44	在重庆市第十一届人民代表大会第二次会议上的政府工作报告（1989年4月20日）／市长　孙同川
55	在重庆市第十一届人民代表大会第三次会议上的政府工作报告（1990年3月11日）／市长　孙同川
67	在重庆市第十一届人民代表大会第四次会议上的政府工作报告（1991年3月6日）／市长　孙同川

80	在重庆市第十二届人民代表大会第一次会议上的政府工作报告(1993年5月31日)/市长　孙同川
93	在重庆市第十二届人民代表大会第二次会议上的政府工作报告(1994年4月11日)/市长　刘志忠
104	在重庆市第十二届人民代表大会第三次会议上的政府工作报告(1995年3月29日)/市长　刘志忠

114	**三、全委会**
114	坚决贯彻落实党的十三届三中全会精神　努力夺取我市改革和建设的新胜利 ——在市委六届二次全委(扩大)会议上的报告(1988年10月8日)/孙同川
123	在市委六届五次全委(扩大)会议闭幕时的讲话(1989年12月3日)/肖　秧
127	在市委六届八次全委(扩大)会和市农村工作会结束时的讲话(1991年12月19日)/肖　秧
131	在市委六届九次全委(扩大)会议结束时的讲话提纲(1992年)/肖　秧
133	在市委六届十次全委(扩大)会议上的讲话(1993年2月15日)/孙同川
143	认真学习贯彻党的十四届三中全会精神　加快我市改革开放和现代化建设步伐 ——在市委七届二次全委(扩大)会上的讲话(1994年1月6日)/孙同川
153	认真贯彻落实党的十四届四中全会精神　切实加强和改进党的建设 ——在市委七届三次全委(扩大)会议上的讲话(1994年10月18日)/孙同川
162	认清形势　统一思想　齐心协力做好今年各项工作 ——在市委七届四次全委(扩大)会议暨全市经济工作会议上的讲话(1995年1月9日)/孙同川
172	在市委七届五次全委(扩大)会闭幕时的讲话(1995年10月20日)/孙同川
182	统一思想,振奋精神,负重自强,团结奋进,全面开创我市工作新局面 ——在市委七届六次全委(扩大)会上的讲话(1996年1月22日)/张德邻
195	认真贯彻党的十四届六中全会精神　努力开创重庆社会主义精神文明建设的新局面 ——在市委七届七次全委(扩大)会议上的讲话(1996年10月25日)/张德邻
205	振奋精神　转变观念　理清思路　加快发展　努力把重庆工业经济搞上去 ——在市委七届八次全委(扩大)会议上的讲话(1996年12月30日)/张德邻

213	**第二编　重要文件**
215	重庆市人民政府关于1988年双增双节工作的意见(1988年2月9日)
218	重庆市人民政府关于整顿经济秩序的通知(1988年9月24日)
219	中共重庆市委　重庆市人民政府关于加强社会治安综合治理工作的决定(1989年10月13日)

221	重庆市人民政府颁发《关于加强政府法制工作,实施依法治市的意见》的通知(1989年10月29日)
224	中共重庆市委关于贯彻执行《中共中央关于进一步治理整顿和深化改革的决定》的意见(1989年12月20日)
231	重庆市人民政府关于进一步清理整顿乱收费乱摊派乱罚款的通知(1990年5月4日)
233	中共重庆市委 重庆市人民政府关于在全市公民中认真开展法制宣传教育的第二个五年规划的通知(1991年7月1日)
234	重庆市人民政府关于进一步加强全市经济协作工作的通知(1991年11月16日)
235	重庆市人民政府关于大力发展职业技术教育的决定(1991年11月29日)
238	中共重庆市委 重庆市人民政府关于加快改革开放、加速经济发展的若干意见(1992年4月27日)
241	重庆市人民政府关于加快商业设施和市场建设的通知(1992年5月20日)
242	中共重庆市委 重庆市人民政府关于大力推动科技进步加速重庆经济发展的决定(1992年8月25日)
248	中共重庆市委关于贯彻党的十四大精神的意见(1992年11月20日)
260	中共重庆市委 重庆市人民政府关于普通高等学校深化改革扩大办学自主权的意见(1993年2月4日)
261	中共重庆市委关于加强和改进宣传思想工作,更好地为经济建设和改革开放服务的实施意见(1993年4月12日)
266	中共重庆市委 重庆市人民政府关于贯彻实施《中国教育改革和发展纲要》的意见(1993年9月29日)
271	中共重庆市委关于认真学习和贯彻十四届三中全会精神的通知(1993年11月29日)
273	重庆市人民政府关于贯彻国务院和省政府加强政府法制工作决定的通知(1994年6月9日)
275	重庆市人民政府关于在市中区深化行政管理体制改革的通知(1994年7月30日)
276	重庆市人民政府关于城市教育综合改革的决定(1994年9月2日)
280	重庆市人民政府关于改革和发展职业教育的决定(1994年9月2日)
282	中共重庆市委 重庆市人民政府关于建立为教育办实事制度的通知(1994年9月8日)
283	中共重庆市委 重庆市人民政府关于完善教育管理体制若干问题的通知(1994年9月8日)
284	重庆市人民政府关于实行分税制财政管理体制的决定(1994年9月12日)
286	重庆市人民政府关于加强政府法制建设,继续推进依法治市的通知(1994年12月5日)
288	重庆市人民政府关于深化城镇住房制度改革的决定(1994年12月28日)
292	中共重庆市委 重庆市人民政府关于贯彻《中共中央、国务院关于加强科学技术普及工作的若干意见》的意见(1995年5月23日)

295	中共重庆市委关于贯彻《爱国主义教育实施纲要》的意见(1995年8月17日)
300	中共重庆市委　重庆市人民政府关于进一步下放权力加快区市县经济和社会发展的意见(试行)(1996年12月24日)

第三编　领导讲话

307	于汉卿同志在市粮食生产工作会议上的讲话(1988年1月7日)
310	切实抓紧全市工作的中心主题 　　——肖秧同志在全市贯彻十三届三中全会精神汇报交流会上的讲话(1988年10月25日)
316	肖秧同志在市治理、整顿、深化改革汇报会上的讲话要点(1988年12月5日)
318	全党动手大办农业　努力夺取明年农业丰收 　　——孙同川同志在市农村工作会议上的讲话(1988年12月30日)
327	孙同川同志在全市工业生产经验交流会上的讲话(1990年6月28日)
331	肖秧同志在市委廉政检查汇报会上的讲话(1991年3月25日)
333	孙同川同志在深化我市国合商业、物资批发企业改革汇报交流会上的讲话(1992年5月27日)
337	刘志忠同志在市农村工作会议结束时的讲话(1993年12月29日)
344	刘志忠同志在区市县综合改革工作会上的讲话(摘要)(1994年6月21日)
345	刘志忠同志在区市县长座谈会上的讲话(1994年7月7日)
347	孙同川同志在市委工作会议上的报告(1995年7月17日)
356	孙同川同志在全市区市县机构改革工作会议上的讲话(1995年10月18日)
359	认清形势,振奋精神,把握重点,狠抓落实,全力做好明年经济工作 　　——张德邻同志在市经济工作会议上的讲话(1995年12月27日)
369	蒲海清同志在市政府办公厅机关"弘扬红岩精神、争做合格公仆"动员大会上的讲话(摘要)(1996年11月6日)

第四编　重点专题

一、农村改革

375	重庆市人民政府关于加强我市农村商品生产基地建设的意见(1988年8月26日)
377	重庆市人民政府批转市计委、市经委、市财办、市农委《关于解决1989年农用生产资料的报告》的通知(1988年9月14日)
379	关于提请审议我市今年农业生产情况和明年农业生产安排意见的报告(1988年11月23日)

384	重庆市人民政府办公厅转发市农委《关于加强农业承包合同管理进一步完善承包责任制的意见》的通知(1989年1月15日)
385	重庆市人民政府关于深化改革,加速科技进步,推进农村经济发展的若干规定(1989年1月25日)
390	重庆市人民政府关于当前我市乡镇企业发展中几个政策问题的意见(1989年10月27日)
392	中共重庆市委 重庆市人民政府关于对1989年度发展乡镇企业成绩显著的区县以及县辖区予以表彰的决定(1990年2月19日)
392	中共重庆市委 重庆市人民政府关于稳定发展城镇集体经济的若干规定(1990年6月3日)
396	中共重庆市委 重庆市人民政府关于组织实施农业"三大工程"建设的意见(1990年9月10日)
399	重庆市人民政府关于扶持供销社发展搞活农村经济的通知(1990年12月6日)
400	重庆市人民政府关于1991年蔬菜产销工作的通知(1991年2月8日)
402	重庆市人民政府关于实施农业"丰收计划""科技示范乡""先导型技术承包"工作的意见的通知(1991年2月19日)
403	重庆市人民政府关于扶持乡镇企业发展的若干政策的通知(1991年3月11日)
406	重庆市人民政府关于依靠科技促进农业发展的通知(1991年3月25日)
410	重庆市人民政府关于继续坚持积极发展多种经营的通知(1991年4月10日)
412	中共重庆市委 重庆市人民政府关于加强城乡联合促进乡镇企业大发展的通知(1991年5月9日)
414	重庆市人民政府关于印发重庆市"菜篮子工程"八五总体规划的通知(1991年5月23日)
418	重庆市人民政府批转市教委《关于推进我市农村教育综合改革几个问题的请示》的通知(1991年7月5日)
422	重庆市人民政府关于大力搞好1992年农田水利基本建设的通知(1991年10月12日)
423	市农委关于开展农产品购销体制改革几点建议的报告(1991年11月29日)
425	中共重庆市委 重庆市人民政府关于深化粮食购销体制改革试点的通知(1992年10月26日)
427	中共重庆市委 重庆市人民政府关于加快小城镇建设试点问题的通知(1994年5月12日)
429	重庆市人民政府批转市农委《关于进一步完善土地承包和搞活土地经营使用权的报告》的通知(1994年9月14日)
431	中共重庆市委 重庆市人民政府关于进一步加强农民负担监督管理工作的通知(1996年5月2日)
433	中共重庆市委 重庆市人民政府贯彻中共中央国务院《关于深化供销合作社改革的决定》的意见(1996年11月28日)

二、对内对外开放

(一)对内开放

438 加强横向联合 发展区域经济
——在重庆经济协作区成立会议上开幕致词(1988年3月26日)/孙同川

440 重庆经济协作区成立会议纪要(1988年3月28日)

441 重庆市人民政府关于长江沿岸中心城市经济协调会第五次会议的情况报告(1990年5月8日)

443 中共重庆市委 重庆市人民政府转报《五省区七方经济协调会第八次会议关于几个问题的请示》的报告(1991年9月26日)

447 重庆市人民政府办公厅关于印发市代表团《关于五省区七方经济协调会第十一次会议情况的报告》和《五省区七方经济协调会第十一次会议纪要》的通知(1995年7月12日)

450 重庆市人民政府关于鼓励与上海等沿海城市经济联合协作的通知(1996年6月14日)

(二)对外开放

452 重庆市人民政府关于设立台商投资区的请示(1990年3月24日)

454 重庆市人民政府关于成立重庆经济技术开发区(台商投资区)管理委员会的通知(1990年4月28日)

454 关于报批《重庆经济技术开发区(台商投资区)起步阶段实施方案》的请示(1990年6月6日)

459 重庆市人民政府关于设立重庆市人民政府高新技术产业开发区办公室的通知(1990年6月26日)

459 重庆市人民政府关于申请批准重庆高新技术产业开发区的请示(1990年7月20日)

460 关于重庆经济技术开发区建设投资规模安排意见的报告(1990年7月27日)

461 重庆市人民政府关于重庆经济技术开发区(台商投资区)起步阶段所需资金的批复(1990年10月13日)

462 重庆市人民政府关于重庆经济技术开发区(台商投资区)若干问题的暂行规定(1990年10月13日)

462 重庆市人民政府关于加强利用外资工作的通知(1991年3月12日)

464 重庆市人民政府关于重庆高新技术产业开发区的区域范围和面积的请示(1991年4月19日)

465 重庆市人民政府关于贯彻国务院、省政府进一步改革和完善对外贸易体制若干问题决定的通知(1991年7月31日)

466 重庆市人民政府关于重庆高新技术产业开发区区域范围和面积的请示(1991年8月12日)

467 重庆市人民政府关于同意重庆高新技术产业开发区总体规划的批复(1991年9月2日)

468 重庆市人民政府关于进一步办好重庆高新技术产业开发区的报告(1991年10月9日)

468	重庆市人民政府关于重庆高新技术产业开发区推进综合改革试点的报告(1991年12月7日)
470	中共重庆市委 重庆市人民政府关于进一步扩大对外开放的若干实施意见(1992年7月14日)
475	重庆市贯彻沿江和内陆开放城市座谈会的情况汇报(1992年9月15日)
477	四川省人民政府关于建立重庆经济技术开发区的请示(1992年12月1日)
479	国务院关于设立重庆经济技术开发区的批复(1993年4月4日)
479	国务院关于三峡工程库区进一步对外开放问题的批复(1994年8月25日)
480	四川省人民政府关于重庆铁路口岸对外开放的复函(1996年1月25日)
481	重庆市人民政府关于重庆水港口岸对外国籍轮船开放的请示(1996年7月30日)

三、城市重点建设

483	重庆市人民政府关于保护民航重庆机场净空和各类设施安全的通告(1988年1月3日)
483	重庆珞璜电厂工程建设领导小组扩大会议纪要(1988年2月1日)
485	市重点公路建设领导小组第一次(扩大)会议纪要(1988年4月14日)
486	重庆机场建设领导小组工作会议纪要(1988年5月9日)
488	关于派员赴法国参加珞璜电厂工程协调会并顺访图卢兹市的请示(1988年5月26日)
488	关于同意重庆市政府派员赴法国的批复(1988年6月3日)
488	重庆市人民政府关于解决重庆珞璜电厂生产准备人员的请示(1988年6月17日)
489	市政府关于同意成立重庆市成渝公路工程招标办公室的批复(1988年7月11日)
489	关于成立华能珞璜电厂工程指挥部的通知(1988年8月11日)
490	请尽快拨给重庆机场建设投资的紧急报告(1988年8月18日)
490	重庆机场建设工作会议纪要(1988年8月26日)
492	市政府办公厅关于印发《重庆市电力建设领导小组扩大会议纪要》的通知(1988年8月29日)
494	关于同意成渝公路(重庆段)工程地方投资部分安排意见的复函(1988年11月5日)

四、党的建设

495	中共重庆市委批转市委组织部、市级机关党委《关于加强和改进市级机关党的工作的意见》的通知(1988年7月20日)
498	市委办公厅转发市委组织部《关于开展处置不合格党员试点工作的意见》的通知(1988年9月27日)
500	中共重庆市委批转市委组织部《关于在部分单位进行党员重新登记工作的意见》的通知(1990年3月5日)

503	中共重庆市委关于批转市纪委《关于目前我市机关党风和廉政建设要着重解决的几个问题的意见》的通知(1991年11月7日)
505	中共重庆市委批转市委组织部《关于加强党的组织工作,更好地为经济建设和改革开放服务的意见》的通知(1992年7月9日)
509	中共重庆市委批转市纪委《关于贯彻落实党中央近期反腐败斗争工作部署的实施意见》的通知(1993年8月31日)
511	中共重庆市委 重庆市人民政府关于县以上党政机关领导班子党风廉政建设责任制的规定(1993年9月17日)
513	中共重庆市委关于大力培养选拔优秀年轻干部的通知(1995年2月25日)
517	中共重庆市委关于加强农村基层组织建设的通知(1995年2月27日)
522	中共重庆市委关于加强和改进现代企业制度试点企业党建工作的意见(1995年12月8日)

第一编

重要会议

一、党代会

中共重庆市顾问委员会向中国共产党重庆市第六次代表大会的工作报告

(1988年5月)

现将重庆市顾问委员会5年来的工作,向大会报告,请予审议。

重庆市顾问委员会是1983年8月,在中国共产党重庆市第五次代表大会上产生的,有委员31人。

几年来,市顾委在组织上作了局部调整。1985年7月,在中共重庆市委五届六次全委(扩大)会上,有13位市顾委委员根根中央规定的顾委委员任职年龄界限,自动联名申请并经市委同意退出了市顾委,同时增选了8位委员,调整了市顾委正副主任。之后,又增补了市顾委委员3人,其中副主任1人;有2位同志离休。委员们的进入和退出,都是从党的事业出发,从改革的需要出发。老干部的这种行动,使领导干部的新老交替和领导班子年轻化加快了进程。此外,5年来,先后有2位委员病故。现有委员25人。

一

党的十二大通过的党章规定:"顾问委员会是同级党的委员会的政治上的助手和参谋","在同级党的委员会领导下进行工作"。5年来,市顾问委员会在市委的领导下,对党的方针、政策的制定和执行提出建议,接受咨询,协助市委调查处理某些重要问题,在党内外宣传党的重大方针、政策。承担市委委托的其他任务,参加各种社会活动,做了力所能及的工作,履行了市顾问委员会的职责。

(一)5年来,就执行方针、政策问题提出了建议。主要通过三种方式进行。一是市顾委主要负责同志列席市委常委会会议,市顾委委员列席市委全委会议,直接参与某些重大决策的讨论。二是定期集中学习和讨论方针、政策性问题。市顾委委员每月集中一次,结合市委的中心工作和改革实际,学习党的有关文件,请市有关部门的领导介绍党的建设、改革、开放及物质文明和精神文明建设的情况,联系实际进行讨论,提出改进工作的意见。三是根据市委对有关问题咨询的需要和结合委员们熟悉的工作、专长、志趣,对一些较大问题进行认真调查研究,提出集体或个人的建议。委员们对我市的经济体制改革、"七五"计划、年度计划和精神文明建设以及就搞好市带县、老干部工作、党风党纪、财经、外贸、教育等几十个问题提出了意见和建议。总的说来,这些意见和建议是符合四项基本原则和改革开放总方针的,对市委制定政策措施、处理问题,具有一定的参考作用。

(二)5年来,认真承办了市委和原单位委托的工作。主要的有:参与机构改革和经济体制改革工作。受市委的委托,市顾委有6位委员分别担任了部分区县的机构改革工作组组长,率工作组去那里协助当地区县委进行了机构改革。有的同志承担了体改的具体任务,在两年多的时间里,全力投入了改革开放工作。其他委员对改革、开放也非常关心,经常提出建议,供领导参考。参加整党工作。在整党期间,有的委员担任了市委整党指导小组的顾问或成员。受市委整党指导小组的委派,市顾委有12位委员分别担任了市级各大口和大专院校的整党联络员和市委核查"三种人"领导小组成员。有的委员受省委整党指导小组的委派,还担任了其他地区的整党联络员。此外,根据市委的安排和委托,市顾委有的委员参加了党风大检查、干部考核、物价检查和"四职"教育工作;有的委员主持完成了市委提出的调查课题,写出了多篇调查报告;有的委员代表市委、市[政]府出席了一些全国和地区性的重要会议和大型纪念活动。许多委员还承办了所在单位委托的工作。委员们对这些工作都很热心,乐于接受,并尽心尽力地完成任务。

(三)5年来,广泛参加了社会活动,宣传了党的方针、政策。

1.做思想政治教育工作。为了继承和发扬党的革命光荣传统,在"一二·九"学生运动50周年之际,以市顾委的名义,主持召开了全市性的纪念会议。在纪念董必武同志诞辰100周年、"三三一"惨案60周年、周总理诞辰90周年、《新华日报》创刊50周年等活动及建造烈士陵园和烈士塑像的工作中,市顾委的委员们积极参加,做了一些工作。许多委员还去党校和其他学校及本单位作报告,宣传党的方针政策,讲党的光荣革命传统,对广大群众进行思想政治教育,收到了良好的效果。

2.参加各种协会、学会、研究会的工作和活动。据不完全统计,市顾委的委员们分别参加了10多种协会、学会和研究会。如:重庆经济发展战略研究会、计划学会、政治思想研究会、体改研究会、老龄问题委员会、老年高等教育工作者协会、党史研究会、家庭教育研究会等等。委员们在这些组织中担任了领导职务或名誉职务,对其工作的开展起了积极作用。

3.应邀参加市级有关部门和企事业单位的重要会议。重大节假日期间,参加慰问部队和坚守岗位的一线职工,宣传党的政策,带去党的关怀和问候。

(四)5年来,编写了党史、革命回忆录和其他学术著作。市顾委有6位委员担任市委党史工委顾问,积极支持党史研究工作。有一位委员兼任党史工委主任,以其主要精力抓了党史工作。委员们除认真负责地为各有关党史部门提供历史资料外,还积极撰写文章。有的委员参加了组织编写川东地下党、南方局、冀鲁豫边区和晋绥地区党史。许多委员写了革命回忆录,参与了编写有关地方志、厂史、校史、产业史、组织史等工作。有的委员还翻译出版了10多万字的学术著作。据不完全统计,到目前为止,委员们撰写了近50万字的纪念、回忆文章及党史资料,已出版的约30万字。这些工作都是十分有意义的,为后人留下了宝贵的财富。

(五)进行了整党。遵照中央关于整党决定的要求和市委的部署,市顾委于1984年上半年进行了整党。在整党过程中,委员们围绕着重解决贯彻执行党的路线、方针、政策中存在的问题,彻底否定"文化大革命",清理"左"的错误影响等问题,认真学习整党文件,进行对照检查,严于解剖自己,勇于批评与自我批评。大家在发言中回顾历史,总结正反两方面的经验,用自己的亲身经历和切身体会,深刻地批判了50年代后期以来,特别是"文革"中出现的"左"的错误,清理了"左"的影响。通过这次整党,大家受到了一次马克思主义的深刻教育,加深了对党的十一届三中全会路线的理解,坚定了执行这条正确路线的决心和改革必胜的信念,增强了党性,保持了思想作风的纯洁性。因此,市顾委的全体同志在改革、开放、搞活中,都经受了新的考验。

(六)5年来,热情接待了全国省、市顾委来渝参观、访问的老同志共129批、625人次,尽力为他们提供了方便。相互交流了情况,传递了信息,促进了工作。

二

市顾委的工作是在没有经验的情况下摸索前进的,因此,5年来,市顾委的工作在取得了一定成绩的同时,也还存在着一些不足的地方。在发挥全体市顾委委员的作用,通过有组织、有计划的调查研究、系统地提出建议等方面,都还做得不够。我们体会到,要做好市顾委的工作,必须注意下列几点:

(一)坚持在市委领导下进行工作。市顾委成立初期制定的《中共重庆市顾问委员会关于当前工作任务和工作方法的暂行规定》指出:"市顾问委员会在市委领导下进行工作,是市委政治上的助手和参谋,政治上必须和中央保持一致,维护党的团结和统一","并注意不要妨碍市委的工作"。在以后的工作中,市顾委严格遵循这些原则,紧密围绕市委的统一部署安排工作,重要事情及时向市委请示汇报,有重要情况和建议及时向市委反映,供市委参考。委员们在活动中,都注意不妨碍市委的工作,也不干扰所在单位领导的工作,真心诚意地支持和协助市委工作,认真负责地做好市委交办的事情。因此,5年来,市顾委较好地发挥了助手和参谋作用。

(二)坚持实行顾问委员会的工作方针。党中央和邓小平同志给顾问委员会规定了"宜少不宜多,宜虚不宜实""量力而行,尽力而为"的工作方针。实践证明,这个方针是正确的,切实可行的。顾委委员们过去在革命和建设中积累了经验,也有为党多做贡献的强烈愿望。同时,他们在实际工作中确也起到了应有的作用。但委员们毕竟年事日高,健康状况各有不同,做工作应把"量力而行,尽力而为"统一起来,做力所能及的事,不能负担过重,影响健康。同时,顾问委员会是个过渡性组织,处在顾问地位,应当超脱些。除受委托之外,注意做拾遗补阙的工作,坚持"宜少不宜多,宜虚不宜实"的原则,正如陈云同志所说,"多做就是少做,少做就是多做",处理好这个辩证关系,就既能发挥作用,又能安度晚年,做更多的贡献。在过去的5年中,我们注意贯彻了这一方针。今后还可力求做得更好一些。

(三)注意理论政策学习和调查研究。委员们对学习十分重视,经常自觉学习马列主义、毛泽东思想,学习党的十一届三中全会以来的重要文件和中央主要领导同志的重要讲话。市顾委也把学习作为一项重要任务来抓,一开始就建立了学习制度,尽量为大家学习提供方便,做到委员们学习文件随到随看。对上级的重要指示和文件,以召开学习会的方式,集中传达讨论。市顾委成立初期,组织委员们认真学习讨论了党的十二大通过的报告和党章。1987年2月,《中共中央关于当前反对资产阶级自由化若干问题的通知》的文件下达后,市顾委及时组织委员们进行了学习。党的十三大召开后,市顾委先后三次组织全体委员学习了大会文件,第三次集中学习时间长达10天。在学习中,提倡理论联系实际。通过学习,大家对文件精神,特别是对社会主义初级阶段的理论和"一个中心,两个基本点"以及国情、市情等问题有了较为深刻的理解,进一步提高了执行党的基本路线的自觉性。

委员们还比较注重向实践学习,向群众学习。几年来,市顾委曾分期分批组织委员们去工厂、农村、重点建设工地参观、考察,去沿海开放城市等地学习新鲜经验,到革命老根据地去了解那里的建设成就。一些委员还结合自己熟悉的工作和专长,经常到原单位或其他基层单位调查研究,了解和反映那里的问题,尽力为基层创造解决问题的条件。同志们通过这些活动,进一步开阔了眼界,增长了知识,从建设和改革、开放的群众实践中摄取了营养,了解了新情况、新经验,有助于进一步解放思想,理解党的方针政策和在大的方面向市委提出建议。

(四)注意关心委员们的生活。市顾委委员们在生活上以身作则,严格要求自己,自觉遵守《准则》。但这些同志已进入老年,体力和活动能力下降。生活上需要更多的关心和照顾。

我市顾委委员住地分散,他们的生活主要靠原所在单位照顾。据了解,这些单位在政治上、生活上做了大量工作。市顾委在积极配合委员们原所在单位做好工作的同时,加强同委员们的联系,派同志到住地看望他们,对生病的同志进行慰问,带去组织的关怀和温暖。

三

今后的工作,就是在党的十三大精神的指引下,完成历史赋予顾问委员会的使命。建议新一届市顾问委员会抓好以下几方面的工作。

深入学习贯彻党的十三大精神。党的十三大系统地阐述了社会主义初级阶段的理论,制定了社会主义初级阶段的基本路线、指导方针和发展战略。大会通过的政治报告,是指导全面改革和社会主义现代化建设的纲领性文件。因此,要进一步深入学习党的十三大文件,认真贯彻党的十三大精神,推进市委各项工作的开展。无论是调查研究、总结经验、反映情况、提出建议以及接受咨询、完成委托的任务,都要全面贯彻党的基本路线的精神,以经济建设为中心,坚持四项基本原则,坚持改革开放的总方针,关心和支持改革开放,为改革、开放和两个文明建设出力。

进一步当好市委政治上的助手和参谋。中共重庆市第六次代表大会的召开,将推动全市贯彻落实党的十三大精神,深化和加快改革。新一届市顾委要认真贯彻这次大会的精神,在第六届市委的领导下积极工作,继续接受并完成市委委托的任务,一如既往地尊重市委的领导,努力当好市委政治上的助手和参谋,满腔热情地支持市委和各级新的领导班子的工作,使我党和衷共济,团结一致,为贯彻党的十三大提出的路线、方针、政策共同奋斗。

继续坚持顾问委员会的工作方针。在这个方针指导下,首要的是持久地抓好学习。每个老同志都要真正做到活到老,学到老,并且要理论联系实际,紧密结合当前的政治经济社会文化实践进行学习,思考一些重要问题。同时本着"量力而行,尽力而为"的原则,广泛进行调查研究,积极参加各种有意义的社会活动,深入基层,接触群众,一方面总结他们的实践经验和倾听他们的反映,一方面进行党的优良传统教育和宣传党的重大方针政策。

积极为加强党的建设贡献力量。顾委委员都是经过党内生活四五十年锻炼的老党员,向来重视党的建设,在当前改革开放的新形势下,更加关心党的建设,反对以权谋私、严重官僚主义和腐败现象,拥护十三大提出的从严治党。市顾委首先要加强自身建设,委员们一定要清正廉洁,保持革命晚节,处处以身作则,成为端正党风、维护党纪的模范,以自己的行动和表率作用,使党的好传统好作风发扬光大。同时,要坚决同背离党章、败坏党风、违反党纪的行为作斗争。还要注意发现在改革、开放中涌现出来的优秀党员干部,荐举到党的重要岗位。总之,市顾问委员会要继续为完成党章规定的任务,为祖国的"四化"大业而努力工作,做出自己应有的贡献。

抓住机遇　加快发展　为夺取重庆社会主义现代化建设新胜利而奋斗

——在中国共产党重庆市第七次代表大会上的报告

孙同川

(1993年5月16日)

同志们:

中国共产党重庆市第七次代表大会召开了。现在,我代表中共重庆市第六届委员会向大会作报告。

这次大会的主要任务是:进一步贯彻党的十四大精神,总结中共重庆市第六次代表大会以来的工作,选举产生中共重庆市第七届委员会和中共重庆市纪律检查委员会,确定今后一个时期的战略任务和奋斗目标,动员全体共产党员和全市人民,在邓小平同志建设有中国特色社会主义理论和党的基本路线指引下,进一步解放思想,抓住机遇,加快改革开放,加速经济发展,增强综合实力,为夺取我市社会主义现代化建设新胜利而奋斗。

一、过去五年的回顾和总结

中共重庆市第六次代表大会召开以来,在党中央和省委的正确领导下,我们胜利完成了全市国民经济和社会发展第七个五年计划,"八五"计划正在顺利实施,提前实现了国民生产总值翻一番的战略目标。尤其是去年以来,我们认真贯彻邓小平同志视察南方的重要谈话和党的十四大精神,我市的改革开放和现代化建设事业进入了一个蓬勃发展的新阶段。

过去的5年,是全市人民解放思想、团结奋斗、积极投身建设有中国特色社会主义伟大实践的5年,是我市经济总量增长较大、人民群众生活继续得到改善、改革开放和现代化建设事业取得全面进展的5年。5年的基本实践集中到一点,就是坚定不移地贯彻执行党的"一个中心,两个基本点"的基本路线,坚定不移地走建设有中国特色社会主义的道路。

(一)集中精力抓好经济建设,为加速发展奠定了物质技术基础

这5年中,尽管我们经历了国内政治风波、国际风云变幻和连续几年的严重自然灾害,市委始终坚持党的基本路线,以经济建设为中心不动摇,加强对全市经济工作的领导,对关系重庆经济发展全局的重大问题及时作出决策。1988年,在中央实施沿海经济发展战略的推动下,市委坚持扬长避短、发挥优势、积极发展外向型经济的方针,在新的层次上打开了重庆对外开放的局面。市委根据中央在治理中深化改革、在整顿中发展经济的精神和部署,提出了重庆市国民经济和社会发展十年规划及"八五"计划的建议;制定和实施了以转换国有大中型企业经营机制为重点的若干措施;作出了加强农业和农村工作的一系列决定。1992年,市委抓住中央将重庆列为沿江开放城市的机遇,作出了进一步扩大开放的决定,提出了力争90年代我市国民经济发展再上新台阶的奋斗目标。实践证明,这些决策是符合重庆实际的,是正确的、行之有效的。

在经济工作中,市委突出抓了调整结构、提高效益这个重点,使我市产业结构进一步改善,经济效益得到提高。实施农业"三大工程",大力推行"科技兴农",积极调整农村产业结构,进行广度和深度开发,促进了农业向高产优质高效转化,向农工商综合经营转化,向市场经济转化。乡镇企业出现了高速发展的势头,成为我市经济的一大支柱。企业技术改造使我市工业内部结构得到改善,军转民成效显著,逐步形成了具有重庆特点的优势产业和汽车、摩托车等一批附加值高、带动面大、竞争力较强的拳头产品,开发了一批高新技术产品,为加快高新技术产业化进程奠定了基础。第三产业坚持国家、集体、个人一起上的方针,发展较快,超过了第一、二产业的增长速度。

在结构调整中,市委始终把加强基础工业和基础设施建设放在重要的战略地位。5年来,完成了江北机场、国道210红双段、珞璜电厂、100万吨铁系统和150万吨钢系统工程、10万门程控电话等重大项目,重庆港客运设施、长江二桥、地下轻轨交通等一批大型市政建设项目和商业设施也开始动工,城市基础设施逐步改观。

经过全市人民的共同努力,我市综合经济实力明显增强。1992年全市国民生产总值达到274亿元,比1987年增长44.4%;国民收入完成217亿元,增长33.2%;工农业总产值达到560亿元,增长60.6%;地方财政收入逐年增加,1992年完成31.5亿元。

(二)坚定不移地推进改革开放,为建立社会主义市场经济体制创造了条件

5年来,市委坚定不移地推进改革,扩大开放。在农村,通过恢复地区性合作经济组织,推行"两田制",大力发展乡镇企业,增强集体经济实力,逐步放开农副产品价格,建立健全农村社会化服务体系,进一步稳定完善了家庭联产承包责任制和统分结合的双层经营体制,有力地促进了农村生产力的发展。

我市率先在企业试行税利分流、税后还贷、税后承包,进一步调整和规范了国家与企业的分配关系;国合商业"四放开"改革,开创了流通领域改革的新局面,引起了全国的关注;国有工交企业"五自主"改革,为落实企业自主权,转换企业经营机制积累了经验;股份制试点对理顺企业产权关系作了有益的探索;对破产企业的处置,为运用法律手段实现生产要素的重新组合提供了借鉴。

按照组织大流通、培育大市场的思路,加强了市场体系的建设。商品市场特别是生产资料市场有了较大发展,建立了汽车、建材、金属材料等专业市场,一个专业与综合相结合、现货与中长期合约交易相结合的区域性生产资料市场网络开始形成。金融、劳务、技术、信息等各类生产要素市场加快了建设步伐。土地使用制度和住房制度改革逐步推进,房地产市场迅速发展。价格改革取得重大进展,以市场决定价格的价格形成机制正在建立。

政府职能开始转换,宏观管理有所改善。市向区(市)县,政府向企业放权的范围扩大。党政机关认真开展了清理思想、清理规章、清理财务的"三清理",废

止和修改了一批不利于企业走向市场的文件和规章。政府按照宏观管好、微观放开的原则，推进了计划、投资、财政、外贸、工商行政管理等方面的改革，制订了若干促进市场健康发展的政策、法规，加强了对市场的调控和管理。一些区（市）县已开始机构改革试点。

在深化改革的同时，对外开放开创了新的局面。全市对外开放的总体布局进一步明确，政策更加配套，投资环境有了明显改善。利用外资的领域不断拓宽，金额迅速增长，外商投资项目大幅度增加。外贸出口持续增长，出口领域向多元化发展，出口商品结构有了改善。海外投资、对外工程承包和劳务输出也有较大发展。重庆经济技术开发区和高新技术产业开发区发挥了对外开放的"窗口"作用和科技进步的先导作用。

（三）坚持为人民谋利益，人民生活水平进一步提高

在加快经济发展的同时，不断改善人民生活，切实加强了城乡住房建设、公用设施改造、治理环境污染和农村抗灾救灾、扶贫开发等工作。经过5年努力，城市人均住房面积由4.4平方米增加到5.4平方米，农村人均居住面积达到28.5平方米，增加了61.7%。城镇自来水供应能力和农村的饮水条件进一步改善。绿化美化和环境保护工作有新的进展，创建卫生城镇的工作取得新的成效。"菜篮子"工程建设成效明显，蔬菜供应基本做到淡季不淡，食品市场供应充足。在抗灾救灾工作中，全市筹集数千万元资金和大批物资，帮助灾区人民战胜了自然灾害带来的困难。扶贫工作由生活救济转向开发性扶贫，并向异地开发拓展，累计脱贫达35个乡10多万户。

随着经济的发展，城乡居民的实际收入增加。1992年与1987年比较，城镇居民人均生活费收入由1030元增加到2036元，农村人均纯收入由475元增加到773元，城乡居民储蓄余额由32亿元增加到111亿元。

（四）认真贯彻"两手抓"的方针，为改革和建设提供了有力保障

市委在指导思想和实际工作中始终坚持两个文明一起抓的方针，制定并实施了精神文明建设五年规划，围绕党的基本路线，全市普遍开展了社会主义初级阶段理论学习和坚持社会主义道路、坚持共产党领导的教育。在企业进行了基本国情、基本路线的教育。在农村集中时间、集中力量普遍进行了社会主义思想教育。结合学习贯彻邓小平同志视察南方的重要谈话精神，在全市党员、干部中开展了进一步解放思想和"我看社会主义市场经济"的大讨论。宣传舆论工作以"团结、稳定、鼓劲"为基调，坚持正面教育为主，发挥了正确的舆论导向。理论研究面向实际，拓宽视野，坚持为经济建设和改革开放服务收到明显成效。一手抓繁荣，一手抓扫黄，新闻出版、广播电视、文学艺术事业有了新的进展，文化市场呈现出多元化的健康发展趋势。深入开展思想政治教育和群众性的精神文明建设活动，促进了社会风气的好转。各行各业的职业道德建设逐步走向规范化。农村开展的双文明户、五好家庭户、遵纪守法户活动已成为精神文明建设进村入户的有效形式。教育事业在改革中增强了发展的活力，基础教育、职业技术教育、成人教育和高等教育取得重要进展。卫生、体育事业不断发展。计划生育在控制人口数量和提高人口质量方面成绩显著。"科技兴渝"战略的实施，促进了科技与经济的有效结合，加快了全市科技进步的步伐。

社会主义民主和法制建设得到加强。市委加强和改善对人大工作的领导，支持人大依法行使各项职权，发挥了地方权力机关的作用。共产党领导的多党合作和政治协商制度进一步完善，市里重大事项的决策，努力做到协商于决策之前，监督于决策执行之中，进一步发挥了政协、各民主党派和工商联的作用；加强了民族、宗教、侨务和对台工作，巩固和发展了爱国统一战线。全市军民共同努力，"双拥"提高到新的水平，军政、军民团结进一步加强。国防教育和民兵工作取得新的成绩。全市坚持不懈地开展社会治安综合治理，坚持"严打"方针，开展"反盗窃"和打击经济领域的犯罪活动等专项斗争，有效地打击了各类犯罪活动，维护了社会稳定。公安政法干警、驻渝部队、武警部队为维护和巩固重庆安定团结的政治局面，作出了新的贡献。

(五)切实加强党的建设,增强了党组织的凝聚力和战斗力

市委贯彻党中央关于加强党的建设的一系列重大决策,大力加强了党的思想建设、组织建设和作风建设。市委以建设有中国特色社会主义理论为指导,开展了党的基本路线、基本知识和基本理论的学习教育,领导全市各级党组织投身于经济建设主战场,在改革开放的实践中,较好地发挥了领导核心作用。

顺利完成了区(市)县领导班子两次换届选举,调整和充实了市级各部门领导班子,一批符合干部"四化"方针、德才兼备的中青年骨干,走上了各级领导岗位。各级党政机关和企事业单位有组织、有计划地下派了近千名中青年干部到基层挂职锻炼,拓宽了后备干部队伍的渠道。各级党组织坚持了民主评议党员的制度,市级机关进行了党员重新登记。县以上党政领导班子开展了"团结、学习、勤政、廉洁"四好活动,思想和作风有了好的转变。全市广大共产党员和党的基层组织,发挥了战斗堡垒作用和先锋模范作用,涌现出一大批先进党组织、优秀共产党员和党务工作者。在全市评出的劳动模范、先进工作者中,党员占80%以上。吸收了6万多名新党员,为党组织输入了新鲜血液。

市委坚持不懈地抓党风廉政建设,坚持同腐败现象作斗争。制定了一系列加强党风廉政建设的规定和措施,坚持每年在全市开展党风廉政大检查和专项清理检查,在纠正行业不正之风、清理党员领导干部用公款送子女上学和违法违纪建私房、治理"三乱"、解决农民负担过重等方面做了大量工作。严肃查处了一批违纪违法案件,尤其是抓了大案要案的查处,维护了党纪的严肃性和党员队伍的纯洁性,进一步密切了党同人民群众的联系。

同志们!5年来我们所取得的成绩是令人振奋的。5年实践给我们最深的体会是:无论在任何情况下,必须坚持四项基本原则,加强和改善党的领导,始终不渝地贯彻执行党的基本路线;必须牢记"发展才是硬道理",大力增强我市的综合经济实力;必须解放思想,开拓创新,始终把改革开放作为推动重庆现代化建设的强大动力;必须坚持为人民谋利益,一切为了群众,一切依靠群众;必须始终坚持两手抓的方针,巩固和发展安定团结的政治局面。5年来我们取得的成绩,是党中央和省委正确领导的结果,是市委带领全体党员和广大群众艰苦奋斗、开拓创新的结果,是人民解放军、武警驻渝部队大力支持的结果。我代表中共重庆市委,向全市各级党政组织、广大共产党员、各民主党派、各界人士,向解放军驻渝部队广大指战员、武警官兵、公安干警,向全市人民表示衷心的感谢,并致以崇高的敬意!

5年来,虽然我们取得了很大的成绩,但在前进的道路上还面临许多困难和问题,工作中还存在不少差距。我们对建设有中国特色社会主义理论的学习不够,理解不深,思想还不够解放,受计划经济模式的影响还较深;经济结构不尽合理,大中型企业缺乏活力,经济总体效益不高的问题仍然比较突出;城乡基础设施不适应经济社会发展的需要,交通、通信不畅等问题未根本好转;科技、人才优势还没有充分有效地发挥出来;纠正党内不正之风和反腐败的工作有待进一步加强;精神文明建设和民主法制建设还存在一些薄弱环节;农民负担过重、行业不正之风、政令不畅以及社会治安方面存在的问题,基层和群众反应还比较强烈。这些都需要我们在今后的工作中认真对待,努力解决。

二、认清形势,解放思想,确立我市经济社会发展的战略目标

90年代,我国的社会主义现代化建设进入了一个崭新的历史阶段。我们必须牢牢把握机遇,动员全市共产党员和人民群众继续以经济建设为中心,促进经济建设既快又好地发展,夺取我市现代化建设事业的更大胜利。

(一)把握全局,增强紧迫感、使命感和责任感

当前国际国内形势的发展,为我们提供了加快发展的机遇,同时又面临严峻的挑战。从国际上看,国际形势发生了重大变化,和平与发展是当今世界的两大主题。世界各国都在集中力量,增强以经济科技为基础的综合国力,经济、科技和人才的竞争越来越激烈。从国内来看,邓小平同志视察南方重要谈话的发

表和党的十四大以后,全国各地都在抢抓机遇,加快发展,尤其是沿海地区发展更为迅猛。当前我们还面临恢复关贸总协定缔约国地位的机遇和挑战。"复关"可以加速我们同世界经济接轨,更直接、更深入地参与国际分工,更多更好地利用国内外两个市场、两种资源,但又使我们面对强劲的竞争对手。我们必须主动迎接挑战,尽可能使重庆经济发展得快一些。这是一个刻不容缓、关系全局的重大政治问题。

从我市的现状看,通过80年代,特别是"七五"以来的改革和建设,加快经济社会发展已经具备了一定的优势和条件。同时,近年来中央先后决定重庆为老工业基地改造城市、经济体制和科技体制综合改革试点城市、沿江开放城市,并批准重庆高新技术开发区、经济技术开发区为国家级开发区,以及国家兴建三峡工程,时代把这六大机遇推到了我们面前,全市人民对此寄予厚望。我们决不能辜负党中央和全市人民的期望,要有时代的紧迫感,抓住机遇;要有历史的责任感,珍惜机遇;要有科学的态度,用好机遇,加快我市经济社会发展。

(二)解放思想,更新观念,大胆开拓进取

抓住时机,加快经济社会发展,必须解放思想,实事求是,坚持"一个中心,两个基本点",以邓小平同志提出的"三个有利于"为标准,大胆实践,不断创新。针对当前的思想实际,必须冲破陈旧传统观念的束缚,切实转变观念,换脑筋。

要摆脱姓"社"姓"资"抽象争论的束缚,树立大胆吸收人类社会一切文明成果的新观念。当前影响我们思想不够解放的重要问题,就是对当代资本主义和社会主义缺乏全面、正确的认识,束缚了人们的思想,阻碍了社会生产力的发展。社会主义要赢得同资本主义相比较的优势,就是要敢于吸收和借鉴世界各国,包括资本主义发达国家的先进科学技术以及反映现代社会化生产的先进经营方式、管理方法,要善于利用国外的资金、资源,来发展壮大自己。

要进一步摆脱传统计划经济思想的束缚,树立适应社会主义市场经济发展的新观念。由于我市国有大中型企业多,受计划经济体制的影响也较深,加之地处内陆,长期以来形成了适应计划经济体制模式的思维方式和管理方式,与建立社会主义市场经济的要求极不适应。在工作中突出地表现为,习惯于按指令办事,唯书唯上,照抄照搬,脱离重庆实际,部门利益第一,不能用好、用活、用足政策。我们必须下大功夫进一步解放思想,转变观念,摒弃在高度集中的计划经济体制下形成的旧的传统观念,树立自主、开放、效率、平等竞争、优胜劣汰等观念,努力掌握社会主义市场经济规律,创造出高于资本主义的效率和效益,使社会主义的优越性得以充分发挥。

要正确处理好发展公有制经济和非公有制经济的关系,树立多种经济成分长期共存、共同发展的新观念。公有制经济是社会主义经济的主体,要坚持更好更快地发展。改革开放以来,我们在公有制为主的基础上,允许和鼓励多种经济成分共同发展,较好地适应了我国目前生产力水平的状况,促进了生产力的发展。我市的实践证明,个体经济、私营经济和外资经济是对社会主义经济的有益补充。它们在发展生产力,扩大社会就业,改善人民生活,引进外资、技术和管理,增加财政收入等方面发挥了积极作用。非公有制经济在我市国民经济中所占比重仍然较低,进一步发展非公有制经济,胆子应该更大,步子应该更快。这样做不会损害社会主义,只会有利于社会主义的发展。

要正确处理"发展与稳定"的辩证关系,牢固树立"发展才是硬道理"的新观念,我市14年来的实践充分证明,社会稳定、政治稳定是改革开放和现代化建设的必要条件。没有稳定的社会政治环境,就谈不上加快发展。但稳定不能求稳怕改,求稳怕进。只有经济的大发展,才能建立长治久安的稳固基础。当前我们经济生活中还存在一些困难和问题,发展的整体水平还不高,企业亏损面较大,还存在不稳定的因素。这就更需要我们加快经济发展,克服存在的不稳定因素,使社会稳定、政治稳定建立在经济繁荣发展的坚实基础上。

(三)加快经济社会发展的战略目标和思路

90年代是加快我市现代化建设的关键时期。关于我市经济的发展速度,原定十年规划中国民生产总值平均每年增长6.3%,现在从国际国内形势的发展

和重庆的实际看,可以更快一些。建议市政府对"八五"计划及十年规划作必要调整。根据初步测算,在提高质量、优化结构、增进效益的基础上,努力实现10%以上的增长速度是可能的。据此,到1995年全市国民生产总值达到400亿元,提前5年实现翻两番;到2000年达到800亿元,全市国民经济整体素质和综合实力再上新台阶;在经济较快发展的同时,人民生活由温饱进入小康,社会主义民主、法制和精神文明建设提高到一个新水平,推动社会全面进步。

实现上述战略目标,最根本的是要全面贯彻落实党的十四大精神,坚持党的基本路线,用建设有中国特色社会主义理论武装全党,发扬创业精神,加快改革开放,集中精力把经济建设搞上去。要认真贯彻省委、省政府制定的"两点""两线""两翼"发展战略,按照"依靠科技进步,调整优化结构;坚持军民结合,城乡协调发展;强化城市功能,带动库区开发;立足川东,服务西南,面向全国,走向世界"的发展思路,紧紧抓住基础设施、优势产业、第三产业、乡镇企业和高新技术五个重点,以开放促改革、促发展,更好地发挥我市作为长江上游经济、金融、商贸中心和交通枢纽的作用,为逐步把重庆建设成为综合实力强、开放程度高、精神文明好的现代化国际都市奠定坚实的基础。

三、集中精力,真抓实干,加快改革开放和经济建设步伐

加快改革开放,加速经济发展,是90年代的时代主题。我们要以强烈的使命感和高度的责任感,集中精力,努力做好关系全局的八个方面的工作。

(一)按照建立社会主义市场经济体制的要求,加快经济体制改革步伐

在90年代,要初步建立起社会主义市场经济体制,必须大胆实践,勇敢探索,在以下几个方面取得突破性进展:

第一,加快企业经营机制转换,建立适应社会主义市场经济要求的企业制度。转换企业经营机制,最根本的是要实行政企分开,把企业推向市场,使其真正成为自主经营、自负盈亏、自我发展、自我约束的市场竞争主体。必须认真贯彻《全民所有制工业企业转换经营机制条例》,全面落实企业的各项经营自主权,在转换企业经营机制上取得重大突破。进一步完善多种形式的承包经营责任制,继续搞好"税利分流",逐步规范企业的资产经营方式。逐步建立与社会主义市场经济发展要求相适应的企业产权制度,严格按国家颁布的规范意见和办法,大力推进企业股份制改革,理顺产权关系。企业要继续深化劳动、人事、分配等各项制度的改革,加强科学管理,提高产品质量,降低产品成本,大力开拓市场,增强竞争能力。正确处理国家、企业、职工三者的关系,确保国有资产增值。积极调整企业组织结构,支持企业发展联合、实行兼并和组建企业集团。对小型国有企业继续实行改、租、转、卖。对不能清偿到期债务,符合破产条件的企业,要依法破产。

第二,深化农村改革,促进农村市场经济的发展。要进一步稳定完善家庭联产承包责任制和统分结合的双层经营体制,积极推行股份合作制,不断壮大集体经济,逐步发展适度规模经营,建立健全社会化服务体系;加快农产品价格和流通体制的改革,提高农民和农产品进入市场的组织化和社会化程度;尽快建立农产品价格保护制度、粮食储备制度和农业生产资料最高限价制度,切实保护农民的利益,充分调动农民生产经营的积极性。

第三,大力培育统一、开放、竞争、有序的市场体系,充分发挥市场配置资源的基础性作用。积极发展规范化、现代化、多功能的商品市场,建成一批大型批发市场和生产资料专业市场,有组织有计划地试办期货市场。大力发展以金融、劳务、技术和产权为重点的生产要素市场,积极培育和发展房地产、信息等市场。要培育完善规范的土地市场,建立公开、公正、公平竞争的土地市场机制,充分发挥土地资产的最佳效益。要加强经济立法工作,建立健全市场规则,规范市场主体的行为,坚决打破行业垄断、地区封锁和部门分割,保护和促进公平竞争。要加快价格改革的步伐,建立和完善以市场为主的价格形成机制。要继续深化金融、工商、税制改革,为发展社会主义市场经济服务。

第四,积极推进待业、养老、医疗等社会保障制度改革,建立和完善统一的社会保障管理体制,加强社

会保险基金筹集、运营的管理和监督,逐步将社会保障制度覆盖全社会。要继续推进住房制度改革,逐步建立以市场调节为主、社会保障为补充的住房商品化新体制。

第五,切实转变政府职能,进行党政机构改革。各级政府应当履行统筹规划,制定政策,组织协调,信息引导,提供服务和检查监督职能,按国家法令规定落实企业经营自主权,不再对企业生产经营活动进行直接管理。党政机关要增强服务意识,克服官僚主义和衙门作风,认真解决政令不通的问题。要按照政企分开和精简、统一、效能的原则,在中央的统一部署下,有领导、有步骤、积极稳妥地进行党政机构改革,3年内分步完成市和区(市)县、乡(镇)机构改革任务。结合机构改革进行干部人事制度的改革,实行国家公务员制度。要进一步改革计划、财政、金融、投资和国有资产管理等方面的体制,积极探索综合运用经济手段、法律手段和必要的行政手段,加强宏观调控和监督,提高宏观调控的能力和水平。要积极发展各种社会中介组织,充分发挥它们在政府与市场、政府与企业之间的中介作用。

(二)发挥开放城市功能,进一步扩大对外开放

党中央开放长江沿岸城市和建立重庆经济技术开发区的决策,把重庆的对外开放推向了一个新起点。我们必须进一步增强开放意识,城乡一体,外资、外贸、外经并举,一、二、三产业共进,形成经济技术开发区和高新技术产业开发区、城市建成区、沿江地带、区(市)县工业小区多层次、全方位、高起点的整体开放新格局。

要进一步拓宽利用外资的领域,加快合资合作的步伐,加大招商引资的力度。要不断优化外商投资结构,引导外资重点投向基础设施、基础产业和企业的技术改造,投向资金、技术密集型产业,兴办一批起点高、规模大、对调整全市产业结构有重要作用的大中型项目。推进企业与外商合资、合作,鼓励外商独资兴办或包、租、买企业,争取外资银行来渝兴办分支机构。进一步改善投资环境,落实和用好用活利用外资的政策,加强利用外资的法规建设,建立健全外商投资服务体系,简化外商投资的审批程序和手续。

积极发展多元化的对外贸易,努力开拓国际市场。按照国际贸易规范,转变外贸企业的经营机制和管理体制。积极争取国家支持,赋予有条件的企业进出口自主权。打破部门、行业、专业界限,促进工贸、农贸、商贸、技贸结合。支持个体、私营经济开展民间对外贸易。进一步调整出口商品结构,提高出口商品的质量和档次。在扩大港澳、日本、美国等传统市场的同时,要着力开拓东南亚、独联体、中东、拉美市场。加强同沿江、沿边、沿海地区的横向经济联合,让更多的重庆产品出市、出省,打入国际市场。积极发展对外经济技术交流与合作,鼓励有条件的企业向境外发展,搞工程承包、劳务输出和开办企业。

加快重庆经济技术开发区和重庆高新技术产业开发区的开发建设。国家相继批准两个开发区为国家级开发区,这充分说明党中央、国务院对内陆地区扩大开放的高度重视,也赋予了重庆重大的历史使命。两个开发区要积极借鉴国内外成功的管理经验和办法,率先建立起符合国际惯例的市场经济体制和运行机制,真正把开发区办成高新技术的辐射源和对外开放的"窗口"。

(三)加快城市基础设施建设,努力形成现代化国际都市的框架

我们要以建设现代化国际都市为战略目标,坚持基础设施建设的现代化和国际化标准,力争到2000年拥有较为完善的适应国际经济技术交流的城市基础设施。要打通内环、形成中环、建设外环,拓宽"东进南下、西出北上"的通道;要振兴长江水运,建设国际空港,加快铁路建设,完善通信网络;要规划和实施好治理水污染、空气污染的重大工程,建设好旅游景点。同时,按照"北移东下"的城市发展战略,加快北部新城区的规划建设和旧城改造。要切实抓好市政建设,加强市政管理,提高城市现代化管理水平。

要进一步拓宽筹措建设资金的渠道。通过土地有偿使用、综合开发、贴息贷款、以业养业等多种形式筹集资金,特别要加快招商引资的步伐,吸引更多的外资来投资建设。要加强建设资金的管理,广泛推行工程招标承包制和监理制,提高资金使用效益,尽快建立城市建设资金良性循环的经营管理机制。

(四)积极调整产业结构,提高经济效益,促进全市经济既快又好地持续发展

调整结构是提高效益的基本手段。"八五"至"九五"时期,我市产业结构调整总的要求是:稳定、优化第一产业,着力提高质量;改造、提高第二产业,积极改善工业内部结构;加快发展第三产业,努力提高在国民生产总值中的比重;在不断推进技术进步的基础上,下决心使我市产业结构向合理化、高级化方向实现战略性调整,形成城乡一体、一、二、三产业协调发展、优势产业突出、适应市场需求、布局合理的产业结构体系。

积极调整产业结构,必须把农业放在优先发展的战略地位。农业的稳定发展,是整个经济既快又好发展的基础,也是政治稳定、社会稳定的基础。要采取一系列加强农业的重大措施,大力支持农业,增加农业投入,增强农业发展的后劲。要实现农业发展战略指导思想的转变,坚持以市场为导向,以效益为中心,全面繁荣农村经济。要调整和优化农业结构,稳定粮食生产,积极发展多种经营,努力提高二、三产业在农村经济中的比重,实行种养加结合、农工商结合、农科教结合、内外贸结合,加快高产、优质、高效农业发展的步伐。

积极调整产业结构,必须结合老工业基地改造,调整好工业内部结构。要采取投资倾斜政策,筹集更多的资金,加强能源、原材料工业的开发建设,缓解制约我市经济发展的"瓶颈"产业。加工工业要结合行业结构、产品结构、技术结构和工业布局的调整,逐步向效益型、外向型、技术进步型转变。要用高新技术推进技术改造和新产品开发,重点发展技术含量高、经济效益好的机电产品,扩大汽车、摩托车生产规模,努力建成汽车城;以高质量、多品种为目标,积极改造和振兴轻纺工业;采用新技术装备冶金、化工、建材、机械等行业。争取在"八五"期末或"九五"前期,建成一批工业重点项目,形成重庆工业新的发展优势。

积极调整产业结构,必须加速发展第三产业。我市发展第三产业的任务十分紧迫。我们必须认真贯彻国务院关于加快第三产业发展的决定,力争以年均20%左右的速度增长,到本世纪末使第三产业占国民生产总值的比重达到45%以上,成为与重庆开放性大城市功能相适应的支柱产业。

(五)大力推进科技进步,加速发展教育事业

振兴和发展重庆经济,科技是关键。要坚持"经济建设必须依靠科学技术,科学技术工作必须面向经济建设"的指导方针,继续扎扎实实地实施"科技兴渝"的战略决策。要抓住我市经济和社会发展中的关键问题组织科技攻关,以科技进步支撑经济快速高效发展。要采取多种手段,增加科技投入;大力促进科技成果商品化、产业化;运用高新技术促进传统农业的改造;加快企业对引进技术的消化、吸收和创新;充分发挥在渝大专院校科研优势的作用;搞好科研机构结构调整,支持和鼓励科研院(所)和科技人员面向市场,兴办科技型企业(集团)。要在全市广泛开展学科技、用科技的群众性活动,不断增强干部、群众的科技意识,将"科技兴渝"变为卓有成效的实际行动。

百年大计,教育为本。教育工作要认真贯彻实施《中国教育改革和发展纲要》,全面贯彻党的教育方针,全面提高教育质量,加快教育改革和发展步伐。大力加强基础教育,全市1998年以前基本普及九年制义务教育,城区基本普及高中教育。积极发展职业技术教育、成人教育和高等教育,鼓励自学成才。要继续开展教育综合改革,按照社会需求和教育规律,改革教学内容、教学方法和办学模式,促进教育同经济、科技的紧密结合。各级政府要加大对教育事业的投入,确保教育经费逐年增加,办学条件逐年改善,稳定教师队伍,加强师资培训,提高教师队伍素质,要鼓励和支持社会集资办学和民间办学。

知识分子是先进生产力的开拓者。要在全社会形成尊重知识、尊重人才的良好风尚,创造有利于知识分子施展聪明才智的良好环境。采取切实有效的措施积极改善知识分子的工作、学习和生活条件,对有突出贡献者给予重奖。

(六)城乡结合,增强区(市)县综合实力

区(市)县经济在我市国民经济中占有至关重要的地位。要牢固树立全市"一盘棋"、城乡一体化、城乡共发展的思想,进一步贯彻落实市委、市政府关于大力搞活区(市)县经济的决定,大胆放权,真正让区

(市)县把权、责、利统一起来,增强发展经济的活力。市级各部门要破除狭隘的部门利益观念,下放给区(市)县的权力,必须落实到位,任何部门不得以任何借口截留。只要有利于增强区(市)县综合实力的,都应积极支持。凡属成渝线上的区(市)县均享受省政府制定的"一条线"优惠政策。

要积极发展各具特色的区(市)县经济。城区要继续调整工商业结构,大力发展第三产业和多种成分的街道经济,形成大流通、大市场,增强城区综合功能。近郊区县要依托母城,加速发展城郊型经济。远郊区(市)县要一、二、三产业并举,建立规模化的商品生产基地和骨干产业,培育以集市贸易为基础的专业化批发市场,走科农工贸一体化之路。

要把加快发展乡镇企业作为增强区(市)县综合实力的战略重点,农村实现小康的根本途径,继续放胆、放手、放权,加快发展。要同发展新型小城镇结合起来,合理布局,适当集中,搞好乡镇企业小区建设。坚持"多轮驱动,多轨运行",上规模、上质量、靠科技、出效益,力争在城乡联合、外向型经济和第三产业等方面取得大的突破。

(七)发挥中心城市作用,强化同川东地区的联合,为三峡工程建设和库区开发服务

三峡工程建设将对重庆和三峡地区的经济、社会发展起着巨大的推动作用。在三峡工程建设和库区开发中,我们要义不容辞地承担历史重任。省政府已决定依托重庆建立三峡经济区,为此,要充分发挥我市的科技优势、军工优势、开放城市的优势,发挥金融、贸易、信息中心的作用,为三峡经济区的开发建设服务。

遵循因地制宜、优势互补、优惠共享、平等互利、各展所长、共同发展的原则,强化同三峡库区和川东地区的联合协作,促进经济区共同发展。要争取中央批准在库区实行沿海经济特区政策,其他区域实行开放城市政策。要联合各方共同开发具有区际和全国意义的旅游资源、原材料和加工工业,加快区内能源、交通、通信重大基础设施建设,从较高起点上调整经济结构,优化资源配置,培育开放型区域市场体系。力争5年内库区基础条件有较大改善,为最终把三峡

经济区建设成为经济发达、环境优美、人民安居乐业的新区作出贡献。

(八)不断改善人民生活,严格控制人口增长,加强环境保护

建设社会主义的根本目的,是满足城乡人民日益增长的物质文化生活的需要,我们的基本目标是到本世纪末,使全市人民生活达到小康水平。

要继续鼓励和支持一部分人、一部分地区先富裕起来,同时又要防止两极分化,逐步实现共同富裕。要动员和组织各方面的力量,切实抓好扭亏增盈和扶贫开发工作,大力帮助困难企业和贫困地区改变面貌。要继续抓好"菜篮子"工程建设,加快城乡公共事业、生活设施建设和居民住宅建设。到本世纪末,城镇人均住房面积争取达到8平方米。

要在改革开放和经济发展中使人民群众得到的实惠不断增加。今后5年,要力争城镇居民人均生活费收入扣除物价因素,每年实际增长5%左右,农民人均纯收入每年实际增长4%—5%;新的劳动就业体系基本形成,城镇待业率控制在3%左右;进入二、三产业的农民占农村总劳动力的40%以上。在改善人民生活的同时,继续提倡崇尚勤俭节约的社会风气,发扬艰苦奋斗、勤俭办一切事业的优良传统。

人口问题始终是制约我市社会经济发展的重要问题。各级党政一定要切实加强对计划生育工作的领导,认真执行计划生育政策,实行人口与计划生育目标管理责任制,坚决把全市人口自然增长率控制在7‰以内。

要大力提高全市人民的环境意识,坚持经济建设、城乡建设、环境建设同步规划,同步实施,同步发展,把加强环境保护、治理环境污染同搞好植树造林、绿化美化城镇结合起来,造就清洁优美的生活环境和良好的生态环境。

四、坚持两手抓、两手都要硬的方针,大力推进社会主义精神文明建设和民主法制建设

要实现我市的战略目标,完成90年代的基本任务,必须大力加强精神文明建设和民主法制建设,为

经济建设和改革开放提供强大的精神动力、智力支持和稳定的社会政治环境。

（一）发挥政治优势，加强思想政治教育

在建立社会主义市场经济体制的新时期，思想政治教育具有特殊重要性，必须加强，决不能削弱。要继续在全市干部群众中深入开展党的基本路线教育和建设有中国特色社会主义理论的教育，推动思想大解放，实现观念大转变，精神大振奋。要在全社会，特别要在青少年中，大力进行爱国主义、集体主义、社会主义的教育，以及中华民族优秀传统文化的教育，抵制资本主义和封建主义腐朽思想的侵蚀，树立正确的理想、信念、人生观、价值观，增强民族自尊心、自信心，使建设有中国特色社会主义的共同理想，成为全体党员和全市人民奋发进取的强大精神支柱。要切实加强和改进党的思想政治工作，不断研究和总结新的形势下思想政治工作的新特点和新经验，增强思想政治工作的针对性和实效性。

加强职业道德教育和社会公德教育。各行各业都要根据自己行业的特点，把职业道德教育规范化、制度化，纳入行业的管理规程。搞社会主义市场经济，既要讲效益、讲盈利，重视个人利益，又要提倡顾全大局、互助友爱的精神，反对损人利己、损公肥私、欺诈勒索的思想和行为，防止拜金主义思想的滋长。深入开展"做文明市民、创文明单位、建文明山城"和"文明友爱在山城，山城处处有雷锋"的活动。继续开展军民共建、警民共建等活动，形成健康进步的社会风尚和务实创新、团结奉献、文明向上的重庆形象。

（二）发展社会主义文化事业，丰富人民群众的文化生活

理论、新闻、文化艺术工作都要坚持为人民服务、为社会主义服务的方针，不断用高格调的精神产品去提高人们的思想境界，陶冶人们的情操。社会科学理论研究要坚持以马克思主义为指导，发扬理论联系实际的学风，深入研究我市改革开放和建设中的重大实际问题。要不断提高报刊、广播、电视的质量，始终把握正确的舆论导向，继续扩大宣传的覆盖面和辐射面，让全国全世界了解重庆。出版工作要把社会效益放在首位，适应社会主义市场经济发展和两个文明建设的要求，努力把我市建成全国第一流的出版基地。

积极探索新形势下文艺工作坚持"为人民服务""为社会主义服务"的方向和"百花齐放""百家争鸣"方针的新途径，充分调动文艺工作者的积极性和创造性，为人民群众提供更多更好的精神食粮，丰富群众的文化生活。积极稳妥地进行文艺体制改革，发展文化经济，落实文化经济政策，为繁荣社会主义文化事业增强经济实力。要继续坚持一手抓繁荣，一手抓扫黄的方针，加强文化市场的建设和管理。

卫生、体育要面向未来，拓展事业。卫生工作要坚持预防为主，防治结合，为人民健康服务。要努力改善医疗条件，搞好卫生监督执法和防疫工作。大力发展中医事业和农村合作医疗，全面实施初级卫生保健。狠抓医德医风，提高服务水平。体育要为增强人民的体质和经济建设服务，狠抓竞技体育上水平，大力开展群众体育活动，做好申办第四届城市运动会的工作。

（三）加强社会主义民主和法制，巩固和发展安定团结的政治局面

今后5年，我们要按照建设有中国特色社会主义民主政治的总体目标，推进社会主义民主，健全社会主义法制。

人民代表大会制度是我国的根本政治制度，要加强对人大工作的领导，充分发挥各级人民代表大会及其常委会的职能。积极改进选举制度，不断提高人大代表和常委会组成人员的素质。密切人大常委会同人民代表、人民代表同选民的联系，更好地发挥人民代表的作用，提高地方国家权力机关的权威。

要进一步完善中国共产党领导的多党合作和政治协商制度，巩固和发展新时期的爱国统一战线，充分发挥人民政协"政治协商，民主监督"的职能作用。坚持"长期共存、互相监督、肝胆相照、荣辱与共"的方针，加强同民主党派、工商联、人民团体和无党派代表人士协商议事和联系。积极举荐和支持民主党派、无党派人士在市和区（市）县国家机关担任领导职务。支持民主党派加强自身建设，提高参政议政的能力。认真贯彻党的民族政策、宗教政策和侨务政策，做好对台、港、澳工作，为我市现代化建设服务。

加强决策的科学化和民主化是社会主义民主政治建设的重要任务。领导机关和领导干部要坚持走群众路线，发扬民主，广开言路，认真听取社会各界对党和政府工作的意见、批评和建议；发挥决策咨询机构的作用，建立健全民主办事程序，努力实现决策的民主化、科学化。充分发挥工、青、妇等群团组织的作用，支持群众团体按照各自的特点和章程，独立自主地开展活动。加强企业职工代表大会、街道居民委员会和农村村民委员会的基层民主建设。逐步完善监督机制，强化法律监督、行政监督和舆论监督，使国家机关及其工作人员置于有效的监督之下。

社会主义法制是社会主义民主的保障。要高度重视法制建设，依法治市，特别是要按照建立社会主义市场经济体制的要求，加强经济法规建设，完善地方性法规体系。要加强执法监督、支持司法部门和执法机关依法行使职权；加强政法部门建设，提高执法人员的素质和执法水平；深入进行普法教育，增强干部和群众的法律意识和法制观念。加强地方武装和民兵工作，增强国防意识。社会的稳定、政治的稳定，是社会主义现代化建设的基本保证。要十分重视和认真研究新形势下人民内部矛盾的问题，继承和发扬党的优良传统，运用民主的方法，说服教育的方法，依据政策和法律规定，妥善处理人民内部矛盾，防止矛盾激化。要切实解决农民负担过重的问题，坚决制止乱摊派、乱收费、乱罚款，取消一切不切实际的达标和检查评比活动，维护企业和城乡人民的合法权益。必须采取有力措施，加强社会治安综合治理，坚决改变一些地区治安不好的状况。要强化人民民主专政的职能，依法严厉打击各种犯罪活动和敌对势力的破坏活动，扫除各种社会丑恶现象，确保我市稳定的政治局面和良好的社会秩序。

五、按照党的基本路线的要求，加强党的建设，改善党的领导

为了保证我市改革和建设的顺利进行，必须按照党的基本路线和党要管党、从严治党的要求，以改革的精神大力加强党的建设，切实改善党的领导，努力提高执政水平和领导能力，更好地发挥党在改革和建设中的领导核心作用。

（一）认真学习和掌握建设有中国特色社会主义理论，进一步提高贯彻执行党的基本路线的自觉性和坚定性

建设有中国特色社会主义理论，是指引我们实现新时期历史任务的强大思想武器。学习马克思列宁主义、毛泽东思想，中心内容是学习建设有中国特色社会主义理论。学好这一理论，是党的思想建设的根本任务。全市各级党组织要深入系统地抓好学习和教育，深刻领会其精神实质，使广大党员干部坚定社会主义方向和共产主义信念，把思想和行动统一到建设有中国特色社会主义理论上来。学习建设有中国特色社会主义理论，关键在于运用马克思主义立场、观点和方法，研究新情况、解决新问题、总结新经验。同时，要认真学习社会主义市场经济理论，学习现代化建设所必需的当代科学、技术、管理和文化知识，提高领导市场经济的能力。各级党员干部特别是领导干部要精心组织，做好安排，带头学好用好，卓有成效地解决和处理本地区、本部门、本单位改革及建设中的新矛盾、新问题。

（二）坚持干部"四化"方针和德才兼备原则，把各级领导班子建设成贯彻党的基本路线的坚强核心

坚持党的基本路线不动摇，关键是把各级领导班子建设好。要不拘一格地举荐、培养、选拔、启用政绩突出、群众信任的优秀人才，特别要启用经过一定台阶锻炼的优秀青年骨干。要坚决破除论资排辈、求全责备的陈旧观念，做好调整、充实领导班子特别是一把手的工作。加强妇女干部的培养和选拔。要健全党政领导干部能上能下制度，完善和推行干部考核、民主评议、交流等制度，采取有力措施防止和抵制干部使用问题上的不正之风。要认真做好老干部工作。

各级领导班子要进一步提高领导经济建设和改革开放的整体水平和能力。领导班子成员要学习经济、熟悉经济，取得领导经济工作的发言权和主动权，围绕经济建设做好分管工作，了解和把握经济发展趋势，提高超前预测能力、战略抉择能力、宏观决策能力。

各级领导班子要坚持民主集中制,坚持和完善党的生活制度,发扬党内民主,保护党员民主权利,坚决反对自由主义,反对无组织无纪律、有令不行、有禁不止、各行其是的行为。要采取有效措施,切实解决少数领导班子不团结、搞内耗的问题。努力把各级领导班子建设成为团结协调、艰苦奋斗、勤政廉政的领导核心。

(三)加强党的基层组织建设,充分发挥基层党组织的战斗堡垒作用和党员的先锋模范作用

党的基层组织是团结带领广大党员、群众贯彻党的基本路线的战斗堡垒,必须从思想、组织、作风上建设好。企业党组织要充分发挥政治核心作用,坚持和完善厂长负责制,全心全意依靠工人阶级,围绕企业的生产经营活动开展工作。条件具备的企业,实行党政主要领导职务一人兼。企业党的工作机构的设置和专职党务、政工人员的配备,按照精简、高效的原则由企业自主决定。要积极探索股份制企业、企业集团、"三资"企业、私营企业等党的基层组织的工作经验。农村要继续巩固和发展以党支部为核心的村级组织配套建设的成果。要继续巩固、完善市和各区(市)县机关党工委领导体制,加强对机关党员、干部特别是党员领导干部的有效监督。学校、街道、科研院所等基层党组织要认真履行党章规定的任务和职能,以经济建设为中心,结合自己的特点,加强自身建设。各级基层党组织要结合行业特点、岗位特点、工作特点,以及人员流动的特点,改进对党员的教育管理,把本单位党员队伍建设成坚决贯彻党的基本路线、献身改革开放和现代化事业的先锋队。要在经济建设和改革开放的实践中,培育、考察、壮大党的积极分子队伍,从各行各业生产工作第一线的优秀团员、优秀骨干中吸收党员,为党的队伍增添新鲜血液。

(四)切实加强党风和廉政建设,密切党同人民群众的关系

党风问题、党同人民群众联系问题,是关系党的生死存亡,关系改革和建设成败的大问题。越是改革开放,越是发展社会主义市场经济,越要加强党风廉政建设。

廉洁奉公,反对腐败,要从领导机关、领导干部做起。各级领导干部要以身作则、严于律己,管好子女和身边的工作人员,带头同腐败现象作斗争。要认真贯彻"一要坚决、二要持久"的方针,坚持和完善抓党风的责任制,切实解决领导干部中居官不正、为政不廉、以权谋私等不正之风和腐败现象。各级党委要加强对党风廉政建设的领导,党政领导要亲自抓,并充分发挥执纪执法监督机关的作用,利用法律、纪律和行政的手段,进行综合治理。

党风廉政建设要紧紧围绕密切党同人民群众的血肉联系,以反腐败为重点,从群众反映强烈的"热点、难点"问题入手,从具体案件抓起,实行集中整顿与专项治理相结合,不断取得阶段性成果,取信于民。严禁党政机关及其工作人员在公务活动中接受和赠送礼金、有价证券,违反规定的,要严肃处理。要坚决查处贪污受贿、以权谋私、失职渎职、腐化堕落等违纪违法案件,特别是大案要案。重大典型案件要公开处理。要坚持纪律面前人人平等的原则,坚决冲破关系网,抵制说情风。对少数腐败分子必须坚决清除,决不姑息养奸。要加强纪检监察工作,支持职能部门大胆履行职责。纪检、监察机关合署办公,是党政机关监督体制的一项重大改革,有利于强化党内和行政监督,是加强党风廉政建设的有力措施。各级纪检监察机关和广大纪检监察干部,要按照新体制的要求,加强自身建设,清正廉明,刚直不阿,秉公执纪。

要紧紧围绕经济建设中心,认真研究社会主义市场经济条件下党风廉政建设的特点和规律,从体制、制度、政策、管理等方面下功夫,逐步走出一条立足教育、依靠制度和法制加强党风廉政建设的新路子。全市各级执法部门和直接掌握人、财、物的岗位和部门,都要逐步建立健全一套有效防范以权谋私和行业不正之风的制约机制和行为规范。要加强党内监督,特别要加强党组织和纪律检查机关对党员领导干部的监督和制约。要不断拓宽监督渠道,逐步形成党内和党外,自上而下和自下而上的监督体系。

改革和建设是千百万人民群众的事业。在改革和建设的实践中,必须坚持群众路线,充分发动群众,依靠群众,尊重群众的首创精神。各级领导机关和领导干部要继承和发扬密切联系群众的优良传统,甘当人民的公仆,切实转变作风,深入基层,加强调查研究,关心群众疾苦,体察群众情绪,扎扎实实为群众办实事。要把廉政和勤政结合起来,坚决反对官僚作风、形式主义,虚报浮夸,大力提倡恪尽职守的勤勉、务实精神,精简会议,压缩文件,提高工作效率,兢兢业业地为基层和群众服务。

中共重庆市顾问委员会成立以来,协助市委为推进改革开放和现代化建设,维护党的团结和社会安定,做了大量卓有成效的工作,在许多关键时刻发挥了重要作用,建立了历史性的功绩。我代表市委向市顾委委员和老同志们表示衷心的感谢,并致以崇高的敬意。根据党的十四大精神和市顾委的建议,从七届市委起,将不再设立顾问委员会。

同志们,我们的事业是开创未来、充满希望的事业。我们为能亲身参加建设社会主义现代化新重庆的伟大实践而感到自豪。重庆是具有光荣革命传统的历史文化名城,许多革命先烈为新中国的诞生,在这块土地上献出了宝贵的生命。全市人民继承先烈的优良传统,有着百折不挠、奋斗不止的意志和力量,这是重庆腾飞的巨大动力。对我们来说,在实现宏伟目标的进程中,尽管还有种种障碍和困难。但是,只要我们坚定地相信和依靠重庆1500万人民,自觉地为人民谋利益,就能够战胜挫折和困难。党心民心所向,事业一定成功。让我们在以江泽民同志为核心的党中央的领导下,沿着党的十四大指引的方向胜利前进!

中共重庆市顾问委员会向中国共产党重庆市第七次代表大会的工作报告

(1993年5月)

中共重庆市第七次代表大会胜利召开了。这是全市共产党员和人民政治生活中的一件大事!我们衷心祝愿这次大会圆满成功!

去年四季度召开的党的第十四次全国代表大会,是一次承前启后、继往开来的大会。大会以邓小平同志建设有中国特色社会主义理论为指导,全面总结了党的十一届三中全会以来14年改革开放和经济建设的经验,制定了加快改革开放和现代化建设步伐的方针政策和具体措施,选举产生了新的一届党中央。这对于夺取社会主义现代化建设的新胜利,保证党和国家的长治久安具有重大历史意义和深远政治影响。我们表示,坚决拥护江泽民同志在十四大的报告,坚决拥护江泽民同志为核心的党中央。

现将中共重庆市顾问委员会的工作向大会报告,请予审议。

中共重庆市顾问委员会成立于1983年8月,到目前为止,先后被选为市顾委委员的共46人。其间,有24位同志离休,6位同志病故,现有委员16名。

近10年来,市顾委在市委的领导下,坚持党的"一个中心,两个基本点"的基本路线,根据党章规定的任务,按照"宜少不宜多,宜虚不宜实"和"量力而行,尽力而为"的方针,做了一些力所能及的工作,发挥了一定的作用。

一、坚持学习,始终同党中央保持一致

这些年来,国际国内形势发展很快,各方面变化很大。为适应形势的发展变化,委员们坚持努力自学马列主义、毛泽东思想,学习党的十一届三中全会以来的路线、方针和政策。同时,顾委会也把组织委员们学习作为一项重要工作来抓,根据需要,随时组织委员们学习。基本上坚持了每月召开一次全体委员学习会议的制度。在1989年春夏之交发生政治风波期间,市顾委先后四次组织全体委员学习《人民日报》"4·26"社论和邓小平、李鹏等中央领导同志的重要讲话,旗帜鲜明地拥护党中央为制止动乱、平息暴乱所采取的果断措施和正确决策。江泽民同志在庆祝中华人民共和国成立40周年大会上的讲话发表后,市顾委立即召开了为期一周的学习会议,组织全体委员

认真学习、讨论讲话精神。邓小平同志1992年初南巡讲话的文件刚一传来,市顾委就召开了常委(扩大)会议和全体委员学习会议,传达、学习、讨论了邓小平同志的讲话。党的十四大召开期间,委员们认真收听收看了大会实况。随即,顾委会又组织全体委员学习、讨论了十四大文件。此外,为了及时地了解本市实际工作情况,市顾委不定期地约请市委、市政府领导和有关部门的负责同志,向委员们通报了全市改革开放、精神文明建设和物质文明建设方面的情况,并提出了自己的建议。全体委员由于坚持学习,不断提高马列主义水平,注意掌握实际情况,在思想上、政治上和行动上同党中央保持了一致。

二、在政治上发挥助手参谋作用

近10年来,市顾委委员列席了历次市委全委会,出席了历次市委扩大会议;市顾委常委列席了市委一些常委扩大会议;市顾委主任列席了市委常委[会]会议。在这些会上,大家参与了市委一些重要决策和工作的讨论,积极发表意见,提出建议。此外,顾委会还通过书面形式就一些重大问题,如改革开放、精神文明建设和物质文明建设、党的建设、减轻企业和农民负担等等,向市委和有关部门反映了委员们的意见和建议。在贯彻执行中央和省、市委历次重要会议精神和邓小平同志1992年初视察南方的重要谈话精神过程中,委员们对中央和省、市委的正确决策,都表示了衷心拥护和积极支持,并根据党章规定及中央和市委的要求,开展顾委工作,适度发挥作用。

三、完成了市委委托的任务

近10年来,市顾委受市委委托参与的工作有:经济体制改革和区、县机构改革,整党,核查"三种人",廉政建设,干部考察,党风检查,物价检查,一些重要课题研究,"四职"教育,治理整顿,党员重新登记,率代表团出席有关全国性、地区性和国际性的会议;参与筹建无线电话公司、茧丝绸公司、市老年大学、市青少年科普中心等等。委员们以高度负责的精神,尽力完成了任务。

四、深入调查研究

近10年来,市顾委作了不少调查研究工作。有的是顾委有计划、有目的地组织委员们到基层调查,有的是委员们根据自己熟悉的工作、专长、兴趣,围绕市委的中心工作,自选内容进行了调查。通过调查研究,写出了几十篇调查报告和《情况反映》,提出了建议,把群众中急需解决的问题及时反映给市委领导,解决了不少实际问题。

五、广泛地参加了各种社会活动

近10年来,市顾委委员们积极热情地参加了广泛的社会活动。主要的有:

主持或参与了各种协会、学会、研究会的工作。在这些组织中担任了顾问、理事、会长等职务,积极工作,做到了老有所为。

应邀参加了有关部门的一些会议。参加了一些重要的革命纪念活动。走访了革命老区,看望了在艰苦岁月中共同战斗、生死与共的干部和群众,密切了同群众的联系。

关心青少年的成长。主持了关心下一代工作委员会的工作;关心、支持老干部报告团、老干部校外辅导员和老干部帮教小组三支队伍的建立;支持帮助青少年科普文化中心和少年宫、儿科医院的建设、发展;在节日期间,前往劳教场所看望失足青少年。这些,对开展爱国主义、社会主义、集体主义和革命传统教育,帮助青少年健康成长起了积极作用。

支持各种老年事业的发展。主持了市老年大学的工作,积极从事老年教育,使我市市、区、县各类老年学校都有了很大发展;主持了老年书画研究会的工作,举办了老年书画展;支持、关心老年体育事业的发展,积极开展老年体育活动。通过这些工作,丰富了老年人的晚年生活,促进了老年人的身心健康,为两个文明建设做了贡献。

对工人、妇女、青年、少儿等活动热心支持,积极参加,为群众上大课、作报告,当群众的知心人。

关心残疾人事业的发展,促进区、市、县残疾人组织的建立,为残疾人排忧解难。

接待了来访的干部和群众。及时反映了他们的合理要求，宣传了党的政策，做了一些思想工作，协助有关部门解决了他们的一些实际困难。

六、编写史料

据不完全统计，近10年来，委员们撰写了上百万字的革命回忆录和党史资料。有的委员参加了组织编写川东地下党、南方局、冀鲁豫边区和晋绥地区的党史工作。许多委员积极协助自己曾经战斗过的地方和自己所在单位编写党史、地方史、组织史、行业史和厂史，有的委员主持编写、出版的历史资料书达500余万字。有的委员写诗作赋，抒发革命豪情；有的委员发表了多篇文章，部分论文还获得了优秀论文奖。有的委员翻译了10多万字的学术著作。

综上所述，市顾委按照党章规定及中央和市委的要求，较好地完成了工作任务，起到了市委政治上的助手和参谋作用。

党的十四大根据新的情况决定不再设立中央顾问委员会，我市在第七次党代表大会后也不再设立市顾问委员会，市顾委的工作到此结束。衷心感谢大家对顾委以往工作的关心和支持！衷心祝愿为党和人民做出过贡献的老同志们身心健康，晚年幸福！

市顾问委员会虽然不再设立了，但我们这些老同志还将继续履行共产党员的责任与义务；还将继续学习马列主义、毛泽东思想和建设有中国特色社会主义的理论；还将一如既往地团结在市委的周围，支持市委的工作，为加快改革开放和现代化建设，为重庆的繁荣兴旺，继续做出自己力所能及的贡献。

中共重庆市纪律检查委员会向中国共产党重庆市第七次代表大会的工作报告

（1993年5月）

现将本届市纪律检查委员会的工作，向市第七次党代表大会报告如下，请予审议。

五年工作的回顾

市第六次党代表大会以来，市纪委和全市各级纪检组织在市委和省纪委的领导下，坚持纪检工作必须保证党的基本路线贯彻执行的指导思想，坚决贯彻从严治党的方针，认真落实党章赋予的三项任务，全面履行"保护、惩处、监督、教育"四项职能，坚定不移地支持改革开放，坚持不懈地加强党风和廉政建设，坚决维护党的纪律，为保证、促进我市经济发展，维护全市政治、社会稳定，发挥了重要作用。

一、坚决支持改革开放，主动为经济建设服务

5年来，全市各级纪委认真学习贯彻党的十三大和市第六次党代会精神，深刻领会邓小平同志建设有中国特色社会主义理论，不断增强参与改革和服务经济建设的意识，努力使纪检工作成为支持保护改革、促进经济建设的重要力量。

深入调查研究，探索服务途径。各级纪委深入经济建设第一线，认真研究解决改革开放和经济建设中出现的新情况、新问题，找准纪检工作与经济工作的结合点，主动提供服务。市纪委于1989年和1991年在全市组织了"纪检工作支持保护改革，为经济建设服务"的专题研讨和交流，对深化纪检工作指导思想，拓宽纪检工作思路，产生了积极作用。

明确政策界限，主动保驾护航。为了把"支持改革者，鼓励开拓者，帮助失误者，惩处违纪者"的原则落到实处，各级纪委及时研究制定具体措施和办法，明确一些政策界限。市纪委先后制定了《关于纪检工作为经济建设服务的意见》《关于改进和加强高校纪检工作的意见》等文件，经市委批转全市贯彻执行。各级纪委坚持实事求是的原则，慎重处理改革中的人

和事。对勇于改革,敢闯、敢冒、敢试而在工作中出现失误的,耐心进行帮助,鼓励探索创新;对因改革而受到错告或诬告的,在查清事实后予以澄清,对诬告者进行严肃处理。据统计,全市县以上纪委共为4491名党员干部澄清了是非,保护了他们的积极性。

排除干扰阻力,创造良好环境。为了给企业特别是国有大中型企业创造良好的外部环境,市纪委积极参与了在党政机关开展的"三清理"工作,会同有关部门在调查的基础上,提出了《关于减轻改革试点企业负担几个具体问题的意见》,经市委、市政府同意下发执行。各级纪委积极参加治理整顿工作,认真查处钻改革空子、中饱私囊、贪污受贿、投机诈骗等违纪违法问题,为经济建设排除障碍。5年来,全市县以上纪委共查处经济违纪案件2788件,挽回直接经济损失4485万元。

加强企业党风党纪工作,推动企业经济发展。各级纪委围绕贯彻《企业法》和转换企业经营机制条例,主动协助党委加强企业党风党纪建设。市纪委先后两次召开企业纪检工作座谈会,集中研究改进和加强企业纪检工作的措施,并总结推广了一批党风正、改革好、效益高的单位的经验。许多单位纪委十分注意分析研究影响企业发展的非经济因素,就端正经营思想和经营作风,改善经营管理向党委、行政提出意见建议,并主动做了大量工作,促进了企业两个文明建设。

二、坚持四项基本原则,旗帜鲜明地维护党的政治纪律

全市各级纪委始终把维护党的政治纪律,巩固安定团结的政治局面放在加强党的纪律的首位,旗帜鲜明地反对资产阶级自由化,反对和纠正对党的路线、方针、政策阳奉阴违,明顶暗抗,有令不行,有禁不止的行为。5年来,各级纪委结合党的中心工作,广泛深入地开展了党的政治纪律教育。对中央和省、市的重大方针、政策和决议,及时研究制定配套措施,力求做到纪律措施与改革措施同步出台,同步实施,保证了政令畅通。

在1989年春夏之交的政治风波中,全市各级纪委和纪检干部坚守工作岗位,积极参与制止动乱,坚决维护党中央和国务院作出的决策,为稳定重庆局势做了大量工作,表现了坚强的党性和高度的组织纪律性。此后,市纪委会同有关单位认真调查了解党员在动乱中的表现情况,配合组织部门就动乱中的问题进行清理和干部考察。对少数严重违犯政治纪律的党员,作了严肃处理,其中给予党纪处分31人,维护了党的政治纪律。

三、认真查处党内违纪案件,坚决惩治腐败

全市各级纪委适应改革开放和加快经济建设的要求,始终把惩治腐败、严肃党纪作为纪检工作的重要任务,坚定不移地查处党内违纪案件。5年来,全市共立案查处党内违纪案件7442件,处分党员6918人,其中开除党籍1929人,留党察看1281人,撤销党内职务183人,由司法机关依法追究刑事责任657人。在受处分党员中,地局级干部14人,县处级252人,区科级1079人。

在查案工作中,各级纪委紧紧依靠党组织,依靠群众,重点查处了一批贪污受贿、严重以权谋私、严重官僚主义,以及腐化堕落、道德败坏的案件。对经济上重大违纪违法、党员领导干部严重违纪和弄权勒索、影响恶劣的案件,坚决抓住不放,集中力量突破,并选择典型公开处理,以震慑违纪,取信于民。各级纪委认真研究新形势下党内违纪案件的特点和规律,从实践中摸索和总结出一些行之有效的做法和经验,如深入实际,深入基层,把发现和掌握案件线索作为基础工作来抓;坚持办案责任制,集中力量突破大案要案;密切与其他监督部门的协调配合,发挥整体效能;加强分级分类指导和督促检查等等,推动了查案惩腐工作不断深入开展。

为了深入揭露党内消极腐败现象,搞好案件检查和加强群众监督,各级纪委进一步加强了信访工作。5年来,全市纪检系统共受理群众来信来访127187件次,其中市纪委直接受理23294件次。市纪委和部分基层纪委坚持公开接待群众制度,共组织677次,接待12400人次。通过信访渠道,各级纪委掌握党员违纪线索6982件,纠正了一些党内的不正之风,同时澄清了一些反映失实的问题。

为了保证查案工作的质量,各级纪委认真抓了案件检查条例、审理条例和控申工作条例的贯彻落实,严格按照"事实清楚、证据确凿、定性准确、处理恰当、手续完备"的20字方针办事。对疑难案件,坚持集体研究,反复讨论,力求准确。对突破中纪委党纪处分规定的案件,市纪委坚持统一研究平衡,然后按干部管理权限处理的原则,保证了执行纪律的严肃性。

四、加强党风和廉政建设,密切党群关系

积极协助党委加强组织领导。全市各级纪委把协助党委抓好党风廉政建设、密切党群关系作为纪检工作的重要内容,主动给党委当好参谋助手,充分发挥职能作用。市、区(市)县纪委直接参与了各级党风廉政建设领导小组及其办公室工作,协助党委加强对这项工作的安排部署和检查督促。各级纪委都注意加强对党风廉政状况的了解、收集、综合、反馈,主动给党委提出意见建议,协助党委、政府制定和完善有关党风廉政建设的规定。如市纪委会同有关部门先后拟定了关于保持党政机关廉洁的八个规定或意见,《关于目前我市党政机关党风和廉政建设要着重解决的几个问题的意见》等,经市委批转全市贯彻执行,产生了积极的作用。

开展专项清理,切实解决干部群众关心的热点问题。5年来,市纪委和各级纪委在党委领导下,牵头组织或配合有关部门开展了对党员干部违纪违法建私房、利用职权公费委培子女读书,以及"乱摊派、乱收费、乱罚款"等部门和行业不正之风的专项清理和整顿。据统计,全市共清理出党员干部违纪违法建私房2900起,超占面积7.8万平方米,立案查处315人,给予党纪处分262人,追究法律责任5人,复耕土地4.2万多平方米;清理出党员干部利用职权公费委培子女读书的189人,涉及县处级以上干部65人,共用公款46万多元,已作了纠正处理,对少数情节恶劣的给予了党纪处分。

采取多种形式,加强检查监督。各级纪委一是积极协助党委坚持每年开展了党风廉政大检查,在检查中突出抓重点问题和重点单位;二是配合组织部门认真抓了一年两次的领导干部民主生活会,加强对领导班子成员的监督;三是认真开展信访两结率达标工作,及时处理群众反映的涉及党员领导干部的问题;四是根据实际,创造实施新的监督形式,强化监督的力度。市纪委建立了党风党纪卡片制度,加强对市管干部党风廉政状况的掌握和监督。许多单位纪委设立了举报箱、举报电话,实行党纪监督通知书制度,以及聘请党风监督员,邀请民主党派和无党派人士参加检查监督等,都收到了较好效果。

加强基层党风廉政建设。各级纪委积极协助党委、政府在基层推广"两公开一监督"制度,加强了对管理人、财、物、项目和执法监督部门的群众监督。同时积极配合农村社教,加强党纪教育并重点抓了农村基层党员干部违法乱纪、违反财经纪律、违反计划生育政策等问题。社教中,共查处有严重违法乱纪行为的党员590名,加强了基层党风党纪建设。

五、深入开展党性党风党纪教育,努力提高党员素质

各级党委、纪委坚持把党性党风党纪教育作为治本之策,列入重要日程,贯穿于各项纪检业务之中,努力增强党员特别是党员领导干部的党性党纪观念和抵御腐朽思想侵蚀的能力。

坚持开展正反典型教育。市纪委会同有关部门,在纪念建党70周年时组织了重庆市共产党员模范事迹报告团,大力宣扬锐意改革和讲党性、守纪律、无私奉献的典型,树立新时期共产党员的光辉形象。各级纪委利用执纪办案优势,选择重大典型案件,采取党内通报、公开处理、新闻报道、编辑案例剖析专辑、拍制电视片、举办展览等多种形式,对党员进行生动的拒腐防变、遵纪守法教育。市纪委选择本市正反典型摄制的党风党纪录像片《明镜》被中纪委向全国推荐,并被省纪委和市委列为党员教育重点教材。许多单位纪委还注意加强对受处分党员的回访教育,全市近两年共回访犯错误党员1854人,教育鼓励他们改正错误,重扬风帆。

广泛开展党规党法教育。市纪委和有关部门共同组织开展了以学习中纪委7个党纪处分规定为主要内容的党规党法教育和党纪基础知识教育,提高了广大党员遵守纪律的自觉性和同歪风邪气作斗争的

能力。据统计,仅在党纪基础知识教育期间,全市就收到举报违纪线索1316件,有1200多人主动检查问题,2万多人次抵制各种不正之风。此外,市纪委还创办发行了《纪检文摘》月刊,对加强党性党风党纪教育和做好纪检工作,产生了较好的指导作用。

六、加强纪检队伍建设,适应形势发展需要

建设一支党性强、作风正、政治业务素质高的纪检队伍,是做好新时期纪检工作的重要保证。各级党委、纪委十分重视并为此做了大量工作,增强了纪检队伍的战斗力。

积极加强纪检组织建设。各级党委、纪委认真贯彻落实中纪委有关文件,坚持不懈地抓了纪检组织和队伍建设,健全了纪检工作网络。通过两届换届选举,加强了区、市、县纪委领导班子建设。认真抓了市级机关纪检组织建设,增设、健全了市纪委派驻纪检组。尽力稳定了企业纪检组织和干部队伍。积极加强了城市街道和农村区(镇)乡(镇)纪检组织建设。

努力加强思想作风建设。各级党委、纪委认真组织纪检干部学习党的路线、方针、政策和建设有中国特色社会主义的理论,积极创造条件帮助纪检干部解放思想,开阔视野,深入基层,转变作风,增强了搞好纪检工作的责任感和坚定性。

坚持抓好纪检业务建设。各级纪委采取多种形式,近两年共培训专职纪检干部1314人次。市纪委在建立健全业务制度,强化纪检工作规范的同时,注意加强对各项业务工作的分类分层次指导,促进了业务交流和全系统整体素质的提高。

由于认真抓了纪检队伍自身建设,并在全系统广泛开展了"学先进、比先进、超先进"活动,有力地推动了全市纪检工作的开展,市纪委先后被评为省和全国先进纪检组织,市内也评比和表彰了一大批先进纪检组织和优秀纪检干部。

回顾过去的5年,我市纪检工作和党风廉政建设确实取得了成绩和进步,各级纪委和全市纪检干部为此付出了艰苦的努力。但是必须清醒地看到,当前党内消极腐败现象仍然比较严重,诸如以权谋私,贪污受贿、腐化堕落等问题仍比较突出;在公务活动中大吃大喝、收受礼金的现象还有蔓延的趋势;一些领导机关严重脱离群众,官僚主义、形式主义等问题还没有认真解决。为此,群众很不满意。从思想认识和工作上看,一些单位党组织和党员领导干部对党风廉政建设与经济工作的辩证统一关系认识不够,"一手硬,一手软"的问题还没有很好解决,党风廉政工作存在时紧时松的现象;对某些不正之风纠正的措施不够有力,执行党的纪律失之于宽、失之于软以及干扰案件查处的问题在一些地方还比较突出,党内监督特别是对领导干部的监督仍然是一个薄弱环节。在加快改革开放,特别是建立社会主义市场经济体制的过程中,我们的思想认识、工作方法、工作水平都需要努力加以提高和改进。

五年工作的主要体会

一、必须把保证党的基本路线的贯彻执行作为纪检工作的根本指导思想

纪检工作作为党的建设的重要组成部分,必须保证党的基本路线的贯彻执行,服从和服务于经济建设这个中心。过去5年我市纪检工作之所以能够取得成绩和进步,就在于坚持了这一根本指导思想。

纪检工作保证党的基本路线的贯彻执行,必须紧紧扭住经济建设这个中心不放,把党纪党风和廉政建设与改革开放紧密结合起来。必须明确,纪检工作与经济工作不是互相排斥互相对立,而是相互统一相互促进的。一方面,纪检工作必须牢固树立中心意识,主动积极为改革开放和经济建设服务,成为支持保护改革和促进经济建设的重要力量;另一方面,纪检工作又必须认真履行自己的职责,当好党的"忠诚卫士",而决不能放松党的纪律去迎合某些消极腐败现象,为违纪违法行为开绿灯。必须坚持"两手抓"的方针,把两者贯穿于党章赋予纪检机关的任务和职能之中,围绕经济建设开展纪检工作,抓好纪检工作促进经济建设。

实践使我们认识到,坚持纪检工作保证党的基本路线贯彻执行的指导思想,是一个不断探索、不断深

化、不断提高的过程,不可能一步到位,一劳永逸。只有不断克服单纯执纪办案等传统思维模式的影响,解放思想,转变观念,主动了解、熟悉和参与经济工作,认真研究改革开放和经济建设向纪检工作提出的新课题,探索和总结纪检工作服务经济建设、支持促进改革开放的新鲜经验,纪检工作才能适应形势发展的要求,充满生机与活力,路子越走越宽广。

二、必须把改革创新精神与纪律观念统一起来,坚决维护党的纪律的严肃性

党的纪律是维护党的团结统一,实现党的路线、方针、政策的可靠保证。过去5年中,我市各级党委、纪委注重增强党员特别是党员领导干部的党性党纪观念,严肃查处违反党纪的案件,对全市改革开放和经济建设产生了积极促进作用。实践证明,越是改革开放越要加强党的纪律和纪律检查工作。只有这样,才能处理好由于新旧体制交替,各种利益调整,以及政策不配套,法制不健全带来的矛盾和问题,保证改革开放和经济建设健康顺利进行。

实践告诉我们,在改革开放新形势下维护党的纪律,既是非常重要的,同时也存在许多困难。最大的困难在于,一些党组织和党员领导干部把改革创新与加强纪律割裂开来,对立起来,思想上存在模糊认识。在维护纪律问题上,有的不讲是非,不讲原则,不讲党性,怕得罪人,甚至把违纪行为视作改革创新;有的从局部和小团体利益出发,对本地区、本部门、本单位的问题姑息迁就,纵容包庇。这些,造成纪律松弛,查处不力,执纪不严,造成有的地区和单位消极腐败现象蔓延滋长,愈演愈烈。因此,必须在全党强调,要正确认识和处理改革创新与加强纪律的关系,把两者统一起来。党的纪律是保护和支持广大党员干部解放思想,敢闯、敢试、敢冒,创造性地贯彻执行党的路线、方针和政策的。对改革开放中出现的问题,要坚持从实际出发,具体问题具体分析,慎重对待,稳妥处理。但与此同时,也必须不断增强全党的纪律观念,克服个人主义、本位主义、自由主义等错误倾向,坚决维护党的纪律的严肃性。

严肃党的纪律,关键是对领导机关、领导干部要严。领导干部职位越高,权力越大,越要带头遵守纪律,任何人违犯了纪律,都必须受到追究。过去5年正反两方面的经验说明,必须努力增强全党特别是各级党员领导干部的组织纪律观念,坚决同各种违纪行为作斗争。只有这样,才能保护和激励广大干部群众的改革创新精神,保证党的路线、方针、政策的贯彻落实。

三、必须坚定不移地搞好党风和廉政建设,进一步密切党同人民群众的联系

我们搞改革开放和经济建设,必须依靠广大人民群众的真心拥护和积极参与。但是,党内消极腐败现象严重损害党群关系,危害社会主义现代化事业。因此,我们必须抓住密切党群关系这个根本问题,切实加强党风和廉政建设,才能最大限度地调动人民群众的积极性,进一步加快改革开放和经济建设。

5年来,我市各级党委、纪委在加强党风廉政建设上做了大量探索,积累了初步的经验。实践证明,新时期的党风和廉政建设必须适应建立和完善社会主义市场经济体制的要求,始终围绕经济建设这个中心来进行。必须把加强党性党风党纪和法制教育、建立健全监督制约机制、强化法规保障体系作为搞好党风廉政建设的根本措施,逐步走出一条靠教育、靠法制加强党风廉政建设的新路子。要通过加强党风廉政建设,动员各级党组织和党员继承、发扬党的优良传统和作风,坚持全心全意为人民服务的宗旨,积极投身改革开放和经济建设,与人民同呼吸、共命运,为振兴重庆艰苦奋斗。

加强党风和廉政建设必须从人民群众反映强烈的问题抓起,办一件,成一件,取信于民。近几年来,各级党组织对一些涉及面广或形成风气的问题抓住不放,集中进行专项清理整顿,取得了一系列阶段性成果,增强了群众的信心。实践证明,把思想教育,自查自纠,检查督促,查处典型,建章建制结合起来,认真开展专项清理,是加强党风廉政建设的一条重要经验。

加强党风和廉政建设还必须党委重视,全党齐抓共管,切实抓好领导机关、领导干部的表率作用。5年

实践告诉我们,只要坚持这样做了,效果就显著,人民群众就比较满意,反之则工作很难开展,人民群众意见就大。因此,一是必须进一步完善和落实抓党风责任制,坚决贯彻"一要坚决,二要持久"的方针,切实解决抓一阵松一阵的问题;二是各级领导机关、领导干部必须带头加强党风廉政建设,坚决同消极腐败现象作斗争,同时又严于律己,以身作则,真正形成一级抓一级,一级带一级的良好风气;三是必须在党委的统一领导下,充分动员各方面力量实行综合治理,充分发挥执纪执法监督机关的作用,充分动员广大人民群众积极参加民主监督。只有这样,党风廉政建设的目标才能达到。

四、必须全面履行"保护、惩处、监督、教育"四项职能,努力提高纪检工作的整体水平

"保护、惩处、监督、教育"四项职能是改革开放新形势下对纪检机关职责的科学概括。四项职能是相辅相成不可分割的统一体。过去5年的实践证明,只有全面履行四项职能,才能从整体上提高纪检工作的水平,更好地担负党章赋予纪检机关的任务。

查处党内违纪案件是严肃执纪的中心环节,特别是在当前各种矛盾突出,违纪现象呈上升趋势的情况下,必须坚持不懈地抓好查案工作,用铁的纪律约束党员特别是党员干部的行为。只有这样,才能使犯错误党员得到挽救,使广大党员增强纪律观念,提高免疫力。大量事实说明,没有惩处,就没有严明的纪律,保护、监督、教育的作用就不能有效发挥。因此,作为党的纪律检察机关,必须集中力量查处党内违纪案件,严格执行党的纪律,同时又把保护、惩处、监督、教育有机地结合起来。必须十分重视保护党员的民主权利和合法权益,对侵犯党员民主权利,压制批评,进行打击报复和诬告陷害的人和事,必须认真查处。必须坚决保护党员搞改革开放、经济建设的积极性和创造性,对凡是符合"三个有利于"精神的做法都要积极支持和保护。必须进一步加强对党员尤其是党员干部的教育和监督,增强教育的渗透力和监督的约束力,积极防范和制止违纪行为的发生。

全面履行纪检机关四项职能,必须依靠党委支持,加强与党内外有关部门的联系与配合。过去5年中,我们在市委支持下,建立并坚持了市级监督部门联席会议制度,主动与各部门配合开展工作,对履行保护、惩处、监督、教育职能产生了很好的作用。实践证明,这是做好新时期纪检工作的一条重要经验,必须继续坚持。

今后工作的建议

党的十四大提出了加快改革开放和现代化建设步伐,建立社会主义市场经济体制,夺取有中国特色社会主义事业更大胜利的宏伟目标。市第七次党代表大会确定了进一步解放思想,抓住机遇,加快发展,为重庆社会主义现代化建设跃上新台阶而奋斗的各项任务。新的形势和任务对党的建设、党风党纪和廉政建设提出了新的更高的要求。纪检、监察合署办公之后,对进一步搞好纪检监察工作、强化党政监督机制也提出了许多新的课题。因此,全市各级纪检监察机关和广大纪检监察干部必须紧紧围绕全面贯彻落实党的十四大精神和市第七次党代表大会提出的各项任务,认真履行职责,创造性地开展工作,积极探索新的路子,为加强党风党纪和廉政建设,推动我市改革开放和经济建设上新台阶,作出新的更大的贡献。

一、坚定不移地贯彻执行党的基本路线,努力促进我市改革开放和经济建设既快又好地发展

党的十四大要求全党要坚持党的基本路线不动摇,这是我们的事业取得胜利的最可靠的保证。各级党委和纪检监察机关要认真学习和掌握邓小平同志建设有中国特色社会主义的理论,继续坚持纪检监察工作必须保证党的基本路线贯彻执行的指导思想,增强执行党的基本路线的自觉性和坚定性。要紧紧围绕我市的改革和建设开展纪检监察工作,主动关心、了解经济建设和改革开放的全局,不断拓宽参与和支持改革、为经济建设服务的路子。应当明确:一个地方改革和建设搞不好,有纪检监察工作的一份责任;改革和建设取得成就,也有纪检监察工作的一份辛

劳。要坚持把有利于发展社会主义社会的生产力,有利于增强社会主义国家的综合国力,有利于提高人民的生活水平,作为纪检监察工作的出发点和衡量是非的根本标准,实事求是地认识和处理改革开放和发展社会主义市场经济中出现的矛盾和问题。对改革中涌现的新事物,对大胆试验、勇于探索、开拓进取的党员干部,要满腔热情地给予支持,大力表彰和宣扬他们的事迹,在他们受到非议、责难甚至诬告、陷害时,要及时为其澄清是非,撑腰壮胆;对在改革探索中因经验不足,出现失误或错误的同志,要立足于教育,帮助总结经验教训,鼓励其继续前进;对在改革中既有突出贡献而又犯有严重错误的,要从珍惜爱护人才出发,既维护党的纪律,又全面分析,慎重处理;对无视党纪国法、钻改革空子、违法乱纪的,要坚决查处,为加快改革开放和经济建设提供强有力的纪律保证。

各级纪检监察机关要加强对党的路线、方针、政策和国家的法律、法规执行情况的监督检查,把它摆到更突出的位置,下功夫切实抓好。对市委、市政府制定的全市经济、社会发展战略和改革政策、措施,要坚决支持,积极维护,督促检查,保证其落到实处。要抓住本地区、本部门的主要问题,使监督检查的内容与党委、政府的中心工作合拍。当前,要与有关部门密切配合,切实把减轻农民负担作为一项政治任务来抓,坚决维护农民合法权益,反对和制止各种坑农伤农行为。要从保证国务院《全民所有制工业企业转换经营机制条例》和省、市政府《实施办法》的贯彻执行入手,促进企业经营自主权的全面落实,促进政府机关转变职能,推动企业尽快走向市场。对股份制改革试点中反映出的一些问题,要加强调查了解,严明党纪政纪,保证我市股份制改革试点工作健康发展。对那些违背中央和省、市的决策和规定,有令不行、有禁不止甚至顶着不办的要严肃查处,为党的路线、方针、政策和国家的法律、法规的贯彻扫清障碍。

二、坚持以反腐败斗争为重点,大力加强党风和廉政建设

党的十四大强调,在改革开放的整个过程中都要反腐败。坚决克服消极腐败现象,是密切党群关系的重大问题,是党内外干部群众的强烈愿望。在新形势下,反腐败斗争丝毫不能放松。必须进一步提高全党对反腐败斗争的紧迫性、艰巨性和长期性的认识,始终把反腐败斗争作为加强党风和廉政建设的重点,下决心抓出成效,取信于民。要认真总结反腐败斗争的经验,拓宽反腐败斗争的思路和对策,深入研究社会主义市场经济条件下党风和廉政建设的特点和规律,更有效地开展反腐败斗争。反腐败斗争要从三个层次上来开展:一是要依照党纪国法坚决惩处极少数危害党和人民的腐败分子;二是要坚持不懈地纠正不正之风,克服消极腐败现象;三是要依靠改革和制度建设,从根本上解决在新旧体制交替过程中腐败现象滋生蔓延的问题。要把工作的重点,始终放到领导机关、领导干部以及经济管理、执法监督部门上来。

各级纪检监察机关要继续把查处违纪案件作为严肃党纪、政纪的中心环节和惩治腐败的有力措施来抓。着重查处违背党的基本路线,反对四项基本原则,抵制和对抗改革开放方针政策、干扰阻碍重大改革措施实施的案件;查处贪污贿赂、严重以权谋私、权钱交易、严重官僚主义失职渎职案件;查处道德败坏、腐化堕落等案件。要坚持纪律面前人人平等的原则,对各种违纪案件,要发现一件,查处一件,不论涉及什么人,都要一查到底,严肃处理。要加强信访、举报工作,拓宽信息渠道,充分依靠人民群众揭露违纪问题,掌握案件线索。要善于从严重违反党的政策和国家法律法规、企业严重亏损、重大事故、失职渎职等问题入手,发现和查处腐败行为。对腐败分子,必须坚决清除,决不能姑息养奸。同时在执纪办案时,又要注意讲究办案的策略和技巧,提高办案质量,做到既要严肃执纪,又要注意办案的政治、经济、社会效果。

纠正各种不正之风是反对腐败、加强党风和廉政建设的一项重要内容。人民群众对以权谋私、搞不正之风深恶痛绝。为了切实纠正不正之风,克服消极腐败现象,必须在党委、政府的领导下各方面齐抓共管。要认真贯彻落实中央和省、市关于加强党风和廉政建设的各项决定和措施,抓住群众关心的热点问题和倾向性问题集中开展专项治理。要坚决执行最近中央两办《通知》规定,严禁党政机关及其工作人员在公务活动包括礼仪、庆典、新闻发布会和经济活动中,以各

种名义和变相形式接受礼金和有价证券;各地区、各部门、各单位也不得以任何形式或名义,向党政机关及其工作人员赠送礼金和有价证券。党员干部特别是领导干部要以党性保证《通知》精神的贯彻落实,凡违反规定的,要坚决予以查处并追究有关领导的责任。要切实纠正凭借行业和部门特权吃拿卡要、权钱交易的不正之风和干部人事工作中的不正之风。要对党员、干部深入进行党章、《准则》和党的优良传统作风教育,增强党性,提高遵纪守法的自觉性和抵御歪风邪气的能力,并把党风党纪、廉政勤政教育同刹风整纪、执法监察、执纪办案相结合,抓好正反典型的宣传报道,注意宣传各地各部门开展反腐败斗争的成效,增强党员干部和人民群众对反腐败斗争的信心和决心。

党风和廉政建设要靠教育,更要靠法制。对权力的使用必须进行监督和制约,防止权钱交易等腐败现象的滋生蔓延。要在执纪执法部门和掌握人、财、物审批权的部门建立防范以权谋私的内部制约机制和各种行为规范,在党政机关、行业窗口部门和公用事业单位继续推行"两公开一监督"制度,把监督检查的"关口"往前移,防微杜渐。要加强党内监督,健全对党组织和党员干部自上而下、自下而上,以及党组织内部的监督制度,拓宽党内外监督渠道,发挥职能部门监督、群众监督、民主党派监督和舆论监督的作用。各级领导干部要增强接受监督的意识,欢迎来自各方面的监督。要坚持民主集中制原则,健全党内民主生活,保护党员的民主权利。

要把加快改革作为加强党风和廉政建设的重要途径。各级党委和纪检监察机关,要把党风和廉政建设问题放到改革开放的大环境中去认识,纳入改革开放的总进程中去解决。通过加快改革开放的实际步骤,既促进经济发展,又减少和铲除滋生消极腐败现象的土壤和条件。

三、适应社会主义市场经济要求,积极探索纪检监察工作的新路子

党的十四大提出建立社会主义市场经济体制的目标,这是一场涉及经济基础和上层建筑许多领域的深刻变革。这场变革既给党的建设、纪检监察工作注入了新的活力,同时也提出了许多新问题,要求党的建设不断加强和改进,也要求纪检监察工作必须从思想观念、思维方式到运行机制、工作方法等方面都有一个较大的改革和改进。

各级纪检监察机关和纪检监察干部,要进一步解放思想,增强改革开放意识、社会主义市场经济意识、为经济建设服务的意识,克服不适应形势发展的旧思想、旧观念,摒弃封闭、保守的思维方式。要坚持用辩证唯物主义的观点,正确认识和分析建立社会主义市场经济体制过程中出现的新的复杂问题,既积极支持促进市场机制的建立,同时又注意抑制其负效应,达到促进市场机制健康发展的目的。要坚持一切从实际出发,创造性地工作,把党的方针、政策与本地区、本部门实际结合起来,正确处理加强纪律和发展经济的关系,执纪中原则性和灵活性的关系,做到具体问题具体分析,使我们的思想认识更加符合发展社会主义市场经济的客观实际。要改进工作方法和工作作风,加强调查研究,及时发现新情况、认识新事物、解决新问题,不断探索在新形势下做好纪检监察工作的新途径。要针对一个时期出现的新情况和亟待解决的问题,认真开展调查研究,及时会同有关部门明确有关政策界限,使党的组织和广大党员有所遵循。广大纪检监察干部要深入到改革开放和经济建设的第一线,学习经济,参与改革,增长知识,拓宽视野,把面向社会、深入实际的步子迈得更大一些,增强工作的主动性和预见性,提高为改革开放和经济建设服务的水平。

党中央、国务院决定纪检监察机关合署办公,这是适应加快改革开放和现代化建设新形势,进一步加强党风和廉政建设的一项重大措施,是我国党政监督体制的一项重大改革。它将有利于各级党委对纪检、监察工作的统一领导,有利于各级政府继续加强对行政监察工作的领导,进一步强化纪检监察两种职能;有利于优势互补,形成合力,避免工作上的交叉、重复,提高工作质量和效率。合署后,各级纪检监察机关要加强团结,尽快理顺工作关系,切实担负起纪检、监察两种职能。要以改革的精神加强队伍建设,按照干部"四化"方针和德才兼备的原则,调整、充实、配备

好各级纪检监察机关的领导班子,建立一支精干、高效、有战斗力的纪检监察队伍。要加强培训工作,努力提高纪检监察干部的政治和业务素质,更好地肩负起党和人民赋予的重任。

四、坚持两手抓的方针,进一步加强对纪检监察工作和党风廉政建设的领导

党风党纪和廉政建设是执政党建设的重要内容,是全党的共同任务,必须坚持全党抓。各级党委要认真贯彻两手抓、两手都要硬的方针,切实把加强党风党纪和廉政建设作为一件大事来抓,做到越是改革开放,越要严肃党的纪律,越是发展经济,越要加强党风廉政建设。要建立健全党风廉政责任制,从上往下抓,上下结合,一级抓一级,层层抓落实。要把纪检监察工作和党风廉政建设纳入党委的重要议事日程,党政主要领导同志亲自抓。要根据各个阶段党的中心工作,对纪检监察工作提出要求,明确任务。经常分析党风廉政方面出现的问题,定期检查党风和廉政制度的落实情况。对于涉及党风和廉政建设全局性的问题和重大违纪案件,党委要直接抓,及时部署,督促检查。

加强党风和廉政建设,领导是关键。要从领导机关、领导干部做起,高标准,严要求,以身作则,身体力行,既要为广大党员干部作出表率,又要对本单位、本系统存在的问题敢抓敢管。要坚持以政绩和廉洁相统一的原则选拔和任用干部,凡以权谋私搞不正之风的人,不能选进各级领导班子。对在维护党的纪律方面严重失职的,要追究党组织及其主要领导人的责任。

在新形势下,纪检监察工作只能加强不能减弱。各级党委必须按照中央和省、市委的有关规定,配备好各级纪委的领导班子和办事机构。各级纪委书记应由同级党委副书记一级干部担任,并参加同级党委常委。纪委领导班子成员的调整,必须征得上级纪委的同意。要在保持纪检监察队伍相对稳定的基础上,适当进行干部交流。要关心纪检监察干部的思想、工作和生活,积极支持纪检监察机关履行职能,帮助排除办案中的干扰和阻力,从人力、财力、物力等各个方面为纪检监察工作提供必要条件。

各级纪检监察机关要在同级党委、政府和上级纪检监察机关的双重领导下,积极主动地开展工作,努力当好参谋和助手。对党风和廉政建设方面的倾向性问题和重大案件,要及时报告同级党委、政府和上级纪委,对其中一些涉及到体制、政策、法规、制度等深层次的问题,积极提出意见和建议。

全市各级纪检监察机关和广大纪检监察干部,一定要解放思想,振奋精神,团结一致,努力工作,不断推进党风党纪和廉政建设,为保证和促进党的十四大和市第七次党代表大会确定的各项任务顺利完成努力奋斗。

二、政府工作报告

在重庆市第十一届人民代表大会第一次会议上的政府工作报告

市长 肖秧

(1988年5月31日)

各位代表：

我代表重庆市人民政府，向大会报告工作，请予审议。

一、在改革开放中前进的5年

重庆市第十届人民代表大会第一次会议选举产生的本届政府任期将满。5年来，在党的十一届三中全会以来的路线、方针指引下，在中共重庆市委的领导和市人大及其常委会的监督支持下，市政府坚持以经济建设为中心，坚持四项基本原则和改革开放，加强了物质文明和精神文明建设，经过全市人民的艰苦努力，各项工作取得较大成绩，基本完成了本届政府的主要任务。

(一)国民经济持续稳定发展

在改革开放的推动下，全市经济呈现持续稳定增长的好形势。国民生产总值1987年达到130亿元，比1982年增长93.5%，平均每年增长14.1%；工农业总产值达到208亿元，比1982年增长74%，平均每年增长11.7%；国民收入达到111.3亿元，比1982年增长93.1%，平均每年增长14.1%，增长速度明显超过前5年。财政收入1987年达到19.1亿元，比1982年增长66.8%，平均每年增长10.8%，5年共上缴中央和省46.6亿元，比前5年增长41.3%。

工业生产在电力、资金、原材料严重不足的情况下，保持了良好的发展势头。工业总产值1987年达到169.4亿元，比1982年增长86.7%，平均每年增长13.3%。产业结构和产品结构有所改善，适销对路产品增多，煤炭、电力、钢材、硫酸、烧碱、化肥、棉纱、摩托车、电视机、电冰箱、洗衣机等主要产品产量都有较大增长。军工企业民品生产有了突破性进展，开发出一批有较大影响的重点产品。产品质量稳定提高，荣获国家金银质奖38个，部、省、市优质产品称号612个(次)。工业企业综合经济效益有了提高，全民工业全员劳动生产率平均每年增长9%，万元产值能耗平均每年降低6.5%。交通运输量、邮电通信业务总量都有较大幅度增长。建成了一批重点项目，主要有重庆电厂两台20万千瓦机组、重庆特殊钢厂800吨精锻机、西南铝加工厂2800毫米冷轧机、成渝铁路重庆段电气化工程等；技术改造和技术引进项目竣工投产3700多个，新增工业固定资产26亿元，增添了经济发展的后劲。

农业生产克服自然灾害带来的困难实现稳定增

长,农村经济有了较大发展。农业总产值1987年达到38.2亿元,比1982年增长33.8%,平均每年增长6%。粮食总产量年年保持在500万吨以上,1987年达到557.4万吨,比1982年增长7.3%。生猪生产保持较高水平,1987年出槽786万头,比1982年增长48.3%。柑橘、蚕茧、茶叶、禽蛋等产品产量创历史最好水平。蔬菜生产基本满足城市人民生活需要。植树造林面积扩大,农田水利设施的整治和管理取得一定成效,小水电建设有新的发展,农机服务功能有所改善,气象工作为农业生产趋利避害、防灾抗灾作出了贡献。乡镇企业迅速崛起,已成为振兴农村经济的重要支柱,1987年产值达到47.1亿元,比1982年增长5.4倍,第一次超过农业总产值,81万农民转入或部分转入非农产业。农垦企业农工商综合经营取得很大成绩,产值和税利5年翻了一番。

商品交换不断扩大,城乡市场繁荣活跃。社会商品零售总额1987年达到72.1亿元,比1982年增长1.2倍,平均每年增长17.1%。国营商业和供销社纯购进、纯销售分别比1982年增长82.3%和70.2%。城乡集市贸易成交额达到14.6亿元,比1982年增长1.7倍。商业服务设施逐步增加,商业、饮食业、服务业网点发展到21.8万个,比1982年增长3.6倍,建成了具有相当规模的上桥商品中转枢纽。

在生产发展的基础上,人民生活明显改善。城乡绝大部分家庭的实际收入有较大幅度增加。农民人均纯收入1982年为226元,1987年提高到475.5元,扣除物价上涨因素,平均每年增长9.5%;城镇居民人均生活费收入1982年为466元,1987年提高到1031元,扣除物价上涨因素,平均每年增长10.7%。城乡居民1987年末储蓄存款余额32.6亿元,比1982年增长3倍多。5年城镇共安置37万人就业,农村有10万多贫困户基本脱贫,新办敬老院(室)359所。城乡居民住房条件有所改善,城镇人平居住面积由3.4平方米提高到4.4平方米,农村人平使用房屋面积由15.8平方米提高到22平方米。

(二)经济体制改革取得重大进展

1983年2月,党中央、国务院批准重庆进行经济体制综合改革试点,实行计划单列,赋予省级经济管理权限,使重庆的改革和建设进入了一个新阶段。

5年来,我市经济体制综合改革以增强企业活力、发挥中心城市多功能作用为目标,由农村到城市,由生产领域到流通、分配领域,由单项改革到综合配套改革逐步展开,在较大范围内冲击了严重束缚生产力发展的旧体制,适应社会主义商品经济发展的新体制的基础开始建立。

农村改革逐步深入。稳定和完善家庭联产承包责任制,发展地区性合作经济组织,加强社会化服务,使统一经营与分散经营相结合的双层经营责任制得到发展。改革农产品统购派购制度,提高农副产品收购价格,拓展农副产品流通渠道,推进农村供销社和信用社改革,调动了广大农民发展商品经济的积极性。实行市领导县体制,逐步扩大区县部分经济管理权限,进行区县综合改革试点,发展城乡经济技术联合和交流,打破了城乡分割的封闭状态,推动了农村经济的发展。

企业改革逐步深化。围绕搞活企业这一中心环节,普遍进行了以扩大企业自主权、实行厂长(经理)负责制、建立企业内部经济责任制为主要内容的"小配套"改革。在此基础上,按照所有权与经营权分离的原则,针对不同行业和企业特点,积极推行多种形式的经营责任制,普遍实行了承包经营和租赁经营,逐步引入竞争机制。对股份制、企业兼并进行了有益探索。企业工资分配制度、劳动用工制度的改革取得进展。在深化企业改革的同时,进行行业管理试点,促进政企逐步分开,调动了经营者和职工的积极性,企业不同程度地焕发出活力。

横向经济联合不断扩大。企业之间、城乡之间、地区之间的联合协作向广度和深度发展,与五省(区)六方和长江沿岸城市的联合不断加强,建立各种经济联合体700多个,组建了嘉陵工业股份公司、华西冶金工程公司、四联仪器仪表公司、天府可乐饮料公司等一批有影响的企业集团。与市外签订落实联合协议3000余项,引进资金4亿多元,协作物资总额20多亿元。

流通领域的改革不断拓展。农副产品市场调节的比重和范围不断扩大,流通渠道和经营形式增多,丰富了城市副食品供应。取消日用工业品统购包销制度，冲破传统的三级批发层次，创建"工业品贸易中心"，建立了一批专业批发市场，以城市为依托、国营商业为主导的开放式、多元化的批发体系基本形成。在搞活消费品市场的同时，改革物资体制，改进计划分配物资的调拨办法，组建了综合性、专业性的物资贸易中心和生产资料市场，逐步扩大了市场调节范围。金融改革取得显著成绩，开拓资金市场，发展多种形式的金融组织，成立了交通银行、投资银行和6个信托投资（咨询）公司，兴办了一批股份制的信用社县联社、城市信用社、邮政储蓄网点、银行与企业联办储蓄所以及行业性的资金互助组织。我市与全国70多个城市建立了融资关系，1987年同业拆借资金月平均达7亿多元；有计划地向社会发行规范化的债券、股票4亿元。保险事业发展较快，承保总额达267亿元，对工农业生产和人民生活发挥了保障作用。

计划、投资、物价、财政、税收体制等方面也都进行了不同程度的改革。较大幅度地缩小了指令性计划范围，扩大了指导性计划和市场调节范围。调整了一些阻碍生产发展的产品价格，逐步放开了小商品价格，实行多种价格形式，促进了生产。财政创立了基金制，对部分财政资金实行有偿使用，滚动增值，提高了使用效果。在标准、计量、统计、审计和工商行政的管理与监督方面也都做了大量的工作。

多种经济形式有较大发展。1982年到1987年，全市工业总产值构成中，集体所有制工业的比重由17.2%上升到19.6%；城乡个体工商业户由10.1万户增加到19.1万户；在社会商品零售总额中的个体经济比重由7.6%上升到27.7%。对促进生产，繁荣经济，扩大就业，方便人民生活，起了积极作用。

（三）城乡面貌发生明显变化

5年来，逐步加强了城市规划、建设和管理，改革管理体制，多渠道筹集资金，对部分基础设施实行有偿使用，加快了城乡建设步伐，5年用于城市建设的投资达到5.6亿元，比前5年增长1.2倍。

指导城乡建设的规划工作有了加强。城市总体规划的调整工作基本完成，编制了城市交通、给排水、电力、电信、燃气规划和9个片区规划以及12个小城镇规划，村镇建设规划逐步展开，城市建设开始走上按照城市总体规划实施的轨道。

城市基础设施建设大力展开。新建、扩建了沙杨路（沙坪坝至杨公桥）、四南路（四公里至南坪）等6条城区道路，建成了牛角沱立交道、"八一"隧道、长江架空客运索道、鹅岭隧道和3处人行地道、5座人行天桥、5座区间桥。新增城区公共汽、电车223辆，发展了一批出租汽车，在一定程度上缓解了乘车难的问题。5年内新建公路352公里，通公路的乡比1982年增加28个，全市98%的乡通了公路，增加长途客货运输汽车1200多辆。重庆机场、嘉陵江石门大桥和210国道（机场至红旗河沟）正继续抓紧建设。建成了黄桷渡、鹤皋岩水厂，改造了江北老水厂，实现了与江陵厂、建设厂富余自备水的联网转供，新增日供水能力12.5万吨。新建和改造集镇小水厂57个。民用天然气由1982年的12.5万户增加到42万户。新建和改建邮电局、所112处，建成长话枢纽大楼，新增市话交换机1.7万门，引进1万门程控电话已投入使用。

旧城改造、新区开发和小城镇建设取得较好成绩。5年中新建城市住宅907万平方米，为前5年的1.6倍。完成了罗家院、土湾、嘉陵新村、和平路等片区的改造，市和区县规划改造的33个片区和小区正在加紧建设。南坪、大坪和江北区鹞子丘3个综合开发区建设初具规模，完成建筑面积57.7万平方米。农村5年建房4100万平方米，其中住房3200万平方米。12个小城镇建设试点进展顺利，面貌有了改观。

园林绿化和环境保护有了新的进展。改造治理了鹅岭、枇杷山公园和南泉、南山风景区，新建小游园、绿化点102处，园林式单位和村段45个，城市绿化覆盖率达到15.2%。治理"三废"项目876个，投资近亿元。开展了烟尘控制区建设活动，群众义务劳动整治桃花溪第一期工程已经完成。

城市管理工作有所改善。充实了城市管理专业队伍，综合治理城市环境和整顿交通秩序也都取得一定成效。

（四）对外开放有了良好开端

对外贸易发展迅速。1983年我市开展自营出口以来，与近100个国家和地区建立了经济贸易往来关系,出口创汇平均每年以69.8%的速度增长,1987年达到2.23亿美元,比1983年增长7.3倍。出口商品1200余种,出口产品结构不断改善,机电产品已占出口总值的11%。对外承包工程和劳务合作签约40多项,向20多个国家和地区派出人员3500人,完成合同金额1.3亿美元。

利用外资和引进技术规模不断扩大。5年利用外资签约89项,合同金额1.4亿美元。引进国外先进技术、设备近200项,金额2亿多美元。建成了一批具有先进水平的生产线、检测中心和样板车间,兴办中外合资、合作经营企业26家。改善了部分企业技术装备,增强了新产品、新技术的开发能力,促进了生产和出口创汇的增长。

对外友好往来和国际旅游业得到发展。我市已先后同法国图卢兹、美国西雅图、加拿大多伦多和日本广岛市结为友好城市,开展了经济技术和文化交流。旅游设施不断改善,接待能力逐步增强,重庆至香港的旅游包机已正式通航。5年中接待来自100多个国家和地区的旅游者21.5万人次,为国家创汇近8000万元(外汇人民币)。

(五)科技教育事业有了新的发展

科技工作开始转上为经济建设服务的轨道。改革科技管理体制,扩大科研机构自主权,改变科研拨款制度,发展科研机构、高等院校与企业之间的联合,促进了科学技术的发展。5年来,取得重大科技成果1053项,其中获得国际发明奖和新技术奖2项,国家级奖励77项。"星火计划"安排的330个项目正在农村陆续实施。技术市场有了发展,经营技术商品和技术服务中介机构已达409个,1987年技术交易成交额达到5200万元。社会科学研究活跃。软科学研究发展较快,取得成果280多项,不少已为有关部门采用。

教育工作逐步加强。基础教育实行分级管理体制,调动了区县、乡镇和街道办教育的积极性。幼儿教育发展较快,小学教育基本普及,初中教育得到加强。中等教育结构调整取得成效,职业技术学校5年毕业生达4.6万多人,1987年中等职业技术学校招收初中毕业生占当年初中升学总数的43.8%。5年来新办成人高等院校9所,普通和成人中专学校29所,培养了一批专门人才。成人教育取得很大成绩,社会力量办学收效显著。地方财政用于教育事业的资金,5年增长87%,超过地方财政收入的增长幅度;群众集资办学和征收教育费附加达1.5亿元。新建和维修中小学校舍237万平方米,新置课桌凳30万套。5年中市财政拨出1200万元专款为中小学教师修建宿舍。

计划生育和卫生、体育工作取得新成绩。计划生育做了大量工作,控制人口增长取得一定成效,1985年被评为全国计划生育先进市,广大计划生育工作者为控制人口增长作出了贡献。医疗卫生工作坚持贯彻预防为主的方针,依靠社会力量,提高了综合防治疾病的能力。5年新增病床4000多张,开设家庭病床3.5万张,拥有先进设备的市急救中心已建成投入使用;中医事业继续发展,县县有了中医院。在农村进行了较大规模改水活动,初步改善了650万农民的饮用水质量。群众性体育活动广泛展开,270万人次达到体育锻炼标准,我市两次被评为全国"田径之乡"。成功地承办了省第五届运动会,举办了市第六届运动会。5年内我市运动员在国际比赛中获金牌17枚,在全国性比赛中获金牌107枚,一人3次破1项世界纪录,二人4次破3项亚洲纪录,五人15次破14项全国纪录。

(六)社会主义精神文明建设和民主法制建设得到加强

在坚持四项基本原则和推进改革开放的进程中,长期以来束缚人们头脑的旧观念和"左"的思想影响受到冲击,适应发展社会主义商品经济要求的新思想、新观念正在逐步形成,广大干部群众参加改革和建设的积极性日益提高。各条战线广泛进行了"四有""四职"教育,开展创文明单位和军民共建活动,涌现出一批先进集体和模范人物。文化艺术、广播影视、新闻出版和档案事业有了进一步发展,文化娱乐设施增加,电视人口覆盖率达到70%,创作和上演了一些比较好的作品和剧目,促进了社会主义精神文明建设。

社会主义民主建设逐步加强。在执行人大决议和接受监督方面有了进步,认真办理了人民代表的议案、建议、批评意见和政协委员的提案。开始建立了社会协商对话的渠道,加强群众来信来访工作,建立并坚持市长公开电话和部分局长、区县长公开电话制度,解决了不少群众迫切要求解决的问题。人民政协、各民主党派、人民团体在参政议政、监督和支持政府工作方面发挥了重要作用。

政府法制工作得到加强。5年来提请市人大常委会审议通过的地方性法规和政府颁布或批准的规章177件,对建国以来颁发的规章和规范性文件,进行了全面清理。城乡广泛开展了普及法律知识的教育,干部和群众的法律意识有所增强。充实行政执法和监督部门力量,扩展律师公证事务,加强社会治安综合治理,开展严厉打击严重刑事犯罪和经济犯罪活动的斗争,维护社会治安秩序,保障了改革开放和建设的顺利进行。

民族、宗教、侨务以及人防等工作也都取得了新的成绩。

中国人民解放军驻渝部队、武警指战员和民兵,在保卫安全、抢险救灾、支持地方建设等方面做了大量工作,作出了新的贡献。

5年来的实践使我们体会到:必须牢固树立建设要依靠改革,改革要促进建设的思想,坚持以经济建设为中心,用改革总揽全局,对于社会经济生活中的矛盾和改革进程中出现的问题,都要通过改革去解决,才能不断克服前进中的困难,促进经济建设和各项事业稳定协调发展;必须坚持从实际出发,解放思想,把是否有利于生产力发展作为考虑一切问题的出发点和检验一切工作的标准,敢于破除阻碍生产力发展的传统观念和条条框框,克服"左"的积习和僵化思想,敢于实事求是,才能解放生产力,开创各项工作的新局面;必须依靠科技进步和提高劳动者素质,强化农业基础,优化产业结构,才能在提高经济效益的前提下,保持较高的经济发展速度,增强重庆的经济实力和中心城市的地位;建设和改革必须抓住调动劳动者积极性这个核心问题,一切政策和措施,都要兼顾国家、集体和个人三者之间的利益,才能充分调动工人、农民、知识分子和干部的积极性、创造性;必须树立长期艰苦奋斗的思想,处理好积累与消费、当前与长远的关系,抵制奢侈浪费之风,摒弃任何不切实际的想法,脚踏实地,埋头苦干,一步一个脚印地前进。

认真总结5年来的经验,对进一步改进政府工作有着重要意义。

5年来重庆在改革开放中取得的成就,是在党的十一届三中全会路线、方针的指引下,全市人民团结奋斗的结果。请允许我代表市人民政府,向全市工人、农民、知识分子和干部,向各民主党派、人民团体和各界人士,向解放军驻渝部队、武警部队指战员和公安干警,表示衷心的感谢和崇高的敬意!

各位代表!过去的5年虽然取得较大成绩,但政府工作中还存在不少缺点,前进中仍有不少问题。在深化改革的过程中,我们对城市改革的艰巨性、复杂性认识不足,对改革中出现的新矛盾、新问题有的研究解决不够及时,有的改革措施没有落到实处,对改革试点中的成功经验总结推广较差,没有充分用好、用活、用足中央赋予的试点权,制定更加灵活的政策,影响改革和开放取得更大的成效。对农业投资不足,运用价值规律引导农村商品生产研究不够,有些政策不够活,有些农业生产资料的生产和供应还很不适应农村经济发展的需要。对教育经费虽然做到了"两个增长",但大都用于"人头"经费,而事业发展的资金较少,条件改善不快,中小学危房较多,文化、体育设施更为落后。城市综合治理还比较薄弱,某些城市管理法规没有很好落实,环境卫生、食品卫生问题不少,市容市貌不够整洁,经常性的管理、监督措施不够有力,一些地方偷盗、赌博比较严重。政府机构重叠,职责不清,办事效率不高,对有些重大问题缺乏系统的调查研究,政府工作中不同程度地存在着官僚主义,有的还比较严重;有些部门缺乏全局观念,扯皮推诿,互相掣肘,自我束缚,影响甚至贻误改革和建设;有的机关工作人员政纪松弛,以权谋私,搞不正之风,在群众中造成不良影响。这些问题必须引起我们的高度重视,认真加以解决。

当前经济生活中群众反映比较集中的是物价问题。近年来物价上涨幅度较大,使人民生活的改善受到一定影响。物价上涨的原因是多方面的。一是由于旧的价格体系存在许多不合理的因素,农产品和初级工业产品价格长期偏低,物价总水平上升是不可避免的,这是运用价值规律促进经济发展,尤其是促进农业和基础工业发展的客观要求。二是社会总需求超过总供给的矛盾不可能在短期内消除,加上外地特别是沿海市场的影响,刺激了部分商品和原材料价格上涨过猛。三是一些企业单位和个人违反物价政策乱涨价、变相涨价,流通领域中间环节过多,我们对物价的管理工作不严,也是物价上涨幅度较大的一个原因。近几年来,我市在财力紧张的情况下,进行了价格补贴、亏损补贴和副食品补贴,去年财政在粮、肉、菜、煤等方面的补贴就达3.85亿元。尽管如此,部分城市居民的实际生活水平仍然有所下降。物价改革是整个经济改革中难度最大又不可回避的问题。正如中央领导同志指出的,我们改革开放要过几个险关,主要的一关是理顺物价。现在到了不进则退的阶段,只能进不能退。我们要按照中央的部署,积极稳妥地做好工作,度〔渡〕好这一关,为我市经济改革的顺利进行创造一个良好条件。

二、今后5年经济社会发展的主要任务

党的十三大制定了党在社会主义初级阶段的基本路线,规划了我国现代化建设的宏伟蓝图,七届全国人大一次会议确定了我国今后5年建设和改革的目标、方针和任务。动员和组织全市人民实现社会主义现代化建设的各项任务,是我们的光荣历史使命。

重庆是长江上游的经济中心,经济腹地广阔,自然资源比较丰富;经过多年来的建设,已经形成相当可观的物质技术基础和较强的综合配套能力;水陆交通和商品流通比较发达,经济联系范围广;科技力量较强,军工实力雄厚,高等院校较多;经过几年进行经济体制综合改革试点的探索实践,积累了一定的经验。这些都是我们继续前进的基础。

但是,我们应清醒地看到,重庆经济社会发展还面临着不可忽视的困难和制约因素,突出的是:

农业基础脆弱,发展后劲不足。我市农村人口多,人平耕地不足一亩,基本上是用手工工具搞饭吃,经济结构比较单一,集约经营程度很低,商品经济不发达。农村水土流失严重,地力下降,基础设施老化,抗灾能力差。农民收入水平较低,少数贫困乡村和农户还未完全解决温饱问题。

城市基础设施薄弱,综合服务功能较差。供电、供气、供水严重不足,1/3的生产能力因缺电不能得到正常发挥,也给人民生活带来许多不便。城市危房、危岩、滑坡较多,道路少而窄,车辆阻塞,交通拥挤,邮电通信落后,市场设施不足,欠账很多。

工业结构不够合理,管理水平不高。原材料工业滞后,新兴工业薄弱,不少企业厂房破旧,装备落后,技术进步缓慢,基础管理水平较低,严重影响着经济效益的提高。

地方财力负担沉重,建设资金严重短缺。在经济体制改革过程中,一方面随着财政统收局面的打破,一部分资金留给了企业,而经济效益明显提高有一个过程;另一方面财政统支局面基本上还没有改变,由财政供给的范围和资金不断扩大,各方面改革和人民生活的改善也需要财力的支持,加之地方留成比例偏低,1987年又承担中央借款任务8200万元(今年起相应调减支出基数),难以全部消化,以致财政收入的增长不能保证正常支出的需要,累计赤字达2.2亿元,使许多本来应该办的事无法实施。

我们还应当看到,当前全国改革开放的步伐加快,国际国内经济形势的发展变化,重庆正面临着三个方面的挑战。一是沿海地区经济发展战略的实施,重庆与沿海地区经济发展速度和人民生活水平的差距将进一步扩大,重庆在市场、价格、人才等方面进一步受到冲击;二是内地特别是重庆周围城市和地区的经济实力不断壮大,在传统产业、初级产品方面对我市形成很大的压力;三是世界新科技革命迅猛发展和国际经济贸易格局的变化,对重庆也将产生重大的影响。这些发展变化,对我市经济发展既是严峻的挑战,也是难得的机遇。对此我们应有足够的认识,必须警醒起来,增强紧迫感、危机感和责任感,进一步解放思想,同心同德,艰苦奋斗,迎接挑战,奋力振兴重庆经济。

根据不久前召开的中共重庆市第六次代表大会确定的经济发展方针和我市经济科技社会发展战略设想(《重庆经济科技社会发展战略纲要》草案及说明,会议已印发给各位代表审议),今后5年我市经济科技社会发展的主要奋斗目标是:

经济保持一定的增长速度,实力明显增强。到1992年,全市国民生产总值达到195亿元,平均每年增长8.5%;工农业总产值达到305亿元,平均每年增

长8%；粮食总产量达到580万吨，平均每年增长0.8%；社会商品零售总额达到126亿元，平均每年增长12%；出口创汇达到5.5亿美元，平均每年增长20%。

依靠科学技术、调整产业结构有较大进步。主导产业的骨干企业、出口创汇重点企业和新兴产业采用相当于经济发达国家70年代末、80年代初的技术。产业结构比较合理，第三产业在国民生产总值中的比重达到30%。劳动者素质和社会经济效益、劳动生产率、产品质量进一步提高。

城市基础设施有较大改善，社会经济生活中比较突出的供需矛盾得到明显缓解。动工新建和建成一批能源、交通、原材料、通信、供水等重点工程，新增发电机组90万千瓦、日供水能力20万吨以上，新建城镇住宅1000万平方米，交通较为疏畅，城市道路内环网络初步形成，城市综合功能有较大增强。

人口得到有效控制，人民生活进一步提高。全市总人口控制在1535万以内。环境质量得到改善。在生产发展的基础上，城乡居民实际消费水平平均每年增长5%左右。

为实现今后5年的目标，我们要紧紧抓住经济建设这个中心，深化和加快改革，扩大对外开放，发展科技教育，巩固农业基础，优化产业结构，促进全市经济社会协调发展，完成和超额完成第七个五年计划，制订并实施第八个五年计划，为我市在2000年前实现国民生产总值翻两番，人民生活达到小康水平打下牢固基础。为此，建议下届政府注意解决好以下几个重大问题。

（一）坚持把发展科学技术和教育事业放在首位

依靠科学技术进步和提高劳动者素质是振兴经济的决定性因素。我们必须充分认识科学技术和教育在重庆经济发展中的战略地位，增强紧迫感，加快科技进步和智力开发的步伐。要坚持经济建设必须依靠科学技术、科学技术必须面向经济建设的方针，切实把科技工作的重点转到经济建设主战场上来。一是抓紧制定《重庆市中长期科学技术发展纲要》，确定我市科技发展的战略目标、重点和措施，有效地推进技术进步。二是继续实施发展农村经济的"星火计划"。在采用先进实用技术发展良种、良畜以及农产品的贮藏、保鲜、加工等方面有较大进展。进一步建立健全农村科技管理体系和农业技术推广服务体系。三是采用先进技术改造传统工业，以机械、冶金、化工、食品、纺织等行业为重点，使我市主要产业和骨干产品的技术面貌有明显改善。同时，抓好光电、信息、计算机、新材料、智能化仪表等高技术产品的开发。四是加快科技体制改革，进一步放宽对科研机构和科技人员的政策。科研机构要引入竞争机制，推行各种形式的承包经营责任制，推进科研单位、高等院校与企业的多种联合，建立新型的科研生产经营实体，发展民办科技机构，促进人才合理流动，支持和鼓励科学技术人员到工农业生产第一线开展技术承包或技术服务，创办、领办或承包企业特别是乡镇企业。科技人员在做好本职工作和不侵犯本单位技术经济权益的前提下，允许他们适度兼职或业余兼职，进行技术服务。五是加强软科学研究，促进自然科学和社会科学合作，更好地为科学决策、民主决策服务。六是建立科学技术发展基金，搞活技术交易，使科技成果尽快转化为现实生产力。

百年大计，教育为本。必须坚持把发展教育事业放在突出的战略位置，加强智力开发。教育体制改革要有利于提高劳动者素质和培养大量合格人才，调整和完善教育结构，逐步形成适合我市经济社会发展需要的普通教育、职业教育、高等教育和成人教育相结合的教育体系。重视幼儿教育，大力加强基础教育，有步骤地实施九年制义务教育，在市区和县城600万人口的地区基本普及初中。积极发展中等专业教育和职业技术教育，加强职业培训，绝大多数乡办起农民文化技术学校。稳步扩大高等教育规模，填补缺门专业，充实短线专业，积极推动高等院校跨部门、跨地区地联合办学和校际协作，充分发挥高等院校的潜力。依靠社会力量办学，鼓励自学成才。加强教育科学研究，提高教育管理水平。要十分重视师资队伍建设，稳定教师队伍，办好师范学校和幼教、小学、中学三个师资培训中心，采取函授、培训、自修和委托代培等方式，解决师资缺乏的问题，使绝大多数教师都能胜任或基本胜任教学工作。多渠道筹集教育资金。

各级政府要在经济发展的基础上,保证教育经费的增长高于财政经常性收入的增长,并使在校学生人平教育费用逐步增加。提倡和鼓励社会集资或捐资办学,发展勤工俭学,鼓励和支持有条件的学校办好校办企业。建立教育基金。必须按规定收好城乡教育费附加,管好用好各类教育经费。切实抓好中小学危房改造,杜绝因房屋垮塌造成师生伤亡事故的发生,力争1990年前将中小学现有严重危房改造完毕,逐步改善中小学的校舍和设备条件,努力实现师范学校办学条件的标准化、规范化。

多年来,我市广大科学技术和教育工作者,特别是中小学教师,在艰苦条件下辛勤劳动,积极奉献,为重庆经济社会的发展作出了重大贡献,应当受到全社会的尊重和爱戴。我们要进一步造成〔营造〕尊重知识、重视人才、珍惜人才、关心人才的社会风气,创造一个有利于人才成长和选拔的社会环境,使大量有真才实学者脱颖而出。要切实改善科学技术人员和教师的工作生活条件,对作出突出贡献的个人要给予重奖,充分发挥他们在推动重庆现代化建设中的重要作用。

(二)增强农业后劲,建立稳固的国民经济基础

农业的稳定增长是整个国民经济长期稳定发展的基础。要强化城乡一体化的思想,加强对农业的指导和服务,运用价值规律,逐步调整价格政策,依靠技术进步,调动广大农民生产积极性,加快农村商品经济的发展。要十分重视粮食生产,稳定种植面积,扩大复种指数,提高粮食单位面积产量,建设商品粮基地,保持粮食产量稳定增长。把优化产业结构同适度规模经营结合起来,因地制宜地切实抓好生猪、柑橘、蚕茧、茶叶等优势农产品生产,发展专业大户和庭院经济,有计划地建设一批菜、肉、禽、蛋、鱼、奶基地以及创汇农副土特产和轻纺原料基地,努力实现种植、养殖、加工和农工商一体化,促进农业逐步向集约经营转化,提高单位资源产出率、商品率和劳动生产率。稳定和完善林业生产责任制,保护和合理利用森林资源,完成造林绿化任务。

大力发展乡镇企业。乡镇企业的发展要纳入全市整个经济布局通盘筹划,把发展乡镇企业同调整产业结构、促进城乡工业协调发展和加快小城镇建设结合起来。采取切实有效的政策措施,引导乡镇企业合理利用资源,充分发挥经营灵活的优势,推进横向联合,加强企业管理,加快人才培养,扩大优质名牌产品和出口创汇产品生产,积极发展第三产业。争取每年新增产值10亿元,新转移劳动力10万人。

各部门、各行各业都要牢固树立以农业为基础的思想,从技术、资金、物资、信息等方面加强对农业的服务。要逐步增加对农业的投入,建立农业发展基金和风险基金,完善"以工补农"办法,加强农业科研和农田水利建设,改善农业生产条件,增强自我发展能力。中央规定用于农业的投资不得挪作它用。市要随着财力的增强逐步增加农业投资,区县机动财力应更多地用于农业设施建设,特别是要引导乡村合作组织和广大农户增加农业的积累和投入。对农业生产急需的电力、柴油和生产化肥的天然气,必须优先保证供应,在国内生产、分配不能满足需要的情况下,安排一定数量的外汇用于进口化肥和农用工业原料。加快发展农用工业,千方百计挖掘现有的化肥、农药、农膜生产潜力,同时,抓紧对化肥厂、农药厂的改造,建成长寿化工总厂年产11万吨尿素项目,逐步形成与农业发展相适应的农用工业体系。

(三)集中力量解决制约重庆经济发展的突出问题

能源供应不足,原材料紧张,交通通信不畅,市政设施薄弱,产业结构不够合理,建设资金短缺,仍是我市经济发展的几个难点。我们必须按照商品经济的发展规律,扬长避短,集中力量猛攻难点,抓紧实施"七五"期间的重点建设项目,酝酿筹建一批新的项目,力争把制约因素减少到最低限度,为重庆经济发展打下坚实基础。

狠抓能源建设。江北10万千瓦燃气发电厂,争取尽快投产;加快珞璜电厂施工进度,1991年完成第一期70万千瓦工程;合川渭沱电站、铜梁安居电站和永川火电厂要抓紧建成。积极发展小水电,鼓励和支持有条件的企业综合利用余热、余压发电。抓好输变电工程,完善电网。扩建川东气田。抓紧煤矿的建设和改造,扩建松藻矿区、天府矿区和南桐矿区,加快地方煤矿的

建设和乡镇煤矿的技术改造,提高煤炭生产能力。

加强交通邮电建设。建成重庆机场,完成川黔铁路电气化、重庆火车站改造工程和沙坪坝、北碚火车站新建扩建工程。新建成渝公路复线,改造川黔、汉渝、渝长(重庆至长寿)公路干线。抓好港口建设和航道整治,逐步形成长江、嘉陵江、涪江、渠江、綦江水上运输网络。建成邮政枢纽,新增5万门程控交换机和1500路长途自动电话交换设备,9区和12县县城实现电话自动化。建成微波通信大楼、卫星通信地面站,协助国家建设重庆至武汉的微波通信干线,改造重庆至成都、西安、贵阳、昆明的微波通信干线,使重庆邮电枢纽的能力有较大提高。

加快市政设施建设。兴建重庆长江二桥,建成菜袁路(菜园坝至袁家岗),完成市中区地下通道改造工程,努力解决干道的"堵头""卡口",为形成城市道路环形网络打下基础,并逐年新增一批公共电、汽车,增设停车场,逐步缓解交通拥挤的状况。完成黄桷渡水厂管网配套,抓好九龙坡和尚山水厂和江北梁沱水厂一期工程建设,改造和新建一批县、镇水厂,使供水紧张的状况进一步得到改善。继续新建扩建一批批发交易市场,发展商业服务网点、城乡集市和摊群,方便群众生活。要以重点建设带动小城镇的市政设施建设,推动小城镇建设的发展。

优化产业结构、产品结构和技术结构,支持有竞争能力的传统产业,有选择地发展新兴工业和高技术产业。充分发挥我市资源、生产能力和技术优势,重点发展原材料工业,扩大短缺材料的生产能力,完成重钢、特殊钢厂技术改造和西南铝加工厂二期改扩建工程,抓紧重庆炼油厂工程建设,为发展石油化工打下基础。改造和振兴机械、仪表、电子工业,加快机电仪一体化进程,注重发展汽车、摩托车、成套设备、集成电路和自动化仪表制造业,形成整体优势。军工企业要坚持军民结合方向,扩大拳头产品生产,不断开拓新的生产领域。化工、医药工业要抓好产品升级换代,增加紧缺原料的产量。轻纺、食品工业要在增加花色品种、提高产品档次、发展多层次加工上下功夫,增强竞争能力。重视发展建筑业,进一步发展第三产业,使其与整个经济发展更加协调。

生产建设的发展,需要增加相应的投入。资金严重短缺,是我市经济发展中最主要的制约因素。解决的办法,一靠开源,二靠节流,三靠提高投资效果。我们要进一步树立艰苦奋斗的思想,把双增双节运动长期开展下去,增加生产,厉行节约,提高效益,增强自我积累能力。采取扩大城乡储蓄,发行债券、股票,利用外资,对部分城市基础设施实行有偿使用,逐步试行城镇土地使用权限期有偿出让、转让等办法,千方百计筹措建设资金。要对建设项目充分进行可行性论证,全面推行项目设计、施工招标投标,提高工程质量,节约投资,缩短工期,努力提高资金使用效果。

(四)努力扩大对内对外开放

要认真实行"发挥优势,内外结合,努力开拓国内市场,积极打入国际市场"的方针,扩大对内对外开放的广度和深度,在国际、国内两个市场的竞争中,增强企业的活力和城市的实力。

继续扩大对内开放,进一步发展多层次、全方位的横向经济技术联合。充分利用我市资源、技术、劳动力和商务优势,加强与重庆经济协作区、五省(区)六方、长江流域中心城市和沿海地区的协作,广泛开展以企业为主体的商品流通、资金融通、科研生产、人才交流的联合和有特色的军民联合。在办好现有企业集团的同时,积极发展新的跨区域、跨行业的企业集团。要制定鼓励横向联合的政策和相应的规章,保障和推动联合的发展,增强重庆的吸引力和辐射力。

加快对外开放步伐。在巩固扩大重庆产品国内市场占有率的基础上,采取灵活的对策和措施,积极参与国际交换和竞争。一是要狠抓外贸出口,提高创汇能力。立足现有基础,发挥我市产业优势,改进出口产品结构,增加机电产品出口比重;积极发展丝绸、化工、医药、轻工、纺织、服装和名优土特产品出口,提高出口产品档次,大力发展附加价值高的出口产品。重点扶持一批具有国际竞争力、见效快、创汇高的拳头产品,建立一批出口商品生产基地和专厂、专车间。通过各种形式和渠道,扩大对外工程承包,大力组织劳务输出,有选择地在国外兴办一批企业,建立销售网络,筹措资金,开拓市场。二是大胆利用外资,引进资金、技术、管理和人才。大力发展"三来一补"和"三资"企业,吸引外商、侨胞、港澳同胞和台胞来渝投资,创办企业,改造老企业。积极创造条件创办以吸引外资为主的经济技术开发区,实行更加特殊、灵活的政策,创造一个按国际经济惯例运行的小环境。三是加快外贸体制改革的步伐。按照自负盈亏、放开经营、工贸结合、推行代理制和协调对外的原则,在外贸经营企业和出口产品生产企业,全面推行以扩大出口创汇为目标的承包责任制。大力促进工贸、农贸、技贸、商贸结合,逐步形成一批出口联合体和企业集团,支持有条件的企业和集团直接对外出口,建立起生产、经营和国外销售体系。四是努力改善投资环境。进一步增强港口、银行、保险、海关、商检、仓储等方面的综合配套服务能力,办好外汇调剂中心,修改、制订涉外经济法规和优惠政策,简化审批程序,提高办事效率。加强和改进对外商投资企业的管理和服务,积极为他们的生产经营创造良好的外部条件。

要加强外事、侨务和港澳台胞工作,积极开展对外宣传,扩大重庆在海外的影响,欢迎海外侨胞和港澳台胞为家乡的经济建设作出贡献。要很好地利用我市的旅游条件,做好接待服务工作,推动旅游事业有更大的发展。抓好各类专门人才的培养,以适应扩大对外开放的需要。

(五)积极促进各项社会事业与经济建设的协调发展

经济建设的发展,改革的不断深化和对外开放的进一步扩大,对其他各项事业的发展提出了新的更高的要求。我们在加强经济建设的同时,要十分注意抓好各项社会事业的发展,切实改变人口、环境和文化、卫生、体育等与经济发展不相适应的状况。

实行计划生育,控制人口增长是我国长期的基本国策。目前我市人口已进入生育高峰期,并将持续到1997年,控制人口的任务十分紧迫而繁重。各级政府要加强领导,建立目标责任制,深入宣传和严格执行《四川省计划生育条例》,稳定计划生育政策,做好技术服务工作,依靠全社会的力量,把全市人口控制在计划指标以内。大力提倡优生、优育、优教,提高人口素质。

加强环境保护也是我国的基本国策。按照"预防为主、防治结合、综合治理"的方针,执行环保法规,强化环境监督,完善环境标准,推行目标管理,加快治理步伐,使我市部分地区大气环境质量有所改善,主要河流、水库水质污染有所减轻,城市废渣和噪声污染得到有效控制。新建江北唐家桥日处理5万吨的污水处理厂和一批垃圾处理场。要严格控制新的污染源,坚持经济建设、城乡建设与环境建设同步规划、同步实施、同步发展。发动群众植树绿化,1992年城市绿化覆盖率达到20%。严禁乱占林地和绿地,保护和改善生态环境。

发展文化、卫生、体育事业。抓好历史文化名城的规划、保护和建设,积极筹建以中国近现代史为主要内容的革命传统教育中心,建成艺术中心,改造一批影剧场、图书馆、文化馆,推进乡镇文化站建设。引入竞争机制,有步骤地推进艺术表演团体的改革,逐步向独立经营的演出实体过渡。积极发展具有重庆特色的出版事业,加快图书发行体制改革。建成电视中心,开办重庆第二套电视节目,积极发展广播事业,扩大广播电视覆盖面。抓好地方志的编纂工作,加强档案事业建设。坚持预防为主、中西医结合的方针,积极进行医疗、保健制度的改革,发展多种形式办医,增加医疗卫生网点,提高医疗水平和服务质量。开展爱国卫生运动,认真抓好防疫、食品卫生工作,防止传染病发生。积极发展中医中药,加快人才培养,加强行政管理,振兴中医事业。广泛开展群众性体育活动,切实抓好学校体育,办好优秀运动队和业余体校,加快体育场、馆建设,改善体育设施,建成广阳坝体育训练基地,不断提高运动技术水平。改进社会保障和社会福利制度,重视残疾人事业。抓好老龄工作。

(六)大力推进社会主义精神文明建设

社会主义物质文明建设和精神文明建设是不可分割的整体。各级政府和基层单位必须全面负起两个文明建设的责任,大力加强精神文明建设,使精神文明建设成为振兴重庆的内在动力和重要保证。

要在干部和群众中深入持久地宣传党在社会主义初级阶段的基本路线,进行"有理想、有道德、有文化、有纪律"的教育,正确认识我国的国情和重庆的市情,进一步激发人们的社会主义积极性和创造性,为加快改革,加速经济社会发展多作贡献。要加强对青少年进行爱祖国、爱人民、爱劳动、爱科学、爱社会主义的五爱教育,进行革命传统教育,全社会都要关心他们的健康成长。

继续深入开展"尽职业责任、讲职业道德、守职业纪律、学职业技能"的教育活动,反对和纠正行业不正之风,提高服务质量,特别要把各级政府机关和商业、文化、卫生、公用、交通、旅游等服务行业建成文明服务的"窗口"。通过单位自建和军民、警民、工农共建等形式,把"做文明市民、创文明单位、建文明山城"的活动更加扎实地开展起来。大力提倡团结互助,反对见利忘义,提倡崇尚科学,反对封建迷信,提倡健康娱乐,反对赌博活动,提倡艰苦奋斗,反对铺张浪费,树立社会主义新风尚,取缔各种社会丑恶现象。要发动群众综合整治市容市貌,使城市各项管理工作经常化、制度化,并逐步纳入法制轨道,努力建设环境优美、文明整洁的山城。

要切实改进思想政治教育工作,积极探索在改革开放环境中和实行厂长(经理)负责制的条件下,做好基层和企业思想政治工作的新途径新办法,摒弃脱离实际的形式主义和空洞说教,把思想政治工作渗透到经济建设和改革开放的实践中去,把思想教育同解决现实生活中的实际问题结合起来,注重实效。厂长(经理)要把管事、管人、管思想统一起来,在治厂方针、任期目标中要提出对思想政治工作的总体要求。政府机关工作人员和基层领导干部都应该以身作则,以勤奋工作、公正廉洁的作风和全心全意为人民服务的精神,为群众作出表率。

在精神文明建设中,文化艺术工作者肩负着光荣责任。文化艺术要坚持为社会主义服务、为人民服务的方向,鼓励广大文艺工作者创作演出更多的反映时代风貌的优秀作品,激励人们的进取精神。社会科学工作者要解放思想,开展创造性的理论研究,为改革和建设服务。新闻出版和广播电视要及时、准确地宣传党和政府的方针政策,充分发挥各种传播工具在宣传政策、联系群众、开展社会协商对话中的积极作用和新闻媒介的舆论监督作用。

三、加快和深化综合配套改革

实现我市今后5年经济建设的奋斗目标,从根本上说要靠加快和深化改革。我们要以改革总揽全局,把改革与建设紧密地结合起来,进一步解放思想,努力开拓,大胆创新,推动各项事业前进。下一步的改革,要紧紧围绕发展有计划的商品经济,以深化企业改革为中心,积极推进农村第二步改革,发展社会主义市场体系,增强宏观调控能力,逐步确立新经济体制的主导地位,加速经济的发展。

(一)深化企业改革,增强企业特别是全民所有制大中型企业的活力

转变企业经营机制,是当前深化企业改革的重点。要按照所有权与经营权分离的原则和配套、完善、深化、发展的方针,根据行业和企业特点,全面推行和完善多种形式的承包经营责任制,积极推行租赁制,扩大股份制试点,鼓励经营好的企业承包、租赁、兼并经营差的企业,逐步理顺公有制企业财产关系,不断完善企业经营机制。积极引入竞争机制,逐步造就一批精明强干,具有开拓精神而又善于依靠广大职工的企业家队伍。认真贯彻《全民所有制工业企业法》,正确处理所有者、经营者及企业内部各方面的关系,切实抓好企业内部配套改革。全面推行和完善厂长(经理)负责制,层层落实企业内部的经济责任制,形成承包保证体系。加强企业民主管理,充分发挥工会和职代会的作用。坚持按劳分配原则,扩大推行工资与效益挂钩浮动,实行企业内部分配自主,完善企业内部分配形式和办法,调动广大职工的积极性。积极进行固定工制度改革试点,扩大劳动合同制度,企业新招职工面向社会公开招收。加强企业的各项基础管理工作,推广"厂内银行"和"满负荷工做法",提高企业经营管理水平。

在公有制经济为主体的前提下,继续发展多种所有制经济。鼓励发展城乡合作经济、个体经济和私营经济,发展不同所有制之间相互渗透的经济组织。私营经济是公有制经济必要和有益的补充,要制订有关政策法规,保护它们的合法利益,加强对它们的引导、监督和管理。

(二)深化农村改革,促进农村商品经济的发展

在巩固家庭联产承包责任制的基础上,因地制宜地完善双层经营责任制,完善各种承包合同,建立健全与生产相配套的农业社会化服务体系,鼓励专业协会的发展,增强合作经济实力。在经济发达和劳动力转移较多的地方,要适时、适度地发展规模经营和集约经营。按照城乡大联合的指导思想,发展城乡经济、技术、资金、人才等多方面的联合和协作。进一步加快供销合作社和信用社的改革,变官办为民办,更好地为发展农村商品经济服务。改进农村扶贫工作,从单纯的经济救济转变为扶持贫困乡村经济开发,采取优惠政策和划片包干、对口支援等办法,使贫困乡尽快脱贫,群众生活得到较大改善。进一步完善市领导县体制,推进区县综合体制改革,按照全市经济社会发展总体布局,增强区县经济发展活力,形成城乡一体、互为依托、协调发展的新格局。

(三)以发展生产要素市场为重点,建立和培育社会主义市场体系

进一步开拓金融市场。继续发展短期资金市场,扩大跨地区、跨系统的融资网络;稳步开放长期资金市场,引导企业利用发行债券、股票筹集资金,兴办债券、股票交易所,促进资金融通。发展有领导有组织的生产资料市场,改革物资流通管理体制,逐步调整物资供销机构和职能,加强重要物资管理,扩大计划内外物资实行同一销价、价差返还的范围和品种,增强物资企业活力,吸引更多的货源进入市场,促进物资流通。搞活技术市场,采取技术转让、承包、入股、联营等方式,加速科技成果的转移和扩散,建立固定的技术交易场所,扩大技术贸易范围,推动技术成果商品化。建立多层次、多形式的劳务市场,促进劳动力合理配置和合理流动。继续完善和发展消费品市场,进一步改革国营商业批发体制,推动商工、商商、商农之间的联合,促进产销一体化,组建大中型商业批发集团,试办大型商社,发展各类批发交易市场,完善贸易中心,逐步推行期货交易。

积极推进城镇住房制度改革。改革住房制度,有利于转变消费观念,调整消费结构,克服住房分配中的不正之风,促进住房商品化。经过两年多的反复酝酿,我市住房制度改革已在部分单位试点,按照统一标准,逐步提高房租,相应挂靠工资,统一住房补贴,使现行低房租分三步向成本房租过渡。住房制度改革关系千家万户,要广泛宣传,采取积极稳妥的措施,分步骤推进。要结合住房制度改革和土地使用制度改革,建立房地产市场。

(四)逐步建立健全以间接管理为主的宏观经济调控体系

按照"国家调节市场,市场引导企业"的改革方向,处理好计划和市场的关系,用足用活政策,在搞活微观的同时,切实加强宏观调控。改革计划体制,通过制定发展战略、产业政策和中长期规划,运用经济杠杆,加强对经济活动进行计划指导和调节。改革投资体制,合理划分市和区县、企业的投资范围,并根据谁投资谁受益谁承担经济责任的原则,相应下放项目审批权,实行投资分层次管理。金融体制改革,要进一步加强人民银行的宏观调控能力,充分发挥各专业银行和金融机构对经济的调节作用。办好交通银行,巩固、发展城市和农村信用社,拓展保险业务,专业银行和保险公司逐步实行企业化经营。财政体制改革,要在统一领导、分级管理、划分事权的基础上逐步理顺分配关系,市对中央、区县对市实行不同形式的财政承包,试行行政事业经费与建设经费分开的复式预算,形成权、责明确的新财政体制。加强税收的征收管理工作,发挥税收对经济的调节作用。逐步建立国有资产的管理体制。

价格是促进经济发展的重要杠杆。要继续走"放、调、管"相结合的路子,在考虑各方面承受能力的前提下,有计划有步骤地理顺不合理的价格体系和价格管理制度。逐步调整农副产品价格,理顺工业品与农副产品的比价以及农副产品内部的比价。对城镇居民的主要食品定量供应部分,根据价格上涨的不同情况,给职工适当补贴。对计划外重要生产资料实行最高限价。切实加强工商行政和物价管理,严格执行市场管理法规,健全群众性的社会监督制度,打击投机倒把活动,维护生产者和消费者的合法利益。

(五)改革政府工作机构,加强民主法制建设

改革政府工作机构和干部人事制度是政治体制改革的重要组成部分。要按照国务院"转变职能,下放权力,调整机构,精简人员"的要求,以转变职能为

中心、提高效率为目标,着手研究制订政企分开、机构改革、人事制度改革等方案,有计划有步骤地组织实施。

要逐步理顺政府同企事业单位、市政府同区县政府以及政府部门之间的关系。政府各部门都要从分解职能入手,划清职责范围,逐步实行职能转变。专业经济管理部门要把工作重点放在制订规划,研究政策,做好协调、监督、服务工作,实行行业管理上来;经济综合部门要切实加强协同配合,强化宏观综合调控能力。凡适宜区县和企事业单位办的事情,都应由他们去办,并按照责权一致的原则,相应下放权力。机构改革中,要适当加强决策咨询和调节、监督、信息等部门。这次机构改革,要按照国务院的统一部署,自上而下、积极稳妥地进行,从明年开始实施,并对机构变动中的人员做好妥善安排。同时要积极推行以建立国家公务员制度为主要内容的干部人事制度改革。

克服官僚主义,消除政府工作中的扯皮现象,提高工作效率,是机构改革的主要目标。各级政府要把反对官僚主义作为改进工作的一个重点来抓,少说空话,多办实事,加强调查研究,努力实现决策民主化和科学化。要树立整体观念,坚决纠正部门之间各行其是、互相掣肘、不顾全局的现象。加强对行政机关和工作人员的监督,严格政纪,对有令不行、有禁不止、失职渎职和以权谋私、贪污受贿等行为,必须严肃处理。要加强教育,提高政府机关工作人员的政治素质和业务素质,严格责任制,发扬为政清廉、艰苦朴素、忠诚积极、勤勤恳恳为人民服务的优良作风。

各级政府要进一步密切与群众的联系,提高政务活动的开放程度。自觉接受人民代表大会及其常委会的监督,认真负责地处理人民代表的议案、建议、批评意见和政协委员的提案,加强同人民政协、民主党派、人民团体和各方面代表的联系,欢迎新闻舆论监督,使协商办事和民主监督逐步走向制度化。加强基层政权建设和群众自治组织建设,发扬基层民主。对那些与群众利益密切相关的事情,要充分听取各方面意见,重大情况让人民知道,重大问题经人民讨论,取得群众的支持和合作。

经济的发展和改革的深入,特别需要完备的法制和安定的社会环境。要依法治市,广泛深入地进行法制教育,加强法规草案、规章的制订工作,强化和完善行政执法。各级政府机关工作人员要带头学法,做守法、执法的模范。改革律师制度,加强人民调解工作。继续依法严厉打击各种严重刑事犯罪和经济犯罪,坚决取缔社会丑恶现象,动员和依靠社会各方面的力量,进一步加强社会治安综合治理,狠抓安全防范和治安管理措施的落实,巩固和发展社会的安定团结。

进一步密切军政、军民关系,加强国防后备力量建设,开展国防教育,增强公民国防意识。坚持和完善民兵和预备役制度,搞好民兵、人防工作,充分发挥地方人民武装保卫四化建设的作用。

四、做好1988年的工作

1988年,是全面贯彻党的十三大精神的第一年。要遵照中央关于稳定经济、深化改革的方针,以改革总揽全局,广泛深入地开展双增双节运动,推进经济建设和各项社会事业的发展。国民生产总产值增长7%,达到139亿元;工业总产值增长7.5%,达到182亿元;农业总产值增长4.7%,达到40亿元,粮食产量560万吨,力争达到历史最好水平;财政收入增长10%;在发展生产的基础上,城乡人民生活进一步改善。

(一)全面推行和落实企业承包经营责任制

我市推行企业承包经营责任制已经取得重大进展。要加快步伐,狠抓落实,在实践中逐步完善。还没有承包的企业,应尽快承包下去。对经营性亏损企业,可以由优势企业对其实行兼并。要引进竞争机制和风险机制,采用招标、选聘或民主选举等多种形式,择优选任企业经营者或经营集团。要推行全员承包,维护承包合同的严肃性,发包、承包方要自觉履行合同规定的义务,奖罚要兑现,保护双方的合法权益。结合承包,搞好企业内部领导制度、分配制度、劳动人事制度等配套改革,在有条件的企业积极推行计件工资、定额工资、岗位工资制,扩大推行劳动合同制。要加强劳动纪律,建立健全企业内部各项管理制度,加强经济核算,提高企业经营管理水平。推进企业横向联合,优化企业组织结构,发展军民结合、工商结合,特别是生产、科研与贸易相结合的企业群体或企业集团。

(二)深入开展双增双节运动,促进工业生产稳定增长

要以提高经济效益为目标,继续广泛深入开展双增双节运动,把双增双节同深化改革结合起来,促进企业挖掘内部潜力,实现增产增收。根据国内外市场需要,努力增产适销对路的消费品、外贸出口产品、紧缺原材料和急需的支农产品,并在电力、材料、资金和运输等方面给予优先安排。要加快新产品、新技术、新工艺、新材料的推广应用,开发200项新产品,抓好引进技术的国产化,加速产品升级换代,提高产品质量,争创一批优质产品,增强竞争能力。努力降低原材料消耗和能源消耗,挖掘资金潜力,加速资金周转,提高经济效益。抓紧重点项目建设,重钢100万吨铁系统改造工程、长寿化工总厂氯丁橡胶后处理装置工程、江北油厂精炼油脂工程、第二啤酒厂一期工程等,今年内要建成或基本建成。

要认真贯彻执行"安全第一、预防为主"的方针,以对国家对人民高度负责的精神,切实加强领导,改善管理,严格制度,执行纪律,提高人员素质,搞好安全生产。层层落实安全目标管理责任制,抓好经常性的安全教育和安全检查,防止各种事故特别是恶性事故的发生。对由于官僚主义、玩忽职守而造成的重大事故,要追究有关领导和人员的责任,依法严肃处理。

(三)抓好粮猪菜生产,千方百计夺取农业丰收

组织动员群众抗御自然灾害,搞好粮食生产。要适时做到满栽满插,加强田间管理,并在水利设施、物资、电力供应和农技服务等方面保证抗灾防灾的需要。各级干部要深入农业生产第一线,及时解决农业生产中的问题,特别是组织好化肥、农药的供应。要继续稳定和完善生猪政策,抓好节粮型畜牧生产,发展饲料工业,推广畜禽良种和科学饲养方法,搞好畜禽疫病防治,增产肉、奶、禽、蛋、鱼,丰富副食品供应。稳定蔬菜基地面积,有计划地开辟二线菜地,继续对大路菜实行粮菜挂钩、合同定购,保证城市人民生活基本需要。柑橘、蚕茧、茶叶等骨干产品,要提高质量,讲求规模效益。加强农业科技服务体系建设,完善乡级综合技术服务组织。改善农业生产条件,抓好水利工程的管理和整治,改造低产田土,管好用好农业机械,注意保护耕牛。要强化土地管理,严格控制占用耕地,防止荒芜土地。

继续大力发展乡镇企业,全面实行承包、租赁、股份制等多种经营形式,努力改善经营管理,提高效益。有计划、有重点地发展一批投资省、耗能少、效益好的项目,力争乡镇企业产值达到55亿元,增长17%。

(四)发展科教文卫事业

大力促进科技同生产相结合,科技资金的安排应大部分用于工农业生产特别是出口产品的技术开发项目。狠抓"星火计划"的落实,60%的项目要在年内投产见效,并推出一批中小企业、乡镇企业实行科技招标,鼓励科技人员承包、领办。组织高等院校和科研机构的力量,办好沙坪坝科技产业开发试验区和高等院校与巴县科技经济协作试点县,探索科研与生产紧密结合的新路子。

教育工作要进一步完善分级管理体制,制订实施九年制义务教育规划。要端正办学方向,克服片面追求升学率的倾向,提高教育质量,加强学生的思想教育,培养全面发展的人才。普通中小学要开设劳动技术课,职业中学、农业中学要适应经济社会发展的需要,调整和增设对口专业课程。成人教育的重点要转向岗位培训,农村要大力培训实用技术人才。地方普通高等学校要努力提高教育质量,要有重点地改造和新建一批中小学,解决部分地区入学难的问题。

加强新闻出版行政管理和文化市场管理,坚决取缔非法出版物,改善文化娱乐设施,年内开设转播卫星电视教育和中央电视台第二套节目两个频道。卫生工作要努力搞好改革试点,逐步把乡镇卫生院下放到乡镇政府管理,继续兴办厂矿、医院联合体,改进服务态度,提高医疗质量。进一步做好农村改水工作,改善170万人的饮用水质量。继续加强计划生育工作,把人口自然增长率控制在9.7‰以内。广泛开展群众体育活动,加强体育训练工作,力争在全国首届城市运动会上取得好成绩。

(五)安排好城乡市场,加强物价管理

商业工作要以增加供给为重点,扩大购销,全年社会商品零售总额达到83亿元,比上年增长15%。发挥国营商业的主导作用,做好关系国计民生重要商

品的购销调存工作,完成粮食合同定购任务,建立地方储备制度,掌握调节稳定市场的主动权,保证生活必需品的供应。要积极做好地方工业品的销售工作,促进工商联合,扩大市场范围。改革农产品经营体制,吸引更多的农副产品进城,繁荣城乡市场。商业企业要通过层层承包,加强经营管理,改善服务态度,实行文明经商,增强商业信誉,提高经济效益和社会效益。

要加强物价监督,严格执行市场管理法规。认真贯彻国家价格管理条例,凡属国家定价的商品,必须严格执行国家规定的价格,属于指导价的商品要继续实行最高限价、最低保护价、浮动价和控制购销差率;集市贸易和放开价格的商品,也要予以引导。进一步加强市场管理,整顿市场秩序,开展经常性的物价检查,发挥群众物价监督组织和消费者协会的作用。坚决取缔制造和销售假冒伪劣商品和危害人民健康的食品,制止和惩处投机倒把、欺行霸市、哄抬物价、扰乱市场等违法行为。当前,要认真贯彻国务院关于试行主要副食品零售价格变动给职工适当补贴的通知,向广大群众做好宣传工作,按规定范围、标准和办法落实补贴,严格控制乘机"搭车"调价,保证这一改革的顺利进行。

(六)扩大外贸出口,积极利用外资

要加快外贸经营企业和生产企业的改革步伐,围绕扩大出口创汇,实行创汇承包经营责任制。在保持传统优势产品继续增长的同时,努力扩大机电产品出口,全年出口创汇力争达到2.5亿美元,比去年增长12%。大胆利用外资,改善投资环境,发展外商投资企业,今年计划利用外资3000万美元。扩大劳务输出,积极发展旅游事业,增加非贸易外汇收入。

(七)抓紧城市基础设施建设,强化城市规划和管理

要积极建立起集中统一管理前提下的市区分层次的规划管理体系,实行规划项目承包责任制,严格依法进行规划管理。按照城市总体规划的要求,今年完成历史文化名城规划和大坪、上桥、上新街、李家沱四个片区规划以及100个集镇详细规划,并尽快调整和确定城市主干道红线规划。

要量力而行,确保重点,建成一批市政公用骨干设施。确保石门大桥、红石路(红旗河沟至石门)、红黄路(红旗河沟至黄泥塝〔磅〕)全面建成通车。抓好鹤皋岩水厂和江北老水厂的完善配套,改建、扩建12个镇级小水厂。加快张家花园、临华村、华一坡、菜园坝、南坪、松树桥等六大片区的改造,开工面积达到140万平方米,竣工面积40万平方米。继续抓好南坪、大坪、江北区鹞子丘综合开发区的完善配套。抓紧危房危岩滑坡治理,保障安全。同时,有步骤地进行集镇的市政、公用及环境设施建设。环境保护要以控制大气污染为重点,实行项目管理和污染源治理责任制,实施桃花溪二期整治计划,对一些小溪河进行污染治理,严格控制危害两江的新污染源。继续开展创建园林式单位和村段的活动,抓好全民义务植树和两江沿岸绿化。

加强城市管理是城区各级政府的重要职责。逐步理顺城市管理体制,充分发挥区和街道的作用,协调各方面力量,加强综合管理,严格执行城市管理法规,提高交通管理、治安管理、市场管理、道路管理、卫生管理和施工现场管理水平。认真治理脏乱差,落实"门前三包",狠抓脏源治理,改善市容市貌。

(八)加强社会主义民主和法制建设

开展多层次的民主协商对话,进一步办好公开电话,加强信访工作,建立市政府新闻发布制度,发挥群众监督、舆论监督作用。今年要基本完成全市普及法律知识教育任务,增强公民的法律意识。改善和强化行政执法,根据三年立法规划,制订颁布一批行政规章。加强社会治安综合治理,继续严厉打击刑事犯罪,维护社会秩序,保障改革开放和经济建设的顺利进行。

完成今年的各项工作任务,对实现今后5年政府工作的奋斗目标具有重要意义。今年前几个月的形势是好的,农业虽然小春作物略有减产,但大春作物栽插进度较快,工业生产和外贸出口以较高的幅度持续增长,城乡市场繁荣,经济效益提高,财政收入增加。我们要继续振奋精神,努力克服工作中的困难,充分运用各种有利条件,扎扎实实地做好后7个月的工作,力争全面完成今年的各项工作任务。

各位代表！我们面临的任务是光荣而艰巨的。在过去的5年中，1400万山城人民，努力奋进，奠定了继续前进的坚实基础。我们坚信，在党的社会主义初级阶段基本路线的指引下，全市人民将以更大的改革勇气和实干精神，同心同德，励精图治，艰苦奋斗，开拓创新，圆满完成今后5年的任务，为建设重庆、振兴中华做出更大的贡献！

在重庆市第十一届人民代表大会第二次会议上的政府工作报告

市长　孙同川

（1989年4月20日）

各位代表：

我代表市人民政府，向大会报告工作，请予审议。

社会主义建设事业继续前进的一年

1988年，市政府贯彻稳定经济、深化改革的方针，贯彻中国共产党十三届三中全会精神，认真治理经济环境，整顿经济秩序，推进经济建设和其他各项事业，完成了市十一届人大一次会议批准的主要工作任务。

一、国民经济持续增长

坚持以经济建设为中心，把建设和改革结合起来，认真解决经济生活中的突出问题，实现了国民经济持续增长。全市完成国民生产总值171亿元，国民收入141亿元，按可比价格计算分别比上年增长11%和10%；工农业总产值237亿元，增长14.5%；财政收入21.43亿元，增长12.4%，都超过了预定的目标。

农村经济稳步发展，粮食获得较好收成。各级政府把发展农业放在重要位置，稳定农村经济政策，增加农业投入，完善家庭联产承包责任制，推行双层经营责任制，推广新品种、新技术，扩大蓄留再生稻，大力组织化肥、农药、农膜的生产和供应，及时采取措施，抗御频繁严重的自然灾害，促进了农村经济的发展。全年完成农业总产值40亿元，比上年增长4.7%；粮食总产量565万吨，增长1.4%；生猪出槽868万头，增长10.4%；水产、禽蛋、牛奶和蚕茧等增产幅度较大，但水果、油料减产。农垦企业综合经营效益明显，林业生产完成了计划。乡镇企业总产值达61亿元，比上年增长29.6%。

工业生产持续增长，经济效益明显回升。以提高经济效益为中心，调整产品结构，合理配置资源，开展双增双节，克服电力、原材料、资金和运输紧张等困难，实现了增产增收。全年完成工业总产值197亿元，比上年增长17%。发电量、原材料、农用工业品、耐用消费品和出口产品都有较大增长，军工企业民品生产大幅度上升。重点技术改造项目竣工投产122项，开发新产品上千项，产品质量稳定提高。全民工业全员劳动生产率提高14.3%。市属预算内工业利润总额增长52.4%，上缴利税增长22.5%，亏损额下降14.8%，但可比产品成本上升13.5%。交通客货运输量、货物周转量和港口吞吐量比上年增加。邮电业务总量增长22.7%，区县全部开通了自动电话。

商品物资购销扩大，城乡市场活跃。以稳定市场、增加供给为重点，发挥国营商业的主渠道作用，千方百计组织货源，增加商品投放，基本保证了城乡人民生活必需品的供应。全年社会商业商品购进总额111亿元，比上年增长29.8%；销售总额118亿元，增长33.6%。社会商品零售总额93.9亿元，增长30%。生产资料的购销总额也有较大增长。

对外经济贸易持续发展，横向经济联合不断加强。外贸推行创汇承包经营责任制，抓紧重点出口产品生产，加强出口基地建设，取得了新成绩。全年出口创汇2.68亿美元，比上年增长20%。出口产品结构有所改善，丝绸创汇跃居首位，机电产品出口增长

84%。利用外资规模扩大,签订合同金额5.4亿美元,实际利用外资1.26亿美元。旅游事业有所发展,外汇人民币收入增长48%,接待客人和旅游者近6万人,其中台胞1.1万人。地区间、企业间的联合协作不断扩大,引进资金1.78亿元,比上年增长46.8%;协进物资的金额达10.8亿元,增长1.1倍。

二、体制改革继续深入

经济体制改革以企业改革为中心,推行以税利分流、税后承包为主要形式的承包经营责任制,承包面达90%以上。企业内部配套改革有新发展,普遍实行了厂长(经理)负责制;一批企业引入竞争机制,择优选任经营者;不少企业实行了工资总额与经济效益挂钩;搞活固定工、优化劳动组合试点逐步展开;全民所有制企业普遍实行了退休金统筹,集体企业统筹面达30%。企业兼并和股份制试点有了进展。这些改革,对改善企业经营机制,增强企业活力,提高经济效益,起了积极作用。

财政递增包干收到较好效果。国务院为了调整同上缴较多的地方的财政分配关系,去年对我市实行收入递增包干、一定三年不变的政策。市政府根据各区县经济发展水平和财力状况,也相应实行了不同形式的财政包干办法。这对调动市和区县增收节支的积极性,促进财政状况好转,起了积极作用。去年区县级财政都超额完成了财政收入任务,实现了当年收支平衡、略有结余。市级财政在政策性增支因素较多的情况下,当年赤字比上年减少。

政府机构改革以转变职能为中心、提高效率为目标,调整了部分机构的职能,撤并了一些专业经济管理部门,加强了执法监督部门,建立了行政监察和国土管理机构。街道体制改革和撤街乡建镇的试点,取得了初步经验。计划、外贸、金融、物资、科技、教育等方面的改革也有不同程度的进展。

三、教育科技文化事业有所发展

教育工作逐步加强。制定了发展教育的若干政策,拓宽了教育资金的来源,教育事业费增长26%,超过了财政收入增长幅度。改造中小学危房30万平方米,南桐、双桥和大渡口区基本消除了危房。调整教师工资和评定教师职称,落实中小学教师的奖金和补贴,教师的待遇有所改善。在广大教育工作者的辛勤努力下,基础教育、职业技术教育、成人和幼儿教育都有不同程度的发展,培养了一批建设人才。

科技工作取得新成果。完成科技项目221项,是完成项目最多的一年。有140项科技成果分别获得国家和省市科技进步奖。增加了一批技术经营服务机构和民办科研机构。建立了沙坪坝科技产业开发试验区,创建科技企业150多家,推广应用新高技术和产品236项。实施"星火"计划取得进展,农村科技推广服务体系逐步加强。社会科学研究也取得一批新成果。

文化艺术、广播电视、新闻出版和卫生体育事业有了发展。群众文化活动活跃,专业艺术表演团体在调演比赛中获得好成绩。转播了中央电视台第二套节目和教育电视节目,新办了市的经济广播电台。出版、修志和档案工作也取得一定成绩。医疗卫生设施有所改善,新增病床1835张,农村一些地区改善了饮水条件。群众性体育运动广泛开展,在全国首次城运会上,我市运动员取得好成绩。计划生育工作成绩显著,人口出生率由上年的16.9‰下降到13.5‰。

四、重点建设和城乡建设取得新成绩

全市重点工程项目25个,完成投资10.7亿元。江北电厂和永川电厂开始发电,珞璜电厂建设全面展开,渭沱和安居水电站已经开工。三汇二矿、重钢公司铁系统技改工程、第二啤酒厂等一批项目竣工。石门大桥胜利通车,长(寿)垫(江)公路改造完工,新修公路217公里。市中区地下通道解危改造工程进展较快,治理大型危岩3处,新建改建下水道14公里,建成了牛角沱污水处理厂主体工程。完成了一批片区规划、专项规划和场镇规划。城市综合开发在建总面积130万平方米。集镇新建改建了16个小水厂和31个简易自来水站,修建和改造场镇道路18.6万平方米。农村新建住宅650万平方米,城镇新建住宅195万平方米。园林绿化和环境保护取得新的成绩。

五、法制建设和廉政建设有所加强

法制建设试点逐步展开，提请省、市人大常委会审议通过的地方性法规草案3项，颁布行政规章26个。行政执法工作和普法教育取得初步成效，公民的法律意识有所增强。在社会治安管理、维护社会秩序方面做了大量工作，多次开展以打击盗窃、抢劫、流氓犯罪为重点的统一行动和专项斗争，侦破了一批大案要案，依法打击了一批犯罪分子。

以廉洁、求实、高效为目标的政府机关建设有新的起步。制定并颁布了政府机关工作人员保持廉洁的若干规定，开展廉政教育，加强行政监察和审计工作，设立举报中心，查处了一批以权谋私、贪赃枉法的案件。政务公开和民主监督工作有了进展，积极开展民主协商对话，接受群众和舆论的监督，认真办理人民代表的建议、批评、意见和政协委员的提案，解决了一批群众生活中的迫切问题。

民族、宗教、侨务、民兵和人防等工作都取得了新成绩。中国人民解放军和人民武装警察驻渝部队指战员，在抢险救灾、维护社会治安、支持地方建设和改革等方面做出了新贡献。

各位代表！这里还需要专门报告半年来我市治理经济环境、整顿经济秩序的情况。党的十三届三中全会以来，市政府认真贯彻执行治理经济环境、整顿经济秩序、全面深化改革的方针和国务院的政策措施，结合我市实际，运用经济、行政、法律、纪律和教育的手段，推动治理整顿，取得了初步成效。

一是物价猛涨势头开始减缓。去年8月，我市出现抢购商品风，9、10月份又出现蔬菜严重短缺，导致物价猛涨，正常的经济生活受到冲击。为了控制物价，稳定市场，安定民心，各级政府在加强形势教育和舆论宣传的同时，努力增加生产，组织货源，改善供应，并及时采取了一系列措施，整顿物价和市场秩序，收到一定效果。去年12月以来，物价指数逐月有所回落。元旦、春节期间，货源比较充足，价格比较稳定，群众基本满意。

二是固定资产投资规模得到初步控制。按照国务院的规定，对全市固定资产投资在建项目进行了清理，摸清了家底。市属固定资产投资在建项目2490项，批准总投资69.4亿元，到去年底，还有待建工作量42.7亿元。经过清理，已分三批停缓建171项，总投资10.5亿元，占投资总规模的15%，其中楼堂馆所54项，投资1.21亿元。停建项目善后工作正在进行。

三是社会集团购买力得到初步压缩。认真贯彻国务院从严控制社会集团购买力的决定，一度停止了专控商品的审批，扩大了专控商品品种，实行专控商品资金集中存储、先存后批制度，从严审查资金来源，开征了专控商品附加费，严肃查处违反控购规定的单位和人员。这些措施对抑制集团消费起了较好的作用。

四是信贷规模得到控制，信贷结构有所调整。加强了资金的调度管理，及时分析研究资金运行中的问题，控制资金总量，正确引导投向，重点保证银行柜台支付、职工工资发放、农副产品收购、人民生活必需品生产、出口创汇和重点建设等方面的资金需要。支持银行发展多种形式的储蓄，扭转了去年8、9月份储蓄存款大幅度下降的局面，今年以来，储蓄持续上升。同时，动员全市企业清仓查库，挖掘物资和资金潜力，加速了资金周转。

五是清理整顿公司，查处违法违纪案件。通过对全市各类公司的初步清理，撤销了不符合条件的公司56户，降格经营8户，停业整顿3户。全市清理出党政机关开办的公司（企业）126户，已撤销37户，与机关脱钩的64户；党政机关干部或离退休干部在公司（企业）兼、任职的242人，已辞去机关职务或企业职务的共195人。其中，市级党政机关开办的公司（企业）18户，已全部撤销或脱钩；市级党政机关干部在企业兼职的86人，已解决83人，其余的也即将解决。查处倒卖重要生产资料和紧俏耐用消费品、制造和销售假冒劣质商品、哄抬物价的大案291件，流通领域的混乱秩序正在得到整治。

六是税收、财务、物价、信贷大检查收到成效。在全市企、事业单位和个体户自查的基础上，组织近5900人，检查了企业和个体户2.28万户，查出各种违纪金额1.72亿元，应上缴1.24亿元，已入库1.18亿元。通过信贷大检查，收回了一批不合理的贷款和超额库存现金。

各位代表！1988年各项工作和半年来治理整顿

取得的成绩,是在中共重庆市委的领导下,全市人民团结奋斗的结果。我代表市人民政府,向全市工人、农民、知识分子和干部,向各民主党派、人民团体和各界人士,向中国人民解放军、人民武装警察驻渝部队指战员和公安干警,表示衷心的感谢!

在过去一年里虽然取得了较好的成绩,但我们工作中也存在着一些问题,遇到不少困难。最突出的是物价上涨幅度过大,全市零售物价总指数比1987年上升23.3%,部分居民实际生活水平下降,引起社会各方面的关注和群众的严重不安。我市经济在某些方面确实存在过热的问题,固定资产投资规模超过了物资和资金的承受能力,加工工业的发展超过了基础工业的承受能力,消费基金增长过快,而农业、能源、交通、基础原材料工业严重滞后,有效供给不足,造成总供给与总需求失衡。我市财政尤其是市级财政相当困难,虽然去年财政收入增长幅度不小,但是各种政策性支出增多,增加的收入抵不了支出,累计全市财政赤字仍有两亿多元。教育发展落后,基础教育薄弱,尤其是放松了艰苦奋斗的传统教育和道德教育,同建设、改革和开放的需要不相适应。城市交通拥挤,水电气供需矛盾尖锐,城管综合治理未能持之以恒,脏乱差的状况突出,影响到群众正常生活。社会治安形势严峻,盗窃、抢劫等刑事犯罪和经济犯罪案件增多,聚众赌博、卖淫嫖娼等社会丑恶现象有所蔓延。行政机关一些工作人员中存在以权谋私、贪污受贿、执法犯法等腐败现象。出现这些问题和困难的原因是多方面的,也是同我们工作中的某些缺点和失误分不开的。我们在抓物质文明建设的同时,对精神文明建设注意不够。在物质文明建设中又存在急于求成的思想,想快一点补偿城市基础设施欠账,早日改变经济落后面貌,但对需要考虑多,可能条件考虑不够。我们在工作中,虽然看到了经济社会生活中的种种矛盾和问题,但对问题的严峻程度估计不足,对可能出现的新矛盾新问题预见性不强,尽管采取了一些实际措施,但治标的办法多,治本的办法少。我们在注意搞活企业、搞活市场的同时,有效地加强宏观调控不够,在加强投资管理、抑制消费膨胀、建立市场秩序、调节社会分配等方面,经验不足,措施不够有力。我们有的工作抓得不紧,对一些政策措施的贯彻落实、检查督促不力,以致一些可以解决的问题没有得到及时解决。我们将继续总结经验教训,克服工作中的缺点,防止重大决策失误,依靠各方面的监督,采取更加有力的措施,搞好治理整顿,推进各项工作。同时希望人民代表随时提出批评意见和建议,帮助我们把政府工作做得更好。

以治理整顿为重点做好1989年的工作

当前,我市经济形势仍然是严峻的,经济生活社会生活中的问题和矛盾还很多,前进中还会出现一些新的困难,治理整顿的任务相当艰巨。我们一定要坚定不移地贯彻执行党中央、国务院的方针政策,一心一意地进行治理整顿,克服前进中的困难,继续把各项事业推向前进。今年市政府的主要工作任务是:深入贯彻治理经济环境、整顿经济秩序、全面深化改革的方针,把建设和改革的重点放到治理整顿上来,确保物价上涨幅度明显低于去年;压缩社会需求,调整经济结构,力争农业有个好收成,工业保持适度增长,增加有效供给;深化体制改革,扩大对外开放;发展教育科技事业,加强精神文明建设,综合治理社会环境,推进法制建设和廉政建设,促进国民经济持续发展,保持社会政治环境的稳定。今年全市国民经济的主要发展目标是:国民生产总值184亿元,增长7.5%;国民收入151亿元,增长7%;工农业总产值253亿元,增长7%;财政收入24.9亿元,按可比口径增长12.9%。

为了完成上述任务,我们要紧紧依靠全市人民,同心协力,艰苦奋斗,扎扎实实地做好以下工作:

一、严格控制物价,稳定城乡市场

切实加强物价管理,确保物价上涨幅度明显低于去年。这是治理整顿的中心任务,建设和改革的各项工作,都必须服从于、服务于这个目标。保持物价相对稳定,从根本上讲是要发展生产,增加有效供给,抑制过旺的需求,同时也要采取强有力的措施,把物价上涨幅度过大的势头控制住。实现这个目标难度很大,任务十分艰巨,必须取得各方面的支持。今年控制物价的主要措施是:目标控制、分类管理、严格责任、强化监督。(一)根据全年物价的控制目标,把关系国计民生的主要商品,按品种类别进行分解,分别控制在规定的价格水平之内。(二)对各类不同商品价格实行不同的管理办法:国家定价的商品,不准越权提价和非法提价;群众基本生活必需品的价格必须坚决稳住,城市居民定量供应的粮、油、肉销价不动;国营菜店经营的大路菜严格执行指导价,所有经营品种价格实行批零差率管理;人民生活必需的日用工业品价格和重要的服务收费标准不准擅自提高;计划外的重要生产资料及中间产品实行最高限价;放开价格的商品,根据市场供需情况,采取规定指导价、限制利润率或实行最高限价等办法进行管理。(三)严格实行责任制,市长对总目标负责,有关部门主要负责人对主管商品的控制目标负责,每月检查分析物价目标控制情况,及时研究解决存在的问题。(四)强化物价监督,严格物价纪律。建立提价收费申报、备案和企业定价许可证制度,向社会公布由国家定价的主要生活必需品和重要商品的零售价格,所有经营单位的商品都要实行明码标价。加强物价管理部门和新闻舆论的监督,充分发挥消费者协会等群众物价监督组织的作用,办好举报中心,开展经常性的物价检查,严肃查处违反物价纪律的单位和人员。

继续扩大商品购销,努力保证市场供应。增加商品投放,是平抑物价、稳定市场的重要措施。要狠抓措施落实,把城乡市场安排好。一是增加商品货源。计划内商品严格按计划收购,计划外商品通过产销联合、合同定购等办法扩大收购;同时积极从市外组织和吸引适销对路商品。二是精心安排生活必需品的供应。进一步疏通渠道,加强商品调运,组织工业品下乡、农副产品进城,搞好粮食、副食和酿造制品的加工,稳定和扩大商业服务网点,千方百计做到粮、油、肉、菜、食糖、食盐、民用煤、肥皂、火柴、铁锅、卫生纸等商品不断档脱销。三是加强市场调控。完善必备商品的库存制度,分层次确定警戒线,保持合理库存;建立市场调节基金,适时调节敏感商品的供求;增加地方储备商品的品种,搞好地产紧俏商品的统筹;加强社会商业的行业管理,发挥国营商业的主渠道作用和供销合作商业的骨干作用;对集市贸易,既要搞活,又要管好,保持市场稳定有序。

大力整顿流通秩序,切实加强市场管理。经济秩序的混乱主要反映在流通领域,整顿经济秩序的重点是整顿流通秩序。继续认真清理整顿公司,具备条件的,通过年检,重新登记注册,换发营业执照;不具备条件的,按政策规定分别进行处理。今后成立公司,由行业主管部门审批,经工商行政管理部门核准后登记注册。严格按照规定,继续解决党政机关干部在公司(企业)兼职的问题。从整顿批发环节入手,对商业、物资批发企业进行全面清理,坚持经营条件,核定经营范围,减少不合理的批发环节。加强重要生产资料、重要消费品和专营商品的管理,制止非经营单位及个人插手经营,取缔黑市交易。依法惩处哄抬物价、欺行霸市、囤积居奇、倒买倒卖、制造和销售假冒劣质商品、扰乱市场等违法行为,保护生产者、经营者和消费者的合法利益。逐步完善市场法规,为建立正常的市场秩序打下基础。

二、压缩社会需求,抑制消费膨胀

压缩过旺的社会需求,是治理通货膨胀,缓解供求矛盾,稳定经济全局的重大措施,也是治理整顿能否取得明显成效的重要标志,必须下功夫解决这个问题。

压缩投资规模,调整投资结构,是压缩社会总需求的首要任务。按照国家的计划安排,今年重庆地区固定资产投资额控制在38亿元以内,比上年减少15%,其中地方全民所有制单位投资为10.4亿元,减少22%。根据国家产业政策的要求和其他条件的可能,区别轻重缓急,合理安排。坚决砍掉一批非生产性建设项目,停缓建一批条件尚不具备的生产性建设项目。在治理整顿期间,严格控制新开工项目,凡是没有按规定报经批准的,一律不准开工,擅自开工的要追究建设单位及主管部门的责任。制定切实可行的办法,加强对全社会固定资产投资的管理,特别要严格控制计划外、预算外投资,确保不突破规模。把压缩规模和调整结构结合起来,该压的坚决压,该保的坚决保。在压缩一般建设项目的同时,抓好珞璜电厂、渭沱电站、安居电站、210国道、川黔铁路电气化以及5万门程控电话等重点工程建设;抓好成渝公路改建和松藻、南桐、天府煤矿的扩建;抓好重钢、特钢、西南铝加工厂、肉类联合公司的技术改造;抓好长寿化工厂尿素车间和永川、江津、江北县等化肥厂的建设改造;加快建设进度,提高工程质量,确保按期竣工投产。

严格控制消费需求过快增长。近年来,我市消费基金的增长,大大超过劳动生产率和国民收入的增长,这是导致物价大幅度上涨的一个重要原因,必须把过旺的消费需求控制住。一是压缩和控制社会集团购买力。继续抓好专控商品的管理,今年内,除新成立而又确需购车的部门外,原则上不购买大小汽车。对非专控商品实行指标管理,凡突破控制指标的,要追究单位负责人的责任,并给予必要的经济处罚。二是加强工资基金的管理。改进企业工资总额与经济效益挂钩的办法,合理核定企业留利中用于奖励基金和福利基金的比例;加强银行对工资基金的监督,制止滥发奖金、实物和擅自扩大津贴、补贴的发放范围;按规定征收工资调节税、奖金税和个人收入调节税。三是大力组织城乡人民储蓄,巩固和发展群众欢迎的储蓄形式,积极发展保险事业,并采取多种办法引导消费资金分流,吸收和推迟实现社会购买力。进一步树立在发展生产的基础上改善生活的观念,自觉抑制过高的消费欲望。通过各种努力,使消费的增长同国民收入的增长相适应。

树立过几年紧日子的思想,从紧安排财政支出,争取财政收支大体平衡。加强预算约束,严格执行市人大批准的国民经济计划和财政预算。我市今年财政支出的原则是:适当增加农业、教育、科技投入,保证价格补贴和新增工资,大幅度压缩地方自筹基本建设投资,其他支出大致维持去年的水平。加强财政监督,从严控制行政管理费用,紧缩行政开支。认真清理整顿各项财政补贴,采取总额控制和定额补贴相结合的办法,加强各种价格补贴和企业政策性补贴的管理。切实管好预算外资金,引导资金投向,把好支出口子,堵塞浪费漏洞。

三、大力发展农业,力争有个好收成

农业是国民经济中突出的薄弱环节。加快农业的发展,对于增加有效供给,稳定经济社会生活的全局关系极大。各级政府、各个部门、各行各业都要对农业的基础地位进行再认识、再教育,把农业放在十分重要的位置,进一步加强领导。坚持靠政策、靠科技、靠投入的方针,充分发挥农民的积极性,从思想上、组织上、物质上做好防灾抗灾的准备,落实各项增产措施,动员各行各业大力支援农业,为加快农业发展作贡献。今年发展农业的主要目标是:农业总产值41.2亿元,比上年增长3%;粮食总产量570万吨,增长0.9%;生猪、蔬菜、水果、蚕茧等骨干产品的产量稳定增长;乡镇企业总产值66亿元,增长8%。

突出粮食生产,积极发展多种经营。切实保护和合理利用耕地,稳定粮食种植面积,推广优良品种和半旱式免耕轮作等栽培措施,综合开发利用冬水田,因地制宜扩大蓄留再生稻,抓好商品粮和糯米基地建设,努力提高复种指数和单位面积产量,增加粮食总产量。切实加强蔬菜基地管理,稳住现有基地面积,增补菜地8000亩,发展二线商品菜地,坚决制止荒芜、怠耕和乱占菜地。有计划地建设一批高产稳产的蔬菜基地,大力推广良种和增产技术,抓好大路菜和渡淡蔬菜生产,增加蔬菜上市量。稳定生猪生产,扩大饲料来源,搞好饲料加工和供应,建设瘦肉型猪和种猪基地,提高生猪产量和质量。发展禽蛋、水产和奶类生产,兴建一批适度规模的商品蛋鸡场,发展稻田、库塘和网箱养鱼,发挥引进奶类项目的效益。发展蚕桑、水果、茶叶、甘蔗、油料等经济作物。加快荒山造林和"四旁"植树,抓好速生丰产林基地建设,保护好林木和野生动植物。

深化农村改革,落实发展农业的政策。继续稳定完善家庭联产承包责任制,发展双层经营责任制,依法加强承包合同的管理。条件具备的地方,可引导农民在自愿的原则下走适度规模经营和集约经营的路子。建立和完善服务体系,加强产前、产中和产后服务。认真执行发展农业的政策,今年粮食定购任务不变,适当提高定购价格,省里决定调减的部分实行议价收购。蔬菜坚持"放管结合"和粮菜挂钩、二线菜地实行粮肥换菜的政策。生猪收购与奖售饲料粮挂钩,并实行最低保护价。甘蔗继续执行"吨糖吨粮"的奖售政策,适当增加价外补贴。

进一步发挥科学技术在发展农村经济中的作用。继续组织实施农业"丰收"计划,大力推广普及适用先进技术,把单项增产技术组合配套,发挥综合效能。建立健全以区县为重点、乡镇为基础的农技服务体系,有效地开展农业科技的试验、示范和推广工作,逐步扩大生态农业试验范围。积极开展农业技术培训,稳定农业科技队伍,鼓励科技人员到农村开展多种形式的技术承包。提高气象预报的准确性,更好地为抗御自然灾害服务。

继续增加农业投入,增强发展后劲。坚持国家、集体、个人一齐上的方针,多方面、多层次开辟资金来源,逐步形成以集体和农民为主体的农业投资体系。今年全市财政计划用于发展农业的生产性支出,按同口径比去年预算增加1.1倍。各级财政还要尽量增加发展农业的投资;鼓励和引导农民增加资金积累和劳动积累;建立农业发展基金和乡的合作基金;农业贷款应尽可能有所增加。我市今后一个时期农业投入的重点是:农田基本建设、商品生产基地建设和农用工业、农业科技、农村能源交通建设等方面。把规定用于农业的资金全部用于农业,统筹安排,加强监督,保证专款专用,提高使用效益。切实抓好农用物资的生产,优先安排化肥、农膜、农药生产企业的资金、能源、原材料,尽力增加产量,并利用地方外汇进口一批。认真做好化肥、农膜、农药的专营工作和其他农用物资的供应工作,完善供应办法,要按量、按质、按时、按规定价格送到农民手中,加强检查监督,堵塞漏洞。发动群众积造有机肥,增加肥料来源。动员农村盲目外流人员返回农村,搞好农业生产。采取有效措施,减轻农民不合理负担。引导农民增加劳力投入,开展农田基本建设,改造低产田,保护和维修水利设施、农用机具,为夺取农业丰收创造条件。

积极稳步地发展乡镇企业,搞好农工商综合经营。乡镇企业是农村经济的一大支柱,在治理整顿中,要继续深化改革,充分发挥经营机制灵活的特点,根据国家产业政策的要求和市场的需要,因地制宜,调整产业结构和产品结构,加强企业管理,提高企业素质,注重产品质量和经济效益,保持适当的发展速度。乡镇企业发展较快的地区,要依托一批骨干企业和骨干产品,推进科技进步,发展企业群体,提高综合效益;发展较慢的地区,要利用本地资源,采取社办、联户办和户办等形式,加快发展步伐。农垦企业要以农为主,搞好农工商综合经营,保持稳定发展。

继续做好贫困地区和少数民族聚居地的扶贫工作,认真落实扶贫政策,以科技和智力开发为主,发展经济文化事业,加快脱贫致富的步伐。

四、积极调整产业产品结构,保持工业适度增长

治理整顿实质上是一次经济调整。要抓住治理整顿的有利时机,调整产业结构和产品结构,增加市场适销产品,提高综合经济效益,增强经济实力。

有计划有步骤地调整产业结构。根据国家制定的产业政策和我市经济科技社会发展战略纲要,明确调整方向和途径,尽快制定实施方案。根据我市各类产业在国民经济中的地位和发展前景,对农业、能源、交通、通信、短线原材料等基础产业和城市基础设施实行政策倾斜,加快发展步伐,逐步改变滞后状况。产业结构合理化是一个渐进的过程,今明两年集中力量解决制约我市经济发展的关键性问题,使一些突出的矛盾得到缓解。

大力调整产品结构,努力增加有效供给。注意扬长避短,发挥优势,把重点放在四大类产品的增产上。一是人民生活必需品,二是能源、短线原材料和农用产品,三是畅销的轻纺产品和回笼货币较多的紧俏耐用消费品,四是出口创汇产品。对这些产品进行统一规划,列出品种目录,分层次抓好,并在电力、原材料、资金和运输上给予优先安排,保证调整规划的实现。同时,坚决压缩或停止生产滞销产品、严重浪费资源和污染环境的产品。发挥我市工业基础较雄厚和军工企业的优势,开发一批低物耗、深加工、附加价值高和技术水平先进的新产品,搞好产品升级换代。把产品结构调整同技术改造结合起来,加快引进技术的国产化步伐。

以提高经济效益为中心组织好工业生产。在治理整顿中,既要适当放慢过高的增长速度,又要防止生产萎缩,效益下降。今年全市工业计划增长8%,这是比较符合实际的。目前,工业生产面临的困难很大,资金、能源和部分原材料非常紧张,一些企业生产任务不足,亏损还可能增加。在这种情况下,更要依

靠和动员职工群众,继续深入开展增产节约、增收节支运动,发扬工人阶级艰苦奋斗、勤俭节约的优良传统,制订双增双节目标,落实措施,挖掘内部潜力,努力做到生产与效益同步增长。加强生产的指挥调度,合理分配资源,限劣扶优,使有限的能源、资金、原材料发挥更大的效益。采取经济的、行政的办法,促进企业加强经济核算,加速资金周转。抓好企业管理的基础工作,努力降低消耗,提高产品质量。多层次、多渠道组织原材料,搞好重要生产资料的统筹,解决生产急需。按经济合理的原则,加强原材料、零部件的内配工作,提高综合配套水平。引导企业从主要靠增加投入、扩大规模,转到主要靠加强管理、推进技术进步、提高效益的轨道上来。改进对经济成果的考核办法,按国家规定的指标,对区县和市级有关部门及企业进行考核,定期公布。充分发挥铁路、公路和水上综合运输能力,更好地为生产、流通服务。切实加强安全生产和劳动保护,贯彻安全法规,落实安全生产责任制,防止各种事故特别是恶性事故的发生,保障生产建设顺利进行。

五、继续深化改革,加强宏观调控

治理整顿和深化改革,是互为条件、互相联系、不可分割的整体。把改革同治理整顿紧密结合起来,以深化企业改革为重点,积极进行其他方面的配套改革,完善已经出台的各项改革措施,加强和改进宏观调控,促进经济稳定健康发展。

继续深化企业改革。认真贯彻《企业法》和《破产法》,逐步把企业经营活动纳入法制轨道,政府部门依法对企业进行管理监督。进一步完善和发展企业承包经营责任制,充分发挥承包效能,扩大推行税利分流、税后承包,大力推行全员风险抵押承包。积极引入竞争机制,注意调动经营者和生产者两方面的积极性,建立企业利益共同体。指导和促进企业深化内部配套改革,完善厂长全面负责、党委保证监督、职工民主管理的企业领导体制,尊重职工主人翁地位,充分发挥职代会和工会的作用。继续进行劳动人事制度改革,稳步推进优化劳动组合,以本企业为主消化富余人员。引导企业正确使用留利,建立企业风险基金和后备基金,克服短期行为。把深化改革同企业管理结合起来,加强和改进思想政治工作,严格劳动纪律,积极运用现代管理方法,努力提高管理水平,切实克服以包代管的倾向。调整和完善扶持集体经济的政策,推动集体企业按照自己的特点,改革内部管理体制,把优势发挥出来。

积极进行多方面的改革试验。稳妥审慎地进行以公有制为主体的股份制试点。推进以兼并为主的企业产权转让,发展企业集团,促进企业组织结构调整。逐步实行企业资金分账管理,管好国有资产,探索拍卖国有小企业的路子。全面推行国有土地有偿使用,试行土地有偿出让,有步骤地推进住房制度改革,有条件的单位可以进入提租补贴实运转。开发房产交易市场,发展和完善劳务市场。加快社会保障制度改革的步伐,尽快建立社会待业救济基金,扩大退休统筹范围和兑现比例,完善统筹基金管理制度。

改进宏观调控,增强调控能力。综合运用经济、行政、法律、纪律和教育手段,特别要注意更多地采用经济手段,发挥调节监督机构的作用,推进治理整顿工作。加强计划管理,搞好国民经济的综合平衡,协调重大比例关系,保持经济社会生活的稳定。加强信贷管理,严格控制信贷规模,积极调整信贷结构,促进经济稳定增长。强化税收管理,整顿税收秩序,全面清理减免税项目,坚持依法治税,堵塞"跑、冒、滴、漏",严肃处理偷税漏税和抗税案件。加强生产资料的管理,维护指令性计划和订货合同的严肃性,引导计划外生产资料合理流向。加强社会劳动力的调节管理,清理计划外用工。加强审计监督工作,特别要加强对基本建设、行政事业单位开支、消费基金和流通活动的审计。正确处理加强宏观调控和微观搞活的关系,努力做到管而不死,活而不乱,紧中求活,防止走回头路。

六、扩大对外经济技术交流,发展横向联合

在治理整顿中,继续坚持对外开放方针,抓住有利时机,进一步拓宽对外对内开放的渠道,扩大规模,增强我市的吸引力和辐射力。

发展对外经济贸易,增加出口创汇。今年外贸工

作难度很大,必须采取有效措施扩大出口,确保完成2.6亿美元的计划,力争达到2.8亿美元。继续深化外贸体制改革,落实鼓励出口的各项政策,调动企业增加出口的积极性。抓紧调整出口商品结构,进一步扩大机电产品出口比重,发展丝绸、医药、化工和乡镇企业的优势产品出口,逐步形成一批有影响的出口骨干商品。注意搞好出口和内销的统筹安排,控制国内市场某些紧缺商品的出口量。努力扩展我市在国际市场的销售服务网点,形成稳定可靠的销售渠道。积极开拓国外工程承包,扩大劳务输出。大力发展国际旅游事业,加强经营管理,提高服务质量,增加非贸易创汇。

加快利用外资步伐,积极引进先进技术。认真贯彻执行鼓励外商投资的法规和政策,通过多种渠道和多种形式,吸引更多的国外实业界、海外侨胞和港、澳、台胞来渝投资办企业,改造老企业。大力吸收直接投资,引进先进技术,提高利用外资的综合效果。积极发展中外合资企业、合作企业、外商独资企业和"三来一补",办好现有"三资企业"。增强港口、银行、保险、海关、商检、仓储、法律咨询等方面的综合配套服务能力,简化审批手续,提高办事效率,提供优质服务,进一步改善投资环境。

继续发展横向联合,扩大合作领域。加强同毗邻地区、西南地区、长江沿岸中心城市和沿海地区的经济联合,以物资协作为基础、技术协作为重点,开展多方面的协作。鼓励企业采用投资、合资、补偿贸易等形式着重开发冶金、化工、纺织、轻工、食品等行业的原材料基地。

七、进一步发展科技教育事业,推进精神文明建设

深化科技体制改革,大力发展科技事业。科学技术是第一生产力,是振兴经济的希望所在。必须坚持经济建设依靠科学技术、科学技术面向经济建设的方针,在治理整顿中继续推进科技体制改革,实行有利于科技进步的政策,进一步调动科技人员的积极性,促进科技与经济的结合。组织科技力量,落实国家安排的重点科技攻关项目和其他科研试验任务。制订和实施"星火""火炬"计划,抓好以工农业生产技术开发为重点的30个攻关项目。进一步办好沙坪坝科技产业开发试验区,积极筹办高技术创业中心,完善配套政策,鼓励和引导大专院校、科研院所和大中型企业进入试验区和创业中心从事科技开发,促进高技术研究成果产业化、商品化。科研机构要普遍实行所长任期目标责任制和承包经营责任制,鼓励科研单位同企业相互承包、租赁、参股、兼并,推动科技全面进入经济领域。加强软科学研究,社会科学要研究经济和社会生活中的迫切问题,更好地为改革、建设和治理整顿服务。

进一步提高对教育战略地位的认识,在治理整顿中确保教育事业的发展。继续增加教育投资,做到教育经费"两个增长",并尽可能增加公务费的比重。按规定征收城乡教育费附加,多渠道筹集教育资金,改善办学条件。抓紧中小学危房改造,保证质量和进度,今年再改造30万平方米,力争有9个区县基本消除现有中小学危房。坚持教育为社会主义建设服务的方针,继续调整教育结构,搞好教育改革,加强基础教育特别是农村基础教育和师范教育。认真贯彻《义务教育法》,明确学校、家庭、社会的责任和义务,运用法律、经济和行政手段,确保全市学龄儿童入学率稳定在98%以上,小学毕业率、普及率保持在95%以上。全社会都要关心和保护中小学生的健康成长,认真解决少数中小学生辍学、弃学问题,禁止招收童工。积极改革办学体制,发展社会力量办学。按照"先培训,后就业"的原则,提倡企业和学校结合,发展职业技术教育,把发展教育和"燎原"计划结合起来,为农村培养更多的中、初级技术人才,不断提高农村劳动者素质。各级各类学校都要把学生的思想品德教育摆在十分重要的位置,切实抓好校风校纪建设,促进学生的德、智、体、美全面发展。要充分发挥教师的教书育人积极性,继续改善教师的工作条件和生活条件,不断提高广大教师的思想业务水平,努力建设一支素质优良的教师队伍。

认真抓好计划生育工作,严格控制人口增长。我市人口基数大、密度高,与生态、经济和社会发展的矛盾十分尖锐。各级政府要把计划生育作为关系民族生存大计的紧迫任务来抓,动员社会各方面的力量,

广泛深入地开展宣传教育,增强人口意识和人均观念。全面贯彻执行《四川省计划生育条例》,稳定现行计划生育政策,引导群众自觉做到晚婚晚育、优生优育和一对夫妇只生一个孩子。以加强农村计划生育工作为重点,同时抓好流动人口和个体户的计划生育,坚决制止某些失控现象。加重乡镇、街道等基层组织计划生育工作的职责,卫生、工商等部门要紧密配合,做深入细致的工作,防止超计划生育。全面推行计划生育目标管理责任制,把任务落实到单位和个人,确保今年计划生育率达到95%以上,人口出生率控制在16‰以内。

加强卫生体育工作,提高人民健康水平。坚持预防为主的方针。以防治传染病为重点,广泛开展爱国卫生运动,加强食品卫生管理,进一步改善农村饮水条件。推进卫生体制改革,整顿医疗秩序,树立良好的医德,提高服务质量,注重社会效益。努力改善医疗设施,新增病床1000张。大力开展以学校体育为重点的群众体育运动,办好体工队和业余体育学校,加快广阳坝训练基地建设,改造市体育场、馆,铺设塑胶跑道,改善竞赛和训练条件。办好市第二届青少年运动会。

充分发挥文化艺术、广播电视、新闻出版事业在精神文明建设中的积极作用。各种文化事业,都必须把社会效益作为最高标准,努力提高精神产品的质量,满足群众多方面的需要。推进艺术表演团体的改革,逐步试行艺术表演团体"双轨制",调动文艺工作者的积极性,繁荣文艺创作,丰富文化生活。新闻出版、广播电视要做好舆论引导和监督工作。加强报刊、图书、音像等出版物的管理,认真整顿文化市场,坚决取缔非法出版物。逐步加强文化设施建设,充实和扩大文化阵地。今年是建国40周年,也是重庆定名800周年。本着既隆重、又节俭的精神,把文化、体育和经贸活动结合起来,开展庆祝活动,发扬重庆人勤劳勇敢、开拓前进的光荣传统,扩大与国际国内的广泛联系和交流。

充分发挥政治优势,切实加强思想政治工作。各级政府、各部门、各单位都要按照一手抓社会主义商品经济,一手抓思想政治领域工作的指导思想,紧密结合我市治理整顿和改革的实际,加强形势教育,引导广大群众正确认识10年改革的成绩和当前的形势,正确对待前进中出现的困难和问题,加深对治理整顿、深化改革的必要性、艰巨性的理解,振奋精神,坚定信心,积极投身建设和改革。坚持进行爱国主义、集体主义、社会主义教育,大力提倡对祖国、对社会的奉献精神,遵守社会公德,提倡先公后私、尊老爱幼、助人为乐、见义勇为的道德风尚,自觉抵制社会上各种消极丑恶现象。深入进行职业道德教育,增强职业责任,遵守职业纪律,搞好优质服务。建立健全厂长(经理)对企业两个文明建设全面负责的体制,把科学管理与培养企业精神、提高职工素质结合起来,有效地做好思想政治工作,增强职工的主人翁责任感。

八、改善城市基础设施,切实加强城市管理

搞好城市规划建设和管理,直接关系城市经济社会发展和人民生活环境的改善。在治理整顿和深化改革中,要针对薄弱环节,继续完善城市规划,改善基础设施,加强城市管理。

城市规划是城市建设的依据。结合我市经济社会发展的实际,抓紧调整充实城市总体规划,编制城市交通规划、片区规划和专项规划,增强规划的科学性、权威性和指导性。严格规划管理,坚决纠正和防止规划建设中各行其是的现象。加强国土管理,认真贯彻执行《土地管理法》,把保护国土资源、管好用好国有土地作为一项战略任务切实抓好,开展土地详查,从严审批建设用地,依法查处乱占土地的案件。

抓好重点基础设施和集镇建设。本着尽力而为、有保有压的原则,抓紧重点基础设施建设,确保重庆机场建成通航,建成菜袁路主体工程和江北停车场,改造渝碚路,加快市中区地下人防解危工程进度。在新开发区和一些人口稠密地区配套建设一批集市摊区、商业网点、停车场地和中小学校。加强集镇建设,逐步完善市政公用、商业服务和文教卫生设施,建成15个小水厂。

整顿建设市场。查处建设工程中的行贿索贿、无照设计施工、层层转包、粗制滥造、非法经营等违法、违纪、违章行为。逐步建立合理竞争、公开招标、公正

交易、严格监督管理的建设市场新秩序。保证工程建设的质量和工期,推动建设事业健康发展。

集中力量整治市容环境和交通秩序。继续开展以整顿道路交通秩序、客运秩序、市场秩序、环境卫生为重点的综合整顿,加强市政环卫设施的维护保养,严格实行门前"三包",把突击整顿和经常管理结合起来,努力改变"脏、乱、差、堵"的状况。坚持"谁污染谁治理"的原则,以治理大气污染为重点,限期完成一批污染严重的治理项目,防止出现新的污染源。抓好园林绿化,扩大绿地面积,发展垂直绿化,新建一批园林式单位和村段。加强城市管理,还必须改革城管体制。按照"统一领导,分级管理,条块结合,以块为主,立足基层"的原则,明确划分市、区、街道的管理职责,扩大区、街的城管工作权限,市里重点抓好统筹协调、监督检查。逐步做到城管工作规范化、制度化和法制化,提高城市综合管理水平。

九、加强法制建设,维护社会安定

要完成治理整顿、深化改革的艰巨任务,必须保持社会政治环境的稳定,没有稳定的环境,什么也搞不成。各级政府要采取有效措施,依靠各方面的力量,创造良好的社会政治环境。

加强法制建设。坚持一手抓经济建设和改革,一手抓法制建设的方针,广泛深入地开展法制教育,继续普及法律知识,增强公民意识和法制观念,提高遵纪守法的自觉性。做好地方性法规和行政规章的起草工作,总结改革的成功经验,形成行为规范。加强和改善行政执法工作,强化行政监督,发挥法规、规章约束各种社会行为的作用。进一步加强行政执法监督部门的自身建设,严格依法行使职权。拓展律师、公证事务,指导企业和基层的法制建设。

大力加强社会治安综合治理。依靠和发动广大群众,落实各项群防群治措施,把综合治理和集中打击、集中整顿结合起来,依法从重从快打击抢劫、盗窃、杀人、强奸等严重刑事犯罪和经济犯罪分子,坚决查禁危害社会风气的赌博、卖淫、嫖娼等社会丑恶行为,对治安问题突出的地区和场所,必须进行集中整顿,增强人民群众的安全感。强化内部保卫工作,落实治安工作责任制,把综合治理纳入法制轨道和各单位工作的考核内容。加强公安队伍建设,提高干警素质,逐步改善装备和工作条件。大张旗鼓地宣传表彰敢于同犯罪分子作斗争的好人好事,树立正气,依靠各方面力量,共同维护社会治安秩序。

维护社会治安,还必须充分发挥城乡基层政权组织和群众自治组织的作用。做好人民调解工作,及时疏导和化解各种矛盾,防止民间纠纷激化。积极组织待业青年参加生产和社会服务,做好违法青少年的帮教工作,依靠村段搞好安全防范。

加强全民国防教育,增强国防意识。继续做好民兵、人防工作,发扬拥军优属的光荣传统,密切军政、军民关系。

要完成上面这些任务,工作是极其艰巨的,难度是很大的,没有人民群众的团结奋斗是不可能完成的。人民政府为人民,人民政府靠人民。过去的一切成绩,都是依靠广大人民群众取得的,克服当前的困难,更要紧紧依靠人民群众。我们相信,只要同群众一起出主意想办法,充分发挥群众的积极性和创造性,依靠群众的监督支持和帮助,只要我们各级政府的领导干部带头艰苦奋斗,以身则,脚踏实地,做好工作,今年各项工作的预定目标是能够实现的。

努力建设廉洁求实高效的政府机关

廉洁、求实、高效,是现阶段政府机关建设的紧迫任务,是完成各项任务的可靠保证。要把政府机关的廉政建设作为大事来抓,确保治理整顿和各项建设事业顺利进行。

坚决执行为政清廉的规定,切实保持政府机关的廉洁。把廉政建设同治理整顿紧密结合起来,通过廉政建设推动治理整顿工作和民主政治建设。以各级行政机关、各级领导干部和执法监督部门的工作人员为重点,切实加强经常性的廉政教育,防微杜渐,举廉肃贪,增强抗腐蚀的能力。廉政制度建设是做好廉政工作的一项有效措施。从公开办事制度、公开办事结果、依靠群众监督入手,推进整个廉政建设。首先在与群众和基层交往较多的机关、事业单位中,在群众最关心的问题上,推行"两公开、一监督"的制度。在去年试点的基础上,再扩大一批机关和基层单位试点,建立规划管理、基建立项、技改审批、信贷发放、登记办照、税收征管、农资供应、户口迁转、计划生育、行政收费、招工招生等方面的"两公开、一监督"制度。加强行政监察工作,逐步完善监督体系,办好各种举报中心,切实保护举报人的合法权利,严禁打击报复。对查出的重大违法违纪案件,严格按照政纪法纪进行处理。

发扬政务民主,实行政务公开。把民主政治建设同廉政建设结合起来,提高政务工作的透明度。制定和完善政府机关的决策程序,提高民主决策和科学决策水平。重大问题的决策,做到事前深入调查,广泛征求各方面意见,进行充分的论证,减少和避免失误。各级政府要定期向人大常委会报告工作,经常向政协和各民主党派、人民团体通报情况,主动开展协商对话,自觉接受监督,注意听取社会各界人士对政府工作的意见,认真办理人民代表的批评、建议、意见和政协委员的提案,不断改进政府工作。

严肃政纪,统一政令。要保证治理整顿的顺利进行,必须政令畅通,纪律严明,步调一致。政府机关工作人员特别是负责干部,必须在执行政策法令、服从大局、遵守纪律上作出表率,作到令行禁止,不准各行其是,另搞一套。严格请示报告制度,涉及全局性和与人民群众利益密切相关的政策措施出台,必须事先请示,社会生活和经济生活中的重大情况,必须及时报告。对那些不顾大局,有令不行,有禁不止的机关和工作人员,要严肃查处。

改进工作作风,提高办事效率。坚持求实务实的作风,讲实话,办实事,求实效,不图虚名,不搞形式主义。加强部门之间的协作配合,防止和纠正扯皮推诿、不负责任的现象,进一步提高办事效率。政府机关全体工作人员都必须牢固树立全心全意为人民服务的思想,经常深入基层,调查研究,倾听意见,努力为基层、为群众服务。加强检查督办工作,防止和克服只布置不检查,只号召不落实的倾向,把工作做深做细,扎扎实实地解决实际问题,把政府的各项工作真正落到实处。

实行目标责任制,严格政绩考核。履行工作职责和岗位职责,是对机关工作人员的基本要求。为了落实各项任务,要努力学习和探索科学的行政管理方法。有步骤地实行目标责任制,今年着重把治理整顿的主要工作目标,层层分解落实到各职能部门和各级政府,定期检查,并作为考核干部政绩的依据。

各位代表!治理经济环境、整顿经济秩序、全面深化改革,是国民经济走上良性循环的必由之路。尽管当前面临的困难问题不少,但是有利条件也很多,我们有10年改革和建设的经验,有已经形成的较强经济基础,治理整顿工作已摸索出一些路子。我们坚信,只要坚定不移地贯彻党中央的战略决策,认真执行国务院制定的政策措施,紧紧依靠全市人民,和衷共济,艰苦努力,知难而进,坚持不懈,就一定能克服前进中的困难,完成今年的各项任务,夺取治理整顿和深化改革的新胜利!

在重庆市第十一届人民代表大会第三次会议上的政府工作报告

市长 孙同川

（1990年3月11日）

各位代表：

我代表市人民政府,向市十一届人大第三次会议作政府工作报告,请予审议。

1989年工作的回顾

过去的一年,是我市经受政治动乱、自然灾害和经济困难三重考验,在治理整顿中继续前进的一年。一年来,在中共重庆市委的领导下,在市人大及其常委会的监督支持下,市人民政府坚持党的基本路线,认真贯彻执行党中央、国务院一系列重大方针政策,依靠全市人民,集中主要精力,着重抓了制止动乱、抗灾救灾、治理整顿这三件关系稳定全局的大事,努力克服重重困难,推动了各项事业继续发展,巩固了安定团结的局面。

一、(略)

二、全力组织抗灾救灾,恢复生产,重建家园

去年,我市自然灾害频繁严重。年初持续低温寡照。4月,永川、荣昌遭受风灾。6月上旬,长寿、北碚等区县受到大风暴雨冰雹的袭击。7月上旬,合川、江北、铜梁、潼南等8个区县遭受特大暴雨洪灾。7月中下旬,出现大面积干旱。11月20日,江北县统景地区又发生5.2级和5.4级中强度地震。特别是7月上旬的特大暴雨洪灾,来势之猛、面积之宽、损失之大,是我市历史上罕见的。接踵而至的灾害,给人民的生命财产带来了巨大损失。全市共有443个乡、300万人受灾,死亡190人,受伤2200余人;受灾单位3100余个,其中中小学616所;毁坏民房近19万间,损失粮食3亿多公斤,直接经济损失6亿多元,其他方面的损失也相当严重。

灾情就是命令。每当重大灾情发生,市和有关区县立即成立抢险救灾指挥机构,各级党政领导干部迅速赶赴灾区,了解灾情,慰问灾民,指挥抢险救灾,调运救灾物资,安排灾民生活;动员和组织灾区群众,自力更生,艰苦奋斗,团结互助,生产自救,努力减轻灾害损失;同时在全市范围内组织对口支援,城市支援农村,无灾支援有灾,轻灾支援重灾,各行各业支援灾区。党中央、国务院和省委、省政府对灾区人民十分关怀,发来慰问电,派来慰问团,指导抗灾救灾。人民解放军驻渝部队,英勇抢险救灾,给予了有力的支持。一些兄弟地区和台胞以及海外人士都给予了热情的援助。国家从政策、资金、物资上扶持,各级政府拨款和各方捐赠救灾资金3500多万元,粮食215万公斤,衣物60万件,各种救灾物资4万多吨、价值314万元,有力地支援了灾区人民恢复生产,重建家园。

在抗灾救灾中,广大群众发扬自力更生、艰苦奋斗的精神,发扬一不怕苦、二不怕死的精神,发扬一方有难、八方支援的精神,团结奋斗,较快地恢复了生产,恢复了上课,恢复了交通通信,修复和新建了灾民住宅,整个灾区无人逃荒要饭,无人露宿荒野,无一处发生瘟疫。广大人民群众深切地感到:还是共产党好,社会主义好!

三、治理整顿取得初步成效,经济建设和其他各项事业继续发展

去年,市政府把治理整顿作为建设和改革的重点,采取严格控制物价、抑制社会需求、调整产品结构、增加有效供给、努力稳定经济等一系列措施,排除动乱干扰,克服各种困难,基本上实现了预定的治理整顿目标。过热的经济已经降温,物价涨幅明显回落,投资规模得到控制,农业获得好收成,国民经济保持了一定的增长速度。全年完成国民生产总值203亿元,国民收入166亿元,按可比价格计算,比上年分别增长3.5%和2.6%;工农业总产值完成248亿元,增长4.1%;财政收入完成27.46亿元,按同口径计算,增长15.5%,4年来第一次实现了当年财政收支平衡。

(一)工农业生产保持了一定增长,对外经济贸易取得好成绩

农业在大灾之年获得好收成。各级政府提高了对农业基础地位的认识,切实加强领导,稳定农村经济政策,大力推广农业增产技术,从各方面增加投入。在广大农民的努力和各方面的支援下,农业出现了喜人的"升温景象",做到了抗灾夺丰收。全年完成农业总产值41.4亿元,比上年增长3.2%。粮食产量57.5亿公斤,超过历史最高水平。蔬菜、生猪、禽蛋和水产品等都有不同程度增长,柑橘产量增长近一倍。林业稳定发展,新造林地9万多亩。乡镇企业在调整中继续发展,完成总产值70亿元,比上年增长15.6%。

工业生产在困难的环境中保持了一定的增长。针对资金紧缺、市场疲软、生产下降等问题,加强了生产的组织领导和指挥调度,发动广大职工,全力以赴堵生产滑坡,千方百计保经济稳定,引导企业调整产

品结构,增产适销产品,提高质量,扩大销售。全年完成工业总产值206亿元,比上年增长4.2%,其中重工业增长7.5%,轻工业略有上升,军工民品产值增长7.2%。80种主要工业产品中,原煤、发电量、天然气、有色金属、汽车、化肥、农药、农用薄膜、电风扇等34种产品产量稳定上升,出口产品增加较多。开发新产品1000余项,其中170多项达到或接近国际水平。交通货运量、货物周转量、港口吞吐量和邮电业务总量都完成或超额完成了计划。

对外经济贸易持续增长。外贸工作努力克服动乱的影响,落实鼓励出口政策,调整出口商品结构,开拓国际市场。全年出口创汇3亿美元,比上年增长14.2%。出口产品结构有所改善,工业制成品比重达70%,机电产品出口增长10%。实际利用外资2.2亿美元,比上年增长77.5%。横向经济联合继续朝着办实事、求实效的方向发展。

(二)控制物价取得明显成效,城乡市场稳定

各级政府把控制物价作为治理整顿的中心任务来抓,采取目标控制、分类管理、严格责任制、增加价格补贴、强化物价监督、保证生活必需品供应等措施,收到了实效,主要副食品价格稳中有降,高档耐用消费品价格较大幅度回落。零售物价上涨幅度由1月份的35.5%下降到12月份的2.3%,全年平均上涨16.5%,比上年涨幅下降6.8个百分点,实现了物价上涨幅度明显低于上年的目标。

市场由剧烈波动转向平稳。重视发挥国营商业和供销社的主渠道作用,大力组织商品购销,副食品供应状况良好,生活必需品做到了不断档脱销,日用工业品供应充足,农业生产资料的购销有较大增长,集市贸易成交额大幅度上升,特别是蔬菜供应做到了春秋两个淡季不淡,对稳定物价起了重要作用。全年社会商品零售总额完成107.3亿元,比上年增长14.3%。

流通秩序逐步好转。认真清理整顿公司,按规定撤销、合并和改办716户,党政机关办企业和机关干部在企业兼职的问题已经解决。整顿批发环节,对15大类消费品和重要生产资料的批发经营作了明确规定,初步制止了批发中的混乱状况。整顿摊区市场,取缔非法交易取得了一定效果。查处违法经营大案要案885件,罚款和没收金额1489万元。在整顿经济秩序中,商品质量监督和审计监督发挥了积极作用。

(三)固定资产投资规模得到控制,消费需求增势有所减缓

压缩投资规模、调整投资结构取得一定成效。经过认真清理,已停缓建一般性建设项目和楼堂馆所94个,压缩投资8亿元。全市全民所有制单位固定资产投资完成32.9亿元,比上年下降6.2%,其中地方全民所有制固定资产投资完成16亿元,下降21%。投资结构有所改善,能源、交通、通信、原材料和城市基础设施等重点建设项目进展情况较好。重庆江北机场、国道210线红双段、万门程控电话已投入使用,一批重点技术改造项目已竣工投产。城市维护、集镇建设也取得了新的成绩。

消费膨胀的势头得到抑制。社会集团消费比上年下降3%,消费基金增长幅度减缓。城乡居民储蓄大幅度增加,年末储蓄存款余额达48.88亿元,比上年增长35%。贷款规模得到控制,信贷结构有所调整,货币净投放比上年减少,银行现金收支基本平衡。

人民生活基本稳定。城市居民人均生活费收入1335元,比上年增长13%,农民人均纯收入634元,增长12.3%。城市住宅竣工面积174万平方米,农村有13万户农民新建改建住宅735万平方米。城镇安置5万多待业人员就业,农村又解决了3万多贫困户的温饱问题。

(四)科技教育文化卫生事业继续发展,精神文明建设逐步加强

科技与生产相结合取得新的进展。完成科技计划项目232项,推广应用技术成果,实施"丰收计划""星火计划"和"火炬计划",促进了工农业生产,取得了较好的经济效益。获国家、省市科技进步奖123项,专项奖97项。沙坪坝科技开发试验区发展迅速,初步建设了"科技一条街"。软科学和社会科学研究出了一批成果。

教育工作继续得到加强。分级办学管理体制进一步落实,督导检查有了进展,教师队伍保持稳定。

德育工作引起重视,基础教育、职业技术教育、高等教育、成人教育、幼儿教育和特殊教育都有不同程度的发展,中小学生流失得到初步控制。教育经费做到了"两个增长",兴建和改造了一批校舍,已有16个区县基本消除了中小学危房。社会办学取得成绩。

思想政治工作进一步引起重视,开展坚持四项基本原则、反对资产阶级自由化的教育取得成效。文化事业坚持社会主义方向,创作演出了一批好作品、好剧目,出版了一批优秀图书,成立了重庆电视二台,群众文化活动日益活跃。加强文化市场管理,清理整顿印刷行业和书刊市场,"清污扫黄"取得初步效果。群众体育运动生机勃勃,举办了青少年运动会,在国际比赛中获得6枚金牌,运动设施有所改善。卫生事业有了发展,疾病防治和初级卫生保健工作取得新成绩,计划免疫工作提前两年达到国家和省规划目标,农村又改善了200余万人的饮水条件,医院新增病床2000余张。计划生育工作全面推行了目标管理责任制,建立健全服务体系,人口出生率为15.4‰,低于控制目标。

(五)城市管理和社会治安方面做了大量工作,依法治市正在逐步推进

城市管理开展以交通、市场、市容卫生为重点的综合整治,收到一定成效。社会治安采取综合治理措施,先后开展了"两打击、两查禁、一整顿"和除"六害"斗争,依法打击了一批杀人、强奸、抢劫、盗窃、聚众赌博、卖淫嫖娼、拐卖妇女儿童等犯罪分子,摧毁了一批犯罪团伙,打击了敌特分子的破坏活动,维护了社会秩序,保卫了国家的安全。

法制工作和廉政建设得到加强。提请市人大常委会审议通过,并经省人大常委会批准的地方性法规4项,颁布行政规章46项,有重点地开展了执法检查,执行国土管理等法规取得成效。贯彻最高人民法院、最高人民检察院和监察部的《通告》,开展反贪污受贿的斗争,加强群众举报工作,监察部门查处贪污受贿、以权谋私等案件450件,受到各种政纪处分的247人,其中县处级干部14人。加强廉政制度建设,基本刹住了请客送礼、大吃大喝等不正之风。认真办理人民代表的建议、批评、意见和政协委员的提案,解决了一批与人民群众关系密切的问题。民族、宗教、外事、侨务、民政、民兵、人防等方面的工作,都取得了新的成绩。

去年,是重庆解放40周年、建市60周年、定名800周年。国庆前后开展"三庆"活动,举办对外经济技术贸易洽谈会、重庆经济协作区交易会,参加洽谈会的外商600多人,出口商品成交金额达4200万美元;交易会物资商品成交额6.2亿元。举办"都市国际化现代化研讨会""首届重庆海外联谊会"等活动,扩大了对外影响。开展各种文化艺术和宣传教育活动,反映了重庆的光荣历史、建设成就和山城人民的精神风貌。这对于促进对外开放,推动两个文明建设,起了积极作用。

在过去一年中所取得的这些成绩是来之不易的,是在党中央、国务院正确方针指导下,全市人民团结奋斗的结果。在这里,我代表市人民政府,向全市工人、农民、知识分子、广大干部和各界人士,向人民解放军驻渝部队、武警指战员和公安干警,表示衷心的感谢和崇高的敬意!

回顾过去一年的工作,我们深深地体会到:必须坚持四项基本原则,反对资产阶级自由化,保持安定的社会环境,才能顺利地进行社会主义现代化建设;必须坚持以经济建设为中心,进一步治理整顿和改革开放,克服急于求成的思想,才能实现经济长期持续稳定协调发展;必须坚持全心全意依靠工人阶级和广大人民群众,调动各方面的积极性,才能克服困难,取得新的胜利;必须坚持两个文明建设一齐抓,切实纠正"一手硬一手软",才能振奋精神,推动各项事业前进;必须坚持不懈地开展反腐败的斗争,加强廉政勤政建设,才能得到人民群众的信任,立于不败之地。

各位代表!在过去的一年里,市政府的工作虽然取得了一定成绩,但按照预定的工作目标来检查还存在一些问题,前进中还存在着不少困难,主要的是:农业投入不足,基础设施薄弱,抗灾能力差,综合生产能力不强。工业结构性矛盾突出,增长速度回落过猛,企业经济效益普遍下降,部分企业停产半停产,工业总产值、国民生产总值、国民收入没有完成预定增长计划。财政特别是市级财政相当困难,各种补贴负担沉重,收支平衡的矛盾尖锐。社会治安问题很多,刑

事犯罪案件增加。城市脏乱差堵现象没有很大改变，部分地区居民水电气供应紧张的状况没有缓解。乱收费、乱摊派、乱罚款没有得到有效制止，群众意见较多。

经济社会生活中存在的矛盾和问题是多年积累下来的，原因是多方面的。从主观原因来检查，主要是对治理整顿的艰巨性、复杂性估计不足，对经济发展中的一些深层次问题缺乏系统的深入的调查研究，对经济生活中出现的新情况、新问题预见性不强。综合运用经济、行政和法律手段加强宏观调控不够，有的措施重堵轻疏。工作作风上还存在一些问题，主动为基层、为企业服务不够，工作布置多，狠抓检查落实不够，有的工作没有一抓到底、持之以恒，有的突出问题解决得不够及时。我们将进一步总结经验教训，同时恳切地希望人民代表随时提出批评意见，帮助我们把今年的工作做得更好。

1990年的主要任务

1990年是治理整顿和深化改革的关键一年，也是实施"七五"计划的最后一年。根据党的十三届五中全会《关于进一步治理整顿和深化改革的决定》，我市用3年或者更长一些时间，基本完成治理整顿任务，努力实现以下主要目标：全市零售物价总指数的涨幅逐年下降到10%以下；投资规模控制在财力物力允许的范围之内；农业等基础产业得到加强，能源、交通、原材料紧张状况逐步缓解；经济保持适度增长，经济效益明显提高；实现财政收支平衡；经济领域的混乱现象明显好转；逐步建立起符合计划经济与市场调节相结合的，经济、行政、法律手段综合运用的宏观调控体系，使国民经济基本转上持续稳定协调发展的轨道。治理整顿已进入攻坚阶段，我们面临的任务十分艰巨复杂，做好今年的各项工作，对于克服当前经济困难，实现三年治理整顿目标，具有至关重要的意义。

1990年市政府工作的指导思想和主要任务是：深入贯彻落实党的十三届四中全会、五中全会和六中全会精神，把稳定作为做好一切工作的根本指导思想，作为压倒一切的中心任务，依靠工人阶级和全市人民，坚定不移地推进治理整顿、深化改革和对外开放，继续控制总量、调整结构、整顿秩序、加强管理、提高效益、增强后劲，促进以经济建设为中心的各项建设事业稳定发展。今年治理整顿和经济发展的主要目标是：在提高经济效益、改善产品结构的基础上，工农业总产值增长4%，国民生产总值增长4%，财政收入增长6.4%，力争实现财政收支平衡，零售物价涨幅控制在15%以下，固定资产投资规模控制在国家计划之内，经济秩序进一步好转，国民经济的综合平衡和宏观调控得到改善。把治理整顿、深化改革同大力加强科技教育和发展其他各项事业结合起来，努力实现"七五"计划的主要目标，全面完成今年的经济、科技和社会发展任务。

一、集中力量大办农业，保持农村经济稳步发展

农业是安天下的产业，是政治、经济、社会稳定的基础。在去年粮食产量超过历史最高水平的情况下，要注意防止和克服盲目乐观和"潜力已尽"的思想，牢固树立以农业为基础的思想、科技兴农的思想和防灾抗灾夺丰收的思想，继续鼓足干劲，进一步加强领导，动员和组织各行各业继续大力支援农业，保持农村经济稳定发展。今年农村经济发展的主要目标是：农业总产值比上年增长3%，粮食总产量达到57.75亿公斤，乡镇企业总产值增长7%。

（一）把农业综合开发的"三大工程"建设，作为农业登上新台阶的战略措施来抓。"三大工程"是：以增产粮食为重点，建设"吨粮田""双千田"为目标，综合开发利用300万亩冬水田；以发展多种经营、恢复农业生态为重点，改造200多万亩荒山、坡耕地和低产土，提高地力，发挥综合效益；以改善城市副食品供应为重点，建设稳产高产的"菜篮子"工程。"三大工程"是农业综合开发的系统工程，需要大量投入、较长时间和各种措施综合配套。今年要落实规划，开展重点项目启动、试验、示范工作。一是扩大利用冬水田面积，抓好中低产田的深度开发，搞好"吨粮田"示范片的建设，适当扩大小春半旱式面积，稳定再生稻面积，抓紧商品粮基地建设。二是开发利用荒山荒坡，因地制宜地发展经济林木、蚕茧、油料、茶叶、甘蔗等多种

经营,抓好长江防护林、水土保持综合治理、水果开发三大项目的建设。三是推进"菜篮子"工程,加强菜地建设和管理,特别要抓好淡季菜的生产,稳定生猪生产,建成肉鸡良种场和13个简易蛋鸡场,发展家禽家畜、养鱼和奶产品,增加城市蔬菜副食品供应。

(二)继续增加农业投入,大力推进科技兴农,稳定农村政策。坚持国家、地方、集体和农民一齐上的原则,认真落实增加农业投入的政策,建立和增加农业发展基金、农村合作基金。市财政安排投入农业的资金2616万元,比去年预算增长一倍。县的机动财力应大部分用于发展农业,郊区也应尽可能集中一定的财力用于农业。农民是农业投入的主体,继续引导和鼓励农民积极增加投入和劳动积累。农业投入的主要方向仍然是农田基本建设、农用工业和农业科技。完善审计监督制度,保证专款专用,提高使用效果。

把科技兴农作为发展农业的战略措施。围绕"三大工程"建设,增加科技投入,统筹农业、科研和教育方面的力量,在更大范围内普及推广农业科技成果,积极推行"政、技、物"结合的集团承包和单项承包,抓好科技示范乡、示范户,积极培育、引进和推广良种,提高农产品的产量和质量。发挥市县气象、农技、畜牧、农机、水电、供销等部门的作用,加强基层农业服务体系建设,切实搞好产前、产中、产后系列化服务,开展农民技术教育和技术培训,稳定和壮大农村科技队伍。

稳定发展农业,最重要的是稳定农村政策。家庭联产承包责任制的政策,决不放松粮食生产、积极发展多种经营的政策,一部分人靠诚实劳动先富起来的政策和扶贫政策,坚持在公有制为主体的前提下发展多种经济成分的政策,实行计划经济与市场调节相结合的农产品购销政策,都要继续坚持执行,用政策充分调动农民的积极性。认真贯彻国务院的规定,采取措施减轻农民的负担,明确农民负担的项目和限额标准,切实保护农民合法利益。

(三)加强农业基础设施建设,改善农业生产条件。旱灾是我市农业的主要灾害,要下大力气抓好以水利为中心的农田基本建设,整治和恢复农田水利设施,加强塘、库、堰的管理,增加和保护好机电提灌设备,增强防灾抗灾能力。组织好化肥、农药、农膜、中小农机具等农业生产资料的生产和供应,积极发展饲料工业,保护和发展耕牛。调整用肥结构,实行科学施肥,动员农民积造有机肥,提高地力,降低生产成本。

(四)引导乡镇企业健康发展,进一步办好国营农垦企业。乡镇企业是农村经济的重要支柱,是国民经济的重要组成部分。认真贯彻调整、整顿、改造、提高的方针,鼓励乡镇企业发展农副产品深加工、开发本地资源、为城市工业协作配套和出口创汇产品,下功夫提高经营管理水平、技术水平和产品质量,注重经济效益。国营农垦企业要搞好农工商综合经营,保持稳定发展。

无论发展农村经济或城市经济,都要认真贯彻保护资源的基本国策,严格执行《土地管理法》等有关法规,加强城乡土地管理,合理开发利用资源,保护生态环境,坚决制止和纠正浪费破坏资源、滥占耕地的现象。

二、调整结构,提高效益,确保工业适度增长

工业是我市经济的主体。保持工业适度增长,迅速扭转被动局面,是当前经济工作的一项紧迫任务。要大力调整结构,加强管理,提高效益,确保实现工业总产值增长5%的目标。

(一)充分利用治理整顿的有利时机,推进产品结构、产业结构和企业组织结构的调整。这是保持工业持续稳定发展的关键所在。按照我市贯彻国家产业政策的实施办法和国内外市场的需求,调整充实和加快实施近期的产品结构调整方案,继续加强能源、短线原材料等基础工业和农用工业,压缩高消耗、低水平和严重重复生产的一般加工工业。轻纺工业要以增加市场有效供给为目标,针对城乡不同层次的消费需要,调整产品结构,增加花色品种。充分发挥机电工业、军工企业的生产潜力和技术优势,推进军民结合,努力开发能源、原材料、交通运输等基础产业所需的机电设备,发展出口产品和替代进口产品。引导企业集中一批技术力量,积极开发新产品,建立必要的

产品梯队。运用经济和行政手段，限制长线产品生产，制止生产劣质产品和淘汰产品。结合调整，推进行业管理，加强工业内部配套工作，促进资产的优化配置，形成规模优势，提高整体效益。市政府已成立专门机构，开展调整工作。

（二）抓住提高质量、降低消耗、强化销售三个环节，切实加强企业管理。企业管理薄弱，是产品质量不稳定，高投入低产出，高消耗低效益的重要原因。督促企业克服"以包代管"的倾向，切实加强定额管理、成本管理、资金管理、质量管理、经济核算等基础工作，健全规章制度，把重点放在提高产品质量和节约降耗上，加强技术监督，实行质量否决制。企业管理要与完善承包责任制和经济责任制有机结合起来，把质量、消耗指标纳入考核内容。要积极开展企业升级活动。稳定和完善销售政策，充实销售力量，拓宽销售渠道，大力促进工商联营联销，扩大产品销售。改善经营管理，扭转亏损增加、效益下降的状况。

（三）加强技术改造，增强发展后劲。统筹规划，突出重点，集中力量抓好重钢、特钢、川仪总厂、西南铝加工厂、四〇五厂、长寿化工厂、轮胎厂等重点技术改造，确保100项技改项目当年投产见效。安排好五十铃汽车、长安微型车、通信产品、工业自动化仪表、化肥等"十五条龙"配套改造方案的实施，加快引进技术的消化吸收和国产化步伐。积极采用新技术、新工艺、新材料，发动群众开展技术革新、提合理化建议，提高生产技术水平。支持和帮助企业筹措技改资金，企业留利要更多地用于技术改造。严格实行技改项目责任制，确保收到实效。

（四）充分发挥国营大中型企业骨干作用。大中型企业是我市工业的中坚力量，对保持工业经济的稳定发展有决定性作用。按照调整存量保稳定、优化增量保发展的原则，在生产要素的投入上优先支持效益好的大中型企业。对年税利在500万元以上的重点企业，实行流动资金贷款余额管理办法。新增电力、重要原材料和运力，优先考虑大中型企业的需要。指导大中型企业进一步改善经营管理，提高企业素质，增强自负盈亏、自我发展、自我约束的能力，真正起到骨干作用。在保重点企业的同时，兼顾一般，对那些生产适销对路日用必需品的中小型企业，也要予以支持。

（五）加强工业生产的组织领导。进一步健全和完善各级生产指挥调度系统，增强指挥调度的科学性和预见性，定期分析生产形势，改善生产要素分配办法，及时研究解决重大问题。广泛发动职工，层层制订落实双增双节的目标和措施，组织好劳动竞赛。切实抓好安全生产，加强劳动保护，积极改善劳动条件，防止重大事故。当前要继续把妥善解决困难企业的问题作为稳定企业、稳定社会的大事来抓，采取政策扶持、调整结构、并转联合等措施，帮助这些企业克服困难，恢复和发展生产，保证职工的基本生活。困难企业的领导要振奋精神，与职工同甘共苦，带领职工生产自救，摆脱困境。

三、严格控制物价，继续稳定城乡市场

去年我市控制物价、稳定市场取得明显的成效。今年国家将调整某些突出不合理的价格，取消一些原材料价格补贴，控制价格总水平的难度仍然很大。我们要采取有力措施，确保物价涨幅进一步回落，保持城乡市场的稳定。

继续加强物价管理。坚持把稳定物价摆在政府工作的重要日程，实行控制物价目标责任制，集中物价管理权限，完善重要商品定价审批制度、提价申报制度、调价备案制度、商品和劳务收费明码标价制度。对放开价格的市场敏感商品，必要时实行最高限价、核定进销差率或利润率的办法加以控制。继续保持人民生活必需品价格和劳务收费的基本稳定，城镇居民定量供应的粮油销价不变，千方百计稳定农业生产资料价格。处理好控制物价与调整物价结构的关系，精心组织实施国家统一调价项目，严格控制地方调价项目。严肃物价法纪，加强物价监督检查，坚决制止和查处乱加价、乱收费等违法违纪行为。逐步建立乡镇物价管理机构，加强对农村集贸市场的价格管理。

贯彻"发展经济、保障供给"的方针，以稳市场、促生产为重点，切实安排好城乡市场，抓好重要商品的供求平衡，确保人民生活必需品的正常供应，保持购销稳步增长。对关系国计民生的粮、油、肉、菜、民用煤以及部分敏感商品，纳入全市计划平衡，保证不断

档脱销。粮油合同定购任务和议转平任务,必须按照国家政策规定,坚决确保完成。稳定蔬菜购销政策,强化管理,落实菜源,力争做到淡季不淡。抓好计划成品油调运,扩大议价油源,缓解供求矛盾。进一步做好农业生产资料的供应和农产品收购工作,巩固化肥、农药和农膜专营的成果,完善专营办法,努力做到数量充足,供应及时,价格稳定,秩序良好,服务周到。实行农副产品经营合同制、代理制和合作制,帮助农民解决卖难问题,保护农民的生产积极性。发挥商业企业渠道多、信息灵的优势和调节市场的"蓄水池"作用,强化地方工业品的购销。对计划衔接的产品,按计划合同如数收购;对目前销势疲软、今后市场又需要的产品,建立非常规储备。应十分重视农村市场需要,大力组织工业品下乡。提高国营商业和供销社批发的比重,加强归口批发商品的收购、调运和销售,扩大放开商品的批发经营,重视发挥市场调节基金的作用,增强引导和稳定市场的能力。增加商业网点,提高商品质量和服务质量。健全重要商品储备制度,对重要消费品和生产资料,规定必需的储备数量和库存警戒线,保证生产生活必需,防止市场出现大的波动。

继续整顿流通秩序。进一步清理整顿公司,坚决撤销那些倒买倒卖、中间盘剥、牟取暴利和过多过滥的从事商业批发、对外贸易、物资供应公司和金融性公司,做好公司撤并后的善后处理,年内完成公司的清理整顿工作。治理整顿期间,新成立公司,经区县或市级主管部门审查同意后,一律由市工商行政管理机关核准登记。组织有关方面力量,有重点地整顿市场,加强市场管理,尤其要加强对农贸市场的管理,逐步建立和完善各类市场规则,严禁哄抬物价、欺行霸市,严禁生产销售危害人民身体健康的食品、药品和假冒劣质商品,打击和取缔非法经营活动,维护消费者利益。继续采取优惠措施,吸引更多的农副产品进城,促进城乡物资交流和市场繁荣活跃。

四、控制社会需求,执行财政信贷双紧政策,促进经济稳定健康发展

控制社会需求,实行财政信贷双紧政策,是治理通货膨胀,使国民经济走向良性循环的重大措施,要继续坚持贯彻执行。

(一)控制投资规模,调整投资结构。今年我市地方全民所有制固定资产投资规模为12.37亿元,基本维持去年水平。确保投资规模不突破国家计划指标,进一步压缩一般性建设投资,集中力量保重点建设,优先安排续建、扫尾的重点建设项目。珞璜电厂第一台机组年内建成投产,加快五个县的化肥厂、两个水电站、成渝公路等一批重点工程的建设进度,做好"八五"期间重点建设项目的前期工作。抓紧一〇七总厂、四五三厂等三线企业调整搬迁建设,三〇八厂和七五九厂今年基本建成投产。严格控制新开工项目,适当集中投资审批权限,扩大投资计划管理覆盖面,实行当年投资规模和在建规模双重指标控制办法。健全投资项目责任制,搞好建设项目的评估论证、勘察设计,加强施工组织管理,缩短建设周期,提高工程质量,节省投资费用,努力提高投资效益。做好停缓建项目善后处理工作,尽量减少损失浪费。

(二)控制消费基金过快增长。改进和完善工资、奖金、津贴等管理办法,严格控制非工资性收入,制止滥发奖金、实物和擅自扩大津贴、补贴。彻底清查"小金库"。控制集团消费,坚决刹住奢侈浪费的不良风气。在控制消费需求的同时,高度重视并逐步缓解社会分配不公的矛盾。一方面要使广大职工的收入随着生产的发展有所增加,另一方面要加强工资基金的管理,注意解决行业之间、企业之间突出不合理的苦乐不均和平均主义现象。运用经济办法,切实加强对某些人员过高收入的监督和调控,依法保护合法收入,取缔非法收入,制裁非法牟取暴利者。

(三)努力增收节支,实现财政收支平衡。改善财政状况,必须从增收压支两方面采取措施,主要是:深入开展双增双节,狠抓企业扭亏增盈,提高经济效益;强化税收征管,清理和调整各种税收减免政策,堵塞偷漏税现象;加强预算外资金管理,并将部分预算外资金逐步纳入预算内管理或集中代管;严肃财经纪律,加强审计监督,防止收入流失和支出浪费。坚持量入为出、量力而行的方针,把过高的财政开支盘子缩减下来,除国家规定不压缩的项目外,其他开支一律在去年基础上压缩5%,重点压缩行政事业费;清理整顿价格补贴,逐步将价格补贴控制在财力能够负担

的范围以内。

（四）在银根紧缩条件下用好用活资金。继续执行控制总量、调整结构、保证重点、压缩一般、适时调节、提高效益的信贷方针，加强信贷资金的计划管理，统一调度，分类指导，有保有压。优化信贷资金投向，既立足解决当前紧迫问题，又兼顾长远发展，既要择优扶持，又要兼顾扶困。积极组织储蓄存款，扩大信贷资金来源。继续清理"三角债"，普遍开展清仓利库，减少资金占用，加速资金周转，挖掘资金潜力。企业留利要按规定比例补充自有流动资金。发展保险事业，扩大保险种类和范围，更好地发挥经济补偿职能作用。

目前，各方面的资金供需矛盾十分突出，但是许多方面都存在程度不同的浪费现象。要适应紧缩的形势，克服当前的困难，无论生产建设流通领域，无论企业事业行政单位，都要讲求当家理财之道，把过几年紧日子的思想变成实际行动。厉行节约，精打细算，下功夫管好用好各项资金，坚决反对挥霍浪费国家资财的坏风气，在提高资金使用效益上做出成效。

五、继续深化改革，扩大对外开放

改革开放是强国之路。治理整顿不仅将为改革的深入和健康进行创造必要的条件，同时也需要改革的配合。在治理整顿期间，改革要围绕着治理整顿来进行，为治理整顿服务。按照计划经济与市场调节相结合、搞活微观经济与加强宏观管理相结合的原则，在坚持政策稳定性、连续性的基础上，对前几年的各项改革措施进行充实和完善，利用治理整顿的时机进行新的改革试点。

加强和改善宏观调控。根据"在治理整顿期间多一点计划性"的要求，在保护区县和企业积极性的前提下，适当增加指令性计划的范围和比重，维护计划的严肃性，计划安排的产品必须保质保量完成；适当集中固定资产投资、消费基金、外汇、外债、财政、信贷、物资和物价管理权限，充分发挥计划、财政、金融部门的作用，搞好综合平衡。

企业改革要按照"稳定政策、兴利除弊、分类指导、多做贡献"的原则，完善承包经营责任制，充实承包内容，调整明显不合理的承包基数，兑现承包合同。抓紧制定下一轮承包方案，大力提倡全员承包和集体承包，搞好上下两轮承包之间的衔接，注意克服短期行为。完善国营小型企业租赁制，总结股份制试点企业的经验，促进其健康发展。积极推进企业兼并联合，完善和发展企业集团。加强城市和乡镇集体企业的管理，引导他们按照集体经济的特点，健康发展。深化企业内部改革，认真贯彻《企业法》，坚持厂长（经理）负责制，正确处理党政工关系，加强民主管理，提高企业素质，发挥职工的主动性、积极性和创造性。

农村改革要巩固完善家庭联产承包责任制，进一步健全和完善统分结合的双层经营体制，充分发挥家庭经营的积极性和集体经济的优越性，有条件的地方，根据农民自愿原则，稳妥地引导农民发展适度规模经营。继续推进区县综合改革，扩大乡镇和街道综合改革试点。

流通体制改革，重点是发挥国营商业、物资企业和供销社的主渠道作用，同时继续发展多渠道少环节的商品流通。社会保险制度改革，要扩大在职职工保险范围，完善退休费社会统筹制度，逐步建立低收入职工和待业人员救济金制度。住房制度改革要继续试点，总结经验，逐步推行。

市与区县一定三年的财政体制，已实行两年，对于调动区县的积极性，增加全市的财政收入，起了积极作用，要继续执行。在坚持体制不变的原则下作局部调整，国家提高中央财政收入比重，市里增加上交的部分，由市与区县共同承担。

进一步扩大对外开放，发展对外经济贸易。要冷静地分析经贸形势，利用有利条件，努力增加出口，控制换汇成本，确保完成和超额完成2.8亿美元的出口计划，保持外汇收支平衡。继续调整出口产品结构，发展有竞争实力和优势的出口产品，提高机电和冶金加工产品出口比重，重点扶持冶金、丝绸、化工、医药、机电等重点产品出口。加强商品检验，提高出口商品质量。充分利用沿海开放城市的有利条件，多渠道组织出口。开发多元化出口商品市场，站稳并扩大港澳市场，开拓西欧、北美、非洲和日本市场，特别是东南亚市场，发展与苏联、东欧换货贸易。进一步扩大国外工程承包和劳务出口。继续加强旅游风景区的管理和建设，改善旅游环境，广泛争取吸引客源，增加非贸易创汇。努力发展与国外友好城市的交往,促进对外开放。

进一步落实利用外资、引进技术的优惠政策,正确引导外资投向。建立引进项目跟踪管理制度,保证发挥预期效果。改善投资环境,办好现有三资企业。尽快规划和建立台商投资开发区,抽调人员组建工作班子,制定优惠政策,筹集资金投入开发区的基础设施建设。严格外汇、外债管理,整顿外贸经营秩序,促进对外经贸事业进一步发展。巩固和扩大地区间的横向经济联合协作,注重实效,促进经济技术交流。

六、坚持优先发展科技教育的战略方针,努力振兴经济,培养合格人才

确立"依靠科技振兴重庆"的发展战略,牢固树立科学技术是第一生产力的观点,切实加强科技工作,把经济的发展转到依靠科技进步的轨道上来。

要把生产建设同科技进步紧密结合起来,大力促进科技成果向现实生产力转化。市委、市政府确定今年为我市科技成果推广应用年,我们要动员各方面的力量,投入一定的资金,选择推广300多项投入少、见效快、效益好的科技成果,力争在一两年内见到实效。重点推广粮食、蔬菜、养殖和多种经营的生产技术成果,推广冶金、机电、化工、轻纺、仪表、汽车、食品等产品研制成果,推广节能技术、高新技术研制成果,推广交通、建筑、建材技术成果,推广医药、医疗和计划生育技术成果。要列出一批工农业生产中的技术难题、重点技术改造项目、引进消化项目、高技术产品项目、出口创汇和替代进口产品项目,组织有关企业、科研单位和大专院校联合攻关。巩固发展沙坪坝科技产业开发试验区,加强"科技一条街"的管理,搞活科技市场。

推进科技体制改革,增加科技投入,加强统筹协调,并从政策、信贷、税收、物资等方面支持科技事业发展。树立"尊重知识,尊重人才"的风尚,发挥科技顾问团的智囊作用,调动广大科技工作者的积极性。软科学和社会科学要围绕治理整顿和两个文明建设,提供更多的有实用价值的研究成果。

进一步加强教育工作的领导,坚持社会主义办学方向,推进教育事业健康发展。认真贯彻"三个面向"和教育必须为社会主义建设服务、教育与生产劳动相结合的方针,把培养德智体全面发展的社会主义建设者和接班人作为学校工作的根本任务。各级各类学校都要把德育放在首位,切实加强思想政治教育,坚持用马列主义、毛泽东思想教育学生,坚定正确的政治方向,组织学生参加社会实践,克服教育脱离实际和片面追求升学率的倾向,提高教育质量,培养既有社会主义觉悟,又有科学文化知识的"四有"新人。

调整教育结构,促进教育事业协调发展。加强基础教育,努力创造条件稳步实施九年制义务教育;巩固和发展职业技术教育,结合振兴农业实施"燎原计划";以岗位培训为重点,提高成人教育水平;高等教育要根据经济社会发展的需要,优化结构,提高质量;努力发展幼儿教育和特殊教育;在加强管理的基础上,稳步发展社会力量办学。把学校教育与社会教育、家庭教育有机地结合起来,创造良好的育人环境。要继续扫除文盲。

推进教育教学改革,加强教育事业的管理。深化以农村教育综合改革为重点的教育体制改革,抓好中小学校管理体制改革试点。加强督导工作和区县教育工作考核评价,进一步控制中小学生流失,制止乱办班、乱收费、乱编滥发各类复习资料的现象,整顿教育教学秩序。稳定多渠道筹集教育经费的政策,确保教育经费"两个增长",收好用好城乡教育费附加、中小学危房改造附加费,增加教育设施,改善办学条件,今年在全市基本消除中小学危房。办好师范教育,加强师资培训,不断提高教师队伍素质,关心教师生活,继续稳定教师队伍。广大教育工作者要努力做到教书育人、管理育人和服务育人,为社会为学生树立楷模。

七、切实加强思想政治工作,继续推进精神文明建设

各级政府要吸取在两个文明建设中"一手硬一手软"的经验教训,以马克思主义的基本理论为指导,切实加强和改进思想政治工作,充分发挥政治优势,调动广大群众的社会主义积极性。当前,思想政治工作

的重点是，围绕保持稳定这个大局，深入进行坚持社会主义道路、坚持共产党领导的教育，进行爱国主义、集体主义、革命传统教育和国情、市情教育，引导广大群众正确认识当前的形势，自觉维护稳定这个大局，振奋精神，增强信心，共渡难关。加强国防教育，增强国防意识。在全市范围内广泛深入地开展"爱重庆、作奉献"活动，开展学大庆精神、学雷锋的活动。加强职业道德教育，增强职业责任感，争创文明单位、文明村段和五好家庭，树立和发扬社会主义新风尚。

坚持用社会主义思想占领文化和舆论阵地。文化艺术、广播电视、新闻出版工作必须遵循为社会主义服务、为人民服务的方向，始终把社会效益作为最高准则。坚持以正面宣传为主的方针，完整准确地宣传党和政府的方针政策，实事求是地反映社会现实生活的主流，正确发挥舆论导向和舆论监督作用，发挥稳定社会和鼓舞人民的作用。大力弘扬民族优秀文化，出版发行更多健康有益的书报刊物，创作和上演更多的优秀文艺作品和剧目，发展广播电视事业，提高播放质量，扩大覆盖面，丰富群众精神文化生活。深入开展"扫黄"斗争，继续整顿书报刊物、音像制品、舞厅、音乐茶座和游乐场所，确保文化市场健康发展。广泛开展群众体育活动，促进群众体育与竞技体育协调发展。加强文化体育基础设施的规划和建设，为开展群众文体活动创造条件。

八、广开门路安排就业，严格控制人口增长

我市现已进入建国以来第二次就业高峰，经济调整期间能够吸收劳动力的岗位又不可能大量增加，安排城镇劳动力就业的任务非常艰巨。各级政府和各个单位要高度重视，采取切实可行的措施，广开门路，尽可能多安排城镇待业人员就业。一是大力发展集体经济，这是目前安排劳动就业的主要途径。同时适当发展个体经济和私营经济，扩大就业面。二是办好劳动服务公司，充分发挥其组织管理和储备调节社会劳动力的积极作用。三是鼓励城镇待业人员组织起来自谋职业，走创业式就业的道路。四是加强职业培训，扩大培训规模和领域，提高从业技能，开发性储备劳动力，缓解就业压力。五是加强社会劳动力管理，认真清理计划外用工，严格控制"农转非"和聘用退休人员，加强农村进城务工人员的管理。农村富余劳动力要按"离土不离乡，就地就近转移"的原则，开辟新的生产领域，从事开发性农业建设。

进一步搞好计划生育，严格控制人口增长。这是必须长期坚持的基本国策。我市人口基数大，现又处在生育的高峰期，计划生育工作的难度相当大。要加强计划生育和优生优育的宣传教育，增强人口意识和人均观念，认真执行《四川省计划生育条例》，稳定现行生育政策，健全完善人口目标管理责任制，狠抓流动人口这个薄弱环节，加强基层建设和管理，保证基层干部正常履行职责，把全年人口出生率控制在15.54‰以内。认真抓好第四次人口普查工作，高质量地完成普查任务。

卫生工作要认真贯彻预防为主、防治结合的方针，加强医院分级管理，提高医疗质量，改善服务态度。整顿医药市场和社会办医，继续扶持中医药事业发展。开展爱国卫生运动，降低传染病发病率，控制性病传播。改善农村饮水条件，今年内基本完成全市农村改水任务。进一步做好民政、扶贫和老龄工作，发挥社会保障作用。

九、推进城市基础设施建设，切实加强城市管理

认真执行城市规划法规，严格规划管理，坚决纠正各行其是、乱修乱建的现象。搞好城区重要地段和部位的地块规划，调整城市交通网络规划和40个场镇规划，努力提高规划管理水平。

进一步抓好市政公用和环卫设施的建设与维护。改造城区干道6公里，改造近郊渝碚路、猫（儿石）观（音桥）路等8条道路，菜袁路年内简易通车，开工兴建观音桥车行立交道，完成李子坝、交通街滑坡治理工程，加快市中区地下通道排危抢险工程进度，更新改造部分轮渡设施，更新公共电汽车100辆。抓紧九龙坡和尚山水厂的建设，完成江北水厂改造，增加供水能力。加快南坪、江北等地的新区开发，搞好临华村、菜园坝、华一坡的旧城改造，开工兴建商品房100

万平方米,维修改造旧房和危房25万平方米,加强下水道、桥涵、公厕的建设和维护。有计划地增加一些民用天然气用户,改造一批型煤加工企业。有重点地整治噪声和烟尘污染源。加强集镇建设,使84个建制镇用上自来水。

坚持建设与管理并重、治本与治标相结合的原则,下功夫抓好城市管理。各级政府都要按照我市加强城市管理的决定,发动和组织群众,综合治理脏乱差堵。认真落实"统一领导、分级负责、条块结合、以块为主、立足基层"的城管体制,建立市长、区县长、街道办事处主任、镇长负责制,加强街道综合管理职能,充分发挥各专业管理机构的作用。进一步采取措施,整顿交通秩序、市场秩序和市容卫生,坚决制止乱摆摊、乱占道、乱堆乱放、乱倒垃圾污物和违章搭建现象。继续封闭土路,加强施工现场的管理。认真落实"门前三包"制度和市容卫生"三不准"的规定,逐步充实环卫队伍,搞好清扫保洁。广泛开展全民义务植树造林活动,抓好道路和沿江两岸绿化,加快区县公园建设,努力改善城市环境面貌。

十、强化社会治安综合治理,维护社会正常秩序

我市社会治安从总体上看是基本稳定的,但是目前的形势仍然相当严峻。重大刑事案件呈上升趋势,团伙犯罪和流窜犯罪突出,"六害"活动尚未完全得到控制,严重影响到社会的安定和人民群众的正常生活。各级政府都要高度重视,切实加强领导,动员社会各单位和各方面的力量,齐抓共管,把各项综合治理措施落到实处。

继续坚持依法从重从快的方针,在全市采取集中统一行动,狠狠打击杀人、抢劫、重大盗窃等严重刑事犯罪分子,遏制重大刑事案件上升的势头。严厉查处卖淫嫖娼、制作贩卖传播淫秽物品、拐卖妇女儿童、私种吸食贩运毒品、聚众赌博、利用封建迷信骗财害人等违法犯罪活动,制止"六害"蔓延发展。

切实加强各项治安管理,认真落实各项安全防范措施。集中整顿治安问题突出的地区、单位和行业,加强公共场所、特种行业和暂住人口的管理,建立健全各种治安责任制,完善治安联防、治安巡逻、守楼护院等群防群治措施。加强专业民兵建设,做好单位内部治安保卫工作,严格执行防火、防毒、防盗、防破坏等安全防范制度,提高整体防范功能。

结合依法治市,深入开展以宪法为主要内容的法制教育,增强群众尤其是青少年遵纪守法观念。大力表彰见义勇为、同违法犯罪分子作斗争的好人好事,树立正气。认真做好人民调解工作,及时进行疏导,化解矛盾纠纷,消除不利于安定团结的因素。通过各方面的努力,实现我市社会治安稳定好转。

十一、加强政府机关建设,把各项任务落到实处

加强政府机关建设,做到廉洁、求实、高效,是贯彻落实治理整顿、深化改革的方针,依靠全市人民共同战胜困难,保持稳定的重要保证。

坚持群众路线,密切同人民群众的联系。政府机关所有工作人员,都要牢记全心全意为人民服务的宗旨,把人民的利益摆在第一位,与群众同甘共苦,带头过紧日子,带头艰苦奋斗,定期参加劳动,自觉发扬联系群众的优良传统。各级领导要率领机关干部分期分批到工厂、农村、学校、街道等基层单位,倾听群众的意见、建议和批评,宣传党和政府的方针政策,同基层干部群众一道,解决生产、工作、生活中的实际问题。对涉及群众的切身利益问题,一定要尽快解决,一时不能解决的,也要做出入情入理的说明。干部下基层,必须保持廉洁,不准搞特殊化。要高度重视和认真处理人民来信来访,办好公开电话,妥善解决群众反映的问题。

坚持不懈地加强廉政建设,开展反腐败斗争。把廉政建设与治理整顿紧密结合起来,以县处级以上领导干部和执法监督部门工作人员为重点,坚持经常的廉政教育,提高廉洁奉公的自觉性。建立健全和严格各项廉政制度,继续完善行政监察和审计监督办法,在基层政权组织和主管人财物的部门普遍实行"两公开一监督"的制度,严格执行保持廉洁的有关规定,纠正不正之风。加强行政监察、群众监督和新闻舆论监督,认真纠正一些单位在执行廉政制度上的软弱涣散

状况。集中力量查处大案要案,依法严惩贪污、索贿、受贿的腐败分子;严格查处有令不行,有禁不止,以权谋私,严重渎职失职的行为。当前,要把清理整顿乱收费、乱摊派、乱罚款作为廉政建设和治理整顿的重要内容抓紧抓好。以执法部门为重点,在自查的基础上,组织专门力量,一个一个部门清、一个一个项目查,该取消的坚决取消,该降低收费标准的坚决降下来。今后,经过市政府批准的收费、罚款,必须向群众公开,实行收支两条线的制度,严格审计监督。

推进社会主义民主和法制建设。按照党和国家的规定,自觉接受市人大及其常委会的监督,尊重和发挥市政协对政府工作的"政治协商、民主监督"职能,尊重和发挥民主党派和工会、共青团、妇联对政府工作参政议政、民主监督的作用,建立健全民主的、科学的决策和决策执行程序与制度,不断提高决策水平,在各方面的监督和支持下,把政府工作做好。各级政府要认真贯彻实施《行政诉讼法》,全面推进政府法制工作,把各项行政管理活动逐步纳入法制轨道,保障和促进政府合法高效地行使职权。要把依法行政作为重点,秉公执法,防止和纠正执法不严,执法违法现象。抓紧起草和制定有关治理整顿、稳定社会和与国家法律法规配套的地方性法规、规章,提高法规质量。切实加强城乡基层政权建设,帮助基层干部提高工作水平,严格依法办事,把政府的各项工作落实到基层。

勤政务实,严肃政纪。组织干部认真学习马克思主义的基本理论,坚持实事求是的作风,办实事,讲实效。出台各项政策措施,力求切合实际,切忌照搬照套。发扬雷厉风行的作风,主动为基层、为企业、为群众服务,反对办事拖拉、敷衍塞责的作风。继续实行目标责任制,完善政绩考核的办法,切实加强检查督办,精简会议和文件,提高办事效率。要增强全局观念,自觉维护和服从全局利益,严格请示报告制度,防止和克服分散主义、本位主义。上级政府作出的决定,所属部门和下级政府要坚决贯彻执行,不得各行其是。政府各部门之间、上下级之间,要主动配合,增强团结,防止和纠正互不通气、互相扯皮、上下推诿、不负责任、贻误工作的现象。

各位代表!已经过去的80年代,是我市社会主义各项事业蓬勃发展的10年。在80年代,我们坚持"一个中心,两个基本点",推进城市综合体制改革,发展国际经济技术合作和地区之间的横向联合,提前实现了国民生产总值翻一番,城市面貌明显改观,人民生活明显提高,城市综合经济实力明显增强,为继续前进奠定了基础。今后的10年,是实现我国社会主义现代化总体战略目标的关键10年,也是实现我市2000年发展战略目标的关键10年。做好90年代第一年的工作,具有重要意义和影响。我们面临的任务十分繁重、十分艰巨。当前的困难是前进中的暂时困难,是完全能够克服的。在党中央、国务院正确方针的指引下,在中共重庆市委的领导和市人大及其常委会的监督下,我们决心紧紧依靠全市人民,继续发扬艰苦奋斗的精神,鼓足干劲,增强信心,齐心协力,埋头苦干,克服困难,为保持全市的稳定,为完成今年各项任务,为实现国民经济长期持续稳定协调发展而奋斗!

在重庆市第十一届人民代表大会第四次会议上的政府工作报告

市长　孙同川

(1991年3月6日)

各位代表:

我代表市人民政府,向市第十一届人民代表大会第四次会议报告政府工作,请予审议。

1990年的工作情况

1990年,是我市在治理整顿中经受严峻考验继续前进的一年。一年来,在中共重庆市委的领导和市人大及其常委会的监督支持下,市政府认真贯彻市十一届人大第三次会议的决议,把保持政治、经济和社会的稳定作为中心任务,继续推进治理整顿、深化改革和对外开放,针对经济和社会发展中的突出矛盾,采取一系列政策措施,依靠全市人民和各方面的共同努力,克服前进中的困难,促进了经济和社会事业的发展,进一步巩固发展了安定团结的局面。

一、集中力量解决治理整顿和经济运行中的主要问题,促进了经济稳定发展

去年我市经济形势严峻,经济生活中长期积累的深层次矛盾集中暴露。面对极其困难的形势,我们着眼于稳定,着力于鼓劲,采取若干重大政策措施,扭转被动局面,治理整顿取得明显成效,国民经济逐步朝着好的方向发展。

农业生产经受严重干旱的考验,农村经济持续发展。各级政府把稳定农业作为稳定政治、经济和社会的基础,切实加强领导,继续深化农村改革,稳定农村政策;多渠道增加投入,加快农田水利、农用工业、农副产品生产基地建设;坚持科技兴农,推行集团承包,以高产片、示范乡为样板,大力推广和普及先进适用技术,促进了农业发展。特别是去年夏秋之际的70多天里,部分地区遭受数十年不遇的严重干旱,受灾面积近400万亩,许多地区饮水十分困难。各级党政领导深入第一线,组织灾区人民抗旱救灾,驻渝部队和各行各业大力支援灾区,减轻了灾害损失。全年完成农业总产值42.5亿元,比上年增长3%;粮食总产量达到59.4亿公斤,创历史最高水平。蔬菜、油料、生猪、水果、蚕茧等多种经营骨干品种的产量都有不同程度增加,林业和农垦企业取得新成绩。乡镇企业在困难条件下,实现了发展速度和经济效益全面增长,总产值达到83亿元,增长17.4%。国土管理工作跨入全国先进行列,首次实现了建设占地和国土开发基本平衡。

工业生产逐步回升,基础工业持续增长。去年我市工业生产面临多年未遇的严峻形势,产品销售不畅,库存积压严重,大批企业开工不足,部分企业一度停产,生产连续下降。市政府把稳定工业生产作为稳定经济的关键来抓,加强生产组织指挥,动员广大干部职工,振奋精神,搞好生产;制定了一系列启动市场、促进销售、扶持困难企业的政策措施;增大资金投入,加强资金调度;推动企业调整产品结构,开发新产品,加快技术进步,增产市场适销产品;组织大批机关干部深入重点企业和困难企业帮助工作,促进企业深化改革,加强经营管理,逐步扭转了被动局面。全年完成工业总产值216.6亿元,比上年增长5.4%,能源、原材料、农用工业和出口产品持续增长,天然气、钢、钢材、生铁、化肥、农药等主要产品产量增加。合营、合资等其他经济类型工业产值增产2倍以上,军工民品产值比重达到军工总产值的81%。完成新产品试制1077项,投产726项。一批企业跨入国家和省级先进行列,嘉陵机器厂和重庆机床厂晋升为国家一级企业。

市场持续稳定,物价涨幅回落。去年以稳定市场、扩销促产为重点,注意发挥国营物资、商业企业和供销社的主渠道作用,发挥社会商业多渠道作用,适时调整购销政策,加强地产品销售,狠抓"菜篮子",保证了人民生活必需品供应,蔬菜供应在伏旱连秋旱的情况下,实现了"淡季不淡",农民卖粮、卖猪、卖果难问题得到缓解,保持了市场的稳定繁荣。全年社会商品零售总额完成109亿元,比上年增长1.8%。社会商品零售物价总水平比上年上升0.1%,涨幅回落到近10年来的最低水平。新建改建粮煤肉菜店等商业服务网点320个,重庆商业大厦、学田湾农贸市场等一批大中型商业设施建设进度加快。清理整顿公司工作基本完成,整顿医药、建筑和运输等市场取得成效。

对外经济贸易继续扩大,利用外资有了新进展。努力排除国外制裁的影响,积极调整出口商品结构,千方百计开拓国际市场,全年出口创汇3.78亿美元,比上年增长23.4%,创造了我市自营出口8年来的最新纪录。钢材、机电、丝绸产品的出口比重达到出口总量的55.5%,工业品出口的优势开始发挥。利用外资取得成效,新签外资项目79个,协议外资金额1.86亿美元,分别为上年的2倍和4.8倍。当年新办"三资"企业55家,累计达到112家。新签对外承包工程、

劳务输出和海外合营项目25个，完成营业额4096万美元。经济技术开发区建设已经起步，制定了规划和鼓励政策，开始建设工业厂房和保税仓库，吸引了一批海外厂商前来投资。国际旅游业大幅度回升，全年接待旅游者6.26万人，创收外汇人民币7905万元，比上年增长73.8%。边境贸易和区域性横向经济联合进一步发展。

重点建设取得新成绩，基础设施继续有所改善。在宏观紧缩的环境下，坚持改善投资结构，保重点压一般，抓好重点建设项目的施工进度，多渠道筹措建设资金，优先保证物资供应，加快了建设步伐。全民所有制单位完成固定资产投资39.7亿元，比上年增长20.6%。生产性投资比重上升，技术改造投资增长幅度较大，全民单位完成技术改造投资17亿元，增长19.9%。27个重点项目完成了当年投资计划，珞璜电厂第一台机组即将并网发电，重庆机场候机楼已交付使用，万（盛）南（川）铁路即将正式营运，成渝公路重庆段工程进展顺利。华渝电器仪表总厂、重庆特种车辆总厂等"三线"调整项目进度快质量好。五十铃轻型车、天府可乐、重庆烟厂、川仪总厂等100多项技术改造项目已经建成投产。新建和改造人防工程面积1.4万平方米。

二、科技和教育事业取得明显成效，其他社会事业持续发展

制定了依靠科技振兴重庆规划和配套政策，科技成果推广应用年活动收到实效。推广重点农技成果18项，实施"丰收计划"和"星火计划"项目63项，兴办"科技示范乡"21个，组织千名科技人员深入农村开展技术服务和技术承包，促进了农村经济的发展。应用微电子技术改造了一批大型工业炉窑、机床和化肥生产线，帮助企业解决了一些关键技术难题。建立了高新技术产业开发区和高技术创业中心，计划安排的19项"火炬"开发项目全面启动。全年完成重大科技成果105项，其中获国家发明奖、科技进步奖5项，获省市科技进步奖100项。我市在第39届尤里卡世界博览会上获得8枚金银质奖牌。科技体制改革、专利工作、科技情报和社会科学研究也有新的进展。

教育事业健康发展，办学条件得到改善。学校思想政治教育有了加强，农村教育综合改革取得进展，各级各类教育持续稳定发展。小学入学率和毕业率分别达到99.8%和99.4%，中小学流失生现象得到控制。中等教育结构趋于合理，初中毕业生分流培养的格局初步形成。成人教育发展较快，百万农民参加了各种文化技术学习，幼儿教育和特殊教育也有发展。教师队伍建设进一步加强，教师待遇有所提高。经过3年艰苦努力，筹措资金2.14亿元，消除危房134.6万平方米，新建扩建校舍139万平方米，维修63万平方米，排除中小学危房的任务已基本完成。

文化事业继续发展。振兴川剧有了良好开端，进京赴省演出受到好评。专业文艺团体深入工厂、农村、学校、部队演出，群众性文化活动日益活跃。广播电视、新闻出版事业进一步发展，加强了印刷行业、书刊市场和音像制品的管理，创作出版了一批好作品。修志、档案工作也有进展。广泛开展群众性的"迎亚运、作贡献"活动，我市运动员在亚运会上获得8枚金银牌，在省第二届青少年运动会上获得总分第2名。文化体育设施建设有所加强，市彩电中心和一批体育场馆的建设和改造取得进展。

计划生育和卫生保健工作取得新成绩。开展全民性人口与计划生育的宣传教育，加强后进地区和薄弱环节的生育管理，计划生育率达到96.7%，人口出生率为14.3‰，实现了控制目标。顺利完成了我市第四次人口普查任务。以控制传染病、性病、狂犬病为重点的医疗预防工作取得成效，儿童计划免疫率和妇幼保健工作都达到国家规定的标准，残疾人康复事业有了发展，全年通过建设增加病床534张，医疗条件进一步改善。

三、城市建设和综合治理得到加强，人民生活水平继续有所提高

以缓解"吃水难""住房难"和"交通难"为重点，加强了市政公用设施的配套建设和改造。菜袁公路经过两年建设，实现了简易通车；建成观音桥立交道，改造了南干道、大石路、长江路、嘉陵路等路段，维修改造路面12.9万平方米；新增更新公共汽（电）车100

辆、渡船囤船3艘。江北水厂经过改造,日供水能力增加3万立方米,改造了部分地区的供水管道。加强了新区开发和旧城改造,竣工面积50万平方米,配套建设了一批中小学校、托儿所、游乐设施。完成了"七五"期间农村的改水、改灶节能任务,84个建制镇用上了自来水。

大力整治环境卫生,市容市貌有所改观。进一步加强城管工作的领导,动员各方面力量,以创建卫生城市为目标,以整顿市容环境卫生为重点,综合治理脏乱差取得成效,得到全国卫生城市检查团的肯定。新建和维修公厕794座、垃圾站(场)170多处。园林绿化、环境保护继续改善,扩大绿地666亩,治理污染源3674个,近郊五区和八个县城的烟尘污染治理初见成效。

强化社会治安综合治理,维护了社会秩序。各级政府把搞好社会治安作为维护稳定的重要措施,狠抓"严打严防"和"扫黄""除六害"斗争,依法严厉打击了一批犯罪分子。认真清理流动人口,加强车站码头和危险物品的管理,整治废旧金属收购等特种行业,严密社会面的控制,加强了民兵、保密和内部防范工作,降低了内保单位刑事案件发案率。积极消除诱发、滋生和助长犯罪的因素,收缴查禁淫秽色情、非法出版物200多万册,查处"六害"案件近万件,保持了社会治安的进一步稳定。

在稳定发展经济的基础上,人民生活继续有所改善。城市居民人均生活费实际收入比上年增长14.6%,城市职工人均工资增长12.5%,农民人均纯收入达到688元,人平增加54元。城乡居民年末储蓄余额达67.3亿元,比上年增长37.7%。城市建房162万平方米,有4万多户城市居民搬进了新居;农村建房800多万平方米,农民居住条件有所改善,全市新增天然气用户5万户。安排5.69万名待业人员就业,扶贫4.7万户,脱贫率达到58%,新增敬老院26所。优抚工作有所加强,江津县荣获全国"双拥"模范县称号。

四、推进廉政建设和法制建设,密切同人民群众的联系

认真贯彻国务院指示,以执法监督、经济管理、公用事业等部门和基层执法单位为重点,坚决治理"三乱"和纠正行业不正之风,全市取消和暂停收费项目140多项,清查和纠正了少数干部中存在的违纪违章建私房、利用公款高标准装修住宅等不廉洁行为,查处违法占地1724起,查处经济违法大要案60多件。

加强政府法制建设,依法行政有新进展。以贯彻实施《行政诉讼法》为重点,广泛开展学习宣传和培训,强化执法监督检查,积极做好复议、应诉工作,提高了依法行政的自觉性。提请市人大常委会审议通过,经省人大常委会批准的集会游行、保护消费者权益、职工教育等地方性法规8件;制定颁布城管监察、治安内保、环保条例等行政规章和决定21件。

加强社会主义民主政治建设,认真执行人大决议,定期汇报工作,自觉接受监督,办理市人大代表建议670件、议案13件。接受人民政协的民主监督,支持民主党派、人民团体参政议政,一批民主党派成员和无党派人士担任了政府和政府部门的领导职务。民族、宗教、侨务、对台工作方面也取得新成绩,巩固和扩大了爱国统一战线。

思想政治工作得到加强,机关作风有所转变。在市委的统一部署下,加强思想政治工作,广泛开展"坚持社会主义道路、坚持共产党领导"的教育,增强了广大群众在党的领导下走社会主义道路的信念。机关工作作风逐步转变,干部下基层开始形成制度。市政府把机关干部下基层作为加强同人民群众联系的重要措施,从去年初开始,由市级领导带队,组织千名机关干部分赴困难企业、重点企业、灾区和高校调查研究,为基层和群众办实事,使1/3的困难企业生产出现了转机,70多户重点工业企业的突出矛盾不同程度得到解决。同时,在努力解决群众关心的社会负担、社会治安、水电气等热点问题方面也做了一些工作。

各位代表!1990年是"七五"计划的最后一年。1990年经济和社会事业的稳定发展,确保了"七五"计划目标的胜利实现。"七五"期间,我市全面贯彻党的基本路线,围绕实现第一个翻番的战略目标,深化改革,扩大开放,突出基础产业和基础设施建设,在治理整顿中继续保持经济、社会的持续稳定发展,提前完成了"七五"计划主要综合指标,经济实力显著增强,投资环境明显改善,城乡人民生活水平明显提高,

取得令人振奋的成就。

国民经济持续稳定发展。"七五"期末与期初相比,国民生产总值由105.5亿元增加到215亿元;工农业总产值由174亿元增加到259亿元,年均递增8.3%;外贸出口由1亿美元增加到3.78亿美元,年均递增29%;地方财政收入由16.6亿元增加到27.8亿元,年均递增10.9%,上交国家的财政收入增长一倍多。

经济结构逐步改善。农业得到加强,粮食产量由1985年的51.9亿公斤增加到1990年的59.4亿公斤,年均递增2.8%;乡镇企业总产值由26.8亿元增加到83亿元,年均递增25%。投资总规模超过以前各个五年计划,达到200亿元,投资结构得到改善,基础工业和基础设施建设加快,建成了成渝铁路电气化、重庆机场、石门大桥、210国道红双段、重庆电厂两台20万千瓦机组、重钢100万吨铁系统、万门程控电话等一批重大项目,重庆地区发电装机容量翻了一番;"三线"调整和军民结合迈出新步伐;第三产业发展速度超过了第一、二产业。

科技教育和其他各项社会事业继续发展。5年共取得科技成果950多项,获奖近700项,大部分科技成果得到应用,高新技术产业开发、科技市场发展较快。全市基本普及小学教育,为实施九年制义务教育奠定了基础;城市在普及初级中等教育的基础上,职业技术教育有很大发展;高等教育结构逐步调整,成人教育和社会力量办学不断发展;5年中,培养大中专以上毕业生10.4万人、普通中学毕业生84万人。教育设施和教学条件得到初步改善。文化、卫生、体育事业取得较大成绩,全市广播、电视覆盖率分别达到91%和73%,万人拥有病床张数比"六五"期末增长10%。

人民生活水平明显改善。"七五"期间是人民生活水平提高较快的时期,与"六五"期末相比,全市职工年均工资由1072元增加到2149元,城镇居民人均生活费收入由762元提高到1552元,农村居民人均年纯收入由366元增加到688元,扣除物价因素,收入仍有较大增加。城乡居民住房条件有所改善,城市新建住宅680万平方米,人平居住面积由4.2平方米增加到4.6平方米,村镇新建住宅近4000万平方米,有80余万户农民住进新居。城乡居民储蓄由18.6亿元增加到67.3亿元,增长2.6倍,全市38个贫困乡基本解决了温饱问题。"七五"期间的巨大成就,为"八五"和今后10年的发展奠定了比较坚实的基础,增强了我们继续前进的信心和力量。

1990年和"七五"期间取得的成绩,是在党的领导下,全市工人、农民、知识分子、各级干部,驻渝部队指战员、公安干警、武警官兵,各民主党派、各人民团体团结奋斗的结果。在此,我代表市人民政府,向大家表示衷心的感谢!

各位代表!虽然我们在"七五"期间取得了较大成绩,但在"七五"后两年,我们的经济发展遇到了许多困难,当前制约经济和社会发展的矛盾依然十分突出。主要表现是:经济运行不畅,结构调整进展缓慢,库存积压和"三角债"严重;经济效益大幅度下降,工商企业亏损严重,去年国民生产总值和地方财政收入没有完成计划,市级财政赤字4500万元,全市累计赤字达2.4亿元;企业特别是国营大中型企业缺乏活力和自我发展能力,农业综合生产能力和继续增产的基础仍比较薄弱;城镇就业矛盾突出,社会治安问题不少,社会生活中还潜在一些不安定因素。

产生以上困难和问题的原因是多方面的。从客观上讲,重庆是以重型结构为主的老工业城市,能源、交通、城市基础设施和企业技术改造欠账较多,这些年虽有改善,但结构性矛盾并没有根本解决,深层次矛盾更加突出。从主观上讲,我们思想还不够解放,不适应经济形势的变化,改革开放意识、商品经济观念不如沿海地区强;突出经济建设这个中心,深入实际,调查研究,集中精力解决主要矛盾不够;贯彻中央治理整顿的某些政策措施紧密结合重庆实际不够,已经出台的一些政策措施没有落到实处。我们一定认真总结经验教训,进一步解放思想,增强信心,正视前进中的困难,力争把各项工作做得更好!

1991年的主要任务

党的十三届七中全会通过的《中共中央关于制定国民经济和社会发展十年规划和"八五"计划的建议》,深刻地总结了十一届三中全会以来我国建设和改革的经验,在科学分析国际国内形势的基础上,提出了今后10年和"八五"时期我国国民经济和社会发展的基本任务和方针政策,是实现第二步战略目标的纲领性文件。

"八五"时期是我市国民经济和社会发展的关键时期。"八五"和今后更长时期,我们要始终坚持党的十三届七中全会确定的基本指导方针,牢固树立四项基本原则是立国之本,改革开放是强国之路,科学技术是富国之源的思想,把经济工作切实转到以提高经济效益为中心的轨道上来,实现国民经济长期持续稳定协调发展。

"八五"时期要围绕实现第二步战略目标,大力提高经济效益,优化经济结构,使经济素质明显提高,经济实力明显增强。要继续巩固农业在国民经济发展中的基础地位,增加农业投入,坚持科教兴农,稳定完善农村政策,农业"三大工程"取得阶段性成果,综合生产能力明显提高,粮食生产登上一个新台阶,多种经营有较大发展,乡镇企业取得突破性进展;要继续抓好能源、交通、通信、原材料工业和基础设施建设,进一步改善滞后状况,逐步实现基础工业与加工工业的协调发展,城市建设有一个新的改观;立足高起点、高技术、高附加值,加快主导产业、支柱产业的调整改造,形成一批技术装备达到国际、国内先进水平的骨干企业,发展一批有经济批量、有竞争实力的拳头产品;大力发展第三产业,进一步搞活流通,拓展社会服务领域,使第三产业在国民生产总值中的比重有一个较大提高;继续优先发展科技教育事业,科研教学条件进一步改善,科技成果向现实生产力的转化逐步加快,经济增长中科技进步所占比重有所提高。在经济发展的基础上,人民群众的物质文化生活条件继续得到改善,各项社会事业有新的进展。

遵照七中全会精神,结合我市实际,我们正在抓紧制定十年规划和"八五"计划。这是我市经济社会发展的大事。我们将在广泛吸取各方面意见的基础上,制定出规划和计划草案,再提请市人民代表大会下次会议审议。我们热忱欢迎各位代表、各界人士为我市经济和社会事业的发展献计献策。

今年是"八五"计划的第一年,做好今年的工作,对今后的发展至关重要。市政府今年工作的指导思想是:认真贯彻执行党的十三届七中全会精神,以经济建设为中心,继续搞好治理整顿,加快改革步伐,扩大对外开放,坚持"依靠科技振兴重庆"的战略方针,坚持两个文明建设一起抓,团结和动员各方面的力量,集中精力搞好我市的经济建设。

今年市政府的主要工作任务是:大力调整经济结构,继续加强农业、基础工业和基础设施建设,推进老企业的技术改造,发展第三产业,增强经济实力和发展后劲;以提高经济效益、经济素质为中心,扎扎实实抓好"质量、品种、效益年"活动,推动技术进步,强化企业管理,努力搞活国营大中型企业,搞活商品流通,扩大出口创汇,促进经济正常循环;断续加强科技教育,抓紧精神文明建设和城市综合治理,保持社会安定,促进我市经济、科技和社会事业协调发展。

今年我市经济发展的主要目标是:在改善结构、提高效益的前提下,国民生产总值增长4.5%,工业总产值增长6%,农业总产值增长3%,地方全民固定资产投资规模比上年初国家计划增长33.5%,社会商品零售总额增长8%,社会商品零售物价总水平涨幅控制在6%左右,地方财政收入增长6.7%,在生产发展的基础上,城乡人民生活继续有所改善。

为了确保完成今年的目标任务,我们要着重抓好以下工作:

一、继续加强农业,大力发展乡镇企业,促进农村经济持续发展

农业连续几年丰收来之不易,争取今年以至今后的稳定增产更为不易。去冬以来,旱象日益严重,农业生产受到很大威胁。我们要继续加强农业的基础地位,坚持一靠政策、二靠科技、三靠投入的方针,牢固树立防灾抗灾夺丰收的思想,绝不放松粮食生产,积极发展多种经营,大力发展乡镇企业,促进农村经济持续发展。今年农村经济发展的主要目标是:农业总产值增长3%,粮食总产量达到60亿公斤,多种经营稳定增产,乡镇企业总产值增长8.3%,农民人均纯收入增加30—40元。

(一)深化农村改革。重点是稳定完善统分结合的双层经营体制,发展社会化服务,增强集体经济实力。在稳定家庭联产承包责任制的前提下,改进和完

善土地承包。有条件的地方,积极探索适度规模经营。正确处理统分关系,增强区域性合作经济组织统筹协调和服务的能力,搞好产前产中产后服务,逐步形成服务组织实体化、服务关系合同化、服务内容系列化、服务工作规范化的运行机制。把集体统一经营的优越性和农民分散经营的积极性有效地结合起来,充分发挥出来。积极搞好区县和乡镇综合体制改革,加强基层组织建设,增强基层政权组织在发展经济和管理社会方面的能力。

(二)增加农业投入,搞好农业基本建设。广辟资金来源,建立国家、集体、个人"三位一体"的投入机制。市、区县和乡镇都要逐步增加对农业的投资,建立和扩大农业发展基金、城市副食品发展基金,加强基金的管理和监督。动员引导农民集资入股,投工投劳,发动各行各业大力支援农业,改善农业生产条件。认真搞好以水利为中心的农业基本建设,实行山水田林路气综合治理,狠抓渠道配套维修,改造山平塘,整治病害工程。坚持提蓄结合,搞好蓄水保水,综合利用水利工程,扩大有效灌溉面积,增强农业抗御自然灾害的能力。

(三)继续搞好科技、教育兴农。这是发展农业的根本出路。要围绕改革耕作制度、选育良种、科学种植、植保防疫等方面开展科技攻关。加强气象预测预报,大力搞好农技服务,继续实施"丰收计划""星火计划"和"燎原计划",广泛开展集团承包,切实搞好新品种、新技术的引进、试验和示范,继续普及推广规范化栽培、配方施肥、地膜应用、病虫害综合防治、畜禽防疫、机耕排灌等新技术。实行农科教三结合,认真抓好对农民的科技教育培训,不断提高农业生产技术水平。

(四)推进农业"三大工程"建设。实施"三大工程",是增强综合生产能力,促进农业登上新台阶的重要措施。市和区县、乡镇都要制定出分期实施规划,切实抓好第一期工程建设,把实施"三大工程"同建立长江柑橘带,治理长江、嘉陵江流域水土流失,建设长江防护林等工程结合起来,在保证质量的前提下逐步推进。今年开发冬水田13万亩、改造坡瘠地1.35万亩,抓紧近郊区蔬菜基地、简易蛋鸡场、肉种鸡场、奶类及水产等"菜篮子"工程建设。

(五)大力发展乡镇企业。乡镇企业是农村经济的重要支柱和国民经济的重要组成部分,是实现农村富裕繁荣的重要途径。要进一步解放思想,按照"因地制宜,深化改革,调整充实,提高效益,大力发展"的方针,放宽扶持乡镇企业发展的各项政策,创造良好的外部环境。坚持综合规划、城乡兼顾、分类指导,抓好重点地区、重点行业、重点企业的发展,大力扶持和促进后进地区加快发展,多渠道筹集资金,扩大投资规模,努力提高乡镇工业和乡村集体企业的比重。要大力调整产品结构,加强经营管理,搞好技术改造,增强市场适应能力,提高经济效益和素质。充分发挥大工业的技术优势和大农业的资源优势,促进工农联合,城乡联合,动员城市企业支持乡镇企业,争取乡镇企业尽快达到一个新水平。

(六)加强土地管理,切实保护耕地。广泛开展宣传教育,增强土地国情国策观念。坚持开源与节流并重的方针,严格控制非农业建设占用耕地,保持耕地面积的基本稳定,为农业发展提供土地保障。搞好土地资源详查和土地利用总体规划,强化地籍管理,稳步推进土地有偿使用制度。

二、调整产品结构,狠抓质量品种,努力提高经济效益和经济素质

质量差、品种少、效益低,是我市经济的突出问题。要扎扎实实开展"质量、品种、效益年"活动,下功夫调整产品结构,狠抓技术改造,推进技术进步,加强经营管理,降低物质消耗,挖掘内部潜力,使我市生产、建设、流通领域的质量、品种、效益有明显改善,加快由数量速度型向质量效益型转变。

(一)千方百计提高产品质量。质量是企业的生命,也是重庆的生命。经济效益的核心是一个质量问题,要增强紧迫感,牢固树立"质量第一"的思想,大力推行以全面质量管理为主要内容的科学管理,把从产品设计、原材料进厂、生产加工到售后服务的全过程,纳入质量管理和控制之中。整顿和贯彻工艺纪律,坚持按国际标准、国家标准、企业标准组织生产,杜绝不合格产品出厂。通过努力,全市工业产品质量稳定提高率达到93%以上,优质产品产值率比上年提高3个

百分点。改进产品性能、款式和包装质量,提高产品档次。认真落实各级领导质量责任制和质量否决权制度,贯彻落实优质优价政策。各级工业、交通、建筑、商业等部门和企业都要健全质量管理体系,加强质量管理机构,强化质量管理职能,确保产品质量、工程质量、服务质量有明显提高。充分发挥技术监督机构、社会团体、舆论单位和消费者的作用,对产品质量实行广泛的监督。

(二)积极抓好产品结构调整。要牢固树立以品种求发展的观念,坚持国内外市场导向,按照技术含量高、附加值高、创汇高、能耗低、物耗低的要求,各行业、各企业都要排出今年调整的重点产品,建立目标责任制,在能源、资金、运输、协作配套、推销等方面采取保障措施,加快调整步伐。认真贯彻新产品的扶持政策,把产品结构调整同新产品的研制、开发结合起来,组织企业和科研机构、大专院校的力量,研制和开发新产品,逐步形成合理的产品梯队。力争试制新产品800项,新产品产值率达到15%以上。采取经济、行政手段,限制淘汰一批污染大、性能差、消耗高、效益低的产品。

(三)狠抓技术改造。我市老企业较多,技术改造欠账大,装备陈旧,工艺落后,已成为影响产品质量,制约更新换代和发展后劲不足的重要因素。无论从当前和长远考虑,都必须下决心把技术改造尤其是国营大中型企业的技术改造,作为一项重要工作来抓。技术改造,关键是抓好资金筹措和项目的合理安排。要采取企业自筹、银行贷款、社会集资、政策扶持、引进资金等办法,多渠道筹集资金。要坚持产业政策和投入产出效益原则,以重点产品为龙头,以增强发展后劲为目标,抓好一批战略性技术改造项目。短平快技术改造的资金,主要用于今年能见效尤其是能扭亏增盈的项目。推动群众性技术进步活动,加强引进技术消化吸收工作,积极采用推广新技术、新工艺、新材料、新设备和新设计,广泛深入开展技术革新和合理化建议活动,提高生产技术水平。

(四)切实加强企业管理。企业要搞活,管理要严格。要引导企业练好内功,整顿基础管理,整顿规章制度,整顿现场管理,整顿劳动纪律,依法从严管理企业,恢复和建立良好的生产秩序,促进企业管理上等

升级。狠抓扭亏增盈,深入开展增产节约、增收节支活动,大力提倡勤俭办厂,艰苦创业,坚决刹住铺张浪费之风,堵塞各种"跑、冒、滴、漏",降低消耗,促进资源合理利用。要严格考核,把生产经营成果同分配挂钩。加强干部现代科学管理知识培训和职工业务技能培训,提高经营管理和业务技术水平。加强生产班组基础工作,支持鼓励职工参与企业民主管理。

(五)努力增强国营大中型企业活力。国营大中型企业是社会主义经济的脊梁。要多方面采取有力措施改善外部环境和内部管理,充分发挥大中型企业骨干作用。实行政企职责分开,所有权与经营权适当分离,落实企业生产经营自主权,切实减轻企业负担,支持企业加快结构调整和技术改造,增强发展后劲。要深化企业内部改革,改进人事劳动制度,坚持按劳分配,把严格治厂与民主管理结合起来,改变吃大锅饭现象,调动职工的积极性。要重视发挥在渝军工企业的作用,推进军民结合,尽可能为军工民品生产创造条件。

三、大力开拓市场,搞活商品流通,促进经济正常循环

搞活流通,是实现再生产良性循环的重要环节。我们要继续把启动和拓展市场,作为经济工作的重要任务抓紧抓好,同时毫不放松地组织好人民基本生活必需品的供应。

(一)积极开拓市场,搞好商品流通。坚持管住批发,搞活零售,继续实行促销政策,巩固和发展工商联营、商商互惠联销、流动推销,充分发挥工商双方的积极性,扩大日用工业品和生产资料的销售,巩固传统市场,开发新市场,扩大地产品覆盖面,提高市场占有率。要积极探索发展合资经营,边境贸易,易货贸易,期货贸易,委托代理出口等贸易方式,拓宽批发商业的经营门路,扩大我市优势产品的辐射能力。加强物资供应工作,大力组织货源,确保重点生产建设需要。开拓生产资料市场,推进生产企业与物资供销企业的联合,开展串换调剂,巩固扩大资源基地和资源户、销售基地和销售点。

(二)稳定市场供应,保持市场繁荣。要安排好与

城乡人民生活密切相关的"菜篮子"商品和日用必需品的供应,提高粮油供应质量,做到精细品种和普通品种"双供双上";精心组织蔬菜产销,千方百计实现"淡季不淡";在抓好鲜冻猪肉供应的同时,增加各种方便食品和熟食品;提高民用煤质量,加快成型煤普及。日用工业品要面向城乡市场,增加适销对路的名、特、优、新商品。注意掌握人民生活必需品和市场敏感商品的需求变化,保持合理库存,及时组织调运,保证不断档脱销。

(三)坚持城乡通开,发展城乡商品交流。要组织好大宗农副产品的收购和调运,拓宽农产品销售渠道,帮助农民解决卖难问题;继续采取鼓励措施,支持农民进入流通领域,吸引更多的农副产品进城,丰富城市供应。大力组织工业品下乡,搞好各种农用生产资料的供应,保证不误农时。采取定向开发、定价设计、定点生产的办法,向农村市场提供更多适销对路的轻纺工业产品。对一些城乡市场都需要的商品。优先供应农村市场。按照农村消费习惯和特点,改进销售形式,改善服务方式,搞好售后服务,方便农民购买。提倡国营商业和供销社联合,减少环节,发挥整体优势,促进城乡商品的交流。

(四)抓好市场建设,加强市场管理。结合实施"八五"计划,有计划地新建和改造一批商业设施和市场设施,改善经营条件,方便人民生活。要继续加强市场管理和监督,依法查处制造、销售伪劣商品和扰乱价格秩序的违法行为,维护市场正常秩序和消费者的合法利益。

四、加强重点建设,改善基础设施,增强城市综合功能

搞好重点建设和基础设施建设,是调整产业结构,改善投资环境,增强发展后劲的重大措施。要坚持量力而行,精打细算,集中力量,确保一批"七五"计划未完工程尽快建成投产,"八五"新项目顺利开工。

加快能源、交通、通信、原材料工业和基础设施建设。松藻和天府矿区,川黔铁路电气化,成渝公路重庆段,长寿化工厂乙炔工程,西南铝加工厂扩建,斯太尔重型汽车等项目和"三线"建设调整项目,要加快进度;珞璜电厂两台机组,渭沱和安居电站第一台机组,四川陶瓷厂一期工程,江北和江津氮肥厂,5万门程控电话部分单项工程等,确保年内竣工投入使用;长江二桥、菜园坝立交桥等新建项目,力争年内早日动工。

按照城市总体规划,抓紧市政公用设施的建设和维护,保证现有设施正常运转。一是加强道路建设,改善交通条件。续建菜袁路工程,分段改造嘉陵路、杨石路、石小路、中华路等路段,确保江北停车场和枢纽站竣工投入使用,更新和新增公共汽(电)车100辆。二是努力增加城市民用水电气供应能力,进一步缓解吃水难、用电难、用气难的矛盾。三是增添环卫设施,改善环卫面貌。在去年大面积更新基础上,再新建改建一批公厕和垃圾站。四是加强环境保护,改善环境质量。依法采取有效措施防治工业污染,积极开展城市环境综合整治,重点抓好城市烟尘、噪声防治和饮用水源的保护,基本完成烟尘控制区的建设,有效控制市中区、江北区燃煤污染,建成年产20万吨工业固硫型煤厂。五是提高城市绿化水平,改善生态环境。继续开展植树造林和创建园林式单位活动,加强风景区建设,全年绿化覆盖率和人均公共绿地面积比上年有所提高,逐步形成组团式、多层次的垂直绿化体系。六是加快住宅建设步伐,推进住房制度改革,逐步改善城乡人民居住条件。这既是缓解住房难的根本措施,也是启动市场,带动一些行业发展的重要办法。结合旧城改造和新区开发,坚持国家、集体、个人集资,减轻城乡建房中的收费负担,鼓励群众集资建房。采取倾斜政策,支持职工住宅和居民住宅建设。今年城市职工住宅竣工170万平方米,农村建房760万平方米,加快居民住户的解危解围工作。七是进一步加强集镇建设。全年完成80个集镇规划调整和70个乡的总体规划调整,逐步建成一批布局合理,设施配套,交通方便,整洁卫生,具有特色的新型集镇。

百年大计,质量第一。要加强建筑施工队伍的建设,严格施工企业资质审查。强化重点建设工程项目的领导和管理,建立和健全工程质量保障体系,层层落实责任,真正做到项目决策科学、设计合理、施工组织严密,确保工程优质高效,最大限度减少浪费损失,

切实解决超概算、超工期等问题,千方百计提高投资效益。

五、努力做好财税金融工作,为经济建设服务

采取有效措施,开源节流,增收节支;加速资金周转,缓解资金供求矛盾,是促进我市经济发展的两个重要环节。

继续贯彻执行开源与节流并重的方针。千方百计发展经济,提高效益,增产增收,是解决财政问题的根本出路。国营大中型企业是国家财政收入的主要来源,企业不活,经济效益低下,是制约我市财政收入增长,带来财政困难的重要原因。全市各级经济调控、经济监督和经济主管部门,都必须牢固树立为生产建设服务的观念,给予企业必要的支持和帮助,努力为搞活企业创造良好的外部环境。支持和帮助企业加强经营管理,用好用活已出台的政策,引导企业集中精力开展"质量、品种、效益年"活动,帮助企业搞好技术改造,实现生产增长,经济效益不断提高。

实现财政收支的基本平衡,必须搞好增收节支。一是抓好税收征管。认真执行国家今年开征和调整某些税种、税率的有关政策;继续清理和催收企业拖欠的税利,严格控制税收减免,凡应上缴的收入,应及时足额组织入库;采取有力措施制止各种偷税漏税行为。二是从紧安排财政支出。近年来,行政管理费用和财政补贴增加过多,人头费比重越来越大,必须严格控制。要控制行政机构和人员编制,并随国家有关经济政策的调整,相应减少财政补贴。对行政事业费的开支,要根据不同情况,分别制定节支目标。严格财经纪律和审计监督,加强财政资金和专项基金的管理,把应该压缩的支出坚决压下来,防止挪用和浪费。

继续贯彻"控制总量,调整结构,强化管理,适时调节,提高效益"的货币信贷政策,促进经济发展。发展生产,开拓市场,搞好重点建设,没有必要的资金不行。要通过组织储蓄存款,发行债券,开展资金拆借等办法,多渠道筹集资金。要按照国家产业政策,优化信贷资金投向,确保农副产品和出口产品收购;支持工商企业增加有效供给,开拓市场;支持重点建设、重点企业、重点技改项目和科技开发;帮助那些符合产业政策、确有生存和发展条件、经营暂时困难的企业渡过难关,促进结构调整。帮助企业搞活存量资金,挖掘资金潜力,减少资金占用,加速资金周转,提高资金使用效益。继续协助企业清理"三角债";努力缓解严重的三角债务给经济运行带来的困难。大力发展保险事业,积极开办为生产建设和人民生活服务的新险种,认真做好防灾防损和保险理赔工作,充分发挥保险的经济补偿职能。

六、深化经济体制改革,进一步扩大对外开放,增强经济活力

坚定不移地实行改革开放,是建设有中国特色社会主义的关键。我们要总结近年来的经验,进一步解放思想,增强改革开放意识,加大改革分量,正确处理改革与稳定、改革与治理整顿的关系,用改革办法解决经济生活中的突出矛盾,保护广大干部群众改革开放的移极性,加快改革开放步伐。

(一)深化企业改革,增强企业活力。这是深化经济体制改革的中心环节。继续推行和完善以"税利分流"为主体形式的承包经营责任制,要适度放宽政策,尊重和保护企业生产经营自主权。各级政府、各部门对企业要多支持、多服务,凡是过去下放给企业的经营管理权利都要进一步落实,凡是损害企业合法权益的行为都要坚决纠正,凡属乱收费、乱摊派、乱罚款,都要予以取消,从多方面采取政策措施,逐步形成企业自我发展、自我积累、自我改造、自我约束的经营机制和管理体制。

深化企业内部改革,重点是改革分配制度、劳动用工制度和完善企业领导体制。要完善工资总额与经济效益挂钩办法,完善劳动质量和数量与收入密切挂钩的内部分配制度。在有条件的工业企业中推行计件工资制,在商业企业中推行联产联销联利计酬计奖办法,选择部分企业实行岗位技能工资制试点,商业零售企业经营业务、商品价格、收益分配、用工制度"四放开",在试点的基础上逐步推广。继续完善劳动合同制,试行固定工上岗考核办法,强化劳动纪律,逐步实现劳动者与生产要素的最优结合。深入贯彻《企

业法》，坚持完善厂长（经理）负责制，牢固树立以生产经营为中心的观念，正确处理企业党、政、工关系，加强企业的民主管理，全心全意依靠工人阶级办好企业。

加快企业组织结构调整，逐步完善发展企业集团、促进企业兼并的政策。在巩固完善提高现有企业集团的基础上，以大中型骨干企业为龙头，积极组建若干个有相当实力和规模的大型企业集团，组建以大型商业批发为主体的综合经营集团。采取联合改组、关停并转、法人承包、协作配套等办法，实现企业优化组合，解决一批困难企业的问题。完善租赁经营，提倡小企业集体租赁。

积极稳妥搞好股份制试点。巩固和完善现有股份制企业，继续扩大股份制企业试点，产权关系经过界定的城镇集体企业和乡镇企业，可以积极推行股份制。农村基层供销社要积极扩大社员入股的比重。认真落实扶持城镇集体经济政策，支持集体企业按照集体经济的特点进行经营管理，促进其健康发展。在坚持公有制为主体的前提下，发展个体、私营经济和其他经济。

（二）以建立高效、畅通、可调控的商品流通体系为目标，进一步改革流通体制。充分发挥国营物资企业、国营商业和供销社的主渠道和蓄水池作用，拓宽国合批发企业经营的路子，实行批零结合、内外贸结合和综合经营。大力促进工商联合，商商联合，推动国合批发企业承担跨地区商品物资交流任务，建立合理正常、相对稳定的购销关系，继续加强对重要商品的管理。进一步发挥集体商业和社会商业的作用，促进多渠道流通。逐步建立健全市场法规和监督体系，维护正常的流通秩序。

（三）加强和改善宏观调控。按照计划经济与市场调节相结合的要求，改进计划管理形式和方法，加强对社会经济活动的预测、规划、指导和调控，保持经济总量平衡和主要比例关系协调；改善财政税收管理，发挥税收的职能作用，逐步形成扩大财源的良性循环机制；完善人民银行的宏观管理，逐步实行银行资金与企业生产经营的最佳结合；按照既要稳定物价，又要振兴经济的指导思想，积极稳妥地推进价格改革，实行"放、调、管"结合，根据价值规律和商品供求关系的变化，适时疏导价格；推进社会保障制度改革，扩大退休养老保险的覆盖面和待业保险范围；加强和改进审计、统计、工商行政管理等部门的工作，更好地为经济建设服务。

（四）继续发展对外经济贸易，扩大出口创汇。今年，外贸体制实行了重大改革，将长期实行的出口亏损补贴改为企业自负盈亏，我市外贸工作面临严峻的考验。为了确保外贸出口持续发展，适应外贸体制改革的新形势，必须坚持出口创汇与经济效益并重，加强工贸、农贸、技贸结合，着力调整结构，提高质量，加快出口产品开发。继续扩大机电、冶金、丝绸、服装等产品出口，稳定发展化工、医药、轻纺产品出口，增加低成本和深加工、高技术产品出口，扩大来料加工，支持"三资"企业扩大出口规模。加强经营管理，努力挖掘潜力，严格控制换汇成本，努力提高出口效益。采取灵活多样的贸易方式，拓展国际市场，有重点地增设常驻海外贸易机构和推销点，发展可靠的经销商和代理商，力争出口创汇继续稳步增长。

（五）积极稳妥地扩大利用外资规模，发展对外经济技术合作。多渠道利用外资，努力争取国际金融组织和国外政府优惠贷款，正确引导外资投向，有重点地吸引国外资金和先进适用技术用于老企业技术改造。进一步改善投资环境，简化手续，稳定政策，完善法规，为外商提供优质高效服务。切实解决"三资"企业建设和生产经营中的实际问题。加快经济技术开发区的建设，把开发区建设成为深化改革的试验区和对外开放的"窗口"。发展海外联谊活动，加强对台工作，增强港澳台胞、海外侨胞和外商来重庆投资办企业的吸引力。充分发挥我市驻外地机构的作用，鼓励和引导企业到沿海设"窗口"。扩大重庆经济协作区、西南五省七方、长江沿岸城市的联合协作，促进地区经济共同发展。

七、突出抓好科技和教育事业，繁荣社会主义文化，推进精神文明建设

（一）坚持"依靠科技振兴重庆"的战略方针，充分发挥科学技术第一生产力的作用，切实把我市的经济建设转到依靠技术进步的轨道上来。要以实施《依靠

科技振兴重庆规划纲要》为主线,动员和组织各方力量,抓好起步阶段的工作。对今年列出的科技攻关、成果推广、"火炬计划"、"星火计划"等120多个项目,要集中必要的物力和财力,组织有关方面力量,开展技术攻关和技术开发。大力推广应用投入少、效益好的科技成果,加速科学技术向现实生产力转化,提高科技进步在经济增长中的贡献份额。搞好科技示范乡和科技先导型企业建设,树立科技进步典型,增强企业和农村依靠科技进步的动力和活力。加强高新技术产业开发;推动沙中路科技一条街和石桥铺高新技术产业园区的建设和发展;抓好高新技术产品的开发应用,大力推广微电子、生物工程、激光、传感等技术,改造传统产业。强化科技和经济结合的中介环节,拓展技术市场,加强中试基地的建设和科学管理。社会科学要紧密结合经济建设和改革开放实际,加强基础理论和应用研究,更好地为两个文明建设服务。

理顺科技管理体制,深化科技体制改革。制定优惠政策,吸引和鼓励在渝部、省属科研机构和大专院校为我市经济建设服务。继续多渠道增加科技投入,用好科研经费,改善科研条件,充分发挥科技群团人才荟萃、横向联系广泛的作用。

(二)坚持教育为本,把教育事业放在优先发展的战略地位。继续全面贯彻党的教育方针,把培养德智体全面发展的建设者和接班人作为学校的根本任务,把提高教育质量放在突出地位。联系学生的思想实际和社会实际,深入开展"两坚持"教育;继续抓好法制教育、国防教育和劳动教育,培养学生良好的行为规范和勤俭节约风尚。继续调整教育结构,重点抓好九年制义务教育,大力发展职业技术教育、岗职培训、农民适用技术、扫盲等教育;稳定提高高等教育,继续发展师范教育、幼儿教育和特殊教育,鼓励社会办学,促进各级各类教育协调发展。

深化教育改革,调动各级各方面办学的积极性。搞好"农科教"统筹和"三教"结合,为农村经济和社会发展服务。积极开展城市社区教育试点,充分发挥区街管理教育的职能。继续推进中小学管理体制改革试点,积极开展各项教改试验,逐步把"应试教育"转变为"素质教育",增强学生实践能力。完善分级办学体制,坚持多渠道筹措教育经费,确保教育投入"两个增长"。继续执行勤工俭学的各项扶持政策,进一步改善办学条件,完善教学设施。采取切实措施稳定教师队伍,防止和纠正随意抽调教师的现象。

(三)巩固扩大社会主义思想文化阵地,繁荣文化事业。坚持文学艺术、广播电视、新闻出版为人民服务、为社会主义服务的方向,坚持"一手抓整顿、一手抓繁荣",大力弘扬中华民族优秀文化,以振兴川剧为突破口,加快专业艺术团体改革步伐,创作和上演更多贴近群众、贴近生活、反映时代风貌的好作品、好剧目。广泛开展群众性文化活动,办好重庆第三届雾季艺术节,丰富活跃群众精神文化生活。切实加强基层文化建设和文物保护,强化文化市场管理,抵制腐朽没落的封建文化和资本主义文化侵蚀。推进竞技体育与群众体育协调发展,抓好学校体育,促进体育社会化,在全国第二届城运会上争创好成绩。加强文化体育基础设施建设,动工建设重庆艺术中心,建成重庆电视节目制作主楼,开办电视教育台,完成大田湾体育场维修改造工程。

(四)大力加强思想政治工作,激发广大群众的社会主义积极性。结合纪念建党70周年、辛亥革命80周年,围绕经济建设这个中心,以基本路线、基本国情教育为重点,在群众中广泛深入开展社会主义思想教育,弘扬爱国主义、集体主义精神,巩固和发展社会主义阵地。进行热爱党、热爱社会主义的教育,艰苦奋斗、勤俭建国教育,提高思想教育的针对性和实效性,激发人民群众的主人翁精神,更好地发挥建设社会主义的积极性、创造性。

(五)尊重知识、尊重人才,进一步发挥知识分子在两个文明建设中的作用。坚定不移地执行团结、依靠知识分子的政策,经常倾听他们的意见和建议,充分肯定他们的辛勤劳动和贡献,表彰和奖励有贡献的知识分子,认真帮助他们解决进修、分居、住房、子女入学就业等实际困难,努力改善边远山区教师的工作和生活条件。

八、严格控制人口增长,发展社会保障事业,加强城市综合管理,保持社会安定

要把以经济建设为中心的各项事业推向前进,必须创造良好的社会环境。创造良好的社会环境,有赖

于各级政府、各个方面和广大人民群众共同努力。

（一）切实加强计划生育工作，严格控制人口增长，提高人民健康水平。继续贯彻执行计划生育基本国策，严格实施《四川省计划生育条例》，抓好计划生育宣传、避孕节育、岗位责任制等基础工作。普遍推进流动人员管理联系户制度，严格控制流动人口超生。建立人口基金，加强乡村两级计划生育工作，广泛开展基层计划生育工作达标活动，确保人口出生率控制在14.3‰以内。卫生工作要贯彻预防为主，依靠科技进步，动员社会参与，中西医协调发展，为人民健康服务的方针。以农村为重点，加强初级卫生保健工作，恢复和建立三级医疗预防保健网，重视发展中医药事业。完善各类医院分级管理，加强医德医风建设。抓好计划免疫达标和妇幼保健工作，严格食品卫生和药品管理。整顿医药市场和社会办医，控制和减少传染病、职业病、地方病的发生和传播。提高农村人口饮水质量，保护人民健康。

（二）放宽政策，广开就业门路。合理开发利用人力资源，是发展国民经济和保障社会安定的必要条件。在当前待业人员多、劳动岗位少的情况下，要大力发展第三产业，壮大集体经济，适度发展个体经济和私营经济，增加更多的就业岗位。要实行倾斜政策，重点发展运输业、商业服务业、旅游业、劳务服务业等行业，巩固和发展就业服务企业。继续清理计划外用工和控制"农转非"，全年力争安排6万名城镇待业人员就业。建立劳务市场，组织劳务输出，办好就业培训中心，积极为城镇待业人员创造就业环境。农村富余劳动力，应主要通过加强农业开发、实行多种经营、发展乡镇企业等途径就地消化。

（三）以创建文明卫生城市为目标，加强城市综合管理。坚持建管并重、标本兼治、统筹安排、综合管理，广泛深入开展创建卫生城市活动，大力宣传市民公约，加强社会公德教育，提高全民的城市管理意识。采取有效措施，加速公共卫生设施、市场摊区和停车场的配套完善，加快土路封闭，严格施工现场管理。开展市容整洁一条街达标活动，全面推行"门前三包、门内达标"责任制，抓好环卫清扫保洁。继续综合整治繁华市区和窗口地区的环境卫生。完善城管监察体制，强化以区街为主的基层城管监察工作，充分发挥区街管理职能，力争综合治理"脏乱差堵"取得明显成效。

（四）狠抓社会治安综合治理，维护社会秩序。坚持打防结合、标本兼治的方针，以预防和减少犯罪为目标，狠抓社会治安综合治理。继续严厉打击犯罪团伙、车匪路霸和破坏盗窃电力通信设备的犯罪分子。严惩杀人、抢劫、盗窃、贪污受贿等严重刑事犯罪和经济犯罪活动，把"扫黄除六害"同严打斗争紧密结合起来。加强劳改劳教监教工作，减少重新违法犯罪。坚持专门工作与群众路线相结合，动员社会各方面的力量齐抓共管，运用政治的、经济的、行政的、法律的、文化教育等多种手段进行综合治理。重点整治特种行业、公共场所、文化市场和城乡结〔接〕合部，下功夫堵住违法犯罪源头。加强公安、司法战线基层基础建设，增强群防群治力量，提倡见义勇为，完善各项治保措施和单位内部治安保卫责任制，严格执行防火、防毒、防盗、防泄密、防破坏等安全规定，消除不安全因素，提高整体防范能力。

抓好村民、居民委员会建设，做好调解疏导工作。继续加强民兵建设；搞好拥军优属工作。加强社会事务管理，努力保持安定有序的社会环境。

九、继续推进政府民主与法制建设和廉政建设，改进机关作风，提高办事效率

坚持群众路线，全心全意依靠工人阶级，依靠全市人民，这是我们各项事业取得胜利的根本保证。各级政府必须牢固树立群众观念，从群众的根本利益和整体利益出发办一切事业。要完善决策和执行程序，注意发挥决策参谋、咨询机构的作用，提高决策水平，避免和减少决策失误，保证决策符合人民利益和意愿。

大力推进政府的民主政治建设和法制建设，促进依法治市。自觉接受市人大及其常委会的监督和市政协的民主监督，密切各级政府与民主党派、工商联、无党派人士和工会、共青团、妇联等人民团体的联系，认真办理人民代表意见、批评、建议和政协委员的提案，主动为他们参政议政创造条件。起步实施第二个五年普法教育，提高全民法制观念。以贯彻实施《行

政诉讼法》和《行政监察条例》为重点,推进行政管理法制化,提高依法行政水平。制定一批地方性法规和行政规章,严格执法检查,防止和纠正执法违法现象。

继续加强廉政建设,坚持同腐败现象作斗争。各级政府机关要加强全心全意为人民服务的教育,发扬艰苦奋斗、勤俭建国的优良传统,自觉抵制消极腐败现象。坚持地区、部门领导负责制,切实加强行政监察、审计工作,抓住重点,坚决纠正行业不正之风,制止乱收费、乱摊派、乱罚款,认真查处干部违纪违章建私房等不廉行为。要坚持"两公开一监督"制度,加强群众监督,提高干部廉洁奉公的自觉性。大力加强城市街道和农村乡镇基层建设,严格履行街道和乡镇一级组织的职责,更好地发挥基层政权统筹管理经济和社会事务的作用。

切实改进机关工作作风,严肃行政纪律。坚持和完善各级领导干部深入基层、定点联系制度,有计划、有组织的抽调、选派一部分机关干部下到工厂、农村、学校、商店蹲点调查,帮助工作,总结经验,抓点带面,解决经济和社会生活中的热点、难点问题,为群众办实事。坚决反对官僚主义、形式主义,切实精简文件、会议和礼仪性活动,集中精力,抓住主要问题,扎扎实实做工作。层层建立严格的工作目标责任制和分级负责制,强化督办制度,严肃行政纪律,反对各行其是,确保政令畅通。

各位代表!我国社会主义现代化建设进入了一个承前启后、继往开来的关键时期。党的十三届七中全会已经为今后10年的建设和发展绘制了宏伟的蓝图。我们不能错过本世纪历史给予的最后一次机遇,一定要有强烈的责任感和紧迫感。当前,摆在我们面前的任务非常繁重和艰巨,困扰我市经济和社会发展的问题仍然很多。许多方面的工作还不尽如人意,但是也有很多有利条件。我们要在市委的统一领导下,充分利用10年改革和经济建设奠定的良好基础和有益经验,按照十三届七中全会制定的方针,动员和组织全市人民,万众一心,埋头苦干,克服前进中的困难,为胜利完成今年的各项任务,为实现"八五"计划和十年规划的目标而奋斗!

在重庆市第十二届人民代表大会第一次会议上的政府工作报告

市长 孙同川

(1993年5月31日)

各位代表:

我代表市人民政府向大会报告政府工作,请予审议。

过去5年工作的基本总结

重庆市第十一届人民代表大会第一次会议到现在,已经整整5年了。在中共重庆市委的领导和市人大及其常委会的监督支持下,市政府动员和组织全市人民,坚持党的基本路线,经受了宏观经济环境变化、政治动乱干扰和严重自然灾害的考验,克服前进中的各种困难,保持了社会政治的稳定,实现了经济建设和各项社会事业持续发展。特别是1992年贯彻邓小平同志重要谈话和党的十四大精神,全市上下进一步解放思想,振奋精神,锐意进取,改革开放和经济建设进入了新的发展阶段。5年来,经过全市人民的团结奋斗,胜利完成了上届人民代表大会确定的主要任务,全市经济实力明显增强,社会事业不断进步,人民生活继续改善。1992年全市国民生产总值完成274亿元,5年平均每年增长7.6%,国民收入完成217亿元,平均每年增长5.9%,工农业总产值完成560亿元,平均每年增长9.9%,地方预算内财政收入完成31.5亿元,平均每年增长10.6%,其他各项经济社会发展指标均有较大幅度增长。过去的5年,是改革开放和现代化建设取得重大成就的5年,是为实现第二步战略目标奠定坚实基础的5年。

农业基础地位不断加强,农村经济全面发展。认真贯彻"绝不放松粮食生产,积极发展多种经营,大力发展乡镇企业"的方针,稳定农村经济政策,积极调整农村产业结构,全面实施农业"三大工程"建设,促进了农村经济持续发展。1992年农业总产值完成101.9亿元,5年平均每年增长3.2%。粮食生产连续4年稳定增长,其中3年创造了历史最高水平。多种经营发展较快,"菜篮子"工程建设收到实效,5年间,肉类增长25%,禽蛋增长36%,水产品增长42%,牛奶增长59%,水果增长23%。林、牧、副、渔在农业中的比重上升,农产品商品率不断提高。农业综合开发步伐加快,5年改造中低产田、坡瘠地253万亩,建成双千田、吨粮田16万亩,一批农副产品生产基地初具规模。长江防护林工程、长江柑橘带工程和农田水利设施建设取得较好成绩。依靠科教兴农,实施"丰收计划",加强农技服务,推广先进适用技术取得新成绩。乡镇企业迅速发展,1992年总产值达到210亿元,5年增长2.9倍,新吸纳农村剩余劳动力43万人,成为农村经济的重要支柱。

工业经济实力增强,新的增长点正在形成。积极调整工业结构,加快技术改造步伐,加强基础工业,推进军工企业向民品生产转移,发展支柱行业和重点产品,促进了工业经济较快发展。1992年全市工业总产值完成459亿元,平均每年增长11.9%。主要产品产量大幅度增加,与5年前比,汽车增长4.1倍,摩托车增长1.6倍,钢增长28%,有色金属增长80%,化学药品增长2.8倍,化学纤维增长90%。能源工业发展较快,1992年全市发电量达到70.4亿千瓦时,原煤产量达到1655万吨,能源和原材料供应不足的矛盾得到缓解。技术改造大规模展开,5年技改总投资81亿元,比上5年增加1倍多,完成了一批技术起点高、产品质量好、节能降耗显著的技术改造项目。新产品开发加快,5年投产4096项,实现产值比上5年增长2.5倍。产销衔接有较大改善,综合经济效益逐步好转。

第三产业发展步伐加快,城市综合功能进一步增强。坚持国家、集体、个人一起上的方针,加快了第三产业的发展。1992年第三产业在国民生产总值中的比重达到30.3%,比5年前提高4.4个百分点。商品流通规模不断扩大,物资购销总量大幅度增加,社会商品零售总额1992年达到144亿元,比5年前增长近1倍。5年中新建和改建了商业大厦、物资贸易中心、重百大楼、友谊华侨商场、朝天门和菜园坝综合批发市场、学田湾和观音桥集贸市场等重点商贸设施,新增商业网点2.5万个,初步形成多层次、区域性商品流通网络。运输邮电发展较快,1992年客货运输周转量分别比5年前增长35.6%和23.7%,邮电业务总量增长两倍。金融保险发展迅速,1992年末全市银行存款余额比5年前增长1.7倍,贷款余额增长1.4倍,资金拆借、有价证券发行、外汇调剂和各类保险承保金额等大幅度增加。房地产业发展加快,5年综合开发房地产550万平方米。旅游业日趋兴旺,5年累计接待海外旅游者35.7万人次,收入4.6亿元外汇人民币,分别比上5年增长70%和4.8倍。信息、咨询、技术、劳务和社区服务等行业正在兴起。

经济体制改革向纵深发展,为建立社会主义市场经济体制创造了条件。农村改革不断深化,巩固完善家庭联产承包责任制和统分结合的双层经营体制,积极调整农产品购销政策,加快建立社会化服务体系,推动了农村经济发展。城市改革以增强国有大中型企业活力,落实企业自主权为重点,推进企业经营机制转换。国合商业企业在全国率先推行经营、价格、用工、分配"四放开",国有工交企业试行经营、价格、用工、分配、技术改造"五自主",为落实企业自主权积累了经验。在多数国有企业中推行"税利分流、税后还贷、税后分利",逐步调整和规范国家同企业的利益分配关系。产权制度改革稳步推进,建立各类股份制企业300多家,在具备条件的企业公开发行股票,对一批企业实行"关、停、并、转、破、租、卖",企业集团已发展到14家。在巩固发展公有制经济的同时,个体经济、私营经济、外资经济等多种经济成分继续发展。市场机制作用进一步增强,建立和发展了汽车、建材、金属材料等生产资料市场和金融、技术、劳动力等要素市场。价格改革迈出较大步伐,全面放开了农产品价格,已经放开绝大部分生产资料、消费资料价格,市场调节范围显著扩大。金融改革取得了成效,创办和发展了交通银行、证券公司、外汇调剂中心等金融机构。建立和扩大了职工养老保险和待业保险,农村养老保险开始起步。土地使用制度和住房制度改革逐步推进,按照宏观管好、微观放开的原则,推进了计划、投资、财政、税收、外贸、工商行政管理体制等方面的改革,统计、审计、技术监督的作用进一步增强。科技、教育、文化、卫生等各项改革也取得新成果。

对外开放不断扩大,全方位整体开放格局正在形成。立足拓展国际市场,大胆利用外资,不断探索扩大对外开放的新路子。紧紧抓住我市列为沿江开放城市的机遇,确立全方位高起点整体开放战略,出台扩大开放的配套政策,创办经济技术开发区,着力改善投资软硬环境,利用外资的领域和规模取得突破性进展。5年实际利用外资8.85亿美元,三资企业由20多家发展到600多家,外商投资由工业扩展到第三产业和农业,引进了一批起点高规模大的外资项目。重庆经济技术开发区初具规模,发挥了对外开放的窗口作用。区(市)县试办工业小区开始起步。对外贸易大幅度增加,外贸进出口总值1992年8.11亿美元,其中出口5.23亿美元,分别比5年前增长1.4倍和1.3倍,出口产品结构进一步改善。对外经济技术合作发展较快,5年累计签订对外承包和劳务合作项目104项,合同金额2.3亿美元,海外办企业也有新进展。对外交往不断扩大,我市已与120多个国家和地区建立和发展了经贸关系,与法国图卢兹、美国西雅图、加拿大多伦多、日本广岛等友好城市的经济文化交流日益增多。横向经济联合进一步加强,与重庆周围地区、西南五省区、长江沿岸城市、沿边沿海城市的联合协作不断发展,开展了云南、广西、新疆、黑龙江等边境贸易。

基础设施建设成绩显著,城市改造大规模展开。以能源、交通、通信为重点,多渠道筹集资金,加快基础设施建设。能源建设成绩突出,先后完成重庆发电厂一期改造工程、珞璜电厂一期工程,建成渭沱电站和安居电站,全市装机容量达到210万千瓦,比5年前增长1.5倍。交通设施建设取得重大进展,完成了川黔铁路电气化改造和万(盛)南(川)铁路建设,年新增运输能力1000万吨以上。建成210国道红双段,开工建设成渝高等级公路,改造扩建了长(寿)垫(江)路、渝碚路等干线公路,5年新增公路860多公里。建成了石门大桥,新建和改造了重庆火车站、汽车北站、九龙坡码头;长江二桥和重庆客运港改造正在抓紧建设。江北机场建成投入使用,空运条件大大改善,航空客货运输量分别增长2.5倍和3.5倍。通信事业发展迅速,建成汉渝、成渝、渝筑三条同轴电缆和微波通信干线,完成部分郊县微波通信工程。全市开通程控电话15万门,长途电话、无线移动电话迅速发展,初步形成联接国内外、覆盖各区(市)县的通信网络。城市规划得到加强,旧城改造、新区开发和小城镇建设成效明显,建成江北、南坪、大坪三个综合开发小区,完成和正在实施罗家湾、临华村等19个片区改造。进一步治理危岩滑坡,沿江综合整治取得成效。城区供水有所改善,新建和改扩建和尚山水厂和江北水厂,建成一批县城和建制镇水厂,日供水能力比1987年增加13万吨。环境保护取得成绩,建成烟尘控制区200多平方公里。城市综合管理得到加强,城市绿化、环卫设施建设取得新进展,1992年我市荣获卫生城市称号。

科技教育取得新成果,各项社会事业蓬勃发展。制定实施"科技兴渝"战略,大力推行火炬、星火、丰收、燎原计划,5年推广应用科技成果1083项,创办国家级重庆高新技术产业开发区,发展高新技术企业115家,在电子信息、光机电仪一体、新材料、医药和生物工程等方面的研究和开发形成了一定优势,被国家列为全国科技体制综合改革试验区之一。5年来,全市取得科技成果2000多项,1428项获国家、省、市奖;获得专利权1167项。群众性科技活动更加活跃,社会科学、软科学研究水平不断提高,为我市经济社会发展作出了贡献。

教育事业有较大发展。全市学龄儿童入学率达到99%以上,城区小学毕业生升学率达到97.7%,基本实现了城乡普及小学和城区普及初中的目标。地方各级财政对教育投入逐年增加,多方筹集资金2亿多元,消除中小学危房130多万平方米,改扩建校舍139万平方米,提前完成3年基本消除中小学危房的任务,办学条件进一步改善。教育结构调整步伐加快,高等教育、职业教育、成人教育、幼儿教育和特殊教育有较大发展,各类职业技术学校学生已占高中阶段在校学生总数一半以上,职工岗位培训和农村适用技术培训取得新成绩,十余万青壮年脱盲。改革学校管理体制，发展社会办学，教育质量进一步提高。

新闻出版、广播电视、文化艺术等事业都有新的发展。兴建青少年科普中心、艺术电影院等一批文化设施。开办经济广播电台、重庆电视二台和区县有线电视台。创作了一批具有时代特征和巴渝文化特色的优秀剧目和文艺作品。图书出版发行达到全国先进水平。群众文化活动更加活跃，人民群众精神生活日益丰富。医疗卫生事业不断发展，儿童计划免疫全面达标，传染病发病率逐年下降，5年新增病床6227张，改造医疗院所危房5.6万平方米。计划生育成绩显著，人口出生率由1987年的16.96‰下降到1992年的3.3‰，低于全国、全省水平。体育设施有所改善，运动水平不断提高，新建了一批体育场馆，有500多万人次达到体育锻炼标准，我市运动员在国内外重大比赛中获金银牌172枚，破14项全国纪录，再次荣膺全国"田径之乡"。人防、气象、档案、修志、保密、老龄等工作也取得新成绩。

精神文明建设和民主法制建设继续加强，人民精神面貌发生显著变化。5年来，坚持两手抓的方针，深入开展党的基本路线教育和爱国主义、集体主义、社会主义教育，进行社会公德、职业道德教育，加强廉政建设，纠正行业不正之风，促进社会风气好转，增强了广大群众致力于改革开放和社会主义建设的积极性。军政军民关系更加密切，驻渝部队和武警官兵在维护社会稳定，支援经济建设和抢险救灾等方面作出了重大贡献，人民武装工作进一步加强，军民警民共建活动卓有成效，我市被省里命名为"双拥模范城"。

社会主义民主和法制建设取得新进展。认真执行市人大决议，自觉接受监督，坚持重大问题与人民政协协商，加强同各民主党派、人民团体的联系，发挥他们民主监督、参政议政作用。办理人民代表议案、建议3603件和政协委员提案、建议案2087件。重视信访工作，办好公开电话，拓宽政府联系人民群众的渠道。加强民族、宗教、侨务、台务、参事工作，有力地促进了全市各族人民的团结。法制建设明显加强，行政立法步伐加快，5年颁布行政规章133项，依法行政水平进一步提高。广泛开展法制宣传，完成了"一五"普法教育任务，依法治市取得进展。加强社会治安综合治理，严厉打击严重刑事犯罪和经济犯罪活动，大力整顿突出的治安问题，坚持扫黄、除六害，保持了社会秩序的稳定。

城乡人民收入增加，生活水平明显提高。1992年城镇居民人均生活费收入2036元，农民人均纯收入773元，分别比5年前增长近1倍和62.6%。城镇副食品供应丰富，居民饮食质量有所提高。城乡居住条件得到改善，5年新建城市住宅500多万平方米，新建农村住宅4781万平方米。城镇居民天然气用户增加。农村饮水卫生条件得到改善，有300万人饮上自来水。电视机、电风扇、收录机等耐用消费品已较多地进入农民家庭。5年城镇安置就业30余万人。1992年末城乡居民储蓄存款余额比1987年末增加2.4倍。救灾扶贫、社会福利、优抚安置工作都取得了新成绩。

各位代表！过去5年我市各条战线取得的成绩是来之不易的，是在党中央的正确路线指引下，全市人民和衷共济、团结奋斗的结果，是驻渝人民解放军、武警部队大力支持的结果，也是与往届政府奠定良好基础分不开的。在这里，我代表重庆市人民政府，向全市工人、农民、知识分子和干部，向各民主党派、人民团体和各界人士，向人民解放军驻渝部队指战员、武警官兵和公安干警，向关心支持重庆建设事业的海内外同胞和朋友，表示衷心的感谢！

尽管5年工作的成绩是突出的，但是我们工作中还有缺点和失误，经济社会发展中还存在不少困难和矛盾。我们对建设有中国特色社会主义理论理解不深，思想解放不够，在思想观念、行为方式、管理体制等方面，受计划经济影响较深。产业结构不合理的状况没有根本改变，生产建设和流通领域经济效益总体水平不高。农业基础比较脆弱，农民收入增长缓慢，社会负担较重。工业结构调整不够快，一些行业和企业亏损严重。第三产业发展滞后，基础设施综合配套建设差，交通不畅、住房紧张、环境污染的状况没有根本缓解。地方财政收支矛盾、资金供求矛盾突出。科技和人才优势没有充分发挥，教育经费不足、设施落后。社会主义精神文明建设和法制建设还不适应改革开放和经济建设的需要，社会治安还存在一些突出问题。政府机关中还存在官僚主义、形式主义、本位主义，转变职能、简政放权等改革措施落实不够，一些部门政令不畅，办事烦琐和行业不正之风，妨碍了经济建设和社会各项事业更快地发展。少数公职人员贪污受贿、徇私舞弊、权钱交易等腐败行为，损害了政府同人民群众的密切联系。这些问题需要引起高度重视，在今后工作中采取有力措施认真加以解决。

各位代表！回顾总结5年的工作，我们的主要体会是：

第一，必须坚定不移地抓好经济建设这个中心。以经济建设为中心，是坚持党的基本路线的关键。过去5年，无论国内政治动乱干扰，还是国际风云变幻，我们都把经济建设作为首要任务来抓。实践告诉我们，任何时候、任何情况下都必须坚持以经济建设为中心，各项工作都必须服从于、服务于这个中心。只有集中精力把经济建设搞上去，才有长治久安的物质基础，才有国家的强盛和人民的富裕，才能够经受任何风险的考验。

第二，必须坚持解放思想，实事求是。解放思想，实事求是，是建设有中国特色社会主义理论的精髓，是保证各项事业发展的法宝。过去5年我们注意从重庆的市情出发，把贯彻党的路线、方针、政策，同本地实际密切结合起来，用生产力标准衡量和处理经济社会发展中的问题，及时调整不合时宜的政策措施，大胆探索，不断创新，推进经济和社会事业的发展。我们要继续解放思想换脑筋，把开拓创新精神同实事求是的科学态度结合起来，使我们的思想认识适应客观形势的变化，不断研究新情况，总结新经验，解决新问题，避免大的失误，努力开创各项建设事业的新局面。

第三，必须坚持大力推进改革开放。改革开放是强国之路，只有坚持改革开放，才能为重庆的发展带来生机与活力。这几年，我们依靠深化改革扩大开放，解决社会经济生活中的突出矛盾，有力地推动经济建设和各项社会事业的发展，保持了社会政治的稳定。在建立社会主义市场经济体制的过程中，要大胆吸收和利用世界各国包括资本主义发达国家所创造的一切先进文明成果来发展自己，只要有利于发展生产力，有利于增强综合经济实力，有利于提高人民生活水平，就要勇于探索试验，发扬敢为天下先的精神，把改革开放不断推向前进。

第四，必须坚持两手抓，两手都要硬。坚持一手抓改革开放，一手抓打击犯罪；一手抓经济建设，一手抓民主法制；一手抓物质文明，一手抓精神文明，是建设有中国特色社会主义的重要战略方针。5年来，围绕经济建设这个中心，不断加强精神文明建设，加强思想教育，正确处理人民内部矛盾；坚持依法治市，严厉打击严重犯罪活动，为改革开放和各项事业的发展提供稳定的社会环境。我们必须进一步坚持两手抓、两手都要硬的方针，保证经济建设和改革开放顺利进行，带领人民群众夺取现代化建设的更大胜利。

今后5年经济和社会发展的主要任务

以邓小平同志视察南方重要谈话和党的十四大为标志，我国改革开放和现代化建设进入了蓬勃发展的新阶段。八届全国人大一次会议部署了今后5年的主要任务，制定了提前实现翻两番的宏伟目标。现在，国际环境有利，国内条件具备，形势要求我们加快发展，我们也有条件搞得更快一些。中央关于建设三峡工程和开发三峡库区的决策，实行沿江开发开放战略，确定重庆为沿江开放城市、重点改造的老工业基地、综合体制改革试点城市，建立国家级重庆经济技术开发区和高新技术产业开发区，为重庆加快发展带来了历史性机遇。经过80年代的改革和建设，我市继续前进的物质基础更加雄厚。抓住时机，加快发展，是全市人民的愿望，是时代赋予的重任。我们一定要有强烈的紧迫感和高度的责任感，珍惜时机，把握机遇，把我市改革开放和现代化建设大步推向前进。

根据党的十四大、八届全国人大一次会议和市第七次党代会精神，对重庆国民经济和社会发展十年规划及"八五"计划拟作适当调整，力争本世纪末实现以下目标：国民生产总值年均增长速度由原定的6.3%提高到10%以上，1995年达到400亿元，2000年达到800亿元，实现国民经济登上两个新台阶，经济整体素质和综合实力显著增强。把重庆建设成为吸引力和辐射力强的长江上游经济、金融、商贸、交通中心；优势产业突出、技术比较先进的工业基地；基本形成城镇布局合理、基础设施配套、综合功能齐全的现代化城市格局；逐步建立起符合社会主义市场经济要求的、同世界经济接轨的经济运行机制；科技教育和各项社会事业全面发展,社会主义民主法制和精神文明建设提高到一个新水平,人民生活进入小康,为把重庆建成现代化国际都市奠定坚实基础。

新一届政府的任期跨越"八五"和"九五"两个五年计划,是实现我市第二步战略目标至关重要的时期。今后5年政府工作的指导思想是:全面贯彻党的十四大精神,解放思想,实事求是,抓住有利时机,加快改革开放,加速经济发展,加强精神文明和民主法制建设,构建社会主义市场经济体制的新框架,形成全方位高起点整体开放的新格局,争取国民经济更快更好地登上新台阶,促进社会全面进步。计划1997年国民生产总值达到540亿元,年均增长10%;国民收入达到410亿元,年均增长8%;工农业总产值达到860亿元,年均增长9%;第三产业增加值年均增长15%,在国民生产总值中的比重达到40%以上。努力完成7个方面关系全局的主要任务:

(一)推进国民经济既快又好地发展

加快国民经济发展必须贯彻依靠优化结构、技术进步、改善管理和提高经济效益的基本指导方针。抓紧产业结构的战略性调整,统筹发展大工业、大农业、大流通,加快改造传统产业,把大力发展主导产业、高新技术产业、高产优质高效农业、乡镇企业和第三产业作为战略重点,积极推进产业结构向合理化、高级化方向转变,逐步形成优势产业突出,主导产业带动作用大,城乡经济融合度高,外向型经济比重上升,一、二、三产业协调发展的新格局。

继续强化农业的基础地位,加快农村经济发展步伐。任何时候,任何情况下,都要把农业和农村工作放到重要位置,坚持市场导向,全面发展农村经济,加快实现农业向高产优质高效转变。围绕提高农业综合经济效益,大幅度增加农民收入,努力做好四个方面的工作:一是优化农业结构,提高农业资源配置效益。要高度重视粮食生产,稳定粮食播种面积,把提高单产与改良品质结合起来,继续推广再生稻、半旱式等先进适用技术,促进粮食生产持续增长,要突出发展林牧副渔业,积极改善品种结构,大幅度提高农副产品优质品率。建设一批生猪、蔬菜、水产、水果、蚕桑、苎麻、烤烟等优质农产品基地。二是抓好农产品加工增值,提高农产品综合利用率和转化率。积极推进农业生产与经营结合,加快发展多种形式的农工商、产供销一体化经营,以大宗农副产品为龙头,组建一批生产、加工、销售和出口一体化的农业企业集团,朝农业企业化方向迈进。三是坚持依靠科教兴农,提高农业增长的科技含量。建立各类良种引进、培育、试验、示范基地,进一步推进农科教结合,发展农村职业技术教育,稳定农技队伍,抓好农业适用技术推广。充分发挥农业科研院所的作用,组织科技攻关,不断扩大农业技术开发的范围和规模。四是多渠道增加农业投入,继续推进"三大工程"建设,大兴农田水利基本建设,搞好造林护林工作,改善农业生产条件,保障农业生产资料供应,提高农业综合生产能力和农业抗灾防灾能力。加强长江上游防护林和水土保持工程建设,向生态农业和立体农业开发的深度和广度进军。

实现农村经济的新发展,关键在于全面落实农村政策,深化农村改革,保护和调动农民积极性。要继续稳定完善家庭联产承包责任制和双层经营体制,积极推行股份合作制,开展适度规模经营,多形式地组织引导农民进入市场,疏通农副产品流通渠道。逐步缩小工农产品剪刀差,健全完善农业社会化服务体系,建立农产品信息网络和农业风险保障机制。要采取有效措施减轻农民负担,将农民合理负担纳入法制轨道。坚决查处侵害农民合法权益的行为,切实保护农民利益。严禁乱占耕地,保护和利用好土地资源。进一步发挥国有农业企业在农业专业化、集约化、现代化生产中的示范带头作用。

乡镇企业是区县经济的主体、农村经济的重要支柱,也是全市经济上新台阶的重要增长点。要坚持大力发展的方针,"多轮"驱动,把相对集中成片发展同小集镇建设结合起来,把增加总量与提高水平结合起来,依靠科技进步、调整产品结构、加强企业管理、提高企业素质,在发展优势产业、外向型经济和规模经营上取得大的突破,培植一批上亿元的企业和技术含量高、出口创汇多的产品,确保乡镇企业以较高的速度和更好的效益向前发展,到1997年,乡镇企业总产值达到600亿元。各行各业都要关心支持农业和乡镇企业,大力推进城乡联合协作,形成全市城乡经济协调发展的整体合力。

优化工业结构,大力提高整体素质和经济效益。要根据国内外市场需求变化,以及"复关"后面临的机遇和挑战,加快工业结构调整,高起点、大规模地进行老工业基地改造,尽快形成重庆工业发展的新优势,争取在三个方面取得重大进展:一是重点行业、重点产品优势突出。到"八五"期末,形成20万辆汽车、200万辆摩托车、180万吨钢材和21万吨铝材的年生产能力,初步建成汽车城和优质特殊钢材、优质铝材生产基地;积极发展天然气化工和石油化工,建成西南地区精细化工生产基地;大力发展在全国有优势的机电仪产品生产,巩固重庆作为全国自动化仪器仪表基地和机电产品出口基地的地位。以上质量、上品种、上档次为目标,改造发展有资源优势的轻纺工业和食品工业,大力发展建筑建材业,加强农用工业。二是企业整体素质上一个新台阶。多数大中型骨干企业普遍采用八九十年代世界先进技术装备,加快自主开发新产品步伐,重点拳头产品达到国际90年代初期水平,按照国际标准体系组织生产,按照国际市场价格和营销惯例组织经营。三是高新技术产业初具规模。发挥电子工业的研制、开发和生产能力优势,大力培育和发展微电子、光电子、现代通信设备制造等产业,建设一批在全国领先并有相当规模的高新技术产业群,努力缩小与世界先进水平的差距。

区县工业是全市工业经济的重要组成部分,要把培植主导产业与发展区县经济紧密结合起来,进一步调整和改善工业布局,实现城乡优势互补、共同发展。各区(市)县要因地制宜,立足开发本地资源,发展区域性支柱产业,加快形成各具特色的区县经济。

放手发展第三产业。第三产业的发达程度,是衡量城市现代化水平的一个重要标志。要把发展第三产业放在突出位置,使其增长速度快于一、二产业。在切实加强交通运输、邮电通信和科技教育的同时,大力发展商贸、金融、房地产、旅游、信息咨询和社会服务等行业。今后5年,要以构建长江上游商贸、金融中心为目标,在发展大流通、建设大市场和组建大型商贸集团上取得重大进展,建成市中区、沙坪坝、杨家坪、南坪、观音桥等商业城;发展各类金融组织,培育和完善金融市场,扩大融资网络和规模,拓展国际金融业务,基本形成比较完备的金融市场体系,更好地发挥区域性融资、证券交易、外汇调剂中心的功能。结合旧城改造和新区开发,加快发展房地产业,使其成为我市的新兴支柱产业。以兴建三峡工程为契机,积极开发旅游资源,发展有重庆特色的旅游业。采用现代科学技术,逐步建立起社会化、网络化的信息系统和综合技术服务体系。扩大社会服务领域,重视和发展家庭社会化服务。发展第三产业,必须调动各方面的积极性,坚持国家、集体、个人一起上,鼓励企事业和机关团体将富余人员和服务设施转入第三产业,有条件的工业企业可以成建制地向第三产业转移。

(二)加快向社会主义市场经济新体制转轨

要充分利用我市新一轮综合改革试点的有利条件,不失时机地加大改革力度,以深化企业改革、转换国有企业经营机制为中心,建立培育市场体系和社会保障体系,推进政府职能转变,在建立社会主义市场经济体制方面取得重大进展。

加快国有企业经营机制的转换。转换企业经营机制的关键,是政企职责分开,理顺产权关系,使企业真正成为自主经营、自负盈亏、自我发展、自我约束的法人实体和市场竞争主体,逐步建立起适应市场经济和按国际惯例运作的企业经营机制。要认真贯彻《全民所有制工业企业转换经营机制条例》和我市的实施办法,全面落实企业经营自主权,积极探索转换企业经营机制的有效形式。一是推进企业股份化改造。国有大中型企业重点推行有限责任公司,城乡集体企业和国有小型企业普遍实行股份合作制,有条件的企业经批准建立股份有限公司,向社会公开发行股票和股票上市交易,基本建立起法人产权明晰的新型企业制度。二是推进企业与外资企业合资合作。引进外资企业先进的经营管理经验,促进企业建立符合国际惯例的运行机制。三是推进企业改组联合。以优势骨干企业为核心,以资产为纽带,组建一批跨地区、跨部门、跨所有制和跨国经营的大型企业集团,以规模优势走向国内外市场。四是推进企业"并、租、包、破、卖"。对亏损、微利的国有中小型企业实行以强并弱,公有民营,转移资产所有权或经营权,形成富有效率与活力的企业机制。要进一步完善企业承包经营责任制,推进"税利分流",改革企业领导体制。

在转换国有企业经营机制的同时,要把发展个体、私营经济纳入国民经济和社会发展规划,积极扶持,加强引导,放手发展,使各种经济成分与发展社会主义市场经济相适应。

建立比较完善的市场体系,发挥市场对资源配置的基础性作用。按照规范化、现代化、多功能的方向,进一步发展各类消费品市场,重点发展生产资料市场,建成一批大型批发市场和期货市场,发挥区域性流通中心作用。大力发展以金融、劳务、技术和产权为重点的生产要素市场,促进资产、资金、人才、劳动力合理流动。深化土地使用制度改革,发展和完善房地产市场,积极培育信息、咨询、租赁、拍卖、典当等各种市场。积极推进价格改革,逐步理顺价格关系和价格管理体制,建立健全以市场形成价格为主的价格机制和价格调控体系。发展社会主义市场经济必须加强法制建设,要建立和完善市场运行法规,加强经济执法和执法监督,维护市场秩序,保护合法经营和公平竞争。加强市场管理,继续打击制造和销售假冒伪劣商品的行为,保护消费者合法权益。

深化社会保障制度、分配制度和住房制度改革。建立和完善待业、养老、医疗等社会保障制度,逐步扩大社会保障的覆盖面。建立起企业和职工双向选择的竞争性、开放性劳动就业制度,实现劳动关系法制化。在按劳分配原则下,积极探索适应社会主义市场经济的劳动报酬分配办法,逐步形成符合企事业单位和机关各自特点的工资制度和正常的工资增长机制。继续推进住房制度改革,完善国家、单位、个人合理负担的住房建设投资体制,加快住房商品化进程。

加快政府职能转变,推进机构改革。按照政企分开,宏观管好,微观放开的原则,进一步改革计划、投资、财政、税收、金融和工商行政等管理体制。综合运用各种经济手段、法律手段和必要的行政手段,逐步形成比较健全的宏观调控管理体系,保证国民经济正常运转。加强税收征管,防止财源流失。建立和完善国有资产管理体系,确保国有资产保值和增值。建立健全行业协会和资产资信评估、会计、审计、律师、公证等中介组织,发挥其服务、协调、监督作用。按照中央的统一部署,结合重庆实际,精心组织实施机构改革,加强宏观调控和监督部门,强化社会管理职能部门,精简内设机构,撤销职能交叉重复机构,大幅度裁减非常设机构,3年内分步完成机构改革任务。大胆放手放权,真正让区(市)县把权、责、利统一起来,增强统筹发展经济和社会的能力,完善市与区(市)县的分级管理,逐步建立精简、统一、高效的中心城市行政管理体系。在机构改革中,确定各级行政机构的职能、编制和定员,建立健全各级政府机关和工作人员责任制,实行国家公务员制度。

(三)开创全方位高起点整体开放新局面

重庆地处内陆腹地,要加快发展,深化改革,迫切需要进一步扩大对外开放。要充分利用国家赋予的开放政策,加快实施全方位高起点整体开放战略,形成经济技术开发区和高新技术产业开发区、城市建成区、沿江地带、区县工业小区多层次开放的新格局;建设技术装备先进的外向型企业群体;扩大基础设施、第三产业和开发农业等领域的合资合作规模,以开放促改革、促开发、促发展。

全方位拓宽合资合作领域,大规模招商引资。进一步推进城乡整体开放,实行一、二、三产业并进,更多更好地引进海外资金、技术和管理经验。加大招商引资力度,建立起信息灵、效率高的招商网络。不断优化外商投资结构,着力引进高新技术、高附加值、资金密集型的大项目,加强基础设施、基础产业和企业技术改造,发展第三产业和开发农业。推进企业与外商合资合作,鼓励外商独资兴办企业或包、租、买企业,争取外资银行来渝兴办分支机构。加强和完善海关、商检、疫检、国际金融等涉外机构的服务功能,简化办事程序,提高办事效率,落实各项优惠政策,努力改善城市基础设施和生活服务设施,为外商在渝投资创造良好的环境。力争5年兴办"三资"企业2000家,实际利用外资20亿美元。

积极发展外向型经济,推进多元化对外贸易。深化外贸体制改革,实行内外贸结合,工农技贸结合,多形式延伸外贸出口权,尽快形成各类企业直接参与国际竞争,按国际惯例运行的外贸新体制。积极调整出口商品结构,大力发展高附加值产品和深加工产品,提高产品质量,扩大成套设备出口规模。提高"三资"

企业的出口创汇能力,发展一批跨国公司和境外企业,形成更多的外向型经济增长点。继续扩大港澳欧美和邻国市场,着力开拓东南亚、南美、非洲和东欧市场,提高外贸出口占国民生产总值的比重,力争1997年外贸出口超过10亿美元。积极扩大对外工程承包,多渠道输出劳务,巩固和发展友好城市交往,扩大对外经济文化交流。

把开发区建设成为对外开放的窗口和基地。国家已经正式批准重庆经济技术开发区为国家级开发区。要抓住这一时机,加快开发区基础设施配套建设,坚持兴办工业和科技开发项目为主,把引进外资与改造国有大中型企业结合起来,尽快上一批起点高的大项目,推进我市工业结构调整。进一步健全配套政策和法规,加快改革步伐,率先形成与国际惯例接轨的运行机制,把开发区办成对外开放的"窗口",综合改革的试验区,出口商品生产基地,成为我市经济发达、功能健全的现代化新区。创建三线企业投资区,加强军民结合,带动地方经济发展,实现军工企业"内转外"的第二步转变。因地制宜建好区县工业小区和扶贫开发区,取得区(市)县对外开放的突破性进展。

建设三峡经济区,加强横向经济联合。省政府关于依托成渝两市,抓"两线"带"两翼"的发展战略和成立四川三峡经济区的决策,为区域经济的发展创造了良好的条件。重庆要义不容辞地承担起支援和参与三峡工程建设,为开发开放三峡经济区服务的历史重任。遵循"联合开发,全面开放,平等互利,优势互补,统筹规划,共谋振兴"的指导方针,充分运用我市的开放政策,发挥我市经济、科技优势和金融、贸易、信息中心的作用,为联合开发开放经济区服务。加强同三峡经济区各地市的密切合作,搞好开发性移民,联合建设一批沿江基础设施重点项目,开发具有地区优势的原材料工业、加工工业和旅游资源,培育开放型区域市场,搞好区域生态环境保护、防洪防汛和航道整治。结合三峡工程建设,调整我市发展战略和生产力布局。通过经济区各方的共同努力,争取5年内使三峡库区基础条件有较大改善,成为川东及长江上游富有特色和影响的经济区。继续加强与重庆周围地区、西南五省区和沿江省市的经济技术合作,扩大同沿海、沿边省区的横向经济联合,开发资源,发展出口,推动更多的重庆产品走向全国和国际市场。

(四)大力加强城市基础设施建设

城市的现代化,必须要有城市基础设施的现代化。加速经济发展,改善投资环境,提高人民生活质量,必须把城市基础设施建设放在优先发展的地位。要从建设现代化国际都市的战略目标出发,集中必要的财力物力,加快城市交通、通信、能源和水电气等基础设施建设,高质量、高效率地建设一批骨干工程,力争5年内城市面貌有一个大的改观。

突出抓好交通和通信设施建设。实施"拓宽出口,打通环道"的大交通战略,构建南北贯通,东西衔接,水陆空协调发展的综合交通体系。以国道319、210和212线为主骨架,建设成渝、渝长、川黔高等级公路。加快骨干公路和环道公路的衔接,兴建高家花园嘉陵江大桥和寸滩长江大桥,建设连接市区县乡村的公路网。进一步完善重庆铁路枢纽,抓紧襄渝线渝达段电气化改造,力争早日兴建渝怀铁路,拓宽东出口通道。充分发挥长江"黄金水道"的优势,结合三峡工程加强水运设施建设,加快重庆港的总体改造和布局调整,开工建设寸滩集装箱码头,完成九龙坡港区和朝天门客运枢纽改扩建,大力发展内河航运和江海联运,拓展国际直航。按照国际空港标准,完成江北机场二期扩建工程,增加航线航班,增开国际航线。市内交通以形成具有山城特色的立体化交通网络为目标,建成长江二桥、黄花园大桥和滨江路,兴建轨道交通朝(天门)沙(坪坝)线,建设一批立交桥,改造城区干道,缓解交通紧张状况。围绕建设装备先进,网络配套,功能齐全的地区综合通信枢纽,配合国家建成武汉至重庆、成都至重庆至贵阳的干线光缆,建成重庆卫星地球站;新增程控电话28万门,增加农村自动电话,1997年城区市话普及率达到25%。完善邮政网点,扩展国际邮政业务。

继续加强能源和城市供排水设施建设。坚持开发与节约并重的方针,力争5年基本改变水电气供给紧张状况。建设珞璜电厂二期工程,完成重庆电厂西厂改造,争取开工建设合川花滩子水利枢纽,继续发展地方小水电,抓紧电网配套建设。加快矿区改扩建和煤田勘探，积极开发利用浅层天然气和瓦斯气，发展液化气，保证生产生活需要。增加城市供水能力，续建和尚山水厂、梁沱水厂，加快县城和建制镇自来水厂建设，改善供水管网，完善排水系统，提高城市防洪排涝能力。

坚持规划先行，合理调整城市布局。按照城市总体发展规划，加快新城区规划建设，搞好旧城区改造，推进永川、江津、合川城市化进程，抓好卫星城、县城和小集镇建设，逐步形成功能分区合理、大中小城镇协调发展的格局。

加强城市规划、建设和管理，是城市政府的重要职能，各级政府要把更多的精力转到抓基础设施建设上来。资金是制约基础设施建设的突出矛盾，要通过深化改革、扩大开放，建立适应市场经济要求的投资新机制。实行以地养城、以地建城，确保土地出让收入大部分用于城市建设。继续探索基础设施有偿使用和产业化经营的路子，坚持谁投资谁受益的原则，调动各方面的积极性，引导外资投向基础设施建设，采取土地批租、联合开发、参股投资、发行债券等多种形式，广泛筹集资金。理顺基础设施收费，完善专项建设基金制度。加强重点工程项目管理，提高资金使用效益。

（五）把科技教育提高到一个新水平

发展重庆经济关键靠科技和人才，要大力提高全民的科技教育意识，依靠科技教育振兴重庆。科技发展要面向经济建设主战场，继续实施科技兴渝规划，充分发挥各级科研机构和大专院校的作用，实行产学研结合，加强科技开发和攻关，提高整体开发能力。5年完成重大科技攻关项目100项，"火炬计划"项目80项，开发重大新产品500项。发挥科技对各个产业的先导作用，加速引进技术的消化吸收，提高主导产业、骨干企业的技术装备水平。依靠科技解决经济建设中的迫切问题，重点推广应用75项工业科技成果和53项农业适用技术。高新技术产业是我市国民经济新的增长点，要集中人力、财力，加快高新技术产业发展。继续办好高新技术产业开发区，进一步提高微电子、光电子、工业自动化等领域的科研水平，改造传统工业，培育新兴产业，保持我市在高新技术一些领域的领先地位，尽快形成我市高新技术产业基础。到1997年，科技进步对经济增长的贡献达到45%以上。要抓住国家确定我市为科技经济体制综合改革试点城市的有利时机，深化科技体制改革，尽快建立和完善科技与经济有效结合的机制。科研机构要调整结构实行人才分流推动大批科技人员进入经济建设主战场，鼓励科技人员兴办科技企业。加快发展科工贸一体的科技型企业集团，鼓励发展民间科研机构，大力开拓技术市场。要多渠道增加科技投入，逐步建立国家投资、银行贷款、单位自筹为主的投入体制。进一步完善科技政策法规，完善专利制度，保护知识产权，调动科技人员积极性。紧紧围绕改革开放和经济社会发展中的重大课题，加强软科学和社会科学研究，更好地为两个文明建设服务。

加速经济发展和促进社会全面进步，必须把教育摆在优先发展的战略地位。要认真贯彻《中国教育改革和发展纲要》，制定实施我市教育改革和发展规划，开创教育事业的新局面。坚持"教育必须为社会主义现代化建设服务，必须与生产劳动相结合，培养德、智、体全面发展的建设者和接班人"的方针。大力加强基础教育，全市1998年基本普及九年制义务教育，城区基本普及高中阶段教育，各类中等职业技术学校在校生占高中阶段的比例达55%以上。教育设施建设要与城市建设同步进行。采取有效措施，认真解决中小学入学高峰矛盾，扶持贫困边远地区发展教育事业，解决入学难，巩固入学率。积极发展高等教育、职业教育、幼儿教育和特殊教育。充分发挥在渝高等院校的优势，根据重庆经济社会发展需要增设专业，培养适应社会主义市场经济要求、精通业务的各类专门人才。加强统筹协调，支持高校创造条件进入国家"211"工程。广开学路，继续办好广播电视和函授教育，鼓励自学成才。成人教育要重点抓好职工岗位培训和农民实用技术培训，培养一支具有较高政治文化素质的劳动大军。各级政府都要增加教育投入，多渠道筹措资金，努力提高教育经费在财政支出中所占比重，进一步改善办学条件。深化教育体制改革，支持鼓励民间办学、社会捐赠办学、国际合作办学，形成国家为主，多形式、多途径共同办学的新格局。加强师资队伍建设，办好师范院校，提高教师的政治素质和业务素质,把教育质量提高到新水平。

知识分子在现代化建设中具有特殊重要的作用。要大力提高知识分子的社会地位,进一步形成尊重知识、尊重人才的良好风尚,下决心采取重大措施,改善他们的工作、生活、学习条件,认真解决知识分子收入偏低的问题。继续对有突出贡献的知识分子给予重奖,采取优惠政策,吸引国内外优秀人才,保持和扩大重庆的人才优势,努力造成一个人才汇聚、人尽其才的良好环境。

(六)努力提高人民生活水平

今后5年是实现人民生活达到小康水平的关键时期。要在加快经济发展的基础上,使人民生活有较大改善,扣除物价因素、城镇居民人均生活费收入平均每年实际增长5%左右,农村居民人均纯收入平均每年实际增长4%—5%,进一步改善与人民生活密切相关的生活设施和环境条件。

广开就业门路,多渠道安置城乡劳动力,城镇待业率控制在3%以内,乡镇企业5年吸收农村剩余劳动力60万人。加快居民住宅建设,2000年城市居民人均居住面积达到8平方米,成套率达60%,农村居住条件进一步改善。要加强扶贫工作,落实扶贫政策,采取科技扶贫、对口扶贫、兴办扶贫开发区等有力措施,加快边远落后地区脱贫致富步伐。

发展医疗卫生事业,坚持预防为主,防治结合,振兴中医药事业,发展农村合作医疗,全面实施初级卫生保健。改善医疗条件,完成卫生院所现有危房的改造任务,新建扩建一批医疗设施,全市医院病床数每千人达到5.8张。增加养老、康复等社会福利设施。加强医德医风建设,提高服务质量和水平。发展体育事业,普及群众体育活动,提高竞技体育水平。抓好袁家岗体育中心等大中型体育设施建设,进一步改善群众体育活动条件,争取第四届全国城市运动会在我市举办。

提高人民生活水平,必须坚定不移地贯彻执行三大基本国策。各级政府要高度重视计划生育工作,继续执行计划生育政策,严格实行人口与计划生育目标管理责任制,重点抓好农村计划生育工作,加强对流动人口的计划生育管理。深入宣传教育,提高技术服务水平,实行优生优育,确保人口出生率每年不超过11‰,1997年末,全市总人口严格控制在1554万人以内。加强环境保护和国土管理,力争大气环境质量基本达到国家推荐标准,噪声污染得到控制。切实保护饮用水源,建成唐家桥等污水处理厂,两江水质基本达到三类水域标准。有效保护和合理利用土地、森林、矿藏和水资源。坚持全民义务植树活动,加快两江流域万亩防护林和绿色屏障工程建设,推进城市垂直绿化,增加公共绿地,提高城市绿化覆盖率。城市环境卫生状况,是城市文明水平的重要标志,要进一步发动群众,加强城市管理,广泛开展爱国卫生运动,综合整治市容市貌,新建改造一批下水道、公厕和垃圾处理厂,力争1998年达到国家卫生城市标准。

(七)进一步加强精神文明建设和民主法制建设

要以培养社会主义"四有"新人、树立良好的社会风尚、提高全民道德水准为目标,大力加强精神文明建设,为经济建设和改革开放提供强大精神动力。要以邓小平同志建设有中国特色社会主义的理论为指导,继续深入开展党的基本路线教育、爱国主义、集体主义、社会主义教育,开展具有时代精神风貌的、生动活泼的精神文明建设活动,树立良好的社会公德和职业道德风尚,发扬勇于创新、自强不息、艰苦奋斗、勤俭节约的创业精神,动员广大群众以饱满的政治热情,投身改革开放和振兴重庆经济的宏伟事业。

坚持"两为"方向和"双百"方针,弘扬中华民族的优秀文化和精神遗产,发展和繁荣文学艺术、广播电视、新闻出版各项文化事业。建设文化艺术中心、抗战历史博物馆、电视节目制作中心、电视塔和重庆档案库等一批文化设施。推进文化体制改革,支持社会办文化,发展文化经济,培育和发展健康的文化市场,增强文化事业自我发展能力。鼓励广大文艺工作者努力创作更多优秀文艺作品,演出更多的优秀剧目,增加广播电视自办节目,满足人民群众多层次的文化生活需要。努力出版有地方特色、在国际国内有较大影响的各类读物,力争我市印刷出版达到全国一流水准。

加强社会主义民主和法制建设,是推进改革开放,实现四个现代化的重要保障。各级政府要认真负责地向同级人大及其常委会报告工作,执行同级人大的决议,自觉接受监督,支持人民政协、民主党派和人民团体的工作,充分发挥政治协商、民主监督、参政议政作用。认真办理人民代表、政协委员的议案、提案,广泛听取社会各界人士意见。进一步密切政府同群众的联系,重视人民来信来访,及时了解群众对政府工作的意见和要求,认真采纳群众的合理化建议,不断改进政府工作。充分发挥各类咨询机构和专家在决策中的参谋作用,提高决策民主化、科学化水平。加强基层民主建设,充分发挥职代会、居委会和村委会的作用。支持军队工作,加强国防教育和民兵预备役工作,增强军政、军民团结,争创全国双拥模范城。认真贯彻党和国家的民族、宗教、统战、侨务和对台港澳政策,调动一切积极因素,推进重庆各项事业发展。高度重视社会主义法制建设,广泛开展法制教育,提高全民的法制意识。加强政府法制工作,加快经济、行政立法,严格依法行政,强化执法监督,做到有法必依,执法必严,违法必究。一切公职人员都要带头学法懂法,做执法守法的模范。切实加强社会治安综合治理,强化人民民主专政职能,严厉打击抢劫、杀人、重大盗窃等严重刑事犯罪和经济犯罪活动,继续开展扫黄、除六害斗争,严厉查禁社会丑恶现象,申〔伸〕张正义,保护人民。要正确处理新时期人民内部矛盾,解决各种利益调整中出现的矛盾和问题,积极疏导化解社会矛盾,为改革开放和经济建设创造稳定的社会环境。

政府机关的廉政勤政建设,关系到人心的向背,事业的成败。要从严治政,树立起"团结、求实、廉洁、高效"的政风,把政府机关廉政勤政建设提高到一个新水平。增强全局观念,严肃政纪,保证政令畅通,坚决纠正有令不行、有禁不止的现象,使各项方针政策更好地落到实处。要力戒形式主义,克服官僚主义和本位主义,深入实际,调查研究,知实情、鼓实劲、办实事、求实效。在改革开放的整个过程中,都要坚决把反对腐败和纠正行业不正之风,作为一件大事来抓,下决心抓出成效。政府机关及其工作人员都要廉洁奉公,恪尽职守;不准以权谋私、不给好处不办事,搞权钱交易;不准从事第二职业和到企业兼职,经批准到企业兼职的,不得领取报酬,不准利用职权为子女、亲属谋取私利;不准参与股票交易;不准在公务活动中以任何名义和变相形式收受礼金、有价证券;不准以任何借口向下属单位摊派个人支出,假公济私。凡违反廉政规定的,都要严格执行纪律。重点查处领导机关、领导干部和经济管理、执法监督部门工作人员的违法违纪问题,对贪污受贿、严重渎职等重大案件,无论涉及什么人,都要一查到底,依法惩处。要健全有效防范以权谋私和行业不正之风的监督约束机制。各级领导干部要严于律己,以身作则,做廉政勤政的模范,坚持全心全意为人民服务,艰苦奋斗,无私奉献,以新的形象、新的作风赢得人民群众的信赖。

各位代表!实现5年的奋斗目标,今年是很关键的一年。我们要按照5年工作的指导思想和要求,狠抓各项政策措施的落实,切实做好今年各项工作,努力保持改革开放和经济发展的好势头,为今后5年的持续发展打下好的基础。

1993年全市经济发展的主要指标是:国民生产总值增长10%,农业总产值增长4%,工业总产值增长14%,第三产业增长15%,外贸出口增长10%以上,固定资产投资达到85亿元,城乡人民生活继续改善。为了实现全年工作目标,要认真研究解决好当前经济社会生活中的突出问题,集中精力抓好以下几项工作:

一是全面落实国家关于农村经济发展的重大政策和措施,切实抓好农业和农村工作。最近,中央已经出台了一系列发展农业和农村经济的政策,解决农村突出问题的指导思想、政策措施已经明确,关键是不折不扣地贯彻执行,加强检查督办,确保每项政策措施落到实处,千方百计保护和调动农民积极性。各级政府和有关部门必须协调行动,对农副产品收购资金实行专控,不准挪用,已挪用的要限期追回,坚决不再"打白条"。认真清理涉及农民负担的文件,除国家规定的5%提留外,所有摊派一律先停止再清理。要加强农业生产资料的价格管理,实行最高限价,改进"挂钩"化肥、柴油的兑现办法。抓紧抓好农业生产,立足防灾抗灾夺丰收,稳定粮田面积,疏通农副产品流通渠道,帮助农民解决卖难问题。大力发展多种经营,保证乡镇企业快速增长,促进农村经济持续稳定发展，力争年内农民收入有较大幅度的增长。

二是加强宏观调控，及时解决经济生活中的突出问题。当前资金短缺、运输紧张的矛盾突出，制约着经济的发展。要加强金融管理，制止高利率乱集资，防止资金分流，维护正常的金融秩序。大力组织储蓄，扩大资金融通，搞好资金调度，保证农用资金、企业生产资金、技改资金和重点建设资金及时到位。挖掘铁路运输潜力，增大水运能力，搞好主要物资的运输，确保生产建设的正常运转。

三是大力提高工业经济效益。按照既快又好的要求，支持质量高、效益好、适销对路的产品开足马力生产，努力扩销增效，保持工业较快增长。加快工业技术改造，使"八五"技改项目开工面达到60%以上，确保100个重点项目年内投产、达产。要把扭亏增盈放到经济工作的突出位置，力争实现预算内企业全年亏损面下降5个百分点，亏损额降低20%的目标。用市场经济的办法促进企业扭亏，实行分类指导，扶优限劣，重点支持今年能扭亏减亏的企业。要整顿和加强企业内部管理，采取得力措施制止国有资产流失，解决虚盈实亏、"账外账"和截留国家收入等问题。

四是继续加快改革开放步伐。我市贯彻实施《条例》的配套办法已经出台，各级政府和部门要把转换企业经营机制作为改革的中心，把贯彻《条例》，落实企业自主权作为企业改革的重中之重，切实抓出实效。企业要不等不靠，深化内部改革，用好自主权，大胆地走向市场，年内基本实现大部分国有企业按《条例》规定的机制运行。按照"坚决试、不求多、务求好、不能乱"的要求，有领导、有步骤地扩大股份制试点，重点发展有限责任公司，争取年内20%的大中型企业完成股份制改造。抓紧研究制定全市机构改革方案，为3年内完成机构改革和实行公务员制度做好准备。加大招商引资力度，办好香港、巴塞罗那、汉堡等境外经济贸易洽谈会，力争引进一批大项目，在引进外资、扩大出口方面取得新突破。

五是集中力量抓好重点建设。对年内新建续建的34个重点项目，要加强资金调度，加快建设进度，提高工程质量，做到建成一个，收效一个。房地产开发，要严格执行城市规划，加强资质审查和建设进度监督，高度重视拆迁安置工作，加强组织协调和宣传，取得群众对城市建设的理解和支持。

六是努力推进教育、科技等各项事业的发展。各级政府要按照《中国教育改革和发展纲要》，结合本地实际制定出实施规划。坚持多渠道办学，缓解城区入学高峰矛盾。规范学校收费，纠正不合理的收费现象。进一步发展科技市场，促进更多的科技成果向现实生产力转化。抓好社会治安综合治理，严厉打击盗窃、抢劫、车匪路霸、拐卖妇女儿童等严重犯罪活动。

七是办好几件与群众密切相关的实事。新一届政府要继续坚持为人民办实事，并形成制度，每年检查落实。今年要办的实事是：1.年内完成菜园坝立交工程和菜袁路二期工程，开工建设谢陈路、天马路。加强城区交通管理，及时疏通交通要道堵口。增强客运能力，提高公交服务质量，缓解乘车、行路难。2.年内竣工城市住宅面积100万平方米，解除危房15万平方米，建设一批过渡房。3.提高通信服务质量，新增市内电话10万门，扩大乡镇电话装机。4.建好二期蔬菜基地，继续丰富市民"菜篮子"。5.搞好和尚山水厂管网配套建设，切实解决大坪、杨家坪地区吃水难问题；新建改扩建建制镇水厂4个、自来水厂站34处，确保农村自来水普及率递增5.5%。继续改善农村饮用水卫生条件。6.加快电站电网配套建设，城区供电量增加15个百分点，缓解城市居民夏季用电高峰供电不足的矛盾；严格农村用电价格管理，制止随意提高农用电价。7.整治街容街貌，制止乱摆摊设点，清除垃圾死角，严格环卫管理制度，巩固发展创卫工作成果。

各位代表！我们正处在加快改革开放和现代化建设的关键时期，摆在我们面前的任务十分光荣和艰巨。我们要认清形势，抓住机遇，勇敢地肩负起历史赋予的伟大使命。人民群众是开创光辉未来的力量源泉，实现振兴重庆的宏伟目标，需要依靠全市人民的共同努力，需要广大群众对政府工作的理解、支持、帮助和监督，我们要集中全市人民的智慧和力量，满怀信心地去夺取社会主义现代化建设事业的新胜利。现在，大政方针已定，目标任务已经明确，关键是狠抓落实，真抓实干。让我们在邓小平同志建设有中国特色社会主义理论和党的十四大精神指引下，振奋精神，励精图治，同心同德，团结奋进，为建设繁荣、富庶、文明的新重庆而努力奋斗！

在重庆市第十二届人民代表大会第二次会议上的政府工作报告

市长 刘志忠

（1994年4月11日）

各位代表：

我代表市人民政府，向大会作政府工作报告，请予审议。

1993年工作回顾

1993年是我市全面贯彻党的十四大精神，加快发展的一年。一年来，在中共重庆市委的领导下，在市人大及其常委会的监督支持下，市政府紧紧依靠全市人民，坚持以邓小平同志建设有中国特色社会主义理论和党的基本路线为指导，解放思想，实事求是，抓住机遇，加大改革开放力度，加快经济建设步伐，坚持"两手抓、两手都要硬"的方针，妥善处理改革、发展和稳定的关系，实现了国民经济持续快速健康发展，社会事业全面进步，人民生活继续改善，社会政治稳定，完成了市十二届人大一次会议确定的1993年的主要任务。

一、坚持加快发展不动摇，国民经济快速增长

根据邓小平同志重要谈话和党的十四大精神，把抓住机遇，加快发展作为经济工作的指导思想，在全面分析形势的基础上，对十年规划和"八五"计划作了调整，将90年代重庆国民经济年均增长速度调整到10%以上，1995年国民生产总值达到400亿元，2000年达到800亿元，实现国民经济登上两个新台阶。把大力发展主导产业、高新技术产业、高产优质高效农业、乡镇企业和第三产业作为经济发展的战略重点；及时调整"八五"工业技术改造规划，加大重点行业、重点产品改造力度；制定第三产业发展纲要，切实加强交通通信、商贸流通、金融保险业，大力发展房地产、旅游、信息咨询和社会服务等行业；力争全市经济社会发展实现"一年一个样，五年大变样"。

在加快经济发展中，高度重视出现的新情况和新问题，紧密结合重庆实际，认真贯彻党中央、国务院关于加强宏观调控的重大决策，明确提出"全面理解，着眼发展；正确把握，防止偏差；深化改革，分类指导；集中力量，做好工作"的指导思想，坚持有什么问题解决什么问题，重点整顿金融秩序，严肃财经纪律，控制固定资产投资规模。积极筹集资金保重点，农副产品收购、重点企业流动资金和一批重点项目建设资金得到保证。

加强和改善宏观管理，促进了国民经济持续增长。全年完成国民生产总值375亿元，比上年增长15%，高于全国平均增长水平。农村经济全面发展，农业增加值增长3%，粮食总产量达到569万吨，增长2.8%，蔬菜、水果、水产品有较大幅度增长。乡镇企业继续保持强劲发展势头，总产值达到354亿元（新口径不含服务业），增长82.7%。工业生产快速发展，工业增加值增长19%，产销率达到97%，经济效益综合指数比上年提高8个百分点。主导产业发展加快，汽车工业增长速度超过60%，机械、冶金工业的增长均达到20%以上。第三产业进一步发展，占国民生产总值比重由上年30.3%上升到33.1%。全市社会商品零售总额完成174.8亿元，增长21.5%。财政状况明显好转，全市财政收入完成44.6亿元，同口径增长28%，实现了当年财政收支平衡。在经济发展的基础上，城乡人民生活水平有所提高，城市居民人均生活费收入2554元，扣除物价因素，实际增长5.6%，农民人均纯收入877元，比上年增加104元。

基础设施建设和重点建设取得新成绩，全社会固

定资产投资完成116.87亿元，增长47.5%，其中国有单位增长22.5%。固定资产投资结构趋于合理，基础产业、城市基础设施和技术改造的重点建设项目投资额，占全社会固定资产投资的比重达到70%以上。菜园坝立交桥、菜袁路二期工程、城区电网电站改造、重钢转炉改造等一批重点项目如期完成；西南铝加工厂、大江车辆厂等技改项目部分竣工；成渝高速公路重庆段、轻轨交通一号线、梁沱水厂、农业综合开发、蔬菜基地建设二期工程等一批骨干项目建设进展顺利。重点技术改造项目竣工投产100项，完成治理环境污染项目326项。

二、经济体制改革继续深化，对外开放进一步扩大

我们以社会主义市场经济理论为指导，把改革开放作为发展的基本动力，用深化改革、扩大开放的办法，解决经济、社会生活中的突出问题。始终抓住转换企业经营机制这个重点，全面贯彻实施《企业法》和《全民所有制工业企业转换经营机制条例》，企业经营自主权大部分得到落实，企业三项制度改革继续推进。股份制改造步伐加快，全市新增各类股份制企业900多家，其中有限责任公司和股份有限公司78家。新组建了特钢、华西包装、医疗器械企业集团。各种形式的承包制、租赁制不断发展，"公有民营"的商业门点发展到7000多家。制定鼓励个体私营经济发展政策，加快了个体私营经济发展。市场体系建设加快，全市已组建各类生产资料市场23个，资金、证券、房地产、信息、人才、劳动力市场进一步发展，新建了一批资产资信评估、会计、审计、律师、公证等中介组织。价格改革迈出较大步伐，农副产品、工业消费品和劳务价格绝大部分放开。社会保险统筹范围扩大，全市参加养老保险统筹的职工150余万人，失业保险统筹的职工140万人。按照精简机构的要求，撤并市级非常设机构120多个，开展县级机构改革试点，基本完成撤区并乡建镇工作。

坚持以开放促发展，对外经济技术合作进一步扩大。招商引资取得重大突破，成功地举办了香港、新加坡经贸洽谈会，新批外资项目737个，协议外资金额近9亿美元，实际利用外资3.47亿美元，新批三资企业681家，累计达到1316家。一批国际知名的大公司、大财团涉足重庆，重点产品、重大基础设施和城市改造等合资合作大项目增多。进出口总值11.37亿美元，增长40%。其中出口总额6.03亿美元，增长15.2%。全年新签对外承包工程、劳务合作和海外投资项目合同金额9696万美元，其中对外承包工程合同金额增长3倍。经济技术开发区吸引外资、发展出口取得新进展。国际旅游进一步发展，全年接待海外旅游者11.8万人次。收入外汇人民币2.5亿元，增长40.5%。对外交流和交往扩大，与英国莱斯特、俄罗斯沃罗涅什结成新的友好城市。横向经济联合有了新发展，积极参与四川三峡经济区联合开发开放，新增经济联合组织310个，协作物资总额32.5亿元。

三、科技教育继续发展，各项社会事业取得新成绩

坚持科技兴渝战略，实施"产学研工程"，促进科技成果转化，完成科学研究、科技攻关和成果推广207项，获得国家、省、市科技成果奖141项、专利权567项。高新技术产业开发区发展步伐加快，新增高新技术企业72家。民营科技企业有较大发展，技工贸总收入突破10亿元，比上年翻了一番。社会科学和软科学研究取得一批新成果。

制定贯彻实施《中国教育改革和发展纲要》规划，以"普九"为重点，实行领导目标责任制，多渠道增加投入，改善办学条件，提高教育质量，全市普及初等和初级中等义务教育的人口覆盖率，分别比上年提高12.8%和9.5%。改革办学体制，调整教育结构，高等教育、职业教育、成人教育、幼儿教育和特殊教育继续发展，社会办学取得新成绩。提前7年完成基本扫除青壮年文盲的任务。技术培训取得成效，参加各类实用技术学习的农民190多万人次，接受岗位培训的职工50万人次。加强师资培训，基础教育教师学历合格率超过全国平均水平。

文化艺术、新闻出版、广播电视事业较好地发挥了精神文明建设阵地作用。弘扬民族文化，举办20世纪华人经典音乐会，电视剧《大进攻序曲》等一批优

秀文艺作品收到良好社会效果。重视文化设施建设，缙云山广播电视微波站建成开通，艺术电影院、国泰电影院竣工。抢修了"八路军办事处"旧址、宋庆龄旧居。群众体育蓬勃发展，竞技体育取得好成绩，我市运动员在国内外重大比赛中获奖牌75枚，创2项世界纪录，3项亚洲纪录，6项全国纪录。发展医疗事业，整顿医德医风，医疗条件有所改善，服务质量和医疗水平有所提高。加强计划生育工作，较好地完成了人口控制计划。城管、园林、气象、人防、档案、修志、保密、老龄等工作取得新成绩。民族、宗教、侨务、台务工作取得新进展。拥军优属、优抚安置和军民共建活动取得明显成效。驻渝部队在稳定社会、支持地方建设和改革等方面作出了积极贡献。

四、民主和法制建设进一步加强，保持了社会稳定

认真执行市人大决议，自觉接受人大监督，尊重和发挥人民政协、民主党派和人民团体政治协商、民主监督、参政议政作用。认真办理人民代表建议、议案和政协委员提案、建议案。重视决策的民主化、科学化，注意发挥参事、专家、学者的参谋咨询作用。政府法制工作得到加强，组织起草了一批法规草案，制定了一批行政规章，贯彻执行经济、行政法规，强化经济监督和执法监督，依法行政取得新进展。

高度重视社会稳定，切实解决群众反映较多的"热点"问题。注重抓好涉及千家万户的"菜篮子"，保障了粮、油、肉、菜等基本生活必需品供应。采取多种办法，帮助困难企业安排职工和离退休人员的基本生活，切实解决少数地区拖欠教师工资的问题。开展扶贫工作，帮助贫困山区2.5万农户脱贫。帮助630多个遭受自然灾害的乡镇抗灾救灾重建家园。认真办好市长公开电话，做好人民群众来信来访工作，慎重处理容易引发不安定因素的社会矛盾。加强社会治安综合治理，严厉打击严重刑事犯罪和经济犯罪活动，开展清污扫黄和禁毒工作，破获了一批重大刑事案件和经济案件，全市治安刑事案件下降，维护了正常的社会秩序。

五、政府机关廉政勤政建设取得成效

认真贯彻中央反腐败斗争的部署，抓好领导干部廉洁自律，开展自查自纠，纠正行业不正之风，废除不合理行政事业收费452项，取消达标活动40项，减轻农民不合理负担人均8.5元。认真查处大案要案，依法惩处了一批腐败分子，反腐败斗争取得一定成绩。

坚持把改善人民群众生活作为政府工作的出发点和落脚点，扎扎实实为群众办实事。市政府在上次人民代表大会上提出办好的几件实事大部分完成，新建和改造了部分城区道路，加强交通管理，乘车难有所缓解；城市住宅竣工220万平方米，解除危房20万平方米；完成市话扩容13万门，基本实现了市区和市县电话交换程控化；城市自来水供水总量比上年增长6.8%，大坪、杨家坪地区居民用水难基本得到缓解，农村自来水受益人口净增63.4万人；国家电网售电量增长8.3%，市民夏季用电难的状况有所改善。

各位代表！过去一年取得的成绩，是全市人民和衷共济、努力奋斗的结果。在这里，我代表市人民政府，向全市工人、农民、知识分子，向各民主党派、人民团体和社会各界人士，向人民解放军驻渝部队指战员、武警官兵和公安干警，向所有关心支持重庆改革开放和经济建设的海内外同胞和朋友，表示衷心的感谢！

在充分肯定成绩的同时，我们也清醒地看到工作中存在的缺点和问题，主要是：改革开放的意识不够强，步子不够大；扭亏工作力度不够，企业亏损问题仍很突出，部分行业结构调整进展缓慢；农业投入不足，农业综合生产能力不强，农民收入偏低，影响了农民积极性；物价总水平偏高，部分职工实际生活水平下降；环境保护、城市交通、市容卫生和社会治安还存在一些突出问题；政府机关转变职能、简政放权和提高工作效率等措施落实不够，少数政府工作人员还存在官僚主义、形式主义和腐败现象，影响了政府与人民群众的联系。存在这些问题，从主观原因讲，主要是我们思想不够解放，作风不够深入，工作不够扎实，宏观管理工作与发展市场经济的要求还不相适应。这些问题已经引起我们高度重视，正在积极采取措施认真加以解决。

1994年政府工作的主要任务

1994年是推进建立社会主义市场经济体制改革的关键一年,也是全面完成"八五"计划至关重要的一年。从当前国际国内形势看,我们正面临不可多得的发展机遇。党的十四届三中全会勾画了社会主义市场经济体制的宏伟蓝图,随着改革全面展开和深化,必将使生产力得到进一步解放,给经济发展注入强大的生机和活力。我国经济正处在迅速扩展时期,随着投资需求的不断增长,为发挥重庆重化工业优势提供了机遇。世界对中国经济发展的趋势普遍看好,外商来华投资踊跃,越来越多地向内地延伸。这些都是我们加快发展十分有利的条件。但是,在前进的道路上还存在不少的困难,实现国民经济持续快速健康发展,需要经过艰苦的努力。重庆农村人多地少、基础脆弱,短期内较大幅度提高农业产量和农民收入难度大;工业结构不适应市场需求结构的变化,资金短缺和交通、能源紧张等"瓶颈"约束难有较大缓解,企业扭亏增盈任务相当艰巨;部分产品价格调整,控制物价总水平上涨的难度增大。综观国内外形势,加快重庆经济发展,既有困难,更有希望。我们必须以邓小平同志建设有中国特色社会主义理论和党的基本路线为指导,坚决贯彻党中央提出的今年全党和全国工作的基本方针,紧紧把握"抓住机遇,深化改革,扩大开放,促进发展,保持稳定"这一大局,正确处理好改革、发展、稳定的关系,以改革和发展确保社会的长期稳定,在稳定中推进改革和发展。努力开创各项工作的新局面,夺取"一年一个样、五年大变样"的新胜利。

1994年政府工作的指导思想是:全面贯彻党的十四大和十四届三中全会精神,解放思想,抓住机遇,加快建立社会主义市场经济体制进程,加大对外开放力度,保持国民经济持续快速健康发展,维护政治社会稳定,促进社会全面进步。今年全市经济和社会发展的主要指标是:国民生产总值增长11%,其中第一产业增长3%,第二产业增长12%,第三产业增长15%。社会商品零售总额增长20%,外贸出口增长16%。财政收入增长10%。固定资产投资增长23.2%。城市零售物价指数上涨幅度控制在12%左右。全市人口自然增长率控制在6‰以内。实现上述目标,要着重做好8个方面的工作。

一、精心组织实施国家重大改革措施,加快建立社会主义市场经济体制步伐

我国经济体制改革已进入攻坚阶段,改革的广度、深度、力度和难度都是空前的。重庆作为全国综合配套改革试点城市,要以率先建立社会主义市场经济体制为目标,加快改革步伐,以建立现代企业制度和组织实施国家财税、金融、计划、投资等重大改革措施为重点,进一步发展和完善市场体系,推进社会保障制度和住房制度改革,务求初战必胜。

加快转换国有企业经营机制,积极探索建立现代企业制度的途径。按照建立产权清晰、权责明确、政企分开、管理科学的现代企业制度的要求,抓好深化企业改革的各项基础性工作。进一步落实《企业法》和《全民所有制工业企业转换经营机制条例》,深化企业劳动、人事、分配制度改革;抓好清产核资、资产评估,界定产权,今年要在50%的国有企业开展清产核资工作;贯彻落实《国有企业财产监督管理条例》,加强国有资产管理,建立国有资产监管体系,抓好20户重点骨干企业国有资产监管试点,选择两三个行业主管部门和少数大型骨干企业进行国有资产经营管理试点和委托经营管理试点。贯彻《公司法》,按照科学化、规范化要求,抓好60户国有大中型企业建立现代企业制度试点,力争20%的大中型企业进行公司制改造。加快企业股份制改造进程,新增200户国有企业进行股份制试点,继续选择有条件的企业进行公开发行股票和股票上市的试点,已经建立的股份制企业,要严格按照《公司法》规范完善。积极推行集体企业、乡镇企业股份合作制。继续推进各种形式的租赁制、承包制和"公有民营"。进一步放宽政策,加快发展个体、私营经济,形成多种经济成分平等竞争、共同发展的新格局。

以财税改革为重点,认真贯彻国家宏观管理体制改革措施。积极落实国家财税体制改革方案,及时研究解决实施过程中的新问题,调整地方税务管理机构,建立健全地方税收体系,强化税收征管。理顺市

与区市县的财政分配体制,大力组织财政收入,严格控制财政支出,加强预算约束,确保财政收支平衡。金融体制改革要根据中央统一部署,配合做好专业银行的调整,积极争取建立城市合作银行、农村合作银行和国家进出口信贷银行分支机构,力争境外银行在渝设立分支机构。改革计划体制,转变计划管理职能,重点抓好发展战略和中长期规划,搞好综合平衡。加快投资体制改革,对固定资产投资项目实行分类管理,放开竞争性项目,重点抓好基础性项目和公益性项目,拓宽投融资渠道,强化投资风险约束机制。

以培育生产要素市场为重点,加快市场体系建设。大力发展资本市场,有计划地扩大各类证券发行规模和交易品种,加强证券市场规范化管理,逐步建立股票市场高效运行机制,努力形成区域性证券交易中心。发展同业拆借市场,扩大短期融资业务,多渠道吸引民间资金,形成多层次的融资网络。建立产权交易市场,着力发展劳动力、房地产、技术、信息市场。完善区域性生产资料市场,促进汽车、包装、建材、钢材和机电产品等区域性市场上规模、上档次。推动生产资料交易所逐步成为符合国际惯例的期货交易市场。发展会计、审计、律师、资产资信评估、信息咨询等中介服务组织和各种商会、行业协会。加强市场法规建设,抓紧制定一批行政规章,强化市场管理,建立统一、开放、竞争、有序的市场运行体系。积极稳妥地贯彻国家价格改革措施,加快生产资料价格并轨,基本形成市场决定价格的机制。

深化社会保障制度改革,进一步发展和完善职工养老、失业保险全社会统筹,积极发展农村养老保险,进行医疗保险改革试点,按照国家、企业、个人共同负担的原则,建立养老和医疗保险个人账户。推进住房制度改革,以售房为主,适时提高住房租金,加快住房建设。

二、以大规模招商引资和扩大外贸出口为重点,努力实现对外开放新突破

对外开放是改革、发展的强大推动力量,重庆改革发展的速度和进程,很大程度上取决于开放的程度和成效。全市上下要进一步解放思想。充分认识扩大开放的特殊重要性和紧迫性,克服封闭意识和狭隘观念,强化开放意识,坚定不移地以大开放促进大发展。加快实施全方位高起点多层次整体开放战略,大力发展开放型经济,用足用好国家赋予的开放政策,更好地利用两种资源,面向两个市场,开创对外开放的新局面。

更大规模招商引资,扩大外商投资领域,着力引进国际金融组织、国际财团和跨国公司的大额资金,重点投向基础设施、基础产业、高新技术产业、骨干企业技术改造和第三产业的薄弱环节。大面积推进国有企业与外资企业"嫁接",加快支柱产业、重点产品与国际市场对接。加速农业、乡镇企业和个体私营经济对外开放步伐。重视发挥民间渠道的引资作用,调动各方面的积极性,多形式、多渠道引进资金、技术和人才,力争全年实际利用外资4亿美元,兴办"三资"企业700家以上。加强投资导向,防止低水平重复引进。依法完善对外商投资企业的管理,提高合同履约率。继续改善投资软硬环境,重点抓好交通、通信、市政公用设施和口岸建设,完善服务体系,简化办事程序,提高办事效率,保护外资企业合法权益,推进对外经济体制向符合市场经济要求和国际惯例的规范化、法制化方向转变。

积极推进外贸体制改革,进一步发展对外经济贸易。加快转换外贸企业经营机制。继续对有条件的企业赋予外贸延伸权,落实一批骨干企业对外经营自主权,推动更多的国有大中型企业走向国际市场。利用有利的国际环境,实施以质取胜和市场多元化战略,发展大经贸,推进工贸、技贸、内外贸结合,重点发展一批国际化、实体化的大型企业集团,提高参与国际竞争的能力和规模效益。巩固发展原有国际市场,大力开拓新市场和新口岸,扩大商品出口,力争今年外贸出口总值达到7亿美元。拓宽对外经济技术合作渠道,扩大对外工程承包和劳务输出。鼓励大中型企业开拓海外市场,兴办境外企业,发展跨国经营,加强对境外投资企业的管理。积极发展国际国内旅游业,增加非贸易外汇收入和货币回笼。扩大国际交流和交往,办好1994年重庆国际友城活动,提高参与国际经济文化活动的能力。

加快经济技术开发区建设,完善各项基础设施,

开辟新的工业园区。全力引进一批档次高、效益好的大项目,尽快形成新的规模。认真落实经济技术开发区管理条例,理顺管理体制,加快建立符合国际惯例的运行机制,更好地发挥对外开放的窗口和基地作用。

加强横向经济联合,加快三峡经济区联合开放开发。紧紧抓住建设三峡工程的历史机遇,积极主动地承担起服务三峡工程建设和库区经济开发的责任。认真贯彻省政府关于四川三峡经济区联合开发开放的决定,充分发挥我市经济、技术、人才和政策优势,强化与三峡经济区各地市的经济技术协作,联合建设一批重大基础设施和重点项目,促进区域经济发展。继续加强与西南五省区、长江沿岸和沿海、沿边城市的联合协作,密切区域经济联系,推进边境贸易。充分发挥驻外机构在扩大对外开放、发展横向联合中的桥梁作用。

实现对外开放的新突破,必须切实加强领导,组织强有力的工作班子,调整开放规划,完善政策措施,强化统筹协调。加强国际经济发展动态研究,搞好对外宣传,提高重庆的国际知名度,培养一批熟悉涉外经济的人才,确保对外开放取得更大成效。

三、调整结构,提高效益,保持国民经济持续快速健康发展

坚持以经济建设为中心,把经济发展建立在技术进步、结构优化、管理科学和效益提高的基础上,着力解决经济发展中的难点和深层次矛盾。在推进产业结构调整、培育新的经济增长点、扭亏增盈、发展农业和农村经济等方面要有新的进展,力争经济增长的速度和质量好于全国平均水平。

(一)全面发展农村经济,增加农产品有效供给和农民收入。继续强化农业基础,把农业放在经济工作首位,稳定党在农村的基本政策,深化农村改革,稳定粮食生产,积极调整农业结构,大力发展乡镇企业,大力培育农村市场,千方百计增加农民收入。

认真抓好粮食生产和"菜篮子"工程建设,采取有效措施稳定粮食播种面积,加强商品粮基地建设,大力推广良种、增加复种、提高单产、改善品质,确保粮食总产稳定增长。"菜篮子"生产要严格实行基本菜地保护制度和菜地补偿制度,加强二线菜地建设,重点建设一批蔬菜、畜禽、水产、水果等商品生产基地,保障主要副食品供给。积极发展农副产品深加工,加快农业综合开发,推进农业向高产优质高效方向转变。组织好农业生产资料的生产和供应,保证不误农时。推进农科教结合,稳定和健全农业技术推广服务体系。继续抓好农业"三大工程",加强农田水利设施建设,搞好林业绿化。多渠道增加农业投入,提高信贷、基建、财政资金投入比重,今年市级财政新增农业投入1700万元,各级财政也要相应增加,同时采取以工补农、以工代赈和农民积累工等多种方式,引导农民增加投入。建立健全农业资金管理监督机制,提高使用效益。

乡镇企业是区市县经济的主体,农村经济的重要支柱,要坚持"多轮"驱动,增加总量与提高水平并举,促进乡镇企业上规模、上档次、上效益,提高整体素质。积极探索市场经济条件下城乡联合的新路子,支持和鼓励城市企业、大专院校、科研机构向乡镇企业扩散产品、转移技术、输送人才。乡镇企业要加强技术改造,围绕全市支柱产业和重点产品进行加工配套,培植采矿业、建筑建材业、食品加工业和饲料加工业等优势产业和重点产品,把乡镇工业的比重提高到50%以上。以优势产业、名优产品、骨干企业为龙头,推进企业改组联合,积极发展亿元企业和亿元村,形成一批竞争力强的企业集团。采取异地办企业,联合办企业等多种方式,加快边远落后地区乡镇企业发展。实行政企分开,理顺产权关系,积极推行股份合作制,保持和发挥乡镇企业灵活的经营机制。集中力量建设一批有一定规模和特色的工业小区,把工业小区与小城镇建设紧密结合起来,统筹规划,合理布局,加强基础设施建设。重点抓好一批小城镇建设试点,积极探索户籍制度改革,吸引农村个体工商户到小城镇投资办企业。加强对劳动力输出的组织领导,搞好技术培训,健全和完善农村劳动力市场,引导更多的农村剩余劳动力转向非农产业。

深化农村改革,稳定农村基本政策。认真贯彻《农业法》,稳定家庭联产承包责任制,完善统分结合

的双层经营体制,在坚持土地集体所有和不改变用途的前提下,允许土地使用权依法有偿转让,在有条件的地区积极探索多种形式的适度规模经营。改革粮食购销体制,在提高粮食收购价格的基础上,进一步完善收购办法,合同定购到户,确保完成国家规定的粮食收购任务。切实保证主要农产品收购资金,不允许出现打白条现象。继续办好农村合作基金会。深化供销社体制改革,发展综合经营,使之真正成为农民的合作经济组织。继续推进区市县综合体制改革,认真办好江北区省级集体经济综合试验区和沙坪坝非公有制园区,积极探索区县改革开放发展的新路子。按照权利与责任相统一的原则,合理划分市与区市县的职责和权限,逐步完善"两级政府、两级管理"体制,增强区市县统筹发展本地经济的能力。

(二)继续调整工业结构,努力提高经济效益。根据国内外市场需求变化,巩固发展现有支撑点,培育新的增长点,加大技术改造力度,保持工业经济持续快速健康发展。集中力量扶持重点行业,大力发展汽车、摩托车及零部件生产,确保汽车产量突破10万辆,摩托车产量达到140万辆,汽车工业销售产值占到全市工业销售产值的30%以上,微型车、轻型车、重型车、摩托车销售产值尽快形成几十亿上百亿规模,带动一大批企业发展。发挥重化工业潜力,保持机械、冶金、仪器仪表和建材业较高增长,重振化学、医药工业行业优势,继续推进轻纺工业按照市场需求进行调整和改造。加大实施名牌战略的力度,重点扶持汽车发动机、优质钢材、铝材和建材、光电子及其应用产品、超高压大型变电设备等一批重点产品,抓好50个新增产值500万元以上的新产品,大力发展建筑业,提高装备和技术水平。

加快工业技术改造步伐,是振兴老工业基地的当务之急。要以引资"嫁接"为重点,多渠道筹集资金,加紧实施"八五"工业技术改造规划,加快工业装备合理化、工艺技术先进化、产品档次高档化进程。今年重点抓好77项技术改造项目,努力实现一批在建项目竣工投产,做好100项重点项目前期准备,新上一批短平快效益型项目。建立技术改造基金,加强技术改造项目的管理,严格实行责任制,努力缩短建设周期。

大力提高经济效益,抓好扭亏增盈,是全市经济工作的重要任务。要采取有力措施,支持工业50强企业在全国的排名升位,达到同行业先进水平。坚持以改革和发展促扭亏的路子,对亏损企业实行分类指导:依靠发展重点产品带动一批;抓好新技术、新产品开发救活一批;大力发展第三产业,盘活资产存量转产一批;减轻企业负担,开展卸历史包袱试点扶持一批;加快企业组织结构调整,积极推进"并、租、包、破、卖"消化一批。要广泛动员社会各界,为生产、流通企业扭亏增盈献计献策,各级政府和经济管理部门,要深入实际,调查研究,引导企业充分发动和依靠职工群众,认真开展"转机制、抓管理、练内功、增效益"活动,加强内部管理,狠抓节能降耗和安全生产,提高经营管理水平和整体素质。通过各种措施,千方百计争取全市综合经济效益有明显提高。

(三)加快发展第三产业,开拓和建设市场。认真实施我市第三产业发展规划纲要,大力发展以科技为先导,以交通、通信、运输为基础,以商贸、金融、房地产、旅游、信息咨询和社会服务为支柱的第三产业,力争第三产业发展速度快于第二产业,占国民生产总值的比重达到34%以上。

以建设大市场、发展大贸易、搞活大流通为目标,加快商贸、金融、信息、旅游设施建设。完善市场建设总体规划,结合城市开发和旧城改造,建设一批高档次、多功能的现代化设施,重点抓好一批区域性市场建设,年内建成重庆农副土特产品批发市场、上桥蔬菜和粮油批发市场,开工新建西南皮革制品批发交易市场。把一些地理位置优越的生产企业厂房和场地改造成商贸设施,带动国有企业资产存量调整。充分发挥区市县的积极性,因地制宜搞好市场建设。发挥中心城市作用,大力开拓国内国际市场,积极拓展西南市场,培育活跃农村市场,扩大商品流通规模。按照建立社会化、现代化商品流通体系的要求,以批发企业改革为重点,加快流通企业的改组改造。调整和改革批发经营形式,积极组建一批工农商、贸技银结合的流通集团和综合商社。开展商业连锁经营试点,积极参加全国性的连锁集团。

四、加强基础设施建设,大力提高城市管理水平

搞好城市规划,加快城市建设,强化城市管理,是城市政府的重要职能,也是改善投资环境,提高人民生活质量,保证经济持续快速健康发展的重要条件。

坚持以规划为"龙头",充分发挥城市规划对城市建设的指导作用,以建设现代化国际都市为目标,抓紧调整城市总体规划,提高规划的科学性。完善母城和北部新区规划,以经济技术开发区和成渝高速公路为依托,做好南部和西部城区规划。按照加快城市化进程要求,完善城镇合理布局,搞好小城镇规划。城市新区和城镇发展规划要做到基础设施完备、功能齐全、经济和社会事业协调发展。城市基础设施重大项目规划,要坚持高起点、高质量、面向21世纪。严格执行城市规划和土地管理法规,完善监察机构,运用法制、经济和行政的手段,保证城市开发建设按照规划合理有序地进行。

以交通、通信、能源和城镇供水为重点,加快城市基础设施建设。实施大交通战略,抓紧襄渝铁路渝达段电气化工程建设,开工兴建渝长高等级公路,确保成渝高速公路重庆段年内通车。动工修建黄花园大桥、石黄隧道,加快长江二桥、轻轨交通一号线、两江滨江路、谢(家湾)陈(家坪)路和陈家坪立交桥建设进度,保证成渝高速公路与城区道路年内连接畅通。抓紧江北机场扩建工程建设,国际联检楼改扩建工程年内竣工投入使用。加快朝天门客运枢纽工程建设进度。积极配合国家建设成都至福州、武汉至重庆、成都至达川光缆重庆段,完成卫星地球站二期扩容,新增程控电话15万门,市话号码升7位,开工兴建第二长途通信枢纽大楼。加强能源和城市供水设施建设,重点抓好重庆发电厂西厂技改、自贡至重庆50万伏输变电工程,加快城区电网建设和改造。完成梁沱水厂土建主体工程,改善县城供水条件。做好轻轨交通二号线、合川水利枢纽、寸滩集装箱码头等项目的前期工作,积极争取渝怀铁路、川黔高等级公路、珞璜电厂二期工程等一批重点项目列入国家"九五"计划。

坚持经济建设、城乡建设与环境建设协调发展,以工业污染防治、城市环境综合整治和生态环境保护为重点,切实加强环境保护,努力控制环境污染,力争环境质量有所改善。大力植树造林,加强森林资源保护,继续开展创建园林式单位活动,发展立体绿化,把建成区绿化覆盖率提高到23%。

多渠道筹集城市建设资金,增加财政投入,积极争取国家政策性贷款,实行以地生财聚集资金,发行债券、股票吸引社会资金,采取国际通用的"建设—经营—转让"等方式大胆引进境外资金。改革建设管理体制,积极推行项目业主责任制和工程监理制,完善基础设施有偿使用和产业化经营。把竞争性项目推入市场,严格实行招标投标制。加强资金管理,保证重点建设资金及时到位,确保开工一个,建好一个,尽快发挥投资效益。

下功夫抓好城市管理,广泛动员和组织各方面力量,深入开展创建卫生城市活动,切实治理"脏乱差",以整治城区干道、繁华地段为重点,清理非交通占道,整顿早夜市摊区,确保干道畅通。严格执行城管法规,坚持门前三包,搞好清扫保洁,新建改建一批环卫设施,改善市容市貌,为明年建成"十佳卫生城市"打好基础。

五、坚持科技教育的战略地位,加快科技教育改革和发展步伐

牢固树立依靠科技振兴重庆的观念,认真贯彻《科技进步法》,进一步加强科技与经济的结合。继续实施科技兴渝规划纲要,围绕我市经济发展的重大关键技术领域,精心组织"科技兴渝百亿工程",狠抓一批市场前景好、技术含量高、潜在优势强的重大科技项目,重点抓好10项科技示范工程。推进"产学研"结合,支持高等院校和科研院所,采取技术开发、技术转让、技术入股、技术承包和联合经营等方式走向市场。加强科技开发和科技成果推广应用,组织一批实用科技项目和科研成果到亏损企业、乡镇企业和边远贫困山区,抓好水稻新组合等重大项目攻关和成套技术大面积推广,建设"重庆高产优质高效农业示范园"。加快高新技术产业开发区基础设施建设,发展以微电子、光电子、工业自动化、新材料为重点的高科技企业群,促进高新技术成果商品化、产业化。推进

科技经济体制综合配套改革,坚持"稳住一头,放开一片",搞好科研院所结构调整和人才分流,建立一批科技开发应用公司,积极发展科工贸一体的科技型企业集团。大力发展民营科技,支持科研机构实行国有民营,筹建民营科技产业基地和西南科技商城。进一步开拓技术市场,建立健全技术经纪人制度,完善技术合同仲裁工作,推进技术市场法制化。继续增加财政信贷投入,支持和鼓励民间投资,建立完善科技发展基金,试办科技投资开发基金,办好科技风险投资公司,逐步建立以企业投资为主体的科技投入新体系。发挥科技群团的积极性,支持实施好"金桥工程"。广泛开展群众性的技术革新和合理化建议活动,加强职工技术协作。重视和加强软科学和社会科学研究。

加快经济社会发展的根本在于教育。深入贯彻《中国教育改革发展纲要》和《义务教育法》《教师法》,在全社会形成重教、兴教、支教的新风尚。抓紧实施九年制义务教育,落实"普九"目标责任和措施,切实保证适龄儿童少年就学减少辍学,"普九""普六"人口覆盖率分别达到27%和50%。逐步增加财政对教育的投入,1994年市财政新增投入1000万元。完善以政府拨款为主、多渠道筹措教育经费的措施,进一步改善办学条件,改造劣质校舍25万平方米,新建教师住宅8万平方米。深化教育体制改革,争取在教育结构和办学模式方面取得新的突破,逐步形成国家为主办好基础教育,国家社会联合办好学前教育、职业技术教育、成人教育和高等教育的新型办学体制。扩大高等院校招生规模,大力支持有条件的高校进入国家"211"工程。贯彻实施90年代儿童发展规划纲要。依法维护教师权益,提高教师社会地位和待遇,树立尊师重教的良好风尚,绝不允许再出现拖欠教师工资的现象。加强师资队伍建设,提高教师思想业务素质,全面提高教育质量。

尊重知识,尊重人才,充分发挥知识分子的重要作用,创造知识分子施展才能的良好条件和环境。加强人才培养、开发与使用,培养跨世纪的学术和技术带头人。进一步改善知识分子的工作、生活、学习条件,继续对有突出贡献的知识分子给予重奖。加强人才市场建设,广泛吸引国内外优秀人才,促进人才合理流动,努力形成人才荟萃、人才辈出、人尽其才的局面。

六、加强社会主义精神文明建设,进一步发展各项社会事业

在整个改革开放和现代化建设进程中,必须始终不渝地坚持"两手抓,两手都要硬"的方针,切实加强精神文明建设。坚持用邓小平同志建设有中国特色社会主义理论武装全市人民,以正确的舆论引导人,以高尚的精神塑造人,以优秀的作品鼓舞人,培养造就有理想、有道德、有文化、有纪律的社会主义新人,坚持不懈地在人民群众特别是青少年中开展爱国主义、集体主义、社会主义教育和艰苦奋斗、社会公德、职业道德教育,学习徐洪刚见义勇为、不畏强暴的英雄行为,弘扬新时期雷锋精神。提倡顾大局、讲风格、助人为乐和无私奉献,造成健康向上、积极进取的良好风尚。旗帜鲜明地扶持正气,坚决抵制拜金主义、享乐主义、极端个人主义等腐朽思想的侵蚀,用崇高的理想和信念激励人民,积极投入改革开放和现代化建设。

坚持为人民服务,为社会主义服务的方向和百花齐放、百家争鸣的方针,继承优秀的民族文化传统,发展文学艺术、广播电视、新闻出版等各项文化事业。深化文艺体制改革,加强文艺人才培养,繁荣文艺创作,努力创作演出一批具有时代特色和地方特点,有深度、有影响、高格调的文艺作品。进一步提高图书、报刊和音像制品出版质量,用优秀出版物占领市场。增加广播电视自办节目,提高宣传质量,满足群众精神文化生活需要。思想文化教育部门和从事精神产品生产传播的单位,都必须把社会效益放在首位。加强文化市场管理,抓好清污扫黄。发展体育事业,活跃群众体育活动,提高竞技体育水平,积极准备参加第三届城运会。高度重视精神文明载体建设,增加文化事业投入,加快彩电中心建设进度,启动重庆图书馆特藏书库和袁家岗体育中心工程建设。完善文化体育经济政策,扶持文化体育产业开发,促进文化体育事业发展。认真贯彻预防为主的方针,发展卫生事业,增加卫生事业投入,合理配置卫生资源,改善农村医疗条件。加强传染病防治,落实初级卫生保健措施,狠抓医德医风建设,实行优质服务,强化卫生监督。加强计划生育工作,强化宣传,稳定队伍,搞好计

生干部思想业务培训,规范人口统计,提高计划生育工作的科学性。大力发展民政经济,努力搞好社会救济工作,加强人防、气象、档案、修志、保密、老龄等工作。继续支持军队建设,加强国防教育,做好民兵预备役工作,深入开展拥军优属活动,搞好军民共建,增强军政军民团结。

七、推进社会主义民主法制建设,保持稳定的社会环境

加快改革开放、加速经济发展,必须加强社会主义民主和法制建设,巩固和发展安定团结的政治局面,为改革开放和现代化建设创造良好条件。

高度重视民主政治建设。各级政府要认真负责地向同级人大及其常委会报告工作,执行人大的各项决议,自觉接受监督。积极支持人民政协履行政治协商、民主监督职能,充分发挥人民政协在改革、发展、稳定中的重要作用。认真办理人民代表、政协委员的建议、议案和提案,广泛听取民主党派、人民团体和各界人士的意见,为民主党派参政议政创造条件。重视和加强决策研究和决策咨询工作,充分发挥各类咨询机构和专家的咨询参谋作用,提高决策的民主化、科学化水平。重视人民来信来访,办好公开电话,倾听群众的意见,积极采纳群众的合理化建议,不断改进政府工作。加强基层民主建设,发挥村民委员会、居民委员会和职代会的作用,保证公民的合法权益不受侵犯。认真贯彻党和国家的民族、宗教和侨务政策,依法加强对宗教事务的管理,引导宗教与社会主义社会相适应。要采取措施,帮助少数民族聚居地区发展经济文化教育事业。团结各族各界爱国人士,调动一切积极因素,齐心协力搞好现代化建设。

社会主义法制建设是发展社会主义市场经济、实现社会稳定的重要保障。认真贯彻国务院进一步加强政府法制工作决定,把政府法制工作作为政府的基础工作,按照发展社会主义市场经济的要求,加快经济立法,做到改革决策和立法决策同步进行,围绕规范市场主体、健全市场规则、加强社会保障和城市建设管理等方面制定一批行政规章。强化行政执法和执法监督,严肃财经法纪,搞好经济监督。要加强法制宣传,搞好"二五"普法教育,增强全民法制意识。

各级政府及其工作人员,都要增强法制观念,带头遵纪守法,严格依法行政,做到有法可依,有法必依,执法必严,违法必究。

在深化改革和加快发展的过程中,随着利益关系的调整,必然带来新的矛盾和问题,各级政府、各个部门要高度重视做好社会稳定工作,不可掉以轻心。各项改革措施的出台,要兼顾城乡广大群众的利益,搞好协调配套,把握有利时机,做好舆论导向,使各项改革决策得到广大群众的理解和支持。加强对市场和物价的宏观调控,特别要注意抓好对居民基本生活必需品和服务价格的监审,搞好粮、油、肉、菜等重要商品收购、销售、储备的组织协调,建立和完善分级分类储备和风险调节基金制度,继续发挥国合商业主渠道作用,增强吞吐调节和稳定市场供应的能力,保持粮油等主副食品价格相对稳定。加强市场管理,对所有商品实行明码标价,坚决惩治欺行霸市、囤积居奇、哄抬物价和制造销售假冒伪劣商品等扰乱市场秩序的不法行为。要悉心体察民情,关心群众疾苦,切实解决城镇部分低收入者,特别是困难企业职工、大中专院校学生、离退休人员、贫困地区群众的生活困难,下功夫解决群众反映的各种热点、难点问题,及时发现和消除各种不安定因素,妥善处理新形势下各种社会矛盾。实行分级管理责任制。坚持把社会稳定工作落实到基层,把矛盾和问题解决在萌芽状态。

保持社会稳定,必须认真搞好社会治安综合治理,严格实行责任制,继续严厉打击各种刑事犯罪和经济犯罪活动,重点打击盗窃、抢劫、杀人等严重犯罪活动,依法惩处犯罪分子。继续开展反走私斗争。深入开展禁止卖淫嫖娼、拐卖妇女儿童、吸毒贩毒等除"六害"斗争。加强公安司法队伍建设,坚持专门机关和群众工作相结合,充分发挥公安干警和群众治保组织的作用,适时开展专项斗争和集中整治,为经济建设和人民生活创造良好的社会环境。

八、切实转变政府职能,加强勤政廉政建设

改革、开放、发展、稳定的繁重任务,对政府工作提出了新的更高的要求。各级政府要遵照江泽民同志所倡导的多学习,少应酬;多做调查研究,少些主观

主义;多干实事,少说空话的要求,把政府机关勤政廉政建设提高到一个新水平。

认真学习《邓小平文选》第三卷和党的十四届三中全会决定,全面准确地理解建设有中国特色社会主义理论的精神实质,掌握社会主义市场经济的基本知识,增强贯彻执行党的路线方针政策的坚定性和自觉性。紧密联系本地区、本部门实际,进一步解放思想,实事求是,勇于探索,敢于突破,创造性地工作,提高驾驭全局的本领,完成好经济发展和各项改革的任务。

坚持政企分开,加快转变政府职能,建立健全宏观经济管理体系,搞好综合协调,保证国民经济正常运行,强化社会管理,保持正常的生产、生活和社会秩序。积极制定机构改革实施方案,做好推行国家公务员制度的试点工作。加强基层政权建设,完善撤区并乡建镇工作。

廉政建设是关系事业成败和人心向背的大事,必须坚持不懈地抓紧抓好。要认真贯彻中央关于反腐败斗争的方针政策,严格执行各项廉政规定。继续抓好领导机关、执法部门和经济管理部门的反腐败斗争。要按照中央的要求,抓好领导干部的廉洁自律。继续查处严重以权谋私、贪污受贿、失职渎职等重大案件,依法惩办腐败分子。坚决纠正乱收费、乱摊派、乱罚款、吃拿卡要、虚报浮夸等腐败现象和行业不正之风,加强行政监察和举报工作,建立健全有效的监督制约机制,努力取得反腐败斗争的阶段性成果和长期效果。

各级政府要把关心人民群众切身利益作为自己的根本职责,努力办好与群众密切相关的实事。今年主要办的实事是:1.城镇居民人均生活费收入和农民人均纯收入,扣除物价因素,增长3%—5%;2.做好济困扶贫工作,使困难企业职工、农村贫困户的基本生活得到保障;3.积极组织实施"安居工程",年内竣工城市住宅面积180万平方米,解除危房15万平方米,解决1万户人均4平方米以下住户的困难,城镇人均住房面积达到6.5平方米;4.广开就业门路,把城镇失业率控制在3%左右;5.抓紧修建和扩建市区交通干道,及时疏通交通要道,新建城市道路5公里,改扩建8公里,修建一批人行天桥,实行人车分流,改善市区交通状况;6.完成和尚山水厂一期二阶段工程,增加市区供水量,解决中梁山地区吃水难,继续改善农村饮用水卫生条件;7.改造兴建城区骨干变电站3座,加速电网配套,增大城乡供电量;8.积极开发利用浅层天然气和瓦斯气,发展液化气,增加城市居民用气2万户,气化率提高到66%。

认真改进工作作风,狠抓各项工作的落实。要大兴调查研究之风,讲真话办实事,力戒形式主义、主观主义和官僚主义。领导干部要深入基层、深入实际,及时掌握和解决改革开放、经济社会发展中的问题。集中精力抓主要矛盾,对影响全局的重大问题要抓住不放,一抓到底,抓出成效。各级干部都要增强全局观念,加强团结,严肃政纪,统一政令,保证各项重大决策和措施畅通无阻地贯彻执行。要严格工作目标责任制,加强督促、检查和考核,确保全市"一年一个样"各项目标的实现。

各位代表!我们正处在加快建立社会主义市场经济体制,加速经济发展的重要历史关头,肩负着光荣而艰巨的任务。我们要以高度的责任感和使命感,以最大的决心和勇往直前的精神,勤奋扎实地工作,依靠全市人民共同实现振兴重庆的宏伟目标。我们坚信,有党的基本路线领航,有加快发展的良好基础,有全市人民的团结奋进,我们的目标一定能够达到。让我们在邓小平同志建设有中国特色社会主义理论和党的十四届三中全会精神指引下,振奋精神,艰苦创业,同心同德,开拓前进,为夺取改革开放和现代化建设事业的新胜利努力奋斗!

在重庆市第十二届人民代表大会第三次会议上的政府工作报告

市长 刘志忠

(1995年3月29日)

各位代表：

我代表市人民政府，向大会作政府工作报告，请予审议。

过去一年工作的回顾

1994年，是全市人民团结奋斗，克服各种困难胜利前进的一年。面对改革力度空前加大，宏观经济环境偏紧，自然灾害严重，经济社会生活中矛盾较多的情况，我们在中共重庆市委的领导下，在市人大及其常委会和市政协的监督支持下，紧紧依靠全市人民，围绕"抓住机遇、深化改革、扩大开放、促进发展、保持稳定"的全党全国工作大局，按照市委提出的坚持"八个字、五个不动摇"的工作方针，认真落实党中央、国务院一系列重大决策，正确处理改革、发展和稳定的关系，着力解决前进中的突出问题，促进了国民经济持续快速健康发展，社会事业全面进步，人民生活继续改善，社会保持稳定，基本完成了市十二届人大二次会议确定的任务。

国民经济持续快速增长，人民生活继续改善。全年完成国内生产总值545亿元，比上年增长12.3%，其中第一产业增长2.8%，第二产业增长13.7%，第三产业增长16.4%。完成地方财政收入27.3亿元，同口径收入为52.9亿元，增长17.8%，实现了当年收支平衡。金融秩序进一步好转，银行当年新增存款大于新增贷款，这是多年来没有的。人民生活水平继续提高，全年城镇居民人均生活费收入3367元，比上年增长31.8%，农民人均纯收入1154元，增加277元，增长31.6%，扣除物价因素，城乡居民实际收入仍有增加。居民储蓄存款年末余额达到210亿元，比上年增加65.8亿元。

经济结构调整收到实效，支柱产业带动作用明显增强。加强农业和全面发展农村经济，努力增加农业投入，动员和组织农村广大干部群众抗灾救灾，实现了粮食生产稳定增长，总产量达到574万吨，比上年增加5万吨，保质保量完成了国家定购任务。多种经营继续发展，生猪出栏947万头，肉类总产量增长7.8%，水产品增长15.4%，蚕茧增长6.8%。乡镇企业保持快速增长势头，出现了一批产值上亿、税利上千万的骨干企业。工业结构调整取得成效，汽车、摩托车、机电设备等一批拳头产品对工业增长的支撑作用进一步增强，一批轻工产品市场效益显著，"50强"企业带头作用更加突出。全市实现工业增加值229亿元，比上年增长13%，综合经济效益有所改善。交通运输，邮电通信继续发展。城乡市场繁荣活跃，一批档次较高的大型商业设施建成投入营运，城市流通功能得到增强。全市消费品零售总额达到219亿元，比上年增长32.2%。个体私营经济继续快速发展。

一批重点建设项目竣工投产，城市基础设施进一步改善。全年完成固定资产投资154亿元，比上年增长32%。集中资金重点投向能源、交通、通信、市政基础设施和工业重大技术改造，完成重点建设项目35个，是近几年来重点建设竣工最多的一年。成渝高速公路重庆段、谢陈路陈大段建成通车，嘉陵江滨江路牛大段基本建成，菜园坝重庆汽车客运站投入营运；新增程控电话13.4万门，实现电话号码升位和县城以上电话交换程控化；新建和改扩建变电站10座，新增变电容量42.3万千伏安；庆铃、建设、嘉陵、长安等企业的汽车、摩托车专用生产线和配套工程基本建成，四川陶瓷厂釉面砖、红旗纸箱厂重瓦楞纸板等一批技改项目竣工投产。重点治理污染项目53项，竣工住宅面积249万平方米,新建和改扩建城区道路19公里,建成城区人行天桥8座,增加城市居民用气2万户,解决了中梁山地区"吃水难"问题。

实施宏观改革措施成效明显,综合配套改革稳步推进。精心组织实施中央出台的财税、金融、外贸外汇、投资、价格和流通体制等重大改革措施,实现了新旧税制平稳过渡,完成国、地两套税务机构分设,分税制财政体制的框架基本建立。制定出台了我市综合配套改革方案和企业"优化资本结构"总体方案,一批国有企业建立现代企业制度试点开始起步,推出三家企业股票分别在上海、深圳和香港上市。贯彻实施企业转机条例和国有企业财产监管条例,完成大中型企业清产核资工作,进行了国有资产经营公司和国有大型企业授权经营试点,企业三项制度改革继续深化。对一批国有小企业实行了多种形式的产权制度改革。市场体系建设加快,生产资料市场和资金、证券、房地产、技术、劳动力等要素市场进一步发展,国家批准的西南第一家期货市场重庆商品交易所运转良好。巩固完善养老、失业保险制度,社会保障覆盖面达到85%。科技、教育、文化、卫生、体育等领域的改革取得新成绩。

对外开放进一步扩大,利用外资和对外贸易成绩显著。以扩大招商引资和出口创汇为重点,成功地举办和参加一系列经贸洽谈会,吸引了一批国际大财团、大公司和港澳台同胞来渝投资,新签订利用外资项目413个,合同金额6.3亿美元,实际利用外资4.5亿美元,江津长江大桥、50万门程控电话等一批利用外资项目开始实施,引进外资对一批企业进行了"嫁接"改造。全年新批"三资"企业417家。两个国家级开发区对外开放的基地和窗口作用进一步发挥。对外贸易成效显著,全年进出口总额达到13亿美元,比上年增长14%,其中出口总额增长21%。扩大对外交流交往,增进国际友好城市关系,提高口岸开放度,重庆空港对外籍飞机开放,开通重庆至日本名古屋不定期包机。国际国内旅游业进一步发展,全年接待境外旅游者11.9万人次,外汇人民币收入增长56%。渝北、巴南、江津、长寿两区一市一县实行三峡经济开放区政策,重庆与三峡经济区以及全国其他地区和城市的联合协作进一步增强。

科技教育取得新成绩,各项社会事业全面发展。坚持"科技兴渝"战略,组织实施"科技兴渝百亿工程"初见成效,投入资金7.6亿元,启动项目130项,实现销售收入20.8亿元。高新技术产业开发区建设加快,新增一批高新技术企业,技工贸收入有较大幅度增长。实施"金桥工程"取得新进展,民营科技企业实力不断增强。完成市级重大科研成果210项,获省、市科技进步奖157项。社会科学、软科学研究取得一批新成果。认真贯彻全国教育工作会议精神,制定了一系列发展教育的政策措施,教育投入有较多增加。基础教育得到加强,"普六""普九"人口覆盖率分别达到50%和25%。高等教育、成人教育、职业教育进一步发展,中等职业技术学校在校生人数已占高中段学生总数的64.6%。文学艺术、广播电视、新闻出版事业取得新成绩,电视剧《大进攻序曲》获"五个一工程奖",大型舞剧《三峡情祭》进京演出反响良好,沙坪坝、北碚、渝中区图书馆被文化部命名为一级图书馆。加强宣传舆论阵地建设,开办了重庆商业广播电台和重庆有线电视台,广播电视人口覆盖率分别达到85%和75%。竞技体育和群众体育事业进一步发展,我市运动员在国内外重大比赛中取得好成绩,连续4年获四川省体育工作综合评比第1名,在全市广泛开展了申办第4届全国城运会活动。加强卫生防疫和医疗保健,发展中医药事业,基本普及了儿童计划免疫接种,农村饮用自来水人口达到42%,有效地控制了传染病的流行蔓延。以农村人口和城市流动人口为重点,加强计划生育管理,人口自然增长率控制在5.37‰。深入开展拥军优属、优抚安置和军民共建活动,在驻渝部队和地方的共同努力下,我市获得全国"双拥模范城"光荣称号。

民主法制建设继续加强,社会保持稳定。自觉接受人大及其常委会监督,认真落实人大决议。尊重和发挥人民政协政治协商、民主监督、参政议政的作用,主动加强同民主党派和人民团体协商议事。重视做好民族、宗教、侨务工作。人大代表、政协委员提出的议案、提案和建议案已基本办理完毕。坚持依法治市,加强政府法制工作,全年提请市人大常委会审议的地方性法规(草案)12件,制定行政规章40多件。广泛开展群众性法制宣传教育,成功地在城区禁止了燃放烟花爆竹。监察、审计、律师、公证等工作有了新进展。强化社会治安综合治理，深入开展"除六害"斗争，重点打击杀人、抢劫、重大盗窃等严重犯罪活动，保持了社会秩序稳定。

加强政府机关建设，反腐败斗争取得阶段性成果。积极转变政府职能，改进机关作风，为群众办实事，在开展扶贫济困、保障困难企业职工基本生活、提高社会救济标准等方面做了大量工作，上次人民代表大会上提出要办好的同群众切身利益密切相关的8件实事已基本完成。认真贯彻中央和省市反腐败斗争的部署，狠抓领导干部廉洁自律，在领导机关、执法部门、经济管理部门开展专项治理和纠正行业不正之风，对党政机关办企业集中进行了清理整顿，对乱收费现象进行了整治，用公款变相出国出境旅游得到遏制。查处了一批贪污受贿、挪用公款等重大经济违法违纪案件，反腐败斗争的各项工作不同程度地取得阶段性成果。

各位代表！1994年我市经济社会发展的形势是好的，成绩来之不易，是全市人民同心协力、共同奋斗的结果。在此，我代表市人民政府，向全市工人、农民、知识分子和广大干部，向各民主党派、人民团体和各界人士，向人民解放军驻渝部队、武警官兵和公安干警、向关心支持重庆经济社会发展的台湾同胞、港澳同胞和海外侨胞，表示衷心的感谢！

在肯定成绩的同时，我们也清醒地看到，在我市经济社会发展中还面临许多困难和矛盾，涉及人民群众切身利益的热点、难点问题还比较多，政府工作中还存在不少问题和不足。

一是物价涨幅过高。去年我市商品零售价格涨幅高达26.5%，超过原定物价控制目标14.5个百分点，直接影响到居民特别是低收入者的生活，群众反应强烈。物价大幅度上涨，除宏观环境的影响外，我们对物价持续上涨的趋势预见不够，综合调控手段不强，有的重要商品储备不足，调运不够及时，对市场物价管理和流通秩序整治不力，也是重要原因。

二是企业亏损居高不下。全市工业企业亏损面达32.3%，其中市属预算内国有工业企业亏损面高达55.7%，国有商业、物资企业也有较大亏损。造成企业亏损的原因是多方面的，既有企业自身的原因，也有外部和历史因素的影响，尽管政府做了大量工作，也取得了一定成效，但从总体上看，还缺乏根本性措施，在关键环节上没有大的突破。

三是农业基础仍然脆弱。主要是加强农业的各项政策措施没有完全落实，农业投入不足，农田水利设施欠账较多，抗御自然灾害的能力不强。农业服务体系不健全，队伍不够稳定。农业生产资料价格涨幅较大，比较效益降低，影响了农民的种粮积极性。部分山区农民还很贫困。

四是城市"脏、乱、差、堵"和一些地区社会治安问题突出，已经影响到市民生活环境质量和重庆的形象。尽管城市开发建设和经济发展中出现的某些新情况增加了城市管理的难度，但这个问题长期没有解决好，主要是我们措施不力，执法不严，体制不顺，没有形成合力，重要"窗口"地区的突出问题久拖不决，城市管理未能收到明显持久的效果。有些地区社会治安状况不好，抢劫、盗窃等恶性案件有所上升，综合治理的手段和措施还不适应形势的要求。

五是政府机关勤政廉政建设还存在一些问题。某些部门和工作人员的形式主义、官僚主义作风还比较严重，一些部门缺乏全局观念，政令不畅，办事拖拉，作风飘浮，有的地方和单位存在虚报浮夸现象。反腐败斗争的有些任务落实得还不够好，某些行业不正之风没有得到有效制止，机关工作人员中违法违纪案件有所增多，尤其是政府个别领导成员违反党纪政纪，在群众中造成了不良影响。

当前经济社会生活中的种种困难和问题，是前进中发展中的问题，有的是多年积累下来的，有的是新旧体制转换过程中难以避免的，有的是我们工作中的不足和失误造成的。从根本上讲，解决这些问题，必须依靠深化改革、加快发展，依靠全市人民的共同努力。人民政府是为人民服务的政府，对工作中的不足和失误，对群众反映强烈的问题，我们要本着向人民高度负责的精神，认真总结经验教训，采取切实有效措施加以解决，努力把政府工作提高到一个新的水平。

1995年政府工作的主要任务

在改革开放和现代化建设的历史进程中，我们正处于新旧体制转换和实现第二步战略目标的关键时期。党中央、国务院对重庆的发展十分关心。去年10月和12月,江泽民总书记、李鹏总理相继来渝考察,分别进行了"努力把重庆建设成为长江上游的经济中心""开发三峡,振兴重庆"的重要题词。这对我们认清重庆在全国经济格局中的战略地位,明确未来发展方向,把握历史机遇,建设和振兴重庆,是极大的鼓励和鞭策。进入90年代,中央作出沿江开放开发、兴建三峡工程、建立三峡经济开放区的战略决策,将重庆推到了中国改革开放和经济发展的前沿。时代要求重庆在开发三峡、带动长江上游地区经济发展中,充分发挥中心城市的作用,我们有信心、有条件肩负起历史赋予的重任。展望世纪之交,重庆既面临难得的发展机遇,又面临严峻的挑战。我们一定要增强紧迫感、使命感和忧患意识,励精图治,奋发进取,努力开创重庆工作的新局面,不辜负党中央、国务院的殷切希望,不辜负山城1500万人民的重托!

实现振兴重庆、建设长江上游经济中心的目标,关键在于加快发展自己,增强综合经济实力。我们必须站在新的历史起点上,立足开发长江、开发三峡,构建现代化的区域经济、金融、商贸、交通、科技、信息中心,加快向社会主义市场经济体制的转轨,加快产业结构的战略性调整,加快城市现代化建设步伐,增强对区域经济的聚合、辐射能力。从现在起到下世纪初,是重庆现代化建设事业发展的又一重要时期,我们正在组织各方面的力量,修编城市总体规划,制定"九五"计划和十五年远景规划,计划(草案)编成后,再正式提交市人大会议审议。

实现振兴重庆、建设长江上游经济中心的目标,必须着眼长远,立足当前,一步一个脚印地开拓前进。1995年是全面完成"八五"计划的最后一年,也是为"九五"计划做好必要准备的一年。市政府工作的指导思想和主要任务是:坚持邓小平同志建设有中国特色社会主义理论和党的基本路线,全面贯彻党的十四大、十四届三中和四中全会精神,紧紧把握全党全国的工作大局,继续按照"八个字、五个不动摇"的工作方针,统一思想,总揽全局,加强协调,扎实工作。围绕提高经济增长的质量和效益,突出抓好控制物价、强化农业、搞好国有大中型企业三件大事,加强精神文明建设、民主法制建设和勤政廉政建设,保持国民经济持续快速健康发展,促进社会全面进步。今年全市国民经济和社会发展的主要指标初步安排是:国内生产总值增长10%,其中第一产业增长3%,第二产业增长11%,第三产业增长14%;全社会固定资产投资增长23%,外贸进出口总额增长11.5%,社会消费品零售总额增长25%,地方预算内财政收入增长11%,商品零售价格上涨幅度控制在18%左右。城乡人民生活继续改善,人口自然增长率控制在5.98‰以内。

为了实现上述目标,要切实做好以下四个方面的工作,认真解决经济社会生活中的突出矛盾和群众普遍关心的热点、难点问题。

一、坚持加快发展不动摇,着力抓好控制物价、强化农业、企业增盈扭亏三个重点,提高经济增长质量和效益

采取切实有效措施,确保物价涨幅明显回落。坚持把控制物价作为正确处理改革、发展、稳定三者关系的关键,作为经济调控的首要任务,经济发展计划、财政预算都要围绕控制物价目标作出安排。继续贯彻落实中央提出的抑制通货膨胀、稳定市场物价的各项措施,严格控制固定资产投资规模和消费基金过快增长,增加有效供给,整顿流通秩序,加强综合治理,千方百计实现今年物价控制目标。

增加粮油肉菜等人民生活必需品供给,保持供需总量平衡。在稳定粮食生产的同时,下大力气抓好"菜篮子"工程建设,蔬菜基地面积恢复到7万亩,加快3万亩二线菜地建设,集中资金建成一批能够抗御自然灾害的高产稳产蔬菜基地。扶持和发展生猪、家禽养殖大户,扭转奶类生产下滑趋势,力争主要农副产品产量达到历史最好水平。加强粮油计划管理,保质保量完成合同定购任务,搞好粮油计划收购,积极组织市外货源,确保粮油市场供应量的大部分掌握在国家手里。国合蔬菜部门要按需组织,适时调节,切实抓好大路菜的收购和外组菜的调运,保证淡季和节日有充足的货源。

加强市场建设,减少流通环节。抓紧建设一批蔬菜和农副产品批发市场,开辟一批简易蔬菜市场。充

分发挥国合商业主渠道作用,增加商业网点,发展副食品超级市场和连锁店,增强吞吐调节能力。组织和支持农民进入市场营销,发挥长途贩运户在搞活流通中的积极作用。

切实加强物价管理,坚持实行明码标价、进销差率管理等多种价格管理办法,加强对粮油、化肥、成品油等重要商品的市场和价格管理,必要时对粮、油、肉和主要蔬菜品种实行最高限价。进一步完善市场法规,大力整顿流通秩序,发挥社会监督的作用,认真贯彻执行国家及我市有关反暴利和价格欺诈的规定,严厉打击欺行霸市、掺杂使假、牟取暴利的不法行为,保护消费者合法权益。进一步清理行政性收费,严禁擅自出台调价措施。

增强政府调控能力,建立完善市和区市县两级重要商品风险调节基金制度和重要商品储备制度,增加风险调节基金和商品储备量,对粮、油、肉、糖实行常年性储备。改进政府现行物价补贴办法,重点补贴低收入者和保障居民的基本生活需要。加快粮食和副食品流通体制改革,今年对粮食实行政策性和商业性"两条线"经营试点,确保政府调控物价的措施落到实处。

控制物价关系到社会稳定的大局,要继续实行市长、区市县长和部门负责制,把控制物价涨幅作为检查地区、部门领导工作成效的重要内容。各级政府要加强领导,明确责任,抓紧工作,坚持不懈地狠抓各项调控措施的落实,下大力量保持人民生活必需品价格基本稳定,坚决把物价涨幅控制住。我们相信,只要全市上下齐心努力,今年的物价控制目标是可以实现的。

切实加强农业,全面发展和繁荣农村经济。农业、农村和农民问题始终是事关全局的大问题。必须进一步深化对农业基础地位的再认识,坚持把农业放在经济工作的首位,抓好"米袋子"和"菜篮子",全面发展农村经济,确保农副产品有效供给、农民收入稳定增加和农村社会稳定。全年粮食产量达到585万吨,基地蔬菜产量达到10亿斤,生猪生产保持稳定,乡镇企业实现产值、效益同步增长,农民人均纯收入增加150元以上。

千方百计稳定粮食生产,确保完成1800万亩粮食种植计划,继续推行西部旱地改制和开发秋粮生产,加快商品粮基地和产粮大县建设,抓好适时早播、农技推广、病虫害防治和保障农资供应等关键环节,立足抗灾夺丰收。实施多种经营发展规划,围绕猪、禽、菜等七大骨干项目,抓好10个良种良苗繁育基地和10个重点商品生产基地,搞好高产优质高效农业示范区建设,选择一两个大宗产品,实行种养加、产供销一体化,推行公司加农户经营模式。

坚持把农业放在首位,最重要的是下决心增加农业投入,确保各级财政每年对农业投入的增长高于财政经常性收入的增长。市财政今年增加1500万元,各区市县政府都要相应增加。进一步强化农业专项资金征收,稳定各项支农资金的来源和渠道。积极引导农村集体经济组织和农民增加对农业的资金投入和劳动积累。办好农村合作基金会,增加农村信贷规模,用好国家专贷发展商品农业和农副产品加工业。农业投入主要用于农田水利基本建设、更新改造排灌设施和发展农业科技。今后在全市基本建设计划中,要逐年安排一批骨干水利工程项目,提高农业基础设施在固定资产投资中的比重。继续抓好农业综合开发和农业"三大工程"、长江上游水果开发、水土保持和长江防护林等工程建设,增强农业综合生产能力。

发展农业和农村经济,必须深化农村改革,稳定农村基本政策,坚持依法治农,保护和调动农民生产积极性。一是在稳定完善家庭联产承包责任制的前提下,积极探索土地经营权合理流转的有效形式,促进农业适度规模经营。二是强化城乡土地集中统一管理,坚决制止撂荒和乱占耕地的现象,确保农田面积基本稳定。三是稳定和充实农业科研和农技推广队伍,增加农业科技经费,增强农技服务实力。四是按照农民负担管理法规,继续做好减轻农民负担工作。积极扶持农用工业生产,加强主要农业生产资料价格管理,切实保护农民利益。五是认真实施"七六"扶贫攻坚计划,帮助贫困地区农民尽快走上共同富裕道路。

乡镇企业是区市县经济的主体,农民致富奔小康的重要途径。要坚持大发展、大提高的方针,注重提高质量和效益,在调整优化结构、推进科技进步、强化企业管理的基础上实现速度与效益的同步增长。大力发展城乡之间、乡村之间的经济联合与协作,组建一批有相当规模和实力的企业集团。把乡镇企业发展与小城镇和工业小区的开发建设结合起来,引导乡镇企业相对集中成片发展,多渠道吸纳农村剩余劳动力,组织好剩余劳动力合理、有序流动。

各级政府都要切实改善和加强对农村工作的领导,动员和组织各行各业大力支援农业。市政府要用很大的精力抓好农业和农村工作,各区市县政府更要把主要精力放在农业和农村工作上,正确处理好粮食生产与多种经营、农业与乡镇企业、农村经济与城镇经济等基本关系,做到一、二、三产业相互促进,协调发展。按照"两级政府,两级管理"体制的要求,进一步落实对区市县放权的各项政策措施,增强区市县统揽本地经济社会发展的能力和责任,把区市县经济全面推入快车道。

加快工业结构调整,加大增盈扭亏力度,努力提高工业整体素质和效益。工业是重庆国民经济的主体,国有大中型企业是国民经济的支柱,搞好国有企业对促进全市经济发展和社会稳定具有特别重要的意义。要增强信心,坚持调整生产关系与发展生产力相结合,改善外部环境与加强内部管理相结合,抓好企业改制、改组、改造,把提高工业结构优化效益、规模经营效益、技术进步效益和科学管理效益放在突出位置,下大力气抓好企业增盈扭亏,确保乡及乡以上工业增长速度不低于12%,综合经济效益进一步改善。

大力推进工业结构的战略性调整,提高结构优化效益。着眼于培育跨世纪的经济增长点,进一步确定和完善我市工业结构调整的总体方向,加快汽车、摩托车、优质钢材铝材、精细化工、化学医药、通讯〔信〕设备、输变电设备和建筑材料等一批拳头产品上规模、上水平,提高支柱产业的地区配套能力。在发挥重化工业优势的同时,要扬长避短,突出特色,抓紧轻纺工业结构调整,提高轻纺、食品、包装工业在全市工业中的比重。结合技术改造和引进外资,分层次扶持一批具有全国性、区域性比较优势的名牌产品,构筑新的支柱产业群。把产品结构调整、产业结构调整和企业组织结构调整结合起来,军民一体,城乡拉通,发展壮大一批以优势产品为龙头的大型企业集团和企业群体。

大力支持优势产品和骨干企业加快发展,提高规模经营效益。继续实施"名牌"战略,加强综合协调,在能源、运输、主要原材料和流动资金等方面,支持优势产业和拳头产品进一步扩大生产规模,力争今年汽车产量达到13.4万辆,摩托车产量突破200万辆,优质钢材、铝材和其他拳头产品保持较高增长,充分发挥工业"50强"等骨干企业对全市工业的带动和支撑作用。

围绕工业结构调整,加快技术改造步伐,提高技术进步效益。多渠道筹集资金,集中力量抓好五十铃轻型车、长安奥托〔拓〕车、重庆水泥厂、合成制药厂寸滩基地等重大技改项目,做到重点投入、重点管理,保证项目如期完工。对已投产的30项年利税在1000万元以上的重点技改项目,进行效益跟踪,及时增加配套流动资金,促使这些项目尽早达产发挥效益。

继续下功夫做好企业扭亏工作。今年市里要重点帮助40户企业扭亏减亏,对9户亏损大户采取抢救措施:一是改善企业政策环境,结合企业"优化资本结构"试点,在一批亏损企业中落实增资、改造和分流等有关政策。二是加强规划、协调,引导和督促优势产业和拳头产品向亏损企业扩散延伸,以产品开发带动企业走出困境。三是把国有资产经营体制改革同必要的行政措施结合起来,以兼并、合并、划转等方式消化一批亏损企业。四是对亏损企业中具有活力的部分资产实行重组,对一些严重资不抵债、无法经营的亏损企业,依法实行破产。五是选拔一批德才兼备的干部走上企业领导岗位,对扭亏有成绩的厂长(经理)给予重奖。从市到各部门、各区市县都要建立起强有力的扭亏工作班子,组织专门力量,狠抓一厂一策,务必抓出成效。

搞好国有大中型企业,既要靠机制、靠产品,更要靠过硬的企业领导班子和科学的企业管理。要按照十四届四中全会精神,调整配备好厂长,逐步培养一支适应社会主义市场经济的企业家队伍。要全心全意依靠工人阶级，充分调动和发挥职工的积极性创造性。企业管理是企业一切工作的基础，也是深化企业改革的重要内容，要继续开展"转机制、抓管理、练内功、增效益"的活动，坚持从严治厂，以资金管理为中心，突出抓好财务管理和质量管理，加强企业审计监督，提高资金使用效率。

保持固定资产投资适度增长，重点推进城市基础设施建设。进一步优化投资结构，集中资金保重点，集中力量打歼灭战，保证每年办成几件大事。今年城市基础设施建设要以"三厂一路一中心"为重点，确保和尚山水厂形成日供水20万吨能力，梁沱水厂一期工程建成投产，重庆发电厂西厂投产发电，两江滨江路全线简易通车，彩电中心主演播厅基本完工。要抓好与改善投资环境密切相关的一批交通、通信、能源重点项目和安居工程，主要项目是：开工建设渝长高等级公路，完成国道210线红双段全封闭，抓紧建设重庆机场二期工程、长江二桥、唐家桥污水处理厂，继续抓好三线企业调整。建设长途通信交换中心、邮政汽车运输中心和水上转运站，新增程控电话交换机容量30万门，建成武汉至重庆、杭州至成都重庆段光缆工程。开工建设珞璜电厂二期工程，加快城市电网的建设和改造，完成自贡至重庆50万伏输变电工程。继续做好轨道交通二号线、黄花园大桥、合川水利枢纽、渝怀铁路、川黔高等级公路等重点项目的前期工作，积极争取一批基础设施项目列入国家"九五"计划。

资金问题仍然是制约城市基础设施建设的突出矛盾。要加快投融资体制改革，实行政府筹资和市场融资相结合，进一步拓宽资金筹措渠道，尤其要加大引资力度，推出一批重点项目对外招商。切实加强建设资金和项目的管理，保证重点工程的资金和物资及时到位。全面推行项目业主制、工程监理制和招投标制，强化项目建设全过程管理，着力提高工程建设质量，保证按期竣工发挥效益。

加快经济建设，必须紧紧依靠科技第一生产力，加速科技经济一体化步伐。围绕产业结构调整和工农业生产，加大实施"科技兴渝百亿工程"力度，拓宽资金投入渠道，确保重点项目实施进度，力争全年实现销售收入35亿元以上。继续推进"金桥工程"，实施各类科技计划，促进科技成果向现实生产力转化。以培育现代通信、生物工程、机电一体化为重点，推进高新技术产业化，加快高新技术产业开发区建设。重视发展民营科技企业，充分发挥他们在科技经济一体化进程中的作用。

二、坚定不移推进改革开放，争取在深化国有企业改革、健全社会保障体系、引进利用外资三个方面取得新突破

以深化国有企业改革为重点，推进经济体制综合配套改革。坚持"抓大放小"的企业改革思路，继续搞好国有大中型企业建立现代企业制度试点，争取两年内完成试点改制工作。按照企业"优化资本结构"试点的要求，在减轻企业过重债务负担、分流企业富余人员和分离企业办社会职能等方面首先取得突破。面上企业要深入贯彻转换经营机制条例，深化企业内部三项制度改革，全面推行劳动合同制。进一步转变政府职能，实行政企职责分开，认真落实国有企业财产监督管理条例，向部分企业委派监事会。继续进行组建国有资产经营公司试点，对一批企业集团和大型企业进行国有资产授权经营，建立国有资产经营责任制和保值增值考核体系，防止国有资产流失。依照《公司法》规范现有股份制企业，继续对小型企业和部分中型企业放开经营，推行拍卖、租赁、兼并、转让、股份合作等多种形式的改革，对小型国有企业和集体企业进行属地管理试点。继续大力发展个体私营经济，同时加强必要的管理和引导，发展一批起点较高的骨干企业。

以健全和完善社会保障体系为重点，推进各项配套改革。继续扩大养老、失业保险统筹覆盖面，实行社会统筹和个人账户相结合，进行社会保障的行政管理与保险基金营运分离的试点，切实收好用好社会保险金。积极稳妥地推进农村社会养老保险。全面实施"再就业工程"，努力提高再就业率。继续探索公费医疗和劳保医疗制度改革，深化城镇住房制度改革。以建设长江上游金融商贸中心为目标，加快培育和发展资本、技术、人力资源等各种要素市场，组建产权转

让服务中心,兴办重庆高新技术市场,积极组建城市合作银行。深化商品流通和供销社体制改革,组建跨地区、跨行业的商业集团,加快建设一批大中型商贸设施和批发市场。

加强和完善经济调控体系,继续深化财税体制改革,巩固和完善新税制,做好国税、地税两个系统的协调工作,进一步健全市和区市县的分税制财政体制,强化税收征管,严格执行《预算法》《审计法》,合理安排财政支出,努力做到当年收支基本平衡。

积极扩大外贸出口,大力提高利用外资的规模和水平,进一步推进全方位对外开放。坚持以大开放促大发展的方针,推进对外开放向高层次、宽领域、纵深化方向发展,不断提高对外开放的实效和质量,争取全年外贸出口完成8亿美元,实际利用外资5亿美元。

按照积极、合理、有效的方针,进一步扩大招商引资领域和规模,把利用外资同农业深度开发、支柱产业发展、城市基础设施建设和国有企业"嫁接"改造更好地结合起来,努力争取国外政府和国际金融组织优惠贷款,吸引海外大公司、大财团直接投资。积极引进国内外金融机构,在引进外资金融机构方面实现"零"的突破。继续探索运用BOT(建设—经营—转让)方式进行城市基础设施建设。建立稳定的招商引资网络,做好引进外资的项目前期准备,抓好签约项目的履约和配套资金的落实,加快引进项目的实施进度。加强口岸建设,改善投资环境,健全投资法规和政策,注重对三资企业的依法管理,保护外商合法权益。

坚持"大经贸"方向,巩固发展传统市场,拓展新的国际市场。改善出口商品结构,重视开拓本地出口货源,进一步提高我市拳头产品和机电成套设备出口比重,努力降低换汇成本,提高出口创汇效益。继续深化外贸体制改革,促进外贸企业向"实业化、集团化、国际化"经营方向发展,支持有条件的企业争取出口经营权,规范完善企业外贸延伸权政策。不断拓宽对外经济合作领域,发展对外大型工程承包和技术、劳务配套输出。在扩大出口的同时,合理安排进口,保证重点建设和重要商品需求。扩大与国际友好城市的经济文化交流和友好往来,积极发展国际国内旅游。

实行建设与招商同步,加快经济技术开发区和高新技术产业开发区的基础设施建设,着力引进和抓紧实施一批外商直接投资的大项目。办好省级开发区和其他经济技术开发区,发挥各类开发区在扩大对外开放中的重要作用。

进一步扩大对内开放,充分运用三峡经济开放区的政策,吸引海内外投资,抓好库区移民工程,组织各方力量积极参与三峡库区开发,争取三峡工程订货。继续推进与沿江城市、西南五省区、重庆经济协作区之间的经济技术协作与联合,积极争取沿海资金和项目向我市转移。

三、加强精神文明建设,全面发展社会事业,切实抓好城市管理和社会治安综合治理

坚持两手抓、两手硬的方针,在加快经济建设的同时,更加注重精神文明建设,注重经济与社会协调发展,把政府职能更多地转到管理社会公共事务上来,以提高城市文明程度为重点,强化城市管理,抓好社会治安综合治理,推进各项社会事业全面发展。

加强思想道德教育,塑造奋发进取的精神风貌。要用邓小平同志建设有中国特色社会主义理论武装广大干部群众,认真贯彻《爱国主义教育实施纲要》,发挥我市革命传统教育基地优势,结合纪念抗日战争和世界反法西斯战争胜利50周年活动,坚持不懈地在全市特别是青少年中开展爱国主义、集体主义和社会主义教育。宣传学习英雄模范人物,弘扬新时期创业精神,加强社会公德和职业道德教育。反对拜金主义、极端个人主义和腐朽生活方式,形成健康文明的社会风尚。增强全民国防意识,支持和关心军队建设,继续开展军民共建和建设"双拥模范城"活动。重视妇女儿童工作,积极做好迎接第四次世界妇女大会的有关准备。当前,要结合学习贯彻中央领导同志的题词,广泛开展讲形势、树信心、鼓干劲的宣传教育,激励全市人民投入振兴重庆的宏伟事业。

巩固和发展新时期的爱国统一战线,认真贯彻党和国家的民族、宗教、侨务和对台政策,依法加强对宗教事务的管理,发挥我市台侨优势,调动一切积极因素,搞好现代化建设。

发展科技教育事业,为经济社会发展提供智力支持。继续贯彻《中国教育改革和发展纲要》,增加对教育的投入,确保教育优先发展的战略地位。因地制宜抓好"普九"工作,认真落实责任制,完成"普六""普九"年度计划。继续调整教育结构,大力发展职业教育和成人教育,充分发挥在渝高校的优势,切实搞好产学研联合开发工程。推进城乡教育综合改革,稳妥进行分离企业自办中小学的试点。努力为教师办实事,抓紧实施"广厦工程",改善教师工作条件和生活待遇。加强教师队伍建设,增强教育工作者的社会责任感,努力提高教育质量。

科技工作要坚持面向经济建设主战场,开展科技攻关,加强科学技术的开发、引进和应用。按照"稳住一头,放开一片"的方针,加快科研院所结构调整,多渠道增加科技投入,培育发展一批在全国有影响的科研院所和跨世纪的学科带头人。组织社会科学工作者开展重庆未来发展战略研究,为推进重庆改革和发展献计献策。加大科普宣传力度,搞好科普设施规划建设,普及科学文化知识,反对愚昧迷信活动。加强知识产权保护,改善科技人员工作、学习、生活条件,进一步调动他们的积极性。

切实控制人口增长,提高人民身体素质。加强计划生育基层基础工作,重点抓好农村人口和流动人口计划生育,实行生产、生活、生育三结合,在农村广泛开展"百万计划生育户奔小康"的活动。不断提高医疗服务质量和卫生保健综合能力,优化卫生资源配置,实施医疗区域规划,切实解决边远山区缺医少药的状况,继续振兴和发展中医药事业。加强对医疗、药品、食品卫生的执法监督和市场管理。实施全民健身计划和奥运争光计划,协调发展群众体育和竞技体育,开工兴建袁家岗体育中心,维修一批体育设施,力争在第三届城运会上取得优异成绩,争取申办第四届城运会成功。

坚持正确方向,发展各项文化事业。文学艺术、广播电视、新闻出版等各项工作都要抓质量,出精品,争创一批在全国有影响的优秀剧目和作品。弘扬优秀民族文化和传统文化,繁荣群众文化事业,开展创建文化先进县活动。各级政府都要高度重视精神文明载体建设,加强重点文物古迹的保护和维修,今年开工兴建市图书馆特藏书库,年内实现县县有图书馆的目标,开播重庆教育广播电台,近郊区实现有线电视联网。坚持一手抓繁荣,一手抓管理的方针,加强对文化市场和娱乐场所管理,深入开展"扫黄打非"斗争,决不允许毒害人民、污染社会的丑恶现象泛滥,促进文化市场健康有序发展。改革社会事业管理体制,认真落实和完善文化经济政策,扶持社会事业向产业化方向发展,增强社会事业发展的活力。

突出抓好城市管理和社会治安综合治理,改善人民群众生活环境。这既是各级政府的重要职责,也是当前市民反映强烈、亟待解决的问题。要以争创十佳卫生城市为目标,动员全市人民广泛参与创建卫生城市活动。实行综合治理,坚持从源头抓起,着重解决脏乱差堵问题,加强建筑工地文明施工管理,统一规划早夜市摊区,认真清理和严格限制各种非交通占道,强化门前三包和清扫保洁,新建改建一批公厕、垃圾站、垃圾箱等市政环卫设施,下大力气抓好菜园坝火车站和朝天门港口等窗口地区综合整治。进一步理顺城管体制,条块结合,以块为主,建立和完善市、区、街(镇)城管网络,严格目标责任制,严格依法管理,力争今年市容市貌有明显改观。认真落实环境保护基本国策,推进工业污染防治、城乡环境综合整治和生态环境保护工作。继续开展创建园林式街道、村段和单位的活动,搞好植树造林,绿化美化城市。

把强化社会治安综合治理,确保一方平安作为各级政府的任期目标之一,严格实行领导责任制。继续强化"严打"斗争,深入开展打击暴力犯罪、毒品犯罪、车匪路霸、盗窃团伙以及拐卖妇女儿童等严重犯罪活动,坚决铲除带黑社会性质的犯罪团伙和流氓恶势力,扫除卖淫嫖娼、赌博、吸毒等社会丑恶现象。切实加强对城市流动人口、暂住人口的管理,重点整治城乡结〔接〕合部和其他治安管理薄弱地区,健全城市巡警制度。广泛开展遵纪守法教育,增强全民法制观念。坚持专门工作与群众路线相结合,加强基层治保组织建设,搞好群防群治,力争城乡治安秩序明显改善。

当前,改革和发展的新形势要求我们更加细致地做好维护稳定的工作。要更多地关心城市低收入者、社会救济对象、困难企业职工和大专院校学生的生活,进一步发动社会各方面力量开展扶贫帮困活动。继续发展民政经济,改善残疾人就业、生活条件。妥善解决城市拆迁安置中的矛盾,预防各类灾害和安全事故的发生。切实加强信访工作,处理好各类突发事件,保持社会安定团结。

四、加强政府机关勤政廉政建设,扎实有效地工作,以新形象和新作风肩负起人民的重托

今年改革、开放、发展、稳定的任务十分繁重,对政府工作提出了新的更高的要求。必须把加强政府自身建设摆到重要议事日程,坚持勤政廉政一起抓,在全体政府工作人员中,树立起团结、务实、高效、廉洁的新形象和新作风。

各级政府、各个部门都要增强全局意识,提高服从大局的自觉性。深入学习邓小平同志建设有中国特色社会主义理论,解放思想,实事求是,振奋精神,集中精力谋大事、抓大事,着力研究解决事关全局的重大问题。牢固树立全市一盘棋的思想,统一政令,严肃政纪,绝不允许以部门利益损害全局利益,坚决纠正有令不行,有禁不止,各行其是,推诿扯皮的现象,严肃查处顶着不办、贻误工作的人和事,确保政令畅通。

加强民主决策,坚持依法行政。认真贯彻执行市人大及其常委会作出的有关决议决定,坚持重大问题提请人大常委会审议,把与人民政协、民主党派、人民团体的协商纳入政府的决策程序,发挥好各种研究、咨询机构和政府顾问、参事及各方面专家的作用,重大政务决策要创造条件让更多群众参与,进一步提高决策的科学性和执行的有效性,依靠全市人民的智慧和力量,把重庆的事情办好。加快行政立法,以规范市场秩序、强化城市管理、完善社会保障为重点,起草一批地方性法规(草案),制定一批行政规章和规范性文件。增强政府机关工作人员的法制观念,严格行政执法和执法监督,加强对执法队伍的教育管理,进一步提高依法行政的水平。

按照"精简、统一、效能"和政企分开的原则,推进机构改革,组织实施国家公务员制度,年内基本完成市和区市县机构改革任务,把政府职能切实转到统筹、协调、监督、服务的轨道上来。搞好部分区县的行政区划调整,确保各项工作的正常运转。

廉政建设关系到党和国家命运与事业的兴衰成败,必须把反腐败斗争摆在机关建设的突出位置,增强政治责任感和历史使命感,坚决执行党中央关于反腐败斗争的工作部署,在深入上下功夫,进一步抓好反腐败斗争的三项主要工作。一是继续抓好县(处)级以上领导干部的廉洁自律,认真落实中央两个"五条规定"和四个方面的补充规定,狠刹利用公款"吃喝玩乐"的歪风。按照中央的要求,加强建章建制,建立健全监督约束机制。乡(科)级干部、国有企事业单位领导干部也要落实中央廉洁自律的有关规定。二是加大查处大案要案力度,继续重点查办领导机关、执法部门和经济管理部门中的违法违纪案件,坚决依法惩办腐败分子。三是继续纠正部门和行业特别是重点部门和垄断行业的不正之风,坚决刹住在公路上、中小学和农村中乱收费、乱摊派、乱罚款三股不正之风。各级政府、各个部门要高度重视干部队伍思想政治建设,落实反腐败工作责任制,坚持一级抓一级,强化行政监督监察,把廉政建设措施认真落到实处,努力取得反腐败斗争的新成效。

完成今年政府工作的各项任务,关键在于扎实工作。要在政府机关工作人员中,大力提倡全心全意为人民服务的奉献精神,大兴求真务实、讲求实效的工作作风,力戒官僚主义、形式主义,坚决纠正弄虚作假、虚报浮夸,对失职渎职、弄虚作假造成严重后果的,要依法追究责任。各级领导干部要带头转变作风,减少应酬和礼仪活动,深入实际调查研究,体察民情、了解民意,帮助基层排忧解难,实实在在解决好关系人民群众切身利益的重大问题。

各位代表!重庆正处在振兴与发展的重要历史阶段,党中央、国务院对重庆的发展寄予厚望。新的形势催人奋进,我们面临的任务光荣而艰巨。让我们在邓小平同志建设有中国特色社会主义理论和党的基本路线指引下,团结一致,艰苦创业,为夺取全市"一年一个样"的新胜利,为把重庆建设成为长江上游的经济中心而努力奋斗!

三、全委会

坚决贯彻落实党的十三届三中全会精神
努力夺取我市改革和建设的新胜利

——在市委六届二次全委(扩大)会议上的报告

孙同川

(1988年10月8日)

同志们:

刚刚结束的党的十三届三中全会,是在改革进入关键时期召开的一次极其重要的会议。会议正确分析了全国当前的政治经济形势,提出了治理经济环境、整顿经济秩序、全面深化改革的指导方针和政策措施;确定了把明后两年改革和建设的重点突出地放到治理经济环境和整顿经济秩序上来,给我们今后一个时期的工作指明了方向。这对于切实解决经济建设中面临的问题,继续把改革推向前进,具有十分重大的现实意义。我们一定要认真贯彻落实三中全会的精神,紧密结合重庆实际,正确认识形势,采取强有力的、切实可行的措施,治理经济环境、整顿经济秩序,有领导有秩序地推进相互配套的全面改革。下面我对市委、市政府前几个月所做的工作,主要是经济工作做一简单回顾,并着重就经济工作如何贯彻十三届三中全会的精神讲几点意见。

半年工作的简要回顾

新一届市委、市政府成立以来,坚持以经济建设为中心,以改革总揽全局,在建设和改革方面做了大量的工作,归纳起来,主要是五个方面:

一、以提高经济效益为根本指导思想,组织好工农业生产

在经济工作中,我们始终注意搞好农业这个基础。重庆是大城市,也是大农村,人口多,底子薄,没有农业的稳定,就很难有整个国民经济的稳定发展。针对影响农村经济发展的主要问题,我们着重抓了两项工作:一是大力组织好农用生产资料的生产和供应。要求各有关部门紧密配合,抓好化肥、农药、农膜等主要农用物资的生产、调配和管理,确保不违农时。总的来看,今年农用生产资料的生产和供应情况比往年好。二是组织全市人民抗灾救灾。今年以来,风、雹、涝、旱、虫灾,接二连三,受灾面积之广,持续时间之长,灾害损失之大,都是历史上少有的。市和区县的党政领导带领干部深入农业第一线,指挥抗灾救灾;在财政相当紧张的情况下,挤出资金支农抗灾;各

对口部门有力出力,有钱出钱;灾区人民更是全力以赴,小春损失大春补,大春遭旱抓晚秋。在如此困难的条件下,全年粮食生产预计仍可以超过去年,生猪、家禽、蚕茧、茶叶等多种经营骨干品种也有较大的增长。这是很不容易的。

今年工业生产在能源、资金、原材料和运输都相当困难的情况下,有了较快增长。这个速度是否正常,市委及时召开了经济形势分析会,以经济效益为标准来加以检验,统一了思想认识,从而使我们在指导思想上和生产的组织指挥上,避免造成大起大落。工业生产形势比较好,还在于我们在"紧"的环境中,已逐步摸索和积累了一些紧中求活、活中求进的办法和经验。如像在能源管理,尤其是电力调度方面,有较大的改进,资金的管理使用逐步优化,促进了适销对路产品的增产,增加了市场供应;普遍推行和完善承包经营责任制,进一步增强了企业的生机与活力,也为我市工业生产的继续发展创造了条件。

二、注重经济工作的统筹协调,努力改善经济环境

近几年来,现实经济活动中冒出来的新矛盾和新问题越来越多,解决的难度也越来越大。如果就事论事,不仅不能解决问题,而且很容易造成宏观决策上的失误。基于这样的认识,市委、市政府把加强宏观统筹协调,作为一项重要工作来抓。新一届市委成立后,建立了财经领导小组,针对关系经济全局的重大问题,先后召开了区县委书记会议、全市经济形势分析和对策研究会、乡镇企业形势分析和对策研究会。集中了各区县各部门提出的若干重大问题,组织有关部门进行调查研究,提出解决方案,报市委、市政府决策。到目前为止,区县财政体制改革问题已得到比较合理的解决;对重要物资和工业品也已制定了统筹办法,其余专题正在研究落实之中。

为了切实加强对治理经济环境,整顿经济秩序这一重大工作的领导,中央工作会后,市委成立了治理经济环境,整顿经济秩序领导小组,下设物价检查、清理公司、压缩建设规模三个分组,现已开展工作。

三、始终注意把深化企业内部改革作为推进全面改革的基点

几年的改革实践使我们越来越深切地认识到:要渡过物价、工资改革的难关,推进全面改革,必须把深化企业改革作为一个重点来抓。物价改革、工资改革归根结底要靠企业提高承受能力来消化,抑制总需求的膨胀也有赖于企业的自我约束,整个经济的稳步发展都要依靠企业劳动生产率和经济效益的不断提高。基于这样的认识,今年以来,我们在市级工业企业和区县企业全面落实承包经营责任制的基础上,及时把改革的重点转到企业领导体制、劳动人事制度、工资分配制度等企业内部改革上来。市委、市政府为此专门召开了深化企业内部改革工作会作了部署。与此同时,还进行了财政体制、外贸体制、金融体制等方面的改革,从而进一步增强了企业和区县的活力,使改革同经济建设较好地结合起来。这是今年以来我市工农业生产、财政收入能够保持较好增长势头的一个重要原因。

四、从安定民心、稳定经济全局出发控制物价,稳定市场

为了安定人心,稳定经济,市委、市政府采取了一系列措施,加强市场工作。在8月份抢购风刚一露头时,就及时从组织货源、增加供应、加强管理、搞好宣传等方面采取综合治理措施,使抢购风几天之后就平息下来,市场趋于平稳。事实告诉我们,只要认真做好工作,加强对市场的宏观管理,我们是可以在一定程度上控制市场波动的。

在这次平息抢购风中,各部门、各区县在市政府的统一组织下紧密配合,协同作战。商业部门全力以赴组织供应,生产部门和其他有关部门积极配合,及时调集商品投入市场。银行充分保证群众取款,从而缓解了群众的紧张心理。在平息这次抢购风中,市委、市政府迅速采取措施,运用经济的、行政的、法律的手段综合治理,并加强舆论宣传。8月18日,全市财贸工作会议明确提出了加强流通环节工作、坚决制止倒腾活动的要求,当晚市委常委召开紧急会议,提出加强价格政策宣传,确保群众取款,开展住房租赁、

出售和高档商品期货交易等四项措施；8月20日，市政府提出稳定市场的十条措施；8月23日，市政府发出严格控制社会集团购买力的紧急通知，暂停审批专控商品；9月2日，市政府制定了控制物价、稳定市场的五条措施，同时发出坚决取缔和打击非法倒卖国家重要物资和紧俏商品活动的通知；9月18日，市政府又公布了加强市场管理、开展物价检查、整顿市场秩序的十条措施。所有这些措施和规定，对平息抢购风、控制物价、稳定市场都发挥了积极作用。这次抢购风对我们工作是一次考验和锻炼。抢购风虽然平息了，留给我们的教训是深刻的。不管在当前还是在今后，我们都要把控制物价、稳定市场、安定人民生活的工作放在十分重要的位置来抓，这项工作做不好，其他很多工作都要受到冲击。

五、从严治党，从严治政，保持党政机关的廉洁

在这个问题上，我们着重抓住三点：一是坚持生产力标准，以促进改革开放和经济建设为根本目的；二是依靠法律、制度、纪律、教育的有机结合，进行综合治理；三是把正面教育和利用反面材料进行教育结合起来，抓住情节恶劣，影响很坏的贪污受贿、私分钱财、挥霍浪费的典型案件严肃查处，借以教育全体党员干部。6月份，市委针对改革和建设中出现的新情况和新问题，通过调查研究，在市纪检工作会上向全市党政干部和党政机关提出了为政清廉的十条要求，随后又作出了全市党政机关必须保持廉洁的八条规定，市政府也作出了为政清廉的十条规定。这些要求和规定，重申了党的宗旨和纪律，明确了党政机关和党政干部廉洁奉公、遵纪守法的责任和义务，使广大党员干部有所遵循。在颁布制度，加强教育的同时，我们对党政机关和党政干部不廉洁的行为和腐败现象进行了查处。今年1至8月共处理违法、违纪党员361人，其中处级以上干部4人，开除党籍105人；查处经济案件86件，涉及金额50多万元。制止党政机关办企业的工作有了新的进展，对最近清理出的党政机关办的106个企业，将区别不同情况进行处理。对已查出的一些单位违犯财经纪律的问题也进行了严肃的处理。法纪、党纪、政纪的综合实施更有利于促使党政机关做到清正廉洁。但是，我们也应看到，保持党政机关廉洁，制止腐败现象，是一项长期的艰巨工作，我们必须常年不懈，扎扎实实地抓下去。

回顾前几个月我们所做的工作，同三中全会的精神是一致的，也是有成效的，对巩固和发展我市好的形势起到了重要作用。但是经济生活和社会生活中不稳定、不安定的因素还远没有消除，尤其是物价上升的势头还没有得到有效的遏制，流通领域的混乱现象基本上还没有改变，治理经济环境、整顿经济秩序的任务还十分繁重，难度也很大，需要在今后工作中加倍努力，充分发挥我们的政治优势，紧紧依靠人民群众，把这场硬仗打好。

今后一个时期的主要任务

为了坚决贯彻三中全会精神，把中央提出的治理经济环境、整顿经济秩序全面深化改革的指导方针和政策措施落到实处，在今后一个时期，我们应当切实做好以下几方面的工作：

一、控制物价、稳定市场

控制物价、稳定市场是治理经济环境，整顿经济秩序的一项紧迫任务。物价问题是一段时间人民群众议论最多，反映最强烈的问题，也是一个关系到改革开放、建设和社会安定的全局性问题，我们必须认真对待，尽最大的努力控制住物价。

今年以来，我市零售物价指数每月都达到了两位数，1至8月平均为15.8%，特别是6月以后涨幅更大。在8月份的抢购风中，一些单位趁机乱涨价，扰乱市场，物价指数猛增到23.6%。9月中下旬，因气候影响等原因蔬菜市场价格急剧变化，叶子菜的价格陡涨。一些学校、医院乱收费，也引起群众的强烈不满。今年物价指数上升幅度之大，群众呼声之高是建国以来少有的。物价大幅度上涨是一个全国性的问题，其原因是多方面的。从宏观上讲，社会总需求超过总供给矛盾的加剧，是导致物价上涨的根本原因，国家和省对一些商品的价格进行调整，也直接或间接引起"搭车"涨价；沿海地区高价抢购，使部分原材料和产品价

格飞涨,加之我们监督管理不严,缺乏一整套控制物价的有力措施,一些企业趁机乱涨价和变相涨价,不法分子转手倒卖,违法经营,这些都增加了市场秩序的混乱。

控制物价,稳定市场,要从发展生产、压缩基建规模和抑制消费膨胀着眼,使供需矛盾趋于缓和;从严格管理,建立起正常的市场秩序入手,进行综合治理方能奏效。我们必须千方百计稳住主副食品价格,使群众生活不受大的影响;从各方面支持紧缺商品的生产,以调动增加供给的积极性,尽量缓解供求矛盾;能源、原材料、资金继续保重点产品,保税利大户,增加财政收入,稳定主副食品必要的价格补贴。当前最迫切的任务是统一对物价问题的认识,采取坚决有效的措施,消除或减少市场不稳定的因素,防止抢购风再起,控制住物价不正常的波动,进而把过高的物价指数降下来控制在中央要求的幅度以内。

(一)努力增产市场紧缺的生活必需品。工业部门要组织企业大力增产适销对路的商品,特别是人民生活必需品,监督企业确保完成调拨计期和供货合同,商业部门要积极组织货源,保证煤、糖、食盐、肥皂、火柴、洗衣粉、毛巾、铁锅、卫生纸和干面等日用品的正常供应。零售企业不得惜售,不准"卖大户",防止对这些商品的抢购。要管好批发市场,实行批零差率管理,平抑物价。

(二)千方百计稳定粮、肉、酒、油、菜的供应。凭票供应部分要确保供应,做到不脱销、不断档。对议价粮油也要加强管理,规定最高限价并保持价格相对稳定。市里确定的粮、油、猪、菜调拨计划,各区县一定要确保完成,严格服从市的调度。当前特别要抓好秋淡季节的蔬菜供应工作,采取加价收购,限价销售减少收购环节,限制二道贩子垄断等办法,尽最大努力把过高的菜价降下来。

(三)加强生产资料市场的管理。钢材、有色金属、废金属、基本化工原料等重要生产资料,只能由工商行政管理部门批准的单位经营;化肥、农药、农膜、柴油等重要农用物资,只能由国家规定的专营单位经营。其他单位和个人经营这些物资都是违法的。对重要生产资料的价格,必须严格执行国家定价或国家指导价。对擅自将计划内产品拿去卖高价的,其价差收入一律没收。对就地加价倒卖重要生产资料,或加价倒卖提货单、空买空卖,从中盘剥的,必须认真清理,处以重罚。

今年7月,市政府针对部分紧缺原材料和商品盲目外流严重的情况,发了一个文件,其目的是加强对紧缺物资商品的管理,同时集中部分紧俏的工农业产品,与外地交换我市急需的生产资料和人民生活必需品。这一措施是正确的,两个多月来执行的情况基本是好的,但也有少数单位执行不够好,有的部门抓得不力,统筹小组要认真负起责来,每季向主管市长报告一次统筹、交换情况。有关部门和单位要从市的大局出发,支持这项工作。

为了有效地制止倒买倒卖,打击不法行为,我们准备立即成立电视机、电冰箱两个清理检查小组,对销售环节销售价格开展专项检查,以此为突破口,切实整顿好流通秩序。

(四)开展物价大检查。市政府已组成物价检查团,由一位副市长任团长。各区县也要以区县长为首组成检查组,领导开展工作。各主管部门都要由领导同志负责,组织力量,对所属生产、经营单位进行物价检查、监督,不得姑息、袒护。各生产、经营单位都要对今年以来,特别是8月中旬抢购风中执行物价政策的情况认真进行自查。凡有乱涨价、变相涨价、乱收费行为以及违法经营活动的,都应立即纠正,并将自查、自改情况如实向同级物价、工商行政和主管部门申报。隐瞒不报或报假情况者,依法从严处理。要把查处同建章、建制结合起来,建立企业定价许可证和行政事业性收费专营许可证制度和其他必要的规章制度,使物价管理工作逐步走上制度化、法制化的轨道。

(五)加强群众对物价的监督。要广泛发动群众,对各种违法行为进行举报。市政府已分别在市物价局、市工商局设立了举报中心,各区县也相应设立了举报站,受理群众的揭发检举。为了便于群众监督,重要商品要在报上公布零售价;继续实行明码实价,除标明售价外,还要同时标明进价、产地及单位。要依靠和发挥消费者协会、职工物价监督站、街道义务物价检查员和宣传舆论的作用,形成强有力的物价监督网络。

(六)注意掌握政策。整顿经济秩序,控制物价,建立起严格管理下的市场秩序,决不是要回到产品经济的老路上去,而是要为放活市场,逐步放开物价,创造必不可少的条件。我们要总结过去的经验教训,对市场管理做到管而不死,活而不乱。对此,市政府在关于物价大检查的文件中,对有关问题的政策界限已作出了具体的规定,应遵照执行。

整顿好市场秩序,搞好物价管理,关键在领导,要害在逗硬。各区县、各部门、各企事业单位领导,一定要严守纪律,同党中央保持一致,严格执行中央和市政府关于稳定物价的各项规定,对违反规定乱涨价或变相涨价的,一定要坚决查处,决不给面子。我们相信,通过各级的共同努力,积极工作,是能够把物价控制住的。

二、压缩固定资产投资规模,进一步清理楼堂馆所

坚决把过大的建设规模压缩下来,加强对楼堂馆所的清查和管理,这是国务院为治理经济环境,整顿经济秩序,保证全面深化改革取得成功,促进经济健康发展的一项重要措施。这项措施对于节约国家财力、物力,逐步实现社会总需求、总供给的基本平衡,对于合理调整投资结构,缓和能源、交通的紧张状况,对于保持党政机关清廉,密切同群众的关系,都具有重大的意义。我们要下最大的决心,毫不动摇地把压缩基建规模,清理楼堂馆所的工作抓紧抓好抓到底。

近几年来,我市认真贯彻国务院的有关规定,计划内的基本建设与我市的经济实力基本相适应。投资结构逐步趋于合理。1986年以来,全民基本建设生产性投资每年都高于非生产性投资的增长。去年生产性投资比上年增长25.2%,非生产性投资则比上年下降9.6%;今年1至8月,生产性投资比去年同期增长9.5%,非生产性投资又下降2.5%。投资重点主要放在关系我市后几年发展后劲的能源、交通和原材料等建设项目上。当然,由于目前的国力和我市的财力十分有限,近几年对基本建设的投资,还不可能从根本上缓解我市能源、交通和原材料的紧张状况,在短期内,也不可能弥补我市城市基础设施建设方面的历史欠账。实事求是地讲,我市城市改造和基础设施建设与经济社会发展的要求还很不适应。但是,我市基本建设方面仍然存在一些问题,主要表现在:

一是计划外项目管理失控。一些单位的基建项目,特别是楼堂馆所,不按基本建设程序办事,未经市政府有关部门审批就动工修建,主管部门也监督不严,检查不力。

二是一些楼堂馆所的建设标准过高。有的互相攀比,盲目追求豪华,建筑成本成倍提高,助长了奢侈之风。

三是对资金来源监督不力。一些单位的建设资金来源渠道不清,有关部门也未对其实施有效的监督和管理。

需要指出的是,目前一些部门互相攀比,修建宿舍标准越来越高,严重脱离群众。今后,各单位一律不得自行决定修建高标准住宅,必须按程序上报批准,市建委要严格把关。否则,要追究修建单位和市建委的责任。

这些问题,必须引起高度重视。我们要认真地贯彻国务院最近发布的《楼堂馆所建设暂行条例》,切实加强对基本建设尤其是对楼堂馆所的管理。当前,要集中力量对我市的楼堂馆所项目进行重点清理。

今年5月中旬以前,我们按照国家计委《关于清理楼堂馆所的通知》,对市属在建楼堂馆所项目作了一次初步清理。经过清理,属于文件规定清理范围,即建筑面积在2万平方米以上的共5个项目。鉴于这些项目均属计划内工程,符合固定资产投资计划管理程序,而且大多数可以在今年内竣工,因此,已将5个项目列为续建工程并上报国家计委。

国务院关于清理楼堂馆所建设项目的通知下达后,由于清理范围进一步扩大,为加强对此项工作的领导,成立了以市政府主要领导同志为组长、市级有关部门领导组成的楼堂馆所项目清理领导小组,8月中旬,市政府颁发了关于进一步全面清理楼堂馆所项目的通知,具体部署了清理工作。要求各区县、市政府各部门领导高度重视清理工作,各单位一把手必须亲自抓,并指定专人负责,全面清理地方属楼堂馆所建设项目。到8月底为止,已有20多个单位报告了清理情况。

中央工作会议精神传达后,又及时召开了楼堂馆所项目清理领导小组会议,并于9月26日召开市政府第十次常务会议,对清理工作反复进行了研究。为把党中央和国务院的有关精神认真落到实处,坚决压缩固定资产投资规模,切实把楼堂馆所清理工作抓紧抓好,需要进一步采取以下措施:

一是要求各区县、各部门,务必动真抓实,按照国务院最近发出的关于清理固定资产在建项目、压缩投资规模、调整投资结构的通知,对所有固定资产投资项目进行全面清理,如实将清理情况按规定时间报市清理办公室,隐瞒不报的,要严肃处理。

二是加强检查督促。从市级有关部门抽调人员,组成市楼堂馆所项目清理检查小组,国庆节前已开始全面检查清理工作。

三是重申建设资金管理办法。凡楼堂馆所建设资金,必须按国家规定存入建设银行,凡未存入建设银行的单位必须于9月底以前存入建设银行,由建设银行监督管理,其他银行不得办理楼堂馆所存款业务。建设单位的资金来源必须经过审计部门审计。

四是停建楼堂馆所项目。无论任何部门批准的楼堂馆所项目,凡未开工的一律暂停开工,规划管理部门不得发放施工执照,建设银行不得拨款。

五是严格项目审批权限。市级各部门、各区县无权审批楼堂馆所项目。楼堂馆所的审批权统一由市政府掌握,市级各部门、各区县不得变相审批实质是楼堂馆所的建设项目。1990年以前,我市原则上不再审批楼堂馆所项目。非建不可的,无论是计划内或计划外项目,都必须按基建程序报市计委,由市计委提出意见报市政府审批。

六是加强监督处理。对严重违反建筑规定标准和未经批准擅自兴建的楼堂馆所项目要认真查处,对资金来源不正当、严重违纪建成的,予以没收、拍卖。同时,在市计委设立监督举报电话,发挥群众监督作用。对违反规定者,视其情况给予主要负责人和直接责任者以经济处罚、行政处分,直至追究法律责任。

三、控制信贷、货币,千方百计稳定金融

当前,我市货币投入过多,贷款需求很大,企业存款大幅度下降,储蓄回升缓慢,各家银行资金空前紧张,四季度资金缺口达8亿元,面临的情况是严重的。为了治理通货膨胀,力求经济保持一定的发展速度,不使经济和社会生活发生大的波动,根据三中全会精神,决定采取以下措施:

(一)稳定和增加储蓄存款。除继续办好现有各种储蓄和保值储蓄外,市政府决定由有关企业拿出一批彩电、电冰箱和摩托车,同银行储蓄挂钩,办理奖售储蓄。还准备开展住房奖售、奖租储蓄,促进货币回笼。市有关企业和单位,要从全局出发,从货源和房源上给予大力支持。

(二)努力从市外拆入资金。目前从市外拆入资金比较困难,但仍要尽最大努力到某些资金相对比较松动的地区去拆借。同时,从现在起,市和各区县拆出资金应从紧控制,人民银行市分行要加强管理。

(三)积极催收联行汇差资金。目前,省工商银行欠我市联行汇差资金已达1.1亿元,市行要抓紧催收。我们也准备向省政府报告,请求省府督促省行及时归还,以暂时缓解资金矛盾。

(四)对调往市外的紧俏物资、商品,实行预收货款。前几年我市资金紧张时,对调往市外的一些紧俏物资和商品,如猪肉、钢材、微型汽车、摩托车、彩电、冰箱等,采取过预收货款的办法,筹集资金上亿元,效果较好。在目前情况下,我们要继续采取这一措施,以渡过难关。

(五)清算银行之间的同城票据交换。目前,市工商银行无钱偿付的同城票据交换差额虽然由9700万元降到7000万元,但金融机构之间的资金清算仍基本上处于中断状态,使得有的金融机构不能正常营业。这种状况必须迅速扭转。

(六)节约使用资金,保证用于重点。银行货币、信贷只能在核定的控制指标之内重点支持以下几方面的需要:一是职工工资、国家规定的奖金和补贴的现金支出;二是群众提取储蓄存款的现金支出;三是农副产品收购,包括外贸出口的农副产品收购合理的贷款;四是人民生活必需品生产的流动资金贷款;五是对税利大户所必需的原材料采购资金,应当给予支持,但数额必须从严核实,打紧安排。

(七)努力挖掘企业资金潜力。我市企业占用资金偏多,潜力很大。所有企业都要按照国家计委、中

国人民银行的要求,确保完成今年流动资金周转加速3%的任务,凡未完成挖掘任务的企业,要相应扣减贷款。特别要提醒注意的是,随着基本建设规模的缩小和货币、信贷的控制,市场商品供求关系将发生变化,一些商品可能由卖方市场转为买方市场,对此要保持清醒的头脑,认真预测市场趋势,精心安排生产和购销,防止产生新的积压。

(八)严格控制流动资金贷款。对倒买倒卖、囤积居奇的企业和公司,立即停止贷款,已经贷款的,必须限期收回。对抬价抢购农副产品的,银行不予贷款,不支付现金,不办理转账结算。

(九)严格执行国家现金管理制度。各单位保留的库存现金,不得超过银行核定的限额。支付现金必须符合现金管理制度。应办理转账结算的不能支付现金,不准携带现金到外地采购物资。

(十)农村信用社的贷款余额,凡用于固定资产投资的,要从严控制。

(十一)各专业银行都要对逾期、风险、呆滞贷款进行认真的清理,分别确定今年清收的目标,层层落实,逐月考核。

(十二)切实加强领导。市政府决定成立有各银行、市经委、财办、财政局、税务局参加的资金调度小组,由刘志忠副市长担任组长,定期进行全市性的资金调度平衡。市人民银行要充分发挥中央银行的作用,加强金融服务和管理、监督,并及时综合分析金融情况,提出对策措施。各级领导干部都要关心和支持金融工作,努力稳定金融,稳定经济。

四、抑制消费需求,压缩集团购买力,狠刹奢侈浪费风

有效地抑制消费膨胀,是我们治理经济环境的重要任务之一。1至8月,我市全民职工工资总额比上年同期增长19%,其中奖金增长40%,而全员劳动生产率只增长了17.8%,工资的增长大于劳动生产率的增长。同一时期,我市货币净投放1.53亿元,而去年同期则是净回笼1.53亿元。这说明需求同供给失衡的情况还比较突出,目前的经济环境还很不利于以物价、工资改革为主要内容的全面配套改革的顺利进行。我们必须继续采取有效的措施,抑制过分的消费需求。

(一)严格控制消费基金,把现实的消费需求控制在生产发展能够适应的范围以内。

1.要进一步完善承包,克服企业短期行为。凡因物价上涨而增值的资金,即"价格效益"部分,要按规定用于发展生产,不得转为消费基金。市财政局要会同有关部门尽快制定一个具体办法。

2.各部门、各单位不得滥发奖金、补贴和实物。对于在承包中弄虚作假滥发钱物的,对于乘机构撤并之机分钱分物的,对于把生产发展基金和工程建设款挪作消费基金的,一经查出,必须给予严厉的经济处罚,并追究单位领导人的责任。经济效益好,奖励基金有结余的企业,也有以丰补欠〔歉〕,不许分光吃光。

3.大力压缩行政事业费和企业管理费开支。对出国团组要严格控制和把关;行政企事业单位的一般干部和工人,未经特许,出差不得乘坐飞机,住高级宾馆,超过标准的费用,要由自己负担。

4.对高收入者,要按规定严格征收个人所得税,对逃税的,一要批评教育,二要补交税款,情节严重的还应处以罚款。

(二)严格压缩社会集团购买力,狠刹奢侈浪费之风,恢复和发扬艰苦奋斗、勤俭建国、勤俭办一切事业的精神。

今年1至8月,我市集团购买力达到了6.3亿元,占社会商品零售总额近10%,比去年同期增长26.8%。自8月22日市政府发出了关于严格控制社会集团购买力的紧急通知以后,社会集团购买力持续上升的势头得到了初步控制。但是,要完成国家规定今年压缩20%的任务,工作还十分艰巨。为此,要进一步采取如下措施:

1.改进集团购买力的管理办法。对县以上单位要下达控制指标,实行计划管理,对县以下的单位要提出压缩要求,各单位必须保证落实。对实行指标控制的单位,一律不得突破控办下达的指标,对任意超过控购指标的,要在下一年度核定指标时予以回扣,并追究单位负责人的违纪责任。同时处以同额罚款,用于教育事业。

2.严格控制审批专控商品。购置专控商品,必须坚持资金先存后批,在指定商店购置。扩大专控商品的范围,由原来19种扩为29种。市对专控商品前一段实行暂停审批的办法,根据新的情况,市政府决定改为收取附加费,用经济的办法加以控制。机关、事业单位购买专控商品的附加费,只能从行政包干经费结余或预算外资金中支付,不准在正常经费中列支;企业单位购买专控商品的附加费,只准从自有资金中列支,不得推入成本。专控商品收取附加费,目的在于抑制消费膨胀,这是我市为贯彻三中全会精神新出台的一项重要措施,国内有的城市也在实行。我们希望各部门、各单位都要支持,把这件事办好。

3.坚决贯彻执行市委、市政府关于保持党、政机关廉洁的若干规定;坚决贯彻执行国务院办公厅《关于在接待中不摆烟酒等问题的通知》;严禁利用公款大吃大喝、请客送礼,违反规定的,财务部门不予报销。企业必要的业务费开支,也要贯彻节约、从俭、效益的原则控制使用。要精减会议,严格压缩会议经费开支,更不准以开会为名搞变相旅游。

(三)积极引导消费,调整消费结构。

除了大力发展消费品生产,加速货币回笼外,一是要抓好商品房出售,开办有奖储蓄、发行有奖债券,试办旅游储蓄,广开渠道,吸收城乡闲散资金。二是要增设储蓄网点,改进服务工作,办好保值储蓄,稳定和增加城乡个人储蓄存款。三是有条件的企业,要逐步实行股份制经营,在职工中发行股票和债券,把一部分消费资金转变成生产资金,促进生产力的发展。

有效地抑制消费,还必须加强纪律性。中央和省、市三令五申不允许干的事,一定要令行禁止,对明知故犯的,必须坚决处理。各级干部,特别是党政机关干部要树立顾全大局的思想,带头宣传三中全会的精神,带头遵守纪律,带头发扬勤俭节约、艰苦奋斗的优良作风,以保证改革和各项建设的顺利进行。

五、继续清理、整顿公司,严禁党政机关经商办企业

中共中央办公厅、国务院办公厅《关于解决公司政企不分问题的通知》下达后,市政府采取了一系列措施,各级工商行政管理部门做了大量工作,对党政机关、党政干部经商办企业和已登记注册的各类公司的情况进行了初步调查清理。

从清理的情况看,自去年下半年以来,我市公司又出现增多的势头。截至今年6月底注册登记的公司2567个(其中,企业集团7个),同1985年清理、整顿公司保留数1713个相比,增长49%。这类公司绝大部分守法经营,对于发展商品经济起到了重要作用。但也有少部分公司非法经营,干扰了改革的顺利进行,给生产和流通领域造成很大混乱。

在各类公司中,我市党政机关经商办企业106个,干部参与经商175人(其中离退休干部28人)。从这类公司清理情况看,有些公司政企不分,增加流通环节,以权谋利,中间盘剥,层层抽头;少数在职、离退休干部利用手中权力,进行投机违法活动,加剧了不正之风。为了进一步做好这项工作,我在这里再强调几点:

(一)把清理和整顿的重点放在流通环节,着重清理整顿那些靠就地倒买倒卖紧俏商品获取暴利的商业性公司。

(二)凡是党政机关办的经营性公司,必须在10月底前政企彻底脱钩。否则责令其停业,予以封闭。群众团体办的公司也要清理整顿。清理整顿告一段落之后,对允许存在的公司要制定一个管理办法,使之做到合法经营。

(三)对各类公司非法经营的紧俏商品,予以查封,听候处理;其非法所得,全部没收,情节严重的,还要处以重罚;构成犯罪的,移送司法机关依法处理。

(四)继续暂停审批各类经营性公司。今后新登记企业,要严格进行审查。

(五)对于"官倒""官批",不论他们打着什么招牌,利用什么借口,有多硬的后台,都必须查处到底,决不能心慈手软,决不能有丝毫的放纵。

这项工作牵涉面广、政策性强,市政府各有关部门一定要互相配合,协同作战;有关企业的主管部门一定要积极、主动配合执法部门开展工作。各区县政府,市级各有关部门一定要加强对这项工作的领导,切实把这项工作抓好。

六、以提高经济效益为中心,以深化企业改革为重点,保持经济持续稳定增长

今年以来,我们认真贯彻党中央、国务院关于"稳定经济、深化改革"的方针,实现了经济增长速度和效益的大体统一。四季度,在适当降低经济发展速度、压缩固定资产投资、控制通货膨胀的宏观经济背景下,加之受我市去年同期基数的影响,全市经济的累计增长速度将逐步放慢。现在,我们对全年情况大致有个轮廓:据有关部门预测,全年农业总产值可达40亿元,增长4.7%;工业总产值包括村和村以下工业全年可达193亿元,增长14%。预计地方财政收入22.49亿元,其中,中央、省和市共分收入为19亿元,增长13.6%。虽然这个速度不算很高,效益也大体同步,但从总体来看,各方面的弦都绷得很紧,存在不少问题,有些问题还很严重。突出表现在原材料、能源、资金、运输很紧,物价大幅度上涨,企业承受能力越来越弱。鉴于我市能源、基础原材料等"上游工业"所占比重较大,这些行业属于"瓶颈"工业,增产潜力也大,同时,还要大力增产市场急需的适销对路的产品,增加有效供给。因此,在考虑明年的盘子时,速度既不能定得过高,也不能压得过低,可以考虑工农业总产值和国民生产总值以分别增长7%—8%和7%为宜(其中工业总产值增长10%)。如果这样安排,就比今年的速度适当降低了,各方面都比较宽松些了,这符合十三届三中全会的精神,大体也符合重庆实际。在压缩基建、紧缩信贷的情况下,组织生产的难度将比今年更大,要达到这个速度,需要我们做进一步努力。

速度适当降低,但经济效益应当有一个显著的提高。经济效益不提高,财政收入不增加,改革就没有必要的财力支撑,企业自身也无法承受原材料价格上涨和固定费用增大的压力。只有提高经济效益,才能为进一步改革开放搞活创造条件,才能为下一步物价、工资改革做好准备,才能保持社会安定。治理环境、整顿秩序与经济发展、提高效益是相辅相成的。我们在坚决按中央的要求适当放慢经济发展速度的同时,要从重庆的实际出发,以经济效益为中心,保持适当的增长速度;全面完成今年工农业生产和财政收入计划,保持明年经济稳定,防止大起大落,保证明后两年治理环境、整顿秩序的战略决策在重庆具体贯彻好、落实好。

(一)以深化企业改革为重点,继续推进全面配套改革

关于深化企业改革的问题,市委、市政府9月初已专门开会作过部署,就按那次会议的要求去做。会上印发的12个政策性文件初稿,体改委已广泛征求意见,市政府或有关部门将陆续下达。这里还需要强调一下的是:企业承包在逐步完善的基础上,应当有一个新的发展,要选择一批有条件的全民所有制大中型企业,扩大股份制试点,理顺财产关系,与之相适应,要积极探索建立股票市场;要抓紧"双自"企业的试点,企业完全自主经营、自负盈亏,国家只依法征税;要进一步推进企业的兼并和联合,发展企业集团,发挥整体综合优势,促进企业组织结构合理化;要优化劳动组合,按劳动量和工作量定员定额,严格考核,强化培训,提高职工素质,切实改变纪律松弛的现象,优化组合后多余的人员,要通过厂内待业、厂内培训、开辟生产门路等多种办法内部消化。物价、工资和其他方面的配套改革,也要按照中央的统一部署,有领导有计划有秩序地进行。

(二)针对制约工业生产的难点,抓好今冬明春的工交生产

今冬明春工交生产面临的形势严峻,一些老的困难和矛盾将继续存在,由于压缩基建和消费,一些新的矛盾又将突出出来,对此要有足够的思想准备。今年工业生产之所以能一开年就持续稳定增长,一条重要经验就是早安排、早落实。这一点,请经委的同志务必要及早筹划。

(三)抓好今冬明春的农业生产,采取有力措施,搞好农用物资供应

明年农业生产如何安排,计划会议还没有召开。农委同志建议,明年农村经济发展的主要目标可以设想为:粮食总产量575万吨(即115亿斤),乡镇企业产值70亿元,人均纯收入增加40元以上。这个目标是否合适,还可以进一步研究。为了促进明年农业的发展,必须以十三届三中全会精神为指针,深化农村改

革,打好开发农业和城乡结合发展乡镇企业两个总体战,促进农村经济的持续稳定发展。进一步合理调整农村产业结构,努力增加对农业的投入,并提高投入的效果。今年扩大小春播种面积50万亩的计划是一个硬任务,要坚决完成。要大力搞好农田基本建设,完成市确定的任务。

要采取有力措施搞好农用物资的生产和供应,把农用物资的专营直供迅速落实下去,保证农民秋播所需要的农用生产资料按国家规定的价格执行。有关部门要共同配合,解决生产农膜、化肥、农药所需的电力、天然气、资金和运输等问题。

(四)继续深入开展双增双节运动,切实搞好税收、财务大检查,努力增加财政收入

1至8月全市地方财政预算内收入14.26亿元,比去年同期增长9.8%;财政支出7.51亿元,增长19.1%,财政支出的增长幅度大于财政收入的增长幅度,今年的财政状况丝毫不容乐观。四季度,在发展生产的同时,要十分注重增收节支,争取实现今年财政收支平衡。各级财政税收部门,不能随意扩大财政支出范围和项目,应当征收的税款一定要及时地足额地收上来,不准违反税收管理权限擅自减免税。要按照国务院的通知和市的部署搞好税收、财务、物价大检查,决不能走过场。市对区县实行"收支递增包干"后,一律不调整区县收入的分成比例或上缴、补助额度,各区县一定要大力增收节支,自求平衡,不得再摆赤字。新出现的赤字,市一律不认账,并追究区县领导责任。

除了工农业生产外,其他各条战线也要按照十三届三中全会的精神,把本部门的工作做好。

治理经济环境,要有良好的社会环境相配合。当前一些行业和企业生产不景气,一些企业仅有微利或发生了亏损,一些地区收成不够好。预计明年这些企业和地区面临的形势更严峻,部分职工和农民的生活将受影响。希望这些企业的主管部门和这些地区的领导,要引起高度重视,采取切实可行的措施,领导和发动群众发展生产,扭亏增收,广开门路,生产自救,以防止各种影响社会安定的问题发生。当前,社会治安状况也不容忽视。从根本上说,社会治安问题是政治、经济和社会生活各方面情况的综合反映,为了治理经济环境,整顿经济秩序,必须要保持良好的社会环境。各有关部门要加强管理和防范,防止出现大的波动,维护良好的社会秩序。

同志们,三中全会提出的治理经济环境、整顿经济秩序、全面深化改革的繁重任务摆在我们面前,我们一定要严守纪律,坚决按照中央的统一部署,统一思想,统一行动。一定要服从大局,服从中央,坚决维护党中央、国务院的权威,牢固树立全局观念,不管有什么理由,都要克服困难,必要时甘愿作出一定牺牲,坚决保证中央政令的统一。一定要全面地正确地领会中央的决策,紧密结合重庆的实际,处理好治理环境、整顿秩序与改革开放、发展经济的关系,处理好治理环境、整顿秩序与保持社会安定、人民生活安定的关系,以确保改革和建设的健康发展。一定要振奋精神,发挥政治优势,依靠全市党员,团结广大群众,和衷共济,共同努力夺取改革和建设的新胜利!

在市委六届五次全委(扩大)会议闭幕时的讲话

肖 秧

(1989年12月3日)

同志们:

这次全委(扩大)会就要结束了。所涉及的全部问题,我们已经作出了一个《决议》,因此,就没有更多的话要说了。这里,我只是对同志们在讨论中提出的一些问题做一下说明,对会议的贯彻问题讲几点具体意见。

这次会议开得比较好。好的标志就是畅所欲言，想说的话都说了，而且与我们党中央的五中全会精神是一致的。可以看出，我们对当前经济形势的认识和根据经济状况所采取的治理整顿和深化改革的决策是正确的，达到了会议的预期目的。在这次会议之前，我们做了一些准备工作，从11月8、9号开始，把中央五中全会精神分别向常委和广大干部同志们作了比较详尽的传达，目的就是希望通过传达以后能够进行比较系统的、周密的调查研究，以便形成我们贯彻中央五中全会精神的文件，所以，市委领导同志分别召开了一些座谈会。这些座谈会，侧重在工交系统特别是大中型厂矿企业的部分厂长、书记和部分区县委书记、区县长中进行。所以，我代表常委所提出的贯彻意见，很多就是来自基层的。今天上午，有10个单位谈了他们的认识和做法。这也可以看出，我们的贯彻意见，主要是表达基层党组织和群众的愿望和要求，同时也与中央的精神取得一致。这是我们这次会议的前期工作。正因为如此，我们这次会议才能够取得比较一致的意见，能够在小平同志辞去中央军委主席的职务之后，大家表示拥护，对治理整顿的精神能够比较全面正确的理解，对我们提出的一个初步贯彻方案大家比较满意。

这次会议也有不足。一是会议的时间短了些，对中央的文件没有充分时间去阅读，同时也没有充分的时间更多地发表自己的意见。这是今后应当改进的。二是对市委提出的贯彻措施，有的同志说结合重庆的实际不够，经验教训总结得不够具体，党中央对这几年经济生活中出现的问题承担了责任，作为市委、市政府也应当承担责任。我同意同志们的意见。这个问题我们在文件中写了一段，但没有明确讲市委、市政府，根据同志们的意见，我们准备把它明确起来。这个经验教训，是四十年来的一条最根本的经验教训，集中到一点，就是急于求成。李鹏同志讲到的三个急于求成，即在建设上、发展上和改革上的急于求成，这就构成了当前经济生活中供求关系的严重失衡，因此出现了经济生活中的一系列问题，使得我们今天必须下决心进行治理整顿。市委、市政府的毛病也是这个，只是表现的形式与全局不尽一致。作为全党，是三个方面的集中反映，作为地方，有自己的特殊性，在全局性的经验教训里面较多地表现着地方和局部的特点。

下面，我想就如何贯彻五中全会精神的问题，讲几点具体意见。

一、要用五中全会精神统一全党和全国人民的思想和行动

第一，要宣传群众。同志们可能记得，毛主席在党的七大的报告中有一段话，就是在讲怎样贯彻七大《决议》的时候，讲了要宣传群众、发动群众、组织群众，走群众路线。这一点十分重要。我们怎么来发动群众呢？就是要把中央五中全会的精神和市委的《决议》原原本本地向我们的党员进行宣传讲解，向广大群众宣传讲解，至少要让他们知道为什么要进一步治理整顿和深化改革，它的主要内容是什么，目标是什么，要获得一个什么结果，说简单一点，治理整顿、深化改革，在当前就是要抑制过高的需求，用以缓解供求矛盾，达到中央提出的六个目标。形成整个国民经济能够长期持续、稳定、协调地发展。"持续、稳定、协调"这六个字，就是我们进行治理整顿最终要达到的目的，使经济能够在这个正确的思想指导下健康发展。用我们的话来讲，这今后十年的发展，整个经济的质和前十年就有所不同，它会更加实在。如果这一点能够被我们多数的同志所接受，那我们的治理整顿就能够痛下决心，否则，就难以圆满完成治理整顿的任务，实现中央五中全会的既定目标。这就要求我们使更多的人理解五中全会精神，要求我们广泛、生动、具体地向群众宣传五中全会精神。

第二，我们的领导同志要作艰苦的深入细致的调查研究。这是不能马马虎虎的。用毛主席的话来讲，就是要做系统的、周密的调查研究，通过调查研究，从而抓住事物的本质，不至于被复杂的现象所迷惑而人云亦云。列宁在《帝国主义论》（即《帝国主义是资本主义的最高阶段》）中讲到，任何一个观点都可以在社会上找到它的证明。这就说明事物是复杂的，要抓住事物的某些枝节是非常容易的，但如果要抓住事物的本质，获得规律性的认识，不作系统的、周密的、深入细致的调查研究是根本做不到的。为什么要作调查

研究？因为只有把实际状况弄清楚，才能把五中全会精神和实际很好地结合起来。特别是现在，我们搞了十年的改革开放，经济生活的内容十分丰富，就是说，这十年改革开放，给我们积累了大量的经验和教训，给我们深入改革提供了物质上的条件。对十年改革开放以来的东西，只有通过调查研究，通过总结，才能把握住它的本质。这个问题，我们很早就提出来了，一定要认真回顾和总结。例如，农村的联产承包，双层经营责任制；工厂中主要是让企业相对独立地进行生产和经营，并为此采取了一套办法。这些东西，哪些是成功的，哪些是失败的，都需要认真调查研究，作出比较符合实际的总结。只有在这个基础上，才好说下一步如何使中央五中全会精神的具体贯彻。作为企业内部，也有许多成功的经验，要总结好，也需要大家下功夫。在我们上层中，在政府管理工作中，也有不少经验值得认真总结。当然，这几年改革也有失误，这是我们市委应当负责的。我请同志们务必要眼睛向下，切实转变作风。

第三，要联系本系统本单位实际认真落实市委所提出的关于贯彻中央五中全会精神的原则性意见。全市各行各业在会后都要根据市委的部署去贯彻落实中央五中全会精神。学校等事业单位也要根据自己的实际，使教员、教授、学生、职工群众都来关心当前经济生活中的大事。

二、各级领导要充分估计当前的经济困难和所处的政治环境

我们面临的困难，除了经济的以外，还有政治环境。在国际方面，我们正处在一个国际共产主义运动的低潮，这对我们的各个方面尤其精神方面是很不利的。此外资产阶级自由化在思想、文化等各个领域里的泛滥也是严重的。这样一个思想条件，与60年代初期那次大调整时就迥然不同。那次大调整，中央一声令下，全党行动，有一大批从农村到城市已经当了工人的农民一下子就背起背包回到农村去了。现在能不能作到呢？恐怕不行。再说，那次完全是按照计划经济的要求在经济范围内来进行调整的。而现在是在要建立一个有计划的商品经济体系的情况下来进行调整的；思想基础和要达到的调整目标与过去都不同。一方面，我们说困难是前进中的困难，这不同于60年代初期那种吃不起饭的困难；另一方面，现在又是在从温饱型向小康型过渡过程中的困难。我赞成同志们的意见，就是对困难要想得多一点，以便努力做工作，下功夫去克服困难。在这次会议上所统一的就是从总体来讲，着眼点是稳定，就是在这个困难的局面下一定要着眼于稳定。但是，我们要克服困难，其着力点就在于鼓劲，把困难估计够，目的是要下功夫解决问题，求得发展，而不是无所作为。

同志们是否还记得，市委在贯彻中央十三届三中全会精神的时候，我给同志们念了一段宋任穷同志的讲话，就是他引用毛主席在抗日战争中对困难的估计问题，就是要把困难估计够，以便有充分的思想准备去战胜困难。所以，我们要从稳定出发，着眼于稳定，着力于鼓劲。

三、一定要加强党内的安定和团结

我们认为，依靠群众也好，贯彻落实五中全会精神也好，着眼于稳定，着力于鼓劲也好，一个关键的问题是党内的安定团结。我为什么把这个问题看得这么重呢？因为历史的经验告诉我们，任何一次胜利，之所以能够取得，并且使之向前发展，就是由于有党的领导核心的团结。特别是在当前，正如小平同志在讲了世界局势之后的几句话那样，只要我们自己不乱，那就什么也不怕。在我们党内，千万不能搞内耗，一定要顾大局。当前我们面临许许多多矛盾，包括许多不顺心的事情，这些事情，从大局来看都应当服从于团结。同志们在学习中的体会是很深刻的，就是我们重庆几年来特别是今年对动乱的制止，取得了局势的稳定，以及抗灾夺丰收和各种重大活动的成功，都是党的领导核心团结奋斗的结果。没有这个条件，一切成就就根本不可能。所以，我们党的各级组织一定要团结。充分发挥战斗堡垒作用，同时带领党员发挥先锋模范作用。当然，有些并不是非原则的争议，但在不团结的因素中，大量是非原则的争论。所以在今天这个大局里面，就是从国际上社会主义处于低潮，国内又处于一场大动乱之后，又由于十年来经济工作中的失误而形成经济上的困难的情况下，如果内部再

乱,这个局面就根本应付不了。我看了一下老同志那一组的发言材料,他们对党内的团结看得相当重,我非常赞成。这一条,也可以说是我们重庆能不能把中央五中全会精神贯彻落实下去的关键。因此,作为一个单位,一个系统,一个局,一个大企业,一个公司,都务必请同志们一定要安定团结,首先是党内的安定团结。对于无原则的事情,就容忍,谅解,让一步没有什么了不起的,现在说不清楚的,过些时候再说都可以。不团结的事情,无原则的纠纷,许多是长期积累起来的,"文化大革命"形成了一场大的动乱,也留下了各式各样的东西,这些东西妨碍着我们的团结。所以,各级领导,特别是一把手一定要注意团结,这是我们的工作取得成就的关键。一把手对一些非原则问题要谅解,对一块相处的同志要支持,事情才好办。如果说一把手不善于听取群众意见,过多地讲究枝节,又不肯妥协,那就会出问题。这里说的是非原则问题。当然,对于原则问题决不能让步。但是也要讲究达到坚持原则的方式方法。这是小平同志的一个高明之处。现在是大敌当前,人家要打一场没有硝烟的世界大战,在这个时候,如果把自己内部的恩恩怨怨都挑出来,那就不好办了。所以,党内的团结,领导核心的团结是至关重要的。

四、要在贯彻中央五中全会精神的过程中加强党的建设

当前,在党的建设问题上要注意以下几个方面:

第一,要解决为政不廉的问题。现在,群众对我们党内的不廉洁行为是不满意的,这个问题,要认真对待,毫不含糊。在上一次大会上,我给同志们讲过,就是在我们党政机关里面也有问题。刚才,在开会之前,我们监察局的沈局长还说了市级机关有一位副处长的问题,现金就是2万多,在他家里还有名人的字画。这不只是一个人,而是一个团伙。在这些人身上,什么共产主义,什么全心全意为人民服务,统统都没有。在这个问题上,请同志们不要马马虎虎。我曾经说过多少次,我们大多数的领导干部是好的,像上面所说的只是极少数。我们多数同志的问题,主要是作风不够严谨,无非就是碰到自己的事情要求不严格。我们领导干部的作风问题是有的,要求不严,这就要检讨。对自己的不廉洁行为一定要检点,然后振作起来下决心解决为政不廉的问题。比如,那些小仓库,很难说在目前这种社会风气下就没有一点问题,这就值得自觉地检查一下,过问一下。现在,谁在本单位当头,就要为本单位的职工谋福利,而有些制度又没有建立健全,这也纵容了这些问题滋生。要谋福利,就得要人去找钱,而找钱的人有的就把钱往自己的口袋里装。现在,尽管坦白过点了,但是,如果有坦白自首的,我们仍然从宽。无论如何,我们党政机关要把它当成一个事情来抓。从现在的情况看,问题是相当严重的。

第二,我们应当在各项政治斗争和生产斗争中学会做思想政治工作。为什么叫学?一是要向传统的思想政治工作经验学。现在的思想政治工作很简单,这是不行的,在内容和形式上都应当在继承党的思想政治工作的优良传统的基础上,结合新的实践去改进。二是要抓住当前形势,使思想政治工作和商品经济结合起来。这就有许多新情况,新问题,需要我们去学习,去研究。这个工作抓得好,其他事情就会迎刃而解。在这次会上,有两位党委书记讲了他们做思想政治工作的经验,非常好。我们一个单位的领导到底花了多少精力去做思想政治工作,从实践中就可以看得清清楚楚。

第三,要紧紧抓学习。在贯彻中央五中全会精神的过程中,一是要结合四中全会以来中央的一系列文件,包括江泽民同志的国庆讲话进行学习。这些文件和讲话,是对我们社会主义革命和建设的经验总结,这里面包括政治斗争、生产斗争和科学实验。二是要学习马克思主义哲学。作为干部特别是领导干部,必须自觉接受唯物论和辩证法的教育,增强观察事物的客观性,避免主观的唯意志论。"唯意志论"的高峰就是"文化大革命",那时走到了极端。这是一方面。另一方面,就是要学习辩证法,把握观察事物的全面性,避免片面性。在当前,我们学习马克思主义哲学,就是为了高举社会主义的旗帜。在欧洲,现在有的国家已经把社会主义的旗帜弄得歪歪扭扭的了,有的已经下了。在中国,我们一定要坚定地高举起社会主义的

旗帜。学习马克思主义哲学,就是要用它的立场、观点和方法来观察国际国内形势,使得我们在观察世界的时候,有唯物的观点、辩证的方法。为什么四十年来国内建设的主要经验教训是急于求成?包括我们建国前二十八年民主革命,也是急于求成,特点都一样。究其原因,除了小生产意识之外,就是唯心论和形而上学的东西比较多。所以,现在需要我们好好地学习哲学。这次动乱的教训,其中很重要的一条就是学习不够。不可否认,在中国这块土地上,弄得不好,是会有资本主义复辟的危险性的。

第四,我们各级领导干部无论如何要克服官僚主义。这是我们党的建设上的一个重要问题。这次会议,基层的同志对我们提出了批评,要求我们下去,多搞调查研究,克服官僚主义。这是善意的。在这次贯彻中央五中全会精神的时候,我们一定要转变作风,无论如何要深入下去,不然就没有根。同川他们对政府的工作也准备这样作,对各个"条条"下来的东西要做好协调工作,否则,弄得基层不好办。

另外,明天同志们要一块参加一下劳动,我们这个党,不只是从宣传上而且从行动上也要让群众看到是可以信赖的,是全心全意为人民服务的。

在市委六届八次全委(扩大)会和市农村工作会结束时的讲话

肖 秧

(1991年12月19日)

同志们:

市委六届八次全委(扩大)会和市的农村工作会今天就要结束了。会议期间很多同志提出来,希望了解一下当前的国际形势。刚才王文德同志传达了最近中央领导关于国际形势的一个讲话,这里面非常全面地深刻地分析了当前的国际形势,阐述了党和国家对内、对外的工作方针。当前国际形势总的来讲,就是中央所估计的,整个社会主义处于低潮,社会主义遭到严重挫折;世界旧的格局已经破坏,新的格局还没有完全建立起来。所谓世界旧的格局,就是两极对立,以苏联和美国为首的对立,形成的世界格局。现在苏联已经崩溃,年底联盟就要"终止"。以后的发展,咱们继续往下看。今后可能出现一个多极的世界格局。这个多极的特点,同志们要很好把握,不管怎么变,世界的主要矛盾仍然可以说是两个:一个是资本主义和社会主义之间的矛盾;另一个是资本主义国家之间的矛盾。表现出的形式就是发达国家和不发达国家之间的矛盾,发达国家之间的矛盾。毛主席不是把地球上划分为三个世界吗?就其阶级本质来讲,仍然是这两个矛盾。至于苏联的前途,现在还不能说在这个地方社会主义就全完了。它至少会出现相当长时间的混乱,现在苏联的局势有点像南斯拉夫,弄得不好还可能动武。世界已经形成了这个局面,中央的方针很明确,只有斗争才有出路,我们别无选择。问题是怎样斗,中央让我们埋头苦干的斗,把我们国内的事情办好。过去我们是针锋相对地斗,现在是韬光养晦地斗。这个斗有没有出路,有的同志提出"红旗到底能够打多久?"井冈山革命时期也遇到过类似的情况。我们现在的局势有点像当年毛主席在井冈山,但比那时要好得多,当时就剩下一块革命根据地。毛主席正确地分析了当时的形势,军阀之间的矛盾,就构成了我们边区红色政权存在的可能性。中国经济发展的不平衡和军阀之间的矛盾,决定了中国革命根据地存在的可能性。现在的国际形势,同当年中国国内形势相似,资本主义国家之间的矛盾比较微妙,美国和日本的矛盾、美国和欧洲的矛盾,越来越突出。在这种情况下,中国就有存在和发展的可能。不然,为什么一方面美国要制裁我们,用取消贸易最惠国待遇、人权问题压我们;另一方面,日本首相、意大利总理、英国首相,几个西方国家的外长都到中国来访问。

这表现出西方资本主义国家之间的矛盾和分歧。只要我们的方针得当,我们的社会主义旗帜就一定可以坚持下去。

苏联事件后,中央召开工作会议讨论搞活国营大中型企业问题,紧接着召开八中全会,作出了关于加强农业和农村工作的决定。这充分体现了在当前国际形势下,抓好经济工作,特别是抓好国营大中型企业和农业、农村工作的重要性。市委召开六届八次全委会,一是学习中央《决定》,联系实际,全面深刻领会中央《决定》精神,二是按照中央《决定》精神,结合实际,制定出全市加强农业和农村工作的意见。王副市长根据市委、市政府意见,在会上作了全面贯彻《决定》精神,努力开创农村工作新局面的报告,同志们对报告提了一些意见,经修改后,就作为我们贯彻中央《决定》的意见。这次全会已达到了预期的目的,并通过了市委全委会关于贯彻中央《决定》的决议。下面,我根据市委常委会和同志们的意见,强调几点:

第一,中央《关于加强农业和农村工作的决定》是今后10年实现小康战略目标的纲领性文件,要把认真学习、贯彻中央《决定》放在工作的首位,联系各自实际,准确把握文件精神。

首先,充分认识农业和农村工作的重要意义。尽管这几年我市农村工作抓得不错,但还不能说对农业和农村工作就有了充分、深刻的认识。农业和农村工作之所以重要,一是农业在国民经济中是基础;二是农业人口的比重最大,人口最多。我们国家能不能达到小康、国民经济能不能现代化、国家能不能自立,主要看绝大多数人是否达到小康、农业是否现代化、农村是否稳定。农民和农村问题始终是中国革命和建设的根本问题,因为有80%的人从事农业生产、居住在农村。小平同志说过,贫穷不是社会主义,又说共同富裕才是社会主义。少数人的富裕不是社会主义,只是说少数人先富起来,达到共同富裕才是社会主义。大多数人处于贫穷,没有达到小康,这个社会就难以安定。我们在农村工作的同志,要认识到自己从事这项工作的重要意义;在城市工作的同志要认识到离开了这个基础、离开了这个多数的人,我们城市也不能孤立地发展。

其次,要正确理解建设有中国特色社会主义新农村的基本原则和基本经验。中央《决定》指出:根据新中国成立以来特别是80年代的经验,完成90年代的任务,建设有中国特色社会主义的新农村,进一步巩固工农联盟,必须遵循以下基本原则,即八个"必须"和"切不可"。对于经济建设来说,必须始终把农业真正摆在首位。我们的教训是什么呢?那就是农业状况一有好转,就忽视和削弱农业的基础地位。农村的改革是什么?概括起来就是"稳定、完善、发展、壮大",那就是《决定》指出的必须继续稳定以家庭联产承包为主的责任制,不断完善统分结合的双层经营体制,积极发展农业社会化服务体系,逐步壮大集体经济实力,引导农民走共同富裕的道路,这就是农村改革的重点和方向,切不可偏离这个重点和总方向。回顾一下,取得这些经验,我们走过了一段什么样的道路?解放初期,进行了土地改革,把地主的土地分给广大农民,把农民从封建制度的束缚下解放出来,生产力得到迅猛发展。土改后,紧接着实行合作化、公社化,然后走不下去了。这是由于生产力发展水平低,我们片面强调公有制,又重新束缚了农民生产积极性。党的十一届三中全会以后,实行家庭联产承包责任制,生产关系适应了生产力发展,调动了广大农民的生产积极性。在这个过程中,又忽视了某些原有合理的集体经营的东西,如农田水利基本建设等。现在我们在稳定家庭联产承包责任制的同时,强调完善双层经营体制,发展社会化服务体系,壮大集体经济实力。这是对我们几十年农村走过的道路的全面总结。对于制定和执行农村政策来讲,经济上必须切实保障农民群众的物质利益,政治上要保障民主权利,切不可侵犯农民的合法权益。对农业现代化来讲,必须坚持科技、教育兴农的发展战略。多渠道增加农业投入,加快农用工业的发展,切不可放松农业物质技术基础建设。对发展农村商品经济,必须尊重价值规律,重视流通领域的改革和建设,切不可忽视流通对生产的促进作用。对于农村经济和社会发展来讲,由于我们人多地少的特点,必须严格控制人口的增长,严格控制非农占地,合理开发利用资源,保护生态环境,切不可脱离国情,违反基本国策。对建设社会主义新农村来讲,还必须加强以党组织为核心的基层组织建设,加强思想政治工作,发扬自力更生,艰苦奋斗精神,坚持物质文明和精神文明建设一起抓,切不可一手硬一手软。最后还提出一条,指导农村工作必须坚持群众路线,一切从实际出发,因地制宜,分类指导,切不可违背群众意愿,不顾客观条件照搬照套,一刀切。《决定》中的八条原则,是整个文件的基本内容和基本经验。一句话概括,在公有制条件下,家庭经营的自主与集体经营相结合。公有制就是坚持社会主义方向,自主就是商品经济,这是符合现阶段生产力发展水平的。

再次,要明确达到小康水平的任务。小康水平有六条标准,使广大农民的生活水平从温饱达到小康,物质生活比较富裕,精神生活比较充实,居住环境得到改善,健康水平有了提高,公益事业有了发展,社会治安良好。明确我们的任务,我认为有两个意义,一个是要充分了解实现这样一个任务伟大意义所在,对于国际共产主义运动和走具有中国特色的社会主义新型农村的道路会起一个什么样的作用;另一个是要了解这样一个任务的艰巨性在哪里?虽然我们实现了温饱,但只是一个低标准、低水平的温饱,全市农民纯收入今年仅有了700多元,何况在边远山区农村少数农民还没有摆脱贫困,对于这一点,应有充分清醒的认识。现在对广大农民来讲,储备有粮食的农户,占绝大多数,但有存款和现金的农户恐怕不多。因此,要实现小康,我们的任务还很艰巨,我们还要艰苦奋斗,这不是一朝一夕就能解决的。

第二,联系实际,落实中央、省、市文件的要求。

一是在组织上要落实。按照中央文件要求,加强乡镇党委和政府的自身建设,充分发挥乡镇党委领导核心作用,健全乡镇政府职能,花大力气建成有权威、有效能的基层党委和政权组织。基层组织不健全、不得力,怎么能落实呢?乡镇要有统筹经济的能力。现在我们有一个问题没有得到根本解决,乡党委、政府作出了决定,上面单位的下派工作人员还不一定执行。前几年我们主张这些"员"统统下放到乡镇,有的县搞得不错,有的在试点,这一点必须坚决执行。市级机关要支持,通过这次贯彻中央《决定》精神,采取坚决果断措施。有关部门设在乡镇的机构,除少数不宜下放的实行双重领导外,一般都要放在乡镇管理。实行双重领导的机构,干部的调动任免、奖惩应征得乡镇党委的同意。乡镇党委和政府对这些单位要加强领导,使之相互配合,形成合力,共同为农村的经济和社会发展服务。乡镇组织解决了,然后抓村级党组织建设,这是巩固农村社会主义阵地,落实党在农村的各项方针政策的组织保证。二是联系实际,作出全面发展农村经济的规划。下决心调整产业结构,改良农产品的品种,提高农产品的质量,增强竞争能力。三是抓好农业基础设施建设的落实。按王副市长在会上的报告落实,从"三大工程"开始,一直抓到小康目标的实现。

第三,抓好农村改革。稳定家庭联产承包责任制,完善双层经营体制,发展农业社会化服务体系,壮大集体经济,这是总的要求。要发展有计划的商品经济,体制上改革的重点,一是在流通领域的改革;二是在金融领域的改革,即供销社、信用社和农村保险的改革。供销社实行"四放开",在农村会发挥更大的作用。信用社目前处于停滞状况。供销社和信用社必须办成农民自己的经济组织,加以积极发展。农村保险,建立风险补偿机制,是农业社会化服务体系的重要内容之一,对于稳定农村社会、经济和巩固基层政权有重要意义。

发展商品经济必然涉及到价格放开问题。目前,我市仅有粮食、生猪、蔬菜三大类价格尚未放开。若粮价放开,粮价下跌,势必影响农民经济收入,从保护生产者和消费者的利益出发,要慎重考虑,务必稳妥。生猪和蔬菜的放开势在必行,有关部门要制定方案,周密测算,做好宣传,避免引起物价大起大落。

第四,农村工作的着重点。农村经济最终的出路是在稳定粮食增产的基础上,积极发展多种经营,大力发展乡镇企业。要实现小康水平非大力发展乡镇企业不可。大型企业组的同志表示,要帮助乡镇企业发展。所谓大力发展,就要达到速度和效益相统一,发展与提高相结合,内涵与外延发展并重。特别要注重发展乡村集体骨干企业,发展名优特拳头产品,走城乡联合的路子,提高产品的竞争力。搞乡镇工业有一个专业化、规模效益的问题。荣昌的夏布生产组成集团,走出了一条成功的路子。我们有些县,也要因地制宜地发挥联合的优势,搞联合和集团。企业调整产品结构,要依靠技术进步。乡镇企业也要加强管理,练好内功。新上项目要慎重、积极,避免重复建设,注重经济效益。

第五,关于科技、教育兴农的问题。同志们讲的很充分,我这里就不再过多强调。农业、农村经济的发展,必须依靠科学技术、靠培养科技人才。

第六,关于农村社会主义思想教育问题。江泽民、杨汝岱同志都讲得很充分。我这里提几点要求。县里的同志要深入调查,当前农村社会主义思想教育究竟是什么状况?成效有多大?问题有多少?最近市委宣传部组织了专门调查,19个区县委宣传部门组成22个调查组,直接深入到25个村社,其中已经结束社教的有4个,正在开展的有18个,还没有开展的有3个;对社会主义的看法从调查结果看,85%以上的农民坚信党、坚决拥护中国共产党的领导。他们说,没有中国共产党就没有新中国,脱离党的领导,资本主义就会复辟,中国就会四分五裂、天下大乱,更谈不上实现四个现代化。璧山县对两个村不同层次的农民进行了调查,坚信共产党领导的达100%。九龙坡15个乡镇企业职工调查,98%以上的人主张企业生产经营,只能加强党的领导,不能削弱党在企业的地位。合川、北碚流传这样一首民歌:"巴山豆,藤藤长,我把党来比爹娘,爹娘引我走社会主义路,我对爹娘巴心又巴肠。"在调查中发现存在的问题,一是认为党的宗旨是全心全意为人民服务,这很好。但是,有些基层干部和党员,不是为人民服务,而是为"人民币"服务,为亲朋好友服务,这种现象,有些上层干部也有。二是政策太宽,治党不严,以至党内腐败现象和不正之风屡禁不止。三是农村基层党支部作用发挥不好,有些党员把自己看成是一般老百姓。值得注意的是大约有10%的农民对社会主义教育抱无所谓的态度,他们说,管你这个主义,那个主义,捞得到钱就是好"主义"。还有少数青年农民说,我们也试一试走资本主义道路,尝一尝资本主义的味道,如果不行咱们再拉回来走社会主义,这不是正反两方面的经验咱们全有了吗?这种认识是很糊涂、很危险的,也说明我们开展社会主义教育很有必要,必须深入持久地开展下去。

对社会主义教育的看法农民普遍认为非常必要。

第一,增强了对党、国家、社会主义、集体主义、政策法制观念;第二,进一步推进了农村经济的发展;第三,使以党支部为核心的村级组织得到整顿加强;第四,干群关系、社会治安、集体财产、计划生育这些问题都得到一定程度的解决,社会文明的风气也有好转。对这次社会主义教育的效果,认为这次社教有效果的农民占43%,40%的农民认为效果一般,12%的人认为没有效果。为什么呢?一是农民对社会主义思想教育期望过高,二是工作队力量薄弱,三是有些地方社教留有"死角",四是社教结束后,赌博、封建迷信等又有所抬头。

总体来讲,我们的路子很对。我们这个社会主义思想教育不是从思想到思想,而是从思想到物质,从物质到思想。也就是说,我们这个教育是两个文明一起抓,我们这个教育是以经济建设为中心的。请同志们回去调查一下,按照中央的部署,抓出成效来。

第七,关于工作作风问题。贯彻中央《决定》,关键在于我们各级干部的思想认识和工作作风。我们贯彻中央工作会议精神,在党政机关提出了"三清理",就是要清思想、清制度、清财务,重点是清财务。这项工作文彬同志主持抓,很有成效。我们有个单位,非法收入一个人8000元。从我们收到的材料看,有的单位挪用资金为本单位职工盖房子、发东西,动不动就是几十万。最近文彬同志收到个材料,有个行政单位除工资外私自决定每人每年发了4000多元奖金和补贴,一定要认真查处。所以,我们转变工作作风,不能只停留在口头上。我们这个党,我们这支队伍,无论如何要依靠群众,要为人民服务。前车之鉴,苏联、东欧变成资本主义有多种原因,经济上没有搞上去,思想上搞修正主义,作风上严重脱离群众,搞出来一个特殊阶层,一批吸血鬼,这样怎么能够坚持社会主义道路呢?这里要提醒同志们高度注意,乱摊派、强迫命令等很多东西表现在下面,很大部分根子在上面;贯彻《决定》,要继续在机关开展"三清理",特别是财务要公开。市委、市政府办公厅、市医药局的"三清理"工作有成效。所有的党政机关都要严格进行这项工作。不是就要换届了吗?那些为政不廉,以权谋私,脱离群众,不为人民服务的人要坚决换下去。

"三清理"是为发展生产力服务、为基层服务的,为搞活大中型企业服务,也要为农业服务,要坚决清理农民的不合理负担。

"三清理"工作一定要深入扎实开展下去,对不认真清理的单位、部门、地区,要派人"帮助"清理,严重的要在报上公开,公之于众。省里号召区县要创"学习、团结、勤政、廉洁""四好",提得很准确。我们要在"三清理"基础上,再创"四好"。总之,把工作作风问题作为我们贯彻中央《决定》的关键。干部队伍一定要有一个好的作风。

以上七点,请常委审定一下,然后作为文件发下去。

在市委六届九次全委(扩大)会议结束时的讲话提纲

肖 秧

(1992年)

讲三个问题。

一、对会议的估价

我们这次会议开了三天半,大家反映,时间虽短,但安排紧凑,会议开得很好。会议期间,大家听了同川同志的传达,认真学习了十四大的文件,重温了小平同志的南巡重要谈话,并结合市委贯彻党的十四大精神的意见和本地区、本单位的实际进行了认真、热烈的讨论。大家感到,我们这次会议主要有以下几个特点,或者说形成了几个共识:

1.同志们认为,在我们党的历史上有两个划时代的贡献。第一个是党的"七大"确立了毛泽东思想在我们全党的指导地位,使我们夺取了新民主主义革命的胜利。第二个就是十四大,确立了以小平同志建设有中国特色社会主义的理论作为全党的指导思想,必将指引我们取得建设有中国特色社会主义的伟大胜利。

2.大家一致认为,特别是我们的老同志讲:现在提出搞社会主义市场经济是"水到渠成"。建国后二十九年的经验教训,十四年改革的实践,都说明了公有制必须同市场经济结合,才能够既保持社会公平,又做到高速度、高效益的发展社会主义经济。同时,大家也认识到,对于发展社会主义市场经济的长期性和艰巨性要有足够的思想准备。

3.大家总结回顾了我市十四年改革开放的历程,充分肯定了这十四年经济建设的巨大成就和历史性变化。认为,我们工作尽管还有这样那样的缺点或不足,还有一些不尽如人意的地方,但是我们毕竟在克服困难中扎扎实实地前进。过去十四年干得不错,大家深信本世纪最后八年一定会干得更好。

4.这次会议提出了90年代关系重庆全局的八项任务。大家认为这些任务比较好地体现了十四大精神,紧密结合了重庆实际,突出了重庆特色,目标是积极的,经过努力又是可以办到的。

5.大家经过讨论,明确了当前经济形势和今冬明春的任务。表示,贯彻十四大精神,要从眼前做起,今冬明春的工作,就要主动按十四大精神办。

总起来看,大家一致反映,学习十四大精神后,确实是"明确了前进的方向,增强了上台阶、奔小康的信心,加快改革、扩大开放的劲头更大了"。

二、贯彻十四大精神,首先要认真学习好十四大文件

1.学好十四大文件,贯彻好十四大精神,是当前的一件大事。各级党委要全力以赴,认真抓好。

2.各级领导干部要带头学好,带头贯彻落实。

3.学习中要着重领会精神实质,不要在概念名词上绕圈子。比如,社会主义市场经济问题,不要抽象地从定义出发去抠,要从社会经济生活的实际去理解:在生产力水平还不是很高的社会主义初级阶段,

在经济生活中非搞等价交换不可。除此而外,没有更好的办法来沟通生产和消费,这样联系实际来学,就好理解了。

只要明确了搞市场经济的客观必然性,就算把这个问题的方向初步搞明白了,至于怎么来搞好社会主义市场经济,那还要在实践中去探索,去创造。

4.联系思想实际,主要是要解放思想,换脑筋。要联系我们的工作和社会生活实际,对照思考一下,我们在哪些方面、哪些问题上还有"左"的框框的影响,还有僵化观念的影响,还有小生产观念的影响?要认真清理一下。不是要什么"检查""批判",而是要弄清道理,分清是非,提高对有中国特色社会主义理论的认识,提高贯彻执行党的基本路线的自觉性。

5.在学习方式上,可以先集中全面学习一段时间,有初步的了解,再分专题深入学习,更重要的是要结合改革、开放的实践,经常深入学习。

6.报刊、电视、广播各种宣传工具,都要动员起来,深入浅出、通俗易懂地搞好群众性的宣传教育。

三、真抓实干,把党的十四大精神尽快落到实处

贯彻十四大精神,根本任务就是要以经济建设为中心,把国民经济搞上去,实现90年代的宏伟目标。任何时候都要紧紧抓住经济建设这个中心不放,各级领导、各个部门、各行各业都要服务于、服从于经济建设这个中心,决不允许背离这个中心。背离这个中心,就是背离了十四大精神。

贯彻十四大精神,既要对完成90年代的战略任务充满必胜的信心,又要看到实现这些任务的艰巨性。要立足长远,着眼当前,真抓实干。提倡干实事、见实效、创实绩,脚踏实地地工作。真抓实干,就要敢于冲破各种阻力,无论是对传统观念,特别是"左"的思想影响的阻力,旧的管理体制惯性的阻力,还是工作中的难点、障碍,都要敢于碰硬。

真抓实干,就要打破常规,敢于创新,力争实现经济超常规发展,改革开放取得突破性的进展。

贯彻落实的几点要求:

1.要把市委提出的改革开放、经济发展的目标和任务落到实处。各部门、各区县(市)要根据市里的规划,结合自己的实际,提出自己的发展目标。基础比较好、有条件的行业和区县(市),应当发展得更快一点,不要满足于市里提出的速度。关系到全局的几大拳头产品(汽车、摩托车、钢铁、铝材等),不但要有规划,更主要的要有加快实现规划的措施。每半年要检查一次进度。影响经济发展的几个突出问题,比如建设资金问题、交通运输问题(特别是发展水运),要进行专门研究,及早动手,提出解决的办法。

2.要集中精力抓好当前的经济工作。年终快到,要排除各种干扰,克服一些领导干部会议多、外出参观多、形式主义多的毛病,把主要精力放在自己的工作上,亲自动手,解决当前经济工作中的一些紧迫问题(如亏损过多的问题)。要像前年那样,尽可能把一些会议合并起来开,不必要的外出要停止,切实把同川同志布置的今冬明春的几项工作认真抓好。

3.一定要转变作风,为基层服务,机关开展"三清理",干部作风确实有了一些转变。但是在一些部门,在某些工作上仍然存在着问题。我再强调一下:落实企业自主权、下放给区县(市)的权利,要坚决按中央和市里的文件规定。各部门由党组书记负责,必须在今年内把凡是不符合十四大精神的规章制度和文件统统清理出来,加以废止;把凡是不符合加快改革开放、经济发展的一些关卡和不合理收费也统统清理出来,坚决纠正。

4.要加强团结,消除内耗,勤奋工作。区县(市)面临换届,市级部门的领导干部也可能有一些局部调整,机构改革也要进行,这个时候最容易引起动荡和思想波动,领导干部首先要顾全大局,做好工作,不要过多地考虑个人利益。不能容忍干部之间互相扯皮,不能容许伸手要官,越是这样,越不能让其留在领导岗位。一定要以工作实绩来考核任用干部。

5.抓好治安工作,保持社会的稳定。稍有松懈,不安定因素就会干扰我们的工作,分散我们的精力,千万不能大意。要坚持预防、教育和打击相结合的方针,把社会治安工作切实抓好。

在市委六届十次全委(扩大)会议上的讲话

孙同川

(1993年2月15日)

同志们:

我们这次会议,主要是贯彻省委五届十二次全委会议精神,讨论并通过市委今年的工作要点,同时还要就召开中共重庆市第七次代表大会作出决议。下面,我代表市委对去年的工作进行一个简要的回顾,并就今年的工作讲几点意见。

1992年工作的回顾

刚刚过去的1992年是很不平凡的一年,小平同志的南巡重要谈话和党的十四大,把我国改革、开放和经济建设推向了一个新阶段。市委和各级党委,组织广大党员和干部群众,认真学习贯彻小平同志南巡重要谈话和党的十四大精神,广泛深入地开展了进一步解放思想的大讨论,调动了广大人民群众加快改革开放和现代化建设的积极性。市委、市政府还结合重庆实际,出台了一系列加快改革,对外更加开放,对内更加放宽,对下更加放权和加速经济发展的政策措施。全市各行各业以经济建设为中心,按照三个"有利于"的标准,求实务实、真抓实干,形成了改革大步推进,开放全方位扩大,经济高速增长,党的建设和精神文明建设取得明显成效的好势头。具体表现在以下几个方面:

一、农村经济进一步稳定增长

去年初,市委结合重庆实际作出了全面贯彻落实中央关于加强农业和农村工作"四十条"的决定,各级党委和政府切实加强对农业和农村工作的领导,继续坚持以农业为基础全面发展农村商品经济的指导方针不动摇,坚持依靠教育、科技进一步提高生产力水平,发展高产优质高效农业和防灾抗灾夺丰收的思想不动摇。去年我市遭受40年未遇的严重自然灾害,粮食产量仍然保持在550万吨以上,多种经营全面增长,农业总产值实现102亿元,比前年约有增长,乡镇企业高速增长,产值达210.7亿元,比前年净增产值89.3亿元,增长74.6%,农民人均收入773元,农村储蓄存款余额达55.6亿元,比前年增长27.2%。这些成绩的取得有三个主要因素:

第一,市委、市政府和各级党政部门对农业和农村工作指导思想明确,对全市农业和农村经济的发展思路比较清晰,对农业的基础地位及其重要性形成了共识。因此,上下左右、方方面面都来关心农业和农村工作,重视农业和农村工作,支持农业和农村经济的发展,使我市农业"三大工程"建设向纵深发展并取得显著成效,被誉为重庆农业"三绝"的再生稻、半旱式、稻田养鱼有了新的拓展,成为我市农业生产的一大特色。

第二,下大力狠抓乡镇企业发展。去年市委和市政府领导多次专门召开会议,研究乡镇企业的发展问题,政府和各部门按照市委坚持城乡结合、城乡一体、打总体战的要求,基本形成合力。各区(市)县采取集资、贷款、引进、财政支持和推行股份合作制等办法,对乡镇企业的投入共9.25亿元;在工作中突出抓企业上规模、产品质量上档次、技术上水平、管理上等级,加快技术改造和人才培训,推动了乡镇企业的发展。

第三,普遍开展了农村社会主义思想教育活动。在抓好精神文明建设和巩固基层政权的同时,自始至终坚持了以发展农村商品经济为出发点和落脚点,进一步调动了农民生产和发展农村商品经济的积极性。

二、经济在结构调整、效益回升的基础上保持较高速度增长

去年,我市经济发展呈现三个明显特点。一是突破低增长状态,发展速度加快。市委把抓住时机加快经济发展速度作为工作的主线,树立"发展才是硬道理"的思想,及时制定了《关于加快改革开放、加速经济发展的若干意见》,提出了"集中精力,加速经济发展"的五个方面的要求,全市上下真抓实干,国民经济迅速发展。全市国民生产总值按可比价格计算比上年增长12%,是80年代以来增长最快的一年。工业增长26%,第三产业增长16%,固定资产投资增长16.7%;财政收入超额完成预算任务;受投资拉动,生产资料市场购销两旺,城市消费品市场也进一步繁荣。同时,科技成果转化步伐加快,科技进步对经济增长的贡献明显加大。

二是结构调整开始见效,经济效益逐步回升。市委特别强调要把调整结构、提高效益摆到重要位置。在1月份计划会议上,市委强调"经济工作重点要转移到调整结构和提高效益上来";在7月市委工作会议上又强调"下半年的经济工作要以提高经济效益为中心,切实抓好六件大事"。全市通过加强投资倾斜,产业结构调整和产品结构、企业组织结构调整相结合,大抓扭亏增盈、提质降耗和改善企业管理的工作,促进了结构改善和效益回升。以高新技术为代表的技术转换型新兴产业开始发挥领航作用。珞璜电厂、渭沱电站、江北机场等一批重点基础项目,开始陆续见效;围绕重点龙头产品的企业技术改造初见成效;优势产业和产品的带动作用越来越突出,其中汽车工业开始发挥主导产业的作用,去年汽车、摩托车销售收入突破了70亿元大关;地方预算内全民工业企业经济效益逐步回升,实现利税总额增长20%以上,产成品资金占用有所下降,资金利润率上升近2个百分点。

三是区县经济得到长足发展。区县经济在我市占有很大比重。市委一直把抓好区县经济提到重要议事日程。在去年5月份制定的《关于加快改革开放、加速经济发展的若干意见》中,把"放手发展区县经济"作为重要内容提出来;继后在8月份专门制定了《关于大力搞活区市县经济的意见》,明确要打破常规,大胆给区县下放和放宽7种权力。各区(市)县在继续强化农业基础、发展优质高效农业的同时,大力发展乡镇企业;在积极发展第一产业的同时,加快发展第二、三产业。去年,区县经济发展总的增长幅度高于全市平均平水。涌现了一批国民生产总值上10亿元、财政收入上亿元的区(市)县和产值上亿元的乡镇,还出现了两个产值亿元村。

三、以转换企业经营机制为重点的改革取得新进展

去年,在邓小平同志年初南巡重要谈话和党的十四大精神鼓舞指导下,市委作出了加大改革的力度,加快改革步伐的部署。市政府制定了《关于在国营工交企业中进行"五自主"试点的通知》和《关于国营大中型企业转换经营机制试点若干政策的通知》。经过一年的努力,以转换企业经营机制为重点的改革,取得突破性进展。

一是坚持对企业进行各种形式放开经营的试点。国合商业企业"四放开"在普遍推行的基础上,按规范化要求进一步深化发展,并在我市国营工交企业中进行了"五自主"试点;到年底,我市国营工交企业"五自主"的试点企业已达116户,占预算内工交企业的23%,建筑公用事业、农垦、商办工业实行"五自主"的企业达到50多户。区县企业"五自主"推广面近70%。市里还选择了重庆特殊钢厂、重百大楼等7户国营大中型企业,进行仿"三资"企业转换经营机制的试点。商业、物资流通批发企业"五转换"改革也迈出了新步伐。放开经营使企业开始走向市场,增强了活力,提高了效益。全市工交系统改革试点企业的销售收入、实现利润、上缴税利都分别比上年增长61.59%、13.05%、30.7%。

二是从三项制度改革入手,积极推动企业内部改革。据统计,全市实行三项制度改革的企业有792户,涉及的职工达65.5万人,占全市企业户数和职工人数的33.42%和30.32%。一些企业开始形成干部能上能下、职工能进能出、收入能高能低的面向市场、富有效率与活力的机制。

三是股份制试点按规范要求稳步发展。目前,全市共有股份制企业376家。我市股份制试点按照规范化的要求,主要从三个层次展开:第一是积极组建各种以法人持股和内部职工持股为主,不公开发行股票的股份有限公司和有限责任公司。去年,共组建股份有限公司8家,有限责任公司52家。第二是慎重探索公开发行股票,按社会募集方式设立股份有限公司的路子,组建了西南药业股份有限公司等3家股份制企业,共募集社会资金7200万元。第三是在高新技术开发区、城镇集体企业和农村乡镇企业中普遍推行股份合作制。目前,全市已有股份合作制企业300余家。

四是促进企业组织结构优化组合。去年,结合行业和产业调整,组建了重钢集团、特殊钢集团、啤酒集团、食品集团,并积极筹建华西包装集团和化工集团。对经济效益差,亏损严重,资不抵债,救治无望的部分企业实行了"关、停、并、转、破"的政策,特别是进行了重庆针织总厂的破产试点。为鼓励企业间的兼并,市里专门制定了关于推进企业兼并的有关补充规定,推动了企业兼并的发展,使优胜劣汰机制在我市企业的组织结构调整中,真正发挥了作用并收到了实效。

五是配套改革全面推进。去年,我市不失时机地放开了粮食、生猪、蔬菜购销价格,调整了天然气、水、电价,向市场定价迈出了可喜的一步。市场建设成效显著,建立了重庆建材、机动车辆等一批生产资料市场;积极筹建西南化工、包装等一批区域性国家级市场;各种资金市场、证券市场初具规模。社会保障事业继续发展,城镇职工养老保险达180万人,待业保险达135.6万人,农村养老保险逐步扩大。围绕搞活企业,转变政府职能,进行了计划、财税、金融、劳动工资等方面的改革;区县机构改革按照"小机关、大服务"的路子,在永川、綦江试点,取得了一些经验。

四、对外开放取得突破性进展

去年,市委紧紧抓住历史机遇,不失时机地扩大我市对外开放步伐。市委提出了全方位、高起点的整体开放的指导思想,促进了我市对外开放,取得了前所未有的成绩:

一是突出抓利用外资。去年新签利用外资项目481项,协议外资金额4.61亿美元。其中新批"三资"企业443家,协议外资金额3.8亿美元,分别是过去13年总和的2.3倍和2倍;各区(市)县通过试办工业小区招商引资,有18个区(市)县与外商合资合作兴办了"三资"企业。

二是重点抓引进项目。建设厂与日本雅马哈合资生产150型摩托车6万辆、110型发动机14万台,总投资6120万美元;嘉陵机器厂与日本本田合资生产摩托车、发动机已正式签约实施;外商投资28亿元,独资修建重庆轻轨交通,也已正式签约;长安、铃木、正大三方准备合资生产奥托系列轿车30万辆,总投资30亿元,现已签订意向书。这些高起点的大项目,把我市利用外资提高到一个新水平。

三是把"两区"作为对外开放的窗口。重庆经济技术开发区和高新技术产业开发区建设初具规模。经济技术开发区批准"三资"企业85家,协议金额5658万美元;高新技术产业开发区吸纳科技企业600余家,其中高新技术企业110多家,去年实现销售收入3.5亿元。

四是积极开展多元化对外贸易。去年,我市出口总值比上年增长23.8%,进口总值比1987年增长1.4倍。首次在日本大阪举行了大型经贸洽谈会,出口成交6500万美元,引进外资4316万美元;并成功地举办了首届西南对外经贸洽谈会,我市成交金额6645万美元。对外经济交流不断扩大,1992年签订对外承包和劳务合作项目105项,输出劳务5142人,合同金额3546万美元。同时,大力发展横向经济联合,加强了同周围一圈、西南一片、长江一线的联合协作;开辟了云南、广西、新疆、黑龙江等的边境贸易。

五、精神文明建设有了新发展,促进改革开放、服务经济建设的作用显著增强

回顾去年我市精神文明建设,有四个显著特点:

一是狠抓解放思想,更新观念,把全市改革开放和发展经济的气氛造得很浓。针对我市在改革开放中思想不够解放、胆子不够大的突出问题,市委在改革开放和发展经济的过程中,以解放思想、更新观念为先导,在全市范围内广泛开展了进一步解放思想的

大讨论,通过讨论,使各级干部特别是领导干部更加深刻地领会小平同志谈话精神和十四大精神,进一步树立敢"闯"敢"冒"、求实务实、真抓实干的工作作风。我市宣传、思想战线不断强化改革开放和经济建设主旋律的声势,对振奋精神,加快改革,扩大开放发挥了积极的导向作用。

二是紧扣改革开放和经济建设主题,改进和加强思想政治工作。去年,我市精神文明建设和思想政治工作服务于经济建设的指导思想更加明确,坚持把改革开放和经济建设的重点,作为自身工作的着力点,在思想政治工作的内容和形式上发生了重要的转变。在党员和群众中,开展了以基本路线为主线的爱国主义、集体主义、社会主义教育。在沟通思想,理顺情绪,化解矛盾,排除阻力,调动干部、群众的积极性等方面也作出极大的努力。

三是积极适应市场经济的发展,上层建筑领域改革开始启动,文化事业焕发出新的生机和活力。党的十四大提出建立社会主义市场经济体制的目标后,我市文化战线就如何适应市场经济的发展进行了认真思考和努力探索,并出现了深化改革发展文化的新气象,促进文化事业发展的部分经济政策得到落实,文化经济实体应运而生。各级各类教育事业取得新的进展,中等职业技术教育招生、在校生总数均超过高中教育阶段的50%,提前三年实现"八五"目标。卫生、体育、计划生育、新闻出版、广播电视等方面都取得了新的成绩,改革深入进行。综合治理社会治安,集中力量打击敌对分子和各类刑事犯罪分子,开展反盗窃斗争等工作,为改革开放和经济建设创造了良好的社会环境。

六、党的建设和党的领导作用进一步得到加强

过去的一年,全市各级党组织坚持用小平同志建设有中国特色社会主义的理论武装党员干部,紧紧围绕经济建设这个全党工作的中心,大力加强党的建设,为我市改革开放、经济建设和各项社会事业的发展提供了政治保证和组织保证。

1.围绕经济抓党建,抓好党建促经济。在党的干部队伍和领导班子建设上,按照经济建设和改革开放的要求,坚持开拓进取勇于创新、敢闯敢冒、敢干敢试的用人观念和德才兼备、德才统一于政绩的原则,选拔了一批改革开放中成长起来的优秀年轻干部;在保持领导班子合理的专业结构、年龄梯次的基础上,适当扩大了熟悉经济的人选。农村通过以党支部为核心的村级组织建设,整体功能显著增强,党员"三带"活动,使党员在发展农村经济中的先锋模范作用明显提高。企业党组织围绕生产经营开展了各种形式的活动,很多党员成为生产经营的典范。

2.改善和加强了党对改革开放和经济建设的领导。去年,各级党委经过深入调查研究,集中各方面集体智慧,调整了"八五"计划和十年规划,制定了经济发展战略,确立了进一步深化改革,扩大开放的指导思想、工作目标、对策措施以及"两手抓""两手硬"的基本指导原则等。这些关系重庆发展全局性、长远性的地区大政方针的制定和实施,把全市1500万人民的思想和精力凝聚起来,对我市加快改革,扩大开放,加速经济增长起了决定性作用。

在市委的领导下,市顾委、市人大和市政协紧紧围绕全市的工作中心,认真履行各自的职责,积极开展了卓有成效的工作,为我市改革和建设做出了新的贡献。

3.改进作风,真抓实干。这是去年市委和各级党委领导工作中的一大显著特点。去年我市改革和建设的任务很繁重、很艰巨,在这种情况下,各级领导机关和领导干部以身作则,做好表率,领导基层和群众完成各项任务。市委、市政府年初专门发出了切实解决当前机关作风中几个突出问题的紧急通知,要求精简会议、改进会风;精简文件,改进文风;精简领导同志的应酬性活动,严格控制各类学习培训、检查评比和外出考察活动。同时,又花了半年多的时间,在党政机关开展"三清理",牢固树立为基层服务、为群众服务的思想,促进了机关观念、职能、作风的转变。

市委狠抓党政机关和干部的勤政建设,并与党风廉政建设、纠正行业不正之风等工作有机地结合在一起,使党风廉政建设更具实效。

当前,我市各方面形势总的是好的,但也存在不

容忽视的问题。一是在经济上,集中表现为结构性矛盾比较突出,轻重工业发展很不协调,"瓶颈"制约未得到根本性改善;经济效益整体水平还不高,企业亏损面仍然很大。经济上存在的这些问题,究其深层原因,主要是受计划经济模式影响较深,导致目前机制转换缓慢,在思想观念、行为方式、工作作风以及管理体制、运行机制等方面,很不适应建立社会主义市场经济新体制的要求,因而一定程度地阻碍经济既快又好的发展。二是党风、政风建设还存在薄弱环节,表现在:有的领导班子不够团结,内耗比较严重;有的死守部门和小团体利益,缺乏全局观念和为基层服务的思想;有的工作作风飘浮,热衷形式主义,做表面文章多,真抓实干少;还有的党员干部本身不够廉洁。这些问题当然不是主流,但关系到发展全局,必须引起高度重视。在新一年里,我们既要把握时机,发挥优势,充分利用各种有利条件,又要实事求是,正确估计面临的问题和困难,克服制约因素,采取切实措施,认真加以解决,确保国民经济和各项社会事业健康发展。

1993年我们面临的形势和任务

今年,是我们全面贯彻党的十四大精神,巩固和发展去年的大好形势,按照建立社会主义市场经济体制的目标,进一步加快改革、扩大对外开放,促进我市经济更快发展的十分关键的一年。

从当前的国际形势来看,世界各国都在集中力量,增强以经济为基础的综合国力,经济竞争已进入世界主战场。在西方资本主义国家经济普遍不景气的情况下,为我们加快经济的发展提供了难得的机遇;各国加速经济竞争,增强综合国力的态势,又向我们提出了严峻的挑战。

从国内形势来看,小平同志南巡重要谈话发表和党的十四大后,全国各地都在抢抓机遇,加速发展。我们面对这种全国蓬勃发展的竞争局面的挑战,作为一个地处内陆的老工业城市和后起的开放城市,按部就班地发展肯定不行,等距离地赶超也只能老落人后,必须在注重效益的前提下尽可能地加快发展速度。

同时,我们还将面临"入关",这又要求我们的企业必须充分做好参与国际竞争的准备,要着眼国际市场来进行机制的转换和经营战略的调整及人才的培养。

今年,国家在宏观政策上有某些调整,将进一步控制经济总量。加上我们在经济发展中存在的一些制约因素,也更加大了我们今年的工作难度。我市正时逢加快发展的大好时机,国外新闻舆论评价为"五大机遇汇重庆,振兴山城正当时"。我市广大人民群众对时逢机遇,振兴重庆的期望值都很高,我们不能"盛名之下,其实难副"。过去我们强调政策不如沿海,现在没有理由不加快发展。

综上所述,我们当前是机遇与挑战并存。我们必须审时度势,认清形势,统一认识,增强紧迫感、使命感和责任感,牢牢把握机遇,把握全局,创造性地抓好各项工作,扎扎实实地迈好今年的步子。

市委提出,今年工作的指导思想是:全面贯彻落实党的十四大精神,遵循建设有中国特色社会主义理论和党的基本路线,按照逐步建立社会主义市场经济体制的要求,进一步解放思想,加大改革力度,加快开放步伐,把握机遇,真抓实干,着力改善环境,积极推动经济朝着调整结构、增进效益的方向发展。进一步加强党的建设和精神文明建设,转变政府职能,改进工作作风,促进国民经济和社会事业既快又好地发展。今年,我市经济社会发展的主要目标是:国民生产总值计划安排320亿元,力争增长10%以上;国民收入计划安排256亿元,增长10%;工业总产值达到510亿元,增长15%;农业总产值达到104亿元,增长4%;乡镇企业总产值达到300亿元,增长30%以上;外贸出口计划安排6亿美元,增长15.3%。社会商品零售总额计划安排152亿元,增长12%;第三产业在国民生产总值中的比例提高到33%;地方财政收入增长8%;继续提高人民生活水平。

省委五届十二次全委会议的文件已发给大家,希望大家认真学习和贯彻。市委根据省委五届十二次全委会议精神提出了市委今年的工作要点,经过几上几下的多次征求意见和修改,现已发给到会同志,提请大家讨论。下面,我就今年的任务和工作重点再讲几点意见。

一、坚持解放思想，更新观念，进一步把全党的认识统一到党的十四大精神上来

党的十四大，确立了建立社会主义市场经济体制的目标，这是我们党在理论上的重大突破。但要真正准确地把握它的基本特征和内涵，建立起较为规范、成熟和完整的社会主义市场经济体制，这又是一项艰巨而复杂的系统工程，是一项长期的任务。它涉及我们的思想观念、行为方式以及社会各方面的权力、利益等一系列深刻变革和调整。这就要求我们必须把全党的认识进一步统一到党的十四大精神上来，用邓小平同志建设有中国特色的社会主义理论武装全党，进一步解放思想，打破束缚我们思想的主观偏见和落后观念，特别是"左"的观念，进一步解放思想。小平同志指出："解放思想，就是使思想和实际相符合，使主观和客观相符合，就是实事求是。"同志们经常说，我们同沿海存在较大的差距，很重要的原因就是思想不如人家解放。只有不断解放思想，才能创造性地开展工作，才能在改革开放上取得新的突破，才能全力以赴地推进我们的经济既快又好地持续发展。

当前，我们尤其要注意破除把计划经济看作是社会主义的基本特征，把计划与市场对立起来的僵化观念，确立计划和市场都是资源配置手段的新观念；各级政府和部门要破除不愿简政放权、不愿放弃部门利益的狭隘权力观念，树立服从和服务于生产力发展的全局观念，为企业经营机制的转换创造更好的外部环境；要破除习惯于运用行政手段和权力管理经济的观念，树立应主要运用经济、法律手段加强和改善宏观调控的观念；企业要破除习惯于依赖政府，躺在国家怀里"等、靠、要"的思想观念，破除传统生产分工的小市场观念，树立面向国际国内两个大市场，勇于参与国际竞争，自主经营、自负盈亏的新观念；要破除求稳怕乱、小富即安，把发展与稳定对立起来的观念，树立开拓进取、勇于竞争的新观念，把发展与稳定统一起来，在发展中消化矛盾，稳步前进。这就要求我们全体党员，尤其是各级领导干部，必须善于学习。要认真学习邓小平同志建设有中国特色的社会主义理论；同时还要认真学习他运用马克思主义的立场、观点和方法研究新情况，解决新问题的科学态度和创造精神。我们各级领导，首先要解放自己的思想，并且积极支持大胆探索者，鼓励敢为天下先者，把群众的积极性引导好、保护好、发挥好，真正使党的十四大精神变为广大人民群众的自觉行动。

二、推进改革开放向纵深发展

今年是按照十四大提出的社会主义市场经济体制目标进行改革的第一年。必须加大改革的分量和力度，市委确定今年经济体制改革任务时，主要是基于以下几点认识。

一是在邓小平同志南巡重要谈话和党的十四大精神鼓舞下，我市同全国一样出现经济较高速增长的好势头，要保持这种好势头，单纯靠投资、上项目，走外延扩大再生产的路子是难以为继的。只有通过不断深化改革，焕发企业的生机，增强企业的活力，促进经济效益的提高和经济结构的调整，才能保持我市经济的持续稳定增长。特别是当前，全国各地掀起了改革开放的新浪潮，内地和沿海，重庆与各兄弟城市，仍然存在有差距。不改革要落后，改革慢了同样要落后，我们一定要有强烈的紧迫感。

二是重庆在发展自己的过程中，还面临许多棘手矛盾和问题，比如一、二、三产业结构不合理，经济效益总体水平不高，企业经营机制不活，各种体制和关系还有待进一步理顺等等，这些问题怎么解决，只有靠深化改革。十四大确立的社会主义市场经济的改革目标，不仅为解决当前经济生活中存在的深层次矛盾指出了根本出路，也为整个改革指明了正确方向，我们必须沿着建立社会主义市场经济体制的道路不断把改革推向前进。

三是从国际环境看，世界经济竞争越来越激烈，无论是发达国家还是发展中国家，都在致力于政策的调整和体制的变革，特别是我国即将重返关贸总协定，这些新情况，对外贸体制改革乃至整个经济体制改革都提出了新要求。

基于以上认识，市委认为：形势迫人，不允许我们的改革缓慢进行，一定要抓住机遇，迎接挑战，加快建立社会主义市场经济新体制的进程。今年我市的改革工作，首先，要突出抓企业改革这个中心。要采取各种举措，把企业推向市场，转换经营机制，逐步成为

市场的主体。搞活企业,转换企业经营机制,一定要按照市委和市体改工作会提出的"抓好《条例》的落实到位,进一步完善新一轮承包,突出三项制度改革这一重点,积极推进股份制改革以及搞好企业组织结构调整"的要求,把深化企业改革推向新阶段。其次,要加快市场体系建设。市场不仅是经济的载体,也是国家调控经济的着力点。企业走向市场,首要问题就是寻找市场,国家要有效地调控经济,也需要市场。没有较为完善的市场体系,市场机制不能较好地发挥作用,就将制约经济的发展,影响资源优化配置。因此,市委按照"发展大流通,建设大市场"的目标,从实际出发,提出了我市今年市场建设的重点是发展资金市场和生产资料批发市场。资金市场要改变当前零星分散、小打小闹的局面,各种金融市场、证券市场要上规模,实现交易现代化,逐步成为社会资金筹集配置的主要渠道。产权市场是盘活存量资产的重要渠道,通过国有企业产权、房地产权的有偿转让,收回资金,投入企业改造和城市建设,是搞活企业,使重庆这个老工业基地焕发生机的有效措施。这方面的工作今年要有所突破。下决心抓好汽车、化工、建材、包装、钢材等几个国家级区域性的重要生产资料市场,试办生产资料期货市场,其目标是在搞好为我市经济发展服务的同时,使我市成为长江上游的金融贸易中心,并把重庆建成国际化现代化大都市。第三,要抓住政府转变职能这个关键。机构改革,转变政府职能是企业转换机制,建立市场经济体制的重要条件。市委今年转变政府职能的要求是:机构相对稳定,职能必须转变。政府各部门必须按照"政企分开,宏观管好,微观放开"的原则,进一步简政放权,把工作重心逐步转移到"规划、协调、监督、服务"上来,搞好宏观间接管理。今后,凡属可以通过市场或者该由企业解决的问题,统统交由市场和企业去解决,政府不要干预。机构相对稳定,也不等于不动,要在总结完善县级机构改革经验,扩大试点的同时,积极探索市级机构改革的路子。

今年,我们要把对外开放的门敞得更开,步子迈得更大。

当前我市对外开放最突出的问题是投资环境不适应。今后我们要把投资重点明显倾斜"能源、交通运输、通讯设施"等基础建设,加快发展第三产业,使我市的投资硬环境一年好于一年,"八五"期末大改善。重庆地处内地,在投资硬环境上先天不足,远不如沿海和经济特区。为此,我们更应当在投资软环境上下功夫,以弥补硬环境的不足,增加对外商投资的信心和吸引力。首先,我们要明确一个观念,外商来渝投资,目的是赚钱,我们的政策一定要使外商有钱可赚,有利可图;其次是我们的工作态度、工作作风、办事效率要大改变,这对于惜时如金的外商非常重要。审批手续尽量简化,一般项目取消可行性报告审批,重点项目也要控制时限,改变多头式申报审批办法,搞好"一站式"审批服务;第三是大力发展第三产业特别是旅游服务业,让外商来渝后吃好、住好、玩好,留者安心。总之,今年乃至今后一段时期,我们要把致力于投资环境的改善,作为扩大对外开放,大规模利用外资来改善重庆经济结构、提高经济质量的一项战略性任务来抓。

三、重视研究解决农村新出现的矛盾,加强对农业和农村工作的领导

当前,我市农业和农村经济正面临向市场经济过渡的重大转折。我市农业突出的矛盾,一是人多地少,全市人均耕地只有0.71亩,已接近人均耕地承载力的临界值;二是生产与市场的矛盾更加明显,长期以来农业按计划经济的要求,重数量轻质量,重生产轻流通,致使农产品流通不畅;三是投入与产出的矛盾不断扩大,由于投入不足,农业基础设施脆弱,发展后劲不足,与市场经济的要求很不适应;四是农村经济增长与农业收入增长缓慢的矛盾逐渐加剧,农业生产资料价格不断上涨,增大了农产品的生产成本,使农民增产不增收或增收甚微,而农民的负担却日趋严重。针对这些矛盾,今年要切实转变农村工作的指导思想,适应社会主义市场经济新形势的要求。年前,江泽民同志亲自深入湖北农村,就农业、农村工作和农民问题进行了实地调查研究,紧接着又在武汉亲自主持召开了六省农业和农村工作座谈会。会上江总书记发表了重要讲话。他特别强调:农业是国民经济的基础,农村稳定是社会稳定的基础,农民问题始终

是我国革命、建设和改革的根本问题,全党同志在任何时候不能忘记这个指导思想。因此,各级党委、政府必须按照江总书记的要求,切实加强对农业和农村工作的领导。要继续稳定党在农村的各项基本政策,以提高经济效益为中心,以建设农业"三大工程"为主体,努力探索发展高产优质高效农业的目标途径,尽快把农民和农产品全面推向市场。以市场为导向优化农村产业结构,坚定不移地推进农村科技进步,建立完善农村社会化服务体系,继续坚持"绝不放松粮食生产,积极发展多种经营,大力发展乡镇企业"的方针。今年,我市粮食生产面临严峻困难,小春播种面积比上年减少11.3%,估计小春可能减产,加之旱情严重,水稻秧田50%无水。各区县和有关部门要不违农时地保证安排好农用物资的供应工作,动员各行各业支持农业生产,在思想和物资上做好抗灾夺丰收的准备,争取今年粮食生产有好的收成。今年各级党委、政府和各部门必须坚决杜绝收购农副产品"打白条"的现象,坚决制止向农民进行各种非法集资和摊派,切实减轻农民的负担。去年我市粮食价格放开后,今年粮食"三挂钩"政策不变。要坚决制止乱占、滥占耕地,切实保护耕地资源,稳定粮田面积。农业投入只能增加,不能减少。认真抓好今冬明春农业生产,关键是要加强领导,真抓实干。

今年要继续抓好乡镇企业的发展,抓住新的历史机遇。要继续贯彻实行放胆、放手、放权,超常规、跳跃式的发展战略,继续"多轮驱动,多轨运行"的方针,大干、实干、快干,努力争取乡镇企业总产值实现300亿元,效益要有更大幅度的增长,在去年的基础上再上一个台阶。

四、继续把经济工作的重点放到优化结构、提高效益上来

在新的一年里,我市经济工作的重要指导思想是,真正把工作重点放到优化结构、提高效益上来,这对确保我市经济的健康发展具有十分重要的意义。我们经济要再上新台阶,没有一定的发展速度不行,有条件的还要搞得更快一点。但我们要求的速度应当是有市场需求的速度,是有效益的速度,是实现良好循环基础上的速度。应当清醒地看到,当前和整个90年代我市经济发展有两个突出问题:一是资金、资源相对短缺,同时又存在着比较严重的浪费;二是现有产业结构、产品结构状况不适应市场配置资源机制的要求,更不适应参与国际竞争的需要,轻重工业发展很不协调,轻纺工业的萎缩在短期难以扭转,重化工业也缺乏更多新的增长点来弥补,第三产业发展仍然趋缓,交通运输"瓶颈"约束进一步加剧。不下功夫解决这些问题,要继续加快发展速度是困难的,即使一时加快了也难以持久。所以,必须从提高质量、改善结构、增进效益上去求速度,从适应和开拓市场中去求速度,这样才能获得扎扎实实的发展速度,才能真正促进我市经济的规模和素质尽快登上新的台阶。

当前和今后我市调整产业结构总的方向是:稳定、优化第一产业,着力提高其质量;调整、提高第二产业,积极改善工业内部结构;放手发挥第三产业,大幅度提高其产值比重,逐步使我市产业结构合理化、现代化,尽快适应市场经济机制的要求。产业结构调整的重点应是继续推动投资向基础产业和基础设施建设倾斜,推进一批重点项目的建成,切实缓解经济发展的"瓶颈"制约和人民群众"乘车难""行路难""住房难"等迫切问题。结构调整的核心内容是依靠科技进步,实现产业升级。在产业结构调整中,要加大科技投入,有重点地培育和发展新兴产业和高技术产业;加快高新技术的产业化进程,加快科技兴渝步伐,努力提高我市经济增长中的科技含量。产业结构调整应和产品结构、企业组织结构、行业结构、地区布局结构调整和老工业技术改造紧密结合,通过调整,壮大规模经济,突出优势产业的发展,形成一批竞争力强、附加价值高的拳头产品和优势产品。特别是汽车工业要在结构调整中大上快上,今年要落实发展目标和增产措施,使之成为我市经济中带动性最强的主导产业。

提高经济效益,要着重抓提质降耗和扭亏增盈。质量不好是最大的浪费。必须生产适应市场需求的质量合格的产品,采取有效措施制止边生产、边积压的现象。要从提高技术水平和加强经营管理两方面下功夫,努力提高资源的利用效率。按照国务院《关于深入开展企业扭亏增盈工作通知》的要求,坚持用

改革的精神抓扭亏,通过关、停、并、转、破、租、卖等坚决措施,尽力减少亏损企业。对亏损500万元以上的大户,要限期扭亏,否则对其领导班子采取组织措施,厂长(经理)就地免职,不许调任。

五、加快区市县经济发展

去年,市委和市政府对搞活区(市)县经济,专门发了几个文件。这里,市委重申,各级党政部门要继续认真抓好这些文件的落实。市委确定了在"八五"期间全市经济要翻两番的宏伟目标,其基本立足点应该是搞活企业,搞活区(市)县经济。区县经济的发展如何,对全市经济上台阶起着举足轻重的作用。区县经济不活,农村难富,农村不富,全市经济难兴。因此,我们必须进一步解放思想、打破常规,放开区(市)县的手脚,让他们在新一轮改革开放的大潮中去闯、去试、去干,闯出一条高效发展区县经济各具特色的新路子。为了加快区县经济的发展,市里决定大幅度地给区(市)县放权,允许区县享有改革的试验权,自筹资金的项目审批权,房地产开发权,一定的税收减免权,区县和企业直接对外出口创汇权,搞活金融、多渠道融资权,等等权限。目的就是要坚决改变过去区县经济"潜力大、束缚多"的状况。只要不是社会公害或国家明令禁止的,只要有利于解放和发展生产力,有利于增强区县经济综合实力,有利于提高人民群众生活水平的事,都要支持,都要放手让区县自己去办。今后,对区县政府发展本地区社会经济作出的决定,市级部门不要直接干预,如有不同意见,可向市委、市政府报告。

为了加速区县经济的发展步伐,市委要求:

1.市级部门要从思想观念上来一个根本的转变,要简政放权,为振兴区县经济,自觉地为区县解除禁锢,学习沿海和先进地区的经验,"少管多服务",克服狭隘的部门利益观念,不要怕区县富起来。牢固树立全市"一盘棋"的思想,切实做到政令畅通、令行禁止。反之,区市县也要支持市级各部门的工作,要有甘苦共担,荣辱一体的整体思想。

2.市级各部门要改进管理,转变作风,简化手续,务实高效,不能固守过时的"条条""款款",该简化手续的要大胆简化。实行有关部门联合办公,全程服务,或多口集中办公,配套服务。

3.区县工作的重点在农村,区县在抓搞活经济的同时,决不能忽视农业和农村工作,我们吃饭还是要依靠农业生产。农村致富、增强区县综合实力,还要靠大力发展乡镇企业和多种经营。要重点支持骨干企业成为区县经济的"三个头":行业上是龙头,区域上是重头,产品上是拳头。

4.对区县和部门的工作,要严格实行目标管理责任制和奖惩制度。今后凡是经济工作取得显著成绩的单位和个人,要给予重奖,要敢于重奖。

目前,由于各区县经济发展还不平衡,发展区县经济要坚持因地制宜、实事求是的原则,创造性地工作。要认真总结本地区的经验教训,干错了的要敢于纠正,干对了的要继续完善干好。检验是非的标准,就是按照小平同志提出的是否"三个有利于"。

六、经济越发展,越要坚持两手抓、两手都要硬

市委在对我市十四年改革开放实践的总结中,得出一条基本经验就是经济建设不能孤立进行,人民的思想道德、文化科学素质和社会风气,对经济发展有巨大的作用。改革开放越是深入,物质文明建设越是发展,越是要加强精神文明建设,越是需要强有力的思想政治保证。只有通过社会主义精神文明建设,努力形成有利于社会主义现代化建设和改革开放的理论指导、舆论力量、价值观念、文化条件和社会环境,既克服不适应建立社会主义市场经济体制的陈旧观念,又抵制封建主义和资本主义的腐朽思想,才能振奋起全市人民进行改革开放和现代化建设的巨大热情和创造精神。因此,各级党政组织和领导干部必须充分认识精神文明建设的极端重要性,并且自觉、主动地在自己的实际工作中内在地体现出"两手抓",这是检验一个干部特别是领导干部的工作水平、领导艺术的一个很重要的方面。

需要着重强调的是,我们的精神文明建设只能是有利于坚持四项基本原则、有利于改革开放、有利于经济建设的精神文明建设,而不能与建设、改革开放脱节。精神文明建设必须服务于经济建设,要为经济

建设提供智力支持、精神动力、思想保证和良好的社会环境。只有这样,精神文明建设才能显示出自己的价值,才能体现出精神文明建设的时代特征。

今年精神文明建设工作,中央提出了三个重点,一是广泛深入开展爱国主义教育,二是学雷锋树新风,三是一手抓繁荣,一手抓扫黄。我们要按照中央和省委的部署抓好。这里,结合我市实际强调几点:

1.努力形成有利于市场经济的舆论环境。目前,我国市场经济体制尚处于初创阶段,今年要加大舆论宣传的力度,使人们真正明确我国实行市场经济的必要性,以及一系列相关问题,形成市场经济发展的大气候。要加强辩证唯物主义的学习和宣传,提高干部群众辩证思维能力,加深对社会主义市场经济的认识和理解。

2.扫黄除六害。这项工作过去几年取得一定成效,但出现时紧时松的现象。必须看到,社会丑恶现象的滋长蔓延,不仅毒害人们特别是青少年的身心健康,而且妨碍现代化建设和改革开放,损害社会主义形象,人民对此深恶痛绝。一定要在大力繁荣社会主义文化的同时,长期坚持不懈地打击各种犯罪活动,扫除各种丑恶现象,不能有半点手软,力争尽快取得更大成效,以净化文化市场、社会环境。

3.一手抓发展市场经济,一手抓健全法制。要促进市场经济有序地发展,必须加强法制建设,逐步建立起与市场经济相适应的法规体系。要坚持依法治市,严格执法,使经济活动步入法制轨道。要加强法律服务和法律保障工作,坚决打击破坏市场经济秩序的犯罪活动。要健全法律监督机制,使领导机关及其工作人员置于有效监督之下,切实抓好"二五"普法教育,增强全民法律意识。

要加强社会治安综合治理。从严治警,加强政法队伍自身建设,提高政法干警素质,保持政法队伍的纯洁,提高战斗力。继续坚持"严打"方针,狠狠打击各种经济犯罪和刑事犯罪活动,严密安全防范和治安管理,把打击、防范、教育等综合治理措施落实到基层,为改革开放和经济建设创造一个安定的社会环境。

4.上层建筑以及意识形态领域工作必须尽快适应市场经济,为发展市场经济服务。上层建筑和意识形态工作部门要主动研究、积极探索市场经济条件下事业发展的新途径,把经济建设这个中心落实到各自的工作目标,体现在思维方式、活动方式、工作方法等方面,为发展市场经济作贡献。比如,文化如何加快体制改革步伐,既繁荣社会主义文化市场,又杜绝"六害";教育如何面向未来、面向世界、面向现代化,为发展社会主义市场经济培养更多更好的人才,等等。

坚持两手抓,两手都要硬,把社会主义精神文明建设提高到新水平,是我们党90年代的一项重要战略任务,也是我市1993年的重要工作内容。各区县、各部门要根据市委工作部署,认真研究新形势提出的新要求,大胆探索精神文明建设工作为建立社会主义市场经济体制服务的新经验,扎扎实实地工作,把各项精神文明建设任务落到实处。

七、在发展社会主义市场经济条件下切实加强党的建设

要使社会主义的改革开放和现代化建设搞得更快更好,关键在于我们党。

在社会主义市场经济条件下加强党的建设,是一个既严峻又紧迫的问题,我们必须结合新的实际,遵循党的基本路线,从严治党,提高党的凝聚力、战斗力,充分发挥党在改革和建设中的领导核心作用。

1.用建设有中国特色社会主义的理论武装党员干部头脑,是党的思想建设的根本任务。只有学习好、运用好建设有中国特色的社会主义理论这一马克思主义同中国实践结合的最新成果,才能掌握指引我们实现新的历史任务的强大思想武器。要使我们的思想观念、思维方式、领导方法、工作作风适应形势的发展,适应建立社会主义市场经济体制的要求,必须深入学习有中国特色社会主义理论,弄清社会主义市场经济的内涵及其本质特征,在加强理解、联系实际上下功夫。通过学习,使党员干部带头投身市场经济,引导市场经济健康发展,并通过市场经济的锻炼和考验,政治思想素质有明显提高。

2.越是改革开放,越要加强党组织建设。首先是各级领导班子建设。这是我市经济能不能腾飞的关键。要抓住今年换届这一有利时机,进一步完善各级

领导班子的整体结构,使之成为坚持党的基本路线、思想解放、作风过硬、战斗力强的领导集体。对那些长期闹不团结、步调不一致的班子要坚决进行调整。各级领导班子要严格坚持民主集中制,只有严格按民主集中制办事,才能实现正确领导和科学决策,才能从根本上解决好班子的团结问题。

在加强领导班子建设的同时要充分发挥基层党组织的战斗堡垒作用和党员的先锋模范作用,这是当前一项重要而紧迫的任务。基层党组织和广大党员处于改革开放实践的第一线,尽管近几年基层党组织建设和党员队伍建设有所增强,但在思想、政治、组织、作风建设方面,都面临许多新情况、新问题,不适应加快改革开放和现代化建设步伐的新形势、新任务。因此,必须切实采取有效措施,进一步加强基层党组织建设和党员队伍建设,认真探索在社会主义市场经济条件下加强党的工作的新路子。

3.以廉政、勤政、效率为重点,加强党风、廉政建设。我市的党风、廉政建设,十多年做出了很大努力,取得了很大的成绩,但应该看到,问题还不少,与广大人民群众的期望还存在较大的距离。不切实加强党风廉政建设,克服消极腐败现象,就不可能更好地动员和带领全市人民同心同德地进行现代化建设。因此,市委下大决心把端正党风和廉政建设作为一件大事来抓。首先是各级领导干部要以身作则,严于律己,教育好自己的子女。党组织要发挥整体效能,齐抓共管,敢于同消极腐败现象坚决斗争,同时要加强党风廉政建设监督体系的建立和完善。严肃查处大案要案决不姑息手软,不允许有逍遥法外的特殊党员干部。勤政与效率是紧密联系的,在深化改革、扩大开放的过程中,我市党政机关在职能转变、提高工作效率上有了很大起色,但当前领导工作仍然存在的官僚主义、形式主义等不良作风不容忽视,尤其是在改革开放中,办事难、办事慢的问题还相当突出,有的已严重影响到经济工作的顺利进行。市委要求各级领导机关和领导干部一定要深入基层,体察民情,办实事,求实效,快节奏、高效率地为基层、为群众服好务,把党的根本宗旨、优良作风和群众路线真正落实到每项工作中去。

同志们!当前的形势很好,摆在我们面前的任务十分光荣而艰巨。希望同志们认真开好这次会议,把市委今年的工作要点讨论、修改好,完成好这次会议的各项任务。回去以后,按照我们的既定目标和确立的各项任务真抓实干,抓出成效。

认真学习贯彻党的十四届三中全会精神
加快我市改革开放和现代化建设步伐

——在市委七届二次全委(扩大)会上的讲话

孙同川

(1994年1月6日)

同志们:

市委召开这次全委(扩大)会议,中心议题是学习十四届三中全会《决定》,深入贯彻党的十四届三中全会精神,同时结合传达贯彻全国经济工作会议和省委六届二次全委会精神,研究和安排今年的工作,以进一步统一思想,振奋精神,集中精力,加快我市的改革开放和现代化建设。下面,我讲三个问题。

一、深入学习、认真贯彻三中全会精神

党的十四届三中全会是在我国改革开放和现代化建设深入发展的新形势下召开的一次重要会议。这次全会的任务很明确,就是以小平同志建设有中国

特色社会主义的理论为指导,进一步贯彻党的十四大精神,审议通过《中共中央关于建立社会主义市场经济体制若干问题的决定》。《决定》的内容非常丰富,博大精深,科学地把社会主义的基本制度同市场经济有机结合起来,勾画了我国社会主义市场经济体制的基本框架,明确提出了经济体制改革的具体目标和主要内容,对十四大提出的建立社会主义市场经济体制的目标和原则加以系统化、具体化,进一步完善了具有中国特色的社会主义市场经济理论,为建设有中国特色社会主义理论的发展作出了伟大的历史性贡献。《决定》通篇贯穿了小平同志"发展才是硬道理"和以"三个有利于"为一切工作是非得失的根本标准的思想,内在地统一了改革与发展的辩证关系。我们要全面贯彻落实好《决定》精神,各级领导、全体党员和干部就必须认真学习好《决定》,准确把握主要内容,深刻理解精神实质,这样我们才能适应新的形势和新的任务的要求,开创建立和发展社会主义市场经济体制的新局面。

(一)《决定》勾画了我国社会主义市场经济体制的基本框架,是加快改革开放的行动纲领

《决定》提出的社会主义市场经济体制,既坚持了社会主义制度的本质特征,又坚持了市场经济的一般规律,是一种富有生机和活力的新型的社会主义经济体制。我们党对社会主义市场经济的认识,经历了一个逐步成熟、逐步完善的过程。早在1979年邓小平同志就提出:"说市场经济只限于资本主义社会、资本主义的市场经济,这肯定是不正确的。社会主义为什么不可以搞市场经济,这个不能说是资本主义。"1982年党的十二大正式提出"以计划经济为主、市场调节为辅",确认了市场机制在社会主义经济中的地位和作用。1984年党的十二届三中全会通过的《中共中央关于经济体制改革的决定》,是我们党对社会主义经济理论认识上的一个里程碑,它突破了把计划经济同商品经济对立起来的传统观念,提出我国社会主义经济是公有制基础上的有计划商品经济。之后,党的十三大又提出,社会主义有计划商品经济的体制,应该是计划与市场内在统一的体制,从认识上又进了一步。邓小平同志视察南方的重要谈话,从根本上改变了人们对市场在社会主义经济中的作用的认识。他精辟地指出:"计划多一点还是市场多一点,不是社会主义和资本主义的本质区别。计划经济不等于社会主义,资本主义也有计划;市场经济不等于资本主义,社会主义也有市场。"小平同志的这个科学论断,彻底冲破了长期形成的"市场经济就是资本主义、计划经济才是社会主义"的传统思想束缚。随后,党的十四大正式确立了我国经济体制改革的目标是建立社会主义市场经济体制,十四届三中全会对社会主义市场经济理论作了进一步的发展和完善,这标志着我们党对市场经济认识的一个新飞跃,标志着我们党在建设有中国特色社会主义的道路上有了更加明确的方向。

我国社会主义市场经济体制的基本框架,以公有制为主体、多种经济成分共同发展的方针为轴心,由五个重要环节构建而成。第一个环节是建立适应市场经济要求的,产权清晰、权责明确、政企分开、管理科学的现代企业制度。这是社会主义市场经济体制的中心环节和微观基础。第二个环节是建立统一、开放、竞争、有序的市场体系。这是建立社会主义市场经济体制必不可少的重要条件,离开了市场体系的培育和发展就不可能发挥市场机制在资源配置中的基础性作用。第三个环节是建立以间接手段为主的完善的宏观调控体系。这是社会主义市场经济健康发展的重要保证,是克服市场经济自身弱点的必要手段。第四个环节是建立以按劳分配为主体,效率优先、兼顾公平的收入分配制度。这是社会主义市场经济运行的主体动力机制,只有坚持这一条,才能调动和发挥干部、群众的劳动积极性,提高经济效益,加快经济发展。第五个环节是建立多层次的社会保障制度,这是深化经济体制改革,保持社会稳定,顺利建立社会主义市场经济体制的配套措施,不注意这一点,就会给改革带来不必要的波折和障碍。

《决定》提出的这五个重要环节是相互联系、相互制约的有机整体,辅之以相应的法制体系及其他方面的改革措施,构成了我国社会主义市场经济体制的基本框架,是《决定》整个精神最集中的体现。我们要抓住这五个重要环节,认真学习,加深理解,结合实践,全面贯彻。

（二）《决定》以邓小平同志建设有中国特色的社会主义理论为指导，对社会主义经济体制一系列重大理论和实践问题有重要发展和新的突破

1.《决定》提出的国有企业改革的方向是建立现代企业制度，是对我国企业改革理论的重大发展。企业改革是经济体制改革的中心环节，也是改革的难点。自党的十一届三中全会以来，我国企业改革以市场为取向，在扩大企业自主权、实现两权分离、转换企业经营机制方面取得了一些进展，为增强企业活力，促进国有企业进入市场参与竞争创造了一些条件，但未能从根本上解决长期困扰国有企业的政企不分、产权不清、企业自主权不落实、自我约束机制不健全等问题，致使国有企业长期缺乏活力，难以真正成为市场主体，严重制约着建立社会主义市场经济体制的进程和国民经济持续、快速、健康发展。因此，《决定》鲜明地指出："以公有制为主体的现代企业制度是社会主义市场经济体制的基础"，"是我国国有企业改革的方向"。现代企业制度的核心是产权明晰、权责明确、政企分开、管理科学这四句话。这是适应社会主义市场经济要求，以规范和完善的企业法人制度为主体，以有限责任制度为核心的新型企业制度。现代企业按照财产的组织形式和所承担的法律责任通常划分为独资企业、合伙企业、公司企业。其中，公司企业是现代企业组织中的一种重要形式。国有大中型企业是我国经济的支柱，重点在这类企业中推行现代企业制度，对于建立社会主义市场经济体制具有十分重要的意义。因此，《决定》提出建立现代企业制度的新思路，是实现公有制与市场经济相结合的有效形式。以建立现代企业制度为内容的企业改革，仍然是经济体制改革的中心环节。

2.《决定》对如何理解公有制经济的主体地位作了明确的阐述，是对公有制经济在市场经济中的地位的新认识。坚持以公有制为主体、多种经济成分共同发展，是我们党从实际出发，对我国社会主义初级阶段所有制结构问题提出的一项基本方针。坚持以公有制为主体，这是我国社会主义制度的性质所决定的。但强调公有制经济的主体地位，并不是意味着公有制经济在国民经济的所有领域、在全国每个地区都占主体。事实上，在我国这样一个经济还比较落后的发展中大国，公有制经济在国民经济的各个领域和各个地区包罗万象地一统天下，既是脱离国情的，也是力不从心的。公有制经济的主体地位，主要应体现在社会总资产中占优势，在关系国民经济命脉及其对经济发展起主导作用等方面。而在一般的经济领域，在一些地区尤其是经济发展水平较低的地区，个体经济、私营经济、外资经济等多种经济成分发展快一些，不仅有利于促进整个国民经济的加速发展，而且也有利于推动公有制经济尽快进入市场经济的轨道。因此，《决定》明确提出："就全国来说，公有制在国民经济中应占主体地位，有的地方、有的产业可以有所差别。"这将有助于我们正确处理公有制经济与多种经济成分共同发展的关系，对我们解放思想，转换脑筋，探索公有制经济为主体在市场经济条件下的实现形式，有很强的指导性。

3.《决定》提出的在市场竞争中国家对各类企业均一视同仁的要求，是市场经济条件下政府职能转换的新思路。市场经济的本质要求是各类企业平等竞争、优胜劣汰。过去，公有制经济过多地依赖于国家保护，国家对公有制经济特别是国有经济也管得过多过细；而个体经济、私营经济、外资经济的发展靠市场导向多，国家管得少，各类企业不是具有同等条件，处在同一起跑线上。这就不能充分体现市场经济平等竞争的本质要求。因此，《决定》第一次明确宣布："国家要为各种所有制经济平等参与市场竞争创造条件，对各类企业一视同仁。"按照这个思路，一方面，国家对公有制经济特别是国有经济的保护性政策将逐步取消，公有制经济参与市场竞争的压力增大，必然迫使其加快经营机制的转换，从依靠政府转向依靠市场。另一方面，国家对非公有制经济的某些优惠政策和限制框框也将逐步废除，使其既增加了压力，又有了放开发展的机遇。这一重要变化，将使政府从偏重于直接管理国有经济的政企不分状态中解脱出来，主要在制订和执行宏观调控政策，搞好基础设施建设，创造良好的经济发展环境方面，认真履行政府管理经济的职能。

4.《决定》第一次明确提出农村在坚持土地集体所有的前提下，"允许土地使用权依法有偿转让"，这是对我国农村现行土地制度的又一次重大突破。它既保留了农村家庭联产承包责任制的核心内容，又有利于克服小农经济难以抵御市场风险，难以扩大生产规模、取得规模效益的弱点，为土地适当集中，走集约经营的道路创造了条件，是对以包产到户为基础的家庭联产承包制的补充和完善。尤其值得注意的是，土地作为我国农村最基本的生产要素，允许其依法有偿转让，正是培育农村市场，通过市场机制的作用实现土地资源优化配置的有益尝试，必将大大推动农村经济市场化的历史进程，对拥有9亿农业人口的我国国民经济的发展将产生深远的影响。

5.《决定》慎重地提出了在我国"逐步形成劳动力市场"这一崭新观点，这实质上是提出了社会主义条件下劳动力商品化这一引人注目的重大理论问题，突破了阻碍一切生产要素都进入市场的最后禁区。在市场经济条件下，市场具有资源配置的基础性作用，它要求一切生产要素都通过市场机制的调节，实现优化配置。因此，如果把劳动力这种生产诸要素中唯一具有能动性的因素排斥在市场之外，就不可能形成完整、健全的市场体系。可见，在社会主义基本制度同市场经济有机结合的前提下，确立劳动力市场的概念，是建立社会主义市场经济体制的应有之义，它既符合市场经济的一般规律，又符合我国社会经济发展的具体实践，既深化、发展了马克思主义经济理论，又为建立社会主义市场经济体制扫清了障碍，其理论和实践的特殊意义不可低估。

6.《决定》将资本的概念引入投资领域，加深了人们对社会再生产过程本质上是一个资本运动过程的理解，有助于强化人们的价值观念、效益观念和风险意识，促使投资者、经营者和生产者自觉规范自己的行为，按照市场要求组织生产，实现资源的充分、合理利用和效益的最大化。在个人收入方面，《决定》提出了"效益优先，兼顾公平"的原则，并明确提出"允许属于个人的资本等生产要素参与收益分配"，这较之过去"兼顾效益和公平"无疑是一个巨大的进步，它强调了效率在个人收入中的领先地位和作用，适应了市场经济对个人分配的客观要求，不仅有利于充分发挥激励机制的作用，调动一切积极因素加快经济发展，而且为改革现行劳动、工资制度，彻底根治"大锅饭"顽症提供了理论依据。

三中全会《决定》的内容十分丰富，意义十分深远。我们要边学习，边贯彻，在学习中不断加深理解，结合重庆实际，把《决定》提出的任务落到实处。

二、关于1993年工作的基本估价

去年以来，我们认真贯彻小平同志视察南方重要谈话和党的十四大以及中央6号文件精神，集中精力，真抓实干，全市改革开放和经济建设呈现蓬勃发展的新局面，精神文明建设和民主法制建设获得新的进展，党组织的战斗力进一步增强。

1.坚持以经济建设为中心，一心一意抓发展，坚持把经济工作的重点放在调整结构，提高效益上。全市国民生产总值可望达到370亿元，比上年增长13.5%，其中一、二、三产业分别增长2%、17%、18%。工农业总产值可达659亿元，增长19.6%。农村经济持续稳定发展，粮食总产量可达570万吨，增长3%。"两高一优"农业得到发展，二、三产业在农村经济中的比重提高。财政收入可望完成44亿元，增长28%。内外贸易由平转旺，社会商品零售总额预计为174亿元，增长21%。外贸进出口可达10.5亿美元，增长30%。全社会固定资产投资规模可达95亿元，增长20%。特别是通过结合我市实际贯彻中央6号文件精神，加强和改善宏观调控，保证了经济建设没有出现大的波动，效果是积极的。

年初，市委把培育和发展拳头产品和优势产业、第三产业、高新技术产业、乡镇企业、个体私营经济等作为新的经济增长点，作为经济工作的重点，使这些新的经济增长点得到加快发展。全市汽车、摩托车已形成强有力的工业支柱，年产值可达103亿元，占全市工业总产值比重已提高到23%。第三产业产值比上年同期增长18%。充分发挥高新技术产业开发区的辐射影响作用，加快了高新技术的商品化、产业化进程。乡镇企业产值大幅度增长，按新口径计算，总产值预计全年将达到330亿元，增长56.4%。在县级财政收入中，个体私营税收已超过10%。

在经济发展的同时，人民生活得到改善。去年农民人均纯收入预计约增加77元，达到850元；城市居民人均生活费收入增加513元，达到2550元，扣除物价因素,多数居民生活水平有所提高。

2.以转换企业经营机制为核心,推动经济体制改革取得了新进展。狠抓《条例》的贯彻落实,企业自主权逐步到位。通过组建企业集团,大胆进行股份制改造,实行"公有民营"等措施,推进了产权制度的改革,为逐步建立现代企业制度探索了新路。积极稳妥地推进价格改革,一大批生产资料、生活资料价格已经放开,市场决定价格的新机制正在形成。大力培育和发展市场体系,商品市场特别是生产资料市场已形成一定规模,各类要素市场得到进一步发展,整个经济运行的市场化程度明显提高。加快建立社会保障体系,职工待业、养老保险面逐步扩大。政府切实转变职能,改善宏观调控,为企业服务、为基层服务的功能有所增强;精减了一批临时性机构,县级机构改革试点取得了初步的经验。

3.实行全方位整体开放,对外开放打开了新局面。引进利用外资取得突破性进展,招商引资成效突出。全年协议外资金额可达7.4亿美元,新批"三资"企业628家,出口创汇可达6亿美元,比上年增长14.7%,增长速度高于全国平均水平。两个国家级开发区的建设加快,示范作用日益明显。加强了横向联合,三峡经济区的建立,标志着我市与川东地区的联合协作发展到了新的阶段。

4.党的建设,精神文明建设和社会主义民主法制建设继续得到加强,为改革开放和经济建设提供了智力支持和政治保证。今年,我市这方面工作有以下几个特点:一是全市广泛深入地开展了学习邓小平同志建设有中国特色的社会主义理论,广大党员、干部和人民群众对建立社会主义市场经济体制的认识不断深化。二是各级党的组织围绕经济建设这个中心,加强调查研究,积极开展工作,在改革和建设中发挥了战斗堡垒作用和党员的先锋模范作用。三是按照中央的部署,积极开展了反腐败斗争,认真治理"三乱"和群众反映强烈的各种不正之风,取得了初步成果,促进了全市党风廉政建设,密切了党群关系和干群关系。四是精神文明建设各项工作努力探索社会主义市场经济新形势下的新途径,开展了形式多样的精神文明活动,各项社会事业适应市场的能力有所提高,内在活力进一步增强,人民群众的精神文化生活更加丰富。五是各地区、各部门、各单位高度重视社会稳定工作,动员各方面力量,在促进社会稳定方面做了大量工作,妥善地处理、解决了一些突发事件和不安定苗头,没有发生影响全局的不安定事件。社会治安得到综合治理,社会风气有所好转,为改革和建设创造了良好的社会环境。六是根据改革开放和现代化建设,特别是社会主义市场经济发展的要求,废止了过时的法规、规章,制定了一批地方性法规和行政规章,司法、执法和法律监督工作进一步强化,为改革和建设提供了有效的法律保证。

去年,虽然我们取得了很大的成绩,但必须清醒地看到还存在的突出矛盾和问题。一是结构性矛盾依然突出,轻纺工业萎缩,预算内工业发展速度过低,城市基础设施特别是交通运输的"瓶颈"约束仍未缓解。二是资金短缺,尤其是工业流动资金严重不足,出现了新的"三角债"。三是企业亏损面广量大,并由此引发了一些不安定因素。四是党的建设、精神文明建设和民主法制建设,还有待进一步加强。对于这些在改革和发展中出现的矛盾和问题,我们只有一个办法,这就是通过进一步深化改革,加快发展来解决。

三、关于1994年工作的打算和要求

今年是我国加快改革开放和保持国民经济持续、快速、健康发展十分重要的一年,我们面临十分繁重的任务。关于今年的工作,市委已经作了认真研究,总的指导思想是,以邓小平同志建设有中国特色的社会主义理论和党的基本路线统揽全局,积极贯彻落实党的十四届三中全会精神,紧紧抓住改革、开放、发展、稳定,坚持以经济建设为中心,一心一意抓发展不动摇;坚持深化改革扩大开放,加速建立社会主义市场经济体制不动摇;坚持以农业为基础,大力发展乡镇企业不动摇;坚持把依靠科技进步,优化结构,提高效益作为经济工作的重点不动摇;坚持"两手抓,两手都要硬"不动摇,促进国民经济持续、快速、健康发展和社会全面进步。

我们提出今年工作坚持八个字和五个不动摇的指导思想,就是要以改革为动力,以稳定为前提,以加快发展为根本目的。全体党员、干部特别是各级领导干部必须真正把精力高度集中在经济建设这个中心

上来，排除各种干扰，一心一意带领全市人民在改革开放上大胆探索，真抓实干，努力实现我市各项工作一年一个样，五年大变样的奋斗目标。

根据今年工作的指导思想，市委常委会研究提出了今年的工作要点，已经印发给与会同志，请大家认真讨论修改。这里，我再围绕要点提出的内容，讲五个问题：

（一）深入学习三中全会精神和《邓小平文选》第三卷，用建设有中国特色的社会主义理论武装头脑，指导各项工作

关于学习三中全会精神和《邓小平文选》第三卷，市委分别发出了两个文件，对学习作了专门部署，各级各部门要按照文件要求，把学习抓紧抓好，组织党员干部结合思想和工作实际，深刻领会邓小平同志建设有中国特色的社会主义理论的精神实质，用以指导我们的各项实践。

在学习中，要把深刻领会三中全会精神同《邓小平文选》第三卷的学习有机地结合起来，特别要深刻理解和掌握建设有中国特色社会主义理论的基本观点和精神实质，深刻理解和掌握邓小平同志运用马克思主义立场、观点和方法研究新情况、解决新问题的科学态度和创造精神，以此促进《决定》在我市的贯彻落实。各级党政领导同志要带头学好，增强开拓进取的自觉性，掌握驾驭全局的主动权。

要把学习同建立社会主义市场经济体制的实践结合起来。要通过学习，把《决定》精神落实到改革开放和经济建设的各个环节、各个方面，并把"三个有利于"作为取舍各项改革措施和检验其得失的根本标准。

要把学习同搞好本地区、本部门、本单位的工作结合起来，真抓实干，务求实效，各级干部要加强调查研究，及时总结本地区、本单位改革开放的经验，实事求是地找出存在的问题和不足，提出进一步搞好各项工作的、符合实际的具体措施。

（二）全力打好改革攻坚战，大步推进对外开放，充分发挥试点城市作用

今年，按照十四届三中全会《决定》确定的整体推进、重点突破的方针，我国的经济体制改革将迈出重大步伐，国家将全面实施财税、金融、计划、投资、外贸、价格等项重大改革方案。这是十几年来我国改革措施出台最多的一年，涉及到国家、地方、企业和个人，涉及到各行各业、方方面面，牵动全局，改革的广度、深度以及难度和力度都是空前的。我们面临的是一场艰巨的改革攻坚战。这既是我们加快建立社会主义市场经济体制的一次机遇，也是我们面临的一次新的考验。对此，我们必须要有充分的思想认识和足够的准备，必须充分吃透中央这些重大改革方案的精神和政策，并结合我们的实际，提出具体实施的措施和对策，精心组织好这些重大改革的实施，以更大的气魄，更扎实的工作，毫不动摇地推进改革，打好今年这场改革攻坚战，务求初战必胜。

我市作为中央确定的新一轮经济体制综合配套改革试点城市，作为沿江开放城市，在改革开放上应当比其他城市走得更快些，步子迈得更大些，应当在率先建立社会主义市场经济体制上取得经验，走在全国的前面。今年我市的改革要以建立现代企业制度和新型宏观调控体系为重点，配套进行产权市场等要素市场为主的市场体系建设，进一步完善社会保障体系，加快住房制度改革和其他领域的改革，全面推进并加快建立社会主义市场经济体制的步伐。我们在精心组织实施好中央一系列重大改革方案，实行整体推进的同时，应当充分发挥试点城市的作用，在一些改革的关键环节和难点上，在一些重要的领域取得重点突破，在率先建立社会主义市场经济体制上大胆探索新路。

第一，我市作为一个老工业城市，能否解脱国有企业的历史包袱，加快转换其经营机制，建立适应社会主义市场经济发展要求的现代企业制度，使企业真正成为市场的主体，是我们能否建立社会主义市场经济体制的关键。我们必须以转换企业经营机制为重点，抓紧做好建立现代企业制度的基础工作，继续全面贯彻《条例》，不折不扣地落实企业各项生产经营自主权，继续深化企业内部劳动、人事和分配三项制度改革，有步骤地清产核资，界定产权，加紧研究解脱国有企业历史包袱的办法。要尽快选择一批有条件的国有大中型企业，进入国家和省安排的建立现代企业制度的试点，我们市里也要安排一批企业进行试点，

要抓紧制定具体的试点方案,尽快启动此项工作。

第二,要在大力培育和发展统一、开放、竞争、有序的市场体系上取得新的突破性进展。既要抓好有形市场的建设,又要加快市场关系的建立;在建立生产要素市场体系中,要重点抓好金融市场、产权市场的建设和培育;要切实加强市场制度和法规建设,引导和规范市场行为,保护和促进公平竞争,要通过市场体系的建设和培育,努力形成城乡市场紧密结合,区域市场与全国市场流转畅通,国内市场与国际市场相互衔接的大流通格局,更加充分地发挥市场机制在资源配置中的基础性作用。

第三,建立多层次的社会保障体系。这对于深化企业改革,保持社会稳定,顺利建立社会主义市场经济体制具有重大意义。我们要在健全和完善社会保障体系上取得新的突破和进展,进一步扩大社会保险覆盖面,切实改变目前社会保障多头管理的状况,提高社会保障事业的管理水平。

第四,建立新型的宏观调控体系。这是全面深化改革,加快建立社会主义市场经济体制的迫切要求。我们在实施中央关于财税、金融、计划、投资等项重大改革中,要加快政府职能的转变。同时要积极探索建立独立行使职责的、与财政分离的市级国有资产管理机构,理顺国有资产管理与财政预算管理的关系,组建若干国有资产投资经营公司,对国有资产管理部门委托其经营的国有资产负责,确保国有资产的保值增殖〔值〕。今年具体的改革工作市体改委已经有了一个安排,现已印发给大家,请同志们认真讨论,同时志忠同志还要具体讲一些意见。总之,我们要真正履行好作为全国综合配套改革试点城市的义务,在率先建立社会主义市场经济体制上取得全面推进,重点突破。

今年,是我市全面深化改革十分关键的一年,我们能否打好这场攻坚战,从根本上看,取决于我们能否大胆解放思想、实事求是,在实干上下功夫。小平同志曾经深刻地指出:"不打破思想僵化,不大大解放干部和群众的思想,四个现代化就没有希望。"因此,我们必须进一步解放思想,充分调动广大人民群众的积极性,集中群众的智慧,依靠群众的力量,全力推进改革,切实做好建立社会主义市场经济体制这篇大文章。

我们必须继续实行以开放促改革、促发展的方针,不失时机地大步推进对外开放。今年,随着国家在财税、金融、投资等方面重大改革措施的出台和实施,地方在资金和宏观调控的某些方面,可调控的主动权将比过去有所减小,资金紧张仍是制约我市加快改革和发展的十分重要的因素。此外,随着经济发展的加快、生产总量的扩大,也必然有一个开拓和扩大新的市场的问题。因此,进一步扩大对外开放,充分利用内资和外资,面向国际和国内两个市场,应当始终是我们加快发展的重要战略措施。我们要采取多种形式,尽可能地引进一些高起点、高档次、对我市经济有带动作用的大项目,着力引进大额资金,以加快基础设施建设,加快基础产业、高新技术产业和第三产业的发展,加快企业的技术改造。

要努力适应外贸体制改革和汇率并轨的新形势,继续推进多元化对外贸易和以质取胜的战略,确保今年出口创汇有较大增长。要根据国际市场的需求,进一步调整出口产品结构,巩固现有的国际市场,大力开拓和发展新的市场。要继续加强国际交流和交往,特别是同国际友好城市的经济合作。在对外开放中,要把外引内联结合起来,大力发展区域联合协作。要善于把西南各地的分散优势转化为我市的综合优势。要继续按照省委、省政府抓"两线"、带"两翼"的要求,加强同川东地区的联系,促进三峡经济区的开发、开放。今年,我们要力求从市到区(市)县,从第一、二产业到第三产业,形成全方位、高起点的对外开放新格局,在加速同国际经济接轨上取得显著进展。

(三)集中力量,加快经济发展,提高经济发展的质量

经济发展速度的快慢、质量的好坏,直接关系到国家、民族和社会主义事业的命运。我们应当看到发展问题不仅是经济问题,也是一个重大的政治问题。小平同志在对整个国际国内形势进行深刻分析的基础上,作出了合乎历史发展规律的科学结论——"发展才是硬道理"。他说:"贫穷不是社会主义,发展太慢也不是社会主义",低速度就等于停步,甚至等于后退。从重庆的情况看,改革开放以来,我们集中精力抓发展,全市经济保持了较快的发展势头,但与一些新兴工业城市和发达地区相比，我们的发展速度仍然不够快。如果不努力加快发展速度，差距还将进一步拉大。对此，我们必须有更清醒的认识，增强紧迫感和历史责任感，紧紧抓住我们面临的一些难得的发展机遇，毫不动摇地把加快发展作为今年经济工作的主旋律，认真抓好以下几个关系发展全局的重要工作。

1. 加快经济发展，首先要加快农村经济的发展。农业是国民经济的基础，任何时候都不能有丝毫动摇。没有农业的稳定、农村经济的发展，就不可能有全市经济的快速发展，没有1100万农民的小康，就不可能有全市人民的小康。因此，必须以奔小康来统率整个农村工作。

我市明年和今后一个时期农村工作的指导思想是：以党的十四大精神和邓小平同志建设有中国特色的社会主义理论为指导，坚定不移地坚持农业的基础地位，按照建立社会主义市场经济体制的要求，进一步深化农村改革，稳定粮食生产，大胆调整产业结构，提前实现小康目标。根据这一指导思想，明年农村工作总的思路是：稳定粮食生产，大胆调整产业结构，大力发展乡镇企业，大力培育农村市场，大幅度增加农民收入。在具体工作中，要以调整结构为重点，在继续抓好农业"三大工程"建设和高产优质高效农业的基础上，积极实施"三环四线"的发展战略。要坚持把乡镇企业作为全市经济发展的战略重点和区（市）县经济的主体，促进乡镇企业大发展，上规模，上水平，增效益。要多渠道增加农业投入，搞好系列化、社会化服务。同时，尽快研究制定农业投入保障制度和主要农产品的价格风险基金制度、保护价制度及储备制度，切实保护农民利益。

农村产业结构调整按照"三环四线"发展战略进行，这是一个宏观指导原则，符合农村发展市场经济的要求。"三环四线"是重庆农村经济发展的总体布局，决不是简单的地理位置划分，而是从各地的区域特点、经济、社会条件和与大城市联系的紧密程度来确定的，总的体现了因地制宜分类指导的原则，并不意味着政策的倾斜。各区（市）县要结合实际，按照这个总体布局，发挥优势，突出重点，努力形成各具特色的区域经济。

2. 继续强化以交通、通信、能源为重点的基础设施建设。80年代特别是"七五"以来，我们集中力量狠抓了一批基础设施重大建设项目，缓解了能源、通信等"卡脖子"的状况，极大地促进了我市经济的发展，但还远没有解决根本问题。随着经济发展速度的加快，可以肯定交通运输、通信、能源、原材料等将更趋紧张，潜伏的"瓶颈"约束将进一步显露出来。我们要认清基础设施建设和经济快速发展之间的关系，下大决心，继续把强化基础设施建设和发展基础工业放到头等重要的位置，尤其是交通，要不惜花大力气来抓，尽快解决好经济快速发展中的"瓶颈"障碍，为经济快速发展打下良好的基础。

3. 巩固和发展经济支撑点，培育和壮大新的经济增长点。我市国有大中型企业有240多家，是我市经济发展的重要支撑力量，要结合改革，建立现代企业制度的实践，按照市场经济的要求搞好这批企业，尽快把这批企业推向国内外市场。这两年，我们在培育和发展新的经济增长点方面取得了显著效果，今后我们要继续紧紧抓住不放，并继续发现新经济增长点。只要我们把支撑点和增长点抓住了，抓出大的成效，就能够推动我市经济发展不断迈大步。

4. 依靠科技进步，加速人才培养。市场竞争归根结底是科技和人才的竞争。今年，我们将着手实施"科技兴渝百亿工程"推动"科技兴渝"战略的实施，带动科技兴区（市）县、科技兴行业、科技兴厂的工作。特别要在国有工业企业中，通过广泛采用先进科学技术，进行高起点的技术改造，使我市国有工业企业特别是大中型企业设备陈旧、技术老化、产品的市场适应力差和竞争力不强的状况有大的改善。为此，要相应增加对科技成果转化的投入，创造适应加快科技成果转化的条件，促进大批科技成果商品化、产业化。

依靠科技进步，加快经济发展，关键在培养和启用优秀人才。科技教育工作要以经济建设为中心，大力培养一大批跨世纪的现代化建设人才。各级和各行各业要尊重人才，大胆起用人才，采取切实措施为各类人才大展宏图创造条件。

5. 千方百计增大建设投资力度。投资力度的强弱，从一定程度上决定着经济发展速度的快慢。我市这几年发展速度较快，在很大程度上是得益于80年代特别是"七五"期间大量投入所积聚的生产能力的逐步发挥。如我们的汽车、摩托车,我们的能源、通信如果没有前几年的大规模投入,现在也决不可能在带动全市经济发展上有这样大的能量。应当看到,在投入方面,我市历年来虽然是上升的,但与全国及其他一些地区、城市比较,投资力度明显弱小。1993年,全社会固定资产投资我市比上年增长20%左右,而全国平均增长47%,成都增长了90%以上;1994年,全国经济仍将保持较高的发展速度,高投资估计仍可能是经济的一大特征,我们也必须千方百计增大投资力度。

增大投资力度,关键是要把解决好资金问题作为重心来抓。过去,我们抓资金是有成效的,也积累了不少经验,今年还要继续多渠道筹集资金。在这个问题上,各级、各部门都要大力支持,创造宽松环境,要给政策。特别是在引进外资方面要有更大的动作,要舍得拿出更多的好企业、骨干企业、公路、港口、桥梁与外商合资。要努力盘活现有的资产存量,通过产权转让来筹集资金。在资金运用上,要集中财力,保证基础设施和重点项目的建设,为我市经济持续、快速、健康发展储备更大的生产能量和发展后劲。

6.正确认识和处理速度与效益的关系,把发展速度建立在实实在在的效益上。我们所说的经济高速增长,是和经济发展的质量有机结合的,是在提高产品质量、优化经济结构、增加经济效益的基础上加快速度,而不是片面追求产值的高指标。在经济工作中,我们要十分重视提高经济效益,努力做到速度与效益同步增长。我们必须清醒地看到,我市国有工业企业效益不高,亏损量大面广已经成为经济持续高速增长的严重障碍。引起我市国有工业企业效益不高、亏损严重,原因是多方面的,如外部环境的影响,政策因素的作用,历史欠债、社会包袱重等等,但管理落后,浪费大,物耗高,成本上升,也是造成效益低下的重要原因。因此,要提高企业经济效益,必须要在深化改革,积极改善企业发展外部条件的同时,引导企业职工眼睛向内,努力挖掘内部潜力,降低消耗,全面提高企业素质,大力增强市场适应能力和竞争能力。

(四)进一步加强社会主义精神文明和民主法制建设,促进改革开放和现代化建设的顺利进行

坚持两手抓,两手都要硬,是建设有中国特色社会主义的内在要求。市委今年工作的指导思想有一条,就是坚持"两手抓,两手都要硬"不动摇。各级党政特别是各级主要领导干部必须高度重视,千万不要顾此失彼,出现一手硬、一手软的情况。我们强调加强精神文明建设和民主法制建设,目的是为了使重庆的经济和社会事业更协调地发展,使改革开放和经济建设有更坚实的思想保证和智力支持,有更好的社会环境和舆论环境。今年这方面的工作,要围绕改革和发展这个主题,以团结、稳定、鼓劲为基调,在求实务实上下功夫,力争在去年的基础上取得新的进展。

一是要大力加强思想教育,切实改进思想政治工作。今年全国将出台一系列改革措施,我市的改革步伐也将加快,必然会出现一些新情况、新问题、新矛盾,这就要求思想教育工作要运用邓小平同志建设有中国特色社会主义理论去引导、教育群众,振奋人们的精神,激发全市人民投身改革和建设的积极性。

各级党政组织、党的干部要敢于和善于在新的条件下加强思想政治工作,重点是解决针对性和实效性的问题。一方面,要摸准群众的思想,把握脉搏和热点,搞清影响群众情绪的症结,有针对性地解惑释疑、活血化瘀;另一方面,要改进工作方法,到群众中去,把思想政治工作做细、做深、做活。

二是要推进群众性精神文明建设,积极发展文化教育事业,着力提高重庆文明程度。精神文明建设的经常性工作有两个:一个是群众性的活动,一个是事业方面的发展。关于群众性精神文明建设,这些年我市城乡开展了多种形式的活动,总的来说,是富有成效的。今年要总结这方面的经验,把这项工作同促进经济发展和社会风气全面好转结合起来。农村要紧扣致富奔小康,企业要紧扣生产经营和企业文化,城乡各单位要紧扣社会风尚和职业道德,开展各具特色的群众性活动,以增强群众性精神文明建设的实效性。

关于文化、教育等各项社会事业,总的要求是要使这方面事业的发展同整个经济发展协调起来,不能滞后。我们要在几个方面着力推进事业发展:①要在体制改革上加快步伐,进一步增强事业发展的活力;②要努力探索在社会主义市场经济体制条件下事业发展的新途径,积极发展文化产业、教育产业、体育产业,增强自身发展后劲;③各级政府要在发展经济的同时,加大各项社会事业的投入,改善精神文明建设的物质载体。各项事业在改革和发展中,要服务于经济建设,促进社会稳定,正确处理社会效益和经济效益的关系,把社会效益放在首位。进一步加强社会文化市场的管理,坚持不懈地扫黄除"六害",更好地满足人民群众多方面、多层次的精神文化需要,为提高重庆的文明程度作出更大的贡献。

我市人口基数大,计划生育任务很重,各级党政要高度重视,齐抓共管,要采取措施解决新形势下计划生育工作中出现的新问题,坚决落实计划生育目标责任制,确保实现人口控制年度目标。

三是要突出地抓好社会主义民主与法制建设。改革开放和发展社会主义市场经济,必须有一个健康稳定的社会政治环境,必须进一步扩大社会主义民主,健全社会主义法制。民主建设要着眼于团结一切可以团结的人,调动一切积极因素为改革开放和现代化建设服务,着眼于民主基础上的科学决策,因此,必须充分发挥人大、政协的作用,加强和完善人民代表大会制度、多党合作和政治协商制度,巩固和发展爱国统一战线;发挥工会、共青团、妇联联系群众的纽带作用和民兵在发展经济和维护社会治安中的作用;发挥基层自治组织的作用,把各方面、各阶层、不同群体的积极性都调动起来。随着改革开放和现代化建设的深入,我们的经济生活和社会生活都应当走上法制的轨道。最近,中央出台了一批法律法规,我们要认真抓好实施,并根据我市经济和社会发展的要求,加强地方立法工作,逐步健全与社会主义市场经济相适应的地方性法规和行政规章。

社会稳定问题始终是改革和建设过程中的重要问题,是全党的重要任务,是每个领导干部的责任。要认真总结这几年维护稳定工作的经验,建立和完善维护稳定责任制,尽快形成维护社会稳定的有效机制,把矛盾化解在基层,以实现社会稳定。要正确处理人民内部矛盾,妥善处理各种社会矛盾。同时,还必须在全市广泛深入开展法制教育,提高公民的法律意识和法制观念。坚持依法治市,继续加强社会治安综合治理,严厉打击各种刑事犯罪和严重经济犯罪,把重大恶性案件和多发性案件遏制在最小限度,消除各种不安定因素,为社会主义市场经济体制的建立创造良好的社会环境。

(五)加强党的建设,改善党的领导,不断强化改革和建设的政治组织保证

实现今年我市改革开放和现代化建设的各项任务,加强和改善党的领导是根本保证。我们必须切实抓好党的建设,充分发挥各级党组织和党员的作用,更好地带领人民群众实现各项任务。今年,我市党的建设要以邓小平同志建设有中国特色社会主义理论为指南,坚持党要管党、从严治党的方针,抓住不适应改革和发展的各种问题和党建工作的薄弱环节,全面加强思想、组织、作风和制度建设,不断提高党建工作水平,进一步增强党的战斗力。

1. 把学习十四届三中全会精神和《邓小平文选》第三卷作为思想建设的重要任务。各级党组织务必把学习十四届三中全会精神和《邓小平文选》第三卷摆在党的思想建设和党员、干部理论教育的中心位置,切实抓好。党员、干部特别是县处级以上领导干部要带头学好,自觉运用邓小平同志建设有中国特色社会主义理论武装头脑,指导工作。同时,要努力学习社会主义市场经济基本知识和现代科学文化知识,提高在新的形势下观察、认识和解决问题的能力。

2. 抓住"学习、团结、勤政、廉洁"四个环节,切实加强干部队伍和各级领导班子建设。要在广大党员干部中强化党的理想、宗旨、纪律教育,用共产主义的远大理想激励广大党员干部积极投身改革开放和现代化建设的热情;用全心全意为人民服务的宗旨抵御极端个人主义、拜金主义、享乐主义等腐朽思想的侵蚀;用党的纪律约束、规范党员干部的行为,增强党性观念和全局观念,保证政令畅通。要在各级领导班子中继续深入开展"学习、团结、勤政、廉洁"的四好活动。各级领导干部特别是党政一把手要严于律己,以身作则,在执行党的基本路线、坚持党的民主集中制、维护安定团结、廉政勤政等方面作出表率。要努力培养求实务实,创新高效的工作作风,加强调查研究,坚决克服官僚主义和形式主义。要尽快建立和完善县以上各级领导班子思想作风建设定期分析制度和市级各部门、各区(市)县党政主要领导干部年度考察和任期考察制度，并切实认真执行。这是提高领导班子成员的思想素质、领导水平和整体工作效能的有效措施，必须作为加强党的建设的一项重要工作来抓好。

3.切实加强党的基层组织建设，充分发挥基层党组织的战斗堡垒作用和广大党员的先锋模范作用。基层党组织是党的工作的基础。当前我市党的基层组织建设中还存在一些薄弱环节，亟待采取切实有效的措施尽快加强。一是要加强思想教育和必要的组织措施，努力改变一些基层组织软弱涣散的状态；二是要积极探索社会主义市场经济条件下基层党组织开展工作的新办法和新途径，更好地在本单位改革和建设的各项工作中发挥战斗堡垒作用；三是要在非公有制经济组织中，建立健全党的基层组织，开展党的活动。

当前农村党的工作重点，是加强和完善以党支部为核心的村级组织建设，组织和带领群众脱贫致富奔小康。国有企业党组织要围绕经济建设这个中心，发挥政治核心作用。同时，要善于协调企业各种关系，支持厂长依法行使职权，坚持依靠职工搞改革、求发展，引导、保护、发挥好职工群众的积极性。党在各行各业的基层组织都要根据各自的特点，加强本单位、本部门党员教育和管理，形成各具特色、行之有效的工作规范，充分发挥广大党员在各项工作中的先锋模范作用。

4.继续开展反腐败斗争，进一步加强党风廉政建设。党风廉政建设关系到社会主义现代化建设的成败和执政党的存亡。应当肯定，我市广大党员、干部的主流是好的，但也必须清醒地看到，在党和国家机关中，确实存在消极腐败现象，严重危害党同人民群众的联系，损害了党的肌体，我们绝不可以掉以轻心。去年我市反腐败斗争取得了初步成果，今年要在巩固、扩大这一成果的基础上，把反腐败斗争引向深入。最近，市委、市政府正在抓紧制定《市级党政机关党风廉政建设若干暂行规定》，各级党组织也要抓紧建章建制，并认真落实，形成有效的廉政监督机制，使反腐倡廉经常化、制度化。要坚决反对把商品交换原则引入党的政治生活和国家机关政务活动的行为，抓紧查处大案要案，坚决惩处腐败分子。要发挥法律监督、组织监督、群众监督和舆论监督的作用，进一步纠正部门和行业不正之风，促进党风和社会风气的进一步好转。

同志们，今年我市改革开放和现代化建设的任务非常繁重，这次会议要确定全市工作的目标、重点和主要措施。会后，我们的任务就是要狠抓落实，这里要特别强调的是，目前正值辞旧迎新，工作很多，希望各级领导同志多挤点时间学习，少搞一点应酬；多做些调查研究，少一些主观主义；多干些实事，少说些空话；以清廉、扎实的作风，开拓创新的精神，总结好去年的工作，安排好今年的工作，带领广大干部群众，争取今年我市各项工作的更大胜利！

认真贯彻落实党的十四届四中全会精神切实加强和改进党的建设

——在市委七届三次全委(扩大)会议上的讲话

孙同川

（1994年10月18日）

同志们：

这次市委全委(扩大)会议，中心议题是传达贯彻党的十四届四中全会精神，紧密结合重庆实际，研究、部署加强和改进我市党的建设。这是一次很重要的会议。会议期间，传达了四中全会精神，到会同志认真学习了《中共中央关于加强党的建设几个重大问题的决定》《江泽民同志在十四届四中全会上的讲话》精神，一致拥护四中全会通过的《决定》。

在会议讨论中,同志们一致认为,在当前我国正面临难得的发展机遇和严峻的挑战形势下,在喜迎中华人民共和国成立45周年的前夕,党中央召开了十四届四中全会,讨论并通过了《中共中央关于加强党的建设几个重大问题的决定》。这是在我国改革开放和社会主义现代化建设发展的关键时期,以江泽民同志为核心的党中央抓住关系全局和长远的重大问题,作出的重要决定。这个《决定》充分体现了邓小平同志建设有中国特色社会主义理论特别是党的建设的思想,贯穿了党的十四大精神,科学地分析了党的建设面临的形势;指出在全面贯彻落实党中央关于思想建设和作风建设部署的同时,加强组织建设已成为突出环节,提出了坚持和健全民主集中制,加强和改进党的基层组织建设,培养和选拔德才兼备领导干部的任务,问题抓得准,指导作用大,是一个关系全局的纲领性文件。四中全会《决定》把党的建设提到新的伟大工程的高度,符合实际,大得党心,大得民心。认真贯彻落实四中全会《决定》,对于进一步加强党的建设,促进党的团结统一,增强党的战斗力,提高党的领导水平和执政水平,充分调动和发挥全党、全国人民的积极性、创造性,保证十四大提出的各项任务的完成;对于坚持党的基本路线一百年不动摇,进一步解放思想,加快改革开放步伐,建立社会主义市场经济体制,推动我国的社会生产力、综合国力和人民物质文化生活水平再上新的台阶,保证我国在国际上能够取得更加主动的地位,都具有重要的现实意义和深远的历史意义。

审议并通过了《中共重庆市委关于学习贯彻落实党的十四届四中全会〈决定〉的决议》。整个会议虽然时间短,但议题集中,气氛热烈认真,收到了预期的效果。

当前,我们如何贯彻落实好十四届四中全会精神?大家谈了一些很好的想法,归结起来就是:必须准确估价我市党的建设形势,充分认识加强党的建设的极端重要性和紧迫性,增强抓好党的自身建设的自觉性;必须突出重点,根据四中全会《决定》提出的党的组织建设的三大任务,扎扎实实抓好党的组织建设;必须把握十四大以来党的建设的整体部署,采取有效措施全面加强和改进党的建设。

下面,结合与会同志们的讨论情况和省委六届三次全委(扩大)会议精神,根据市委常委讨论的意见,我讲三个问题。

一、我市党建工作的基本估价

党的十一届三中全会特别是十四大以来,在邓小平同志建设有中国特色社会主义理论和党的基本路线的指引下,我市在党的建设方面做了大量工作,取得了较好的成绩,探索了一些成功的经验,有力地领导了全市。改革开放和两个文明建设的实践。

首先,重视党的思想建设,用建设有中国特色的社会主义理论武装全体党员、干部。市委始终把在思想上、政治上同党中央保持一致作为各级党组织思想上建党的基本要求和根本任务,坚持用邓小平同志建设有中国特色社会主义理论教育、武装全党。邓小平同志视察南方重要谈话和十四大以后,市委把学习《邓小平文选》和十四大精神作为党的思想教育的主题教材,加强了各级党员领导干部的理论学习,在全市党内开展了理想、信念、宗旨教育,进行了进一步解放思想的专题大讨论,同时组织和引导各级领导干部学习和掌握社会主义市场经济和现代科学技术基本知识,使全体党员干部掌握新时期党的指导思想的理论基础,增强了贯彻党的基本路线的自觉性和坚定性。

其次,加强党的组织建设,发挥党组织在改革和发展中的战斗堡垒作用。市委把加强领导班子建设作为组织建设的关键来抓。近年来,按照"政治坚定,勇于改革,务实创新,团结协调,廉洁勤政,同人民群众保持密切联系"的要求,对各级领导班子进行了充实和调整,使各级领导班子的整体素质进一步提高。基层党组织紧扣经济建设加强党的组织建设,在深化改革中发挥政治优势,支持行政大胆工作,及时消除不稳定因素,做好维护和保持稳定的工作。同时,对企业党组织发挥政治核心作用的新途径进行了探索。通过以党支部为核心的村级组织配套建设,开展"三带"、奔小康活动,进一步加强了党组织的目标管理。街道党委着力做好安定团结工作,在两个文明建设中担当起了领导责任。各级党组织的政治优势和党员的先锋模范作用进一步发挥,为推动我市改革开放、经济建设和各项事业的发展，奠定了较好的组织基础。

第三，抓好党的作风建设，坚持开展了反腐败斗争。市委按照中央抓好作风建设的部署，多次召开专门会议，作出了一系列的工作安排，力求把作风建设的各项任务落到实处。面对新的历史时期党的作风建设的新课题，突出开展了反腐败斗争。市委加强了对反腐败斗争的领导，把反腐败斗争的情况纳入各级党委工作实绩考核的内容，坚持反腐败斗争既要紧紧围绕党的中心工作进行，又要在深入持久、更有成效上下功夫的方针，反腐败斗争取得了阶段性成果。通过加强党风廉政教育，严肃认真查处违法违纪案件，清理纠正群众反映强烈的行业不正之风，增强了广大党员廉洁自律的自觉性。

在建立社会主义市场经济体制的过程中，我市党的建设工作，经过多方面的探索，积累了一些初步经验。

一是必须围绕经济建设这个中心抓党建。围绕经济抓党建，抓好党建促经济是我们党建工作的指导思想。一些党组织坚持在深化改革中发挥政治优势，在发展经济中开展党的工作，在维护稳定中发挥党组织作用，把党建工作的出发点和落脚点真正摆在服从、服务于经济建设大局上。

二是必须加强建章建制工作。近些年，我市党建加强了建章建制工作，针对工作实际，在党的思想建设、组织建设、作风建设方面制定了一系列规章制度，为我市党建工作的顺利开展提供了必要的制度保证。

三是必须研究新情况，加强党建工作的领导。社会主义市场经济条件下的党建工作面临许多新情况、新问题，只有坚持调查研究，重视分类指导，才能真正加强对党建工作的领导，才能使党建工作与改革开放、建立社会主义市场经济体制的进程相适应。

从总的情况看，我市党的建设取得了较好的成绩，积累了一些经验，促进和保证了我市各项事业的发展，各级党组织也在社会主义现代化建设的实践中经受了考验。但是，我们也必须清醒地看到，我市党的建设与四中全会提出的目标、任务还有很大差距。面对复杂多变的国际形势，繁重艰巨的改革、建设任务，我们的知识水平、领导水平，特别是驾驭社会主义市场经济的能力还很不适应。在党的思想、作风、组织建设方面，都不同程度地存在着不适应形势发展的问题，四中全会《决定》和江泽民同志讲话中指出的一些问题，在我市也同样存在：一些单位民主集中制没有得到很好的贯彻，不少基层党组织软弱涣散、纪律松懈，有的处于瘫痪、半瘫痪状态；一些单位官僚主义、形式主义、浮夸的现象比较突出，一些单位和个人有令不行，有禁不止。一些党员、干部共产主义理想和社会主义信念动摇，党的观念和为人民服务的观念逐渐淡薄，甚至有些人腐败堕落，损害了党的肌体。这些问题如任其存在、发展、蔓延，必将损害我们的改革开放和经济建设大业，必须高度警觉，绝不能掉以轻心，铸成大错。

当前，我市的改革开放和经济建设正处于最有利的历史时期，国际、国内形势为我市的发展创造了许多难得的机遇，同时也面临严峻的挑战。无论是世界的历史性大变动还是我国的伟大变革，都将是复杂深刻的长期过程，国际形势会出现许多我们现在难以预料的问题，在加快发展自己的过程中还会出现许多新的"热点""难点"；特别是我们这样一个老工业、大工业、大农业城市，在深化改革、扩大开放、加快发展中还将出现许多错综复杂的新矛盾、新问题。我们能否抓住机遇，闯过难关，全面完成建立社会主义市场经济体制的任务和我市的各项奋斗目标，归根到底取决于我市各级党组织是否坚强有力，取决于我们能否团结和带领全市人民解决好前进道路上的各种矛盾、问题。总之，以经济建设为中心，发展社会主义市场经济、社会主义民主政治和社会主义精神文明，都要求强有力的党的领导。实践证明，离开党的强有力领导，我们将一事无成。我们要充分认识加强党的建设的极端重要性和紧迫性，极大地提高加强和改进党的建设的自觉性。

二、认真落实三大任务，切实加强党的建设

近年来，以江泽民同志为核心的中央领导集体十分重视党的建设，相继对党的思想建设和作风建设进行了部署，这次四中全会又对当前党的建设特别是党

的组织建设的三个重大问题作出了决策。我们要根据四中全会精神，紧密结合重庆实际，制定加强党的建设的措施，努力把我市各级党组织建设成为改革开放和现代化建设的坚强的战斗堡垒。

（一）坚持和健全党的民主集中制

民主集中制是我们党的根本组织制度和领导制度，是马克思主义认识论和群众路线在党的生活和组织建设中的创造性运用。在改革开放和发展社会主义市场经济的条件下，只有坚持和健全民主集中制，才能保证全党上下统一思想、统一行动，才能保证党和国家长期稳定，才能保证改革开放和社会主义现代化宏伟目标的实现。从我市各级党组织坚持和贯彻民主集中制的情况看，总的来说是比较好的，但也确实存在对民主集中制认识不深、执行不严、监督不力等问题，民主不够和集中不够都不同程度地存在，有的地方和单位，对中央和市委的某些决策执行得不够有力，有的采取"软处理"，拖延搁置；有的党内民主渠道不通畅，批评建议得不到反映；有的领导独断专行，领导班子不团结，难以形成合力；有的集中不够，不能及时果断决策，延误工作；一些单位民主集中制的具体制度不健全、不完善、不规范，甚至无章可循。针对这些问题，必须按照十四届四中全会《决定》的精神，切实坚持和健全民主集中制。

1. 开展坚持民主集中制的再教育。要集中一段时间对全市党员进行坚持民主集中制的再教育，增强党员特别是党员领导干部的群众观念、民主和法制观念、全局观念、组织纪律观念；正确认识和处理好几个关系：一是民主与集中的关系。民主与集中是对立的统一，没有民主就不可能有正确的集中，而民主基础上的集中，是党的意志统一和行动一致的保证，没有这种集中，将会严重破坏党的统一和削弱党的战斗力。从我市的情况看，虽然民主不够与集中不够的问题都不同程度存在，但集中不够的问题相对突出一些，有的同志和单位，淡化了个人与组织、下级与上级的关系，对组织、对上级作出的决策、指示，漫不经心，执行不力，这是十分错误和有害的，必须坚决纠正。二是集体领导和个人分工负责的关系。集体领导和个人分工负责二者不可偏废。各级党委负责同志要带头坚持民主集中制，党委成员要自觉维护集体领导，重大问题必须按程序由集体讨论决定，不能个人说了算。同时要提倡敢于负责的精神，反对遇事推诿、互相扯皮和无人负责。书记和每个成员都要摆正自己的位置，互信互谅，互帮互勉，增强班子团结。三是贯彻执行中央精神与从本地区实际出发的关系。党中央的决策都是在调查研究的基础上，集中全党正确意见的结果，在关系全局的重大问题上必须与中央保持一致，不能有丝毫动摇。贯彻执行中央决策绝不是照搬照转，应当从本地区本单位实际出发，深刻领会中央决策的精神实质，把中央精神与本地区、本单位的实际结合起来，积极地创造性地贯彻落实，否则就不可能真正贯彻落实好中央精神。四是加强纪律与改革创新的关系。加强纪律与改革创新二者是辩证统一的，改革没有纪律不行，执行纪律是为了保证改革顺利进行。讲纪律时不敢大胆抓改革，讲改革时又放松纪律，甚至认为"经济要大上，纪律要松绑"，都是片面的、错误的。改革要冲破的只是阻碍生产力发展的条条框框，决不能破坏必要的纪律。同样，纪律约束的也只是违背党的宗旨，不利于党的事业发展的行为，而不是捆住人们改革的手脚。要把改革创新精神与纪律观念统一起来，既要大胆地改革、创新，又要自觉地维护党的纪律。

2. 维护中央权威，保证政令畅通。党章规定的"党员个人服从党的组织，少数服从多数，下级组织服从上级组织，全党各个组织和全体党员服从党的全国代表大会和中央委员会"。"四个服从"最重要的是全党服从中央。民主集中制既是最重要的组织原则，也是最重要的组织纪律。因此，我们必须在思想上、政治上、行动上同党中央保持高度一致，坚决维护以江泽民同志为核心的党中央的权威，认真执行党中央的方针、政策，坚决服从大局，保证中央政令畅通。

当前，需要注意四个方面的问题：一是强调一切从实际出发，不能理解成一切从本地区本部门的利益出发；二是强调发挥创造性，不能变为违背中央精神的实质，自行其是；三是强调不唯书，不唯上，不能变成不服从中央；四是全党服从中央，维护中央权威，不能脱离实际，生搬硬套。

3. 充分发扬党内民主，加强决策民主化、科学化。

各级领导干部要增强党内民主意识,进一步疏通和拓宽党内民主渠道,使党员对党内事务有更多的了解和参与,鼓励党员解放思想,实事求是,敢讲真话,敢讲不同意见。要切实保障各级党组织和党员的民主权利,党章规定的党员的各项权利,任何组织和个人都不得侵犯。决策民主化是决策科学化的前提,要建立健全领导、专家、群众相结合的决策机制,逐步完善民主科学决策制度。各级党组织在决策之前,一定要充分发扬民主,广开民主渠道,听取各方面的意见,善于集中大家的智慧,在民主基础上,按照决策程序,进行正确的集中。

4.加强和健全党内监督,严肃党的纪律。健全党内监督,执行党的纪律,是有效贯彻落实民主集中制的重要保证。江泽民同志指出:"今后务必要切实健全严格的党的监督制度,不管是什么人,只要违反民主集中制,就要受到批评,破坏民主集中制的,就应该给予必要的制裁。"今后,市委对县以上党委坚持和贯彻民主集中制的情况,要纳入党建工作目标,并作为考核领导班子"四好"活动和民主评议领导干部的一项重要内容。要进一步完善党内监督制度,充分发挥各级纪律检查机关在党内监督中的作用,发挥人大、政协以及工青妇和民主党派的监督作用,把党内监督与党外监督和舆论监督结合起来,形成强有力的监督体系。要健全党内生活,开展积极的批评和自我批评。坚持和健全组织生活制度和领导干部民主生活制度,提高民主生活会质量。切实解决一些单位领导班子民主生活会流于形式的问题。

5.加强民主集中制的制度建设。制度建设是带根本性、全局性、稳定性和长期性的工作,我市各级党委在制度建设上已经做了大量工作,但还不够系统和规范。要在执行好已有制度的基础上,对不适合新形势要求的,有的要作修改、补充,对亟待建立的一些制度,要组织力量尽快建立起来。当前要着力完善市区县两级党委议事规则和工作制度,健全对重大问题的民主科学决策制度和向上级的请示报告制度,领导班子和领导干部的考核制度,领导干部的双重民主生活会制度。以及保障党员的民主权利制度和党内监督与党外监督等制度,逐步建立健全民主集中制的制度体系。

(二)切实加强和改进党的基层组织建设

基层党组织是党的全部工作和战斗力的基础,是我们党执政的基础,党的路线、方针、政策最终都要靠基层组织去落实,改革、开放、发展和社会稳定,都离不开基层党组织战斗堡垒作用和广大党员先锋模范作用的发挥。因此,我们必须下大决心把基层党组织建设好。

1.进一步明确加强基层党组织建设的指导思想和任务。我市基层组织建设的指导思想是以建设有中国特色社会主义理论和党的十四届四中全会《决定》为指针,紧紧抓住经济建设这个中心,围绕经济抓党建,抓好党建促经济,不断增强基层党组织的凝聚力和战斗力,使基层党组织在改革开放、经济建设和维护社会稳定中发挥政治优势。从这一指导思想出发,根据我市基层党组织的现状和新形势的要求,我们要按照《决定》提出的四条指导方针,进一步加强基层党组织建设,力争用三年时间使全市基层党组织的整体素质明显提高,真正成为建设有中国特色社会主义的战斗堡垒,为我市提前实现第二步战略目标提供强有力的组织保证。会后,各级各部门党委(党组)要结合本地区本部门的实际,切实制定具体的规划和措施,分阶段地组织实施。

2.从实际出发,突出重点,结合各自特点,努力探索基层组织建设的新路子。各区(市)县委,要牢牢抓住带领群众奔小康这条主线,大力抓好农村基层党组织建设。要通过进一步发展壮大集体经济,努力增加农民收入,从根本上解决部分农村基层党组织出现的凝聚力、吸引力、战斗力不强的问题。要进一步搞好以党支部为核心的村级组织配套建设,近期重点抓好后进党支部的整顿。特别是在经济较薄弱的地区,要选配一个好支书,建立一个好支部,建设一支好队伍,形成一套好制度,制定一个好规划,理出一条发展经济的好思路。把那些懂经营、会管理、有文化、有开拓进取精神,能够带领群众致富的党员,选进党支部领导班子。要加强农村基层干部的教育培训,不断提高他们的综合素质。积极支持他们的工作,切实关心他们的生活。我市连续三年抽调干部下基层,今年又抽调千名干部到基层帮助工作。各区(市)县也要抽调干部下基层,实行重点包村的办法,深入到村去帮助工作,尽快使我市农村基层组织改变面貌。

国有企业要充分发挥党组织的政治核心作用,紧紧围绕提高经济效益、促进企业发展这个中心开展工作。要坚持和完善厂长(经理)负责制,全心全意依靠工人阶级,积极主动地参与企业改革和发展中重大问题的决策。要把党建活动渗透到企业改革和发展中去,做到"三个坚持":一是坚持在深化改革中发挥政治优势;二是坚持在扭亏增盈中开展党建工作;三是坚持在维护稳定中发挥党组织作用。要坚持党管干部的原则,改进党管干部的方式,认真做好企业管理人员的培养、教育、选拔、管理、监督等工作,不断加强领导班子建设。要认真总结在企业集团、外商投资企业、股份制企业、私营企业等经济组织中开展党建工作的经验,探索适合这些企业特点的党建工作方法和活动方式。还未建立党组织的企业和单位,要积极创造条件尽快建立起来。

街道党组织的建设要与维护社会稳定和搞好城市管理紧密结合,努力提高管理城市的能力。学校党组织建设要围绕教书育人,培养和输送有理想、有道德、有文化、有纪律的建设者和接班人来进行。科技、文化、卫生等单位的党组织建设,要立足自身特点,把党对知识分子的政策落到实处,发挥他们的优势和长处,尽力为党为人民多作贡献。机关单位党组织要紧密结合本单位实际,抓好思想政治工作,切实加强对党员特别是党员领导干部的监督。

3.以提高党员素质、增强党性为目标,加强和改进党员教育和管理工作。在社会主义市场经济条件下,对共产党员的要求不是降低了,而是更高了,要坚决改变目前一些党组织放松对党员的教育管理和少数党员不起党员作用的现象。要按照中央要求,用三年时间,在全体党员中有计划、有步骤地认真开展建设有中国特色社会主义理论和党章的学习、教育活动。通过学习,使广大党员切切实实解决好理想、信念、宗旨问题,进一步增强党性,提高执行党的基本路线的自觉性、坚定性。在提高广大党员政治素质的同时,尤其要注重提高他们的科学文化素质。这是党员在新形势下能否充分发挥先锋模范作用的一个基本条件。

面对新的形势、任务和许多复杂情况,要采取切实有效的形式和办法,加强和改进党员管理工作。当前一个实际问题是流动党员的管理,要根据流动党员的特殊性和从业特点,积极探索流动党员的管理方式。要按照坚持标准、保证质量、改善结构、慎重发展的方针,抓好入党积极分子的培养和发展党员的工作,要把发展的重点放在生产、工作第一线,要重视培养和吸收青年和妇女中的优秀分子入党,不断壮大党的队伍。

(三)培养和选拔德才兼备的领导干部

各级领导干部是推进我国改革开放和现代化建设宏伟事业的中坚力量,培养和选拔德才兼备的领导干部是关系党和国家全局的重大问题。《决定》对这个问题作了专门阐述,提出了全面提高现有领导干部的素质和抓紧培养和选拔优秀年轻干部的战略任务。这一任务在我市也是十分重要而紧迫的。近年来我市各级领导干部的整体结构得到明显改善,综合素质有了一定提高,但按照改革开放和现代化建设的要求和领导干部担负的重要责任的需要还很不适应。一是干部的领导艺术、领导水平和业务能力亟待进一步提高;二是领导班子年龄梯次结构不尽合理。年轻干部比重过低;三是培养和选拔领导干部的制度不够完善,渠道有待拓宽。认真研究和解决这些问题,是我市贯彻落实《决定》提出的"培养和选拔德才兼备的领导干部"这一战略任务的重点。

首先,必须对领导干部的"德才兼备"有一个科学辩证的认识。衡量新时期领导干部的"德才",不仅要看坚定的政治信念,是否自觉坚持党的基本理论和基本路线,而且要看眼界是否开阔,是否有较强的领导能力、较高的领导艺术和协调各种关系的水平,要看是否有务实创新、开拓进取的精神,是否有现代知识,能否开创工作新局面。只有具备上述条件的领导干部才能适应发展变化的新形势的要求,担负起带领全体党员和人民群众推进重庆改革开放和现代化建设的时代重任。因此,培养和选拔德才兼备的领导干部,应当解放思想,更新观念,坚决破除论资排辈、求全责备、迁就照顾的陈腐观念,充分认识和把握领导干部的时代特征。在这个问题上,重德轻才是错误的,重才轻德也是错误的,必须把干部的德才评价有机地统一于干部的工作实绩。

第二,必须全面提高现有领导干部的素质。我市现有区(市)县党政班子领导成员209人,市级部局班子领导成员463人。他们应当是党的路线、方针、政策在我市贯彻实施的组织者和带头人,其素质、水平、能力状况直接影响我市改革开放和现代化建设的进程。因此,必须根据形势和任务的要求,提高各级领导干部的综合素质。当前,最重要的是学好弄通建设有中国特色的社会主义理论,同时要努力学习和掌握社会主义市场经济理论和基本知识,现代科学技术知识和现代领导管理知识,更加自觉地坚持党的基本路线,增强工作的原则性、系统性、预见性和创造性。市委将按照分级分口的原则,根据不同领导职务的不同要求,制定领导干部的教育培训规划,力争两年内将全市县以上党政领导干部轮训一遍。各区(市)县委和市级各部门党委(党组)也要制定规划,分期分批对乡镇党政领导干部和企事业党员领导干部进行培训。各级各类党校、干部学校是我们党教育、培训干部的基本阵地,要根据中央精神,改进干部教育培训的内容和方法,更好地为提高现有领导干部的素质服务。

第三,必须抓紧培养和选拔优秀年轻干部。我们党领导的建设有中国特色社会主义是需要几代人为之奋斗的宏伟事业,改革开放的新时期是各种人才辈出的伟大时代。十多年来,我市培养和选拔了一批年轻干部走上领导工作岗位,他们已经开始成为各行各业的中坚,但培养和选拔的数量又是很不够的,还不能够适应新老干部交替合作和事业承前启后的要求。对此,我们要有强烈的历史责任感、使命感和紧迫感。各级党委(党组)要高度重视领导人才的培养和选拔,党政机关和国有大型企事业单位应当建立一支数量充足、德才兼备、年富力强的后备干部队伍,对那些在改革开放和现代化建设中敢于创新、政绩突出、群众信任的年轻干部,要大胆提拔。前不久,市委对各级领导班子配备年轻干部的工作提出了明确要求,作出了专门安排,应当切实贯彻。要进一步拓宽发现和选拔领导人才的渠道,必须放开眼界,扩大视野,面向群众,面向实践,广开进贤之路,不拘一格选才。要善于研究和遵循领导干部的成长规律,对年轻干部一要敢于重用,二要从严要求,三要鼓励、引导和安排他们到基层、到条件艰苦、情况复杂的第一线去接受锻炼,经受考验,使他们在实践中迅速成熟起来。近几年,我市试行了党政机关干部到基层任职锻炼,效果是显著的,应当继续坚持。

第四,必须以改革的精神推进选拔任用领导干部的制度建设。在十多年经济体制改革的推动下,我国干部制度也进行了相应的改革,但从总体上看,目前干部选任制度还不能完全适应建立社会主义市场经济体制的要求。因此,必须加强领导干部选任制度改革的力度,逐步形成优秀领导人才能够脱颖而出、富有生机与活力的选人用人机制。加快干部任用制度改革,最根本的是要建立一系列切实可行、行之有效的制度。《决定》在强调党管干部原则的前提下,提出了建立干部任用的民主制度、考核制度、交流制度、监督制度。这些制度建设的要求,充分体现了党的群众路线和干部工作规律。我市作为全国综合改革试点城市,也应当在干部制度改革上加大力度,有所创新,有所作为。需要强调的是,在选任领导干部的制度建设中,必须制定确保制度得以实施的程序规定,最大限度地减少用人上的随意性,克服任人唯亲,防止用人上的不正之风,使我市干部工作真正走上规范化、制度化的轨道。

在认真落实《决定》提出的三大任务的同时,我们要继续抓好党的思想建设和作风建设。要按照党建工作的整体部署,全面推进党的建设。党的思想建设、组织建设和作风建设是相辅相成的整体。思想建设是整个党的建设的中心环节。我们要继续把加强党的思想建设放在首位,认真落实用邓小平同志建设有中国特色社会主义理论武装全党这项战略任务,提高执行党的基本路线的自觉性和坚定性。执政党的党风关系到党的生死存亡。要坚持全心全意为人民服务的宗旨和党的群众路线,进一步密切党和人民群众的血肉联系,继续抓好党风和廉政建设,抓紧大案要案的查处,坚持标本兼治、综合治理,坚决把反腐败斗争深入持久地开展下去。今年以来市委先后召开了几次专门会议,对思想建设和作风建设作出了一系列工作部署,当前关键是要抓落实。总之,各级党委(党组)要按照中央的精神和市委的部署,把思想建设、组织建设、作风建设的各项任务落到实处，不断提高党建工作水平，为我市改革开放和现代化建设提供坚实可靠的政治组织保证。

三、贯彻党的十四届四中全会精神的几点要求

（一）各级党委要认真负责地抓好《决定》的学习

党的十四届四中全会通过的《决定》，是新时期加强和改进党的建设、完成新的伟大工程的纲领性文件。学习、贯彻、落实《决定》，是当前和今后一个时期党建工作十分重要的任务，是我们党加强和改进自身建设的头等大事。要贯彻落实好《决定》，必须首先认真学好《决定》，全面、准确地把握《决定》的精神实质。全市各级党委一定要高度重视，认真负责地组织好本地区、本部门、本单位全体党员的学习。党委中心学习小组要带头学习、先学一步。组织、宣传部门要抓好学习、宣传《决定》的安排、引导、检查。各级党校要做好培训轮训党员干部的工作。全市共产党员一定要以极大的政治责任感和积极认真的态度学习《决定》。学习《决定》要同学习邓小平同志建设有中国特色社会主义的理论紧密结合起来，同深刻认识党的建设面临的新形势新任务紧密结合起来，同本地区、本部门、本单位的实际紧密结合起来，同落实《决定》的各项任务紧密结合起来。通过学习，把全市党员的思想认识统一到中央《决定》的精神上来。学习的目的全在于落实，全市各级党委必须把学习、贯彻、落实《决定》的过程，作为切实解决本地区、本部门、本单位党的建设存在的主要问题的过程，按照中央和市委的统一部署，制定出贯彻、落实《决定》的明确目标和具体措施。

（二）各级党委要深入实际，加强调查研究，取得领导党建工作的主动权

在建立社会主义市场经济体制新形势下，全市各级党组织既积累了丰富的实践经验又面临着层出不穷的问题，给我们的党建工作注入了新的内容，提出了新的课题。比如，随着多种经济成分的发展，在私营企业、外资企业、合资企业、股份制企业、乡镇企业，党的基层组织怎样设立，怎样开展工作？在转变政府职能，权力下放以后，如何保证中央和省市的政令畅通？在加强民主集中制中，对民主不够和集中不够的问题，需要健全哪些制度保障？在不拘一格选拔人才上，可采取哪些方式广开进贤门路？等等。这些矛盾和问题，是我们党加强自身建设必须认真解决的。这就要求我们党的干部，特别是领导干部要深入实际调查研究，不断总结基层的实践经验，摸准本地区、本部门在党的建设尤其是组织建设方面存在的差距和问题，探索解决矛盾和问题的新路子，指导面上的工作。

这次中央四中全会在讨论中，不少同志希望中央把企业领导体制和如何发挥企业党组织的政治核心作用，规定得更具体些。江泽民同志在全会结束时的讲话中专门解释了，这是需要的，但现在实践经验还不够。要在《决定》精神指导下，继续积极探索。市委要求各区（市）县委，各部门党委，通过调查研究，系统地总结本地区、本单位党建工作的现状和主要问题，市委有关部门也要立即组织力量，到基层去调查研究，掌握情况，总结经验，研究问题，向市委提出建议。

（三）建立健全党建工作责任制，切实加强对党建工作的领导

建立健全党建工作责任制是抓好党建工作的重要保证。全市党建工作的责任主要在市委，各区（市）县党建工作的责任主要在区（市）县委，各部门党建工作的责任主要在部门党委（党组）。市委为了有利于全面统揽党建工作，切实加强对党建工作的领导，已于今年8月份成立了党建领导小组，负责对全市党建工作进行宏观指导。主要是负责研究和提出我市贯彻执行党中央、省委关于党的建设的重大方针政策的意见，定期分析全市党建工作形势，协调党建有关部门的工作，审定区（市）县、市级部门制定的党建工作年度规划和涉及全局性、政策性的重要文件等。党建领导小组每年至少召开两次专题会议，研究全市的党建工作，专题会议务必是各区（市）县委、市级各部门党委（党组）的一把手参加。市委抓党建首先就抓各区（市）县委和各部门党委（党组）。

各级党委要尽快建立健全党建工作责任制，党委书记是"第一责任人"，要把党的思想建设、组织建设、

作风建设的具体要求落实到每个基层党组织,纳入到全年工作目标考核中去。要一级抓一级,层层抓落实,形成以市区县委为主干的层层负责的党建工作体系。从今年起,各区(市)县、各行业党建工作做得好不好要作为考核区(市)县委及区(市)县委书记,各行业党委(党组)及党委(党组)书记工作实绩的重要内容。

(四)坚持两手抓,全面完成今年任务

我们加强党的建设,提高党的凝聚力和战斗力,根本的目的是要团结和带领全市人民把我市的改革开放和两个文明建设更好地推向前进。因此,党建工作,要紧紧围绕经济建设这个中心,保证我市国民经济和社会发展目标的顺利实现。

当前要着重抓好以下工作:

1.继续强化农业基础地位,进一步加快农村和区(市)县经济发展。按照"稳粮、增收、奔小康"的指导思想和"稳定粮食生产,大胆调整产业结构,大力发展乡镇企业,大力培育农村市场,大幅度增加农民收入"的基本思路,突出抓三个方面的工作:一是切实抓好粮食生产和多种经营,保证农产品的有效供给。二是放胆、放手、放权,竭尽全力推动区(市)县经济进入快车道,加快农村工业化城市化的进程。三是认真落实中央已出台的各项政策及法律、法规,切实保护农民的利益,进一步调动农民的生产积极性。

2.加大企业改革力度。一是加快进行市里已确定的65户企业的现代企业制度试点;二是全力搞好"优化资本结构"的试点,努力为搞好国有大中型企业探索出一条新路子;三是加大增盈扭亏工作的力度,充分发挥效益好、发展后劲大的国有大中型企业在提高整体效益上的带动作用;继续在"盘活资产,分路突围"上下功夫,依靠改革多管齐下,实现大幅度扭亏;对确实扭亏无望,符合破产条件的企业,要积极慎重地抓好破产试点,妥善地做好善后工作。四是按照"抓大放小"的原则,对国有小型企业实行以"卖"为主的产权制度改革,盘活国有小型企业存量资产。五是把企业制度创新同结构调整结合起来,进一步加大对企业技术改造的力度,大力发展支柱产业和拳头产品,培育新的经济增长点,推进我市整体经济效益的提高。

中央已决定从明年起,把深化国有企业改革作为经济改革的重点。为此,我市要加快几项关键性的配套改革步伐,一是加快建立国有资产运营主体的步伐,搞好组建国有资产投资运营公司和授权经营试点;二是加快健全社会保障体系,重点是扩大养老保险、失业保险和医疗保险的覆盖面,完善保险基金的给付与运营机制;三是按照政企分开、转变职能的要求,进行政府机构改革。

3.进一步扩大开放,以开放促改革、促发展。要继续通过扩大开放,引进外资来解决我市加强农业、改造工业、建设城市资金不足的问题。在今后的对外开放中,要重点抓好三项工作:一是采取灵活多样的形式,推进国有大中型企业与外资"嫁接",加快企业的改组、改造和经营机制的转变。二是进一步发展对外贸易,努力开拓国际市场。三是加大招商引资力度,不断提高对外开放的质量,加快基础设施建设,促进我市产业结构的战略性调整。

4.抑制通货膨胀,保持物价基本稳定。今年以来,市场物价上涨较猛,对人民生活尤其是对困难企业职工和收入较低的群众生活产生较大影响。物价涨幅过高是全国性的问题,但在重庆等老工业城市反映得更突出一些。造成物价大幅度上涨的原因,从全国和我市的情况看,主要有四个方面:一是近年固定资产投资规模偏大,消费基金增长过快。二是国家相继调整了煤、电、气、运输、粮、棉等一批重要产品价格,加大了生产成本。三是受严重自然灾害影响,粮食和"菜篮子"生产遭受损失,直接影响市场供应。四是在向社会主义市场经济体制转化过程中,经济调控经验不足,调控物价的手段不够完善,在一定程度上放松了市场物价管理。物价问题,已引起中央和各级政府的高度重视,中央已采取措施进行整治。对这个问题,一方面我们要认真贯彻落实中央关于抑制通货膨胀的十条措施,结合重庆实际采取切实有效的办法,努力增加社会有效供给,特别是抓好粮、油、肉、菜等居民生活必需品和其他一些重要、敏感商品的供应,同时扩大重要商品储备和价格风险调节基金,增强政府对价格的调控能力。实行控制物价目标责任制,把有关指标分解落实到各区(市)县及有关部门,实行奖惩挂钩,作为政绩考核的重要内容。另一方面,要认真做好宣传解释工作,取得群众的理解。还要特别重视妥善解决好困难企业职工和低收入市民的生活补贴问题。

5.千方百计稳定社会治安秩序。要加强社会治安综合治理,继续坚持狠狠打击各种刑事犯罪和严重经济犯罪活动。严密安全防范和治安措施,把打击、防范、教育等综合治理措施落到基层,当前特别要把集中整治农村社会治安斗争抓紧抓好,为改革开放和经济建设创造一个安定的社会环境。

6.认真实施《爱国主义教育纲要》。《纲要》是在社会主义市场经济条件下对各族干部群众进行爱国主义思想教育的纲领性文件。是调动各族干部群众的积极性、创造性,建设社会主义现代化强国的巨大精神力量。各级党委要认真组织各行各业的干部群众学习《纲要》,采取多种形式、多种方法,努力把《纲要》学好,有计划、分步骤地把爱国主义教育扎扎实实地开展下去。

同志们,四中全会结束不久,江泽民总书记就来到我市视察工作。江总书记十分重视四中全会精神的贯彻,对我们提出了"落实,落实,再落实"的要求,我们一定要按照江总书记的要求狠抓落实,务求实效。江总书记在渝期间听取了我市的工作汇报,对我市的发展寄予了殷切的期望,题词勉励:"努力把重庆建设成为长江上游的经济中心",我们一定不辜负以江泽民同志为核心的党中央的厚望,以贯彻落实四中全会精神为强大动力,加强和改进党的建设。团结和带领全市人民振奋精神,扎实工作,开拓进取,为进一步推进我市国民经济发展和社会全面进步而努力奋斗!

认清形势 统一思想 齐心协力做好今年各项工作

——在市委七届四次全委(扩大)会议暨全市经济工作会议上的讲话

孙同川

(1995年1月9日)

同志们:

这次全委(扩大)会结合经济工作会一道召开,是一次非常重要的会议。会议中心议题和任务是学习贯彻中央和全省经济工作会议精神,总结一年来改革和发展所取得的成绩,分析存在的矛盾和问题,研究确定今年工作的指导思想、主要任务和政策措施,以及如何进一步处理好改革、发展和稳定的关系,继续把改革开放推向前进,实现国民经济持续快速健康发展,促进社会全面进步。下面,我就去年工作情况和今年工作任务讲一些意见。

一、关于去年工作的简要回顾和当前面临的形势

去年,我们在小平同志建设有中国特色社会主义理论和党的基本路线指引下,认真贯彻党的十四大和十四届三中全会、四中全会精神,围绕中央确定的"抓住机遇、深化改革、扩大开放、促进发展、保持稳定"的大局,根据市委年初确定的"八个字,五个不动摇"的指导思想,即紧紧抓住改革、开放、发展、稳定,坚持以经济建设为中心,一心一意抓发展不动摇;坚持深化改革扩大开放,加速建立社会主义市场经济体制不动摇;坚持以农业为基础,大力发展乡镇企业不动摇;坚持把依靠科技进步,优化结构,提高效益作为经济工作的重点不动摇;坚持"两手抓,两手都要硬"不动摇,妥善处理改革、发展和稳定的关系,各方面工作都取得了新的成绩。

一是思想教育有了新进展。市委把学习十四届三中全会《决定》和《邓小平文选》第三卷作为全年工作的一条主线,联系改革、开放和经济发展的实际,在全市开展了"进一步解放思想"的大讨论,促进了观念

的转变,增强了干部群众大胆探索、勇于突破、真抓实干的主动精神和工作积极性。二是改革开放取得了新突破。市委在1月份召开的七届二次全委(扩大)会和6月份召开的工作会议上,都明确强调"全力打好改革攻坚战,大步推进对外开放",提出企业改革"抓大放小"和"大开放促进大发展"的新要求,加快了建立社会主义市场经济体制的步伐,已确定的建立现代企业制度试点的66户企业开始起步,区市县企业产权制度改革取得了突破性进展,市场体系、社会保障体系和宏观调控体系逐步建立和完善;推动高起点、多层次、全方位的整体开放格局进一步形成,实际利用外资金额继续保持增长势头。三是经济发展获得了新成效。市委在年初部署工作时,提出了把加快发展速度,优化结构,提高经济增长质量和效益作为经济工作的着力点;6月份市委工作会议上,又确定了"放胆、放手、放权",竭力把区市县经济推入快车道,以改革促经济效益,抓工业50强促工业发展的新思路,推动区市县经济开始走上快车道,重点建设和基础设施建设进展加快,经济支撑点、经济增长点日益发展壮大。四是社会发展出现了新局面。去年的突出特点是全力保持和维护社会稳定。市委始终把保持和维护稳定作为全局工作的一项重要任务,严密部署,狠抓落实,围绕群众关心的热点、难点问题,反复强调在做好思想政治工作,处理好人民内部矛盾的同时,以加快经济发展和加强法制促稳定,从而保持了全社会的稳定局面,平稳地渡过了敏感时期,为我市的改革开放和经济建设创造了良好的社会政治环境。五是党的建设取得了新成绩。市委把学习、掌握和运用建设有中国特色社会主义理论作为思想上建党的根本任务,提出"围绕经济抓党建,抓好党建促经济"的指导思想,坚持紧扣经济建设加强党的组织建设,切实把加强领导班子建设作为组织建设的关键,积极探索基层党组织发挥核心作用的途径,把查处大案要案作为反对腐败、加强廉政建设的重要手段;特别是十四届四中全会召开后,市委几次开会研究部署,认真落实《决定》提出的三大任务,进一步加强了党的组织建设,为我市的经济建设提供了坚强的政治、组织保证。

总的看,过去的一年里,在经济社会各种矛盾交织,改革任务繁重,工作难度大的情况下,经过全市各级党组织、各级政府和广大干部群众的共同奋斗,所取得的成绩是显著的,整个形势是好的。全市国民经济运行基本正常,整个经济继续保持快速增长势头,初步统计,国民生产总值增长11.8%,达到528亿元。在经济发展的基础上,人民生活继续得到改善,城乡居民人均收入扣除物价因素后有所增长。这些工作成绩和好形势,是我们在新的一年应该努力保持和发展的。

在肯定成绩的同时,也要看到我市经济、社会发展中存在的问题和困难,看到人民群众不满意的地方。当前最突出的问题,首先是物价涨幅过高,群众反映强烈,今年控制物价的任务仍然相当繁重。在农业和国有企业方面也存在比较明显的问题。农业基础地位不稳,抗拒自然灾害的能力脆弱,还极不适应我市经济快速发展和城乡居民生活水平不断提高的需要;一些国有企业活力不足,效益低下,企业改革顺利推进的难度很大。此外,资金短缺,就业压力大,以及社会风气、社会治安、城市管理等方面存在的问题和部分干部思想作风不正、精神状态不振,都是制约我市经济、社会发展,引起群众不满意的重要问题。总之,我们要正确估价所取得的成绩,正视存在的问题,看到发展的有利条件,满怀信心、脚踏实地地跨入新的一年。

新的一年里,我们面临比较好的国际和国内形势。从当前国际形势看,虽然由于我国经济和科技的总体实力还不强,在争夺21世纪综合国力优势的竞争中,我们将面临严峻的挑战,但国际形势的发展总体上对我们是有利的。世界多极化发展的趋势,可以为我们的改革开放和经济建设争取到较长时期的和平环境。伴随我国经济快速发展而开展的卓有成效的外交工作,也为我们的改革开放和发展赢得了更好的外部环境;虽然"复关"谈判不如人意,但并不影响我们扩大开放和加快发展的大局。西方主要工业化国家经济的复苏和周边国家与地区经济的持续增长,对我们扩大开放、加快发展也是极为有利的。我国经济正是在这样一种大背景下步入新的一年的。可以说,当前是建国以来我们外交回旋余地最广阔、同周边关系最为有利、市场前景最具有吸引力的时期。这为我们进一步深化改革、扩大开放、加快发展提供了难得的历史性机遇。国内形势的发展为我们提供了更好的机遇和条件。宏观方面几大改革较为顺利地推进，国民经济连续三年持续快速发展，经济增长的"瓶颈"约束逐步缓解，这些都为今年的经济运行奠定了比较好的基础。据此，中央经济工作会议确定的今年宏观经济调控指导思想，基本上是"软着陆"性质的。这是我们国内加快改革开放和发展的一个大的机遇和条件。对我们重庆来讲，我们不但有国内和我市10多年改革、开放和发展所奠定的好的基础和条件，还有众多特殊的好机遇。如国家确定并给予优惠政策支持的老工业基地改造、经济体制综合配套改革试点城市、沿江开放城市、三峡工程建设和库区开发、国家级经济技术开发区、国家级高新技术产业开发区等。过去说六大机遇汇渝州，现在又多出一个，就是国家给的三峡经济开放区的政策。这么多机遇摆在面前，我们应该拿出什么样的态度和行动，是一个很值得重视的问题。有些地区为什么发展那么快？比如沿海地区和内陆一些市地，就是因为人家在机遇面前有一种紧迫感和危机感，紧紧抓住机遇，及时用好机遇，加快发展自己。在这方面我们必须年年强调，时时自警自省。对于我们重庆如何抓住机遇，用好机遇，加快发展步伐，党中央寄予很大期望。最近江泽民、李鹏同志来重庆视察，先后题词勉励："努力把重庆建设成为长江上游的经济中心"，"开发三峡，振兴重庆"。我们一定不要辜负中央领导的厚望，进一步强化机遇意识，增强紧迫感、危机感和责任感，把机遇当压力，让压力出动力，以动力促发展。今年，各级、各部门要认真统一思想，协调步伐，不失时机地做好各项工作。

二、关于今年工作的指导思想和主要任务

今年，我市面临深化改革、扩大开放、促进发展、保持稳定的繁重任务。在新的形势和任务面前，市委提出的工作指导思想是：以邓小平同志建设有中国特色社会主义理论和党的基本路线统揽全局，全面贯彻落实党的十四大和十四届三中全会、四中全会精神，继续坚持"八个字、五个不动摇"的指导方针；切实加强党的建设，促进我市国民经济持续、快速、健康发展和社会全面进步。

这个指导思想的核心，仍然是以经济建设为中心，把发展放在首位。根据这一指导思想，对今年工作提出以下九个方面的具体要求：以"三个有利于"为标准，以江泽民、李鹏同志对重庆的题词为动力，大胆创新，奋力进取；以控制物价为着力点，加强市场管理，整顿流通秩序，增加有效供给，提高人民群众生活水平；以奔小康为目标，强化农业基础，把区市县经济全面推上快车道；以国有大中型企业改革为重点，"抓大放小"，加快企业制度创新，推进综合配套改革；以开放区、开发区为龙头，抓住机遇，加快开放，形成新一轮大开放的高潮；以提高经济效益和经济增长质量为中心，"三改"结合，壮大支撑点，发展增长点，促进重庆经济全面振兴；以基层组织建设和领导班子建设为主线，全面加强党的建设；以保障改革开放和经济建设顺利进行为基本目的，依法治市，大力加强社会主义民主和法制建设；以爱国主义教育为核心，加强思想道德建设，提高社会文明程度，繁荣各项社会事业。

今年的经济工作目标要特别突出两点：一是经济增长的速度和质量，保证国民经济增长10%以上，经济增长质量和效益进一步提高；二是物价和群众生活，消费品零售价格涨幅力争控制在15%左右，保证城镇居民生活费收入增长19%，农民人均纯收入增加14%，全市人民生活继续有所改善。关于今年工作的主要任务，我这里着重讲六个问题。

（一）坚决把物价涨幅过高的势头压下来

去年，我市物价持续升高，势头猛、涨幅大，是全市人民十分关注的一大热点问题。物价上涨的原因是多方面的，既有在改革过程中，为了理顺价格关系调整价格的原因，也有固定资产投资和消费基金增长过快，自然灾害造成某些农副产品减产，流通秩序混乱，市场行为不规范等原因。总体上看，去年价格上涨的特点是结构性涨价，主要是农副产品和原材料、燃料涨价，而不是全面涨价。在目前这种经济发展、体制转换和结构调整的阶段，物价总水平有所上升是难以避免的。但是，物价涨幅过大，持续时间过长，必然危害经济发展，搞乱经济关系，误导资源配置，并且

直接影响人民群众的生活,特别是困难企业职工和低收入家庭的生活,给企业的生产经营带来困难。如果物价继续涨下去,不仅是一个经济问题,也是一个影响群众情绪、影响社会安定的严峻的政治问题,事关改革、发展、稳定的大局,必须引起我们的高度重视。

我市今年经济工作的首要任务是抑制通货膨胀,要通过经济、法律和必要的行政手段,采取有力措施,抑制物价上涨幅度过大,通过建立和完善物价的监测体系、预警系统和调节体系,把物价水平控制在一个合理的范围。完善政府对物价的调控本身是一个复杂的系统工程,需要各方面的共同努力,根本点还是要依靠改革的深化和经济发展质量的提高。要立足我市实际,在深化和完善各种相关配套改革的同时,狠抓市场供应的源头,切实抓好生产发展,特别是农业生产的发展,增加社会有效供给;加强对市场的管理,整顿好市场秩序,对已经出台的物价管理法规要狠抓落实,确保收到预期效果,同时还要根据实际需要,继续制定必要的物价管理法规,尽快出台实施。深化粮、油、肉、菜等重要商品的流通体制改革,建立重要商品的储备基金、储备制度和市场调节基金,增强政府调控物价的能力。在积极发挥国合商业主渠道作用,规范完善政策性经营的同时,市级有关部门要同区市县密切配合,采取由郊县定点直销的办法,减少中间环节,保证市区农副产品的供应和合理的价格水平。通过对生产和流通环节的有效调控,实现对物价的调控。要注意物价调控的时机、着力点和调控的力度,通过调控坚决把物价控制住,又不要让经济发展出现大的波动。

物价上涨、通货膨胀,是各种经济矛盾的综合反映,物价调控任务十分艰巨,这不仅是我们当前的工作重点,也是一项长期任务,各级党委、政府必须加强领导,完善物价控制目标责任制,狠抓落实,确保实现今年的物价控制指标。

(二)强化农业基础,加快农村经济、区市县经济发展

我市是大农业、大工业并存的大城市。农业上不去,农村、区市县经济发展滞后,不仅全市工业和整个经济的发展将会失去支撑,而且使经济和社会生活中的矛盾更加突出。因此,农业问题、农村问题始终是关系全局的重大问题,我们任何时候都不可忽视这个问题。我们必须把强化农业基础的工作放在各项工作的首位,并认真地贯彻落实。要始终坚持城乡一体化,城乡共发展,城乡共繁荣的方针,进一步处理好城市与农村、工业与农业的关系。

目前,我市农村工作已经开始转入"奔小康"的轨道,区市县经济正在进入快车道。关于今年农村和区市县工作,总的还是要坚持既定的总体思路不变,即坚持"一稳五大"的基本工作思路,以带领农民奔小康统率整个农村工作;坚持"放胆、放手、放权",把区市县经济推入快车道。其主要任务,一是强化农业基础,增加农业投入,尤其是要重视增加农民收入,提高农业内部积累的能力,积极引导和鼓励农民对农业的自我投入。努力办好合作基金会,千方百计多渠道筹措发展资金。二是大力发展高产、优质、高效农业,努力增加农副产品的有效供给,同时,要在稳粮的基础上,大力发展非农产业,加快农村奔小康进程。三是深化农村改革,在稳定、完善家庭联产承包责任制和双层经营体制的同时,积极稳妥地推进适度的规模经营,发展专业大户,鼓励成片开发。四是抓好小城镇建设,大力发展乡镇企业和个体私营经济,积极转化农村富余劳动力,不断增强区市县经济综合实力。五是进一步"放胆、放手、放权",为区市县经济持续、快速、健康发展创造良好的环境。六是加强基层组织建设,为顺利完成今年的各项目标任务夯实基础。对于上述方方面面的具体措施和要求,本月中旬市里还要召开农村工作会部署,这里我就不多讲了。

(三)以搞好国有大中型企业为重点,进一步深化企业改革

改革、开放以来,一批国有企业活力明显增强,在保证我市财政收入、增加有效供给、保持社会稳定、促进经济持续、快速、健康发展等方面都发挥了无可替代的骨干和主导力量的作用。但由于一些深层次矛盾尚未解决,国有企业机制和决定企业发展的基本条件都还很不适应市场经济的发展,一些国有企业目前处境仍然十分困难,其生存、发展面临来自内部和外部多方面的挑战。今年,我们要按照中央经济工作会的要求，集中精力，按照"抓大放小"的原则，在搞好国有企业特别是国有大中型企业上狠下功夫。

首先，要继续深化企业改革，转换经营机制，加快建立现代企业制度的步伐。去年，我市建立现代企业制度的试点工作已经起步，有了一个良好的开端。今年，要继续抓好66户企业的试点，为面上企业的改革创造、积累经验。认真贯彻《公司法》，集中力量解决好建立现代企业制度中的难点问题。现代企业制度试点的主体是企业。必须做好试点企业广大职工的思想政治工作和发动工作，依靠广大职工的积极性、创造性，顺利推进试点。市级有关部门要本着"三个有利于"的原则，支持试点企业大胆改革、探索，为企业改革提供方便和服务。在抓好试点的同时，面上企业要继续贯彻落实《转换经营机制条例》，按照建立有限责任制的要求打好基础。我市国有工业小企业和城镇集体工业企业数量多、分布广，是我市经济的一支重要力量。但由于种种原因，目前这部分企业多数活力不足，改革推进的难度也较大。加大这部分企业改革的力度，增强其活力，是我们必须解决好的一个大问题。去年6月市委工作会议以来，各区市县以产权制度改革为核心，采取股份制改造、全民转集体、债权转股权、出售、合并、兼并、破产等多种方式，把深化企业改革向前推进了一大步，取得了突破性进展。目前为止，区市县小型企业产权改革资产调整量达9亿多元，涉及企业1200余家，其中国有小型企业400多家，通过改革，这些企业的经营机制发生了深刻变化，多数企业经济效益明显提高，部分亏损企业实现了扭亏为盈或节亏增盈，为我市国有小企业的改革创造了好的经验。但是，市属国有工业小企业和城镇集体工业企业改革却相对滞后。为了尽快改变这种状况，市里打算把这部分企业放到区市县去，实行属地管理。这样做，对各方面都有利，特别是对重庆经济的整体发展有利。一是有利于增强区市县的经济实力，使区市县的经济结构得到优化，进一步扩大经济总量，推动区市县经济全面进入快车道。二是有利于企业本身的发展。企业下放后，可以更好地发挥当地政府经济和社会管理的职能，为企业转换经营机制，加快改革步伐，提供有效的服务。三是有利于突出市里的工作重点，腾出更多的精力抓好大中型企业，还有利于促进政府职能转换，更好地加强对全市经济的管理和调控，提高政府工作效能。

总之一句话，将小企业下放到区市县去，是按照"分级管理、分级负责、突出重点、大小兼顾"的原则，着眼于全市经济发展的大局来考虑的，是今年企业改革的一个新思路。这项工作可由市经委牵头，有关部门参加，与区市县充分协商，切实做好组织工作、思想工作和衔接工作，不搞齐步走，条件成熟的区市县可以先走一步。企业下放是一个大动作，必须慎重对待。请同志们认真讨论，在统一思想的基础上，积极、稳妥地推进这项工作。

其次，必须把改革、改组和改造三者有机结合起来。这是近年来我们走过来的成功路子，要继续大力加强这方面的工作，走好这条路。要根据国家产业政策和国际产业结构调整的方向，以市场为导向，以大力发展支柱产业和高新技术产业为重点，依靠科技进步，搞好企业产品结构和组织结构的适应性调整和战略性调整。积极利用高新技术成果改造传统产业，发展新兴产业，强化主导产业，加快发展汽车、摩托车等优势拳头产品，并以此为龙头，形成集团化规模经营。要特别注意发挥工业50强在结构调整中的"火车头"作用。一方面，必须继续全力支持50强企业更快、更好地发展；另一方面，要以50强企业为依托，以资产联结为纽带，采取联合、兼并、收购、参股等多种方式，组建一批跨行业、跨所有制、产品竞争能力强、市场占有率高的大型企业集团，逐步构建我市工业结构"大产品、大行业、大集团、大市场"的基本框架。商业企业、外贸企业也要按照这个思路组建一批大集团，推动我市经济发展的质量和效益不断提高。搞好结构调整，提高经济运行质量，必须加快企业技术改造步伐。要注重面向国外，引进外资和先进技术，"嫁接"改造国有大中型企业；结合"科技兴渝百亿工程"的实施，加快科技成果特别是高新技术成果转化为现实生产力的步伐；加大技术改造投资比重，改进投资结构，提高重点行业、重点企业技术水平和全市工业经济增长的技术含量。

最后，加大增盈扭亏力度，提高经济整体效益。继续按照"以整体增盈推动局部扭亏"的思路，把深化企业改革、调整结构与增盈扭亏工作有机结合起来。

通过盘活国有存量资产,优化增量资产,推动一批有条件的亏损企业向优势拳头产品、骨干企业或企业集团靠拢,搞好技术改造和新产品开发,重新焕发生机。要下大决心、花大功夫抓好亏损企业领导班子建设。这个问题,市委多次强调。我们必须高度重视一个好的企业领导班子,特别是一个好的厂长(经理)在企业扭亏工作中的关键作用,真正把调整好企业领导班子作为事关全市经济发展大局的重要工作切实抓好。要以强化管理促扭亏。针对一些企业产品质量低劣、国有资产流失严重、铺张浪费严重的情况,重点抓好质量管理和财务管理。按照市场经济要求调整企业的管理思想和方法,坚持行之有效的传统管理方式,学习、借鉴世界先进管理经验,建立科学的企业管理制度。大力推进内部人事、分配、用工制度改革,在建立激励机制、竞争机制、约束机制上下功夫。

(四)按照社会主义市场经济的要求,加强和改善政府对经济的调控

加强和改善政府对经济的调控,是现代市场经济发展一般规律的要求。我们搞的是社会主义市场经济,更应该加强和改善政府对经济的调控。在当前中央强化宏观调控的情况下,结合我市实际,今年重点要加强以下几个方面的工作。

一是切实实行政企职责分开,加快政府职能转换。要紧紧抓住政企职责分开这个中心环节,理顺产权关系,有效地实现出资者所有权与企业法人财产权的分离,使企业摆脱对政府行政机构的依赖,解除国家对企业承担的无限责任。强化政府对国有资产的监督、管理职能,实现政府社会、经济和行政管理职能与国有资产管理职能的分离。进一步加强和完善各级国有资产管理和营运机构,抓好清产核资、规范资产评估等各项基础性工作,确保国有资产保值、增值。

二是要加快完善社会保障体系。这是深化企业改革,发展经济、稳定社会的重要保证。当前,首要任务是尽快完善养老和失业保险。管理体制要实行政事分开,即社会保障行政管理和社会保障基金营运要分开,努力提高社会保障资金的社会效益和经济效益;今年重点抓好以社会统筹和个人账户相结合为核心内容的城镇职工养老保险制度改革,继续扩大保险覆盖面,建立起保障基金的预算积累机制,努力朝着建立起适应社会主义市场经济体制需要的资金来源多渠道、保障方式多层次、权利和义务相对应、管理和服务社会化的社会保障体系。

三是减轻国有企业历史包袱,为深化企业改革创造必要的条件。结合"优化资本结构,增强企业实力"试点,积极探索解除企业历史遗留的债务包袱、企业办社会和冗员负担的有效办法。这项工作难度很大,政府部门和企业要互相配合,共同努力,抓好试点,今年一定要迈出实质性的一步。

四是合理调度资金,有效使用资金,确保重点工程,加快基础设施建设步伐。这是在市场经济条件下,政府应集中主要精力抓的一项工作。这项工作抓好了,经济发展的"瓶颈"制约得到解决,政府调控经济就有了主动权。按照中央经济工作会议精神,今年要把过度膨胀的基本建设规模压下来。在这个前提下,考虑到我市城市基础设施欠账太大,老工业技术改造任务十分繁重的现实,我们要在坚持量力而行、量入为出的原则下,保持全市固定资产投资有一个适度的增长。目前的问题是,投资分散、资金严重不足,这就要处理好"压缩"与"确保"的关系,合理调度资金,有效使用资金。对影响和制约我市经济发展的能源、交通、通信、原材料和市场设施等重点工程项目,必须从资金物资上坚决保证,切不可贻误时机。其他在建项目要根据中央的精神,按照保重点、保收尾、保投产的原则进行排队,对必保的项目,加快工程进度,确保按期建成,尽快发挥投资效益。房地产开发要从实际出发,积极吸引外资建设,对已撤迁、已开工项目要加快进度,重点放在实施"安居工程"、解决城镇居民住房难的问题上,向居民住房小康的目标推进。

合理调度、有效使用资金,保证重点工程和基础设施建设顺利进行,前提是多渠道筹集资金,通过扩大开放引进资金,抓发展争取资金,抓管理挖掘资金,从而增强我市的资金实力。同时,要大力抓好增收节支,缓解财政困难。加强税收征管,把该收的钱尽量收上来,堵塞跑、冒、滴、漏;在全市开展勤俭节约的教育,争取集中更多的资金用在刀刃上。

五是完善市场体系,加强市场法制建设,为企业创造良好的市场环境。这是政府调控经济的重要方面。改革开放以来,我们在建设市场、发挥市场作用方面,做了大量卓有成效的工作,但还很不够,市场所发挥的功能还与我们这样一个大城市目前所处的地位不相称。去年10月江泽民同志来重庆视察,题词勉励我们"努力把重庆建设成为长江上游的经济中心"。按市场经济发展的要求,我想这个经济中心首先应该是贸易中心、市场中心。它的聚散功能应该是很强的,现在我们在这方面还有距离。今后必须以此为着眼点,采取必要的扶持措施,大力发展第三产业,加快各类市场特别是生产要素市场和金融市场的建设,逐步形成大流通的市场格局,与国际市场接轨。发展市场离不开法制。从重庆市场运行的情况看,当前市场法制建设的第一位任务是加快市场管理的立法步伐,努力把市场管理纳入法制轨道,使市场管理有法可依;特别要加强对市场秩序的整顿,消除暴利,打击假冒伪劣,遏制垄断和地方保护主义,切实保护生产者和消费者合法权益。通过加强市场法制管理,使市场良性运行,为企业进入市场和开展公平竞争提供有利条件。

六是加快机构改革步伐。机构改革是政府转换职能的一项重要工作,也是政府加强和改善经济调控的前提条件。今年要按照中央关于机构改革的部署,基本完成市和区市县的机构改革工作。另外,部分行政区划已作调整的区县要顾全大局,抓紧落实到位,确保平稳过渡。这两项工作都同我市经济发展密切相关,务必认真对待,抓紧抓好。

(五)进一步加大开放力度,形成新一轮大开放的高潮

以开放促发展,大开放促进大发展,这是振兴我市经济的有效途径。这些年,我们在对外开放方面下了很大功夫,取得了一些成绩。但我们千万不要有自满自足的感觉,要进一步增强开放的紧迫感,毫不放松地抓住一切有利机会,不断推进对外开放向广度和深度拓展。首先要用好用足用活各种开放政策。我市沿江开放城市的开放政策,至今年底就到期了,时间仅剩下最后一年。过去几年,我们利用开发区和开放城市的优惠政策办了一些事情,解决了一些实际问题。但如何使这些政策的作用范围更宽一些,带动建设项目更多一些,开发区本身的建设步伐更快一些,做得还不够。我们要抓住时机,大力用好用足用活这些政策,加快两个开发区的建设,力争多办一些事情。同时,要很好地抓住三峡经济开放区这一新的机遇,加快开放开发。三峡经济开放区所享有的政策仅次于特区政策,积极用好这一方面的政策,不仅将有力地推动长寿、江北、巴县、江津四县市的发展壮大,而且能较好地带动全市的发展。区市县要充分利用这一难得的机遇,加快发展自己;市级有关部门要研究如何把这方面的政策辐射、延伸到全市,使这一机遇变成全市的发展机遇。

加大对外开放力度,重点仍然要放在招商引资上。目前我市改造、建设任务繁重与资金短缺的矛盾十分突出。企业技术改造要搞,城市基础设施建设要上,巧妇难为无米之炊,缺资金什么也搞不上去。市内资金十分有限,出路只有面向国外、市外,扩大招商引资,这些年我们就是这样走过来的。嘉陵、建设、长安、庆铃等企业为什么"三改"结合成效显著?就是因为他们对外开放工作做得好。今后,我们要进一步拓宽招商引资领域,提高招商引资水平,把招商引资的重点放在国外大公司、大财团上,引导大规模的外资投向基础设施建设,发展高新技术产品和重点产品,促进传统产业更新换代。只要我们这样坚持抓下去,就能推动招商引资工作不断上新台阶。

扩大招商引资,必须大力改善我市的投资环境,尤其是软环境。在这方面,我们有自己的优势,但与沿海和一些内陆城市比还存在不足。我们要在改善软环境方面狠下功夫,思想要更加解放,方式要更加灵活,办法要更加多样,办事效率、服务质量和服务水平要进一步提高。同时,要发挥我市文化、旅游等资源的优势,以吸引更多的外商来渝投资。

另外,要大力发展出口创汇。特别要注意调动企业和区市县扩大出口、增加创汇的积极性,力争今年全市出口创汇继续有一个大幅度的增长。抓好对外贸易工作,继续深化外贸体制改革,发展大经贸。

(六)大力加强精神文明建设和民主法制建设

从总体上看,我市精神文明建设遵循邓小平同志建设有中国特色社会主义理论和党的基本路线,做了

大量工作,取得了新的进展。但是我们也要看到,在建立社会主义市场经济体制的新形势下,如何坚持"两手抓,两手都要硬"的方针,把精神文明进一步推向前进,更好地促进经济、社会的协调发展;如何坚持以科学的理论武装人,以正确的舆论引导人,以高尚的精神塑造人,以优秀的作品鼓舞人,不断培养和造就一代又一代有理想、有道德、有文化、有纪律的社会主义新人;如何进一步发展和繁荣各项社会事业,都还存在不少新的问题。因此,今年我市的精神文明建设工作要突出以下几个重点。

一是要以爱国主义、集体主义、社会主义教育为重点,加强革命传统、艰苦创业、职业道德、社会公德等教育。各级党委和基层党组织,各级行政部门以及工会、共青团、妇联等群众组织,都要重视抓好这项工作。认真落实《爱国主义教育实施纲要》,充分发掘和运用我市爱国主义教育的资源,把热爱祖国、热爱家乡、热爱本职工作的教育有机地结合起来。今年要组织开展好抗战胜利50周年的纪念活动,把我市爱国主义教育引向深入。当前,尤其要重视引导人们特别是青少年树立正确的理想、信念、世界观、人生观和价值观,大力倡导文明风气。思想教育工作要善于疏导,把先进性要求同广泛性要求结合起来,把思想教育和行为规范的培养结合起来。舆论宣传工作要坚持正确导向,以高度的责任心抓好舆论引导工作。

二是要更加广泛地开展群众性精神文明建设活动。这项活动要抓住两个关键环节,一是活动,二是阵地。要进一步扩大精神文明建设活动的广度和深度。城市精神文明建设活动要同加强城市管理结合起来。企业精神文明建设活动要同提高经济效益结合起来。要进一步重视农村精神文明建设活动的开展。我市农村地域广、人口多,农村精神文明建设是全市精神文明建设的重要组成部分,要研究制定措施,把农村精神文明建设活动同农民致富奔小康结合起来,提出具体要求,提供必要条件,使城乡精神文明建设活动同步协调开展。

三是要努力繁荣文化、教育等各项社会事业。文化工作要坚持"二为"方向和"双百"方针,弘扬时代主旋律,多出文化精品,加强文化市场管理。教育工作要认真落实《中国教育改革和发展纲要》,确保教育优先发展,继续抓好"普九"工作。认真实施我市《全民健身计划》和城运战略,推动卫生和体育事业的发展。要始终扎实地抓好人口控制和人口质量工作,确保实现我市今年的人口控制目标。近两年来,我市文、教、卫、体等社会事业兴办产业取得了良好的社会效益和经济效益,要继续给予支持,以产业促事业发展。

精神文明重在建设,贵在落实,今年的精神文明建设要在狠抓落实,突出实效上下功夫。根据以往的经验,我们在狠抓落实方面必须坚持这样几条:

必须加强对精神文明建设工作的领导。各级党委和各级领导干部,要进一步增强坚持"两手抓,两手都要硬"的基本方针的自觉性和坚定性,进一步健全精神文明建设的领导机构和工作机构,把精神文明建设工作列入各级党委和政府工作的重要日程。要结合本地区、本部门、本单位实际,定期专题研究精神文明建设工作,认真落实精神文明建设的各项任务。

必须树立一批精神文明建设的典型。以点带面是行之有效的工作方法。要在全市范围内不同领域、不同层次中树立一批精神文明建设先进典型,发挥他们在精神文明建设中的示范作用,使全市人民学有榜样,赶有目标,推动全市的精神文明建设。

必须制定精神文明建设发展规划。要把精神文明建设列入全市国民经济和社会发展计划。重点要抓紧抓好《重庆市社会发展纲要》和《重庆市精神文明建设五年规划》的制定,并力争年内颁布实施。各级党委也要根据具体情况,制定发展规划和实施方案,既要有长远的目标和总体规划,又要有符合现实情况的阶段性目标和近期工作方案,以确保精神文明建设的健康发展。

必须进一步抓好社会事业发展政策的制定和落实工作。各项社会事业的发展必须实行分类指导的原则,加强调查研究,在过去出台的有关发展政策的基础上,根据实际情况加以补充和完善。要抓好各项政策特别是经济政策的落实,继续增加各项社会事业的投入,为各项社会事业发展创造条件,提供保证。

要进一步加强民主法制建设。在今年的工作中,我们应当在扩大社会主义民主、健全社会主义法制方面取得新的进展。要完善人民代表大会制度,更好地发挥人民代表大会及其常委会的立法、决策和监督等项职能。完善共产党领导的多党合作与政治协商制度，充分发挥人民政协在政治协商和民主监督中的作用，巩固和发展爱国统一战线。要重视和加强基层民主建设，切实发挥职工代表大会、居民委员会和村民委员会的作用，加强决策的科学化和民主化。要按照建立社会主义市场经济体制的要求，加快地方立法，把立法与执法工作结合起来。改变目前一些部门和地方有法不知道，知道不执行，执行不严格的状况。要进一步明确和落实有关部门的执法责任制，强化执法监督，把对法律执行情况的监督检查和制定法规放到同等重要地位。认真落实社会治安综合治理的各项措施，坚决严厉打击各种刑事犯罪和严重经济犯罪活动，扫除社会丑恶现象，保障人民群众安居乐业。任何时候都不能忽视做好社会稳定工作，要加强同人民群众的联系，及时化解各种不利于社会安定的矛盾，把不安定因素消除在萌芽状态，以确保社会的稳定。

三、加强和改善党的领导，全党一心，确保经济和社会发展各项目标全面实现

今年，我市改革开放和现代化建设的任务十分繁重，为了全面完成各项任务，必须切实加强和改善党的领导。全市各级党组织要全面贯彻党的十四届三中、四中全会和中央经济工作会议精神，紧紧围绕动员、组织全市党员和干部群众努力完成今年各项任务来开展工作，把加强党的自身建设与加强和改善党对经济工作的领导结合起来，确保我市经济建设和社会发展各项目标全面实现。关于今年党建工作，去年底召开的市委组织工作会议暨农村基层组织建设工作会议已作了专题研究部署，各级党组织要结合本地区、本单位的实际抓好落实。这里，我再强调三点：

（一）加强学习，统一思想

当前，我们经济建设中面临的许多工作都是新的、开拓性的，犹如"摸着石头过河"。但是这种"摸"不等于瞎摸，不等于蛮干。为了避免少走弯路，我们必须加强学习，不断吸取新知识、新理论，依靠正确的理论指导实践。小平同志建设有中国特色社会主义理论，就是我们搞好各项工作的根本指导思想，也是统一全体党员和干部群众思想的理论基础。因此，市委要求把用建设有中国特色社会主义理论武装全市党员干部思想作为我市党的思想理论建设的首要任务，分期、分批、分层次、有计划地组织党员学习《邓小平文选》一——三卷、《党章》、社会主义市场经济基本知识和现代科学技术基础知识，使我们的党员干部对改革、开放、发展、稳定这一全党工作大局的认识再深刻一些，对社会主义市场经济规律的把握再准确一些，经济理论和现代科学技术知识的基础再厚实一些。尤其是各级领导干部、中心学习小组成员更要带头学习，深入钻研，做好表率。要把学习与搞好本职工作、振兴重庆结合起来。去年10月、12月，江总书记和李鹏总理先后来渝视察并为我市题词，对全市人民，首先是我市各级党组织和全体党员提出了明确的任务和要求，我们要组织全市党员和干部群众深入学习和领会江总书记和李鹏总理的题词，加强对全市党员干部的理想、信念和宗旨教育，切实把思想统一到小平同志建设有中国特色社会主义理论和江总书记、李鹏总理的题词上来。古人说："立之越高，则观之越远；积之越厚，则发之越久。"只要全市党员干部自觉学习建设有中国特色社会主义理论，并以此指导党建工作，就能处理好经济建设与党建工作的关系，并把蕴藏在群众中的创造力和聪明才智充分调动起来，汇集成推动经济建设的巨大现实力量。

（二）振奋精神，勤奋工作

为了保障今年各项工作顺利完成，我们全体党员和干部必须以积极振奋、蓬勃向上的精神状态努力工作。这种积极振奋、蓬勃向上的精神状态，首先源于坚实的思想基础，源于对肩负重任的清醒认识。

现在我们有许多好的发展机遇和条件，中央领导对我们寄予厚望，党员干部头脑中要有强烈的机遇意识。去年底，举世瞩目的三峡工程正式开工，全国人民为之振奋，包括重庆在内的库区人民更是迎来了最大的历史机遇。我市各级党组织一定要以贯彻落实江总书记和李鹏总理的题词为动力，教育全体党员干部审时度势，紧紧把握当前形势发展的特点和趋势，清醒认识自己的历史使命，增强时代紧迫感，增强把重庆建设成为长江上游经济中心的意识，增强工作责

任心,抓住机遇,励精图治。古人说:"天时不如地利,地利不如人和。"发展经济,振兴重庆,最重要的是依靠全市党员、干部和广大人民群众团结一心,同心同德,奋发进取。只有这样,我们才能真正抓住机遇,使重庆经济建设和社会发展跃上新台阶。

积极振奋、蓬勃向上的精神状态,还要求我们克服一切有碍大局发展的杂念和言行。目前,由于我们有些党组织,放松了对党员的教育和管理,一些党员产生了消极的思想情绪,有的党员干部要么畏惧困难,缺乏敢试、敢冒的干劲和勇气,得过且过,要么盲目乐观,夜郎自大,不思进取;有的党员干部崇尚空谈,不干实事,说得多,干得少,甚至说一套,做一套;还有的党员,甚至党员领导干部庸俗作风严重,面对当前存在的一些问题,不仅没有紧迫感、责任心,反而旁若无事,好像是个局外人,热衷于街谈巷议,传播小道消息,涣散人心。更有甚者,我们有的党员干部成天为个人利益患得患失,在其位不谋其政,甚至以权谋私。上述种种现象与积极振奋、蓬勃向上的精神状态格格不入,与党的要求相去甚远,都应该坚决克服和纠正。市委要求各级党组织和党员干部要结合去年工作总结,认真清理思想,振奋精神,把精力集中到搞好改革开放、发展经济、巩固安定团结的政治局面和做好本职工作上来,以新的精神面貌跨入新的一年。

(三)转变作风,求实务实

切实保持民主、廉洁、扎实的工作作风,是党对全体党员,尤其是党员领导干部的基本要求,是保证经济建设和社会发展各项目标全面实现的重要因素。一定要坚持民主集中制的作风。坚持民主基础上的集中和集中指导下的民主,这是我们党的基本原则和政治优势。回顾党的历史,坚持这一原则,我们党就能避免失误,推动事业发展;离开这一原则,就会走弯路,遭受挫折。"以史为镜,可知兴废。"在建立社会主义市场经济体制的新的历史条件下,面对层出不穷的新情况、新问题,我们更应该按照党的十四届四中全会《决定》的要求,坚持民主集中制,以保证经济工作的各项决策的科学性,防止片面性和主观主义造成的失误。为此,我们要集中一段时间,对全体党员,特别是领导干部进行民主集中制的再教育,增强"四个服从"的观念,理直气壮地反对自由主义和无组织、无纪律的现象;要以建设"四好"班子为主线,提高领导班子成员的综合素质;要建立健全民主科学决策的各项制度,维护集体领导的权威,切实解决目前存在的决策前民主不够,决策后集中不够的问题;要广开言路,集思广益,调动方方面面的积极性,共同为振兴重庆、发展经济作贡献。

一定要保持廉洁守纪的作风。近年来,中央反复强调要端正党风,并告诫全党,这是关系党的生死存亡的大问题。但是,我们有的同志对此置若罔闻,不以为然;有的同志把这当作老生常谈,并未在思想上引起足够重视。因此,反腐倡廉仍然是今年党的作风建设的重要任务,要常抓不懈。各级党组织要按照"五管齐下"的要求,制定一系列促进廉洁勤政的制度和规范,以严明的纪律来约束党员干部的行为。在党内,决不允许存在不接受教育、不服从管理、不遵守党的纪律、不坚持党的原则的特殊党员,对党员领导干部,更要严格要求。要坚决查处大案要案,惩治腐败分子;要继续下大功夫纠正行业不正之风。同时,要从健全廉政制度和监督机制入手,把廉政建设纳入法制的轨道。

一定要保持求实务实的作风。小平同志曾经指出:"要搞四个现代化,……非克服官僚主义这个祸害不可""政治的空谈往往淹没一切"。各级领导机关和党员干部一定要从本部门工作做起,从自己做起,坚决纠正和克服官僚主义、形式主义,坚决遏制浮夸风。要大力倡导领导干部深入基层,调查研究,把群众实践的生动创造和新鲜经验及时总结、升华为指导面上工作的新思路,积极、大胆地探索加快经济发展的新路子。党建工作与经济工作是一个紧密联系的整体,农村和企业党组织要善于找准两者的"结合部",做到哪里有经济活动,哪里就有党的活动;哪里有建设项目,共产党员就在哪里挑重担;哪里出现困难和矛盾,党组织就要去做扎实、细致的工作。要把党组织和党员在经济建设中的贡献作为评价他们工作的主要依据,建立责任区、责任户、责任项目,实行经济、党建双考核,以扎实的工作作风使党组织的战斗堡垒作用和党员的先锋模范作用在改革开放和现代化建设中得到充分的体现,推动各项工作落到实处。

同志们,岁末年初,工作头绪多,任务繁重。希望大家统筹兼顾,合理安排,认真结合本地区、本部门的实际,把这次会议的精神贯彻落实下去,推进各项工作在新的一年出现新的起色,为振兴重庆作出更大的贡献。

在市委七届五次全委(扩大)会闭幕时的讲话

孙同川

(1995年10月20日)

同志们:

中共重庆市第七届五次全委(扩大)会就要结束了。这次会议,是在认真贯彻党的十四届五中全会精神,加快改革开放和现代化建设步伐的形势下召开的。会议讨论通过了《中共重庆市委关于制定国民经济和社会发展"九五"计划和2010年远景目标的建议》,听取了志忠同志所作的说明,回顾了"八五"时期的工作,着眼未来统一了思想,明确了任务,坚定了前进的信心。《建议》根据未来国内外形势发展变化的总趋势,把握在世纪之交的重要关头重庆所面临的机遇和挑战,全面勾画了我市经济社会发展与我国现代化建设"三步走"进程大体同步的宏伟蓝图,对本世纪末和2010年的奋斗目标作出了较为科学、实际、完整的概括,提出了具体要求。这对于团结全市共产党员和全市人民群众,充分调动各种积极因素,胜利地跨入21世纪具有重要的鼓舞和指导作用。

下面,我讲四个问题。

一、正确分析和判断我市面临的形势

未来15年,是我国经济和社会发展承前启后、继往开来的重要时期,也是我市发展极为关键的时期。在世纪之交的转折关头,立足重庆实际,面向国内外,科学分析和判断当前面临的形势及基本发展趋势,正确把握和洞察未来的机遇和挑战,这是我们顺利实现未来15年宏伟目标的基本出发点。

从国际形势来看,当今世界正处在政治、经济格局重新分化组合的历史时期。世界政治已从两极格局转向多极化发展,和平和发展成为世界的主流。伴随世界政治格局的多极化,经济格局也发生了新的变化,经济区域化、集团化的局面开始出现,世界经济有望出现一个相对景气的增长时期;特别是随着经济增长重心逐步向亚太地区转移,中国正在成为世界经济发展中新的增长极,这为我们提供了极为有利的国际经济大环境。但同时,在世界经济、技术和社会发展有利的变化中,也产生和遗留了许多矛盾和问题,经济发展的不平衡,贫富差距的扩大,民族、宗教和地区冲突等,不断向国际社会提出挑战。特别是霸权主义、强权政治依然是世界和平和发展的主要障碍;美国等西方国家中的反共、反华势力对我进行"遏制"的图谋不会放弃;台湾问题虽是我国的内政问题,但涉及到一些复杂的国际关系,处理起来较为困难,在台湾问题上的斗争将是长期的复杂的。我国经济和技术水平与世界发达国家相比仍有较大差距。对此,我们必须居安思危,奋发图强,抓住机遇,争取主动,加快发展步伐。

党的十四大以来,在邓小平同志建设有中国特色社会主义理论的指引下,国内出现了经济发展,政治稳定,民族团结,社会进步的大好局面。经过改革开放17年的艰苦努力,不仅壮大了我国的物质、技术基础,而且正在建立起社会主义市场经济体制,显示出进一步发展的巨大潜力。但同时应指出的是,我国经济和社会生活中还面临诸多突出问题,在我国目前的生产力基础上要实现现代化,迎头赶上世界新技术和产业革命的步伐,困难很大,任务十分艰巨。就我们重庆来看,当前经济社会发展的各个领域都在发生深刻变化,总的形势是好的。我们经过十多年改革开放

的推动,特别是"八五"时期的建设,综合经济实力有了较大增强,人均国民生产总值可望提前三年翻两番;传统的计划经济体制开始向社会主义市场经济体制转变,国有企业适应市场经济的能力,市场配置资源和调节经济活动的作用,以及农村经济的活力都有所增强;农业的基础地位进一步巩固,农村经济得到全面发展;工业经济在艰难环境中出现了持续发展的好势头;城市基础设施有了较大的改善,经济发展中的"瓶颈"制约有所缓解;各项社会事业,民主法制建设也取得了新的进展。所有这些,都为我市的加快发展奠定了坚实的基础。但也必须看到面临的突出问题和矛盾,农业基础仍很脆弱,企业生产经营困难、效益不高,物价上涨过快,经济结构不尽合理,以及城市建设管理、人口发展、资源、环境、精神文明和民主法制建设等方面存在的问题,都是制约我市经济社会发展的重要因素。我市的经济社会发展同沿海和先进地区相比,差距不是在缩小而是在逐渐拉大。尤其是按中央五中全会《建议》提出的"实现经济体制从传统的计划经济体制向社会主义市场经济体制转变,经济增长方式从粗放型向集约型转变"这两个转变的要求,还需作艰苦的努力。我们必须正确估计我市的发展形势,看到成绩,正视不足;对成绩不能自满自足,对问题不可掉以轻心,更不能埋怨丧气,要始终保持清醒的头脑,积极解决问题,主动战胜困难,增强信心,乘胜前进。这是我们加快发展,实现跨世纪发展目标的思想基础。

加快发展,实现我市跨世纪发展目标,中央和国家的发展战略、方针政策为我们提供了很有利的环境和条件。进入90年代,中央根据新的情况和改革开放不断向前推进的需要,及时提出了沿海、沿江、沿边"三沿"经济战略和梯度发展战略,把改革开放、经济发展的注意力和政策导向逐步由沿海向内地、由东部向西部转移。在这个战略大转移的进程中,历史潮流已经把长江流域推到了21世纪中国经济发展的前沿,长江经济发展带的兴起,以及举世闻名的三峡工程的建设,使重庆面临振兴成为长江上游经济中心的重大历史机遇。在这次五中全会上,中央又特别强调,从"九五"开始要更加重视中西部地区经济的发展,并相应提出了中央财政转移支付、优先安排资源开发和基础设施建设项目,鼓励到中西部地区投资,理顺资源性产品价格体系等措施,对中西部地区的开发给予引导和大力支持。五中全会《建议》还强调按照市场经济规律和经济内在联系及地理自然特点,突破行政区划界限,在已有经济布局的基础上,以中心城市和交通要道为重点,进一步形成若干跨省(区、市)的经济区域,包括建立以上海为龙头的长江三角洲及沿江地区经济发展带;强调要以东北、西南、西北等地区老工业基地和粮食、棉花、煤炭、石油等资源富集地区为依托,形成若干各具特色的重点产业区。重庆是中国中西部地区的特大城市,西南的老工业基地,在振兴西部经济中占有举足轻重的地位,实施中央振兴西部经济的战略,无疑将给重庆的加速发展带来新的大好机遇。正因为我市在长江流域和西部地区所处的重要地位,我市的发展一贯得到中央的重视。改革开放以来,中央给予我市改革试点城市、沿江开放城市、老工业基地改造、建立国家级经济技术开发区和高新技术产业开发区等一系列政策,支持了我市的建设和发展。江泽民总书记、李鹏总理先后来重庆考察,并题词勉励:"努力把重庆建设成为长江上游的经济中心","开发三峡,振兴重庆"。这对我们作为一个亟待发展的内陆城市来说,无疑是一个极大的鞭策,将起到重要的促进作用。

总之,在迈向21世纪的时期,机遇和挑战并存,困难与希望同在。我们既要看到发展的有利条件,又要看到面临挑战的严峻形势。在同等的机遇和挑战面前,谁主动谁就是竞争的胜利者,被动就会落后,成为历史的落伍者。我们一定要以高度的历史责任感和时代的紧迫感,增强机遇和挑战意识,紧紧抓住机遇,主动迎接挑战,积极推进"两个转变",努力实现我市跨世纪的奋斗目标。

二、正确把握和处理好我市经济社会发展中的若干重大问题

实现跨世纪发展目标,是我市一项庞大而又艰巨的系统工程,必须把握和处理好以下几个关系全局的重大问题。

(一)坚持正确的指导思想

这是关系跨世纪发展目标得以实现的首要前提。没有一个正确的、一以贯之的指导思想,就难以总揽我市经济社会发展的全局,难以统一意志,统一步调,就会偏离方向,不可能完成时代赋予我们的光荣使命。

一个正确的指导思想来源于实践。近几年,我们在经济社会发展中摸索总结了"八个字"和"五个不动摇"的指导思想。即紧紧围绕改革、开放、发展、稳定,坚持以经济建设为中心、一心一意抓发展不动摇;坚持深化改革、扩大开放、加速建立社会主义市场经济体制不动摇;坚持以农业为基础,大力发展乡镇企业不动摇;坚持把依靠科技进步、优化结构、提高效益作为经济工作的重点不动摇;坚持"两手抓,两手都要硬"不动摇。实践证明,这个指导思想符合我市经济社会发展的实际,是完全正确的。这两年我市能够把握住一些带全局性的根本问题,处理好一些重要关系,保持经济持续、快速、健康发展,就是坚持这个指导思想的结果。

这"八个字、五个不动摇"的指导思想,也完全符合中央的精神。这次中央五中全会提出的实现经济体制从传统的计划经济体制向社会主义市场经济体制转变,经济增长方式从粗放型向集约型转变的重大决策,我们"五个不动摇"中就体现了这两个转变的内容。因此,这条指导思想我们必须长期坚持,一以贯之地贯彻下去。

坚持"八个字、五个不动摇"的指导思想,重点是处理好改革、开放、发展、稳定之间的关系。改革开放是社会主义现代化建设的根本动力,我们要充分发挥改革试点城市的作用,以开放促改革,大胆闯、大胆试,力争在全国率先建立起社会主义市场经济新体制。发展生产力是社会主义的首先任务,我们要牢固树立发展才是硬道理的思想,抓住机遇,加快发展,尽快缩短同先进地区的差距。稳定是保证经济社会持续、健康发展的重要前提,我们要坚持"两个文明"一起抓,不断开拓社会稳定的新局面。

除了坚持"八个字、五个不动摇"的指导思想外,还要坚持我市长远发展的宏伟目标,即努力把我市建设成为长江上游的经济中心和现代化国际大都市。这个宏伟目标是我市经济社会和城市发展的大方向,必须坚持不动摇。

(二)努力把经济建设转到依靠科技进步、提高劳动者素质和以经济效益为中心的轨道上来

正确处理速度和效益的关系,更新发展思路,实现经济增长方式从粗放型向集约型的转变,这是十四届五中全会提出的重要任务。我市多年来的实践经验表明,如何把速度和效益有机结合起来,走出一条既有较高速度又有较好效益的经济发展路子,是一个很大的难题。牢固树立速度和效益相统一的观点,正确处理好两者之间的关系,这是我们今后经济工作需要认真解决的一个关键问题。

转变经济增长方式,就是要从主要依靠增加投入、铺新摊子、追求数量,转到主要依靠科技进步和提高劳动者素质上来,转到以经济效益为中心的轨道上来。我市经济的总体规模,特别是工业规模已经不小,但在不少方面至今还没有完全摆脱过分偏重数量扩张和粗放式的生产经营,产业结构和产品结构以劳动密集型和资源密集型为主,生产消耗高、产品质量差。一些新建项目起点不高。在老工业改造上,部分技改资金被用于基本建设,或在原有技术水平上扩大生产规模,真正用于提高技术和装备水平的投资比例不大。结果钱没少花,除汽车、摩托车外,没有形成多少在全国有一定地位、能代表老工业基地新形象的优势产业和产品。由此带来结构不合理,企业产品竞争力弱,劳动生产率低,经济效益不高等问题比较突出。如果不坚决克服这种状况,经济的继续发展就会遇到很大困难。因此,必须进一步提高对转变经济增长方式重要意义的认识,切实把提高经济增长质量和效益作为经济工作的中心。

转变经济增长方式,提高经济增长质量,要重视教育和科技,认真实施"科教兴渝"战略,实现科教与经济的紧密结合。必须始终坚持科学技术是第一生产力的观点,努力提高科技进步对经济增长的贡献率,提高经济增长的科技含量。要继续结合老工业基地的改造,大力推进技术进步,调整和优化产业结构,并通过高科技产业化和传统产业改造形成一批新的

优势产业、新的经济增长点。要把科技成果转化工作提到科技和经济发展的突出位置,千方百计促进科技成果在生产实践中得到广泛应用。振兴科技,发展经济,关键靠人才,基础在教育。教育工作者要面向世界、面向未来,为社会主义现代化事业培养大批跨世纪的各类优秀人才。要在全市造成尊重知识、尊重人才的空气,采取各种政策措施形成人尽其才、才尽其用的良好社会环境。

(三)切实加强农业,处理好城乡关系,促进城乡协调发展

加强农业,做好农村工作,对于我市实现跨世纪发展目标有特别重要的意义。我市既是大工业城市,又是大农业城市,城市和农村、工业和农业的相互依赖关系十分紧密。工业和城市经济的持续发展不仅依赖于坚实的农业基础,而且也依赖于农村市场需求的扩大。否则,不仅工业和城市经济的发展会失去有力的支撑,而且将影响到整个经济、社会生活的稳定。此外,我市要在本世纪末达到小康的战略目标,重点也在农村,农村不实现小康,全市的小康就会落空。因此,农业问题、农村问题始终是我市事关全局的重大问题。发展我市经济要牢固树立全市一盘棋的思想,始终坚持城市带动农村、农村服务城市、城乡一体化、城乡共发展的方针不动摇。

在农业和农村工作上,要以带领农民奔小康统率整个农村工作,坚持"一稳五大",即:稳定粮食生产,大力调整产业结构,大力发展乡镇企业,大力培育农村市场,大幅度增加农民收入,大力加强农村基层组织建设和"放胆、放权、放手",尽快把区市县经济推入快车道的指导思想。

根据这个指导思想,"九五"期间,我市农村工作的主要任务是:在完善以家庭联产承包为主的责任制和双层经营体制的基础上,不断深化农村改革,鼓励土地使用权合理流动,促进土地适度规模经营,围绕农业主导产品,推进农业和农村经济的产业化进程,健全农村社会化服务体系。在加强农田基础设施建设,保护基本粮田、稳定粮食生产的前提下,大力依靠科技进步,发展"两高一优"农业,促进粮食和多种经营全面发展,保障城市农副产品的有效供给。继续大力发展乡镇企业,围绕我市支柱产业,依靠农副产品资源优势,发展各具特色的拳头产品,城市工业同乡镇企业之间要进一步搞好联合与协作,要从产品、技术、人才等方面积极支持乡镇企业上档次、上规模、上水平、上效益。要进一步优化农村一、二、三产业结构,加快农村富余劳动力转移步伐,继续扩大劳务输出,千方百计增加农民收入。要继续推进农村金融体制改革,培育农村金融市场,壮大农村信用合作社、农村合作基金会和区市县的投资公司的实力,为加快农业和农村经济发展提供更大的资金支持。小城镇是城乡商品的集散地,是城市先进技术、管理、人才和信息向农村扩散的传递点,加快农村小城镇建设,是推进农村城市化,实现城乡共发展、共繁荣的重要途径。通过这些努力,使我市农业综合生产能力、农村经济和农民收入再上新台阶,保持与全市经济的协调发展。

(四)加大调整力度,逐步形成一、二、三产业的合理结构

优化产业结构,是我市今后15年经济建设的重要任务。产业结构不优化,不能实现对资源的有效配置,就不可能产生好的经济效益。这些年来,我们在结构调整方面做了一些工作,取得了一定效果,但当前结构性矛盾仍然十分突出。这次中央五中全会《建议》提出了今后优化产业结构的方向,着力加强第一产业,调整和提高第二产业,积极发展第三产业,完全符合我市的实际。我们要加大结构调整的力度,通过调整,使一、二、三产业结构优化合理,协调发展。

农业是国民经济的基础。我市人多地少,农业基础脆弱,是长期制约经济发展的因素。今后15年,特别要注重强化农业的基础地位。

我市又是大工业、老工业城市,工业结构调整提高的任务很重。搞好工业结构调整总的要求是:"突出重点,提高起点,形成拳头,配套发展。"通过调整在加强基础产业和基础设施的同时,强化支柱产业,培育高技术产业,促进和带动全市经济全面发展。抓"大"放"小",以"大"带"小",是我市工业调整提高的重要途径。抓住"大"的,让骨干企业、龙头企业以资产、产品联结为纽带,组建大公司、大集团,使之上规模、上水平,不仅能够增强大企业的市场竞争能力,还有利于结构优化和资源的合理配置;放开"小"的,通过产权的合理流动和重组,盘活存量资产,对于尽快搞活小企业,促使小企业向大企业靠拢,增强小企业为大企业配套的能力,提高工业的整体素质和水平,有着很重要的作用。

第三产业发展滞后,对我市经济社会发展的制约日益突出,无论从现实还是未来发展的需要来看,加快发展第三产业都十分重要。"八五"期间,我市第三产业的比重每年仅提高1个百分点,去年达到32.8%,这与一个大城市的地位和建设长江上游经济中心的要求是很不适应的。"九五"期末,第三产业比重至少应当达到45%左右,这就要求今后五年第三产业的比重每年平均至少应提高两个百分点以上,大大超过"八五"的发展速度,任务十分艰巨。我们一定要立足全市经济社会发展的全局,充分认识加快发展第三产业的必要性和重要性,以发展商贸流通、交通通讯、金融保险、休闲娱乐业等为重点,促进第三产业的发展不断上水平,使之与第一、二产业的发展协调同步。

(五)在充分利用现有资产存量的基础上,进一步扩大利用外资的渠道

资金极度短缺,是长期制约我市经济社会发展的一个突出矛盾。在"九五"期间至2010年,要实现两个阶段的奋斗目标,必须投入大量的资金。国家的支持不可能完全满足我市建设发展的需要。那么,资金从哪里来,这是我们必须解决的一个大问题。从我们自身来看,一是充分利用好现有资产存量,二是进一步扩大利用外资的渠道。应当看到,我市现有资产存量利用是不够好的,就流动资金而言,产品积压压住一块,货款拖欠拖住一块,消耗大、成本高浪费了一块,亏损企业吃掉一块;就固定资产而言,投资失误陷进去一块,设备利用率不高搁置了一块。上述问题应当引起我们高度重视,采取措施逐步加以解决。这样,既可以节约出一大笔资金,又可以通过提高资产使用效率进而提高经济效益增加一大笔资金。我市现有工业固定资产原值达400多亿元,如何盘活这笔庞大的资产是一篇大文章。做好这篇大文章的关键是要促进存量资产的合理流动和重组。这项工作,一些兄弟城市已经积累了许多成功的经验,我们要认真借鉴,为我所用。

扩大利用外资,是拓宽资金来源,增加增量资产的有效途径。在这方面,我们过去取得了一些成绩,但余地仍然很大,利用外资的总额在全国所占比重并不高。今后,我们一方面要继续采用综合投资开发、独资、合资兴办企业、BOT等多种方式吸引外资,另一方面,要着重加大引资"嫁接"改造国有大中型企业的力度。要抓住新一轮国际分工的机遇,坚持"以存量吸引增量,以市场吸引资金、技术"的方针,进一步完善引资配套政策,扩大引资总量,优化引资结构,提高引资效益,通过积极、有效地利用外资"嫁接"改造,使一批国有大中型企业在技术进步的基础上进一步扩大规模,重振雄风。

此外,拓展资金来源,还必须搞活金融。这个问题,上海等兄弟城市也有一些成功的经验,归结起来主要是通过完善金融市场体系,实现筹资的多元化。我们应当积极创造条件,开办外资银行,大力发展证券业、保险业和地方金融组织,利用好各种融资手段,广开融资渠道,筹集更多的资金支持我市的开发和建设。

(六)高度重视控制人口,合理利用资源和保护环境

人口、资源、环境与经济社会发展有着紧密的联系。在这方面,一些发达国家和发展中国家在走向现代化过程中的经验、教训也给我们不少启示。因此,五中全会慎重提出,必须处理好经济建设与人口、资源、环境的关系,把控制人口、节约资源、保护环境放到重要位置。这一要求,体现了我们党对社会发展客观规律的科学认识,是从中国国情出发追求经济可持续发展的战略抉择。

我市是全国人口最多的城市,虽然近年来在人口与计划生育方面做了大量工作,成效明显,但由于基数太大,每年净增人口仍达10多万。人均资源占有量较低,资源综合利用效能也不高。工业污染、生活污染严重,废水、废气处理率不到20%,二氧化硫浓度严重超标,酸雨、降尘量在全国各大城市名列前茅,而城市人均绿地面积仅0.1平方米,大大低于其他大中城市。这种人口、资源、环境的严峻现状,给我市经济、社会发展造成很大的压力,忽视和放松这方面工作,势必影响现代化建设的大局,影响社会安定和人民生活。正确处理经济建设与人口、资源、环境的关系,既是现实问题,也是长远大计,既是经济、社会问题,也是政治问题。各级领导干部务必要以对党高度负责的精神,对重庆人民、对重庆的子孙后代负责的精神,从现代化建设的战略高度,来观察和理解这一重大关系,增强紧迫感和责任感,强化人口、资源、环境意识,在实际工作中,要坚决执行控制人口、保护环境和资源的法律、法规。大力抓好计划生育工作,坚持现行生育政策、既定人口目标、党政一把手亲自抓"三不变",把工作重点放到农村和流动人口上,做到生产、生育、生活"三结合"。切实控制和治理工业污染,增加城镇绿化面积,到本世纪末使全市环境质量有所改善。认真坚持资源开发与节约并举,把节约放在首位,努力提高资源综合利用率。

(七)在坚持公有制为主体的基础上,大力发展非公有制经济

以公有制经济为主体、多种经济成分共同发展,是我们必须长期坚持的方针。维护和坚持公有制的主体地位,实现社会的共同富裕,是社会主义的本质所在。在坚持公有制为主体,搞好国有企业的同时,大力发展非公有制经济,也是发展社会主义市场经济的需要,对于强国富民、实现跨世纪发展目标都有积极的促进作用。近年来,我市非公有制经济发展较快,已成为经济发展中投入少、活力强、贡献较大的新生力量。但同沿海和一些先进地区相比,还有很大差距。各级领导和有关部门,要进一步用建设有中国特色的社会主义理论统一思想,充分认识非公有制经济对增强我市经济实力,加速社会主义市场经济发展,提高人民生活水平所起的重要作用,增强支持和促进非公有制经济发展的自觉性。

发展非公有制经济,特别是个体私营经济,要从各区市县的实际出发,坚持市场导向,因地制宜,效益优先的原则,既全方位推进,又重点突出。以第三产业为主导,积极发展为大工业配套的加工业、为城市人民生活服务的相关产业,大力支持高科技企业、重点企业的发展;鼓励和支持个体私营经济参与搞活公有制经济;支持发展外向型经济。各地要依据不同的经济基础,确定不同的发展战略。经济基础好、国有经济、集体经济已成为当地经济支柱的地区,要确立"两手抓"的思想,一手抓公有制经济的巩固、提高、发展、壮大,一手抓非公有制经济的规划、发展。经济基础比较薄弱、地方财政困难的地区,要敢于打破"比例论",集中精力,以发展个体私营经济为重点,启动造血功能,尽快走出经济困境。总之,在经济发展的总格局中,只要有利于促进社会生产力的发展,有利于增强地方经济实力和财力,有利于致富人民,就要理直气壮地抓,力争不断有新的突破,年年能上新的台阶。

(八)坚持"两手抓,两手都要硬",实现经济社会协调发展

坚持一手抓物质文明,一手抓精神文明,"两手抓,两手都要硬",实现经济社会协调发展,这是我国宏伟目标的重要组成部分,是顺利推进改革开放和现代化建设的重要保证。从我市的现实情况看,十一届三中全会以来,精神文明建设、各项社会事业都取得了很大的进展,同时也存在不少亟待解决的矛盾和问题。一些腐朽思想和丑恶现象死灰复燃,社会治安状况不尽如人意,社会事业发展相对滞后,这对我市经济发展和社会进步的负面影响是不容忽视的。在今后15年的建设中,既要求国民经济持续、快速、健康发展,又要求各项社会事业协调发展,要求社会主义精神文明建设和民主法制建设有新的进展。因此,制定和实施我市"九五"计划和2010年远景目标,要根据五中全会《建议》总的指导思想和要求,把社会主义精神文明建设和社会发展提到更加突出的地位。思想上要高度重视,领导上要切实加强,措施上要坚决有力,做到两个文明建设齐头并进。

根据以上要求,今后15年我市社会主义精神文明建设的根本任务是:培育有理想、有道德、有文化、有纪律的社会主义公民,提高全体市民,尤其是青少年的思想道德素质和科学文化素质。为完成这一根本任务,必须始终坚持以邓小平建设有中国特色社会主义理论为指导,坚持"两手抓,两手都要硬"不动摇,做到两个文明建设同部署、共发展；必须坚持精神文明建设为改革开放和社会主义现代化建设服务，紧紧围绕经济建设这个中心，努力为经济建设提供精神动力、智力支持和思想保证；必须坚持重在建设的方针，把建设作为精神文明工作的出发点和立脚点，以立为本，持之以恒，各级财政要保证对精神文明建设逐年增加投入；必须从实际出发，立足于现实条件，坚持因地制宜、艰苦奋斗的原则，以改革的精神走产业化发展的路子，促进各项社会事业加快发展步伐。

三、加强和改善党的领导，为实现我市国民经济和社会发展目标而奋斗

实现我市国民经济和社会发展今后15年的奋斗目标，最根本的保证是加强和改善党的领导，把我市各级党的组织和党员队伍建设好。

中国共产党是中国人民伟大事业的坚强领导核心，这是历史和现实反复证明了的科学真理。中国共产党领导人民群众艰苦奋斗，取得了新民主主义革命的伟大胜利和社会主义建设的巨大成就。其间的教训也是深刻的。特别是"文革"动乱中，出现了"踢开党委闹革命"的错误思潮，其结果是国民经济濒于崩溃的边缘，给社会带来一场大灾难。党的十一届三中全会以后，我国社会生产力、综合国力、人民生活水平跃上了一个大台阶，社会主义精神文明建设和民主法制建设取得了重大进展。这些举世瞩目的成就，都是在党的领导下，经过全国各族人民的努力奋斗取得的。离开了党的领导，无论是改革开放，还是现代化建设，都是不可设想的。在迈向21世纪的重要时期，在发展社会主义市场经济条件下，我们要完成"九五"计划和2010年远景目标的各项任务，实现国家富强、民族振兴和社会长治久安，更需要牢牢坚持党的领导，对此绝不能有丝毫的怀疑和动摇。

在改革开放和现代化建设新的发展阶段，加强和改善党的领导，首先是要加强党委对改革开放、经济建设和社会发展的领导，保证党的基本理论、基本路线和各项方针政策在本地区的贯彻落实。同时，必须加强党的自身建设。把我们党建设好，才能更好地加强对改革开放和现代化建设的领导。今年初的市委全委（扩大）会和7月的市委工作会议，根据党的十四届四中全会精神，对加强党的建设作了全面部署，提出了一系列要求，我们要继续认真贯彻。这里，我再强调以下几点：

（一）要把思想政治建设摆在党的建设的首位

邓小平同志建设有中国特色社会主义理论是党的建设的根本指导思想，认真学习和运用"特色理论"是党的思想政治建设的首要任务。当前，我们工作中出现的许多问题，从思想认识上分析，主要是对解放思想、实事求是这一"特色理论"的精髓理解不透，对社会主义的本质缺乏深刻的认识，在实际工作中，往往跳不出计划经济固有的思维定势和工作方式，思想不解放，改革意识不强。这种思想状态对我们加快改革开放和现代化建设，对实施"九五"计划和2010年远景目标是十分不利的。各级领导干部要进一步深入学习和把握邓小平同志的立场、观点、方法，要善于从纷繁复杂的社会生活和经济生活中，研究和把握新的条件下改革和发展的规律，学会处理改革开放和现代化建设中的若干重大问题。我们要在巩固前一段时间学习成果的基础上，继续深入钻研，切忌浅尝辄止。学习的目的全在于应用，要以改革开放和现代化建设的效果来检验学习"特色理论"的成效，克服不问学习效果的形式主义。

各级领导干部还要努力提高自身的政治水平，在政治上同党中央保持高度一致，在行动上保证政令畅通。江泽民同志在五中全会结束时的讲话中，专门强调要讲政治，包括政治方向、政治立场、政治观点、政治纪律、政治鉴别力、政治敏锐性，在政治问题上，一定要头脑清醒。这是对党的高级干部的要求，也应当是对各级领导干部的要求。党的组织和党的干部在重大问题上，要坚持原则，明辨是非，保持政治上的清醒和坚定，不能热衷于靠小道消息过日子、判断形势。否则，就会像江总书记指出的那样，"在日益复杂的斗争中迷失方向"。各级党组织和领导干部必须遵照江总书记的要求，不断努力提高政治水平，才能为改善和加强党的领导提供坚强的思想政治保证。

（二）全面提高各级领导干部的综合素质

我市"九五"计划和2010年远景目标能否实现，

各级领导干部起着决定性的作用。当今世界,科技竞争十分激烈,经济发展突飞猛进,我国正面临经济体制和经济增长方式这两个具有全局意义的根本性转变。从总体上看,我市各级领导干部的素质,与这种形势的要求还不很适应。全面提高领导干部驾驭经济工作的能力和水平,是一个至关重要的问题。

第一,要认真学习现代科技知识。21世纪的竞争主要是科技的竞争、人才的竞争,我国经济的发展、社会的进步将主要依靠科技力量的推动;重庆产业结构调整、经济质量提高的根本出路也在于科技进步,科技意识实质上是发展战略意识。对这个问题早认识、就能争取主动。因此,各级干部要进一步强化科技意识,着眼于21世纪,努力学习和掌握现代科学技术知识,只有这样才有领导经济工作的资格,才能更好地履行领导职能。第二,要深入钻研社会主义市场经济的基本理论。当前我国正处于发展社会主义市场经济和加快现代化建设的重要时期,我们对市场经济的一般规律和在社会主义条件下搞市场经济的特殊规律如果认识不深,把握不准,就会多走弯路,延缓改革和发展的进程。各级领导干部要结合工作实际,学懂、弄通市场经济理论,把握社会主义市场经济的新特点,研究和解决改革和发展中的新矛盾、新问题,不断提高领导经济工作的能力。第三,要不断提高科学管理水平。在发展社会主义市场经济的条件下,加快改革开放和现代化建设,各种新情况、新问题层出不穷,错综复杂。各级领导干部要适应形势发展的要求,必须进一步提高科学管理水平。在决策上要克服盲目和随意现象,在制定关系我市改革和发展的重大决策时,必须坚持调查研究,坚持群众路线,坚持民主、科学的程序,不断增强决策的科学性、可行性和预见性。要进一步加强组织协调,处理好各方面关系,调解好各种矛盾,改善领导方法,提高领导艺术,推进我市"九五"计划和2010年远景目标的顺利实施。

(三)切实解决组织建设中的薄弱环节

党的组织建设是党组织和党员发挥作用的基础和保证。十四届四中全会以来,我市党的组织建设在健全民主集中制和培养选拔干部等方面取得了新的进展,但在一些方面仍然存在薄弱环节。针对我市党的组织建设的实际情况,应当突出强调三点:一是加强同健全民主集中制相配套的制度建设。各级党组织在健全民主集中制中,要注意建立决策程序、工作规则、行为规范等一系列制度,确保民主集中制在党内生活和国家生活中得以贯彻实施。二是抓好领导干部和领导班子建设。领导干部、领导班子是改革开放和现代化建设的带头人和指挥部,他们的状况,对重庆的发展有着至关重要的作用。我市各级领导干部和领导班子多数是好的,得力的,但少数地区和单位也确实存在不齐不力,软、懒、散的问题。要针对不同情况、不同问题,采取相应的措施,改变这种状况。同时要用改革的精神,在领导干部、领导班子的培养、选拔、任免、考核、监督、奖惩等方面,建立一整套制度和规范。三是加大党的基层组织的建设力度。我市基层党建工作量大面广,要区别城乡、不同行业和不同情况,根据各自特点和工作中心,加以分类指导。农村和企业党建工作始终是我市基层党建工作的重点,要围绕经济建设这个中心,在发挥党员作用,增强党组织的凝聚力、战斗力上下功夫。目前要注意抓好农村和企业党建典型,树立起基层工作榜样,使典型发挥好引路和带动作用。

(四)进一步密切党同群众的血肉联系

实现"九五"计划和2010年远景目标,是人民利益的根本体现,是千百万群众自己的事业,加强党的领导和依靠人民群众是成功之本。我们党在长期的革命和建设实践中,形成了其他任何政党都没有的优良传统和作风,同人民群众保持了广泛的密切的联系。在改革开放和现代化建设的今天,我们更有条件和能力密切党群、干群的血肉联系。但是,随着条件的改变和形势的发展,一些干部做官当老爷,严重脱离群众、忽视群众疾苦的不良作风日益突出,这是十分危险的。在加强党的建设中,必须坚持不断地开展党的宗旨教育,把党员、干部作风问题,同人民群众的关系问题提到战略的高度来认识和解决。各级党组织特别是领导干部在改革和建设过程中,必须牢固树立马克思主义的世界观、人生观、价值观,增强党性锻炼,严格遵守党规党法;应当以全心全意为人民服务为座右铭,时刻把群众的冷暖挂在心头,通过同群众交知心朋友,解决各种思想认识问题和实际问题,把群众的积极性发挥好、保护好、引导好。

密切党同人民群众的血肉联系,还必须坚持不懈地加强党风廉政建设,深入开展反腐败斗争。腐败是党的大敌,人民的大敌,也是改革开放和现代化建设的大敌。近年来,我们党非常重视党风廉政建设和反腐败斗争,我市也加大了反腐倡廉、拒腐防变工作的力度,领导干部廉洁自律、查办大案要案和纠正行业不正之风都取得了很大进展,反腐败斗争正在不断深入。我们要充分认识这场斗争的长期性,坚持不懈、锲而不舍地抓下去,哪里出现腐败,就坚决、严肃、果断地进行查处,决不留情,决不手软。开展反腐败斗争,还要抓好防患于未然的工作,在加强思想政治教育的同时,认真研究新形势下腐败问题的特点、产生的根源和反腐败斗争的规律,逐步建立起能够最大限度地抑制腐败、消除腐败的制度和法规,为推进改革开放、促进经济发展、维护社会稳定创造良好的政治条件。

四、关于当前工作

自今年7月市委工作会议召开以来,全市上下围绕加快改革开放和经济发展的大目标,以三件大事和一项重要工作为主线,认真贯彻落实市委抓大事、抓落实的工作方针和工作部署,出现了精神振奋、团结奋斗、政令畅通的新气象,各项工作取得了新的进展。

一是物价调控工作正按预定目标推进。绝大多数商品价格向控制目标和责任目标接近,特别是三季度,市场物价的平均涨幅比预计水平13.1%还低0.1个百分点,为实现今年物价调控目标创造了一个比较好的条件。

二是区市县经济进一步发展。市委正式下发了《关于进一步搞活区市县经济的决定》,"三放"开始迈出实质性步伐。

三是以"抓大放小"为核心内容的工业经济和企业改革工作迈出了新步伐。市委工作会以后,市政府制定了《关于进一步放活国有小企业的决定》和《关于确定100户重点骨干企业的意见》以及相关的配套政策,使我市"抓大放小"工作进入有序推进阶段。

为深化企业改革需要制定的12个配套文件,在去年已出台1个的基础上最近又出台了两个,另有两个已定稿,近期将出台,其余4个正在抓紧制订。

四是创卫工作比往年加大了力度,成绩显著,市容市貌和环境卫生有了较大改观。

今年剩下的时间已经不多了,后两个多月的任务还十分艰巨。这里,我就后两个多月的工作再提几点要求。

首先,要继续全面、深入贯彻7月份的市委工作会议精神。9月份,市委下发了落实市委工作会议精神的督查要点,各项任务、目标已经分解落实到各级、各部门,各级、各部门的一把手即为第一责任人,担子压在了你们头上,责任重大。各级、各部门主要领导一定要进一步克服消极、畏难情绪,严格按照督查要点的要求,狠抓各项工作措施的落实。年底,市委将根据督查要点明确的责任,对各级、各部门工作进行全面考核。希望各级、各部门的主要负责同志认清自己肩负的重大责任,扎实的工作,以好的成绩向市委和全市人民群众交出一份满意的答卷。

第二,要继续抓紧、抓好物价工作。目前,市场物价下降趋势仍不稳定,时有波动,在物价总体水平趋降的情况下,新涨价因素仍较突出,特别是蔬菜价格,9月份上涨了26.9%,仅此一项就影响物价总水平新上涨1.4个百分点。总之,物价工作中还有不少不确定因素,实现今年的物价调控目标远不能说已稳操胜券。后两个多月,还必须继续下大功夫抓好物价工作,推动物价调控措施全面到位,防止物价形势出现反复。

第三,认真抓好小春粮食生产和今冬明春的农田水利基本建设。当前,抓好小春生产,重点是保证小春面积的落实。各区市县、有关部门要集中精力,检查督促落实播种面积。有关单位要组织好良种供应,抓好农户的技术培训和化肥、农地膜等重要农资的储备。同时,要在今冬明春掀起大搞农田水利基本建设的热潮,集中力量抓好一批关系全局的重点骨干工程,使农业基础设施落后的状况有所改善,增强抵御灾害的能力。

第四,解决好工业生产中的突出矛盾和问题,努力提高工业经济的质量和效益。1—9月,我市工业生产稳定增长,产销率超过全国平均水平,运行情况基本正常。但我市工业经济中长期存在的亏损严重、总体运行质量不高等问题仍然十分突出。当前,要在抓好100户重点骨干企业、保持工业经济整体增盈的基础上,坚持"三改"并举,促进扭亏增盈。要加大企业兼并的力度,消化一批亏损企业;组织、推进市委工作会提出的"鼓励实力强、管理好、班子硬的企业厂长,兼任其他企业特别是困难企业的厂长"的工作,争取走出一条扭亏新路子。要大力督促企业树立"管理出效益"的观念,强化企业基础管理工作。市经委和各工业主管局要通过抓点,树立"管理出效益"的正面典型,推动面上企业强化管理的工作。今年7月份的市委工作会议作出了把加快国有企业引资"嫁接"改造作为扩大开放重点的工作部署。对这项工作的重大意义,有关部门的同志特别是领导同志认识一定要统一,态度一定要坚决,行动一定要快。必须看到,其他一些城市在引资"嫁接"改造上步子迈得很大,行动很快。我们再也不能拖下去了。市经委要在抓紧建立组织机构,制定政策、措施,尽快组织实施的同时,大力推动各工业主管局积极开展此项工作。

第五,全力巩固创卫成果,继续抓好城市综合管理。我市今年的创卫工作很有特色,也很有成绩,广大市民是比较满意的,同时也存在强烈的担忧,主要是担忧回潮。这种担忧反映出广大市民对拥有一个较高质量生活环境的强烈愿望。必须明确,创卫的目的是造福人民,决不是为了检查。创卫难,巩固扩大创卫成果更难。当前,要从整治市容市貌着手,努力把创卫纳入法制轨道,尽快制定、完善有关法规,增强市民法制意识,切实做到有法可依、执法必严、违法必究。要继续解决好城管体制、城管队伍建设、城管投入等问题,努力巩固和扩大创卫成果。

第六,强化税收征管,大力组织收入。1—9月,我市税收任务完成较好,进度较快,除企业所得税外,其他各项税收都有较大幅度增长。但潜在的矛盾已经显现,并开始直接影响到收入,实现全年收支平衡,压力很大。主要问题是不少企业生产不景气,欠税增加,完成增值税预算任务艰巨;预算内工业企业亏损面大,企业所得税短收严重。当前,我们要在执行好有关税收政策,支持企业发展,培育税源的同时,巩固和完善新税制,进一步强化税收征管,大力组织收入,采取一切有力措施,清欠压欠,做到应收尽收;要坚持依法治税,坚决堵住税收"跑、冒、滴、漏",严厉打击偷税抗税骗税等违法犯罪活动,努力完成全年税收任务。

第七,加大社会治安综合治理的力度,努力创造安定的社会环境。近年来,我市各级党政和政法机关高度重视社会治安综合治理,大力整治治安问题,有效地维护了政治稳定和社会安定。但必须看到,当前社会不安定的因素仍然存在,特别是贩毒、吸毒等社会丑恶现象屡禁不止,因此而诱发的刑事案件呈上升趋势,整个治安形势仍很严峻,综合治理任务十分艰巨。要继续强化社会治安综合治理,严格实行领导责任制。采取更加有力的措施,开展"严打"和各项专项斗争。切实加强基层治安组织建设,搞好群防群治,力争城乡治安秩序进一步改善,努力为我市"九五"计划和2010年远景目标的实现创造安定的社会环境。

同志们,党的十四届五中全会,为我国今后15年的经济社会发展制定了宏伟的蓝图,展示了中华民族今后15年发展的美好前景。市委号召,全市各级党组织和全体党员,积极行动起来,带领全市人民群众,在邓小平建设有中国特色社会主义理论和党的基本路线指引下,在党中央和省委的领导下,为胜利实现我市"九五"计划和2010年远景目标,把重庆建设成为名副其实的长江上游的经济中心和现代化国际大都市而努力奋斗!

统一思想,振奋精神,负重自强,团结奋进,全面开创我市工作新局面

——在市委七届六次全委(扩大)会上的讲话

张德邻

(1996年1月22日)

同志们:

这次全委(扩大)会议,是在全面完成"八五"计划,开始实施"九五"计划的形势下召开的,是一次非常重要的会议。会议的主要任务是:认真贯彻党的十四届五中全会精神,总结回顾几年来,主要是去年各项工作取得的成绩,分析存在的矛盾和问题,吸取经验教训,研究部署今年以至今后一个时期的工作,明确总的要求、主要任务和奋斗方向,统一思想,振奋精神,负重自强,团结奋进,加快经济社会发展,全面开创我市工作新局面。下面,我讲四个方面的意见。

一、关于去年工作的回顾和今年工作总的要求

去年,市委在中央和省委的领导下,坚持"抓住机遇,深化改革,扩大开放,促进发展,保持稳定"的工作大局,通过全市干部群众的艰苦努力,经济社会各方面工作取得了新的成绩,圆满地完成了"八五"计划目标。全市综合经济实力进一步增强,国内生产总值达到740亿元,增长10.6%;固定资产投资达到190亿元,增长23.1%;消费品零售总额实现274.5亿元,增长25.3%;地方财政收入完成34亿元,增长24.7%。总结全年的工作,主要成绩有以下几个方面:

一是坚持以稳定粮食生产,增加农民收入和奔小康统率整个农村工作,落实"三放"决策,农业和农村经济得到较全面的发展。粮食生产连续三年增产,总产量达到587万吨,比上年增长2.3%;农业总产值达到112.7亿元,增长3%;乡镇企业总产值突破1000亿元,并实现利税同步增长;农民人均纯收入达到1550元,同口径比较净增250元。

二是以搞好国有企业为重点,坚持"三改并举""抓大放小",通过深化企业改革,重点发展优势企业和拳头产品,促进工业经济在艰难环境中保持了较快增长。全市完成工业总产值970亿元,比去年增长25.8%;工业产销率达到97.2%,高于全国平均水平;大中型企业保持良好的发展势头,实现增加值和完成不变价总产值分别占全市的66.8%和64%;国有及国有控股企业继续发挥支柱作用,实现增加值和完成不变价总产值分别占全市的74.9%和69.3%,同比增长8.8%和10.3%。

三是坚持"以大开放促大发展"的方针,进一步抓好招商引资工作和外贸出口,引进外资和外贸出口取得了新的进展。全年实际利用外资5.11亿美元;进出口总额达到14.78亿美元,其中出口达到8.55亿美元。分别增长12.85%和15.92%;两个国家级开发区的投资环境有所改善,"窗口"作用有所增强。

四是以加强调控、增加有效供给、疏通流通渠道为重点,着力管好物价,物价涨势得到有效控制。全年社会商品零售价格指数比上年回落10.2个百分点,涨幅落差在全国35个大中城市中最大,圆满完成年初预定的物价控制目标。

五是通过集中资金保证重点工程建设,以创卫带动城市管理,基础设施建设步伐加快,重点项目完成较好,城市综合服务功能进一步增强,市容市貌有了新的改观,城市管理水平和文明程度有所提高。

六是坚持"两手抓,两手都要硬"的方针,精神文明建设和民主法制建设有所加强,各项社会事业稳步发展。围绕《爱国主义教育实施纲要》、"提高市民素质,建设文明城市"等内容,拓展了城乡精神文明建设

的广度和深度,"五个一工程"取得成效;人大、政协在我市政治、经济、社会生活中发挥了重要作用;工会、共青团、妇联工作进一步加强;社会治安基本稳定。

七是党的建设围绕经济建设这个中心,通过组织党员、干部认真学习邓小平建设有中国特色社会主义理论和党章,建立健全党的工作责任制,各级党组织思想、政治、组织、作风建设取得新的进展。领导班子建设和选拔培养优秀年轻干部的工作提上了重要日程;基层党建工作在实践中积累了一些经验;全面落实中央反腐败斗争的部署,"三项工作"取得了重要成果,促进了党风廉政建设。

总之,我们的改革在深化,经济在发展,社会在进步。这些成绩是来之不易的,是全市党员、干部和群众共同奋斗的结果,值得我们珍惜。但是,我们在充分肯定成绩和进步的同时,也应清醒地看到,在前进的道路上还面临许多困难和问题,主要是农业基础脆弱,综合生产能力和产业化程度低,稳粮、增收、实现小康的任务艰巨;不少国有企业生产经营困难,亏损量大面广的状况还没有缓解;结构调整步伐缓慢,第三产业发展滞后,严重制约着产业素质的提高和对资源的优化配置;物价形势不容乐观,调控物价的工作仍然很重;城市基础设施和管理落后,脏、乱、差、堵现象没有根本解决;社会事业发展在总体上仍然滞后于经济发展和人民精神文化需求;一些影响社会稳定的因素依然存在,社会治安形势仍很严峻;党建工作还有许多薄弱环节,在一些党员、干部中纪律松弛、作风不正现象依然存在,少数党组织在改革和发展中缺乏凝聚力和战斗力。这些问题中有不少是多年积累下来的老问题,正是由于这些问题没有很好解决,明显地制约了我们的发展速度和效益,导致我市在全国的位次下降了。在原14个计划单列市中,1991年到1994年,我市工农业总产值从第2位下降到第5位,社会商品零售总额从第2位下降到第6位,地方财政收入从第2位下降到第6位,职工平均货币工资从第10位下降到第12位,农民人均纯收入从第12位下降到最后一位。就是与邻近的成都相比,我们许多主要经济指标也开始落在后面。这种状况令人堪〔担〕忧,应引起我们高度警醒。

回顾过去的工作,我们既要肯定成绩,又要充分正视问题和差距,重在实事求是地分析出产生问题和差距的原因,要看到客观条件上的差别,更要找出主观上的原因,以便认真吸取经验教训,振奋精神,急起直追。总结去年以至几年来我市的工作,我们的主要体会有以下几条:

第一,必须进一步解放思想,更新观念。由计划经济体制向市场经济体制转变,是一个不断探索、不断实践的过程。只有坚持在实践中解放思想、更新观念,改革开放才能迈开步子,我们的工作才能有所突破,有所创新,经济才能加快发展。重庆多年的实践使我们认识到,要解放思想、更新观念,关键在于任何时候、任何工作中、都要牢固树立邓小平同志提出的"三个有利于"的标准,克服传统的计划经济思想,强化市场经济观念;克服封闭意识,强化大开放促大发展的观念;克服传统的计划经济思想,强化抓住机遇、积极进取的意识。这里最重要的是要把解放思想、更新观念落实到深化改革、扩大开放上,落实到干实事、求实效上,绝不能将其作为一句漂亮的、装璜〔潢〕门面的口号。

第二,必须坚持以经济建设为中心,坚持"发展才是硬道理"的观点。社会主义的根本任务是发展生产力,邓小平同志明确指出:"发展才是硬道理""贫穷不是社会主义,发展太慢也不是社会主义"。只有加快发展,不断增强综合实力,才能在发展社会主义市场经济中争取主动,在日益激烈的竞争中站稳脚跟,从根本上解决我市经济社会中存在的若干困难和问题。正所谓大发展、小困难,小发展、大困难,不发展,难上难!我们必须集中精力抓发展,任何时候也不能有一丝一毫的放松。

第三,必须善于抓住机遇。成就事业,实现大发展需要借助良机。因此,能否善于抓住机遇,从一定意义上讲决定着在发展中能否快速先行。现实提醒我们:机遇在犹豫中丧失,差距在机遇丧失后拉大。善于抓住机遇,就要有强烈的紧迫感和危机感,就要充分尊重和利用市场经济规律。把握经济发展的走势。就要有以改革的精神突破一切阻碍生产力发展的、不合理的、不符合市场经济体制要求的现行工作规范和程序的勇气,就要敢于解放思想,实事求是,结合重庆实际,果敢决策,高效率地、创造性地开展工作。面对激烈的国际国内竞争,重庆只有在挑战中紧紧抓住和积极寻找新的机遇,充分发挥潜在的优势,才能在世纪之交新一轮竞争中,在中西部经济发展中奋力争先。

第四,必须团结一致,真抓实干。众所周知,团结才有力量,实干才出成效。其中,领导班子的团结和实干更为重要。办好重庆的事情,解决好重庆的问题,加快重庆的发展,尤其需要领导班子团结一致,形成坚强有力的领导核心;尤其需要集中精力真抓实干。只要我们重庆市各级党政领导班子真正做到了这两点,我们就掌握了发展重庆、建设重庆的主动权,广大干部群众的积极性和创造性就会充分调动起来,任何困难都会迎刃而解,实现我们的奋斗目标是指日可待的。对这个基本道理,我们在任何时候都应该有足够认识,予以高度重视,并在实践中努力认真去做。

第五,必须坚持"两手抓,两手都要硬"。坚持一手抓物质文明,一手抓精神文明,是建设有中国特色社会主义的内在要求。实践使我们认识到,什么时候坚持"两手抓,两手都要硬",社会就会有一个良好的环境,经济社会就能协调发展;反之,人们的思想就混乱,社会就不稳定,建设和发展的进程就会受到影响。这里最重要的是深刻认识和把握"两手"之间本质的内在联系,真正把二者统一起来,做到两个文明建设相互促进,同步发展。

以上这些深刻体会,是我们在一个较长时期内探索、积累、反思形成的,有的是付出了代价换得的,是我们的宝贵财富。在今后的工作中务必认真记取。今年是"九五"计划的第一年,是我们迈向21世纪新的起点。在新的形势和任务面前,市委对全市工作的指导思想和总的要求是:以邓小平同志建设有中国特色社会主义理论和党的基本路线为指导,坚持"抓住机遇、深化改革、扩大开放、促进发展、保持稳定"的全党全国工作大局,坚持"两手抓,两手都要硬"的方针,正确处理改革、发展、稳定的关系,积极推进经济体制和经济增长方式的转变,认真实施科教兴渝战略,加大经济结构调整力度,加强和改善经济调控,在强化农业基础地位、搞好国有企业改革和发展、大力发展第三产业、提高对外开放水平、降低物价上涨幅度、加强城市建设和管理等方面取得更大成效,在加强党的建设、精神文明建设、廉政建设和民主法制建设,维护社会稳定等方面取得更好的进展,促进经济持续、快速、健康发展和社会全面进步,为全面完成"九五"计划各项任务打下良好基础。根据这个总要求,今年我市经济社会发展主要目标是:国内生产总值增长10%,地方财政收入增长10%,城镇居民人均生活费收入增长20%,农民人均纯收入增加220元以上,物价涨幅控制在13%左右,人口自然增长率控制在6%以内。经济发展的质量和效益有明显提高,人民群众的物质、文化生活有明显改善。

二、关于今年的经济工作

在前不久召开的全市经济工作会上,已对今年经济工作作了全面部署,提出了强化农业基础地位,搞好国有企业的改革和发展,大力发展第三产业,提高对外开放水平,降低物价上涨幅度,加强城市建设和管理等六项重点工作及要求,我不再重复。这里,就今年和今后的经济工作需要把握的几个重要问题,讲几点意见。

(一)深刻认识加快重庆发展的重要性和紧迫性

加快重庆发展,是重庆所处的重要地位和发挥其重要作用的必然要求。重庆是历史上形成的长江上游的物资集散地,建国后,逐步建立了完整的工业体系和与之配套的能源、交通、通讯、科研等体系,成为西南的工业重镇和长江上游的经济中心城市,在各个历史时期都为国家作出了很大贡献。在迈向21世纪的新的历史时期,重庆在全国这个全局上更具有特殊地位。作为区域中心城市,增强重庆的经济实力,才能较好地发挥中心城市的辐射力,带动整个区域经济的发展;重庆是有代表性的老工业基地和国防工业集中的地区,努力做好经济体制改革、老工业基地改造、搞好国有大中型企业和军民结合这几篇文章,对全国是一个大的贡献;重庆地处东部经济发达地区与西部资源富集地区的结合部,在实施加快中西部发展战略中,可以起到承东启西、左右传递的枢纽作用。重庆又是长江经济带的"龙尾",三峡库区开发最大的依托城市,具有对长江经济带和西南经济区域的双重聚散功能。党中央、国务院历来很重视、关注重庆的发展,自1983年以来，国家对重庆改革、开放、发展都给予了很大支持，许多综合的、单项的改革试点都是交给重庆。特别是近年来，中央主要领导都来重庆视察指导工作，江总书记、李鹏总理还题词勉励，对重庆寄予很大期望。所以，做好重庆的工作，这副担子很重。我们一定要清楚地认识重庆所处的重要地位，一定要肩负起历史的责任，牢记党中央的重托和重庆人民的希望，以此为动力，发奋做好重庆的工作。

当前我们应当清醒地看到，重庆的现状同所处的地位有很不相称的一面，在全国经济加快发展的大潮中我们有进一步落后的危险。因此，必须加快重庆的发展。再不加快发展，我们现有的优势将进一步丧失，在全国的地位将进一步下降，工作将更被动、更困难，我市经济、社会生活中存在的各种矛盾将更难解决，甚至会影响周边地区经济的发展。在严峻的形势面前，全市党员、各级干部务必进一步增强危机感、紧迫感、责任感，用差距鞭策自己，变压力为动力，负重自强，奋起直追。有为才有位，我们必须时刻警醒自己，在加快社会主义现代化建设的新的历史时期，重庆应该而且必须有新的、更大的作为，奋力争取在全国发展大局中应有的地位。这样，我们才能无愧于党中央、国务院，无愧于1500万山城人民，无愧于历史。

我来重庆后，经过一段时间的调查了解，感到全市广大干部、人民群众和我们的老同志，都强烈地希望和要求加快重庆经济的发展，这就是我们加快发展的重要思想基础和群众基础。经过几十年的发展积累，重庆已成为长江上游和西部地区工业基础雄厚，科技优势明显，综合经济实力强，对外开放条件较好的特大城市，具备了较好的继续大步发展的条件。特别是党的十四届五中全会确立了加快中西部地区经济发展的重大决策，举世瞩目的三峡工程开工，库区开发前景广阔，为我们提供了大发展的大好机遇。总之，我们有党中央、国务院和省委、省政府的正确领导和全力支持，有1500万人民的巨大力量，有重庆人民几十年艰苦创业奠定的丰厚物质基础和宝贵的精神财富，只要我们坚定信心，紧紧抓住新的机遇，统一意志，和衷共济，自强不息，励精图治，就完全有条件、有能力打好翻身仗。在中西部经济发展中奋力争先，再振重庆雄风！

（二）以"两个转变"为主线，推动重庆经济更快更好地发展

全力推进经济体制从传统的计划经济体制向社会主义市场经济体制转变，经济增长方式从粗放型向集约型转变，是中央在全面分析我国经济、社会发展形势和发展趋势基础上作出的重大决策，内涵极其深刻，具有很强的现实性和针对性。"两个转变"一个讲深化改革，一个讲抓好发展，两者互相关联、相辅相成。经济体制转变是通过生产关系的调整，进一步解放生产力，给经济发展注入强大的动力，是实现经济增长方式转变的必要前提和基础；经济增长方式转变是要按照生产力发展的客观规律，提高发展的质量和效益，也为经济体制转变创造宽松的经济环境。"两个转变"集中体现了解放和发展生产力的本质要求。重庆是个老工业基地，传统计划经济体制的烙印更深一些，生产关系还很不适应生产力发展的需要，制约了经济的快速发展。旧体制的束缚，使我们的经济发展至今未能跨过粗放型的低级阶段，影响了经济发展质量和效益的提高。"两个转变"切中了我市经济发展的要害，抓住"两个转变"，我们就抓住了经济发展中各种问题的主要矛盾，就抓住了加快发展的纲。可以说，重庆现时和未来经济发展的快与慢、好与差，关键取决于"两个转变"是否真正落实到我们工作的各个方面、各个环节。我们一定要深刻、准确地把握"两个转变"的内涵，把推进"两个转变"变成我们紧迫的自觉行动。

转变经济体制，必须进一步深化改革。要以企业改革为中心，加快政府职能转换，完善市场体系，健全社会保障制度，尽快形成适应市场经济发展需要的企业经营机制和企业技术进步机制以及有利于市场公平竞争、资源优化配置的经济运行机制，为经济增长方式的转变构筑坚实的体制保障。转变经济增长方式，必须在提高生产力水平上下功夫。要保持一定的发展速度，重要的是遵循速度和效益相统一的原则，突出有效益的速度，切实把经济增长建立在科技进步的基础上，建立在加强和实施先进的管理基础上，走内涵扩大再生产的路子。通过加快有效益的增长速度，切切实实地推进农业和农村经济从小生产方式向

商品化、产业化、社会化方向转变，工业经济从偏重数量增长型向质量效益型转变；提高城市建设的质量和管理城市的水平，为"两个转变"服务，促进人口、资源、环境、精神文明与整个社会的协调发展。实现经济增长方式的转变，今后我们要把重点放在依靠科技进步，优化结构、扩大开放上。

靠科技、教育促进国民经济的增长，是世界经济发展的历史潮流，也是我们的必然选择。分析重庆粗放型经济的特点，主要集中在国民经济的科学技术水平较低，科技进步对经济增长的贡献率低。这些问题不解决，我市经济增长方式的转变就没有希望。且不谈竞争力、带动性，就连基本生存能力也将受到威胁。现在的问题是如何发挥重庆庞大的科技人才队伍的作用，科技成果如何转化为现实生产力。我看重点应解决两个方面的问题：一是科技意识淡薄，二是体制上的束缚。科技意识实质上是发展战略意识。21世纪的竞争主要是科技的竞争，人才的竞争，经济的发展、社会的进步主要依靠科技力量的推动。重庆的产业结构调整，经济质量提高的根本出路也在于科技进步。市委要求，各级、各部门主要领导要抓第一生产力，全面落实"科教兴渝"发展战略，大力推进"科技兴渝百亿工程"，积极发展普通教育和职业教育，把我市经济、社会的发展真正转移到依靠科技进步和提高劳动者素质的轨道上来。重庆有众多的科研院所、大专院校，有40多万专业技术人才，有一大批高水平的科研成果，可谓人才济济、硕果累累。这是我们的宝贵财富，是实施"科教兴渝"的有利条件。我们要打破行业、部门、所有制界限，进一步深化科技体制改革，加快科学力量结构和布局调整及人才分流，鼓励、引导科研院所、大专院校、科技人员面向经济主战场，采取多种形式，发展与企业的联合协作，形成企业新的技术开发研究中心，为企业开发新产品、提高工艺水平和科学管理水平作出更大的、实实在在的贡献。要把建立、健全企业的技术创新体系作为建立现代企业制度的重要内容，作为搞好国有大中型企业的关键环节，引导企业真正依靠科技进步实现既快又好的发展。企业在依靠科技进步的同时，要努力提高科学管理水平。要以严格、科学的管理，促进企业经济效益的提高。有关部门要切实抓紧、抓好"管理效益年"活动，要注重在生产力水平不断提高的同时，树立现代的科学管理思想，采用先进的科学管理方法，扎扎实实收到"管理出效益"的实效。要发展教育，抓好科技人才队伍建设，充分发挥科技人员作为第一生产力开拓者的重要作用。通过以上工作，争取在一个不太长的时间内，把我市经济发展中科技进步的含量提高到一个新的水平。

我市产业结构性矛盾突出，尤其是第三产业发展滞后，严重制约着资源的优化配置、经济效益的提高和整个经济的快速发展。调整、优化产业结构，是我市实现经济增长方式转变的一个重大课题。我市产业结构调整的方向，仍是要坚持稳定提高第一产业，优化提高第二产业，加快发展第三产业。要把发展第三产业放到十分突出的地位来抓。第三产业是为经济社会各方面服务的产业，具有覆盖面广、容纳量大等特点。大力发展第三产业，将对我市改革、开放、发展、稳定产生积极、巨大的影响。通过加快发展第三产业，为整个产业结构的优化，为经济增长方式转变和经济的持续发展提供支撑条件。在调整产业结构的同时，还要大力调整企业组织结构和产品结构，打破地区、部门界限促进企业的兼并与联合，认真抓好大中型企业，放开放活小型企业，努力提高我市产业的竞争能力；大力发展个体、私营、外资等非公有制经济，使之成为我市新的经济增长点。

市场经济的一个显著特点，就是开放性。一个地区、一个城市的经济发达程度、繁荣程度，与这个地区、城市的开放度直接相关。改革、开放十多年来，重庆经济取得长足发展，其中一个重要原因，就是坚持了大开放促大发展的方针。重庆地处内陆，又是老工业基地，经济生活中积累了许多矛盾和问题，如果不进一步提高开放度，我们全面提高经济运行质量，实现经济增长方式转变的努力，就将受到严重制约。当前，要认真做好"进"和"出"两篇大文章，努力提高对外开放水平。"进"，就是要大力引进国外和境外的先进技术、管理经验、资金和人才，为我所用，加快我们的发展，提高我们经济的整体素质。不管是工业、农业、科技还是社会事业的发展，都要下功夫做好这篇大文章。"出"，就是大力推进工业产品的出口，特别是机电产品的出口。根本点是要在"出"的过程中，根据国际市场需求,产品的设计和生产严格实行国际标准,并以此不断调整产品结构,增加品种,提高产品档次、水平和质量,提高在国际市场上的竞争能力。只有做好了"出"这篇文章,我们的产品在国际市场上立住了脚跟,才能保住并扩大国内市场,使重庆经济拥有广阔的发展空间。扩大对外开放,特别是要加大引进的力度,关键是要大力改善投资等"进"的环境,特别是"软"环境。有关部门要在转变观念的基础上,切实转变工作作风,精简办事程序,减少办事环节,提高工作效率,真正为重庆的开放做实事,做好事。那种只顾部门眼前利益,不顾全市开放大局甚至有损重庆形象的行为,必须坚决纠正。

(三)树立全市一盘棋的思想,大力发展区市县经济

重庆具有大城市与大农村并存的特殊市情。全市经济的振兴,全市人民实现小康,有赖于农业和区市县经济的大发展;区市县经济发展慢,农民不富,全市难兴。这种特殊市情,要求我们必须牢固树立全市一盘棋的思想,从全市战略全局出发,处理好市和区市县经济发展的关系,始终坚持城乡一体化、城乡共发展的方针,大力支持区市县经济的发展,做好区市县经济这篇大文章。

首先,市级领导和各部门要在思想观念方面来一个根本的转变,在指导思想上,在做计划、订措施上,真正把发展区市县经济放在十分重要的位置。其次,要创造一个让区市县放开手脚大干的环境。自从市委做出实行"三放",把区市县经济推入快车道的决策以来,虽取得较好成绩,但"三放"落实不够的问题仍然比较突出。我们要在深化改革过程中,把破除区市县经济发展中的体制障碍作为一项重点改革任务,切实抓出成效来。同时要坚决反对以部门利益为重、本位主义和在争管理权限上花功夫等狭隘自私的思想、行为,只要有利于解放和发展农村生产力,有利于增强区市县综合实力,有利于农民奔小康的事,就要放手让区市县自己去干。市级有关部门要主动到区市县去征求意见,拿出实际步骤为区市县排忧解难,全力支持、配合区市县的工作。这是大道理,小道理要服从大道理。这就是全局,局部要服从全局。通过全面落实"三放"决策,积极探索"两级政府,两级管理"的有效途径,切实增强区市县统揽地区经济社会发展的能力。今年,要在调查研究的基础上,着手理顺市和区市县财政体制,为区市县经济发展创造必要的条件。同时,区市县也要树立全局观念,结合实际,大胆实践,真抓实干,闯出快速高效发展经济的各具特色的新路子,为全市经济发展做出应有的贡献。

牢固树立全市一盘棋思想,除了处理好市和区市县经济发展的关系,大力支持区市县经济的发展外,还要处理好重庆市同中央和省在渝各行业、各单位的关系,各方协调一致,共同行动。要切实打破条与块、行业与地区的界限,只要有利于重庆整体发展的事,都应齐心协力去办;也只有重庆发展了,重庆在全国的地位提高了,大家才都有利。对重庆地方来讲,要加强同军工行业、中央在渝的科研、金融、商检、海关等机构和企业,以及外地在渝机构的联系与协调,主动争取支持和配合。对中央和省在渝单位来讲,应充分发挥自身的优势,积极支持和帮助重庆深化改革、加快发展。总之,无论是条条与块块、行业与地区,大家都应把加快重庆发展当成自己的事办好。

(四)狠抓落实,确保今年经济工作六项重点任务圆满完成

今年经济工作六项重点任务已经明确,关键是狠抓落实。狠抓落实,首先要加强对经济工作的领导。各级、各部门要按照市委、市政府抓好经济工作的要求,搞好统筹协调。具体来讲,一是各级领导干部要善于把握全局,在统一思想和行动的基础上,深入调查研究,增强工作的科学性、针对性,加强对经济工作指导的力度。毛泽东同志说:"没有调查研究就没有发言权。"江泽民同志指出:"没有调查研究就没有决策权。"我们要认真领会这些辩证唯物主义科学论断的精神实质,从文山会海中解脱出来,投身到实践第一线,深入到群众中去,掌握第一手资料,集思广益,真正做到调查于决策之前,决策完善于调研之中,决策效果产生于实践之后。二是加强对重大决策落实情况的检查和督促。各级、各部门不能将市里的决策停留在对文件的传达和讨论上,要一级抓一级地对实施情况经常进行检查,督促各地区、各部门和基层单

位抓好落实。要特别注重发挥好行政监督和社会监督的作用,逐步使检查督促工作经常化、规范化和制度化。对主动战胜困难完成任务,创造性开展工作的单位和个人要给予表彰;对抓落实不力,尤其对不顾大局,各行其是、我行我素的单位和个人,要进行批评教育。坚持不改,造成工作损失者,要坚决执行纪律。

狠抓落实,就要健全和落实责任制。无人负责,再好的决策、思路、办法也将落空。各级各部门要根据市委、市政府的决策,结合实际,制定出切实可行的具体实施方案和措施,并在实践中不断修正完善。必须建立和健全工作责任制和项目责任制,把各项任务落实到各级领导和各个部门头上,提出定量指标和要求,明确分阶段的进度,确定考核标准,以此作为年度总结考核的内容。谁管的那一项工作落实不好,甚至出了问题,谁就要承担责任。从领导到具体的责任人,都要追究。希望责任制尚未建立的尽快建立起来,不完善的尽快完善,以严格的责任制来确保今年经济工作落实见效。

狠抓落实,还必须发挥干部表率作用。调动群众的积极性。今年经济工作任务异常繁重。面临的矛盾和问题也多,工作难度很大。这就要求干部尤其是领导干部要勇于负重,身先士卒,勤奋工作,要求全面做到的,自己必须首先做到:要经常深入生产经营第一线,出主意、想办法,解决问题,为第一线服好务。同时,要充分调动群众的积极性,只有上下两个积极作用都发挥好了,才能有力地保证今年经济工作任务的落实。要围绕实现今年经济工作目标,搞好宣传,采取激励措施。开展争先创优活动,增强广大群众特别是工人、农民的参与意识。企业领导要以石家庄纺织总厂厂长马恩华为榜样,关心职工、爱护职工,把职工的力量凝聚到搞好企业生产,提高企业效益上来。

三、关于精神文明建设和民主法制建设

邓小平同志根据改革开放的实践,反复强调进行社会主义现代化建设必须坚持"两手抓"。一手抓物质文明,一手抓精神文明;一手抓经济建设,一手抓民主法制建设。这是我国社会主义现代化建设的一个根本方针。因此,我们应以"两个转变"为主线,推动重庆经济更快更好发展的同时,必须进一步推进精神文明建设和民主法制建设。

(一)大力推进精神文明建设,使经济和社会协调发展

坚持物质文明和精神文明共同进步,经济和社会协调发展,是社会主义现代化建设的内在要求,是建设有中国特色社会主义的重要特征,按照历史唯物主义的观点,物质资料的生产是人类社会赖以存在和发展的基础和前提,而精神文明建设对经济建设和社会进步具有积极的推动作用。二者相辅相成,缺一不可。对两个文明建设顾此失彼,甚至以牺牲精神文明为代价去换取经济的一时发展,终将对社会带来极大的危害。因此,在抓物质文明建设的同时,必须加强精神文明建设。在工作摆布上,努力形成一把手抓两手、一班人两手抓的局面。

精神文明重在建设。精神文明建设的主体是人,根本任务是提高人的思想道德素质和科学文化素质,培育四有新人,为改革开放和经济建设提供强大的思想保证、精神动力和智力支持。我们必须坚持以邓小平同志建设有中国特色社会主义理论为指导,按照江泽民同志指出的"以科学的理论武装人,以正确的舆论引导人,以高尚的精神塑造人,以优秀的作品鼓舞人"的要求,努力把精神文明建设发展到一个新的水平。精神文明建设是一项长期的任务,必须坚持不懈地抓,绝不能时冷时热;在精神文明建设的内容和形式上,必须从实际出发,根据形势的发展和人们精神文化需求的变化不断更新、不断提高,以增强精神文明建设的针对性和实效性。

要尽快确定我市精神文明建设五年计划和社会发展纲要,并纳入重庆"九五"计划和2010年远景目标。各级党政、各部门、各单位也要制定相应的计划,使精神文明建设目标明确,思路清晰,措施得力,指导精神文明建设工作更好地开展。今年,在全市精神文明建设中要突出地抓好以下几项工作:一是继续深入开展社会主义、爱国主义、集体主义教育,进一步贯彻落实《爱国主义教育实施纲要》,弘扬"红岩精神",把爱祖国、爱重庆、爱岗位结合起来。二是学习推广张家港经验,广泛开展形式多样、生动活泼又非常实在的群众性精神文明建设活动,调动群众的参与热情,

在参与中自我教育和提高。三是认真贯彻落实中央关于企业思想政治工作和农村社会主义精神文明建设的两个"若干意见",加大企业思想政治工作和农村精神文明建设的力度。四是从重庆实际出发,坚持一手抓繁荣,一手抓管理,采取切实可行的政策措施,加快各项社会事业发展。为了更好地推进我市精神文明建设,必须在一些具有带动性的重要环节上下功夫。这里,我强调三点:

1.弘扬"红岩精神",塑造当代重庆人。我们的改革开放和现代化建设是一项前无古人的宏伟事业,需要巨大的精神力量。那么,在我市的精神文明建设中,应当以什么样的精神来塑造当代的重庆人呢?重庆是一座具有光荣革命传统的城市,在长期的革命斗争中,特别是抗日战争时期,以周恩来同志为首的中共中央南方局和八路军办事处团结领导人民同反动势力展开了不屈不挠的斗争,形成了伟大的"红岩精神",给我们留下了极其宝贵的精神财富。半个多世纪以来,"红岩精神"哺育了一代又一代重庆人,造就了邱少云、刘文学、黄荣昌、孙春明、梁强、侯光炯等一大批英雄模范人物。"红岩精神"成为建设重庆、发展重庆取之不尽、用之不竭的精神动力。我们今天"用高尚的精神塑造人",就要在全市人民中大力弘扬"红岩精神",赋予新的时代意义,用"红岩精神"塑造当代重庆人。

"红岩精神"的内涵十分丰富,它包含救亡图存的爱国精神、不畏艰险的奋斗精神、和衷共济的团结精神和勇于牺牲的奉献精神。在改革开放和发展社会主义市场经济的今天,尽管我们所处的时代和面临的任务与产生"红岩精神"的时代背景不同,但"红岩精神"所蕴涵的"爱国""奋斗""团结"和"奉献"精神,仍然是我们深化改革、扩大开放、保持稳定、促进发展的强大精神动力。目前重庆加快发展的压力很大,正处在不进则退的紧要关头。对此,我们要大力发扬当年革命先辈"救亡图存"的爱国精神,把爱祖国、爱重庆、建设重庆结合起来,增强忧患意识,增强危机感,奋起直追。形成"振兴重庆,匹夫有责"的社会认同。重庆人民素以吃苦耐劳著称于世。在困难面前裹足不前,被困难所吓倒,不是重庆人的品格。克服困难靠什么?就要靠"不畏艰险的奋斗精神"。只要我们大力弘扬这种精神,卧薪尝胆,负重自强,迎难而上,不屈不挠,任何困难都不能压倒我们。加快重庆的发展,还需要"和衷共济"的团结精神。相互扯皮、掣肘只能失去机遇,阻碍发展;只有加强团结,才是成功之道,发展之道。要坚持不懈地加强和维护各级领导班子内部的团结,加强和维护党内和干部队伍的团结,加强和维护党与各个民主党派之间的团结,加强和维护与关心和支持重庆改革及建设的各方面力量的团结,加强和维护以市委为核心的全市人民的大团结。有了这种广泛而坚强的团结,实现"九五"规划和2010年远景目标才能做到同心同德、万众一心,我们的事业就有了成功的保证。"红岩精神"所昭示的"勇于牺牲的奉献精神",也是我们应该提倡的高尚品德。在发展社会主义市场经济的新形势下,摆正个人利益与集体利益、国家利益之间的关系,摆正局部利益与整体利益、眼前利益与长远利益的关系十分重要。我们一定要发扬吃苦在前、奉献于先的优良传统,使"勇于牺牲的奉献精神"在渝州大地蔚然成风。

爱国、奋斗、团结、奉献是"红岩精神"的实质,也是当代重庆人应该具有的基本品格。今年,要在继续深入学习建设有中国特色社会主义理论,广泛开展社会主义、爱国主义、集体主义教育的同时,充分发挥我市爱国主义教育基地优势,进一步开发革命传统资源,在全市范围内开展一场弘扬"红岩精神"、塑造当代重庆人的大讨论。宣传部门要精心组织讨论,营造舆论氛围,调动全民参与,把这场讨论搞得有声有色,使"红岩精神"成为激励重庆人建设新重庆的持之以恒的强大精神力量。

2.广泛开展群众性精神文明建设活动,共建我市城乡精神文明。精神文明建设有两个显著的特点:一是精神文明建设的主体和客体都是人,发展精神文明既要由人来抓,又要围绕人来做,在振奋人的精神、提高人的素质上下功夫。二是精神文明建设是一项涉及政治、经济、文化各个领域,覆盖社会各个方面的系统工程,必须调动全社会的力量共同建设。针对这些特点,对精神文明建设的工作要突出地强调三点。第一,精神文明建设要从大处着眼,着眼于提高人的素质;从小处着手,从人的行为规范和公共道德建设抓起,把工作做深做细做实,做到老百姓中间去,决不能大而化之,搞形式主义,做表面文章。通过实实在在的工作,树立文明健康的社会风气。第二,人人都是精神文明的建设者,发展精神文明人人都有责任。因此,精神文明建设的所有活动都要突出群众性、社会性,调动全民参与,从自己做起,在参与中既教育别人,又提高自己。第三,要在总结近几年开展精神文明共建活动经验的基础上,积极探索动员全社会力量共建精神文明的新途径,进一步拓展军民、厂街、警民、工农、厂校等共建活动的内容、形式和范围。市精神文明建设领导小组要对共建精神文明活动加强领导,作出具体安排部署,要组织各系统、各行业两个文明建设成效显著的单位,采取挂钩、结对的办法,在共建我市城乡精神文明中发挥带动作用。

3.加快社会事业基础设施建设,为精神文明建设提供物质载体。社会事业基础设施是精神文明建设的物质载体,对发展精神文明起着重要的作用。目前,我市各项社会事业的投入不足,基础设施欠账很大,远远不能适应经济建设、社会发展、人民精神文化生活的需要,与重庆作为长江上游中心城市、西南重镇的地位极不相称。加快社会事业基础设施建设,为精神文明建设提供物质载体,是我市发展精神文明建设的紧迫任务。这个问题的关键,是要逐步加大投入。首先,财政支持始终是精神文明建设投入的主渠道,各级政府要千方百计加大财政投入,使精神文明建设投资随着财政的增长同步增长,争取每年都能在精神文明建设上办几件人们看得见的大事、实事。其次,要靠社会资金支持。从现实情况看,我市各级财政都不宽裕,每年投向精神文明建设和社会事业发展的资金,尽管年年都在增加,但总是有限的,很难满足实际需求。要制定有效的办法和措施,引导和鼓励社会资金投向社会事业。第三,要靠社会事业部门和单位的自身努力,积极扶持其自身积累和自我发展。近几年,我市文化、体育等部门以改革的精神,提出了发展产业促进事业发展的工作思路,以文化产业、体育产业的发展来支持、促进文化、体育事业的发展,这是在社会主义市场经济条件下发展社会事业的有益的探索,应当继续坚持。今年要在全面研究中央、省和外地发展精神文明和社会事业政策和经验的基础上,制定我市促进社会事业发展的经济政策,加快我市社会事业基础设施建设步伐,为发展精神文明创造良好的物质条件。

(二)切实加强民主法制建设,为现代化建设创造良好的社会环境

发展社会主义民主,健全社会主义法制,是十一届三中全会以来我们党坚定不移的基本方针。邓小平同志指出:"没有民主就没有社会主义,就没有社会主义的现代化。"我们搞现代化建设。发展社会主义市场经济,没有人民的当家作主,没有广大群众的理解、参与、支持,是不可能取得任何成果的。发展社会主义民主,必须同健全社会主义法制紧密结合,要保障人民民主,必须加强法制建设,必须使民主制度化、法制化。建设高度的社会主义民主和法制,是社会主义建设的宏伟目标,是一个长期的过程。当前,我市的社会主义民主政治建设工作要在以下三个方面花大力气。

一是要广泛调动人民群众的积极性,增强人民群众的主人翁责任感,激发他们投身四化建设的热情。人民群众是我们党的力量源泉和胜利之本,我们党所提出来的各项重大任务,都是依靠广大人民的艰苦努力去完成的。最近一个时期以来,特别是在建立和发展社会主义市场经济以及深化企业改革过程中,一些人对职工还是不是国家的主人,还要不要全心全意依靠工人阶级,认识上模糊,行动上动摇。这是个很大的问题,将造成严重的恶果。我们要清醒地认识到,建立社会主义市场经济体制并没有改变职工作为国家主人的地位,工人阶级仍然是我们国家的领导阶级,我们必须在改革开放和现代化建设的全部活动与进程中,坚持全心全意依靠工人阶级这个基本的政治原则,任何时候、任何情况都不能有丝毫动摇。在深化改革中,要重视通过政治的、经济的、法律的、舆论的、行政的手段来维护工人阶级、农民、知识分子的利益和民主权利,保护和激发他们参与现代化建设的热情。

二要努力促进决策民主化,加快决策科学化的进程。科学决策是我们进行改革和建设成功的关键,而民主决策是科学决策的基础、前提和保证。要实现民主决策,必须以人民利益为决策的出发点和归宿,决

策过程要坚持人民群众的积极参与,决策的结果要代表和体现人民群众的意愿和要求。我们要在决策过程中增加透明度,虚心征询和倾听各方面的意见,凡不涉及保密,与人民群众切身利益直接相关的重大决策事项,要做到同群众见面。决策者要进一步增强党性和"公仆"意识,要坚持对党负责和对人民负责一致性的原则,同时要进一步健全对决策者的监督机制,努力实现决策的民主化、科学化。

三是要健全和完善实行民主的渠道。要充分发挥人大、政协在政治、经济、社会生活中的作用。要进一步支持人大加大行使监督权的力度,人大监督是国家监督中最具权威性和法律效力的监督,发挥人大监督的作用,有利于健全决策体系,减少失误,有利于防止和消除腐败,有利于政府机构的高效、合理运转。要进一步加强和改善对政协工作的领导,坚持和完善共产党领导的多党合作和政治协商制度,坚持"长期共存,互相监督""肝胆相照,荣辱与共"的方针,鼓励各民主党派、工商联和无党派爱国人士在改革开放和现代化建设中贡献力量,不断推进政治协商、民主监督和参政议政的规范化、制度化。要进一步加强对工会、共青团、妇联工作的领导和支持,发挥好他们作为党同人民群众联系的桥梁和纽带作用。进一步加强基层群众性自治组织的建设,职代会是体现依靠工人阶级的具体形式,村委会、居委会是我们政权的基础,要积极探索新形势下更好地履行各自职能的途径。

今年的法制建设工作要抓好普法、立法、执法及执法监督几个环节。要把执法及执法监督作为法制建设的重点。在这里需要着重强调的是,从我市实际看,有法不依、执法不严的问题比较突出,针对这种状况,必须坚持依法治市,加大执法力度,建立健全部门执法责任制。要有法可依,还要有法必依、执法必严,否则,再好的法律、法规也难以发挥好的效果。对国家法律和我市出台的地方性法规、行政规章必须坚决严肃执行。同时,要加大执法监督的力度,对执法不公、执法违法的问题必须采取有力的措施,严肃处理。紧紧围绕严格执法、热情服务,以纪律和作风建设为重点,大力加强执法队伍建设,使执法队伍的整体素质有明显的提高。

各级领导要从改革、发展、稳定这个全党工作大局出发,切实加强维护稳定的政治责任感,落实维护稳定的工作责任制,正确处理新形势下两类不同性质的矛盾,确保全市政治稳定和社会稳定。鉴于我市治安形势的严峻状况,政法部门要依法从重从快从严打击严重刑事犯罪分子,各个环节都要加大打击力度,努力遏制特重大刑事案件大幅度上升的势头。进一步动员全社会的力量,切实加强和落实社会治安综合治理的责任和措施,强化单位内部防范,强化社会面的控制,强化治安管理,坚决查禁黄、赌、毒等社会丑恶现象。要努力为改革、发展、稳定提供法律保障和法律服务,并注重法律效果和社会效果的统一。

四、关于党的建设

今年我市党的建设要以十四届四中全会和五中全会精神为指导,紧扣加快经济发展这个主题,抓住加强领导班子的思想政治建设,全面提高领导干部的素质和增强各级党组织的凝聚力、战斗力这个重点,在实现"两个转变"的过程中以改革的精神全面推进和加强党的建设。这里,着重要强调以下几点:

(一)加强领导班子的思想政治建设,全面提高领导干部的素质

思想政治建设是党的建设的首要任务,是带动党的组织建设、作风建设的根本性建设。江泽民同志最近反复强调,各级领导干部一定要讲学习、讲政治、讲正气,这对我们加强领导班子建设具有很强的针对性和重大的指导意义。

加强领导班子思想政治建设的总要求是,努力学习和掌握邓小平建设有中国特色社会主义理论,不断提高领导干部的思想政治水平;全面、正确地坚持党的基本路线,不断提高领导班子把握政治方向的能力;严格遵守党的政治纪律,不断增强领导班子在政治上同党中央保持高度一致的自觉性;深入开展全心全意为人民服务的宗旨教育,立党为公,从政为民,努力增强领导干部当好人民公仆的意识;狠抓领导干部思想作风的转变,努力培养和发扬务实创新、真抓实干的工作作风。根据这个要求,针对我市各级领导班子和领导干部的实际情况,要突出地解决好以下几个问题:

一是要认真学好理论。领导班子的理论学习要坚持以中心组学习为主要形式,《邓小平文选》为主要教材,坚持理论联系实际,在把握科学体系、加强世界观、人生观、价值观建设上下功夫,以提高各级领导干部的政治理论素养和精神境界。

二是要严格遵守政治纪律,自觉增强全局观念,保证政令统一和政令畅通。我们讲政治纪律,讲全局观念,首先是全党服从中央,维护中央的权威,在思想上、政治上同以江泽民同志为核心的党中央保持高度的一致。对我市而言,也有一个全局的问题。现在,政令不畅的问题在我市比较突出,已经对我市的改革、开放和各项建设事业带来了消极影响和一定的损失,应引起各级领导的高度重视。必须指出,要实现政令畅通,首先要决策正确,其次是政令要统一,不能搞分散主义,各自为政。政令的统一、畅通又有赖于市委、市政府领导带头执行集体决策,同时还要督促所分管的部门不折不扣地执行。各级领导班子和领导干部要严格遵守政治纪律,增强全局观念,坚决克服自由主义、小团体主义、本位主义和分散主义。今后,市委、市政府一旦决策就要说了算,定了干,各个方面不争论,不扯皮,集中精力为实施决策认真履行各自职责,确保政令畅通。纪检机关和监察部门要加强政治纪律监督,凡是有令不行、有禁不止、顶着不办,而且教育无效的,必须坚决执行纪律。

三是要加强团结,统一思想,统一步调。党的团结是党的生命,是党的凝聚力、战斗力之所在。自觉维护团结是每个领导干部必须具备的政治品格。目前在一些领导班子中,存在着不够团结、不够协调的问题,其中一个原因是民主集中制贯彻执行得不好,再一个原因是干部自身素质问题。解决团结问题,说到底要靠两条,一靠增强党性,二靠严格执行民主集中制,要在这个基础上,把大家的思想和行动真正统一到各级党组织的决策上来。

四是要牢固树立群众观点,坚持群众路线。群众观点是我们党的基本政治观点,群众路线是我们党的根本工作路线。树立群众观点,坚持群众路线,从根本上说,就是要解决好对人民群众的态度问题,同人民群众的关系问题,就是要坚持全心全意为人民服务的宗旨。一段时间以来,在一些领导干部中,群众观点淡漠,同群众的感情淡化已成为一个突出问题,严重影响了党同群众的血肉联系。因此,我们必须在干部中深入进行群众观点、群众路线的再教育。各级领导干部要深入基层,倾听群众呼声,把群众情绪作为我们决策的第一信号,把人民拥护不拥护,人民赞成不赞成,人民高兴不高兴,人民答应不答应,作为我们想问题、办事情、作决策的根本的衡量尺度,真正做到想群众之所想,急群众之所急,办群众之所盼,紧紧团结和依靠全市人民把重庆的事情办好。

五是要切实转变工作作风,求真务实,真抓实干。这既是对领导干部工作作风的要求,又是对其党性观念的检验。当前我国正处于计划经济向市场经济的体制转换时期,在许多方面都还存在不完善、不健全的问题,在这种情况下,我们既要加快体制转换进程,更要依靠各级领导班子和领导干部的扎实工作、埋头苦干来弥补体制转换过程中一时出现的"空档"。我们在工作中要加强事业心、责任感,必须坚决克服形式主义、官僚主义,求真务实,真抓实干。做工作、干事情要发扬锲而不舍的精神,一抓到底,抓出成果,切忌半途而废。加快重庆发展的大政方针已定,关键在于落实。各级领导干部都要切实转变工作作风,下决心精简会议,精简文件,精简一切不必要的应酬和没有实效的活动,深入实际,调查研究,努力做到知实情,想实招,使实劲,求实效,把市委、市政府的各项决策真正落到实处。各级领导干部要对本部门、本单位机关作风建设切实负起责任,认真解决目前存在的思想涣散、作风飘浮、工作拖拉等问题。

今年,市委要把加强各级领导班子建设,提高领导干部素质作为党建工作的重点来抓,把领导班子建设贯穿各项工作始终,用改革、发展、稳定的实际成果来检验领导班子建设的成效。班子建设首先要从市委常委抓起,从市级几大班子抓起,一级抓一级,一级带一级,一级监督一级,下大决心把我市各级班子建设成为党性强、作风正、群众信赖的坚强有力的领导集体。最近我们拟定了《中共重庆市委常委会关于坚持和健全民主集中制加强自身建设的意见》,已经印发会议征求意见,希望同志们认真讨论,提出修改补充意见,并监督我们贯彻好、执行好。领导干部要坚持以党章、党内政治生活准则和党内各项规章制度来严格约束和要求自己,努力做到"自重、自省、自警、自励",在复杂的社会环境中,经受住考验,自觉过好名位关、权利关、金钱关、色情关、人情关。各级党组织要对领导干部"严格要求、严格管理、严格监督",完善监督机制,加强党内监督和社会监督。在领导干部中,要深入开展向孔繁森同志学习、全心全意为人民服务的活动。孔繁森同志是当代干部的楷模,孔繁森精神充分体现了党的理想、信念、宗旨,领导干部都要以孔繁森为榜样,学习他顾全大局、无私奉献的坚强党性,热爱人民、服务人民的满腔热忱,艰苦奋斗、廉洁奉公的高尚品德,开拓进取、求实务实的优良作风,不断提高自身的思想境界,堂堂正正地做人,踏踏实实地工作,以共产党员的人格力量去影响和带动人民群众。我们要通过加强领导班子建设,创建一批"学习、团结、勤政、廉洁"的领导班子,培养和造就一批党性强、作风正、干实事的孔繁森式的干部。

(二)选好用好干部,培养各类优秀人才

选好用好干部是党的事业成败的关键。我们党在长期实践中形成了科学正确的干部路线,德才兼备和干部"四化"就是我们选用干部的总要求。结合重庆的实际,当前我们在选用干部上尤其要强调三点:一是选干部要坚持公道正派,搞五湖四海;二是选干部在坚持党性原则的前提下,要突出讲规矩、守纪律、干实事;三是选拔干部一定要按程序办事,不搞临时动议。"公道正派,搞五湖四海"实质是坚持任人唯贤,不搞以人划线,以个人的好恶、一时的印象取人,更不能拉小圈子,搞人身依附,必须出以公心,不分亲疏,一个标准,一视同仁。"讲规矩、守纪律、干实事"是对干部的起码要求。对那些既能干又肯干、有实绩的同志,即使有一些缺点也要大胆使用;对唯唯诺诺、人云亦云、不干实事的谦谦君子、好好先生坚决不用;对不尽职尽责、倒腾是非的人不仅不用,还必须给以严肃教育和处理。"按程序办事"就是要严格按中央《党政领导干部选拔任用工作暂行条例》规定的程序办,坚持干部工作的制度化、程序化。古人说,治国之道,务在举贤。党的事业是人民大众的事业,党和人民把保一方平安、造一方幸福的历史重担交给我们,我们只有重用有德有才、干实事、有政绩的干部,重庆发展才有希望。

重庆有1500万人口、70万党员,人才荟萃,几十年来向国家和省里培养输送了不少干部。在当前进行"两个转变"的新形势、新要求下,选人用人更要开阔知人视野,拓宽选人渠道,切实改变"由少数人选人,在少数人中选人"的状况。选用干部,眼光不能只局限在周围和熟悉的少数人身上,还要重视那些不计名利、埋头苦干、不拉关系的干部;不能只在党政系统选用干部,还要放眼科技界、教育界、工商企业界和其他领域;不仅要注意从本地区、本部门发现人才,还要打破区域、行业界线,以至面向社会发现、起用人才。选人、用人也要发扬民主,要真心实意地相信群众,依靠群众,增加选拔干部的透明度。要真正重视来自群众的评价,而不能把群众推荐、群众评议仅仅作为一种有名无实的形式。只有这样,才能把群众拥护的干部选拔到各级领导岗位上来。

选拔使用干部历来是敏感问题,导向性极强。选用什么样的干部,怎样选用干部,是一种重要的政治导向。走群众路线,选用讲规矩、守纪律、干实事的干部,就是倡导讲党性、求实效的正气;选用拉关系、走门路的干部就会滋长不正之风。所以选好一个干部就可以调动一批人的积极性,带出一支风气正的队伍;用错一个干部,就可能影响一批人的积极性。选好用好干部,要加快干部人事制度的改革,创造各类人才脱颖而出的环境,建立促进人才辈出的机制。

我们还要以高度的责任感和紧迫感培养选拔优秀年轻干部。干部成长需要培养,需要时间,突击培养难成大才,突击提拔难承大业。培养年轻干部的工作一定要长期坚持,不能时松时紧。为了适应"两个转变",在加强党政干部队伍建设的同时,还要努力培养造就大批高素质的企业经营管理者、科技专家和其他各类专门人才,为实施我市"九五"规划和2010年远景目标提供人才保证。育人是用人的基础。培养教育干部是一项关系全局的基础性工作。要注意防止和纠正重选拔使用、轻培养教育的现象,紧紧抓住理论学习、实践锻炼、严格管理这三个基本环节,加强和改进对各级领导干部特别是年轻干部的培养教育,使我们的干部牢固树立正确的世界观、人生观、价值观,更加自觉地坚持党的基本路线。要积极引导年轻干部到基层去,到群众中去,到条件艰苦、情况复杂的环境中去,在实践中经受考验,磨炼意志,增长才干,提高领导能力和水平。要坚持党政领导干部交流制度,加强党委、政府之间、地区之间、地区与部门之间、党政机关与企事业单位及其他社会组织之间的干部交流,多岗位、多层次锻炼干部,提高干部的综合素质和领导水平。

(三)夯实党的工作基础,充分发挥基层党组织的作用

党的基层组织是党全部工作和战斗力的基础,基层各级党组织直接担负着团结、组织、动员群众的重担。"基础不牢,地动山摇。"加强党的基层组织建设的根本目的在于增强党的战斗力、凝聚力,团结广大群众同心同德完成各项任务。基层组织建设要紧扣经济建设这个中心,根据各自工作和职能特点,创造性地开展工作。企业党建工作总的要求是紧紧围绕生产经营、深化改革和稳定职工队伍来进行,通过参与企业重大决策来保证决策的民主化、科学化,通过做好思想政治工作和真正确立职工的主人翁地位来调动职工积极性,通过做好组织监督工作来保证企业的政治方向。农村党组织的工作重点是带领农民群众致富奔小康,在建设农村两个文明中发挥领导核心作用。机关党组织的工作重点要放在加强机关干部勤政廉洁和作风建设上,加强对领导班子和领导干部的监督,充分发挥机关党组织的监督、协助作用。

基层党组织要针对新形势下党员的思想状况和工作情况,进一步加强党员的教育和管理,健全党内生活,积极开展适于各自工作特点的党内创先争优活动,激励党员在所在岗位建功立业,以带动和引导党外群众。同时,要扎实做好党的组织发展等一系列经常性工作。

(四)加强党风廉政建设,纯洁党的肌体

发展社会主义市场经济为党的建设注入了生机和活力,同时又给党的建设提出了新的课题,使党风廉政建设处于错综复杂的社会环境,反腐败的任务异常艰巨,党员干部面临前所未有的严峻考验。各级党委政府和领导干部必须保持清醒的头脑,切实加强对反腐败斗争的领导。当前,要着力抓好以下五个环节的工作,提高党风廉政建设的水平,把我市反腐败斗争不断推向深入。

第一,要加强党员和干部的教育,树立正确的世界观和人生观。增强抵御腐朽思想侵蚀的能力。加强教育是党风廉政建设和反腐败的治本之策,必须常抓不懈。当前要切实加强共产主义理想信念的教育,全心全意为人民服务的宗旨教育,艰苦奋斗、勤俭节约的教育,同时结合正反典型事例,进行党规党纪教育,切实提高党员干部首先是领导干部思想境界,增强防腐、抗腐的能力。

第二,认真抓好领导干部廉洁自律、自查自纠的工作,下大功夫落实好中央和省、市规定的33个"不准"。近几年中央先后规定了31个"不准",市委补充了两个"不准",内容清楚,政策明确,这是对领导干部廉洁自律最基本的要求和纪律规定。市委要求各级领导干部,必须以身作则,带头廉洁自律,带头维护党纪国法的严肃性,既要自己带头遵守党和国家的法律和各项规章制度,不得凭借职权和工作之便,谋取法律、政策规定之外的任何利益,又要管好自己的家属、子女和身边工作人员,管好分管部门和单位,严格要求、严格管理、严格监督,实行廉政责任制。党员干部无论地位多高、贡献多大,都必须自觉接受党组织的监督和纪律约束,在党内绝不允许存在超越于党组织和党的纪律之上、不接受监督的特殊人物。

第三,加大查处案件特别是大要案件的力度,坚决惩治腐败分子。查处大案要案是惩治腐败的中心环节。各级党委、政府要大力支持纪检监察和司法机关的工作,帮助他们排除工作中的阻力和干扰,及时解决他们工作中的困难。对影响大的腐败问题,要敢于"重症下猛药",坚持纪律、法律面前人人平等,纠正惩治不力、失之于宽、失之于软的问题。要把查案的重点放在县处级以上领导干部和党政机关、司法机关、执法机关和经济管理部门,充分发动和依靠群众,坚持从严治党,从严治政,切实维护党的纪律的严肃性。不管什么人,只要违法违纪,就要一查到底,使查案惩腐真正起到警戒、震慑、教育、预防的综合作用。

第四,坚持不懈地开展纠正行业不正之风和专项治理工作,切实解决群众反映强烈的热点问题。要加

强职业道德建设,进一步落实纠风和专项治理工作以条条为主的责任制,发挥各主管部门的职能作用,开展"行风评议",加强监督检查,加强舆论监督。继续抓好减轻农民负担,治理学校乱收费和公路"三乱"工作,在落实上下功夫。对那些有令不行、有禁不止,造成恶劣影响的典型,一经发现,就要抓住不放,严肃处理。

第五,强化法律和制度建设。反腐败斗争必须标本兼治,加大治本力度。这几年根据新的形势和反腐倡廉的需要,国家已制定了许多法律,党中央、国务院还制定了许多条例和规定,我们各级党委、政府和领导干部要认真检查,首先必须贯彻好已经公布的法律和制度,同时根据本地区、本单位党风廉政建设、反腐败斗争的需要,建立健全内部的各项制度,明确具体政策界限,不断强化监督制约机制,加强党内监督,充分发挥纪检监察机关在党内政治生活和党风廉政建设中的职能作用,用纪律保证各项制度的贯彻落实。不断推动党风廉政建设和反腐败斗争的深入开展,为我市改革开放和经济建设创造良好的环境条件。

同志们:振奋精神,集中精力,加快重庆发展,是党心民心所向,是继往开来的伟大事业。市委相信,全市共产党员、广大干部,都甘愿为完成时代赋予我们的这一光荣使命贡献自己的全部力量。过去,为了新中国的诞生,许多革命志士在重庆这块土地上献出了宝贵的生命。重庆人民继承先烈的优良传统,有着百折不挠、奋斗不止的意志和力量,这是加快重庆发展的巨大动力。在我们前进的道路上,尽管还将面临种种困难和问题,但是,只要我们坚定地相信和依靠全市1500万人民,全心全意为人民谋利益,就能够战胜任何困难。我们身负着历史的重任,人民的重托,党中央的殷切期望!让我们在以江泽民同志为核心的党中央领导下,沿着党的十四届五中全会指引的方向,抓住新的机遇,团结一致,奋力争先,全面开创我市经济社会发展的新局面。

认真贯彻党的十四届六中全会精神 努力开创重庆社会主义精神文明建设的新局面

——在市委七届七次全委(扩大)会议上的讲话

张德邻

(1996年10月25日)

同志们:

在全党、全国认真学习和贯彻党的十四届六中全会精神的热潮中,我们召开中共重庆市第七届七次全委(扩大)会,中心议题和主要任务是在前一阶段传达学习的基础上,结合重庆实际,深入学习贯彻六中全会精神,研究和部署新形势下加强精神文明建设的任务和措施,努力开创重庆精神文明建设的新局面。这次会议又是重庆对"两市一地"实施代管后的第一次全委(扩大)会,通过认真贯彻六中全会精神,必将对我市抓住机遇,加快区域经济社会全面发展产生极其重要的推动作用。下面,我讲三个问题。

一、认真学习、深刻领会党的十四届六中全会精神,把社会主义精神文明建设提到更加突出的地位

党的十四届六中全会是在我国改革开放和社会主义现代化建设事业承前启后、继往开来的重要时期召开的一次重要会议。会议审议通过了《中共中央关于加强社会主义精神文明建设若干重要问题的决议》,江泽民同志就《决议》的基本精神和社会主义精神文明建设的若干重大问题作了重要讲话。这次会议对于进一步加强社会主义精神文明建设,全面推进

建设有中国特色社会主义的伟大事业,具有重大的现实意义和深远的历史意义。

10年前,党的十二届六中全会专门作出了《关于社会主义精神文明建设指导方针的决议》,明确了精神文明建设的战略地位、根本任务和重大方针。10年来,特别是十三届四中全会以后,以江泽民同志为核心的党中央,坚持用邓小平建设有中国特色社会主义理论武装全党,深入宣传贯彻党的基本路线和基本方针,坚持两手抓、两手都要硬,从多方面加强精神文明建设,取得了积极进展和明显效果,创造了许多宝贵的新鲜经验,对促进改革、发展、稳定发挥了重要作用。这次全会以马列主义、毛泽东思想和邓小平同志建设有中国特色社会主义理论为指导,遵循党的基本路线、基本方针,正确地分析了国际国内形势,科学总结了社会主义精神文明建设的历史经验,实事求是地指出了存在的问题,阐明了新时期精神文明建设的重要性、紧迫性、复杂性,提出了今后15年精神文明建设总的指导思想和奋斗目标,明确了思想道德和文化建设的基本任务,是今后一个时期指导我国社会主义精神文明建设的纲领性文件。

在建设社会主义现代化的历史进程中,我们面临着如何在以经济建设为中心的前提下,使物质文明建设和精神文明建设相互促进、协调发展,防止和克服一手硬、一手软;如何在深化改革、建立社会主义市场经济体制的条件下,形成有利于社会主义现代化建设的共同理想、价值观念和道德规范,防止和遏制腐朽思想和丑恶现象的滋长蔓延;如何在扩大对外开放、迎接世界新科技革命的情况下,吸收外国优秀文明成果,弘扬祖国传统文化精华,防止和消除文化垃圾的传播,抵御敌对势力对我"西化""分化"的图谋等一系列必须认真解决好的历史性课题。这是对全党同志的一个重要考验。六中全会《决议》为解决这些历史性课题提供了强大的思想武器,具有很强的战略性、思想性、指导性。因此,认真学习、深刻领会六中全会精神,是我市全体党员、各级干部当前面临的一项严肃的政治任务,是我们切实贯彻好六中全会精神的前提。在学习中,要坚持原原本本地学习文件,在吃透精神、把握重点上下功夫。其中,特别要认真学习、深刻领会的是,《决议》依据邓小平建设有中国特色社会主义理论,正确地解决了在发展社会主义市场经济和对外开放的新的历史条件下,如何建设社会主义精神文明的一系列重大问题。

(一)《决议》明确地把社会主义精神文明界定为:社会主义社会的重要特征,现代化建设的重要目标和重要保证。这就更加深刻地揭示了社会主义精神文明在社会主义现代化建设中的重大战略地位。社会主义社会是全面发展、全面进步的社会,它不仅要求物质文明不断发展,而且也要求精神文明不断发展;不仅要满足人们的物质需求,也要不断地满足人们日益增长的精神文化需求;不仅要改造物质世界,更要促进人类自身的进步与发展。《决议》明确指出社会主义精神文明是现代化建设的目标,有利于克服在实际工作中片面地把精神文明建设仅仅作为手段的倾向,从而切实把精神文明建设提到更加突出的地位。

(二)《决议》系统地概括了邓小平同志关于社会主义精神文明建设的一贯思想,确立了邓小平建设有中国特色社会主义理论在我国精神文明建设中的指导地位。党的十一届三中全会以来,邓小平同志要求全党,不管遇到什么问题和干扰,都要坚持以经济建设为中心,扭住这个中心不放松。与此同时,邓小平同志高度重视社会主义精神文明建设,提出了一系列关于精神文明建设的思想。《决议》将这些思想概括为"八个方面",使之更加系统化,有助于全党从根本上把握社会主义精神文明的本质特征、根本目的和一系列重大原则。改革开放以来的实践证明,深刻理解邓小平建设有中国特色社会主义理论,认真实践邓小平同志关于精神文明建设的思想,就一定能体现人民的意愿、时代的要求,把精神文明建设不断推向前进。

(三)《决议》充分阐明了在发展社会主义市场经济和对外开放条件下建设社会主义精神文明,是中国共产党人和中国人民一项艰巨的历史使命。《决议》充分肯定建立社会主义市场经济体制是我国经济振兴和社会进步的必由之路,对外开放是建设有中国特色社会主义的一项基本国策。

同时,也告诫全党在新的形势下,丝毫不能忽视市场自身的弱点和消极方面给社会精神生活带来的冲击,丝毫不能放弃对西方资本主义腐朽东西影响和渗透的防御,丝毫不能放松对国内外敌对势力"西化"

"分化"图谋的警惕。要求全党越是发展社会主义市场经济和实行对外开放,越要保持清醒的头脑,坚持"两手抓,两手都要硬",不能顾此失彼。为此,《决议》强调,对新形势下建设社会主义精神文明的长期性、复杂性要有足够的思想准备,必须常抓不懈。

(四)《决议》以鲜明的群众观点提出了当前精神文明建设中干部和群众普遍关心的五大重要问题,作为现阶段精神文明建设的重点任务。这就是要坚决制止党政机关和干部队伍存在的消极腐败现象;坚决纠正损害群众利益的行业不正之风;坚决扫除黄赌毒等社会丑恶现象;坚决禁止制造和传播文化垃圾的行为;坚决治理一些地方社会治安不好和环境脏、乱、差的状况。《决议》提出的这五项任务涉及政治、经济、文化和思想道德领域的热点、难点问题,确定了现阶段精神文明建设的主攻方向,表明中国共产党是人民利益的忠实代表,具有很强的针对性和感召力。

(五)《决议》科学地概括了社会主义思想道德的评价标准和道德的内涵,强调道德的形成既要靠教育又要靠法制。《决议》对社会主义市场经济条件下的思想道德建设作了系统、深刻而精辟的论述,提出:"社会主义思想道德集中体现着精神文明建设的性质和方向,对社会政治经济的发展有巨大的能动作用。"指出"应当在全社会认真提倡社会主义、共产主义思想道德"。同时要"鼓励支持一切有利于解放和发展社会主义社会生产力的思想道德,一切有利于国家统一、民族团结、社会进步的思想道德,一切有利于追求真善美、抵制假恶丑、弘扬正气的思想道德,一切有利于履行公民权利与义务、用诚实劳动争取美好生活的思想道德"。这就完整地构成了社会主义市场经济条件下思想道德评价标准。特别值得注意的是,《决议》提出的思想道德评价的生产力标准和公民权利与义务标准,必将对社会主义思想道德建设的理论与实践产生重要的积极作用。

关于社会主义道德建设,《决议》指出"要以为人民服务为核心,以集体主义为原则,以爱祖国、爱人民、爱劳动、爱科学、爱社会主义为基本要求,开展社会公德、职业道德、家庭美德教育",明确界定了社会主义道德建设的核心、原则、基本要求和主要内容。特别是《决议》明确地提出了为人民服务是社会主义道德的"核心"和"集中体现",丰富和完善了社会主义道德范畴。"社会主义道德风尚的形成、巩固和发展,要靠教育,也要靠法制。"这是六中全会的一个十分重要的观点。长期以来,在实践中不同程度地存在着忽视法制在形成、发展和巩固社会主义道德风尚中的特殊重要性。《决议》不仅强调教育的作用,而且强调法制的作用,必将有力地推动在全社会形成扶正祛邪、扬善惩恶的良好社会风气。

(六)《决议》进一步明确了文化事业的发展既要坚持正确的方向,又要大力促进繁荣,力求社会效益和经济效益的最佳结合。文化产品具有不同于物质产品的特殊属性,对人们的思想道德和科学文化素质有着不可低估的影响。因此,发展文化事业必须首先强调坚持正确的方向,"弘扬主旋律,提倡多样化",把最好的精神食粮贡献给人民。同时,我们又是在发展社会主义市场经济和对外开放的大背景下发展文化事业,必须努力增强文化事业的活力。这就要继续深化文化体制改革,发挥市场机制的积极作用,坚持把社会效益放在首位,力求实现社会效益与经济效益的最佳结合。这就为我们在发展社会主义市场经济和对外开放条件下发展文化事业提供了防止偏颇的行为准则。

(七)《决议》突出强调了精神文明建设的群众性,高度评价全国广泛开展的群众性精神文明创建活动,要求要动员群众广泛参与,持之以恒,务求实效。多层次、多形式的群众性精神文明创建活动,是人民群众积极参与精神文明建设的好形式,是人民群众移风易俗、改造社会的伟大创造。有助于两个文明建设有机结合,是把精神文明建设落到实处的有效途径。《决议》认真总结改革开放以来群众性精神文明创建活动的新鲜经验,强调要把各项精神文明创建活动同解决群众关心的实际问题,同促进经济发展和社会进步紧密结合,体现了党依靠群众、引导群众,从群众中来、到群众中去的一贯主张,为推动群众性精神文明创建活动的健康发展指明了方向。

(八)《决议》系统地提出了加强精神文明建设的配套保障措施。加强和改善党对精神文明建设的领导,是搞好精神文明建设的关键。《决议》对各级党委提出了要把两个文明作为统一的奋斗目标,一起部署,一起落实,一起检查的具体要求,并把领导精神文明建设的实绩和本领作为干部使用和奖惩的基本依据。这些规定,突出了党组织在精神文明建设中的领导地位和责任。同时,《决议》第六、七部分还从资金投入、政策引导、齐抓共管、队伍建设、工作机构等方面提出了一系列配套保障措施。这些措施进一步加大了精神文明建设的工作力度,对解决"一手比较硬,一手比较软"的问题必将起到积极的促进作用。

(九)《决议》明确要求,加强精神文明建设首先要从严治党,搞好党风,充分发挥共产党员在精神文明建设中的表率作用。最近一个时期,江泽民同志反复强调领导干部要讲学习、讲政治、讲正气,自重、自省、自警、自励;强调对党员特别是领导干部要严格要求、严格管理、严格监督。六中全会把这些重要观点和原则写入党的《决议》,丰富了党的建设的理论,使之成为全体党员和领导干部必须遵守的行动准则,对于加强精神文明建设具有特殊的意义。作为执政党,党员和干部的思想境界、道德风范、价值取向和人格形象,对全社会具有强烈的示范效应,培育良好的社会风气,必须从建设良好的党风抓起,从党员和领导干部做起。只有这样,群众工作才具有坚实的基础和说服力,才能以自身的行动影响和带动周围群众,促进全社会文明程度不断提高。

党的十四届三中全会作出了关于建立社会主义市场经济体制若干问题的决定,是我们党对马克思主义科学社会主义理论的重大贡献,十四届六中全会作出了在发展社会主义市场经济和对外开放条件下,加强社会主义精神文明建设若干重要问题的决议,也是我们党对科学社会主义理论的重大贡献。全市各级党组织一定要按照《中共重庆市委关于认真学习和贯彻十四届六中全会精神的通知》要求,组织广大党员、干部学好文件,吃透精神,提高认识,统一思想,真正把社会主义精神文明建设提到更加突出的地位,努力开创我市精神文明建设的新局面。

二、紧密结合实际,全面落实六中全会提出的各项任务

认真贯彻六中全会精神,必须紧密联系重庆精神文明建设的实际,从重庆未来经济社会发展的全局出发,进一步明确精神文明建设的目标、方针,把六中全会提出的各项任务落到实处。

改革开放以来,特别是党的十四大以来,我市坚持以邓小平建设有中国特色社会主义理论为指导,认真贯彻执行党的基本路线和基本方针,坚持"两手抓,两手都要硬",积极探索加强社会主义精神文明建设的新路子,在加快经济发展的同时,坚持用邓小平同志建设有中国特色社会主义理论武装全市党员、干部和群众的思想,提高贯彻执行党的基本路线的自觉性;坚持正确舆论导向,为经济发展、改革开放和社会稳定创造良好社会舆论环境;坚持广泛深入开展爱国主义、集体主义、社会主义教育,提高全市人民的思想道德水平;坚持实施"科教兴渝"战略,发展科教事业,促进文化事业发展;坚持加强党风廉政建设,深入开展反腐败斗争;坚持打击刑事犯罪活动和扫除社会丑恶现象,维护社会稳定。特别是今年以来,在全市广泛开展的"弘扬红岩精神,塑造当代重庆人"为主题曲的精神文明建设活动,受到全市干部群众的广泛认同和拥护,进一步激发了广大干部群众热爱祖国,热爱重庆,建设重庆的热情。从而保证了我市现代化建设的顺利进行。以上是我市精神文明建设的主流。但是,我们还必须看到,在我市一些地方和单位,对精神文明建设和两个文明建设关系的认识还没有到位,存在"一手比较硬,一手比较软"的现象,社会精神生活中仍有不少问题,有的还相当严重。一些领域道德水准下降,拜金主义、享乐主义、个人主义滋长;封建迷信活动和黄赌毒等丑恶现象沉渣泛起;见利忘义、唯利是图、假冒伪劣、欺诈行为等社会公害屡禁不止;社会治安状况不尽如人意;文化垃圾还在影响着青少年身心健康;腐败现象仍在一些地方和部门蔓延,党风政风建设任务十分艰巨。这些问题已经对重庆两个文明建设造成不利影响。我们必须充分认识这些问题的严重性和解决这些问题的紧迫性。

当前,重庆经济社会发展具有十分优越的大环境。中央加快中西部地区经济发展的战略决策,长江经济带开发战略的实施,三峡工程建设和库区经济开发,为重庆整个区域经济社会加快发展提供了前所未有的机遇。抓住机遇,加快发展,共创重庆美好的未来,是党中央、国务院的殷切期望和全市人民的共同

愿望,是历史赋予我们的光荣使命。重庆未来的发展具有许多有利条件,同时也面临诸多困难,这就要求全市上下必须有高昂的精神状态,良好的思想道德素质,团结一致、顾全大局、奋斗拼搏、求真务实、开拓创新。因此我们必须坚持"两手抓,两手都要硬",通过五年、十年的扎实推进,在全市牢固树立建设有中国特色社会主义的共同理想,牢固树立坚持党的基本路线不动摇的坚定信念,牢固树立爱国、奋斗、团结、奉献的"红岩精神",形成建设重庆、振兴重庆的精神支柱和精神动力;实现公民素质、文化生活质量、城乡文明程度的显著提高;建立和完善与重庆地位相匹配、同长江上游经济中心相协调的人才培养、科技信息、文化传播和医疗服务体系,使重庆成为我国中西部精神文明的首善之区。这应当是我市精神文明建设奋斗的方向和目标。

为了实现上述目标,我市精神文明建设要始终坚持以下工作方针:

第一,必须坚持以经济建设为中心的方针。重庆当前的主要矛盾是经济社会发展同重庆的地位、肩负的历史使命不相适应,这就从根本上决定了解决重庆一切问题的关键是加快发展。精神文明建设必须坚持以经济建设为中心,从指导思想到各项具体工作,都要紧扣经济建设这个中心,调动全市人民的积极性和创造精神,努力形成有利于改革开放和现代化建设的共同理想、价值观念和道德规范。

第二,必须坚持重在建设的方针。精神文明建设的各项工作都必须重视解决实际问题,讲求实际效果,坚决克服图虚名,搞形式,应付检查等弊端。要根据重庆总体发展战略,在思想道德建设和教育科技文化事业建设上做到有目标、有计划、有任务、有项目、有政策、有措施,像抓经济建设那样扎扎实实地组织实施。

第三,必须坚持以人为本的方针。3000多万重庆人民是重庆发展的主体力量,人的素质将最终决定重庆未来的兴衰。目前重庆从业人员人均受教育年龄不足10年,文化程度在初中以下的占一半以上,其思想观念、行为方式和工作效率都不能适应现代化建设的要求。因此,精神文明建设要以江泽民同志提出的"以科学的理论武装人,以正确的舆论引导人,以高尚的精神塑造人,以优秀的作品鼓舞人"为指针,努力培养"四有"公民,始终着眼于人的素质,着力于提高公民的思想道德素质和科学文化素质,更好地为改革开放和现代化建设提供思想保证、精神动力和智力支持。

精神文明建设是包括思想道德建设和教育科学文化建设在内的一项系统工程,思想、道德、教育、科学、文化必须一起抓。鉴于教育、科技的发展中央在十四届三中全会、五中全会上进行了全面部署,重庆市和"两市一地"也有具体的安排,任务和措施都很明确,关键是狠抓落实。这里,根据六中全会《决议》精神,主要围绕我市进一步加强思想道德和文化建设,讲几点意见。

(一)继续深入学习建设有中国特色社会主义理论,用这一理论教育和武装干部群众,使建设有中国特色社会主义成为全市人民的共同理想

建设有中国特色社会主义理论,是我们党在新时期各项工作的根本指针和中华民族振兴的强大精神支柱。加强全市人民的思想建设,根本的任务就是要学好用好这一理论,以此指导我们的思想和实践。各级领导干部要进一步领会建设有中国特色社会主义理论对于改革开放和现代化建设的重要指导意义,要下大力气加强学习,提高领导水平特别是思想政治理论水平。在复杂多变的国际环境中,在我国发展社会主义市场经济的条件下,分清马克思主义同反马克思主义,辩证唯物主义、历史唯物主义同唯心主义、形而上学,社会主义公有制为主体、多种经济成分共同发展同私有化,社会主义民主同西方议会民主,社会主义思想文化同封建主义、资本主义腐朽思想文化等重大问题上的是非界限。同时,还要组织干部、群众联系思想和工作实际,认真学习,勇于实践,使这一理论更加深入人心,从而在全体人民中树立起建设有中国特色社会主义的共同理想和坚定信念。

各级党委必须加强思想政治工作。经常研究本地区、本部门、本单位的思想政治状况,根据不同对象,采取不同方式,有针对性地解决好各种思想问题和认识问题,为改革开放和现代化建设扫清思想障碍。

（二）全面加强思想道德建设，努力提高公民的思想道德素质

当前，我市思想道德建设的任务，就是要坚持爱国主义、集体主义、社会主义教育，加强社会公德、职业道德、家庭美德教育，引导人们树立正确的世界观、人生观、价值观，不断提高全体公民的思想道德水平。

加强爱国主义教育是思想道德建设的一个重要内容。重庆是一座具有光荣革命传统的城市，革命历史资源十分丰富，这是我们进行爱国主义教育的现实生动教材。重庆和"两市一地"已经确定的一些爱国主义教育基地，要采取措施，保护好使用好，充分发挥基地的教育功能。在对外开放的条件下，要教育人民发扬自尊、自信、自强的民族精神，树立正确的荣辱观。要坚持把爱祖国同爱家乡、爱事业、爱集体、爱岗位紧密结合起来，把爱国主义教育成果转化为改革和建设的巨大力量。

加强思想道德建设，要继续深入广泛抓好"弘扬红岩精神，塑造当代重庆人"的教育。发源于重庆的"红岩精神"，是老一辈无产阶级革命家和共产党人团结带领人民群众在长期革命斗争中培育形成的，它所蕴涵的爱国精神、奋斗精神、团结精神、奉献精神充分体现了共产党人和革命志士的人格力量，闪耀着社会主义、共产主义的思想道德光芒。在社会主义精神文明建设特别是思想道德建设中弘扬红岩精神，对于塑造高尚、进步、文明的当代重庆人，提高全市公民的思想道德素质具有十分重要的意义。

弘扬红岩精神，重在塑造当代重庆人。当前要把提高文明程度、道德水平、树立正气，做合格公仆、文明市民作为弘扬红岩精神的重点内容，在全市大力加强职业道德建设和社会公德建设。职业道德建设重点是党政机关的行政道德和窗口行业的职业道德。党政机关是为人民服务的，党政干部是人民的公仆，但在现实生活中，一些同志往往颠倒了这种关系，吃、拿、卡、要，无所不为，这是非常严重、非常危险的问题。我们的机关和干部以什么形象出现在人民群众面前，这是一个政治问题、原则问题，必须抓住贯彻六中全会精神，加强精神文明建设的有利时机，对党政机关和党政干部的作风和纪律状况进行检查整顿，树立起政治坚定、作风过硬、纪律严明、雷厉风行、铁面无私、廉洁奉公的行政新风，努力使每一个机关干部都成为合格公仆。各行业特别是窗口行业道德建设，要继续开展"尽职业责任，讲职业道德，守职业纪律，学职业技能"的教育，并与完善职业道德规范相结合，形成行业道德规范体系；与纠正行业不正之风结合，建立自律和监督机制，消除以职谋私的现象；牢固树立爱岗敬业、诚实可信、办事公道、服务群众、奉献社会的职业道德。

我市社会公德建设，要立足于"实"，从具体事抓起，提出一件就下决心抓好一件，要使人民群众真正体会到实际效果。针对当前一些人语言不文明（讲脏话）和举止不文明（乱吐乱丢）的问题，要结合整顿市容，治理脏、乱、差，进行社会公德教育，努力使文明礼貌、助人为乐、爱护公物、保护环境、遵纪守法的社会公德成为市民的自觉行为，形成人人争当文明市民的良好风尚。

形成良好的道德，加强教育是非常重要的，但又是不够的，还必须加强法制，把教育和法制两种手段结合起来。要针对我市精神文明特别是思想道德建设方面的薄弱环节，建立健全有关法规和制度，依法加强对社会生活各个方面的管理，制裁打击不法行为，坚决扫除黄赌毒等社会丑恶现象，约束和制止不文明行为，使扶正祛邪、扬善惩恶在重庆蔚然成风。

无论是思想建设，还是道德建设，青少年始终是全社会关注的焦点，也是思想道德建设的工作重点。特别是在对外开放、文化垃圾尚未清除的情况下，青少年必然成为消极腐朽思想道德袭击的直接对象。重庆有数百万青少年，他们将担当建设祖国、建设重庆的重任。我们要以高度的责任感来加强青少年思想道德建设。要充分发挥共青团、妇联、工会组织和老同志的作用，各方面密切配合，为青少年的健康成长创造良好环境。

弘扬红岩精神，加强思想道德建设，还应当注意同本地区的实际相结合。黔江地区在越温脱贫的实践中，形成了"宁愿苦干，不愿苦熬"的黔江精神，这种精神同红岩精神是完全一致的，在广大农村具有普遍意义。只要我市各地紧密结合自己的实际，创造性地推动思想道德建设，重庆这片热土一定能开放出更加绚丽的社会主义思想道德之花。

(三)大力发展文化事业,不断满足城乡人民的文化需求

文化既是人的素质的重要内容,也是城市文明程度的重要标志,又是改革开放和现代化建设的重要环境条件。改革开放以来,重庆文化事业发展较快,但就全市而言,普及和提高仍然是文化建设面临的重要任务,城乡不平衡的矛盾十分突出,尚不能充分满足城乡人民不断增长的文化需求,影响到重庆精神文明建设总体水平的提高。贯彻六中全会精神,必须采取措施,促进我市文化事业有一个大的提高和发展。

随着三峡工程建设和重庆市代管"两市一地"的实施,给重庆文化事业的发展提出了新的更高的要求。三峡库区成为重庆经济社会发展的重点地区,同时也是文化建设的重点地区。市委在研究未来重庆发展战略时提出,要把库区建设成为经济发达、人民富裕、环境优美的生态经济区。与此相适应,今后的三峡库区还必须是科学昌明、文化繁荣、社会进步的文明之区。为此,应当加快三峡库区文化建设,形成沿江城市以长江相连为主线,同周围具有丰富文化资源的区县连接成若干副线的库区文化走廊。建设三峡库区文化走廊已经具备了很好的条件和基础,一是重庆和涪陵、万县、黔江的文化同出一源,均属巴文化形态,有一种文化认同感和内聚力;二是库区文化资源相当丰富,既有巴渝文化资源、文物古迹资源,又有革命历史资源、民族文化资源,还有大量的人文景观和秀丽的自然景观,有一些尚未开发的资源堪称今古奇观;三是群众文化富有特色,有享誉中外的铜梁龙、綦江农民版画、南岸农民油画等,建设了大批特色文化之乡,特别是秀山、彭水的花灯、摆手舞既有地方特色,又有民族特色;四是文化需求量大,环库区流域几十个区县数千万人口,有着多层次的文化需求,这就决定了文化产品和服务市场的丰富性,为库区文化发展提供了广阔的市场空间。目前以游览三峡风光为主题的库区文化消费已成气候,每年有数百万人次中外游客进入库区文化市场。

建设库区文化走廊是一项综合性文化事业,要坚持以群众文化为基础,以文化需求和文化市场为导向,强化文化对旅游、经济的渗透和包装,以文化的繁荣促进库区旅游业、娱乐业、公共服务业和经济的发展,使库区文化走廊成为多种层次文化共同发展,富有地方特色、民族特色,文化市场活跃、繁荣、有序,融文化、旅游、娱乐、休闲于一体的综合性、多功能的文化开发区。因此,实施库区文化建设,加快各类文化资源的开发利用,做好文物抢救和保护,应当提上我们重要的工作日程。

群众文化是我市文化事业发展的基本方面。要区别城乡,分类指导。城市群众文化以公共文化、社区文化、企业文化、校园文化为重点,活跃和丰富人们的文化生活。农村群众文化建设要以乡镇为重点,突出各自特色。少数民族文化要在努力发掘自身优势上下功夫,争取建立起民俗文化基地,丰富库区文化走廊。

文学艺术要坚持"二为"方向,弘扬主旋律,提倡多样化。要切实抓好"五个一"工程,争取每年都能创作和生产出一批思想性艺术性统一,具有强烈吸引力感染力,深受城乡人民喜爱的精品,发挥其在文化发展中的导向作用。新闻宣传要坚持团结稳定鼓劲、正面宣传为主,把握正确的舆论导向。广播电视要面对区域内的3000多万观众和听众,一方面要加快广播电视事业的发展,加速网络建设;另一方面,要提高节目质量,跟上全国广播电视事业发展的步伐,不负城乡群众的期望。社会科学要坚持理论联系实际,把重庆改革开放和现代化建设的重大问题作为研究的主攻方向,为各级党委和政府决策服务,为两个文明建设服务。

改革文化体制是增强文化事业活力,促进文化事业发展的根本出路。重庆文化体制改革已经迈出了步伐,还需继续深化。要研究和借鉴经济体制改革的有效经验,加强文化单位的管理体制、运行机制的改革。要采取鼓励政策和措施,促进文化经济的发展,加快文化事业的产业化进程。所有文化单位都要研究市场,面向市场,在市场上去实现社会效益和经济效益的最佳结合。重庆的文化市场总的来说是健康的,是基本有序的,要继续坚持一手抓繁荣,一手抓管理,不断完善有关文化市场管理法规和行政规章,加大执法力度,规范和引导文化市场行为,坚决扫除文

化垃圾,培育繁荣、有序、健康的社会主义文化市场。

发展文化事业,还要加强城市的文化标志性设施建设,完善城市功能,提高城市形象档次。我市文化设施数量不足,功能萎缩,直接影响和制约了文化事业的繁荣和发展,这种状况应当逐步改变。如果一个城市经济上去了,但文化十分贫乏,这个城市就决不是现代化的。"九五"期间,市和各区县要把重点文化设施建设列入计划,特别是三峡库区文化走廊的沿江城市,必须要有一定数量、较高档次的标志性文化设施。这样,通过几年的努力,使重庆城市的整体形象得到较大改观。

(四)动员群众,依靠群众,广泛开展群众性精神文明创建活动

精神文明建设是群众的事业,群众性、社会性是其最基本的特征。一切为了群众,一切依靠群众,充分调动群众广泛参与,是精神文明建设的出发点和落脚点。只有动员群众,依靠群众,争取人民群众最广泛的参与,精神文明建设才能落实到位,取得实际效果,也才能使群众在参与中受到教育,得到提高。最近十多年,我市已经开展起来的群众性精神文明创建活动,取得了一些成功的经验。贯彻六中全会精神,其中一个重要方面,就是要更加广泛、深入、富有成效地开展多种形式的群众性精神文明创建活动。

当前和今后一个时期要在继续抓好创建文明家庭、文明单位活动的同时,突出地抓好创建文明城市、文明村镇、文明行业。创建文明城市活动要以提高市民素质和城市文明程度为目标,以改善环境、改善秩序、改善服务和加强社会治安综合治理为重点,依托社区,充分发挥街道、居委会的作用。重庆各主城区及万县、涪陵、黔江主城区作为政治、文化、商业中心,应当率先搞好创建活动,成为全市的示范。创建文明村镇活动要以提高农民素质、奔小康和建设社会主义新农村为目标,以集镇为重点,同加强党的基层组织建设、巩固基层政权、壮大集体经济实力、完善农村服务体系紧密结合起来。党员"三带"、在农民中评选"三户",是搞好农村精神文明建设,加强思想政治工作的有效途径,要继续坚持,扩大覆盖面。创建文明行业活动要以服务人民、奉献社会为目标,以窗口行业文明建设为重点,以人民群众意见最大、反映最强烈的问题为突破口,立章建制,真正树立起行业文明的新形象。

在群众性精神文明创建活动中,各地各行业开展了多种形式精神文明共建活动,尤其是军民共建、警民共建活动,是推动我市群众性精神文明建设活动的有效形式,取得了显著的效果,积累了丰富的经验。今后,要继续抓好,丰富共建内容,提高共建水平。根据我市城乡文明发展不平衡的特点,共建活动要突出地抓好城乡共建精神文明。在建立和完善各部门、企事业单位对口、挂钩支援农村贫困地区和少数民族地区经济发展的同时,要引入共建精神文明的任务和目标,支援和扶持这些地区群众性文化、卫生、体育和科学普及活动,倡导文明健康的生活方式,实现两个文明共同进步。

改革开放和现代化建设的伟大时代是先进集体和先进个人不断涌现的时代,先进典型集中体现了时代精神,是建设社会主义精神文明的榜样。榜样的力量是无穷的。加强精神文明建设,要善于发现先进典型,大力宣传先进典型,充分发挥先进典型的示范引路作用,努力使全社会形成崇尚先进、学习先进的良好风气。

为了卓有成效地推进我市精神文明建设,在具体工作中,要把先进性要求与广泛性要求结合起来。在思想道德建设上,应当区别不同对象,提出不同要求。党员尤其是党员领导干部,必须具备坚定的共产主义信念和大公无私、清正廉洁、服从大局、艰苦奋斗的品格,自觉按共产主义道德规范自己的言行;对广大群众,主要以"四个有利于"作为思想道德建设的基本要求,同时要大力提倡社会主义、共产主义思想道德。要把因地制宜与分类指导结合起来。重庆地域广阔,既有广大的农村,又有集中连片的少数民族地区,各地生活习俗、文化资源、道德传统以及精神文明的发展基础都不尽相同,精神文明建设必须区别城市、农村、机关、企事业的不同特点,坚持从实际出发,因地制宜,分类指导。要把整体推进与突出重点结合起来。精神文明建设必须着眼长远,狠抓当前,要按照六中全会《决议》的要求,整体推进、全面建设。当前特别要在解决人民群众普遍关心、反映强烈的问题上下功夫,以阶段性成果推动精神文明的进步。

三、加强和改善党对精神文明建设的领导，把我市精神文明建设扎扎实实地推向前进

党的领导是我们事业成功的根本保证。建设物质文明关键在党，建设精神文明关键也在党。要开创我市精神文明建设的新局面，关键在于加强和改善党对精神文明建设的领导，真正做到认识统一，领导有力，措施到位。只有这样，才能全面贯彻落实六中全会精神，扎扎实实把我市精神文明建设的各项工作推向前进。

（一）各级党组织必须切实担负起加强精神文明建设的领导责任

要把我国建设成为富强、民主、文明的社会主义现代化强国，必须要有高度的物质文明和高度的精神文明。加强精神文明建设是党的全部工作的重要组成部分。各级党组织和领导干部一定要认真学习贯彻六中全会《决议》精神，增强自觉性和责任感，在思想上、工作上、措施上切实把精神文明建设提到更加突出的地位。一些地区和部门之所以存在"一手比较硬，一手比较软"的现象，一个重要的原因是领导精力不到位，领导体制不顺，工作责任不明，运行机制不健全。解决这些问题，已经刻不容缓。市委要求：各级党委必须始终坚持"两手抓，两手都要硬"，把两个文明作为统一的奋斗目标，一起部署，一起落实，一起检查，真正下大决心，花大力气抓好精神文明建设，切实做到软件硬抓，一级抓一级，层层抓落实。特别是主要领导必须亲自抓，切实承担起精神文明建设的领导责任。要建立具体规范的目标责任制、分工负责制和监督、检查、考察制度。要把"两手抓，两手都要硬"作为衡量各级党政领导班子和领导干部工作水平和工作实绩的重要标准。考核、评价党政领导班子和主要领导干部，不仅要看其领导物质文明建设的实绩和本领，也要看领导精神文明建设的实绩和本领，并将此作为干部使用和奖惩的基本依据，使精神文明建设真正得到组织上和制度上的有力保证。各级政府、行政领导一定要强化政治意识，把精神文明建设纳入工作目标、年度工作安排和财政预算范围，并建立健全检查、督促、评比、表彰及有关管理制度，形成一套以量化管理为基础的"两手抓，两手硬"的运行机制，使精神文明建设有政策、法规、投入和物质等方面的保障。市里要建立一个以党政主要领导为责任人的、高规格的、有权威的精神文明建设指导委员会，切实肩负起宏观指导、组织协调全市精神文明建设的职责。各级党委和政府也应建立相应的机构。要根据六中全会精神和重庆区域的变化，尽快修改、充实、完善精神文明建设五年规划，使之具有更强的战略指导性、现实针对性和实际可操作性，并纳入全市经济社会发展"九五"计划和2010年远景目标纲要一起实施。

各级党政机关、企事业单位、农村、学校、街道的党组织，在精神文明建设中都担负着重要的任务，都要制定与全市精神文明建设规划相衔接的、各具特色、目标明确的规划和工作计划，形成全党动员，全民参与建设精神文明的良好局面。要在各级党委的统一领导下，党政各部门和工会、共青团、妇联等人民团体密切配合，齐抓共管，形成合力。在精神文明建设中，要十分重视民主党派的作用。

还必须强调的是，精神文明建设涉及面广，任务繁重。高尚精神的塑造，社会主义道德观念的树立，优良风尚的形成，是一个长期的艰巨任务。各级领导班子要把握精神文明建设的全局，按照邓小平同志的要求，"狠狠地抓，一天不放松地抓，从具体事件抓起"，持之以恒，积小成为大成，我们的精神文明建设就会有起色，就会有成效。

（二）努力建设一支高素质的宣传思想文化教育干部队伍

加强党对精神文明建设的领导必须抓好队伍建设。各级党委要按照江泽民同志在纪念中国共产党成立75周年座谈会上的讲话精神，把加强宣传思想文化教育队伍建设，作为一项十分紧迫的战略任务来抓。按照政治强、业务精、作风正的要求，努力造就一支专门从事精神文明建设的高素质的宣传思想文化教育队伍。要加强这支干部队伍的学习和实践锻炼，不断提高他们的政治业务素质。要加强宣传思想文化战线各级领导班子建设，一定要把这些部门的领导班子选配好，使其能够很好地承担起精神文明建设的

重任。要制定和实施精神文明建设专业干部培训规划,组织实施跨世纪人才培养工程,按优秀人才、杰出人才、卓越人才三个层次的要求,制定规划,落实措施,努力培养一批优秀的理论家、作家、艺术家、出版家、名记者、名编辑、名主持人。要改进完善有关政策措施,对从事精神文明建设的专业干部,在专业职称、学术交流、成果应用和奖励、人才使用等方面形成良好机制,使优秀人才脱颖而出。

(三)从严治党,搞好党风,切实发挥共产党员在两个文明建设中的表率作用

加强精神文明建设首先要从严治党,搞好党风,发挥党员特别是领导干部的表率作用,以带动整个社会风气的好转。要在全体党员中深入开展学理论、学党章的活动和以讲学习、讲政治、讲正气为主要内容的党性党风教育,联系思想实际和工作实际,着重解决理想信念和思想作风方面的突出问题。要对党员特别是领导干部严格要求、严格管理、严格监督。按照六中全会《决议》和中纪委第七次全体会议的要求,坚持不懈地加强党风廉政建设,深入持久地开展反腐败斗争。

党员干部首先是领导干部要深刻认识自己肩负的神圣职责,按照江泽民同志在建党75周年座谈会上对建设高素质干部队伍提出的五条基本要求,树立共产主义远大理想,坚持正确的政治方向,牢记党的宗旨,密切联系群众,贯彻党的思想路线,掌握唯物辩证的思想方法和工作方法,遵纪守法,清正廉洁,刻苦学习,勤奋敬业,全面提高政治业务素质,在现代化建设中发挥模范带头作用。

要在全市党员、干部中继续深入开展向党的好干部孔繁森同志学习的活动,并把这一活动作为四好班子建设和党员创先争优的重要内容。要把孔繁森同志的事迹和精神作为工作上、思想上的一面镜子、一把尺子,经常照一照,量一量,不断鞭策自己。领导干部要自重、自省、自警、自励,严于律己,以身作则。凡是要求别人做到的,自己首先做到;凡是要求别人不做的,自己坚决不做,自觉过好名位关、权力关、金钱关、美色关和人情关,用实际行动带出好的党风,带好的社会风气。

(四)建立有效的精神文明建设的投入保障机制

建设社会主义精神文明要有相应的物质条件作保障,否则,精神文明建设的各项任务就难以落实。各级党委和政府要用全面的、辩证的、长远的眼光看待精神文明建设的投入问题。要从社会主义现代化建设的全局出发,把精神文明建设纳入经济社会发展的总体规划。建立起以财政投入为主,社会资助和自我发展相结合,直接投入和政策引导相结合,多层次、多渠道、多形式的精神文明建设的投入保障机制,切实解决我市目前精神文明建设投入总量偏少、比例偏低、结构不合理的问题。首先,各级财政要加大对精神文明建设的投入。我市长期以来财政困难,需要用钱的地方又多,但是,再穷再紧也要保证精神文明建设所需的必要资金,对一些重点项目要优先考虑。要随着经济的发展逐年增加对精神文明建设的投入,增加幅度不得低于财政收入的增长幅度。同时,要积极开辟筹资渠道,采取多种鼓励措施,吸引社会各方面乃至市外和境外人士、企业都来支持精神文明建设。其次,要进一步完善有关支持宣传文化事业发展的经济政策。市委宣传部要会同有关方面继续抓紧落实国务院《关于进一步完善文化经济政策的若干规定》和市里制定的有关政策。继续加大政策引导、政策支持的力度,积极运用税收、信贷、价格等经济手段支持宣传文化事业,努力增强宣传文化事业的"造血"功能,促进其自我良性发展。第三,要积极制定完善精神文明建设的各种奖励措施,多方筹资建立精神文明建设的奖励基金,扶持优秀精神产品的生产,奖励在精神文明建设中做出突出成绩的单位和个人。

(五)健全有关的法律法规和制度,把精神文明建设纳入法制化、规范化的轨道

加强法律、法规和制度建设,进一步强化管理,是社会主义精神文明建设健康发展、良性运行的迫切要求。要切实加强精神文明建设行政规章的制定和地方立法工作,使精神文明各项事业的发展和管理做到有章可循,有法可依。要认真组织力量,深入调查研究,总结经验,借鉴国内外行之有效的办法,在全面规划的基础上,逐步建立和完善精神文明领域的政策法

规体系。要依法加强管理,特别是加强对文化市场的管理,杜绝混乱现象。要进一步完善市民文明行为规范,在抓好教育的同时强化约束,努力为市民文明素质和城市文明程度的提高提供法制保障。各级人大要加强对各级政府实施精神文明建设方面的法律、法规的监督和执法检查。要加强民主监督和新闻舆论监督的力度,畅通群众监督的渠道。

同志们,我们正处在建设有中国特色社会主义事业承前启后、继往开来的重要时期,任重而道远。让我们更加紧密地团结在以江泽民同志为核心的党中央周围,动员全市广大党员、干部和人民群众,认真学习和贯彻党的十四届六中全会精神,坚持以经济建设为中心,大力加强精神文明建设,为加快我市经济社会全面发展而努力奋斗!

振奋精神　转变观念　理清思路　加快发展 努力把重庆工业经济搞上去

——在市委七届八次全委(扩大)会议上的讲话

张德邻

(1996年12月30日)

同志们:

这次市委全委(扩大)会议,其中一个议程是传达、学习国务院副总理吴邦国同志在渝视察指导工作时的讲话,传达国务院有关部委领导同志对加快重庆工业发展的意见,统一思想认识,提出我们下一步深入贯彻落实的初步打算。在年末岁尾,中央和国务院各方面工作都十分繁忙的情况下,邦国同志受李鹏同志的委托,率领国务院19个部门的领导同志来重庆,就老工业基地的改造发展问题进行了为期10天的考察。考察中,邦国同志对重庆今后的发展特别是工业发展发表了重要讲话,中央各部门的领导也提出了许多好的富有建设性的意见,具体帮助我们解决了发展中的不少实际问题。这体现了党中央、国务院对重庆工作的关心和支持,必将对重庆的发展产生重大的积极影响。刚才,海清同志传达了邦国同志在渝的重要讲话,传达了各部委领导同志的意见。下面,我讲两个问题。

一、关于邦国同志讲话给我们的感受和启发

邦国同志的讲话,非常全面,非常深刻。讲话中从思路、规划到实际工作都给我们提出了今后努力的方向,应该注意的问题和具体要求。对于我们当前经济工作中面临的许多实际问题,也给予了很大的关注、很大的支持,是非常实在的。讲话不仅涉及工业的改造和发展问题,也涉及整个经济领域及一些社会问题:既深刻又有很强的指导性和可操作性,是我们做好各方面工作的指导性文件。我们一定要认真学习、深刻领会,坚决贯彻落实。听了邦国同志的讲话,以及各部委领导同志的意见,我感到主要有以下三点收获和启发。

第一,进一步认清了形势,增强了加快重庆经济发展的紧迫感和责任感。

邦国同志对当前重庆的经济发展形势作了深入的分析,联系重庆所面临的三大发展机遇,指出了加快发展的紧迫性。这使我们清醒地看到,当前机遇与挑战并存,宏观环境不仅大大有利于重庆发展,也迫切需要我们加快发展。

首先,重庆体制的重大变化,确实使我们得到了一个千载难逢的极好机遇。重庆建成直辖市后,在全国乃至在世界上的影响力将大大增强,特别是重庆的问题能够得到中央更多的、更直接的关心和支持,这是重庆加快发展的最重要的保证条件和优势。今年以来,党和国家领导人来渝视察工作的就有23人次。

这一次邦国同志率国务院19个部门的领导来重庆考察,和我们一起研究、一起谋划,用的时间之长,研究问题之深入,这在重庆历史上是没有先例的。而且中央的同志所花费的时间,是硬挤出来的,工作非常紧张辛苦,在渝期间,都是夜以继日地工作,不仅听取汇报、阅读资料,还深入到企业进行考察;各部的领导还抽出时间到本行业所属的企业,和干部职工交谈,作调查研究,有的还专门召开了局干部大会,作了报告。这使我们深切感受到,中央同志带给我们的,不光是关怀和支持,也是扎实的工作作风。这使我们深感肩上担子沉重,责任重大,必须加倍努力做好工作,以优异的成绩来回报党中央、国务院的关怀。

其次,中央实施中西部发展战略开始起步,向中西部地区倾斜政策已逐步到位。邦国同志讲,每次批项目,李鹏同志都要问给中西部批了多少。现在已给中西部地区批的项目不少。在分配国际金融组织的贷款上,包括世界银行和亚洲银行贷款,也大幅度向中西部倾斜。国家计委打算,"九五"期间中西部地区使用的世行、亚行和外国政府贷款占全部贷款的比重,将由"八五"时间的30%调整到60%。这对我们重庆来说,无疑是极为有利的。我们在中西部地区的区位优势明显,利用中央的倾斜政策,机会也最多。这是我们加快发展十分有利的外部条件,必须牢牢把握,充分加以利用。

第三,三峡工程建设和三峡库区开发,对重庆经济发展的促进到底有多大,听了邦国同志的讲话后有了新的更深的认识。一是移民安置问题。我们既要看到做好移民安置工作对三峡工程建设的重大意义,又要看到用好移民资金对加快库区经济发展的积极作用。三峡移民安置静态投资315亿,其中企业搬迁费用78亿,动态投资还远不止这些,我们不能仅仅理解为是企业搬迁的费用,更要看到它可以作为经济发展的一个最基本的资本金。当前在企业技术改造、结构调整面临资本金匮乏的情况下,这无疑是一笔极其宝贵的财富。必须用好用活这笔钱,让它发挥最大的效益。二是三峡库区成为经济上的对外开放区的问题。由于国家已宣布库区几个主要城市为沿江开放城市,并即将出台对库区企业给予一定的进口免税优惠,享受比其他地方更优惠的政策,加之库区本身又有广阔的市场和相对廉价的劳动力,这就使得库区必将成为对外有极大吸引力的开放地区,从而促进库区的大发展。三是对口支援问题。几年来,对口支援工作已经取得了显著的成绩,有了一个良好的开端。中央对此十分重视,认为对口支援是实施开发性移民方针的重要措施和途径,要求一定要深入抓好落实。中央各部委、各省市对口支援的项目一年比一年多,积极性越来越高。总之,正如邦国同志讲,三峡移民搬迁和三峡库区开发项目所形成的生产力将是我们重要的新的经济增长点。

另外,我们还深切地感受到,重庆所面临的大发展机遇,远不是一个概念的问题,它已经和正在变为我们摸得着、看得见、实实在在的内容,正在成为我市经济和社会发展的巨大推动力量。大发展的机遇已经叩响了重庆的大门。我们一定要珍惜机遇,用自己扎实的卓有成效的工作,紧紧抓住机遇,加快发展步伐,不负党和国家的重托,不负人民的期望。在千载难逢的发展机遇面前,也是最能考验人的时候。如果我们领导干部在这样的关头,只考虑个人得失,不顾大局,消极等待,碌碌无为,将无法向党中央、国务院交待,无法向全市3000万人民交待。这一点我们务必时刻牢记。

第二,进一步认识了重庆的优势,增强了抓好工业的信心。

重庆经济发展的最大优势是什么?过去在认识上是不很明确的。大家都看到我们是老工业城市,西南的工业重镇,工业的地位十分重要,但同时也由于看到众多国有工业企业,在向市场经济转轨过渡时困难重重,效益不断下滑,致使有些同志对振兴重庆工业的信心产生了动摇。听了邦国同志的分析,坚定了我们的认识:重庆的最大优势仍然在工业。我们经过几十年的建设,工业上确实已经有了相当好的基础,形成了一块庞大的资产存量。全市工业企业有7600多家,工业企业固定资产达610亿元。而且在这块存量资产中,国有资产的存量又最大。虽然国有企业的户数仅725家(含国有控股企业),占总数7600户的9%,但资产存量却占了69%。别看国有企业当前困难重重,但只要我们坚持走改革开放之路,把这块存量资产盘活,就能产生巨大的经济效益。再从产业、行业、企业、产品优势来看,邦国同志指出我们有三大优势:汽车摩托车、冶金、化工,特别是天然气化工。这三大优势过去我们也列为支柱产业,但又怀疑它[们]以后的前景,听了邦国同志的分析,(使)我们豁然开朗,只要加快技术改造,不断上水平、上效益,这些优势产业是会长盛不衰的。又如在对轻工业的认识上,一些同志就失之偏颇,看到轻工业近年来不断萎缩,总认为重庆轻工不是优势。邦国同志分析,重庆轻工总体看目前不是优势,但其中个别行业、企业和产品是优势,发展好了就会有较强的带动力;并形象地评价轻工出了"五朵金花","是雾中的美女",在全国有相当大的市场影响力和竞争力。关于建材,邦国同志没有把它列为重庆的支柱,用建材部领导同志的话说叫"小、散、低"。但同时又对其中一些产品给予了充分肯定,提出要加快发展。我们要学习邦国同志分析问题的辩证思维方式,统一对重庆工业优势的认识,看准优势所在,大力发挥优势。

同时,邦国同志也指出我们所面临的困难和问题,如亏损企业多,结构性矛盾突出,生产集约化程度低,设备老化,工艺落后等。这些问题必须引起我们高度重视,切实加以解决。否则,就难以发挥重庆工业的优势。

第三,进一步看到了我们主观上的差距。

邦国同志在讲话中,虽然只从正面要求我们解放思想,转变作风,发扬艰苦奋斗、过紧日子的精神,没有直接批评我们主观努力不够。但这确实给我们敲了警钟,使我们扪心自问,看到了我们思想、作风和精神状态上的差距。

一是思想观念陈旧。在我们一些领导干部中,市场经济观念淡薄,其思维模式和工作方式,很多还是计划经济那一套。由于观念陈旧,所以在工作中就难以突破条条框框的束缚。比如:在解决矛盾和问题上,唯书唯上,缺乏必要的灵活性。在争取资金问题上,总是跳不出向银行贷款、向政府要钱的圈子,对于通过市场筹集资金,用改革开放的办法筹集资金,想得不多,也不敢迈大的步子。在开拓市场问题上,总容易想到靠行政手段、政府干预来保住市场,而不是更多的在提高产品竞争力、搞活营销上做文章。在项目安排问题上,总希望上面给自己安排大的好的项目,而自己则难以提出既符合市场需求,又符合国家产业政策,银行满意、企业满意的好项目来。观念落后、思想不解放,是我们工作打不开局面的首要原因。

二是发展思路不够清晰。关键在于没有真正抓住"两个根本性转变"这条主线,指导思想上考虑外延扩大再生产的多,忽视内涵扩大再生产,重速度、轻效益的思想比较突出。往往热衷于上外延扩展的新项目,对于立足于现有企业,立足于现有生产力通过技术改造发挥企业潜力重视不够。而且有些项目没有量力而行,不仅项目未搞成,还使企业背上了沉重的包袱,增加了不必要的损失和浪费。一方面已建成项目中,许多在那里闲置;另一方面还想铺新摊子、扩大规模。在扩大生产上,是走外延为主的路子,还是走内涵为主的路子,这是一个值得认真对待的理论和实践问题。这里关键是市场和效益。根据重庆目前的情况,应在内涵扩大、盘活存量上大做文章。同时,也要积极上一些有利于调整结构,适应市场需要,有利于提高工业经济整体素质的重点项目,以增量带动存量调整。如果离开市场和效益,盲目上新项目,其结果是要吃大亏的。

三是缺乏求实务实的作风,缺乏大干苦干、一鼓作气、锲而不舍的精神。我们一些领导和机关的同志,作风飘浮,抓工作流于形式,做表面文章多,缺乏闯劲和韧劲,致使一些工作半途而废。比如在抓建设项目上,有的一遇难题,就畏缩不前,知难而退。我们有一些项目,只差那么一步两步,就可以取得成功、获得效益,因为遇到困难便放弃了。粗略统计一下,全市有70多个项目属于这种情况,真是太可惜!在推进改革问题上,也存在着遇到阻力就退缩,致使一些改革措施难以到位,改革的成果难以推广。工作作风不实,往往是和"懒"字、"怕"字有关,就是懒于动脑筋,怕接触矛盾,只想当"太平官",守旧摊子。这种工作作风和精神状态,是很不适应新形势需要的。我们各级干部一定要少讲虚话,多干实事,始终保持一种信心十足,一干到底、干就干出成效的精神状态和工作责任心。在对干部的评价上,也要坚持实事求是的原则,重要的一条,就是要重实绩,看工作的实际效果。那些工作上缺乏冲劲、韧劲,缺乏创造精神,在一个单位总打不开局面的干部,就不能算是好干部。

二、关于认真贯彻落实邦国同志讲话精神的几点意见

如何把邦国同志的讲话变成我们的实际行动，还要自上而下深入讨论，才能拿出一套成熟的方案来。今天我只讲三点原则性意见，供大家在学习研究时参考。

第一，层层传达学习好邦国同志讲话，深刻领会精神实质，抓好任务的落实。

邦国同志和国务院有关部委的领导同志对我们加快工业改革、改造、改组和发展提出了一些重要思想和许多宝贵意见。怎样把这些思想、意见落到实处，我想当前应当抓紧做好三件事：第一件是层层传达学习好邦国同志讲话精神，广泛动员，在全市上下形成抓工业的浓厚氛围；第二件是把邦国同志和国务院部委领导讲的意见，初步定的若干政策，分门别类地梳成辫子，逐条落实到具体部门和责任人头上，限期抓出结果；第三件是根据邦国同志讲话精神，认真总结经验教训，理清工业发展思路。

首先，要在1月上中旬这段时间，结合贯彻中央经济工作会议精神，层层传达学习邦国同志的讲话，统一各级干部的思想。特别要在工业战线干部和经济管理干部中展开大学习、大讨论。同时，还要组织工业战线的职工学习讨论。邦国同志的讲话针对性强，内容丰富，具有很强的指导性。在学习讨论中，我们要在领会其精神实质、吸取自己的经验教训、理清发展思路上下功夫。

领会精神实质，就是要抓住邦国同志讲话中带根本性的方面，弄通吃透，用以端正我们的思想。邦国同志的讲话以及国家有关部委领导同志的要求，实质上还是要我们抓住机遇，发挥优势，加快改革开放和发展，千方百计抓好工业经济。其实这也是我们一直在说和想干好的事情，说明领导和我们想到一起了。没有工业的大发展，就不可能有高度发达的现代化经济。重庆是我国重要的老工业基地，工业的兴衰事关重庆的前途命运，因此领导讲话的主旨切中我们的要害。我们要在学习讨论中紧紧围绕搞好搞活工业经济这个主题，统一思想认识，研究措施办法。

吸取经验教训，就是要按照发展市场经济的要求，认真总结过去抓工业的经验，找出存在的主要问题，发扬成绩，克服不足。同样是老工业基地，有的为什么能搞得好一些？比如上海，国有工业企业就比我们好得多，活得多。客观因素大家都一样，关键是人家上海人的思想观念跟得上市场经济的要求，抓落实用的功夫狠。我们各部门、各地区特别是工业管理部门的同志，要在学习讨论中对比上海及一些搞得好的地区，好好进行总结，认真吸取经验教训，以利形成我们抓好工业的正确思路和政策措施，以利于我们抓落实见成效。

为了深入传达学习邦国同志的讲话精神，市委决定在1月上旬利用2—3天时间，组织市委中心学习组专题学习讨论；在1月中旬召开市委全委（扩大）会议，把邦国同志的讲话作为重要内容之一，研究部署1997年全年工作；还要自上而下组织一次群众性的大讨论。通过深入传达、学习和讨论，形成人人关心工业，支持工业发展，集中精力抓经济建设的浓厚气氛。

其次，这次邦国同志率领国务院19个部委的领导同志来渝视察指导工作，对我市工业发展提出了一些具体意见，确定了一些要我们抓紧办理的事情，已经由市政府研究室分门别类列出来了。下一步要立即确定承办单位和责任人，制定工作计划，限期办出结果，务请有关部门高度重视。这件事具体由昌典同志和德水同志负责抓，最后向市委、市政府综合报告办理结果。

这是我讲的第一点意见。

第二，理清发展思路需要把握的几个问题。

理清发展思路，就是根据新形势、新任务，重新确定我们抓工业发展的指导思想、工作重点和政策措施。邦国同志要求我们在过去的基础上，根据重庆的优势和前景，进一步理一理。我们要在学习讨论中按照邦国同志的要求，切实理清我们的发展思路。正确的要坚持，不足的要完善，不准的要搞准。全市各个行业都要按此要求认真理清自己的发展思路，最后形成全市经济和社会发展的总体思路。在重庆体制变化提上日程以来，我们已经组织了一个班子进行重庆

未来发展战略的研究,下一步要根据邦国同志讲话精神,突出结构调整、突出技术改造、突出"三改一加强"、突出推进"两个根本性转变",提出一个以市场为导向,以国家产业政策为依据的,符合重庆实际的发展规划。我们要据此把发展思路理清楚、搞正确、搞完善,要把工作重点和政策措施搞准确,对此,应把握好以下几点:

一是要有正确的指导思想。正确的指导思想是确定思路、制定规划的重要前提。邦国同志讲,在确定发展思路、编制发展规划时,一定要坚持"有所为、有所不为,扶优扶强,立足现有企业、现有能力,量力而行"的指导思想。这个指导思想贯彻了辩证唯物主义的观点,把握了事物发展的本质,有很强的针对性,是非常重要的。我们在确定重庆工业发展思路,制定和实施工业发展规划时,要认真贯彻这个指导思想,找准着眼点,端正立足点,注意把握:始终以改革开放的精神来抓工业经济;立足于两个根本性转变,着力提高经济增长的质量和效益,走内含扩大再生产为主的路子;坚持改革、改组、改造和加强管理相结合,促进产业结构、产品结构、企业组织结构的调整和优化;实行以存量带动增量的投资原则,盘活存量国有资产;抓大放小,扶优扶强,不断培植新的经济增长点;扬长避短,发挥优势。

二是要找准我们的优势。扬长避短,发挥优势,是发展经济的重要指导原则。我们的优势到底是什么?邦国同志讲话及部委同志的意见给了我们很大启发。现在看来,我们的最大优势还是存量资产这一块,如何把这一块盘活,使其成为真正的优势,需要花大功夫。从产业和行业来看,现在有汽车摩托车、冶金、化工三大优势,有轻工部分行业、建筑建材、重大机械装备、食品等有发展前途的优势行业。还有哪些产业及行业是优势?是3+3、3+4还是3+几?需要认真分析论证。再从企业来看,我们现在有"50强"和100户重点骨干企业,但这里面不都是很强的,真正强的有多少,需要做到心中有数。还有一个产品的问题,到底有多少优势产品,也要研究。当前急需办的是把我们的优势产业、优势行业、优势企业和优势产品重新排一排队,搞清楚哪些是现实的优势,哪些是潜在的优势,哪些不是优势。搞清楚这些以后,我们就要按照"扶优扶强、抓大放小"的原则,加强分类指导,坚决把政策、资金、领导力量等倾斜在这些优势上,使其不断发展壮大,真正成为我市工业发展的"排头兵""火车头"。

三是按照效益至上的原则,确定建设项目。发展工业必须要以项目作支撑。但是实践证明,过去我们的一些技术改造项目有的没有看准,有的没有资本金作基础,所以成了"胡子工程""空壳项目""闲置能力"。我们要从全市经济发展的大局出发,通盘考虑,把已经建成、在建和准备立项的项目重新进行筛选,重新排队,提出清单,并按照比较效益的原则来选择,看这些项目是否符合调整优化结构,是否有利于壮大支柱产业、培植经济增长点、盘活存量资产,是否有市场前景和好的效益。对符合上述条件确定要上的项目,就集中资金和力量,坚决上;不符合条件的项目,要痛下决心,坚决让其停下来,不然占着大量资金,不能产生效益不说,还会拖垮企业。只有这样,我们才能有效克服"大而全、小而全",避免新的更大的损失和浪费。同时,我们还要对一批已建好因缺乏资金的项目,抓紧排列出名单,制定对策,择优重点扶持,使其早日投产见效。

四是尽快建立项目库。当前我市工业改造的任务很重,需要加快技术改造步伐。但有一个现象值得注意,就是一方面我们技术改造的任务很重,加快发展的形势逼人,另一方面我们又拿不出像样的项目争取国家支持和满足其他各方面投资者的需要。这里关键的问题是缺乏项目储备,特别是好的项目储备。近年来技术改造投资呈下降趋势,很大程度上是缺乏对好的项目的论证和储备造成的。项目的好坏不仅是企业技术改造成败的关键,也是能否争取资金和银行贷款的重要条件。所以我们要把项目库尽快建立起来,有关部门要积极做好工作,在这方面国内外都有经验可资借鉴。当然这项工作要求高、难度大,但再难也要干,而且要干好。

五是主动面向市场,走多渠道筹集资金的路子。资金不足将是长期困扰我们工业技术改造和发展的难题。这次国务院各部委在政策上给我们开了一些口子,增加了一定的资金规模。但是,我们不能满足于"等、靠、要",眼睛盯着政府和银行给的钱上,因为这些钱远远不够我们实际的需要。要坚持用改革开放的方法,努力增加投入。一要多渠道筹集资金,比如引资嫁接改造、扩大股票发行量、产权出让、土地批租、利用窗口企业在国外融资等。二要管好用好资金,一方面集中使用好资金,好钢用在刀刃上,使有限的资金发挥最佳效益;另一方面要管好、用好预算外资金,挖掘资金潜力。无论是筹集资金和应用资金,都要牢固树立市场经济观念,面向市场。"长虹"机器厂最成功的一点,就是企业有一批专门人才研究市场从事资金运作,使企业有形资产和无形资产不断增值、扩大。我们的经济管理部门、企业的领导一定要学习、掌握这方面的知识,学会在资本市场上去寻求资金,按市场经济规律用好资金。

六是着眼于21世纪,努力培养造就一大批优秀科技和经济管理人才。振兴我市工业经济,加快经济发展,需要解决的问题很多,但当前最重要、最迫切需要解决的是人才缺乏的问题。单从经济管理部门的干部来看,通晓市场经济、国际商贸、金融、法律、外语等方面专业知识的人是极少的。干部队伍中的这种偏底〔低〕的知识结构和水平,与我们所承担的历史重任是极不相称的。我们必须高度重视这个带战略性的问题,要在充分发挥我市科技优势、用好现有人才的同时,着眼于长远发展,制定人才培养规划,采用送院校培训、出国深造、定向培养等办法,积极培养选拔思想解放、业务水平高、年富力强,能承担经济管理重任的栋梁之材。同时要制定能广泛吸引人才的政策,大力引进、吸引国内外各类专门技术和管理人才。

七是积极用好库区政策特别是对口支援这个大政策。在这方面,涪陵市、万县市积累了一些成功的经验,有的对口支援项目已见成效。我们要在总结经验的基础上,进一步抓好对口支援工作,大力改善投资环境,以便吸引更多的外地企业来库区落户。

总之,只要我们把握好以上几点,我们就能理顺思路,制定正确有效的政策措施,为加快重庆发展提供一个可供遵循的、科学的发展规划。

第三,要进一步解放思想,转变作风,保持良好的精神状态。

一是,必须把解放思想当作思想建设一项经常性的重要任务,常抓不懈。联系重庆实际,大多数同志已经认识到,我们现在这差距那差距,最大的差距还是在思想观念上。没有思想的大解放,观念的大更新,要加快发展是不可能的。特别应当看到,重庆是国有经济比重很大的老工业城市,传统的计划经济模式所形成的管理观念的惯性阻力比沿海地区大得多,要冲破旧体制、旧观念的束缚,解放思想的任务更重一些。我们要坚决克服忽视解放思想和"解放思想差不多"的问题和想法,坚持辩证唯物主义认识论的观点,把解放思想贯穿到我们各项工作的始终,以此推动工作不断取得新的进展。

二是必须在务实上下功夫。我们的差距除了观念陈旧外,还在于下功夫务实不够,抓落实不狠。所谓务实,就是说了算、定了干。我们共产党历来的作风是说实话、干实事。光说不干,再好的思路、办法也到不了位,也是空的。其实,我们过去在抓工业的改革和发展方面,并不是没有一些好的思路、好的措施,就是由于缺乏务实的狠劲,往往效果欠佳。人家外地说我们"墙内开花墙外结果",我看并没有冤枉我们。认真回顾和总结我们一些取得成功的项目,不仅有好的思路、好的措施,更是一个务实的结果,坚持奋斗的结果。缺乏务实的作风,严格地讲,还不仅仅是一个作风问题,实质上是一个责任心不强的问题。因此,坚持工作上求真务实,一定要增强责任心。要进一步完善抓工业的责任制,而且要落实到具体企业和项目上,实行领导抓企业、带项目的责任制度,我看只要各行各业真正把每一项工作抓实在了,就没有办不好的事情。

三是必须始终保持一种旺盛的精神状态。当前,重庆经济社会发展困难大、任务重,有许多艰苦的工作需要我们去做。我们各级干部如果没有一个旺盛的精神状态,是做不好的。因此,我们一定要振奋精神、增强信心,增强历史责任感。坚决克服怨天尤人,"等、靠、要"的消极思想情绪,牢固树立艰苦奋斗、迎难而上、锲而不舍的精神和作风,牢固树立负重自强,坚决把重庆经济搞上去的雄心壮志。自力更生,艰苦奋斗,是我们党的传家宝。在我们面临行政体制调整后加快发展任务更加繁重的情况下,更需要这个传家宝。李鹏总理要求我们一定要坚持自力更生、艰苦奋斗的精神,邦国同志也反复强调这一点,要我们一定有过几年紧日子的思想。我们要按照中央领导的要求,在确定工作指导思想和具体工作实践中,切实体现自力更生、艰苦奋斗的精神。比如对中央每年给的6亿财政补贴,到底怎么用,就要以艰苦奋斗、过紧日子的精神来统一认识。我们一定要有战略的眼光,发展的眼光,把这笔钱用在刀刃上,用在培植财源、增加实力的项目上,不能只顾眼前利益,用在不重要、不必要的开支上。通过大力发扬自力更生、艰苦奋斗精神:勒紧裤带苦干几年,力争工业经济实现一年起步,三年走出困境、五年振兴、十年大发展的目标,进而大幅度增强重庆的综合实力,进入全国经济发达地区行列!

第二编

重要文件

重庆市人民政府关于1988年双增双节工作的意见

(1988年2月9日)

各区县人民政府,市政府各部门,县级以上企事业单位:

1987年,我市认真贯彻全国省长会议精神,在全市广泛深入地开展增产节约、增收节支运动,把双增双节作为经济工作的第一件大事,同深化改革结合起来,发动群众克服困难,推动了生产建设发展,实现了双增双节的主要目标。全市工农业总产值达到208亿元,增长12%。

——工业生产稳步发展,经济效益有所改善。全市完成工业总产值169亿元,比上年增长14.2%,能源、原材料和市场紧缺的日用消费品的产量有较大幅度的增长,产品质量稳定提高,新产品开发步伐加快,全民工业全员劳动生产率增长9.6%;市属预算内工业总产值、销售收入和利税总额分别增长了10%、17.8%和7.3%,实现了三者同步增长。

——农业生产在大灾之年保持稳定,粮食产量比预计的好。全市完成农业总产值38.6亿元,比上年增长3.3%;粮食产量557万吨,比前年略有增长;出槽肥猪增长1.4%,蛋、奶、鱼、茶叶、水果等都比上年增产;乡镇企业完成产值46.9亿元,增长33.4%。

——城乡市场活跃,外贸出口大幅度增长。全市社会商品零售总额完成72.2亿元,增长19%;国营商业纯购进、纯销售分别增长20.9%和17.9%;外贸出口全年创汇2.23亿美元,增长48.4%。

——压缩空气初见成效,重点建设项目进展加快。市财政用于基本建设的支出比上年减少19.8%,能源、交通、原材料工业的建设得到加强,江北机场、珞璜电厂等一批重点工程进展情况良好。一批道路、供水、通讯工程建成投入使用。

——财政收入上升,支出得到初步控制。全市地方财政收入完成19.1亿元,比上年增长3.6%;地方财政支出比上年上升1.22%,其中行政管理费支出上升1.07%,扭转了近年来支出增长过猛的趋势。

去年开展双增双节运动的主要经验:一是各级主要领导亲自抓,成立专门的领导班子和工作机构,从纵向上加强对运动的领导,从横向上组织各方协同配合,打一场双增双节的总体战;二是明确目标,落实措施,检查督促;三是组织重点企业开展"效益杯"竞赛,组织农村自救互救,城市各行各业支援农村抗灾;四是始终注意把深化城乡改革同双增双节紧密结合起来,以改革为动力,促进工农业增产增收;五是组织大批干部下厂下乡帮助工作。

从总体上看,去年双增双节的成绩应充分肯定。运动发展不平衡,一些单位重增产轻节支的倾向比较突出,铺张浪费现象在一些单位比较严重,部分企业经济效益还不理想,成本升高,亏损上升,出口产品换汇成本偏高,一些节支项目未达到规定的目标。

1988年双增双节工作要贯彻党的十三大精神,认真执行稳定经济,深化改革的方针。用改革统揽全局,用改革来推动双增双节。尤其要通过深化企业改革、改善企业经营机制,增强企业活力,进一步调动企业和职工的积极性,努力增产,厉行节约,减少和杜绝生产、流通等各个领域的浪费现象,大力提高经济效益,促进全市经济持续稳定增长。

一、认清形势,摆正位置,把双增双节深入持久地开展下去

今年国家收紧财政和信贷,这是稳定经济的一项重大措施,但也不可避免地会给今年我市的经济工作带来很大困难:因压缩基本建设,一些企业的生产任务将严重不足;由于计划内原材料减少,市场调节部

分增加,大中型企业的生产成本还会上升;紧缩信贷,部分中小企业的资金会更加短缺。电力供应状况不可能有大的好转,面对严峻的经济形势,克服困难的根本出路还是深化企业改革,开展双增双节,在紧中求活,稳中求进。

要进一步提高认识。勤俭是中华民族的传统美德,艰苦朴素是我们党的优良作风,增产节约是我们国家经济建设的长期方针,在社会主义商品经济条件下,这些不仅没有过时,而且赋予了新的内容。各部门、各事业单位和新闻单位都要积极宣传党的十三大精神,宣传增产节约、反对铺张浪费的重要性和必要性,进一步提高干部群众的认识,把双增双节变成每个职工的自觉行动。

要深入发动干部群众。各区县、各系统、各单位,要针对自己的情况,结合新的形势,对干部群众进行再动员再发动。当前,要注意克服干部中的松劲思想和畏难情绪,既不能满足于已经取得的成绩,也不能被今年的困难吓倒。一方面要正视困难,做好连续过几年紧日子的思想准备,采取各种对策;另一方面也应看到经济中的巨大潜力,只要两眼向内,搞好承包经营和内部各项配套改革,加强管理,这些潜力就可以挖出来。要继续把双增双节作为经济工作的大事,扎扎实实地坚持抓下去。去年开展双增双节的一些行之有效的办法,今年要继续采用。同时,在实践中探索新形势下开展双增双节的新形式、新内容、新途径,把双增双节提高到一个新的水平。

要厉行节约,反对浪费。目前,各方面要办和想办的事很多,但可用的钱有限,只能从实际出发,量力而行。在财力安排和资金分配上,一定要分清缓急,区别先后,严格把关,防止浪费,把有限的资金用到重点建设、保后劲、保经济发展上来,促进全市国民经济的良性循环。近年来,一些部门和企事业单位艰苦奋斗、勤俭节约的思想淡薄,讲排场、摆阔气,大吃大喝等铺张浪费有增无减。这种现象任其发展,势必影响经济的稳定,削弱经济发展的后劲,给深化改革带来困难。因此,各单位一定要发扬艰苦奋斗、勤俭建国、勤俭办企业和一切事业的精神,树立良好的社会风尚。各经济监督部门和新闻单位,要揭露铺张浪费的典型,进行公开批评,严重的有关部门要给予惩处。

二、早安排,争主动,全面完成今年双增双节计划

今年全市双增双节的主要奋斗目标是:粮食生产力争超过大丰收的1984年570万吨的水平,工业总产值增长7.5%;抓好132个重点产品的增产,开发新产品200项;商品销售总额增长6%以上;企业物耗降低2%,"两管"费下降5%,减亏10%;定额流动资金周转加快3至5天;按中央的要求,争取地方财政收入增长10%以上,行政经费支出下降3%—5%,实现财政收支基本平衡;稳定市场物价,力争零售物价指数低于去年上升幅度。各区县、各系统要尽快层层分解落实,明确各自的主攻方向,制订出切实可靠的措施,确保完成。

稳定经济,首先要稳定农业。一定要把农业摆在国民经济的重要位置,采取多种渠道,尽可能地从资金、科技、物资等方面增加农业的投入,加强水利等农业基本建设,增强农业后劲。要牢固树立抗灾夺丰收的思想,在大力抓好粮食生产的同时,认真抓好蔬菜、生猪等多种经营,搞好开发性商品农业,向生产的深度和广度进军。当前尤其要抓好春耕生产所需的种子、化肥、农膜、农药等准备工作。要本着统筹规划、发挥优势、合理布局、注重效益的原则,继续大力发展乡镇企业。

要注意工业的均衡生产、均衡上缴。这些年来,我市生产和上缴总是前松后紧,这不仅给经营管理带来困难,也影响到产品质量的提高。所有企业都要从年初起就抓紧,做到每月、每季均衡生产,均衡上缴。要加强税收的征管工作,查堵跑冒滴漏,严禁偷税漏税,把该收的税款都收上来。

我市今年资金的缺口很大,是生产中又一突出的矛盾,有关部门要互相配合,增设金融机构,增加储蓄存款;发展行业金融服务组织,充分利用资金的时间差和空间差,调剂余缺;通过市内银行牵线,争取外地银行对本市企业直接贷款;继续坚持"区别对待,扶优限劣"的原则,用好用活信贷资金;进一步清仓利库,抽活资金;加快资金周转,提高资金的使用效益。

三、深化改革，加强管理，努力提高经济效益

要继续推行以承包经营责任制为重点的各种经营责任制，扩大市属非工业企业和区县企业的承包面。与此同时，积极推进企业内部的各项配套改革，完善企业经营机制。要建立和完善企业内部的承包保证体系，把双增双节目标划分成若干小指标，层层落实到车间、科室、班组和个人，严格考核，奖惩逗硬，确保承包任务的完成和双增双节目标的实现。企业领导体制、劳动组织、工资制度等，也应作相应的改革和调整。定额工资、计件工资、工资奖金与经济效益挂钩等分配办法，以及劳动择优组合、厂内待业等搞活固定工的形式，有条件的企业都要积极试行。要把承包经营同企业的技术进步、科学管理、上等级结合起来，克服短期化行为。

企业内部的各项改革，都依赖于良好的管理基础。因此，在承包中要克服以包代管，切实加强企业管理。开展整顿工艺纪律，消灭不良品活动，并运用经济办法同奖惩挂起钩来。要大力推广"厂内银行"，强化经济核算，努力降低原材料消耗，降低生产成本，提高经济效益，增强企业的活力。

企业承包后对政府经济管理部门提出了更高的要求。承包经营责任制的推行，使所有权与经营权开始分离，它要求经济管理部门对企业的管理方式和管理职能作相应的转变。一方面，要尽可能地为企业创造相对稳定的经营环境，维护承包合同的严肃性，保护企业和经营者的合法利益；另一方面，要加强对企业的指导、检查、监督，帮助企业克服短期化行为，引导企业着眼于内部，通过有效的途径和合法的经营，来完成承包合同。总之，不要以为一包就好，一包就了，撒手不管。

四、抓住时机，花大力气，调整企业结构和产品结构

目前，我市制造业中的多数企业属于大而全、小而全的组织结构，专业化生产程度很低，生产批量小、效率低、成本高。这种状况不改变，生产力难以提高，经济效益难以从根本上改善。要抓住时机，下决心，花大力气调整企业结构，市各有关部门要组织专门的力量抓这项工作。在经过深入调查，充分论证的基础上，通过建立企业群体或企业集团，以及采取企业包企业、企业租企业、企业买企业等形式，促进生产要素的重新组合，以适应专业化分工和规模经济的要求。这是关系发展社会生产力，提高整体经济效益的至关重要的问题，应引起有关部门的充分重视，纳入工作日程。

进行企业结构调整，首先要从亏损企业开始。对于长期经营性亏损，自身无力复苏的中小型企业，可由经济实力强的企业进行兼并。企业的主管部门要作出规划，先在行业内兼并，行业内无力兼并的，在行业外兼并。这不仅可以优化企业结构，也是扭亏的一项有效措施。

要积极调整产品结构。大中型企业要利用自己的技术优势，大力开发一批低物耗、低能耗、深加工、技术水平较高的适销对路的新产品，提高原材料、能源的使用价值，压缩长线产品，有计划地淘汰高物耗、低档次的大路货。市有关部门要采取必要的措施，扶植轻纺工业的发展。对目前处于困难的行业，要逐个研究，提出对策。

五、加强宏观管理，避免经济出现大的波动

为了适应紧缩的形势，避免经济上出现大的波动，必须加强宏观管理。一是加强市政府调控经济的能力。本着既要搞活微观，又要加强宏观管理的原则，适度划分市与区县的经济管理权限。凡属国家明文规定下放的权限，坚决下放给区县、企业；凡是已经下放而又有碍于调控全市经济运行，对全局经济发展有影响的权限，市里重新研究，进行适当的调整。这项工作由市有关部门提出意见，经市政府批准后实行。二是加强行业管理。逐步赋予市政府专业经济管理部门行业管理的职能，制订企业开办条例，把全市同行企业的开办管起来，制止重复浪费；通过行业组织的协调和企业间的协商，使同行企业之间的产品有大致分工，形成合理的产品结构。三是加强紧缺生产资料的管理。要严格执行国家最近颁布的有关规

定,严禁非法经营生产资料,打击倒买倒卖生产资料的活动;制止本市产紧缺原材料盲目外流,除国家指令性调拨外,地产原材料应首先满足本市需要,其价格可在最高限价内,由供需双方协商。四是加强紧俏消费品的管理。本市生产的市场紧俏的耐用消费品、生活必需品,应首先保障本市市场的需要。这些问题,由市有关部门在调查研究的基础上,制定出具体办法。

今年困难很多,任务十分艰巨。各级领导一定要振奋精神,知难而进,齐心协力,搞好各方面的工作。要把精力集中到经济建设上来。各地区、各部门、各企业的一、二把手要亲自抓双增双节工作,要有干部具体负责。要继续转变作风,深入实际,服务基层,不说空话,多干实事,把今年的双增双节提高到一个新的水平,使我市经济工作和其他各项工作登上一个新的台阶。

1988年2月9日

重庆市人民政府关于整顿经济秩序的通知

(1988年9月24日)

各区县人民政府,市政府各部门,县级以上企事业单位:

为整顿经济秩序,稳定市场和经济,除继续贯彻市政府9月2日《关于控制物价稳定市场的紧急通知》、《关于取缔和打击非法倒卖国家重要物资、紧俏商品活动的通知》外,特再通知如下:

一、立即开展物价大检查,坚决查处乱涨价、变相涨价。各生产、经营单位都要对今年以来,特别是8月中下旬"抢购风"中执行物价政策的情况认真进行自查。凡有乱涨价、变相涨价、乱收费行为以及违法经营活动的,都应立即纠正,并将自查、自改情况于一周内分别向同级物价、工商管理部门和主管部门申报。隐瞒不报或报假情况的,依法从严处理。

要广泛发动群众对乱涨价、变相涨价、乱收费以及各种违法经营活动进行举报。市里在市物价局设立物价检查举报中心(电话:55698),在市工商局设立违法经营活动举报中心(电话:45789),受理群众的揭发检举。各区县也要设立相应的举报站。

市政府由金烈副市长为首组成检查团,各区县成立物价检查组,进行重点检查。各主管部门都要由领导同志负责,组织专门力量,对所属生产、经营单位进行物价检查、监督,不得姑息、袒护。

在开展物价大检查的同时,从10月1日起,在全市范围内深入开展税收、财务大检查。

二、继续清理、整顿公司,严禁党政机关经商办企业。重点查处那些靠就地倒买倒卖紧俏商品、物资,牟取非法利润的公司。对非法经营的紧俏商品、物资,予以查封,听候处理;其非法所得,全部没收;情节严重的,处以重罚;构成犯罪的,移送司法机关依法处理。凡党政机关办的经营性公司,必须在10月底以前政企彻底脱钩,否则责令其停业。

三、加强生产资料市场管理。钢材、有色金属、废金属、重要化工原料等重要生产资料,只能由工商行政管理部门批准的单位经营。化肥、农药、农膜、柴油等重要农用生产资料,只能由国家规定的专营单位经营。生产、经营单位必须保证国家调拨计划的完成。擅自将计划内产品拿去卖高价的,其价差收入应予没收。重要生产资料的价格,必须严格执行国家定价或国家指导价。对就地加价倒卖重要生产资料,或加价倒卖提货单、空买空卖从中盘剥的,必须认真清理,处以重罚。

四、加强消费品市场管理。对广大人民群众生活必需的主副食品和日用工业品,要努力增加生产,积极组织货源,保证供应。要管好批发市场,实行批零差率管理,平抑物价。属于我市定价的商品,今年不再出台新的调价措施。凭证定量供应的粮、油、肉、煤、糖,售价不动。食盐、肥皂、火柴、洗衣粉、干面以及公园门票的价格不涨。凡在"抢购风"中价格涨上去的,要降下来。对关系人民生活的重要主副食品和紧俏商品,不准"卖大户",让商贩转手加价销售,损害消费者的利益。

五、进一步压缩社会集团购买力。对汽车、摩托车、彩电、电冰箱等紧俏高档商品,采取经济和行政措施,控制集团消费,压缩财政开支,制止转手倒卖,增加市场供应。

六、压缩基建规模,下决心停建一批楼堂馆所建设项目。各区县、各部门都要认真清理在建的基本建设项目,不能走过场。清理结果,于10月15日前报市计委,隐瞒不报的,要严肃处理。市里由市计委牵头,有关部门参加,组成检查组,各区县也要组织力量开展检查。重点检查楼堂馆所建设,对未经批准擅自兴建的,要认真查处;资金来源不正当、严重违纪建成的,予以没收、拍卖。

再次重申,各区县无权批准楼堂馆所建设。市里从现在起,一律停止审批新建楼堂馆所项目。

七、控制消费基金膨胀。各部门、各单位不得滥发奖金、实物。严禁乘撤销、合并机构之机私分钱、物,一经查实,除责令全部退出外,并追究单位领导人的责任。要采取出售商品房,鼓励群众购买股票、债券等,把一部分消费基金转化为生产基金。银行要大力吸收储蓄存款,加强现金管理,积极回笼货币,促进市场和物价稳定。

八、政府机关必须保持廉洁,反对铺张浪费。各区县、各部门必须坚决贯彻执行市政府关于保持政府机关廉洁的若干规定;坚决贯彻执行9月16日国务院办公厅《关于在接待中不摆烟酒等问题的通知》,违反规定的,财务部门不得报销。

九、深化企业内部改革。要完善企业经营机制,强化企业管理,优化劳动组合,挖掘内部潜力,提高经济效益。不能以包代管,更不能靠乱涨价增加企业的收入。

十、切实加强领导。各级领导要统一思想,统一步调,顾全大局,严守纪律,克服困难,努力工作。各有关部门要密切配合,打击一切违法犯罪活动,维护市场秩序,维护社会治安和安定团结,为改革创造良好的外部环境。

中共重庆市委 重庆市人民政府关于加强社会治安综合治理工作的决定

(1989年10月13日)

我市社会治安综合治理工作,在各级党委、政府的领导下,认真贯彻"条块结合,以块为主"和"谁主管,谁负责"的原则,依靠社会力量,做了大量工作,总结积累了一些好经验,促进了我市社会治安基本稳定。<……>但是,由于种种原因,社会治安综合治理工作还很不适应斗争的需要。当前,我市治安形势相当严峻,刑事案件特别是大要案件增多,社会丑恶现象屡禁不止,严重影响了社会治安秩序和社会主义现代化建设的顺利进行。为了全面落实中央〔1989〕1号文件和省、市政法工作会议精神,动员组织全社会的力量,进一步做好社会治安综合治理工作,努力实现我市社会治安继续稳定好转,增强群众安全感,为治理整顿,深化改革创造一个安定的社会环境,特作如下决定:

一、明确社会治安综合治理的主要任务,增强齐抓共管意识。治安秩序的好坏,对人民生产、生活、工作关系极大。邓小平同志指出:"中国的问题,压倒一切的需要是稳定。没有稳定的环境,什么都吹了,已经取得的成果也会失掉。"今年中央召开的全国政法工作会议又进一步明确指出:"全党全社会都要维护社会安定,进一步落实综合治理措施。"治安问题是社会各种矛盾的综合反映,必须进行综合治理,只靠政法部门是不能完全解决问题的。综合治理的目的,就是要把各条战线、各个单位和各个方面的力量动员组织起来,运用政治、思想、经济、法律、文化、教育、行政等各种手段,打击犯罪,预防犯罪,改造罪犯,挽救失足者,消除危害和影响社会安定的各种因素,维护良好的治安秩序。在完成这项任务中,必须坚持以防为主、打防结合的方针,把预防工作放在综合治理的重要地位。每个共产党员、干部,尤其是各级党政领导同志,要从战略高度,充分认识社会治安综合治理是坚持四项基本原则,反对资产阶级自由化的一项重要内容,是长治久安的根本方针;充分认识综合治理在治理经济环境、整顿经济秩序、坚持改革开放和现代化建设中的地位和作用;充分认识社会治安综合治理的重要性、必要性和长期性。增强搞好治安综合治理工作的自觉性和主动性,把综合治理工作作为贯彻党的十三届四中全会精神的重要任务,纳入包括企事业单位在内的各级党政的重要议事日程,扎扎实实地抓紧抓好。那种只注重经济,不重视治安工作,或者认为治安工作只是政法部门的事,与己无关等思想认识都是片面的、错误的,必须坚决防止和纠正。

治安问题,关系到千家万户,牵涉到每个公民的切身利益,维护社会治安秩序,加强安全防范,消除各种危害社会治安因素,同各种违法犯罪行为作斗争,是每个公民应尽的责任。

二、建立健全治安综合治理领导机构。实行党委领导,政府负责,条块结合,以块为主的领导体制,这是落实综合治理工作的组织保证。市和区、县直至街道、乡、镇以及厂矿、企事业单位,都必须建立由党委、政府或行政主要领导负责的领导小组并设立办事机构,配备与任务相适应的专职工作人员,做好综合治理的协调组织工作。组织机构不健全的,要尽快完善。没有建立的,应迅速建立起来。社会治安综合治理领导小组是在同级党政领导下统一指导和组织协调各地区、各部门、各单位综合治理工作的一个机构,党政主要领导必须亲自抓,才能形成有权威的领导班子。所有在渝的中央、省、市属企事业和机关单位,都要服从所在地区社会治安综合治理领导小组的领导与安排,充分发挥和努力完成本系统、本单位在社会治安综合治理中的职能作用和各项任务。

三、严厉打击严重刑事犯罪分子,是社会治安综合治理的首要环节,任何时候都不能放松。尤其是犯罪活动猖獗、治安形势相当严峻的情况下,必须依法从重从快惩处。各级党委、政府和各部门、各单位党政负责同志,要督促政法公安保卫部门切实做好惩治犯罪工作。各级政法部门要充分发挥主力军作用,密切注视敌情和社会动向,针对各个时期突出的治安问题,不失时机地组织开展形式多样、内容不同的专项斗争和专项治理。政法各部门要通力合作,协同作战,主动出击,快侦、快破、快捕、快诉、快判,<……>,始终保持"严打"声威,把犯罪分子的嚣张气焰打下去,遏制刑事案件特别是重大案件大幅度上升的势头。

打击经济犯罪活动,是治理经济环境、整顿经济秩序、促进党政机关廉政建设的一项重要任务。政法、工商、税务、海关、监察、审计等部门,要密切配合,把打击经济犯罪的斗争不断引向深入。

四、加强青少年教育,挽救失足者,减少犯罪因素,这是社会治安综合治理的重点。当前,青少年违法犯罪日趋严重突出,这是值得全党、全社会普遍关心和重视的重大问题。大家都要教育帮助青少年健康成长,对违法青少年要做好教育、感化、挽救工作。教育部门要认真贯彻"德、智、体、美、劳"全面发展的教育方针,加强学生的思想、道德教育和法制教育,上好法制课,从小养成遵纪守法的良好习惯。要把青少年的保护教育抓早、抓好,把流失生压到最低限度。做好"双差生""顽劣生"的教育和思想转化工作。对违法青少年(含违法青工),各地区、各部门、各单位和家庭都要做好帮教转化工作,努力预防和减少犯罪发生。宣传、文化、出版、广播、电视等部门,要为青少年提供健康的读物和文化生活,加强文化市场和娱乐场所的管理,杜绝各种黄色淫秽书刊、音像制品等的出版、传播。工会、共青团、妇联要积极做好工作。劳改、劳教部门要注意提高改造质量,尽力消除和减少重新犯罪。

五、要进一步推行和完善各种形式的治安保卫责任制和治安目标管理责任制。这是社会治安综合治理贯彻"谁主管,谁负责"和齐抓共管的行之有效的重要措施。城市要以街道办事处牵头,组织辖区单位、地段共同制订治安管理目标,并签订责任书,层层分解落实到每个基层单位直至个人。农村则由乡镇政府牵头办理。要加强检查督促,严格奖惩制度。对安全防范搞得好的先进地区、单位和个人给予奖励,以激励全市人民群众,关心治安,树立积极与违法犯罪行为作斗争的社会风尚。对治安防范不力,违法犯罪突出的地区、单位和领导人都不能评为先进,并要视情况追究有关人员和领导的责任。市和区、县各部委、办、局、各系统要有领导同志主管这项工作,除按《关于各有关部门在社会治安综合治理中职责分工的意见》,结合自身业务发挥好本部门在综合治理中的职能作用外,还要积极配合"块块",加强对所属单位的督促检查,把各项社会治安保卫责任目标完成好。

六、加强基层组织建设,建立严密的防范网络,充分发挥群防群治在社会治安综合治理中的作用。实践证明,加强和健全基层组织建设,社会治安综合治理各项措施才能真正落到实处。各地区、街道、乡镇都要进一步加强居委会、村委会,以及治保会、调委会等基层组织的建设,有关主管部门要加强业务指导和培训工作。治保会成员的经费补贴,各级党委、政府要多方面开辟渠道逐步解决。农村治保主任可设专职,报酬与其他村干部一样可从提留款中解决。要注意充实和加强联防执勤队、治安室、守楼护院等群众防范力量,并把各类群防群治组织有机地结合起来,不断提高整体防范功能,公安派出所在业务上具体指导,形成一个点、线、面相覆盖,巡、守、查相交织,时间、空间紧密相联〔连〕,基本无漏洞的治安防范网络,充分发挥他们在调解民间纠纷,帮教违法青少年,抓获现行、预防各种违法犯罪以及综合治理中的作用。

七、各级党政组织要切实加强对治安综合治理工作的领导。治安综合治理工作能否取得成效,关键是各级党政领导的重视。重视与不重视,抓与不抓大不一样。各级党委和政府务必把社会治安综合治理工作列入重要议事日程,和生产、工作同部署、同检查、同评比、同奖惩,使综合治理工作真正发挥作用。

社会治安综合治理工作所需的必要经费,市、区、县一级由同级财政拨款解决。街道、乡、镇可由政府拨一点,社会单位和个人筹集一点,街乡自筹一点的办法解决。筹集的经费只能用于本地区社会治安综合治理工作。维护社会治安秩序是社会各单位、团体和公民应尽的义务,有力出力,有钱出钱,不能认为是额外负担或乱摊派。

社会治安综合治理,城市综合管理,精神文明建设等任务很多,都要落实到基层。各级党委和政府,尤其是街道、乡、镇党委和政府,必须统一领导,统一组织力量,统一规划,统一行动,统一实施,形成拳头力量,防止互相推诿。

政法部门要把社会治安综合治理渗透到各项业务工作中去,充分发挥专门机关的骨干作用。要密切注视社会动向,经常分析治安形势,积极向党委、政府反映情况,当好参谋助手,协助党委、政府做好综合治理的组织推动工作。

重庆市人民政府
颁发《关于加强政府法制工作,实施依法治市的意见》的通知

(1989年10月29日)

各区县人民政府,市政府各部门,县级以上企事业单位:

《关于加强政府法制工作,实施依法治市的意见》,已经市政府第三十八次常务会议通过,并经市人大第十一届常委会第十次会议审议同意,现予颁发,请认真贯彻执行。

1989年10月29日

关于加强政府法制工作,实施依法治市的意见

最近,市委、市人大常委会分别作出了依法治市的决定、决议。这项基本市策的确立和实施,对于深入贯彻党的十三届四中全会精神,加强社会主义民主和法制建设,把我市各项建设事业和管理工作逐步纳

入法制的轨道,有着重大意义。依法治市是一项综合性、全方位、多层次的社会系统工程,政府法制建设是这项工程的重要组成部分。近几年,我市在加强政府法制建设中做了大量工作,为实施依法治市奠定了初步的基础。但发展不平衡。在实施依法治市中,各级政府担负着艰巨繁重的任务,需要付出极大的努力。为贯彻落实依法治市这项基本市策,制定本实施意见。

一、指导思想

以党在社会主义初级阶段的基本理论和基本路线为指导,"坚持一手抓建设和改革,一手抓法制"的战略方针,依照宪法、法律、法规所赋予的职权和允许的方式,积极推进政府法制工作,不断提高依法行政的管理水平,保障现代化建设和改革开放的顺利进行,促进社会主义物质文明和精神文明建设健康发展。

二、近期目标

本届政府在任期内继续努力增强全市行政机关工作人员特别是各级领导干部的法制观念,自觉地学法、守法,在宪法和法律的范围内活动;逐步建立和健全民主决策、民主监督的程序和制度,扩大同群众联系、对话的渠道,提高公民参政意识,保证广大人民群众的意志和利益在社会生活中得到切实的体现,充分调动全市人民的社会主义积极性;加强廉政建设,消除腐败现象,反对分散主义,做到依法行政、廉洁求实、政令统一、富有效率;认真贯彻实施治理整顿、深化改革的方针和有关法律、法规,加强宏观控制,整治经济领域、城市管理和社会治安中的突出问题,把全市的各项建设和管理逐步纳入法制的轨道,巩固和发展安定团结的政治局面;实现国民经济的稳定发展;坚持社会主义物质文明和精神文明一起抓的基本方针,提高全市公民的法律意识、社会公德和文化素质,依法保障公民、法人和其他组织的合法权益,形成良好的社会风气。经过一届政府依法治市的实践,为建设经济繁荣、政治民主、社会文明的现代化城市奠定良好的基础。

三、主要任务

依法治市是一项长期的任务。各级政府应当本着循序渐进,注重基础,讲求实效的精神,切实做好以下工作。

(一)坚持经常性的法制教育

依法治市,重在培育和提高全市公民的社会主义法律意识,形成学法、知法、守法的社会环境。公民是实施依法治市的重要力量,各级行政领导干部是依法行政的关键。要继续深化法制教育,把法制教育与贯彻实施有关法律、法规和规章的宣传学习结合起来,贯穿于依法治市的全过程。各级行政领导干部要带头学法、讲法。当前要把学习《行政诉讼法》和有关治理整顿、廉政建设的规定作为重点,严于律己,为政廉洁,做好本职工作。各单位要采取多种形式以法育人,把法制教育与思想政治工作和理想、道德、纪律教育紧密结合起来,重视做好青少年的工作,学校要按规定开设必需的法律常识课程。各级行政执法部门应结合法律、法规和规章的贯彻实施,把学习宣传放在突出的位置。新闻单位要密切配合,扩大知法、懂法覆盖面,增强法制宣传效果。通过经常的法制教育,努力提高广大公民守法的自觉性和用法的能力,维护国家、集体和个人的合法权益,勇于同各种违法犯罪行为作斗争。

(二)抓紧地方性法规、规章的起草制定工作

有法可依,有章可循是依法治市的基础。地方立法要坚持合法、有效、可行的原则,增强透明度,不断提高法规(草案)、规章的质量。要把立、废、改有机地结合起来,做好规范性文件的清理汇编工作,分层次建立健全规章和规范性文件备案制度,以保证法制和政令的统一。当前立法的重点,应放在治理整顿、廉政建设和与国家法律、法规配套上。5年内计划完成200项立法任务,按市人大常委会的五年规划和市政府的三年规划,编制年度立法计划,分年滚动实施。承担起草任务的部门,要严格遵守程序,搞好协调论证,提高可行性,在保证质量的前提下按时完成计划任务。

(三)加强和改善执法活动

有法必依是依法治市的中心环节。各级行政机关和工作人员要模范遵守宪法、法律、法规,保持政令

统一，正确行使执法职能，秉公执法，履行应尽的义务。要建立健全执法工作岗位责任制，加强经常性的监督管理。各级政府要围绕不同时期的中心工作，根据上级的部署，结合本地实际，精心组织，注重实效，组织有关部门分层次按系统有计划地开展执法检查活动。要充实执法力量，改善执法手段，实行条块结合，充分发挥综合管理部门和业务主管部门的作用，逐步建立市、区县和乡镇（街道）三级管理相结合的执法体系。要把经常性的监督管理、执法大检查和专项整治活动紧密结合起来，切实解决经济生活和社会生活中存在的突出问题。当前执法的重点应当放在社会治安综合治理，城市管理综合整顿，"清污扫黄"，税收、财务、物价和产品质量大检查等方面。

（四）强化行政执法监督工作

这是推动依法治市，促使行政机关正确实施有关法律、法规和规章的重要保障。各级政府要把行政执法监督工作纳入议事日程，逐步建立健全监督检查制度。要加强行政监察和审计监督，有计划地开展对执法者的监督检查活动，进一步巩固和完善"两公开一监督"制度，切实抓好举报工作，扩大社会监督面，发挥群众监督和舆论监督的作用，推动行政执法工作。在实施中要注意把行政机关的自身监督与党的监督、权力机关的监督、政协的民主监督和司法机关的监督结合起来，及时发现和解决行政执法中的问题。当前，要从廉政制度建设入手，严肃查处贪污受贿行为，全面清理行政性收费、罚款，抓紧《行政诉讼法》实施准备，包括学习宣传、干部培训、复议制度和行政诉讼代理制度的建立完善，特别是提高各级行政领导干部和工作人员的思想认识，转变观念，自觉接受群众监督和司法监督，保障公民和社会组织的合法权益。

（五）抓好基层法制建设

要进一步拓展律师、公证业务，改进工作，提高服务质量。逐步推进法律顾问制度建设，加强基层人民调解工作，指导村民委员会、居民委员会等基层组织依法加强自我管理，建立健全以守法、用法和发扬社会主义新风尚为主要内容的乡规民约，促进基层管理制度化。各行业管理部门要抓好企业法制建设，提高经营管理者的法律意识，善于运用法律手段，依法治厂（店）、依法经营、依法维护企业的合法权益。

四、主要措施

（一）广泛发动群众

依法治市的综合性、社会性决定了必须把人民群众动员和组织起来，才能逐步达到预期的目的。各级政府在宣传发动工作上，要分层次按系统采取动员会、学习座谈等形式发动群众，既要重视发挥新闻媒介的舆论宣传作用，造成一定的声势，更要切实抓好已开展的各项整治工作，依法办几件人民群众关心的、看得见摸得着的实事。从而提高全市行政机关工作人员和人民群众对实施依法治市必要性、重要性的认识，增强信心和责任感，积极投入依法治市的各项活动。

（二）制定实施方案

区县政府和市政府各部门应根据本实施意见确定的目标和任务，结合各自的实际制定具体实施方案。区县政府的重点是依法行政，以法育人，强化行政执法，加强乡镇（街道）的法制工作；市政府各部门的重点是加强行政管理规范化、制度化建设，抓好执法队伍的建设和管理，推进行业和企事业单位的法制建设。实施方案要任务明确，措施有力，突出重点，切实可行，并确定一批不同类型的试点单位。各区县政府和市政府各部门制定的实施方案，应于明年1月底以前报市人民政府备案。

（三）抓好行政执法队伍的建设

各级行政执法机关必须从严要求，建设一支纪律严明，公正廉洁，秉公执法，人民信赖的执法队伍。要制订培训计划，并按计划对现有执法人员采取多种形式分期分批轮训，不断提高他们的政治素质和业务素质，逐步做到考核合格才能上岗。要定期进行法纪检查，采取必要的整顿措施，开展依靠群众监督行政执法的活动，不断提高行政执法水平。

（四）搞好试点，以点带面

实施依法治市需要扎扎实实的工作并通过实践，取得经验，逐步推开。为此，市政府确定在以下地区和部门进行联片综合试点：

实施《行政诉讼法》试点——由市政府法制办公

室牵头,有市中区、沙坪坝区、合川县、江津县、长寿县、永川县;

城市综合治理试点——由市城管办公室牵头,有市中区、九龙坡区、江北区、市公安局、规划局、城建局、交通局、公用局、园林局、工商局、文化局和10个街道;

依法实施行业管理,推动企业法制建设试点——由市经委牵头,有市机械局、化工总公司、电子工业局、交通局和10个企业;

农业综合治理试点——由市农委牵头,有江北县、市计生委、民政局、国土局、林业局、司法局、乡镇企业局和10个乡镇。

同时,巩固完善市级行政执法监督部门和有关部门定期协作联席会,交流情况,加强工作协调,研究带共性的问题,推动我市的法制建设。

(五)加强领导

依法治市是民主法制建设的大事,任务繁重,涉及面广,在各级党委领导下,各级政府应当切实加强领导。市、区县政府和市政府各部门都要把法制工作纳入议事日程,把依法治市作为重要工作来抓,确定主要领导同志分管,定期检查研究工作。市里每年召开一次法制工作会议,各区县和市政府各部门每半年召开一次法制工作会议,及时解决工作中出现的问题,保证目标、任务的实现。要抓好试点工作,以点带面。要深入实际调查研究,开展社会主义法制特别是经济法、行政法理论的学习研讨活动,认真总结交流经验,把依法治市不断引向深入。要加强政府法制工作机构建设,进一步充实力量,以适应法制建设的需要。

中共重庆市委关于贯彻执行《中共中央关于进一步治理整顿和深化改革的决定》的意见

(1989年12月20日)

各区县委,市委各部委,市级各部门,县级以上企事业单位党委:

中共重庆市六届五次全委(扩大)会议认真学习了《中共中央关于进一步治理整顿和深化改革的决定》和省委的贯彻意见,结合我市实际进行了深入的讨论,提出如下贯彻意见。

一、深刻领会《决定》的基本精神,牢固树立国民经济长期持续稳定协调发展的指导思想

《决定》集中了全党全国的智慧,全面地、科学地分析了当前的经济形势,充分肯定了10年来建设和改革的成就,深刻总结了建国40年来经济工作的主要经验教训,如实地估计了当前经济工作面临的问题、困难和克服困难的有利条件,正确提出了进一步治理整顿和深化改革的指导方针、主要目标和基本措施,是指导我国治理整顿和建设、改革工作的纲领性文件。

《决定》的内容十分丰富,全市各级党组织要组织广大党员、干部和群众,认真学习,深刻领会,全面贯彻。学习《决定》一定要把握好总的精神和指导思想,把思想、言论和行动统一到《决定》精神上来。在学习中,要紧密联系本地区、本部门、本单位的实际,充分肯定成绩,认真总结和记〔汲〕取40年经济工作最主要的经验教训,任何时候都要从市情、市力出发,从需要和可能的结合出发,保持国民经济的适度增长,坚持把提高经济效益放在经济工作的首位,防止急于求成,避免大起大落。无论是在治理整顿期间,还是在治理整顿任务完成之后,无论是我们的经济在遇到困难还是发展比较顺利的时候,都要始终坚持国民经济长期持续、稳定、协调发展的方针,把社会主义经济建设稳步地向前推进。

二、正确认识经济形势，进一步推进治理整顿

党的十一届三中全会以来，我市以经济建设为中心，坚持四项基本原则，坚持改革开放，各条战线都取得了显著的成绩。1978年到1988年，全市工业总产值由63.8亿元增加到201亿元，农业总产值由19亿元增加到40亿元，国民收入由40亿元增加到141亿元，财政收入由10.6亿元增加到21.2亿元，城市职工人均年收入由585元增加到1690元，农民人均年纯收入由122元增加到565元。改革开放的10年，是重庆经济发展最快的10年，是人民群众得到实惠较多的10年。近一年来，我市治理经济环境、整顿经济秩序也取得了初步成效。固定资产投资规模和集团消费得到控制，今年头10个月，全民固定资产投资比上年同期下降5.2%，集团消费下降2.8%。农业在大灾之年获得好收成，粮食生产超过了历史最高水平。工业在困难的情况下保持了一定的增长速度。过高的物价涨幅明显回落，市场日趋平稳。城乡储蓄大幅度上升，货币回笼较好。初步整顿了公司，流通领域中的混乱秩序有所好转。

但是，我们必须看到，我市的经济形势还相当严峻，经济生活中许多深层次的问题尚未解决。主要是：总需求与总供给失衡，固定资产投资规模超过了物资和资金的承受能力，消费基金增长过快；结构性矛盾突出，加工工业发展超过了基础工业的承受能力；工农业比例失调，农业难以支撑工业的发展；财政负担过重，连年赤字，处于相当困难的境地；生产建设和流通领域中普遍存在着高消耗、低效益，高投入、低产出，高消费、低效率的状况；同时我们还面临着还债高峰、待业高峰和新的生育高峰。在治理整顿中又出现了新的情况和问题：工业生产增长速度过低，经济效益下降，亏损增加，1—10月全市工业生产仅比去年同期增长4%，市属预算内企业，利润下降14.6%，亏损企业的亏损额上升81.6%；市场销售疲软，产品积压严重，有的企业处于停产、半停产状态，职工收入和财政收入受到不同程度的影响。

经济生活中的这些问题和困难，是多年积累下来的。产生的原因是多方面的，既有体制上的原因，也有我们工作中的失误。市委、市政府在经济建设和改革中存在着急于求成的思想，总想快一点改变落后面貌，对需要考虑得多，对可能考虑得不够，在注意搞活企业、搞活市场的同时，加强宏观调控不够，经验不足；对经济生活中种种错综复杂的矛盾预见性差，采取的措施不够及时和有力。我们一定要认真总结经验教训，转变经济工作的指导思想。

我们面临的困难虽然严重，但就其性质来说，毕竟是暂时的、前进中的困难，是完全可以克服的。面对当前困难，在我们的干部中存在着几种不正确的态度：一是对困难抱无所谓的态度，存在侥幸心理，觉得只要像过去那样挺一挺就会过去；二是认为反正是社会主义制度，单位有了困难国家不会不管，存在着依赖思想；三是也有少数单位，夸大困难，要求照顾。这几种态度都不利于我们带领群众克服困难、渡过难关。我们既要看到经济形势的严峻性和治理整顿的艰巨性，也要充分看到克服困难的有利条件，增强搞好治理整顿的信心。经过10年建设和改革，不仅增强了经济实力，而且积累了更多的经验。我市能源、交通和原材料等基础产业的建设正在加强，一批重点项目，一两年内即可投产，治理整顿有了一个良好的开端，已摸索出一些办法。全市共产党员、人民群众在制止动乱和同严重自然灾害作斗争中，经受了检验，磨炼了战胜困难的革命意志。最重要的是有党中央的坚强领导，有党的正确路线、方针、政策，这是我们克服困难的根本保证。各级、各部门一定要端正态度，增强战胜困难的信心和勇气。只要我们紧紧依靠和带领人民群众，振奋精神，团结一致，艰苦奋斗，就一定能够克服暂时的困难，完成治理整顿的任务。

三、三年治理整顿的主要目标和重点

根据党中央的部署和省委的要求，结合重庆的实际，从今年开始用三年或者更长一些时间，基本完成治理整顿的任务，为今后经济的长期持续、稳定、协调发展打好基础。

治理整顿的主要目标和任务是：

（一）继续严格控制物价，争取全市零售物价总指数的涨幅逐步下降到10%以下。

（二）进一步压缩社会需求，控制固定资产投资规

模,按照国家的产业政策和市的实施办法调整投资结构,把投资总规模控制在财力和物力允许的范围之内。严格控制消费基金膨胀,加强和健全对社会收入分配的计划调节和指导。

(三)保持经济适度增长,全市国民生产总值年均增长4%左右,工业总产值年均增长5%左右,农业总产值年均增长2%左右,使经济效益有明显提高。

(四)调整产业结构、产品结构和企业组织结构。大力加强农业等基础产业,逐步缓解能源、交通、原材料的紧张状况,增强经济发展后劲。

(五)深入开展双增双节运动,努力增收压支,逐步实现财政收支平衡。

(六)继续整顿经济秩序,克服生产、建设、流通、分配领域的混乱现象。

(七)进一步深化和完善各项改革措施,逐步建立符合计划经济与市场调节相结合原则的、经济、行政、法律手段综合运用的宏观调控体系。

(八)严格控制人口增长,进一步加强计划生育工作,强化人口目标管理,做好城乡劳动力平衡和待业人员的安置工作。

在治理整顿中,要始终抓住五个重点:控制总量,调整结构,整顿秩序,提高效益,增强后劲。同时,要把教育、科技放在优先发展的战略地位,加强国土管理,注意合理利用资源和保护生态环境,并把加强这些方面的工作同治理整顿很好地结合起来。

四、抓住有利时机,调整产业结构

治理整顿,实质上是一次经济调整。在利用近几年经济发展速度放慢的有利时机,下决心调整产业结构,逐步做到有计划按比例发展,这不仅是三年治理整顿的一项重要任务,也是保证我市经济持续稳定协调发展的长远大计。各部门各区县一定要顾全大局,按照我市贯彻国务院产业政策的实施办法,真正做到该压的坚决压掉,该保的务必保住。

加强农业、能源、交通、通信等基础产业,切实调整加工工业。要注意处理好工业与农业的比例关系,力争主要农产品生产逐步增长,使工业的发展建立在农业能够承受的基础之上。集中力量保证列入国家计划的在建的能源、交通、通信、重要原材料等基建和技改项目,对一般建设项目要严加控制。压缩高消耗、高用汇、低效益和严重重复生产的加工工业。同时积极地有重点地对现有企业进行技术改造,增强发展后劲。

调整产品结构,增加有效供给。要采取有力措施重点保证支农产品、人民生活必需品、短线原材料和出口创汇产品的生产,坚决压缩长线产品和制止淘汰产品的生产,加快新产品的开发,建立必要的产品"梯队"。充分发挥我市机电制造业特别是军工企业的巨大生产潜力和技术优势,开发出口产品和替代进口产品。要把调整产品结构同调整企业组织结构有机地结合起来,推进企业联合、改组、兼并,发展企业集团,形成拳头产品的规模优势。

坚持以社会主义公有制经济为主体,发展多种经济成分。在生产领域,要充分发挥大中型企业的骨干作用;在流通领域,要充分发挥国营商业和供销社的主渠道作用;要充分发挥集体经济的作用,同时在法律、政策范围内,发挥个体经济、私营经济对社会主义经济的补充作用,限制其消极作用。要统筹兼顾,广开就业门路,妥善安置待业人员,将我市城镇劳动力待业率控制在适当水平,以保持社会安定。要加强社会劳动力和农民进城务工的管理,城市新增就业岗位,原则上安排城市待业人员。逐步建立健全社会保障制度,当前要抓紧建立和完善待业人员的社会救济金制度。

五、全党动手,全民动员,集中力量办好农业

农业是安天下的产业。农业的稳定发展,是经济、政治、社会稳定的基础,是关系国家安危的重大问题,重庆是大城市,又是大农村。多年历史证明,农业搞不上去,全市经济就难以持续稳定协调发展。各级党委和政府都必须把农村工作放到十分重要的位置,各行各业都要关心农业,支持农业,使我市农业登上一个新台阶,力争1992年,全市粮食总产量达到60亿公斤。

发展我市农业要注意克服消极畏难的思想,既要看到增产的困难,更要看到增产的潜力,对粮食、油

料、蔬菜和生猪的生产尤其不能掉以轻心,要促进农林牧副渔全面发展,真正做到以农业为基础的思想不动摇,开发利用耕地与非耕地相结合、扩大复种指数与提高单产相结合的思想不动摇,防灾抗灾夺丰收的思想不动摇。

农业上新台阶的主攻方向是大力发展商品性开发农业。为此,必须将各种先进实用技术配起套来,切实抓好"三大工程"的建设:一是以综合利用300万亩冬水田为重点的粮食增产工程,攀登粮食生产新台阶;二是在保护生态环境的前提下,以植树造林为重点,成片开发200万亩荒山荒坡和改造低产土的增产增收工程,实现多层次增值;三是以搞好"菜园子"为重点的"菜篮子"工程,不断改善城市的副食品供应。围绕"三大工程",抓好肥料体系、饲料体系、加工体系和科技服务体系的配套建设。

加强农业基础必须保持农村基本政策的稳定。当前特别要注意坚持和稳定党的十一届三中全会以来在农村所实行的各项基本政策;在稳定和完善家庭联产承包责任制的同时,在平等、互利、自愿原则基础上,有条件的地方逐步发展适度规模经营,繁荣农村经济。

实现农业的稳定增长,关键在于增强农业发展后劲。根据中央关于"要把大部分地方机动财力用于农业建设"的要求,市和区县两级财政要适当提高对农业投入的比例,制定出具体的办法和措施,加强对投入资金的审计监督,提高投放效益;积极发展农村合作基金会;充分发挥农民在投入中的主体作用,积极引导农民增加农业投入和劳动积累。农业投入的主要方向是:加强农田水利基本建设、农用工业和农业科技,以增强农业综合生产能力。

要继续鼓励和引导乡镇企业健康发展。乡镇企业的发展为支持农业、解决就业、繁荣经济、增加收入和出口创汇作出了重要贡献,已经成为我市经济的重要组成部分。要根据治理整顿的要求,积极加以引导,对符合产业政策、效益好的乡镇企业,要继续积极支持;起步晚的地区,要保持适当发展速度;对消耗高、质量差、污染严重、效益又差的,要下决心关停并转,重点在并转上下功夫。

各行各业要主动为发展农业服务,大力发展农用工业,特别是化肥、农膜、农药、农机、饲料等农用物资的生产,适应农业发展的需要。要切实搞好计划生育工作。严格控制人口的增长。进一步加强国土管理,杜绝乱占和浪费耕地的现象。清理和纠正对农民各种不合理的摊派,减轻农民负担。

六、努力保持工业适度增长,提高经济效益,增强发展后劲

工业是我市经济的主体,是地方财政的主要来源,工业生产的首要问题是大力提高经济效益,保持适度增长,防止大起大落。明年初步安排工业生产增长5%,经济效益比今年有所提高。

切实加强对工业生产的组织领导。当前工业生产下滑,已成为我市经济工作最严峻的突出问题。市和区县政府与工业主管部门,都要精心组织生产,进一步健全和完善生产指挥系统和调度协调制度,经常分析生产形势,及时研究解决存在的问题。要制定完善一些必要的促销政策,保护销售人员的积极性,促进工商联合,努力打开国内国际两个市场,抽活资金,以销促产,尽快改变当前工业产品严重积压的局面。工业主管部门要组织力量,在财政、税务、银行、劳动和工会等有关方面的配合下,对特困企业、停产半停业企业进行专题研究,逐户调查,采取必要的政策措施,帮助他们恢复生产,渡过难关;对生活发生严重困难的职工,要采取适当措施保证基本生活。

必须下决心加快产品结构调整步伐。要抓住治理整顿的有利时机调整产品结构。我们有些产品不如外地[产品]好销,质量不如人家高,款式不如人家新,花样不如人家多,价格不如人家廉,必须下决心改变这种状况。有关部门要根据国家的产业政策和提高经济效益的目标,列出保产产品、限产产品、淘汰产品和替代进口产品目录,实行生产要素配套投入,对国家明令公布的淘汰产品,要停止贷款、供电和运输。在产品结构调整中,要大力抓好产品的升级换代和新产品开发,整顿质量,减少废品,切实提高我市产品的质量和档次。

充分发挥国营大中型企业的骨干作用。大中型企业是我市经济的重要支柱,其上交税利占全市工业

上交税利的78.9%。必须牢固树立好大中型企业才能稳定我市经济全局、增强全市经济实力、提高现代化水平的观念,真正为大中型企业排忧解难,帮助发展。对各行业现有国营大中型企业要分类排队,按照产业政策和提高经济效益的原则,合理分配资源,确定必保的企业名单,决不允许截留分配给大中型骨干企业的资金、能源和原材料。全市要重点抓好一批大中型企业的技术改造,做好引进技术的消化吸收工作。大中型企业要加强各项基础工作,改善经营管理,增强自我发展、自我约束能力,发挥好骨干作用。

深入开展双增双节运动。现在许多企业管理水平低,消耗高,浪费大,这是造成企业成本上升,效益下降的内部原因。要把深入开展双增双节运动作为治理整顿的重要措施,强化企业管理的重要内容和提高经济效益的有效途径。各区县、各部门、各单位都要制定明年双增双节规划,明确主攻方向、目标、重点和措施,狠抓落实。企业要进一步深挖内部潜力,广泛开展以技术革新、降低消耗、提高产品质量和安全生产为主要内容的劳动竞赛,下决心改变高投入、低产出的状况。现在方方面面向企业伸手的问题相当严重,乱摊派、乱收费、乱罚款泛滥成灾,要下决心采取坚决措施解决这个问题,切实减轻企业不合理负担。

七、继续压缩社会需求,坚持从紧的财政信贷政策

坚决按照中央要求,继续压缩固定资产投资,将全市投资规模控制在国家计划规定的水平上。同时调整投资结构,把非生产性和一般加工工业建设项目压下来,把重点建设和重点技术改造项目保上去,要改进投资管理体制,扩大投资计划管理覆盖面,适当上收建设项目审批权限。健全监督管理制度,严格控制新开工项目,治理整顿期间一律不准新建楼堂馆所。对有令不行,有禁不止,巧立名目,乱上项目或明压暗不压的,要坚决查处。要做好停缓建项目的善后工作,竭力减少损失浪费。

切实控制消费需求的过快增长。要按照中央关于消费基金的增长必须低于国民收入和劳动生产率增长的原则,研究改进工资、奖金、津贴等管理办法。在控制消费需求过程中,做好思想政治工作,向群众讲清消费水平必须与国情和经济发展水平相适应的道理,取得群众的理解和支持,使艰苦奋斗、过几年紧日子的思想深入人心。继续压缩集团购买力,坚决刹住奢侈浪费的不良风气。要采取有力措施逐步缓解分配不公的矛盾,争取在生产发展的基础上使人民生活有所改善。

坚持实行从紧的财政信贷政策,是紧缩社会总需求的根本性措施。要实现我市财政收支平衡,逐步消除财政赤字,必须狠抓增收节支,扭亏增盈;各地区、各部门、各单位都要树立整顿观念,严肃财经纪律,严格审计制度,坚决改变执行不力,监督不严,漏洞很多的状况。要强化税收征管,坚持依法治税,严格控制减免税收,制止偷税漏税。坚决清理和取缔"小金库",逐步把部分预算外资金纳入预算内,改变财力过于分散的状况,堵塞漏洞,减少流失,提高财政收入占国民收入的比重。大力节减和控制财政支出,加强财政资金管理,进一步提高财政资金使用效益。明后两年财政支出要基本维持在今年的水平,对行政事业费支出要适当压缩,对财政补贴要严加控制和适当调整。

继续按照"控制总量,调整结构,保证重点,压缩一般,适时调节"的方针,加强信贷管理,探索银根紧缩条件下用好用活资金,保证经济适度稳定发展的途径。国家专业银行不能实行完全的企业化经营,要重视履行宏观调控和执行政策的职能,在扶优限劣中,对一时有困难、经过扶持能够复苏的企业,也应给予支持。要进一步整顿金融秩序,认真清理整顿非银行性金融机构,加强银行之间的协调配合,加强对社会和企业集资的规范化管理。国营企业在税后留利中要按规定补充流动资金。当前,资金紧缺和资金占用不合理的状况并存,缓解资金不足的矛盾,根本出路在于加强经营管理,改善产品结构,加速资金周转,挖掘资金潜力,提高资金使用效益。

八、稳定市场物价,促进流通秩序进一步好转

各级党委、政府要把稳定物价继续摆到重要议事日程,努力争取明年物价涨幅控制在低于全国水平,

为降到10%以下打好基础。要坚持实行物价目标责任制,并[将其]作为考核政绩的重要内容之一。要适当集中物价管理权限,完善重要商品价格审批制度、提价申报制度和调价备案制度,对某些放开价格的商品,也要实行指导价格。物价工作的重点,要放在保持群众基本生活必需品价格的稳定上。要处理好控制物价与调整物价的关系,对确需调整价格的商品,要进行严格的测算和效果评估,只能在不影响物价控制目标的前提下,有领导有重点有步骤地进行。要严肃物价法纪,加强物价监督检查,充分发挥物价专业队伍和群众监督组织的作用,扩大物价检查的覆盖面,坚决查处伪劣商品,制止违法违纪行为。

当前市场疲软与紧缺并存。一方面大路日用工业品、高档消费品和少数农副产品销势不畅,积压严重;另一方面,关系国计民生的某些生活必需品缺口很大,库存薄弱。我们面临着稳定市场、搞活市场和开拓市场的重要任务,必须统筹安排城乡市场,搞好基本生活必需品的供应,扩大商品流通,继续努力消除流通领域秩序混乱状况。当前要特别注意抓好两方面的工作:一是继续认真清理整顿公司,重点是清理整顿流通领域中过多过滥的商业批发、对外贸易、物资供销公司,查处经济违法案件,逐步完善市场法规,加强市场管理,维护市场正常秩序。二是进一步发挥国营商业、物资企业和供销社在流通中的主渠道作用,增强调节市场的"蓄水池"功能,搞好重要商品物资的储备和供应。重要生产资料的经营要掌握在国营物资企业手里,重要消费品的批发要掌握在国营商业和供销社手里。对关系国计民生的必需品,购销政策要稳定。要巩固流通体制的改革成果,继续发展多渠道流通,活跃城乡市场,要逐步完善工业品批发交易市场,支持企业在完成国家计划后自销产品,除重要消费品的批发外,支持城乡专业贩运户发展,吸引更多的农副产品进城。

九、依靠科技振兴重庆,把我市的经济发展尽快转移到依靠科技进步的轨道上来

无论是克服当前的困难还是保证经济的长期稳定发展,都必须把促进科技进步放到十分重要的战略位置上,牢固地树立科学技术[是]第一生产力的观点,贯彻"经济建设必须依靠科学技术,科学技术工作必须面向经济建设"的方针,依靠科技,振兴重庆。

当前科技进步的重点是大力促进科技成果向现实生产力转化,多途径、多方式地为我市经济建设服务。市委、市政府确定1990年为我市科技成果推广应用年。要选择一批投入少、效益高的科技成果,集中技术力量和科研经费,在市内开展大面积的推广,争取在较短的时间内见到实效。

对近几年引进的技术设备,要认真进行一次清理,做到优化配置,尽快发挥最大的效用。要选择一批对我市经济发展有重大影响的技术改造项目、引进技术消化吸收项目、高技术产品、出口产品及进口替代产品项目,组织大中型企业和科研机构进行技术攻关,增强我市先进技术的吸收和开发能力。

要充分调动广大科技人员为经济建设服务的积极性,鼓励、引导科技力量进入经济建设主战场,深入到生产第一线,发挥他们的聪明才智。要鼓励、支持科研、设计单位,大专院校与生产单位之间发展多种形式的联合,兴办技术开发性实体。鼓励、支持中央、省属在渝科研机构为我市的经济建设服务。

要加强对科技工作的领导,扎扎实实地抓好促进我市科技进步的工作。市级各经济综合部门要加强对科技进步的统筹、协调、服务监督,不折不扣地贯彻落实好中央、省、市制定的促进科技进步的有关政策规定。市财政在财力可能的条件下,要增加对科技的投入。教育是科技进步的基础。要动员社会各方面的力量,努力办好基础教育、成人教育、职业技术教育和职工在职培训,提高全市人民的文化素质和科学技术水平。

十、继续深化改革,扩大对外开放

没有改革,国家就没有希望。在治理整顿中要把改革继续推向前进,用改革保证治理整顿任务的完成。在治理整顿期间,深化和完善改革的重点:一是要根据计划经济与市场调节相结合的原则,稳定、充实、调整和完善党的十一届三中全会以来行之有效的改革措施;二是要根据治理整顿时期应当多一点计划性的要求,适当加强集中,但这集中,决不是要退回到

改革前的老路上去；三是继续搞活微观经济，特别是搞活大中型企业，深化企业的内部配套改革，改善企业的外部经营环境。同时，逐步建立能够促进经济稳定发展的宏观调控体系。

坚持和完善以"税利分流、税后承包"为主的多种形式的承包经营责任制。要进一步完善承包制内容，认真履行承包合同，承包者按合同应得的收入不要随意改变。经营者的个人收入要与企业经济效益和职工收入挂钩。部分企业的承包基数和递增比例偏低或偏高的，应在下轮承包中作适当调整。要坚持按《企业法》的规定，厂长在企业的中心地位不能变。企业党组织要支持厂长独立负责地处理生产指挥、经营管理和技术开发中的问题；厂长也要尊重和维护企业党组织的政治核心地位，自觉接受党组织的监督。

按照经济合理、平等互利的原则，围绕重点产品或大中型骨干企业进一步搞好城乡之间、军民之间、企业与企业之间的联合，发展企业集团。当前工作的重点是促进已有的企业联合体和企业集团的完善、提高和发育成型。对重点支持的企业集团，要完善在市里计划单列的办法，要突破"三不变"，壮大集团紧密层，使之更好地发挥作用。

改进计划体制。适当增加指令性计划的范围和比重，强化指令性计划的严肃性，确保指令性计划按量、按质、按进度完成。同时要处理好集中与分散、收权与放权的关系，防止一统就死的倾向重新出现。要发挥计划部门综合平衡和综合协调经济杠杆的作用，凡是牵涉全局的重大经济决策，必须先经计划部门平衡论证，然后由市委、市政府决定。

改进物资管理体制。适当提高重要物资统一分配的比重，加强对企业自销产品的引导和管理，确保重点需要。

认真做好对外开放工作。要进一步坚持和完善，鼓励出口的各项政策措施，继续扩大对外经济贸易，努力发展具有竞争实力和优势的出口产品，开发多元化的出口商品市场，尽快形成广阔畅通的国外销售渠道和网络；继续支持有条件的大中型企业发展外贸业务，把更多的产品投入国际市场。要发挥我市科技力量强和劳动力资源丰富的优势，扩大技术和劳务输出。大力做好吸引外资的工作，努力改善投资环境，促进我市"三资"企业的发展。要改进和完善现行的外贸承包体制，降低换汇成本，扩大出口创汇，保证全市对外贸易的持续发展。要加强同国外的科学技术交流与合作，加强同国外友好城市的交流与交往。

十一、加强党的领导，确保顺利完成治理整顿任务

加强党的领导是完成治理整顿任务，克服困难的根本保证。历史经验反复证明，什么时候、什么地方党的领导坚强有力，我们就能够取得成功；反之，"淡化"乃至削弱党的领导，就会出现混乱，遭受挫折。历史的经验教训千万不能忘记。现在我们面临着进一步治理整顿和深化改革的艰巨任务，更需要加强党的领导。

充分发挥各级党组织的核心领导作用、战斗堡垒作用和党员的先锋模范作用。各级党委要聚精会神地抓好党的思想建设、组织建设、作风建设，保证党和国家的方针政策的贯彻执行，切实改变某些党组织软弱涣散的状况。每个党员特别是党的领导干部，要按照党章严格要求自己，以身作则。凡是要求群众做到的，党员干部首先做到，凡是要求下级做到的，党政领导机关首先做到，以自己的模范行动团结广大人民群众，把各项工作做好。

加强党的团结，坚持民主集中制。面对严峻的经济形势，只有全党思想一致，团结一致，步调一致，才能克服困难，确保治理整顿和深化改革目标任务的实现。各级领导班子要有稳定的观念，团结的观念，服从大局的观念，尤其是在治理整顿时期困难较多的情况下，各级领导班子的团结，全党的团结，全市人民的团结，比任何时候都更加重要。中央提出，治理整顿期间要多一点计划性，多一点集中，我们一定要坚持个人服从组织，下级服从上级，全党服从中央的原则，强调个人利益服从国家利益和集体利益，局部利益服从全局利益，眼前利益服从长远利益，严守党的纪律，坚决反对分散主义。各级党委在作出决策前要充分发扬民主，集思广益，提高决策的科学性、准确性和可行性；一经作出决定，必须不折不扣地执行，决不能自恃"特殊"而自行其是。各综合部门、监督部门和主管部门，对上面"条条"下达的重要调控措施，必须先向

市委、市政府汇报，经统一研究协调后，再向下面部署。

加强理论学习，改进和加强思想政治工作。从市委领导做起，每个党员特别是党的领导干部，都要加强马列主义、毛泽东思想的学习，认真学哲学，切切实实地提高全党同志的理论水平和政治思想水平。要在干部和群众中有效地进行坚持四项基本原则、反对资产阶级自由化的教育，国情、市情教育，形势教育，爱国主义、集体主义和社会主义教育，当前尤其要进行自力更生、艰苦奋斗、勤俭建国教育，要把我们面临的困难，克服困难的办法和发展前景，如实向群众交底，振奋革命精神，战胜前进中的困难。

进一步加强党风建设和廉政建设。党风建设关系到我们党的生死存亡，如果不抓党风建设，任凭腐败现象发展蔓延，党就无法在群众中树立起崇高威望，就会失掉民心。要继续举报和查处贪污受贿、投机倒把等严重违法乱纪案件，对败坏党和人民事业的腐败分子，必须按照党纪国法严加惩处，决不姑息迁就。要采取坚决有力的措施，排除阻力，消除各种腐败现象，坚持不懈，抓出成效，取信于民。要发扬艰苦奋斗精神，切实改进作风，密切联系群众，深入调查研究，克服官僚主义，关心群众疾苦，注意工作方法，恢复和发扬党的优良传统和作风。

市委要求，全市各级党组织、全体共产党员、共青团员、工人、农民、干部、知识分子和各界爱国人士，紧密地团结在以江泽民同志为核心的党中央周围，万众一心，步调一致，脚踏实地，埋头苦干，为实现我市治理整顿和深化改革的目标任务，夺取社会主义事业的新胜利而努力奋斗。

中共重庆市委
1989年12月20日

重庆市人民政府关于进一步清理整顿乱收费乱摊派乱罚款的通知

(1990年5月4日)

认真清理整顿乱收费、乱摊派、乱罚款（以下简称"三乱"），是贯彻党的十三届六中全会精神，为群众办实事的重要内容。我市清理"三乱"的工作，通过前一阶段的自查上报、重点检查、边清边改，收到一定成效。但发展很不平衡，相当部分地区、部门和单位程度不同地存在走过场的情况。"三乱"已成为当前经济工作和社会生活中一个亟待解决的突出问题，群众反映强烈，严重影响到党和政府的形象，必须下决心认真进行治理。为此，市政府决定，从5月份起集中一段时间，深入发动干部群众，在全市进一步开展清理整顿"三乱"工作。

一、提高认识，增强紧迫感

党的十三届六中全会决定指出：要采用领导与群众相结合的办法，坚决刹住行业不正之风，认真解决乱收费、乱摊派、乱罚款问题。清理整顿"三乱"，是具体落实六中全会决定，进一步密切党和政府同人民群众联系的一件大事，是加强廉政建设，搞好治理整顿的一项重要措施，也是做好实施行政诉讼法准备，接受群众监督和司法监督的一项重要内容。各级政府和所有行政、事业单位都必须高度重视，把这项工作列入重要日程，主要负责同志亲自抓。要组织广大干部群众认真学习六中全会决定和中央、省、市有关文件，学习行政诉讼法等法律、法规，进行全心全意为人民服务的教育和政纪法纪教育，扫除思想障碍，增强自觉性和紧迫感，认真联系本地区、本部门、本单位的实际，扎扎实实地把这项工作抓紧抓好。

二、明确清理整顿的依据、范围和重点

清理的依据：对行政性、事业性收费的清理，以《重庆市行政性事业性收费管理暂行规定》（重府行政规章〔1988〕16号）为主要依据；对各种摊派的清理，以国务院《禁止向企业摊派暂行条例》和国务院《关于采取切实措施减轻农民负担的通知》（国发〔1990〕12号

文)为主要依据;对罚款的清理,以现行法律、法规、规章和《重庆市罚没收入管理暂行办法》(重府发〔1986〕230号)为主要依据。

清理的范围:在地域上,包括城市和农村。在内容上,包括各级行政机关和事业单位制定发布有关收费、摊派、罚款的文件,也包括实施收费、摊派、罚款的行政、事业单位的执行情况和实际收支状况。在对象上,主要是各级行政机关和事业单位以及法律、法规授予行政管理职能的其他组织,重点是各级行政执法部门和收费、罚款项目多的单位。在时间上,对有关文件的清理,只要是仍在继续执行的,原则上都要重新清理审查,不受制发时间的限制;对具体执行情况的清理,重点是1989年,问题较多、情况严重的,也可追溯到1988年及以前。

在清理中,无论是有关文件规定还是具体执行情况,凡是与现行有效的法律、法规和规章相抵触的,或者不符合中央、省、市有关政策规定的,或者越权自定、执行中违法的,都必须纳入整顿范围,认真进行整改。该取消的,要坚决取消,该停止的,要立即停止。对某些虽有依据但不合理的规定,也要倾听群众呼声,提出整改意见和措施。

三、清理整顿的方法和步骤

总的要求是:统一部署,分级负责,单位自查,重点检查,加强监督,综合治理。各区县、各部门要层层动员部署,发动群众清理本地区、本部门、本单位的"三乱"问题,如实上报自查情况,搞好边查边整改的工作;市和区县财政、税务、物价、审计、监察部门,要组织力量进行重点抽查和交叉检查,加强监督,防止自查走过场。对自查、检查发现的问题,按照"谁制定谁审查、谁执行谁清理、隶属谁谁监督"的分级负责原则,进行整改。在整顿中,要坚持和完善有关收费许可证制度,实行统一收据、罚没款收支两条线、财政专户存储等管理办法。上级机关应加强对下级机关的检查、指导和监督。

清理整顿工作分三步进行:

第一步,各部门、各单位认真自查,5月底将自查情况如实上报。

第二步,组织有关部门重点抽查和交叉检查,对自查、检查出的问题统一认定处理,研究整改意见和措施。

第三步,建立健全有关规章制度,开展综合治理,逐步转入经常化、制度化管理。

四、要用整风精神搞好清理整顿工作

清理整顿"三乱",难度很大。既有认识上的问题,也有实际工作中的矛盾。各级领导必须从大局出发,振奋精神,克服困难,坚持边清查、边纠正、边处理、边建制,严禁边查边犯。凡如实自查上报存在的问题并自行纠正的,可视情况从宽处理,对逾期不查不报,或弄虚作假、隐瞒问题的,要加重处理,其收入全部冻结或收缴财政,并追究主要负责人的行政责任,对边查边犯、抵制检查或采取其他不正当手段干扰检查工作的,由市、区县监察机关给予行政处分。

同时,要发动和依靠群众进行广泛的监督。市政府重申:公民、法人和其他组织认为行政机关制定的文件有"三乱"规定的,有权向制定机关或其上一级行政机关反映,认为行政机关及其工作人员的具体行政行为属于"三乱"的,可以向市或所在地的"三查"办公室检举、控告,在行政诉讼法试点区县,还可依法向人民法院提起诉讼,对无证收费或不出具统一规定收据的收费行为,对不出示证件或不出具统一罚款收据的罚款行为,以及未经市政府批准的集资、赞助等行为,都有权拒绝和向有关部门检举、控告。受理机关要及时认真查处,任何单位和个人不得打击报复。

五、切实加强对治理"三乱"工作的领导

市政府决定,市、区县的税收、财务、物价大检查领导小组及其办公室,机构不撤,班子不散,进一步充实力量,全面转入清理整顿"三乱"和"小金库"工作。市政府由常务副市长张文彬抓这项工作。并从办公厅、研究室抽派干部加强市大检查办公室的力量。各区县政府、市政府各部门都要确定一位主要领导亲自抓。要抽调一批政治素质好、责任心强、熟悉业务的同志,充实到工作班子。

清理整顿工作,涉及面宽,政策性强。要加强调

查研究,严格掌握政策,搞好统筹协调。对清理整顿中有争议的问题,要及时向市、区县大检查办公室反映,按照管理权限请示处理。

清理整顿"三乱",是今年的一项关系全市的重要工作,任务十分艰巨繁重。各级政府、各部门要脚踏实地工作,积极主动争取党委、人大、政协和其他有关部门的支持配合,自觉接受监督,紧紧依靠广大人民群众,共同搞好清理整顿"三乱"的工作。

重庆市人民政府
1990年5月4日

中共重庆市委 重庆市人民政府关于在全市公民中认真开展法制宣传教育的第二个五年规划的通知

(1991年7月1日)

各区县委和人民政府,市委各部委,市级各部门,各大型厂矿、大专院校:

市委宣传部、市司法局《关于在全市公民中开展法制宣传教育的第二个五年规划》已于4月5日由市委办公厅和市政府办公厅转发给你们,请结合本地区、本部门、本单位的实际,认真组织实施。

深入开展法制宣传教育,推进各项事业的依法治理,是一项长期的战略任务。坚持不懈地抓好这项工作,对于贯彻党的基本路线,维护国家和社会稳定,坚定不移地推进改革和开放,实现国民经济和社会发展十年规划和"八五"计划,促进社会主义精神文明建设和社会主义民主与法制建设,都具有十分重要的意义。

实施法制宣传教育的第二个五年规划,是一项宏大的社会教育工程。各级党委、人大、政府要切实加强领导和监督。为适应工作要求,市委法制建设领导小组作了必要的调整,由市委副书记张文彬任领导小组组长,市人大常委会副主任李凤清、市政府副市长唐情林任副组长,牛星照、姚正朝、刘国祥、尹万邦、刘成义、黄兴林、张文周、马道生任领导小组成员。各区县、各系统也应根据自己的实际情况,健全和加强法制建设领导小组及其办事机构。要保证必要的经费和工作条件,及时解决工作中的困难和问题。

这次法制宣传教育,要以宪法为核心,以专业法为重点,坚持学用结合的原则。要把普及专业法律知识同开展依法治理、依法治市活动紧密结合起来。各地区、各部门、各企事业单位,都要在法制宣传教育的基础上,把自己的各项工作逐步纳入法制轨道。本市各级国家机关,要坚持依法监督、依法行政、依法审判。企事业单位要根据国家的法律、法规,结合本单位的实际,制定规章制度,努力做到工作、生产、经营有法可依、有章可循,保证国家的法律、法规在本单位得到贯彻落实。

各级领导干部,特别是区、县和市属局以上领导干部,既是法制宣传教育的重点对象,又是推进法制宣传教育工作和依法治理的骨干力量,必须带头学法用法、守法护法。一切有接受教育能力的公民,都要积极参加普法学习,不断增强法律意识,自觉依法行使权利和依法履行义务。

要注意及时总结、宣传、推广在法制宣传教育和依法治理中的先进典型和经验,以推动普法和依法治理工作不断向前发展。

中共重庆市委
重庆市人民政府
1991年7月1日

重庆市人民政府关于进一步加强全市经济协作工作的通知

(1991年11月16日)

各区县人民政府,市政府各部门:

为进一步加强经济协作工作,促进我市十年规划和"八五"计划纲要的顺利实施,根据省政府《关于进一步加强全省经济协作工作的通知》,结合我市情况,现提出以下意见,请与省政府《通知》一并贯彻执行。

一、提高认识,进一步加强对经济协作工作的领导。横向经济联合协作是发展社会主义有计划商品经济的客观要求,是实现计划经济与市场调节相结合的一个重要措施。各区县政府和市政府各部门,要加强对横向经济联合协作的领导,确定一位领导分管。要认真贯彻落实国务院和省、市政府制定的推动横向经济联合的政策措施,引导企业发展符合国家产业政策的横向经济联合,特别是要搞好市内企业之间、城乡之间的经济联合协作,及时协调处理好横向经济联合协作中出现的问题,维护企业横向经济联合协作的自主权,保障经济联合组织的合法权益。

各综合部门、经济杠杆部门要重视和支持横向经济联合协作,积极研究解决在新的形势下出现的新情况、新问题,采取有效措施,从政策上、法律保障上、信息服务上提供方便条件,进一步推动横向经济联合协作的健康发展。

二、加强经济协作实体的建设与管理工作。经济协作实体是在改革开放实践中,顺应商品经济发展的要求,为活跃地区经济交流,增强协作手段,服务地方经济建设而建立的多功能、综合性的经济组织,在横向经济联合协作中发挥着重要作用。根据市政府领导同志指示,市及各区县应从各自实际出发,抓好经济协作实体的组建、巩固和发展工作。

经协办要在政企分开的原则下,切实加强对经济实体的领导和宏观管理,帮助其开展经济技术协作活动,不断增强经济协作工作的实力与活力。

三、加强对市政府驻外办事处的管理。办事处是市政府的派出机构,市经协办要加强管理和服务工作,充分发挥驻外办事处的"窗口"和"桥梁"作用,为密切我市与驻地省、市之间的政治、经济、科技、文化等方面的联系,发展双边关系,促进我市经济发展服务。

四、巩固、完善和发展区域联合。区域联合是我市横向经济联合协作的重要内容,对于增强我市经济幅〔辐〕射功能,促进我市经济和地区经济发展具有重要作用。要重点开展西南五省区七方和重庆经济协作区的联合协作,以及长江沿岸城市、沿海地区和全国其他地区的联合协作。各区县政府、市政府各部门要增强改革开放意识,不断拓宽联合协作领域,丰富联合协作内容,抓好区域联合中重点协作项目的落实和区域发展规划的联合编制工作,促进区域联合的健康发展。

五、各级经协办要认真贯彻中央工作会议精神,为搞好国营大中型企业服务,围绕我市转换企业经营机制的改革,注意抓好以下几方面的工作:

(一)按照调整结构,提高效益的要求,积极帮助企业调整产品结构和组织结构,发展横向联合;做好我市经济、技术、物资协作等方面的组织、协调、服务工作。

(二)负责牵头组织跨地区的重大横向经济联合协作工作,做好对联合协作项目的考察、论证以及跨地区的经济联合组织审批工作。同时积极做好经济联合体的巩固发展,以及代管单位的管理、协调服务工作。

(三)抓好对在市外投资兴办企业的宏观管理和

指导。凡我市企业单位到市外投资兴办企业,建立市内短缺的能源、原材料基地,必须认真考察论证,按项目申报程序报有关主管部门和市经协办审批。

(四)加强调查研究。注意掌握和研究横向经济联合中出现的新情况、新问题,适时总结和推广横向经济联合的经验,沟通信息,为各级政府当好参谋。

(五)加强经协系统的自身建设。切实加强经协系统的思想建设、组织建设、制度建设和廉政建设,使工作更加科学化、规范化,不断提高队伍整体素质,建立一支高效、廉洁、勤政务实的经济联合协作队伍,为发展我市经济,实现第二步战略目标做出贡献。

重庆市人民政府
1991年11月16日

重庆市人民政府关于大力发展职业技术教育的决定

(1991年11月29日)

各区县人民政府,市政府有关部门:

根据党的十三届七中全会精神和国务院关于大力发展职业技术教育的决定,为促进我市职业技术教育进一步发展,使之在实现国民经济和社会发展的"八五"计划和十年规划中发挥更大的作用,特作如下决定:

一、90年代职业技术教育发展的主要目标和基本任务

职业技术教育的规模和水平直接影响着产品质量、经济效益和发展速度。发展职业技术教育不仅是实现社会主义现代化的一项基础建设工程,而且对进一步巩固以工农联盟为基础的社会主义制度具有特殊重要的意义。目前,我市职业技术教育的规模、规格和质量都不适应经济建设和社会发展的需要,在整个教育事业中仍然是很薄弱的环节,因此,各级政府和有关部门必须高度重视和大力发展职业技术教育。

根据未来10年我市经济、社会发展的需要,90年代职业技术教育发展的主要目标是:从1993年起各类中等职业技术学校在校生数占高中阶段在校生数的50%以上。企业新增职工和农村大多数新增劳动者都能接受程度不同的必需的职业技术教育或培训,一些专业性技术性要求较高的劳动岗位,就业者受到系统、严格的职业技术教育。经过努力,逐步建立起具有地方特色的,从初级到高级、行业配套、结构合理、形式多样,又能与其他教育相互沟通、协调发展的职业技术教育体系的基本框架。

90年代发展职业技术教育的基本任务是:

——努力办好现有各类职业技术学校。普通中专,要着力改善办学条件,调整学校布局和科类结构,扩大招生规模和服务面,办出特色,提高质量;技工学校,要适当扩大办学规模,改善办学条件,主动适应企业需要,调整专业结构,强化实习教学,提高教育质量;大力扶持职业高中,调整学校布局和专业结构,达到应有的办学规模,提高教育质量和办学效益。从现有各类职业技术学校中,选择一批基础较好的学校,给以必要的扶持,突出专业特点,有计划地建成重点学校,发挥其示范、实验和调剂作用。

——广泛开展短期职业技术培训。要办好各种职业培训中心(含就业训练中心,下同),各类职业技术学校也应积极承担短期培训任务,使城镇不能升入高一级学校的青少年和需要转换工作的待业职工,接受就业前和上岗前的职业技术培训。要重视和办好对在职人员进行的各种成人职业技术培训,统筹规划,使职后与职前的职业技术教育能密切合作。各级农民文化技术学校和当地的职业技术学校配合,形成农村的培训网络,分别对小学后、初中后、高中后、回乡青少年进行短期实用技术培训。

——在普通教育的适当阶段,因地制宜地引进职业技术教育因素,积极开展职业指导。在不同阶段对学生实行分流教育,城市可在高三分流,对一部分人进行定向或预备性的职业技术教育;农村可在初三分流,渗透职业技术内容。

——积极推进农村教育综合改革,实施"燎原计划",实行农科教结合,统筹规划基础教育、职业技术教育和成人教育,采取灵活的方式大力发展职业技术教育。

——努力发展行业、企事业单位办学和各方面联合办学,鼓励民主党派、社会团体和个人办学;要发展电视广播和函授职业技术教育。

——制定相应政策措施,促进职业技术学校深化改革和改善办学条件,不断提高教育、教学质量。积极试办培养技艺性的高级操作人员的高等职业学校。为适应对外开放的要求,各级各类职业技术学校,要积极培养国际劳务市场需要的各种从业人员。

二、采取多种途径,增加对职业技术教育的投入

各级政府、各级财政部门、各有关业务主管部门及厂矿企业要从财力和政策上支持职业技术教育的发展,努力增加对职业技术教育的投入。各级财政部门、各有关业务主管部门要把职业技术教育经费列入专项预算,并给予一定的倾斜,在现有经费的基础上,逐年有所增长。全日制中等专业学校和工交商技工学校的基建项目,应纳入基建预算,做好安排。各类职业技术学校的业务主管部门,要根据财力可能和事业发展需要,商同级财政部门制定职业技术学校的生均标准。除国家投资外,提倡利用贷款,有关部门要为职业技术学校使用贷款创造有利条件。在国家政策规定范围内,区县和有关部门要从实际出发扩大职业技术教育的经费来源。提倡并鼓励对职业技术教育捐资助学。

各类职业技术学校和就业训练中心,应根据教学需要和所具有的条件,积极发展校办产业,办好校内外实习厂、场、店,积极开展生产经营和技术服务。政府和有关部门要在起步资金、条件设施、产销渠道等方面给予支持。对校办厂、场、店,按国家规定减免税收。

非义务教育阶段的职业技术教育,应收取学杂费、专业技能实习费(或代培费),用于补充教学方面的开支,其标准由教育或劳动部门与物价部门商定。

各职业技术学校的业务主管部门,在各项经费安排使用中,既要重视校舍、仪器、设备等建设,也要安排一定数额的经费加强师资、教材、教研等建设。学校要加强对经费的管理,努力提高资金使用效益,严禁挪用。

三、认真贯彻"先培训,后就业"的原则

各级政府、各有关业务部门都要认真贯彻落实"先培训,后就业"的原则。首先在专业性技术性较强的行业实行,进而争取尽快做到:在城市,凡未接受职业技术教育或虽经培训但达不到岗位规范要求的人员,一律不得就业、上岗;从事专业性技术性较强的个体经营者,未经相应的职业技术培训并取得合格证者,不得从事个体经营;在农村,企事业单位(含乡镇企业)招工、招干及个体从事技术性强的生产或承包经营项目,必须经过相应的职业技术教育。

今后,各单位招工、招干应首先从专业对口的各种职业技术学校毕业生中择优录用,在对口专业合格毕业生尚未全部录用的情况下,用人单位一般不另行从社会上招用人员。在现阶段,全民所有制企业招用技术工人,应从专业对口的职业高中毕业生、不包分配中专毕业生、技校计划外毕业生中择优录用,原则上应不少于招收总数的30%。同时,要注意招收就业训练中心培训时间在一年以上的结业生。

对违反招工、招干有关规定,录用未经专业技术培训合格人员的单位,劳动、人事部门有权检查和纠正,否则,不予办理招收录用手续。

各区县政府、各有关部门要关心回乡参加农业生产的职业技术学校毕业生,并结合当地实际,制定相应政策,在贷款、农用生产资料、生产基地、科研项目等方面给予支持,使他们在"科教兴农"中发挥带头作用。

凡进行技术等级考核的工种,逐步实行"双证书"

(即毕业证书和技术等级或岗位合格证书)制度。由劳动部门按照国家颁发的《工人技术考核等级标准》和《岗位规范》考核发证,作为择优录用和上岗确定工资待遇的重要依据;在农村也要逐步实行农民技术资格证书制度,由各区县政府通过农林、教育等部门组织考核发证,作为从事技术性强的生产、经营项目的依据。

四、切实加强职业技术教育师资队伍建设

要根据事业的发展,认真做好各类职业技术学校师资需求预测和规划。按照需要,每年从相关专业的大学毕业生中,选留一部分到职业技术学校和职业培训中心任教;根据专业教学的需要,选调有关技术人员、管理人员和能工巧匠到学校任教,有关部门应给予支持;有计划地在在渝各高等院校设置有关专业,培养、培训职业技术教育教师;要建立干部、教师定期轮训和进修制度,不断提高其政治、业务素质;根据需要,各职业技术学校可选留少量优秀毕业生,经培训后担任实习指导教师。要尽快确定就业培训中心专职教职工的编制,配齐人员。

要不断提高职业技术学校教师的待遇,解决他们的实际困难,改善其工作、生活条件。对教龄30年以上的中专、技工校,市、区县就业训练中心的专职教师,其退休补贴,参照重府发〔1988〕111号文件执行。对生产实习指导教师,可享受生产单位同类人员的劳保待遇。对在教学、科研、技术服务与科技推广中作出优异成绩的教师,要及时予以表彰、奖励。

五、深化职业技术教育改革,不断提高办学效益和教育质量

各类职业技术学校,要把德育放在首位。坚持不懈地对学生进行四项基本原则和国情教育,进行爱国主义、集体主义及共产主义人生观的教育,把学校办成反"和平演变"的坚强阵地。要注意根据职业技术教育特点,切实加强职业自豪感、职业道德和职业纪律的教育,坚持严格要求,反复实践,扎扎实实地提高学生思想觉悟和纪律观念。

要面向社会实际需要,合理规划学校的专业设置;要改革教学内容和教学方法,特别应突出实践性教学,抓好技能训练,增强专业适应能力,企事业[单位]应积极接纳职业技术学校师生到工厂、单位实习;要积极稳妥地改革招生和毕业生分配制度。应按照国家计划分配、用人单位择优录用和个人自谋职业相结合的就业方针,面向城乡多种所有制的需要培养人才,根据专业特点,合理安排毕业生去向,特别是打开中级技术人才通向农村的渠道;要加强课题实验与研究,探索职业技术教育的规律;大力加强实习基地和教材建设;要认真搞好中专、技工学校、职业高中、就业训练中心的评估工作,促进学校的整体优化。

六、加强和改善对职业技术教育的领导和管理

为加强政府对职业技术教育的统筹和领导,市和区县政府要建立职业技术教育领导小组,由政府分管领导任组长,计划、经济、劳动、人事、财政、农业、科技、教育等部门的负责人参加,定期统筹协调、解决职业技术教育发展和改革中的有关问题。

各级政府和有关部门要进一步明确职责,采取有力措施,齐心协力,大力发展职业技术教育。计划、劳动、人事、经济、教育部门着重研究职业技术教育的发展规划和有关政策的综合平衡,做好部门间的协调工作;计划、劳动、人事部门会同有关部门负责各系统劳动力需求的预测和监督指导介绍职业技术学校不包分配的毕业生就业;财政部门负责职业技术教育经费的筹措;教育、劳动部门负责职业技术教育规划落实和教育教学管理等。各区县教育、劳动部门要建立健全职教科(股)和职业培训科(股);各办学的主管部门要在政府和综合部门的指导下,负责管理好各自的职业技术学校和各种培训班。

要把发展职业技术教育纳入当地经济和社会发展的总体规划,使经济建设真正转到依靠科技进步和提高劳动者素质的轨道上来。要建立干部责任制,把职业技术教育工作纳入有关考评内容,并作为政府督导检查的重要内容。

要十分重视职业技术学校领导干部的配备,要选

派既懂教育,又有一定生产经营管理能力的得力干部到职业技术学校工作。要进一步完善职业技术学校内部管理体制,中等职业技术学校逐步实行校长负责制,充分发挥党组织的政治核心作用。

重庆市人民政府
1991年11月29日

中共重庆市委 重庆市人民政府 关于加快改革开放、加速经济发展的若干意见

(1992年4月27日)

各区县委和人民政府,市委各部委,市级各部门,县级以上企事业单位:

邓小平同志在我国社会主义现代化建设关键时期发表的极为重要的谈话,具有重大的现实意义和深远的历史意义。为了贯彻落实谈话精神,紧紧抓住当前有利时机,加快改革开放的步伐,加快经济发展的速度,经市委、市政府认真讨论,提出如下贯彻实施意见。

一、学习贯彻重要谈话精神,大胆解放思想

邓小平同志的重要谈话,是统领全局的纲领性文献。各级党委、政府,尤其是各级领导干部,要根据中央的指示精神和市委的部署,把学习贯彻重要谈话精神,作为统揽全局的头等大事来抓,用谈话来统一思想,指导行动。

贯彻落实谈话精神,首先要大胆解放思想。要在全市广泛深入地开展解放思想的大学习、大讨论,紧密联系思想和工作实际,找准本地区、本部门、本单位在改革开放发展中存在的主要问题,大胆解放思想,破除束缚生产力发展的陈旧观念和条条框框。要坚决破除胸无大志,小富即安;求稳怕乱,裹足不前;畏难怕险,等待观望等倾向,增强紧迫感和使命感,发扬敢想、敢干、敢闯、敢试验的精神,勇于探索改革开放发展的新路子,快起步,迈大步,在加大改革力度,扩大开放广度,加快发展速度,转变政府职能方面取得大的突破。

要把解放思想释放的精神力量,变为发展生产力的强大动力,力争"八五"和"九五"期间,我市经济发展再上两个新台阶,国民生产总值年均增长10%左右,提前实现翻两番的第二步战略目标。

二、抓住重点,大力推进改革

改革是解放和发展生产力的必由之路。加快改革的当务之急是,抓住重点,勇于创新,大胆试验,力争在五个方面取得新突破。

(一)转换企业经营机制有新突破。以破"一大三铁"为突破口,转换企业经营机制,把企业推向市场。抓好工交企业"五自主"改革试点并尽快全面推开,国合商业、供销社"四放开"改革要进一步完善规范,商业物资批发企业"五转换"改革要普遍推行。所有企业,无论是盈利或亏损企业、全民或集体企业,都要大力推进人事、劳动、分配三大制度改革,建立充满活力的竞争机制和激励机制。小型国有企业可以采用集体企业、乡镇企业的运行机制和管理办法,小型国合商业和服务企业可以比照个体经济的办法放开经营。要相应推进社会保障制度改革,扩大待业、养老保险范围,建立健全劳动力市场,为企业转换机制、走向市场创造条件。

(二)推行股份制有新突破。要选择一批符合产业政策、潜力大、信誉好的大中型企业试行股份制,创办一批规范化的股份公司。在高新技术企业、集体企业、乡镇企业普遍推行多种形式的股份制。试行股份制,可以采用发行内部股票、法人持股、职工入股、合作股份、私营股份有限公司等形式,并创造条件向社

会发行股票。结合试行股份制和调整企业组织结构，继续推进兼并联合，组建和发展一批有影响、有优势的企业集团。稳定发展多种经济成分的政策，在坚持公有制为主体的前提下，继续支持和鼓励非公有制经济发展。

（三）改革流通体制、发展市场有新突破。要立足西南，面向全国，联通世界，内外贸并举，发展大流通，建设大市场。内贸企业可以从事外贸经营，外贸企业可以从事内贸经营，要千方百计借船出海、借边出境、借地生财、借鸡生蛋。消除市场壁垒，破除关卡障碍，拓宽地区和城乡之间的商品物资流通渠道。进一步搞活商品物资流通，已经放开的重要商品可以多渠道经营，滞销和平销的重要消费品可以放开经营，对重要生产资料的经营可以适当放宽，蔬菜经营可以进一步放开。要建设一批有特色的生产资料、日用工业品、农副产品等大型批发市场，建设一批大中型商业设施。放宽发展第三产业的政策，使第三产业的发展速度较多地快于一、二产业。大力开拓房地产业，发展房地产市场，实行统一规划，综合开发，迅速把房地产业发展成为新兴支柱产业。

（四）金融体制改革有新突破。重庆要发展，金融改革要有大动作。要加快发展金融市场，搞活金融机构，扩大融资规模。选择一批企业发行规范化的内部股票，把一些企业的股票债券推入上海、深圳股市，并创造条件在我市建立股市。扩大发行浮动利率债券、信托受益债券、剪息债券等，力争全年发行各类证券3亿元以上。发展跨地区的资金市场，吸引更多的外地资金和国外资金。把投资公司改造为股份投资公司，积极争取外资银行到重庆设立分支机构。对专业银行实行贷款限额管理与资产负债比例管理相结合的办法，对其他金融机构和城乡信用社实行多存多贷、多收多贷。

（五）区县体制综合改革有新突破。扩大区县统筹管理经济的权限，只要有利于加快区县经济发展的事，都放手让区县去办，凡是可以下放的权力，包括一些建设项目、技改项目、引进项目、机构设置、干部管理等经济行政管理权限，都要放给区县，逐步形成以块为主、条块结合、分级负责的区县经济管理体制。鼓励支持区县兴办开发区、工业区、试验区，成片开发建设新城区和新建镇，走开发开放并举、农工商一体化的新路子。

三、"三外"并举，扩大对外开放

坚决贯彻对外开放的方针，抓住沿海、沿边、沿江、沿大陆桥开放的机遇，实行外贸外资外经并举，整体开放，广开渠道，拓宽领域，充分发挥优势，调动各方面的积极性，利用国内外一切可以利用的生产要素，为发展重庆经济服务。

（一）放手引进资金技术，大力兴办"三资"企业。官方民间一起上，多渠道、多层次、多形式引进资金和项目，充分利用我市资源丰富、市场广阔、工业基础和技术力量较强等优势，增强吸引力，特别要发挥我市台胞和台属多的优势，把"台风"刮到重庆。对牵线搭桥引进外资有实绩的人员包括机关干部，要给予奖励。在投资领域和投资方式上要放开手脚，可以拿出企业、车间、生产线、产品搞合资，实行一厂两制或一厂多制；可以拿出第三产业项目、土地、资源搞合资，鼓励外商经营农场，发展旅游，建设公路、桥梁、港口和公用设施等。要大办"三资"企业，有条件的国营企业要办，集体和私营企业可以办，没有"三资"企业的区县，要尽快实现零的突破。建立吸引外资的项目库，主动提供外商选择投资，争取今年全市新办200家"三资"企业。对外引进要突破不合时宜的政策规章，可宽的从宽，可变通的变通，可下放的权力下放，条件成熟的区县有权审批100万美元以下、市级主管委办局有权审批300万美元以下的项目。减少环节，实行一个窗口对外，一条龙服务。努力改善投资环境，集中力量加快能源、交通、通讯等基础设施建设，加速新区开发和旧城改造，争取把江北机场、重庆港口建成直接对外开放的空港和河港，争取重庆成为内地开放的大城市。

（二）加快经济技术开发区建设。开发区是重庆对外开放的窗口，要特事特办，各方支持，加快建设步伐，真正办成引进"三资"企业和高新技术的基地、重庆的特区。要一抓形象、二抓项目，尽快形成开发规模，为外商和社会各界树立良好形象，吸引更多的外商和台商进开发区办企业。设立招商局，首先划出部分土地招商和批租,并筹建保税区。扩大开发区办公室管理权限,尽快形成符合国际惯例的管理体制和运行机制。

(三)实行多元化出口战略,大规模发展出口。在充分发挥本市口岸作用的同时,实行多口岸、多形式出口。实行工贸、农贸、技贸结合,扩大出口规模。支持帮助有条件的大中型企业和企业集团自营进出口。积极发展对外工程承包和劳务输出,带动设备和技术出口。大力发展边贸,要联合行动,打开渠道,建立据点,逐步扩展,主动与边境省区联合开发西南和三北边境口岸,挺进东南亚和俄罗斯。在对外开放的同时,扩大对内开放,充分发挥经济协作组织的作用,发展经济协作实体,加强驻外地办事机构的工作,充分发挥外引内联作用。

四、集中力量,加速经济发展

加速经济发展,是我市面临的最紧迫的中心任务。要充分利用有利条件,找准路子,拿出办法,依靠科技进步,突出发展重点,集中精力,尽快把经济建设搞上去。

(一)抓紧老工业基地改造。要采取有力措施,加快实施我市工业技术改造规划纲要,切实抓好6个重点行业、20个重点产品和3个专项(节能降耗、质量品种、出口创汇)的技术改造。突出抓好汽车工业上批量、上规模,带动大批企业发展。落实技改项目责任制,力争100项重点技改项目今年竣工投产,确保特薄铝板、145型摩托车等重点新产品形成批量生产,投放市场,并新开工一批重点技改项目。通过"技改纲要"的实施,使我市1/2以上的大中型企业得到改造,产品质量、档次和经济效益大幅度提高。

(二)力争上一批对重庆经济发展有举足轻重作用的重大项目。加速经济发展,既要靠内涵扩大再生产,又要靠上一批大项目。要打开思路,面向未来,紧紧抓住三峡工程建设和库区经济开发、长江流域和西南地区开发开放的契机,积极统筹规划,力争国家在调整生产力布局时,在我市安排一批重大项目。要动员全市上下献计献策,提出一批投资几亿元、十几亿元,甚至几十亿元的大项目。对已预备好的大项目,要组织精干班子,抓紧工作,争取立项。

(三)充分发挥军民结合的优势,带动地方经济发展。全力支持军工企业扩大重点民品生产批量,开发光电、通讯等高新技术产品,形成新的支柱产业,带动大批地方企业。加强协调服务,提供优惠条件,支持军工企业兴办合资企业,组建企业集团,增强军工企业与地方企业的融合度。加快三线企业调整搬迁,尽快形成巴县鱼洞、江北县龙溪等新兴工业片区。

(四)放手发展区县经济。区县经济在重庆占有很大比重,没有区县经济的大发展,就没有全市经济的大发展。区县要走发展城郊型经济的路子,在继续强化农业基础,发展高产优质高效农业的同时,大力发展乡镇企业,在积极发展第一产业的同时,大力发展二、三产业,沿两江、沿交通干线、靠城区的地方,发展速度应更快一些,尽快形成一批国民生产总值上10亿元,财政收入上亿元、几亿元的区县。城乡都要为发展乡镇企业创造良好条件,多渠道筹集资金,千方百计增加投入,引导合理投向,鼓励城市科技和管理人才向乡镇企业流动,促进重点地区、重点企业、重点产品加速发展,乡镇企业发展差的地区更要创造条件尽快发展。

(五)加快高新技术产业开发区建设,大力促进科技成果向现实生产力转化。办好高新技术产业开发区,是发展高新技术产业,实现科技与经济相结合的战略措施。要切实加强领导,采取有力措施,尽快办成科技成果商品化、产业化、国际化的领航基地。要加大投入,通过成立高新技术投资公司、科技信用社,发行高新技术企业债券,建立科技风险基金,贴息贷款等多种形式,广辟资金来源,加快"两园一街"基础设施建设。充分运用开发区的优惠政策,吸引科研院所、大专院校、大中型企业和各种经济成分,进入开发区办实体、搞服务,首先要吸引开发区内的科研院所、大专院校和大中型企业开发高新技术产品。开发区以外的高新技术企业和高新技术产品,经开发区批准,也可按规定享受优惠政策。大力促进科技与经济紧密结合,支持大专院校、科研院所与大中型企业合办开发实体,实行科技入股、联合开发、风险共担。吸引国内外、境内外单位和个人来重庆创办科技实体,支持创办民间科技咨询服务经济实体,有条件的区县、部门可以创办高科技乡镇、高科技街和高科技企业,培养一大批科技企业家。建设经常化、规范化的技术市场,吸引市内外科技成果上市交易,扩大成果转让规模。采取激励政策,调动科技人员积极性。对重大科技成果取得实际经济效益的实行重奖,科技成果投产后实现利润100万元以上的,按利润的10%给予奖励,100万元以下的,按利润的5%—10%给予奖励。允许科技人员兼职,鼓励离退休科技人员再作贡献。

五、转变政府职能,改进机关工作

开创我市改革开放发展的新局面,各级党政机关必须转变职能,转变作风,服务基层,狠抓落实。

(一)转变职能,搞好服务。按照政企职责分开的原则,把《企业法》赋予企业的权力还给企业,凡是有损企业自主权的规定,都要纠正。根据分级管理的原则,凡应该下放的权力都要下放。政府机关要把主要精力转到统筹规划、综合平衡、服务监督上来。各级各部门要找准自己的着力点,切实为经济发展服务。

(二)精简机构,提高效率。按照"小政府、大服务"的改革思路,精简上层,充实基层,部分机关可以向经济实体转化。市、区县政府机构改革要积极试点,乡镇街道机构改革要加快步伐。允许乡级机关办经济实体,乡级领导干部可以到经济实体兼职。事业单位要推进人事、劳动、分配制度改革,破除"一大三铁",有条件的要向经济实体转化。鼓励支持机关干部留职停薪、借调到基层领办企业、创办经济实体。从现在起,原则上不再新成立临时机构,同时要撤并一大批临时机构。深入开展机关"三清理",认真清理过去的规章制度和办法,该废止的废止,该修改的修改,简化办事程序,提高办事效率。基本建设、引进项目、技术改造、建设施工的审批,原则上实行"一家牵头,集中审项,一次定板,各方照办"的办法。

(三)层层实行目标管理责任制,狠抓落实。各级党委、各级政府、各个部门要根据以上任务要求,制定具体的目标和措施,实行目标责任制,层层狠抓落实。有关经济主管部门和区县领导要实行"七个一抓"(改革试点、重点产品、技改项目、新产品开发、产品质量升级达标、企业扭亏、引进或合资项目),其他党政部门的领导也要确定自己抓的重点,以点带面,推动工作。严肃党纪政纪,加强督办,严格奖惩,支持改革者,鼓励探索者,查处违法违纪者,确保纪律的严肃性和政令畅通,确保工作目标的实现,以加快改革开放、加速经济发展的优异成绩,迎接党的十四大召开。

中共重庆市委
重庆市人民政府
1992年4月27日

重庆市人民政府关于加快商业设施和市场建设的通知

(1992年5月20日)

各区县人民政府,市政府各部门:

我市近几年商业设施和市场建设虽有一定发展,但仍不适应经济发展和人民群众的需要,与全国同等城市相比处于落后的地位。随着三峡工程上马,长江上游库区的开发利用,"八五"期间必须抓紧大商场、大批发市场和专业市场的规划、建设,努力改变流通设施滞后的状况。要按照发展大商业,建设大市场,搞活大流通和立足重庆,面向西南,服务全国的要求,有计划地组建一批实力雄厚,多元化经营,具有现代化水准的大商场,开拓一批具有凝聚力和辐射力的大型专业批发市场,改造一批老的商业中心,建立新的商业基地,把重庆真正建设成为长江上游的经济中心和西南重镇。根据中央、省里有关政策,结合我市的具体情况,现将有关问题通知如下:

一、市计委安排基建计划,应充分考虑流通领域发展的需要,力争每年安排商场、市场建设计划占全市基建计划总规模的10%。

二、每年初,由市商业服务网点办公室提出当年全市商业设施、市场建设贷款计划报市计委,由市计委会同市财办和有关银行安排资金计划并予以落实,银行贷款执行基准利率。市财政在"八五"期间每年安排适当资金,专项用于国营企业商业设施和市场建设贷款贴息,区县财政安排的资金自定。可采取预收款、发行债券和股票等方式筹集商业网点设施和市场建设资金。

三、商业设施、市场建设新征土地应依照省、市有关规定报批,有关部门和各区县不得额外附加征地手续和费用。

四、各区县每年要从集贸税收中列出部分资金专项用于集市建设。新建市场投入使用后,经各区县政府批准,5年内每年按收取集贸税的50%用于偿还市场贷款;改、扩建市场投入使用后新增集贸税全部用于偿还贷款。

五、市和区县每年要从商业网点费中拿出一部分资金用于国合商业系统的市场建设。蔬菜基地建设基金在保证菜地建设的前提下,每年可拿出一部分资金有偿用于"菜篮子"市场建设。

六、工商行政管理部门收取的市场管理费,按政策规定开支后主要用于偿还贷款。工商行政管理部门查处经济违法案件的罚没款,按收支两条线,5年内由各级财政每年按规定核拨用于偿还市场建设贷款。

七、有关部门每年在市场收取的规费,除去必需的人员按国家规定的工资、奖金、补贴和必要的办公费,应核定比例用于偿还市场建设贷款。

八、市场征地和建设中涉及的各种税费,市里有权减免的,原则上予以减免;市里无权减免的,要按低标准收取。缴纳税费确实有困难的,经同级政府及有关部门批准,可视情况挂账缓缴。对重点市场建设用地,经市政府批准实行行政划拨。市场建设涉及居民动迁的,原则上采取异地安置的办法,异地安置应适当优惠。

九、集市建设用地所交的耕地占用税,除中央30%照交外,其余专项用于集市建设。

十、国合商业企业在确保原上交税利基数的前提下,可按销售收入的0.3%—1%提取商业设施建设专项资金。由财政集中,财办安排计划,专项用于国合商业设施的改造和建设。

十一、新、改、扩建的商业设施和网点投入使用后,纳税有困难的,可按税收管理体制报批减免。

十二、国合商业企业固定资产折旧率在现有基础上提高1%—2%,对财税大户和效益好的企业,经财政、税务、主管局认定,折旧率可提高2%—4%,主要用于商业设施和网点的改、扩建。

十三、产权属房管部门管理的商业设施和网点用房的改、扩建,仍坚持谁投资、谁受益的原则,原面积装修后,不得加价加租,擅自加价加租的,企业有权拒绝交付。在原结构内加层新增面积的产权归产权单位,但产权方不得在投资收回前收租金。在原结构外新增面积的产权归投资方。

十四、本通知由市商业服务网点办公室和市工商行政管理局制定实施细则。各有关部门要大力支持、密切配合,共同为发展我市大商业、大流通、大市场作出更大的贡献。

1992年5月20日

中共重庆市委 重庆市人民政府关于大力推动科技进步加速重庆经济发展的决定

(1992年8月25日)

20世纪90年代是我国社会主义现代化建设的关键时期。科学技术是第一生产力,为大力推动科技进步,加速重庆经济发展,特作如下决定:

一、坚定不移地实施依靠科技振兴重庆的战略决策

(一)坚持"经济建设必须依靠科学技术,科学技

术工作必须面向经济建设"的指导方针,进一步加快实施依靠科技振兴重庆的战略决策。依靠和推动科技进步是实现重庆国民经济与社会发展十年规划和"八五"计划的关键。各级各部门要坚定不移地实施市委、市人大、市政府作出的"依靠科技振兴重庆"(以下简称"科技兴渝")的战略决策,把科学技术放在优先发展的地位,重视并发展教育事业,把经济建设真正转移到依靠科技进步和提高劳动者素质的轨道上来。

(二)抓紧实施《依靠科技振兴重庆规划纲要》。《纲要》确定的17个重点产品和四大工程以及相应的攻关、新产品开发、重大科技成果推广等项目,各有关部门要纳入本行业的"八五"计划和年度计划,财政、金融、计划、物资等部门要在资金、材料、能源、外汇上给予优先安排。各级党委、政府、各部门要加强领导,按照中共中央〔1992〕2号文件精神,进一步完善《纲要》内容和实施政策,把实施工作落到实处。"科技兴区""科技兴县""科技兴行业""科技兴企业"工作要与《纲要》的实施步骤相衔接,形成纵深发展的整体部署。

最大限度地发挥科学技术对经济社会的引导和推动作用。到本世纪末,全市经济增长中,科技进步的贡献份额要达到45%—50%。科学技术能力、生产技术的研究开发水平和经济效益大幅度提高;高新技术有较大发展,新兴产业在全市经济中的比重由目前的4%增加到10%以上;努力解决我市工农业生产技术和装备现代化问题,基本实现重点行业和领域向新的技术基础的转化。组织好各路科技大军面向国民经济建设主战场,加速科技成果推广应用,大力发展高新技术及其产业,继续做好应用基础研究工作,基本形成科技与经济紧密结合的运行机制。

二、大力推进企业技术进步

(三)加快新产品开发,调整产品结构。工业企业,尤其是国营大中型企业,要以提高经济效益为中心,围绕增加品种、提高质量、节约能源、降低消耗,增加出口、替代进口等三大任务,建立"生产一代、储备一代,研制一代、构思一代"的产品梯级开发制度。主管部门要确立重点,选准方向,对三五年内能形成拳头和新兴行业的产品,在项目审批、资金、贷款贴息政策上给予优先支持。引进国外技术和样品,拓宽企业产品开发思路,所购样品商请海关免征关税。企业主管部门和财政、税务、银行等部门要采取切实可行的措施限期淘汰落后产品。企业开发的更新换代产品,以及借鉴国外样品开发的产品,列入市新产品计划,按税收管理体制报批,享受减免税的优惠政策。企业开发新产品,可在其产品投产后的纯利润中连续3至5年提取1%—2%,用于奖励该项产品的主要科技人员。

(四)强化企业技术吸收能力,形成自觉追求技术进步的内在机制。企业采用科研机构和高等院校的新技术、新工艺、新产品、新材料发生的费用可进入成本,并可向市科技投资公司申请风险贷款。科研机构、大专院校与企业联合开发科技成果和专利技术,并形成生产能力,2至3年内实现年销售额达500万元以上、1000万元以上、1500万元以上的项目,科研机构、大专院校可分别按销售额1.5%、2%、2.5%的比例,一次性计取额度,在本单位总收入中列支作为职工的奖励,不计奖金税。对吸收、推广我市科技成果的有关科技人员和管理人员应给予奖励。

(五)建立和完善企业技术开发机构。大中型企业和企业集团必须建立健全自身的技术开发机构,从事技术开发的工程技术人员应占本企业工程技术人员的30%以上,小型企业也应形成适合本企业发展的技术依托。企业办技术开发机构,应有固定的经费来源、场地、设备和专(兼)职的技术人员。企业技术开发机构经批准,可实行单独核算,享受独立科研机构待遇。市经委会同海关和市税务局审批的大型企业或企业集团建立的技术开发中心,享受国务院原生产办公室国生技改〔1992〕92号文件规定的同等政策。

(六)突出总工程师在企业技术进步中的地位和作用。总工程师在厂长(经理)领导下全面负责技术进步工作,参加企业生产经营活动的领导,并在计划、资金、人员、物资分配、调度、协调奖励等方面有相应的职权。

(七)加强对企业技术进步的考核。把企业技术进步的主要指标纳入厂长任期目标,作为企业经营责任制的主要考核内容之一。建立相应的评审考核制度,考核结果与企业工资总额和企业法人代表的利益挂钩。

三、切实做好科技兴农工作

（八）坚持大科技振兴农业的发展方向,重点增强农业综合生产能力和实施农业"三大工程",不断提高农业科技水平和农民科技技能,搞好农业区域综合开发、自然资源深度开发以及生态环境的综合治理;加强农科教统筹,建立健全农村科技进步的运行机制和支撑体系,走资源节约型,发展高产、优质、高效农业的新路子。

针对我市农村经济发展中急需解决的重大关键技术组织科技攻关。"八五"期间要以粮、菜、油、猪、家禽等作物(畜牧)新品种的选育和良繁技术研究,栽培(养殖)技术和改进耕作制的研究与开发等重大课题作为协作攻关的重点;继续组织成熟适用的科技成果进行大面积、大范围的推广,把常规农业技术和现代生物技术有机地结合起来,采用农、林、牧、渔综合增产新技术,实现传统农业的技术改造。把"星火计划"、"丰收计划"、"燎原计划"和"农业先导性技术承包"更好地结合起来,切实组织实施,推动农村经济的全面发展。

实行农业区域综合开发。继续抓好21个市级农业科技进步示范乡工作,有条件的区、市、县还可选择有代表性的乡镇建立依靠科技进步,促进经济发展的示范乡镇或农业试验综合示范基地。建立我市南部、北部山区农业生态区域性支柱产业,加强区域性综合技术开发。

（九）大力促进乡镇企业的技术进步。加强对现有乡镇企业的技术改造,帮助新办企业提高技术起点。乡镇企业要有长期稳定的技术依托单位或建立自己的技术开发机构,并按销售额的1%—2%提取技术开发基金。

（十）建立健全农业科技推广服务体系,促进农业科技成果推广。加强乡级技术推广机构的建设。村应配备农技员,对在乡、村的农技人员增发岗位补贴。建立和发展农村技术市场;农业技术推广服务机构可兴办技术服务实体,实行技物结合和有偿服务,可经营直接为本地区农技发展服务的农药、农机、化肥、农膜等农用物资;大力发展以科技为先导,政技物结合的技术承包集团,建立拥有技术优势和特长的专业有偿服务公司、由加工产业部门或农村专业户自发组织专业技术协会等多种形式的农技推广社会化服务体系,搞好产前、产中、产后全程服务。

要大力加强农业科技的宣传教育,开展农民岗位技术资格培训。各区、市、县要积极发展农村职业中学和广播电视教育,各乡镇要办好一所农民文化技术学校,不断提高广大农民的科学文化素质。

（十一）开展科技达标活动,推进区、市、县科技进步。凡通过验收的达标区、市、县由国家科委或市政府授予荣誉称号;对组织实施达标工作做出贡献的区、市、县主要领导及有关科技人员颁发荣誉证书。

四、大力发展高技术和高新技术产业

（十二）发展高新技术产业是重庆发展战略的重点,要开发一批能形成规模效益的高新技术产品,重点扶植和巩固一批高新技术骨干企业。"八五"期间,以微电子与信息技术、自动化仪表、机电一体化、生物工程和新材料为主体的新兴产业形成一定规模,努力实现高新技术成果商品化、产业化、国际化。

重庆高新技术产业开发区是国务院批准的国家级高新技术产业开发区,也是国家科委和国家体改委确定的5个综合改革试点开发区之一。要按照新的机制和模式发展重庆高新技术产业开发区,加快以产权制度、分配制度、计划管理与市场调节相结合三个方面为重点的改革,带动社会保障体系、社会化支撑服务体系的改革和发展,坚持以市场为导向,建立起符合商品经济运行规律和国际惯例的管理体制。

市政府高新技术产业开发区办公室是市政府管理开发区工作的派出机构,按照"特事特办"原则对开发区实行统一领导、统一认定、统一管理。各级政府和各部门要支持高新技术产业开发区的改革和建设,在渝大专院校、科研院所、大中型企业要积极进入开发区创办高新技术企业。

五、增强科研设计机构为经济建设服务的能力与活力

（十三）科研机构必须以振兴国民经济为首要任务。引导科研机构实行合理分流，更好地面向经济建设主战场，并逐步向自负盈亏、自我发展的方向过渡。技术开发型科研机构的一部分要转化为工程技术中心或行业、企业技术开发中心；大部分转化为科研生产经营一体化的经济实体。

社会公益型（含农业）科研机构在继续实行事业费包干的前提下，逐步向结构网络化和功能社会化方向发展；允许扩大服务范围，实行有偿服务；有条件的要走技术开发型科研机构的发展道路。技术开发型或具有技术开发能力的其他类型科研机构，可进行工商登记取得法人资格，在固定资产和流动资金贷款方面与企业同等看待。按照竞争择优原则对少量科研院所集中财力给予重点支持，确保科学研究的发展水平。

（十四）进一步扩大科研机构自主权。"八五"期间，在不另增拨事业费的前提下，经主管部门批准，可聘用必需的科技人员，受聘人员档案由市人才交流中心管理，允许自浮工资总额30%，可实行内部浮动工资制，不计入奖金总额。事业费减拨到位的科研机构，在保证事业发展的前提下，收入由单位自主支配。有条件的社会公益型科研机构，其奖励和福利基金以占纯收入的50%为基数，事业费每减拨10%，奖励和集体福利基金增提2%。事业费减拨到位的科研机构仍属事业单位，继续享受国家有关政策待遇。

鼓励科研设计机构大胆改革，在用人、用工和分配制度上，实行干部聘任制、全员劳动合同制、岗位技能工资制；试行多种形式的股份制。科研设计机构研究开发项目可不受专业限制，按市场需求导向；经营范围不受行业限制，以效益为目标，一业为主，多种经营。对经营管理不好、效益很差的科研机构，可以转向、被兼并或撤销。

（十五）科研设计研究单位在工程设计中推荐选用我市的设备和材料，按所推荐的设备和材料实现年累计销售金额达1000万元、1500万元、2000万元以上，经审核后科研设计研究单位可在其设计收入中，分别按上述金额提取1%、1.3%、1.5%的工资额度用于职工的工资晋级，免征奖金税。

（十六）以产业化为主线，鼓励科研机构、高等院校和科技管理部门积极创办科技型企业。科技型企业可从销售总收入中提取0.5%—1%流动资金补充费，并按1‰—3‰的比例开支市场开拓费，按实列支。其他固定资产中的机器设备折旧率，报经市财政局和市税务局批准，可比同行业增加2%—5%，其中属开发高技术产品使用的关键设备，折旧率可提高到10%—12%。"八五"期间，对科技型企业给予免税照顾，所免税金全额返还企业用于建立科技开发基金。

科研设计机构、大专院校和科技型企业对连续两年以上的亏损企业进行承包、租赁，扭亏转盈后按合同规定在3年内分得的利润免征所得税。

（十七）吸引和组织在渝部属、省属科研设计院所、大专院校和大型企业为我市经济服务。凡在我市推广应用科技成果，为重庆经济发展贡献力量，报经批准均可享受相应优惠政策。

六、拓展技术市场，加速科技成果商品化、产业化

（十八）大力推进技术市场的发展。完善技术市场管理机构建设，制定并切实贯彻技术市场法律、法规和政策；完善市常设技术市场，作为全市技术贸易中心。建立和充实一批技术中介机构和技术项目评估咨询机构，举办技术交流交易活动，各专业银行每年应划出一定额度的贷款，专项支持技术交易和技术成果转化。尽快建立技术合同仲裁机构，保护知识产权；加强技术合同认定登记工作，实行统一认定，统一政策。各有关部门要切实支持技术市场的发展。

（十九）经技术合同认定登记，对科研设计机构、大专院校的技术转让、技术开发、技术咨询、技术服务、技术培训、技术承包、技术出口以及专利许可证贸易等收入免征营业税和所得税；其他企事业单位的技术转让以及随同技术转让发生的技术咨询、技术服务、技术培训所得，在30万元以内，属企业之间横向联合进行上述技术性活动，收入在50万元以内免征所得税；集体、个体科技机构、科技群团和企业从事技

术开发、技术转让、技术咨询、技术代理、技术服务、技术培训的收入,可免征营业税。企事业单位可从"四技"的纯收入中提取20%—40%,作为直接参加该项工作的科技人员的津贴和奖励,并按一定比例分配给推广方、介绍方和受益方的科技及有关人员,不计入奖金总额。

(二十)各类科技计划都要以市场为导向、效益为中心,以实现产业化、占领大市场为目标,凡列入市级或市级以上的上述计划项目,符合国家产业政策,经税务部门审定,投资方向调节税实行零税率。

(二十一)加强科技成果转化的中间环节。经市科委、经委、计委认定的中试基地和工程技术开发中心项目,其基建部分按本《决定》第二十条规定执行。科研机构、大专院校同企业联合中试的产品,经税务机关批准,免征所得税、产品税、增值税,免税额作为中试基金。对农业科研机构出售自育自繁、引进改良动植物的品种(种子、苗木、种苗)的收入免所得税。

(二十二)大力发展信息、咨询等软科技产业。建立各种类型的科技信息网络,尽快建立国际性科技信息检索网,加强专利发明创造的推广应用和销售工作,专利部门要积极为各企事业单位提供文献检索和专利权法律服务。

七、充分发挥科技人员的积极性

(二十三)高度重视知识分子工作,树立"尊重知识、尊重人才"的社会风尚。对推动我市科技进步、经济发展作出重大贡献的科技人员要实行重奖;设立重庆市科技进步奖励基金会,负责筹集奖励基金,基金由政府拨款、项目受益单位出资、社会捐赠三部分构成,用于奖励重庆市重大贡献科技人员;对承担国家、省重大科研项目的科技人员按省委、省政府(川委发〔1992〕2号)文件规定实行岗位津贴;市级有关部门,各区、市、县及企事业单位对有突出贡献的科技人员可实行特殊津贴,以上三项经市政府批准,免奖金税和工资调节税。各企事业单位可按国家标准在内部试行评聘分开的技术职务聘任制。

(二十四)继续促进人才的合理流动,允许科技人员兼职。允许和鼓励科技人员通过调动、借用、兼职等方式到乡镇企业、城镇集体企业和科技型企业工作,对分配的大、中专毕业生或由这类企业引进的科技、管理人员,档案由各级人才交流机构管理,保留原所有制职工身份,其户粮关系不转,工龄连续计算,实行档案工资制,工资、福利由企业承担,并可上浮二级工资。经单位批准到农村办民间科研机构、经济实体或长期从事科技承包和咨询服务的科技人员,保留原来的人事关系和户口、粮食关系。

被组织选派到农村承包、领办、租赁乡镇企业和参加农业技术承包的科技人员(含党政机关干部)的个人所得应不低于承包收入的50%。

企业单位的科技人员经单位同意在兼职所得收入与单位分成时,个人所得部分应不低于30%,业余兼职收入全部归个人。

(二十五)采取优惠政策,吸引国内外科技人才。在国外学习取得硕士以上学位者,招聘来我市工作,满编的聘用单位可由编制部门审核相应增加编制,其住房、工资、配偶工作调动、子女就业应给予特殊照顾;对被聘人员坚持双向选择,来去自由。从市外引进人才、智力,其引进方式、服务形式、工作条件、生活待遇和服务奖酬由用人单位与被引进人员商定。

八、坚持对外开放,推进国际科技合作与交流

(二十六)根据国家有关规定,简化从事高新技术研究开发及产业化工作的科技人员的出入境手续;支持和鼓励科技人员积极参加国际交流,互派研修、进修、学习人员。对在国际合作与交流项目中牵线搭桥以及引进国外和港、澳、台地区的资金、技术、项目有成效的人员要给予表彰奖励。

实行引进技术可行性论证制度。凡市级引进技术的重点项目,审批前必须组织可行性调查研究和技术论证,可采用公开招标的办法确定项目承担单位,鼓励企业、科研设计机构、高等院校和军工部门联合投标。承担市重点引进技术的消化吸收和创新项目的企业,经同级财政和税务部门批准,可在不减少上交基数的前提下,按该项目销售额提取1%—2%的技术开发基金,专项用于消化吸收工作。重大项目优先列入科技计划予以安排。

(二十七)多种形式、多种渠道引进国外智力,做

好二次引进工作,建立市级国外智力引进基金,引进单位要把国外智力引进经费纳入单位收支计划安排。

(二十八)重视和鼓励技术出口,努力开拓国外技术市场,带动产品出口,有选择地出口实验室技术,注意加强出口技术特别是专有技术的保护。积极开展与沿海开放城市的技术合作,加强边境技术贸易。

九、增加全社会对科技的投入

(二十九)振兴经济首先要振兴科技。科技投入是科技进步的必要条件和重要保证,充分发挥科学技术的第一生产力作用,必须大幅度增加对科技的投入,形成以财政拨款、金融机构贷款和企事业单位自我积累或自筹资金为支柱,吸引民间和海外资金多渠道、多层次的科技投资体系。

(三十)牢固树立科技投入在总体上是效益最好的生产性投入的观点。市财政要确保地方科技三项费、科学事业费和科技基建费的增长高于财政的增长,并力争短期内达到全国大城市科技投入的相应水平。区、市、县科技三项经费应达到同级财政上年支出总额的1%。

要进一步改革科技拨款制度,根据科技发展需要建立各类科技发展基金,允许对科技项目进行投资;要加强管理,确保科技经费的有效使用。

(三十一)各专业银行要设立科技贷款科目,扩大科技贷款规模,增加科技贷款在贷款总额中的比重,到"八五"期末,银行发放的支持科技的贷款争取达到当年贷款增加额的10%。成立股份制的重庆科技风险投资公司,开展科技风险投资业务;成立为科技服务的城市信用社,采取较为宽松的信贷管理办法,融科技与金融为一体,全方位为促进科技进步和经济发展服务。

(三十二)多渠道筹措发展高新技术产业所需资金。银行对开发区企业所需开发和生产建设资金,要优先安排;每年安排一定额度的专项贷款和流动资金贷款,并实行基准利率;采取发行债券、股票等形式集资,大力吸引外资。市财政每年对开发区要有适当投入。

(三十三)强化企业科技进步资金的自我积累机制。工业企业应建立技术开发基金,经市经委、市财政局、市税务局批准,根据企业实际情况,可按当年销售额的1%—2%税前提取;高新技术企业和科技型企业可分别按当年销售额的3%、2%提取,企业新产品减免税部分进入技术开发基金。企业技术开发基金必须专款专用,并建立严格的财务监督制度,凡不按规定提取或提取后挪作它用的,全额扣缴,进入市或行业的科技开发基金。

十、切实加强对科技工作的领导

(三十四)依靠科技发展经济,是全党全民的历史性任务。各级干部特别是领导干部,要深刻理解科学技术是第一生产力的观点,真正做到第一把手抓第一生产力,把发展科技放在经济和社会发展的关键地位,提上党委、政府的重要议事日程,定期听取科技工作汇报,研究科技工作,切实解决科技工作中遇到的困难和问题。各级党委、政府必须加强领导,在增强科技意识、转换科研院所运行机制、增加科技投入、调动科技人员积极性等方面取得突破,并将其作为考核党政领导干部政绩的重要内容。

各级科技管理部门要加强宏观管理。市科技领导小组要在市委、市政府领导下,充分发挥在实施《依靠科技振兴重庆规划纲要》工作中的领导、组织、协调作用,研究、决定全市科技进步和科技体制改革的重大问题。市科技领导小组办公室要抓好检查监督、总结经验、统计数据、考核奖励等方面工作,加强对各重点产品、重大工程项目领导小组的联系和指导。

各级科委是政府主管科技工作的综合部门,各有关部门要支持、配合科委的工作,使其更好地发挥宏观管理职能。加快科技副区、市、县长的配备工作,21个区、市、县要在1993年内配齐,并真正发挥他们的作用。坚持选派科技副区(县辖区)长、科技副乡镇长工作,完善农村科技管理体系。

(三十五)围绕全市经济社会发展,加强软科学研究,进一步搞好领导决策科学化、民主化。要充分听取各民主党派对重大经济技术决策的意见,充分发挥科技顾问团、大专院校以及各级科协、技协、工、青、妇等群众团体在开展科普活动和学术交流及对重大经济技术决策提供咨询论证等方面的作用。

各级党委宣传部门和新闻单位,要认真开展科学技术是第一生产力的宣传教育活动,形成制度,大造声势,为提高全社会特别是各级领导的科技意识发挥积极作用。科技宣传工作要大力宣传党的科技方针、政策、"依靠科技振兴重庆"的战略决策,大力宣传优秀知识分子、重大科技成果和有关的法律、法规,宣传科学知识、科学精神、科学方法、科学态度,重庆日报、重庆电视台和广播电台应开辟专栏,定期播放或刊登科技动态和科技成果信息;每年3月作为全市的科技宣传月,宣传部门、科技管理部门和新闻单位要制定切实可行的计划,抓好这项工作。

各区、市、县和各有关部门要根据本《决定》,结合实际,尽快作出贯彻执行的具体部署,并报告市委、市政府。

中共重庆市委
重庆市人民政府
1992年8月25日

中共重庆市委关于贯彻党的十四大精神的意见

(1992年11月20日)

各区、市、县委,市委各部委,市级各部门党组(党委),县级以上企事业单位党委:

党的十四大确立了邓小平同志建设有中国特色社会主义的理论作为全党工作的指导思想,明确肯定我国经济体制改革的目标是建立社会主义市场经济。这是马克思列宁主义、毛泽东思想的新发展,标志着我们党已经从理论和实践的结合上,初步掌握了社会主义社会发展的规律。

十四大强调党在社会主义初级阶段的基本路线长期坚持不动摇,制定了加快改革开放步伐,胜利走向二十一世纪的宏伟纲领。这是指引全党全国人民沿着有中国特色社会主义道路奋勇前进的指针。

十四大选出了以江泽民同志为核心的新的中央领导集体,一批德才兼备、年富力强的同志进入党的中央领导机构,既保持了中央领导的连续性,又增加了新的力量,从组织上保证了我们党承先启后,继往开来,把社会主义伟大事业胜利推向前进。

江泽民同志在十四大的报告中,总结了我国14年改革和建设的伟大实践和基本经验,精辟地阐述了建设有中国特色社会主义的理论,充分体现了党的十一届三中全会以来邓小平同志的一贯思想和南巡重要谈话的基本精神,把全党对建设有中国特色社会主义的规律和特点的认识提到一个新的高度。党的十四大文件是指引我们胜利前进的纲领性文献。

全市各级党组织,要把组织广大干部群众学习十四大文件作为当前的头等大事认真抓好,用有中国特色社会主义的理论武装全党。各级领导干部要带头学好。要把学习十四大文件同学习邓小平同志的著作和南巡重要谈话结合起来。在学习中要着重认识和领会社会主义社会发展的客观规律性,建设有中国特色社会主义理论的科学性,长期坚持党的基本路线不动摇的重要性,加强党的建设和改善党的领导的必要性,深刻理解建立社会主义市场经济体制对于加速改革开放和现代化建设的重大战略意义。把解放思想和真抓实干统一起来,结合本地区、本部门的实际,创造性地开展工作,把十四大精神贯彻好、落实好,进一步加快改革开放,推动我市国民经济跃上新台阶。

一、我市改革开放的回顾

1978年党的十一届三中全会之后,在邓小平同志关于建设有中国特色社会主义理论的指导下,我市贯彻执行党的十一届三中全会的路线、方针和政策,清除"左"的错误影响,冲破"两个凡是"的束缚,实现了全党工作重心的转移,进入了改革开放的新时期。

我们积极开展了真理标准和生产力标准的大讨论,拨乱反正,平反冤假错案,落实党的知识分子政策和统一战线等各项政策,提高了党在人民群众中的威望,调动了各方面参加改革的积极性。

我市的改革首先在农村起步。推行以家庭联产承包为主的责任制,放开农副产品市场,农民获得了生产经营自主权,农业生产迅速改变了长期徘徊的局面。同时,基本取消了农产品的统购派销,逐步放开农产品价格,围绕市场调整农村产业结构,实施"三大工程",加快农业综合开发,推动农村经济向商品化发展。乡镇企业异军突起,已转移农村劳动力128万人,乡镇企业产值大大超过农业总产值,为促进城乡一体化发展开辟了新的道路,乡镇企业已成为农村经济的重要支柱和全市经济的重要力量。

1983年中央批准我市进行经济体制综合改革试点,实行计划单列,把重庆的改革推向了一个新的阶段。主要是围绕增强企业活力这个中心环节,进行了以扩大企业自主权和实行厂长负责制为主要内容的"小配套"改革,推行多种形式的企业承包责任制,积极试行企业股份制、租赁制和企业兼并,开始转变企业经营机制。同时,在商业体制上打破过去长期形成的国营企业一统天下、独家经营、封闭式、多环节的流通格局,形成了以公有制为主体的多种经济成分、多条流通渠道、多种经营方式并存发展的开放式、少环节、网络化的流通格局。在实行市带县的体制改革中,坚持城乡大联合,打破了过去城乡分割的局面,促进了城市和农村商品经济的发展。

军民结合取得显著成效,形成了摩托车、微型汽车等一批在全国具有较强竞争实力的新兴产业和拳头产品,到1991年军工企业民品产值的比重已占整个军工企业总产值的83.8%。

在科技体制改革中,科研院所、科技人员面向经济建设主战场,科技与经济结合,实施"科技兴渝",促进了经济和社会的发展。教育体制改革逐步深入,全市人民的文化素质不断提高,为社会主义现代化建设培养了大批人才,尊重知识、尊重人才的社会环境正在形成。

城市由封闭走向开放。初步形成了以重庆经济协作区和五省七方为依托的西南一片、长江一线以及同沿海和全国各地的横向经济联合。1983年我市恢复独立对外口岸,现在已同世界上110多个国家和地区建立起经贸往来关系。市委、市政府为改善投资环境,解决经济发展中"卡脖子"的问题,自"七五"以来,以战略眼光狠抓基础设施建设,使全市的供电、供水、交通、通信、市政设施有了较大的改善,为加快对外开放和经济发展创造了条件。通过对计划、财政、税收、金融、物价、外贸、物资体制的综合改革,经济运行机制和政府宏观调控的职能正在逐步向适应社会主义市场经济的方向转变。

1988年到1991年的治理整顿,抑止了通货膨胀,保持了全市经济的稳定。同时,我们还有效地制止了1989年春夏之交发生的政治动乱,维护和巩固了安定团结的政治局面。在治理整顿期间,我市在全国率先推行商业"四放开"改革,得到中央的肯定。在商业"四放开"改革的启示下,又进一步在工交企业中推行了"五自主"改革试点。

今年初,邓小平同志南巡的重要谈话,极大地鼓舞了广大干部和群众。在思想上进一步明确了坚持改革开放主要是防"左",明确了在社会主义制度下还要进一步解放生产力,要从根本上改变原有经济体制,突破了改革是姓"社"姓"资"的框框的束缚。这是自党的十一届三中全会以后又一次思想大解放,全市出现了深化改革、扩大开放的大好势头。"四放开""五自主"的改革进一步深化,转换经营机制,增强企业活力,企业大步迈向市场。机关在"三清理"的基础上,进一步转换职能。对外开放迅猛扩大,今年1至9月,全市新批三资企业251户,超过以往10年的总和,来渝旅游的海外游客比去年同期增长69.7%。各行各业广开招商门路,与外商合资合作的"一厂两制""嫁接型"企业不断涌现,对外开放出现了喜人的新形势。

十一届三中全会以来的14年,是我市经济发展最快、经济实力增长最大、人民群众得到实惠最多的时期,重庆的面貌发生了历史性的变化:

——改革开放使我们正在向社会主义市场经济体制迈进。高度集中的指令性计划缩小,市场机制的作用扩大,大多数商品的价格已经放开,企业走向市场。以公有制为主体、多种经济成分并存的所有制结构已经形成。1978年与1991年比较,在全市工业总产值中,全民所有制企业所占比重由82.7%变为68.8%,集体企业所占比重由14.6%上升到19.3%,个体经济和其他经济成分从无到有达到11.9%。在社会商品零售总额中,国营商业所占比重由54.1%变为33%。集体商业由42.8%变为32.1%,个体和其他商业由3.1%上升为34.9%。第三产业在国民生产总值中所占比重由16.5%上升到28.5%。市场的培育和建设有了较大的进展。

——经济建设上了一个大台阶。1991年与1978年比较,全市国民生产总值由47亿元上升到232亿元,国民收入由40亿元上升到186亿元,按当年价计算,分别增长3.9倍和3.7倍。财政收入由10.66亿元达到29.66亿元,增长1.8倍。粮食产量由399.88万吨达到598万吨,增长49.6%。乡镇企业产值由3.7亿元达到121.43亿元,增长32倍。出口创汇由1983年的2683万美元达到4.23亿美元,增长14.7倍。这14年的城市建设投资为十一届三中全会以前29年投资总和的4.5倍。机场、道路、桥梁、邮电、通信等一批重点建设项目建成投入使用,城市基础设施有了较大的改善。

——城乡人民生活明显提高。14年来,城市职工人均年工资收入由585元上升到2355元,农民人均年纯收入由133元上升到731元,扣除物价因素,分别增长70.5%和1.7倍。城乡居民人均储蓄存款由17元增加到591元,增长33.8倍。新建住房比前30年建房面积的总和还多,城市人平居住面积达到5.1平方米。

社会主义精神文明建设、民主法制建设和廉政建设有了加强。多种形式的群众性精神文明活动蓬勃发展,人民的物质文化需要得到进一步的满足。纠正行业不正之风,查处"三乱"的工作有了初步的进展。严厉打击各种刑事犯罪和经济犯罪,清除社会丑恶现象,社会治安综合治理取得明显成效。全市政治稳定,为改革开放创造了较好的社会环境。

在改革开放中,坚持党要管党,从严治党。通过整党和民主评议党员,开展"两坚持"教育和基本路线教育,加强领导班子建设、基层组织建设和党风党纪建设,党员的素质进一步提高,各级党组织的政治核心作用、战斗堡垒作用增强,党员队伍不断扩大。一大批德才兼备、锐意改革的中青年干部走上了各级领导岗位。全市65万党员经受了政治动乱和苏联东欧剧变的严峻考验,在我市两个文明的建设中发挥了先锋模范作用。

回顾我市改革开放的历程,我们在邓小平同志建设有中国特色社会主义理论的指导下,走的是一条充满希望的成功之路。14年的崭新实践给我们以深刻的启示:

(一)搞改革开放,必须坚持不断解放思想

历史唯物论认为,人类社会总是在物质力量和精神力量的交互作用中发展的。14年的实践使我们更加深切地体会到,解放思想是改革开放的先导,改革开放的过程实际上是一个思想不断解放的过程。如果不冲破"两个凡是"的禁锢,不打破长期形成的计划经济模式的思维定势,就不可能有改革的起步。在深化改革中,如果不突破姓"资"姓"社"的框框,不清除"左"的思想影响,不仅不能深化改革,甚至还可能走回头路。实践证明,思想越解放,越符合客观实际,胆子就越大,改革开放的路子就越宽。只要有利于生产力的发展,有利于综合国力的增强,有利于人民生活水平的提高,就要敢想、敢闯、敢"冒"、敢于试验。

(二)必须坚定不移地坚持以经济建设为中心

历史唯物论从来认为,生产力是一切社会发展的最终决定力量。社会主义制度的优越性归根到底要通过解放生产力、发展生产力才能够表现出来。坚持生产力标准是党的基本路线的核心。回顾14年,我们更加深切地体会到,党在社会主义初级阶段"一个中心,两个基本点"的基本路线是完全正确的。坚持生产力标准,就必须坚持以经济建设为中心。如果脱离这个中心,社会主义就不能胜利。我们要坚定不移地集中精力把经济建设这个中心抓紧抓好,使我市经济发展不断跨上新台阶。

(三)必须维护社会稳定

在改革开放过程中,必然会碰到这样那样的社会热点和难点问题,如1988年的"抢购风",1989年的政治风波和"7·10"特大洪灾,由于采取的政策措施及时、得当,通过全市干部群众的团结奋斗,不仅没有造成严重的社会动荡,反而坚定了广大人民群众走社会主义道路的信念和决心。今后实行社会主义市场经济,必然还会出现新的矛盾和问题,我们更要高度重视维护社会的稳定,以保证深化改革、扩大开放的顺利进行。

(四)改革开放必须紧紧依靠广大人民群众,动员和团结一切社会力量

改革开放与广大群众的切身利益息息相关,只有得到群众的拥护才能成功。14年的经验告诉我们,一要关心群众的切身利益,关心群众疾苦;二要认真倾听群众的意见和呼声;三要尊重人民群众的民主权利,接受人民群众的监督。市里几大班子主要领导建立同区市县、大专院校、科研院所的联系制度,市委同民主党派的"双月座谈会"制度,领导干部下基层的制度,开办市长公开电话、直接同人民群众保持热线联系的制度,对于及时了解社会的热点和难点问题,集思广益,都有很好的作用。同时,各级人大、政协和民主党派,工会、共青团、妇联等群众团体,都做了大量有效的群众工作。改革开放的14年,是全市团结一致,共图振兴的14年。

(五)必须始终如一地坚持"两手抓"的方针

改革开放的实践告诉我们,虽然阶级斗争不是现阶段的主要矛盾,但是还有阶级斗争,还有违法犯罪,还有丑恶现象,还会在一定程度上造成干扰,必须加以排除。同时,我们体会到,经济建设是不能孤立搞上去的,人民的思想道德、文化科学素质和社会风气,对经济建设的发展有巨大的作用。改革开放越是深入,物质文明建设越是发展,越是要加强精神文明建设,越是需要强有力的思想政治保证。我们必须始终坚持"两手抓""两手都要硬"的方针,这是我们在改革开放中必须牢记的一条基本经验。

二、抓住机遇,加快改革开放和现代化建设步伐

本世纪的最后8年,尤其是"八五",是我市经济社会发展极为关键的时期,我们一方面面临着大好的历史机遇,另一方面又面对着全国蓬勃发展的竞争局面的挑战。像重庆这样一个地处内陆的老工业城市和后起的开放城市,按部就班地发展肯定不行,等距离地赶超也只能是老落人后。我们要不辜负中央的重托和全市人民的期望,只能采取超常规、跳跃式的发展战略,除此别无选择。

90年代我市经济发展速度,原定国民生产总值平均每年递增6.3%。根据十四大精神,结合重庆实际,适当把速度加快一些,不仅是必要的,也是可能的。国民生产总值可以考虑由1990年207亿元增加到1995年400亿元,2000年达到800亿元,年均递增速度保持在两位数以上,力争上两个新台阶。同时,经济效益、社会效益和环境生态效益要不断提高,产业结构趋于优化,城市经济整体素质和经济实力显著增强,环境明显改善,人口得到控制,人民生活实现小康。建议市政府根据这一基本思路,对原来制定的十年规划和"八五"计划进行必要的修订。

实现这一宏伟目标,最根本的是要认真贯彻党的十四大精神,坚持党的基本路线,坚持以经济建设为中心不动摇,紧紧围绕建立社会主义市场经济体制,不断深化改革,扩大开放。

实现这一宏伟目标,任务是极其艰巨的,制约重庆经济发展的因素不少,如资金不足、交通运输紧张等问题,都需要我们认真加以解决。但是更要看到加快我市经济发展的有利条件。一是广大干部和群众对公有制同商品经济结合、对市场机制的作用已有实际的体验和认识。二是14年的实践实质上是向着社会主义市场经济迈进,在经济机制、经济体制和经济法制上已有了初步的改革作基础。三是城市基础设施的建设已积累了相当大的物质力量。四是前几年工业技术改造上的大量投入,在"八五"期间要全部投产见效,开花结果。五是三峡工程上马、沿江开发开放、老工业基地改造、高新技术开发、新一轮深化改革试点等,使我市面临着前所未有的大好历史机遇。

光荣而繁重的任务摆在我们面前,全党同志都应做到:转换脑筋,解放思想,排除干扰,集中精力,停止一切无谓的争论和扯皮,杜绝一切华而不实的形式主义,少说多做,真抓实干,敢闯敢冒,敢改敢试,为我市改革开放和建设再上新台阶而努力奋斗。

(一)以建立社会主义市场经济体制为目标,加快经济改革

加快经济体制改革,要适应社会主义市场经济的

要求,主要是企业转换机制,政府转变职能,建立健全市场体系和社会保障体系。

1.转换企业经营机制,把企业推向市场。建立社会主义市场经济体制的中心环节,是深化企业改革,转换企业经营机制,使之成为市场的主体。为此,必须引导企业实行三个彻底转变:由围绕计划转、跟着指令干,转到跟着市场转、随着消费变;由政府部门支配企业的生产经营活动,转到企业自主决策、独立经营;由单纯追求产值数量、吃国家的"大锅饭",转到企业真正自负盈亏、自我约束、自我发展。

首先,各级党政主要领导要把主要精力放到转换企业经营机制上来。在今后相当长的时期内,要把贯彻落实《全民所有制工业企业转换经营机制条例》作为深化企业改革的方向和重点。凡与《条例》精神不符的地方性法规和政策,要抓紧清理,及时调整或废止。尽快结合我市实际,研究出台贯彻《条例》的实施细则。《条例》规定给企业的十四条自主权,必须条条落实,不许任何单位以任何借口截留、上收或变相上收。凡属侵犯企业自主权的行为,都要依法追究责任。企业也要进一步解放思想,强化自主意识,敢于和善于以《条例》为武器,维护自己的合法权益,调整产品结构,提高产品质量,搞好企业管理,增强竞争能力,勇于充当市场主角。"四放开""五自主"试点,与《条例》的基本精神是一致的,应当继续深化,并按照《条例》的要求,充实和丰富改革的内容。原试点企业在转换经营机制上应走在前头。所有国有企业都要按《条例》要求转换机制,不需要再经过批准试点。

其次,以理顺产权关系为主线,继续推进多种形式的企业承包经营责任制。坚持搞好"税利分流,统一所得税率,免除企业税后负担,实行税后还贷"的试点,进一步完善"投入产出包干""效益目标责任制""全员风险抵押承包"和"租赁制"等多种经营方式,促进企业经营机制转换。

第三,大力推进企业组织结构的调整、改组。根据产业政策和优胜劣汰原则,积极推进联合兼并、股份制试点和发展企业集团。对一批国营工商小企业,大胆实行"改、转、租、包、卖"的试点,坚决推行企业破产制度,促进生产要素的流动和优化组合。逐步建立以股份制为主要形式的企业产权制度,以国有大中型企业的股份制改造为重点,积极发展法人持股的有限责任公司,有计划、有步骤地发展股份有限公司,并争取国家批准发展一批上市公司。城镇集体经济和乡镇企业要普遍推行股份合作制。

2.坚持政企职责分开,转变政府职能。要建立适应社会主义市场经济的宏观调控体系,政府必须按照"政企分开,宏观管好,微观放开"的原则,从过去直接管理为主转向间接管理为主;从管微观转向管宏观;从批项目、分钱分物的管理方式转向以经济手段为主,运用经济杠杆、法律规定和必要的行政手段调控经济。同时,大力改进工作制度,简化办事程序,转变工作作风,提高办事效率,搞好规划、协调、监督、服务。要学会运用和善于运用各种经济杠杆、法律手段和必要的行政手段调控经济。要以制定和实施中长期发展规划、产业政策等为重点,改进计划管理,建立指导性计划体系和宏观经济管理体制。

中央决定3年内基本完成党政机构改革的任务,从现在起我们就要抓紧准备工作。按照政企分开和精简、统一、效能的原则,统筹规划,精心设计,制定全市总体实施方案。当前,市和区市县两级要首先砍掉一大批临时性机构。各地区、各部门要撤销或合并一些职能交叉重复的内部机构,确有必要的可暂时保留几块牌子,实行一套人马合署办公。要普遍进行职能分离、人员分流,一部分转向兴办经济实体,一部分到基层帮助工作,一部分留在机关工作。县级机构改革步子要加快,已经制定方案的试点县(市)要抓紧实施,几个县改市一开始就要以新的思想、新的机构、新的体制投入运行。改革机构,重在转换职能,不能重走过去边精简、边膨胀的老路。要切实做好机构改革中机关工作人员的思想政治工作,保持正常的工作秩序。

3.进一步建立和完善市场体系,促进生产要素市场化。建立健全市场体系,是企业转换经营机制的迫切要求。要在继续发展商品市场、生产资料市场的同时,以发展资本市场为核心,以高层次的批发交易市场、期货市场为重点,全面推进包括金融市场、劳务市场、技术市场、房地产市场、信息咨询服务市场和产权交易市场在内的市场体系,实现各类生产要素市场化。近期内,要对已经建立的30个生产资料市场加以规范和完善,对部、市合办的国家级区域性西南建材、化工、包装市场抓紧筹建,并建立川东粮油批发交易中心。要通过对朝天门、菜元〔园〕坝两个综合市场的扩建,使之成为分别拥有20万平方米的超大型综合批发交易市场。

价格改革是建立社会主义市场经济的关键,要逐步建立起"国家调控市场,市场决定价格,价格配置资源"的价格形成机制。除极少数国家定价商品外,原则上都应由企业遵循价值规律和市场供求关系,自主定价。

要抓紧建立开放、公平、公正的市场交易规则,加速市场立法工作,加强市场执法,保护合法经营,制止违法行为,创造公平竞争的市场环境,确保社会主义市场经济的健康发展。

4.建立健全与社会主义市场经济相适应的社会保障制度。目标是建立不分所有制和用工形式,覆盖社会全体成员的社会保险制度和以社会化服务体系为基础的社会福利救济体系。扩大养老保险和待业保险的统筹范围,抓紧制定职工养老、待业保险的行政规章,使社会保障制度尽快跟上企业改革的步伐。同时,要积极稳妥地试行农村社会养老保险。要大力发展社会化服务体系,把企业承担的养老、医疗、住房等福利性事业从企业中分离出来,以加快医疗制度和住房制度改革为突破口,全面开展社会福利制度的改革。

(二)各方动手,整体推动,进一步扩大对外开放

切实抓紧国家确定我市为开放城市的机遇和政策,拓宽对外开放领域,建立全方位、多元化开放的新格局。要扩大利用外资,特别重视利用外国政府贷款、国际私人资本和国际金融机构的有价证券。重视引进专利、商标、技术、工艺等无形资本,来提高产品的技术含量和市场知名度。千方百计拓宽外商投资领域,除国家明令禁止的外,各行各业都可以向外商开放。还要鼓励外商承包、租赁工商企业,甚至把一些中小企业拍卖给外商经营。引进外资要注重项目的选择,做好前期论证工作,尽可能使每一个外资项目都能取得明显的经济和社会效益。外贸出口要坚持实行多元化战略,既要继续扩大港澳、欧美等传统市场,更要着力开拓南亚、东南亚、东欧和独联体市场。

要敢于放开重庆市场,让外商得利。加入关贸总协定后,我们必然面临市场国际化的新趋势。只要商品有竞争力,国内产品可以大举打向国外,国外产品也必然要大量涌进国内。国际国内经济将日益融为一体,既不能指望过去的那一套保护,也不能偏守一隅。对此,我们一定要有清醒的认识。要放手与外商合资合作,生产外商的产品,占领内地市场,也可以拿出最佳的地段、条件最好的商场同外商合资合作,还可争取国家批准让外商独资经营,兴办一些超级市场。

要加强同周围一圈、西南一片、长江一线以及同西部、北部边境地区的联合协作,把重庆的优势与沿海、沿江、沿边地区的优势紧密结合起来,借边出境,借江出海,借地生财。让更多的内地产品通过沿海和沿边打向国外市场。

对现有的开放政策,全市上下都要吃透、用足、用好,克服重"要"轻"用",有而不用的倾向。要注意学习研究沿海的开放政策,针对改革开放的新情况,及时研究新政策、新思路。当前,特别要认真研究中国加入关贸总协定以后可能出现的新变化,及早采取对策措施,推动对外开放工作顺利发展。

我市经济技术开发区和高新技术产业开发区,要坚持以兴办外资项目、高新技术项目和出口创汇项目为主的方针,真正办成重庆的特区和对外开放的窗口。两个开发区都要加快开发进度,加大改革力度。各方面、各部门要全力支持两个开发区的建设,做到特事特办,一切从快从简。有条件的区市县兴办工业小区,要从本地实际出发,量力而行,结合项目,滚动开发,尽快见效。市级各部门要积极协助,热情支持,正确引导。

(三)抓紧抓好老工业基地改造,促进我市经济上新台阶

十四大再次强调要重视对老工业基地的改造。我们要抓住重庆是全国重点改造的老工业城市之一这个机遇,更扎实的工作,抓改造,促振兴。

国家给予老工业基地改造的扶持政策是有时间性的,"八五"是我们改造最有利的时期。要抓紧对原定"6203"工业技术改造工程作出必要调整,抓住时机用足政策,围绕拳头产品、重点产品和优势产品,集中力量高起点、大规模地上一批投资在几千万、几亿以上,产值利税成倍增长的大项目。突出抓好汽车、摩托车、钢铁、铝材等几大拳头产品。长安厂与日本、泰国合作年产奥托〔拓〕车30万辆,已基本达成协议。五十铃轻型车正在向"八五"末达到年产10万辆能力的方向努力。五十铃重型车正按年产1万辆规模与日方谈判。建设厂与日本合资生产150型和110型摩托车,1998年将达到年产20万台的能力。加上重钢、特钢、铝加工厂的改造完成后,以上几大产品将成为重庆工业经济翻番的支柱。机械、仪表、电子、化工等几大主要行业也要进一步发挥优势,确保在重庆工业增长中的领先地位。轻纺和建材等工业的技术改造要抓紧安排。要建成100个年出口交货值在100万美元以上的出口基地企业,提高外向型经济在全市工业中的比重。

在老工业基地改造中,要特别注意落实企业技术改造的自主权,大中型骨干企业要通过创办"嫁接型"合资合作企业,进一步增强经济活力与实力。

要大力加强基础产业和基础设施建设。抓紧建设珞璜电厂二期工程,争取花滩子电站早日上马,相应加强电网建设。运力不足是我市经济发展的最突出的制约因素。在充分挖掘铁路、公路运输潜力的同时,要特别重视发挥川江水运的作用,大力造船,增加客货运力,以缓解若干年内运输紧张的矛盾。与发展水运配套,"八五"期间,要力争建成寸滩集装箱码头、九龙坡货港和朝天门客港。要确保成渝高等级公路在1994年通车,开工建设渝长高等级公路,争取改造川黔公路。加紧江北机场的扩建,以适应国际通航的需要。建设成渝、渝汉通讯光缆,继续扩大程控电话容量。市内交通要加快长江二桥建设,开工建设黄花园大桥,打通石黄隧道,完成滨江路建设,尽快形成中心区内环,并兴建轻轨客运系统。继续大力改善城市供水,续建和尚山水厂二期工程,开工建设梁沱水厂。以上这些工程的建成,对改善内外投资环境和经济上新台阶将起到重要作用。

筹措大量资金,是老工业基地改造的一大难点,是当前最紧迫的任务。要挖掘现有资金的潜力,提高资金的使用效率和效益,提高项目的成功率。要拓宽思路,坚持多层次,多渠道筹集资金,重点是利用外资和筹集国内社会资金。抓紧利用国外海外资本寻求出路的时机,用内地丰富廉价的资源,广阔的市场,开放城市的政策,以及对先进技术较强的消化吸收能力,吸引外商到重庆直接投资。拿出一批经过充分论证,投入产出较高的项目,争取国际金融机构和外国政府贷款。广泛动员和鼓励各界人士为企业合资合作牵线搭桥。筹集国内资金,主要靠面向市场,广泛吸收社会资金。要扩大跨区域的联合,组建股份制企业集团,积极发展股份制经济,并抓好一部分资产的有偿出租和转让,特别是房地产的转卖,筹集资金。

重庆工业的大规模改造,是90年代经济建设的突出特点,是关系经济全局的紧要任务。必须加强领导、狠抓落实。各级主管部门、各区市县各企业都要加强对技改工作的领导,及时研究解决项目建设中的问题。对全市经济影响较大的重点技改项目,要集中力量,组织必要的会战。要建立以企业为核心的项目责任制度和以主管部门为核心的项目服务责任制度,加强考核,推动技改工作顺利开展。

(四)大力发展高产优质高效农业和乡镇企业,带动农村经济全面振兴

加快农村经济发展,对全市经济上台阶具有举足轻重的意义。要坚持市场导向,以"三大工程"为基础,加快发展高产优质高效农业,大力发展乡镇企业,切实加强农村社会化服务体系建设,促进农村经济全面振兴。

要继续调整和优化农业生产结构,在确保粮食稳步增长、积极发展多种经营的前提下,不断提高农作物的综合利用率和转化率。优良品种是发展高产优质高效农业的关键,要坚持国内培育和国外引进并重的方针,加快良种基地建设,大力培育和推广优良品种。面向市场,放开农产品的经营,是加快发展高产优质高效农业的基本动力,要以流通为重点,建立贸工农一体化的经营体制。要加速农业对外开放的步伐,积极参与国际市场竞争,并以农产品精深加工、贮

藏、保鲜、运输等薄弱环节为重点，积极引进外资，兴办三资企业。实现农业高产优质高效，必须在更大程度上依靠科技进步和社会化服务体系。要加快农业高新技术开发及其产业化，进一步推动农科教统筹结合。通过以上措施力争在"八五"期末，使主要农副产品的优质品率占到一半以上。

我市乡镇企业的发展，与沿海和省内先进地区比，存在不小的差距，今后要把乡镇企业真正作为区市县经济的主体来抓。加强领导，形成合力，充分发挥城市工业、科技和农村资源优势，争取在城乡联合、发展优势产业、外向型经济和第三产业等方面取得大的突破，促进全市城乡一体化发展。要从政策措施上鼓励城市企业、科研院校与乡镇企业广泛开展多种形式的经济技术联合与协作。突出上规模、上水平、上质量，大力开发有竞争力的拳头产品。加快乡镇企业发展，根本在机制。要不断深化企业改革，进一步完善适应社会主义市场经济发展的运行机制。同时搞好项目储备，健全投入体系，面向社会广辟筹资渠道，积极利用外资，加大资金投入强度，增强乡镇企业发展的后劲。

振兴和发展农村经济，基础在区市县。必须进一步增强区市县自主发展本地经济的能力，要放胆、放手、放权，最大限度地调动区市县广大干部群众的积极性、创造性。区市县要注意瞄准市场发挥自身优势，突出区域特色。要高度重视扶贫工作，采取有效政策措施，加快边远贫困山区的经济发展。

（五）调动各方面积极性，大力发展第三产业

我市发展第三产业的任务十分紧迫。今后十年，我市国民生产总值实现翻两番，第三产业必须以20%左右的速度增长，占国民生产总值的比重必须提高到45%以上。

要采取统筹兼顾、重点突破、分类推进的办法，大力发展三大类十个重点行业：

一是大力发展执行区域性功能的商贸业、金融业、交通运输业、邮电业。商贸业要建立大进大出、大购大销的流通网络和规则健全、公平竞争的市场体系。规划建设一批标准高、功能全、设施先进、内外贸结合的商贸中心、商贸大厦、批发市场，组建一批跨行业、跨地区、跨国界的商贸集团。金融业要建设具有执行国际国内资金融通职能的区域性金融中心，形成包括资金市场、证券市场、外汇市场、外债市场、保险市场、金银饰品市场等多层次的金融市场体系。大力扩展国家银行的业务范围和规模，创造条件争取国家批准在渝建立股票交易中心和外资银行，创办开发银行和政策银行。交通运输业是我市经济发展中一个突出的薄弱环节，今后的总体目标是要建成空中走廊飞向世界，经长江水道通往海外，陆上通道能够顺利出川和走向东南亚的对外交通综合运输体系。邮电业要形成通信干线传输数字化，市内电话程控化，邮政业务国际化的邮政通信网络体系。

二是积极推进先导性强的房地产业、旅游业和科技进步明显的信息咨询业和综合技术服务业。要结合旧城改造和新区开发，加快房地产综合开发，培育和发展房地产市场，使房地产业逐步成为开发、经营、管理和维修服务配套的新兴支柱产业。要以兴建三峡工程为契机，把重庆建成融吃、住、行、玩、乐、购为一体的旅游经济区，并大力开拓国际旅游，增加旅游外汇收入。要采用现代科学技术，建立起社会化、综合化、网络化、多功能的宏观决策信息系统，以及微观信息咨询服务和综合技术服务系统。

三是加快社会服务业和社会保障事业的发展。要规划建设城市供排水、供电、供气、环卫保障和公共交通五大系统。建立为农业生产和农村居民生活服务的社会化服务体系。社会保障业要形成全民参与、险种齐全、多家服务、政府协调的社会保障体系。

第三产业领域广阔，大有可为。各级政府、各行各业，都要强化市场意识，切实改变重一、二产业、轻第三产业的思想观念。广泛动员社会各方面力量，实行国家、集体、外资、个人一起上，企业、事业、机关、团体一起办。就我市目前情况看，私营和个体经济发展还有很大潜力，要加强政策导向，鼓励发展。要研究制定有利于第三产业发展的工商、金融、物价、税收等政策，加强第三产业的法制建设和统筹规划管理，促进第三产业健康发展。

（六）坚持"科技兴渝"，造就大批人才

科学技术是第一生产力。我们一定要增强依靠科技进步、振兴重庆经济的紧迫感,加快实施"科技兴渝"规划。充分利用较雄厚的科技力量,尽快建立和完善科技与经济有效结合的机制,加速科技成果的商品化和产业化。要在发挥科研机构积极性主动性、独立作战的基础上,统筹协调各路科技大军,对重大科研项目进行会战攻关。要通过深化改革,搞活科研机构,促进产学研结合。吸引和推动我市科研机构、高等院校分流出相当的力量投入经济建设的主战场。以市场需求为导向,兴办科技企业,发展高新技术产业。要充分用足国家给予的优惠政策,尽快把高新技术产业开发区办成我市高新技术产业的基地。要大力发展技术市场,多渠道增加科技投入,尽快组建科技风险投资公司。

教育是兴市之本。经济腾飞靠人才,人才培养靠教育,必须把教育摆在优先发展的战略地位。要认真贯彻德智体全面发展的方针,优化教育结构,提高教育质量。大力发展职业技术教育,努力办好一批起骨干示范作用的重点学校,重视和加强对生产第一线广大干部、工人和农民及各类劳动者的职业技术培训。九年制义务教育,是人才培养的基础,要进一步完善分级管理、分工负责的教育管理体制,继续增加教育投入,改善办学条件。鼓励和支持多渠道、多形式社会集资、捐资办学和民间、私人办学。加快城乡教育综合改革,促进教育与科技、经济的紧密结合。抓紧改革学校内部管理体制和分配制度,提高办学效益。

知识分子是现代化建设的重要力量。要努力创造更加有利于知识分子大显身手、大展才智的良好环境,真正做到人尽其才,才尽其用。要在全社会进一步树立尊重知识、尊重人才的良好风尚。对有突出贡献的知识分子,要授予荣誉称号,给予重奖,并逐步形成规范化的奖励制度。

(七)肩负历史重任,为三峡工程和库区开发服务

重庆作为三峡库区最大的工商业城市,要把支援三峡工程建设和三峡库区综合开发作为自己义不容辞的责任和义务。

我市要与库区各地市、县密切配合,通过争取国家支持和自身联合,实施开发性移民,加快库区农业综合开发和沿江重点项目的建设。同时,发挥我市经济科技优势和城市综合功能,积极主动地为三峡工程建设和库区开发提供多种服务。并在支援三峡工程建设和库区开发中加快我市经济发展。一是利用三峡成库后生产力布局的调整,进一步充实我市两江产业带,进而形成长江上游产业带和三峡库区产业带的核心地区;二是利用三峡库区开发、开放和经济发展对各种要素的需求,扩大重庆商品的市场范围;三是根据三峡水库最终蓄水位的要求,着眼下世纪,抓紧研究三峡建库后对重庆的某些不利影响,及早修订或制定长远经济发展、产业结构布局、航道整治、防洪防汛、生态环境保护和城市总体规划。

(八)坚持"两手抓,两手硬"

改革开放和社会主义市场经济的发展,给社会主义精神文明建设提出了新要求,要认真贯彻落实物质文明和精神文明"两手抓,两手都要硬"的方针,围绕经济建设这个中心,提高人民群众的思想道德素质和科学文化素质。大力加强和改进思想政治工作,在全市人民特别是青少年中,进一步加强党的基本路线教育、爱国主义、集体主义和社会主义思想教育,抵制资本主义和封建主义腐朽思想的侵蚀,树立正确的理想、信念和价值观。各行各业都要重视职业道德建设,继续深化"四职"教育,逐步形成适合自身特点的职业道德规范,坚决纠正利用职权谋取私利的行业不正之风。大力进行社会公德、文明礼貌和卫生习惯的教育,通过进一步开展军民共建、警民共建等活动,把精神文明建设落到实处。要采取切实措施繁荣我市哲学社会科学,加强理论队伍的建设,为我市经济和社会发展提供科学决策的智力支持。努力繁荣文艺,坚持文艺"为人民服务,为社会主义服务"的方向和"百花齐放、百家争鸣"的方针,鼓励创作内容健康向上,特别是讴歌改革开放和现代化建设的具有艺术魅力的精神产品。搞好社区文化、村镇文化、企业文化、校园文化,活跃群众文化生活。要增加对宣传文化事业的投入,尽快落实国家对精神产品实行差别利率、宣传文化系统的上缴原则上予以返还的政策,促进新闻、出版、广播、电视和文学艺术事业的发展。

要一手抓改革开放,一手抓打击犯罪活动。扫除各种丑恶现象,不能手软。要继续抓好"扫黄"、除"六害"的工作,把集中打击和经常性管理结合起来。继续坚持"严打"方针,狠狠打击各种经济犯罪和刑事犯罪活动,弘扬法制,伸张正义。严密安全防范和治安管理,使群众有安全感。同时,切实加强反腐倡廉宣传,鼓励广大群众勇于同各种社会丑恶现象作斗争,在充分发挥专政机关作用的同时,依靠广大群众,进行综合治理,净化社会风气,为我市现代化建设和改革开放创造良好的社会环境,在世界上树立重庆的良好形象。

一手抓经济建设,一手抓民主法制建设。要高度重视民主与法制建设,各级领导机关要通过建立科学、民主的决策制度,提高领导水平。充分发挥各类专家和研究咨询机构的作用。加强职代会、居委会和村委会的民主管理。要依靠立法、执法和法律监督来提高我们的执政水平。通过完善监督机制,把领导机关和所有工作人员置于有效的监督之下。要抓好依法治市,努力使各方面的工作步入法制的轨道。各级党委和政府都要依法办事,政府部门对企业主要采取法律约束,只要不违法,就不要横加干涉。

要进一步加强各级人大及其常委会的职能,更好地发挥人民代表的作用。充分发挥人民政协在政治协商和民主监督中的作用,加强同各民主党派协商议事,共图振兴重庆的大业。

加强民主与法制建设,根本问题是教育人。要坚持不懈地在人民中普及法律常识。切实抓好"二五"普法教育,进一步使全体公民学法用法、知法守法、依法办事。我们的各级管理干部还要学会按国际惯例和通用的准则进行经济、贸易、文化工作,以适应对外开放的需要。

三、加强党的建设

加强和改进党的建设,是胜利完成十四大提出的战略任务的重要保证。新时期党的建设,要用建设有中国特色社会主义的理论武装党员和干部,毫不动摇地坚持党的基本路线,紧紧围绕经济建设这个中心,从严治党,充分发挥党在改革和建设中的领导核心作用。

(一)用建设有中国特色社会主义的理论武装全党,增强执行党的基本路线的自觉性和坚定性

党的思想建设的根本任务,就是用建设有中国特色社会主义的理论武装全党。广大党员干部,特别是领导干部,要努力学习和掌握这一理论,认真领会"解放思想、实事求是"这一建设有中国特色社会主义理论的精髓,运用马克思主义的立场、观点和方法研究新情况,解决新问题,抓住有利时机,加快改革开放,集中精力把经济建设搞上去。

学习和掌握建设有中国特色社会主义的理论,当务之急是要进一步解放思想,换脑筋,坚决破除"左"的框框,彻底摒弃在产品经济条件下形成的某些陈旧的、僵化的思想观念,争取改革的新突破。目前,我市在某些方面比较严重地存在着思想不解放,主要是思想上因循守旧,对新事物横竖看不惯,事情还没干起来,就先设这样那样的"关卡",不许闯,不许试;在改革上求稳怕乱,怕戴姓"资"的帽子,不求有功,但求无过;在经济发展上故步自封,"小富即安"、"小进即喜",缺乏紧迫感;在对外开放、经济联合上谨小慎微,目光短浅,步子不快;有的在处理全局和局部利益上,死守部门和小团体利益,不顾改革开放大局,管死有术,搞活无方;还有的工作作风飘浮,热衷于形式主义,做表面文章。这种状况严重阻碍我市改革开放和经济建设进程。

在学习建设有中国特色社会主义的理论中,要结合我市实际,着重从以下十个方面解放思想,转变观念,转变作风。一是要摒弃"左"比右好,"'左'是方法问题、右是立场问题"的错误观念,树立警惕右但主要是防止"左"的观念。二是要摒弃把计划、市场作为姓"社"姓"资"本质区别的思维定势,破除产品经济观念,树立社会主义市场经济观念。三是要在大胆向资本主义国家借鉴的问题上解放思想,树立吸收资本主义先进文明成果、超越资本主义的观念。四是要在加速经济发展上解放思想,树立发展才是硬道理,能够争取的速度都要争取,经济建设几年要上一个新台阶的观念。五是要在执行政策上解放思想,克服死搬硬套条文的倾向,树立按照"三个有利于"的原则来执行政策的观念。六是要在打破条块分割、地区封锁、部

门专政上解放思想，树立服从全局、服务全局的观念。七是要破除狭隘的小生产观念，树立社会化大生产、大流通和市场国际化的新观念。八是要克服求稳怕改、求稳怕"乱"的错误思想，树立敢闯、敢改、敢试、改〔敢〕冒的新观念。九是要破除平均主义"大锅饭"的陈旧观念，树立优胜劣汰的强烈竞争观念和风险意识。十是要在真抓实干上解放思想，转变作风，克服形式主义，增强紧迫感、责任感、使命感，树立求实务实的作风和追求高效优质的新观念。广大党员干部尤其是领导干部要带头解放思想，转换脑筋，转变作风。通过党内思想的大解放，带动群众思想的大解放，为经济建设上新台阶奠定坚实的思想基础。

(二)全面加强领导班子建设，增强党的战斗力

各级领导班子的状况，直接关系到党的战斗力的强弱，关系到我市经济能不能尽快腾飞。要按照干部队伍"四化"方针和德才兼备的原则，按照"政治坚定、勇于改革、团结协调、联系群众、廉洁务实、精干高效"的要求，全面加强领导班子建设。

衡量干部德才的标准，主要看对党的基本路线的态度和贯彻执行党的基本路线的实绩，看是否有高度的革命事业心和为人民服务的强烈责任感，看是否有强烈的改革开放意识和开拓创新精神，是否为政清廉、密切联系群众、作风民主、工作扎实。德才要统一于实绩，要坚决打破论资排辈、求全责备的观念，放开视野，拓宽渠道，大胆选拔勇于改革、钻研业务、政绩突出、群众支持的干部进入领导班子。坚持能者上，庸者下。对政绩突出者大胆任用，对不思实干、无所作为者坚决撤换，对伸手要官者，坚决挡住。

在新的历史条件下，在重大历史任务面前，必须强调各级领导班子的团结。领导班子的每个成员，都必须讲党性、顾全局，在坚持党的基本路线的基础上加强团结，自觉维护领导班子的团结和统一，决不允许闹分裂，搞内耗。对长期闹不团结的班子要坚决调整；对调离后仍闹不团结的人应坚决撤换。在搞好现有领导班子建设的同时，要注意培养跨世纪的中青年干部，把他们放到基层和重要工作岗位上去锻炼，从实践中增长才干，为各级领导班子源源不断地输送德才兼备的优秀人才。

各级领导班子都要坚持民主集中制。坚决克服目前一些单位存在的民主不够，集中也不够的现象，坚决反对个人凌驾于集体之上和各行其是的错误行为。要加强党内监督，对违背原则，不顾大局，破坏民主集中制，屡教不改的干部，要坚决给予纪律处分。

我市换届工作在即，各级领导班子和领导干部要坚持党性，搞五湖四海，量才任用，合理安排，反对任人唯亲。要正确对待名誉地位，反对不服从安排，不服从调动，患得患失的错误行为。换届后，一大批老干部将从领导岗位和工作岗位上退下来，要在政治上、生活上周到、细致地做好安排，继续发挥他们的"余热"。在换届过程中，领导班子思想不能散，劲头不能松，工作不能误，要以党的事业为重，实现平稳过渡。

(三)进一步加强基层党组织建设，充分发挥党组织的战斗堡垒作用和党员的先锋模范作用

党的基层组织是党的全部工作和战斗力的基础，在实现党的领导作用和完成党的任务中起着十分重要的作用。要牢固树立党建以经济建设为中心，服从服务于经济建设的指导思想，把党的建设同经济工作紧密结合起来，推动和促进本单位两个文明建设。

企业党的建设要紧紧围绕生产经营这个中心开展工作。党组织的政治核心作用要体现在推进改革、提高效益、搞好两个文明的建设上。共产党员要带头成为生产、技术、经营、管理上的骨干，在各自岗位上发挥模范带头作用。基层党组织必须了解熟悉、主动参与经济工作，把党的建设、思想政治工作渗透到生产经营中去。"三资"企业中的党组织要在中方人员中发挥政治核心作用。所有企业党组织和党务、政工干部，都要认真探索、刻苦钻研在社会主义市场经济条件下加强党的建设的新路子，解决新问题，创造新经验。

农村基层党组织要积极带领广大群众深化农村改革，发展农村经济，放手进入市场，尽快实现奔小康的目标。要巩固和发展社教成果，进一步搞好以党支部为核心的村级组织建设，注意发挥村民自治组织、村经济组织和各种群众组织的作用。要加强乡镇企业中党的工作，更快地推进我市乡镇企业跨上新台阶。

全市机关、学校和事业单位的党组织,都要以党的十四大精神为指导,结合本单位实际,创造性地抓好党的建设,发动广大党员带头投身改革实践,搞好各项改革。同时,要在改革开放的实践中不断探索基层党组织建设的新途径,适时调整党组织的设置,改进党组织的活动方式,提高思想教育的有效性。

要进一步做好在生产、工作第一线发展党员的工作,注重培养和吸收工人、农民、知识分子中的优秀分子入党,使党组织充满生机和活力。

各级党组织要切实加强思想政治工作和青少年教育工作。工会、共青团、妇联是党联系群众的桥梁和纽带,要在党组织的领导下,围绕本地区、本单位改革和建设中的思想问题和实际问题,有针对性地解惑释疑、化解矛盾、协调关系、理顺情绪,把各方面积极性调动起来,为加快我市改革和发展贡献力量。

(四)加强党风建设,廉洁奉公,勤政为民

党风问题关系到执政党的生死存亡。各级党组织,要认真研究和探索在发展社会主义市场经济的历史条件下,党风建设的新特点、新内容、新途径,抓住危害党群关系的主要问题,从严治党、端正党风,消除腐败,促进经济的发展和社会的稳定。

各级领导机关和领导班子是党风和廉政建设的重点。要率先垂范,严于自律,带头遵纪守法,不搞以权谋私,并管好子女和身边的工作人员。要刚直不阿,敢抓敢管,对腐败行为敢于斗争,决不姑息迁就。对不重视党风廉政建设工作,对腐败现象和不正之风熟视无睹,听之任之,均视为失职,酿成严重后果的,要追究有关领导干部的责任,直至给以党纪、政纪处分。

加强党风廉政建设要靠教育和法制。当前,制度建设的重点是建立和落实党风廉政建设责任制,解决职责不清,责任不明,查处不力,执纪不严的问题。制度建设的关键是要抓好落实。要以监督促落实,进一步完善党内监督、群众监督、民主监督、舆论监督、执纪执法部门监督等监督体系,进一步完善"两公开一监督"制度,积极抓好事前监督,防患于未然。各级干部都应自觉置身于监督之下,经常倾听各方面的意见,不断增强廉政意识,不允许有不受监督的特殊党员干部。

要严肃查处大案要案。各级党委和政府要把查处大案要案作为党风廉政建设的重要工作,切实抓紧抓好。对涉及到领导干部的案件,对犯罪损失金额大、社会危害严重、群众反映强烈的案件,无论涉及到谁,都要抓住不放,一查到底,取信于民。对腐败分子必须严惩不贷,决不姑息养奸。同时,在查处案件中,要严格掌握政策界限,善于从改革开放和经济建设的全局出发观察和分析问题,弄清是非。对一时拿不准的问题,可以看一看,深入调查研究,冷静分析,不要盲目下结论,也不要急于处理。

要力戒形式主义,克服官僚主义,真抓实干。这是我市党风建设中一个亟待解决的突出问题。一是要在结合上狠下功夫,坚决纠正对上级指示照抄照搬照转,只当"收发室",不动脑筋,不消化吸收的懒汉作风。坚持一切从实际出发,大胆探索,把上级的政策规定变为切合本地区、本部门实际的有效措施。二是要在落实上做文章。坚决克服清谈、空谈和会议多、文件多等飘浮作风。坚持讲实情、想实招、办实事、求实效,少说多做,认准了的事情就要抓住不放,一抓到底,抓出成效。要认真克服不管基层和群众疾苦,对工作不负责任,办事拖拉,推诿扯皮,盛气凌人等官僚主义作风。各级党政机关都要强化服务意识,不断改进工作作风,快节奏、高效率、高质量地为基层、为群众办实事,真正当好人民的公仆。

要坚决纠正本位主义,不顾改革全局,只讲自己的权力和小利益,不执行统一的纪律,互设壁垒的不正之风。全市上下,各行各业都要服从贯彻十四大精神、振兴重庆经济这个大局,有利于这个大局的事就要积极支持,大开绿灯,搞阳奉阴违、软拖硬顶是党风不正的表现,要坚决予以追究。

党的十四大指明了建设有中国特色社会主义的方向和道路,确定了90年代改革和建设的宏伟目标。只有把党的自身建设切实搞好,才能够改善和加强党的领导,团结和带领全市人民,解放思想,奋勇改革,踏实苦干,为尽快使我市经济发展跨上新台阶而努力奋斗。

中共重庆市委
1992年11月20日

中共重庆市委 重庆市人民政府
关于普通高等学校深化改革扩大办学自主权的意见

（1993年2月4日）

各区市县委,市委各部委,市级各部门,大型厂矿,大专院校:

为了认真落实十四大精神,进一步深化高校改革,转变政府职能,确立学校作为独立教育实体的法人地位,主动适应社会主义市场经济需要,增强办学活力,现根据重庆普通高校的实际情况,提出深化改革,扩大办学自主权的意见。

1.各级党委、政府和市级各有关部门都要尊重高校的办学自主权,积极支持高等教育的改革和发展,并尽可能地协助学校解决深化改革过程中遇到的困难和问题,在自主办学、投资、征地、税费征收、物资供应等方面给予支持和优惠。

2.各校应挖掘潜力,大力发展高等教育,扩大与行业、企业和社会力量的合作,开展多种形式的联合办学。少数师资力量雄厚、办学条件较好的高校,可调整部分力量,经市政府批准后,试办民办大学。

3.高校可根据学科发展、社会需要和办学条件,增设新专业。属专业目录内的,报学校主管部门备案;属专业目录外的,经市政府批准后试办。确定一批与重庆经济和社会发展有密切联系的学科重点扶持。

4.市级各有关部门要支持高校进一步对外开放,扩大高校的国际合作与交流,在国家有关外事政策规定的前提下,简化出国手续。高校根据学科发展需要,可以采取激励措施,吸引国内外高级人才和学术骨干,学校为其提供必要的优惠条件,市有关部门应给予方便和支持。对海外赠送的设备、图书、物资,在国家政策允许范围内,海关给予免税,并提供方便。

5.在完成国家、省下达的招生计划和办学条件允许的情况下,学校可扩大本、专科生和研究生的招生计划,招收委培生和自费生。扩大招生的计划报学校主管部门或重庆市批准。

6.高校要积极改革统包统配的毕业生分配制度,逐步建立指导就业制度。对国家计划招收的学生,原则上由国家安排就业,实行学校与用人单位"供需见面",落实就业方案,逐步推行毕业生与用人单位双向选择的办法。委托培养和定向培养的学生按合同就业,自费生自主择业。进行部分社会急需的短线专业毕业生有偿分配的试点,收取一定数量教育补偿费。

7.学校可根据事业经费实际支出,在充分考虑生活水平实际的情况下,自行确定学杂费及委培生、自费生的收费标准,自行确定对有偿分配的少数毕业生收取培养费的标准,报市政府批准后实施。这笔经费由学校自主支配,有关部门不得干预。

8.高校在核定的编制内,有权确定校内管理机构的设置和人员配备,有权确定校内各类人员的结构比例,选择和完善不同的管理制度和管理体制;也可设立一定比例的流动编制和企业编制,所需人员经费自行解决。

9.在国家核定的工资总额包干使用的前提下,学校可将提高效益而结余的工资总额同学校基金一起用于增加教职工的津贴。学校有权确定校内各类人员的分配办法和津贴标准。用于校内津贴部分的经费不作为奖金,有关部门不得征收奖金税。

10.各主管部门要落实措施,支持高校后勤服务逐步社会化,支持高校推行住房制度、公费医疗制度、离退休基金制度等项改革,逐步改变"学校办社会"的现状。与城市建设相配套,在高校附近发展为教学、科研和师生生活服务的第三产业。对高校为促进后勤服务社会化而兴办的运输、住宿、餐饮等服务业,三年内免收所得税,第四年起减半征收应征所得税。

11.扶持高校创办产业。校办产业包括高新科技企业和属于第三产业领域的各类企业。高校创办的高新科技企业,与重庆市高新技术产业开发区的企业同样对待,实行优惠政策,除征收国家政策规定的税金外,免收地方增收的各种税费。

有关部门要增加用于支持校办产业发展的贷款数额,在利率上给予优惠。制定发展校办产业行政法规,依法保障校办产业的权益。

12.高校争取到的国内企业、海外友好团体和个人以各种方式对办学的支持和资助,有关部门不得截留、挪用。有条件的学校可组建校内结转银行或校内资金管理机构,提高资金使用效率。

13.校内建筑物的兴建,由高校根据国家有关规定和教育事业的发展自主决定,市有关部门要积极支持,简化手续。对高校基建项目经费中征收的城市配套费、商业网点费、中小学危改费、投资方向调节税实行免收;人防设施费、建安劳保统筹费实行减半计收。对高校通讯设施的改善,除核收中继线费用外,不得再收其他费用。

14.对高校争取到的科研经费与设备不得征收税费。对高校为完成承担的科研和科技开发任务,向外单位提供的仪器、设备、装置等不得征收税费。

15.高校有权拒绝各种名目的不合理摊派,有权拒绝没有法规依据,未经上级教育主管部门批准的各种名目的检查、评比、达标活动。

中共重庆市委
重庆市人民政府
1993年2月4日

中共重庆市委关于加强和改进宣传思想工作,更好地为经济建设和改革开放服务的实施意见

(1993年4月12日)

各区市县委,市委各部委,市级各部门党组(党委),各大型企业、大专院校党委:

中共中央政治局会议通过的《中共中央关于加强和改进宣传思想工作,更好地为经济建设和改革开放服务的意见》即中发〔1992〕9号文件,是指导我们在新形势下进一步加强和改进宣传思想工作,使宣传思想工作更好地同经济建设紧密结合,为经济建设和改革开放服务的重要文件。现根据我市情况提出如下实施意见。

一、认真学习、宣传、贯彻党的十四大精神,用建设有中国特色社会主义的理论和路线统一全党的思想

党的十四大确立了邓小平同志建设有中国特色的社会主义理论在全党的指导地位,并把这一理论和在其指导下制定的党的"一个中心,两个基本点"的路线正式载入党章。这是我党历史上的又一个重大里程碑。今后一个时期,我市宣传思想战线的主要任务是,认真学习、宣传、贯彻好党的十四大精神,继续深入学习邓小平同志南巡重要谈话,用建设有中国特色社会主义理论和路线统一广大党员和干部群众的思想,大胆解放思想,加快改革开放和现代化建设的步伐,促进我市经济迈向新的台阶。

1.要认真学习邓小平同志建设有中国特色社会主义的理论。邓小平同志建设有中国特色社会主义的理论和路线,为我国社会主义现代化建设开辟了唯一正确的道路。只有遵循这一理论和路线,我们才能统一思想,增强信心,克服困难,胜利前进,各级党委和宣传部门,要按照十四大报告概括的九个方面的内容,有计划、有步骤地在全市范围内进行一次比较系统的建设有中国特色社会主义理论和路线教育。教育重点是县级以上领导干部和意识形态领域的干部,

争取用三年左右时间,对全市党员、干部特别是县级以上领导干部进行短期轮训或集中学习。教育的计划安排和组织工作由市委宣传部和组织部负责,教育的实施由各级党校具体承担。

2.学习建设有中国特色社会主义的理论和路线,必须理论联系实际,抓住"换脑筋"这个关键,加快改革开放步伐,集中精力把经济搞上去。在学习邓小平同志重要谈话和十四大报告中,要深刻认识"要警惕右,但主要是防止'左'"的论断的正确性,纠正对社会主义的一些不科学的甚至完全扭曲了的认识,从那些超越社会主义初级阶段的不正确的思想观念和政策中解放出来,不被"姓资还是姓社"的抽象争论所束缚。要狠抓观念更新,促进广大党员和干部群众树立与改革开放和现代化建设相适应特别是与建立社会主义市场经济体制相适应的新观念,破除一切不适应改革开放和现代化建设的旧观念,解放思想,实事求是,大胆地试,大胆地闯,大胆吸收和借鉴一切有利于改革和建设的思想和经验,吸收和借鉴人类社会创造的一切文明成果。

二、宣传思想工作要以经济建设为中心,努力为我市经济建设和改革开放服务

宣传思想工作要坚持以经济建设为中心,服务、服从于这个中心,运用多种宣传手段,采取多种宣传形式,努力为经济建设服务。

1.要大力宣传邓小平同志关于社会主义的根本任务是发展生产力的科学论断和"抓住时机,发展自己,关键是发展经济"的战略思想。要通过国际国内形势的宣传教育,帮助人们认识我国面临的严峻挑战和有利机遇,增强加快经济发展的紧迫感和责任感,要着力宣传好重庆所面临的机遇和挑战。我市已被国家批准为开放城市、新一轮综合改革试点城市和高科技区试点城市。同时,三峡工程及三峡库区的兴建开发,也将为我市发展带来许多有利条件。我们要紧紧抓住这样一个难得的机遇,加快改革开放步伐,把重庆建设成为名副其实的长江上游的经济中心。

2.要大力宣传社会主义市场经济,积极推进社会主义市场经济体制的建立和完善。要加强经济知识的宣传。宣传结合实际,勇于开拓国内外市场的好办法、好经验、好典型。要宣传敢于冲破"左"的束缚,解放思想,"换脑筋",开创经济建设和改革开放新局面的领导干部、经济专家和企业家。

3.宣传部门要参与重大经济活动,增强服务力度并和经济部门联手精心组织重大经济宣传战役。要通过组织或参与"文化搭台、经贸唱戏"等活动,以市场为舞台,为经济建设服务。要围绕我市经济发展的长远规划、重大决策、重大经济活动和重点工程精心组织重大宣传战役。

4.宣传部门要与科技、教育部门密切配合,加强科技是第一生产力、教育是基础的宣传,强化人们的科技意识,把经济建设转移到依靠科技进步和提高劳动者素质的轨道上来。要大力宣传知识分子在建设和改革中的重要地位和作用,尤其要宣传那些为"科技兴渝"作出突出贡献的先进典型,努力在全社会形成重视科技、重视教育、尊重知识、尊重人才的良好风尚。

5.改革开放的宣传,要服从、服务于改革开放的整体部署,同各项重大改革开放措施的出台相配合。要重点宣传贯彻好中共中央《关于加快改革,扩大开放,力争经济更好更快地上一个新台阶的意见》和国务院《全民所有制工业企业转换经营机制条例》,推动深化企业内部改革,加速企业经营机制的转换,促进政府转变职能,落实企业经营自主权。要继续抓好我市实行"五自主""四放开"企业的典型宣传,宣传党政机关简政放权,加强宏观管理的经验,充分发挥改革典型的示范和导向作用。要针对出现的"热点""难点"问题,解疑释惑,不断提高干部、群众对改革的承受能力。

6.改革开放的宣传,要实事求是,防止片面性。介绍先进典型,要讲清条件、环境,避免盲目推广。对于正在试验的改革措施,既要热情支持,鼓励试验,又要慎重稳妥,不要把尚未成熟的经验普遍推广。

三、坚持两手抓的方针,促进社会主义精神文明建设

1.进一步提高对社会主义精神文明建设战略地位的认识。坚持物质文明与精神文明两手抓,是建设有中国特色的社会主义的战略方针。各级党委和政府都要高度重视精神文明建设,采取有力措施克服目

前还存在着的"一手硬,一手软"的现象。

2.精神文明建设要着眼于建设。要以经济建设为中心,切实加强思想道德建设和教育科学文化建设,造就"有理想、有道德、有文化、有纪律"的社会主义新人。愈是要发展市场经济,愈要把思想道德建设放在突出位置,立足于提高人的思想道德素质和科学文化素质。要以正面教育为主,坚持育人治本,把深入进行爱国主义、集体主义、社会主义和全心全意为人民服务的教育同进行中华民族优秀的思想文化传统、优良的社会公德教育结合和统一起来。要继续深化"四职"教育,抓好职业道德建设,纠正行业不正之风。进一步开展军民共建、警民共建文明单位等群众性活动,把精神文明建设落实到城乡基层。

3.大力加强基层思想政治工作。改革开放愈是深入,愈要加强思想政治工作。任何怀疑、削弱思想政治工作的观点和做法,都是错误的、有害的。思想政治工作要适应改革开放新形势、新任务的要求,从内容到方法认真加以改进,在化解矛盾、协调关系、理顺情绪、调动积极性等方面发挥积极作用。

企业要密切结合经营机制的转换和职工的思想变化,积极做好生产、经营管理中的思想政治工作,促进职工观念的更新。要充分发挥职工主人翁的作用,做好职工队伍的稳定和团结工作,关心职工生活,调动职工积极性,从而促进企业深化改革,搞好生产、经营,努力提高企业经济效益。

4.加强社会主义民主与法制的宣传,为社会主义市场经济体制的建立保驾护航。要认真贯彻"一手抓经济建设,一手抓法制建设"的方针,抓紧抓好第二个五年普法教育和社会治安教育,进一步提高全市公民的民主和法制意识,逐步培养严格依法办事的自觉性。随着社会主义市场经济体制的建立,国家将颁布一系列新的法律法规,必须及时组织好这方面的宣传学习,努力为社会主义市场经济的健康发展创造良好的法制环境。

5."扫黄"、除"六害"必须常抓不懈。要把集中打击和经常性管理结合起来,每年要集中组织几次打击。同时,切实加强反腐倡廉宣传,鼓励广大群众勇于同各种社会丑恶现象做斗争。对于错误的、丑恶的东西,必须予以抵制,不能漠然视之,更不能任其泛滥,让它们去腐蚀人们的思想和灵魂。要继续抓好图书报刊以及音像制品和文化市场的整顿和管理,充分发挥文化市场管理机构的职能,依法管理好文化市场,促进文化市场的健康发育。

要大力加强青少年的教育工作,关心青少年的健康成长。文化和出版部门要大量提供适合青少年特点的高格调的精神产品。要鼓励作家、艺术家为青少年创作更多更好的文学艺术和科普作品。有益于儿童身心健康的文化活动项目的收费,对少年儿童要给予优惠。

要重视文物的保护工作。文物保护要贯彻"保护为主、抢救第一"的方针,重视对巴渝历史文物和抗战时期"陪都"文物的保护工作。用好国家拨给我市的文物抢救专款,有计划地取得一批抢救成果。

四、繁荣社会科学理论、文学艺术和改进新闻、出版工作

1.面向实际,加强社会科学理论研究。要重视和加强我市的社会科学研究,使之为我市的经济与社会发展提供精神动力、智力支持和思想保证,为各级党政机关的重大决策提供科学依据。

社会科学的理论研究,必须坚持以马克思主义为指导,面向实际,了解实际,研究实际。要切实抓好我市马克思主义理论的基本阵地和队伍建设,逐步增加对理论研究的投入并改善工作条件,抓好理论研究的规划工作并对重大理论问题组织攻关。要积极筹建重庆市社会科学理论研究发展基金,支持重点理论科研和奖励优秀成果。

2.繁荣文艺,活跃群众文化生活。文艺的根本任务是满足广大人民群众日益增长的文化生活的需要。繁荣文艺,必须坚持"为人民服务、为社会主义服务"的方向和"百花齐放、百家争鸣"的方针。既要十分重视和努力发挥文艺的思想教育作用,也要充分发挥文艺的娱乐、审美、认识作用。要大力提倡多创作政治思想上有益,特别是反映时代精神,着力表现建设和改革的现实生活又为群众喜闻乐见的作品,也不反对政治思想上无害、艺术上较好、群众喜闻乐见的作品。要通过建立文学艺术奖励基金,奖励优秀作品,促进文艺创作。

对城乡群众性各种文化活动,要大力支持,加强引导,使其健康发展。

3.改进新闻、出版工作。新闻战线要坚定不移地全面宣传、贯彻党的十四大精神,坚持党的基本路线。以"团结、稳定、鼓劲"为基调,坚持正面教育为主的方针,发挥正确的舆论导向和舆论监督作用。在重大问题上应旗帜鲜明,提倡什么、发扬什么,反对什么、限制什么,不能含含糊糊。报纸、电视、电台等新闻工具都要根据自己的特点,发挥优势,办出特色。要进一步采取措施,改进会议和领导人活动的新闻报道。要减少一般性会议的报道,不要把领导同志的出席作为报道与否或报道规格的标准。各种剪彩、奠基、首发式、首映式、周年纪念等活动一般不报道。领导同志一般性下基层检查工作、调查研究,也不要派随行记者进行报道。各级负责同志要带头倡导务实作风,支持新闻单位改进这方面的新闻报道。

出版部门要加强与经济部门的联系,围绕经济建设、改革开放拓宽选题,提高出版质量。要适应不同层次读者的需要,多出书、出好书,要适应市场经济的要求,改革出版体制,积极探索和建立出版、印刷、发行企业集团,以形成重庆出版界的竞争优势。

五、加强对外宣传,让外国人和海外同胞了解重庆

对外宣传的基本任务是宣传我们自己,让外国人和海外同胞及时、全面、真实地了解中国,努力创造良好的国际舆论环境,我市对外宣传的任务是要向国外宣传介绍重庆,努力为我市扩大开放、发展经济服务。当前的宣传重点,一是要着力宣传我[市]坚持以经济建设为中心不动摇,以及我市深化改革、扩大开放的成就;二是要着力宣传我市高起点、全方位扩大对外开放的总体部署,紧紧围绕两个开发区和三峡工程及库区的建设开发,介绍我市的经济实力、科技实力、老企业改造项目、投资环境的改善以及吸引外资的各项优惠政策,增强对外的吸引力;三是要着力宣传我市的文化旅游资源,创造条件,举办集文化、经济、旅游于一体的国际性活动,以提高重庆的知名度。

对外宣传要加强针对性,提高宣传艺术,力戒空洞说教和强加于人。要根据宣传对象的特点,制作一批质量高、有说服力的对外宣传品,特别是声像宣传品。为保证向中央有关部门提供对外宣传节目,要尽快建立与之相适应的组织机构。

六、适当增加对宣传文化事业的投入

我市宣传文化战线经费普遍短缺,城乡文化设施落后,文化事业欠账较多,这种状况亟待解决,中央9号文件要求:"国家对精神产品要实行差别税率。宣传文化系统的税收和上缴利润原则上要返还宣传文化系统,用于发展宣传文化事业。财政、税收、物价部门应主动会同宣传文化部门研究完善文化经济政策。"市财政、税务、物价部门要会同宣传文化部门迅速制定相应的文化经济政策,把宣传文化事业发展的硬件投入纳入有政策依据的轨道上来,以促进我市社会主义精神文明建设稳定地发展。

1.各级政府要把宣传文化设施建设、改造纳入城乡建设的总体规划,由宣传文化部门提出方案。审查项目时,宣传、文化管理部门参加审议。新开发区的宣传文化设施配套建设要做到同步规划,同步建设,否则不予审批。

2.宣传文化系统的税收和上缴利润返还宣传文化系统用于发展宣传文化事业。在返还减免总额中,提取30%,由市委宣传部统一掌握作为宣传文化工作基金使用。宣传文化设施建设,属于公益性、政府投资的主体工程,免征城市综合配套费80%;一般与此相配套的服务性工程,予以适当优惠并免征商业网点费。关于宣传文化单位税收优惠和减免政策,要按照国家税务部门的规定执行。

3.宣传文化事业经费和宣传文化事业基本建设投资要随着财政收入的增长同步增长,并多渠道筹集宣传文化事业发展资金。同时,可以吸引社会、企事业、个人和外资向宣传文化事业投资,鼓励社会捐资用于发展宣传文化事业。

4.继续支持和鼓励开展以文补文、多业助文活动,发展文化产业,大力发展各种形式的经济文化联合体。发展宣传文化企事业单位除主业以外的经济实体,扩大经营范围,实行多业助文。鼓励宣传文化事业单位与经济部门共同开展文化经济贸易活动和发展经济文化联合体。允许宣传、文化部门开展有利于宣传文化

事业发展的延伸性的有偿服务项目,以补助宣传文化事业经费短缺和改善宣传手段落后的状况。

5. 要以多种渠道建立市、区(市、县)两级宣传文化艺术事业发展基金,扶持、奖励优秀宣传文化艺术作品,促进我市宣传文学艺术事业的发展。由宣传部牵头,文联、文化、财政、工商、税务、审计等部门参加,成立基金会,共同负责发展基金的征集、管理和使用。

七、加强宣传队伍建设,努力建立一支适应经济建设和改革开放要求的宣传队伍

新时期党的宣传工作具有特殊的重要性,各级党委都要切实加强宣传、理论、文艺、新闻、出版队伍的建设,建设一支政治强、业务精、作风硬的宣传思想工作队伍。

1. 要着力提高宣传思想工作队伍的政治素质和业务素质。宣传思想工作者必须认真学习马列主义、毛泽东思想,学习邓小平同志建设有中国特色社会主义的理论,提高政治素质。同时,要努力学习现代经济知识,钻研经济理论,了解和熟悉经济建设的基本情况和经济活动的规律以及经济法律、现代经营管理等方面的基本知识,提高经济宣传和改革开放宣传的本领。要加强对宣传干部的培训,给宣传干部创造较多的外出进修、考察和锻炼的机会和条件,使他们扩大视野,增长见识,更好地为经济建设和改革开放服务。

2. 宣传文化机关要切实转变作风,深入基层,深入实际,调查研究,在务实上下功夫;要努力把中央的精神同重庆的实际相结合,加强宣传教育的针对性,使之贴近现实和人们的思想实际,要严格纪律,加强职业道德和廉政建设。绝对不允许在报刊、广播、电视的公开宣传中发表同中央决定相反的言论。对索贿者,要严肃查处。

3. 认真做好宣传队伍的稳定工作。各级宣传部门要继续贯彻中央〔1989〕9号文件和渝委发〔1991〕54号文件,把管人管事的工作做好,涉及宣传政工机构和人员编制变动,未经慎重论证和上级党委批准,不要匆忙行事。各级党委、政府部门要多方筹集资金为各级宣传部门配备亟需的宣传器材,提供现代传播工具,帮助宣传部门解决人财物等方面的实际困难。

4. 按照"革命化、年轻化、知识化、专业化"的方针和德才兼备的标准,加强宣传文化队伍建设,要把那些坚信邓小平同志建设有中国特色的社会主义理论、认真执行党的基本路线、工作成绩突出的干部,大胆提拔到宣传思想战线各部门的领导岗位上来。有计划地从经济部门挑选既懂经济又有一定理论水平和实际工作能力的干部,充实宣传思想干部队伍。

5. 探索宣传思想工作部门自身改革的规律,改进宣传思想工作的方法。宣传思想工作各部门,要在调查研究的基础上,从实际出发,对机构设置、管理体制、人事制度、经济管理办法等进行改革。对艺术团体要调整布局结构,实行保重点放活其他的原则,加快剧团的体制改革。要放宽对外文化交流的权限,放宽有特殊专长的艺术人员应聘外出演出、任职期限。

要积极探索宣传部门自身改革的新路子,把竞争机制、激励机制、约束机制引入宣传队伍,不断增强宣传思想工作的生机和活力。要改进宣传思想工作的方式方法,建立健全与加快改革开放和经济发展相适应的工作机制。在工作上要加强指导性、启发性、示范性,改变多头、重复布置学习和宣传任务的现象。

八、切实加强党对宣传工作的领导

宣传工作是党委工作的重要组成部分,各级党委特别是主要负责同志要高度重视,摆上重要议事日程,经常议,经常抓。党委在部署重要工作时,要给宣传部门提要求、定任务,充分发挥宣传思想工作部门应有的作用。要经常检查督促,加强指导,对重大问题的宣传亲自把关。要吸收宣传干部参加人大、政府的有关决策会议,使他们了解、熟悉工作全局。按中央规定,各级党委的宣传部长应是同级党委常委担任,以便直接了解党委的中心工作,使宣传工作及时而又准确地反映党委的工作意图。

党的十四大以邓小平同志建设有中国特色的社会主义理论为指导,确定党在今后一个时期的战略部署,宣传思想部门担负着繁重的宣传任务,要动员全市广大党员、干部和群众进一步解放思想,抓住有利时机,加快改革开放和现代化建设的步伐,为实现党的十四大提出的90年代改革和建设的伟大任务而奋斗!

中共重庆市委
1993年4月12日

中共重庆市委 重庆市人民政府
关于贯彻实施《中国教育改革和发展纲要》的意见

(1993年9月29日)

各区市县委和人民政府,市委各部委,市级各部门,大专院校和大中型企业,县级以上事业单位:

制定《中国教育改革和发展纲要》(以下简称《纲要》),是党中央、国务院加快现代化建设的重大举措。《纲要》总结了建国以来,特别是党的十一届三中全会以来教育改革和发展的经验,依据建设具有中国特色社会主义理论,提出了90年代和下世纪初我国教育改革和发展的指导方针、奋斗目标和重大措施。为了贯彻实施《纲要》,现结合重庆加快经济建设和改革开放步伐的需要,提出以下意见,请各区市县认真贯彻执行。

一、适应重庆现代化建设的客观需要,加快教育事业发展速度

(1)中央关于建设三峡工程和开发三峡库区的战略决策,确定重庆为重点改造的老工业基地、沿江开放城市和综合配套改革、高科技综合改革试点城市,为重庆加快发展带来了历史性机遇,也对重庆教育改革和发展提出了迫切要求。90年代,重庆教育要为我市国民生产总值提前翻番,把重庆建设成为吸引力、辐射力强的长江上游经济、金融、商贸、交通、科技、文化中心提供强大的智力和人才支持,要为我市物质文明、精神文明建设进入更高水平,把重庆建设成为现代化国际大都市奠定坚实的科学文化基础。在新的形势下,重庆教育必须加快发展速度,"面向现代化,面向世界,面向未来",在本世纪末初步建成适应社会主义市场经济体制,与重庆地位相称的具有重庆特点的充分开放的教育体系,使重庆成为三峡库区的人才培养中心,教育质量进入西南先进行列,全民受教育年限超过全国平均水平。

(2)十一届三中全会以来,特别是贯彻《中共中央关于教育体制改革的决定》和《义务教育法》后,我市各级各类教育得到很大发展,多渠道筹措教育经费,初步改善了办学条件,各级党委、政府为教师办了许多实事,教育改革逐步展开,教育质量不断提高。但是我市教育在总体上还比较落后,教育的战略地位在实际工作中还没有完全落实,教育投入不足,教育改革与发展还不能适应现代化建设的需要。全市各级党委、政府要采取有力措施,保证在本世纪末实现以下各级各类教育的发展目标:

——全市1998年基本普及九年义务教育,其中近郊区在1996年达到要求,远郊区、各市县90%以上人口地区在1998年达到要求,其余地区在2000年达到要求;到2000年,在城镇基本满足幼儿入园要求,在农村使90%的幼儿接受学前一年教育;到2000年,城区基本普及高中阶段教育,其余地区初中毕业生升学率达到80%以上。

——到本世纪末职业技术学校在校生人数占高中阶段学生数的60%以上。区市县、各行业办好一至二所示范性骨干学校或职业教育中心,多形式开展初中后、高中后的就业前培训,积极发展高等职业技术教育,形成职业技术教育网络。

——1993年基本扫除青壮年文盲;到2000年建立完备的适应城乡经济建设需要的农村县、镇、村农民文化技术教育网络和城市职工教育体系,使80%的青壮年农民接受各种实用技术培训,使90%的职工受到岗位培训、继续教育和在职学历教育。

——在切实改善办学条件的前提下,按需扩大市属普通高校、成人高校招生规模,重点办好一批适应

重庆经济建设和三峡库区开发急需的专业,大力支持基础较好的在渝高校进入"211"工程。

(3)实施一流学校建设工程。各区市县在努力实现"两基""两全"奋斗目标的同时,有计划地逐步建设一批高水平的骨干学校,发挥他们在实现教育现代化进程中的实验、示范、领头作用。全市力争建成一部分"设施一流、师资一流、管理一流、质量一流"的实验小学、重点高中、重点职业技术学校、成人培训中心、成人高校、乡镇农民文化技术学校、示范幼儿园。

二、采取切实有力措施,落实教育优先发展的战略地位

(4)"百年大计,教育为本",实现四个现代化,科学技术是关键,基础在教育。贯彻党的十四大精神,加快重庆经济建设和改革开放的步伐,必须把经济建设转移到依靠科技进步和提高劳动者素质的轨道上来,实施"科技兴渝,教育为本"战略。全市各级党委、政府和社会各方面都要增强教育改革和发展的紧迫感,转变把教育看成"消费事业",认为教育发展"差不多了""先发展经济再发展教育"等观念,树立教育必须为社会主义建设服务,社会主义建设必须依靠教育的指导思想,采取切实有力措施,落实教育优先发展的战略地位。

(5)认真落实邓小平同志关于教育工作要"抓方针,抓头头"的要求,健全各级党政一把手亲自抓教育、党委政府定期研究教育问题、为教育办实事、领导同志联系学校等制度。

(6)增加教育投资是落实教育战略地位的根本措施,各级政府要按照《纲要》和《义务教育法》的规定,增加财政对教育的拨款,并多渠道筹措教育经费,把落实教育投资政策、普及义务教育列入各级政府负责人任期目标责任制,定期进行督政考核。

(7)提高依法治教水平,确保教育优先发展。认真贯彻党和国家发展教育的政策法规,把依法普及九年义务教育的职责分解、落实到各级政府和有关职能部门,建立普及义务教育的执法监督体系和检查、奖惩制度。加强地方教育立法工作,草拟制定保证教育改革发展的有关法规、规章。

三、深化教育体制改革,增强办学活力

(8)改变国家包办教育的格局,逐步建立以政府办学为主体、社会各界共同办学的体制。学前教育,以国家办为示范,社会力量和居民个体办为主体;基础教育,以国家和企业办学为主,社会力量办学为辅;职业技术教育,实行企业办学和国家办学并举,以企事业办学和联合办学为主;成人教育,以企事业、社会力量办学为主,大力发展行业办学;高等教育,发展国家和社会联合办学或私人办学。鼓励支持民间办学,加强对社会力量办学的引导和管理,制定政策和法规,妥善解决厂矿企业、亏损企业、合资企业的办学问题。

(9)完善分级办学、分工管理体制。

——转变职能,加强和改进市政府对全市教育的宏观管理。市教委参与制定全市各级各类教育事业发展的中长期规划和年度计划,制定有关政策规章,对各级各类教育进行政策指导,负责财政对教育的拨款以及多渠道筹集教育经费工作的检查督促,具体实施对区市县政府教育工作的督导评价。宏观管理全市各类学校校地校产,负责审批中小学的撤并及高中以上各类学校设置的初审工作。负责大中专、中学招生工作,高中等教育自考工作和大中专毕业生派遣工作,颁发高中以上学历证书和各类教育培训证书。

——在加强市政府对各级教育宏观管理的同时,进一步落实区市县政府的教育决策权、统筹权。区市县政府有权统筹制定实施经济、科技、教育结合的政策、措施,推进城市、农村、企业教育综合改革;统筹制定和实施多渠道筹措教育经费的政策措施;制定教育发展规划、设置职业技术教育专业;在国家规定的基本标准的基础上,增加教职工工资和福利待遇。

——在城市明确街道管理教育的责任,广泛建立"以街道为龙头、群众广泛参与、社会学校配合"或其他多种模式的社区教育组织。

——在农村完善市县、乡(镇)、村三级办学体制,落实市县、乡(镇)、村在普及义务教育,实施"燎原计划",推进科技教育兴农等方面的责任,结合撤区并乡建镇的改革,健全镇教育管理机构。

——理顺学校教师、干部管理体制。普教系统教

师、干部由县以上教育行政部门统一管理。根据中组部、国家教委《关于加强全国中小学校长队伍建设的意见》，校长任免由教育行政部门和组织人事部门提出任免对象、进行考察、提出任免意见，按中小学任免权限审批。省重点中学、师范学校、进修学校校长和区市县教育行政部门主要负责人的任免要征求市教委党组意见。

(10)中小学、职业中学逐步推行"312"（即定编定岗定责；工资总额包干；校长负责制、教职工岗位聘任制）改革方案。

教育行政部门按有关规定和学校规模，确定学校干部、教职工的编制，核定工资总额，包干到校。学校按编制和工作需要设置岗位，明确职责，合理组合，聘任教职工上岗。在确定编制和工作量时，应适当照顾老年病弱教师。未被聘任的待岗人员，可在校内试岗、换岗或在校际之间交流，或调离教育战线，或自动申请辞职。

中小学实行校长负责制，校长在上级党委、政府领导下，全面负责学校工作，享有校内行政干部聘任权，校内机构设置权，教育教学岗位设置权，教职工聘任权，学校办学经费使用权，校内分配权，教育教学改革权。健全校长约束机制，充分发挥学校党组织保证监督和教职工民主管理作用，上级党政督导部门定期对校长及学校工作进行督导、评价和考核，按任职情况进行奖惩。

分类推进普教战线校内分配制度改革。在有稳定创收的学校，进行校内结构工资制改革试点；在大多数学校完善教师工作评价办法，按工作量和成效发放奖金；在边远地区学校完善岗位责任制。在实行校内结构工资的学校，学校可以实行专业技术职务评聘分开，可以按条件评定少数人员的专业技术资格，在校内聘用。

(11)加快高校教育体制改革步伐。改革高教宏观管理体制，落实高校独立法人地位，使学校按规定享有专业设置、招生、对外交流等自主权。改革高等学校招生和毕业生就业制度，逐步扩大招收委托培养和自费生比重，逐步实行少数毕业生安排就业，多数学生"自主择业"的就业制度。建立市大学、中专毕业生就业指导中心，为毕业生就业服务。

(12)扩大教育对外开放，加强教育的国际交流和合作，积极引进外资发展教育，学习和借鉴国外先进的教育理论和教育科学成果。

四、改革办学模式和教育结构，使教育更好地为经济建设服务

(13)采取多种办学模式，加快高中教育发展的速度。普通高中可以办成分流模式，即采取"2.5+0.5"或者"2+1"形式，经职业技术培训的学生发给中学毕业证书和技术培训证书；也可办成普职高并举的综合高中模式；学校根据设施和师资情况，也可以举办特色学校。积极发展成人高中教育，满足从业人员和回乡初中毕业生接受教育的需要。

(14)按照改造老工业基地、发展第三产业和扩大开放的需要，多形式、多层次发展职业技术教育。

职业技术教育面向社会主义市场经济和人才需求市场，在市的宏观调控和指导下，实行招生计划、招生办法、办学形式、学制年限、专业设置、培训费用逐步放开的办法。各类职业技术学校相互沟通，挖掘办学潜力。普通中专、成人中专可举办职高班。职业中学可试招普高两年后的学生进行职业技术培训。进行中等职业技术教育与高等职业技术教育对接的试验。职业技术教育的学制年限和专业设置由学校根据社会市场需要决定，要特别注意更多地培养乡镇企业、第三产业需要的中初级技术人才和发展高科技需要的应用型人才。

把职业技术教育推向市场，走产教结合、企校结合的发展路子。创办区市县之间、学校之间的职教联合集团公司，把培养人才、参与经济建设和创收结合起来，逐步建立以厂（场）养校的机制。经济部门、企事业单位要与教育部门联合办学，培养适需对路的专业技术人才。要坚持"先培训，后就业""先培训，后上岗"的原则，实行公平竞争、择优录用的就业政策。

(15)积极发展成人教育。职工教育以岗位培训为重点，逐步形成制度，到2000年，使主要岗位的职工持证上岗。积极推进企业教育综合改革，在加强企业对举办的各类教育统筹的同时，重点完善适应企业提高整体素质需要的职业技术教育的岗位培训体系。

要积极办好农民文化技术学校和燎原广播学校,大力实施"燎原计划",推广农村急需的实用技术。

(16)发挥高校优势,推进科技进步,培养专门人才。

组织在渝高校科技力量参与三峡库区开发建设、老工业基地改造、产业结构和产品结构调整等重大综合工程。组织实施我市产学研联合开发工程,把高校科技力量引入企业,使科技成果长入经济。支持和组织高校科技企业进入经济开发区和高新技术开发区,促进我市技术市场、信息市场的发展。指导高校科技产业发展,办好科技开发公司。引导高校积极参与农村教育综合改革,加强农业科技研究和成果推广应用,促进农科教结合向纵深发展。

市电大要充分发挥远距离教育的优势,办学重心下沉,面向基层,为区市县基层单位培养适需对路的专门人才;试办高等专科双学历教育和专科起点的本科教育,提高实用人才学历层次。

五、全面贯彻教育方针,全面提高教育质量

(17)进一步加强和改进学校德育工作,把坚定正确的政治方向放在首位,积极探索在改革开放条件下提高德育有效性的途径和方法。充分发掘、利用巴渝优秀文化传统和丰富的革命斗争史等德育资源,对学生进行党的基本路线、爱国主义、集体主义、社会主义思想、近现代史和国情以及伦理道德、文明行为教育。创造具有重庆特色的学校德育工作的新经验,优化育人环境,关心和保护青少年身心健康。

(18)改革教育思想、教育内容、教育方法以及招生考试制度。适应现代化建设和改革开放需要,在加强基本知识、基本技能、基本理论教学和训练的同时,加强中小学职业中学外语教学、计算机教学;加强教育理论研究和教改实验,推广行之有效的教改成果,改进教法学法,切实减轻小学初中学生过重的课业负担;认真贯彻《学校体育工作条例》和《学校卫生工作条例》,切实改善学校体育卫生工作,提高学生体质和健康水平;不断更新学校设施,促进教学手段现代化。改革招生考试制度,初中逐步实行划片招生。进一步做好普高、职高、技工校招生录取衔接工作,在条件成熟时逐步实行统一考试时间、按自愿同步录取办法。

(19)各级政府和社会、家长要认真履行自己的义务,保证适龄儿童入学和制止学生辍学。学校和教师要面向全体学生,帮助差生提高学习兴趣,控制学生流失。

(20)完善教育督导制度。加强督政督学工作,健全对非义务教育阶段评等定级制度;各级教育行政部门和教育部门要建立各级各类学校教育的质量标准和评估指标体系。

(21)加强学校党的建设,充分发挥党员的先锋模范作用和党组织的战斗堡垒作用。学校党组织要切实做好学校思想政治工作,保证教育方针的全面贯彻和教育质量的全面提高,坚持教育改革的正确方向。

六、加强教师队伍建设,调动教师教书育人的积极性

(22)加强教师的政治思想工作和师资培养培训工作。严格师德规范,努力提高教师的政治、业务素质。要把热爱教育事业、热爱学生、教书育人、为人师表作为教师思想教育工作的重要内容,建立教师继续教育制度,广泛开展教育岗位培训,切实提高教师队伍的职业道德水平和履行岗位职责的能力。重点培养一批青年骨干教师和学科带头人,并逐步提高教师的学历层次。到本世纪末,小学教师具有大专学历的比例达到15%,初中教师具有本科学历的达到30%。为了确保新师资的培养质量,必须大力办好师范教育。师范毕业生要分配到学校任教,实行服务期制度。

(22)有计划、有步骤地开展对中小学校长、幼儿园园长的培训工作,今后提拔、任用中小学领导干部均贯彻"先培训,后上岗"的原则。重视对青年干部的培养工作,大胆选用,提拔政治可靠、业务能力强、具有一定管理水平的青年干部担任重要岗位领导工作。

(24)各级政府要继续为提高教师待遇办实事。"八五"期间,使全市教育系统平均工资达到国民经济十二个行业的中等偏上水平。保证按时发放教师工资和兑现教师工改增资。教职工政策性补贴和奖金

要全额纳入财政预算。学校可用勤工俭学创收注入校内工资总额,提高教师收入水平。进行校内结构工资改革,免交奖金税。多渠道筹措资金,加快教师住宅建设。在"八五"期间重点解决无房户、困难户的住房难问题,力争中小学教师住房人均居住面积达到7.5平方米,到2000年,使城区每户教师都有成套住房。采取措施,切实解决中小学教师医疗费报销难问题。健全和完善教师奖励制度,重奖有突出贡献的优秀教师。

七、改革和完善教育投资体制,多渠道筹集教育经费

(25)充分发挥各级政府、社会各方面和人民群众的办学积极性,完善以财政拨款为主、多渠道筹措教育经费的体制。

——市和区市县要切实做到财政对教育的拨款增长高于财政经常性收入的增长,使生均教育经费逐步增长,保证教师工资和生均公用经费逐年有所增长;提高城市维护费用于教育的经费、中小学基建费、教职工住宅投资、电教教仪经费、职业技术教育经费等专项经费的拨款额度;市和区市县财政设立普及九年义务教育专项资金,用于解决普及义务教育和扫盲的特殊困难,奖励普及九年义务教育和扫盲先进地区和学校。

——完善城乡教育费附加征收办法。凡缴纳产品税、增值税、营业税的单位和个人,按"三税"的3%计征城市教育费附加;严格执行《四川省农民负担管理条例》规定,在农民纯收入5%内按1.5%计征农村教育费附加。

——在继续执行省市已出台的多渠道筹措中小学改善办学条件经费各项政策的同时,新开辟普及义务教育经费集资渠道。新区开发、老城改造要统筹规划学校布点,开发单位或个人要交纳教育配套费或完成教学设施配套建设。

——完善教育收费体系,逐步放开非义务教育阶段收费,逐步提高非义务教育阶段的学杂费,增加教育支出在个人消费结构中的比重。在加强办学水平评价的基础上,建立幼儿教育、职业教育、成人教育、高等教育"优质优价"的收费体制。

——实行优惠政策扶持学校大力发展校办产业和第三产业。勤工俭学税收按规定返还校办企业,由教育行政部门统筹用于教育。

——鼓励提倡厂矿企事业单位、社会团体和个人捐资助学、集资办学,欢迎港澳台同胞、海外侨胞、外籍团体和友好人士对教育提供资助和捐赠。

——开办教育储蓄,运用金融手段、信贷手段融通教育资金,支持校办产业、高新科技企业及勤工俭学发展。

(26)逐步完善教育经费管理体制。预算内教育事业费可由区市县政府统筹切块划拨给教育行政部门集中管理,也可由区市县财政和教育行政部门共同安排下达乡(镇)执行。无论采取何种管理体制,都要保证按时发放教师工资和教育经费专款专用。农村教育费附加,严格按照规定实行专户储存、专项使用,保证用于解决民办教师报酬和改善中小学办学条件,各级财政不得因教育费附加纳入预算管理,而抵减教育事业费拨款。中小学杂费收入、勤工俭学税收返还,主要用于补充学校办学经费不足,也不能抵减财政教育拨款。加强对教育经费征收、管理和使用的审计工作,对挤占、截流〔留〕、挪用教育经费和拖欠教师工资的行为要视情节轻重严肃处理。

中共重庆市委
重庆市人民政府
1993年9月29日

中共重庆市委关于认真学习和贯彻十四届三中全会精神的通知

(1993年11月29日)

各区市县委,市委各部委,市级各部门党组(党委),大专院校和大中型企业党委:

党的十四届三中全会是坚持党的基本路线,进一步贯彻党的十四大精神的会议。全会通过的《中共中央关于建立社会主义市场经济体制若干问题的决定》(以下简称《决定》),是我党历史上一个具有深远意义的文件。这个文件科学、系统地总结了我国10多年来经济体制改革的实践经验,回答了进一步深化改革需要解决的一系列重要问题,为在本世纪末初步建立具有中国特色的社会主义市场经济体制,勾画了基本的框架,描绘了宏伟的蓝图,是我国90年代进行经济体制改革的行动纲领。认真学习和贯彻十四届三中全会精神,是当前我市各级党组织的重要任务。为此,结合重庆实际,特作如下通知:

一、认真抓好学习,把握基本精神

切实组织好党员、干部特别是县处级以上领导干部学习十四届三中全会精神。要把学习十四届三中全会通过的《决定》与学习《邓小平文选》第三卷结合起来;把学习社会主义市场经济知识和理论,同掌握邓小平建设有中国特色社会主义理论体系结合起来。在传达学习江泽民同志在全会上的重要讲话、县处级以上干部于年底前通读《邓小平文选》第三卷和初学《决定》的基础上,明年要继续以学习建设有中国特色社会主义理论尤其是《邓小平文选》第三卷为主线,重点学习《决定》和社会主义市场经济理论及知识。各级党委要抓紧举办领导干部学习班,切实抓好中心组的学习。要在适当的时候,召开学习《邓小平文选》第三卷和十四届三中全会精神的情况汇报会。宣传部门和新闻单位,要将学习全会精神的情况及时、准确地进行宣传报道。

在全面学习和认真领会《决定》精神的基础上,要着重把握以下要点:

1.深刻理解十四届三中全会通过的《决定》的重要意义,懂得建立社会主义市场经济体制,就是要使市场在国家宏观调控下对资源配置起基础性作用;懂得从长期实行的计划经济体制向社会主义市场经济体制过渡,把社会主义市场经济体制同社会主义基本制度结合在一起,是我国社会主义发展史上一次具有深远意义的战略性转移,努力把这一前无古人的开创性事业不断推向前进。

2.认真学习我国15年来经济体制改革的宝贵经验,自觉地坚持解放思想、实事求是;以经济建设为中心,改革开放、经济发展和社会稳定相互促进,相互统一;尊重群众的首创精神,重视群众切身利益;实行整体推进和重点突破相结合,大力推进改革进程。

3.弄清现代企业制度的基本特征和内容,深刻认识现代企业制度是发展社会化大生产和市场经济的必然要求,是我国国有企业改革的方向,是转换国有企业经营机制,解决政企职责分开,进一步增强国有企业活力,实现国有资产保值增值的有效途径,积极创造条件,逐步建立和推进现代企业制度。

4.深刻认识发挥市场机制在资源配置中的基础性作用必须培育和发展市场体系,懂得当前培育市场体系的重点是,发展金融市场、劳动力市场、房地产市场、技术市场和信息市场,规范市场行为,努力形成统一、开放、竞争、有序的大市场,为企业创造平等竞争的环境。

5.弄清建立健全宏观经济调控体系对发展社会主义市场经济的必要性,明确宏观调控的主要任务,积极推进财税体制改革,加快金融体制改革,深化投资体制改革,加快计划体制改革,努力掌握宏观调控的办法和手段,加强对经济运行的综合协调,以保持经济总量的基本平衡,促进经济结构的优化,引导我市国民经济持续、快速、健康发展,推动社会的全面进步。

6.深刻认识合理的个人收入分配和社会保障制度是社会主义制度优越性的重要表现,准确理解我国的收入分配、社会保障制度以及党的有关方针政策,积极深化分配制度和社会保障制度的改革。

7.深刻认识农业、农村工作和农民问题是我国经济发展与现代化建设的根本问题,长期稳定和不断完善以家庭联产承包为主的责任制和统分结合的双层经营体制,加强政府对农业生产的支持和对农民利益的保护。在保持粮棉等基本农产品稳定增长的前提下,积极发展高产优质高效农业,发展乡镇企业和其他非农产业,不断增加农民收入。

8.深刻认识深化对外经济体制改革,进一步扩大对外开放的必要性和紧迫性,熟悉了解我国全方位开放的战略格局,增强充分利用国际国内两个市场、两种资源,优化资源配置的意识,积极参与国际竞争和国际经济合作,发挥我国经济的比较优势,使国内经济与国际经济实现互接互补。

9.认真领会《决定》对科技和教育体制改革以及加强法律制度建设提出的原则、思路和任务,进一步改革科技体制和教育体制,加强立法工作,不断健全法制,为社会主义市场经济提供法律规范和保障。

10.深刻认识加强和改善党的领导,坚持"两手抓、两手都要硬"方针的极端重要性,努力加强党的建设和社会主义精神文明建设,深入开展爱国主义、集体主义、社会主义教育,坚持反对拜金主义、极端个人主义和腐朽的生活方式,发扬艰苦奋斗精神,把广大群众的巨大创造力凝聚到建设有中国特色社会主义的伟大事业上来。

二、认真总结经验,研究改革措施

党的十四届三中全会通过的《决定》,是一个理论性和操作性都很强的文件。各区市县、市级各部门,都要根据《决定》精神,把中央提出的在本世纪末初步建立社会主义市场经济体制的目标与市委、市政府提出的国民生产总值提前翻两番,国民经济整体素质和综合实力再上新台阶的目标结合起来,认真总结本地区、本部门、本单位改革开放的经验。在充分肯定成绩的基础上,找出差距和问题,提出和制定当前深化改革的工作重点和具体措施。要抓紧做好明年将要出台的财税金融、投资和计划体制等重要改革方案的准备工作。理论界和有关研究机构要对改革开放和经济发展中的重大现实问题进行更深入的研究,并拿出有见解和操作性强的科研成果。切实做到边学习、边理解、边贯彻、边实施,努力加快我市建立社会主义市场经济体制的步伐。

三、认真抓好当前各项改革,努力促进经济建设和各方面工作

当前,各级党委和政府必须把更大的精力集中到加快改革上来,加大改革力度。明年全市工作要始终抓住"改革、开放、发展、稳定"八个字,坚持以经济建设为中心,一心一意抓发展不动摇;坚持深化改革、扩大开放,加速建立社会主义市场经济体制不动摇;坚持把科技进步、优化结构和提高效益作为经济工作的重点不动摇;坚持"两手抓,两手都要硬"不动摇。继续深化企业改革,努力转换国有企业经营机制,要按照建立现代企业制度的方向,重点搞好国有大中型企业,继续推进各种形式的股份制试点;继续深化农村经济体制改革,保证农业和农村经济的稳定发展;积极培育和发展我市市场体系,努力发挥市场机制在资源配置中的基础性作用;积极推进、深化、加快财税、金融、投资和计划体制改革,切实转变政府职能,努力建立健全宏观经济调控体系;继续开展反腐败斗争,继续加强社会治安综合治理,维护社会稳定。要坚持不懈地抓好党的建设,加强党的领导。各级领导要提高驾驭全局的能力,创造性地开展工作,为实现在本世纪末初步建立社会主义市场经济体制的改革目标而努力奋斗。

中共重庆市委
1993年11月29日

重庆市人民政府关于贯彻国务院和省政府加强政府法制工作决定的通知

(1994年6月9日)

各区、市、县人民政府,市政府各部门：

认真贯彻落实国务院和省政府关于加强政府法制工作的决定,对于推动各级政府依法行政,健全社会主义法制,加快改革开放步伐,促进经济发展,维护社会稳定,保障社会主义市场经济体制的建立和完善,都具有重要的意义。各区市县政府和市政府各部门必须结合实际,认真贯彻落实,进一步加强政府法制工作。

一、深刻认识政府法制工作在新形势下的重要地位和作用。政府法制工作是社会主义法制建设的重要组成部分,是建立和完善社会主义市场经济体制的重要保障。市场经济本质是法制经济,要实现从旧经济体制向新经济体制的转换,迫切需要用法律来引导、推进和保障,要求政府转变职能,遵循法制统一原则和市场经济客观规律,重视体制和政策的规范化、法制化,保证社会主义市场经济正常运行。各级政府和政府各部门的领导同志要做一个称职的领导者,必须增强法制观念,坚持依法行政,切实把政府法制建设摆在政府工作全局的重要位置,做到"一手抓建设,一手抓法制",学会运用法律手段管理经济和社会。要用改革精神,改进政府法制工作,坚持改革开放与法制建设统一,使政府法制工作服从和服务于"改革、开放、发展、稳定"这个大局,采取有效措施改进和加强立法、执法和执法监督工作,保障各项重大改革措施的顺利实施,及时研究解决出现的新情况、新问题,促进经济发展,维护社会稳定。

二、坚持改革决策与立法决策相统一,加快立法步伐。在法律赋予的权限范围内,地方人大及其常委会制定的地方性法规和政府制定的行政规章是我国法律体系的重要组成部分,县级以上人民政府和市政府各部门依法规范的行政措施,是行使管理职能的重要手段。加强政府立法工作,既是建立社会主义市场经济体制的需要,也是改革行政管理体制和规范、制约行政行为的客观要求,应当作为一件大事来抓。当前,要适应改革开放和经济发展的需要,应当以经济立法为重点,统筹兼顾其他方面的立法工作,区别轻重缓急,加快立法步伐。要坚持改革决策与立法决策相统一,一些改革举措应尽可能规范化,通过法规、规章的形式推出。要制定一个与国家法律、法规相衔接,适合我市实际情况,同改革开放发展进程相适应,切实可行的立法规划和年度实施计划。要改革立法工作,实行责任制,探索委托制,发挥实际工作者和专家的作用。市人大常委会和市政府确定的立法计划项目,政府部门承担起草任务的,由主要领导负责,做到任务、班子、时间三落实,保证质量按时完成起草任务。坚持法制统一,从大局出发,这是地方立法必须遵循的原则,要转变观念,树立市场主体权利本位的观念,破除地方保护主义和部门本位思想。要坚持民主科学决策,加强调查研究,勇于探索,大胆借鉴,严格审查把关,努力提高法规、规章的质量。同时要做好规章、规范性文件的清理工作,适时修改废止与现行法律、法规相抵触或与改革开放不相适应的文件。

三、坚持廉政勤政与依法行政相统一,改进和加强行政执法。行政执法是政府法制工作的中心环节,也是当前群众关心的"热点",必须采取有力措施,切实改进和加强,长期抓下去,抓出成效来。依法行政,严肃执法,必须从领导做起,把行政执法工作提上重要日程,领导到位、工作到位、人员到位。要把反对腐败、加强廉政建设作为政府法制建设的重要内容,加强对执法人员的培训,教育执法人员廉洁奉公、勤政为民,这要作为行政执法必须遵循的行为准则和基本要求,严肃法纪政纪,整顿执法队伍,有什么问题就纠正什么问题,一个一个地解决。要深入开展法制宣传,搞好"二五"普法教育,特别是抓好新出台的法律、法规的宣传学习,把法制宣传教育贯穿于行政执法的全过程,并形成制度,常抓不懈,改变有法不知道、知道不执行的现象。当前改革已发展到了整体推进和重点突破相结合的新阶段,很多重大改革举措以法律、法规形式推出,形势发展很快,新问题很多,执行中难度很大,这就要求各级政府和执法部门端正执法目的,改进工作作风,多学习、重调查、讲效率、办实事、顾大局、守纪律,正确处理改革、发展、稳定的关系,解决好执行法律、法规中出现的新情况、新问题。各级政府要及时协调解决行政执法中部门之间职责交叉、推诿扯皮的矛盾和问题,逐步理顺关系,制止越权执法行为和乱收费、乱罚款、乱摊派、乱设卡的行为。执法部门要建立健全行政执法责任制,大力提倡文明执法。

四、坚持权责一致与用权受监督相统一,强化行政执法监督。对行政执法有效监督,是改善行政执法,保护公民、企业合法权益的重要行政救济措施。各级政府和各部门要自觉接受党的领导,接受人大及其常委会的监督,接受政协及民主党派和人民群众的监督,认真贯彻执行《行政诉讼法》,做好应诉工作,依法接受司法监督。同时,要切实加强行政机关的内部监督,强化上级政府对下级政府、政府对所属部门的监督,发挥监察、审计、统计部门和政府法制工作机构专门监督的作用。要认真贯彻《四川省行政执法监督检查规定》,对一些行之有效的监督措施,如重大行政行为报告制度、规范性文件备案制度、执法证件管理制度、行政执法统计制度等,要认真执行,进一步完善,发现问题要及时依法解决和纠正。要重视行政复议工作,进一步拓宽投诉、举报渠道,简化程序,认真审理复议和申诉案件,及时纠正违法或不当的具体行政行为。《国家赔偿法》已公布,明年1月1日起实施,要组织行政机关全体工作人员学习,抓紧做好实施前的准备工作。要继续开展行政执法检查工作,突出重点,抓住"热点""难点",有针对性地进行检查,接受群众监督,了解实情,讲求实效,解决群众关心的实际问题。

五、进一步加强对政府法制工作的领导。政府法制工作是涉及全局,政策性、专业性、综合性很强的工作,要把国务院和省政府决定提出的要求落到实处,关键在领导。各级政府和各部门要把这项工作列入重要议程,主要领导亲自抓,有专人分管,对立法、执法和执法监督中的重大问题,要及时研究认真解决。各级领导要带头学法,努力学习社会主义市场经济的基本知识和有关的方针政策法律法规,善于运用法律手段管理经济、管理社会。政府法制工作机构负责对本地区、本部门的政府法制工作进行规划,协调、监督、服务,其综合性强,处于较高层次参谋和监督地位。各级政府和各部门领导要充分发挥政府法制工作机构的作用,为其开展工作,当好参谋助手提供必要条件,在办公设施、交通工具、经费等方面予以支持。在转变政府职能、精减机构中,必须按照国务院和省政府要求进一步加强政府法制工作机构和队伍的建设,有专门人才和必要机构从事政府法制工作,只能加强,不能削弱。区市县政府法制工作机构,要按1990年市里确定的编制充实和加强力量。市政府各部门特别是立法、执法任务重的部门,要抽调政治、业务素质高的人员,充实法制工作机构,使其与日益繁重的任务相适应。各级政府和有关部门要重视发挥律师、公证、会计、审计等中介机构的社会监督和公证作用,发挥大专院校和群众性法律研究会、学会、协会等团体的积极作用,加强企业和基层组织的法制建设。从事政府法制工作的人员,要热心本职工作,努力提高素质,廉洁奉公,勤奋工作,为领导在政府法制工作中当好参谋和助手。

重庆市人民政府
1994年6月9日

重庆市人民政府关于在市中区深化行政管理体制改革的通知

(1994年7月30日)

各区、市、县人民政府,市政府各部门:

为贯彻市委关于把区市县经济推入快车道的精神,建立与社会主义市场经济相适应的城区行政管理体制,加速发展城区经济和各项社会事业,确保实现我市"一年一个样,五年大变样"的奋斗目标,市政府决定在市中区进行深化城区行政管理体制改革试点,现通知如下:

一、改革试点的指导思想

按照行政管理体制和机构改革的要求,遵循转变职能、理顺关系、精兵简政、提高效率的原则,积极探索完善两级政府、两级管理的体制,科学合理划分市与区的管理职责权限,逐步理顺市、区的关系,增强区政府统筹发展辖区经济社会事业的能力,充分发挥市、区两级的积极性和创造性,提高行政管理的效率和水平。通过在市中区试点,为全市城区体制改革提供经验。

二、改革的主要内容

根据改革试点的指导思想,结合市中区实际,当前改革行政管理体制的主要内容是:

(一)规划管理。市中区政府有权参与辖区城市规划的编制和实施,有权参与辖区旧城改造、拆迁方案和重大建设项目定点的研究决策,有权根据经济社会发展的客观需要,按照市总体规划要求调整产业布局,按规划程序选点兴建工业园区。

(二)城市管理。城管工作实行统一领导、条块结合、以块为主、分级管理的体制。市中区政府按照市政府关于加强城管工作的统一要求,对辖区市容市貌和环境卫生实行统筹安排、统一指挥、综合管理。市城管监察大队市中区中队下放由区直管,市政府及有关部门将涉及城市管理的权力适当下放到区,同时在政策上、工作上进行指导检查监督。对除主干道以外的非交通占道,由区政府会同市有关部门实行统一规划布点,规范设置,切实加强管理,搞好清扫保洁和绿化美化。在市中区试行"城管综合执法制度"。

(三)市场建设管理。市场建设坚持政府领导、企业经营、各方支持、统一管理和谁投资、谁受益的原则,市中区内的市场建设,由区政府会同市规划、工商行政管理部门共同规划布点,报市政府批准后实施。区内生活资料市场和一般生产资料、生产要素市场,由区政府组织工商、公安、税务等部门统一管理。区内个体工商户、私营企业和区引进的外资企业原则上下放给区工商行政管理部门登记管理,市工商行政管理部门进行业务指导和检查监督。市场管理费由区工商行政管理部门统一收取并按原定比例上缴,留区部分作为区建设、管理市场的专项资金。少数市级以上的重要生产资料、生产要素、特种专业市场、期货市场由市工商行政管理部门管理。

(四)房地产管理。房政管理实行市区分级管理体制,将市房管局所属市中区分局下放给区,作为区的房管机构,取消"分"字,原有行政职能和管理权限不变(产权产籍行政管理仍在市房管部门),区房管部门负责人由区任免。坚持政企事分开,按权属经营房产,将原市中区房管分局管理的市有房产划出一部分委托区管理和开发,由区组建房产经营机构经营,确保国有资产保值增值,并相应承担危房改造和住房解困任务。商业企业单独投资改造、扩建租用的公房,原结构外新增面积归商业企业所有;与房管部门共同投资改造的商业用房,其产权可由双方按投资比例决定,在现行国土管理体制不变的原则下,将城镇居民行政划拨土地使用权的转让、出租、抵押和公司、企业及其他组织行政划拨土地使用权的出租、抵押面积在500平方米以下的审批,委托区办理。

(五)城市建设开发管理。区对辖区内房地产开发单位实行行业归口管理,三级以下(含三级)房地产开发企业的资质审查委托区代市审批,报市备案。将区属房屋开发公司建设开发项目可行性报告的审批、立项等职权下放到区。

(六)市政设施维护管理。按照市管重要市政设施、区管一般市政设施的原则,将市中区内的部分次干道、支道和全部街坊路、巷道、梯便道及其附属的下水管道的维护管理下放到区,相应将维护管理的人、财、物一并下放。

(七)文化市场管理。区内文化市场实行分级管理。涉外宾馆、外商投资企业开办的文化经营活动由市审批管理,市级单位开办的文化经营活动由市审批,实行委托管理。区内其他单位和区属单位开办的文化经营活动,由区批区管,报市备案。

(八)医疗卫生管理。卫生监督、监测实行市区分级管理,社会影响大、监督监测难度大、重要涉外单位的卫生监督监测由市管理,其余由区管理。在符合市医疗机构设置规划的前提下,设置区属100张床位以下的医疗机构和私营诊所由区批区管。

(九)财政税收体制。市与区的财政分配体制按照全市统一制定的市与区市县的财税体制改革方案执行。

(十)市政府过去已明确下放给区的各项管理权限,除国家有特殊规定的外,一律不上收。

(十一)理顺市区关系的其他改革内容。建立和完善市区两级政府、两级管理体制,全面科学合理划分和调整市、区两级行政管理职责和权限,涉及的问题多、难度大。市、区要继续深入调查研究,从实际出发,大胆试验,看准一项、改革一项,在实践中不断深化完善。

(十二)市中区政府内部管理体制改革。结合理顺市区两级行政关系,切实推进区级行政管理体制和机构改革,加快转变区政府职能,理顺内部关系,实行精兵简政,率先建立起职能完善、结构合理、运转协调、灵活高效的城区行政管理体制。

三、改革试点的组织实施

市、区政府及其有关部门,要充分认识深化城区改革试点的必要性和重要性,坚持按照"三个有利于"的标准,紧紧围绕建立适应社会主义市场经济的城区管理体制,解放思想,实事求是,大胆探索,勇于创新,走出一条城区行政管理体制改革的新路子,促进城区经济社会事业快速发展。

试点工作在市政府的直接领导下,由市体改委牵头,会同市有关部门和市中区政府,根据本《意见》的要求,制定具体实施方案并尽快组织实施。在试点中,要加强领导,精心组织,上下结合,有序推进,确保改革取得实实在在的效果。

重庆市人民政府
1994年7月30日

重庆市人民政府关于城市教育综合改革的决定

(1994年9月2日)

各区、市、县政府,市政府各部门,在渝各大专院校,有关大中型企业:

社会主义市场经济体制的建立和现代化的实现,最终取决于国民素质的提高和人才的培养。为了落实《中国教育改革和发展纲要》提出的"积极推进农村、城市教育和企业教育综合改革"的任务,加强重庆教育改革和发展的步伐,促进重庆经济和社会的发展,现作出如下决定。

一、指导思想和目标任务

(一)城市教育综合改革,必须坚持建设有中国特色的社会主义理论和党的基本路线,坚持教育要"面向现代化、面向世界、面向未来"的指导方针,全面贯彻《中国教育改革和发展纲要》,落实教育优先发展的战略地位,实施"科教兴渝"的发展战略。

(二)城市教育综合改革,要按照重庆加快经济建设、社会发展和改革开放步伐的需要,全面完成市委、市政府确立的教育发展目标,在本世纪末初步建立起布局合理、结构优化、形式多样的具有重庆特色的面向21世纪的社会主义教育体系,为我市国民生产总值翻番,把重庆建设成为吸引力、辐射力强的长江上游经济、金融、商贸、交通、科技和文化中心提供强大的智力和人才支持,为我市物质文明、精神文明建设进入更高水平,把重庆建设成为现代化国际大都市奠定坚实的科学文化基础。

(三)城市教育综合改革,要把教育的发展同经济、科技和社会的发展统筹结合起来,把基础教育、职业教育、成人教育、高等教育的改革与发展统筹结合起来,把教育思想、教育内容、教育方法的改革统筹结合起来,使经济建设更好地依靠教育,教育更好地为经济建设服务。

二、加强教育同经济、科技的紧密结合

(四)加强教育、科技、经济的统筹结合。各级政府要加强经济、科技、教育的统筹,制定与经济开发相适应的科技开发、智力开发的规划和有关政策措施。经济、科技、教育等有关部门要紧紧围绕经济建设这个中心,通力合作,分工负责,发挥整体优势,把人才培养、科技推广与经济振兴紧密结合起来,发展社会生产力。

(五)推进企业教育综合改革。市、区要切实抓好企业教育综合改革试点。在建立现代企业制度和培育劳动力市场、技术市场、信息市场的改革过程中,企业要把经济发展同技术改造与加强职工、工程技术人员的继续教育紧密结合起来,建立职工培训、考核、职评、晋级一体化的机制,把企业经济的发展推向良性循环的轨道。

(六)综合实施科技"星火计划"、农业"丰收计划"、教育"燎原计划"。市、区要围绕中小企业、乡镇企业、第三产业、"三高农业"以及"菜篮子"工程的发展,加强对"星火计划"、"丰收计划"和"燎原计划"的统筹规划,提高实施这"三大计划"的综合效益。

(七)加强教育与劳动力市场的衔接。中等高校、高等学校、企事业单位、科研院所、政府部门及其他社会组织运用股份形式组成联合体,及时向各类学校、社会各用人单位提供人才结构和劳动力需求信息,经常开展大中专学校、职业高中、成人培训机构与用人单位的供需见面活动。在基本保证本市人才需求的前提下,搞好对外人才交流及劳务输出,充分发挥中心城市人才培训基地的作用。

(八)加强大中专学校同科技市场的联系,建立产、学、研结合的体制。充分发挥在渝高校在我市科技工作中的重要作用,支持在渝高校组织科技攻关,开展技术开发、技术推广和技术咨询服务活动,参与老工业基地改造、调整产业和产品结构及"科教兴渝"等重大综合工程。开展中专以校为单位,高校以系为单位联系一个街道或一个乡镇的活动,使大中专教育更好地面向经济建设的主战场。

(九)采取有效措施、建立激励机制,在组织评估的基础上,奖励在科技成果转化、扶持乡镇经济发展、实施"三大计划",支持产学研结合等方面取得良好效果的学校和有关单位。

三、加快教育体制改革的步伐

(十)改革办学体制,进一步改变政府包揽办学的格局,逐步建立起以政府办学为主体、社会团体和公民个人依法共同办学的新体制。

基础教育,特别是义务教育主要由政府办学,同时鼓励企事业单位和其他社会力量按国家的法律和政策多渠道、多形式办学。企业在转换经营机制和建立现代企业制度的过程中,应继续办好所属中小学、幼儿园。教育行政部门应加强对企业办学的业务指导。在建立现代企业制度试点的有条件的地方,也可在政府的统筹下,进行将企业办学转为社会办学的试点。

职业教育和成人教育应面向社会需要,在政府统筹管理下,主要依靠行业、企事业组织、社会团体和公民个人办学,鼓励社会各方面联合办学,强化企业举办职业教育以及对在职职工进行岗位培训和继续教育的责任。

普通高校实行以政府办学为主,积极发展多种形式的联合办学。鼓励企业或企业集团与高校联合办学院、科系或专业。部分条件成熟的成人高校可分批进行转制试点,逐步从全民所有制、依靠财政或主管部门拨款的办学体制中独立出来,成为自主办学的实体,政府在政策上给予支持。

进行委托社会组织管理公办学校或由社会集团承包公办学校的改革试验。欢迎港澳台同胞、海外侨胞和外国友人捐资助学或按国家规定投资办学。支持政府部门、社会团体或公民个人在国家法律法规范围内与国际组织或外国集团合作办学。

(十一)完善分级办学、分级管理体制。

政府各部门要充分发挥在教育改革和发展中的职能作用,大力支持、积极参与教育综合改革。

市政府在加强对全市教育事业宏观管理的同时,进一步增强区级政府对教育的决策权、统筹权。各区在推进教育综合改革过程中,要着重做好以下统筹工作:

——统筹制定、实施经科教发展规划和经科教结合的政策措施;

——按本区产业结构、劳动力结构的需求调整教育结构,规划和调整职业教育、成人教育的专业设置;

——统筹制定所属幼儿教育、中小学教育、职业教育、成人教育的事业发展计划,合理调整学校网点布局;

——统筹制定、实施多渠道筹措教育经费、集资办学和引进外资办学的政策措施。

(十二)建立以街(镇)为片区、以学校为核心、以企业为依托等多种形式的社区组织。健全城市教育的领导管理体制,充分发挥社区教育的多种功能,探索城市区域教育社会化的路子。

(十三)改革招生、考试和毕业生分配制度。

初级中学进一步完善按户口划片招生或小学与中学对口招生的办法。条件成熟后,普通高中、职业高中、技工校招生,实行统一考试时间,按考生志愿同步录取的办法。

积极推进高等学校和中等专业学校、技工学校的招生、收费和毕业生就业制度的改革,逐步实行学生缴费上学,大多数毕业生自主择业的制度。

(十四)深化学校内部管理体制和分配制度改革,增强办学活力。

普通中小学、职业中学积极推行定编、定岗、定责,工资总额包干,校长负责制、教职工岗位聘任制的改革方案。

市属高校、中专校、技工校开展以劳动人事和劳动分配制度改革为重点的校内综合改革,扩大学校在教师职称评聘、工资分配、机构设置和对外交流等方面的自主权。

(十五)建立和完善教育督导评估制度。市、区政府教育督导机构要加强对下级政府的督政工作和对各级各类学校的督学工作。

四、优化教育结构,推进基础教育、职业教育、成人教育、高等教育协调发展

(十六)以普及九年义务教育为重点,切实加强基础教育。

各级政府必须按照市政府的规划和市人大的决议,依法按期保质保量地普及九年义务教育,并不断巩固提高普及水平。

改革普通中学办学模式,积极进行重点中学的高初中分离、举办特色中学和综合高中等多种改革试验。对参加职业技术培训的高中毕业生实行学历证书和技术等级证书制度。

(十七)大力发展职业教育和成人教育,有计划地搞好分流教育。

初中后的分流以发展职业教育为重点,大力发展多种类型、多种规格的中等职业学校或培训班,使60%以上的初中毕业生能受到职业教育。

积极发展高等职业教育,实现高中后分流形式多样化。高中毕业生除小部分进入普通高等学校外,其余都能逐步接受多种形式的职业培训或进入高等职业学校。积极创造条件,让更多的有志于接受更高层次教育的各类职业教育毕业生获得深造的机会。

根据教育事业发展规划和市场需求,对中专校、技工校、师范校的办学、设点、布局、专业设置进行适度调整,打破部门之间、行业之间的界限,实行专业分工,提高规模效益。

职业教育要走产教结合和联合办学的路子,逐步增强自我发展的能力。

(十八)适当发展高等专科教育,努力提高本科教育的质量。

试办大学基础教育,招收具有高中毕业文化程度的待业青年,通过两年文化基础课学习,成绩合格结业后,一部分免试升入专科或本科学习,一部分通过短期专业技术培训应聘就业。

支持有条件的在渝高校争取进入"211工程"。

(十九)发挥城市教育的辐射功能。市区职业中学、中专校、技工校要积极发挥专业优势,为农村培养初、中级技术人才;中央和省在渝高校以及市属高校要扩大专业层次和规模,充分利用广播、电视、函授、自考等办学形式,为农业、中小企业以及乡镇企业培养中高级技术人才。

五、深化教育教学改革,全面提高教育质量

(二十)加强和改进学校德育工作。各级政府、各级各类学校要针对在社会主义市场经济和改革开放条件下青少年的心理特点,充分利用巴渝优秀文化及革命史迹等德育资源,建立德育基地,对学生进行党的基本路线教育,中国特色的社会主义理论教育,爱国主义、集体主义、社会主义教育,近代史、现代史、国情教育,民族优良道德传统教育。宣传、理论、文化、新闻出版、广播电视、公安、司法等部门要为青少年健康成长提供良好的社会环境,提高德育的实效性。

(二十一)进一步转变教育思想,改革教育内容和教育方法。

实施义务教育的学校要贯彻执行义务教育课程计划、教学大纲,使用义务教育教材。基础教育要调整课程结构,上好必修课,开足选修课、活动课、劳技课和社会实践课,加强外语和计算机教学,培养学生的动手能力和创造精神。各级各类学校要加强学校体育卫生工作和艺术学科教学,全面提高学生素质。积极开展教育科研和教学研究,推广行之有效的教改实验成果,更新教学设备和设施,开展电化教学,提高教学质量。

纠正单纯应付考试的倾向,建立各级各类学校的质量标准和评估指标体系,切实减轻中小学生过重的课业负担。

(二十二)坚持教育与生产劳动相结合。各级各类学校要结合自己的实际,把生产劳动课列入教学计划,精心组织,统筹安排。各级教育行政部门要对生产劳动课开设情况进行具体指导和督促检查,防止走过场。各有关方面要积极支持和配合,为学生参加生产劳动提供必要条件。

六、加强领导,确保改革顺利进行

(二十三)加强政府对综合改革工作的领导。各级政府要认真组织好《纲要》的实施,把教育综合改革工作列入议事日程,认真研究和解决教育综合改革的重大问题。

(二十四)建立经科教协调指导小组。市经科教协调指导小组在市政府领导下由教委、经委、科委、农委、计委、财政局、劳动局、人事局等部门的主要负责人组成。

建立经科教结合的定期办公会制度。有关部门要确定专门人员,具体负责协调、制定有关政策,办理经科教结合的有关事宜。

各区政府也应建立相应的组织和工作制度,把教育综合改革工作落到实处。

(二十五)增加对教育的投入,确保教育事业优先发展。各级政府教育拨款的增长要高于财政经常性收入的增长,并使按在校学生人数平均的教育费用逐年增长,切实保证教师工资和生均公用经费逐年有所增长。各级政府在贯彻执行好国家、省、市已出台的筹措教育经费政策的同时,要开辟新的集资渠道,努力改善办学条件。

(二十六)大力开展勤工俭学。各级政府和有关职能部门要继续执行勤工俭学的优惠政策,大力扶持校办产业,支持校办产业与大中型企业、街道工业、乡镇企业的联合。各级各类学校要推动校办企业所有权和经营权的分离,主动参与市场竞争。

(二十七)贯彻《教师法》,加强学校教师和干部队伍建设。各级教育行政部门和学校要有计划、有步骤

地对干部、教师开展岗位培训和继续教育,学习市场经济理论,提高政治业务素质,增强改革开放意识。各师范院校要调整课程计划,适当增加适应市场经济发展的选修课,培养一专多能的教师。各级政府要努力提高教师待遇,为教师多办实事。

重庆市人民政府
1994年9月2日

重庆市人民政府关于改革和发展职业教育的决定

(1994年9月2日)

各区、市、县政府,市政府各部门:

职业教育是现代化教育的重要组成部分。大力发展职业教育,是符合我国国情的培养大量应用型人才的一条根本出路,是推进教育现代化、加快提高劳动者素质、振兴经济的必由之路。各级政府都必须把大力发展职业教育放到调整宏观教育结构的突出位置。要结合当地的资源条件和产业优势,因地制宜地办好各类职业学校或职业培训中心。要根据初、中级专门人才的需求情况和基础教育的普及程度,有计划地实行小学后、初中后、高中后三级分流,与此同时,实行学历教育与短期培训并重的原则,大力开展多种形式、多种规格的职业培训,使我市城乡新增劳动者受到必要的职业训练,使广大从业人员的文化素质、职业技能和职业道德得到普遍提高,为我市经济发展、社会进步作出贡献。

一、职业教育发展的目标和任务

(一)以中等职业教育为重点,有计划地搞好"三级分流",逐步形成初等、中等、高等职业教育和普通教育共同发展、相互衔接、比例合理的教育体系。

——发展初等职业教育。在2000年前难以普及九年义务教育的贫困乡镇,进行小学后分流。由本县市中等职业学校对口扶持办学。有贫困乡镇的县市从1995年开始试办1—2所初等职业学校。

——大力发展中等职业教育。到2000年,全市各类中等职业学校在校学生数占高中阶段学生数的65%;每个区市县职业高中在校学生数占两类高中学生数的60%左右。

——积极发展高等职业教育。在宏观调控下,通过改革现有专科学校、成人高校为高等职业学校;在有条件的中专校举办高职班;普通高校与职高、中专联合举办五年制高职班等。到2000年,力争全市高等职业教育在校学生数占在渝各类高校学生数25%,重点办好4—5所高等职业学校。

——加强重点职业学校的建设。每个区市县、行业,首先重点建设一两所适应本地本行业特点的、综合性的中等骨干职业学校。到2000年,全市逐步建成42所重点中等职业学校或培训中心。其中国家级重点8所,省级重点12所,市级重点22所。

——加强职业教育与普通教育的沟通和衔接。在农村初中根据实际需要,增加一些职业教育的课程;继续推进高三、初三分流,对部分学生进行定向性或预备性的职业教育。对所有接受职业教育的学生,应根据本人的条件和可能,给予多种形式的继续学习和深造的机会。

(二)认真实行"先培训、后就业""先培训、后上岗"的制度,使城乡新增劳动力上岗前都受到必需的职业训练。鼓励社会力量和个人兴办残疾人职业培训机构,对残疾人进行以实用技术为主要内容的中短期培训。

二、采取强有力的政策措施,深化职业教育的改革

(三)逐步理顺中等和中等以下职业教育的管理体制。凡是进行学历教育为主的职业学校,原则上由各级教育部门进行管理。中等专业学校、职业中学毕

业证书发放,办学水平的认定,由教育部门统一验印、统一督导评估,并对其改革和发展进行宏观协调和指导。条件成熟后,在教育部门的统筹下,职高、技校、普高统一招生考试时间,按志愿同步录取。

(四)加快办学体制改革。职业教育应面向社会需要,在政府统筹管理下,今后,主要依靠行业、企事业单位、社会团体和公民个人举办,鼓励社会各方面联合办学。按照国家有关法律与规定,发展境外机构或个人来渝合作办职业教育。

职业学校要走产教结合的路子,更多利用贷款发展校办产业,增强学校自身发展的能力。

(五)积极推进中等职业学校招生制度和毕业生就业制度的改革,逐步实行学生缴费上学,大多数毕业生自主择业的制度。2000年基本实现新旧体制转轨。

——改革招生计划体制。目前实行的是国家下达招生计划,国家任务计划与调节性计划相结合,学校按计划招生的制度,随着政府职能转变和学校综合实力的增加、自我发展和约束机制的建立,将逐步实行由政府监控办学条件,提供需求信息,在政府宏观指导下,学校自主招生的制度。

——学生实行缴费上学制度。缴费标准由主管教育行政部门按生均培养成本的一定比例和社会及学生家长承受能力因地、因校(或专业)而确定。不应以收取高额学费而降低录取标准。政府对条件艰苦的专业和家庭经济困难的学生实行奖学金和贷学金制度,或酌情减免学费。

——对中等职业学校的毕业生,进一步推进学历文凭和职业资格两种证书制度。在劳动力市场比较完善、基本实行缴费上学制度后,学生在国家政策的指导下,进入劳动力市场自主择业。

——加快建立和完善劳动力市场、职业资格证书机构、就业指导、职业介绍等中介机构。

三、全面贯彻教育方针,深化教学改革,提高教育质量和办学效益

(六)认真贯彻执行《教师法》,加强教师队伍建设。

——提高职业学校校长领导和管理水平。按照国家教委的要求,有计划地对校长进行岗位培训。争取在1997年实行中等职业学校校长"持证上岗"制度。

——结合职业教育的特点,执行职业学校教师资格标准。到2000年,使中专学校教师基本达到任职资格标准,职业中学、技工学校65%以上的教师达到任职资格标准。可以采取"双向选择"与高校对口,与人才市场接轨,聘用专兼职的专业教师;也可以聘用企业工程技术人员、管理人员、能工巧匠任兼职教师。

——职业学校专业技能教师可实行教师职称和专业技术职称双职称制。

(七)要坚持职业教育的培养目标,调整专业设置,拓宽专业面,优化课程结构,各类职业学校都要逐步开设外语、计算机应用、普通话等必修课,改革课程内容和教学方法,注重职业道德和技能培养,增强学生的适应性。

(八)加强职业教育改革的统筹规划,合理调整学校布局和专业结构;积极推进高校与中等职业学校、中等职业学校之间的联合与协作,提高规模效益。到1997年学校平均规模中专校在1000人以上,职业高中600人以上。

(九)建立健全职业教育发展的服务体系,努力提高教育质量。要尽快建立市职业教育研究中心,加强职业教育规律研究,特别是教育决策咨询研究,进一步促进职教决策的科学化;加强对外交流与合作,吸收和借鉴世界各国发展职业教育的成功经验。

四、保障职业教育投入,改善办学条件

(十)为了落实到本世纪末我市职业教育改革和发展的目标,必须首先切实保证各级财政对职业教育的投入。

——切实保证中等职业学校生均公用经费在扣除物价上涨因素后逐年有所增长。

——属工交商事业费开支的中等职业学校的基建费、大型设备购置费应分别纳入计划、财政预算,并逐年有所增长。

——职业中学的专项补助费应按一定的比例逐年增加。

(十一)积极筹措职业教育经费。

——支持职业学校发展校办产业。银行对职业学校校办产业设立专项政策性贷款,并将逐年增加。

——建立职业教育发展基金,吸引社会和境外资金。

五、加强政府对职业教育工作的领导

(十二)把职业教育列入政府工作的重要议事日程,将职业教育发展列入本地区经济和社会发展规划,做好统筹协调贯彻落实工作。把重视职业教育、保证必要的投入、为职业教育办实事,列为各级领导干部任期目标责任制考核政绩的重要内容。

(十三)各级政府要加快劳动、人事、工资制度与教育体制的配套改革,促进本地职业教育的发展。

(十四)各级教育行政部门对职业教育的发展与改革负有宏观指导的责任,应切实加强管理。

重庆市人民政府
1994年9月2日

中共重庆市委　重庆市人民政府关于建立为教育办实事制度的通知

(1994年9月8日)

各区市县委和人民政府,市委各部委,市级各部门,各大专院校和大中型企业,县级以上事业单位:

教育是我国现代化建设的重要组成部分和战略重点。江泽民同志在全国教育工作会上指出:"不少省、区、市党委和政府每年都要为教师办几件实事,这个做法很好,应该大力提倡。"为了认真贯彻落实江泽民同志的讲话精神和《中国教育改革和发展纲要》,切实做到把教育放在优先发展的战略地位,现就建立为教育办实事制度提出如下意见:

一、提倡全党全社会都尽力为教育改革和发展多办实事,进一步在全市形成"党以重教为先,政以兴教为本,民以支教为荣"的好风气。

二、为教育办实事应遵循五条原则:多办有利于落实教育优先发展战略地位的事;多办有利于教育改革和发展的事;多办有利于增强学校活力的事;多办有利于调动教师积极性的事;多办有利于学生身心健康的事。

三、为教育办实事,不是短期行为,而是一项经常性长期性的工作。因此,市和各区市县以及乡镇都要建立为教育办实事的制度,使这项工作能长期坚持下去。各级党委和政府都要把为教育办实事列入重要议事日程,根据本地区的实际,对如何为教育办实事作出规划,每年办一批,年年见实效。

四、市委、市政府决定,1994年—1995年,市委、市政府将为教育办十件实事:

1. 在1994年底前,全部兑现教师套改后的工资,并补发齐增资部分的工资。

2. 组织并实施教师"安居工程",力争在两三年内基本解决教师无房户的住房问题。

3. 组织100个市级机关、效益好的大中型企业和条件较好的事业单位对口支援远郊区市县的100个边远乡镇的教育工作,同"希望工程"结合进行,帮助这些乡镇按照规划按时按标准完成"普九"任务。

4. 多渠道筹集资金,设立"初中小学贫困生专项补助"经费,用于帮助贫困地区儿童和特困企业职工子女完成义务教育阶段的教育。

5. 优先安排建立教育城市信用社或教育银行。运用金融手段为教育筹措资金。

6. 在全市中小学、幼儿园开展首批学科带头人评选活动。

7. 在现有合适的地方挂牌设置教师疗养院。

8. 对教育工作中作出显著成绩的教师和教育工作者在教师节进行表彰奖励。

9. 市里每年拨出600—800个指标将民办教师转

为公办教师。

10.解决好新区开发和旧城改造带来的入学难问题,让适龄儿童都能上学。

以上十件事,由市委办公厅、市政府办公厅和市教委牵头,与市级有关部门协商,共同组织实施。

中共重庆市委
重庆市人民政府
1994年9月8日

中共重庆市委 重庆市人民政府关于完善教育管理体制若干问题的通知

(1994年9月8日)

各区市县委和人民政府,市委各部委,市级各部门,各大专院校和大中型企业,县级以上事业单位:

改革教育管理体制,是《中国教育改革和发展纲要》提出的一项重要任务,是深化教育改革的一项重要内容。李鹏总理在全国教育工作会上的报告中指出:"要按照各级各类教育的特点,理顺政府、社会和学校的关系,建立科学的管理体制。"现就完善我市教育管理体制的若干问题提出以下意见,请认真贯彻执行。

一、改进和加强对各级各类学校的宏观管理

1.改进市属普通高校多头管理的体制,市属普通高校党的建设和干部管理工作由市委宣传部负责,行政业务、经费、人事等归口市教委管理(渝州大学的经费由市财政单列,戴帽下达给市教委,由市教委划拨给渝州大学)。市委宣传部、市教委要加强对市属高等教育的宏观统筹和规划,确保高等教育事业与其他各级各类教育事业更好地协调发展。

2.按照国家教委和省教委的管理办法,市大中专招办和自考办是市招委、自考委的办事机构,为市教委所属的具有行政职能的事业单位,由市教委归口管理;依据国家有关规定,由市教委和市计委根据我市经济建设和社会发展的需要制定市属各级各类学校招生计划;依据国家教委、国家人事部、国家计委关于毕业生分配的有关规定,由市教委归口管理全市大、中专毕业生就业分配工作。

3.逐步理顺中等和中等以下职业教育和成人教育的管理体制。

4.全市民间办学归口由教育行政部门审批,其他有关职能部门配合教育部门做好管理工作。

二、改进学校教师和干部的管理体制

5.根据《教师法》和国家、省、市的规定,学校教师由县级以上教育行政部门统一管理。公办幼儿园、小学、普通中学、职业中学、中师、进修校的教师(含民办教师)和干部的调动由县教育行政部门按教师分级管理权限审批。未经教育主管部门批准,任何部门不得任意抽调教师和学校干部到其他部门工作。

6.根据中组部、国家教委《关于加强全国中小学校长队伍建设的意见》,完善区市县教委归口管理本系统干部的职能。区市县属省重点中学、进修校、师范校的校级干部由区市县委宣传部、组织部和教育行政部门共同考察,按干部管理权限任免。乡镇中学的校级干部由区市县委宣传部、乡镇党委和教委共同考察,由县级教育行政部门审批任免。

三、改革教育经费管理体制

7.实行教育经费预算单列,使教育事权和财权相统一。教育事业费预算由各级教育行政部门会同财政部门提出方案,政府列入预算,报同级人大批准;财政部门按进度拨款,教育行政部门统筹管理使用,财政及审计部门实行监督。校舍建设投资由计划等有关部门会同教育行政部门作出预算,经政府批准后由教育行政部门统筹安排使用。

8.农村基础教育的责任主要在县,教育经费的统

筹管理权放在县级政府。预算内教育事业费可由县级教育行政部门集中管理，也可由区市县财政、教育行政部门共同安排下达乡镇执行。无论采取何种办法，都要保证按时足额发放教师工资，保证教育经费专款专用。

9.农村教育费附加在不改变"乡筹乡有"的前提下，实行"乡收县管"。乡镇财政按规定征收后，上交县级财政，分乡镇设专户立账，统一管理。使用时，由乡镇教育、财政部门提出安排意见，经县级教育、财政部门批准后执行。

四、建立健全乡镇教育管理机构

10.乡镇党政负有普及九年义务教育和实施"科技教育兴农"战略的重大责任。撤区并乡建镇后，乡镇教育规模扩大，建立健全乡镇教育管理机构势在必行。为此，要加强乡镇教育委员会建设，可设置教育办公室，其工作人员可在教育事业编制中调剂安排，经费在教育事业费中列支。教育办公室在县级教育行政部门和乡镇党委、政府领导下，行使对幼儿教育、中小学教育、成人教育等各类教育的管理权，并协助乡镇党委、政府搞好"农科教"统筹，实施"科教兴农"等工作。

中共重庆市委
重庆市人民政府
1994年9月8日

重庆市人民政府关于实行分税制财政管理体制的决定

(1994年9月12日)

各区、市、县人民政府，市级各部门：

根据《国务院关于实行分税制财政管理体制的决定》，为了进一步理顺市与区市县的财政分配关系，更好地发挥财政的职能作用，增强市的宏观调控能力，并适应企业制度改革的要求，促进社会主义市场经济体制的建立和国民经济持续、快速、健康的发展，市政府决定，从1994年元月1日起对各区市县实行分税制财政管理体制。

一、实行分税制财政体制的基本原则

根据中央的统一方案，本着既要有利于市政府对全市财政经济的宏观调控，又要有利于发展区市县经济，促进财权和事权结合的指导思想，建立全市统一的分税体制基本框架，并做到规范和简便易行。制定分税制方案的基本原则是：

（一）坚持"统一领导、分级管理"的原则，把财权和事权结合起来，使市与区市县都有较为稳定的收入来源，并适当集中财力，提高市级财政收入占全市收入的比重，为建立转移支付制度创造条件。

（二）坚持调动两个积极性的原则。正确处理市与区市县之间的财力分配关系，发挥各级政府增收节支、当家理财的积极性，促进各项事业的发展。

（三）坚持规范、简便的原则。为了有利于分税体制的规范运行，市对区市县实行统一的分税制模式，在操作上力求简便易行。

（四）坚持双轨运行的原则。按照国务院的统一部署，为顺利推行分税制改革，实行分税制以后，原体制分配格局暂不改变，净上划收入全额返还，原体制对区市县的补助继续执行，原体制区市县体制上解采取递增上解办法。

二、分税制财政体制的主要内容

（一）市与区市县事权和支出的划分

根据现在市政府和区市县政府事权的划分，市政府主要承担市统管的基本建设投资，市属国有企业的技术改造和新产品试制费，支农支出，城市维护和建设经费，市级行政管理费、公检法支出和文化、教育、卫生、科学等各项事业费支出，价格补贴支出以及调整全市国民经济结构、协调地区发展、实施宏观调控所必需的支出。

区市县政府主要承担区市县统筹基本建设投资,国有企业的技术改造和新产品试制费,支农支出,城市维护和建设经费,行政管理费,公检法支出和文化、教育、卫生、科学等各项事业支出,价格补贴以及促进区市县经济发展所需支出。

(二)收入划分

1.市级固定收入:城市维护建设税、土地使用税、市级企业所得税(不含集体、私营企业)、市级国有企业上缴利润、市级国有企业计划亏损补贴、能源交通重点建设基金、国家预算调节基金、征收排污费收入、教育费附加收入、基建还贷收入、其他收入、交通重点建设附加等四项收入,新开征的土地增值税,证券交易税50%。

2.区市县级固定收入:印花税、资源税、个人所得税、车船使用税、房产税(十二市县)、屠宰税、工商税滞纳金、农业税、农业特产税、耕地占用税、契税、区市县级企业所得税(含集体、私营企业)、区市县级国有企业上缴利润、区市县级国有企业计划亏损补贴、征收排污费收入、教育费附加收入、其他收入,新开征的遗产与赠予税。

3.市与区市县共享收入:增值税25%由市与区市县六四分成,即市15%,区市县10%;营业税、固定资产投资方向调节税实行五五分成;房产税市与区实行五五分成。

4.对市直接征收的涉外企业以及期货交易缴纳的流转税为市级预算收入。

国有土地有偿使用收入另行规定。

根据国务院规定三线内迁企业搬迁应调整体制基数。我市三线迁渝企业的基数,按省政府确定的划转数额相应调整有关区市县和市级的基数。

(三)税收返还数额的确定

1.按照中央核定税收返还基数的统一口径,市对区市县税收返还数额以1993年为基期年,确定市对区市县的税收返还基数。如果1994年后上划收入达不到基数或核定的增长幅度,相应扣减税收返还数额。

2.中央按1:0.3系数返还地方的增量,按市与区市县的税收返还基数和增长幅度,分别挂钩。

(四)原体制补助、上解以及有关结算事项的处理

为了实现平稳过渡,实行分税制以后,原体制分配格局暂时不变,市对区市县的补助继续按规定补助。原区市县的上解按1993年决算体制上解数继续递增上解,递增率暂按3%确定。

(五)操作办法

1.固定收入按体制规定的级次分别缴入市分金库和区市县支金库。

2.共享收入采取征收时一张税票缴入区市县支金库,在支金库办理分成的办法。

3.鉴于年度执行中调账难度较大,1994年度仍按重庆市财政局明传电报《实行"分税制"财政体制后有关预算管理问题的暂行办法》有关规定执行,年终由市与区市县按分税制财政体制进行结算,结算方法由市财政局另行制定。从1995年起,按新方案解缴入库。

三、实行分税制财政体制后,必须硬化预算约束,努力增收节支,不得随意开减收增支的口子。市与区市县应按体制确定的收支范围组织收入和安排支出,做到财政收支平衡。同时,要注意调查研究,及时总结经验,解决出现的问题,以推进和完善分税制财政管理体制。

重庆市人民政府
1994年9月12日

重庆市人民政府关于加强政府法制建设,继续推进依法治市的通知

(1994年12月5日)

各区、市、县人民政府,市政府各部门,县级以上事业单位,各大中型企业:

依法治市是一项全方位、多层次、综合性的社会系统工程,政府肩负着极其繁重的任务。1989年以来我市实施依法治市的实践证明,加强政府法制建设,提高依法行政水平,是推进依法治市工作的中心环节,也是实现依法治市的重要途径。为了贯彻落实市委《关于继续开展依法治市的决定》和市人大常委会《关于进一步开展依法治市的决议》,经市政府1994年11月19日第三十次常务会议讨论,提出了若干实施意见,现通知如下:

党的十四届三中全会决定指出:"社会主义市场经济体制的建立和完善,必须有完备的法制来规范和保障。"在新的时期,抓住机遇,加快发展,振兴重庆,市政府从10个方面规划确定了"五年大变样"的目标任务,并把加强政府法制建设,推进依法治市作为"保障工程",提出了"打牢基础、坚持四个统一"的依法治理的目标。要进一步把法律交给全体公民,知法守法用法,在全社会树立起法律的权威;逐步使行政行为在主要方面基本纳入规范化、制度化、法制化轨道;依法行使职权,保证法律法规正确有效实施,管理好政治、经济、社会各项事业;依法接受和加强监督,维护公民、法人和其他组织的合法权益。努力创造一个市场繁荣,经济有序,治安良好,社会稳定,城市文明的法制环境。

要实现依法治市的目标,各级政府、各部门和企事业单位,要从本地区、本部门、本单位的实际出发,坚持以邓小平同志建设有中国特色社会主义的理论为指导,围绕经济,服务大局,打牢基础,突出重点,讲求实效,认真做好以下工作。

一、广泛深入开展法制宣传教育,提高全体公民的法制观念

法制建设的根本是教育人。要把法律知识的宣传和法制教育作为一项经常性的基础工作,按照"二五"和"三五"普法的计划安排和要求,大力普及宪法、法律法规,特别是有关社会主义市场经济方面的法律知识,使广大公民知法守法,了解自己的权利和应尽的义务,懂得尊重他人的权利和维护法律的尊严,学会用法律武器同违法行为进行斗争,维护自己的合法权益。各级行政机关要抓好专业法规的学习和宣传,领导同志要带头学法讲法,并将公务员的法制教育和专业轮训纳入工作议程,形成制度,认真实施,严格考核;要把法制宣传教育贯穿于行政执法的全过程,采取多种形式,充分发挥新闻媒介作用,面向社会开展宣传活动,既要有一定声势,又要讲求实效,特别是在执法中要针对特定的人和事进行法制教育。司法行政部门要加强对农村乡镇、城市街道和企事业单位"二五"和"三五"普法的指导,注重针对性、扩大普及面。教育部门和中小学校要采取浅显易懂的形式,加强对中小学生的普法教育。当前要抓好"二五"普法的检查验收工作,总结推广好的经验,表彰先进,对验收不合格的,予以通报批评,限期补课,不留空白。同时,积极做好"三五"普法的各项准备工作,努力使法制宣传教育工作经常化、规范化、制度化。

二、坚持改革决策与立法决策相统一,加快行政立法步伐

根据改革和发展的需要,以改革的精神,突出重点,立足配套,加快立法进程。国家已把规范市场主体、维护市场秩序、加强宏观调控、完善社会保障等方

面作为立法的重点。市政府和各部门要认真研究编制立法规划和实施计划，努力完成34项地方性法规（草案）的起草任务，制定一批政府规章和规范性文件。要提高立法透明度，走好群众路线，妥善解决立法中体制不顺、职责交叉、程序繁琐、收费杂乱的矛盾和难点，使起草制定的地方性法规、规章符合市场经济要求，符合本市的实际，切实可行有操作性。要改进立法工作，实行立法项目目标责任制，吸收专家、学者参加起草论证工作，大胆学习借鉴外地外国有益的立法成果和经验。市政府各部门和区市县政府，在法定职权范围内，要抓好建章立制工作，制定的规范性文件不得与法律法规和规章抵触，严格上报备案制度。在加快立法的同时，要搞好清理工作，及时废止和修改已不适应的规章和规范性文件。

三、坚持廉政勤政与依法行政相统一，改进和加强行政执法

严格执法，是加强政府法制建设，实施依法治市的关键一环。当前行政执法中有法不依，执法不严，为我所用，甚至徇私枉法、滥用职权的现象时有发生，某些方面还十分严重。保证法律法规的正确贯彻执行，是政府的重要职责和应履行的义务，不抓行政执法就等于失职。因此，各级政府和部门必须增强执法意识，严格依法行政，领导同志要带头执法守法，在行政执法工作上做到领导到位，人员合格上岗，执法程序规范，常抓不懈，注重实效。要紧紧围绕经济建设这个中心，处理好改革、发展、稳定的关系，大力改进行政执法工作，加强部门之间的配合协作，进行综合治理，解决好不同时间出现的难点、热点。当前要把抑制通货膨涨〔胀〕和控制物价、搞好搞活国有企业、改善市容和交通管理、减轻企业和农民负担、社会治安综合治理和打假治劣扫黄等继续抓紧抓好，抓出成效来。要把建立一支公正、廉洁、高效的行政执法队伍作为考核行政执法部门实施依法治市的一项重要目标，加强执法队伍建设，提高执法人员素质和执法水平，建立健全执法责任制、故意和重大过失追究制度，认真贯彻《四川省行政执法规定》，对廉洁奉公、勤政为民、文明执法的执法人员，要给予表彰鼓励，对营私舞弊、滥用职权、失职渎职的执法人员，要依法追究，从严查处。

四、坚持权责一致与用权受监督相统一，强化政府法制监督工作

坚持权责一致、用权受监督的原则，把政府法制监督工作放在与立法工作同等重要的位置上。要全面贯彻执行"两法两例"（国家赔偿法、行政诉讼法、行政复议条例、市人大常委会监督工作条例），各级政府和部门都要自觉接受人大及其常委会的法律监督和工作监督，依法接受司法监督以及其他方面的民主监督、社会监督，依法维护公民、法人和其他组织的合法权益。既要自觉接受监督，更要积极主动加强内部监督，建立健全政府法制监督工作机制，进一步规范完善对抽象行政行为和具体行政行为实行有效监督的各项制度，并认真实施，落实到区市县和基层组织。要抓好财经监督、廉政监督和统计监督，有计划、有重点地开展执法检查，努力提高执法检查的效果，使行政执法中有法不依、执法不严、违法不究的现象得到好转。当前要切实做好《国家赔偿法》实施的准备工作，以这部法律的实施为契机，进一步推进我市的民主与法制建设。

五、坚持基层法制建设与法律服务相统一，推进基层依法治理活动

要不断推进基层的依法治理活动，使依法治市落到实处、深入人心。基层法制建设是依法治市系统工程的基础，这个基础打得越牢，实现依法治市的目标越有保障。各级政府要统筹规划，各行各业和乡镇街道要把基层依法治理与基层组织建设有机结合起来，把企业法制建设与企业改革有机结合起来，促进和完善企事业单位、居民委员会、村民委员会的组织建设，促进和保障现代企业制度的建立。基层的依法治理活动，要把普法和法制教育作为重点，把建章立制和实施厂规民约作为重要措施，联系本单位的实际开展以守法经营、民主管理、社区治安、环境资源保护、精神文明建设等为内容的多种形式的依法治理活动。要加强社会法律服务和企业法制建设，这是依法治市

的重要组成部分。要解放思想,改革法律服务体制,实行四个转变,改进律师、公证工作,提高队伍素质,拓展法律服务领域。要高度重视企业法律顾问队伍建设,建立健全企业法律事务机构,充分发挥他们的作用,促进企业法制建设,适应现代企业制度改革多元化、集团化、国际化的需要。各级政府和有关部门要加强对法律服务组织的监督管理,指导帮助他们为发展市场经济提供公正的优质服务。

六、切实加强对依法治市工作的领导

各级政府要在党委的领导下,结合本地区的实际,把加强政府法制建设和推进依法治市有机地结合起来,按照政府的统一部署,组织督促政府法制工作主管部门、司法行政部门和各专业法规行政执行部门按职责分工,各司其职,齐抓共管,互相配合。各级政府、各部门和各单位都要确定分管领导,制定依法治理的实施方案和年度计划,定期研究检查工作,做到有部署、有检查、有总结。依法治市活动的主体在于人民群众的参与,一定要充分发动和依靠人民群众,充分发挥基层组织和有关社团组织的积极作用,把依法治理落到实处。各级领导要深入基层调查研究,抓好试点,培养典型,突出重点,实实在在办几件人民群众关心的实事。依法治理活动贵在有规范,要重视建章立制工作,付诸实施,取得成效。要抓好检查评比工作,总结经验,表彰先进,认真研究和解决依法治理活动中的新情况和新问题,把政府法制建设和依法治市工作不断推向前进,促进全市各项事业的发展。

重庆市人民政府
1994年12月5日

重庆市人民政府关于深化城镇住房制度改革的决定

(1994年12月28日)

各区、市、县人民政府,市级各部门,中央、省属在渝单位,大专院校,县级以上企事业单位:

为全面贯彻执行《国务院关于深化城镇住房制度改革的决定》(国发〔1994〕43号文件),深化我市城镇住房制度改革,促进住房商品化和住房建设,实现我市至2000年的房改目标,特决定如下:

一、城镇住房制度改革的目的和任务

(一)城镇住房制度改革作为经济体制改革的重要组成部分,其目的是:建立与社会主义市场经济体制相适应的新的城镇住房制度,实现住房商品化、社会化;加快住房建设,改善居住条件,满足城镇居民不断增长的住房需求。

(二)城镇住房制度改革要坚持配套、分阶段推进。在《重庆市城镇住房制度改革实施方案》(重府发〔1991〕286号文件)的基础上,近期的任务是:全面推行住房公积金制度,积极推进租金改革,稳步出售公有住房,大力推行集资合作建房,加快经济适用住房建设,规范、发展房地产交易市场和社会化的房屋维修、管理市场,到本世纪末初步建立起新的城镇住房制度,使人均居住面积达到8平方米,住房成套率达到60%以上,现有危房得到改造,城镇居民住房达到小康水平。

二、全面推行住房公积金制度

(三)实行住房公积金制度有利于转变住房分配体制,有利于住房资金的积累、周转和政策性抵押贷款制度的建立,有利于提高职工购、建住房能力,促进住房建设。所有在渝行政、企事业单位及其职工从1995年1月1日起,均按照"个人存储、单位资助、统一管理、专项使用"的原则,交纳住房公积金,建立住房公积金制度。

(四)住房公积金由在职职工个人及其所在单位,各按职工工资总额的一定比例逐月交纳,归个人所

有,存入个人公积金账户,用于购、建、大修住房;职工离退休时,本息余额一次结清,退还职工本人,职工的住房公积金本息免征个人所得税。单位和个人住房公积金的缴交率,在1995年分别定为5%,今后随着经济的发展和个人收入的提高,适当调整,适时公布。外商投资企业及其中方职工的住房公积金也按此比例缴交。

(五)企业为职工交纳的住房公积金,从企业提取的住房折旧和其他划转资金中解决,不足部分经财政、税务部门核定,在成本、费用中列支。行政事业单位为职工交纳的住房公积金,全额预算的行政事业单位由财政预算拨付;差额预算的事业单位由财政按差额比例预算拨付;自收自支事业单位比照企业开支渠道列支。

(六)按照责权利一致的原则,建立和完善住房公积金管理制度,加强住房公积金的管理。重庆市住房基金管理委员会负责制定住房公积金归集、使用、管理的具体规定,审批住房公积金的年度使用计划和财务收支预决算。成立重庆市住房资金管理中心,负责住房公积金的归集、支付、核算和编制使用计划等管理工作,并与承办的专业银行房地产信贷部签订办理住房公积金存贷款等金融业务的委托协议。受委托的专业银行房地产信贷部根据市住房资金管理中心确定下达的住房公积金使用项目,发放和回收贷款。住房公积金要专款专用,严禁挪作他用。财政、审计、监察部门要加强监督管理。

三、积极推进租金改革

(七)要在职工家庭合理住房支出范围内加大租金改革力度。目前我市砖混成套住房的租金仅占双职工家庭平均工资的2.15%,到2000年,住房租金原则上提高到占双职工家庭平均工资的15%。分步实施规划如下:

第一步:1995年1月起,砖混成套住房每平方米使用面积月租基价提高到0.84元,社会户均住房租金支出占双职工家庭平均工资的6%;

第二步:1997年1月起,社会户均住房租金支出占双职工家庭平均工资的10%;

第三步:2000年1月起,社会户均住房租金支出占双职工家庭平均工资的15%。

(八)先行调整过租金的地方和单位,其额度高于上述规定的,仍按原标准执行。有条件的,结合实际情况,可以加快向成本租金和市场租金过渡的步伐,报重庆市住房制度改革领导小组批准后实施。

(九)在租金水平达到成本租金以前,新建公有住房和腾空的旧住房租金标准可以比同期现住房的租金标准高20%—50%,报分级管理的住房制度改革办公室批准后实施。

(十)提高租金,按职工工龄分档,依月随工资给予适当补贴。住房补贴资金的来源:企业从提取的住房折旧和其他划转资金中解决,不足部分经财政、税务部门核定,在成本、费用中列支;全额预算的行政事业单位,由财政纳入预算列支;差额预算和自收自支事业单位比照企业开支渠道列支。

(十一)租金调整后,对离退休职工和民政部门确定的社会救济对象及非在职的优抚对象等,实行减、免、补政策。

(十二)加强对租金收入的管理。租金收入归产权单位所有,纳入单位住房基金,专项用于住房建设、修缮、管理和住房补贴。

四、稳步出售公有住房

(十三)城镇公有住房,除规定不宜出售的外,均可向城镇职工出售。职工购买公有住房坚持自愿的原则,新建公有住房和腾空的旧房实行先售后租,并优先出售给住房困难户。

(十四)向高收入职工家庭出售公有住房实行市场价;向中低收入职工家庭出售公有住房实行成本价。成本价应包括住房的征地和拆迁补偿费、勘察设计和前期工程费、建安工程费、住宅小区基础设施建设费(小区级非营业性配套公建费可不列入成本)、管理费、贷款利息和税金等7项。旧房的成本价按买房当年新房的成本价成新折扣(折旧年限一般为50年)计算,使用年限超过30年的,以30年计算;经过大修或设备更新的旧房,按有关规定评估确定。鉴于目前以成本价售房有困难,可以实行标准价作为过渡。出售公有住房的成本价和标准价由市、县(市)房改办会同物价部门逐年测定,报市住房制度改革领导小组批准后公布执行。

公有住房的出售,应坚持先评估后出售的原则。住房的实际售价根据所处地段、环境、结构、楼层、设施和装修标准等因素,由市房产价格评估事务所评定。

(十五)标准价按负担价与抵交价之和测定。一套56平方米建筑面积标准新房的负担价,1995年定为市、县(市)双职工年平均工资的3倍;抵交价按双职工65年(男职工35年,女职工30年)内积累的由单位资助的住房公积金贴现值的80%计算。

旧房的负担价按出售当年新房的负担价成新折扣计算;抵交价可根据使用年限适当降低,但最多不能低于新房抵交价的80%。

(十六)职工购买现已住用的公有住房,1995年可给予负担价5%的折扣,今后要逐步减少,2000年前全部取消。

购买新旧公有住房的职工可以享受建立住房公积金制度前的工龄折扣。离退休职工购房计算工龄折扣的时间,按国家规定执行。

(十七)职工按成本价或标准价购买公有住房,每个家庭只能享受一次。购房的数量必须严格按照国务院和四川省人民政府规定的分配住房的控制标准执行,超过标准部分执行市场价。

(十八)售房价格要逐步从标准价过渡到成本价。新房负担价与双职工家庭平均工资的倍数,要逐步提高,2000年以前达到3.5倍。

(十九)职工购房可以一次付款,也可以分期付款。一次付款给予应付价款5%的折扣。分期付款的,首期不得低于实际售价的30%,分期付款期限不超过10年,分期交付的部分要计收利息。经办政策性住房金融业务的银行,应充分利用政策性住房资金,向购房职工提供政策性抵押贷款。

(二十)职工以市场价购买的住房,产权归个人所有,可以依法进入市场,按规定交纳有关税费后,收入归个人所有。

职工以成本价购买的住房,产权归个人所有,住用5年后可以依法进入市场,在补交土地使用权出让金和按规定交纳有关税费后,收入归个人所有。

职工以标准价购买的住房,拥有部分产权,即占有权、使用权、有限的收益权和处分权,可以继承。职工以标准价购买的住房,住用5年后可依法进入市场,在同等条件下,原售房单位有优先购买权,原售房单位已撤销的,房地产管理部门有优先购买权。售房收入在补交土地使用权出让金和按规定交纳有关税费后,个人和单位按购房当年标准价占成本价的比例进行分配。

(二十一)加强售房资金的管理。国有住房的出售收入按住房产权关系和一定比例上交同级财政和留归单位,分别存入住房资金管理中心在承办的专业银行房地产信贷部开设的"售房基金专户";其他公有住房的出售收入,按房改政策性资金管理,必须存入住房资金管理中心在承办的专业银行房地产信贷部开设的"售房基金专户"。市住房资金管理中心负责售房资金的宏观调控,监督使用。售房资金只能用于住房建设和城镇住房制度改革,在其所有权、使用权不变的前提下,其使用必须报分级管理的住房制度改革办公室审批。

五、大力推行集资合作建房

(二十二)在统一规划的前提下,充分发挥国家、单位、个人三方面积极性,实行集资合作建房,加快城镇危旧住房改造和解决拥挤户、无房户的住房问题。

(二十三)单位集资合作建房由机关、团体、企事业自行组织,经确认符合集资条件的职工均可参加,报经分级管理的房改办批准后实施。

社会集资合作建房由房地产管理部门组织,报经分级管理的房改办批准后实施。凡解危解困、旧城改造等拆迁范围内常住户口的房屋所有权人(含单位、个人)和承租人(含单位、个人)以及由房地产管理部门确认符合政府划拨专项用地集资合作建房条件的职工家庭均可参加。

集资合作建房的组织者,必须以服务为宗旨,不以盈利为目的;实行民主管理,公开集资办法,接受监督、检查。

(二十四)集资合作建房分全额集资和定额集资两种方式。

集资合作建房的集资额度,以每平方米建筑面积的成本价为计算依据,确定权属关系及产权比例。

(二十五)对集资合作建房工程,计划、规划、国土、房地产管理、城建、税务、教育、财贸、人防、消防、园林、供电、供水、供气、邮电、金融等部门要给予积极支持。

六、加快经济适用住房的建设

(二十六)各区市县人民政府要高度重视经济适用住房(含安居和解危解困)的工程建设,加快解决中低收入家庭的住房问题。经济适用住房建设用地,原则上采取行政划拨方式。对经济适用住房建设项目,在计划、规划、拆迁、税费等方面要给予政策扶持。经济适用住房建设的主管部门要切实组织好实施工作。金融单位在信贷等方面应予以支持。房地产开发公司每年的建房总量中,经济适用住房要占20%以上。在建房、售房等方面,对危房住户、住房困难户和离退休职工、教师应予以优先安排。

七、规范发展房地产市场

(二十七)发展房地产交易市场,规范住房交易行为。职工、个人购买公有住房和经济适用住房,全额集资建设的住房,都要到房地产主管部门办理房屋产权登记手续,以及相应的土地使用权登记手续,并领取统一制定的产权证书。产权证书应注明产权属性,职工、个人拥有部分产权的住房,应注明产权比例。出售、赠与、继承及以其他形式转让该住房,应按国家规定交纳有关税费。

加强市场管理,规范交易程序,完善税收制度,坚决查处倒卖房产牟取暴利等违法行为。

(二十八)加强售后房屋维修、管理服务,发展社会化的房屋维修、管理市场。职工、个人拥有完全产权或部分产权的住房,室内维修由购房人负担;整幢房屋共用部位、共用设施应建立公共维修基金。

改革现行城镇住房管理体制,发展多种所有制形式的物业管理企业和社会化的房屋维修、管理市场。

八、做好同原有政策的衔接工作

(二十九)继续收取住房保证金。对承租腾空旧住房和新建公有住房的职工和居民住户,仍按每平方米使用面积10元至20元收取。依照分级管理的原则,由房屋产权单位及时汇总存入住房资金管理中心在建设银行房地产信贷部的住房保证金专户,同时领取等值的《重庆市住房保证金专用票》发给交纳人。

到1998年,停止收取住房保证金,并按规定承兑已收取的住房保证金本息。

(三十)做好同原有售房政策的衔接。已按优惠价出售的公有住房未明确产权比例的,均须按照售房当年的售价占成本价的比重确定个人拥有的产权比例;经购房人同意也可按购房当年的成本价补足价款及利息后,拥有住房的完全产权。

(三十一)本决定发布前已批准实施的集资合作建房,职工取得部分产权的,均须按照集资当年的集资额占成本价的比重确定职工拥有的产权比例;经集资人同意也可按集资当年的成本价补足价款及利息后,拥有住房的完全产权。

(三十二)继续做好原有房改资金的归并、管理工作。按照分级管理的原则,住房保证金、优惠售房资金、个人集资合作建房资金均纳入住房资金管理中心规范管理。

(三十三)继续对房改资金的使用实行优惠政策。

九、加强领导,健全机构,加快城镇住房制度改革

(三十四)加快住房建设和推进城镇住房制度改革是各区市县人民政府的重要职责。各级人民政府要加强领导,建立房改工作机构,使之具有相应的决策权力和协调能力,以适应房改工作长期而艰巨的任务,推进我市城镇住房制度改革。

(三十五)所有在渝单位,不论隶属关系,都应执行重庆市人民政府对房改工作的统一部署和规定。重庆市房改领导小组要加强对各区市县房改工作的检查督促,保证本决定的贯彻落实和房改工作的健康推进。市属及中央、省属在渝房屋产权单位的房改具体工作,报重庆市房改办审批;各区市县属房屋产权单位的房改具体工作,报所在地房改办审批。

(三十六)企业房改是城镇住房制度改革的重点,有条件的国有大中型企业,要结合企业经营机制转换

和劳动工资制度改革,把住房建设、分配、管理和维修服务等社会职能逐步从企业中分离出去,加快实现住房的商品化、社会化。

(三十七)重庆市住房制度改革领导小组办公室要会同有关部门及时总结经验,不断完善住房制度改革的政策规定和配套措施,加强法制建设,协调解决深化改革中的矛盾和问题,保证城镇住房制度改革的顺利实施。

(三十八)要认真做好房改的宣传工作。各部门、各单位、各级新闻机构要加强舆论引导,广泛宣传深化城镇住房制度改革的目的、意义、政策和实施步骤,引导广大干部、群众转变观念,积极参与城镇住房制度改革。

(三十九)要严肃房改纪律,严格执行房改的统一政策。各级监察、审计部门要加强对房改政策执行情况的监督、检查,对违反本决定规定的行为要严肃查处。

(四十)驻渝部队的住房制度改革,按军队房改政策办理。

(四十一)本决定由重庆市住房制度改革领导小组办公室负责解释并组织实施。

(四十二)本决定自1995年1月1日起实行。原有的房改政策和规定,凡与本决定不一致的,一律以本决定为准。

重庆市人民政府
1994年12月28日

中共重庆市委　重庆市人民政府关于贯彻《中共中央、国务院关于加强科学技术普及工作的若干意见》的意见

(1995年5月23日)

科学技术是第一生产力,普及科学技术知识是保证科学技术有一个新的解放和大的发展的重要基础,是促进经济发展、科技进步和社会稳定的重要保证。为大力普及科学技术知识,全面实施科技兴渝战略目标,加快把我市建成长江上游的经济中心,根据《中共中央、国务院关于加强科学技术普及工作的若干意见》(以下简称《意见》),结合本市实际情况,提出以下贯彻意见。

一、认真学习《意见》,提高对科普工作的认识

为迎接下一世纪的挑战,加强科学技术知识的普及教育,将人们导入科学的生产、生活方式,是提高全市人民素质的战略任务和关键措施;是增强领导干部的科技意识和科学思维能力,推进决策科学化和民主化进程的重要环节,是教育青少年树立正确的科学观、人生观和世界观,培养一代新人的必要措施;是传播和普及先进实用技术,带领广大农民奔小康的迫切需要;是净化社会环境,用科学战胜封建迷信和愚昧落后,促进社会主义物质文明和精神文明建设的重要内容;是把经济建设转移到依靠科技进步和提高劳动者素质的轨道,加快实现我市科技、经济和社会发展目标的重要保证。各级党政部门要组织好对《意见》的学习,深刻认识科普工作的重要意义,增强对抓好科普工作的责任感和使命感,从社会主义现代化事业的兴旺和民族强盛的战略高度来重视和开展科普工作,把科普工作作为一项长期的战略任务常抓不懈。

二、建立科普工作宏观管理的新体制,加强和改善党和政府对科普工作的领导

近年来,在我市各部门和各群团组织大力支持下,通过广大科技、教育、文化工作者,特别是科普工作者的辛勤努力,我市的科普工作有了长足发展,科普组织网络日益健全,专群结合的科普队伍逐步形

成,各级各类科普机构在党和政府的领导下广泛开展了群众性、社会性、经常性的科普活动,促进了我市物质文明建设和精神文明建设。虽然我市科普工作取得了较大成绩,但与我市社会和经济的发展尚有较大差距。因此,有必要加强我市科普工作的组织领导,将科普工作从过去较松散的组织协调转变为规范的政府行为,建立我市科普工作宏观管理新体制。

1.加强政府对科普工作的领导,全市的科技普及工作由市科委牵头,负责制定总体计划,部署工作,督促检查,实行政策引导,对全市科普工作进行总体协调和宏观管理。

2.建立由市科委牵头,市委宣传部、市教委、市文化局、市广播电视局、市新闻出版局、市旅游局、市民政局等部门和市科协、团市委、市总工会、市妇联、市社科联等团体以及重庆日报社参加的联席会议制度,联席会主要讨论我市科普工作发展规划及有关重大决策,统筹协调和组织全市科普工作。

3.各区市县的科普工作由区市县科委牵头,负责统筹规划,部署工作,督促检查。科技副区(市、县)长、副乡(镇)长要把科普工作列入当前科技工作的一项重要内容,切实抓好。

4.市级有关部、委、办局应加强对科普工作的领导,指定专门处室负责,制定本系统科普工作计划,并组织协调实施。

5.继续发挥市科协、各群众团体和学术组织的自身优势和积极作用,大力开展群众性、经常性的科普活动。

6.市里要制定全市科普工作的总体规划,并纳入全市"九五"计划,市级有关部门、各区市县也要尽快做好科普工作规划,并纳入各部门和区市县的经济、科技和社会发展的规划。

三、明确科普工作的任务、内容和重点,促进两个文明建设

新形势下科普工作的主要任务,一是引导广大干部和人民群众掌握科学文化知识,应用科学方法,学会科学思维,进一步提高全市人民的科学文化素质;二是推广普及先进实用的科学技术,应用先进科技成果,提高生产力水平,促进我市工农业生产快速发展;三是用科学战胜迷信、愚昧,揭露伪科学和反科学,提高人民的精神生活水平,促进社会主义精神文明建设。

根据目前的任务,联系我市实际情况,当前我市科普工作的重点应是:

1.在农村,重点应放在破除封建迷信思想,提高农民科学文化素质,加强科技知识的传播和先进实用技术的普及。

2.在城市,应着重提倡科学、文明、健康的生活方式,普及生态、环境、保健等科学知识,普及现代科技基础知识,计算机应用知识以及市场经济的有关知识。

3.在厂矿企业,应继续开展"学科学、用科学、讲理想、比贡献"的竞赛活动,加强职工的科技意识和市场意识。

4.在学校,应结合教育体制的改革,大力开展内容丰富、形式多样的青少年课外科普活动,加强青少年科学思维能力、动手能力和创造能力的培养,帮助他们树立正确的科学观、人生观和世界观。

四、制定科普工作的政策措施,建立健全科普事业健康发展的支撑服务体系

科普工作是一项涉及面广、内容丰富、对提高全社会科技意识有重大推动作用的工作,要根据国家、省和我市有关法律、法规,组织起草《重庆市科学技术普及工作条例》,明确政府、社会团体、科普工作者和公众在科普工作中的权利、责任、义务以及奖惩措施,使全市科普工作尽快走上法制化、制度化的轨道。

要通过科普月或科普周等形式,规范全市科普活动,推进科普工作的群众化、社会化和经常化。

在实施义务教育的规范性文件中,要贯穿对青少年进行长期科普教育的思想,把科普教育作为义务教育的重要内容,发挥义务教育对培养新一代科技人才的基础作用。

在思想文化领域中,要禁止有关涉及封建迷信或违反科学原则和精神的报道和宣传,对利用封建迷信搞违法犯罪活动的要依法打击。各级领导干部和共

产党员要自觉反对和抵制各种反科学思潮的影响,不准参与或鼓励各种封建迷信和伪科学活动。禁止党政干部求卦占卜,大办丧事。

要在认真贯彻党的宗教、民族政策的基础上,规范对人文景观、旅游设施的管理,增加普及科学文化知识的内容,提高导游人员的素质,充分发挥其科普教育的功能。

五、稳定和建设一支精干的专业科普工作队伍,为科普工作提供组织保证

要深入贯彻"稳住一头、放开一片"的科技体制改革的方针,采取积极、有效的措施,在工作、生活、进修、职称等方面给予科普工作者适当的倾斜,以稳定和建设一支精干的专业科普工作队伍。要放开放活一批基层科普组织和机构,引导它们面向社会和市场,按市场经济规律运行,开展多种形式的有偿服务。鼓励从事先进适用技术推广和信息服务的机构和人员按"自愿组合,自筹资金,自负盈亏,自我发展"的原则,走自我发展的道路。把科普组织体系的建设和社会服务体系的建设结合起来,鼓励、支持各种形式的民营科技服务组织的发展。

对从事科普工作的专业人员要定期培训,提高科普知识水平。根据重庆对外开放与发展的新形势及配合信息时代的到来,要积极开展计算机应用、外语、信息技术、高科技基础知识、经济贸易等知识的培训和普及。

对在科普工作中做出突出贡献的科普工作者要给予表彰和奖励,使专业科普工作者和其他科技工作者从事科普工作的劳动成果得到应有的承认。

六、改善和加强科普投入体系,加大对科普工作的投资力度

要逐步设立各类科普活动基金,形成多渠道、多形式的全社会投入新格局,鼓励企业和社会各界积极赞助、捐赠,逐步形成财政拨款、企业集资、单位自筹以及积极吸引民间和海外资金等多渠道、多层次的科普投资体系。

1.市财政要按照高于财政收入增长的幅度,不断增加对科普工作的经费支持。各级政府和有关部门也要逐年增加对科普工作经费的投入,并给予长期、持续、稳定的支持。

2.创建重庆市各类科普工作基金。如青少年科普基金、农村科普基金、科普工作奖励基金等,以确保重点对象科普工作的经费投入。

3.鼓励企业、社会团体和其他事业单位及国内外个人捐助科普事业、兴办为社会服务的科普公益设施。

4.要支持各级科普组织通过创办实体,壮大自身实力,促进科普事业的蓬勃发展。

5.鼓励全社会兴办科普公益事业,要按照有关法律,制定公益事业的法规和政策。在严格界定的基础上,明确工〔公〕益事业产权,使公益事业法人化。

6.要继续加强科普设施的建设,要把科普设施特别是场馆建设,作为建设现代文明城市的重要标志,列入各区市县市政、文化建设规划,予以优先发展。要尽可能创造条件,对现有场馆设施进行改造和利用,使之逐步完善,充分发挥其作用。

七、充分利用大众传播媒介,强化科普宣传工作

要从提高全民素质和培养下一代的高度,把科普宣传作为整个宣传工作的重要内容,进一步加强科普宣传工作的力度。各宣传、新闻单位要采取多种形式,大力宣传中发〔1994〕11号文件精神。各级宣传部门要把宣传这个文件精神列入宣传工作的重要内容,加强对科普工作的宣传报道,重点宣传在建立社会主义市场经济体制的新形势下,加强科普工作的重大意义,宣传科普工作的成绩和典型经验,宣传科学技术知识,宣传科学、正确的生活方式和工作方式,大力提倡"学科学、爱科学、讲科学、用科学"的社会风尚。新闻出版单位和影视系统要制定相应计划,在报刊、图书、广播、电视和电影等大众传播媒介中加大科普宣传的力度,通过政策发动、舆论引导,逐步创造科学文明的社会氛围。要对科普报刊、图书、影视作品的创作与发行给予必要的资助和扶植,充分发挥现代化传播手段的作用。

对各类公益广告要增加科普宣传的含量,宣传科学的生活方式和工作方式,创造有利于科普工作的全

方位的舆论环境。

科学技术普及工作是关系到我国21世纪发展的根本性、战略性的工作,各级党政部门都要高度重视,根据本地区、本部门的实际情况,研究制定贯彻落实本文件的具体实施办法。并认真执行。

中共重庆市委
重庆市人民政府
1995年5月23日

中共重庆市委关于贯彻《爱国主义教育实施纲要》的意见

(1995年8月17日)

爱国主义历来是动员和鼓舞中国人民团结奋斗的一面旗帜,是推动我国社会历史前进的巨大力量,是各族人民共同的精神支柱。在新的历史条件下,加强爱国主义教育,是建设社会主义精神文明的基础性工程,对继承和发扬爱国主义传统,振奋民族精神,增强民族凝聚力,团结全国各族人民自力更生,艰苦创业,为建设有中国特色社会主义的宏伟事业而奋斗,具有重大的现实意义和深远的历史意义。去年8月中央印发了《爱国主义教育实施纲要》(以下简称《纲要》),这是加强爱国主义教育的一项重大措施,今年4月四川省委印发了关于认真贯彻《纲要》的意见,对我省贯彻《纲要》进行了部署。根据中央和省委的有关要求,现结合实际对我市贯彻《纲要》提出以下意见。

一、爱国主义教育的指导思想、基本要求和主要内容

爱国主义教育的指导思想是:以邓小平同志建设有中国特色的社会主义理论和党的基本路线为指导,有利于促进社会主义现代化建设和改革开放,有利于维护国家和民族的声誉、尊严、团结和利益,有利于促进祖国统一事业。爱国主义教育的基本要求是:坚持重在建设的方针,坚持对外开放的原则,突出时代特征,以党员、干部为表率,以青少年教育为重点,以各种教育活动为载体,贯穿于一切群众性思想政治教育的全过程,着力于引导人们树立正确的理想、信念、人生观、价值观,努力培养和造就"四有"新人,进一步调动广大干部、群众的积极性和创造性,把全市人民的爱国热情引导和凝聚到建设有中国特色的社会主义伟大事业上来,引导和凝聚到努力把我市建设成为长江上游的经济中心上来。《纲要》提出的爱国主义教育内容极为丰富,在当前和今后一个时期,要着重抓好以下几方面的教育:

1. 以弘扬"红岩精神"为主线,深入开展光荣革命传统的教育

进行爱国主义教育要充分运用当地的教育资源,把爱祖国与爱重庆、爱家乡、爱集体、爱岗位结合起来,增加教育的说服力和感染力。抗日战争时期周恩来领导的中共中央南方局和红岩英烈所形成的以无私奉献、艰苦奋斗、团结协作等为主要内容的"红岩精神",是对我市人民进行爱国主义教育的生动教材。要以弘扬"红岩精神"为主线,对全市人民进行中国和重庆历史(主要是近现代史)的教育,使人们了解中国的过去,珍惜中国的现在,开拓中国的未来,增强民族自信心、自尊心和自豪感。

2. 以继承发扬抗战文化传统为重点,深入进行中华民族优秀传统文化的教育

中华民族文化博大精深,是社会主义精神文明建设的丰富宝库。重庆是一座有3000多年历史的文化名城,不仅包含着各个领域的巨大成就和丰富的人文资源,而且蕴含着崇高的民族精神、民族气节和优良道德。在社会主义市场经济的条件下,面对资产阶级腐朽的价值观和道德观的腐蚀,特别需要继承和发扬我们民族的"贫贱不能移、富贵不能淫、威武不能屈"以及吃苦耐劳、勤俭朴素等优良的传统美德。江泽民总书记提倡的新时期"64字"创业精神,

是中华民族的传统美德在新时期的集中体现,我们应当使之在实践中焕发新的光彩,抗战时期在中国共产党领导下的我国进步文化界在重庆形成的以伸张民族大义、争取人民民主、反对外来侵略为主要特点的"抗战文化",对于建设有中国特色的社会主义文化,仍然具有积极的意义,在新的历史条件下应当认真继承和发扬。

3. 以社会主义教育为重点,深入进行党的基本路线教育

党在新时期的基本路线,既是进行爱国主义教育的根本指导思想,又是爱国主义教育的基本内容。要以加强城乡社会主义教育为重点,在全社会深入开展"一个中心,两个基本点"的教育,引导人们明确经济建设是各项工作的中心,四项基本原则是我国的立国之本,改革开放是我国的强国之路,从而更加自觉地投身于改革开放的社会主义现代化建设的伟大实践之中。

4. 以贯彻中央领导题词为重点,深入进行国情、市情及社会主义现代化建设成就的教育

江泽民总书记和李鹏总理在1994年10月和12月视察重庆时,先后为我市题词,江总书记的题词是:"努力把重庆建设成为长江上游的经济中心。"李鹏总理的题词是:"开发三峡,振兴重庆。"中央领导的题词,对于推动我市的现代化建设,促进长江三峡地区和整个大西南的开发,具有十分重大而深远的意义。要以学习贯彻题词为重点,对全市人民进行国情、市情和社会主义现代化建设成就的教育,使广大干部群众真正认清重庆在我国社会主义现代化建设中的战略地位,知重庆增强自豪感,爱重庆增强责任感,建重庆增强使命感,把爱祖国与爱重庆、爱集体和爱岗位有机地结合起来,鼓励人们建功立业,为建设重庆、促进三峡地区和大西南的开发,推动全国的现代化建设和改革开放而努力奋斗。

5. 以学习和贯彻执行《宪法》为重点,深入进行社会主义民主法制和国防意识、国家安全意识的教育

我国的宪法和法律是广大人民意志和利益的体现。在当前和今后的法制教育中,要以学习和贯彻《宪法》等法律法规为重点,深入进行民主法制教育和国防教育,引导人们了解我国的社会主义政治制度、经济制度和其他各项制度,增强国家观念和主人翁责任感,增强国防意识和国家安全意识,忠实履行宪法和法律规定的各项公民义务,坚决维护国家利益,反对一切出卖祖国利益、损害祖国尊严、危害国家安全和分裂祖国的言行。

6. 以发挥重庆在实现祖国统一中的特殊作用为重点,深入进行国家统一、民族团结的教育

抗战期间,重庆曾在中国共产党领导下的抗日民族统一战线中发挥过重要作用,至今仍在海内外很有影响。要以1997年香港回归为契机,大力宣传"和平统一、一国两制"的方针,宣传重庆籍侨胞、港澳台同胞爱国爱乡的事迹,引导其为祖国统一和建设多做贡献。

二、以青少年教育为重点,切实开展多层次的思想教育

爱国主义教育既要以青少年为重点,又要根据不同层次人们的特点,有针对性地开展好全民教育。

1. 青少年教育

要针对青少年不同年龄段的特点,分层次地抓好爱国主义教育,培养他们的爱国主义感情,提高他们的爱国主义觉悟,引导他们树立正确的理想、信念和人生观、价值观,努力造就一代"四有"新人。

共青团员的爱国主义教育要突出"爱国、兴渝、成才、奉献"这个主题,加强共产主义理想、信念和"国史"、"国情"教育,广泛开展"岗位成才"、"岗位建功"和"青年志愿者"活动,把共青团员的爱国热情和报国之志,引导到兴渝富民、建功立业上来,使之真正成为全体青少年的表率。共青团组织要在爱国主义教育中积极地、创造性地开展工作,当好党的助手。

中小学生的爱国主义教育要突出"热爱中国共产党、热爱社会主义、热爱人民、热爱劳动、热爱科学"这个主题,广泛开展各种生动活泼的教育活动,把爱国热情引导到加强思想品德修养、掌握科学文化知识的轨道上来。各中小学都要积极参加全国少工委举办的"学会生存,自理自律,学会服务,乐于助人,学会创造,追求真知"的"雏鹰行动";要充分发挥课堂教学这个主渠道的作用,认真制定和实施各学科(包括自然

学科)爱国主义教育的分科计划,把爱国主义教育融汇于教学、育人的全过程;要积极利用和开辟爱国主义的校外课堂,对学生进行直观、形象的教育;要经常对中小学生进行国情、市情和形势教育,引导他们从小关心国家和本市的大事,学做新中国的小主人;要切实减轻学生的负担,保证他们有充分的时间参与爱国主义教育和其他政治思想教育的活动;要发挥社区教育和家庭教育的作用,切实改变家庭教育中存在的"轻德重智、轻体重脑、轻教重养"的状况,促进学生在德、智、体、美、劳方面全面得到发展。

大学生的爱国主义教育要突出"立志成才,报效祖国"这个主题,加强社会主义的理想、信念和党的基本路线教育,不断增强大学生作为跨世纪的祖国建设者的责任感和使命感;要组织大学生参加适当的生产劳动、社会实践和军事训练,增强他们对劳动群众的感情和对国家的责任感。

2. 干部教育

各级干部的爱国主义教育要突出"热爱祖国、廉洁奉公、勤政为民"这个主题,教育党和国家工作人员树立国家意识和公仆意识,时刻不忘国家公务员的使命,不辱人民勤务员的形象。要大力宣传"先天下之忧而忧,后天下之乐而乐"的传统美德,提倡廉洁奉公、克己奉公和勤政为民,坚决反对以权谋私、贪污腐化和各种有损人格、国格的腐败行为。

3. 职工教育

企事业单位职工的爱国主义教育要突出"爱国、爱厂、爱岗"这个主题,教育职工正确处理国家、集体和个人之间的关系,认清自己的岗位在国家建设中的地位,增强主人翁责任感,自觉地为国分忧,为厂解难;要把爱国主义教育与职业理想、职业道德、职业纪律、职业技能教育结合起来,引导职工把爱国热情落实到岗位成才、岗位奉献上来,在本职工作中做出新贡献。

4. 农民教育

农民的爱国主义教育要突出"爱祖国、爱家乡、共富裕、奔小康"这个主题。通过各种行之有效的教育阵地、教育渠道和教育方式,将这一主题贯穿到农村的"三带"、"三户"和创建文明村镇的活动之中,广泛开展爱国主义、集体主义和社会主义的教育,开展科学文化知识的教育以及勤俭持家和艰苦奋斗的教育,不断提高广大农民的科学文化素质和思想道德素质,增强农民的国家、集体观念和法制观念,引导农民为改变家乡面貌而努力奋斗。

5. 个体劳动者和私营工商业者教育

个体劳动者和私营工商业者的爱国主义教育要突出"爱国、守法、纳税"这个主题。要教育他们认清自己的事业与国家发展之间的关系,增强对国家、社会的责任感;要进行社会主义市场经济理论和法律法规、方针政策以及职业道德的教育,引导他们诚实守信,守法经营,依法纳税,勤劳致富,服务社会,为发展社会经济做贡献。

6. 市民教育

市民的爱国主义教育要突出"爱祖国、爱重庆、讲文明、守法纪"这个主题。要利用各种形式,大力进行《市民公约》的宣传教育,提高市民的社会公德水平,提倡文明、健康、科学的生活方式。要进行社会主义民主和法制的教育,使广大市民增强法制观念,自觉地遵纪守法,维护社会稳定。要组织市民参加各种建设重庆、美化重庆的公益活动,并通过征集、教唱市歌,宣传市树、市花等活动,培养广大市民热爱祖国、热爱重庆的情感,增强做一个重庆市民的自豪感和责任感,自觉地为推进我市两个文明建设贡献力量。

在对各个层次人员进行爱国主义教育的过程中,都要提倡必要的礼仪,增强爱国意识。在县级以上的地方党委和人民政府的重要会议室、重要会场、领导干部的办公室,要严肃、认真、规范地插挂国旗。全日制中小学要严格执行日常的升降国旗的制度。学校在开学典礼、毕业典礼、运动会等大型集体活动中提倡举行庄严、隆重的升旗仪式。提倡各地组织年满18周岁的公民举行对国旗宣誓的成人仪式。有条件的区、市、县和企事业单位,国庆节等重要节日可以在中心广场和适当地点举行隆重的升旗仪式。在升旗仪式和大型集会等活动中,不仅要奏国歌,而且要提倡齐唱国歌。县级以上各级人大常委会及其会议厅、乡镇以上各级人民政府、各级人民法院和专门人民法院及其审判厅〔庭〕、各级人民检察院和专门检察院,出入境口岸,都应在适当的场所依法悬挂国徽。成年公民和小学三年级以上的学生,都应当会唱国歌,并能理解国歌的内容和国旗、国徽的涵〔含〕义。

三、搞好爱国主义教育的基础建设

爱国主义教育的基础建设包括理论建设、教材建设、制度建设、基地建设和队伍建设等方面。为了保证这一教育卓有成效地开展,应该大力加强各项基础建设。

1. 理论建设

我市思想理论战线的同志,要把对爱国主义理论的研究,当作当前和今后一个时期的重要课题。宣传理论工作部门要做出计划,组织力量,认真研究,争取多出成果、出好成果。各新闻媒体都要设立专栏,刊播这方面的研究成果。出版社要把出版爱国主义理论书籍列入计划,并优先保证其出版。

2. 教材建设

为了满足对不同年龄、不同层次的人们进行爱国主义教育的需要,必须尽快组织力量编写教材。要发掘中国和重庆近现代史中富有爱国主义深刻内涵的内容,发掘中国和重庆现代化建设中富有爱国主义思想的重要成果、典型人物和典型事例,编入党课、团课和青工培训的教材。

3. 制度建设

把爱国主义教育制度化,是使这一教育深入、持久、有效地开展的重要保证。我们除了应继续坚持已经初步形成的升国旗、唱国歌制度之外,还应该逐步建立和完善以下制度:

(1)初中以上学生的军训制度。初中以上(含初中)在校学生在三年学业期间,至少进行一次军训,时间不少于一周,以增强青少年的国防意识。

(2)大学生参加社会实践制度。大学生在学业期间,要参加一定的生产劳动和社会实践,以增强其对国家的责任感。

(3)共青团组织、各中小学与教育基地定点联系制度。各级团组织、各中小学都要与一个以上的爱国主义教育基地建立定点联系。与基地共同制定教育计划,研究教育内容和方法。

(4)爱国主义教育考核评比制度。全市各单位、机关、学校,都要制定爱国主义教育的计划,认真组织实施。市级主管部门要定期对所属单位的爱国主义教育进行严格的考评。考评不合格者,当年不能评为文明单位,其主要领导者不能评为先进个人。

(5)定期召开研讨会和经验交流会制度。为了促进爱国主义教育的深入开展,市里每年至少召开一次爱国主义理论研讨会或爱国主义教育经验交流会。

4. 基地建设

已命名的爱国主义教育基地和青少年教育基地要进一步发挥作用,并继续发掘爱国主义教育的人文资源,形成以市、区(市)、县为骨干的教育基地网络。今后3年内,全市力争建设、确定一批市级爱国主义教育基地,其中包括筹建国防教育基地。此项工作,由各区、市、县和市级有关部门初选上报,市委宣传部会同有关部门审定,最后由市委、市政府命名。同时,各区、市、县可在当地选择教育基地,有条件的企事业单位及学校,也可建立"厂(矿、校)史陈列室"、"科研成果陈列室"或"建设成就展览室",开展革命传统和艰苦奋斗精神的教育。民政、文化、文博部门,要认真贯彻《纲要》和中央宣传部门1991年下发的《关于充分运用文物进行爱国主义和革命传统教育的通知》精神,积极配合接待好社会各界组织的参观、瞻仰活动。确定为收费参观的爱国主义教育基地,对学校组织在校师生和部队组织现役官兵参观,要免收费用(自筹资金建设或引进的参观项目除外)。如因免收费用对教育基地正常开支影响较大的,由财政适当补贴。

5. 队伍建设

各级领导干部、宣传思想战线的同志、老党员、老红军、脱险志士、烈士亲属、学校教师、人民解放军(武警)指战员和公安干警、英模、劳模和各方面的先进人物,各类、各级教育基地管理人员和解说员,以及社会各界广大爱党爱国并热心于爱国主义教育的人士,都是爱国主义教育的骨干力量,各级党政领导要关心和爱护他们,充分调动他们的积极性。从事爱国主义教育的工作者,要认真学习,改进方法,严于律己,当好表率,不断提高自身的素质和宣传教育水平。

四、加强领导,保证爱国主义教育广泛、深入、持久而有效地开展

要把爱国主义教育落到实处,关键在于提高各级领导的认识。各级党委、政府要充分认识搞好爱国主义教育的重要意义,切实加强对这项工作的领导,把这一工作列入重要议事日程,认真研究,精心设计,周密安排,严格检查。

1.明确责任、齐抓共管

全市的爱国主义教育工作在市委统一领导下,由市委宣传部担负起协调、指导的任务。各区、市、县和市级各部门,各学校和企事业单位的党组织要负责抓好这方面的工作,并有一位领导同志具体分管。各区、市、县和市级各部门及各企事业单位,都要根据自身的特点,制定切实可行的工作计划,并认真组织实施。上级主管部门,要把所属单位组织开展爱国主义教育的情况作为考核两个文明建设的重要标志之一,列入领导政绩考核目标和岗位责任制,加强检查指导。

各级党委宣传部门要在党委、政府的统一领导下,切实担负起协调、指导的责任,为党委、政府当好参谋和助手。教育、文化、广播影视、民政、民族宗教、统战、旅游、园林等部门及工、青、妇等人民团体,都要结合自身的特点,切实担负起在爱国主义教育中的重任。驻渝部队和军队院校也要按照《纲要》和部队的要求,做出相应的安排。外事、侨务、对外宣传和主管港、澳、台事务的工作部门,在严守外事纪律的前提下,要为海外侨胞、港澳台同胞和其他旅居海外的中国公民提供有关祖国建设成就、国家方针政策、民族历史文化以及优秀文艺作品等文字、图片和录音、录相〔像〕资料,鼓励和引导他们关心和热爱祖国。

2.扩大声势,营造氛围

各新闻出版单位要把宣传爱国主义作为自己的神圣职责,将爱国主义精神渗透到日常的新闻报道、节目编排和音像制品的编辑出版之中。报刊、电台、电视台要开辟专栏、专题,刊播爱国主义的文章和节目,宣传具有爱国主义精神的先进人物和先进事迹,宣传社会主义现代化和改革开放的成就和经验,宣传中华民族的奋斗史、光荣传统和灿烂文化。电台、电视台的黄金时间,应以播放反映主旋律的节目为主。电视台要保证有一个频道完整转播中央电视台的第一套节目。在报刊、电台、电视台的各种广告中,严禁出现有损国家尊严和贬抑本国产品的言辞和画面。文化、出版、影视部门要树立精品意识,大力弘扬时代主旋律,积极提倡和扶持弘扬爱国主义精神的各类文艺作品的创作。要组织高雅艺术进入工厂、农村、部队、学校,让高雅艺术在人们的文化生活中占主导。要加强文化市场的管理,坚持不懈地开展扫黄打非,健全文化市场管理法规和制度,加强政府管理和社会监督手段,提倡、支持娱乐场所播放优秀影视片和革命歌曲。重大节日、假日、节庆活动的环境布置和活动内容,要突出爱国主义的格调。

3.重在建设,增加投入

爱国主义教育是一项宏大的系统工程,不仅需要宣传教育方面的大量投入,也需要人、财、物等硬件方面的投入。各级党委、政府要高度重视爱国主义教育中的具体问题,尽力解决好开展爱国主义教育中的有关实际困难。要根据各地财力,确定爱国主义教育基地的建设项目,列入城市建设总体规划。在城市维护费中适当安排一定经费用于基地的维修,以保证基地正常开展教育活动。有些项目的资金来源可在宣传文化事业建设资金中解决。社会各界对爱国主义教育都有义不容辞的责任,党委、政府要动员和组织各方面力量齐抓共管,为爱国主义教育在人、财、物等方面创造必要的条件。

4.树立榜样,表彰先进

树立爱国主义教育方面的先进典型,对于推动我市的爱国主义教育极为重要。市和各区、市、县党政领导和各宣传部门、学校和企事业单位,都要注意发现和宣传改革开放以来各条战线涌现出来的爱国先进典型和开展爱国主义教育的先进单位。要大力发挥英模的巨大教育作用,努力营造崇尚英雄、学习先进的舆论氛围,使先进人物真正成为群众特别是青少年崇敬、学习的榜样。要注意调查研究,实实在在地开展各种生动活泼的教育活动,注重实效,力戒形式主义。要及时总结、推广典型经验,对工作出色的单位和个人要予以表彰、奖励。

5.加强督促,严格执法

在加强爱国主义教育方面,我们既有《宪法》《国旗法》《国徽法》《国家安全法》等法律法规,又有党中央及有关部门下发的许多文件,如《中共中央关于印发〈爱国主义教育实施纲要〉的通知》、中央宣传部等部门《关于充分运用文物进行爱国主义和革命传统教育的通知》、国家教委《关于施行〈中华人民共和国国旗法〉,严格中小学升降国旗制度的通知》《中小学加强中国近代、现代史及国情教育的总体纲要》等。对于这些法律、法规和文件,必须严格执行。各级党委、人大、政府、政协应适时对这些法律法规和文件的执行情况进行监督检查或抽查。对那些执行好并有显著成效的单位,要进行表彰;对那些不执行或不严格执行的单位,要给予必要的批评或处分;对那些违背有关法律法规的行为,要及时纠正直至依法追究责任。

各区、市、县和市级各系统,要根据《纲要》和此《意见》,结合实际制定贯彻意见或实施计划。

中共重庆市委
1995年8月17日

中共重庆市委 重庆市人民政府关于进一步下放权力加快区市县经济和社会发展的意见(试行)

(1996年12月24日)

万县、涪陵市党委和人民政府,黔江地区党委和行政公署,各区市县党委和人民政府,市委各部委、市级各部门:

区市县经济是我市经济的基础,在全市经济社会发展中具有极其重要的战略地位。随着我市行政管理体制的调整,区市县经济发展进入了新的历史时期。加快区市县改革和经济发展,不仅是区市县自身发展的需要,也是全市经济社会发展的迫切要求。为此,特就进一步下放权力,加快区市县经济社会发展,提出如下意见。

一、解放思想,转变观念,明确任务

1.解放思想,转变观念。各级各部门党政领导和广大干部群众要进一步解放思想,转变观念,以小平同志三个有利于为标准,一切从实际出发,在国家产业政策指导下,坚持市场导向,围绕我市经济结构和改革开放的实践大胆试、大胆闯,努力把区市县经济社会发展推上新台阶。

2.下放权力,加快区市县经济社会发展的指导思想。以建设有中国特色社会主义理论为指导,深化改革,合理划分市与区市县的职责权限,完善区市县政府的管理职能,充分调动区市县发展经济的积极性,增强区市县统筹辖区经济社会发展的能力。

合理划分市与区市县职责权限的基本原则。按照分级管理的原则,市里主要负责抓好全市的宏观规划、方针政策、检查监督、协调服务工作,并抓好一些带全局性、战略性的重要建设项目;区市县在市的总体规划指导下,因地制宜地制订本地区经济社会发展战略、目标任务,并具体组织实施。市里应下放权力,实行权责一致、事权与财权相统一、局部与全局相统一、管事与管人相结合、放权与转制相同步和加强审计监督的原则,形成"谁办事、谁负责"的运行机制。

3.区市县经济社会发展的总体要求。经过努力奋斗,在"九五"期末,区市县经济综合实力显著增强,农村城市化水平和城乡居民的实际收入水平不断提高,部分区市县的经济社会发展达到中西部地区的先进水平,少数区市县赶上全国先进水平。

在加快区市县经济发展的同时,要更加重视社会全面发展与进步。根据党的十四届六中全会精神,把精神文明建设纳入国民经济和社会发展计划,一起部署,一起落实。

二、分级管理，增强区市县统筹经济社会发展的能力

4.下放管理权限。将市公安、工商、房管局等部门设在区的分支机构下放到区，将市地税局设在县市的分支机构下放到县市，且均纳入区市县政府序列管理，其业务由相应的市级部门指导。区公安局和县市地税局行政负责人的任免，经区市县征得市级主管部门同意后，由所在区市县履行法律任免手续；工商、房管局按区属部门的任免程序办理。

公安交通管理部门除渝中区、沙坪坝区、九龙坡区、江北区、南岸区、大渡口区（以下简称近郊六区）外，均实行属地管理。市级金融、保险、电信、邮政、电力等部门设在区市县的下属单位、分支机构或派出机构以及近郊六区公安交通管理部门的党的关系实行属地管理，其行政主要负责人的任免要充分听取并尊重地方党政的意见。

上述具体下放方案，由市委组织部牵头，会同市编办、人事局、财政局和其他有关部门制定，于1997年4月30日前报市委、市政府审批后实施。

5.人事编制管理。区市县机构总体方案、机构总数、领导干部职数和行政人员编制总数由市从严控制，具体机构的设置、行政人员调配由区市县自行确定。区市县的事业机构设置和编制总数本着精简、高效的原则由区市县自行决定。市级有关部门可要求业务工作落实到部门，但不得强求上下对口设置部门。

6.计划管理。凡自筹资金、自行平衡外汇、不需市里平衡建设资金和建设条件，并符合国家产业政策、环保要求、城市总体规划和市政府批准的其他专项规划的总投资在1亿元以下的基建、技改项目，总投资在5000万元以下的房地产开发投资项目，总投资在2000万美元（含2000万美元）以下的外商直接投资的基础性、生产性项目，均由区市县按国家规定程序自行审批项目建议书、可行性研究报告、合同和章程等，并报市有关部门备案。区市县自行审批的固定资产投资项目，必须严格执行国家和市制定的项目法人负责制和项目资本金制度；在项目建设中严格执行项目招投标制度和工程监理制度。

市计委每年要安排一定数量的农转非机动指标，切块下达到各区市县，用于鼓励对区市县经济发展作出突出贡献的人员，其农转非手续由区市县政府审批后在当地公安部门办理。市收取的大中专毕业生和其他人员的入籍城市增容费，划拨50%给入籍所在地的区市县。

7.财税体制。继续稳定、完善分税制财政体制。从1997年起近郊六区财政对市递增上解由3%降低为1.5%，从1997年元月份起新办涉外企业的税收除特定项目外，按照谁兴办、谁受益的原则，纳入市和区市县分税体制分配。地税分局下放后，各县市应逐步创造条件在乡镇建立财税所，完善财税征管体系。有财政赤字的区市县要制定、实施消化财政赤字的方案，并与市财政签订消化财政赤字的目标责任书；市财政制定以奖代补的办法，促进赤字的消除。市财政每年要集中一定财力，对人均财力水平较低的区市县以因素法为主实施转移支付。

8.投融资管理。市级有关部门要积极支持区市县规范和发展多种形式的城乡合作基金组织，努力培育具有较强投资功能的投资公司。区市县重点建设项目和基础设施建设资金不足部分，在具备有效担保和偿还能力的前提下，经批准可以发行债券。市级各专业银行要积极在各区市县增设分支机构，发展多种信贷业务。具备条件的区市县经过批准可以组建农村合作银行。

城市合作银行应积极向各区市县延伸分支机构，并以支持城镇集体企业和国有小企业为主要任务。各区市县政府在遵守《银行法》和《贷款通则》的前提下，可以向城市合作银行提出信贷资金需求等信贷导向建议，经银行审查复核后实施。

9.规划管理。在符合城市总体规划的前提下，按照统一规划、分级管理和大的管住、小的放开、重点监控、一般放开的原则，城市主城区内（东起铜锣山，西至中梁山，北起井口、人和、唐家沱，南至小南海、钓鱼嘴、道角，面积约600平方公里）与城市规划有关的项目和主城区以外的重点地区以及跨地区项目，市级以上能源、交通、通讯等重要、重点项目的规划由市规划部门集中统一管理，其他地区（包括外围组团、市级以上风景名胜区等）和其他项目均由各区市县按照经批准的规划依法进行规划管理，办理工程项目的立项、

选址定点、方案审查,核发"一书两证",查处违法建设等;其中,大型项目、重要建筑送市规划管理部门备案。同时,与建设项目配套的消防建审权也相应下放到区市县。市规划管理部门要加强对各区市县的指导,加大执法监察力度,并就各类规划的编制、总体规划的实施、各项规划指标的落实、城市基础设施预留地控制、市级以上风景名胜区的保护、违法建设查处等与区市县签订责任书,每年进行全面检查。对违反《城市规划法》和总体规划的行为要严肃查处,以保证总体规划的顺利实施。

10. 国土管理。在坚持土地基本国策、不违背《土地管理法》和《基本农田保护条例》的前提下,除经市政府确定的重要地区、重要项目和市属以上企业用地、跨区县项目用地等仍由市直接审批外,将城市规划区内耕地15亩以下、其他土地30亩以下(两项之和不超过30亩)和规划区外耕地30亩以下、其他土地60亩以下(两项之和不超过60亩)的征用、划拨、出让委托区市县办理;除外资企业用地和特殊用地外,土地登记和发证也委托区市县办理。委托区市县办理的用地项目,每季度报市政府一次性审批,其征地成本上报市国土局备案。各地土地出让最低价由市国土局确定,上不封顶。市国土局按照法律和市统一规定,对所委托事项行使监督检查权。城市规划区以内的土地出让金的45%和新征农村集体土地出让金(含土地征用成本)的80%留有关区市县;城市规划区以外的国有土地出让金和新征农村集体土地出让金全部留给区市县。从1997年起,城镇土地使用税超过1996年基数的增量部分的50%,参照全市平均土地级差标准,通过转移支付分配给区市县。

11. 城建管理。将城市道路(原则上除主干道以外)及其附属设施、城市排水(污水处理厂除外)及其附属设施、城市桥梁(长江、嘉陵江上的桥梁除外)及其附属设施、城市照明(中心枢纽控制范围除外)设施等下放给各区,由各区负责建设、维护、管理;同时,相应地将市属维护管理队伍(含大集体、离退休职工)及其资产分别下放给各区。具体下放方案由市体改委牵头会同有关部门拟订,于1997年4月30日前完成。

城市维护建设税近郊六区按维护管理工作量切块下达;永川、江津、合川三市留作自用;其余区县留80%。凡2万平方米(市重点工程除外)、跨度24米以下的建设项目的招标投标、工程质量监督、竣工验收由区市县组织实施。三级(含三级)以下的市政、建安、房地产开发企业的资质审查由区市县依法审核,报市有关部门审查后,发放有关证件。因开发建设需移植或砍伐树木(名木、古树除外),由区市县依法审批。

12. 城市综合管理。各区市县全面负责辖区内市容市貌等的统一规划、综合管理和监督检查,尤其要加强窗口繁华地区的重点管理。将市城管监察大队各区中队的人员、编制成建制下放,由区市县依法组织开展开〔工〕作,业务上接受市指导和检查监督,其经费纳入各级财政预算安排;城管罚没款项(物品)纳入市和区市县财政统一管理。同时,加快城市综合管理法规的制订工作,做到依法治市。

13. 公路养护和管理。将市管公路(高速公路、专用公路和近郊六区国、省干道除外)、市管码头(重要码头除外)的养护和管理下放给区市县,相应地将上述辖区内市管公路、码头养护管理队伍成建制下放,由所在区市县统一养护、建设和管理。各区市县养护费按1994年至1996年养护和管理的实际收入和支出的平均数为基础,确定分配比例,一定三年不变。

14. 环境保护管理。各区市县环保部门对本辖区环保工作实施统一规划、监督管理。凡投资3000万元(含3000万元)以下的建设项目(化工、原料药生产、水泥、造纸、制革、电镀、金属冶炼除外),由区市县环保部门办理环保审批手续,报市环保部门备案;投资3000万元至2亿元(不含2亿元)的建设项目,经市环保部门认定为轻污染或无污染的,由区市县环保部门审批并承担其相应的责任。市环保部门对全市环保工作实施统一监督管理。超标排污费的收取和支出按国务院统一制订的新办法执行。

15. 教育管理。市和区市县要切实肩负起普及九年制义务教育的责任。市属及其以上企业征收的城市教育附加费,除按规定返还给厂办子弟校用于办学外,55%留给区市县,用于当地教育事业的发展,25%用于扶持边远、贫困地区办学,20%用于市直属和面向全市服务的教育事业单位。

16. 文化市场管理。按照分类管理的原则,将市文化局直属单位外的全部文化娱乐经营单位下放给区市县,由区市县统一组织管理,其管理费由区市县统一收取,80%留当地,20%上交市文化主管部门。从1997年起,新办文化娱乐经营单位(三资企业除外)由区市县审批并进行环保、工商、税务登记,报市有关部门备案。

17.医疗卫生管理。将市属医院(市第三人民医院、第八人民医院、急救中心和市口腔科医院、外科医院、妇幼保健医院、精神病医院、肿瘤医院、中医研究所等专科医院除外)下放给区市县,由区市县统一组织管理。市属医院下放后,其名称不变;经费以1994年至1996年支出额的平均数为基数划拨,一定三年不变。按照分级管理的原则,对食品、劳动、放射、学校、环境等五大卫生监督监测(监督监测难度较大和重要涉外单位,仍由市级监督监测)下放给区市县统一组织实施。市属医院和卫生监督监测下放后,市医疗卫生行政主管部门和卫生监督监测部门要切实加强对医疗卫生工作的宏观调控,制定卫生事业发展规划,加强对区市县医疗及卫生监督监测部门的业务指导和监督、检查工作。

18.其他方面的放权。其他方面的放权工作由市体改委牵头会同有关部门和区市县专项研究。

前述各项涉及的有关单位下放工作,其下放人员编制以1996年12月31日在册人数为准。

19.规范收费。市级有关部门要认真清理现行的各种行政事业性收费,该废止的坚决废止,该降低收费标准的坚决降低收费标准。在市行政区划内,所有收费项目必须经市政府批准。区市县和企业有权抵制未经市政府批准的各种收费。经市政府批准收取的费用,应由财税部门统一组织征收,并纳入同级财政专户管理。

三、突出重点、深化改革、加快发展

20.企业改革。凡1982年全市进行工业调整时上收的企业原则上下放给区市县,其下放方案和配套政策,由市工业和企业改革领导小组牵头拟定,报市委、市政府审批后实施。按照市委《关于加快国有企业改革的意见》(渝委发〔1996〕23号文)的要求,这批企业要如期完成其改革任务。对中小国有企业、城镇集体企业在改革中涉及的资产评估及其处置、职工安置、离退休职工养老保险、历史呆账及资产损失处理、产权转让方式等问题,在符合国家政策的前提下,由各区市县自行决定。

21.要进一步大力发展乡镇企业。各级政府要按照《乡镇企业法》的规定,设立乡镇企业发展基金,并纳入同级财政预算安排,每年都要有所增加。经区市县政府批准,乡镇企业可以运用集资、带资、入股、发行内部债券等形式筹集企业发展资金。乡镇企业要深化改革,调整结构,转换机制,上水平,上档次,向公司化、集团化方向发展。

22.非公有制经济。在坚持公有制为主体的同时,各区市县要把发展个体私营经济作为繁荣地区经济的一项重大举措,进一步放宽政策,为其健康发展创造一个良好的外部环境。要鼓励私营企业以购买、租赁、兼并等形式参与国有小企业、集体企业的资产重组,被重组企业从盈利年度起,先用利润弥补亏损,补亏完毕后,享受返还所得税二年和减半返还所得税二年的优惠。私营企业可以享受国家和地方对街道、乡镇企业扶持的税收优惠政策。按照国家有关规定,从1997年1月1日起停止征收私营企业管理费。同时,尽快制定个体私营企业收费手册,严格控制收费项目和标准,以减轻其负担。

23.对外开放。要坚持以开放促发展的方针,进一步放宽对外开放政策,简化投资审批手续,减少办事环节,改善投资的软硬环境。为调动区市县吸引城市大工业的积极性,根据我市产业结构调整和资产重组的要求,从1997年起,凡近郊六区市属工业企业搬迁到远郊区市县的,以搬迁前一年为基数,将企业搬迁后新增所得税的全部返还给吸收市属企业的区市县,对口支援库区和贫困地区建设的单位,在受援地区新办企业确有困难的,可在市内异地办厂,其税收全部划转回受援地区。市经贸委和海关要协助区市县搞好来料加工、来料装配、来料来图加工和补偿贸易等"三来一补"业务的工作。

市级有关部门要积极帮助各区市县建立健全外经外贸机构,加强对专门业务人才的培训工作;有计划、有步骤地培育和发展出口创汇产品基地。为扩大对外开放,重庆海关要争取在有条件的地区设立分支机构,解决就近通关事宜。同时,要积极申办三峡库区保税仓库和保税工厂。

24.市场建设。按照全市市场体系建设总体规划,加大政策支持的力度,调动社会各方面的力量,广筹资金,兴办市场。要采取股份制的形式引导和组织有关单位、企业和个人投资入股,也可吸引外资参与市场建设。重点是加快培育金融、产权、技术、劳动力等要素市场。公安部门要逐步放开中级职称以上人才入城指标的限制;工商、税务、银行等部门要研究制定优惠政策,促进市场体系的健康发育。

25.农村产业化。要始终把农业工作、农村工作放在各项工作的首位,在稳定和完善家庭联产承包责任制和统分结合的双层经营体制基础上,建立健全土地承包经营权流转机制。在坚持土地集体所有和不改变土地农业用途的前提下,允许承包方在承包期内对承包标的依法转包、转让、互换、入股,推动土地的适度规模经营。要支持将农村"四荒"地、塘堰、小型水利设施的使用权向自然人招标租赁,以发展开发性农业。"四荒"地使用权的租赁期可延长到50—70年,其开发项目,前五年可按零税率征收农林特产税,其他税费按低限折半征收。市和区市县财政要把支持农业产业化列为支农重点,每年安排的支农资金要高于财政经常性收入增长的幅度。

26.小城镇建设。要切实加快试点小城镇建设的步伐,根据其建设和发展的需要,可赋予试点镇部分县级经济管理权限。试点小城镇规划区内的土地出让金,全部留给小城镇用于建设;土地使用权、抵押权证可由市国土部门委托各区市县办理,报市国土部门备案;试点镇要进行户籍制度改革,实行以居住地划分城镇人口和农村人口,以职业划分农业人口和非农业人口,只要在试点镇有合法固定的住所并实际居住一年以上,有稳定的职业和生活来源的农民及外来人口,按常住地立户原则,经区市县人民政府审批后,可在当地办理落户手续,报市公安局备案。各区市县在重点抓好市里确定的试点镇工作外,还可根据实际情况扩大小城镇试点范围,参照执行市的试点镇政策,报市有关部门备案。

四、切实加强对区市县经济发展的领导

27.转变职能,加强监督。市向区市县放权后,市级各部门要切实转变职能,改进作风,加强指导服务,搞好宏观规划、统筹协调工作;尤其要建立健全对区市县权力部门的监督制约机制。各区市县要从有利于重庆整体发展的全局出发,管好权,用好权,形成合力,高效运转。市和区市县要在分清人权、事权、财权和明确责任的前提下,更好地行使各自的职能。

28.确保政令畅通。各级各部门都必须坚决地、无条件地贯彻执行本意见。市级各部门的文件,凡与本意见有不一致的地方,都要主动、自觉地进行改进,以确保政令畅通。各区市县党委、政府直接向市委、市政府负责,全权承担辖区内经济社会发展、精神文明建设和社会稳定的责任。市级各部门要充分尊重区市县党委、政府为发展辖区经济和社会事业在自身权限范围内作出的各项决策,如有不同意见,可按组织程序报告市委、市政府。

29.加强领导,落实责任。强有力的组织领导,是推动区市县经济和社会事业快速发展的有力保证。各区市县党委、政府的主要领导要把主要的精力和工作重心切实转移到经济社会发展上来。从1997年起,要建立健全市级各部门和区市县领导目标责任制和分工负责制:一是对各区市县党政领导实行目标责任管理;二是实行市级领导分片负责联系指导和定期汇报制度;三是建立和完善市级部门与区市县的对口联系服务和大中型企业对口扶贫制度;四是建立区市县评议市级部门的制度;五是建立年终考核和总结评比表彰制度,把经济社会发展和精神文明建设纳入区市县党政领导年终政绩考核的主要内容,进行认真考核。完成好的要给予表扬和奖励,完成差的要进行必要的批评处理。

30.重庆市享受的各种政策,延伸到涪陵市、万县市和黔江地区;涪陵市、万县市和黔江地区的现行政策与重庆市现行政策有矛盾的,按就宽不就严的原则执行。有关上述三地市扩大管理权限方面的问题,将另行研究制定。

本意见由市委、市政府办公厅负责督查。

中共重庆市委
重庆市人民政府
1996年12月24日

第三编

领导讲话

于汉卿同志在市粮食生产工作会议上的讲话

(1988年1月7日)

市农牧渔业局召开的粮食生产工作会议就要结束了。这次会议开得及时、开得很好。总结交流了经验，研究部署了工作，并对粮食丰收竞赛活动评比发了奖。工作早安排、早准备、早动手，以利夺取今年粮食生产的丰收。

粮食生产非常重要。谁都知道，农业是基础，粮食是基础的基础。党的十三大报告中，又突出强调了农业，强调了粮食。明确指出"农业的稳定增长和农村产业结构的改善，是整个国民经济长期稳定发展的基础"；要求"必须十分重视粮食生产，争取在今后十年内粮食产量有较大的增长，这是实现本世纪末战略目标的一个基本条件"。对农业、对粮食的重要性，已经提得够高了，讲得够重了。

正由于粮食的重要，在市委扩大会议期间，也挤出时间来讲几句。这里着重讲三个问题：一是形势问题；二是对策问题；三是领导问题。并作为对大家的要求和希望。

一、认清形势，统一发展粮食生产的认识

讲粮食形势，重点是需求形势、生产形势、发展形势。三者结合起来，综合进行分析，确定任务和目标。

需求形势，由于人口多、耕地少、负荷重，需要始终大于供给。人口多，而且呈增多趋势，全市人口的自然增长，每年为十几万人；耕地少，而且呈减少趋势，全市耕地的正常减少，每年2万至3万亩；负荷重，而且是加重趋势，每亩耕地供养的人口，到2000年将由现在的1.3人增加到一个半人。这就要求粮食产量逐步增加。全国、市里确定的低水平目标，都是保持城乡人均年占有粮食800斤。那末〔么〕生产则必须保持1%—2%的递增速度。实际情况如何呢？得看一看生产形势。

生产形势，由于基础脆弱、技术落后、物资短缺，近三年已处于徘徊状态。旱涝保收的高产稳产农田还不多，基本上处于"风调雨顺增点产，一遇天灾就降下来"的境地。党的十一届三中全会以后，靠农民的热情和精耕细作，发展一直较快。马鞍形出在1985年，连续奋斗两年，还未恢复过来。"一年减产，三年复原"，总产恢复了，人均却减少了。1986年、1987年的粮食总产都超过了1983年，都分别是第二个高产年，但总产增加了两三亿，人均却减少好几斤。如何解决徘徊状态？

发展形势，不是无所作为，而是还有潜力，还有门路，还有办法。单产有潜力，玉米亩产高的八九百斤，低的二三百斤；红薯亩产高的五六千斤，低的一两千斤；水稻的高低差也是二三百斤。复种有潜力，多的四季五熟，有的两季两熟，大量的稻田才一熟。科学技术更有潜力，科学的潜力是无穷的。近期，从不平衡中求平衡，从平衡中求增产。长远要上新的台阶，还得依靠科学技术的新突破，依靠农业的技术进步来实现。

粮食的供求矛盾突出，而且越来越突出；粮食的生产徘徊不前，而且发展趋势很艰难。粮食与各行各业有关：粮食兴，百业旺；粮食紧，百业衰；无粮，则乱。对于粮食生产，各级党委、政府很重视，业务技术部门任务也很繁重。

二、研究对策，增添发展粮食生产的措施

解决粮食问题要从长计议，要全面考虑。粮食生产的发展，受着自然灾害、经济效益、基础投入的制约。因此，发展粮食生产主要的对策应该是：

第一，立足抗灾夺丰收。

粮食是有生命的作物，需要阳光和雨露，受自然

气候影响很大。自然灾害年年有,近两年都是在同自然灾害作斗争中夺得的丰收。特别是1987年,灾多、灾重,受灾时间长、范围宽,大多数精力都在抗灾,"千人到厂、万人到村"。结果怎样?还没有定案,市农调队的调查是增产一亿把斤。这些粮食,用农民的话说,是"用汗水浇出来的","用票子堆起来的","用性命换得来的"。据调查,国家、集体、农民个人用于抗灾的投入和开支,亩均达8元之多;抗旱抽水触电死亡就是17人。用汗、用钱、用血换来的经验,非常宝贵。基本经验,就是一躲、二抗、三补。按自然规律去躲,躲不过就抗,抗不胜就补。群众中的躲、抗、补都有很多办法:地膜育苗、早栽早种,躲过伏旱;两段育秧、增大弹性,能早能迟;结构调整,合理布局,特别是培育再生稻的成功。去年就补了2亿多斤。这就形成小春(小麦、油菜、胡豆、豌豆)、早春(早稻、玉米、高粱)、正秋(中稻)、晚秋(晚稻、再生稻、红苕)四大产出季节的均衡优势,除了正秋的中稻总产五十七八亿斤外,其余三个产出季节,总产分别都是十七八亿斤,增加了躲、抗、补的能力。常言说:"人变一世,天变一时",难以测定变在那〔哪〕个季节。自然灾害在一年当中,四个产粮季节都受灾,是少数年份;四个产粮季节都是好天气,也是少数年份;多数年份是此灾彼利,此损彼补。像去年,以旱为主,一抓躲,二抓抗,但天有不测风云,6月底7月初风云突变,接连十多天低温阴雨,影响扬花结实,把玉米、早稻一下子夺走三四亿斤;早降喜雨早栽插的中稻是喜,但扬花提早,正碰上阴雨,也影响了产量,变成了忧,早喜晚忧。后来,正秋天气不错,晚秋天气特别好。农业就是这样,"老天作对,事倍功半;老天帮忙,事半功倍",用在迟中稻、晚稻、再生稻和红苕上的功夫,就获得加倍的报偿。"收尾结大瓜",不仅补了前两季的损失,还增产一亿斤左右。

这种结构的形成,加上兴修水利、改善植保、加强服务、搞好双层经营等抗灾措施,就可以立于不败之地,至少是可以避免大起大落。

第二,立足科技进步夺丰收。

抗灾是稳收的问题,科技进步是发展的问题。发展粮食生产,不能动员过多的资源集中搞粮食,只能稳定粮食的实种面积。今后发展粮食生产的主要路子还是发展生产力、提高土地产出率。这又必须依靠农业技术进步来实现。

近几年增产的常规技术,有发展、有创造,较深入、较普及。栽培技术比较成套,比如地膜育苗育秧、半旱式栽培、规范化栽培、配方施肥、两杂培育等;耕作制度比较成龙,比如土上的套种、间种、增种,一年三熟、四熟、五熟;新兴的立体农业、开发农业技术正在起步,比如埂稻沟鱼、稻鱼笋、稻菇麦、水厢胡豆、埂厢胡豆等。以上技术,有的面较宽,但还有不平衡;有的仅是点"星星之火"尚待"燎原";有的正在创造,需要试验示范。

需要开拓、突破的粮食生产技术,主要有五项。

一是水。"有收无收在于水。"水利的维修、配套、管理要抓紧,要落实、要管好、要用好,并在田土水旱作物保栽、保灌、保浇上有所新进展。

二是肥。"收多收少在于肥。"化肥的生产和供应,除了数量上增加、品种上配套外,并在因地、因时、因作物制宜的科学施用上应有所规范,还要重视农家肥、有机肥的积造施用。

二是土。"皮之不存,毛将焉附。"防止水土流失,改良加厚土壤,行之有效,应继续坚持,并在因土质种植作物、施用肥料、保护地力、提高土质上应有新配方。

四是种。"两杂"要自给为主,也要调入。调入是补充、是引进,引进新的接替品种。常规品种,特别是小麦、胡豆、红苕等良种的引进、选育、提纯、复壮、推广、替换,都应纳入种子系列进行。

五是膜。地膜的运用,称之为"白色革命"。在运用的范围、方法、效益上都应有所改善。

农业的发展,粮食的增产,需要增加投入。对农业、对粮食,需要资金的投入、物资的投入,更重要的是科技的投入、智力的投入。农业科研部门、农技推广部门都要加强。市、县、乡各投入一人组建的乡农技服务中心,一定要落实兑现;前三年扶持,打基础,并开展一些经营,推行有偿服务,以增加实力、增加收入,逐步向企业化转变。千家万户生产,必须强化服务,过去商业部门的服务,以产品服务为重点;今后应结合经济体制改革,扩大服务领域,增加产前、产中的服务。过去农业部门的服务,以技术服务为重点,今后可增加产前、产后的服务内容,逐步办成服务型的经济实体,充分发挥行业服务的作用。

第三,立足改革夺丰收。

抗御灾害,改进技术,夺取高产,总得靠人、靠农民的积极性。目前农民的种粮热情不是没有了,而是在转移,经济发展快、劳力转移多的地方和乡村,种粮热情退得快、退得多。很明显,是比较效益的影响。要通过改革,把粮经利益、工农利益、城乡利益结合起来,统筹兼顾,共谋发展,以保护和调动农民的种粮热情,夺取粮食高产。

粮经利益的结合,走开发农业之路。粮食面积要稳住,经济作物要发展,并以经补粮、以经促粮。经济作物、多种经营的发展,主要是向耕地、非耕地两个方面展开。对现有耕地,实行深度开发。在一块田土上,既种粮,又捞钱。像合川县龙市区来〔涞〕滩乡的稻田菇,菇料肥田粮增产,菇增收。各地都有稻、鱼、笋,搞好了就是"双千亩":粮上千,钱也上千。江北县洛碛、石船等地的麦、玉、苕、豆,并在玉米的预苗行里种榨菜,再经过初加工,搞好了,一亩土可以收粮一吨,钱一千。对非耕地实行广度开发。三荒面积更广阔。全市山地505万亩,无林荒山118万亩。水面33万亩,收益很少,处于半荒状态的14万亩,主要是大水库。河滩50万亩,收一季算一季,收多少算多少。水库的网厢养鱼,亩产三五万斤,除去种鱼,净增都是二三万斤。五六万元一亩的投资,一年收入,还有盈利2万元至4万元。流水养鱼、机械化养鱼的产量更高,收入更大。除已定养鱼基地外,就不必再扩大专业鱼池,以稳住粮食面积。

工农利益的结合,走专业化规模经营之路。绝不能借稳定农业,发展粮食,而回到把劳力捆在少量耕地上受穷的老路。相反,要鼓励劳力转移,大力发展乡镇企业并坚持以工补农,以工建农。随着经济的发展、劳力的转移,在自愿互利的基础上,促进土地向种田能手集中,或搞企业的粮食车间,或搞专业的合作农场、或搞成片的家庭农场,逐步达到合理的规模经营。一个劳力种上8至10亩地,总体效益就上来了。

城乡利益的结合,走"双轨制"之路。粮食要全放开,居民承受不了,财政也承受不了。合同定购这一块,"死下来",也就是事实上的定购任务。定购以外的,放开经营,为"活"的一块。这作为一种过渡办法。今后,"死"这一块,逐步提高价格,逐步缩小数量,最后走向"活"。这对保护粮农的种粮热情是有利的。

三、改进领导,落实发展粮食生产的责任

农业,是事关大局的重大产业。粮食是事关大局的重大产品。大工业、大农业、大城市、大农村是我市的特点,农业的、粮食的战略地位必须突出。市委、市政府及各部门,都要既抓城市和工业,又抓农村和农业,两者要并举,不能偏废。有农业的区也应把农业放在战略地位,把蔬菜作为基础来抓。县更应以农村、农业、粮食为重点。

党政分开,不是不抓经济。社会主义初级阶段的基本路线就是"一个中心,两个基本点"。经济建设是中心,不是抓不抓,而是怎么抓,改进方法,加强抓。实行党政分开,主要是从职能、职责、职权、职务上分开,做到减少重复,减少交叉,减少层次,减少环节,从而加强党的政治指导,也就是加强政治方向、政治原则、重大决策的指导工作。地方党委(包括市委、区委、县委)的五项任务,即"执行""保证""决策""推荐""协调"十个字,那〔哪〕个字都与农村、与农业有关。市委、区县委对农业、对粮食这类事关全局的重大问题,理所当然地列上日程重点抓,关键时刻关键人物抓。1986年和1987年的抗灾,都是在关键时候,市委、区县委领导和政府领导共同突击抓。这种做法是对的,效果是好的。

各级政府,区政府、县政府,应重点抓、经常抓、具体抓。到会的各区县的农牧局长、业务站长,更有直接的责任。科技的突破、技术的推广、服务的加强,都靠你们。你们的任务是光荣的、工作是辛苦的,希望你们提高思想,振奋精神,脚踏实地,艰苦创业,发扬创新精神、拼搏精神、奉献精神,完成肩负的光荣使命,在新的一年里,为发展粮食生产作出新的贡献!

切实抓紧全市工作的中心主题

——肖秧同志在全市贯彻十三届三中全会精神汇报交流会上的讲话

(1988年10月25日)

同志们:

集中传达、学习十三届三中全会精神的市委六届二次全委(扩大)会议,是10月9日结束的,到今天刚好半个月,市委又召开这次全市贯彻十三届三中全会精神的汇报交流会。为什么抓得这样紧?

这是因为:贯彻落实三中全会精神极为重要,是全市工作的中心主题,传达贯彻得快,抓得坚决、扎实,我们才能够在今冬明春这个极为重要的关键时刻,顺利地渡过难关,取得明年工作的主动权。同时,从各区县和市级各系统的情况来看,许多单位对传达贯彻三中全会精神抓得很紧,结合实际,落实措施,已开始见诸行动,及时交流,互相启发,很有好处。我们还要很敏感地看到,当前在中央根据三中全会的重大决策很快采取了一系列整治措施和紧缩措施以后,经济工作和经济活动已开始发生了很大的变化,如何稳定市场,稳定物价,稳定生产,稳定人心,有许多新问题要解决,我们不能掉以轻心,需要及时研究对策。这样的汇报交流会,我们还要开,要请更多的单位到大会上来汇报。

在这次会上,有十几个单位的领导同志汇报了他们开始贯彻落实三中全会精神的做法和初步经验,很实际,很有启发性。大家要求印发这些发言,可以很快摘要印发下去。我讲三个问题:

一、我市传达贯彻三中全会精神的基本情况

这次传达贯彻三中全会精神,很认真。有以下三个特点:

1.能够正确、积极地理解中央精神,把思想统一到中央精神上来。各区县、市级各部门和很多单位都很注意理解治理整顿的重要性、迫切性,治理整顿与深化改革的关系,与发展经济的关系。认识到治理整顿的根本目的,是要进一步发展生产力。注意克服消极、埋怨情绪,不等待,不观望,振奋精神,扎实工作。在治理整顿中,都把稳定物价作为重点,坚决制止乱涨价。同时又注意在压缩的条件下增加生产,增加有效供给。市委认为,这样的理解和做法是正确的。

2.注意依靠群众。一度时间,我们一些同志的群众观念淡漠了,很看重钞票,看重关系,看重权力,不那么看重群众的地位和作用了,结果吃了大亏。在这次传达贯彻中,许多单位注意依靠群众,把当前形势和困难如实地向群众讲清楚,同群众商量解决的办法,得到了群众的理解和支持。北碚区针对乡镇企业资金紧缺的问题,发动群众来解决,全区乡镇企业职工每月拿出20%的工资来支持企业生产,加上其他十几条措施,可以筹集2000万元资金。重庆搪瓷总厂为了解决资金紧缺的困难,同职工群众商量,在本月发工资的当天,一下就筹集了10万元资金。这些单位在实践中创造的克服困难的办法,在办公室坐而论道是不可能提出来的,它再一次证明了群众路线的威力。一个多月来,我市陆续建立了物价、监察、检察、工商等多种举报中心(站),市级各举报中心已收到群众举报案件1100多件。在治理整顿中,自始至终都要相信和依靠群众,才能够把治乱防腐搞好。

3.做到了边传达贯彻,边治理整顿。巴县、江津县根据治理整顿、深化改革的精神,结合本县实际,专门研究了加强市场管理,保证有效供应,广泛筹集资金,加强宏观控制等问题,制定了实施办法。市计委、市经委、市财办和市机械局、市乡镇企业局等部门,针对市场、资金、原材料和压缩、控制等方面的问题,已开始采

取了积极的措施。物价、工商等部门突出地抓了物价检查、清理公司、处理投机倒腾等重大问题,已查处乱涨价2053起,处理金额141万元;撤销停办了9户党政机关办的公司;开始查处了一批投机倒腾的大案。

但是,也有少数单位只作了传达,还没有联系实际,研究贯彻措施。有的对治理整顿工作重视不够,观望等待;有的在自查自报中避重就轻,或隐情不报。这些单位要赶快改变这种状况。

二、当前我市的经济形势

当前我市经济形势总的讲是好的,但面临的问题也很严峻。从好的方面看,一是工业生产持续增长,经济效益提高。今年1至9月,全市完成工业总产值132亿元,比去年同期增长18.21%。主要是适销对路的短线产品增长较大,如水泥、汽车、彩电、洗衣机、摩托车等增长21%—77%,电冰箱、农用薄膜等增长1至2倍。市属预算内工业企业亏损金额比去年同期下降15.73%;企业销售收入增长23.54%,销售税金增长22.98%,利润总额增长60.92%,企业留利增长98.88%,企业还款增长57.6%,均高于产值的增长。9月末,市属工业企业产成品资金占用额为6.17亿元,只比上年同期增长1.05%,大大低于产值和销售收入的增长;定额流动资金周转比去年同期加快13天。百元产值提供的税利为20.73元,比去年同期增加3.98元;百元资金提供的税利为25.27元,比去年同期增加6.09元。全市财政收入1至9月完成15.9亿元,比去年同期增长6.4%。二是粮食增产,农民增收。预计全年粮食增产1亿多斤,经济作物除柑橘减产外,蚕茧、茶叶等都增产;农民人均年收入扣除物价因素后可增收30至40元。乡镇企业产值预计可以完成58亿元。三是市场购销两旺。1至9月,全市国、合商业总购进55.8亿元,比去年同期增长30%;总销售69.6亿元,增长34.8%。社会商品零售总额66亿元,增长28.7%。我市生猪收购好于往年,1至9月收购生猪140.9万头,比去年同期增长14.4%。

但是,我们也必须清醒地看到,我市经济在需求过旺,通货膨胀,经济秩序较乱,经济环境紧张的大气候下,也有很大的困难。主要有:1.企业流动资金严重短缺。最近由于资金紧缺,而且是突然收紧,有些工业企业原材料购不进,商业企业进货难。2.企业生产成本普遍上升。1至9月,工业可比产品成本上升10.58%。因价格变动影响,预算内工业企业四季度还将增大成本4300多万元。3.市场商品物资不足。目前供应市场的280种工业品中,有23.1%供不应求,有些商品的库存下降过多。4.物价居高难下。1至9月,全市社会零售物价指数比去年同期上升17.7%。在中央采取的压缩措施见效以后,物价上涨过快的势头会压下来,有些工业品的价格也可能下降(请企业界的同志注意:最近外地有些高档商品的价格已开始下降了)。但是,物价总水平已经上去了的,很难再压下来。5.工业原材料紧缺。再加上流通不畅,交通紧张,工厂开工不足的现象还有发展的趋势,情况是相当严峻的。

在治理整顿和紧缩的新形势下,我们要有克服困难的精神准备。全国一齐整治,原有的一些不正常的供应渠道被堵住了,合理的、正常的供应渠道还没有迅速跟上来,在经济运转上出现某些脱节现象是必然的。再加上抽紧银根,资金紧缺,经济运转不协调的现象就更突出了。我们在经济工作的指导思想上切不可疏忽大意,掉以轻心;切不可认为只要一整治,经济运转马上就会很顺畅了。在整治过程中,我们还要准备克服新的困难,在整治的同时,我们还必须抓好经济的调整工作,抓好经济的协调运转。

三、进一步统一认识,坚决贯彻落实好十三届三中全会精神

经过前一段的传达、学习,大家对中央重大决策的重要性,已有了正确的认识。要进一步贯彻落实好,在以下几个重要问题上,我们要进一步加深认识。

(一)要进一步认识治理整顿的深远意义

对于治理整顿的迫切性,如物价上涨幅度过大,非坚决压下来不可,否则,人心不稳,乱哄哄的,深化改革就难以进行;投机倒腾和流通领域的混乱非整治不可,大家很快统一了认识。但是,对于必须抑制经济过热,必须压缩,必须控制投资、信贷、集团购买力和消费膨胀的重要性和深远意义,还没有吃透中央精神。有的认为:"我们西部地区还没有热起来,过热的

是沿海和东部";或者认为：我那个区县和系统没有什么过热的问题。对控制消费膨胀，也有同志认为：物价涨了那么多，给群众多发点奖金和补贴不存在消费膨胀的问题。对此，我们必须进一步搞清楚什么叫经济过热？在过热的条件下经济能不能正常运转？

所谓经济过热的实质，就是超过了实际的可能，把某些客观条件不具备，也不可能办好的事情，硬要组织实施。给职工多发些奖金好不好？这就不能孤立地抽象而论，要看实际可能。在物价上涨过大的情况下，给职工以适当的补贴是完全必要的。但是，今年1至9月我市企业奖金发放比去年同期增加了38.7%，而劳动生产率只增长16.94%。长此下去，我们能以为继吗？必须承认，我市也确实存在着消费过热的问题，有些单位超过劳动生产率的增长，多发、乱发奖金的问题，也是突出的，必须适当压缩。乱建楼堂馆所、超标准建房、超标准装修和集团购买力增长过快，也必须压缩。我们也如实地承认，这几年我市对能源、交通、原材料基础工业的生产性投资是抓得对的，但这也要看实际可能，超过了承受能力，好心也办不成好事。

经济过热的危害，不在于用心好不好。即使你是一心一意想搞建设，如果超过了实际可能，出现投资膨胀、通货膨胀、消费膨胀和加工工业盲目发展，违背了国民经济按比例发展的客观规律，到头来只能把经济搞乱，不仅不能增长，反而会出现经济大滑坡，那样造成的损失就太大了。所以，整治和压缩决非临时措施，而是为了按客观规律办事，是关系到改革成败的大问题。要从这个高度来提高我们的认识。

我们讲顾全大局，最重要的就要顾全全国经济能够稳定、健康、持续发展的这个大局。中央最近的重大决策和措施，正是为了解决这个大问题。只有在经济稳定增长的条件下，我们才能够更好地做到全面深化改革。

(二)治理整顿必须坚决、彻底

一是查办案件不能回避，不能护短。不管涉及到哪个部门、哪一级干部，只要发现了属于查处方面的问题，就一定要彻底查清，决不能手软。二是涉及本单位、本部门、本地区局部小利益的问题，要坚决克服本位主义、分散主义，坚决服从中央的统一决策。在传达三中全会精神以后，很多领导干部在这方面的自觉性是大大提高了，但也有少数单位在自查工作上不认真，怕损害本单位的小利益。有这种现象的单位，要迅速纠正过来。三是涉及领导干部自身的一些问题，要采取主动，自查自报，把问题搞清楚。任何人都不可能一贯正确，出了问题要勇于改正，要相信党和群众会按政策办事。四是在查处工作中，要严格实行责任制。一个是属地责任制，一个是部门责任制和单位责任制，无论是涉及到哪一个单位的治理整顿工作，都要按地区、按部门、按单位层层按级负责，一级抓一级，要有领导、有机构、有专人负责抓。对重大案件，主要领导要亲自抓。对于干扰和阻碍治理整顿工作的，要追究主管领导和当事人的责任。

查处案件要始终坚持实事求是的原则，任何一个案件的处理都要做到事实清楚、证据确凿、定性准确、处理恰当、手续完备，经得起历史的检验。对于事实不清，证据不足，法律、政策依据拿不准的，要在内部先做好工作，搞清搞准后再处理。对干部的处理，一般要略为放后一些，因为在政策尺度的掌握上有个统一衡量的问题，不能前重后轻或后重前轻，要大体一致，公正处理。对于那些真心实意从事改革，但因缺乏经验而出现失误的同志，要帮助他们总结经验，纠正失误，继续前进，但也不允许借口缺乏经验来掩盖违法乱纪的问题。

要把搞好举报作为治理整顿的一项重要工作来抓。各级举报中心的设立，对经济犯罪分子起到了较大的震慑作用。从前一段的情况看，一些举报人还有顾虑，在举报中不愿留名。我们必须进一步完善举报制度，制定出相应的工作细则，对举报者要加以保护。严禁打击报复，违者要从严加重惩处。同时还要加强信访工作，以利于进一步发动群众。

市委治理整顿领导小组要适时召开市级各监督部门的联席办公会议，及时互通情况，共同配合搞好整治工作。

(三)处理好治理整顿与搞活经济的关系，促进经济的稳定发展

治理整顿的出发点和归宿点，是要为深化改革，

发展生产力创造一个良好的环境。要始终坚持生产力标准,注意处理好两个关系:一是处理好治理整顿和搞活经济的关系。治理整顿是为了更好更健康地搞活企业,而不是搞死企业;是为了促进生产力的发展,而不是阻碍生产力的发展;是为了繁荣经济,而不是萧条经济。二是要处理好压缩和增长的关系。压缩不是全面后退,不是全面下降,而是有退有进,有压有增。在经济失调的情况下,对通货膨胀、投资膨胀、需求过大、物价上涨过大,当然要压,没有坚决的压缩就不可能有经济的稳定发展。但压缩也不是绝对的、无条件的硬压,而是有压有保,有减有增,不能搞"一刀切"。我国经济仍然是短缺经济,人民生活必需品,适销对路的产品,这是不能乱压的。粮食生产、生猪、蔬菜能压吗?不能压。原材料和能源、交通能随便压吗?经济效益能压吗?不能压。我们坚决压缩那些必须压缩的,正是为了把有限的财力物力投入到需要发展的农业、能源、交通、原材料和教育、科技建设中去,促进整个国民经济的协调发展。因此,我们对整治和压缩不能作片面、消极的理解,要从积极的意义上去理解。在紧缩的形势下,还要千方百计做到紧中求活,要防止出现新的经济滑坡,特别是要防止经济效益的滑坡。如果出现经济效益大滑坡,治理整顿工作也会受到不利的影响。这是我们必须引起高度重视的大问题。

(四)要处理好治理整顿与改革的关系,不断深化改革

治理整顿不能与改革分家,应当相互促进。治理整顿好环境、秩序,是为深化改革创造必要的条件;而要想治理整顿好环境、秩序,又必须依靠改革。譬如,我们当前不整治流通领域的混乱现象,不控制住通货膨胀,那么物价改革和其他各项改革都难以继续进行;而要有效地抑制通货膨胀,整治好流通领域的秩序,又必须依靠深化企业改革,提高企业的自我约束能力,同时还要加强和改善宏观管理。

治理整顿,为推进改革提供了一个好时机。靠膨胀和涨价来刺激经济增长的路子走不通,这就逼着我们要深化改革,理顺关系,要提高企业的素质,提高企业的生存能力和竞争能力。当前尤其要积极推进对治理通货膨胀和对增加有效供给有重大作用的改革。如扩大股份制试点,积极探索建立股票市场;推进横向联合与企业兼并,改善企业组织结构;深化企业内部劳动制度、分配制度的改革,提高劳动生产率;进一步完善承包经营责任制。还可以选择一批有条件的企业,放开经营,使其真正成为自主经营、自负盈亏的经济实体。总之,在治理整顿中切不可忘记改革、丢掉改革,要把改革推向前进。

(五)广开门路,广筹资金,共渡资金紧缺难关

当前资金紧缺已经成为各种经济问题的焦点。中央为了坚决把通货膨胀压下来,在金融管理上采取了很严厉的紧缩措施,总起来讲就是两个大的方面:一是压缩信贷规模,二是抽紧银根。

按中央工作会议精神检查,我市信贷规模宏观控制较好,没有突破中央下达给我市的控制指标。截至9月份,全市信贷总规模比上年末增加6.76亿元,仅为中央下达我市控制规模数13.8亿元的49%。应该说,我市信贷资金还有缓冲的余地。但是目前各方资金告急,原因何在?从大环境看,是全国资金普遍趋紧的波及;从我市银行资金分析,主要有4个方面的原因:

1.中央抽紧银根,有两项直接影响我市银行资金来源减少近5个亿。一是专业银行上缴中央银行的存款准备金率提高,加上今年存款增加,要相应多缴存款准备金,9月末我市银行上缴中央银行存款准备金比去年9月多缴3.24亿元。二是专业银行购买国家债券,分给我市的任务是2.36亿元,到9月底已认购上缴1.68亿元。两项合计4.92亿元。

2.向外拆借困难。9月末我市净拆入资金只有1.16亿元,比去年9月减少7.64亿元。且拆借利率有的月息已高达一分以上。

3.存款增势锐减。今年以来,我市储蓄存款增长势头明显减弱。1至9月,全市银行和农村信用社存款比去年同期少增4亿元。其中,全市城乡居民储蓄少增2.4亿元,占了60%。

4.省银行欠我市银行的联行汇差资金越来越多。到10月18日止,已达2.1亿元。

虽然目前我市还有7亿元贷款指标可用,但由于资金来源严重不足,有"粮票"无钞票。最近一个多月,是我市资金最困难的日子,比1985年那次紧缩还要困难得多。经过银行和各方面的共同努力,现在可以说最困难的日子已经渡过了,城乡居民存款也开始回升,但我市的资金缺口还有4亿左右。

解决资金困难的出路何在?开口向上面要,这个话现在不能讲,全国刚开始压缩,我们怎么好向中央开口要钱呢。唯一的出路,是两眼向内,自力更生。我市城乡居民存款已有36个亿,企业留利比去年增长90%以上,现在全市流在社会上的现金大约有20亿左右,这就是潜力所在。我们应当把困难向群众和企业讲清楚,动员大家两眼向内,广开门路,广筹资金,齐心协力,共渡难关。一方面,要利用压缩的时机,来改进我们的管理,使资金周转加快一点,把别人欠我们的钱尽快收回来。另一方面,要千方百计在社会集资上做文章,流在社会上的20亿现金,如果能够集中两三个亿,那就很好了。对群众手上的现金和准备发给职工的钱,要用经济的办法,用平等互利的办法把票子拿回来,用于生产急需。不要把职工的思想水平看得那么低,要相信群众。要告诉职工,职工与国家的关系不光是分享利益,同时也要共同承担责任,国家有困难,广大职工也要为国家、为企业分忧解难。要在全市广泛开展"集资金、促生产、作贡献"的集资活动。企业的领导干部和党、团员要带头集资,机关干部要带头,银行职工也要作个榜样。个体户的钱也要想办法吸引一些进来。企业集资,还可以为下一步推行股份制打下基础。有奖储蓄也可以在企业搞。

在开展集资活动中,要注意利率不要搞得过高,要瞻前顾后,不要单纯靠钱来吸引钱。更不能把已经存在银行的存款拿出来搞集资。

总之,我市今冬明春的经济活动能不能正常运转,关键就在如何解决资金问题上。如果我们这次能够依靠全市人民,依靠广大职工,依靠企业,依靠自己的力量,走出一条"资金自救"的新路子,事情就好办得多了。

(六)加快农业的发展,大力发展乡镇企业

当前,由于城市经济的矛盾突出,大家的精力都集中在这上面,要防止出现忽视农业的情况。由于近4年农业出现徘徊局面,工农两大产业发展不协调,工业发展超过农业承受能力的矛盾又暴露出来了。农业的徘徊已经成为制约国民经济发展的重要因素。加快农业的发展,解决农业上新台阶的问题已成为十分重要而紧迫的任务。

农业上新台阶的目标,一是粮食稳定增长,二是农民稳定增收。出路是大力发展开发性农业和乡镇企业。必须以十三届三中全会精神为指针,深化农村改革,打好开发农业和城乡结合发展乡镇企业两个总体战,促进农村经济持续稳定发展。

乡镇企业劳力来自农村,资金很大程度上靠自筹,原材料多是利用本地资源,产品按市场需求组织生产,在整个经济环境压缩的情况下,因其经营机制灵活,企业的内聚力强,较之国营企业容易渡过难关。抓好乡镇企业发展,不仅有利于农村经济的发展,而且对全市经济的发展也将起重要的稳定作用。所以,大力发展乡镇企业的指导思想不能动摇。"大力发展乡镇企业"是一个全面的概念,不是单纯搞速度,而是要在提高产品质量、提高效益、提高管理水平和企业整体素质的基础上,速度与效益、外延与内涵结合的全面发展。这就是"大力发展"的着力点,只要我们的劲头使在这方面,乡镇企业的发展就是正常的。

近一两年内,受大环境压缩的影响,乡镇企业的发展也可能会减慢,但工作不能放松,还要加一把劲。既要加强内部的管理,调整产品结构和产业结构;又要注意发展的不平衡性,因地制宜,在条件许可的情况下发展新的项目。只要大力发展农业和乡镇企业的指导思想不动摇,措施得当,实实在在地抓,今年全市乡镇企业超额完成计划,搞到58亿左右,是完全可能的,明年达到70亿左右的目标也是很有希望的。

(七)把治理整顿经济环境同整顿社会治安秩序结合起来,维护社会安定

贯彻三中全会精神,必须有一个安定的社会环境。社会安定,才能集中精力搞治理整顿,才能从容、妥善地解决各种矛盾。当前,我国的改革到了关键时期,矛盾多、难度大,特别是物价上涨,一些企业亏损,压缩基建规模,直接涉及一些部门、单位和个人的切

身利益,有些人不满意,也不可能没有人反对。加之,国外敌对势力的渗透破坏,这些都给社会安定带来许多新的问题。各级党委、政府对当前的治安形势和可能出现的闹事、罢工、罢课等问题,必须有足够的重视和认识。我们必须有应付闹事、对付动乱的思想准备。要经常掌握了解职工群众的思想动向,注意发现闹事苗头,及时做好思想政治工作,力争把问题解决在萌芽阶段。

要搞好集中打击行动,维护好社会治安秩序,确保全市人民愉快地度过元旦、春节和元宵节日。对于即将实施的全市性的集中打击严重刑事犯罪的统一行动,各级党委、政府要切实加强领导,保证搞好。并切实抓好安全防范工作,防止治安灾害事故的发生。

要积极支持政法部门和广大干警秉公办事,严格执法,并为他们创造必要的工作条件,以确保办案和安全防范工作的顺利进行。

(八)广泛开展形势教育,统一思想,坚定信心

当前由于经济的、社会的矛盾多,人们的思想问题和牢骚怨言也多。思想认识不一致,许多事情都不好办。在这种情况下,抓好形势教育和思想政治工作就更为重要。

开展形势教育要实事求是,既要讲十年改革的成就,也要讲存在的困难和问题。对当前群众意见最多的物价上涨、社会分配不公、党政机关中某些腐败现象等问题,不要回避;同时又把解决问题的路子和发展前景讲清楚,把需要群众体谅的困难讲明白,群众就会顺气、服气,要相信大多数群众是讲道理、顾大局的。

开展形势教育的目的是统一思想,增强信心。尽管目前社会上有一种"信任危机"的说法,但从总体上看,我们仍然是充满信心的。因为我们的信心是有客观事实作基础的。这个基础在于:第一,十一届三中全会以来的基本路线和方向是正确的,而且中央对于解决当前的矛盾和困难已经有了正确的决策;第二,我们无论如何也有了比过去更坚实的经济基础,有了较大的回旋余地;第三,民主法制建设总是前进了一大步,现在群众可以讲真话,可以批评监督领导嘛,这和"文革"以前的情况是根本不同的;第四,尽管目前经济的发展遇到了较大的困难,但无论全市还是全国,工农业生产并没有垮,整个国民经济还是上升发展的势头,只是发展的速度可能放慢一点而已;第五,绝大多数群众对我们的事业仍然是充满期望和信心的,他们愿意在党的领导下克服困难,共渡难关。我最近到一个工厂,厂里的同志对我说:如果市里、厂里领导给我们讲清眼前确有困难,那么,我们每个职工都愿意也可以拿出300到500元钱来支持生产。有群众的支持,这就是我们的优势、力量、信心和希望之所在。

搞形势教育首先要相信群众,尊重群众。要讲真话,要讲道理,要搞得扎实,搞得生动活泼。领导干部要到群众中去直接抓形势教育和思想政治工作,多下一些工夫,肯定是做得通的。

(九)抓好今年最后两个月的工作,做好明年一季度的生产准备

从长远看,整个经济形势随着治理整顿工作的开展,必将朝着好的方向发展。但是,当前面临的困难又的确是相当严峻的,尤其是今冬明春将是困难很大的时刻,这就对我们的工作提出了更高的要求。我们务必下大决心,花大力气抓好今冬明春的各项工作。

今年最后两个月和明年的工业生产要紧紧抓住提高经济效益这个中心,尽可能做到稳定增长。在困难很多的情况下,经济有一些起伏波动是难免的,但要防止出现经济效益滑坡。经济效益上不去,企业承受能力提不高,财政收入增加不了,整顿和改革势必要受到影响。因此,我们一定要采取切实可行的对策。在资金上,要运用行之有效的紧中求活的经验,挖掘潜力,优化使用,确保重点。在生产经营上,要调整产品结构,组织优化生产,努力增产适销对路产品,增加市场供应。要继续开展双增双节运动,挖潜增产,降低成本,增强企业的消化能力。有关部门要切实加强生产资料市场的管理,加强对价格的监督检查,决不允许一边整治一边又乱涨价。要加强对紧缺生产资料的统筹,调整需求,搞好综合平衡。各级经济管理部门要和企业一道,共同努力,打通渠道,尽最大努力解决原材料短缺、能源、交通紧张的困难。

明年的工业生产,全国安排增长10%,重庆考虑

8%，这个幅度是否可行，可以研究。但一定要做到计划早安排，产销早落实，原材料早准备，经营规划早拟定。同时，市里对企业的政策也要早出台，使企业和职工心中有数，争取明年一季度工业生产取得较好的成绩，从而取得全年工作的主动权。

控制物价，稳定市场，是今冬明春很紧要的工作。要保证紧俏商品的调拨计划和供货合同的完成。要大力加强粮食、油料等农副产品的调运工作。农业区县要保持生猪稳定发展的势头，保证蔬菜的播种面积，确保农副产品的收购和粮、油合同定购任务的完成，区、县领导同志要亲自抓落实。商业部门要千方百计组织适销对路的商品上市，保证煤、糖、食盐、肥皂、火柴、洗衣粉、卫生纸和干面等日用品的正常供应。对粮、肉、油、盐等定量供应商品绝不允许脱销、断档。特别要抓好元旦、春节两大节日的市场商品供应。

各经济管理部门，要提高宏观统筹协调水平和监督服务能力，加强和改善宏观统筹协调，热心为企业服务，为企业排忧解难，同心协力为完成生产和经济效益目标尽职尽责。

同志们！今冬明春这段时间是很关键的转折时刻。能不能渡过难关，转入顺景，最重要的是各级领导干部要有一种积极进取的精神状态，在精神上不能松，不能垮。据我们最近了解，许多领导干部的精神状态是不错的，有克服困难的思想准备，干劲大，工作抓得扎实，这是很好的。但是，也发现有少数领导干部由于对中央采取的重大措施的精神准备不够，感到突然，有的把暂时困难看得过于严重，对经济发展趋势看不明朗，感到困惑，因而消极埋怨，观望等待。这种精神状态显然是与形势要求不相适应的。我们一定要正确对待国家采取的治理整顿的各项政策和措施，增强自力更生、自我奋斗、主动进取的顽强精神，采取积极态度去克服困难。各级领导干部要敢于面对矛盾，深入基层，深入实际，到第一线去解决问题。

从一个地区、一个部门、一个单位来看，在这个关键时刻，领导思想上对克服困难有没有精神准备，领导工作主动不主动，结果是大不一样的。市里的亏损大户，地处北碚的重庆专用汽车制造厂，1986、1987两年连续亏损495万元，处境很困难。调整厂领导班子后，他们狠抓产品结构的调整，深化企业内部改革，发动全厂职工，群策群力猛攻提高产品质量和降低成本两大关，到今年3月份就扭亏为盈，到9月份已盈利86.65万元。中央工作会议精神在报纸上公布后，厂领导就敏锐地感到中央决定采取治理整顿和压缩的重大决策，必然会对企业的供、产、销发生影响，他们立即决定由一位厂级领导在家主持工作，两位厂级领导带领供销业务人员到外地组织原材料和产品销售市场，及早解决今冬明春的产销问题。还有不少企业也是这样干的，在工作上就比较主动了。

在今冬明春这个十分重要的关键时刻，各区县和市级局以上的领导干部，必须严守工作岗位，不得擅离职守。除上级通知开会和有特殊原因需要出差的以外，在这段时间一律停止到外地参观、学习和参加纪念、庆祝等活动。上述范围的领导干部要外出的，必须向上级报告，经过上级批准。同时，市里各领导机关在这段时间要尽量少开会，让区县和局一级领导干部有更多一些的时间深入基层抓实际工作。只要我们各级领导干部振奋精神，坚守岗位，深入实际，扎实工作，团结群众，把今冬明春这一关闯过去了，做好明年的工作就有把握了。

肖秧同志在市治理、整顿、深化改革汇报会上的讲话要点

（1988年12月5日）

第一个问题，应该强调对三中全会治理、整顿、深化改革的方针，要全面、正确地理解。目前我们能够取得某些成绩，是因为对这样的方针有一个全面正确的理解，这个时期所发生的问题、出现的偏差，也是对

这个方针理解的片面。

第一，要弄清楚这个方针的目的是什么？中央提出治理、整顿，再加上全面深化改革，如果不把目的弄清楚，我们就会出现这样或那样的偏差。我觉得目的至少有三条：一是稳定物价。我们一切经济上的措施，就围绕着稳定物价来进行。银行的资金压缩，它不是单纯地去压，它是要稳定物价，因此才来压缩，才来抑制那些过热的东西，如果弄得不好，把那些增加供给、增加生产的也稀里糊涂地压了，目的就达不到。二是推动改革的深化。通过治理把那些过热的去掉；通过整顿，把经济领域的混乱现象加以克服，然后让企业更好地去发挥作用。三是促进生产的发展。稳定物价，推动改革，它的落脚点要落在生产的发展上。如果我们处理得不好，把生产弄下去了，把改革弄回头了，物价没有稳定住，咱们贯彻三中全会的精神就失败了。所以，市委最近对几个大的系统，包括民航系统都提出来了，你们对三中全会[精神]是怎么贯彻的？请各个部门的同志务必让全体工作人员理解它的目的。

第二，要防止两个倾向。一是防止治理和整顿走过场，如果走了过场，还会产生一些新的问题，另一个要防止生产下降。就是片面地强调压缩，片面地强调抽紧银根，引起工农业生产下降。现在这个苗头不是没有，农村欠这么多白条，城市应该发展的生产没有资金。那天我到重钢去了，像这样的基础生产企业，在调整生产结构中，恰恰是应该增加生产的部分，把资金弄得这么紧张。所以，我们党的组织在掌握贯彻三中全会的这条方针上，要防止两个倾向。

第三，要把三中全会这个方针贯彻好，它最核心的部分是什么？就是处理好全局和部分的关系。什么叫过热？什么叫混乱？它的本质的东西就是各个地方、各个地区、各个单位按照个人的意志，按照本单位、本地区的利益为转移来组织经济生活。它就要形成过热，然后形成经济上的混乱。这就是我们过去所说的本位主义吧。再加上在改革过程中出现的一些另外的东西搅和在一起。但是作为我们党的组织来讲，作为我们领导来讲，无论如何，要把〔让〕我们自己的局部利益服从全局利益。请同志们回去再看一下小平同志那一段讲话，反复再想一想。作为共产党来说，我们一个党的组织来说，是不是一个很严峻的问题？如果我们头脑里就是自己单位、自己部门、自己地区，结果是自己的单位、部门没有，自己的地区也没有。我们一些单位，请你们查一查，单位全体工作人员是不是都懂得了这一条。为什么遇到银行互相之间的结算把得这么紧呢？很简单，就是没有一个全局性的东西。资金调度要非常严格，金融出了问题，你不能一方面把要"宰"的事情都推到政府去，另一方面自己又去乱宰滥贷。资金调度要有严格的规定。大企业贷款的减少或增多，信贷员根本没有权，区办事处也没有这个权。现在既然要求政府来集中，对资金就必须采取这个态度。不能这头费了好大的力气去集资、筹款，那头却搞另一套，不能允许下面的信贷员胡闹。这个事要提起注意，这是党的方针啊，这不是哪一个单位的利益，这是个关键。看我们的党组织在单位有没有战斗力，能不能把握住自己当前问题的关键。

第四，贯彻三中全会决定，从整体来说，解决困难和问题，主要靠挖潜。这作为一条经验，好多同志都讲得很好。现在资金紧张，作为企业和一个局来讲，就要借用资金紧张这个时机来加强我们自己的管理，包括自己内部的集资。我们现在资金周转率是很低的，当然这个问题不是一个企业所解决得了的，是一个社会问题。我们全市资金周转大约是4个月，资金周转的周期是很长的。日本经济学家说，日本整个社会企业的资金周转只有一个半月。那么，在中国两个月行不行？作为我们来讲，现在做不到，可以作个奋斗目标吧。至少在现实生活里面有这样的问题，一方面资金不够，"没有钱进货"，但是另一方面，仓库里的东西又不积极去卖。为什么不卖，不快卖呢？我们现在某些库存，是只保到一个正常的储备量呢，还是用所谓物资紧缺、大量贮备的方针呢？这值得我们考虑。所以说，我们两只眼睛盯住挖潜，而且利用这个时机把管理工作水平提高。

第五，通过三中全会的贯彻，从管理体制上，建立一个新的有计划的商品经济秩序，摸索出一个有效而又有权威的符合有计划商品的经济规律的这样一个宏观经济管理。它的主要构成就是各类市场的管理，不是叫国家调控市场，市场引导企业吗？那么国家怎么样来调控呢?这就是我们在贯彻三中全会方针中,在经济体制上要摸索的一个东西。

第六,不能脱离我们当前的生产。当前生产包括积极准备明年的工农业生产。在认识上要解决这么些个问题。农业工作很快就要开会,工业生产同川同志已经讲了,我就想讲这个认识问题。

第二个问题,作风问题。我只想讲两点。一是我们党的路线方针,就是充分发动群众和依靠群众,历来就是这样。党的群众路线实际上就是我们认识客观事物和改造客观事物的路线。这是彻底的唯物论,唯物主义和辩证法的思想方法。毛泽东同志把群众路线作为认识论提出这个问题来,恐怕还只有他提得最科学最完整。我们当前所讲的民主,所讲的开放,所讲的透明度,归根结底就是一个群众路线问题,只不过用词不大一样。作为一个党的组织,怎么样来领导我们这个地区的工作?靠什么?一个是党的方针、路线,有了这个之后,就看我们怎么样去发动群众和依靠群众,怎么样去走群众路线。现在有些东西把它给讲歪了,过分地强调个人的作用。作风上无论如何要有一个群众路线的作风。

二是要做艰苦细致的工作,把各项工作落在实处。现在,我们处在治理和整顿时期,一个新的措施下去了,就会带来一系列新的问题,如果工作做得不细、不深入、不落在实处,就要出问题。就说生猪饲料粮吧,国家把粮食政策一宣布,议价玉米没了,外面的粮食进不来了,每年我们养猪都要从陕西、河南、东北至少进上亿公斤玉米,一下断了进不来。而国家的饲料粮又来不了。市场的玉米就涨价,每公斤涨到一元。这就给了农民一个信号:粮食要涨价了。"你涨价我何必养猪呢?"生猪提前上市,仔猪价格下降,这就是这个国家政策下来后引起的一连串问题。我们是积极地向中央反映。但是在我们市的国家仓库里面还有一亿多公斤玉米。最后,咱们商量,先开仓把粮食解决了再说,这样好长的时期已经过去了。现在开始初步地稳定下来了。我说这段话的意思,就是一个措施下去,会带来新的问题。在这样一个时期里,新的问题出来了,如果我们不及时,不实实在在地去抓,时机一过就完啦。因此,不能用简单的办法,简单的"一刀切"就要出问题。刚才南岸区金戈同志说了一下市场安排,就是工作做得具体,抓得实在,问题就解决得比较好。当然,我们多数区县的同志都是在这样地工作,希望同志们还要注意,不要坐在那里看到一件事情,要么就是发牢骚,要么就是提意见,不解决问题。我们现在也有少数同志,坐在那里成天空说,意见一大堆,好像他就是天下第一,结果呢,任何实际问题他不解决,这样的干部起什么作用?不起作用。深入实际,扎扎实实地工作,现在咱们需要这个作风。

全党动手大办农业 努力夺取明年农业丰收

——孙同川同志在市农村工作会议上的讲话

(1988年12月30日)

同志们:

这次全市农村工作会议,是市委、市政府根据全国和全省农村工作会议的精神,在全市干部、群众认真贯彻党的十三届三中全会精神,农业问题已经引起上下各方面重视的新形势下召开的。会议的中心议题是:按照党的十三届三中全会确定的方针,结合重庆农村实际,认真传达贯彻全国和全省农村工作会议精神,加深对农业基础地位的再认识,坚持和深化农村改革,增加对农业的收入,依靠科学技术的深化配套,千方百计夺取明后年农业丰收。开好这次会议,对于贯彻落实党的十三届三中全会精神,振兴我市农村经济,促进全市国民经济的健康发展,具有十分重要的意义。市委、市政府非常重视这次会议,希望到会同志集中精力,认真把会议开好。这里,我就以下面四个方面的问题,讲些意见,供同志们讨论研究。

一、正确分析当前我市农村的形势

党的十一届三中全会以来,在改革的推动下,我市农村经济取得了突破性进展。据市统计局统计,1987年与1978年比,粮食总产量增长了39.39%,农业总产值增长了84.1%,乡镇企业总产值增长了14.97倍,并超过了农业总产值,农民人均年纯收入增长了6.43倍。其增长速度,高于全国平均水平。

近几年特别是今年,我市气候异常,各种自然灾害特殊、频繁、面广、严重。先是冬干春寒,严重影响了小春作物的扬花结实,并延长了小麦、玉米的共生期,妨碍了玉米生长。5月初的突然异常高温,致使小麦高温逼熟和果树大量落果,产量大大降低。6月上中旬先后出现的高温干旱和低温阴雨,造成玉米雌穗受害,扬花结实率降低。7至8月,全市大面积遭遇30天左右的连晴高温伏旱,部分地方又受大风、暴雨、洪水、冰雹和病虫害的袭击。8月中旬至10月,全市又发生了罕见的长期持续低温阴雨,极大地降低了红苕、再生稻、蔬菜和其他秋季作物的产量。在这种重重的自然灾害面前,全市干部、群众特别是广大农村干部、群众,发扬抗灾夺丰收的精神,艰苦奋斗,连续作战,采取抗旱保栽、保苗,人工降雨、人工授粉,增种晚秋作物等措施,减少并弥补了自然灾害的损失,实现了全年粮增产、钱增收、人不超。预计今年全市粮食生产比去年略有增长;农业总产值39.45亿元,比去年增加1.2亿元,增长3.14%;乡镇企业总产值57亿元,比去年增加10亿元,增长21.7%;农村社会总产值97亿元,比上年增11.86%;多种经营项目多数都有较大增长,预计肉猪出槽头数增长6.8%、蚕苗产量增长11.8%、水产品产量增长14.5%、牛奶产量增长3.3%,林业生产也可完成预定计划;农村人均年纯收入可达535元,比上年增加60元,增长12.6%;全市人口出生数比上年同期低29.05%。

回顾一年来我市的农村工作,有这样几个明显的特点:

——以完善双层经营合作制为重点的农村改革,取得了明显的进展。在整个城乡经济体制改革日益融合的新形势下,全市农村以完善双层经营合作制为重点,把农村改革继续引向了深入。现在,全市农村已有99%的生产队,以稳定家庭经营为基础,以增强统一经营的资产积累、生产服务和管理协调功能为主要内容,采取把竞争机制引入经济承包与干部选拔的方法,改建成了合作社。经过完善,普遍加强了领导班子建设,修订了生产发展规划,加强了承包合同管理,实行了统一管水用水、统一组织供应生产资料、统一防治病虫害等措施,较好地发挥了统一经营与分户经营的优越性和积极性,为战胜自然灾害,夺取农业丰收创造了条件。同时,对区县国营和城乡集体企业,通过重点引入竞争机制,进行公开招标、投标,普遍实行了承包、租赁经营责任制。据不完全统计,已实行承包、租赁的区县国营和集体企业,占企业总数的90%上。通过承包、租赁,较好地调动了经营者和生产者的积极性,其经济效益显著提高。此外,财政体制、农村商品流通和农村金融融通等方面的改革,也取得了可喜的进展。现在,从市到乡(镇),都普遍落实了各种不同形式的财政包干体制,进一步调动了各级发展经济,组织收入的积极性。通过对供销社领导体制和内部经营机制的改革,增强了供销社的综合服务功能,加上对各类农贸市场的建设和完善,促进了农村商品流通。经过建立县级农业发展基金、乡(镇)合作基金、农产品价格调节基金和发展股份制等形式,增加了对农经济的投入。仅8个县的农业发展基金和308个乡(镇)农村合作基金,就聚积了资金1亿多元。

——以提高单产为重点的商品性开发农业,获得了初步成效。今年,全市围绕加强粮食生产这个基础,以提高单产为重点,促进了商品性开发农业的发展。对现有耕地,各地按照市里的要求,采取"两个提高(提高复种指数、提高单位面积产量)相结合"的方法,将各种先进实用生产技术措施深化配套,在土里推广中厢带状种植,在田里以综合开发利用冬水田为重点,因地制宜地推广双季稻、积极蓄留再生稻,扩大小春面积,努力建设"吨粮田""双千田",为我市粮食生产登上新的台阶探索出了一条比较成功的路子。对非耕地,各地以二连山、馒头山和低产水面为重点,采取适当集中成片、多方联合投资、各种技术措施配套的方法,实行综合开发,也收到了较好的效果。

——以建立健全乡(镇)农技服务组织为重点,加强了农技服务体系建设。自去年以来,根据市委、市政府的决定,由市、区县、乡(镇)三级每年各拿出资金100万元,分别为每个乡(镇)配备一名农业技术人员,帮助每个乡(镇)建立了农技推广服务组织。这些服务组织,在乡(镇)党委、政府的领导和区县农技部门的指导下,以搞好农技推广为主,辅以必要的农资服务,较好地推动了先进技术的传播。从全市来看,多数乡(镇)农技服务组织在生产实践中起到了参谋助手作用、典型示范作用、技术推广作用、农资服务作用。有的还通过技术承包和经营服务,逐渐发展壮大起来,添制〔置〕了一些必要的仪器设备,为进一步搞好农技服务工作创造了条件。

——以搞好化肥为重点的农资生产供应工作,做得比较落实。我市农村所需的化肥、农膜、农药等农用生产资料缺口较大,为了弥补这个缺口,市里成立了农用生产资料协调小组,采取一系列措施,狠抓了农用生产资料的生产供应。一是努力挖掘地产化肥的潜力。在能源十分紧张的情况下,市政府决定,坚决压其他用电用气,千方百计地保化肥、农膜、农药生产,并投资2000多万元,加速对10个小氮肥厂的技术改造,努力扩大生产能力。二是利用留成外汇多进口农用生产资料。近两年来,全市已用外汇进口尿素化肥5.7万多吨,其中市级拿出外汇686万美元,进口尿素4万吨,农膜原料607吨,农药150吨。三是层层多渠道组织农用生产资料。各地在计划之外,从市外购进了一部分化肥、农膜、农药等生产资料,在一定程度上缓解了农用生产资料紧缺的矛盾。经过这些努力,基本上满足了全市农业生产的需要。

——以抗旱为重点的抗灾夺丰收思想,树立得更加牢固。近几年来的实践一再证明,我市的农业远没有摆脱靠天吃饭的局面。因此,大家越来越深刻地认识到,要实现农业的稳定发展,必须坚决克服各种麻痹和侥幸心理,牢固树立抗灾特别是抗旱夺丰收的思想。在这种思想指导下,今年全市各地进一步发挥了过去一躲、二抗、三补的经验,于去冬今春狠抓了以整修水利为重点的农田基本建设,抗旱中又成功地展开了人工降雨,并进一步试验成功了稻田沟厢半旱式免耕轮作和再生稻生产技术,有效地减轻了自然灾害的损失。

上述事实说明,我市农村的整个形势是好的,广大农民的温饱问题已基本解决,正逐步由自然半自然经济向商品经济转变。但是,也必须清醒地看到,在农业问题特别是在粮食生产上确实存在着许多不可忽视的严重问题,整个农业的形势仍然相当严峻。突出的是对农产品的需求量不断增长,农产品的可供量增长有限,农业的发展后劲严重不足,农业问题应引起各方严重注意。不过,当今农业仍处于开发时期,很多资源尚未合理开发利用,一批先进适用技术普及推广不够,农业生产还有很大发展潜力。只要全党齐心协力,政策对头、措施得当、投入增加,农业生产就大有希望。

1989年,全市上下必须进一步把农业特别是粮食生产摆在全市经济的基础地位,以最大努力打破粮食生产的徘徊局面,争取整个农村经济有一个新的全面发展。初步安排是:粮食总产56.5亿公斤,争取达到57.5亿公斤,比今年增加0.76亿公斤至1.76亿公斤,增长1.36%—3.16%;农业总产值41.45亿元,比今年增加2亿元,增长5.06%;乡镇企业总产值66亿元,争取达到70亿元,比今年增加10亿元以上,增长15.78%—22.8%;农村社会总产值110亿元左右,比今年增加13亿元,增长13.4%;农村人均纯收入增加40元以上。

二、加深对农业基础地位的再认识

党的十三届三中全会,分析了当前我国的经济形势,确定了治理经济环境、整顿经济秩序、全面深化改革的方针,并突出地把明后两年改革和建设重点放到治理经济环境、整顿经济秩序上来,核心是增加有效供给,抑制通货膨胀,控制物价上涨幅度。贯彻落实好这一精神,是当前全党和全国人民的大局,一切工作都必须服从这个大局。在当前治理、整顿中,一方面必须坚定不移地制止基本建设规模的膨胀,把过热的需求压下去;另一方面必须贯彻正确的产业政策,合理调整产业结构,把有效供给搞上去,特别是要把农产品搞上去。近四年粮食的徘徊不前,农业的缓慢发展,已经成为制约国民经济发展的重要因素。从我市来看,把农业特别是粮食和蔬菜搞上去,已成为平抑物价、稳定大局中十分重要而紧迫的任务。因此,我们千万不要忘记农业这个基础。

以农业为基础，讲了几十年，但至今并没有完全解决。往往是说起来重要，做起来次要，自觉或不自觉地被丢掉。在当前新的形势下，加深对农业基础地位的再认识，是当前全党必须统一的一个重大问题。

一方面，要明确以农业为基础是一条客观经济规律。农业是国民经济的基础，粮食是基础的基础，这是一个不以人们意志为转移的客观规律，无论是过去、现在和将来都不会改变。这是因为：吃饭需要农业，特别是粮食，天天都离不开，随着人们食品结构的改变，需用更多的粮食来转化，粮食的供求矛盾将越来越突出；发展工业需要农业，它的很大一部分积累要靠农业提供，许多工业特别是轻纺、食品工业所需的原料来自农业，而其产品又需要购买力强的广阔市场，尤其是农村这个最大的市场；出口创汇需要农业，仅重庆来看，以农产品和以农产品为原料的加工品的出口额，至今仍占全市出口总额的40%左右；落实党的十三届三中全会关于治理经济环境，整顿经济秩序，全面深化改革，抑制通货膨胀，增加有效供给，防止物价大幅度上涨的方针和要求，更需要把农业特别是把粮食生产搞上去，使猪、禽、蛋、奶、鱼、果、菜等都得到发展，城市人民的"菜篮子"才能得到保障，市场物价也才能真正得到平抑。

另一方面，要充分认清重庆的市情特征。重庆市既是大城市又是大农村，既有大工业又有大农业。这个基本市情，要求我们必须正确处理城市与农村两个方面的关系，摆正工业与农业两大产业的位置。当前在处理这两个关系中的一个突出任务，就是加速农业的发展。因此，我们必须改变重城市、轻农村，大工业、小农业，工业效益高、农业效益低等片面观点，从孤立地抓工业，孤立地抓农业，转到工业和农业统一规划、紧密结合、互为条件、互为市场、共同协调发展上来。"农业不活，全盘皆紧。"大量的历史事实证明，不仅农业的社会效益无法估量，而且农业投入的直接经济效益也比较高。我市农业的投入产出比例，一般在1:3左右，与工业的投入产出率比，也并不低。如不加快农业的发展步伐，增加有效供给，城市居民将更加难以承受，企业将更加难以消化，财政将更加难以支付，这就势必更加影响整个国民经济的发展。

此外，还要看到农业发展的难度很大，制约因素多。由于农业是自然再生产和经济再生产的统一体，经营的是有生命的植物和动物，既要受整个社会、经济、科技等各种因素的影响，又要受各种自然条件的制约。同时，农村经济还比较落后，农业的基础条件差。农业赖以生存的自然资源条件有限，且不断遭到严重破坏：耕地日益减少，森林植被急剧下降，水土流失十分严重，环境受到严重污染；农田水利年久失修，水利病险工程严重，机电排灌设施老化，农用工业薄弱，化肥生产量少质低，农膜、农药供不应求，饲料工业、农产品加工业和农机工业均不适应生产发展的需要；农业科技条件差，科技队伍弱，科研手段落后，科技教育很不发达，服务体系不够健全。要实现农业现代化，建立多元化、多层次的社会主义大农业，还将会遇到许多难以预料的新问题，任重而道远。

总之，农业问题特别是粮食问题，决不是个局部问题，而是一个事关全局的大问题；不是一般经济工作问题，而是一个重大的经济发展战略问题，也是一个政治问题。因此，我们必须下大决心、花大力气、下大本钱，大力发展农业。对这个问题，我们必须统一认识，认识越早越主动，认识越深刻行动越自觉。如果等到农业出现全面萎缩时才被迫进行调整，那就更加艰难，所需的时间将会更长，付出的代价将会更大，就有可能发生历史性的失误。当前，重要的是见之于行动，采取有力措施，切实加强农业的基础地位，不断增强农业发展的后劲，努力实现农业特别是粮食生产持续稳定发展，登上新的台阶，开创新的局面。

三、明确进一步发展我市农业的基本方针和部署

在新形势下，进一步发展我市农业的基本方针是：在党的十三届三中全会精神的指引下，坚持走开发性商品农业的路子，靠政策、靠科技、靠投入，千方百计地促进农业特别是粮食生产的持续稳步增长。

按照这个基本方针，1989年我市农村经济发展的总体部署是：在稳定发展粮食生产的前提下，逐步而又稳妥地调整农村产业结构，大力发展多种经营，大力发展乡镇企业。

(一)稳妥地调整农村产业结构,推进农业开发

随着农村经济的不断发展和对农产品需求量的不断扩大,必须合理地充分利用农村丰富的自然资源、劳力资源和社会资源,正确处理好发展粮食生产与发展多种经营的关系,正确处理好发展农业与发展二、三产业的关系,继续坚定不移地调整农村产业结构,大力推进农业开发。这是加快农业发展中的一件具有战略意义的大事,是实现本世纪末我市农业发展目标的基本途径。调整农村产业结构,推进农业开发,一定要坚持以粮食为基础,因地制宜,从实际出发,宜粮则粮、宜林则林、宜牧则牧、宜渔则渔,有计划有步骤地进行,不能违背客观的经济规律和自然规律。

调整农村产业结构,应在稳步发展粮食生产的前提下进行。为此,就应把开发农业的一个重点放在现有耕地上,特别要突出抓好对冬水田的综合开发利用和对易淹地、易旱地、瘠薄地的改造,继续坚持"两个提高(提高复种指数、提高单位面积产量)相结合",逐步扩大粮食种植面积,努力建设"吨粮田""双千田"。对冬水田的开发,各地要把有关资金、物资、技术等配起套来,采取强有力的措施,大力推广沟厢半旱式免耕水旱轮作,实行稻、麦(油)两熟或稻(再生稻)、麦(油或绿肥)三熟制,并积极发展稻田养鱼、养鸭、养萍、种蘑菇、种高笋等,条件适宜的地方,还要积极发展双季稻。土里要继续大力推广中厢带状种植,实行麦、玉、苕三熟或麦、玉、苕、豆、菜等四熟、五熟的间套轮作制。对易淹地和易旱地,要采取选用早熟品种同改革耕作制度相结合的方法,争取抢收一季粮食。对瘠薄地,要积极推广聚土改土垅作栽培方法,改良土壤,提高单产。在技术措施上,要把普及"两杂"良种,同推广地膜覆盖、半旱式栽培、规范化栽培、配方施肥、综合防治病虫害等先进技术深化配套,发挥其综合效益,努力提高单产。在近郊农村,以及县城、工矿区,要坚持按规定面积,种足种好蔬菜。各地要切实加强对蔬菜基地的管理,坚决防止荒芜、怠耕、乱占菜地。同时,在离城市近、交通方便的巴县、江津、江北县等地,积极发展二线蔬菜地。

发展多种经营,应把开发的重点放在非耕地上,大力开发利用荒山、荒坡、荒水和庭园经济,不断向生产的广度进军。开发非耕地,要因地制宜,统筹规划,集中成片,确定项目,公开招标,引入竞争机制,实行开放式开发,搞规模经营。要将开发资金与经济效益挂钩,实行经营式开发,增强开发的内在动力与活力。凡属经营性的资金,都要有偿使用,定期收回,循环滚动。要走大足县生态农业的路子,将土地开发与建设基础设施配套、粮果林草配套、农林牧配套、种养加配套、农工商配套、产供销一体化,进行综合立体开发,促进良性循环。要充分发挥农民家庭的潜力,促进家庭种养业和加工业的发展。林业生产要稳定现有山林权属和林业生产责任制,切实加强护林防火,搞好森林病虫防治,坚决制止乱砍滥伐,努力保护好现有林木;要继续大搞植树造林,重点营造好速生丰产林、城市和江河防护林以及"四旁"植树,努力提高成活率;要按照规划,认真搞好市辖区内长江、嘉陵江流域的水土保持工作,减少水土流失。水果要以稳步发展柑橘生产为重点,搞好长江柑橘带的建设,努力改良品种,提高质量,增加产量,并积极发展伏淡季水果。茶叶要稳定面积,改良品种,提高单产,改进加工,增加花色品种,提高档次。蚕桑要积极发展"四边桑",适当发展小桑园,积极培植良桑,选用良种蚕,提高茧子质量,增加蚕茧产量。畜牧业要以稳定生猪发展为重点,大力发展节粮型的畜牧业,特别是草食动物、小家禽家畜和水产养殖业,并积极发展奶牛(养殖),充分发挥欧洲共同体奶类援助项目的效益。

乡镇企业已成为我市农村经济的主体,在整顿、治理中必须充分发挥经营机制灵活的特点,尽最大努力保持持续发展的好势头。目前乡镇企业面临许多新的问题,如果一旦滑坡,农民的收入、农村剩余劳力的出路、农业的投入、教育的发展、商品的有效供给等等,都将受到很大的影响。面对这种情况,各级各部门更要十分关心、重视、支持乡镇企业的发展,坚持城乡大联合,打好总体战,从各方面采取过硬措施,稳定有关政策,及时解决好乡镇企业发展中的主要问题。乡镇企业自身要在治理、整顿中进一步完善生产上的自主管理、用人上的合同制、经营上的自负盈亏、分配上的按劳付酬为主要内容的经营机制,优化结构,突出效益,增强活力,持续发展。对没有能源、原材料来源,产品没有销路,严重污染环境的企业,应下决心关停并转。要结合"星火计划",加快乡镇企业的技术改

造，提高产品档次和质量，增强竞争能力。要积极推行股份制，广泛发展多种形式特别是城乡间的横向经济技术联合，以经济效益好、管理水平高的企业为联合中的主体企业，促进乡镇企业的整体发展。在乡镇企业发展较好的地方，要逐步建设一批骨干企业，以实现稳步发展。在乡镇企业发展较差的地方，要继续发展社办、联户办、户办企业，加快发展速度。

（二）继续深化农村改革，进一步调动农民的生产积极性

在农村改革与城市改革融为一体的新形势下，我们要把农村改革这个棋子放在整个经济体制改革的棋盘上进行统筹考虑和安排，态度要积极，步子要稳妥。根据党的十三届三中全会的精神，结合我市的实际，农村深化改革的重点，应是继续稳定和完善农村双层经营体制，加强对主要农产品与重要农用生产资料的宏观调控和市场管理，逐步推进农产品流通体制和价格改革。

一是继续稳定和完善农村双层经营体制。以家庭经营为主的联产承包制，适合我市农村大多数地方的生产力水平，仍具有旺盛的生命力，应保持稳定，并进一步完善，充分发挥其优越性。完善的重点是：第一，增强集体资产积累功能，积极发展和加强社会化服务。对集体的生产资料要实行有偿占用，应由集体积累的资金要坚决提起来，适宜集体经营的项目应积极发展。集体积累的资金，要重点用于大力发展农户分户经营所十分需要的产前、产中、产后系列化服务，并努力通过联合的形式，逐步建立多层次、多种形式、多种经济成分的社会化服务体系，不断改善服务手段，增强服务功能。第二，增强管理协调功能，加强对农业承包合同的管理。要尽快把区县、乡（镇）、村各级农业承包合同管理机构建立健全起来，结合实际制订出管理章程，抓紧对农业承包合同进行全面清理、整顿、完善，并按政策规定解决好存在的问题。对新签订的承包合同，要引入竞争机制，实行公开招标。第三，引导适度规模经营。在剩余劳力有充分就业机会，并有相当资产积累的地方，可在家庭经营的基础上，本着自愿的原则，逐步发展适度规模经营。对耕地的经营，可试行"两田制"。对养殖业和非耕地的开发，应积极实行适度规模经营。实行适度规模经营，要走集约经营的路子，发展家庭农场或专业大户。第四，发展联合协作。在坚持自觉自愿的基础上，注意发展多种成分、多种形式的农村经济组织，实行不同层次、各个环节上的联合与协作。为了加强农村经营管理，应进一步建立健全农经服务体系，充分发挥其作用。

二是加强对主要农产品与重要农用生产资料的宏观调控和市场管理。为了控制物价大幅度上涨，抑制通货膨胀，稳定经济和社会秩序，安定人民生活，对粮、油、棉等关系国计民生的重要农产品和化肥、农膜、农药等主要农用生产资料加强宏观调控与市场管理是必要的。根据中央和省里的规定，我们除加强对粮食市场的管理外，重点是搞好对主要农用生产资料的专营，以打击中间盘剥，保护农民的利益。对化肥、农膜、农药等主要农用生产资料，在农资协调小组的统一协调下，由计划部门负责制订生产计划和原材料安排，工业部门组织生产，农业部门安排、使用，商业部门搞好货源的组织调运和供应工作，不准进入集贸市场交易。市和区县的农技、植保部门，近几年在积极组织农药微肥货源，防治病虫害，开展配套服务方面，已经形成了比较健全的网络，效果较好。在对主要农用生产资料实行专营后，可继续结合自身的业务工作，经营非统配的新品种、小品种、试验推广的农药品种及微肥，开展有偿服务。基层农技推广部门，结合有偿技术服务所需的化肥、农膜、农药，由专营批发部门或基层供销社按计划委托代销，基层农技推广单位要直接有偿转让给农户，不准倒买倒卖。国家统配化肥和市里统一进口的化肥，由全市统一定价。地产小化肥价格的确定，考虑到计划部分、超计划部分、技改后新增部分、所用能源的不同价格和投资的不同来源等因素，由市和有关区县的物价部门具体核定。零售地产化肥，原则上实行一县一价。

三是逐步推进农产品流通体制和价格改革。改革农产品流通体制和价格，是在商品经济条件下保证农业稳步发展的必要条件。但在目前农产品供求关系偏紧的情况下，全部放开农产品价格，难免进一步恶化供求关系，加剧供求矛盾，引起物价进一步上涨，助长通货膨胀。因此，改革农产品流通体制和价格，必须有一个过程,不可能一蹴而就,只能审时度势,有计划、分步骤,积极稳妥地逐步推进。从我国的实际情况看,主要农产品流通和价格实行计划管理与市场调节相结合的"双轨制",在短期内不可能取消。根据中央和省里的决定,明年我市将对农产品的购销政策和价格作这样几个主要的调整:第一,适当调整粮食合同定购政策和价格。明年全市粮食合同定购任务不变,对省上下达的调减4650万公斤的任务,采取议价收购的办法,按减少合同定购的比例,以议价同农民结算,把差价款付给农民,取消原定的"议转平"粮食收购任务。为了平衡城市平价粮食供应差口和换购生猪所需的玉米,由市粮食部门向各区县粮食部门下达"议转平"任务,按随行就市略低于集市价格在当地市场收购或从省外购入。1989年粮食合同定购价格,按中央和省的规定适当提高。每收购50公斤稻谷、大米、小麦、玉米、黄豆、胡豆、豌豆,分别在今年的基础上提高5元、7元、1.5元、1元、20元、10元、10元,并继续对玉米给予4元价外补贴。改进粮食合同定购"三挂钩"办法,粮食挂钩肥增至10公斤,挂钩柴油的"平转议"差价款和预购定金的利息,待交粮时直接付给农民。第二,完善油、蔗收购政策。油菜籽收购任务和收购价格不变,合同定购的油菜籽,向交售油菜籽的农户无偿返还油枯的40%,或由粮食部门议价收回,把价款付给农民。甘蔗从1989年榨季开始每吨提到130元,并继续执行"吨粮吨糖"的奖售政策。第三,稳定生猪收购政策。明年全市计划收购肉猪220万头,调市150万头。向农民每收购一头肉猪,奖售35公斤平价玉米。调市部分,每头再增加35公斤平价玉米给调出区县。收购肉猪的最低保护价,每公斤2.6元。生猪技改费、收购组织费不变。第四,改进蔬菜收购政策。继续"管三放七",坚持粮菜挂钩,对6个大路品种每亩平均定购1200公斤,按质论价,完不成任务的按比例扣减平价口粮。为了缓解淡季和节日蔬菜供应,对二线蔬菜实行以粮以肥换菜,由市拨专用粮、肥解决。第五,继续搞活流通。对合同定购以外的农产品价格放开,随行就市。要改善已经放开的农产品市场交换条件,建立新的流通体制。在粮食主产区可建立政府管理下的粮食批发市场。在城区要继续建立和完善各种类型的蔬菜、水果、畜产品批发市场,积极发展期货贸易和各种长期合同贸易,逐步形成开放式的市场网络。其基本方向,是逐步建立最有利于农民交易的产供销管理和经营一体化新体制,以改变产供销彼此隔绝、互相脱节的状况。要继续搞活供销社,完善经营机制,增强服务功能。

(三)增加对农业的投入,努力改善农业的物质技术基础条件

近几年粮食生产出现新徘徊的一个重要原因,就是对农业的投入减少了。到本世纪末,要使我市的农业特别是粮食生产登上新台阶,必须下决心大力增加对农业的投入,创造农业长期稳定发展的物质技术基础。因此,要遵照中央"取之于农,用之于农"的原则,逐步增加对农业的投入。

一是增加农业投入固定渠道。增加农业投入,要坚持国家、集体、个体一齐上的方针,从多方面、多层次开辟资金渠道,并采取政策吸引的办法,逐步形成以集体和农民为主体的农业投入来源。第一,把国家规定应该用于农业的资金全部用于农业。主要是把每年征收的耕地占用税地方留成部分、农林特产税、菜地建设费、各种农产品技改费或发展基金、农业税按比例计价超收部分中留地方的大部、中央和省市下拨的各项支农专款等,应如数用于农业,不得挪作他用。第二,按中央和省里的规定,从全市预算外总资金中,与能源、交通一样,开征1%的农业发展基金;从乡镇企业每年新增税收中,划出50%用于发展农业和乡镇企业,其余50%于发展农村教育事业;从农村私营企业和农村个体工商户每年所征的税收中,划出60%作农业发展基金;从粮油议购议销经营利润中,每年提取5%的农业发展基金,用作推广粮、油生产技术;积极建立乡(镇)农村合作基金和农产品价格调节基金。第三,增加财政对农业的投入。各级财政要随着收入的增长,逐年适当增加对农业的投入,并将增加部分逐年打入基数。市财政在今年增加农业投入600万元的基础上,明年继续适当增加用于发展农业的资金。第四,保农业信贷。金融部门在治理、整顿中,应正确运用金融手段,本着有"压"有"保",紧中求活,眼睛向内的原则,按照优先序列使用资金,保好农业。第五,组织农民开展劳动积累。每个农村劳

动力,每年必须用15—20个工日,用于农田基本建设,有力出力,无力出钱,并要把这一措施作为增加农业投入的一项制度定下来。第六,联合开发农业。发动社会单位同农村联合,搞经营性的开发农业,建设商品生产基地。第七,积极利用外资。

二是确定好农业投入的方向和重点。按照分级分工负责的原则,在今后一个时期内,我市农业投入的方向和重点是:第一,加强农业基本建设。从现在起至"八五"期间,应切实抓好对现有水利工程的除险、加固、整修和配套工作;分期分批完成机电排灌站的维修、配套、更新改造;加强对低产田土的改造,提高单产;搞好造林绿化,增加植被,改善农业生态。第二,加强农用工业。要把农用工业作为整个工业结构的重要组成部分,切实纳入工业的发展规划。当前重点是加强对小化肥厂的技改,千方百计保证化肥厂的电、气供应,确保明年完成73万吨地产化肥的任务。同时,积极创造条件,争取尽快建成长寿化工厂尿素生产车间、前进磷铵复合肥厂和潼南氮肥厂,加速对永川、江津、江北3个小尿素厂的改建。继续利用地方留成外汇,进口尿素化肥2万吨。同时,要把增施有机肥作为发展农业的一条重要的方针政策,发动群众大积大造有机肥。农机工业要适应农村经济发展的需要,多生产各种小型多用农机具,特别要把三马力柴油机等纳入计划,认真抓好生产。计划和物资部门要支持农机企业、乡镇企业搞好小农具生产,改善市场供应。第三,加强农业科技教育。市级有关部门要支持市属农业科研所和农业中专校,改善科研、办学条件,加强管理,争取多出成果,快出人才。要加强各种良种基地的建设,不断引进、培育、试验、示范、推广良种。各区县要加强农业职业技术教育,不断向农村输送技术人才。第四,加强农村能源交通建设。帮助农民开发小水电,发展沼气和节能灶,修建乡村公路。

三是加强对农用资金的管理。农业投入的资金渠道多,情况比较复杂。对此,应在深入调查研究,协调好各方面关系的基础上,本着渠道不变、用途不变的原则,逐步交财政集中管理,由农委组织有关主管部门提出安排意见,交农村工作领导小组审批,有偿使用部分由农行发放,财政定期向农村工作领导小组报送农用资金收支情况。这样,就可集中管好用好有限的农用资金,提高资金使用效益,防止乱拉乱用,分散投资。

(四)进一步建立健全农技服务体系,充分发挥科学技术在农业发展中的作用

我市农业的资源有限,必须在严格控制耕地占用、严格控制人口增长的同时,更多地依靠科学技术的进步,搞资源替代,这是加速我市农业发展的根本出路。

从目前来看,农业上的科学技术短期内难有大的突破,依靠科学技术的重点,主要是推广普及好现有的先进实用生产技术。为此,就必须进一步建立健全以区县为重点、乡(镇)为基础的农技服务体系,努力提高区县一级,强化乡(镇)一级,健全村、社农科组,落实科技示范户,切实把实用的先进技术传授到千家万户。现在,乡(镇)农技服务组织这个基础,已普遍建立起来,今后要进一步巩固和加强,重点是提高人员素质,以本业为主,积极开展与自身业务相配套的综合经营活动,狠抓技术承包和技术服务,迅速提高业务技术水平,不断增强经济实力,争取在两三年之后走上自我发展之路。提高区县一级农技服务部门的水平,是搞好农技服务的关键。为此,各区县凡未建立农技推广服务中心的,应尽快建立起来,并逐步增加有关测试仪器设备,积极开展各种技术推广活动。要以村为单位,普遍建立农科小组。各地区性合作经济组织,要落实好科技示范户。

加强农村人才培训,是搞好农技推广的核心问题。为此,各地要根据自己的实际,采取多种形式,加强人才培训,尤其要加强初中级农业技术人才的培养。要尽可能地逐步改善农业科技人员的工作条件和生活待遇,稳定和加强农业科技队伍。要建立科技投入的新机制,逐步把推广科技成果和科技有偿转让或有偿服务结合起来,把科技服务与经营服务结合起来,采取鼓励科技人员承包开发项目,参与商品基地建设,或领办、联办技工贸结合的经济实体,或以技术入股、技术转让等方式,充分发挥科技人员的作用,加速科技推广。

推广科学技术,要注意结合传统农业技术的优点,把有关先进技术配起套来,发挥综合技术效益,以收到投资少、效益高的效果。

四、切实加强对农村工作的领导

发展农业牵涉到各方面,是一个庞大的系统工程。其任务十分艰巨。因此,发展农业是全党的大事,各级党委和政府务必引起高度的重视,始终把农业特别是粮食生产放在最根本、最突出的位置,作为首要任务,充分发挥我们的政治优势,切实加强领导,全党动手,同心协力,千方百计地把农业搞上去。

——加强组织领导。各级党委和政府必须把农村工作提上重要议事日程,党政主要负责同志要亲自动手,做出表率。区县特别是县,其经济的主体在农村,而农业又是基础,作为县的党政主要领导,要正确理解党政分开的意义,正确处理好城乡关系和工农关系,在思想上和工作上真正把重心放在农村,配备强有力的班子,采取过硬的措施,坚决抓紧抓好。主要领导和分管农村工作的负责同志,要切实转变作风,经常深入基层特别是到最困难的地方去,认真调查研究,及时发现先进典型,不断总结新鲜经验,努力探索带规律性的路子,并采取有效措施,尽快推开。这是领导者的主要任务,一定要狠下功夫,做出显著成效。要严格控制到外地参观学习,多做实际工作,多解决实际问题。市和区县农村工作的综合机构——农委、农(财)办要继续加强,发挥好综合协调职能。现有农村工作的其他机构和人员队伍,都要健全、充实和加强,认真发挥其作用。要提高农业战线的地位,努力改善农业战线的工作条件,稳定农业战线的队伍。市和区县财政要分别保证市和区县农技人员的出差经费,以支持他们深入实际,搞好技术服务。

——继续组织各行各业支农。要充分发挥市带县体制和城市的多功能作用,带动农村经济的发展。除了抓好突击性的抗灾救灾外,要大力开展横向经济科技联合,促进城市经济科技向农村转移。要继续坚持城乡通开,吸引农村劳动力和农产品进城,组织工业品下乡。要进一步搞好扶贫工作,从科技经济等方面帮助贫困县和贫困乡增强造血功能,加速脱贫致富。

——加强农村政治思想工作。今冬明春,全市农村要根据中央和省委的决定,广泛深入地开展一次以形势教育为中心的政治思想教育,推动农村精神文明建设。其中心任务是提高广大农村干部和农民的思想认识,使他们充分理解党的方针、政策和治理、整顿的重要意义;认清改革十年来的巨大成就和当前的大好形势,坚信改革,支持改革;明确目前实行的合同定购既是经济合同,又是国家下达的任务,也是农民应尽的义务;克服小富即安的思想,处理好积累和消费的关系,积极扩大再生产。通过教育,使他们树立全局观念,同心同德,艰苦奋斗,为国家作出更大的贡献。为了搞好这次教育,各地要以区县为单位,集中领导精力,集中一段时间、集中足够力量,把形势教育同帮助农村深化改革、开展治理整顿、进行农田基本建设、开发农业、小春田间管理、大春生产准备和加强基层组织建设结合起来,包片包村,分期分批,扎扎实实地展开,坚决防止走过场。

——加强基层组织建设。广大基层干部在工作多、任务重、条件差的情况下,做了大量艰苦细致的工作,为发展我市农村经济作出了重大的贡献。为了更加充分发挥基层干部的作用,应进一步加强基层组织的建设。乡(镇)一级要按照"三统三分"的原则,处理好党政关系,在实践中努力探索乡(镇)工作的规范化、制度化,集中主要精力发展农村经济特别是农业生产。要进一步健全党的基层组织,加强对党员的教育,广泛发动党员带头发展商品经济,带头勤劳致富,带领群众共同致富,充分发挥党支部的战斗堡垒作用和党员的先锋模范作用。要加强对广大农村知识青年的培养教育,注意从他们当中选拔和培养一批政治素质好、具有商品经济观念、有一定管理经营能力、又能密切联系群众的优秀干部到基层领导岗位上来。要加强对基层干部的培训,增强为人民服务的思想,为政清廉,奉公守法,密切联系群众,积极带领群众走共同富裕的道路。基层领导班子要保持相对稳定,任期内一般不要调动,换届中也要注意保留骨干力量,以利保持工作的连续性。

同志们!现在,举国上下,大办农业的空气正日益浓厚。只要我们认真贯彻党的十三届三中全会的精神和全国、全省农村工作会议的部署,城乡齐努力,依靠全市干部、群众的支持和努力,就一定能够把我市的农业搞上去,登上一个新的台阶!

孙同川同志在全市工业生产经验交流会上的讲话

(1990年6月28日)

市政府召开的这次会议,既是工业生产的经验交流会,也是千方百计把工业生产搞上去的动员会。今年以来,工业生产一直是上下左右、各方关注的突出问题,市委为推动工业生产形势好转,曾多次进行过研究;市政府召开了一系列会议,出台了一些重要的政策文件;几大班子的领导同志也经常深入基层检查指导工作。本月初,市委常委[会]会议再次研究了工业生产问题,要求各级领导把工业生产作为组织全年经济工作的关键来抓,振奋精神,再鼓干劲,集中精力,工作到位,努力实现今年全市的工业生产目标。今天的会议就是根据常委研究的意见召开的。

上午,一些企业介绍了经验。他们各自做法不同,具体经验很多。但就其基本经验,关键是有一个良好的精神状态,在困难面前积极进取,调整产品结构,抓好企业管理,开展双增双节,努力开拓市场,保持生产稳定发展和经济效益不断提高。这些经验使人鼓舞,给人启发,也给我们提出了一个值得深思的问题,为什么在外部环境大体相同的情况下,会出现两种不同的局面。

刚才,昌典同志对上半年工业生产作了小结,对下半年的工作提出了具体的要求。下面,我想再强调几点。

一、正确认识当前的经济形势

从总体上看,当前我市经济是基本稳定的。从趋势上看,也正在朝着好的方向发展。

一是农业生产情况是好的。小春作物获得丰收,粮食产量比去年增产2.5亿斤左右,油菜籽产量增长16%。大春作物实现了满栽满种,目前长势良好,只要不出现大的灾害,全年丰收是有把握的。

二是工业生产下降势头得到控制,头4个月生产水平逐月提高,下降幅度逐月缩小。虽然5月份不大稳定,但负增长的势头毕竟已经减弱,能源、原材料、农用工业和一些适销对路的产品也比去年同期增长。

三是市场、物价继续保持平稳。城乡市场商品丰富,主副食品供应充足,物价涨幅进一步回落,1—5月全市零售物价涨幅只有0.9%。广大市民是满意的。

四是金融状况继续好转。城乡居民储蓄余额和银行贷款余额都比年初增加。清理"三角债"初步见效。

五是外贸出口持续增长。1—5月出口比去年同期增长19.6%,已完成全年计划54.6%。

这些成绩,是各级政府和政府各部门认真贯彻党的十三届五中全会、六中全会精神,紧紧围绕稳定这个中心,从多方面采取措施,做了大量工作取得的;是全市经济战线各级领导和广大群众齐心协力,艰苦奋斗,克服重重困难取得的,应该给予充分肯定。看不到我们取得的成绩,看不到形势发展的本质、主流和趋势,产生消极悲观情绪,甚至丧失信心,都是毫无根据的。

当前经济生活中的突出问题仍然是工业。去年四季度以来,我市工业生产已连续9个月负增长,这是近10年没有过的。尽管目前已出现回升迹象,但仍在低谷徘徊。亏损企业之多,亏损金额之大,也是近10年所没有的。

工业是我市经济的主体,工业生产上不去,引起一系列连锁反应。许多农副产品出现了卖难的问题;财政收入下降,该收的收不进,该支的支不了,经济建设、教科文卫事业都受到影响,平抑物价、稳定市场的财政支撑力量减弱。更严重的是,如果停产半停产企业和待业人员继续增加,职工收入进一步下降,势必将进一步影响社会稳定。因此,工业生产绝不是一个孤立的问题,而是关系到整个经济、社会和政治稳定的全局性问题。我们必须从这个高度来认识把工业生产搞上去的必要性、重要性和紧迫性。

二、各级领导班子要保持良好的精神状态

要把工业生产搞上去,首先要解决一个精神状态问题。我市工业战线各级领导班子中,多数的精神面貌是好的和比较好的,领导成员团结一致,同心同德,带领职工千方百计克服困难,保持企业、生产和职工队伍稳定,促进了全市社会的稳定。市委、市政府要衷心地感谢同志们。尤其是一些特困企业,在生产经营非常艰难、职工收入降低的情况下,由于领导班子精神状态好,与群众同甘共苦,做到了企业不乱,队伍不散,情况一天比一天好。

但是,也有一些企业乃至少数部门的领导班子,由于市场疲软引起思想"疲软",用市场疲软来掩盖自身工作不力,精神不振,无计可施,甚至怨天尤人,任其自流。有的长期不团结,置国家、企业和职工利益于不顾,闹无原则纠纷,热衷于打"内战",导致管理松弛,职工思想混乱。还有极少数厂长被困难吓怕了,激流勇退,要求辞职。像这样的精神面貌怎么可能带领职工克服困难呢?

应当承认,我们面临的困难的确是很多很大的,各级领导成天处于矛盾的旋涡之中,工作十分艰苦。对这些,市委、市政府是非常清楚的。同志们有困难,市政府和我这个当市长的同样面临很大的困难。面对困难怎么办?我们是共产党员,得讲党性,讲组织观念。党的工作,再难、再苦、再累也得干下去,还要努力干好。

当前经济生活中存在的种种困难和问题是多种原因造成的,解决起来的确是费劲的。但解决这些问题的历史重任已经落到我们这一代人的肩上,这就决定了我们要吃苦、要付出代价,就像前一代人打江山要流血、要牺牲一样。其实,我们所处的环境同前一代人相比,不知好多少倍,我们没有任何理由在困难中退却。目前市级机关党员正在进行重新登记,企业也要对党员进行民主评议。各级领导班子都要按照中央提出的"一要稳定、二要鼓劲"的要求,结合党员登记和民主评议,认真检查一下,劲鼓得怎么样?工作做得怎么样?通过检查,克服畏难情绪,振奋精神,以坚韧不拔的决心,鼓起更大的干劲,去影响和带领职工战胜困难,打开局面。

这里还需要着重讲一下少数同志中存在的"定局论"思想。有这种思想的同志,关起门来算账,算去算来,总觉得"大局已定",今年工业增长5%的目标怎么也实现不了。这样的思想虽然刚刚露头,可是十分有害。现在时间还没有过去一半,就这样匆匆忙忙下结论,是不是为时太早?是不是符合"鼓劲"的精神?应该指出,今年全市增长5%的目标,是根据我市工业实际情况提出来的,经过努力不是不可以争取的。再则,目标已经写进了《政府工作报告》,并经市人民代表大会审议通过。因此,完成这个目标决不能犹豫,决不能动摇,决不能退让。当然,这绝不意味着要大家片面地去追求产值,把东西生产出来积压在仓库里。我们需要的速度,是实实在在的,没有水分的速度。一方面产值要上去,另一方面还要讲适销对路,讲经济效益。

完成全年任务的有利条件是有的:国家从宏观上采取了一系列微调措施,这对于改善过紧的经济环境,启动市场,促进生产将会起到积极作用。加上国家机关、企事业单位普遍增加工资,农业丰收,农民收入增加,也会推动市场走向好转。我们一定要抓住时机,尤其要抓住关键的七八月份,动员和依靠广大职工,上下一心,各方配合,群策群力,打一场堵滑坡、上效益的攻坚战。欠账多的企业要急起直追,千方百计抓进度,补欠账;有条件的企业要尽量多增产。对下一轮承包基数,市政府已作出明确的合理的规定,完全不必担心"鞭打快牛"。

三、必须花大力气调整产品结构

当前市场疲软主要是结构性疲软。工业生产要冲破疲软、走出困境,根本的出路还在于治理整顿和深化改革,加快调整产品结构。近年来,我市工业产品调整工作已经开始起步,但进展缓慢,没有取得突破性进展。这当中既有实际问题,也有认识问题。一

是等待观望。认为市场疲软是暂时的，挺一挺就能对付过去。二是畏难情绪严重。认为"市场变化太快不好调""没有资金无法调""现在渡难关没有精力调""结构调整是一个长过程，只能慢慢调"等等。三是产品开发意识淡薄，一些企业承包后，看重短期利益，忽视长远利益，领导主要精力忙于完成当年、当期的承包利润，忽视了产品结构的调整。当然，也确实存在资金短缺和宏观政策措施不配套的问题。从我们工作上检查，也存在着一般号召多，检查督促少的问题。

如何推进产品结构调整，7月份还要开会专门研究。这里我讲三点意见：

（一）提高认识，增强紧迫感。调整产品结构，是企业本来就应当做的一项经常性工作，不是市场出现了疲软才来强调调整。一个企业要想求得生存与发展，必须不断地推出自己的新产品，才可能在激烈的市场竞争中立于不败之地。任何产品，无论其质量多好，档次多高，信誉多好，它在市场的寿命总是有限的，这是由产品生命周期决定的，是不以人们的意志为转移的。正因为如此，有远见的企业家总是要同时掌握几手产品，决不在一棵树上"吊死"。市场是一面镜子，我们应当正视自己的问题，吸取过去的教训。有的同志到现在还没有警醒起来，把调整产品结构看成是"奉命"的，而不是主动的，是上面要我调，而不是我必须自觉调。我们希望这样的同志尽快转变观念，丢掉幻想，有一点危机意识，把调整产品结构提上重要议事日程，做出扎扎实实的成效。

（二）建立健全组织机构，制订好产品调整规划。首先，要有机构抓，市的工业调整办公室要集中力量抓，各区县、各部门和企业也要建立相应的组织机构，或指定一个部门负责抓。其次，要制定规划。尤其是"八五"调整规划，真正做到发展一批产品，限制、淘汰一批产品；真正做到生产一代、试制一代、预研一代，形成合理的梯次结构。第三，在制定规划时，要处理好几个关系，就是战略性与战术性调整，以战术性调整为主；适应性与方向性调整，以适应性调整为主；增量与存量调整，以存量调整为主。产品结构调整要走改革的路子，同企业组织结构的调整紧密结合，推动横向经济联合，发展企业集团，促进资源的合理配置，形成一批在全国市场或区域市场有较大影响的拳头产品。第四，要抓检查落实。产品结构调整也要实行项目责任制，一级抓一级，下级向上级负责，定期检查评比，对完成任务好的表扬、奖励，对完成任务差的要批评、教育。总之，要改变过去说得多，干得少的现象。

（三）研究制定调整产品结构的有关政策。实际上这方面过去已经开了不少口子，但是分散而不集中，零星而不系统。请市的几个委办和经济杠杆部门对现行有关政策进行清理，该修改的进行修改，该补充的作一些补充，以积极的态度，提出一个比较完整的支持产品结构调整的意见，交市工业调整办公室汇总研究，衔接平衡，报市政府审定后执行。

四、围绕质量切实抓好企业管理

从总体上讲，我市产品的质量是稳定提高的，企业管理工作是有进步的。但是，我市企业管理同国内一些城市相比，有不小的差距，在一些企业中，甚至出现管理回潮的现象。我们不少产品尤其是轻纺产品，质量、花色品种不如外地，在省内外的传统市场不断丢失，沿海轻纺产品源源不断地打进重庆市场，这不能不引起我们深思。问题主要在三个方面：一是认识上的差距。在相当一部分同志的思想上，没有真正把质量提到求生存求发展的高度来认识，没有把企业管理作为关系企业兴衰的一项基本建设来抓。追求速度效益，满足于粗放式经营的思想还未根本转变。二是措施不落实。一些同志老是坐等外部环境的改善，张口闭口要政策，不是致力于内部挖潜，连过去一些行之有效的办法和措施也丢掉了。三是以包代管的现象比较普遍。不少企业管理的基础工作削弱，管理水平下降。现在看来，围绕质量抓管理，已经到了非抓不可的时候了。下面讲四点意见：

第一，充分认识抓质量、抓管理的重要性和紧迫性。首要的问题是要转变企业工作的指导思想，克服重产值和产品数量，轻产品质量的倾向，把主要精力集中到内部挖潜，练好"内功"上来。抓住当前治理整顿的大好时机，扎扎实实地整顿和加强包括质量管理在内的各项管理工作，尤其要健全企业管理的各项基础工作，确立围绕质量抓管理，狠抓管理要效益的思想。认真克服各种短期化行为，坚决纠正管理目标和经济指标一手软、一手硬的错误倾向。

第二，要把质量问题提到战略的高度来认识，牢固树立质量是企业的生命的观念。任何商品都是价值和使用价值的统一，粗制滥造、质量低劣的商品是没有使用价值的。使用价值不能实现，你的经济效益（也就是价值）从何而来？因此，我们要老老实实地学习和借鉴外地的先进经验，强化全员质量意识，广泛开展"创一流产品"的活动，持久地推行全面质量管理，通过各种方式不断提高全体职工的思想、文化、技术、管理素质，从根本上保证产品质量的提高。

第三，以企业上等级为目标，掀起全市抓管理的第二次高潮。80年代初，企业全面整顿掀起了第一次抓管理的高潮，对提高企业素质起了很大的推动作用。90年代初，我们要以企业上等级为目标，再次掀起抓管理的热潮。现在的问题是重点和一般兼顾不够，大中型企业上等升级大家都比较重视，而对量大面广的小型企业则抓得不够。尤其需要指出的是，有的工业主管部门削弱乃至撤消〔销〕企管机构，这种情况需要引起注意。下一步，除大中型企业要继续瞄准省级、国家级企业标准，逐步实现升级规划外，市级有关部门也要研究制定一个小型企业的升级标准，使所有企业都能在上等升级中有明确的目标和方向。各企业主管部门和大中型骨干企业，要建立健全企管机构，已撤消〔销〕的要恢复，不适应工作的要加强。要研究制定促进企业管理的奖惩办法，切实纠正以包代管的倾向。

第四，要把"双增双节"运动深入持久地开展下去。"双增双节"运动曾在我市广泛开展并收到过成效。近两年来，这项工作流于形式的多，坚持不够好，关键是措施不落实。当前，我们要按照中央进一步治理整顿，深化改革的决定要求，结合自己的实际，把降低成本、减少消耗、提高质量、增加品种、减少资金占用、提高经济效益的目标具体化，层层加以落实，并作为考核经济部门和企业工做好坏的重要指标。要根据不同时期经济工作的特点和企业的特点，对"双增双节"运动采取新的方式，注入新的内容，当前要注意同"爱重庆，作奉献"活动紧密结合起来，使之深入持久地坚持下去，并收到实效。

五、继续抓好困难企业的转化工作

年初以来，由于市委、市政府采取了一系列政策措施，由于各经济综合部门和杠杆部门的全力支持，由于困难企业广大职工的艰苦奋斗，大多数困难企业正在朝好的方面转化，有1/3的企业已经出现了生产正增长。但是，困难企业的问题有的是多年积累的，解决起来还不能急于求成；有的涉及企业生存和发展方向，解决起来难度很大。因此，目前大约还有1/3的企业仍然处于停产、半停产状态，问题远未解决。总之，做好困难企业的转化工作，是一项十分艰巨，又不得不抓的大事情。

困难企业要走出困境，最根本的是要靠企业和职工群策群力，生产自救。国家给予必要的扶持毕竟是条件，而且有时间限制。

其次，要抓结构调整。有相当数量的困难企业不符合产业政策的要求，产品结构和企业组织结构也不尽合理。这部分企业简单地恢复生产并不能从根本上解决问题，只有调整结构才有前途。主管部门要协助这些企业尽快拿出切实可行的调整方案。只要方案切实可行，有希望走出困境的企业，经济综合部门和杠杆部门就应给予支持。

第三，对极少数资不低〔抵〕债、濒临破产，给政策也无力复工的企业，要从改革的角度，寻求解决问题的思路和办法。比如法人承包、企业兼并、拍卖、破产等等。当然，要从有利社会的稳定出发，少关停、破产，多承包、兼并，并安排好人员的出路，不要推到社会上了事。请市体改委多抓一下这方面的工作，注意总结经验，研究政策。

第四，要继续采取必要的扶持措施。对这个问题，现在看法不很一致，有的同志责怪我们保护落后，我认为这种看法是片面的。困难企业的问题比较复杂，造成困难的原因也是多方面的。有的企业并不是不符合发展方向，造成困难的原因也不全在企业本身。即使企业本身有问题，责任也主要不在广大职工。职工吃不起饭，涉及到社会安定的问题，人民政府总不能不管。有的效益好的企业同困难企业去比，感到吃了亏，认为是"鞭打快牛"。这种比法本身就不正确。要比应该同更好的企业去比，比谁为国家作的贡献更大。总之，希望大家都要从全局出发考虑问题。市政府7号文件6月底就要到期了，下一步怎么办，相信市政府会从实际出发加以研究。我们的态度是，该扶持的还得继续扶持，不过办法需要改进，既要给动力，又要有压力，促进困难企业早一点走出困境。

六、集中精力，加强领导

从现在起工业主管部门、行业主管部门一定要全力以赴抓工业生产，各区县也要用较多的精力抓工业生产，各个经济综合部门要主动配合促工业生产。总之，不要再想东想西，不要再只说不做，抓紧下半年的分分秒秒，尽最大努力，把工业生产和经济效益搞上去。下面提几点具体要求：

第一，各区县分管工业的领导，市级工业部门的主要负责人，企业的厂长，要坚守岗位，守职尽责，尽量减少外出活动，集中精力抓面上的生产。确需外出的，要按规定向上一级分管领导请假，并限定返回时间。现在市级机关正在分批进行党员登记，要处理好登记同工作的关系，不可只顾一头，既要搞好登记，又要抓好生产。

第二，进一步加强工业生产的指挥调度。各区县、市级各工业部门和企业都要完善生产指挥调度系统，健全调度制度，增强指挥调度的科学性和预见性。

要定期分析生产形势，及时研究生产中存在的问题。市经委开生产调度会，要根据情况请有关经济综合部门参加。

第三，继续组织机关干部下基层帮助工作。这项工作前一段抓得比较好，最近有点松。要采取轮换的办法，抽出经验丰富的干部，到问题比较多、生产任务欠账较多的大中型企业帮助工作。下去的干部要同领导和群众一道解决实际问题，推动生产发展。

第四，紧紧依靠工人阶级，广泛发动工业战线上的广大职工，迅速掀起生产热潮。三季度是工业生产的黄金季节，各企业的党委、行政、工会、共青团要密切配合，通过各种形式深入发动，把职工动员起来，开展双增双节，整顿企业管理，提高产品质量，提高经济效益，弥补上半年生产欠账，完成全年的生产任务。同时要抓好安全生产，做好防洪抗洪、防暑降温工作，关心职工生活，保护群众的积极性。

第五，各行各业、社会各界都要关心和支持工业生产。完成全年工业生产任务，不仅是工业部门的大事，也是全社会的大事。商业服务、城市交通、水电气供应、社会治安等部门和行业，要努力做好本职工作，为职工解除后顾之忧。新闻单位要加强对工业战线的宣传报道，及时宣传工业战线的好人好事，造成浓厚的舆论空气。

肖秧同志在市委廉政检查汇报会上的讲话

（1991年3月25日）

（根据记录整理）

同志们：对不起，这个会没有自始至终地参加，许多好的经验没有直接听，我看了会议材料，对会议也了解了一下。我有些大体的想法，提出来与同志们共同讨论。

第一，我觉得，党风廉政建设是我们党一个长期的方针，就是说，不是抓一阵就可以从根本上解决的问题，或者一劳永逸。因为，在我们这样一个执政党处在改革开放时期，又要发展商品经济，廉洁和不廉洁的斗争十分尖锐。执政党手中掌握了权利〔力〕，一些人很容易利用这个权利〔力〕去谋私。这个问题很严重，如果不加以注意，任其泛滥，最后就会亡党亡国。我听了同志们的经验介绍，了解了同志们一年来的实践，我觉得要有这样一个思想上的认识，就是，我们保持廉洁，同不廉洁的行为和违纪违法行为作斗争，是一个长期的任务。因此，要求各级领导给予充分重视，对党风廉政建设的工作心里要有数。我看了看发言材料,税务局、江北区、南岸区、物资局,还有电业局、天然气公司的同志介绍了各自的情况,搞得好的单位就是因为他的领导对党风廉政建设的重要性心里面有数,工作就做得好。

第二,我想,各个行业都有各自的特点,怎么来保持我们自身的廉洁,就要注意行业特点,有针对性地进行廉政建设。管电的手中掌握着电,管税收的手中掌握着税收权,这些都是自己的特点,我刚才听了税务局的发言,他们抓住自己容易发生问题的9个方面开展工作。我记得上一次一个检察院的同志介绍他们的经验,也是掌握住了自己的特点。只要把这个东西管住了,把握住了,就可以保证这个行业、系统从总体上是廉洁的。抓住自己行业的特点,除加强思想教育之外,还要有制度保证,没有制度保证也不行。我希望同志们在这方面创造更多的经验。一个执政党,一个行业,甚至一个企业,在掌握了国家的权力和财产之后,怎么进行有效的监督,这是很麻烦的事。最近,有人在研究这样一个理论,就是企业的"两权分离"。所有权和经营权的分离,在世界上恐怕多数都是这样,在发达的资本主义国家也是这样。就是财产的所有者,占有财产的人,他不一定是经营的人,甚至包括一些发达的资本主义国家的大型企业,这些企业的领导,几乎都不是所有者。有人有这样一个看法,就是在中国,从我们实行全民所有制开始,就是"两权分离",比任何一个国家都分得彻底。因为,我们现在国营企业的所有厂长都不是所有者。因此,就提出一个问题来,在资本主义国家,"两权分离"之后,对于财产的使用,对企业整个生产经营管理最有效的监督靠什么?就是靠所有者组成的那个董事会下面的各种委员会的监督。这个监督成本是很高的,比我们的监督高得多。在一个企业就有一个监督系统。而我们的监督系统比较集中在上面。于是乎,就可以制约它整个经济生活里面各种不正常的行为和手段的发生。当然,完全杜绝也做不到。在我们国家,有的同志讲,我们的监督机构很多。作为一个企业来讲,几乎所有部门都可以监督,税收可以监督,物价可以监督,还有监察、纪检部门也可以监督。但是,唯独一个行业,怎样接受监督,却是一个问题。行业要靠自身监督。税务局就要靠自身的监督,电业局要靠自身的监督,物价局要靠自身的监督,这个监督看来非搞不可。而且,对重要行业的监督还要实行双重领导,既要受行业领导人的领导,还要受监察、纪检系统的领导。在监督的方法、手段、制度等方面,也请同志们多总结经验。列宁同志讲过多次,觉悟再高的人,如果长期不监督,同样会出问题。这句话是很有道理的。大家总结一下,那些违法犯罪的人,包括犯错误的同志,他们都是一步步往下滑的,有的人曾经是表现比较好的,就是失掉了监督。所以,我想监督系统要进一步健全,要进一步选拔优秀的人才进入我们的监督系统。从总的方面看,我们重庆市的监督系统都是有成效的,而且是很得力的,但是还要加强。没有一个强有力的监督系统,我看是不行的。目前,在某些资产阶级自由化思想侵蚀还比较严重的情况下,更需要加强监督。

第三,我赞成刚才税务局的同志所讲的,我们要有一支纪律严明、有共产主义理想而且精通业务的干部队伍。要关心、培养他们,关心他们的工作、生活。关心我们的监察队伍,我说的监督是包括所有的,不是说光指那〔哪〕一个部门。刚才税务局的同志讲了,把税务所的伙食问题解决了一下,我看非常好。你说,又要我们这些同志廉洁,又要努力去工作,连个吃饭的问题可以解决而又长期得不到解决,你让这些同志怎么去工作呀?我看,税务局就做得好。我在农村就给乡政府老讲,我说,你看你们乡里的干部,又不能回家,干什么呀?晚上没有事,有的干部一有请吃他就去了,再喝两口酒就糊涂了,然后就胡说八道,东许愿西许愿,这很容易呀。你不要以为我们有个雷锋,有个榜样,就一律都是雷锋,那不一定,雷锋毕竟经过了长期的教育才形成的。所以,要关心同志们的生活,一个乡是这样,一个税务所也是这样。税务所本身又没有一个伙食团,就容易吃请,本来挣的工资就那么一点点,长期吃饭又找不到一个地方,于是乎,一请他就去。吃了人家的口就软,一软就减、免、缓,是不是?所以我历来主张要逐步让我们党政干部的工资按照马克思"按劳分配"的标准,相当于熟练工人的水平。我们现在没有做到呀。<……>后来,我说那不行,党政机关干部的工资就是要逐步保持一个较高的水平,这不是谁有特权,这是讲社会主义的按劳分配。我在一次会议上说,一谈落实知识分子政策,好像就没有党政机关的知识分子,党政机关有不少知识分子呀。我肖秧是不是知识分子?你要洋文凭还是土文凭,土文凭本人有,洋文凭我也有。何况我肖秧多一分钱也没有要,包括这次党政机关的岗位责任制奖,本人没有要。为什么不要,是因为要保持主动,亏了我一个,幸福一大片。对不对?我说的意思就是要关心职工生活,而这个关心要采取正常的手段,绝不搞那些偷偷摸摸的事。同时,要向咱们的干部讲清楚,现在条件达不到,忍耐忍耐,大不了两三年,再多一点四五年,条件是会改善的。何必现在就见利忘义了呢?要两头做工作,一头就是关心他们,帮助解决困难。最近,检察院的同志说,宿舍困难,我说,尽可能帮助解决。检察院他怎么创收?要创收岂不就是"官了"还是"私了"。"官了"就是依法惩处,"私了"就是你拿钱来。这种创收行吗?有些机关根本就不能创收。你的任务是执法,执法者怎么创收?但是,作为领导者,地方党委、政府要关心这些部门的同志,包括他们的家庭。不是说关心就是要让他们先富起来,党政机关先富起来也不行,监督部门先富起来也不行,纪律检察部门先富起来也不行,而是要保持一个中上等的水平。还有一头就是要加强监督。我就想到这些,华生同志的总结讲话是正题。

感谢同志们!

孙同川同志在深化我市国合商业、物资批发企业改革汇报交流会上的讲话

(1992年5月27日)

同志们:

刚才听了几家商业、物资批发企业的发言,我认为是很好的。他们为搞活批发企业摸索了一些路子,创造了一些经验。市政府这次召开深化国合商业、物资批发企业改革汇报交流会议,其目的就是为了进一步贯彻落实中央二号文件精神,深化我市流通体制改革,加大批发企业改革力度,逐步形成大开放、大流通、大市场的新格局,促进重庆经济的发展和振兴。这里,我讲几点看法和意见。

一、进一步解放思想,树立大开放、大市场、大流通的观念

这里,我觉得一个很重要的问题,是如何认识和看待一个现代化城市,应该具备什么特征,怎样建设一个国际化、现代化的大城市?现代化城市的一个显著特征就是流通业的高度发达。经济发展水平高、经济实力较强,现代化水平较高的城市,一般都是比较著名的商业贸易中心和金融中心。城市在现代工业兴起前,首先是从贸易、金融发展起来的。这不仅是因为资金、商品流通和市场交换是城市形成和发展的直接推动因素,而且也在于城市经济综合功能的发挥,在很大程度上要以资金、商品流通和市场交换为载体,以流通和金融中心功能的强化为前提。随着商品经济的发展和生产社会化程度的提高,流通对社会经济发展的作用将越来越大。没有流通就没有商品经济,要发展商品经济,就必须重视发展流通。我们有一些同志,由于过去长期形成的产品经济观念和小农经济观念的影响,至今不同程度地存在着"重生产、轻流通"和条块分割、画地为牢等狭隘保守封闭观念,这在很大程度上影响和束缚了我市流通的进一步发展和市场体系的培育,也使我们在对外开放、内联外引方面失去了许多机遇。因此,我们要更新传统的观念意识,树立"大开放、大市场、大流通"观念,切实把流通作为重要产业来抓,使重庆成为名实相符的长江上游和西南地区的贸易中心、金融中心、信息中心和交通枢纽。90年代是重庆改革开放、加速发展的关键时期。重庆作为西南的经济中心,长江经济带的腹地,特别是三峡工程确定上马,使重庆面临极好机遇。

这也要求必须坚持大开放,发展大流通,建设大市场。

十一届三中全会以来,市委、市政府坚持"一个中心,两个基本点"的基本路线,把搞活流通、拓宽市场作为推动经济发展的关键性环节,在国合商业、物资企业进行了一系列改革,促进了全市经济的稳步增长。去年以来,国合商业企业"四放开"改革由点到面健康发展,取得了较显著的效果,并在全国引起了强烈的反响。但是,我们对商业流通改革应当正确认识,一分为二分析。一方面,在城市经济改革中,流通改革起步早,进展快,成效显著,这应充分肯定。另一方面,商业尤其是物资批发改革相对滞后,不适应商品经济发展要求,成为我市国民经济发展中的一个薄弱环节。主要问题:一是国合商业、物资批发企业经营机制不完善的现状仍没有得到根本好转,不能适应"三多一少"的流通新格局,经营发生许多困难,有的陷入严重亏损的境地。二是生产资料市场和要素市场发育迟缓,工农业产品的大中型批发市场为数较少,不能使各项经济活动更加富有效率和效益。市场体系不完善对国民经济健康发展带来严重阻碍。

要解决流通中的问题,关键是要进一步解放思想,特别是各级领导干部要带头解放思想,不能讲空话,要落实在行动上,落实在改革、开放、发展上。当前,要解决的主要问题,一是树立紧迫感和危机感,强化"大开放、大市场、大流通"的观念,形成与大工业、大农业相适应的大流通新格局,这是目前我市经济工作中的一项紧迫任务。没有重庆的"大开放、大市场、大流通",重庆的经济就不可能振兴和发展。二是要解决精神状态问题,要克服胸无大志,小富即安;求稳怕乱、裹足不前;畏难怕险、等待观望的精神状态,要有敢"闯"敢"试"的精神,不怕犯错误。现在我们有一些同志长期以来习惯于墨守成规,不思进取,总想四平八稳,坐太平交椅。如果以这种精神状态去指导改革开放,那注定是不会有多大成就的。三是要正确认识和处理好计划和市场的关系。市场和计划都是经济手段。小平同志讲,计划经济不等于社会主义,资本主义也有计划;市场经济不等于资本主义,社会主义也有市场。我们搞流通的同志一定要走出计划经济是社会主义经济特征的误区,从商品经济的一般规律和经济发展的现实需要出发,充分发挥市场在经济生活中的调节和导向作用,许多难题就会迎刃而解,就是按客观经济规律办事。

二、加大国合商业、物资批发企业改革力度,要敢于动真格

加快流通体制改革,是整个经济体制改革的一个重要方面。重庆要形成"大开放、大市场、大流通"的新格局,必须深化国合商业、物资批发企业改革。当前批发不活,经济效益差,整个流通也难以活起来。改革开放以来,我市商品流通领域发生了很大变化。在农副产品、工业品生活资料以及工业品生产资料的流通中,通过计划调拨的部分不断缩小,通过市场调节的部分日益扩大,国合批发企业在计划经济条件下所承担的统购包销分配调拨的历史任务已基本完成,"三多一少"的流通体制新格局已经初步建立起来。国合商业、物资批发企业只有适应这种变化了[的]客观环境,才能在市场竞争中求得生存和发展。尽管我市国合批发企业也先后进行了专业划细、核算划小、内部承包、横向联合等改革,然而传统的经营方式和管理体制并未根本改变,批发企业改革滞后于商品流通发展的状况比较突出。时至今日,仍有不少批发企业没有在市场中"安营扎寨",更没有建立"根据地",这是导致批发企业亏损严重的重要原因。因此,批发企业要走出困境,唯一的出路是加快改革,改革比以往任何时候更为紧迫,各级领导要高度重视,批发企业自身更应清醒认识严峻的形势,增强改革的紧迫感和责任感。这不仅关系到扭转批发企业的被动困难状况,更重要的是关系到国家对商品流通的调控,关系到公有制经济在流通领域主导作用的发挥。改革的目的,在于转换批发企业的运行机制,走向市场,开拓新的经营领域。方向就是"五突破":突破传统的经营观念;突破单一的经营结构;突破分割的批发体制;突破臃肿的组织机构;突破僵化的内部机制。当前,要下功夫解决以下几个问题:

(一)必须确立面向市场,参与竞争,开拓经营,提高效益的经营思想和战略

当前,我们的批发企业必须面对这样一个现实:

随着商品经济的深入发展,经营主体的多元化批发新格局已经基本形成,批发企业面向市场是经济改革的必然趋势。对此,批发企业应丢掉任何幻想,更新经营观念,调整经营战略,实现"三个"转变:就是由计划为主转到市场调节为主;由购进储备为重点转到以销售、效益为中心;由分配型转到开拓竞争型。把立足点从根本上转过来。我们搞商品经济,想问题,作决策,搞经营,抓管理,都应积极走向市场,立足于市场,服务于市场,开拓于市场。这是批发企业从事商品流通的必由之路,早走早主动,越迟越被动。为什么我们的不少企业在市场竞争中,缺乏沿海城市那种见缝插针,无孔不入,足智多谋以及不断开拓进取的精神、韧性和闯劲,关键在于我们企业的市场意识和市场观念没有发生彻底转变。去冬今春几次会议上,市委、市政府反复宣传这些观念,使转变经营思想的重要性、迫切性逐渐被批发企业的干部、职工所接受和认识。今天会上发言的几家批发企业,积极走向市场,参与市场竞争,取得经济效益与社会效益双丰收。可不可以作出这样一个结论,凡是面向市场、勇于开拓的企业,我看效果都是好的。

(二)必须建立开放、高效、竞争力强的新型批发企业

批发企业如何适应市场经济发展的形势要求?提高市场竞争能力是一个需要解决的大问题。当前在改革批发体制方面,要着重调整批发结构,建立以批发为龙头的企业集团和新的批发集团公司,把经营重点转换到销售上来。

一是组建集团、扩大规模。有重点选择2—3家批发公司组建集团,一方面加快与中央有关部总公司的联合,另一方面加强与重点生产厂的联合,扩大经营规模,增强经济实力,着眼于市场开拓。要实行"工商与商商、批零、经营与服务、内外贸"四个结合,发展一批连锁商店,搞批零一体化经营。市级批发公司要通过投资和开拓经营,向生产和零售两头延伸,逐步扩大外贸经营,形成一业为主,多种经营,主副互补,内外贸并举的批发企业新格局。引导一些批发公司加快与重点、骨干商品生产厂家的联合,成为总代理,同时扩大批发销售网络和渠道,掌握市场主动权。对个别长期亏损、经营调整无出路的批发企业,由经济实力强的企业进行兼并,扩大优势企业经营规模,促进批发结构的改组,积极探索进行股份制改造和试办综合商社的路子。

二是批发企业的经营方式要从传统的大购、大销、大库存、低效益,向着市场取向,以销定购、勤进快销、追求效益方向调整。按照市场需要什么,就组织采购什么、积极供应推销什么的方针,自主经营。切实做到商品适销对路,库存结构合理,经济效益显著。

三是批发企业内部机构设置和人员编制,要按照以销售、效益为中心的要求进行调整。企业内部机构设置要围绕开拓和扩大经营,精简行政、管理、后勤等职能科室和部门,扩大专业经营部门和销售网络。人员编制安排上要按照"小管理、大经营"的原则,减少行政管理后勤人员,扩大批发、推销、零售人员的比重。

(三)必须深化批发企业内部改革,转换企业经营机制

当前,批发企业,特别是大中型企业效益差,亏损严重,最根本的问题是经营机制不活。批发企业都要毫无例外地改革人事、分配、用工三项制度,国合商业企业"四放开"要进一步完善和规范,商业物资批发企业"五转换"要普遍推行,要坚定不移,只能前进,不能后退,后退是没有出路的。通过深化改革,让企业去适应市场的需求和变化,逐步形成自主经营、自负盈亏、自我发展、自我约束的机制;形成适应社会化大生产和市场竞争的高效灵活的经营决策机制;形成能进能出、岗位竞争、优化组合的劳动用工机制;形成能升能降,以劳绩和职务技能为主的工资分配机制。真正搬掉"铁交椅",打破"铁饭碗",端掉"大锅饭",调动企业各方面的积极性和主动性。三项制度改革的目标必须与转换经营机制的目标相一致,目的在于转换企业经营机制,增强企业活力,这一点必须明确。

三、政府必须转变职能,为深化批发企业改革创造良好的外部环境

随着经济体制改革的深化、对外开放的扩大和现代化建设的发展,必须推进政府转变职能,强化服务。

政府职能不转变,企业机制难转换。为什么我们的"四放开"会在全国流通领域引起强烈反响,就在于我们为企业的自主经营松了绑,在政策上给予了企业的自主经营决策权,也就是为企业创造了一个良好的改革环境。因此,政府要把管理和培育市场作为转变职能的一项重要工作来抓,进一步发挥市场调节的作用,下决心把企业推向市场。除继续贯彻落实好有关"四放开"(即五十条)和"搞活批发企业十条"的政策性文件外,我再强调几点,会后请市里有关部门具体研究落实,为深化批发企业改革创造良好的外部环境。

(一)要进一步减少对批发企业的指令性计划安排,扩大市场调节比重。除粮食、棉花、农资、成品油等极少数关系国计民生的重要商品外,其他商品原则上全部放开,由批发企业自主经营。有关部门应为此创造和提供必要的条件。

(二)物价部门和各主管部门要按照放宽管理权限的精神,改革价格管理办法。除国家确定的少数重要商品、物资价格和劳务收费外,其余商品定价权要放给企业自主定价,对实行进销差率控制的商品,叮按照"差率控制、按年结算"的办法,让企业根据市场供求情况灵活定价。对国家定价的商品,也要结合实际进行分类管理、监控,必要时企业可按供求情况适当下浮价格。

(三)支持企业办好批发交易市场,加快商业网点设施建设步伐。加强市场建设,要按照综合与专业、大中小型相结合,现货与中远期合同相结合,批发与零售相结合的原则,在重庆要逐步形成中心市场、区域性市场和初级市场协调发展的合理格局。当前市场建设的重点是培育各类批发市场。建一个市场就会带动一批产业,活跃一片经济,富裕一方人民。要发展一批有特色的生产资料市场,开拓和完善机动车及配件市场、钢材市场、煤炭市场、化工市场、建材市场,以这些市场带动其他生产资料市场的发展;大力兴办批发市场,增强国合商业、物资调控市场的功能;市有关部门要将重要的批发交易市场和商业网点建设纳入城市建设规划和基本建设规划,统筹安排。允许商业企业在保证实现上交税利和完成承包的前提下,按商品销售额的一定比例提取网点建设资金,专项用于商业设施改造和市场的建设。积极支持大型批发企业利用现有设施参与兴办批发交易市场。这是批发企业转轨变型、参与市场竞争,发挥国合和物资批发企业主导作用的一个重要形式,各有关部门不能将批发企业参与兴办市场等同于商业场地出租,国土管理、城建、税务部门在政策上应予放宽。还要加强市场法规建设和监督管理,完善交易规则,促进各项市场规范化,保持良好的流通秩序。

(四)坚决贯彻《企业法》,落实企业自主权。改革10多年来,企业自主经营的权利以立法形式得到了确认。但是在实际经济生活中,企业的自主经营权还未真正得到充分行使,企业自主经营的条件和环境还不够宽松。各级政府和有关部门应努力排除各种干预企业自主权的行为,把《企业法》赋予企业的权力〔利〕还给企业,落实经营自主权。当前要特别强调企业有权自主决定内部人事、劳动用工、分配方式、机构设置和人员编制、经营计划,上级部门不得干预。特别是各级监督、执法部门应积极主动地为企业正当经营保驾和护航。

对少数批发企业近几年积累的问题和包袱,要先进行清仓〔仓〕查库,掌握弄清情况后再研究适当的措施解决,不然,旧包袱解决了又背上新包袱。

各级政府和商业、物资主管部门的领导,要建立领导目标责任制,抓一个改革试点、一个市场建设、一个企业扭亏、一个企业集团、一个引进或合资项目,在6月份要落实目标和责任,由市财办、物资局负责。对那种长期闹不团结、组织纪律涣散、亏损严重、不思改革的少数企业领导班子,要采取强硬的组织措施,就地予以撤换,不准易地安置"做官"。各级国合商业、物资批发企业要坚持改革开放,勇于创新,大胆探索,树立市场观点、生产观点、群众观点和经济效益的观点,坚持为生产服务、为人民生活服务,千方百计地扩展业务,提高经济效益。

各级领导干部要进一步解放思想,树立雄心壮志,振奋精神,扎实工作,加快我市流通体制的改革步伐,推动我市经济的全面发展和振兴。

刘志忠同志在市农村工作会议结束时的讲话

(1993年12月29日)

市委、市政府召开的这次农村工作会,今天就要结束了。这是一次高规格、高层次的会议,会上孙同川同志作了重要报告,部分区市县和市里几个部门的负责同志在大会上发了言。几天来,同志们认真学习中央和省委农村工作会议文件,就如何进一步搞好农村工作,加快发展农村经济,提出了许多好的建议和意见。大家反映,通过这次会议有以下几点收获:一是进一步加深了对农业基础地位的认识。同志们表示,在任何时候,任何情况下都必须高度重视农业,高度重视农村工作和农民问题。对这个"关系党和国家全局的根本性问题",在思想上要定位,要扎根。二是进一步转变了思想观念。大家认为,要加快农村经济发展,使我市农业在本世纪末再上一个台阶,就必须加快由传统农业向现代农业转变,由计划经济向市场经济转变,引导农民按照市场需求积极调整农村产业结构。三是明确了加快我市农业发展的基本思路。这就是,实施"三环、四线"发展战略,稳定粮食生产,大胆调整农村产业结构,大力发展乡镇企业,大力培育农村市场体系,大幅度增加农民收入,加快建立农村社会主义市场经济新体制。四是确定了明年全市农村经济的奋斗目标。五是研究制定了加快农村经济发展的政策措施。总之,这次会议达到了预期的目的。下面,我着重讲两个方面的问题:

一、当前的经济形势和明年经济工作的基本思路

今年以来,我们以邓小平同志建设有中国特色社会主义理论和党的十四大精神为指导,坚持"发展才是硬道理"的指导思想,按照建立社会主义市场经济体制的要求,加快改革开放步伐,加速经济建设发展,加强和改善宏观调控,使国民经济继续保持了快速增长的好势头,改革开放取得了新进展,各项社会事业有了新进步。我们可以有把握地说,今年全市经济社会发展的主要目标能够完成和超额完成。回顾今年经济社会发展,其主要特点是:

国民经济继续保持快速增长的势头,在贯彻国家宏观调控措施中整个经济未出现大的波动。国民生产总值预计增长13.5%,增幅略高于全国全省平均水平。一、二、三产业分别增长3.5%、12%、18%。全市乡及乡以上工业总产值可以达到445亿元,比去年增长17.5%。农业发展比预料的要好,粮食总产量比去年增产2.8%左右。多种经济继续发展,乡镇企业保持强劲发展势头,总产值预计全年可达400多亿元,增长80%以上。财政收入是近年来少有的增长水平。城乡市场繁荣,全市社会商品零售总额可达174亿元,增长21%。全社会零售物价指数为116%,在全国35个大中城市中处于中下水平。

改革开放取得新的进展。通过继续贯彻执行《条例》,企业自主权基本得到落实,产权制度改革逐步推进,各类股份制企业试点新增近百家。市场体系建设加快,价格改革迈出较大步伐,社会保障覆盖面进一步扩大。在对外开放方面,招商引资成效突出,全年协议外资金额可达7.4亿美元,新批三资企业628家,外资企业总数达1300家,全年外贸进出口总额预计实现10.5亿美元,同比增长30%以上,其中出口6亿多美元,增长14.7%,增长速度高于全国。

固定资产投资规模扩大,结构比较合理。全社会固定资产投资总额预计可达95亿元,同比增长20%。在固定资产投资中,70%以上投向了基础产业、城市基础设施和技术改造。完成了菜园坝立交桥、菜衷公路二期工程等一批基建项目;长江二桥、成渝高等级公路重庆段等一批骨干项目建设进展顺利。

科技教育和各项社会事业取得新成绩。通过继续实施科技兴渝规划纲要,加快高新技术产业开发区建设。经过贯彻落实《中国教育改革和发展纲要》,基础教育、成人教育、高等教育和职业技术教育取得了新的发展。新闻出版、广播电视、文学艺术、卫生体育等各项事业继续发展。反腐败斗争取得阶段性成果。加强社会治安综合治理,严厉打击严重刑事犯罪和经济犯罪活动,保持了社会的基本稳定。

以上这些成绩是来之不易的,是一年来各条战线广大干部群众和全市人民辛勤劳动、努力奋斗的结果。

新的一年即将来临,1994年是保持国民经济持续、快速、健康发展重要的一年,也是推进社会主义市场经济体制改革关键的一年。当前,国际国内形势对我们比较有利,重庆正面临历史上不可多得的发展机遇。我国社会经济发展、社会稳定、民族团结、社会进步,在国际上地位提高,影响增强。现在全世界对中国经济发展的趋势普遍看好,外商来华投资十分踊跃,并开始向我国内地延伸。这些,都将为我们扩大开放促进经济发展提供更多的机会。从国内看,随着以建立社会主义市场经济体制为目标的改革全面展开和深化,必将使生产力得到进一步解放,给经济发展注入强大的生机和活力。我国经济正处在高速成长时期,这为发挥重庆基础工业、装备工业和化工业优势提供了广阔天地。重庆面临的沿江开放开发、三峡工程建设和三峡库区开发、老工业基地改造、经济体制综合改革和高科技综合改革试点等历史性机遇,也将更充分地显示出来。因此,我们很有信心地说重庆经济发展具有光明的前景。

当然,对存在的困难和问题也要有清醒的认识和足够的估计。必须看到,当前制约我市经济增长的因素还不少:一是工业结构不适应需求结构的变化,优势拳头产品不多,经济支撑点比较单一,部分行业特别是轻纺、化工行业效益下滑的状况未能得到有效的改变。二是重庆农村面积大、人口多、底子薄,经济的二元结构矛盾相对其他城市更加突出,农业内部结构不尽合理,乡镇企业发展落后于沿海和省内先进地区,短期内较大幅度提高农民收入难度很大。三是生产要素支撑能力不足,奖金短缺和交通、能源紧张等"瓶颈"约束难有较大缓解。明年财税、金融体制改革措施的出台,将使地方对经济的调控能力大为减弱。同时随着专业银行向商业银行过渡,资金择优投放的倾向进一步增强,困难企业贷款将变得更加困难。四是上游产品价格上调或放开,工农业生产增支减利因素增多。五是由于价格改革政策效应和产品成本推动的双重作用,以及今年价格翘尾因素的影响,市场物价特别是粮食和主要副食品价格涨幅难以回落,通货膨胀压力有增无减。六是我市进入外债偿还高峰,加上汇率并轨后,还1美元要多支付3元多人民币的差价,偿还外债的压力增大。上述这些问题和困难,有的是长期积累下来的老矛盾,有的是新旧体制转换中出现的新问题。我们不仅要正视困难,更要以改革和发展的新思路、新办法去积极主动地解决困难。

明年政府经济工作的指导思想是:全面贯彻党的十四大和十四届三中全会精神,不失时机地加大改革开放力度,加快建立社会主义市场经济新体制的进度,扎扎实实地把工作重点转到依靠科技、优化结构、提高效益上来,促进国民经济持续、快速、健康发展和社会全面进步。经济社会发展主要目标任务的初步考虑是,全市国民生产总值增长11%;其中第一产业增长4.3%,第二产业增长12%,第三产业增长15%。社会商品零售总额增长20%;外贸出口增长16.7%;固定资产投资增长19.7%,达到115亿元;财政收入增长10%;城市零售物价指数上涨幅度控制在12%左右;城镇居民人均生活费收入达到2800元,农民人均纯收入达到950元;全市人口自然增长率控制在5‰以内。围绕实现上述目标,我们的工作重点是:一是精心组织国家出台的重大改革措施整体推进,重点突破,全面加快建立社会主义市场经济体制的步伐。二是进一步扩大对外开放,突出招商引资。三是围绕增加农民收入,积极调整农村产业结构,决不放松粮食生产,积极发展多种经营,大力发展乡镇企业,全面发展农村经济。四是优化结构,大力提高工业经济效益。五是大力开拓和建设市场,安排好城乡人民生活。六是大规模推进重点建设和城市基础设施建设,适应经济快速增长和对外开放的需要。七是继续改善人民生活,努力为群众办实事。八是坚持物质文明和精神文明建设两手抓,两手都要硬。

二、关于发展农村市场经济的几个问题

孙书记在大会的主报告中,就如何按照建立社会主义市场经济体制的要求,进一步深化农村改革,保持农村经济持续快速健康发展,大幅度增加农民收入,促进我市农业再上新台阶作了全面部署,我们要认真贯彻实施。下面我就会上同志在讨论中提出的一些问题和需要进一步强调的重点讲几点意见。

(一)关于强化农业基础地位,实现农村工作指导思想的战略转移问题

关于农业、农村工作的重要地位和作用问题,是我们党长期以来一再强调的重大问题。但是,从实际情况看,还有相当一部分同志的认识问题没有完全解决,从指导思想到实际工作都还没有真正把农业放在经济工作的首要位置,同时在市场经济条件下,一些地方出现了忽视和放松农业的倾向。在这次会上,同志们对这种状况提出了尖锐的批评。

农业是国民经济的基础,是整个国民经济对农业的依存关系所决定的。就是在西方发达的国家中,也坚持把农业作为对内稳定的基础产业,最突出的是美国、法国、日本等国。我国作为发展中的农业大国,人口多耕地少是我国的基本国情,而且相当长的时期内不可能有根本改变。因此,农业、农村和农民问题,始终是关系到我们党和国家全局的根本问题,稳定农业就是稳定农村、稳定全局,这是我们考虑整个经济工作的根本立足点和出发点。特别是在建立社会主义市场经济过程中,稳定农业这个基础显得尤为重要。农业发展了,农产品供应充裕,人心稳定,改革才有一个宽松的经济和社会环境;农业生产率提高了,在国际市场上才有较强的竞争力,才有可能更好更快地发展开放型创汇型农业,促进整个对外贸易工作的开展,准备迎接复关对农业的挑战,乌那〔拉〕圭回合谈判,争论的焦点就是农副产品贸易问题。因此,任何时候都不能动摇农业基础的地位,要警钟长鸣,使全党全社会真正牢固地、自觉地树立起农业是国民经济基础的思想,始终高度重视农业、农村和农民问题。

强化农业的基础地位,目的就是要促进农业的发展。当前,农业发展正处于由计划经济向市场经济、农民生活由温饱向小康转变的关键时期。我们面临的形势既喜人又逼人。喜人的一面是,全党全社会高度重视农业,从中央到地方支持和发展的气氛很浓,全国加快建立社会主义市场经济体制,保持国民经济持续快速健康发展的大环境,为农业和农村经济加快发展提供又一次大好时机。逼人的一面是,奔小康的目标时间紧迫,要在90年代的后7年,实现9亿农民奔小康,应该说是一场十分艰巨的攻坚战,任务十分繁重。过去在计划经济条件下,农村之间、地区之间的差距不大;现在市场经济条件下,东部农村与西部农村,沿海农村与内地农村,城郊农村与山区农村,差距越拉越大。除了地理交通原因外,我看有一个根本的差距,就是计划经济与市场经济的差距,传统农业与现代农业的差距。重庆农业是大城市的农业,有别于一般地市专区的农业,农村经济发展应争取快于全省和全国水平,农民收入的增长水平也应该争取高于全省和全国。因此,重庆农村经济发展的指导思想,应从市场的观点出发,树立起大农业的思想,把农村工作的重点和重心放到增加农民收入,实现农民奔小康的目标上来。我们要把农业大县、工业小县、财政穷县变为工业大县、财政富县。为此,就必须坚持稳定粮食生产,大胆调整产业结构,大力发展乡镇农业,大力培育农村市场,大幅度增加农民收入,努力探索出一条大城市发展农村市场经济的新路子。

(二)关于调整农村产业结构问题

党的十四届三中全会的决定指出:我国农村经济的发展,开始进入以调整结构、提高效益为主要特征的新阶段。当前我们要实现奔小康,关键是要抓住机遇,把调整农村产业结构作为农村经济发展的启动点和着力点,加快调整步伐。孙书记在报告中提出了"三环四线"的调整战略和农村一、二、三产业结构调整目标,我们要认真实施,具体落实。这次会上,大家对如何处理好粮食生产与多种经营和乡镇企业三者关系,展开了热烈的讨论,大家认为在农村工作中,还是必须坚持决不放松粮食生产,积极发展多种经营,大力发展乡镇企业的指导方针。调整农村产业结构,需要把握一条原则,就是要在保持粮食生产稳定的总前提下进行。所谓稳定粮食生产,就是要使粮食总产量至少保持在今年的水平,不能出现大的波动,更不

能大起大落。粮食是人们生产的基本消费品,粮食问题不仅是一个经济问题,弄得不好将会影响社会的安定,我们决不能掉以轻心。在粮食问题上,我强调两点,一是稳定生产,二是稳定市场,稳生产是稳市场的基础。那么,当前重庆的粮食生产稳不稳得住?对这一点应该有信心。第一,只要保持农村家庭联产承包责任制这一基本制度不变,全市多数农村地区又有种粮的优势,农民是不愿放弃种粮的。第二,随着市场物价的调整,市场粮价上升有利于调动农民种粮积极性,种粮不合算的问题有可能逐步改变。第三,国家继续对粮食生产实行扶持政策,重点倾斜,对粮食生产起到保护和促进作用。中央决定以优惠专贷形式每年投资50亿,连续使用5年,对500个主产粮棉大县进行支持,同时建立一批国家"三高农业"示范区。我市有可能争取到6个高粮大县专贷项目,1个国家"三高农业"示范区。这么大的投资是建国以来少有的,必将促进有关县(市)稳定农业增强经济实力。第四,重庆有农业科技的优势,只要大力推广先进实用技术,加强产前产中产后服务,搞好良种推广,扩大复种,就可以提高单产,保证总量。所以,粮食生产是稳得住的。

在农村产业结构调整中,农业内部结构调整要把发展优质产品放在突出位置,走高产优质高效农业的路子,这是结构调整的要害。我市拥有一批农产品商品生产基地,但农产品的优质率不高,就是高产也达不到高效。柑橘就是一个突出的例子,产量增加了,但质量不高,没有市场,奉节等地的脐橙就打进来了。因此,要开发名优产品,发展系列加工,实现规模经营,提高经济效益,扩大出口创汇。各种农产品,都要向国际市场优质农产品看齐,大力推广优良品种,尽快把我市农产品的质量提高到全国的先进水平。

(三)关于培育市场体系,搞活农产品流通问题

培育和发展农村市场,搞活农产品流通,是发展农村市场经济的基本条件,是农村经济走向商品化、市场化,实现产业结构调整,发展高产优质高效农业,增加农民收入的基本动力和依托。这次会上,大家对市场问题议论比较多,感到无论是市场的结构、规模,还是市场的流通、导向、管理、调控等作用,都不能适应我市农村市场经济发展的需要。面对农村市场经济发展进程加快的情况,加速培育农村市场体系,大力搞活农产品流通,已经成为摆在我们面前的一项十分紧迫的任务。各级政府、各部门特别是农村工作部门和各级领导同志,一定要充分认识市场流通对经济的带动和组织作用,要清醒地看到,在市场经济条件下,健全农村市场、搞活农产品流通,既是引导农业生产,培育农村市场主体,让农民走向市场最基本的条件;也是增强重庆城乡的供需平衡能力和调控能力的重要途径。因此,要进一步强化农村市场经济意识,牢固地树立起以市场为导向的观念,切实把重生产、轻流通转向生产流通一起抓,以流通促进生产的轨道上来,下决心下功夫抓好我市农村市场建设。

根据重庆的地理、交通、物资集散和自身资源优势,要全面推进农村商品市场、生产资料市场和劳动力、资本、技术、土地、信息等生产要素市场建设。当前,要把农副产品批发市场放在最重要的位置,努力建立一批面向西南地区和全国的大型粮食、肉类、蔬菜等批发市场。要采取批发市场与零售市场结合,专业市场与综合市场结合,现货交易与期货交易结合,大中小市场相结合,市场建设与培养一支庞大的农村贩运队伍相结合的办法。形成带动作用大、辐射力强的多层次、多形式、多类型的市场网络。

为了保证农产品市场建设工作顺利进行,市政府决定,由市农委、市工商局牵头,会同有关部门统一规划,实行"谁兴建,谁所有,谁受益"的原则,多渠道、多形式加快市场建设的步伐。各级政府要把市场建设提上重要日程,纳入经济社会发展规划,积极落实措施,对市场建设的重点项目,要在征用土地、建设资金、税收等方面给予扶持。要按照统一、开放、竞争有序的市场要求,加强市场管理,规范市场行为,建立正常的运行秩序。

培育农村市场体系,重要的是积极组织和引导农民进入市场。在农村市场经济发育尚不充分,市场体系不健全,市场主体还未真正形成的情况下,农民面向市场生产存在许多障碍,生产与市场需求脱节的现象十分明显。要真正发挥好市场的作用,还必须加强对农民进行组织引导,加强服务,在产需之间搭起一座桥梁,使农民更快更好地进入市场。要广泛运用经

济合同的形式引导农民按市场需求生产,认真履行定购合同,形成稳定的主要农副产品收购渠道。要大力发展贸工农一体化、产加销一条龙、公司带农户等经营形式和各类经济合作组织,连接生产与市场,带动农民面向市场组织生产,实现产销衔接。要重视和加强信息服务,做好农产品供求情况的预测和发布,为农民及时提供购销信息,各区、市、县和市级有关部门要下功夫做好信息传递工作。引导农民按照市场需求自主决策,搞好生产和经营。鼓励发展民间服务组织,推进系列化、社会化服务,不断扩大服务范围,向产前、产中、产后服务领域延伸,逐步形成国家经济技术部门、集体经济组织、各种民办专业技术组织相结合的服务体系。

(四)关于大力发展乡镇企业问题

当前,大家对乡镇企业是农民奔小康的希望所在,是实现农村工业化、城市化的必由之路等重大作用的认识是一致的。现在的问题在于如何加快我市乡镇企业的发展,推动乡镇企业进一步上规模、上档次、上质量、上效益。我市乡镇企业经过十多年,特别是近几年的迅猛发展取得了显著成绩,但是内部发展很不平衡,外部与沿海地区和内地一些城市包括成都、德阳相比,存在着明显差距,我们的企业规模没有人家大,工业的比重比人家小,乡镇企业的整体水平还不高,如果不尽快改变这种状况,差距将进一步扩大。我们要增强紧迫感、危机感,在全市上下进一步大发动、大发展、大提高。在发展速度上,坚持能有多快就多快,只要有市场、效益好,就要积极扶持,最大限度地加快发展,使我市乡镇企业尽快上新台阶。要突出抓好以下三点:

一是城乡联合,走出一条乡镇企业快速发展的新路子。一方面要充分发挥大城市大工业的优势,加强城乡联合,打破地区界限、行业界限,以城市大工业、大专院校、科研机构带动乡镇企业发展。另一方面,要充分发挥我市科技、人才优势,大力推进乡镇企业的技术进步和科学管理,抓好技术改造和新产品开发,把乡镇企业发展真正转移到依靠技术进步和提高劳动者素质的轨道上来。同时,要充分发挥乡镇企业对农业的带动作用,积极发展以农副产品为原料的加工业,以及矿产业、建材业,尽快形成乡镇企业的支柱产业和重点产品。

二是扩大乡镇企业的开放度,充分利用两种资源,面向两个市场。在新形势下发展乡镇企业要坚定不移地扩大开放,发展外向型经济,充分发挥我市农村劳动力和自然资源优势,大面积推进乡镇企业与外资企业的合资合作,多渠道、多形式、大规模地引进资金技术,要走出一条多渠道、市场化、社会化、国际化筹资的路子,特别是在引进外资方面要下功夫,努力取得"以外促农"的新突破。

三是以建立现代企业制度为目标,完善和强化企业经济机制。乡镇企业的活力来自它与市场经济相适应的灵活机制,这种机制只能加强不能削弱,更不能退化。乡镇企业必须按照产权清晰、职责明确、政企分开、管理科学的现代企业制度的要求,进一步深化改革。要以推行股份合作制为突破口,大胆探索新的产权组织形式,理顺产权和利益关系,防止企业行政化倾向,注意克服行政部门因利益关系干预企业生产经营活动。对个体、联户企业的管理问题,由各区市县政府根据实际情况确定。要以优势产业、名优产品或骨干企业为龙头,推进企业改组联合,形成一批竞争力强的企业集团。进一步完善内部管理,深化劳动、工资等制度改革,提高管理水平,提高企业的整体素质。

发展乡镇企业要与建设工业小区和发展小城镇紧密结合。建设工业小区和小城镇,既是乡镇企业相对集中、成片发展的必要条件,也是加速农村工业化、乡村城市化的必然要求。重庆作为大城市,这方面的步伐应该迈得更大一些。最近省里确定要在100个小集镇试点,重庆可以确定在若干集镇试点要以建立合理化、网络化的工业小区和卫星小城镇体系为目标,搞好规划布局,把建设工业小区、发展小城镇同转移农村剩余劳动力结合起来,依托乡镇企业和小城镇,吸纳农村剩余劳动力,逐步改变城乡人口的比例。要研究制定优惠政策,切实推进小城镇户籍管理制度改革,按照统一规划,积极探索解决农村居民到城镇自谋职业、自求生计的落户问题,要以多种配套措施,鼓励农民进入小城镇务工经商,建设小城镇,为农村剩余劳动力向二、三产业转移提供必要的政策环境和发展空间,更快地促进乡镇企业和小城镇的发展。这一条抓好了缩小城乡差别、工农差别就有希望。

(五)关于加强宏观调控,保护农业和农民利益问题

会上,同志们对保护农业和保护农民利益呼声很高。在社会主义市场经济的新形势下,农业是需要加强保护的产业。这是由于农业不同于工业,在某种意义上讲农业生产风险大,要受到经济规律和自然规律的双重制约,是国民经济中社会效益高而自身效益低的产业,在市场竞争中常常处于软弱和不利的地位。因此,越是发展市场经济,越是要改革开放,国家越是要在宏观调控中加强农业、重视农业、保护农业。即使在发达国家,为了保护本国农业的发展,也不断地采取各种补贴和其他扶持农业的措施。在现阶段,我国正处于传统农业向现代农业转化、计划经济向市场经济转变的过渡时期,特别要加强宏观调控,强化对农业的支持和保护,确保农业基础地位不断得到增强。

保护农业的实质是保护农民利益,调动农民的积极性,这是我们整个农村工作的出发点和归宿。在市场经济条件下,制定和实施农业保护政策,最重要的是价格保护。要首先从粮食做起,逐步扩大对其他农产品的价格保护。当前,粮食购销价格已经放开,从明年起,国家定购的粮食全部实行"保量放价"。如何做到既保量又放价,这是大家关注的一个问题。解决这个问题的关键在于价格。一是必须实行国家收购粮食的最低保护价,这个最低保护价的标准至少不能低于粮食生产成本。市政府将按照全国、全省的统一规定,结合重庆的实际,确定一个合理的最低保护价,争取在每年夏粮和秋粮播种前公布。凡属市场粮价低于这个最低保护价时,国家要按合同保证收购,并争取多议购一部分。二是在市场粮价高于最低保护价时,粮食经营部门,就要按市价随行就市收购。所谓"保量放价",核心就是要按市场粮食价格收足计划定购的数量。市政府研究决定,对明年的粮食供应采取市和县市两级分别平衡的办法,市一级平衡9个郊区的粮食供应,县市一级平衡本县市内的粮食供应。各县市应按原上调计划保证向市里提供(约)4亿多斤贸易粮,市级粮食部门也要保证按市价调运这批贸易粮,双方都要坚持按经济合同办事。各县市在完成调市任务后,自求平衡。向农民收购粮食的办法,省里确定到县不到户,我们重庆由各县市政府自定,可以到户,也可以不到户。但无论采取哪种办法,收购价格都必须坚持随行就市。农业税继续实行实物征收,按当地中等粮食价格结算货币,以完成任务为准。"三挂钩"政策继续保留,并坚持把这一好处兑现给农民。凡属农业税征实部分和定购粮到户的,都必须在按市价结算外,由乡镇财政完全兑现到户,定购粮不到户的,这部分粮食的"三挂钩"可以不直接到户。同时,还必须按照中央和省里的要求,建立粮食风险基金和粮食储备制度。粮食风险基金,从今年起,把市和各区市县财政减下来的粮食加价、补贴款,全部分别用于建立市和区市县的粮食风险基[金],由政府主要用于支持粮食保护价收购、粮食储备亏损、平抑市场粮价和发展粮食生产。粮食储备体系,要多级化,市和区市县两级都要按中央和省里的要求,结合实际需要搞好粮食储备,所需资金由政策性银行负责,所发生的亏损由同级财政建立的风险基金解决。总之,各地加强调查研究,在实践中不断完善对农产品价格保护政策和农业风险补偿机制,逐步建立起规范化、法制化的农业保护体系。

保护农业、加强农业,就要按照中央的要求,提高国家基本建设投资、财政预算内资金、信贷资金用于农业的比重,逐步建立起国家、集体、农民个人相结合的农业投入体系,不断增加对农业的投入。要切实做到各级财政每年对农业投入的增长幅度应高于财政经常性收入的增长幅度,银行信贷要进一步真正向农业倾斜,大力支持农村集体经济组织和农户增加自我投入,积极向中央各部门争取各种专项扶持资金,大力引进外资。要支持农村信用社组建农村合作银行。要认真加强农村合作基金会规范化管理,进一步把农村合作基金会办好,促进农村经济更快发展。市政府要增加对农业的投入,明年要采取贴息贷款的形式,补足今年所欠各种配套资金2154万多元,在此基础上,还要新增1700万元农用资金。各区市县更要把农业作为投入的重点,争取有较多的投入,并在实行分税制后保持农业发展资金的数额不减。<……>

农业生产资料价格放开后,要进一步搞好供应,满足农业生产的需要。有关部门要加强对农业生产资料的协调和指导,稳定经营渠道,把握好农药、微肥、生长素的进货渠道,及时研究和处理好农工商之间的利益关系,组织农业生产资料的储备和供应,加强农资市场管理,取消无照经营,坚持打击假冒伪劣产品,严肃查处各种损农、坑农行为,防止农资价格放开对农业生产造成大的冲击。保护农业,就要继续抓好减轻农民负担的工作。今年以来,我市认真贯彻中央和省里有关减轻农民负担的法规和政策,采取了一系列果断措施,使减轻农民负担的工作取得明显成效。但发展不平衡,一些地方和部门对减轻农民负担的措施落实不够,还有许多艰苦细致的工作要做。因此,各级政府和各有关部门必须毫不动摇地继续贯彻落实中央、省和市的有关规定,做到真清实减、措施到位、加强检查、务求实效。对已经取消的收费项目决不能再开口子,更不允许回潮或变相增加农民负担,切实把农民负担管理纳入经济化、法制化轨道。

(六)关于加强领导,狠抓落实问题

这次农村工作会议,确定了我市建立农村社会主义市场经济体制、加快发展农村市场经济的大政方针、基本思路、奋斗目标和政策措施,现在的关键问题是狠抓贯彻落实。

明年是改革和发展关键的一年。一方面,中央将在物价、财政、税制、金融、投资、外贸等方面出台一系列重大改革措施,我们处在改革的重要关头,如何闯过这一关,是对我们的严峻考验。另一方面,在由传统农业向现代农业、由计划经济向市场经济转换的过程中,各方面的摩擦、碰撞在所难免,必然会出现许多新情况、新问题。因此,我们一定要深入调查研究,及时掌握新情况,尽可能把各种新问题解决在萌发状态之中,努力把新旧体制[转]换过程中的负效应减少到最低限度,保证新旧体制平稳过渡。各级领导一定要把握改革和发展的全局,以更大的气魄、更扎实的工作,精心组织实施各项改革措施,打好改革攻坚战,尽最大努力维护社会稳定,以保证顺利地闯过明年这一关。当前,请大家要高度重视稳定粮价和市场问题,千万不要因价格波动造成市场不稳定,各级各部门都要顾全大局,坚持以局部利益服从全局利益,眼前利益服从长远利益,决不允许以局部利益干扰和影响整个改革和发展的大局。要把这一条作为纪律,决不允许违反。各项改革措施都涉及到人民群众的切身利益,我们一定要坚持"是否有利于提高人民生活水平"的标准,走好群众路线,虚心听取各方面群众的意见,十分关心群众的疾苦,把解决群众关心的实际问题同做好思想教育工作结合起来,使广大群众理解、支持、参与各项改革,把党的方针政策、改革措施变为群众的实际行动。元旦、春节将到,要特别注意解决好贫困地区、贫困户、征地和库区搬迁户和困难企业的问题。对扶贫工作,要按照中央"八七扶贫攻坚计划"的要求,继续加强,努力帮助贫困地区脱贫致富。

在工作中,一定要坚持真抓实干,求实务实,切实把各项工作落到实处,既不能停留在一般号召上,又不能搞强迫命令、虚报浮夸。当前,全市农村正值调整区、乡镇建制工作,稍有疏忽,就会影响农村工作的开展。一方面区、乡镇的机构、班子、人员正在变动,存在着许多具体问题和思想问题。另一方面,撤销县辖区,由县直接对乡镇,管理跨度增大了,乡镇合并后,乡镇管理范围加宽了。面对这种情况,需要我们抓紧做好区市县级各部门特别是乡镇干部的思想工作,切实转变工作作风,认真改进工作方法,防止在县与乡镇、乡镇与村之间出现"空档"真空和脱节,使新机制尽快运转。要坚持发展经济、控制人口两种生产一齐抓,既要努力把经济搞上去,又要坚决把人口控制住。开展计划生育工作,要认真贯彻落实"既要抓紧,又要抓好"的指导方针,当前应特别注意在调整区、乡镇建制中稳定计划生育工作机构,加强计划生育工作队伍建设,认真抓好难点和薄弱环节,尤其要加强对流动人口的计划生育管理,防止弄虚作假,保证不突破计划指标。在元旦春节期间,各地更要把计划生育工作抓好,防止超生。在抓好农村物质文明建设的同时,要加强社会主义民主法制和社会主义精神文明建设。要搞好农村社会治安综合治理,依法从重、从快严厉打击严重危害社会治安的犯罪活动,认真解决一些地方社会治安比较突出的问题,既要抓突击性的打击,又要抓经常性治理,使广大农村保持良好的社会环境。

各行各业要关心和大力支持农业。加快农村经济的发展,就不仅仅是党委和政府的大事,也不仅仅是农业部门的大事,应当是全社会的大事。因此,社会各个方面、各条战线、各行各业都要热情关心,积极支持农业。市政府各职能部门,更要以实际行动支持农村经济的发展,动员、组织所属企事业单位,主动与县、乡挂钩,有成效地抓好支农工作。各经济杠杆部门要认真执行政策,凡是市政府出台的支持农村经济发展的各项政策措施,市级各有关部门都要从关心农业、支持农业的高度出发,认真贯彻执行,保证落到实处。

同志们:这次农村工作会就要结束了。回去后要结合各地区、各部门的实际情况,抓好传达贯彻工作,把这次会议的精神扎扎实实地落到实处,为加快我市农村经济发展而不懈地努力。

刘志忠同志在区市县综合改革工作会上的讲话(摘要)

(1994年6月21日)

(根据录音整理)

一、认清形势、坚定深化改革信心

把握全局形势,是搞好工作的前提和基本出发点。进入1994年以来,全国宏观形势很好,经济发展继续保持强劲势头。1—5月,全国国民生产总值增长13%,工业生产保持18%—19%增幅,财政收入增长24%。金融秩序比去年有根本好转,全国存贷款有大幅度增加。重庆金融形势发展正常,1—5月,全市存款增加1.9倍,贷款增加1.4倍,是近5年最好的一年。今年汇率并轨,汇价平稳,进出口大幅度增长,1—5月,全市出口增长49%,进口小于出口。国库券发行较好,全国1000亿,已发200亿,安排重庆的3亿,现已完成任务。

但也应看到当前经济工作的困难。一是农业生产(特别是粮食生产)形势严峻。我市粮食生产实行保产目标,也还要作艰苦努力。二是部分国有企业处于困难境地,企业生产经营艰难,部分企业职工生活困难。三是通货膨胀压力大,距我们控制目标有相当难度。

今年改革进展顺利。涉及到市场经济基本框架的主要改革已全部出台,难度较大的税制改革,5个月来运转顺利,金融体制改革和粮食购销体制改革,没有出现大的波动。现在全国改革大局已定,国外评价相当高。我们要从经济发展、深化改革方面认清形势,增强深化改革的信心,千万不能因暂时困难而停滞不前,也不要因为某些方面的问题而影响我们深化改革的信心和决心。特别在当前,应解决好两个认识问题:

一是对今年来宏观改革的重要性认识不足,而对改革进程中不可避免的问题看得过重。

二是对国有企业转换经营机制的艰巨性认识不足,对目前企业存在的暂时困难看得过重。

目前企业资金很紧张,这是事实,但资金问题不是企业经营亏损的主要原因,据北京市对企业资金分析资料,因资金紧张发生亏损仅占亏损企业的17%,50%—70%的企业是因经营管理、结构调整的问题。因此,如果仅以资金问题来指导我们的经济工作非犯错误不可,根本问题还是转换企业经营机制,这才是治本。

二、求实务实,加快区市县综合改革步伐

1.从实际出发,重点突破。区市县综合改革,在全市改革中占举足轻重的地位。产权制度改革是现阶段区市县综合改革的突破口,要抓好。其他的如农村改革、企业改革、政府职能转换、市场体系、社会保

险体系建设等如何抓,区市县差异很大,需要分类指导,从实际出发,抓住重点。总的原则是怎样有利于生产力发展就怎样改革。希望大家按这次会议精神,结合自身实际,胆子大一点,步子快一点,推进区市县综合改革。

2. 抓"大"放"小",搞好企业配套改革。这次会议对抓"大"放"小"作了具体要求。要建立定期检查制度,千万不要工作一布置出去就撒手不管了。过去我们有些改革没有起到应有的成效,原因就在于此。抓"大"放"小",对区市县来说既要抓"大",更要放"小"。我们已出台了两个文件(注:指重办发〔1994〕48号、49号),希望大家认真贯彻实施。

3. 改革要讲求实效。改革的内容丰富,也很实在。一项改革措施的出台,是否对企业机制转换,效益的提高,促进市场经济体制的建立发生作用,最终表现在经济发展、生产力水平的提高上。改革一定要讲求实效。区市县还需确立一个经济发展目标(即综合实力的提高目标),把改革和经济工作落实到这个目标上,把各区市县建成经济富强县。

刘志忠同志在区市县长座谈会上的讲话

(1994年7月7日)

这次会议,各区市县同志对如何贯彻好市委工作会议精神,大力搞活区市县经济,使区市县经济进入快车道谈了一些意见和建议。我们已收到18个区市县报来的具体意见和要求,正在进行综合,将要把意见向市级各个部门特别是综合部门进行通报。然后根据提的意见进行研究,可行的坚决推进,不行的也给大家讲清楚。明天要专门召开市级各个部门会议,根据同志们的意见和今天会上提的思路,进一步研究。我很赞成同志们在会上提出的对"快车道"含义的理解,快车道的内涵很丰富。要进入快车道,第一路段要好,基础、路面都要好,所以要稳定农业基础,基础设施建设要加强。第二车子要好。国外的高速公路有个最低时速的限制,没有这个时速,就不要上高速公路。车子好不好还要看发动机,总要跑得起速度。第三是高速公路对快车道的管理要求很高,开车必须驾驶技术要高,搞得不好就要翻车,而且翻车就是一串。进入快车道这个命题是毫无疑问的,主要是讲各区市县怎么结合实际,争取今年经济发展好于去年,缩小和沿海、川西地区的差距。这个问题请各区市县作进一步的研究,不要等,更不要坐而论道,看准了的事情就干起来。明天开完会后,把各部门的意见综合起来,再和区市县同志们沟通。

关于财政问题,这是热点。大家发言很踊跃,我们都理解。现在看来在一些问题上有分歧,我看有这么几条是不是能够形成共识。第一是关于分税制的基本原则。一是"统一领导、分级管理"的原则;二是调动两个积极性的原则;三是规范、简便的原则;四是双轨运行的原则。我看这四条应该成为共识。第二是市和区市县的财力分配比例。根据1991年至1993年的平均数,市级高于区市县级。所以按新的财政体制进行财税分配,也得按照这个原则,市级略高于区市县级。到底高多少,度怎么掌握,我们再研究。小平同志说过,社会主义优越性,很重要的一条,就是能够集中力量办几件大事。市里集中一些财力办的大事,与各区市县经济发展是密切相关的,不是孤立的,同志们要理解,高速公路和机场的建设,江北县首先得利,没有机场,没有高速公路,就没有江北县的今天。成渝高速公路的建设,西南部的区县也是首先得利。

现在我们财力过于分散,市里有分散的问题,区里更有分散的问题。现在还有个别地方,把资金往沿海倒,倒出的数字不是几十万、几百万,而是几千万。

所以这个原则,市和区市县要形成共识,都要适当集中财力,以利于加强基础,改善财力,以利于增强调控能力。遇到自然灾害,我们撒手不管说不过去。各级财政都是相当困难,区县级困难我们理解,市级困难也希望大家理解。全市的赤字大头是在市级,全市2.9亿元[赤]字,2.8亿在市级。各区市县也不太平衡,有的多一点,有的没有,有的少一点。从赤字可以看出,财政困难集中表现在市级。这两年财政之所以困难,重要的原因是刚性支出增加较多,人头费增加较多。不是说财政收入没有增加,改革开放15年来,我们财政收入增加了3倍,但支出增长更快。在考虑市和区市县财力分配时应该统筹兼顾,大家共同来做好财力分配的事情。每个区市县,对全市来说是个局部,但21个区市县组合起来就成为一个整体,就是全局,要很好地考虑局部和全局的问题。市里要办的事确实太多,各区市县要办的事也多,如果没有一个好的投资环境,招商引资是不可能的,市区都来不了,还到你下面去呀。我们今年和1996年开工建设的319线和210线,总投资现在批下来就是60个亿。川黔线1996年开工,大头在巴县。大家算下这笔钱,按照公里数来算,你该出多少钱?这个投资的主要来源要靠市里筹集,不能搞摊派。这个道理,就是说市和区市县是一个整体,没有区市县的快速发展,也就没有全市的快速发展。同样,市不集中一定的财力,办些急需的大事,也会制约和影响区市县的发展。在这个问题上要有全局观点、整体观点,算大账,算全局的账,算长远的账,而不要光算局部的账和眼前的账。

关于共享税种的问题。会上对市级固定收入,区市县固定收入,共享收入都作了讨论,这次把方案抛出来,只是把我们的一些思路、定性的东西拿出来,真正定量的还没有出来。同志们无非关心两条。第一条自己的盘子好大,既得利益能不能保证。财政局长万里同志已负责[任]地给大家说了,保证大家的既得利益,这条没问题。第二条在增长的过程中,大家能不能得到一块。我想也应该是做得到的。我们这次共享部分,打破了级次,打破了地域概念。共享税种要说多也不多,一共4个。之所以考虑这几个共享,就是把市和区市县更紧密结合起来抓好经济,抓好财政收入。作为区市县长来说,以后的企业,实际上越来越淡化级次的概念,企业就是照章纳税。过去比较多的是从财政级次上,企业的隶属关系上作文章,以后这个关系要逐步改变。对共享税种同志们提了一些意见,我们下来再研究。增值税、营业税确实是主税,你们关注我们也关注,你们看得起,我们也看得起,所以采用共享的办法是条路子。中央把增值税75%拿走,消费税100%拿走,这是主税。我们采取共享的办法,下来后要对这几个共享税再征求其他区市县的意见,再作进一步的研究,不排除作个别调整的可能。但不可能像有的同志说的都拿给你,还是要统筹兼顾。税种不是主要的,同志们很关注共享的比例,本着市的财力要适当高于区县级财力的情况,还可以作点研究,共享税种不排除个别税种调整,共享比例根据大家意见还可以作些测算。

关于中央按0.3系数返还增量的安排问题。同志们讲的一些意见还是有道理的。我们既要考虑市级,也要适当考虑区市县级,这个事情不能再拖了。我们要尽快地听取其他区市县的意见,在政府全体会议前后,或者在会议上,或者在会议之后,要定下来。这条给大家说清楚:第一,既得利益是保住了的;第二,今年增长大家是一定会有好处的;第三,今年区市县的支出与去年比增幅不会低于20%。很多同志讲得对,要坚持以经济建设为中心,集中精力抓好经济发展,处理好改革、发展、稳定的关系,最后要落实到财政收入上。财政收入从开年我就反复讲,一定要抓紧。今年财政支出的矛盾高于任何一年,只有深化改革,发展经济才是根本出路。

关于财政问题,有的同志说得尖锐一点,我们都理解。各区市县财政部门的同志一定要当好参谋,<……>。特别是财政局长要冷静一点,根据这个方案认真研究一下。

孙同川同志在市委工作会议上的报告

(1995年7月17日)

同志们：

这次市委工作会议的中心议题是，贯彻省委六届五次全委（扩大）会议精神，在认真总结上半年工作的基础上，针对当前的形势和任务，研究和部署下半年的工作，确保我市今年各项目标任务的圆满完成，进一步推动我市国民经济持续、快速、健康地向前发展。

下面，我就上半年的工作情况和下半年的工作任务讲一些意见。

一、关于上半年的工作

今年初，市委和市政府召开的全委（扩大）会议暨经济工作会议，明确提出了我市今年工作的指导思想和主要工作任务。半年的实践表明，在全市党员、干部、职工和广大人民群众的共同努力下，我们的各项工作又取得了新的进展。

（一）农村经济全面发展，区市县经济开始进入快车道

中央、省、市农村工作会议以后，我市各级财政积极筹措资金，努力增加对农业的投入。今年我市各级财政用于农业支出预算达到2.36亿元，同口径比较增长17.69%。其中，市级财政安排用于支援农村生产、农业综合开发和农林水气事业费预算，比上年增长32.26%；市财政支农资金的到位情况好于往年，5月末，到位资金同比增长101.6%。乡镇企业保持了快速发展的好势头。6月末，乡镇企业产值实现517.15亿元，同比增长66.3%；实现利润23.5亿元，同比增长67.3%。小春粮油又获丰收，总产量分别比上年增长2%和24%，大春满栽满插，长势良好。农村多种经营出现好势头，铜梁安居镇的网箱养鱼、长寿天台的养鸡、渝北区放牛坪的梨园、荣昌的夏布等都已初具规模。尤其是区市县在发展经济上表现出主动性和创造性。璧山县在取得试点经验的基础上，果断地在全县推开"土地使用权流转改革"，积极完善农村家庭联产承包责任制，极大地调动了农民的生产积极性。据不完全统计，该县农民今年对农村水利、荒山、荒坡以及蚕桑、水果等商品基地的投入就达1100多万元，同比增长30%。江津市积极扩大对外开放，仅江津长江大桥一项就引进外资3亿元人民币，目前大桥工程进展十分顺利。铜梁县采取"中、中、外"合作方式，利用本地资源，引进青岛技术、日本资金，建成全国最大的碳酸锶生产线，年产量1.5万吨，相当于全国总产量的1/3，出口创汇可达500万美元，投产半年，效果良好。区市县企业产权制度改革走在全市的前列，为市级企业的改革提供了可资借鉴的好经验。在宏观紧缩、资金匮乏的情况下，区市县多渠道筹集资金近40亿元，支撑了经济的发展。最近，荣昌县开展了"思想再解放，工作再推动，措施再落实，发展再加速"的活动，把"快车道"的工作继续推向了新的高潮。

（二）城市经济在困难环境中仍有较快发展

今年以来，我市工业在资金严重短缺，85%的企业无流动资金贷款注入的情况下，加强管理，开源节流，限产压库，在困境中仍然保持了稳步发展的势头。1—6月，全市乡及乡以上工业企业实现工业总产值276.45亿元，同比增长14.9%，比去年同期多增4.6个百分点。工业品销售率逐月提高，6月末累计达96.25%，比去年同期高出2.51个百分点，这在当前形势下是很不容易的。重点企业和重点产品的支撑作用进一步加强，五十强工业企业和市级34个重点产品的主要经济指标的增幅均在两位数以上，高于全市平均水平，最高的达70%以上。多年处于亏损困境的轻工行业今年有了新的转机，上半年与去年同期比较，减亏3784万元，减亏达79.43%，5、6月实现当月盈利。

对外开放取得新的成绩,上半年出口创汇5.2亿美元,同比增长38.1%。两个开发区积极发挥窗口作用,今年以来新办外资企业26家,协议引进外资1亿美元。

我市继续坚持以改革促发展的方针,企业改革以建立现代企业制度和优化资本结构为方向,积极推进"增资、改造、分流、破产",并在点上取得突破。重钢已实现有限责任公司改组,并在增资、减人增效、分离分流等方面取得较大进展,为推动面上企业改革开辟了路子。企业破产的步伐在逐步加快,上半年有三户企业进入破产司法程序,与此相配套的《重庆市国有企业破产实施办法》已完成论证,待审下发。

城市建设在资金紧张的情况下,基本完成上半年工作任务。城乡市场繁荣活跃,社会消费品零售总额和集市贸易成交额均增长30%以上。

(三)城市管理初见成效,社会治安状况得到改善

通过深入开展城市创卫工作,健全领导机构和完善工作制度,层层签订创卫目标责任书,认真清理整顿非交通占道,查处违法建筑及推进硬件建设,使市容市貌得到初步改观。在社会治安方面,开展了为期3个月的"春季严打攻势",公安机关采取强有力的严打措施,狠抓案件侦破,大力整治治安问题,取得了丰硕成果。共破获刑事案件6762起,查获和摧毁犯罪团伙642个,抓获一批在册逃犯。对2456个重点区域进行了整治,有力地打击了犯罪分子的嚣张气焰。一度严重影响治安,群众反映强烈的车匪路霸、吸毒贩毒活动,经过专项治理,发案势头得到遏制,群众安全感增强,维护了社会的稳定。

(四)党的建设和精神文明建设取得新进展

市委全面贯彻落实十四届四中全会《决定》精神,进一步加强党的思想、作风和组织建设,明确提出全市党的建设思路是"强支柱、抓关键、重基层、保发展"。在思想建设上,市委始终坚持用小平同志建设有中国特色社会主义理论武装党员干部,不断增强党员干部对执行党的基本路线的自觉性和坚定性。在组织建设上,市委对城乡基层党组织坚持"围绕经济抓党建,抓好党建促经济"的思路,帮助和指导他们紧扣经济建设开展党建工作,在深化改革、提高效益、维护稳定中发挥了政治优势。前不久,我市工交系统表彰了"企业党建四十佳"、"十佳优秀党员"和"十佳优秀党务工作者"。它充分证明了我市基层党组织是坚强有力的。根据中央《关于加强农村基层组织建设的通知》精神,市委把整顿农村基层组织建设作为一项重要工作,对全市922个后进党支部进行了思想作风和组织整顿,收到了较好效果。在党风廉政上,市委坚持不懈地开展了反腐败斗争。今年以来,市委在反腐斗争中,不断加强制度化建设,特别是加大了对大案要案查处的力度。上半年,全市纪检监察机关共立案查办贪污、贿赂、挪用公款大案要案224件,处理了一批腐败分子。通过加强党风廉政建设,增强了广大党员、干部廉洁自律的自觉性,密切了党同人民群众的血肉联系。

在抓好党建的同时,宣传文化部门利用广播、电视、报刊等阵地,采取报告会、演讲会、知识竞赛、文艺、图片展览等丰富多彩的形式,推进精神文明建设。为配合全市深入学习邓小平建设有中国特色社会主义理论,成功地举办了《小平同志大型图片展览》;认真开展了学习贯彻江泽民、李鹏同志题词精神,加快重庆经济发展的大讨论;组织开展向孔繁森、梁强同志学习;广泛深入地开展了爱国主义教育,举办了一系列纪念抗日战争和世界反法西斯战争胜利50周年的活动。

在肯定成绩的同时,我们也要清醒地看到我市经济和社会生活中存在的突出问题。主要是:物价涨幅仍高居全国前列,群众反映强烈,下半年控制物价的任务相当艰巨;"放胆、放权、放手"和"两级政府,两级管理"落实不好,制约了区市县经济的发展;工业经济运行质量不高,国有企业效益低下,亏损面继续扩大;城市管理还有薄弱环节,创卫力度不够,脏乱差堵现象依然存在。这些问题,既有客观原因,但更重要的是主观原因。这次市委组织4个考察组到沿海和一些老工业城市进行考察,带回来一个很值得思考的问题,就是外省市一些地方遇到的相同问题能够得到较好解决,相比我们却有很大差距,到底差在哪里?我认为不是差在客观上,而是差在主观上。一是思想不够解放,框框较多,执行政策中原则性和灵活性结合

不好;二是精神状态不振,怨天尤人;三是思想作风不正,分散主义、本位主义严重,党纪政令观念差;四是工作作风不深入,不肯在抓落实上下功夫。这些都有待于我们下大力克服。总之,我们要正确估价所取得的成绩,正视存在的问题和差距,看到发展的有利条件,满怀信心、脚踏实地地做好下半年的工作。

二、关于下半年工作重点

下半年经济工作的重点是控制物价,加快农业和区市县经济发展,进一步搞好国有大中型骨干企业。

(一)坚决把过高的物价涨幅降下来,确保实现全年物价调控目标

我市上半年物价平均涨幅高达22.7%,在35个大中城市中名列首位,直接威胁今年物价控制目标的实现,广大市民反映强烈。控制物价涨幅是今年党中央交给我们的重要任务,是全市1500万人民对我们的重托,能否完成和超额完成今年控制物价目标的任务,是对市和区市县党委、政府的严峻考验。现在时间过去了大半年,目前物价仍在高位上运行,下半年又存在不少影响物价稳定的不利因素,我们必须认清控制物价涨幅的重要性、紧迫性和艰巨性,把控制物价涨幅作为今年经济工作的首要任务来抓,以对党和对全市人民高度负责的政治责任感,背水一战,坚决把过高的物价涨幅尽快降下来。市委再次强调,各级党委、政府、各部门必须真正加强对物价工作的领导,切实做到措施到位、工作到位、监督到位和领导统一、规划统一、管理统一、筹措金统一。这里,市委对物价工作提出5个方面的要求:

一是按照两级政府、两级负责的原则,实行控制物价目标市长、区长负责制。市政府已经成立物价调控小组,由市长负责,各区也要相应成立物价调控小组,由区长负责,定期严格考核,对态度消极、措施不力、影响实现全市物价控制目标的,必须追究责任,直至采取组织措施。二是各级政府要加强对物价的调控。要多渠道筹措风险调节基金,首先是市政府下决心从行政事业收费中拿出一部分作为风险调节基金,用于稳定物价。今年,各级政府用于控制物价的补贴只能增加,不能减少。下半年不再出台新的调价措施,已出台的一些对物价指数影响大的调价措施,要从全局出发重新调整。三是努力增加有效供给。增加有效供给的重点是尽快扩大蔬菜生产基地,加强农业生产资料价格管理,降低生产成本,充分调动农民的生产积极性。四是加快市场建设,搞活流通环节。尽快规划、建设一批集散型蔬菜批发市场和农副产品综合批发市场,积极组织市内、外货源,扩大批发量。尽快恢复、建立并逐步扩大国合商业网点。产区和销区政府要大力组织农民进城直销,形成国合商业经营、郊县组织农民进城直销和商贩经营相结合的蔬菜流通格局。实行各种优惠政策,尽可能减免粮、油、肉、菜经营中的各种收费,对乱收费行为要给予严厉惩处。五是强化物价和市场监管。物价、工商部门要对蔬菜实行批零差率管理,管住零售,制定市场指导价和实行最高限价,并加强督查,对违反者给予严肃处理,并在报刊上予以曝光。坚决贯彻《重庆市反暴利和价格欺诈暂行规定》,打击菜霸、肉霸、地痞流氓欺行霸市、扰乱市场正常经营的不法行为,保护生产者、经营者、消费者的利益。

(二)强化农业基础,加快区市县经济发展

农业是国民经济最重要的基础产业,积极扶持发展农业,"稳粮、增收、奔小康",加快区市县经济发展,事关全市改革、开放、发展、稳定的大局。同志们万万不可忽视和放松!

1.把农业放在经济工作的首位,大力推行农业、农村经济产业化。农业、农村经济产业化,是我市农村深化改革的方向,是发展农村经济,实现小康目标的基本途径,必须牵住这个"牛鼻子"。一是以市场为导向,大胆调整农业内部结构,力争1997年粮经种植比例达到70∶30,今后逐步达到60∶40;二是因地制宜,大力发展各类农副产品商品基地;三是着力发展各类农产品加工龙头企业,提高其带动农户发展农业生产的能力;四是大力培育农产品市场,建立健全农村市场体系。通过对农业、农村经济实行区域化布局,专业化生产,一体化经营,社会化服务,形成以市场牵龙头企业、龙头企业带基地,基地联农户,集种养加、产供销、内外贸、农科教为一体的"风险共担、利益均沾、共同发展"的农村经济产业化模式。

下半年,要按照4月底市委召开的农村工作会议的部署,突出抓好粮食生产、"菜篮子"工程建设,落实区市县党政领导抓"米袋子、菜篮子"的首长负责制,夺取今年农业丰收。这里我强调一下蔬菜和生猪问题,这是直接影响全市物价的关键因素,必须抓好。蔬菜生产要巩固提高老基地,加快建设新基地,把扩大蔬菜基地作为调整农业结构、确保有效供给、增加农民收入的一件大事来抓。全市蔬菜基地,近期内要建设15万至20万亩,逐步发展到30万亩,做到内供外销,内保供给,外销增收。市政府要抓紧研究开辟远郊区市县基地的具体措施。现阶段要从蔬菜抓起,以推行蔬菜产业化为突破口,带动全市农业、农村经济的产业化。生猪生产要坚决堵住滑坡。目前农民养猪亏本,全市生猪圈存量呈减少趋势,这样下去势必导致下半年猪源减少,猪肉价格再度上涨。市和各区市县政府要尽快采取有效措施,恢复农民的养猪积极性。

2.走以内涵扩大再生产的道路,实现乡镇企业"第二次创业"。乡镇企业是我市农村经济、区市县经济的主体,必须坚持"大发展、大提高"的方针,把主要精力转移到提高发展质量和效益上来。要积极推行股份合作制,再造乡镇企业新机制;加大科技进步的力度,努力提高乡镇企业的整体素质;扶持发展乡镇企业集团,突出上规模、上档次、上水平,创明星企业,创名牌产品,实现"第二次创业"。要继续落实乡镇企业的发展政策,正确引导,办好农村合作基金会和乡镇企业投资公司,多渠道增加乡镇企业投入。同时,把乡镇企业发展与小城镇建设有机结合起来,办好工业小区,进一步抓好20个试点小城镇,以推进我市农村的工业化、城镇化。

3.增强"三放"的实效性,把区市县经济全面推入快车道。市委在去年的工作会上作出了"放胆、放手、放权",把区市县经济推入快车道的重大决策。一年来的实践证明,这是振兴重庆经济的有效举措,符合市情,区市县拥护,成效明显,必须全面推进,引向深入。

一方面,我们要按照"两级政府,两级管理"的原则,进一步下放权力,增强区市县统揽地区经济全局的能力,不如此就不能高效、灵活地运转。市委要求市级各部门要把推动区市县经济全面进入快车道作为自己的重要任务,坚决做到:少干预,多服务,见成效。这次市委组织的4个考察组带回来了先进城市加快发展区市县经济的做法、经验,市级有关部门也拿出了相应的政策意见,综合形成了《关于进一步落实"三放"方针,把区市县经济全面推入快车道的若干意见(讨论稿)》,请大家认真讨论。希望市级各部门统一认识,真正把"三放"落到实处,加快区市县经济发展。

前不久,省委、省政府专门召开了"一条线"经济发展工作会议,配套出台了促进"一条线"经济发展的政策措施,市级有关部门必须不折不扣地执行,帮助我市"一条线"上的6个区市县跨上新台阶。

另一方面,区市县党委、政府要勇于探索,大胆地干,放心地干,敢于负责,千方百计调动各方面的积极性和力量,创造性地开展工作,加快发展步伐,提高区市县经济发展的质量和效益。

(三)切实落实"抓大放小",花大力气搞好国有企业

自去年6月份市委工作会议作出"抓大放小"决策,今年1月份市委七届四次全委(扩大)会议再次强调"抓大放小"以来,总的看,上下各方面对这一决策表示拥护,但还需要进一步统一认识。江总书记最近讲:"要集中力量抓好一批大型企业。对一般小型国有企业,要进一步放开、放活。"从我市来讲,"抓大放小"符合我市的市情。我们是老工业基地,国有企业众多,实行"抓大放小",有利于市里集中力量抓好大中型骨干企业,有利于面上搞活小企业。

1.集中力量抓好国有大中型骨干企业。国有大中型企业活力不足是造成我市经济发展的质量和效益不高的主要原因。市里要相对集中人力、财力和物力,加大工作力度来保证国有大中型骨干企业的改革和发展。继续贯彻"改革、改造、改组"并举的方针。通过改革增活力,通过改造增实力,通过调整改组提高规模效益,这是我们"抓大"的基本目的。下半年至今后,我们要切实实行"三改"并举,加快大中型企业建立现代企业制度试点的步伐。已挂牌的要按规范运行,没起步的争取尽快起步。要贯彻落实好全国科技大会和我市科技会议精神,坚持科技是第一生产力的观点,采取多渠道增加技改投入,引进先进技术,加速科技成果转化等措施,促进企业技术改造和技术进步。继续以"五十强"企业为龙头,采取强强联合、以强带弱、以大带小等方式,通过结构调整和产权重组,推进企业的兼并和联合,组建新的企业集团。要鼓励实力强、管理好、班子硬的企业厂长,兼并其他企业,特别是困难企业的厂长,带领这些企业加快发展。怎么个兼法,经委搞一个具体意见,包括对厂长的奖励。同时,要强化企业管理,努力提高企业现代管理水平。市政府要尽快作出规划,抓好100户工业、交通、商业、外贸、建筑等领域的国有大中型企业,这样,通过"三改一加强"并举,培植起我市企业"100强","抓大"就可以说抓出了显著成效。

2. 放开放活小企业。关于这方面工作,区市县已走在了前面。我们提出小企业下放区市县管理,这正是原因之一,想借助区市县的经验和优势,更好地发挥区市县一级政府的积极性,加强对小企业的协调、指导和服务,把放开放活小企业的工作推快一点,而不是过去计划经济条件下那种简单的行政管理权限的变更。在放开放活小企业这件事上,外地经验主要有两种思路:一是上海在不改变原有隶属关系的基础上,直接对国有小企业实行股份合作制改造或包、租、卖、并、破等改革,放开搞活小企业;二是沈阳采取管理体制上"放小"的方式,最终达到放开放活小企业的目的。这次会后,市经委、体改委要尽快组织到上海、沈阳考察,形成我市放开放活小企业的具体实施意见,年内推开。同时,要打招呼,在未正式实施以前,一律按原隶属关系运行,不能各行其是。

3. 加强对企业的改革配套。无论是"抓大"还是"放小",都有一个加强改革配套的问题,给企业改革和发展创造一个好的环境。环境不宽松,企业改革和发展就受影响。现在有的企业要求退出建立现代企业制度试点的行列,其原因主要就在于改革的配套政策跟不上,影响了他们参与改革的积极性。这就是个很大的问题。当前在加强改革配套上,重点要抓好三方面的工作:一是加大配套政策实施的力度,推进现代企业制度的建立。围绕建立现代企业制度的试点工作,我市已研究了10多个配套政策文件,有的已经出台,要抓紧落实到位,加快实施。二是积极用好用够用活现有政策。这几年,国家在支持企业改造、增资、解困、扭亏、兼并、破产等方面,都有一些明文规定的政策,有关部门要结合重庆实际,制定具体实施办法,及时用好、用够、用活这些政策。否则时机一过,想用也不成了。我们要在政策的制定和运用上,既要保证国家利益,又要有利于企业增加积累和发展壮大。在这方面,这次4个赴外地考察组都带回来一些好的经验和做法。比如,在支持发展支柱产业、重点企业和重点产品,推进企业集团化方面,上海、沈阳、哈尔滨都采取了有力的措施;在帮助亏损企业解困方面,上海出台了14条解困政策,天津、沈阳、哈尔滨也有一些好的办法;还有像国有企业土地开发所得、国有小企业产权改革、试点企业所得税返还、争取银行资金,以及引进外资、股份制改造、级差地租收入、产权流动转让、投入产出总承包企业政策问题等,外地的政策都比较灵活。实践证明这些政策对搞好国有企业起到了积极的促进作用,我们要大胆借鉴。市级各综合部门,包括财政、国资、税务、国土、工商、银行等部门,要很好消化外地的经验,结合重庆实际加以吸收和创新,争取会后尽快拿出可供操作的政策措施,大力支持搞好国有企业。三是加快建立健全社会保障体系的步伐。这项工作,可吸取大连、深圳、珠海、上海、天津、哈尔滨等城市的做法,强化养老、失业保险费征收手段。要尽快研究制定有关征收的法规,必要时可采取一定的行政手段,保证养老保险统筹费和失业保险金按时、足额上交,增强支付能力。要尽快建立起社会保障基金筹集、营运、保值增值的良性机制,并积极实施再就业工程。总之,我们要通过加强改革配套,为"抓大放小",为国有企业深化改革、加快发展创造一个良好环境。

此外,下半年要按照中央部署,积极推进市和区市县机构改革。机构改革是政府转换职能的一项重要工作,主管局要参照上海、广州、北京等市组建经营国有资产的集团或控股公司的做法,推进政资、政企分开。当前,首先要加快并完善机械系统和财贸系统两个国有资产经营公司的试点,积累经验。

(四)以引资"嫁接"改造国有老企业为重点,进一步加大对外开放力度

这几年,市委针对重庆内陆大工业城市、老工业城市特点,坚持"开放促发展""大开放促大发展"的工作思路,对外开放成效显著。但与沿海地区相比,我市在引进外资"嫁接"改造国有企业的规模、数量上还有较大差距,全市250多户国有大中型企业,其中利用外资改造的寥寥可数。而大连引资嫁接改造企业1278户,杭州436户,广州103户解困企业中,就有27户实现了引资嫁接改造。因此,加大引资"嫁接"改造国有企业的力度,是我市今后对外开放工作的重点。

抓好引资"嫁接"改造国有企业的工作,重点要解决好两个问题。一是提高认识问题,二是改善投资环境,特别是软环境问题。我市国有企业设备陈旧、工艺落后、产品老化的问题十分突出,正面临一个技术设备集中更新的周期,其中一个尖锐矛盾就是资金严重短缺。我们只有采取"拿来主义",走扩大开放、大力引进外资的路子,同时引进先进技术和管理方法。在这个问题上,我们的思想要更解放一些,胆子要更大一些,不要怕外商赚了我们的钱,从长远看,"拿来主义"对我们有利。因此我们一定要提高对引资"嫁接"改造国有企业重要性、必要性的认识,增强工作主动性。重庆地处内陆,与沿海地区和新兴工业城市相比,投资环境"先天不足"。当前,我们在加快基础设施等"硬"环境建设过程中,还要着力改善投资"软"环境,增强对外开放的吸引力。一是建立健全强有力的、统一的引进外资"嫁接"改造国有企业的办事机构,主动开展这项工作。市经委要把这方面工作抓起来,理顺嫁接改造的审批、管理程序,切实改变无人负责、多头管理的状况。加强对外商投资的引导,大力开展对外宣传,做好牵线搭桥等组织工作,提高招商引资成功率。二是下功夫解决好外商反映强烈的办事难、效率低问题,切实减少办事环节,简化办事程序,提高服务质量和工作效率。三是要努力学习、掌握吸引外资的工作方法,培养一批这方面的专门人才。

在抓好引资"嫁接"改造国有企业的同时,还要加快我市两个国家级开发区的建设和发展。要围绕有利于增强开发区统筹协调、自我积累、自我发展能力,进一步理顺、健全开发区的管理体制;要继续认真落实并创造性地用好国家对开发区的各项特殊政策,完善开发区基础设施建设的投入机制,加快改善开发区投资环境。市各有关部门要为两个开发区建设大开绿灯,年内制定出支持、配合开发区工作的具体措施、办法,尽快把两个开发区建设成为我市发展外向型经济和高新技术产业的窗口和基地。要扩大我市对其他省、市、地区的开放,充分利用我市的经济技术优势,积极主动参与开发三峡,争取在三峡开发中占有更大的份额。要继续抓好外贸出口工作,力争全年外贸出口比去年有较大幅度增长。

(五)大力发展第三产业

近年来我市第三产业有了一定发展,但发展不快,比重偏低,与我市作为区域性中心城市的地位很不相称。我市第三产业比重1991年为28.8%,在全国14个计划单列市中排列第5位,而1994年为32.24%,比上年下降0.64个百分点,降到第11位。与成都的差距也不断拉大,成都第三产业比重1991年为28.83%,只比我市多0.03个百分点,而增加值绝对额比我市少6亿元,但1994年成都第三产业比重提高到41%,比我市多8.76个百分点,增加值绝对额比我市多46亿元。这些年我市在经济社会发展中存在的许多困难和矛盾都与第三产业不发达有密切关系,第三产业的落后状况制约了一、二产业的发展,是国民经济低效运行的重要原因,同时,又影响了群众的生活,带来一些社会矛盾。

第三产业是关联性很强的产业,我们要站在全市经济社会发展这个全局的战略高度来充分认识加快发展第三产业的重要性,把大力发展第三产业作为加快经济发展速度,提高经济运行质量、增加财政收入、改善群众生活的新经济增长点,切实抓紧抓好。按照市政府确定的到本世纪末第三产业比重超过第二产业,达到45%的发展目标,今后几年每年至少要增加两个百分点,任务十分艰巨,但只要我们措施得力,是可以实现的,也完全应该实现,这是实现全市经济社会发展总体目标的客观要求。

大力发展第三产业,必须把握好三条,一是突出重点,二是加大投入,三是政策导向。金融保险、商贸流通、交通邮电三大行业对全市经济社会发展有重要

牵动作用,其增加值超过全市第三产业的一半,是第三产业的主体,要围绕这些重点加快发展,努力形成以金融业为先导,商贸流通业为支柱,交通邮电业为支撑,第三产业内部协调发展的基本格局。要形成投资主体多元化的局面,多渠道筹资加大投入。除市里有重点地对大骨干项目加大投入外,各区市县也要把第三产业作为发展区市县经济的重要方面来抓,努力筹措资金加大投入。扩大开放,利用外资,是一条十分重要的渠道,通过开放促进第三产业的发展,以第三产业的发展,改善投资环境,又促进对外开放。现在第三产业的发展速度不快,需要从政策上扶持,今后除认真执行国家制定的有关优惠政策外,还要结合我市实际,制定一些鼓励、扶持的办法,引导社会力量共同努力,把我市第三产业的发展推向一个新的水平。

(六)全力维护社会稳定,保证我市改革、开放、发展顺利进行

当前,我市经济、社会生活中还存在一些不稳定因素,我们决不可掉以轻心。在下半年的工作中,要特别注意倾听人民群众的呼声,切实关心人民群众的疾苦,努力解决好他们反应强烈的问题。只有这样,我市稳定社会的工作才可能有坚实的保证。

1.采取有力措施,切实保障生活困难职工的基本生活水平。今年上半年,我市企业亏损仍然十分严重,停产、半停产企业继续增加,影响部分职工和离退休职工工资不能按时发放,实际收入减少。当前最迫切的问题,是千方百计保证困难企业职工生活补助费和离退休职工工资的及时发放。特别是停产企业的离退休职工的工资,一定要保证足额发放,宁可少上几个项目,也要保证发放。对部分产品有市场的亏损企业及停产半停产企业,要注入必要的生产启动资金,维持住简单再生产,减轻部分吃饭压力。要多渠道筹集资金,建立特困企业职工生活保障基金和特困职工补贴、救济制度,发挥其维护社会稳定的积极作用。

2.继续抓好城市管理和社会治安两个热点问题,努力创造安居乐业的社会环境。下半年,城市管理工作的重点是巩固上半年的成果,制止"脏乱差"回潮,力争做到治理一片、巩固一片、管好一片。努力实现创卫目标。当前,要注意处理好"堵"与"疏"的关系。在加大执法力度、严格执法的同时,一是要提高执法人员素质,严格依法行政;二是执法过程中,即〔既〕要严格执法,又要以理服人,争取广大市民对城管执法工作的理解、支持和主动参与;三是研究解决好失业人员的生活出路问题。乱摆摊设点难以禁绝、回潮严重,重要原因在于在"堵""禁"的同时,疏导、安置工作滞后。要充分利用好现有市场并研究、确定合适的摊区,使这部分人员在规定的范围、时间内从事经营活动,做到标本兼治。

要继续强化"严打"工作,对各种流氓恶势力决不手软,严惩不贷;继续加强对城市流动人口的管理,搞好群防群治,确保一方平安。

3.紧密围绕经济建设,加大思想政治工作的力度。维护社会稳定,保障经济建设,要重视和发挥党的政治优势,结合经济工作的重点、难点,开展深入细致的思想政治工作。各级领导要深入群众,体察民情,了解民意,把准群众思想脉搏,有针对性地进行教育和疏导,理顺情绪,统一思想,凝聚人心,把广大干部群众的思想和精力集中到经济建设上来,确保今年各项任务落到实处。

三、加强党的建设,改善党的领导,进一步解放思想,狠抓各项工作落实

今年下半年,我市各方面的工作任务十分繁重。保证这些任务的完成,关键是要加强党的建设,改善党的领导。当前,我市党的建设的重点,一是坚持用建设有中国特色的社会主义理论武装全党,解放思想,实事求是;二是坚持"一个中心,两个基本点"的基本路线,切实加强党对经济工作的领导;三是坚持和健全民主集中制,增强党内团结,确保政令畅通;四是坚持党的宗旨,转变工作作风。解决好这几个问题是落实好今年各项任务的根本保证。

(一)掌握和运用建设有中国特色社会主义理论,以三个有利于为标准,解放思想,实事求是

建设有中国特色社会主义理论是我国改革开放和现代化建设的根本指导方针,市委十分强调把学习

和运用这一理论作为思想上建党的重点;作为党的思想建设的根本任务。建设有中国特色社会主义理论的精髓是解放思想,实事求是,这也是党的思想路线,恰恰是这一点,我们在改革开放和经济建设的实际工作中坚持得不够好。我们同沿海开放城市和发达地区的差距,一个非常重要的原因就是思想不解放,这几乎成为我市各级、各部门的共识。这是付出了代价的了不起的共识。现在的问题是,要把这一共识落实到行动中。有的同志口头上也讲解放思想,甚至比谁都说得响亮,但一落实到行动上,却判若两人。小平同志在视察南方的重要谈话中强调:"改革开放胆子要大一些,敢于试验,不能像小脚女人一样","没有一点闯的精神,没有一点冒的精神,没有一股气呀、劲呀,就走不出一条好路,走不出一条新路,就干不出新的事业"。我们不希望常常把解放思想的词语挂在口头上,而要真正用建设有中国特色的社会主义理论武装头脑,在实际工作中坚持解放思想、实事求是,有本本不唯本本,有条款不死搬条款,只要有利于经济发展就干,把政策的原则性与灵活性结合起来,以三个有利于为标准,一切围绕发展生产力转。

要把解放思想同创造性地执行政策结合起来。这里有一个基本观点必须弄清楚,政策来自于实践,又指导实践,但是,政策不能代替实践。实践出真知,没有实践就没有政策。实践是检验真理的唯一标准。我们这样讲并不是说不用执行上级的政策,随心所欲地自搞一套。我们的意思是,中国之大,情况之复杂,各地的情况千差万别,没有统一意志不行,一刀切也不行,必须从实际出发去贯彻执行上级的文件精神,这就是我们所说的创造性。

要把解放思想同敢于负责结合起来。照抄照转和机械地执行上级政策不是真正的负责,这是官僚主义和懒汉思想的表现。从本地实际出发,敢闯敢试,敢于承担风险,才是真正敢于负责,才体现了对党负责和对人民负责的一致性。

应当明确,衡量各级各部门和领导干部思想是否解放的标准,就要看在实际工作中是否坚持了"三个有利于"标准。当前既要重点解决执行政策唯〔为〕我所用,不顾全局,部门之间不配合,不通融,唯我独尊的问题;又要重点解决没有"精神"等"精神",有了"精神"等本本,等靠红头文件,不敢试,不敢闯的问题。

同时,我市从上到下还要解决精神状态问题。目前,我市经济生活和社会生活中都存在一些不容忽视的问题。必须指出的是,问题并不可怕,只要我们正视它,而不是忽视它、互相推诿逃避它,就能够战胜它。可怕的是,面对问题和困难,精神不振,怨天尤人,这种思想状况是一种腐蚀剂。我们共产党人是干什么的?就是为了解决问题,克服困难去工作去斗争的。各级领导干部应当主动检查本地区本部门的工作,多从主观上找原因,集思广益制定改进措施,振奋精神,形成上下一致,团结一心,奋发向上的精神风貌,困难就一定能克服。工作中的问题就一定能够解决。

(二)坚持党的基本路线,进一步加强党的领导

党的基本路线是党的生命线,加强党的建设,要坚持以基本路线为指针,用基本路线来统率一切工作。坚持基本路线,最根本的是坚持以经济建设为中心,各级党委要加强对经济建设、改革、开放的领导,这是党的基本路线的要求,不按照这个要求办,就丢掉了工作大局。

党委加强对经济工作的领导,在领导体制上,对事关全局的重大问题,坚持党委决定,政府推进,部门执行,两级政府两级管理的决策程序和执行程序。党委管发展思路、发展目标、重大决策、重大政策、重大举措、重大项目、重要人事安排。要加大经济工作决策的比重和分量。在领导方法上,要把实行集体领导和个人分工负责制、重大项目责任制结合起来,使党委领导成员实实在在地参加到经济工作中去。市委要加大对全市经济工作的领导力度,一是进一步完善财经领导小组职责,加强领导力量,使之成为市委领导经济工作的"抓手";二是成立由市委、人大、政协和政府及有关部门负责同志组成的市工业经济和企业改革领导小组,加强对全市工业经济和企业改革的组织领导和宏观协调。

坚持党的基本路线,必须始终坚持"两个文明一起抓,两个成果一起要",致力于经济社会协调发展。各级党组织任何时候都不能放松对社会主义精神文明建设的领导,要始终坚持用科学的理论武装人,用正确的舆论引导人,用高尚的精神塑造人,用优秀的

作品鼓舞人,为经济建设提供可靠的思想保障和智力支持;要在广大市民特别是青少年中深入开展爱国主义、集体主义、共产主义教育,引导干部群众和广大青少年树立正确的世界观、人生观、价值观。

坚持党的基本路线,必须切实加强民主政治建设,充分发挥人大、政协在推进经济建设、改革开放和精神文明建设中不可替代的重要作用。市和区市县党委任何时候都务必予以高度重视。

加强党的领导,必须加强党的自身建设。要广泛开展争创"四好"班子活动,把党的各级领导班子建成坚强有力的战斗集体;要采取有效措施,加强党的基层组织建设,使党的基层组织成为能够带领群众打硬仗的战斗堡垒;要加强对党员的教育和管理,使全体党员在经济建设中充分发挥先锋模范作用,成为完成各项任务的中坚。

(三)坚持执行民主集中制,确保我市政令畅通

坚持和完善民主集中制,是党的组织建设的重点。我们强调民主集中制,就是要求全党上下以统一的意志和行动,确保我市政令畅通,使市委、市政府的决策迅速转化为推进重庆改革开放和现代化建设的实际效果。

目前我市政令不通的问题,在一些方面、一些部门严重存在。政令不通的状况,破坏了党和政府内部的统一,削弱了工作力度,影响了我市改革开放和经济建设的进程。这次市委组织考察组到沿海地区学习考察,发现他们那里有一个很好的风气,就是市委、市政府一旦决策,定了算,说了干,各个方面不争论,不扯皮,只是围绕加快改革开放和经济发展这个目标上下一心,齐心协力,狠抓落实。政令能不能畅通无阻,市委、市政府能不能一呼百应,这是关系改革开放和现代化建设的一个重大问题。

确保政令畅通,必须从制度上加以保证。要进一步强化集体领导与个人分工负责的制度。重大问题的决策,必须集体研究决定,在充分民主的基础上形成一致意志,达到高度统一,绝不允许个人说了算。集体决策后,由分管领导独立地负责组织实施。这个问题的关键是,分管领导在实施决策的过程中,要有职有权,并承担相应的责任。

确保政令畅通,必须从纪律上加以保证。目前,我市的分散主义、本位主义比较严重,针对这种状况,在执行政令的问题上必须十分明确地提出,重庆市的工作由市委、市政府向党中央、国务院负责,各部门各区市县必须服从市委、市政府领导,向市委、市政府负责。只要市委、市政府作出了决定,任何部门、全体干部必须执行,有不同意见可以通过正常渠道反映,但在行动上不允许有任何抵触行为。不论以何种方式拖延,拖着不办都是违反纪律的行为,一经发现,市委将坚决执行纪律!这里,要给各局级领导打个招呼,市委今后眼睛就盯着局级干部。市委安排你在那个部门负责,就要管好队伍,带好队伍。今后,你那个部门不管是处长或是办事员,只要没有贯彻市委、市政府意图,不执行市委决策,首先要追究部门首长的责任。不能说处长、办事员成了"卡"基层、"卡"企业的"卡座",你仍然是个称职的部门首长!

确保政令畅通,还必须加强检查、督促。现在市委的很多决策制定后,落实得如何,缺乏有力的检查、督促。这是我市部分决策落实不好的又一个重要原因。为了克服这种现象,必须强化执行决策的检查督促,建立健全切实有效的检查督促制度。在重大决策出台时,就要相应地提出监督执行的具体措施。市委组织部,市委、市政府两个办公厅和市纪委、市监察局要对政令执行情况进行检查、监督,及时发现和查处有令不行、顶着不办的行为。有些决策制定后,只要不涉及保密,还可以将决策内容、责任人、完成时间公诸报端,让社会舆论和人民群众进行监督,从多方面督促市委、市政府决策的落实。

(四)牢记党的宗旨,切实转变作风

全心全意为人民服务是党的根本宗旨,因为除了人民的利益,我们党没有特殊利益。这一根本宗旨决定了我们的一切工作目的只能是为人民服务,决定了党员、干部应当以密切联系群众的工作作风去从事为人民服务的各项工作。我市多数党员干部忠实地履行着党的宗旨,思想工作作风是过得硬的。但也确有一些部门、一些干部的所作所为完全背离了党的宗旨,有的作风软、懒、散,形式主义严重,不愿做艰苦细致的工作,不愿深入最艰苦、最困难和矛盾最突出的

地方去研究情况,解决问题;有的做官当老爷,衙门作风和官僚习气严重,对关系人民群众切身利益的事情漠不关心;有的为了获取部门和个人的特殊利益,置党和人民的利益于不顾,在行动上见利益就抢,见问题就推,见困难就让,这些都是十分败坏的作风。必须针对这些问题,在全市党员、干部中,特别是在各级领导干部中加强党的宗旨教育。

我们要十分清楚地认识到,在当前改革开放和建立社会主义市场经济体制的新时期,我们党的根本宗旨没有变,党性原则没有变,党的优良传统和作风不能变,这些恰恰都是我们党在新形势下要继承、发扬、光大的。孔繁森同志为我们全体党员特别是各级领导干部树立了学习的好榜样。我们要学习孔繁森同志顾全大局、无私奉献的坚强党性;热爱人民、克己奉公的高尚品德;艰苦奋斗、知难而进的拼搏精神和开拓进取、求真务实的工作作风,树立正确的人生观、价值观、苦乐观。要把学习孔繁森同志和转变工作作风结合起来,增强事业心和责任感,把精力集中到勤政为民上,多办实事,多办好事,把为人民服务的根本宗旨落实到行动中。

这里,要再强调一下加强党风廉政建设,深入开展反腐败斗争的问题,这也是我市党的建设的重点。当前,全国反腐败斗争正在按照中央的部署向前推进。在深入开展反腐败斗争中,中共北京市委原常委、北京市原副市长王宝森违法犯罪活动被揭露,并得到果断处理。在查处王宝森案件的过程中,发现一些重大问题涉及北京市委原书记陈希同同志,中央已决定对其进行审查。这充分表明了党中央惩治腐败的决心,体现了广大党员和人民群众的意愿,市委坚决拥护中央的正确决策。当前我市反腐败斗争的形势十分严峻,今年以来,我市县处级以上党员干部违纪案件、违纪人数和万元以上大案都比去年同期大幅度上升,廉政建设的任务十分艰巨,必须坚持不懈地抓下去。本月10日,我市召开了全市反腐败工作会议,全面部署了我市下一阶段的反腐败工作任务,各级各部门务必认真贯彻执行,切实加强对反腐败斗争的领导,全面落实反腐败的各项任务,确保我市改革开放和现代化建设的健康推进。

同志们,这次会议非常重要,大政方针已定,关键在于落实。希望各区市县、各部门按照这次会议精神,进一步解放思想,振奋精神,转变作风,扎实工作,全面完成下半年的各项任务。

孙同川同志在全市区市县机构改革工作会议上的讲话

(1995年10月18日)

同志们:

机构改革是深化经济改革、建立社会主义市场经济体制和加快现代化建设的重要条件,我们必须花大力气,扎扎实实搞好这项工作。刚才志忠、立沛同志就我市区市县机构改革工作作了全面部署,我完全同意。下面,我再强调三个问题。

一、区市县党委要切实加强对机构改革工作的领导

区市县机构改革是我市政治体制改革的重要组成部分,事关改革开放和现代化建设的大局,搞好这项工作,对于发展区市县经济、推动各方面工作具有重大意义。同时,机构改革又是一项复杂的系统工程,涉及面广、矛盾集中,牵一发而动全身,难度很大。各区市县党委一定要深刻认识这项工作的重要性、必要性和艰巨性,切实加强领导,把机构改革列入党委的重要议事日程,作为一件大事认真抓好。区市县党委主要负责同志要亲自组织和领导机构改革工作,做到心中有数,总揽全局。要牢牢把握机构改革的方向,制定符合本地实际的实施方案,掌握各个阶段和环节的工作动态,及时研究、解决机构改革过程中出现的问题,稳扎稳打,把这项工作抓紧、抓实、抓好。

机构改革、精兵简政不能不涉及权力和利益格局的调整,换句话说,必将涉及机构的撤并和一部分人的切身利益。因此,区市县委要动员各级党组织充分发挥政治优势,加强机构改革中的思想政治工作。要根据机关干部和职工的思想动态,有针对性地教育和引导,做过细的思想工作,统一认识,化解矛盾,保证机构改革顺利推进。机关党员特别是党员干部在机构改革中要发挥先锋模范作用。《党章》明确规定,党员必须"执行党的决定,服从组织分配",我们党历来就有"党叫干啥就干啥,一生交给党安排"的优良传统,这次机构改革就是对机关党员和党员领导干部党性观念的考验。要教育和引导机关党员,特别是党员领导干部自觉按《党章》要求办事,正确对待个人得失,以坚强的党性和服从分配、服从安排的实际行动影响群众、带动群众,在这场考验中交出合格的答卷。

在机构改革中,要特别强调严肃党纪政纪,以纪律来保证机构改革顺利进行。要讲政治,讲纪律。区市县党委要严格按照市里的统一部署,抓紧落实各项工作,不能各行其是。要坚持从工作需要来安排干部,防止借机构改革之名,行打击报复、拉帮结派、任人为〔唯〕亲之实。对这种情况,一经查出要坚决绳之以纪。机关党员和干部要保持政治上的清醒和坚定,明辨是非,把注意力集中到工作和学习上,绝不能热衷于串门子,打听和散布小道消息,干扰工作正常开展。市委相信,只要区市县党委切实负起责任,加强组织领导,加强组织纪律,机构改革工作就一定能够顺利完成。

二、切实把握好机构改革的几个重要问题

今年是党中央、国务院预定三年完成机构改革任务的最后一年,时间紧迫,任务艰巨。为了做好区市县机构改革的工作,在预定的时间内顺利完成机构改革的任务,使机构改革收到实效,我们在机构改革的整个工作中应当从总体上始终把握好以下几个问题:

(一)机构改革要坚持精简、统一、效能的原则

精简、统一、效能是机构改革的总的原则,党的十三大、十四大部署机构改革的任务,都十分强调这一点。坚持这一原则具有很强的现实针对性,江泽民同志在十四大报告中严肃指出:"目前,党政机构臃肿,层次重叠,许多单位人浮于事,效率低下,脱离群众,阻碍企业经营机制转换,已经到了非改革不可的地步。"显然精简、统一、效能原则是针对党政机构中存在的问题确定的,同时也是根据改革开放和现代化建设的需要提出来的,在机构改革中必须坚持,职能的配置、机构的设置、人员的配备,都要符合这一原则。所谓精简,就是要精兵简政,使党政机关机构和人员按需要做到精干;所谓统一,就是机构改革的政策要统一,要求要统一,在重大原则问题上不能各行其是,随意取舍,但又要从各地实际情况出发,不搞一刀切;所谓效能,就是要通过机构改革合理划分权责,理顺部门关系,减少交叉重叠,提高工作效率。这三个方面是有机的统一,既要保持精明强干的队伍,又要保证政令畅通,还要做到高效运转,这是对机构改革的总体要求。各区市县机构改革应当按此办理,对机构改革工作的检查也要坚持这一原则。

(二)机构改革要抓住转变职能这个关键

以往机构改革的经验教训告诉我们,转变职能是政府机构改革的基础,又是机构改革的关键和重点,这可以说是比较一致的共识。那么职能确定的依据是什么?最根本的是建立社会主义市场经济体制和现代化建设的需要。按照十四大提出的要求,今后政府的职能主要是统筹规划、制定政策、依法行政、信息引导、组织协调、提供服务和检查监督,要加强对经济活动的宏观调控能力,逐步建立健全宏观调控体系。根据这一要求,各部门要进行职能清理,哪些职能要强化,哪些职能要弱化,哪些职能下放或者转移,都应当很明确。这一步工作做好了,就为机构改革打下了很好的基础。根据需要确定职能,按照职能设置机构,从机构履行职能的需要来配备精干的人员,环环相扣,改之有据,这样的机构改革就不是主观凭空的头脑发热,才是科学合理的。但是在实际工作中,我们一些单位和同志,主要心思不是放在转变职能上,而是放在我这个机构是撤销或保留、人员是增加或减少上,这种对机构改革的态度偏离了机构改革的宗旨,是不对的。各区市县在机构改革中应当坚决克服

这种偏差,把机构改革重点摆在转变职能上来,以适应社会主义市场经济体制的需要。

(三)机构改革要注重实际效果

应当明确,机构改革十分必要,十分重要,但机构改革本身不是目的,绝不能孤立地就机构改革来谈机构改革。机构改革的目的是要使党政机构适应和服务于建立社会主义市场经济体制,适应和服务于社会主义现代化建设。因此,要紧紧围绕解放和发展生产力,加快改革开放和经济发展来积极推进党政机构改革。具体来讲,通过机构改革要做到三个有利于:一是要有利于建立一支高素质的党政机关干部队伍。要充分认识机构改革本身就是优化干部队伍结构的过程,抓住这个有利时机,提高干部队伍的综合素质,特别要注意将机构改革与加强领导班子建设结合起来,促进机关整体素质的改善。二是要有利于机关作风的转变和办事效率的提高。要针对目前机关存在弊端,在机构改革中制定整改措施和工作规范,树立良好的机关形象。三是要有利于下一步公务员制度的推行。机构改革是实施公务员制度的基础,两者的目的是一致的,工作上也具有整体性和连贯性,要通过机构改革为实施公务员制度创造条件。总之,在机构改革的整个工作中,都要注重实际效果,把促进改革开放、经济发展和机关自身建设的效果,作为衡量机构改革工作成绩的主要标准。

三、正确处理机构改革工作同其他各项工作的关系

这次会议就进一步落实区市县机构改革任务进行了安排部署,明确了机构改革的目标和主要工作。会后,大家回去要认真传达贯彻会议精神,迅速行动起来,精心组织、积极稳妥地开展工作,确保顺利完成我市各区市县机构改革任务。

我在这里特别强调一点,我们必须打好机构改革这场攻坚战,同时其他各项工作,特别是市委、市政府确定的今年的重点工作也丝毫不能放松。搞好机构改革工作,同搞好其他各项工作是一致的。我们的各项改革,我们的各项工作都有一个共同的目的,就是有利于经济社会的发展,促进经济社会的进步。因此,绝不能因重视某一项工作而忽视其他的工作,为了搞好某一项工作而放松其他工作。要突出重点,兼顾其他,善于"弹钢琴",十个指头相互配合,才能弹出完整的乐曲。应当看到,党委、政府的各项工作是一个相辅相成、相互促进、相互支撑的整体,我们要善于把握全局。如果其他工作出了问题,也会拖机构改革的后腿。把其他工作搞好了,也就为机构改革工作提供了良好的环境和条件。

今年年初市委召开全委扩大会暨全市经济工作会议以来,全市下〔上〕下认真贯彻市委的工作方针和各项工作部署,各方面工作都取得了新的成绩。特别是7月市委工作会以后,全市出现了精神振奋、团结奋斗、政令畅通的新气象,各项工作都有新的起色,尤其是一些重点工作进展顺利。物价调控工作正按预定目标推进,农业和区市县经济有了进一步发展,以"抓大放小"为核心内容的工业经济和企业改革工作迈出了新的步伐,创卫工作成效显著。现在离年底还有两个多月时间,我们要继续振奋精神,兢兢业业,争取圆满完成今年的各项任务。

这里对后几个月的工作再提几点要求:

一是调控物价的工作,必须继续抓紧抓好。前段时间,绝大多数商品类别价格接近控制目标,但并不等于实现今年的物价调控目标完全有了把握,大家绝不能掉以轻心。必须下大功夫继续抓好物价工作,要进一步加强综合调控手段,有预见地储备重要商品,及时调运;整治流通秩序,要认真落实扩大蔬菜生产基地的任务,调动农民生产积极性,拓宽农副产品进城渠道,进一步整顿市场秩序,加强市场监管,推动物价调控全面到位,确保实现今年的物价调控目标。

二是抓好小春生产,做好大春生产准备,抓好今冬明春的农田水利基本建设,为明年农业和农村经济跃上新台阶创造条件。在小春生产上,要坚持稳定面积,狠抓改制,加大投入,主攻单产,增加总产,提高效益的指导思想,重点保证小春面积的落实,组织好良种,抓好农技培训,做好农资供应工作。在农田水利建设上,要在集中力量抓好一批关系全局的重点骨干

工程的同时,大搞"小微水利"和"绿色水库"的建设,掀起一个大搞农田水利基本建设的热潮,改善农业生产的基本条件,保证农业持续发展。同时,要在稳粮的前提下,继续抓好多种经营,大力发展乡镇企业,努力增加农民收入,防止农民负担反弹,保护农民利益。

三是继续深入贯彻市委、市政府"三放"和"抓大放小"的重大决策。市委工作会议以后,市委、市政府在认真调查研究,充分征求各方意见的基础上,前不久正式下发了《关于进一步搞活区市县经济的决定》和《关于进一步放活国有小企业的决定》这两个文件,一个在计划管理、城镇规划建设和管理、工商管理和市场建设、财税、金融及招商引资、外贸出口等方面给区市县下放了一些管理权限;另一个在放活国有小企业方面,制定了若干配套政策。各区市县要认真研究,积极主动地抓落实,使"三放"迈出实质性的步伐,使放开放活小企业的工作更快更好地向前推进,进一步促进区市县经济的发展。

四是要继续抓好城市综合管理,扩大和巩固创卫成果。创建卫生城市决不是为了应付检查,而是要为广大市民提供一个较高质量的生活环境。创卫难,巩固创卫成果更难!前段时间我市创卫卓有成效,但也暴露出城管体制、城管队伍建设、城管投入方面的问题,要及时研究解决好这些问题。我们要着眼于长远,以对人民负责的精神,进一步加强城市综合管理,完善创卫措施,再接再励〔厉〕,全力巩固创卫成果。

五是各区市县都要大力组织收入,坚持依法治税,强化税收征管,以实现全市的收支平衡。同时要高度重视社会发展和社会治安综合治理工作,坚持"两手抓,两手都要硬",促进我市今年经济社会发展目标的全面完成。

同志们,这次机构改革工作的任务是艰巨的,意义也是十分重大的。我们要把机构改革作为一项事关社会主义现代化建设的战略措施来认真落实,确保圆满实现机构改革的预期目的。

认清形势,振奋精神,把握重点,狠抓落实,全力做好明年经济工作

——张德邻同志在市经济工作会议上的讲话

(1995年12月27日)

同志们:

这次市经济工作会议,是在深入贯彻落实党的十四届五中全会精神形势下召开的,会议的主要任务,是贯彻中央经济工作会议和省经济工作会议精神,研究部署明年的经济工作。前不久召开的市委七届五次全委(扩大)会,审议通过了《中共重庆市委关于制定国民经济和社会发展"九五"计划和2010年远景目标的建议》,对我市今后5年和15年的建设和发展,作出了战略部署。千里之行,始于足下。明年是"九五"计划的第一年,认真做好明年的经济工作,迈好第一步,对于巩固和发展"八五"期间取得的重要成果,保证"九五"奋斗目标的顺利实现,意义非常之大。关于明年经济工作,志忠同志还要作具体部署,金烈同志还要作总结讲话。现在,我先讲几点意见。

一、认清形势,明确要求,满怀信心地做好明年经济工作

当前我们面临的形势,可以概括为两句话:宏观环境机遇与挑战并存,重庆自身发展困难与希望同在。清醒地看到这一点,千方百计抓住机遇,信心十足地迎接新的挑战,战胜前进中的困难,是我们做好明年经济工作的基本前提。

关于国际形势,江总书记在中央经济工作会上概括为:谋求和平、稳定和发展是当今世界的主流。从世界全局范围看,世界政治格局已从两极转向多极化发展,国际和平环境有望继续保持,但天下并不太平,霸权主义和强权政治仍然是和平与稳定的主要障碍。在这种国际形势的发展变化中,我国的国际地位和在

国际事务中的作用明显提高。尽管当前中国同美国等少数几个国家在处理国际事务、发展贸易协作,特别是在对待台湾问题上,存在着一些难以解决的重大分歧,斗争将是曲折、复杂、长期的,但由于中国经过改革开放和现代化建设取得了举世瞩目的重大成就,政治和社会稳定,国际威望和影响不断提高,从而使大多数国家支持中国的呼声日益增高,少数几个强国无论是谁,都不能小视中国。我们要居安思危,继续贯彻邓小平同志提出的韬光养晦的战略思想,紧紧抓住机遇,充分利用国际和平环境加快发展步伐,努力增强实力。

国内形势继续朝着有利的方向发展。今年是我国执行"八五"计划的最后一年,在小平同志南巡重要谈话和党的十四大精神指引下,改革开放和社会主义现代化建设取得了新的伟大成就。党的十四届五中全会的胜利召开,标志着我国圆满完成"八五"计划,进入一个发展的新时期。乘五中全会精神的东风,全国各地都在认真总结过去,完善规划措施,经济和社会发展展现出更加广阔的前景。

我市的形势同全国一样,总体上讲是好的。今年,我们在中央和省委的领导下,认真坚持中央提出的"二十字"方针和市委制定的"八个字,五个不动摇"的指导思想,振奋精神,艰苦努力,经济社会各方面工作获得新的进展,较好地完成了年初预定的各项目标,全市综合经济实力进一步增强,为实现"八五"计划目标划上了一个圆满的句号。总结全年的经济工作,成绩主要有以下几条:一是实行"一稳五大"抓好农业和农村经济,粮食生产连续三年夺得丰收,农村经济得到全面发展;二是实行"三改并举""抓大放小",搞好国有企业,深化了企业改革,优势企业和拳头产品进一步发展;三是通过集中资金保证重点工程建设,以创卫带动城市管理,城市基础设施和城市管理有了进一步改善;四是坚持"以开放促发展,大开放促大发展"的方针,引进外资和外贸出口取得新的进展;五是大力加强物价调控,物价涨势得到有效控制,实现全年物价控制目标已成定局;六是在经济发展的基础上,人民生活水平稳步提高。总之一句话,我们的改革在深化,经济在发展,社会在进一步稳定。这些成绩是来之不易的,是全市上下共同奋斗的结果,值得我们珍惜。但是,我们在肯定成绩的同时,千万不能忽视当前我市经济发展中存在的突出困难和问题。主要是四大问题:一是农业问题,农业的基础仍然很脆弱,缺乏抵御大的自然灾害的能力,比较效益不高,发展后劲不足;二是国有企业问题,多数国有企业面临困境,效益低下,亏损量大面广的状况一时难以缓解;三是经济结构问题,突出的结构性矛盾严重制约着产业素质的提高和对资源的优化配置;四是城市建设与管理问题,城市基础设施落后,管理工作跟不上,脏、乱、差、堵的现象依然存在。对这些突出的困难和问题,我们要有清醒的认识。尽管这是些多年积累下来的老问题,而且解决这些问题也不可能一蹴而就,但我们必须高度重视,下定决心,采取扎实措施使其逐步缓解。不然问题越来越多、越积越重,我们就不好向全市人民交待。所以,我们要正确分析和判断当前我市的形势,对成绩应充分肯定,对问题要认清,始终保持清醒头脑,增强战胜困难的信心,全力做好明年和今后的经济工作。

战胜困难,做好明年经济工作,扎实、有效地迈好第一步,我们有着较好的条件和新的机遇。重庆是一个大工业城市,本身具有较好的基础,中央又给予了三峡库区和重庆一系列优惠政策,尤其是五中全会确定的向中西部倾斜的重大决策,对我们继续发展很有利。五中全会特别强调从"九五"开始,要更加重视中西部地区经济的发展,并相应提出了中央财政转移支付和重大基础设施项目布局向中西部倾斜,积极鼓励国内外投资者到中西部地区投资;强调按市场经济规律和经济内在联系及地区自然特点,突破行政区划界限,以中心城市和交通要道为重点,进一步形成若干跨省区的经济区域。重庆是我国中西部地区的特大城市,西南的老工业基地,长江上游的经济中心,在振兴中西部经济中占有举足轻重的地位,实施中央振兴中西部经济的战略,无疑给重庆带来新的大好机遇。我们一定要紧紧抓住这新一轮的机遇。当今时代,可以说是机遇的时代,从一定意义上讲,机遇就是速度,就是效益;机遇稍纵即逝,谁丧失了机遇,谁就丧失了速度,丧失了效益,处于被动落后的境地。这里关键是要有市场经济的观念、竞争的观念、现代化的观念,胆子要大,气魄要大,否则机遇再多也抓不住、用不好。所以,我们一定要强化机遇意识,要有危机感,在抓机遇上只争朝夕,用机遇上好而又好。去年,江总书记、李鹏总理先后来重庆考察时题词勉励:"努力把重庆建设成为长江上游的经济中心""开发三峡、振兴重庆"。我们要以江总书记、李鹏总理的题词为动力和目标,跟上全国快速发展的形势,在中西部地区经济开发中奋力争先。这也是我们卓有成效地做好明年经济工作需要把握的重要思想和基本要求。

根据对形势的分析,按照中央五中全会和经济工作会议精神,市委提出1996年全市经济工作的总体要求是:认真贯彻落实党的十四届五中全会和中央经济工作会议精神,坚持"二十字"的基本方针,坚持两手抓两手都要硬,正确处理改革、发展、稳定的关系,以推进"两个转变"为主线,认真实施科教兴渝战略,加大经济结构调整力度,加强和改善经济调控,在强化农业基础地位、搞好国有企业改革和发展、大力发展第三产业、提高对外开放水平、降低物价上涨幅度、加强城市建设和管理等方面取得更大成效,促进国民经济持续、快速、健康发展和社会全面进步,为全面实现"九五"计划各项任务打下良好基础。

这里需要强调指出的是,五中全会提出的实行经济体制从传统的计划经济体制向社会主义市场经济体制转变,经济增长方式从粗放型向集约型转变,是我们经济工作中一个相当长时期内的深刻内涵,也是保证我们跨世纪奋斗目标实现的两个带全局意义的关键。抓住了这"两个转变",就抓住了纲,抓住了经济发展的牛鼻子。我们要把这"两个转变"切实作为经济工作的主线,认真落实到我市明年六项重点工作和今后经济工作各项任务中去。转变经济体制,就是要深化改革,深化改革就是要在转变政府职能,实行政企、政资分开,转换企业经营机制,完善市场体系,健全社会保障制度等方面,不断取得有突破性的新进展。这要求我们必须解放思想,大胆闯、大胆试,充分发挥改革试点城市的先行示范作用。转变经济增长方式,就是要在抓发展中,不能只追求数量增长,而是要追求发展的质量和效益。明年,我们要促进经济增长方式在以下几个方面开始发生实质性的转变:农业和农村经济从小生产方式开始向商品化、产业化、社会化生产转变,工业经济从偏重数量增长型开始向质量效益型转变,城市建设与管理从粗放型、低水平开始向质量型、规范化、高水平转变,并积极促进人口、资源、环境、精神文明与整个经济社会的协调发展。转变经济增长方式靠什么?主要是一靠科技教育,二靠管理,三靠调整结构。靠科技教育,就是要始终坚持科学技术是第一生产力的观点,把经济的发展切实转移到依靠科技进步和提高劳动者素质的轨道上来,努力提高经济增长的科技含量;靠管理,就是要处理好改革发展与管理的关系,在改革中强化管理、改善管理、提高管理的科学水平,向管理要质量、要效益、要劳动生产率的提高;靠调整结构,就是要按照市场经济的供求规律、竞争规律,加快产业结构、产品结构和企业组织结构的调整,实现资源的优化配置,使有限的资源得到充分利用,实现经济的有效的增长。各级各部门尤其是领导班子、领导干部、企业"一把手",务必明确认识"两个转变"的重要意义,增强推进"两个转变"的责任感和自觉性。通过实行"两个转变"使我市明年经济工作迈上一个新的台阶。

二、把握重点,狠下功夫,促进经济持续、快速、健康发展

明年的经济工作,任务艰巨、繁重。我们要把握重点,狠下功夫,全力推动经济工作在以下6个方面取得大的进展,为"九五"时期创造一个良好的开端。

(一)继续强化农业基础地位,促进区市县经济全面发展

按照"九五"计划和2010年远景目标的要求,今后一个时期,我市要继续强化农业基础地位,以奔小康统率整个农村工作,坚持"一稳五大"的基本思路,落实"三放"决策,积极推进农业、农村经济产业化,加快农村经济体制和经济增长方式的转变,全面提高农村经济的发展水平。

我市农业基础仍然很脆弱,强化农业基础地位,稳定粮食生产,增加农副产品的有效供给,大幅度增加农民收入,既是明年经济工作的首要任务,也是一个必须长期坚持的全局性的方针。市委要求农村面积大、人口多的区市县党政一把手必须把主要精力放在农业和农村经济发展上,其他有农村的区对农业、

农村工作也决不能放松。市和各区市县研究部署经济工作和制定经济计划,首先要安排好农业,重点是要增加农业投入。要努力提高固定资产投资、财政预算内资金和银行信贷资金用于农业的比重;同时,还要发挥农村信用社、合作基金会和区市县投资公司的作用,多渠道增加农业投入。需要强调的是,农民是农业投入的主体,要通过政策引导、鼓励农民增加对农业的投入。

围绕转变农业、农村经济增长方式,要着力抓好科教兴农。农业、农村经济的发展很大程度上取决于科技进步。要坚持把科教兴农摆在优先位置,切实抓好良种的培育、引进和推广,搞好科技服务。大力推广农业生产先进技术,不断提高科技对农业、农村经济增长的贡献率,提高农业、农村经济增长质量。加强对农民的文化科技培训,是实施科教兴农的一项基础工作,要从我市实际出发,充分利用各种教育设施,有计划地对农民实施不同层次的文化科技培训,进一步提高农民的科学文化素质。

在稳定家庭联产承包责任制的基础上,积极推进农业、农村经济产业化,是深化农村改革,发展农业和农村经济的有效途径,要从全局的、战略的高度,采取综合性的措施,逐步推进。明年要在培植主导产业、生产基地、龙头企业、搞活流通上有突破,走种养加、贸工农一体化的发展路子,逐步实现生产与市场的对接和粗放经营向集约经营、低效农业向高效农业的转变。要继续加快乡镇企业发展,实现"二次创业"。在"二次创业"中要着力开发高科技产品,要与大工业配套,与支柱产业配套,上规模,上水平,上档次。同时大力开发与农业、农村经济产业化相配套的拳头产品,为农业、农村经济产业化培育龙头企业。要加快小城镇建设步伐,使之尽快成为农村经济产业化的载体。

发展农业和农村经济,必须调动和保护农民的积极性。实践证明,没有农民的积极性,就不会有农村改革的成功,就不会有今天农村经济发展的历史性成就;保护农民的积极性,就是保护农村生产力。因此,我们要继续坚持党在农村的基本政策,注重解决好影响农民积极性的突出问题,切实减轻农民不合理负担,千方百计增加农民收入。

大工业与大农业、大城市与大农村并存的特殊市情,决定了我市经济发展必须牢固树立全市一盘棋的思想,始终坚持城乡一体化、城乡共发展的方针,必须从全市战略发展的高度,大力支持区市县经济的发展。市委作出实行"三放"把区市县经济推入快车道的决策以来,通过各方面的共同努力,取得了明显成效。明年,要全面落实"三放"决策,不断探索"两级政府、两级管理"的有效途径,进一步增强区市县统揽地区经济和社会发展的能力。

我市要在本世纪末实现小康,这既是一项经济任务,更是一项政治任务。实现小康重点在农村,难点也在农村。今年各区市县广泛深入开展了"奔小康活动",搞得有声有色,取得了可喜的成绩,但这仅仅是开始,实现小康的差距和难度仍然较大。各级领导务必充分认识这项工作的重要性和紧迫性,并给予高度重视。动员并组织全社会关心、支持、帮助农村奔小康。市农村工作领导小组要抓紧制定和实施农村小康工程总体规划,其中尤其要落实好扶贫开发,帮助60万贫困人口尽快脱贫致富,以便各区市县成建制地按确定的时间实现奔小康的目标。

(二)下大功夫搞好国有工业企业,提高工业发展的质量和效益

国有工业是我市经济的主导,只有搞好了国有工业企业,才有可能实现全市经济的振兴。自城市经济体制改革以来的10多年间,我市围绕搞好国有企业,特别是国有大中型企业这个中心环节作了大量工作。作为国家经济体制改革综合试点城市,近年来,又在现代企业制度试点、优化资本结构等方面迈出了新的步伐,为我市进一步搞好国有企业积累了经验。明年,我市国有工业要继续贯彻三改并举、抓大放小、调整结构、加强管理的方针,争取工业经济发展的质量和效益有较大提高。

首先,要切实推进现代企业制度试点,增强国有工业加快发展的动力。要全面按照"产权清晰、权责明确、政企分开、管理科学"的要求,加快现代企业制度试点步伐,在解决重点和难点问题上有所突破,尽快取得实效,及时总结经验,扩大试点面。按照《公司法》,继续抓好具备改制条件的国有大中型企业的公司制改组,规范、完善已组建的股份制企业。目前,我市企业改革虽然取得一定进展,但总的来说步子还不够快,企业改革滞后的矛盾日益突出。应当看到,现代企业制度试点企业和已经组建的股份制企业,集中了我市国有工业的骨干,通过制度创新,推动这些企业真正成为自主经营、自负盈亏的经济实体和参与市场竞争的主体,形成符合市场经济要求的企业经营机制和技术进步机制,我市经济增长方式的转变就具有了强大的推动力量。因此,各级、各部门必须从解放和发展生产力的高度,统一对加快国有企业改革重要性的认识,胆子更大一些,力度更强一些,步子更快一些。这里,市委再次强调,今后,国有企业改革要实行统一领导、统一组织、统一指挥、统一协调,不容许相互扯皮、相互掣肘的作风阻碍改革的进展和深化。要鼓励和支持企业在深化改革中大胆探索、勇于实践。各有关部门特别是经济综合部门,要真正参与到企业改革中来,服从、服务于深化国有企业改革的大局,共同推进企业改革工作。

其次,要集中力量"抓大",加大力度"放小"。国有大中型工业企业是支撑我市国民经济的基本骨架。这批企业在数量上虽不是多数,但在全市国民经济中起着举足轻重的作用。抓好了大中型企业,稳定全市经济大局就有了重要保证。明年,要继续大力加强对国有优势企业,特别是工业"50强"和100户重点骨干企业的工作力度,尽快落实各项具体政策措施,务求实效。要用好、用足、用活"优化资本结构"试点政策,率先在国有优势企业走出解除历史包袱、减轻债务负担的路子,帮助他们轻装上阵,增强向外扩大、发展的实力。我市国有工业小企业数量多、分布广,是我市国民经济的重要组成部分。目前,这部分企业普遍活力不足,问题较多,放开、放活众多的国有小工业企业,有利于进一步活跃和发展整个经济。要根据企业的不同情况,结合我市工业结构的调整,围绕主导产业、骨干企业、拳头产品,采取联合、兼并等形式,推动一批小企业向大企业、大集团靠拢;要根据市场的要求,帮助一些有条件的小企业,通过转换经营机制,加快技术改造,加强企业管理、逐步发展成为"小巨人";对一些长期亏损、扭亏无望的小企业,也可以用出售、破产的办法,另谋出路。

第三,要大力推进结构调整,挖掘、发挥工业经济的巨大潜力。经过几十年特别是改革开放以来的发展,我市已形成了较为雄厚的工业基础,这是我们赖以继续发展的宝贵物质财富。与此同时,我们也不能不看到,由于经营不善所造成的资产质量下降,使一部分存量资产已经和正在成为我们沉重的包袱。调整好工业结构,盘活、用好我市庞大的存量资产,是实现我市经济增长方式由粗放型向集约型转变的关键环节。明年,要继续实施大公司、大集团战略,加快资产重组步伐,推动资源优化配置。要打破地区、部门、所有制界限,大力推动国有资产的流动和重组,尽快壮大我市支柱产业、骨干企业的实力,实现资产结构的优化。实施名牌战略,推进工业产品结构的战略性调整。全力扶持现有拳头产品进一步上规模、上档次、上水平,巩固、发展在市场竞争中的优势地位。目前,我市真正在市场上影响大、竞争力强的产品并不多,这种状况如不尽快改变,就谈不上加快经济发展。要以市场为导向,集中力量培育、发展一批市场前景好、技术含量和附加值高、对全市工业发展带动作用强的产品,增强我市工业的市场竞争能力。

这里,要突出强调的是,无论是抓大放小,还是调整结构,都必须高度重视科技进步的重大作用,必须坚持科技是第一生产力的观点。我们重庆市有一大批大学、研究所和大型企业,集中了数以万计的科技人员,他们是我们实施"科教兴渝"战略的主力军。因此,我们在深化改革、发展经济的过程中,一定要充分发挥这一科技优势。要打破行业、部门、所有制的界限,进一步深化科技体制改革,推动科技同经济的结合。要鼓励、支持、推进大学、科研院所同企业的结合,构建企业的技术开发和研究中心,增强企业新产品和新工艺自主开发的能力;要大力推进"科技兴渝百亿工程",加快科技成果转化为现实生产力的步伐;大力培育高新技术及其产业;广泛采用先进技术,促进传统产业的改造,以高起点的技术改造推动高水平的结构调整,全面提高产业素质。总之,要动员和组织全社会的科技力量推动企业的发展和改革。

第四,要强化企业管理,以严格、科学的管理促进企业提高效益。在市场经济条件下,企业生死兴衰的决定性因素,归根到底在于企业自身的经营管理水平。任何外部环境的改善,都不能取代企业自身工作,也不能代替企业内部管理。这几年,我市企业管理削弱、滑坡问题比较突出,这是我市企业效益下降,出现大面积亏损的重要原因。现在已是非下决心解决不可的时候了。市委、市政府决定,明年为全市"管理效益年",要在全市企业开展"抓管理,练内功,增效益"活动。各级、各有关部门要切实做好指导、督促、服务和典型引路工作,广泛、深入推广邯郸钢铁厂和我市嘉陵、庆铃等企业向管理要效益的经验,使企业学有榜样,赶有目标。企业要大力强化基础管理,健全各项规章制度,积极探索建立与现代企业制度相适应的科学的管理体制和运行机制,要强化对企业职工的管理教育,形成职工参与管理、接受管理的激励机制和约束机制,把企业管理目标转化为职工的自觉行动,构筑企业管理的牢固的群众基础,形成企业职工、管理层、政府部门齐心协力抓管理的良好局面,把企业管理扎扎实实推进一大步。

第五,选好、管好、用好企业一把手,改善和加强企业领导班子建设。实践证明,搞好企业,关键在于企业领导班子,核心在企业党、政一把手。对于我们这样一个国有企业亏损量大面广的老工业城市而言,改善和加强企业领导班子建设已是刻不容缓的工作。明年,各有关部门要把建设好企业领导班子,作为事关全市经济发展大局的重要工作认真抓好。要有组织地对国有企业特别是国有大中型企业领导班子进行全面考察,问题大、矛盾多的班子要调整。改善和加强企业领导班子建设,要努力形成合理的班子结构,选拔政治思想强,敢于和善于经营管理,懂业务,懂技术,善于调动人的积极性、主动性、创造性的优秀人才进入领导班子,尤其要重点选好一把手。在选好一把手的前提下,要使领导班子在知识、年龄结构、工作能力和实践经验以及专长和作用特点等方面有一个合理的搭配,以适应企业管理的多方面要求。要按管理体制的要求,加强和完善领导班子的工作制度的建设,以使领导班子的工作能集中、有序地运转。这是建立起统一的、强有力的、高效率的生产指挥和经营管理系统的重要前提条件。要大力提高企业领导班子素质,建立企业领导培训制度,不断更新知识,优化知识结构,真正掌握适应市场经济要求的经营管理思想和方法。要加强对企业领导班子的管理,加快制定对企业领导人的考核、奖惩、监督办法,形成有效的激励机制和约束机制。同时,要加强企业领导班子后备队伍建设,拓宽视野,引入市场机制,创造优秀企业管理人才脱颖而出的条件,在实践中增长他们的才干,使企业后继有人。

搞好国有企业的工作应该实行责任制。今天,市委已经对这一工作进行了部署,明确了任务和要求,提出了措施和办法。会后,从市委、市政府领导、各有关职能部门到企业,对任务要层层分解,明确任务、要求,落实责任到人,定期进行检查。我们一定要在搞好国有企业实行责任制方面积极进行探索,取得成效。

(三)大力调整经济结构,加快第三产业和个体私营经济的发展

大力调整经济结构,对加快重庆的经济发展有着十分重要的意义,在调整经济结构中,要抓住薄弱环节,加快第三产业和个体私营经济的发展,改变我市一、二、三产业比例失调和个体私营经济发展缓慢的现状。

重庆历史上就是西南地区的物资集散和资金流转中心,但近几年来第三产业发展滞后,第三产业在全市国民生产总值中所占比例仅为32.3%。1992年以来这个结构比例一直没有变化,与经济发展的要求极不适应,制约了重庆中心城市作用的发挥,也是近年来我们与沿海地区的差距拉大,落后于成都等城市的一个重要原因。

第三产业是一个关联性很强的产业,其发展的快慢,不仅影响一、二产业的发展和国民经济的整体运行效果,还与当前经济社会中出现的许多困难和矛盾密切相关。因此,我们要以全局的战略眼光充分认识加快发展第三产业的重要性。把大力发展第三产业作为一项重要工作,切实抓紧抓好,使第三产业的比重逐年稳步提高,一、二、三产业的结构逐步趋于合理。发展第三产业必须抓好三个方面的工作:一是突出重点,加快金融保险、商贸流通、交通邮电等主体行业的发展步伐,围绕重点,带动第三产业内部协调发展;同时加快市场体系特别是资本市场、产权交易市场、劳动力市场的培育。二是加大投入,通过多渠道

集资,引进外资和外地资金,解决好第三产业投入不足的问题,形成投资主体多元化的局面。三是加大政策扶持力度,结合重庆市的实际,尽快制定出台鼓励、扶持第三产业发展的相关配套政策,发动、引导社会力量,共同办好第三产业。

坚持以公有制为主体,多种经济成分共同发展的方针,是我国社会主义制度和现阶段生产力水平决定的。发展个体私营经济,是社会主义市场经济的要求。目前,个体私营经济已经成为我市经济的一个重要组成部分,成为国家税收的重要来源和吸纳社会劳动力的重要途径,正在发挥越来越重要的作用。但是,目前重庆的个体私营经济无论是发展的规模和速度,还是发展的水平和质量,都与重庆的地位不相称。我们必须克服偏见,正确处理公有制为主体与多种经济成分共同发展的关系,理直气壮地坚持把大力发展个体私营经济作为繁荣重庆经济的一项战略措施来抓。特别是公有制经济基础比较薄弱、地方财力困难的地区,更要集中精力重点抓好个体私营经济的发展。

要强化对个体私营经济的政策引导,加强法制建设创造一个有利于多种经济成分公平竞争、共同发展的大环境。要依法保护个体工商户和私营企业的合法权益,同时,也要帮助个体私营经济加强自我管理、自我教育,做到遵纪守法,合法致富。希望各区市县和各有关经济管理部门把这项任务列入工作日程,要有领导成员专门负责抓这项工作,实行责任制。各区市县都要手中有典型,重点扶持一批起好带动作用。全市应经过一段时间的努力,生长并稳定一批守法经营、有影响的大户。

(四)抓住新的机遇,进一步扩大对外开放

改革开放以来,重庆对外开放取得了显著成效,有力地促进了全市的改革和发展。五中全会在进一步强调必须坚定不移地扩大对外开放的同时,决定积极鼓励国外投资者到中西部地区投资,全国开放的热点将在国家政策的导向下,逐步转向中西部地区。这对重庆来说,是一次历史性的扩大对外开放的机遇。我们重庆一定要很好地把握住这一难得的机遇。

当前,国内经济加速向国际经济接轨,许多内陆城市开放度加大,发展加快,形势十分逼人。重庆工业结构调整和技术改造的任务十分繁重,关起门来搞建设,是怎么也搞不上去的。重庆要加快发展,在中西部发展中奋力争先,就必须进一步扩大对外开放。

明年,我市对外开放要同时做好"进"和"出"两篇文章,要主动适应国家外资、外贸政策调整,改善投资环境,加大引资力度,引导外资投向,优化出口结构,提高出口效益,扩大出口规模,努力提高对外开放的水平。抓"进",就是要大力引进国外资金、先进技术、管理方法和人才,用别人的钱来发展我们自己,借别人的成果来加快发展的步伐。要进一步加大招商引资力度,拓宽招商引资领域,工业、农业、科技和一些社会事业的发展都要重视对外引资,重点吸引和引导资金投向基础设施项目、高新技术项目、重点产品及老工业企业的"嫁接"改造。通过大力引进,提高全市工、农业的整体水平。搞好引进的一个重要前提,就是要在改善投资"硬"环境的同时,花大力气切实改善投资"软"环境,要加强对外商投资的引导,大力开展对外宣传,做好牵线搭桥等组织工作。其中,要重视加强对管理部门和企业干部、职工的扩大对外开放的教育、培训工作,做到提高认识、端正态度、掌握政策、改进方法。这也是改善吸引外资"软"环境的重要方面。在扩大开放、吸引外资和技术工作中,一定要坚决纠正只顾部门眼前利益,不顾全市大局、不顾重庆形象的错误行为,切实提高服务质量和工作效率。抓"出",就是要努力扩大出口,优化出口结构,尤其要提高机电产品的出口比例,其目的不仅仅是为了增加出口创汇,提高出口效益,还在于通过参与国际竞争,来提高我市机电产品的档次、质量、水平,增强企业参与国际竞争的能力和加快与国际经济接轨的步伐。此外,还要加快我市两个国家级开发区的建设和发展,要调动社会各方面的力量共同建好两个开发区。开发区要培育、创造出独特的优势,要在向国际惯例靠拢方面大胆探索,勇于实践,充分发挥对外开放的示范、辐射和带动作用。

(五)针对影响企业改革和经济发展的薄弱环节,加强和改善经济调控

我市是一个有1500万人口的大城市,经济发展

的任务重、矛盾多，必须加强和改善经济调控。特别是要使经济增长方式尽快实现从粗放型向集约型转变，更需要按照市场经济的要求，加大对经济的调控力度。明年要重点抓好以下工作：

1.继续把控制通货膨胀作为经济调控的首要任务，使物价涨幅比今年有较大幅度的回落。物价稳定是协调经济关系的重要保证。我市通过一年来的积极努力，虽然能够完成今年的物价控制目标，但物价涨幅仍然偏高，距离物价涨幅低于经济增长率的要求仍有很大差距。因此，明年调控物价的任务依然十分艰巨。搞好明年物价调控的重点，一要加强领导，完善和落实各项制度。要继续实行物价调控分级目标责任制，定期严格考核；建立和完善风险调节基金、重要商品储备基金和重要商品储备制度，进一步增强调控手段；加强物价监测体系和预警系统建设，提高调控的反应速度和能力。二要努力增加有效供给，深化流通体制改革。通过扩大蔬菜生产基地，加强农业生产资料价格管理，降低主副食品生产成本，充分调动农民的生产积极性，切实保证市场供给。加强国合商业网点建设并完善经营办法，认真组织好郊县定点直销，以优惠政策促进贩运和销售，形成国合商业、郊县定点直销、商贩经营相结合的蔬副食品流通格局。三是整顿流通秩序，强化物价和市场监督。对违反价格管理有关法规，扰乱市场正常经营的不法行为，必须严肃处理，坚决打击，切实把市场管理和价格管理纳入法制轨道。

2.加快政府职能转变，实行政企职责分开，建立健全经济调控体系。这是实现计划经济体制向市场经济体制转变的迫切要求，是搞好国有企业、加快经济发展的重要保证。目前，政府职能转变滞后，制约了企业经营机制的转换，制约了市场机制作用的发挥。因此，要紧紧抓住政府职能转变这个关键，全面推进市和区市县政府机构改革；在政资分开上，要加快国有资产管理体制改革，完成工业系统国资营运体系的组建。

3.加快社会保障制度改革步伐，为进一步深化企业改革创造良好条件。企业改革需要与之紧密相关的社会保障体系配套支撑。明年，必须加快社会保障制度改革步伐，全面实施社会统筹与个人账户相结合的城镇职工养老保险方案，进一步扩大失业保险覆盖率，建立统一的社会保障管理体系，实行社会保障的行政管理和资金经营相分离，逐步建立起以养老、失业、医疗、工伤4项保险为基本内容，多层次、多功能、覆盖全社会的社会保障体系。

4.进一步加强对资金的调控。资金紧缺一直是制约我市经济发展的一大矛盾。在这种情况下，不管是财政还是金融部门，都要集中资金加强农业和基础设施等重点建设，加强国有企业技术改造，增加有市场和效益好的企业的流动资金。资金投向要有利于结构调整，有利于促进经济增长方式从粗放型向集约型转变。应该研究采取一些可行、有效的鼓励政策，扶持支柱产业、拳头产品，发展规模经济，形成规模效益，增强产品的市场竞争能力，扩大市场占有份额。缓解资金紧缺矛盾，必须进一步拓宽资金来源渠道。要大力做好盘活存量资产这篇大文章。促进存量资产的合理流动与重组，以存量资产吸引资金，扩大引资总量。我市一方面财政相当困难，另一方面预算外资金又相当分散。加强预算外资金的集中管理与监督，势在必行，这样既可增强政府对资金的集中调控能力，充分发挥资金的使用效益，又有利于严格财经纪律，搞好廉政建设。

(六)加强城市基础设施建设和城市管理，更好地发挥城市功能

城市基础设施是制约我市经济发展和影响城市功能发挥的"瓶颈"，基础设施改善了，经济发展就有了起飞的跑道。现在我们面临的困难是：一方面基础设施严重不适应经济和社会发展的需要；另一方面资金极度紧张，这就需要科学规划、统筹安排建设项目，多渠道筹集资金，合理调度和有效使用资金，集中财力，确保重点工程项目的顺利实施。同时，要加快在建项目的建设进度，确保按期建成，尽快发挥投资效益。

加强城市管理是发挥城市功能的一项重要的基础性工作。加强基础设施建设，必须坚持建管并重，当前，尤其需要通过加强城市管理来部分地弥补由于基础设施建设滞后所带来的困难和不足。把城市管理好，这是广大人民群众的迫切要求和愿望。重庆是一个大城市,大城市就要有大城市的功能,有大城市的风貌,有大城市的管理水平。当然,也有管好大城市的难度。管理好城市,仅靠职能部门和专职人员不行,还必须走依靠群众的道路。1995年创卫和城市环境治理的成果就是这方面成功的范例。我们要总结经验,巩固和扩大这一成果。明年加强城市管理的任务仍很繁重,要努力做好三个方面的工作。一是继续努力改善环境质量。重庆的生态环境质量不高,是大家都能感觉到的。因此,要加强生态环境保护,加大治理工业污染和生活污染的力度,加强城市交通管理,使环境质量逐步改善和提高。二要理顺城市管理体制,完善城市管理法规,推动城市管理逐步走上科学化、法制化轨道,切切实实地提高城市建设和管理的现代化水平。三要鼓励和动员群众关心、支持、参与城市管理,同时采取实际步骤培养提高全民公共道德素质,使加强管理建设文明城市工作建立在牢固的群众基础之上。

三、加强领导,转变作风,狠抓落实,确保圆满完成明年经济工作任务

这次会议对我市明年经济工作的总体要求、奋斗目标和主要任务作出了具体部署,我们在全面加强经济工作的同时,必须紧紧围绕经济建设这个中心,正确处理改革、发展、稳定的关系,坚持"两手抓,两手都要硬",继续加强社会主义精神文明建设和民主法制建设,创造一个有利于经济建设的大环境,为圆满完成明年经济工作任务提供保证和条件。

现在,我们的主要任务已经明确,关键是加强领导,振奋精神,转变作风,真抓实干,把各项工作认真落到实处。这里,我重点强调三个问题:

(一)团结一心向前看,集中精力抓发展

明年是为实现我市"九五"计划和2010年远景目标开好头,打基础的一年,当前我市经济工作和社会生活中还存在不少困难和问题,我们的任务是艰巨繁重的。在这种情况下,我们首先要强调加强团结,同心同德地做好工作。团结是我们党的事业的成功之本,共产党员、党的干部任何时候都要以党的事业为重,以人民的利益为重,决不能沉湎于过去的是非恩怨,闹一些无原则的意见。其实,发展中的困难并不可怕,怕就怕人心不齐,扯皮搞内耗。个人的能力总是有限的,集体的智慧是无穷的。只要我们团结起来、形成合力,就没有做不好的工作,就没有克服不了的困难。其次要强调振奋精神,增强信心。面对发展中的困难,我们要以奋发进取、迎难而上的精神状态,去正视困难、克服困难。如果精神萎靡〔糜〕不振,怨天尤人,问题解决不了,还会增加新的困难、新的矛盾。我们既要正视重庆目前的困难和问题,看到重庆发展的差距,又要看到重庆发展的良好基础和有利条件,看到重庆未来的美好前景。进一步振奋精神,增强加快重庆发展的信心。第三要强调统一思想,统一行动。我们讲统一思想,统一行动,一是要把思想和行动统一到邓小平建设有中国特色社会主义理论上来,自觉地、坚定地执行党的基本路线、基本方针。二是要把思想和行动统一到中央确定的经济工作指导思想和方针政策上来,要维护中央的权威,服从和服务于全党全国的工作大局。三是要把思想和行动统一到市委、市政府决策上来,要坚决克服部门分割、本位主义和对市委、市政府的决定顶着不办的现象,各部门要在促进重庆加快发展中找到自己的位置,主动围绕市委、市政府的工作重心,充分发挥主观能动性,大胆地、创造性地开展工作。这样,市委、市政府的决策和工作部署才能得到真正的贯彻落实。第四要强调集中精力抓发展。目前重庆正处于不进则退的重要关头,在这个时候,任何分散发展精力,涣散工作斗志的行为都是不能允许的。前不久省委书记谢世杰同志说重庆是"前有标兵,后有追兵",加快发展的压力很大,如果我们在发展问题上再有什么犹豫,再出现什么曲折,那就可能在犹豫中丧失机遇,已经存在的发展差距就会在机遇丧失后越拉越大。我相信,这种结果是广大干部、群众所不愿意看到的。因此,市委希望大家要心往一处想,拧成一股绳,在行动上真正做到团结一致向前看,集中精力抓发展。

(二)转变领导作风,密切干群关系

要圆满完成明年经济工作任务。必须依靠各级党组织领导人民群众艰苦奋斗,真抓实干。因此,在新一年工作开始之际,要十分强调转变作风,十分强

调进一步密切干群关系问题。

我们强调这一问题，有着很强的现实针对性。目前，从总体上看，我市广大干部的作风是好的和比较好的，同人民群众的关系也是比较好的，但也确实有一些干部，特别是有的领导干部的作风以及与群众的关系，存在着一些不容忽视的问题，在人民群众中和社会上造成了很不好的影响。作风问题从根本上讲是一个党性问题，我们党的根本宗旨决定了党员、干部必须以密切联系群众的工作作风去从事为人民服务的各项工作。在改革开放和建立社会主义市场经济体制的新形势下，我们党的根本宗旨没有变，党性原则没有变，党的优良传统和作风也不能变，而且应当要在新的形势下继续发扬光大。

在新的一年里，我市各级干部在转变作风、扎实工作上要有新的面貌、新的气象。首先，要在干部中进行群众路线、为人民服务的再教育，把强化群众观点、密切干群关系作为转变作风的重点。应当明确，我们讲政治，从根本上说，就是对人民群众的态度问题，同人民群众的关系问题，这是我们党的最高问题、基本问题，我们想问题、办事情、作决策，都要从人民的利益出发，任何时候都不能偏离这个出发点。第二，各级领导机关和主管部门要坚持勤政为民，多办实事，针对群众反映强烈的"热点"问题，制定解决方案，限期抓出成效，取信于民。市和区市县两级政府每年都应该从实际出发为群众扎扎实实地办几件实事，把勤政为民落到实处，让群众看得到，感受得到。第三，要对干部严格要求、严格管理、严格监督。各级领导干部要加强廉洁自律，在反腐倡廉、求实务实、联系群众、勤奋工作方面做好表率。第四，从市委、市政府做起，下决心精简会议、精简文件。有一种误解，有的人把到不到会、讲不讲话看作是领导对部门工作是否支持的标准。我认为，是否到会并不重要，重要的是帮助部门解决了多少实际问题，是否切实加强了对部门工作的指导。形式主义的东西越少越好。第五，各级领导干部特别是主要负责同志，应当主动回绝一些对推动工作没有实际意义的应酬，尽量减少参加剪彩等礼仪性活动。类似活动要多让对重庆发展有突出贡献的老干部、老党员、老劳模及知名的专家、学者参加。第六，各级组织人事部门，要根据市委的要求，

将上述内容作为重点，列上工作日程，经常了解情况，定期检查督促，必要时向市委、市政府作出专门报告。

（三）加强各级领导班子建设和党的组织建设，为做好经济工作提供政治组织保证

确保明年经济工作各项任务顺利完成，关键在我市各级领导班子，关键在各级党组织和党员作用的发挥。只有把各级领导班子和党的组织建设好，才能有效地团结和带领人民群众为实现各项工作任务共同奋斗。

加强各级领导班子建设，首先是各级领导干部要讲学习，讲正气，讲政治，不断提高思想政治素养。每个领导成员都要坚持用党章和党内政治生活准则来规范自己的言行，严格要求自己，约束自己，堂堂正正做人，老老实实工作，在各个方面做好表率。第二，深入调查研究，加强工作指导的力度。各级领导干部要善于从琐碎繁杂的事务中解脱出来，对本地区经济发展中的重大问题，深入调查研究，总结实践经验，研究实际问题，制定出切实有效的措施，不断增强工作的科学性、针对性、实效性。第三，增强党员干部的市场经济意识和增长市场经济知识，努力提高在市场经济体制下驾驭经济工作的能力和水平。各级党委要把干部学习社会主义市场经济知识纳入议事日程，下决心提高党员、干部这方面的素质，真正取得领导经济工作的主动权。必须特别指出的是，在建立社会主义市场经济体制中，必须全心全意依靠工人阶级，这是我们党在市场经济的复杂环境中，能够驾驭全局的基本保证和力量源泉。第四，建立工作责任制，把经济工作落到实处。各级领导班子要认真贯彻民主集中制原则，建立集体领导与个人分工负责相结合的责任制和重大项目责任制，使领导成员实实在在地参加到经济工作中去，并切实地负起责任来。

加强党的基层组织建设，要抓住发挥党组织的战斗堡垒作用和党员的先锋模范作用，增强党组织的凝聚力、战斗力这个重要环节，不断加强党员的教育和管理，使我们的党组织真正成为特别能战斗的坚强堡垒，使共产党员成为所在群体中的旗帜，成为各行各业中的标兵。

最后在这里打一个招呼，年关将至，各级党委和

政府要把群众的冷暖挂在心上,关心群众疾苦,帮助贫困地区和困难企业群众安排好生活。最近,中央办公厅和国务院办公厅对千方百计解决部分群众生活困难的问题作了专门安排,我市也召开专门会议进行了部署。我们一定要按照中央要求和市委的部署,做好这项工作。希望各级干部,特别是领导干部在年关要把主要精力放在总结好今年、部署好明年上,尽量减少"团拜""联欢"之类的应酬,同人民群众一道过一个简朴、安定、祥和的节日。

同志们,1996年是我们迈向新世纪的关键之年,各级党组织和领导干部肩负重庆1500万人民的重托和历史的责任,我们要在党中央和省委的领导下,振奋精神,扎实工作,以新的风貌,开创1996年我市经济工作和社会发展的新局面!

蒲海清同志在市政府办公厅机关"弘扬红岩精神、争做合格公仆"动员大会上的讲话(摘要)

(1996年11月6日)

同志们,今天和大家见个面。刚才章麒同志作了动员,肖市长作了很好的讲话,我都赞同。由于时间关系,我主要就解放思想、转变作风、提高效率、加快发展谈一些观点供同志们参考。

一、充分肯定成绩,感谢大家支持

重庆在改革开放以来取得了很大成绩,经济得到了发展,社会获得了进步。前几年发展的速度也比较快,支柱产业、支柱产品从全省看比较突出,形成了一定规模。城市面貌也获得了一些改善。重庆在改革开放中创造了不少经验,如计划单列、商业"四放开"、工业"五自主"、工业企业"抓大放小"改革等,在食品上也创造了许多新产品,重庆火锅更是风靡全国。重庆人富有创造精神,干事作风泼辣,给人非常深刻的印象。这些成绩的取得和同志们的工作分不开,同志们作了努力。

当前机关作风总体是好的。前段时间听到对你们好的评价有,不好的议论也有,说你们懒散的问题突出,机关作风不太好。但最近通过抓机关作风建设后,还是很好的。同志们,我是重庆出去的,重庆学习、工作了24年!尽管我没有在市里工作过,但说到重庆的优点,我心里乐滋滋的,说到重庆不好的方面,我心里很不是滋味。重庆不是干不起来,重庆是可以干起来的,我们设了迟到席不是就没人迟到!但也要一分为二看待我们干部的素质和能力,关键是如何充分发挥主观能动性和主人翁责任感。德邻同志从上海考察回来后,说重庆和上海比,干部素质存在着层次上的差距,经济发展存在着阶段上的差距。我也坦率讲,这些年来,由于重庆作为省辖市,把重庆干部按地市州的水平来要求,这是不行的。重庆过去是西南局所在地,有很多老干部素质是很高的。这些年我们办文、办事程序方面确实有点乱,所以文件打架肯定出现。管理也有点乱,文字工作有的也不严谨,不像一个高级机关所作所为,这和干部素质有关。刚才说到炒股票,中央规定处以上干部不准炒股票,更不能上班时去干这个事,这样工作就散了。这些人不是不行,主要还是主观能动性问题。我认为重庆干部素质总体还是好的,但主观能动性和主人翁责任感有待进一步加强。

二、解放思想、实事求是、真抓实干

我们一切工作的出发点和依据,就是努力实现党和国家的根本任务,解放和发展生产力,不断满足人民日益增长的物质文化需要。"九五"期间我们的根本任务有两条,一是基本达到小康水平,实现小康的主要工作在农村,所以要加大扶贫力度,要在2000年以前解决贫困问题。二是实现体制改革的任务,要在2000年以前基本建立社会主义市场经济框架。一个是经济目标,一个是体制问题。为了实现党和国家的根本任务,我们必须坚持党的基本路线,也就是党的十一届三中全会以来提出并坚持的一个中心、两个基本点、两个文明一起抓的路线。这就是我们工作的依据。我们要按照"三个有利于"的原则办事,抓住机遇、深化改革、扩大开放、保持稳定、促进发展,这是我们的基本原则和基本方针。我们工作的出发点和依据,就是围绕党和国家的基本任务、基本原则、基本方针办事,一切工作都要围绕这个大局。如果我们每办一件事,每制定一个政策,每发一个文件是有利于这个大局的,我们认为是正确的,与之相悖的,我们认为是不正确的,这是一把尺子,是我们必须坚持的。要坚持这个大局就要注意处理好以下几个关系:

一是处理好物质文明和精神文明的关系。在市政府全体会上,我讲了几个不争论,不争论是对的。现在一会儿争论重物质文明轻精神文明,一会儿争论重精神文明轻物质文明,我认为这都不妥。江泽民同志讲得非常清楚,要在加强物质文明建设基础上,抓好精神文明建设。小平同志讲要两手抓,两手都要硬。我们两手抓就行了嘛,不要争论这个重了,那个轻了。现在工厂40%的亏损面,一年亏损额增长这么多,这么多人没饭吃,天天在那里集体上访,难道说物质文明就抓好了?农村还这么苦,还有这么多人没脱贫,全市360多万人没脱贫,难道说物质文明就好了?我过去讲了一个观点,叫万恶之首是贫穷。所以精神文明和物质文明的关系一定要认识清楚,一定要抓住两手,两手都要硬。

二是处理好上层建筑和经济基础的关系。经济基础决定上层建筑,上层建筑反作用于经济基础。如果没有经济基础,你说我们搞一个很好的学校,使法律各方面配套,这是不行的,法制观点是凭空建不起来的。但有了法制观念,可以反作用于经济,促进经济更有秩序更健康地发展。

三是处理好生产力和生产关系的关系。党的根本任务是解放和发展生产力,这是我们工作的基点和依据,是基本的东西。按照这样的基点和依据,我们要完成党的任务,必须解放思想,实事求是,一切从实际出发,真抓实干。所谓解放思想就是要使我们的思想符合经济和社会发展的实际。我们现在的经济体制是社会主义市场经济体制,市场经济的根本法则是竞争机制、效益机制、优胜劣汰的机制,首先是竞争,竞争出效率。我们推行的公务员制度就是适应这种市场竞争机制。

我们要按"三个有利于"的原则,按市场规律办事,不要动不动拿条条、框框,拿过去年代的文件出来,这已是老黄〔皇〕历了。要从实际出发,结合实际考虑问题,执行中央政策要结合地方实际。如果没这个观念,我们的事情就办不好,最终达不到共同富裕,达不到建立现代化的目的。

三、努力开创改革开放的新局面,树立改革开放的新形象,结出改革开放的新成果

当前重庆对外开放要很好抓住机遇。重庆成立直辖市,很多外商都要来,我们要开创新局面。今天上午我给机械局的同志讲,一些企业的经理、厂长要派出去,到国外去看看别人是怎么搞的,主动去谈,去联合、去合作,选条件比较好的,把它引进来,不这样搞,企业就垮了。我们要创造好的环境,加大利用外资工作力度,吸引外商来投资。利用外资有三个阶段,第一阶段是让利阶段,请进来,来什么都干。第二阶段是平等竞争,给国民待遇的阶段,就是现在我国正在进入的这个阶段。重庆还没有到这个阶段,重庆还处于第一阶段。第三阶段,就是要有选择,你要来,我要选择,看是不是对环境有污染,是不是高科技,美国现在就是这样,这要在对外开放取得一定成绩的基础上,才能达到的阶段。最近我们准备请几位同志,帮我们调查一下,看过去我们有哪些是乱搭车收费的,要坚决废止一批。要提高办事效率,真抓实干把改革开放新形象树起来。

我们看干部是看他的全部历史,全部过程,重在现实表现。有个别同志过去有这样那样的毛病,拿了一点,吃了一点,污了一点,你主动找组织谈一下,多贪多占的退回去,我们不追究。但从现在起你还干这事,还在那里不干工作,这就不好。我们对干部是实事求是的,有错改了就行。我们也不是哪个说你有问题你就有问题。我给大家讲一段唐太宗和许敬宗的对话。许敬宗是唐朝的名臣,他执法比较严,有人就

到唐太宗那里去诬告他。他就给唐太宗讲，春天下了雨，农夫非常高兴，走路的人感到泥泞满路就要发牢骚；晚上有大月亮，谈情说爱的人非常高兴，但是小偷不满意，说你月亮出来，我偷东西很不好偷。因此，任何一件事，要满足所有人的需要很难。如果有人说我许敬宗有什么问题你唐太宗就相信了，那么我就该被处死了。舌间有浓血，你要明辨是非。后来唐太宗就注意听取各方面意见。今天我们共产党领导，难道这点都做不到吗？我说这话的意思就是让同志们放下包袱干工作。同志们说我们正在考察干部。我们是在考察，目的是为了发现一批干部，是为建直辖市做准备，为结构调整做准备。干部长期在一个岗位干，不一定好，适当调整是正常的。有的同志不适应这个工作，并不是说他不好，只是不适应这方面，换换工作也是好的。个别人有不好的习气，老不改，群众反映大，我们就得调整。

四、转变作风、提高效率

一是要树立全心全意为人民服务的思想。我们的政府是人民的政府，是人民选出来的，人民的政府不为人民，为个人谋私利，就不是人民的政府。古今中外，没有一个腐败的政府能带领他的人民去进行经济建设。毛泽东同志讲得好："人民，只有人民，才是创造世界历史的动力。"我们应该牢牢记住老人家的这句话。"水能载舟，也能覆舟。"这是唐太宗都知道的道理，怎么隔了一千多年，还不明白？一个政府，他的人民连饭都吃不饱，人民不起来打倒你才怪！李自成起义也是在一片饥荒、人民无吃无穿的情况下，在陕西起事的。我们必须明确个人利益和人民利益的一致性，没有人民利益就没有个人利益。国家兴亡，匹夫有责。共产党的干部，要有处江湖之远，则忧其君，居庙堂之高，则忧其民的精神。

二是要讲学习、讲政治、讲正气，反对自由主义。讲学习，就是要学习邓小平建设有中国特色社会主义理论。讲政治，就是要执行党的基本路线，维护中央权威，抓好改革开放，按党的大政方针办事。讲正气，就是要正派、公正，不要手腕，不要小聪明，正正派派活人，不拉拉扯扯，不搞小团体、小动作，那些是没有意思的。

三是要树立艰苦奋斗的优良作风。重庆市目前的任务很重，要办的事情很多，重庆市的资本是什么，是三千万人民。这三千万人是勤劳勇敢、有智慧的人，是能够把重庆建设好的人。我们要艰苦奋斗，自力更生，节约每一个铜板，没有这样一个精神，再大的家底都要被搞垮。

四是要实事求是，大兴调查之风。要密切联系群众，发扬民主，实行民主集中制，反对个人说了算。办公厅的工作，大的问题一定要通过集体讨论研究，议了的事、定了的事必须办。要严格纪律，依法办事，争做合格公仆，过好"五关"。争做合格公仆，是江泽民总书记提出来的，我们要把这项活动先在市委、市政府办公厅机关开展起来，把"司令部"建设好。要抓实事、少应酬，抓规范、重管理，多为基层服务，帮助基层解决难题，讲求时效。要关心群众生活，加强团结，搞好协作。最后，希望加强机关党的建设，严格党的纪律，充分发挥党支部的战斗堡垒作用和党员的先锋模范作用。

第四编

重点专题

一、农村改革

重庆市人民政府关于加强我市农村商品生产基地建设的意见

(1988年8月26日)

各区县人民政府,市级各有关部门:

我市农村经过改革发生了历史性的深刻变化。农村商品经济得到迅速发展,不少区县农村商品生产基地经过几年的建设已初具规模,增强了物质技术基础,生产能力有了明显提高,在促进农业持续稳定发展中发挥了重要作用。全市6个商品粮生产基地重点县,去年粮食总产比上年增产19%,高出全市平均增长水平的1.4%,7个商品瘦肉型猪基地区县,生猪出栏率由建设前的91.44%提高到100.2%,去年出栏肉猪占全市生猪出栏总数的61.04%,瘦肉型猪占出栏猪的比重由建设前的24.73%上升到68.3%。目前,全市已有粮、猪、菜、果、鱼、蚕、茶等83个基地。商品基地的发展推动了我市开发性商品农业的发展。去年全市农产品的商品率已达到48%,农副产品和以农副产品为原料的加工业出口创汇额占全市出口总额的42%。

但是,在建设农村商品生产基地中也还存在一些问题:一是有的区县对商品生产基地建设的重要性认识不够,措施不力,建设进度缓慢;二是有的地方在建设商品生产基地的同时,没有抓紧建立相应的良种基地和加工、储藏、运输、销售等配套措施;三是有的区县对基地建设专项资金和配套资金没有严格按项目规定使用和配套,个别地方挪作它用,影响了建设进度。这些问题必须认真加以解决。

为了巩固提高现有商品生产基地,积极发展新基地,促进开发性商品农业的发展,现提出以下意见:

一、提高认识,明确指导思想

建设各种类型的商品生产基地,是农业商品生产和国民经济发展的必然要求,是带动和促进我市农业向专业化、商品化、现代化迈进的战略措施。农业商品基地是指有一定规模的作为发展与提高农业生产水平基础的,经过集中建设与发展能持续稳定地向社会提供相当数量和质量的农副产品及其加工品的农业商品区域。建设商品生产基地,有利于集约经营,发挥规模优势,有利于科学技术的推广,开展产前、产中、产后服务,有利于发挥示范作用,带动千家万户,有利于把资源优势变为商品优势,进而转化为经济优势。要采取各种形式,大力开展宣传发动工作,使广大干部和群众提高认识,转变观念,以增强搞好基地建设的自觉性。

在指导思想上,要认真贯彻"服务城市、富裕农村"的方针。对近郊、远郊和平坝、丘陵、山区实行分类指导,运用价值规律,围绕资源、产品、技术、市场四大要素,确定基地建设项目。走种植业节地型、养殖业节粮型的路子。把生产、加工、储藏、运输等结合起来,积极开展综合利用,逐步实现产、供、销一体化,努力提高单位资源产出率、商品率和劳动生产率。要加强同沿海地区经济联合和合作,直接或间接参加国际大循环,促进我市城乡经济的繁荣。

二、巩固提高现有基地,积极建设新的基地

对现有商品生产基地,要进行一次检查,针对存在的问题,认真研究,采取措施,加强经营管理,建立健全责任制,加强技术指导,不断提高产品数量和质量,加强良种繁育和加工、储藏、运输、销售等配套设施建设,使之不断巩固和提高。

在巩固提高现有商品生产基地的同时,要因地制宜,充分利用农业区划成果,根据当地自然资源和社会经济条件,统筹规划,合理布局,突突〔出〕重点,积极发展新的商品生产基地。要把粮食、生猪、蔬菜、水果、林业、蚕桑、茶叶、水产、奶类等作为发展重点,对地方名、特、新、稀产品,也应建立适度规模的商品生产基地。远郊区县以发展糖、猪、林、果和其他经济作物为主,近郊区县应以发展蔬菜、水果、水产、奶类、家禽等鲜活商品为主。

在商品生产基地建设中,不仅要在现有耕地上开展多层次集约经营,还应十分重视对荒山、荒坡、荒水的开发。要采取国家、集体、个人一齐上的办法,调动各方面的积极性,打破地区、部门和所有制界限,实行跨地区、跨行业的联合,尽快形成"产供销""农工商""贸工农"和科研、生产、销售相结合的多形式、多层次的各种类型的商品生产基地。

在深入调查研究的基础上,对新建设项目提出可行性的论证报告,属市(含中央)投资的项目,由市批准,区县投资的基地由区县批准,群众自筹资金联办的基地,不必报批,但要按照区域规划定点,积极帮助和指导。总之,要有计划、有步骤地进行建设,克服盲目性,狠抓质量,注重效益。

基地建设要围绕两个方面有所突破:要把产前的良种繁育和新技术、新工艺推广及产后商品化处理所需的设备、设施作为建设项目的重点,加强物质技术基础设施。

建立健全分级负责管理责任制,市配合区县搞好市以上批准建设的商品生产基地,其余属哪级批准的就由哪一级负责管理。做到目标明确、任务具体、责任到人,使各类基地如期建成。

三、依靠政策,调动积极性

1. 多渠道、多形式筹集资金。建立商品生产基地,要形成一定规模的生产经营,就需要投资。在资金来源上,要坚持自力更生,以群众自筹为主,国家扶持为辅的方针,广泛开展横向联合,调动各方面的积极性。在具体办法上可采取:一是农民和合作经济组织自筹。二是动员组织城乡厂矿企事业单位、部门、机关、院校等联合投资建设基地。三是可从地方留成的耕地占用税、农林特产税、支持农村合作经济的周转金、各级财政的农业投资和科技3项费用中拿出一部分资金。从今年起到1990年,市在上述资金中,每年拿出500万元用于市级基地建设。四是农业银行要安排出一定贷款支持。五是乡镇企业支持一部分。六是有条件的地方可积极引进市外资金或争取国际贷款。投入基地建设的资金,要加强管理,专户储存,提高资金使用效益。市、区县都要逐步建立商品生产基地开发基金,为基地建设提供稳定的资金来源。

2. 凡采取投资联营形式的商品生产基地都要签订合同,实行谁投资、谁经营、谁得产品、谁担风险,也可采取共同投资、共同经营,共负盈亏。还可采取租地经营,由投资者租用土地,开发建设,参股经营,按股分红或收取产品,补偿式联营,向集体或农户投资,要求其在一定时期内提供相应的产品,购销式联营,与当地联办基地,统一规划,提供一定服务,由农户承包经营,但产品采取购销形式。价格随行就市。

3. 实行税收优惠。按照重府发〔1988〕92号文《关于继续大力发展乡镇企业若干政策问题的意见》中第四条有关政策规定执行。对商品生产基地新建或初办时,按规定交纳建筑税确有困难的,可按税收管理体制报批,给予适当照顾。

4. 商品生产基地产品出口创汇,按原规定,县集中分得的12.5%留成外汇中,应拿出一定的比例,扶持基地的发展;市对重点出口创汇商品生产基地外汇的使用上,给予重点支持。

5. 商品生产基地产品必须执行优质优价政策。有条件的要逐步建立风险基金,以防止由于市场价格大起大落对生产的影响,保护生产者利益。

6. 凡经批准的基地配套建设所需的"三材",各级计划、物资部门要纳入计划,组织供应。基地生产需用的良种、化肥、农药、农膜和柴油等农用生产资料,有关部门要优先安排和供应。

四、加强领导,打好总体战

1. 要有相应的组织机构。市里要充实、完善商品生产基地建设领导小组,下设办公室,确定2至3人专门抓,有关部门抽人参加办公室,实行不定期的集体办公,为领导小组当好参谋、助手。市里各商品基地项目不成立专门领导小组,由市领导小组统一领导,组织协调各个建设项目的有关问题。各建设项目的办公室,由有关部门的处室承办。各区县要有一位领导同志分管这项工作,也可以建立商品生产基地办公室,认真帮助解决建设基地中的有关问题。

2. 要加强管理,所有基地都应建立健全必要的规章制度,加强计划管理、质量管理、财务管理、经营管理,改粗放经营为集约经营,把劳动密集型和科技密集型结合起来,加强技术指导,狠抓产量和质量,充分发挥经济效益。

3. 突出重点,抓好典型。各区县要选择一二个商品生产基地为重点,直接指挥,帮助实施,总结经验,指导面上的基地建设工作。

4. 有关部门要积极配合,做好服务工作。要积极提供信息、良种、物资、加工、储藏、运销、科技等方面的系列化服务。农业、科技部门要加强技术指导,帮助实施计划的落实,供销部门要积极与农村联合建设基地,并做好农用物资供应和产品收购、销售等工作,外贸部门要根据国际市场的需要,同农民联合建设外贸基地,计划、工业、财贸、财政、税务、工商、粮食、纺织、银行等部门要在资金、物资等方面给予支持,保证商品生产基地建设工作的顺利进行,为发展我市农村商品生产,繁荣城乡经济作出贡献。

1988年8月26日

重庆市人民政府批转市计委、市经委、市财办、市农委《关于解决1989年农用生产资料的报告》的通知

(1988年9月14日)

各区县人民政府,市级各有关部门:

市计委等四委办《关于解决1989年农用生产资料的报告》已经市政府第七次常务会议讨论原则同意,现批转各地和有关部门,望认真贯彻执行。

明年的农业生产资料,要本着适当扩大再生产的原则进行安排,早作准备,逐步落实。对所需的生产资料和原料,除国家分配和本市组织生产外,还需用外汇购进一部分,明年的用汇额度,维持1988年水平,所需外汇请计委做好安排,不足部分可组织紧俏物资串换。

为了切实抓好农用生产资料的生产、调运和购销工作,市政府决定成立农用生产资料协调小组,由市计委颜时雨、市农委肖师绪、市财办刘维持、市经委吴连帆等同志组成,由颜时雨同志任组长。

各区县要加强对农业生产资料生产、购销工作的领导,各有关部门要顾全大局,协调配合,共同努力,千方百计保证农业生产资料的供应,为明年农业丰收作出贡献。

1988年9月14日

关于解决1989年农用生产资料的报告

市政府:

今年上半年我市农用生产资料的生产、销售和供应工作,在原料、能源和货源比较紧张的情况下,经过

各方积极努力,取得了很大成绩。全市1—6月共销售氮素化肥35.7万吨,预计全年可销售66万吨,比去年增加4万吨;磷肥共销售11.1万吨,预计全年可销售19万吨,比去年增加2万吨;农用薄膜全年可销售2500吨,比去年增加1063吨;农药全年可销售4000吨,比去年增加136吨。基本满足了农业生产所需的生产资料,使全市粮增产、钱增收大有希望。

明年农业生产要持续稳定增长,农用生产资料必须争取主动,早作准备和安排,经我们共同研究,对1989年需要农用生产资料的计划作了安排。

现将安排的意见报告如下:

一、计划安排

明年农用生产资料的计划是根据农业生产发展的需要和可能,从实际出发,打紧安排的。

化肥:根据明年全市粮食复种面积计划扩大100万亩(其中小春面积50万亩),经济作物、蚕茧、柑橘换购和抗灾救灾等所需化肥的情况,全市计划共需氮素化肥72万吨,比今年增加9%。其中国家统配化肥21.7万吨,地产化肥折标氮38万吨(按全年力争生产碳铵56万吨计算),尚有缺口12.3万吨。磷肥需要22万吨,比今年增加14%,其中过钙15万吨,需硫酸5万吨,尚有缺口1.5万吨。

农膜:根据明年粮经作物计划扩大育苗、栽培的覆盖面积和饲料青贮、柑橘嫁接、蘑菇生产、水产、水果包装等需要,全市计划共需农用薄膜3500吨,比今年增加1000吨,除国家分配的原料外,尚有缺口1000吨。

农药:明年计划需要4000吨,保持今年水平。其中由我市的农药厂生产3000吨(乐果1000吨),尚有缺口1000吨。

农具:鉴于近几年来钢材、木材紧缺,生产铁、木制农具逐年减少的情况,计划需要农用钢材1.4万吨,木材7000立方米。

二、主要措施

1.进一步搞好农用生产资料的生产,一是要充分挖掘生产潜力,千方百计多生产化肥、农药、农膜等支援农业。要求明年生产碳铵50万吨,力争达到56万吨;磷肥生产22万吨;农用薄膜生产2500吨;农药生产3000吨;铁、木制农具生产500万件。二是加快小氮肥厂的技改步伐,要求今年底前完成技改任务,尽快增加生产能力。三是切实帮助解决生产中的具体困难,要保证生产厂所需的电力或天然气,特别是各个小氮厂要全年保;对农药所需的原料,由市化工局负责统一平衡,不足部分由市物资局化轻公司组织计划外资源解决;对铁、木农具所需的原材料,按市下达的专用材料组织生产,安排供应;对生产所需的流动资金有困难的,请银行给予贷款支持。四是认真落实产销政策,调动广大职工的生产积极性。小氮肥厂的碳铵,在国家下达的产品计划部分内,继续执行市政府规定计划内碳铵以90%的产品由农资部门收购,10%的产品自销。鉴于当前化肥紧张,自销部分和超计划部分按当地零售价交农资部门收购;国家计划和市内外汇进口的原料生产的农用薄膜、以85%交农资部门收购,15%由生产厂自销。但自销部分要交农资部门收购,价格按零售价执行。重庆农药厂生产的农药,应优先保证我市农业生产的需要。

2.积极从外地组织货源,解决农用生产资料的不足。明年市区县除国家计划和自产部分外,还有不足的要及早组织落实货源,保证农业生产需要。全市化肥缺口12.3万吨,其中除市用外汇进口尿素4万吨外,其余部分通过小氮肥厂挖潜力多生产和各区、县用外汇进口一部分,以及利用各种渠道购买解决。农膜缺口1000吨,其中由市农牧渔业局通过农业部购进300吨,市用外汇进口原料300吨和国内购买400吨解决。农药缺口1000吨,其中从省外购进900吨,市用外汇进口100吨解决。

3.发动群众解决生产资料不足的困难。首先要积极组织群众大积大造农家肥,种植绿肥,提倡稿秆还田,增加有机肥。这样不仅可以缓和缺肥矛盾,而且可以把有机肥和无机肥、用地和养地更好地结合起来,搞好地力建设。第二要把已用过的薄膜尽可能利用起来,这样既降低生产成本,又可以减轻农用薄膜不足的压力。第三要科学施肥、施药,提高肥效和防治效果。

4.各行各业大力支援农业生产资料的生产;电

一、农村改革

力、天然气要优先保证,并要解决好农药、化肥、薄膜储备金的问题,贷款要予以保证。

三、加强领导

鉴于农业生产的季节性很强,如果农用生产资料跟不上,势必贻误时机,影响农业生产。因此,首先各级政府要加强对农业生产资料工作的领导,纳入议事日程,对所需的生产资料要做出具体安排部署,经常进行检查督促,发现问题,及时帮助解决。第二,有关部门要分工协作,明确责任,各司其职。计划部门负责做好农用生产资料的生产计划和原材料的安排,工业部门负责组织好生产资料的生产,农业部门负责做好生产资料的安排和使用,商业部门负责组织好货源调运和供应工作。第三,搞好农业生产资料的余缺调剂。我市小氮肥生产不平衡,有的县生产多,有的县生产少,甚至有的区县没有生产厂。因此,地产氮肥要做适当调剂,支援缺肥的区县。请调出肥料的县,要顾全大局,共渡难关。对其他农药、农械、农用薄膜等,也要合理安排,均衡供应。

以上报告当否,请速指示。

市计划委员会 市经济委员会

市财贸办公室 市农业委员会

1988年8月23日

关于提请审议我市今年农业生产情况和明年农业生产安排意见的报告

(1988年11月23日)

市人大常委会:

我市今年农业生产情况和1989年农业生产安排意见,已经市政府审查同意,现委托市农业委员会副主任肖师绪同志向市人大常委会汇报,请予审议。

1988年11月23日

关于我市今年农业生产情况和1989年农业生产安排意见的汇报

——重庆市农业委员会副主任 肖师绪

各位委员:

我受市政府委托,将我市今年农业生产情况和1989年农业生产安排意见作一简要汇报。

一、今年农业生产情况

今年农业生产在低温、高温、干旱、大风、暴雨、冰雹、洪灾和病虫害的袭击下,经过各级党政领导和广大干部群众的努力,仍获得粮增产、钱增收。

今年粮食总产预计可达56.2亿公斤,比去年净增0.5亿公斤。

农业总产值预计可达40.45亿元,比去年增加2.2亿元,增长5.4%。

乡镇企业总产值预计可达56亿元,比去年增加10亿元,增长21.7%。

农村人平纯收入预计可达538元,比去年增加60元,增长12.6%。

多种经营除水果因灾减产外,其余都有不同程度的增加。养殖业普遍呈现出一个持续发展的趋势。生猪预计今年可出栏肉猪840万头,比去年增加53.6万头,增长6.81%;生猪年末存栏可达838.5万头,比去年增加33.1万头,增长10.1%。养蚕业更加兴旺。今年蚕茧总产可达2.4万吨,比去年增加0.15万吨,增长6%—3%;小家禽家畜也有进一步发展;渔业虽有部分稻田养鱼受到干旱的影响,但塘库养鱼、网箱养鱼、新增精养鱼池有较大发展,整个成鱼产量可达3.93万吨,比去年增加0.41万吨,增长11.6%;牛奶总产量可完成3.56万吨,比去年增加1200吨,增长3.11%。种植业方面的多种经营发展不平衡。蔬菜生产今年上半年生产和供应形势较好,下半年因干旱和秋季雨水多影响蔬菜生长和市场供应。油菜籽虽然面积扩大,但由于遭受低温的影响,总产量为0.55

亿公斤,比去年减产4.4%。茶叶总产量可达1.07万吨,比去年增加400吨,增长3.97%。水果由于在几个关键的时期遭受阴雨、低温、黄沙、冰雹、高温等灾害的危害,除黄桃有所增产外,其他品种均有大幅度减产。其中柑橘可产7.8万吨,减产5万吨,减39%。甘蔗总产可达22.6万吨,比去年增长1.6%。林业生产有所发展,今年全市成片造林9万亩,完成了年计划;育树苗1.2万亩,超过年计划26.3%"四旁"植树8000万株,可完成年计划;森林防火工作得到普遍加强,火灾次数大大减少。

农机水利工作,预计全市农机企业总产值可达1.12亿元,比去年增长10%;在机电提灌和机具维修方面,各项主要指标均超额完成年计划,恢复、改善和新增灌面共75万多亩,解决了25万人的饮水困难,治理了水土流失3万亩。

农工商企业总产值全年可完成1.12亿元,利润1300万元,分别比去年增加30.2%和51.7%。

今年农业生产在多灾的情况下,仍获得粮增产、钱增收良好形势。主要做了以下工作:

一是完善双层经营合作制。去年市委、市政府决定把村民小组改为合作社,发挥统一经营的职能。全市已有65947个村民小组改为合作社,占村民小组的94%,发挥了集体经营的优越性和户营的积极性,解决了一家一户办不到或难办的事情,促进了生产的发展。同时,积极筹建"两个基金会"(即县农业发展基金、乡合作基金),全市已搞有8个县、45个乡,共集资近1亿元,增加了农业投入的资金来源。

二是建立健全农技推广服务体系。1986年市委、市政府决定每个乡建立农技推广服务站,承担各乡农技推广服务工作,每站配备3个农技人员,其工资分别由市、县、乡各负担1人,在3年内市财政每年解决100万元予以扶持。今年全市816个乡镇和绝大部分县辖区都先后建立了农技推广服务站,积极搞好服务工作。通过实践,农技推广服务站在农业生产中起到了很好的作用。永川县总结农技推广服务站起了参谋作用、典型示范作用、推广技术作用、农业服务作用。有的农技站通过技术承包和经营服务逐渐发展壮大起来,添制〔置〕了必要的仪器设备,为进一步搞好农业生产的服务工作创造了条件。

三是搞好生产资料的生产供应。全市农业生产资料很紧张,除国家统配的化肥、农膜、农药等外,缺口很大。为此,市、区、县采取了地产化肥多生产、利用留成外汇进口化肥、农药、农膜和向外地组织购买等办法。今年全市预计可供氮肥66万吨,比去年增加4万吨;磷肥19万吨,比去年增加2万吨;农用薄膜2500吨,比去年增加1063吨;农药4000吨,比去年增加136吨,基本上保证了农业生产的需要。

四是坚持抗灾夺丰收。今年灾害频繁,小春遭受低温冻害和高温逼熟,大春遭受干旱、大风、暴雨、洪水、冰雹和虫害等灾害,在这些灾害面前,市、区、县各级党政坚持抗灾夺丰收的指导思想不动摇,实现今年粮增产、钱增收的计划不动摇,采取多种有力措施种满种尽的主攻方向不动摇,千方百计夺取农业丰收。在抗灾的具体措施上采取了一躲二抗三补的办法。一躲,就是在气候的预测、品种的选择、插种的时间、栽培的措施等方面合理安排躲过自然灾害。如薄膜覆盖早育秧躲过低温和伏旱;易涝地改制种双季稻,躲过洪水,易旱地种旱粮,躲过干旱。二抗,躲不过就抗。今年全市机电提灌面积就达380多万亩,保证了保栽保苗。对东部干旱严重的巴县、綦江、长寿、江北县和南桐区进行了人工降雨,效果较好。三补,抗不胜就补,如今年红苕干死后就补栽,大种晚秋作物,弥补灾害损失。全市原计划蓄留再生稻150万亩,增加到200多万亩,同时要求无灾地区要多增产,轻灾区要增产,重灾地区不减或少减产。由于采取了这些措施,保证了今年粮食增产。

五是加强对农业生产的领导。市、区、县对农业生产特别是粮食生产十分重视,认真进行讨论研究,作出具体安排部署。到关键时刻,采取关键措施,关键人物到场,解决关键问题,效果很好。今年在干旱严重的关键时刻,市委、市政府、市人大的领导都亲自到第一线指挥抗旱,并帮助解决资金、柴油等具体问题,各区、县党政领导也抓得很紧,保证了抗灾工作的顺利进行。同时,发挥农业部门的职能作用,组织各行各业大力支援农业,促进了农村经济的发展。

从当前来看,在农业生产中,还存在以下一些问题:一是农业生产基础比较脆弱,特别是各种水利设施很不适应抗灾夺丰收的需要。在现有水利工程中病、险水库和不够防洪标准的水库分别占水库总数的22.7%和46.3%,差配套渠道2000余公里,提灌机械大多属运行15—20年以上的淘汰机型,已有77%的设施遭到不同程度的损坏,亟待更新改造。二是生产资料供不应求,市政府虽然采取了很多措施,但有的尚待落实。

二、1989年农业生产的安排意见

为了保证粮食稳定增长,根据党的十三届三中全会的精神,对1989年农业生产作了初步安排:计划全市农业总产值42.45亿元,比1988年增加2亿元,增长5%;粮食总产达到57.5亿公斤,比1988年增加1.3亿公斤,超过我市历史最高水平的1984年;油菜籽总产0.79亿公斤,增加0.24亿公斤,增长45%。多种经营要有较大发展,生猪出栏达到850万头,比今年增加9.6万头;蚕茧3万吨,增加0.4万吨;茶叶1.2万吨,增加0.13吨;柑橘达到13.5万吨,增加5.7万吨;水产品4.3万吨,增加0.37万吨;鲜牛奶4万吨,增加0.44万吨。乡镇企业总产值66亿元,比1988年增加10亿元,增长17.8%。农村人平纯收入增加40元。

完成明年农业生产计划的指导思想是:以党的十三届三中全会精神为指针,深化农村改革,打好开发农业和城乡结合发展乡镇企业两个总体战,保证粮食增产,农民稳定增收,促进农村经济的稳定发展。具体措施是:

(一)稳定和完善联产承包责任制

以家庭经营为主的联产承包责任制,是符合目前我市农业生产力发展水平的,仍具有旺盛的生命力,应保持稳定,使之进一步完善,充分发挥其优越性。除继续完善统的职能外,重点放在完善林、果、工副业项目承包责任制上,根据变化了的实际情况,签订好各项农业承包合同,及时主动做好服务工作。要总结推广专业户、专业村、专业协会、专业市场等产销一条龙的经验,探索农村专业化、社会化的新路子。在坚持以家庭经营为主的联产承包责任制的同时,注意发展多种成分、多种形式的农村经济组织,实行不同层次、各个环节上的联合与合作。在稳步推行铜梁县"两田制"的基础上,在有条件的地方,引导农民开展适度的规模经营,提倡土地有偿使用、合理流动和转包。

(二)切实抓好粮食生产

中央、国务院的领导对抓好农业特别是粮食生产极为重视,多次强调指出:农业是国民经济中的根本问题,粮食又是农业中的中心问题,要把解决粮食问题放在突出的位置上来抓,农村的一切改革的措施要围绕粮食生产来考虑。这说明"粮食这个基础的基础",已经到了非强化不可的地步。从我市的市情来看,人多地少,农村人平仅有9分耕地,加之人口每年要增加,耕地每年还要减少,城镇人口和其他用粮也不断增长,因此,粮食形势在较长时期仍将是严峻的。我们要千方百计把粮食搞上去,丝毫不能放松粮食生产。

首先,当前要把小春粮食生产工作搞好。历史证明小春粮食增产,全年丰收有望;小春粮食减产对全年增产影响很大。我们应当吸取历史的经验教训,加强领导,采取措施,下决心打好小春生产这一仗,为全年粮食增产打好基础。要搞好小春生产,主要抓好三个环节:一是扩大小春面积。全市计划改造冬水田扩大小春面积50万亩(其中粮食30万亩,油菜20万亩)是小春粮、油增产的重大措施,这个任务完成了就可增加粮食5000万公斤和油菜籽2000万公斤。为了调动广大群众扩大干田种小春的积极性,市政府决定凡是新放冬水田扩大种小春面积的,每亩奖售尿素10公斤和磷肥10公斤;对完成扩大小春干田任务的区、县给予表扬和奖励。二是努力提高单产。主要抓好四条:(1)因地制宜选用良种;(2)选择最佳播期适时播种;(3)积极推广疏株密植技术和稻田半旱式免耕水旱轮作;(4)重施底肥,早施追肥,及时加强田间管理。三是在小春播种时要预留好空行,可增种一季蔬菜、饲料(绿肥)和经济作物。同时,为大春和晚秋生产打下基础,以争取主动。

第二,抓好明年大春生产特别是粮食生产。对大春粮食面积要稳住,并要扩大复种面积。在粮食生产中要主攻水稻,因为水稻产量占全年粮食总产量的大头。要抓好水稻生产,首先要争取多栽。对沿江两岸适宜发展双季稻的地区要积极发展双季稻,明年计划双季稻由今年的18万亩扩大到21万亩；杂交水稻面积在有条件的地方要适当扩大，全市杂交水稻由今年550万亩扩大到570万亩；再生稻面积稳定在今年200万亩的水平上，集中成片蓄留，猛攻单产，要求在现有单产75公斤的基础上提高到125公斤，这一项就可增产稻谷1亿公斤。同时，搞好地膜育秧、半旱式栽培、规范化栽培、配方施肥、喷施增产菌和综合防治病虫害等先进技术的推广和应用。在抓好水稻的同时要搞好玉米、红苕、高粱等生产。杂交玉米面积要达到玉米总播种面积的90%以上，在西部地区的两熟土，要增种一季玉米，扩大复种。并普遍推广育苗移栽和人工授粉，使玉米总产不仅恢复到1986年水平，还要有所增加。红苕要积极推广南苕88号等良种，搞地膜育苗，争取多栽早栽，并计划栽秋红苕50万亩。高粱也要推广良种，大搞增、间种，增加总产。

(三)搞好开发性商品农业，增强农村经济活力

搞好开发性商品农业，是在现实条件下推动农业持续增长的一个有力手段，是我们引导农民奔"小康"、求富裕的战略措施。今年各区、县抓了开发农业，取得了很大成绩。明年各地要按市政府的部署，结合实际，有计划、有领导地把这项工作进一步全面开展起来。根据我市的情况主要从以下四个方面入手：一是对现有耕地要改革耕作制度，扩大复种，搞好集约经营，从深度开发中求效益。在旱地上，大力推广"麦—玉—苕—豆—菜(饲料)"五熟制或"粮—油—菜""粮—果—菜""粮—桑—菜"等多种结合形式，使一亩当几亩用。在水田方面，有计划地开发利用冬水田，可采取稻田半旱式免耕水旱轮作、蓄留再生稻、双季稻、"稻—稻(再生稻)—鱼"、"稻—鱼—笋"、"稻—稻(再生稻)—鸭"等模式，提高水田产出率。不论旱地、水田都要科学种植，立体利用，建设"吨粮田""双千田"，争取在三年内做到耕地种植规范化、作物结构科学化。二是对"三荒一水"(三荒即荒山、荒坡、荒滩、水域)等非耕地，抓好桑、果、林、牧、渔等起步产业，打好基础，从广度开发中求发展。三是对农副产品要变粗加工为精加工，从系列开发中增效益。要创造一批"名、特、优、新"产品，占领更多市场，多创产值，多创外汇。对已办起来的乡镇企业，要实行承包、租赁和股份制，走内涵挖潜、提高经济效益的路子。四是大力发展庭院经济，从改造林盘和发展种植业、养殖业、加工业、服务业入手，分层次利用，循环增值，从综合开发中求效益。在开发农业中要加强贫困地区的经济开发，做好扶贫工作。

(四)要大力发展乡镇企业

我们的指导思想是既要服从国家治理经济环境，整顿经济秩序的大局，又要坚定不移地大力发展乡镇企业，正视困难，抓住难点，群策群力，共渡难关。在措施上主要抓好以下工作：一是要把工作的重点放在抓现有企业的提高上，重视内涵的作用，抓管理、抓技术进步，促进企业上等级、上水平、上质量，提高经济效益。同时继续抓好组办、联户办、户办企业的发展，以"前两轮"带动"后两轮"、"后两轮"推动"前两轮"，"四轮驱动"，协调发展。二是要发动广大干部群众"集资金、促生产、作贡献"，由过去两眼向外转为两眼向内，多形式、多渠道地筹集资金。三是要加强物资管理，完善财务制度，抓企业的扭亏增盈，降低成本，提高经济效益。四是对市场畅销的产品，要积极组织增产；对平销产品，要千方百计打开销路；对滞销产品，该转产的要及时转产；在建项目该停的立即停下来。在此基础上，新发展一批条件具备、又符合国家提倡发展的项目。同时坚持面向农村和市外市场，大力承接中小项目和维修项目，发展建筑和建材工业，拓宽劳务输出的路子。五是强化各级供销机构，千方百计为企业组织原材料和推销产品，解决企业生产困难。六是各级乡镇企业主管部门，要抽出一定的精力，分析形势，研究对策，转变作风，调查研究，帮助企业解决资金困难，积极引导、健康地发展。

(五)搞好水利基本建设，逐步改善生产条件

"水利是农业的命脉。"全市计划整治、维修各种水利工程共8000处，维修更新改造机电设备10700多台，整治新修渠道540公里，解决25万人的饮水困难，治理水土流失3万亩。要完成这一任务，今冬明春要以贯彻"水法"为中心，狠抓各种水利工程的岁修；水毁、人毁工程的修复；水库除险加固和病害整治；更新配套老化设施；积极兴修小型水利和人畜饮水工程；搞好水利设施及冬水田的蓄水保水工作，并严禁废塘

还耕和放水捕鱼挖藕。由于水利建设量大面宽,情况不一,必须因地制宜,分类指导,采取相应的对策和措施。对水利建设所需的资金,应本着"民办公助"的精神,凡是乡、村和群众能举办的小型水利工程都应坚持自办;对国家安排的各类水利资金,要合理使用,加强审计、监督,提高使用效果;对所需劳力要本着谁受益、谁出工和合理负担,量力适度的原则,按照规定,每个农村劳动力每年在水利建设上必须投劳10—15个工日。要求在明年春耕大忙前完成水利建设任务的70%—80%、机溉设备完好率达到80%—85%,以确保春灌用水和安全渡〔度〕汛的需要。

搞好造林绿化,提高森林覆盖率,是涵养水源、调节气候、保持水土的有效措施。各地要继续贯彻《森林法》,加强现有森林管理,1989年计划封山育林面积达到50万亩、幼林抚育35万亩。这个任务是艰巨的,我们要认真宣传贯彻落实各项林业政策,发动和组织好广大农民,抓住季节,搞好植树造林,一定要注意成效,保证成活率。

(六)搞好农业生产资料的生产供应,保证农业生产需要

粮食生产要搞上去,必须要有相应的物质保证。多年实践证明,农业生产资料要立足一个"早"字,才能及时保证农业的需要。市政府及时批转了市计委、经委、财办、农委《关于解决1989年农业生产资料的意见报告》,我们要认真贯彻落实。目前技改任务未完成的化肥厂,要抓紧到年底前完成,争取多生产化肥,支援农业。要保证氮肥厂的电、气供应。要抓紧组织化肥的调运和供应工作,保证小春生产的需要;对进口化肥和农膜、农药生产所需要的原辅材料要抓紧落实,保证明年大春生产的需要。同时,要重视农家肥的使用工作,以缓解化肥紧张的矛盾。根据中央领导同志提出"要重视施用有机肥,应当成为农业的一条重要方针和重大政策,要采取得力措施加以引导,作为农业生产的一大措施"的指示精神,把积造有机肥和改变用肥结构提到农业的重要议事日程,发动群众大积大造有机肥,做到有机与无机氮、磷、钾配合施用,提高肥效。同时要认真贯彻国务院关于农业生产资料专营的决定,保证适时供应。

目前,对"两杂"等种子要做好收贮和组织调剂串换,保证明年大春生产需要。同时,要及早落实明年"两杂"繁殖制种的面积和亲本种子,争取尽快实现种子基本自给。

(七)增加农业投入,增强农业后劲

要提高生产力,解决发展粮食生产问题,必须增加农业投入。在目前国家财力困难的情况下,仅靠国家增加投资是不行的。要采取多种形式,坚持国家、地方、集体、农民共同投入。市、区、县每年都应从财政增收中拿出一定的资金用于农田水利建设、农用工业建设、各种基地建设和技术体系建设等。目前,对已出台的政策所规定的蚕桑改进费、甘蔗改进费、茶叶改进费、生猪改进费等"四费",还有育林基金、柑橘开发基金、新菜地发展基金等"三金",去年和今年又先后开征了土地占用税、农林特产税等"两税",此外,还有超定购任务的2亿斤和农业税征实物6亿斤粮食的平转议,扣除中央留的一半后,还有3000多万元的稳定收入。这些"取之于农业,用之于农业"的资金,就达1亿多元。目前问题是这些资金没有完全收起来,收起来用到农业上也很少。为此,要从三个方面去努力:一是重申中央、省、市的规定,认真执行,不准拖欠、截留和随意减免;二是加强征收,并制订法规,对拖欠截留的单位和个人依法处理;三是规定使用章程,并加强审计检查。同时,对农民资金的运用采取县搞发展基金、乡搞合作基金的办法,集资解决农业投入的问题。明年县、乡要把"两金"普遍建立起来,并积极引进外资和联合投资等增加农业的投入。

(八)切实加强对农业生产的领导

要实现1989年粮增产、钱增收计划,任务十分艰巨,特别是在当前粮、油等主要农产品实行"双轨制"、农业生产资料紧缺、农民种粮积极性不高的情况下,各级政府要把农业放到发展国民经济的重要位置,作为各级政府一项十分重要紧迫任务,列入议事日程,认真总结经验,进一步加强领导。各级主要领导要关心、总结、推广、解决农业中的新情况、新经验、新问题。要集中主要力量抓农业,扎扎实实做好工作,特别要把明年增产增收计划及早落实到村、社和农户,推动农村经济持续稳定发展。

加强领导,要立足于抗灾夺丰收。今年我市气候异常,灾多灾重,目前秋雨湿害严重,对小春播种不利。我们一定要树立抗灾抢种的思想,发动群众保质保量全面完成小春播种任务。为了抗御明年可能发生的自然灾害,要及早从思想上、组织上、物资上做好准备,争取打主动仗。市里要恢复人工降雨办公室,并做好炮弹等物资准备,一旦干旱发生,就进行人工降雨,战胜旱灾,保证农业丰收。

以上汇报,请予审议。

1988年11月24日

重庆市人民政府办公厅转发市农委《关于加强农业承包合同管理进一步完善承包责任制的意见》的通知

(1989年1月15日)

各区县人民政府,市级各有关部门:

市农委《关于加强农业承包合同管理进一步完善承包责任制的意见》,已经市政府同意,现转发给你们,请结合本地实际,认真研究执行。

1989年元月15日

关于加强农业承包合同管理进一步完善承包责任制的意见

为了加强农业承包合同管理,进一步完善农业承包责任制,根据国家有关规定和川府发〔1987〕225号文件精神,结合我市实际情况,提出如下意见:

一、提高对农业承包合同管理重要性和必要性的认识

我市农村推行家庭联产承包制以来,各区县不断进行完善工作,多数乡(镇)建立了合同管理机构,并对各业承包合同进行了清理和完善,建立了制度。但仍有部分乡(镇)工作没有开展起来,合同无专人管理,文本不规范,保管混乱,纠纷较多,直接影响了合同的履行和兑现,影响了农村经济的发展。随着农村改革的深入,单靠行政手段已无法正确指导农村商品经济的发展,必须把经济手段、法律手段和行政手段结合起来,强化合同管理,使农业承包合同逐步走上法律化、科学化、规范化、制度化,促进农村商品经济的发展。因此,各级领导和有关部门必须提高认识,把加强农业承包合同管理与完善工作作为完善联产承包制、深化农村改革、稳定发展农业生产的一项重要措施,切实抓紧抓好。

二、建立健全农业承包合同管理机构

农业承包合同面广量大,牵涉千家万户,管理工作十分繁重,单靠哪一个业务部门是很难担负起来的,必须建立专门机构,具体负责农业承包合同的管理工作。有关乡(镇)人民政府设立农业承包合同管理委员会,村建立农业承包合同管理小组。乡(镇)管理机构的组成人员、职责范围,要按照《四川省农业承包合同管理办法(试行草案)》的有关规定执行。为了加强上下之间的联系,区县可以建立县级农业承包合同管理委员会或合同管理领导小组,负责农业承包合同的指导、管理和协调工作,由农业综合管理部门牵头,组织有关部门参加,办事机构设在区县农经站,具体承担日常工作。市农委、农牧渔业局经管处作为市管理农业承包合同的具体办事机构,负责全市的指导工作。

三、建立健全农业承包合同管理制度

为了保证农业承包合同的实施和兑现,必须制订严格的规章制度。逐步把合同的管理纳入科学管理的轨道。当前,首先要建立民主管理制度。各业承包合同的签订,均应坚持民主协商的原则,合同一经签订,必须严格遵守。第二,合同鉴证制度。鉴于农业

承包合同管理是一项新的工作,为了减少合同纠纷,对农业承包合同的签订,一般应由乡合同管理委员会进行鉴证。第三,合同检查制度。合同管理部门应按规定对合同进行定期检查,检查合同有无违犯国家政策、法律的行为,以及合同执行和兑现情况。通过检查,及时发现问题,总结经验,改进管理。第四,合同档案制度。各业承包合同应按省印发的合同格式由各区县统一印制,合同档案统一由村或乡(镇)合同管理机构确定专人妥善保管。

四、加强合同管理,适当收取服务费

农业承包合同管理工作,由农村经营管理部门承担,对各业承包合同的签订、鉴证、调解、裁决、兑现等环节提供系列化服务。为了增强其服务功能,可以收取一定的服务费。根据省《关于农业承包合同管理服务收费标准及使用范围的通知》,结合我市情况,土地承包合同每份收取0.5—0.8元(包括工本费)的服务费,由承包方支付;多种经营合同按承包上交金额的0.5%收取,由发包方、承包方各支付一半;社(队)工副业承包合同,按上交金额的1%收取,由发包方、承包方各支付一半;鉴证、调解、裁决收费参照国家工商行政管理局、财政部《关于经济合同仲裁费、鉴证费收费标准及其使用范围的规定》,从低收取;农副产品收购合同代签费坚持有偿、低偿收费的原则,协商收取适当服务费。

农业承包合同管理服务费,由合同管理机构分级负责收取和管理使用。主要用于合同表格印制费,非脱产人员误工补贴;合同管理人员培训费及专业会议费;合同资料及宣传教育费;有关专业设备购置费等。

五、加强领导,充实队伍,提高素质

农业承包合同,既属经济合同范畴,又是合作经济组织内部责任制合同,政策性、法制性很强,是一项新的工作。各级农业管理机关必须高度重视。领导要深入实际,调查研究,指导工作开展。要尽快落实管理人员,及时加强业务知识培训,提高素质,使他们成为懂法律、懂政策、会管理的人才,切实担当起农业承包合同管理的任务,确保农村经济持续稳定的发展。

重庆市农业委员会
1988年12月20日

重庆市人民政府关于深化改革,加速科技进步,推进农村经济发展的若干规定

(1989年1月25日)

各区、县人民政府,市级各有关部门:

为了加快农业科技体制改革,推进农村经济的发展,现根据国务院《关于深化科技体制改革若干问题的决定》和四川省人民政府《关于加快和深化科技体制改革,促进科技进步和经济发展的暂行规定》两个文件的精神,对我市深化农业科技体制改革,加速科技进步,推进农村经济发展的有关问题,作如下规定:

一、切实把农业的发展,真正转移到依靠科技进步的轨道上来

科学技术是第一生产力。发展农业,既有赖于国家制定一系列的正确方针、政策、法令和增加投入,又有赖于科学技术的进步。农业是国民经济的基础,没有农业的大发展,就不可能有国民经济的大发展,就不可能有市场的兴旺繁荣。因此,要把农业的发展,切实转移到依靠科技进步的轨道上来,建立科技与农业经济紧密结合的运行机制,大力推进新技术的应用

与推广，促进传统农业的技术改造和新技术产业的形成。深化农业科技体制改革，强化科技服务体系，努力提高农业的现代科学技术和管理水平，不断增强农业发展的实力和后劲，逐步把以经验为基础的传统农业改造成为以科学为基础的现代农业。

当前，要大力加快和深化农业科技体制改革，建立健全各种科技服务体系，培育农村技术市场，积极引入竞争机制，进一步搞好技术开发、技术服务和技术的推广应用，满足农民渴求技术和适应农村商品经济发展的需要，推进农村经济持续稳定增长。

二、放活科研机构，鼓励和支持科研机构以多种形式长入经济

1.鼓励科研机构引入竞争机制，积极推行各种形式的承包经营责任制，各农业科研（设计）所（院）要全面实行所（院）长负责制，逐步推行在科研机构内部或面向社会公开招标，通过竞争来选择并确定经营管理者；改善管理体制，积极推行各种形式的经营责任制。对已建立的各种形式的技术、经济责任制，要进一步健全完善；对未建立责任制的，要尽快建立起来。在实行承包经营过程中，各科研所（院）要统筹兼顾各类任务的安排，搞好收益的合理分配。

2.创办和发展新型的科研生产经营实体。各农业科研、技术开发、推广单位，要根据农村商品经济发展和市场的需求，结合自身的特点和条件，开展以技术开发、技术推广为主的多种经营服务活动，增强自我发展能力。各科研单位在保证完成承担国家给予的任务的前提下，按自愿互惠的原则，可以与企业和单位实行互相承包、租赁、参股和领办、联办等多种形式的联合经营和兴办技术经济实体。

3.为促进农村商品经济发展的需要，允许农业科研、技术开发、技术推广服务机构经营自产、自制和与技术推广、技术服务相关的农用生产资料，包括种植业、养殖业的新品种、生物菌种、新农药、兽药、饲料、微肥、药械、农机具等农用生产资料和农产品加工、贮、运、销等业务；按国务院和市的有关规定，经营化肥、农药、农膜等。在经营过程中，要接受有关部门对质量、价格的监督，并搞好计划衔接。

4.认真贯彻国家对科研机构实行减免税照顾的有关规定。对独立核算的科学研究机构（不包括企业所属研究所和各类技术开发、咨询、服务中介组织）的技术转让、技术咨询、技术服务、技术培训、技术承包、技术出口等收入暂免征营业税；以上各项收入及技术入股所得暂免征所得税；研制的新产品给予定期减免产品税、增值税的照顾；试销新产品和中试产品的所得，经税务机关批准，可在一定期限内给予减征所得税的照顾等。科研机构自筹投资兴建科研设施免征建筑税。技术开发型科研机构缴纳能源交通重点建设基金，按其组织的收入扣除成本、税金后的余额计征。科研机构奖金税的起征点，放宽为人均四个半月基本工资。

三、放活科技人员，鼓励到农村开展多种形式的技术承包

1.认真贯彻中央和省政府关于鼓励科技人员、管理人员向农村流动的政策规定。支持科技人员以调离、辞职、停薪留职、兼职等方式，创办、领办或承包、租赁中小企业和乡镇企业，承包"星火计划""丰收计划"和开发性生产项目；到农村进行有偿服务，搞技术开发、技术推广、技术培训和技术经济承包，对承包企业和种植业、养殖业的科技人员，在承包中取得较大经济效益和重大成绩者，各级政府要给予奖励。对参加承包科技人员的承包奖和超额奖，要严格按承包合同兑现。

2.组织科技人员到农村开展技术承包，可以采取集团承包或者由科技人员个人进行承包，还可以和基层干部一起联合承包。对组织科技人员开展技术承包组织的收入，要合理进行分配。由单位组织或派出人员到乡、村、社（队）进行技术承包，可从1年纯收入中提取一定的比例，最高可提取50%作为兼职报酬和奖励，由单位提供物资或资金的，最高可以将纯收入的40%—50%归承包人，对未占用单位的资金和出差费的，可最高将60%—80%归承包人，在不损害单位利益和工作的原则下，纯属业余兼职的，收入可全部归己。上述应归个人的报酬或奖励不计入单位的奖金总额。个人应交的个人收入调节税，由发放单位代扣代缴。

3.要从各方面支持科技人员到农村开展技术承包。主管生产资料的部门应从所掌握的农用生产资料中划出一定数量的指标,专门用于支持科技人员到农村开展技术承包、技术服务工作。

4.对到农村开展技术承包、技术服务的科技人员实行优惠待遇,可同时享受本单位的工资福利,按承包合同兑现的报酬和完成承包任务指标后由当地政府给予的奖金。

5.对在农村进行技术推广和技术承包,领办、创办乡镇企业,取得显著经济效益、贡献大的科技人员,可优先享受晋级升资。在技术职务职称评定上,要从实际出发,应以从事新技术试验、示范和在技术推广中取得的工作实绩和成果作为职称职务评审的依据,论文、外语考核可以按不同职级、不同部门的要求适当放宽。

6.对科技人员到农村蹲点,进行新技术开发、技术推广,进行大面积技术指导,而获得较大效益者,政府应给予奖励。

7.凡是从事技术承包和领办、租赁经营中小企业、乡镇企业等的科技人员,取得的合法收入,应受到法律的保护。

四、适应农村发展商品经济需要,健全完善农村科技推广服务体系

1.建立健全县级农技推广中心。对已建立农技推广中心的县,要理顺关系,搞好部门间的协调,充分发挥其作用,未建立中心的县,要创造条件,逐步建立起来。

2.乡(镇)是农技推广工作的重点。要大力加强乡(镇)农技服务站的工作,要在提高人员素质,完善服务设施,增强服务功能上下功夫。按市的规定配齐人员,对原由各部门聘用的农技员、农经员、蚕桑员、果技员等技术推广人员,区、乡(镇)政府要加强统筹协调工作,推行综合办站,原各系统的经费投入渠道不变。要坚持民办公助的原则,市、县、乡三级财政补贴的农技员经费要继续实行下去,保证基本队伍的稳定。要继续采用国家投资和乡政自筹相结合的办法,逐步改善区乡农技站的服务条件,工商、税收、信贷等

部门要继续执行扶持政策。逐步把乡镇农技站建成能适应全乡(镇)经济发展要求的技术经济实体,形成自我发展能力,有效地推进农业科技的试验、示范、培训、推广等工作。

村一级,至少设一名农技员负责全村的农技推广和对科技示范户的指导工作。村农技员的误工补贴,可以从村级提留中开支或在"以工补农"资金中解决。在社队建立起若干科技示范户,做好技术的示范、推广工作。

3.要加强乡镇企业科技体系的建设,不断促进乡镇企业的发展和效益的提高。同时还要加强农机、水电和林业以及畜牧兽医服务体系的建设,并要充分发挥民办科技服务组织的作用。

五、巩固、发展科普网络,大力做好农村科普工作

1.加强农村科普网络建设,是搞好农村科普工作的重要依托和组织保证。要充分发挥科普网络的作用,应以促进农村经济发展为中心,以开发智力,普及实用技术为主要内容,坚持治穷致富和治愚相结合,努力提高农民的科学文化素质,推进农村两个文明建设。

2.各区县和乡(镇)要根据各自的情况,进一步发展和办好专业技术协会、研究会,专业技术协会发展较多的县,可以试办县级专业技术协会联合会。同时,要努力做好专业技术协会同各级学(协)会、大专院校、科协、科研单位的联系和结合,使各专业技术协会保持旺盛的生命力。

3.为保证做好农村科普网络的建设及其作用的发挥,乡(镇)科协凡未设专职干部的,应积极创造条件尽快设1名专职干部具体负责此项工作,所需经费按照民办公助的原则解决。区县科协,也要相应加强,农村科普经费要逐年有所增加。

六、搞好技术教育,不断提高劳动者的科学文化素质

1.要努力搞好技术教育,并把技术教育和推广实用技术结合起来,把技术教育和科技致富结合起来,

不断提高农民的科学文化水平。在技术教育中,要注意加强乡(镇)领导干部的技术培训。

对乡镇企业职工的教育,应重点抓好岗位培训,并要注意文化知识水平的提高,其所需培训费用在按工资总额(扣除副食品补贴和奖金)计提1.5%的教育基金中列支。

2.农村技术教育,当前应把重点放在初高中毕业生上。增加他们的实践技术知识,并有计划、有目的、有选择地对他们进行职业技术教育,使他们成为一支建设社会主义新农村的骨干队伍和振兴农村经济的带头人。

3.在农村进行技术教育的形式上,可以采取组织他们参加农广校、农函大学习,也可以乡镇为主举办业余技术学校,或者采用举办培讲班的办法,结合生产实际,以实用技术教育为主,以一项技术为主,兼学多种技术,长短结合,以短为主。这样,一方面可以解决务农与学习的矛盾,另一方面可以解决学非所用的矛盾。

4.要逐步改革农业中等专业技术学校的招生和分配制度,打开人才通向农村之路。今后农业中专校的招生,应逐步转移到面向农村定向招生,不包分配,毕业后回乡务农,为农村输送有中等专业技术的人才。用人部门可以从毕业回乡务农的学生中择优录用。

5.各区、县要积极办好农业职业中学、职业技术学校和职业中专班,为农村培养实用人才。

七、做好农村技术人员的技术职称评定和管理工作,充分发挥他们在农村建设中的作用

1.为了更好地发挥农村科技人才的作用,应按中国科协、农牧渔业部、林业部、水利电力部共同制定颁发的《农民技术人员职称评定和晋升试行通则》和市的有关规定,做好农民技术人员的技术职称评定和晋升工作。凡在农村从事农、林、牧、副、渔、乡镇企业、机械、水利、水土保持、农电、财会、经营管理以及农村能源、农业环境保护推广工作等方面的农民技术人员及各种能工巧匠均可报名参加考核,根据工作成绩、技术水平、业务能力,并参考科学文化知识水平及从事专业工作的资历,评定技术职称,经区、县评定委员会审核、批准后,占区、县人民政府授予相应的技术职称。在乡镇企业中从事工业、建筑业和商业等行业的,按四川省职改办的有关文件规定执行。

2.对技术上有专长、成绩突出、有重大贡献的农民技术人才,经区、县审核推荐,由市评定、授予农民特级技师称号。

3.凡是获得技术职称的农民技术人员,有权与生产单位或农户签订有偿的技术承包、技术指导、技术培训和技术推广合同;应聘到外地传授技术;优先参加区、县、乡等举办的技术培训、讲座、技术交流或应邀参加有关学会、协会、研究会的学术会议;优先获得有关部门及科协编印的技术资料、提供的良种和设备等;优先接受国家、集体单位的聘用或录用;优先直接报考专业对口的中专以上的专业学校;在科学技术普及推广和科研工作中取得显著成绩者,与专业技术人员享受同等待遇。

4.加强农民技术人员的管理。区、县科协要建立农村技术人员业务技术档案,做好农民技术员的培训和使用工作。对农民技术人员中做出显著成绩的,要给予表彰和奖励,以便更好地发挥他们在农村建设中的作用。

八、农业、教育、科研、生产结合,促进开发性商品农业的发展

1.大力推进开发性商品农业的发展,是农村经济大发展的重要途径。农村商品性农业的开发,要以市场需求为导向,大力做好各种资源的开发,使农村经济发展不断取得新的突破。

在开发商品农业中要搞好商品基地建设,积极加强技术指导。对已建立起来的商品生产基地,要进一步做好科学技术的指导工作。尽可能采用新技术、新工艺、新设备,开发、生产高档、优质产品,不断提高产品的质量、数量和创汇、竞争能力;对新建项目,要组织科技人员做好可行性论证,避免盲目性,做到建一项成一项,使有限的资金发挥出更好的经济效益。凡是未经组织专家、科技人员论证的项目,不得盲目上

一、农村改革

马,以免造成经济损失。

2.要充分利用我市人多耕地少,以及荒山、荒坡、荒水利用开发潜力大的优势,因地制宜地搞好商品农业的开发。近郊区要在发展蔬菜生产的同时,大力开发柑橘、葡萄、樱桃等水果以及水产、奶类、家禽等鲜活商品生产;远郊区县应积极开发猪、林、果、蔗、药材和其他经济作物的生产。在开发商品农业中,要特别注意对地方名、特、新、稀产品的发展,抓住重点,形成批量。各科研单位、科技推广部门和大专院校,要组织科技人员到区、县、乡帮助做好商品农业的发展规划和实施工作。

3.要积极搞好乡镇企业的技术开发,做好产品创优和新技术的引进、开发等工作。为推进乡镇企业的技术开发,已列入市乡镇企业局重点技术开发的项目(包括新产品试制、试产,新技术推广,引进吸收项目),纳税有困难的,按税收管理体制报经批准,给予一定的减免税照顾。

4.各有关部门应积极帮助农村做好产前、产中、产后的技术服务工作。要把产前的良种繁育新技术、新工艺推广以及产后的商品化处理(包括加工、贮藏、包装、运输)作为重点,做好优质服务。

九、广开渠道,不断增加对农业科技的资金投入

1.要采取多渠道、多办法、多形式筹集资金,增加对农业科技的投入,促进农业科研、技术推广和农村经济的发展。

2.建立农业科技发展基金。科技发展基金应坚持哪一级和哪一部门筹集归哪一级和哪一部门安排使用的原则,并要加强资金管理,提高经济效益。

3.筹集科技投入资金和发展基金的来源,从以下几个方面解决:

(1)每年地方财政对科技的投入要高于财政增长速度安排。在安排用于农业的投入资金中有10%—15%的资金用于农业科研和科技推广。

(2)每年征收的耕地占用税、乡镇企业税收增长部分个体户和私人企业的纳税、农林特产税、农业税按比例计价结算增加的收入地方留成和菜地建设费,

第四编 重点专题

分别拿出5%—10%的资金安排用于农业科研单位和农技推广单位开展专项性的课题研究和科技设施、农业科技体系网络建设,增强科技辐射能力。

(3)每年提取的和各项技改费(包括粮、油、果、茶、蚕茧、生猪、甘蔗、林业的技改费和发展基金、育林基金等),要按规定收好,由农林部门安排使用,用于农业科技开发和技术推广。

(4)各级科委用于农业(不含支农工业)的科研经费在科研投入总额中的比例应不低于30%。

(5)征收的农村教育费附加,必须全部用于农村教育事业,除主要用于普及九年制义务教育外,要适当安排农民教育的经费。

(6)国家和地方组织实施的重大项目和商品基地建设,除吸收农业科研单位参加并给予相应的经费外,还应拿出一定数量的资金用于科技设施的建设。

(7)乡镇企业提取的"以工补农"资金,由乡镇安排一定数额用于科技开发。

(8)开展技术承包收取的技术指导费,在规定上交单位的提成收入中应拿出一部分安排用于科技的开发和扩大再生产。

4.金融机构应本着从优原则,从信贷上支持农业科学技术和"星火计划"研究、开发项目所必需的经费。对各级科委批准的农业科研、技术开发、推广项目,以及农业科研、推广机构创办技术经济实体,发展开发性商品农业、创汇农业,农业银行要积极提供贷款支持。

5.农业科研机构基本建设(包括购买5万元以上大型贵重仪器设备和修建科研试验设施)所需的投资,按国家基本建设管理制度规定的渠道,由各级主管部门列入基建计划予以安排。

十、加强科技工作领导,搞好部门协作

1.各级领导都要树立依靠科技发展商品经济的思想,把科技工作放在发展农村经济工作的首位,列入重要议事日程。逐步推行科技副县长、科技副区长、科技副乡长领导体制。把科学技术工作同经济工作紧密结合起来,制定规划,明确目标,落实责任,精心指导,加强督促检查,真正做到把经济的发展建立在依靠科技进步上来。要及时研究解决技术推广中

的问题,积极推进科技推广任务的落实,保证科技工作更好的开展。

2.把依靠科技进步,提高经济效益和社会效益的实绩,作为各级政府和农业各企事业单位领导的任期目标及政绩考核的重要内容,作为选拔、晋升、奖励国家公务人员和有关部门、单位领导的重要依据。

3.做好协调工作,密切各部门之间的配合。计划、工交、财政、银行、供销、外贸、税务、工商等部门要从各方面支持农业科研和技术推广工作,充分运用税收、信贷等经济杠杆,促进科技与经济的紧密结合,为科技事业的发展创造良好的社会环境,更好地发挥科技的作用,推进农村商品经济的更快发展。

1989年1月25日

重庆市人民政府关于当前我市乡镇企业发展中几个政策问题的意见

(1989年10月27日)

各区县人民政府,市政府各有关部门:

我市乡镇企业在十年改革中取得了显著成就。继续鼓励和引导乡镇企业健康发展,是进一步繁荣农村经济,增加农民收入,扩大农业积累,促进农业现代化,实现国家工业化的必由之路。当前,要认真贯彻党的十三届四中全会精神,积极调整产业结构和产品结构,改善经营管理和经营作风,提高经济效益。为了保持政策的稳定性,继续鼓励和引导乡镇企业健康发展,除继续执行重府发〔1988〕92号文件外,现就当前乡镇企业发展中的几个政策问题提出以下意见。

一、搞好乡镇企业产业结构和产品结构调整工作

要认真学习,全面理解邓小平同志讲话精神,按照国家产业政策和市场需求,积极调整产业、产品结构,为社会增加有效供给。重庆是发展农副产品深加工和开发本地资源的资源型产业;为城市工业服务的协作配套型企业;以国际市场为导向的出口创汇型企业;与科研单位、大专院校合作的科技生产型企业;已初步具有规模优势、产品优势、市场优势的特色型企业。对那些能耗高、浪费原燃材料、污染严重的企业,要采取有力措施有计划地进行整顿,限期改进技术或转产,对无法改变现状的企业要坚决关停并转。要深化企业改革,改善经营管理和经营作风,提高企业素质,增加经济效益。

二、正确界定乡镇企业的经济性质

集体企业是我市乡镇企业的经济主体,起着骨干带头作用,应积极扶持。工商行政管理部门在对企业审定、年检和换照中,应按照国家有关规定,对符合集体企业条件的核定为集体企业,注册资金未达到规定要求的,要变通处理,限期达到规定要求。对由乡、村、社三级农村集体经济组织为主兴办的各种联营企业、股份企业,应根据联营各方的所有制性质,核定为集体与集体、集体与全民、集体与个体联营,发给相应的营业执照。

对联户办企业,凡是建立有联营章程,执行乡镇企业财务会计制度,提留公共积累,实行按劳分配和退股不退积累原则的劳动群众合作经济组织,应视为集体企业对待,对某些方面尚不完善的,要积极引导,限期完善。

实行承包制、租赁制的集体企业,凡是执行乡镇企业财务会计制度和按劳分配的,无论是个人或合伙承包、租赁,都不得改变企业的经济性质。科技人员和党政机关工作人员已停薪留职承包或领办乡镇企业,要继续执行。对承包、租赁企业某些不完善的方面,要加以整顿完善,不能因此把集体企业划为个体或私营企业。集体企业以大包干办法承包给个人经

营的,要加以完善。

对农村私营企业和个体工商户,在鼓励他们在国家允许的范围内积极发展的同时,要加强引导、监督和管理,兴利抑弊,使其向着有利于社会主义经济的方向发展。

三、严禁对乡镇企业乱摊派乱收费

市物价局和市乡镇企业局要对乡镇企业的收费问题进行一次清理。对擅自扩大收费范围,提高标准的,应立即纠正。今后,市、区、县有关部门在制定收费规定时,凡涉及乡镇企业的,应当征求乡镇企业主管部门意见,经物价部门审查,报市政府批准,并公布收费项目、范围和标准。企业对各种违章收费,应坚决抵制和举报,有关部门要及时认真查处。

四、完善乡镇企业计税工资和部分人员工资福利办法

乡镇企业计税工资标准在重办发〔1986〕128号文件基础上作适当调整,人平创利1000元以下的企业计税工资为月人平85元,其他层次在原定基础上每档次调高5元。对劳动强度大或经济效益好的企业,可适当提高,企业计税工资额由各区县税务部门和企业主管部门,按新标准共同审定。

县辖区、乡(镇)的乡镇企业管理人员的工资福利,可以参照区、乡聘用干部待遇理顺工资关系。对其中技术、管理骨干,可实行岗位津贴。具体办法由市人事局、市乡镇企业局另定。已实行工资与经济效益挂钩和其他工资制度的地区,仍可继续实行,并积极探索更好的工资制度。在一个地区范围内的工资制度应尽量做到统一。

县辖区、乡(镇)[的]乡镇企业管理部门中城镇户口工作人员以及二轻划归企业中的城镇户口正式职工(含退休人员)应发给四项主要副食提价补贴,乡镇企业中的城镇户口职工,在企业能够承受的前提下,可以发给四项主要副食品提价补贴。副食品补贴的标准按重税三发〔1988〕72号文件的有关规定办理。

五、充分发挥乡镇企业供销部门在流通领域中的作用

乡镇企业供销部门在为乡镇企业生产服务,沟通城乡物资交流,增加社会有效供给等方面发挥了重要作用。乡镇企业供销部门的经营范围是组织供应本市、区、县各自辖区内的乡镇企业所需的原燃材料,销售辖区内乡镇企业的产品。属于国务院规定加强管理的重要生产资料和物资产品属乡镇企业所需部分,物资部门和专营归口部门按政策规定可委托市和区县乡镇企业供销公司(包括专业公司)经营或代销,也可以实行联营;凡是产品纳入国家计划的,企业所需的原燃材料,有关部门要统筹考虑,合理安排。乡镇企业供销部门组织的生产资料,因品种、规格、型号不对路,允许在全市乡镇企业系统内调剂、串换,但不得加价倒卖,非法牟利;富余的生产资料可以进入专业市场销售,也可以经工商行政管理部门批准向系统外进行一次性经营。

所有企业都应艰苦创业,反腐败、重廉洁,端正经营思想,改善经营作风。在治理、整顿中对乡镇企业要注意划清政策界限,要把生产经营中的正常活动与行贿受贿区别开来,把多渠道经营和正常的商品调剂串换与倒买倒卖区别开来;对过去发生的问题除违法犯罪活动必须依法追究外,按过去的政策对待;生产经营中按销售收入的1‰—3‰开支业务活动费是允许的,但必须专项管理,在规定标准内按实列支。

六、乡镇建筑企业要在治理整顿中搞好企业优化组合,加强管理,努力提高素质

在审定资质等级时,按照国家和省里有关规定,结合我市乡镇企业的实际进行评定。企业资质审定以建管部门为主,乡镇企业各管理部门参加,共同做好此项工作。在对建筑市场进行整顿和管理过程中,要给予乡镇建筑企业平等竞争的机会。对暂时歇业的企业,其级别和建制应予保留。

以上意见,请各区县人民政府、市级各有关部门认真贯彻执行。

重庆市人民政府
1989年10月27日

中共重庆市委　重庆市人民政府关于对1989年度发展乡镇企业成绩显著的区县以及县辖区予以表彰的决定

（1990年2月19日）

各区县委和人民政府,市委各部委,市级各部门：

　　1989年,在发展乡镇企业工作中,我市区县各级党政加强领导,深入基层,调查研究,针对存在的问题,采取切实有效措施,稳定政策,稳定思想,稳定队伍,使我市乡镇企业的治理整顿初见成效,保持了稳步发展的势头。按照市政府有关目标管理的7项内容,经过认真考核评比,并经市乡镇企业领导小组审查通过,市委、市政府决定对在发展乡镇企业工作中成绩显著的区县和乡镇企业产值上亿元的县辖区予以表彰奖励。

郊县组：

第一名：璧山县,奖金5000元,授锦旗一面；

第二名：江北县,奖金4000元,授锦旗一面；

第三名：巴县,奖金3000元,授锦旗一面；

第四名：长寿县、綦江县（并列）,奖金各2000元,各授锦旗一面。

郊区组：

第一名：双桥区,奖金4000元,授锦旗一面；

第二名：九龙坡区,奖金3000元,授锦旗一面；

第三名：南岸区、北碚区（并列）,奖金各2000元,各授锦旗一面。

乡镇企业产值上亿元的合川县盐井区、江北县静观区、巴县铜罐驿区、永川县双石区和永郊区,奖金各1000元,各授亿元致富杯一个。

中共重庆市委
重庆市人民政府
1990年2月19日

中共重庆市委　重庆市人民政府关于稳定发展城镇集体经济的若干规定

（1990年6月3日）

各区县委和人民政府,市委各部委,市级各部门：

　　城镇集体经济是社会主义公有制经济的重要组成部分。发展城镇集体经济是一项长期的基本政策。建国40年来,我市城镇集体经济已渗透在各个行业,实力有了明显的增强。当前,进一步稳定和发展城镇集体经济,对于稳定全市经济大局,缓解就业矛盾,保证社会安定,顺利完成治理整顿和深化改革的任务,促进我市经济、社会的持续发展,有着重要的作用。为此,特就集体经济的有关问题作如下规定：

一、加强领导,理顺和健全管理体制

1. 各级党委、各级政府及各有关部门要从壮大社会主义公有制经济的全局和发展国民经济的战略高度来加深对城镇集体经济的理解和再认识,做到集体与全民在政治上一视同仁,经济上平等对待,政策上积极扶持。要把城镇集体经济工作列入重要议事日程,纳入全市及各地区、各部门经济、社会发展全局,统筹规划,合理安排。在布置、总结、检查工作和考核实绩时,要有城镇集体经济发展与改革方面的内容。

2. 建立市城镇集体经济领导小组,在市委、市政府的领导下,负责研究和拟定全市城镇集体经济的方针、政策,协调解决有关重大问题。领导小组由副市长秦昌典任组长、市体改委主任陈元虎任副组长,领导小组成员由市体改委、计委、经委、建委、农委、财办、财政局、税务局、工商行政管理局、劳动局、人民银行重庆分行、市委研究室、市政府研究室的一位负责同志组成。

3. 市城镇集体经济管理办公室是市城镇集体经济领导小组的办事机构,其主要职责是:研究、拟定和协调全市城镇集体经济改革与发展的重要政策和规范性文件;组织实施市委、市政府和市城镇集体经济领导小组有关城镇集体经济的重大决策,并督促检查执行情况;组织交流发展城镇集体经济的经验;承办市委、市政府交办的有关工作。办公室挂靠市体改委。

4. 各区县政府、市政府各经济主管部门都要有一位负责同志分管城镇集体经济工作。并采取相应的办法和措施,加强对城镇集体经济的领导。集体企业较多的市级经济主管部门,应尽快设立专门的集体经济管理机构,负责管理本行业或本部门的集体企业。

5. 建立和完善集体工业、商业、交通运输业、建筑业、科技业、金融业和服务业等行业联社(联合会),并为成立市城镇集体经济联合会创造条件。

二、深化企业改革,加强企业管理

6. 要按照《中共中央关于经济体制改革的决定》和《中共中央关于进一步搞好治理整顿和深化改革的决议》,继续深化城镇集体企业改革。依据国务院(国发〔1983〕67号)文件,"自愿组合、自负盈亏、民主管理、按劳分配、职工集资、适当分红、集体积累、自主支配"的原则,指导和发展城镇集体企业。

7. 城镇集体企业可以继续试行和完善各种承包经营责任制,具备条件的也可以试行股份合作制;可以以优势企业为龙头组建企业集团;对确无竞争能力,无法继续维持生产经营的企业,经职工(代表)大会同意并报经批准,可以破产或歇业。

8. 鼓励优势企业法人承包劣势企业。被承包企业濒临破产状态的,应先宣布破产整顿。整顿期间,纳税有困难的,可按税收管理体制报经批准,减征、免征或缓征流转环节税和所得税,并商得开户银行同意,可延期1至3年偿还所欠贷款,并不加息,不计罚息和复息。

9. 企业应通过加强内部管理,促进生产经营,提高经济效益。内部管理要注重计划管理、财务管理、劳动工资管理、物资管理、生产技术管理、全面质量管理,建立健全规章制度。各区县、各部门应当根据自己的实际情况,指导和帮助企业完善上述管理制度。同时,要研究搞好城镇集体企业的上等升级工作。

三、完善企业领导体制,加强思想政治工作

10. 城镇集体企业的党组织,要充分发挥政治核心作用。具备条件而没有建立党组织的,要按照《党章》和中央、省市委的有关规定,尽快建立基层党组织。目前尚不具备条件的,其上级主管部门或地方党组织要切实加强对这些单位思想政治工作和群团组织的领导。要注意吸收城镇集体企业单位的优秀职工入党。

11. 城镇集体企业的职工(代表)大会是企业的权力机构,企业的发展规划、收益分配、职工奖惩、重要规章制度和生产经营中的重大问题,要经过职工(代表)大会讨论决定。有条件的企业,经主管部门同意,厂长(经理)可由职工(代表)大会民主选举产生。企业在实行厂长(经理)负责制和其他经营责任制时,要健全以职工(代表)大会为基本形式的民主管理制度和其他民主管理制度。

12. 无论实行何种经营责任制的企业,厂长都要定期向职工(代表)大会报告工作,接受企业职工的监督。同时,也要保障厂长(经理)在企业日常生产经营管理中的决策权和行政指挥权。

13. 企业职工(代表)大会、厂长(经理)、工会、共青团、妇联应在企业党组织的领导下,做好职工的思想政治工作,抓好企业的精神文明建设。要教育职工发扬艰苦奋斗、勤俭办企业的优良传统;继续保持团结一致、齐心协力、共渡难关的革命精神;保持顾全大

局、遵守纪律的高尚品质。企业的领导干部和共产党员,要成为职工的楷模。

四、加速产品开发,推动科技进步

14.坚持依靠科技进步振兴城镇集体经济,采取各种有效措施加速产品开发,推动科技进步。凡未完成技术经济考核指标的企业,不得参加上等升级和优秀企业评选,企业领导人也不得获取优秀企业家和其他荣誉称号。

15.经市、区县经委或科委立项,进行科学研究、技术开发和新产品试制所发生的不构成固定资产的费用,购置样品、样机和一般测试仪器的费用,可以进入成本;为开发研制新产品、新技术所必需的单台价值在5万元以下的测试仪器、试验装置、试制用关键设备的购置费,可根据数额大小摊入当年成本,或分2至5年摊入成本。

围绕产品开发进行的技术改造,银行应给予贷款,计划、物资部门应给予支持。产品试制、鉴定、投产后,新增利润部分继续用于新产品、新技术开发和技术改造的,可按税收管理体制报经批准,给予税收减免。

16.有条件的城镇集体企业,经当地税务部门批准,可适当提高折旧率,加快设备更新和技术改造。

17.各区县、各部门可以从全民所有制单位选派科技人员或经营管理人员到城镇集体企业担任技术或经营管理领导工作,原全民所有制身份不变,任期满后仍回原派出单位工作。对其在城镇集体企业从事新产品和技术开发作出重大贡献的科技负责人和其他技术人员,经主管部门和税务部门审批,允许在产品新增效益部分提取一定数额给予报酬和奖励,此项费用在成本中列支,不计入企业奖金总额(具体办法另定)。

五、认真落实扶持城镇集体经济的各项政策

18.对于专门从事日用小商品、出口产品生产,进行新产品试制和主要以"三废"为原料加工产品的城镇集体企业,要按照国家和市的有关规定,继续减免流转环节税或所得税,对符合产业政策急需发展的,对转产初期有困难的,对因生产、经营困难而停产、半停产的企业,可按税收管理体制报经批准,给予定期税收减免;企业开发新产品、新工艺、新技术,扩大优质产品、短线产品生产,进行防毒防尘、环保、安全等工程的基建、危房翻新等,可以按税收管理体制报经批准减免建筑税。

上述所有减免税额都只能用于发展生产或改善生产条件。

19.除中央明确规定不能免税的"八小"企业外,凡新办企业当年安置待业人员达到60%的,免征所得税2至3年;对社会效益好,当年安置达不到比例的,以及原有城镇集体企业因安置待业人员纳税有困难的,可按税收管理体制报经批准减免当年所得税;特别困难的企业,还可减免当年流转环节税。

20.增加城镇集体企业的信贷资金。国家银行的信贷资金,应逐年增加一定的比例用于支持城镇集体企业;城市信用社的信贷资金,应主要用于支持城镇集体企业;农村信用社的信贷资金在主要扶持农业的同时,也可适当安排一定比例,支持小城镇的集体经济发展。

21.依照国家产业政策,对于产品适销对路、原材料有来源而资金遇到暂时困难的企业,银行要给予贷款,这类企业偿还原有欠款有困难的,可适当展期,并执行基准利率。

22.认真执行国家关于调整金融部门贷款利率的有关规定,适当调整城镇集体企业的利率和加、罚息幅度。对固定资产贷款,一律不上浮利率。凡在限期内积极处理超储积压和有问题商品的企业,可暂不加息;特困企业,归还银行贷款有困难的,可适当延长还贷款期限,并不得上浮利率和加息,有的还可缓收利息,不计复息;对关、停和濒临倒闭的企业,可先还本,后付息,不计复息。

23.经市体改委批准在市内进行股份制试点的企业以及经济效益好、财务制度健全的企业,需向社会发行股票、债券及内部集资的,人民银行要及时审批,金融部门要做好代理发行及转让等服务工作。

股份合作制试点企业,职工个人取得的集资利息或股红加股息超过本金的12%部分,计征个人收入调节税。银行利率变动时,根据略高于同期存款利率的原则,适时调整。

24.搞好企业生产要素服务。各区县、各部门要组织有关部门,采取多种形式对企业的产、供、销和科研、技术、信息、人才培训、宣传等提供配套服务。

25.对于生产日用小商品、出口产品、支农产品和国家指令性计划产品的企业,在水、电、气、油的供应以及其他物资分配方面与全民企业同等对待。凡国家供应城镇集体企业的计划物资,任何部门或单位不得截留。

26.凡承担出口创汇任务的城镇集体企业,以出口创汇为目的的中(城镇集体企业)外合资、合作经营企业,被确定为出口基地的城镇集体企业,在审批项目、引进先进技术和设备、垫付资金、确定外汇留成比例及审批商务出国等方面,与同类全民企业享受同等待遇。

要鼓励和帮助城镇集体企事业单位积极开展国际技术合作和对外交流。

27.在政策允许的权限范围内,可区别不同情况,适当放宽城镇集体企业的经营范围;对经营各类小商品的批发企业,其注册资金不足时,可确定期限逐步补足;对停产、半停产和长期亏损的困难企业,在年检、换照、验资、安排摊位和办理职工临时个体营业执照等方面,各级工商行政管理部门可针对不同情况,采取从宽的措施。

28.县级以上二轻供销公司,视同有直属直供企业的物资供销机构,允许其按政策规定经营重要生产资料和在系统内进行重要生产资料的调剂、串换,不受行政区划限制。

29.县及县以上城镇集体企事业单位,可以根据生产经营活动的需要,自主确定用工数量和形式,经主管部门批准并报同级劳动部门备案后,在城镇待业人员中公开招收职工,择优录用。

六、设立互助合作基金,建立和健全职工退休费统筹保障制度

30.为使城镇集体经济持续稳定发展,决定设立城镇集体经济互助合作基金。专项用于城镇集体经济,有偿周转使用。

31.城镇集体经济互助合作基金的来源是:(1)联合公积金、公益金的一定比例;(2)集体企业主管部门管理费的一定比例;(3)企业生产发展基金和折旧基金集中一定比例(所有权仍归企业);(4)同级财政拨付的专项资金;(5)其他来源。

32.市城镇集体经济互助合作基金由市集管办会同市税务、财政、银行、计划等部门和集体企业主管部门代表组成基金管理委员会实施管理(具体办法另定)。

33.要巩固和完善现有城市信用社。积极创造条件,进一步扩大城市信用社试点。

34.为切实解决职工"老有所养"问题,凡全市城镇集体企事业单位,不分大小,不分盈亏,不分在职或退休职工多少,均应参加退休费社会统筹。已经建立了职工退休养老保险制度和实行退休费统筹制度的行业或地区,要逐步加以完善;尚未建立的,要尽快建立。同时,要加快全市统筹的步伐。

有条件的行业或地区,可依据国务院(国发〔1986〕77号)文件,试行职工待业保险金统筹制度。

七、稳定和壮大城镇集体企事业单位的干部队伍

35.城镇集体企事业单位的领导干部在阅读和听取文件传达等方面,享受同等规模全民企事业单位领导干部的待遇。各区县和各主管部门要及时将党和国家的有关方针、政策传达到所属城镇集体企事业单位。

36.城镇集体企事业单位的干部和职工在参加当地党政干部招考、劳动模范和先进工作者、优秀企业家评选时,与全民企事业单位的干部和职工同等对待。

37.城镇集体企事业单位职工各种专业技术职称的评定,原则上与全民企事业单位职工保持一致。市职称改革领导小组办公室要会同市城镇集体经济管理办公室等有关部门,认真抓好这项工作。

八、运用法律手段调整城镇集体经济关系

38.运用法律手段调整城镇集体经济关系,规范企业行为和政府对企业的行政行为,保障集体经济的合法权益,是我市城镇集体经济工作的一个重要方

面。为此,应当加速制定有关城镇集体经济管理的规范性文件。

39.任何部门、单位和个人,不得以任何借口或形式非法改变城镇集体经济组织的所有制性质和平调、挪用、侵吞城镇集体企业的财产,已经平调和挪用的,要按照有关规定予以退还。

40.要按照实事求是原则认真清理"假集体",维护城镇集体经济组织的声誉和合法权益。

上述规定,适用于全市所有的城镇集体经济组织(含原二轻划归乡镇管理的企业)。过去市委、市政府扶持城镇集体经济发展的政策措施,除本文已明确规定的外,仍应继续贯彻执行。

本规定自颁布之日起施行。

中共重庆市委
重庆市人民政府
1990年6月3日

中共重庆市委 重庆市人民政府
关于组织实施农业"三大工程"建设的意见

(1990年9月10日)

各区县委和人民政府,市委各部委,市级各部门:

农业是安天下的产业,是经济稳定、政治稳定和社会稳定的基础。我市是有1100万农业人口的大城市,强化农业的基础地位,促进农业持续稳定增长,保障粮食和副食品的有效供给,做到服务城市、富裕农村,是农业发展的根本任务。我市农业的发展,受人多耕地少、资源相对贫乏的制约,要解决好人口不断增加和人民生活水平逐步提高,对粮食和副食品需求将不断增加的供需矛盾,必须从深度和广度上进行农业资源的综合开发。实施农业"三大工程",是增强农业综合生产能力,促进农业上新台阶的重要途径,对保证农业持续稳定协调发展,具有十分重要的战略意义和现实意义。为确保"三大工程"建设的顺利实施,特提出如下意见:

一、"三大工程"建设的内容、目标和任务

农业"三大工程"建设,是我市90年代农村经济发展的重要任务。"三大工程"的主要内容是:300万亩冬水田的综合开发工程、200万亩坡瘠地综合改造工程和"菜篮子"建设工程。通过增加物质、资金和技术投入,改善农业生产条件,提高生产力水平,形成一批具有地域优势、产品优势和经济优势的商品生产体系,引导我市农业由自给半自给经济向商品化发展;由传统型农业向现代化大农业迈进。

要搞好"三大工程"建设,必须做到"三个结合",即农副工、种养加、运建服各业有机地结合,行政、经济、科技手段相结合,经济效益、社会效益、生态效益相结合。促进"三个调整",即农村产业结构调整、劳动力结构调整、经营方式的完善与调整。实现"三个提高",即提高资源利用率、单位资源产出率和产品商品率。

到90年代末,"三大工程"建设基本完成后,预计粮食将比1989年增产75万吨,油菜籽增产7万吨,水果增产15万吨,蚕茧增产1.5万吨,鱼增产5万吨,肉、禽、蛋、奶、菜的产量都将有较大幅度的增长。森林覆盖率在现有基础上提高5.5个百分点。全市人均占有粮食400公斤。为城市人均提供的商品量:猪肉35公斤,鲜蛋10公斤,家禽13公斤,水产品10公斤,牛奶20公斤。

二、统一规划,分期实施

"三大工程"建设,分为三个阶段进行:1990年至1992年为起步阶段,在这一阶段要做好统一规划,试点、示范、改善配套基础设施,完成总工程量的20%。1993年至1995年为扩大实施阶段,完成总工程量的30%。1996年至2000年,力争全面完成任务,实现工

程预期目标。经市政府审批的"三大工程"立项论证报告,是三个阶段实施工程的基本依据。

各部门、各区县,要按照"统一规划、分期实施、先易后难、长短结合"的原则,从本地区、本部门的实际出发,区别不同条件,因地制宜地搞好规划,集中人力、物力和财力,分级分期组织实施。要保证工程质量,做到建设一片、成功一片。

要以点带面,抓好工程建设,带动面上生产;要长短结合,立足长远,狠抓当前,把当前生产和长远建设有机地结合起来,努力完成当年的生产和建设计划,实现农业持续、稳定、协调发展。

1990年实施"三大工程"计划的任务是:建设12万亩"吨粮田";7个县的长江和嘉陵江流域的水土保持工程;6个区县的长江防护林工程以及各区县坡瘠地综合改造的示范片;2万亩速生丰产林建设;兴建肉种鸡场1个、蛋鸡场13个;蔬菜基地续建工程;奶类项目的牛群发展,精养鱼池工程,种苗场建设工程的完工等项任务。

三、坚持农林牧副渔综合开发,促进农村产业结构的调整

"三大工程"建设,一定要坚持"绝不放松粮食生产,积极发展多种经营"的方针。300万亩冬水田的综合开发,主要是通过水、土、肥条件的改善和低产田的改造,实行良种、良法、良制,增加复种指数,提高单位面积产量,逐步达到"吨粮田""双千田"。200万亩坡瘠地的综合改造主要是按照因地制宜的原则,宜粮则粮、宜林则林、宜牧则牧,建设高产优质的粮食、多经生产基地和林业建设。"菜篮子"工程,主要以蔬菜、副食品基地建设为基础,积极发展肉、禽、蛋、奶、菜、鱼、果的生产。在有条件的地方,推行适度规模经营和集约化经营,积极兴办集体果园、茶园、桑园、林场和加工企业,不断壮大集体经济的实力。"三大工程"建设,要实行生态农业与立体农业相结合、开发农业与传统农业相结合的原则,处理好农业与林业的关系,种植业与养殖业的关系,粮食生产与多经生产的关系,用地与养地的关系,做到农、林、牧、副、渔全面发展,生态与经济良性循环。

在"三大工程"建设中,要根据国家产业政策,有计划地开发畜、禽、蛋、奶、果、菜的精加工。在种养业开发初具规模、商品量比较大的地区,应围绕名、特、优产品,积极发展创汇农业。要鼓励乡镇企业发展农副产品的加工行业,兴建一批新兴的农副产品加工企业,实现农副产品的多层次加工增值,促进农副工各业协调发展。

四、搞好农业基础设施建设,实行山水田林路气综合治理

农业基础设施建设,是"三大工程"建设的重点。要通过大力改善农业生产条件,不断增强抗御自然灾害的能力,努力提高农业综合生产能力。

在"三大工程"建设初期,要抓好现有各类水利工程的整治、改造和续修配套,发挥现有水利工程的潜力,增加有效灌溉面积。在"三大工程"建设中后期,要兴建一批大中小型水利工程,加强农村能源特别是小水电的建设,把农田水利建设与"吨粮田""双千田"的建设有机地结合起来,做到山水田林路配套,成片发展,逐步建立优质农田保护区。在抓好农田水利建设的同时,治理好荒山荒坡,大力开展植树造林、种草,切实抓好长江和嘉陵江水土流失治理和长江防护林工程建设,控制水土流失,改善生态环境,实现经济效益、社会效益和生态效益的有机结合。

五、农业科研、科技推广部门要围绕"三大工程"建设搞好科研和科技服务

"三大工程"建设,必须以科技进步为先导,加强农业科学研究,组织推广好农业先进实用技术,完善提高农村科技服务组织。

农业科研单位和农业院校要围绕耕作制度改革、良种选育、科学种植、科学养殖等关键技术措施进行研究和攻关,为"三大工程"建设的顺利实施和提高整体效益提供技术保证。

农业科技部门要加强现有科技成果和实用技术的推广应用。当前要特别注重良种引进、规范化栽培、科学施肥、地膜应用、病虫草害综合防治、畜禽防疫、农机排灌、机耕、收割等新技术、新机械的普及推广工作。

要建立健全农村科技服务组织,完善农业服务体系。县、区、乡要配备好"科技三长"(科技副县长、科技副区长、科技副乡镇长),组织协调各方面的科技力量,把科技管理工作落实到基层。县要建立农技服务中心,乡要建立服务站,村设中心技术员,并积极发展各类民办专业技术协会、研究会和农技服务专业户、示范户,把科学技术及时传送到千家万户。

要大力提高农村基层干部和广大农民的科学文化素质,举办各类技术培训班、业余农业技术学校、农村广播学校,加强对广大农村干部和群众的培训,不断提高技术水平,以适应农业发展的需要。

六、搞好生产资料生产、供应,为"三大工程"建设提供物质〔资〕保证

搞好农业生产资料生产供应,是"三大工程"建设的重要物质保证。要抓紧三个尿素厂、两个磷铵厂、一个碳铵厂和长寿化工厂尿素工程建设,保证在"三大工程"建设初期完工投产。当前要尽力保证地方小氮肥厂生产,继续组织外汇肥和扩大外地肥料的购进,以填补"三大工程"建设前期的化肥缺口。要积极发展磷、钾肥和复合肥生产,力争做到增加总量,提高质量,改善结构,满足需要。农药生产要积极发展高效低毒低残留的新品种。农机生产要围绕"三大工程"研制和引进适应重庆地区特点的轻型、高质、多能、价优的各种农用机具。要加强饲料工业建设,大力组织饲料资源开发,重视蛋白质饲料开发和添加剂生产,尽快形成完善的饲料工业体系。物资和农资部门要积极做好农业生产资料的供应工作,保证"三大工程"建设和农业综合开发的需要。

七、多渠道筹集资金,建立"三位一体"的投入机制

要广辟资金来源,依靠国家、集体、群众以及社会力量,多渠道、多形式、多层次地聚集资金。

农业基本建设资金、财政支农资金和农业发展基金,应主要用于"三大工程"建设。

要积极争取中央有关部门对农业开发专项投资。

区县农业发展基金要重点用于"三大工程"建设。

要建立健全农民的资金积累和劳动积累制度。每个农村劳动力每年要投入15—20个劳动积累工。每亩耕地每年提取2.5公斤粮食(经济作物区可以采取以粮折款)作为合作社公积金,由乡集中管理,统一安排,有偿用于"三大工程"建设。

要用具有地区优势和投资效益好的农业开发项目向社会集资,进行合资经营。

要积极争取利用外资。

金融部门要安排一定资金支持"三大工程"建设。

凡是用于"三大工程"建设的资金,要遵照专款专用、定期收回、循环滚动的原则,建立严格的审批使用制度,加强管理,提高资金使用效益。

八、采取优惠政策,为"三大工程"建设创造良好的社会环境

"三大工程"建设要坚持"谁开发、谁受益"的原则,调动企事业单位和机关、部队、科研、学校等单位投资入股或承包、租赁经营。也可以跨地区与农村的集体经济组织或个体联合开发,建立副食品或工业原料生产基地,把城市与农村、工业与农业的优势结合起来,加快农业综合开发步伐。

建设中有关税收,除中央有明确规定不能减免的外,对纳税确有困难的,可按现行税收管理体制,报经批准,给予减税或免税照顾。银行贷款的资金实行基准利率,并适当放宽自有资金的比例;对周期长、利润少、社会又需要的生产项目,以及在贫困乡开发的项目,可实行财政贴息贷款。对重要的和淡旺季差价较大的农副产品,为了稳定生产的发展,保障市场的供应,做好旺储淡供,可实行保护价政策。

"三大工程"建设改造后的田土,不另行增加承包者的粮油定购任务和集体提留。新开垦的耕地,投产五年内不征收农业税和农林特产税。

"三大工程"建设用地,要区别于国家基本建设用地,可采用调整农业内部用地的办法解决移民安置问题,除补偿青苗费外,不征收其他费用。

要积极动员和鼓励各级科技人员、技术干部到农村去,开展技术承包,组织实施"三大工程"建设。对于在"三大工程"建设中作出重要贡献的干部、科技人

员和农民群众，各级政府要给予表彰和奖励。

九、加强组织领导，保证"三大工程"建设顺利实施

市、区县都要成立"三大工程"建设领导小组，由分管市长、区县长任组长，各有关部门领导参加，以加强对"三大工程"建设的领导，协调解决重大问题。市和区县的"三大工程"建设领导小组办公室按副局级待遇，设在市、区县的农委、农（财）办，并确定好人员编制，其职责是统筹协调、监督检查"三大工程"建设工作。市和区县农委、农（财）办的内部机构要作出相应的调整，明确分工，充实力量，加强管理。在当前，要抓紧制定出"三大工程"建设的总体方案以及项目管理办法和资金管理办法，明确立项原则、项目审批权限、资金使用范围以及资金拨付、收回监督审计制度。要建立健全项目管理责任制，开发项目要实行分级承包，明确项目负责人，层层鉴定承包合同，严格按合同规定办事。

各有关部门要把"三大工程"建设纳入本部门业务工作范围，作出计划，统筹安排，搞好服务。凡涉及"三大工程"建设的工作，要主动热情地为基层服务，简化办理程序和手续，以加快工程的进展和步伐。

农业系统各业务部门，要做好承担分管业务所涉及的"三大工程"建设项目的规划设计、技术指导、资金安排、工程检查验收等项工作。

"三大工程"建设是一个长期的任务，一定要保证工程建设的相对稳定性和连续性，一经确定，就要坚持下去，不得轻易否定和中断。

为了保证"三大工程"建设任务的完成，市委、市政府号召：全市城乡人民立即行动起来，深入开展实施"三大工程"建设重大意义的宣传教育，统一思想，振奋精神，团结奋斗，积极努力，为"三大工程"建设献计献策，集中人力、物力、财力，扎扎实实地组织实施"三大工程"建设，为实现我市农业上新台阶，促进农业持续稳定协调地向前发展作出贡献。

中共重庆市委
重庆市人民政府
1990年9月10日

重庆市人民政府关于扶持供销社发展搞活农村经济的通知

（1990年12月6日）

各区县人民政府，市政府各有关部门：

党的十一届三中全会以来，我市供销合作社遵照中央、国务院有关指示精神，坚持改革，以农为本，积极扩大商品流通，完善农村商品生产系列化服务体系，对促进农村商品经济发展，稳定市场，活跃城乡物资交流，密切党和政府同农民的联系，发挥了重要作用。但是，近年来供销社企业面临一些新情况、新问题：主要是体制改革不完善，政策不配套，业务经营受到一些限制，经营范围发生变化，一些大宗业务移交，历史遗留包袱沉重；企业经营萎缩，负担加重，效益下降，亏损微利企业增多，主渠道作用难以发挥。根据党的十三届五中、六中全会决议和全国农村工作会议精神，以及省政府（川府发〔1990〕111号）《关于扶持供销社发展，搞活农村经济的通知》精神，为了帮助供销社企业增强活力，渡过难关，更好地发挥其在农村商品流通中的主渠道作用，现结合我市实际，提出以下贯彻意见。

一、充分认识供销社在搞活农村经济中的特有作用

供销合作社是党和政府密切联系广大农民的一条重要经济纽带。解决目前供销社存在的困难和问题，实质上是解决目前农村经济和农业生产存在的一些问题。各级政府和有关部门，要充分认识供销社的特有作用，对供销社进行切实有效的扶持。

二、扶持供销社稳定发展,进一步搞活农村商品流通的几项政策

1. 供销社现已经营的各项购销业务,不能随意划走。由供销社系统经营的废旧物资收购业务,必须保持稳定;坚持化肥、农药、农膜由供销社专营的政策,要与有关部门密切配合,搞好技物结合,科技兴农。蚕茧经营按市政府办公厅重办发〔1990〕90号文《关于加强蚕茧收购经营管理工作的通知》规定办理,保留基层供销社的医药品经营业务,县级供销社公司过去已从事医药品批发业务的,经营业务暂维持不变。允许基层供销社继续经营计划外食糖批发业务。有条件的供销社、区县级公司,经批准后允许一次性经营计划外白糖,允许继续经营计划外松香的批发业务。柑橘经营按市政府重府发〔1990〕164号文《关于做好1990年度柑橘购销工作的通知》和1990年11月19日电传《关于做好柑橘购销工作的紧急通知》办。

2. 税务部门要继续对供销社进行扶持。基层供销社经营农村图书发行,按市税务局重税发〔1990〕368号文转发《国家税务局关于县和县以下新华书店及农村供销社销售图书减半征收营业税的通知的通知》执行。对供销社的困难企业,可按税收管理体制,申请减免产品税、增值税、营业税。亏损企业经税务部门批准,可实行扭亏目标责任制,在目标期内实现的利润可用于抵补亏损,抵亏后的利润减免所得税。市政府决定在长寿、永川、巴县、璧山、合川五个县实行由县联社对直属企业统算盈亏、统一交给所得税的试点,各有关部门要密切配合,认真落实,并注意总结经验。为增强各级联社的调控能力,税务部门在税收上应给予适当优惠。

3. 农业银行对供销社所需贷款要给予支持。按照中央的规定,对供销社收购重要农副产品、扶持农业生产的资金要给予保证,执行国家规定的基准利率政策。对供销社经营农村生产资料和生活资料的收购、储备所需资金应予支持,并执行规定的优惠利率。市、区县供销社所属企业以及基层社的贷款定额,由农行分别和各级联社共同核定。

4. 落实供销社的人事劳动工资政策、对供销社原属全民所有制的干部和职工,要认真落实中央和省、市规定的政治、经济待遇不变的政策,今后,县及县以上供销社管理机关及所属事业单位的干部、职工,应按照对全民所有制国家机关、事业单位的办法进行管理。对供销社的劳动工资管理,按省劳动厅制定的文件贯彻执行。

三、切实加强对供销社的领导

扶持供销社的发展,直接关系到农村经济和农业生产的稳定发展,各级政府要加强对供销社的领导,各有关部门要制定合理的政策措施,运用价格、税收、信贷杠杆的调节作用,扶持、帮助战胜困难,搞活供销社企业。对领导力量薄弱的困难社,要充实、加强领导班子,对领导力量较强的供销社,要保持干部相对稳定,不要轻易抽调和调换。在管理体制上,县以上供销社及专业公司视同国营商业对待。基层社按合作经济组织对待。要禁止任何侵犯供销社的权力和人为加重供销社负担的行为发生,维护和整顿市场秩序,为供销社充分发挥主渠道作用创造一个较好的社会经济环境。

重庆市人民政府
1990年12月6日

重庆市人民政府关于1991年蔬菜产销工作的通知

(1991年2月8日)

各区县人民政府,市级有关部门:

为了认真贯彻党的十三届七中全会精神,落实国务院关于进一步做好城市蔬菜副食品工作的指示,扎扎实实地抓好我市"菜篮子"工程建设,各级政府必须

把蔬菜生产供应工作作为关心人民生活,为群众办好事、办实事的一项大事来抓,切实加强领导,认真抓紧抓好。1991年蔬菜产销工作仍按重府发〔1989〕174号文件规定办,继续深化改革,稳定完善政策,既抓基础设施建设,又抓当年生产供应,千方百计实现"数量足、品种多、质量好、价格稳、服务优"的工作目标,力求在1990年基础上有新的、更大的发展。

一、继续坚持"近郊为主,远郊为辅,外埠调剂,保证供应"的生产方针,努力搞好"菜园子"建设

生产是供应的基础。基地面积要保持稳定,布局要逐步合理调整,要在提高单产、增加品种和均衡上市上下功夫。各级政府制定的扶持生产的优惠政策要保持稳定。基地建设要年年坚持搞下去。建设项目竣工后,主管部门要会同区政府按批准设计要求组织验收。凡不合格的,要限期返工,并视情况追究违约方责任。要帮助乡、村落实、完善菜地设施的使用、管理办法,使之能充分发挥效益。市审计部门要对近三年的菜地建设项目进行"追踪效益"审计。

1991年的蔬菜生产,要按照立足全年,突出淡季,调整结构,增加效益的原则切实抓好。生产所需的化肥、农药、农膜、钢材等,由有关部门切块安排,优先供应,要逐步完善统分结合的双层经营责任制及生产服务体系,以增强集体经济实力,提高服务功能。凡有条件开展适度规模经营的村、社,都应根据群众意愿,积极引导进行。为加速科技成果推广应用,今年市财政安排20万元科技推广辅助经费,用于蔬菜科技工作。遮阳网膜覆盖栽培新技术,因其一次性投资较大,采取市、区各贴息一半的办法解决。

二、继续执行"放管结合"的购销政策

"大路菜"要管好,"精细菜"要放活。计划基地的"大路菜"订购品种、数量和各区蔬菜公司的经营任务保持去年水平不变(见附表)。"二线菜"换购计划亦保持去年水平,由市二商业局负责落实分区数量。蔬菜价格管理要有计划地搞活。合同订购的十种"大路菜"的收购指导价(或保护价),仍管"主菜主月",按市物价局安排意见执行;蔬菜销售价格,实行"规定差率"管理,由各区蔬菜公司按此原则,结合市场,实际制定。必要时市物价局可规定零售最高限价。

三、强化企业管理,开拓经营业务,搞活蔬菜行业

强化管理,开拓经营,是稳定市场的需要,也是企业自身发展的需要。要继续坚持"以菜为主,积极扩大综合经营"的方针,推行人员划线,集体承包,搞活分配的办法,充分调动职工的经营积极性。要坚持"净菜进城,精菜上摊"的做法和文明经商,优质服务,增大精细菜的经营比重。要按照市政府制定的资金筹集政策,继续搞好改造零售网点设施建设。

蔬菜企业的兼营业务,必须人员、经营"两划开",独立核算,不再从亏损指标中列支费用。银行应在资金贷款上给予支持。蔬菜经营企业兼营利润所得税问题的处理按市政府重府发〔1991〕12号文件规定执行。鲜菜经营亏损补贴,仍按财政体制分担,补贴数量严格控制在1990年水平内。

蔬菜批发交易市场要有计划地建设、完善。继续执行引菜进城的优惠政策,进一步活跃淡季蔬菜市场。

四、完善蔬菜产销管理体制,加强蔬菜副食品机构建设

这是坚持市、区(县)分级管理,推行市长、区(县)长负责制的重要组织措施。各区按市政府重府发〔1985〕191号文件规定建立的蔬菜副食品办公室,负责蔬菜产销的组织、协调工作,直接向区政府负责。要按照市政府重府发〔1989〕174号文的要求,健全机构,充实人员。其编制由各区在现有总编制内调剂解决。南岸、江北、沙坪坝、九龙坡四区控制在7至9人;北碚、南铜矿区控制在6至7人,并提供相应的工作条件,以形成强有力的工作班子。

五、努力做好郊县城镇、工矿区的蔬菜生产供应工作

各县和双桥区,要根据当地实际情况,参照郊区

蔬菜产销工作的有关政策原则,切实做到领导、基地、菜农口粮、生产资料、经营补贴等"五落实",要有固定的工作班子抓蔬菜产销工作,搞好生产,保证供应。

附:1991年各区基地菜国家订购任务表(略)

重庆市人民政府
1991年2月8日

重庆市人民政府关于实施农业"丰收计划""科技示范乡""先导型技术承包"工作的意见的通知

(1991年2月19日)

各区县人民政府,市级有关部门:

近几年来,我市在开展科技兴农工作中,重点抓了"丰收计划""科技示范乡""先导型技术承包"等项工作。这些工作的实施,对加速农业科技成果的推广应用,促进农村经济的发展,起到了积极的作用。为了总结经验、理顺关系、明确职责、加强管理,进一步做好科技兴农的实施工作,现提出如下意见:

一、农业"丰收计划""科技示范乡""先导型技术承包"的任务和组织实施单位的分工

"丰收计划"以普及推广粮油增产综合技术项目为主,同时抓好一批畜牧、水产、多经方面的重点项目,并积极吸收各业的新技术、新成果;在全市有计划地整乡、整片实施。"丰收计划"由市农牧渔业局组织实施。采用合同形式管理,每个项目结束都要写出全面总结,进行严格检查验收。市农牧渔业局设立"丰收计划奖",奖金从安排的总经费中提取。"丰收计划奖"视同局科技进步奖对待。

"科技示范乡"在普及推广适用技术的基础上,率先把农业上各项先进科学技术组装配套、深化提高,在示范乡范围内全面地推广运用,以起到依靠科技进步,振兴农村经济的示范、样板作用。"科技示范乡"由市科委组织实施,按市科技计划项目进行管理。市科委与示范乡政府签订科技计划合同,根据合同内容实施与考核,对完成任务突出的示范乡,从项目经费中提取工作奖或高产奖。

"先导型技术承包"以种植、养殖业为主,对一些已经试验研究成功尚未在大面积推广的新品种、新技术采取技术承包的方式,进行示范,为今后列入"丰收计划"和大面积推广提供经验,打下基础。"先导型技术承包"由市农委组织实施,选择项目。项目可由农委确定一个单位独立承担或由一个单位牵头联合几个单位共同承担,也可采用招标的办法确立单位承担。市农委与主要承担单位签订项目合同,正式立题下达。市农委设立"技术承包奖",奖金从总经费中提取。

市农委、科委、农牧渔业局要结合"八五"计划的制订,因地制宜、实事求是地制订出上述三项工作的具体工作计划和管理办法,并要注意"三农"结合,做好相互间工作的衔接和配合,调动广大科技人员的积极性,把实施工作扎扎实实地开展起来。

二、实施"丰收计划""科技示范乡""先导型技术承包"的经费安排

市粮油"丰收计划"经费,"八五"期间每年由市财政安排80万元。"科技示范乡"实施到1992年,市每年安排经费34万元,其中市财政21万元,市科委13万元。"先导型技术承包","八五"期间由市财政每年安排40万元,财政拨款按年度计划分别拨给组织实施单位。

三、加强对农业"丰收计划""科技示范乡""先导型技术承包"实施工作的领导

实施农业"丰收计划""科技示范乡""先导型技术承包",是依靠科技进步,加强农业科技成果推广,发展农业生产和促进农业上新台阶的一项战略性措施,

各级政府一定要加强领导,认真做好统筹、协调、督促、检查等工作。市农委、科委、农牧渔业局要确定一位领导负责抓好这项工作,以保证实施工作的顺利开展。实施工作要以提高经济效益为中心,坚持为当前农业生产服务的方向,把科研成果和先进技术综合运用于大面积、大范围的生产,实现高产、优质、低耗、高效,达到增产增收的目的,促进农村经济的发展。

以上意见,请各区县政府和有关部门认真贯彻执行。

重庆市人民政府
1991年2月19日

重庆市人民政府关于扶持乡镇企业发展的若干政策的通知

(1991年3月11日)

各区县人民政府,市级各部门:

为了进一步贯彻中共中央、国务院"积极扶持、合理规划、正确引导、加强管理"发展乡镇企业的方针和中共重庆市委、市政府"大力发展乡镇企业"的指导思想,现对扶持我市乡镇企业发展的若干政策问题作如下规定。

一、关于界定乡镇企业所有制性质问题

1.按照国家工商局、农业部有关文件规定,正确界定乡镇企业所有制性质。凡是农民群众集资开办,财产属于举办该企业的劳动群众集体所有的企业,实行自主经营、自负盈亏、民主管理、共同劳动、按劳分配为主、适当分红的原则,并有公共积累的,应按集体所有制企业登记注册。

在重新登记时被核准为私营企业或个体工商户的企业,如具备创办集体企业主要条件的,只要投资者自愿,在签订书面协议、履行公证或鉴证、由主管部门审批后,可以登记为集体企业,但要限期完善集体企业条件。

2.由农民群众集资兴办,经工商行政管理部门核准登记注册为集体所有制的企业,隶属于同级乡镇企业行政主管部门管理,企业的管理制度、财务解交、分配制度应与乡村集体所有制企业一致。该类企业享受的扶持性减免税,所有权属同级乡村集体经济组织,由企业用作生产发展基金。当企业停办,清理债权债务后所余的资产除去股金外,均归乡村集体经济组织,专用于发展乡镇企业。

3.凡以农民为主体开办的各类企业均属于乡镇企业范畴,由各级乡镇企业行政,主管部门管理。未经企业资产所有者同意,任何部门、单位不得以任何借口平调企业财产或改变隶属关系,已经发生了的,必须认真清理,予以纠正。

二、关于乡镇工业的计划管理问题

4.乡镇工业的发展要纳入全市工业发展范围,实行城乡工业统一规划和布局。市计划部门、有关行业管理部门在安排工业发展项目时,凡适宜乡镇企业发展的,原则上在乡镇布点,农副产品加工、地方建材一般不再在城市新布点。鼓励城市企业与乡镇企业采取联办、专业化协作等方式将产品、零部件加工等扩散到乡镇企业,促进城乡工业协调发展。

5.从1991年起,对符合产业政策的乡镇企业,生产适销对路、出口创汇的产品以及生产新产品、优质产品的骨干企业,所需的部分原材料、能源、资金、运输等要予以优先照顾。对国家统分的物资和统一安排生产的产品及零部件所需原材料,由计划、物资部门或负责安排生产任务的部门和单位组织供应。

6.经审查和批准的成建制的一、二、三级乡镇建筑企业允许进入市内区域参与竞争,独立承包工程或分包工程,免征城市容纳费和劳动力调配费。乡镇建筑企业出省、出市承包工程,应予鼓励和支持,并为其创造条件。

7.乡镇企业的基本建设投资300万至500万元和符合市产业政策的技改投资100万至300万元的项目,由市乡镇企业局负责审批,基建项目报市计委备案,技改项目报市经委备案。此限额以下的项目由区县乡镇企业局按权限审批,报市乡镇企业局备案。

三、关于增强乡镇企业后劲问题

8.建立市、区(县)级乡镇企业发展基金。资金按照国务院和省、市政府的有关规定筹集,市级乡镇企业发展基金来源:市级财政每年给100万元周转金,今后随财政增收则适当增加;市级征收的乡镇企业重点建设费中拿出50%;市乡镇企业管理局收取的管理费在保证正常开支后,税前按20%以内提取;对1989年以来市财政给乡镇企业的"有偿使用周转金"清理后,全部转为乡镇企业发展基金。发展基金由行政主管部门管理并提出项目安排意见,有关经济综合管理部门监督,报经市政府批准,实行有偿滚动使用。各区县可参照上述规定建立乡镇企业发展基金。

9.乡镇企业税后留利,用于扩大再生产部分不得少于60%。除向企业提取税前利润10%作社会性支出费用和税后利润20%作以工补农资金外,任何部门和单位不得再提取企业利润。

10.新办乡村集体企业,除国务院规定不能减免税的产品外,自1991年起,从投产之月开始免征所得税1年。对纳税有困难的,按税收管理体制规定报经批准后,可免征产品税、营业税、增值税1年。

11.从1991年起,市定的38个贫困乡新办的乡村集体企业,除国务院规定不能减免税的产品外,按税收管理体制报经批准后,免征产品税、增值税、营业税、所得税2年。

12.对亏损的乡镇集体企业,自1991年起,3年内企业当年实现的利润可先用于抵补前年度的亏损,抵补后企业纳税仍有困难的,可按税收管理体制规定报经批准后,减免当年所得税。

13.乡镇集体企业利用"三废"为主要原料进行生产的产品,纳税有困难的,按税收管理体制规定报经批准后,可从投产之日起,免征产品税、增值税、所得税1至3年。

14.金融部门要大力组织资金,积极回收到期贷款,实行多收多贷。农村信用社在缴纳准备金后实行多存多贷。农行、信用社贷款投放额要与乡镇企业发展速度和效益增长保持一致水平。对生产稳定、有支付能力、财务制度健全、资金信誉有保证的乡镇集体企业,可以实行托收,并按有关规定办理承付。

15.对列入市科委、市经委试制计划的新产品,从取得收入之月起,减免产品税、增值税1至2年。免税期满后纳税仍有困难的,报经市税务局批准,可适当给予减免税照顾。

16.乡镇集体企业进行科学研究、技术开发、新产品试制所发生的不构成固定资产的费用,其购置样品、样机、一般测试仪器的费用可以直接进入成本。对单台价值在5万元以下的测试仪器、试验装置、试制用的关键设备购置费可摊入当年成本,数额较大的允许分3至5年摊入成本。

17.对技术开发和技术改造任务较重的企业,经市乡镇企业局与市税务局协商后,由市税务局批准,按销售收入1%提取技术开发基金,税前列支,用于新产品、新技术开发和设备更新。

18.城乡企业对乡镇企业转让技术成果所产生的效益,年利润在30万元以内的,暂免征所得税。

乡镇集体企业技术改造的还贷办法,参照国营企业的有关规定执行。

四、关于发展横向联合和对外开放问题

19.城市企事业单位(包括科研单位、大专院校以技术投入)与农村合作经济组织联合新办的企业,从1991年起3年内,城市单位在联合企业所分得利润的50%免征所得税,主要用于生产发展和改善科研、教学条件。

20.鼓励乡镇企业之间开展多种联合,创建企业群体,提高规模效益。经区、县乡镇企业局批准,可建立综合性、行业性生产经营联合组织(新办经营性公司按有关权限批准)。对加入经济联合组织的企业在明确独立承担经济责任的前提下,可保留其原有的注册登记类型。

21.年出口创汇产品交货值300万元以上或占企业总产值70%以上的企业,由市政府命名为"乡镇企业出口创汇产品专业厂",在能源、原材料、运输、信贷

资金等方面列入市的计划优先安排。对乡镇集体企业的出口创汇产品利润比上年增长部分,减半征收所得税。

22.乡镇集体企业接受外商、侨商和港澳台商来料加工、来件装配的,其来料来件占产品原辅材料和零部件总值20%以上的,自取得第1笔收入之月起,3年内对加工收入免征增值税(营业税)、所得税。

23.为增强乡镇企业综合发展能力,允许开展一业为主、多种经营,工商登记应予支持。

五、关于搞活流通的问题

24.为鼓励各级乡镇企业供销公司积极为乡镇企业组织供应原燃材料和产品销售工作,从1991年起,免征所得税2年,专款用于补充自有流动资金,不准移作他用。

25.市、区县乡镇企业供销公司、专业公司,应允许为本市乡镇企业采购和经营生产所需物资,对供销公司组织的物资由于品种、规格、型号不对路或有多余的,允许在系统内调剂、串换,但应按季造册送当地工商、物资部门备案。乡镇企业生产所需物资属专营和指定经营的,有关部门可委托乡镇企业供销公司经营。

26.乡镇企业的市场开拓费按销售收入1%开支;个别企业需要增加的,应报区县税务部门批准。乡镇企业供销人员的奖励费用,按重办发〔1990〕235号文的促销政策执行。

27.乡镇企业的产品,除国务院指定管理的价格外,企业可在物价管理部门指导下自行定价。

六、关于减轻企业负担问题

28.各级党政机关、企事业单位、社会团体和个人,不得以下列行为对乡镇企业进行摊派、转嫁负担:(1)要求企业报销、支付与企业生产经营活动无关的费用;(2)违反国家控制集团购买力规定,逃避控制,要求企业支付费用为其购置控购商品;(3)无偿占有、平调、截留企业的人、财、物;(4)违反有关规定乱摊派;(5)要求企业承担与其无关的亏损、关闭企业的债务。对已发生上述行为的,要予以查处,切实纠正。

29.由各级乡镇企业管理部门按规定收取管理费,其他任何部门和单位不得向企业再收管理费。

30.在中央、省政府没有明确规定前,对乡镇矿山企业和个体采矿收取的矿山资源补偿费,除提取部分用于矿管人员的必要开支外,均应上交同级财政,用于扶持乡镇企业的发展。

七、关于稳定职工队伍和加强组织建设的问题

31.改进乡镇集体企业工资分配办法,有条件的企业,经区县劳动部门和乡镇企业主管部门审查报区县税务部门批准,可实行单位产品含量工资和计件工资,并可按核定的单位产品工资含量进入成本。

32.对继续实行计税工资办法的乡镇集体企业,仍采取与效益挂钩按实列支的办法。计税分档工资标准调整为:亏损企业人平月计税工资不超过75元;全年人平销售(经营)利润500元以下的企业,职工月人平计税工资不超过95元,以后人均创利润每增加500元,人均计税工资标准则相应提高5元,对劳动强度大、井下作业等企业,计税工资标准可在上述计税工资标准基础上每档再增加5至10元,今后随着国家工资政策和物价调整而适时进行调整。

33.市和区县政府要在城市企业、科研单位、大专院校选聘一批科技干部充实到乡镇企业各级主管部门,并在各级部门抽一批干部到基层挂职专门抓乡镇企业的发展和管理工作。

34.鼓励城市科技人员、管理人员到乡镇企业工作,其标准工资基数,可在原单位的工资基础上上浮2级,从乡镇企业回到原单位的,应按《重庆市流动人员人事档案管理办法》接转工资关系。在乡镇企业工作期间,其全民所有制干部(含聘用制干部)身份不变,有关人才流动手续、人事档案管理、干部统计、档案工资以及今后重新回到全民所有制单位工作等,按《重庆市流动人员人事档案管理办法》优先办理。在乡镇企业工作满5年以上并仍在乡镇企业工作的中级及其以上职称的专业技术人员,其配偶在农村且符合农转非条件的,可优先办理农转非手续。

35.鼓励国家统配大中专毕业生到乡镇企业工

作,全民所有制身份不变,关系挂靠在区县乡镇企业局(不占编制)或人才交流中心(站),直接定级,1年后工资上浮2级。不包分配的"五大毕业生"到乡镇企业工作,与国家统配大专毕业生同等待遇。在乡镇企业工作年满5年,具有城镇户口,年龄在35岁以下的,根据当年干部计划,经人事部门考核合格的,可录用为国家固定制干部,关系挂靠在区县乡镇企业局(不占编制)或人才交流中心(站),但5年之内不得调动。

36.乡镇集体企业职工评定各项专业技术职称,按职称评定管理权限,经市、区县职改领导小组审查认可。并经聘用后,其职称津贴进入成本,不计入计税工资范围;其他待遇与全民所有制职工评定的同等职称相同。

37.各区县应逐步选择本地的1至2所中学改办为乡镇企业职业中学,定向培养乡镇企业专门技术人才。市区县政府应在师资、经费等方面支持办好市乡镇企业干部学校和区县乡镇企业培训中心。

38.乡镇企业开展职工培训教育所需经费,在企业提取的教育基金中列支,对开发新产品等发生的培训费用在提取的教育基金中开支不足时,经税务部门同意可在税前按实列支。

39.区县乡镇企业管理局(县辖区乡镇企业管理部门是县乡镇企业管理局的派出机构)是区县政府管理乡镇企业的行政主管部门,担负着管理、协调、服务等职能。为了使其管理力量与职能相适应,各区县政府应逐步增加其编制,充实人员。

40.乡(镇)级乡镇企业管理部门是最基层的管理机构,必须切实加强其组织建设。可根据工作需要充实人员,实行定岗、定编、定员。招聘的管理人员,在聘用期间的工资、福利待遇与乡镇聘用干部相同。

41.对连续3年实现利润100万元和人均创利1万元以上的,获省级及其以上先进企业称号的,产品获部优称号的,获市级以上乡镇企业家称号的,获市级以上质量奖的企业负责人,经批准由市给予精神奖励和一次性的物质奖励。

42.继续实行年度区县乡镇企业目标管理的考核评比制度。考核评比以生产发展、技术进步、经济效益、对国家的贡献和精神文明等为主要内容。对创亿元和再上台阶的郊区乡和县辖区,由市给予精神和物质奖励。

中央、省、市过去对乡镇企业的扶持政策,凡未明令废止的,必须继续执行,市里过去有关规定凡与本文件有抵触的,按照本文件规定执行。

本规定自1991年元月1日起执行。

重庆市人民政府
1991年3月11日

重庆市人民政府关于依靠科技促进农业发展的通知

(1991年3月25日)

各区县人民政府,市政府各部门:

为了在农业生产中全面贯彻落实"依靠科技、振兴重庆"的战略决策,根据党的十三届七中全会精神和国务院、省委、省政府的有关规定和重府发〔1990〕48号《关于依靠科技实现农业持续稳定增长的决定》,特制订本通知。

一、围绕"三大工程"建设,实施"科技兴农"战略

1."科技兴农"的实质是要把农业发展逐步转移到依靠科技进步和提高劳动者科学文化素质的轨道上来,并通过科技进步的作用,重新调配、优化组合农业生产要素,引导农业生产和经营向集约化、专业化、商品化方向发展,走出一条以内涵扩大再生产为主的

提高单位面积产量、提高农业劳动生产率、有效利用资源的新路子。

2.近十年我市"科技兴农"的战略重点是以增强农业综合生产能力为中心,有计划地组织实施农业"三大工程",即300万亩冬水田的综合开发,200万亩坡瘠地开发利用和"菜篮子"工程建设。要把"科技兴农"和"三大工程"建设结合起来,相互促进,通过"三大工程"的建设,促进我市农业上新台阶,保证农业持续稳定协调地发展,使我市的农业科技水平、农业生产水平和农民的科学文化素质有一个较大的提高。

3."三大工程"建设中的经营性项目,可以通过招标投标的形式,鼓励企事业单位、科技人员进行联合开发、投资入股或承包租赁,有关部门要保护他们的合法权益,保证兑现合同。

4.纳入"三大工程"建设的项目,在生产经营中,如纳税确有困难的,可按现行税收管理体制,报经批准,给予减免税照顾。

5."三大工程"建设改造后的田土,不增加承包者的粮油定购任务和集体提留。新开垦的耕地,投产5年内不征收农业税和农林特产税。

6."三大工程"建设用地,可采用调整农业内部用地的办法解决移民安置问题,除补偿青苗费外,不征收其他费用。

二、加强农业科技成果的推广应用和适用技术的开发配套

1.改变科研与生产脱节的状况。有计划有组织地把成熟的适用科技成果大面积、大范围地加以推广应用,进一步提高资源利用广度和深度。

2.科技成果推广应用要因地制宜,突出重点,讲求实效。要根据各地自然特点,因地制宜地搞好耕作制度改革、半旱式栽培、良种推广、节水灌溉、规范化栽培、科学施肥、耕作脱粒机械的推广和病、虫、草、鼠害的综合防治,大力促进工程技术与生物技术、化学技术相结合,提高农业生产资料的使用效益。

3.注意把农业科技成果的推广应用与建立农业生产专业化、社会化服务体系结合起来,推动农业生产的专业化、商品化、现代化建设步伐。要着重抓好农业商品的生产基地建设和生产大户的农技推广应用工作,逐步在乡、村、社建立起适合当地气候及水土条件的农副产品专业化生产基地,并通过农技服务机构或其他经济实体,把技术推广、生产和销售衔接起来,对农民实行产前、产中、产后一条龙配套服务,提高规模经营效益。

4.要加强农业适用技术的开发、推广以及综合配套新技术的研究。市有关部门和农业科研单位要做好农业中长期科技发展规划的编制以及科研成果的储备。农业科研机构之间,科研机构和推广机构之间,要搞好协作,同时加强与大专院校和国内外科研机构的联系,对重大科研项目实行联合攻关。

5.要大力吸引农业大专院校参加"科技兴农"工作。市有关部门在制订农业发展战略和规划时,要邀请他们参加论证。对他们向我市各区县、企事业单位提供的科技成果和先进技术以及培养人才的收入,要按有关政策,在税收上给予从优照顾。科研项目在进行招标时,要吸收大专院校参加,按一视同仁的原则,平等竞争。

三、建立健全农业科技推广服务体系

1.按照"提高市、县级,强化乡镇级,突破村一级,建好示范户"的要求,"八五"期间将农业科技管理、推广服务体系建立完善起来,积极培养优良品种,扩大良种播种面积,推广各种优良的耕作制度、耕作方法和栽培技术,继续推进"星火计划""丰收计划""燎原计划"的实施。市应加强对农业技术推广管理站、畜牧技术管理站、林业工作站、农业机械管理站的建设和管理;12个县和南桐、北碚区要逐步建立农业技术推广中心、畜牧技术推广中心;各县属区和乡镇要建立健全农技、畜牧、农经、农机、水利水保、林业(万亩林地以下的乡可不建)等服务站;每村要配备1至2名农技员;科技示范户要达到农户总数的7%。

2.市、区县新建农技、农经、畜牧、林业、农机管理站等机构和编制问题由市、区县编制部门负责审定,其人员原则上从本系统内调剂解决。各区县、县属区、乡镇所建各类服务站,按中央和省、市主管部门有关文件执行,尽快建立机构,逐步配齐人员。

3.县辖区、乡镇各类服务站,已解决编制的,按编

制数配齐人员,落实经费;其经费主要由市、区县、乡镇三级财政配套补贴,不足部分,由服务站从自营收入中解决。村农技员的待遇可参照村干部的补贴标准,由各区县自行确定并落实经费。

4.县辖区和乡镇农技推广服务机构应实行综合建站原则,行政上受同级政府和政府派出机构的领导,业务上接受上级主管部门管理和指导。各级政府和主管部门应尊重其自主权。区县政府、市农口各局要加强对各级农技推广服务机构的领导,积极组织开展服务活动。在5年内使各类农村基层技术服务站大部分都能达标。

5.市内各级各类农业技术推广服务机构开展技术推广和有偿技术服务所需配套化肥、农药、农膜,由市政府农资协调小组办公室统一平衡,分级纳入市和区县的分配计划。属市统配计划的化肥、农药、农膜,由各级农资专营部门按计划实行批发供应;统配计划外的,农技推广机构可与生产厂家直接订货,按当地零售价销售给农民。

6.工商行政管理部门对各级各类农业技术推广服务机构围绕自己业务兴办的技术服务企业,在政策规定范围内,要给予支持;农业银行、信用社、乡镇农村合作基金会应向其提供所需的信贷资金;任何部门不得非法平调、摊派、挪用其资产和收入。

7.有条件的农业技术推广服务机构,可建立劳动保险和退休统筹基金,以解除招聘人员的后顾之忧。

8.县属区、乡镇各类服务站技术人员的配备,要在编制定员内,首先从本系统具有实践经验的在职干部和当年大、中专毕业生中选调,不足部分,由市人事局根据当年新增干部计划指标统筹安排,按面向社会、公开、平等、竞争的原则,通过考试、考核择优录取。服务站的技术人员应保持相对稳定,采取多渠道、多层次、多形式分级培训,提高其政治和业务素质。

四、深化改革,完善农业科技承包

1.农业科技承包要以科技推广为手段,发展生产力为目标,重点围绕农业"三大工程"建设及种、养殖业先导型技术项目进行,把一批经鉴定的新技术进行示范,扩〔推〕广到广大农户中去。在方法上实行科技项目管理,科研、教育、推广等单位同区县和乡镇紧密结合,组成承包集团,可单项技术承包或综合技术组装承包,在一定范围内开展实施。承包项目、内容、规模、期限、技术经济指标、预期效益、人员的责权利等要用合同形式固定下来,实行政、技、物相结合,突出重点,抓好示范,加快科技成果的推广步伐。

2.区县和市有关部门要加强承包工作的管理,制订对承包人员的工作和指标考核办法,完善承包合同,使之规范化,各地区各部门在实施承包工作时,要统筹兼顾,合理安排使用科技人员,不要影响本单位本部门正常工作的开展。

3.各单位要积极鼓励科技人员到农村参加科技承包和进行技术咨询服务。各级政府和单位领导要关心和支持他们的工作,保证其承包合同完成后报酬兑现。承包人员的达标奖金不纳入本单位奖金总额,免征奖金税。个人收入调节税的计征,应把达标后所得奖金同承包人员工薪收入合并为综合收入。按其实际承包月平均计算,在科技承包中发生的收费标准问题,由双方协商并经主管部门同意后报物价部门核定执行。

五、加强农业科技的宣传教育,普及农业科技知识

1.提高广大农民科学文化素质是振兴农村经济,实现脱贫致富的决定性因素之一,又是帮助农民群众更新观念,培养和造就各类人才的重要手段。在"八五"期间逐步推行绿色证书制。各区县和市有关部门要切实加强领导,制订措施,认真抓好。

2.开发农村智力,重点要对回乡初、高中毕业生进行不同形式的专业、适用技术培训,使他们中的大部分人能掌握数门适用技术;全市各乡镇都要努力办好1所农民文化技术学校,把文化学习与技术教育紧密结合起来;各区县要积极发展农村职业教育,重点办好2所以上实验性、示范性的职业中学,并根据网点布局的需要,在普通中学也可附设职业高中班;要大力发展农业广播电视教育,举办专业证书班;加速农业中等专业学校的基础设施建设,逐步使其成为农村职业技术培训基地。

3. 市有关部门、各区县、乡镇人民政府应对职业教育加强统筹管理。农村职业中学、农民文化技术学校、农广校、农业技术培训学校等教育机构，由当地政府领导，业务上受上级主管部门的指导。

4. 办好各类农业专业技术协会、研究会。有条件的乡镇科协，可设1名专职干部负责此项工作，所需经费按民办公助原则，由区县、乡镇协商解决。农业专业技术协会、研究会要与农村科技推广服务机构及其他农村合作经济组织协作，搞好农村科普工作，推进农业适用技术的运用。

5. 各级人民政府及有关部门要大力运用影视、广播、书刊、图片等形式，广泛进行农业科学技术的宣传教育，促进农民增强科技意识，提高接受新技术新成果的自觉性。凡未建立有线广播网的乡镇，区县人民政府要统一规划，多方筹资，按地方财政、集体、用户共同负担的原则，在近期内予以解决。

六、增加对农业科研和技术推广的投入，加强农技推广服务机构设施建设

1. 市农业发展基金的增长比例要高于财政收入增长的幅度。市农业发展基金每年要安排一定的比例用于农业科研、技术推广应用、农技推广服务机构的设施建设和对"科技兴农"有功人员的奖励。

2. 农口各主管局所管理的专项经费以及茶、果、蚕、猪等技改费，应划出适当比例用于技术推广和应用。

3. 国家和市组织的农业重大建设项目，在编制投资使用计划时，应划出适当比例安排农技推广服务机构的设施建设。

4. 市副食品发展基金和菜地建设费，每年安排一定比例用于近郊基层农技推广服务机构的设施建设。

5. 农口各主管局所掌握的专项建设费和预算外资金，应安排一定比例用于基层农技推广服务机构的设施建设。

6. 从1991年至1993年，每年从市农业基本建设费中安排10%的比例用于各级农技推广服务机构的设施建设，实行市、区县、乡镇三级各1/3配套安排。这3年内，农技推广服务机构的基本建设，免征集镇建设管理费和配套费。

7. 各区县人民政府可参照上述规定，安排对农业技术推广和应用的投入。

七、充分调动农业科技人员的积极性，进一步壮大农业科技队伍

1. 鼓励、支持机关和企事业单位（含大专院校、科研机构）的在职科技人员到农业第一线从事科研、技术承包和技术成果的推广应用。对连续3年以上从事上述工作并取得显著成绩的，由市划出专项指标，按评定标准，优先或破格评晋中、高级技术职称，并给予适当的奖励。

2. 对调动或自愿到乡镇（包括县辖区）农业技术推广和生产单位工作的科技人员，其户口粮食关系可留在原地区不变，保留其原所有制职工身份，工资待遇由用人单位与本人协商决定，原单位保留档案工资。

3. 大、中专毕业生到县以下（不含县）农业技术推广、生产单位工作的，自报到之日起，按转正定级工资待遇执行，一年后工作积极，表现突出的可向上浮动一级工资。调离后取消浮动的工资。

4. 在县属以下（不含县）农业科研、技术推广机构工作满30年以上的科技人员，表现好的，由市农口主管局颁发荣誉证书，退休时奖励晋升一级工资，晋级指标由各区县专项申报。

5. 对在"科技兴农"中作出重大贡献者（包括科研和技术推广），按市里有关规定给予表彰和奖励。

八、加强对"科技兴农"工作的领导

1. 各级政府要始终坚持把发展农业放在经济工作的首位，把"科技兴农"当作重要的战略任务，切实加强对农村科技工作的领导，打好"科技兴农"总体战。当前，特别要把科技成果的推广应用摆在重要位置，制定出切实可行的"科技兴农"规划，同时要制定并落实好"科技兴农"的有关政策和措施。领导机关考核下级的工作业绩，要把农村科技成果推广工作、"科技兴农"工作作为一项重要指标。

2. 各级政府要充分发挥科技副县（区）长、科技副

乡(镇)长的作用,支持他们的工作。没有配科技副县(区)长、科技副乡(镇)长的地方,政府要主动与同级或上级党委配合,尽快配齐。各级政府要定期召开科技副县(区)长、科技副乡(镇)长会议,研究工作,总结经验,表彰先进。

重庆市人民政府
1991年3月25日

重庆市人民政府关于继续坚持积极发展多种经营的通知

(1991年4月10日)

各区县人民政府,市政府有关部门:

"七五"以来,我市各级政府认真贯彻执行中央关于"决不放松粮食生产,积极发展多种经营"的方针,充分发挥统一经营的优越性和分户经营的积极性,以开发农业为基础,始终坚持把发展多种经营与抓好粮食生产、实行农业综合开发、发展加工运销、发展庭园经济、建设商品生产基地紧密结合,既使粮食生产跃上了新台阶,又使多种经营获得了显著成绩。"七五"期末,全市多种经营总产值达到27.2亿元,比"六五"期末增长22.5%,各项骨干品种的产量都有较大幅度的增长。实践证明,多种经营已经成为我市服务城市,富裕农村,全面发展农村经济的重要产业支柱。

根据党的十三届七中全会精神,我市90年代多种经营发展的指导思想是:因地制宜,调整结构,依靠科技,提高品质,加强服务,协调发展。为此,要切实转变观念,把认为多经是"副业"转变成为致富之业,正确处理好发展多种经营与发展粮食生产、乡镇企业的关系,发展多种经营与实施农业"三大工程"的关系,发展多种经营与加工运销的关系,以及数量质量和效益的关系,进一步解决好当前多种经营发展中,地区、产业、品种之间发展不平衡,结构不合理,品种单一,质量较差,缺乏市场竞争力,服务体系不健全,设施不配套,加之运销环节薄弱、滞后等问题。

今年和"八五"期末以及本世纪末,我市多种经营的发展目标分别是:

1991年在去年的基础上,多种经营总产值达到29亿元,增长6.6%,其中,生猪出槽头数保持去年水平,蚕茧总产2.9万吨,增长3.3%;水果总产20万吨,增长2.2%,油菜籽总产6.2万吨,增长0.9%,茶叶总产1.1万吨,增长10%;水产品总产5.1万吨,增长2%;禽蛋总产7.5万吨,增长7.1%;牛奶总产4.3万吨,增长2.4%;蔬菜总产量保持去年水平。

到"八五"期末,多种经营总产值达到34亿元,在"七五"期末的基础上增长17.2%,其中,生猪出槽头数仍然基本稳定在现有头数上,主要在提高品质上下功夫;蚕茧总产3.2万吨,增长10.3%;水果总产25万吨,增长25%;油菜籽总产8.6万吨,增长38.7%;水产品总产6万吨,增长17.6%;茶叶总产1.3万吨,增长18.2%;禽蛋总产9.5万吨,增长26.7%;蔬菜总产仍然稳定在现有水平,增加精细品种,做到均衡上市。

到本世纪末,多种经营总产值达到43亿元,增长26.5%。其中,生猪出槽头数适当增加,蚕茧总产4万吨,增长25%;水果总产40万吨,增长60%;油菜总产12万吨,增长39.5%;水产品总产7.5万吨,增长25%;茶叶总产1.9万吨,增长46.1%;禽蛋总产13.5万吨,增长42.1%;蔬菜总产400万吨,增长14.3%。

实现90年代多种经营发展的上述目标,任务十分艰巨,各级政府应按照市政府最近召开的多种经营工作会议的部署,切实抓好以下工作:

一、统一思想认识,提高发展多种经营的自觉性

各级领导干部和广大农民群众都要树立绝不放松粮食生产,积极发展多种经营,大力发展乡镇企业,全面发展农村经济这一根本指导思想。抓好多种经营,对于促进农村经济乃至整个国民经济的健康发

展,实现国民经济发展的第二步战略目标,具有十分重要的意义。多种经营是农村经济的重要支柱,它的发展不仅决定着农村经济的发展速度,而且在保持水土、涵养水源、调节气候、美化环境等方面都能带来极大的社会效益。多经产品不仅能为城乡人民提供副食品和许多生活必须〔需〕品,而且还是轻工业的主要原料,在出口创汇中占有很重要的地位。总之多种经营既能服务城市,又能富裕农村,是实现小康的重要途径。因此,我们既要看到已经取得的成绩,更要看到任务还十分艰苦〔巨〕,一定要提高自觉性,增强紧迫感,认真组织干部群众积极发展多种经营,把我市多种经营生产提高到一个新水平。

二、搞好统筹规划,做到合理布局

市、区县、乡镇各级政府,都要运用农业区划成果,按照"因地制宜,统一规划,集中成片,综合开发,配套建设,分期实施,先易后难,长短结合"的原则,认真制定多种经营的"八五"计划和十年规划。制定规划要积极可靠,切实可行,要把多种经营的发展规划同"三大工程"结合起来考虑,确定发展重点,开辟更多的门路,发挥区域优势,突出骨干品种,上规模、上批量、上水平,向专业化生产、集约化经营、社会化服务方向发展。积极稳妥地调整产业结构,在保证粮食稳定增长的前提下,适当扩大经济作物面积,提高养殖业在农业中的比重。根据统一规划,把群众性的生产同发展专业户、专业社、专业村有机结合起来,形成具有一定规模的商品生产基地。凡成片集中开发多经项目,应坚持集体所有,实行联户、专业队承包经营,逐步壮大集体经济。

三、依靠科技进步,提高多种经营生产水平

多种经营的发展,主要依靠科技进步。要努力把畜禽、水产、果树、蚕桑等主要骨干品种的生产、经营、管理纳入规范化、科学化、制度化的轨道,创优质、高产、高效益。为此,要健全社会化科技服务网络,开展技术承包、技术咨询和技术培训。要积极发展农民的各种专业协会,开展自我服务。要把农业科研、农业教育、农技推广结合起来,为发展多经生产服务。要组织农民学文化、学科技,逐步实施绿色证书教育,提高广大农民的科学文化水平,增强其吸收和掌握各种先进实用技术的能力。

四、开辟流通渠道,实行农工商综合经营

在多种经营生产中,要努力改变生产、加工、运销互相脱节的状况。广泛组织农工商、产供销、贸工农等一体化经营。机关、团体、企业、部队、学校都可以跨地区与农村集体经济组织或农户采取股份制形式,联合投资开发,建立副食品和原料生产基地。对此要用合同形式稳定下来,机关、团体、企业、部队、学校要按合同规定定向投入、定向服务、定向收购;农民则按合同规定发展生产,交售产品;双方风险共担,利益均沾。国营商业、外贸和供销社要担负起发展生产、支持生产的责任,发挥主渠道经营手段较强,基础条件较好,资金实力雄厚的优势,搞好吞吐调剂,保护多经生产的正常发展。已放开的多经产品,不分区域,不分国营、集体、个体,都能进入市场。严禁地区封锁,坚决撤掉关卡,绝不允许乱收费、乱罚款,保证货畅其流。要加快发展农产品批发市场和期货贸易,使产销直接见面,减少中间环节,努力创建正常的流通秩序。

五、稳定完善政策,积极扶持多种经营发展

发展多种经营,必须保持政策的稳定性和连续性。凡是已出台的扶持政策,中央、省市未更改的,一律稳定不变。国家投入的多经基地建设资金和已有政策规定收取用于发展多经生产的资金,市、区县掌握的部分,应主要用于名、优、特、新产品的规模开发,新品种、新技术的引进、试验、示范和推广。银行和信用社应多方组织资金,从种苗、生产和产品的收购、加工等方面给以扶持,利率从优。对周期长、利润低、社会又需要的多经项目,以及在贫困乡开发的多经项目,财政可给予适当的贷款贴息。对重要的淡旺季价差较大的多经产品,可实行保护价政策。要建立重要的多经产品储备制度和风险基金制度,对骨干的多经产品,应按营业收入的一定比例收取风险调剂基金,

用于补偿市场波动造成的意外损失,以保护农民的利益。对发展中的有关税收,除中央明确规定不能减免的外,纳税有困难的,可按现行税收管理体制,报经批准,给予减免税照顾。新开发的耕地,用于多种经营,要坚持"谁开发,谁受益"的原则,投产3至5年内免征农业税和农林特产税。用于农业综合开发的投资,不纳入国家计划固定资产投资笼子,属于引进外资的多经项目,执行利用外资的优惠政策。属于集体兴办的项目,可参照乡镇企业和"菜篮子"工程的优惠政策执行。在农业生产资料的分配方面,对新开发的项目和商品生产基地可给予适当照顾。对发展多种经营作出重要贡献的干部、科技人员和农民群众,各级政府应给予表彰和奖励。

六、加强组织领导,改善宏观调控

各级政府要把发展多种经营列入议事日程,主要领导要亲自过问,分管领导要具体负责,要把这项工作的成效,纳入任期目标责任制和政绩考核的内容。要建立健全多种经营管理机构,理顺关系,承担政府赋予的职能,搞好综合协调工作,具体指导多种经营的发展。要加强对多经生产的计划指导,协调有关部门建立起灵通的市场信息传输体系,及时向农民传播市场信息。多经项目要纳入农业"三大工程",实行统一领导,分工负责,统一规划,分步实施,资金要统一管理、配套,分别核算、报账,以保证多经项目的正常开展和资金的专款专用。层层都要抓好典型,每个区县要抓好一个乡(镇)或一个骨干项目,每个乡(镇)要抓好一个村或一个社,做出样板,指导面上的工作。

重庆市人民政府
1991年4月10日

中共重庆市委 重庆市人民政府关于加强城乡联合促进乡镇企业大发展的通知

(1991年5月9日)

各区县委和人民政府,市委各部委,市级各部门,市属以上企事业单位:

为了加强城乡联合,促进乡镇企业大发展,市委、市政府决定选派1000名机关干部、科技人员、经营管理人员支援乡镇企业;组织市级有关部门、大专院校和企业对口支持乡镇企业;采取优惠政策,创造良好的外部条件,促进大专院校、科研单位、大中型企业与乡镇企业横向联合,促进城乡经济发展。现将有关问题通知如下:

一、统一认识,积极推进城乡联合,大力发展乡镇企业

乡镇企业是我市农村经济的重要支柱,是国民经济的重要组成部分。它为我市政治、经济和社会的稳定,为巩固工农联盟和农村基层政权,为提高农民素质作出了重大贡献。实践证明,发展乡镇企业已成为实现农业现代化和国家工业化的必由之路。近年来,我市乡镇企业虽然有了较大的发展,但是与其他大城市相比,差距正在拉大。其重要原因之一就是城乡联合发展乡镇企业进度不快,重庆是市带县的综合体改试点城市,具有大城市大农村的特点。实行城乡大联合,城乡共发展,是振兴重庆经济的必由之路。实践证明,城乡联合发展乡镇企业,不仅对发展农村经济,富裕农民有重要作用,也是城市企业调整结构、发展改造的一条路子。同时,组织机关干部和企业科技人员、经营管理人员支援乡镇企业,还是培养干部、锻炼干部的重要措施。对于巩固工农联盟和农村基层政权,缩小城乡差别,都具有十分重要的意义。在"八

五"期间,要继续贯彻"城乡大联合,城乡共发展,城乡一体化"的方针,充分发挥重庆大工业城市的优势,实现城市带农村,大中型企业、大专院校带乡镇企业,城乡共发展,走出一条具有重庆特色的经济发展新路子。各部门各单位要把支援乡镇企业作为光荣的任务和义不容辞的责任,采取各种形式,积极扶持乡镇企业的发展,为振兴重庆经济作出贡献。

二、选派1000名机关干部、科技人员、经营管理人员支援乡镇企业

选派范围是党政机关中青年干部,市属企业、中央和省在渝单位的技术人员、经营管理人员。选派人员的条件是热爱乡镇企业事业,愿为发展乡镇企业作贡献,30岁左右,工龄3年以上,中专以上的文化程度,具有一定专业知识和管理才能,能够独立工作。到乡镇企业工作的时间为2至3年。选派人员的工资由原单位支付,生活补贴由受援单位在乡镇企业管理费中支付,个别贫困乡,可在受援的区县乡镇企业管理费中支付,其他待遇均按市委〔1986〕23号文件的有关规定执行。

选派的组织工作:由市委组织部、市人事局在市级机关选派100名机关干部到县辖区去任科技副区长,分管乡镇企业的工作。市人事局、市委工交政治部、市科委和各主管局在市属企事业和在渝的中央、省属企事业选派900名科技人员、管理人员到乡任科技副乡长,分管乡镇企业工作。

三、组织市级各工业主管部门和大专院校,对口支援区县,发展乡镇企业

由市经委牵头组织市级各工业局对口支援一个区县。全市"八五"期末乡镇工业产值中,城乡联合新发展的乡镇工业产值要达到25亿。每年由市经委统一安排任务到各工业主管部门,再由各主管部门分解到有关企业。做到任务到部门,责任到领导,保证城乡联合发展乡镇企业的任务落到实处。

市教委要安排在渝的大专院校对口支援各区县。根据大专院校的特点,可以采取转让科技成果,培训技术管理人才等形式,支援乡镇企业。

四、采取优惠政策,吸引城市大中型企业科研单位和大专院校向乡镇企业扩散产品、投资入股、转让科研成果,联合兴办企业

市级各部门要认真贯彻市府〔1991〕36号文件中关于促进城乡联合的优惠政策,自觉清理有碍城乡联合的有关规定,为城乡联合创造良好的外部条件。各区县也要根据本地区的情况,本着"互利互惠,双向选择"的原则,创造优惠条件吸引城市企业的资金、人才、技术和设备流向乡镇企业。

五、加强领导

市乡镇企业领导小组负责指导、协调、决定城乡联合发展乡镇企业有关的重大问题,领导小组办公室负责处理日常的检查、落实和督促工作。市级各有关部门要有一名负责同志分管此项工作,要明确机构和人员,负责日常工作。市科委要为城乡联合开办专业性的技术市场,市人事局人才交流中心要为乡镇企业提供人才信息,市乡镇企业局要广泛向城市企业提供发展需求信息,沟通城乡的供需渠道,为双向选择,城乡联合创造条件。市乡镇企业产业结构调整领导小组要提出城乡联合发展乡镇企业的规划,定期检查,年度总结评比。每年市、区县要召开一次总结表彰和经验交流会。总结经验,提出任务,表彰先进。

中共重庆市委
重庆市人民政府
1991年5月9日

重庆市人民政府关于印发重庆市"菜篮子工程"八五总体规划的通知

(1991年5月23日)

各区县人民政府,市政府有关部门:

《重庆市"菜篮子工程"八五总体规划》经有关部门和专家反复研究论证,市政府原则同意,现予印发。

菜、肉、鱼、奶、禽、蛋,是人民生活的主要副食品。由这些副食品所涉及的"菜篮子"问题,直接关系到人民群众的日常生活和切身利益,对于政治稳定、经济稳定、社会稳定、人心稳定具有十分重要的意义。实施"菜篮子工程"建设,是服务城市、富裕农村,发展农村经济,满足人民生活需要,增强党同人民群众的血肉联系,为人民群众办实事的实际行动。各级政府一定要切实加强领导,把此项工作列入重要议事日程,认真抓紧抓好,抓出成效。各有关部门要通力协作,大力支持"菜篮子工程"建设。

各区县要按照《总体规定》的基本指导思想,结合当地实际,认真搞好自身的"菜篮子工程"建设规划和实施计划,分期分批开展建设,保证各项目标如期实现。

重庆市人民政府
1991年5月23日

重庆市"菜篮子工程"八五总体规划

八五时期是我市国民经济和社会发展的关键时期,也是人民生活从温饱向小康转换的重要时期。不断满足人民群众日益增长的消费需求,逐步改善副食品的质量和结构,是我市八五经济发展的一项重要任务。根据党的十三届七中全会精神,结合我市实际,制订和实施"菜篮子工程"八五总体规划,具有十分重要的意义。

一、"菜篮子工程"八五总体规划的指导思想和主要奋斗目标

按照《中共中央关于制定国民经济和社会发展十年规划和"八五"计划的建议》精神和市委六届七次全委(扩大)会议决议,我市"菜篮子工程"八五总体规划的指导思想和任务是:不断深化改革,继续完善、稳定政策,努力增加投入,强化基础设施建设;依靠科技,大力推广应用科技成果,改良、引进品种,提高种养水平,充分利用和开发现有资源,大力发展饲料业,有步骤地改革流通和管理体制,完善强化各种服务体系,逐步朝着产销一体化方向发展,为我市副食品产业的发展创造良好的条件。主要目标是,到1995年,肉类总产量达到71万吨,比七五末增加6万吨,增长9.23%(其中:猪肉66万吨,比七五末增加5万吨,增长8.19%;牛肉3000吨,增加1487吨,增长98.28%;羊肉1770吨,增加1084吨,增长158%;禽肉4.35万吨,增加4313吨,增长11%;兔肉5000吨,增加1775.6吨,增长55.1%;鱼6万吨,增加1.49万吨,增长33%),奶7万吨,增加2.66万吨,增长59.1%;禽蛋9万吨,增加2.2569万吨,增长33.5%;水果31万吨,增加12.24万吨,增长66.7%。人均消费肉类35.28公斤,比七五末增加8.54公斤,增长31.94%;蛋5.27公斤,增加0.72公斤,增长15.8%;奶4.53公斤,增加1.54公斤,增长51.5%;水果14公斤,增加6公斤,增长75%;蔬菜176公斤,增加1公斤,增长0.6%。

二、实施"菜篮子工程"的主要措施

(一)加强副食品基地建设,搞好合理布局

1.蔬菜生产基地。为了实现蔬菜产销"数量足、品种多、质量好、价格稳、服务优"的要求,采取以下措施:

增补基地。根据国务院规定,南方城市人均应有菜地3至4厘的要求,需要基地8.34万余亩,目前8区(包括调市基地)只有基地7.3万余亩,尚差1万余亩,应按标准补足。

一、农村改革

改善基础设施。主要改善排灌和道路系统,改良土壤和完善服务体系。为了有效地解决好"淡季"蔬菜供应,要利用沙坪坝区歌乐山乡、南岸区黄桷垭镇、江北区铁山坪、江北县兴隆等的立体气候条件,建立"淡季"蔬菜基地2.5万亩,以增加"淡季"蔬菜供应。

建立蔬菜种子基地和育苗基地。计划建海椒制种基地100亩,甘蓝制种基地150亩,茄果类、瓜类、甘蓝原种繁殖基地10亩,豆类、萝卜等大宗蔬菜种子繁殖地2000亩。同时,建立蔬菜育苗基地20个,面积200亩,基本满足全市生产用种苗的需要。

建立食用菌生产基地。以市农科所为主,负责原原种和原种的培育,组织各方力量,推广食用菌丰产栽培技术,建立生产基地,力争实现全市食用菌年总产量600万公斤以上,基本满足社会需要。

2.肉类生产基地。肉类生产坚持分户饲养和专业饲养相结合的方针,积极稳妥地发展适度规模饲养。

瘦肉型猪基地建设。1985年以来,在我市的巴县、合川等区县建立的商品瘦肉型猪基地已基本形成,要继续加强管理,发挥效益;其余区县应分期分批进行建设,力争1995年全部建成瘦肉型猪基地,实现年生产瘦肉率在50%以上的500万头瘦肉型猪。

荣昌猪纯繁基地。荣昌县纯繁保种范围14个乡,培育"国标"种猪3250头,其中种公猪70头;年产荣昌良种仔猪6.4万头。

水、黄牛综合利用开发基地。水、黄牛品种改良和开展综合利用,拟先在綦江、江津、巴县南部等地区进行试点,逐步推广,以增加牛肉产量,由市农科所引进日本良种肉牛,为发展肉牛提供种源。此外,还拟将全市每年所产近4000头小公奶牛养大,适时屠宰,以缓解部分供求矛盾。

商品羊基地。合川山羊是四川省皮肉兼用的地方优良羊种,合川农民在实践中已积累了屠宰"双月羔"的经验。要在1986年中央农业部、财政部投资15万元的基础上,再投资15万元,在1992年建成合川县皮肉兼用山羊基地,使年出栏山羊达到30万只,羊肉产量增加一倍以上,以大大缓解羊肉的供求矛盾,并为国家创造外汇。

兔肉生产基地。兔肉是城市人民喜爱、市场畅销的肉食品,发展肉兔生产十分必要。要有计划地选育引进良种,增加投入,提高科技饲养水平,增加数量,提高质量。计划到1995年,江津、永川、铜梁、璧山等4个生产区出栏肉兔400万只以上,达到人均养兔1只的水平。

肉鸡生产基地。在积极鼓励农户养鸡的同时,有计划地发展有一定规模的肉鸡场。要抓紧建设市农垦局长江畜禽公司新建肉种鸡场、肉鸡场,使之尽快投产,并实行以场带户,达到年出栏肉鸡250万只,产肉4000吨的目标。

鸭、鹅水禽基地。鸭、鹅是节粮型禽类。我市发展鸭、鹅具有广阔的前景。要利用成套的科学饲养管理技术,大力发展鸭、鹅。拟以大足、荣昌、永川、铜梁等县和市长江农工商联合总公司江北农场为中心建立基地,使基地建成达到年提供鸭2000万只,鹅700万只。

3.禽蛋生产基地。禽蛋生产实行场户并举的方针,在大力扶持千家万户农民养鸡和办好机械化养鸡场的同时,市农牧渔业局畜牧公司要努力办好一批简易蛋鸡场,规划到1992年,全市共建成饲养万只规模的简易蛋鸡场50个。今后还将视情况陆续兴办,并实行以场带户,力争达到新增蛋鸡150万只,全市提供本市市场鲜蛋2000万公斤。

4.鱼类生产基地。八五期间淡水鱼产量要确保6万吨,为实现这一目标拟建设以下几项商品鱼基地:

(1)充分利用现有水面43万亩(其中水库21.2万亩,塘17.8万亩,江河4万亩)养鱼,提高单位面积产量。并在条件较好的水库中,搞12万亩配套设施建设,把亩产量提高到30至50公斤;17.8万亩塘中,每年改造1000亩,改造后亩产量提高到500至700公斤。

(2)进一步发展稻田养鱼 把目前养鱼面积由120万亩扩大到150万亩,并在其中搞25万亩稻鱼工程建设,亩产稻谷500公斤、鱼50公斤。

(3)积极发展网箱养鱼和流水养鱼,使网箱和流水养鱼面积分别由目前的30亩和3亩,逐步扩大到200亩和10亩。

(4)在适当地区和大专院校、科研单位新建良种场60亩,原种场50亩,以满足鱼种、鱼苗的需要。

(5)继续使用世界银行贷款,新建鱼池1.95万亩,改造鱼池5500亩,共2.5万亩,加上原有鱼池,使精养鱼池面积达到3万亩,亩产量提高到500至700公斤。

5.牛奶生产基地。鉴于牛奶易腐性强,不宜长途贩运,鲜奶基地应主要布局在近郊4区和靠近郊区的巴县、江北县和北碚区。目前主要抓好欧共体援助的奶类项目,并同时采取多种扶持办法,促进奶牛生产的发展。到1992年,使牛群发展到18620头,奶产量达到60970吨。

6.水果生产基地。水果生产的总体布局是:城市近郊以种植多种水果为主,做到种类多、品质好,并突出"名、特、优、新、早、晚"6个字,利用城镇周围、宅旁、沟边栽种樱桃、杏、桃、枇杷、梨、葡萄和草莓等小宗水果。远郊县以柑橘、黄桃为主体,大力发展甜橙生产,充分满足市民、加工和外销的需要。

根据我市的资源优势,发展水果要紧紧抓住柑橘这个中心环节,利用世界银行贷款加配套资金,把我市建设为长江上游的甜橙生产基地。要以潼南、铜梁、合川、大足等县为中心,发展黄桃生产基地。

在海拔500米以下的适宜地区,新建柑橘、黄桃母本园390亩,苗圃530亩,新建高标准果园1400亩,改造原有果园3500亩,力争1995年水果总产量达31万吨,其中柑橘25万吨。

(二)加强服务体系建设

1.农技服务体系。农技服务体系应以推广适用科技成果、增产新技术和新品种为主,搞好"技物结合",加强配套服务。区、县一级农技服务体系要把农技站、种子站、植保站、土肥站、畜牧站、水产站以及农科所、农场、园艺场等协调组织起来,实行统一领导、分工合作,开展综合性农业技术服务;要增配必需的仪器设备,以利提高服务质量。要逐步配置村、社(队)农技员,从上到下形成完整的农技服务网络和健全的服务体系,以适应副食品生产发展的需要。

拟在市农科所建立市级农技培训中心,负责农技人员的业务、技术培训。委托有关在渝大专院校,举办各类专业技术人员培训班,分期分批轮训专业技术人员,不断提高人员业务水平。

2.良种繁育体系。蔬菜和各类副食品生产,都必须建立良种繁育基地。要以现有国营种畜场、站、所为依托,抓好良种的引进、推广和繁育工作,区、县要建立相应的后备场、站。要从各方面增加投资,改善基本条件,使之在良种繁育和推广工作中发挥作用。在渝各农业院校和科研单位,要抓好繁育原原种和原种,为良种生产提供亲本。要打破隶属关系的局限,合理分工,紧密配合,共同为我市良种繁育、推广作出贡献。

3.植保和畜禽疫病防治体系。目前我市各级都建立了兽医防疫机构和植保站,初步形成了畜禽疫病和植物病虫害防治网络,在生产上发挥了一定作用,要继续健全和完善。要给予必要的优惠政策和财政扶持,支持畜防植保基层单位,把技术服务和一定范围的经营结合起来,使之依靠自己的力量增加收入,积累资金,逐步走向自我发展的道路。要加强兽防、植保队伍的建设,补充技术骨干,加强技术培训,提高人员素质。要多渠道筹集资金,改善基本条件,增添设备,深入开展达标活动,力争在三五年内把我市兽防、植保体系完善起来。

4.饲料生产体系。要因地制宜,合理布局,对一些设备简陋、工艺落后、产品质量差的加工厂(点),要实行关、停、并、转,确保配(混)合饲料质量。要充分利用现有资源,生产饲用蛋白、维生素、氨基酸、微量元素等添加剂。有计划地新建蛋白饲料、添加剂、浓缩料生产厂,满足不同畜禽的需要。要加强饲料质量监测工作,保证饲料质量,要把现在种植业的粮经二元结构变为粮食—经济作物—饲料的三元结构。要推广和扩大种植高赖氨酸玉米、大麦品种,因地制宜利用瘠薄地、非耕地和果林地种植牧草,在耕地中增种和间套牧草,把种草和饲养畜禽结合起来,以提高经济效益。要大力开发农牧副产物,采取多种办法解决饲料矛盾。

5.流通服务体系。随着副食品生产的发展,必须完善流通体系。一是建立和完善副食品批发交易市场,为生产者进城提供场所;二是加强城镇集贸市场建设,在副食品重点产区建立批发交易市场,通过多层次、大中小相结合的批发市场网络,做到货畅其流,促进副食品生产地区、季节、品种间的结构调整和商品化生产水平的提高;三是通过国家、集体的各副业服务站和农产品收购、加工企业,与农民建立经济契约关系,为广大农民提供信息、运输、加工等服务,逐步走上"农工商""产加销"一体化。

6.加工服务体系。充分利用现有冻库等加工基础设施,解决副食品供应季节间的均衡上市,并视其条件和饲养规模新建一部分畜产品加工企业。

加强现有肉联厂的充分利用,生产猪肉分割肉和其他制品,满足人们多层次的需要;待肉兔发展到一定规模时新建肉兔加工厂,既供应市场,又争取出口创汇;与水禽基地配套加工生产羽绒制品;根据发展和需要,建设其他加工企业。加工服务体系建设要列入市的八五规划统筹安排。

各类服务体系建设,要引导向专业化生产、一体化经营、社会化服务方向发展,以逐步实现"产、供、销"一条龙。

(三)增加科技投入

发展副食品生产,必须依靠科学技术。当前,要加速推广10项应用技术:

1.引进和培育肉鸡、蛋鸡、奶牛、猪、鱼、菜、果等优良品种;

2.畜、禽、鱼、菜、果病虫害的综合防治技术;

3."五改四推"养猪综合技术;

4.配合饲料、青贮和秸秆氨化技术、酶转化技术;

5.池塘养鱼高产技术、网箱养鱼、流水养鱼和稻田养鱼新技术;

6.农用薄膜在副食品生产上的应用技术;

7.蔬菜工厂化育苗技术;

8.鲜活商品的保鲜、加工、贮藏技术;

9."兼用牛"(役乳、役肉)综合配套生产技术;

10.肉鸡、蛋鸡、肉兔和水禽的综合配套生产技术和集约化经营管理技术。

为了有利于科技成果的推广,基地区、县的培训中心要分期分批对各类专业户、兼业户进行培训,提高他们的科学技术水平。

三、实施"菜篮子工程"的资金来源

实施"菜篮子工程"八五规划共需要资金3亿元。资金来源:本着菜篮子大家提、菜园子大家建的原则,筹集副食品发展基金、财政投资、菜地建设费,争取中央对我市"菜篮子工程"建设投资和低息贷款,引进优惠外资等。

四、实施"菜篮子工程"必须解决的几个具体问题

1.坚持发挥国营商业主渠道作用,积极发展多渠道经营。除国家计划收购的蔬菜和副食品,其价格由物价部门规定外,其余价格全部放开。收购部门和加工企业,应事先与生产所在地签订合同,明确双方的权利和义务,严格按合同办事,以保证货源和原料。要采取多种办法,引菜、引副食品进城,有条件的地方要分期分批兴建批发市场和搞好网点建设,有关部门要给予方便和支持。

2.在资金投入上,要多渠道、多层次、多形式筹集资金。要大力提倡农产品加工企业、收购部门、大中型企业和行政、事业单位的食堂与产地搞联合,既扶持生产,又保证自己的货源、原料和副食品需要。在资金投入的对象上,应择优扶持,并注意对国营农场的投入,使之发挥副食品生产基地的示范作用。

3.在征收税费上要给予必要的优惠。当前由于各种原因,搞养殖业的利润很少,要在调查研究的基础上,制订减轻税费的政策,以促进养殖业的尽快发展,特别是节粮型的养殖业要在税费上给予照顾。

4.对实施"菜篮子工程"的新建和技改项目,要按国家制订的产业政策优先列入计划,并在项目审批手续上给予支持和方便,以利加快建设速度,尽快投入生产。

5.发展副食品生产所需的物资,能实行计划供应的要实行计划供应,不能计划供应的要积极设法解决。

6.现行发展副食品生产的有关优惠政策,八五期间应继续执行,保持基本稳定。对国营商业经营蔬菜继续实行减免营业税和所得税政策。

7.流通和基础设施建设,要列入八五规划,统筹安排。要逐步兴建一批集贸批发市场,在充分利用现有冷冻库设施的同时,要视情况再适当安排冷冻设施建设。

8. 多方筹集资金，尽快建立主要副食品风险基金。

五、加强对实施"菜篮子工程"的领导

"菜篮子工程"八五规划，由市政府农业"三大工程"领导小组牵头，市农委、市农牧渔业局、市农机水电局、市农垦局、"三大工程"办公室、蔬菜副食品领导小组办公室，以及有关区县、有关单位具体负责组织实施。市级各部门、各单位，包括中央、省在渝单位，都要密切配合，通力合作，大力支持，把这项富民利民的工程建设好。

重庆市人民政府批转市教委《关于推进我市农村教育综合改革几个问题的请示》的通知

(1991年7月5日)

各区县人民政府，市政府有关部门：

市教委《关于推进我市农村教育综合改革几个问题的请示》，已经市政府同意，现批转你们，请认真贯彻执行。

重庆市人民政府
1991年7月5日

关于推进我市农村教育综合改革几个问题的请示

市人民政府：

党的十一届三中全会以来，特别是贯彻《中共中央关于教育体制改革的决定》以来，我市农村教育改革已经起步，并积累了一些成功的经验，基础教育实行地方负责、分级办学、分工管理的体制，显示了社会主义制度的优越性，推动了教育优先发展战略地位的逐步落实。各级党委、政府加强对教育工作的领导，发动和依靠人民群众多渠道筹集教育经费，基本上消除了中小学危房，在一定程度上改善了办学条件和提高了教师的待遇和地位。在教育必须为社会主义建设服务，教育要与生产劳动相结合的方针指导下，农村教育逐步端正了办学方向，开始走上了为当地建设主要是为经济建设服务的轨道，教育结构有了很大改善，在积极创造条件实施义务教育的同时，大力发展职业技术教育和成人教育，教育质量稳步提高，为农村培养了一大批有用人才。但是，过去的改革缺乏整体性和综合性，把农村教育作为整个社会发展有机组成部分考虑不够，未能很好地统筹农科教的发展，沟通农村各类教育。因此，改革的成效不很明显，农村教育脱离农村实际的状况尚未根本改变。为进一步落实党的十三届七中全会提出的继续抓好科技教育兴农和发展教育事业的艰巨任务，使教育更好地适应农村深化改革、深度开发的需要，促进农村教育与经济社会的协调发展，现就我市进一步开展农村教育综合改革的问题作如下请示：

一、改革的指导思想

由国家教委正式提出的农村教育综合改革，是农村经济振兴、科技进步、教育繁荣的一体化改革，是一项治本的系统工程。搞好这项改革，可以全面提高农村劳动者的思想文化技术素质，促进当地社会经济的发展，对巩固以工农联盟为基础的社会主义制度，加强新时期党在农村的领导，走出一条具有中国特色的社会主义新农村现代化道路，有着深远的意义，进行这项改革，应遵循以下指导思想：

1. 坚持把教育放在优先发展的战略地位，牢固树立"科技教育兴农"的战略思想。我市是大城市、大农村，农业发展直接关系着全市政治、经济、社会的稳定，农业发展一靠政策，二靠科技，三靠投入，但最终

一、农村改革

取决于广大劳动者素质的提高。把先进的科学技术转化为现实的生产力,只有依靠教育。以教育为本,依靠科技振兴经济是我党长期坚持的方针,各级政府必须确立"科技教育兴农"的观念,坚持把教育放在优先发展的战略地位,切实加强农业、科技、教育的大统筹,大力推进与农村改革和开发相配套的农村教育综合改革。

2. 全面贯彻党的教育方针,坚持农村教育主要为当地社会主义建设服务的办学方向。教育改革的根本目的是提高全民族的素质,培养有理想、有道德、有文化、有纪律的一代新人。进行农村教育综合改革要认真贯彻教育必须为社会主义建设服务,教育必须与生产劳动相结合,培养德、智、体全面发展的建设者和接班人的方针,把坚定正确的政治方向放在首位,把学校建成社会主义的坚强阵地;同时,要认真解决农村教育脱离实际的问题,把应试教育转变为素质教育,努力提高教育质量和办学的社会效益。

3. 坚持党的群众路线,走"依靠人民办教育,办好教育为人民"的发展中国教育必由之路。在党的基本路线指引下,农村教育正走上主要为当地建设服务的轨道,农村教育越来越密切地同群众的生产、生活结合起来,成为国家前途、乡村前途和群众切身利益紧密相关的大事。因此,要充分调动人民群众中蕴藏着的巨大办学积极性,进一步落实和完善分级办学、分工管理的体制,充分发动和依靠群众发展教育。

二、改革的基本内容

(一)农科教统筹,建立健全农村综合服务体系

农科教统筹是发展农村生产力,使经济建设转到依靠科技进步和提高劳动者素质的轨道上来的必然要求,农业是科技、教育的服务对象,科技是振兴农业的关键,教育是把科技成果转化为生产力的载体和基础。各级政府一定要树立依靠大教育、大科技开发农业的思想,从本地实际出发,探索农科教统筹的形式,制定农科教统筹的措施,把农科教等部门的力量有机组合起来,共同建立完善的社会化农业服务体系,促进农村经济和社会的发展。

1. 要在政府统一领导下,在制定经济、社会发展规划的同时,根据农村深化改革和深度开发对劳动者素质和技术人才的需求,制定教育科技发展的"八五"计划和十年规划,全市近期的目标是:以县乡为重点,用5年左右时间,逐步建立健全相互沟通的农村人才培训体系与科技推广体系,形成连接千家万户的县、区、乡、村4级农科教协作网络。

2. 农科教各部门既要分工负责,又要密切配合。由政府牵头,农业、教育、科技等部门配合,把科研机构、各部门培训机构、各级各类学校以及乡(镇)的几站、专业协(学)会统筹协调起来,明确各自在培养、培训人才方面的职责和任务,形成以培训当地经济建设人才为主,同时兼顾向国家输送人才的教育培训体系。各系统的各种场、所、中心等培训基地,在隶属关系不变、产权不变、经费来源不变的前提下,由政府按当地人才需求情况,统筹使用,统一下达培训任务,统一协调使用师资和场地,统一教学计划和考核。对不办学的设施,县里可以无偿借用。

3. 切实做好"星火""燎原""丰收"三项计划实施的衔接工作。"星火计划"主要是开发技术;"燎原计划"主要是培养人才,推广技术;"丰收计划"主要是应用技术。县、乡要加强统筹、协调,统一布点,合理分工,发挥整体效益。县乡农技校是实施"燎原计划"的主要阵地,各区县要结合科技教育兴农计划,统筹各方面力量,首先办好一批农科教一体化的骨干农民文化技术学校。

(二)实行"三教"结合,更好地为本地经济和社会发展服务

改革教育结构,是教育体制改革的重要一环,在农村要通过改革使基础教育、职业技术教育、成人教育相互结合,相互沟通,协调发展,逐步形成优化的教育结构,建立起以中小学教育为基础,中等职业技术教育为骨干,成人教育发挥重要作用,高等教育积极参与,与农业和科技部门紧密配合,适应经济、社会发展需要的人才培养与科技推广体系。

1. 切实加强基础教育:在90年代要全力以赴实施义务教育。到2000年,我市农村都要积极创造条件分阶段实施九年制义务教育,并积极发展幼儿教育和特殊教育。要在普通中适当引进职业技术教育因

素,改革课程结构,扎扎实实地上好文化基础课,上好劳动技术课、选修课,开展好社会实践活动,对学生进行劳动观点、职业指导、职业道德和适量的职业技术教育。要广泛开展初中后、高中后和短期实用技术培训,进行初二后、高二后"分流"的改革试验,边远地区可试办初级职业中学。

2.大力发展职业技术教育。"八五"期末,各类中等职业技术学校在校生人数,要达到和保持与普遍〔通〕高中在校生人数相当的水平。中等职业技术教育办学形式要灵活多样,学习期限长短结合,大力开发实用技术短期培训,专业内容要适当拓宽,为农村各行各业培养一大批实用的中初级技术人才、管理人才和掌握实用技术的农民,要改革职业中学招生办法,以招收初中毕业生为主,也可招收农村20岁以下专业户、科技户具有同等学力的子女。各县要首先办好一所示范性职业中学,坚持人才培养、科技试验、技术推广、生产示范和经营服务紧密结合,发挥上挂(挂靠高校、科研院所)、横联(联合农业、科技部门)、下辐射(面向乡、村、农户传播科技)的作用。还应试办半农半读的校班,结合生产实际需要对农民进行季节性培训。要大力提倡部门与社会力量办职业教育。

3.积极发展成人教育。要重点办好乡镇农民文化技术学校,积极发展村农民文化技术学校。农村成人教育要以扫盲为基础,以进行"短平快"实用技术培训和推广为重点,组织在乡初、高中毕业生参加各种培训,使他们提高政治思想素质,学会一两门实用技术,成为勤劳致富、科技致富的带头人,乡(镇)农校要发挥多功能作用,与乡党校、乡团校、人口理论学校、民兵培训合校办学,承担乡以下基层干部、计划生育人员、农技人员、党员、团员、民兵干部和乡(镇)企业职工的岗位培训、技术培训。

各县要办好"农广校"和电视大学,并积极创造条件,建立成人教育培训中心,培训中级、高级技术人才。要办好燎原电视广播学校,向广大农户传播实用技术。

4.充分发挥高校的作用。在渝高校特别是农业大中专学校应积极参加科技教育兴农和农村教育综合改革,采取多种形式为农村培训高级人才和职业技术教育师资,支持和指导各县的职业技术培训中心,帮助农村进行科技开发和职业技术培训推广工作。

(三)深化教育领导管理体制改革,充分调动各方面的办学积极性

要进一步完善基础教育分级办学、分级负责、分工管理的领导体制,强化县一级政府对各类教育的统筹权。要从有利于加强党对教育工作的领导,有利于贯彻党的知识分子政策,有利于提高教育质量的全局出发,进一步划分县、区、乡、村管理教育的责任和权限,制定和完善财权分管、人权共管、教学业务统管的办法。

普通中小学和各类职业技术学校,应积极创造条件,稳妥地推进学校内部管理体制改革,调动学校干部和教职工的办学积极性,不断增强学校活力。要继续进行校长负责制试点,同时要加强上级党委的领导,充分发挥学校党组织的政治核心和保证监督作用,建立健全教职工大会制度,加强民主管理与监督。

三、改革的保障措施

(一)加强党的领导,充分发挥地方政府的统筹职能

农村教育综合改革是涉及全局的工作,各级政府要加强领导,充分发挥统筹职能。统筹制定经济开发、科技推广、人才培训相互配合的规划,统筹安排"星火""燎原""丰收"计划的实施项目,统筹经费的筹措和投向,统筹调度使用师资和技术力量,统筹使用教学设施、科技示范基地和开展生产实践活动,统筹安排使用培养培训的人才。为了推动全市"科技、教育兴农"的工作,市政府建立由分管农业、科技、教育的副市长和农业、科技、教育等部门领导同志参加的农科教统筹指挥系统,统筹协调全市科技、教育兴农的工作;区县政府要建立由主要负责人亲自主持,农业、科技、计划、财政、劳动人事、教育等部门的负责人参加的农科教统筹工作联席会议制度。市教委成立农村教育综合改革办公室,由常务副主任分管,负责指导农村教育综合改革工作。

(二)坚持"依靠人民办教育,办好教育为人民"的方针,多渠道增加教育投入

要继续执行并逐步完善已经出台的多渠道筹措教育经费的各项政策,大力提倡和发动群众集资办学、捐资助学。各系统用于农村培训经费按"渠道不变、使用不乱、统筹安排、各记其功"的原则,由政府统一规划使用。各区县可通过多种办法建立职业技术教育基金,统筹用于岗前岗后的各种职业技术培训。

(三)加强学校基本建设,逐步创造为农业服务的物质条件

凡新出现的学校危房应在当年排除,危房率控制在0.5%以下,要按照实施义务教育必备条件的要求,制定规划,逐步改造劣质校舍,并进行教学设施、体育运动及学生卫生保健设施等方面的配套建设。市要开播教育电视台,区县要建立教育卫生、电视收转站和放像点,逐步建立燎原广播电视学校,积极使用广播、电视等教学手段培训师资和向农民传播科技知识。要建立多形式的实验实习、勤工俭学和科技示范基地,由政府统筹划拨适量土地、山林、水面给学校或建立固定挂钩的实习基地。学校要发扬艰苦创业、勤俭办学的精神,管好用好教育经费,杜绝浪费、挤占、挪用的现象发生。

(四)努力建设一支适应农村教育改革和发展的学校干部和师资队伍

要切实抓好学校干部和文化课、专业课、劳技课等各类师资的培养、培训工作。要选派培训考核校长,逐步把各类学校特别是职业教育、成人教育的校长培养成懂教育、懂农业、懂生产、懂经营的人。要根据实施义务教育,发展幼儿教育、职业技术教育、成人教育的需要,制定"八五""九五"师资和干部培养培训的规划。"八五"期间,小学、初中、高中(含职高)教师学历达标率要分别达80%、60%、60%以上。中等师范学校要改革教学内容,培养一专多能,能胜任多学科教学,能自制教具,会简单实用技术的适应农村教育改革需要的教师。要继续通过定向招生、委托培养等多种途径培养初中和职业专业课教师,教师学历达标后除少数学科带头人外,一般不再进行高层次学历进修,应由学历补偿教育过渡到密切配合提高教学质量的职务岗位培训。教育学院和教师进修校要办成开放性的教师培训中心。要加强教职工的思想政治工作,提高他们的政治素质和师德水平,要创造条件继续改善教师的工作条件和生活条件。

(五)同步改革劳动人事制度

乡镇机关和企业单位在聘用干部和招收工人时,必须提前做出计划,按照"先培训后就业"的用人原则,使劳动者在上岗前就接受一定的政治文化和技能训练,在专业和工种对口的前提下,首先从农职业中学、不包分配的中专毕业生中择优选用。对回乡从事农业生产的职业学校毕业生,当地政府及财政、供销、科技、金融等部门在承包三地、山林、水面,提供贷款,化肥、农药、良种及技术项目等方面给予优惠。

(六)建立目标责任制,搞好对改革的评价考核工作

各区县要在反复调查论证基础上制定改革试验规划,明确改革目标,提出改革内容,制定改革措施,规定步骤时间。正式方案应交地方人大审议通过后报上级政府。今后市政府将把改革年度目标作为考核区县政府教育工作的重要内容,每年进行一次检查评价。检查内容包括改革的进展和教育事业发展,改革对当地科技进步,经济发展和精神文明建设所起的作用等方面,对成绩突出的予以表彰奖励。

以上请示,如无不妥,请批转各区县政府和市级有关部门执行。

重庆市教育委员会
1991年6月

重庆市人民政府关于大力搞好1992年农田水利基本建设的通知

(1991年10月12日)

各区县人民政府,市政府有关部门:

去冬以来,我市各级政府认真贯彻国务院《关于大力开展农田水利基本建设的决定》,切实加强领导,组织开展大规模的群众性农田水利基本建设,在投资、投劳和工程数量、质量、效益等方面都好于往年。但发展仍不平衡,有的区县计划安排迟缓、行动较慢;有的投入政策不落实,资金到位差;有的群众性的投劳和筹资虽比往年有所增长,但水平不高;此外,还有少数项目管理不善,工程质量差。这些问题,都需要在今后工作中认真加以解决。

水利是农业的命脉,也是国民经济的基础产业,是关系治国安民的大事。我们要认真吸取今年我国10多个省市,特别是江淮和太湖流域遭受严重洪涝灾害的沉痛教训,认真贯彻落实中央领导同志对大力加强水利建设的重要指示,下决心大力搞好农田水利基本建设。

为确保我市农业持续稳定发展,根据我市情况,1992年全市农田水利基本建设的任务是:完成各类水利设施建设项目5.8172万处;成片造林59.6万亩,其中长防林工程造林27.5万亩,四旁零星植树6000万株,育树苗1万亩;长江上游水土保持面积465平方公里;长江柑橘带改土建园1.455万亩;乡村公路建设,重点解决尚未通公路的12个乡,同时广泛发动群众修建村级公路和石板大路;建沼气池6450口,推广省柴节煤灶10万户。

今冬明春农田水利基本建设分三个阶段进行。即10月初至小春播种前为第一阶段,完成总任务的30%;小春播种结束至春节前为第二阶段,完成总任务的40%,累计达到70%;春节后至春耕大忙前为第三阶段,完成总任务的15%,累计达到85%以上,各类提灌设备的修复率要求达到90%以上。

为了确保明年全市农田水利基本建设各项任务的完成,掀起农田水利基本建设新高潮,各地要认真做好以下几方面工作:

一、坚持贯彻以治水为重点的山、水、田、林、路、气综合治理的方针,增强防灾抗灾能力,提高综合生产能力

水利建设继续执行"巩固改造,适当发展,加强管理,注重效益"的方针。从我市实际出发,以巩固改造现有水利设施为主,加快发展步伐,增加水利工程供水能力,扩大灌溉面积;继续采取"小型大规模"的方式,以小型工程为主,广泛动员和组织群众,在总体上形成大规模的建设活动,以保证现有水利设施的效益和安全,充分发挥水利工程在防洪、抗旱中的作用和综合效益。

根据上述精神,在农田水利基本建设中,要突出抓好"改造、整治、配套、续修"等4个方面的重点项目,即山平塘的"三改"和冬水田、坡耕地的改造;病险水利工程、田坎、田缺的整治、加固和囤水田的修复;已建水库的渠道配套;在建水利工程的续建和提灌设备的岁修等。同时,切实抓长江上游水土保持综合治理、长江中上游防护林体系工程、长江柑橘带等国家重点工程建设,按项目的总体要求,保质保量按期完成任务。全市尚有68000亩宜林荒山的造林任务,必须在今年冬季全面完成。

二、认真落实和进一步完善有关政策措施,保证农田基本建设的顺利进行

1.进一步贯彻多渠道、多层次集资和"谁受益谁负担"的政策。普遍推行按受益区人数或承包地面积分摊的办法,组织群众自筹资金投入,在工程受益和保护区内的国家、集体企事业单位,也应投入一定资金。

2.及早安排项目和资金。各级水利、计划部门要及早安排项目,财政部门要切实做好资金调度,尽量争取农田水利基本建设资金及时到位。对资金不能按时到位、影响工程建设进度的,可在银行贷款,银行要给予积极支持,贷款利息按财政体制负担。

3.认真做好群众投劳工作,完善劳动积累工制度。要求每个劳动力年投入农田水利基本建设的积累工达到30个,其中用于水利建设的积累工,远郊区县20个、近郊区15个。按照"有力出力、无力出钱、劳可折资、钱可抵劳,预先提取,年终按实际投工投资结算找补"的办法,将投劳落到实处。

4.坚持和完善奖惩制度。为了鼓励先进,促进全市农田水利基本建设的开展,继续实行以奖代补的措施。奖励考核条件:一是劳平投工量,二是劳平投资量,三是完成的土石方量,四是新增灌溉面积。

三、强化管理、讲究科学,保证工程质量和效益

农田水利基本建设是百年大计,兴修水利必须有严格的科学态度,坚持质量第一,十分注重效益。各地在农田水利基本建设中,要加强技术指导和检查督促工作,做到把工程进度同工程质量结合起来,把抓重点工程的质量同抓面上群众性项目的质量结合起来,把工程质量作为施工承包和竣工验收的主要内容,使农田水利基本建设工程建一处,成一处,发挥效益一处,确保投资效益,保护农民的积极性。

四、切实加强领导,掀起农田水利基本建设新高潮

各级政府都要把兴修农田水利,抓好农田基本建设作为全社会一项重要任务来抓,组织各行各业、动员广大干部和人民群众,发扬艰苦奋斗、自力更生精神,扎扎实实、富有成效地搞好农田水利基本建设。当前各地要把农田水利基本建设同正在农村开展的"社教"工作结合起来,把动员农民参加农田水利基本建设作为对农民进行社会主义教育的一项重要内容,进一步调动广大农民搞农田水利基本建设的积极性。在加强领导上,要突出一个"实"字,一是做到思想上求实,工作上务实,作风上扎实;二是责任制要落实,搞好双层责任制,即领导分工的责任制和项目的承包责任制。农田水利建设,涉及面广,市、区县各级有关部门要密切配合,通力协作,切实搞好各项服务工作,为农田水利基本建设做出积极贡献。

重庆市人民政府
1991年10月12日

市农委关于开展农产品购销体制改革几点建议的报告

(1991年11月29日)

市人民政府:

当前,改革农产品价格体制,是深化农村改革中的一个突出的关键问题。12月中旬,又将召开全市农村工作会议和财贸工作会议,统一认识、统一步骤也很有必要。因此,我们特提几点建议,供市政府研究决策时参考。

一、关于粮食价格改革问题

在全国全省没有放开粮食价格,重庆率先开展价格改革,既不会出大的问题,又对促进我市农业生产发展、减轻财政负担、改善城乡人民生活有利。因此,应采取果断措施尽快施行。当然,粮食是物价的基础,开展这一改革必须十分慎重,做好过细的工作。关键是保持中央对重庆的财政体制不变,省调市的3亿公斤平价商品粮不变。其主要理由是,我们不开展这一改革是如此,我们开展这一改革也应继续如此。

二、关于蔬菜、生猪价格改革问题

1. 全面放开蔬菜、生猪购销价格。现在，蔬菜、生猪已基本无平、市价差，继续保留价格双轨制，既没有必要，也没有多大实际意义。不仅如此，还将影响计划经济与市场调节的有机结合，不利于整个有计划商品经济的发展。因此，建议从明年起，应按照"放、管、建"的方针，全部放开蔬菜、生猪购销价格。如果为了稳定起见，对蔬菜的价格改革，也可按照"管市中、放其他，管淡季、放旺季，管市场、放经营，管服务、促生产"的原则进行。

2. 努力搞活蔬菜、生猪流通。一是加强市场体系和流通基础设施建设。总的讲，整个市场和流通基础设施建设，应在统筹规划的前提下，本着"谁投资、谁建设、谁经营、谁受益"的原则进行。这样，有利于调动各方面的积极性，加快市场体系和流通基础设施建设。大型批发市场、应由市和区县政府牵头，组织有关部门共同实施。其他市场、网点和流通基础设施，要按照"国家、集体、个体"一齐上的方针，联合或单独兴建。原有的蔬菜、生猪市场、网点、贮藏等设施，应首先保证用于蔬菜、生猪经营的需要，个别不适合从事原有经营的网点要改作它用的，也必须事先报市和区县政府批准。二是搞活蔬菜、生猪经营。购销价格放开后，无论是国营、集体、个体都可以从事蔬菜、生猪的经营，包括长途贩运和批发业务。国合蔬菜、食品部门应充分发挥自己的优势，进一步承担起主渠道的作用，保证城乡市场特别是城市市场的蔬菜、猪肉供应。国家计划外调的猪肉，仍由国营食品部门承担。国合商业、畜牧部门、加工企业、农村集体等，都要打破价格体制的限制，努力创造条件，积极牵头或参与农工商、产供销一体化经营。工商、税务等有关部门，应切实加强对市场的管理，不断形成和维护正常的流通秩序。

3. 进一步加强蔬菜、生猪生产。放开蔬菜、生猪购销价格后，保证市场供应的基础是生产的发展。因此，应以更多的精力和财力，进一步加强蔬菜、生猪生产。一是要加强计划指导特别是对蔬菜生产的计划指导，切实稳定蔬菜基地面积，安排好大宗菜生产。二是加强良种培育基地、生产基地、贮运设施等基础设施建设，不断改善生产条件。三是加强全过程的系列化服务体系建设，不断提高蔬菜、生猪生产的质量和商品率。为了稳定和调控蔬菜生产，在蔬菜价格放开后，对近郊菜农的口粮等政策，应继续保持不变。

4. 合理安排好蔬菜、生猪亏损补贴款。蔬菜、生猪的购销价格放开后，我们同意市财办、市二商局关于在"八五"期间继续给予财政补贴的数额。但在用途上，应将生产、经营、市场统一考虑，合理安排，重点用于扶持生产的发展和市场、流通基础设施的建设。如果忽略了这两个环节，农产品的价格改革就可能形成比价复归。我们的意见有两种方案：或者按"4：3：3"的比例安排，即市场风险调节基金占40％，市场建设和生产发展各占30％；或者按"3：2.5：2.5：2"的比例安排，即市场风险调节基金占30％，市场建设和生产发展各占25％，经营部门拓宽经营基金占20％。市场风险基金和市场建设基金，由市政府掌握，专款专用；其他两项基金，分别由主管部门掌握，合理安排使用，切实做出成效。对中央给予的猪肉外调补贴，应按经营基金和生产基金两部分进行分配，即50％用于经营和加工补贴，50％用于发展生猪生产。

三、加强对农产品价格改革的领导

农产品价格改革，是一项重大的改革，涉及各个方面，关系到全体人民的切身利益，应切实加强领导。为此，我们建议市委、市政府定期专门研究，并确定领导同志具体负责，下面由有关部门抽调精悍力量，组建一个临时工作班子，具体研究方案，协调有关事宜，以保证改革的顺利进行。

重庆市农业委员会
1991年11月29日

中共重庆市委 重庆市人民政府关于深化粮食购销体制改革试点的通知

(1992年10月26日)

各区、市、县委和人民政府，市级各部门：

按照社会主义市场经济的要求，为了理顺粮食价格体系，改革粮食经营机制，发挥价值规律和市场调节的作用，以利于发展粮食生产，搞活粮食流通，稳定市场供应，根据省委、省政府川委发〔1992〕27号文《中共四川省委、四川省人民政府关于扩大粮食购销体制改革试点范围的通知》精神，结合我市实际，现将粮食购销体制改革试点的有关政策规定通知如下：

一、放开粮食购销价格

1. 收购保留原定购任务，改按议价收购。取消统销制度，城镇居民定量口粮、行业用粮、工种粮不再实行凭票、凭证、平价供应办法，改按市场价格销售。但对城镇居民的定量标准不取消，粮食关系的管理仍按有关规定办理，居民手持粮票和粮证自行保管。原农村计划内平价供应的各项粮食，一律改按市场价格供应。定量食油的价格也一并放开，改按市场价销售。

2. 军需粮食供应价格和结算办法，按国家现行政策执行不变。

3. 市对放开的粮食收购价和销售价，按中等质量标准统一制定指导价格水平，其余等级质量的粮食价格，由粮食企业按国家规定的质量标准和市场供求情况自行确定，报当地物价部门备案。但必须保证市场有中等质量标准的粮食销售，不得断档脱销，以方便居民购买。

4. 在特定的情况下，为防止"谷贱伤农"或粮价陡涨，需要保护生产者或消费者的利益时，按分级决策的原则，区（市）县政府可自行决定对策，自行负担。

5. 对原规定的粮食议购议销的利润率，进销差率的控制办法取消，以利搞活粮食企业。

6. 除原平价老库存外，市内粮、油调拨实行指导性计划，调出调入双方进行合同衔接，协商定价。

二、调整"三挂钩"政策

各区（市）县对农民的预购定金取消，柴油改按议价供应，原粮挂肥数量不变，除农税折实部分外，价格改按规定的统配生产肥执行。

三、农业税原则上征收实物

收购放开后，农业税原则上征收实物，一般不搞代金，但在执行中各地要区别不同情况，对稻谷主产地区以征收粮食（稻谷）为主；对主产杂粮以及从事多经生产的地区，以征收代金为主；对只够自食，无粮可征的地区，全部征收代金，代金按市场粮价计征。农业税征收工作坚持部门分工的原则，征实工作继续由粮食部门按现行办法负责，并及时结算划解，征实的费用标准由粮食、财政、物价三家商定；折征代金工作由财政部门负责完成。农税征实后按议价销售增加的收入和代金的差价作为粮改资金的来源之一。

农税征实的粮挂肥按原挂钩标准和价格执行。

四、给职工适当补贴

粮食销价放开后，为了不过多地增加城镇居民的负担，本着国家、企业、个人三者共同负担的原则，对城镇职工（包括离、退休职工），大中专学生和城镇优抚救济对象等，给予适当补贴，每人每月3元。由财政拨款的行政事业单位的在职和离退休职工，大中专学生和城镇优抚对象的补贴，由各级政府从粮改资金中解决。企业职工增加的补贴进入成本。补贴按单位的隶属关系、级次，分级负担。工种粮改按市场价供应后，企业可根据自身情况给职工适当补贴，补贴标准掌握在每市斤粮1角至1角5分之间。

五、粮食经营体制

1. 粮改后，中央专项储备粮食，粮权仍属中央，各地不得随便动用；平价粮食老库存，粮权属中央，允许粮食企业经区(市)县粮食局批准后借用，当年底必须如数归还。

2. 粮改后，粮食批发业务主要由国营粮食企业经营。为了搞活粮食流通，粮食市场要放开、管理要放宽，允许多渠道常年经营粮食，经营者只要符合国家规定的条件，经工商行政管理部门登记，也可从事粮食批发经营。同时要培育粮食市场，加快综合、专业批发市场建设，粮食部门可自建，也可与工商管理部门联建。现有农贸市场，凡是有条件的都要开办粮油经营，并允许国营粮食部门进场交易。

3. 加强粮食行业管理。粮改后，粮食行政管理部门要配合有关部门做好粮食产品的标准、质量监督和认证、产品评比、生产许可证管理、企业划类等工作。

4. 粮食企业收购、调进和储存粮食所需资金，银行应从优扶持，保证供应，并按规定的粮食贷款优惠利率计息，不加息、罚息。

5. 粮食放开后的一定时期内，原平价定购、加工和供应城镇居民定量部分的粮油，仍按过去的规定，免征税费。

6. 粮改后，要继续加强国有资产的管理，国营粮食企业的各项固定资产、流动资产，必须保证安全、完整、增值，不能随意变卖、转移、抽调、占用。

7. 粮食销价放开后，区(市)县调市和市外调入，由市粮食局编制下达指导性计划，并负责协调调拨关系，这部分粮食免征税费。

8. 粮改后，省人民政府川府发〔1992〕35号文件和市人民政府重府发〔1992〕38号文件规定的对粮食企业的各项优惠政策继续执行。

粮改后的财务问题及对粮食企业转换经营机制的有关扶持政策，市政府将另文下达。

六、相关配套措施

1. 各区(市)县政府要建立粮食价格调节基金，基金的来源主要是粮改资金的部分节余和政府确定的其他资金，以发展生产、稳定市场、平抑粮价。

2. 在提倡"藏粮于民"、扩大社会储备的同时，要建立市、区(市)县二级政府储备，储备规模初步定为5000万公斤(各地具体储备数量另文下达)。粮权分属各级政府，资金和费用比照中央专储标准由同级财政解决。

3. 粮改方案出台期间，对市场物价的连锁反应要加强控制，除粮油必须保证供应外，要稳定猪肉、蔬菜等"菜篮子"价格，禁止搭车涨价和变相涨价，对于趁机涨价行为，物价部门要严肃查处。

4. 粮改资金节余分三部使用，一部分作为粮食价格调节基金，一部分用于各级政府的储备，一部分解决粮食企业转换机制的投入。三部分使用的比例，由财政、粮食、物价三家提出意见，报市政府审定。总之，粮改资金节余要用于粮食流通，财政不新增支出，也不从中增加收入。

七、加强领导，保证粮价改革顺利出台

1. 这次粮改涉及面宽，政策性强，各级党委、政府必须加强对这项工作的领导。党政领导同志要亲自过问，重大问题严格把关。要抓住后续产品价格安排、市场粮食供应和企业转换机制三个重点，对有关部门提出要求，落实责任，使粮改有一个好的经济环境，粮食企业经营机制转换取得好的效果。

2. 粮改后，各级政府和物价部门对市场粮食价格不能撒手不管，要采取一些经济的、法律的和行政的措施，对市场粮价进行指导和调控，当发生重大自然灾害或其他特殊情况，市场粮价暴涨暴跌时，要通过综合运用各种有效手段，保护生产，稳定市场，平抑价格。

3. 各地粮食、财政、物价、银行、工商行政管理以及商业、供销等部门要协同配合，做好各方面的工作，确保粮改方案平稳出台。宣传部门要按统一印发的宣传提纲，利用报纸、广播、电视等各种宣传工具，向广大群众做好宣传解释工作，以增强社会各界对放开粮价的理解和支持。

八、本通知从1992年11月1日起执行

中共重庆市委
重庆市人民政府
1992年10月26日

中共重庆市委 重庆市人民政府关于加快小城镇建设试点问题的通知

(1994年5月12日)

各区市县委和人民政府,市级各部门:

为了搞好我市小城镇建设试点工作,根据中共四川省委、四川省人民政府《关于加快小城镇建设试点问题的通知》(川委发〔1994〕6号)文件精神,结合重庆的实际情况,就如何开展和推进小城镇建设试点工作的有关问题通知如下:

一、提高思想认识,加强对小城镇建设试点工作的领导

小城镇是农村经济发展和社会进步的重要载体。加快小城镇建设,既是发展社会主义市场经济,改变城乡二元社会经济结构,促进农村二、三产业合理布局,推动农村劳力和人口转移,带动农村社会经济全面进步的客观要求,也是实现农村工业化、乡村城市化、农业现代化和农民奔小康的战略性措施和必由之路,代表着农村发展的方向。同时,建设小城镇,又是一项政策性、技术性较强的系统工程,涉及各个方面和部门。因此,各级各部门一定要充分认识建设小城镇的重大战略意义和深远的历史意义,切实把思想和行动统一到省委、省政府《通知》的精神上来,坚持把小城镇建设纳入各级党政的重要议事日程,动员和组织各方面的力量大力支持小城镇建设。在工作中一定要按照实事求是的思想路线,不断解放思想,更新观念,以"三个有利于"为标准,大胆试验,真抓实干。为了切实加强对全市小城镇建设试点工作的领导,市委、市政府决定成立重庆市小城镇建设领导小组,由孙同川同志任组长,金烈、唐情林、周建中、辜文兴同志任副组长,市农委、城乡建委等单位的主要负责同志为成员。领导小组下设办公室,由市委常委市农委主任辜文兴同志任办公室主任,雷宇尊、李维舟二同志任办公室副主任,工作人员由市农委、市建委内部调剂解决。办公室的工作人员可分工协作,不统一办公,市农委主要负责小城镇建设的政策研究和统筹协调,市城乡建委主要负责小城镇建设的规划、设计、开发建设等实施工作。有小城镇建设试点任务的区市县,也应分别成立小城镇建设领导小组和办事机构,认真抓好小城镇建设的试点工作。

二、抓紧落实试点小城镇,尽快开展试点工作

在全市范围内,先选择基础较好、有代表性、有发展潜力的20个小城镇作为试点城镇,在认真摸索经验的基础上,然后再有领导、有计划地逐步推开。除省里确定的双竹、界石、静观、白沙、龙水等5个试点城镇外,市里增加的15个试点镇分别由万盛、北碚和3个市、9个县重点在两江四线等主要交通干道沿线,各选择一个商品集散能力强、规模较大、发展前景好的集镇作为试点镇,于5月底前报市小城镇建设领导小组办公室,待领导小组批准后,作为市里的试点小城镇。试点小城镇确定之后,各区市县要迅速组织力量,在6月底前按照统一规划、合理布局、综合开发、配套建设的方针和"三有利"(有利合理利用耕地、有利经济发展、有利方便群众生活)、"三面向"(面向市场、面向未来、面向现代化)、"四集中"(集中乡镇企业、集中市场、集中专业户、集中服务设施)的原则,制定出切实可行而又有较高水准的总体规划和建设方案,报市小城镇建设领导小组办公室批准后实施,以便把试点城镇建设成为经济繁荣、文化发达、交通方便、设施配套、功能齐全、环境优美、城乡渗透的现代化小城镇。在具体实施上,要坚持把小城镇规划与区域规划相衔接,促进全局与局部优势互补;既立足当前,又着眼长远,既切实可行,又体现高起点、高标准、

高水平；从实际出发，因地制宜，分类指导，突出特点，发挥优势；布局构成要多形式、多元化、多类型，既各具特色，又整体合理。为保证这一工作的质量和进度，市建委、市规划局、市国土局等有关部门要组织力量分赴各地，加强具体指导。

三、以改善基础设施为先导，搞好综合配套建设

在小城镇建设过程中，必须把水电、道路、市场、环卫、通讯等基础设施建设摆在首位，实现"四通一平"，为保障城镇生产、生活正常进行提供必不可少的基本条件，创造良好的投资环境，以便招商引资，吸引项目和农民进镇务工经商，争取主动，不断增强发展后劲。要把发展乡镇工业和第三产业作为小城镇建设的内在动力，按照总体规划积极兴办乡镇工业小区和以区域经济优势为基础的交易市场，不断提高企业素质、生产要素集约化程度、环境保护综合效益和社会化服务水平，实现经济效益、社会效益和环境效益相统一。要以组建房地产开发公司为核心，统一组织实施以小城镇建设的规划、设计、施工和配套建设等为主要内容的综合开发，避免"各家建房、政府配套"的不良倾向，减少政府负担，逐步把小城镇建设引上健康发展的轨道。要把小城镇的发展同农村住房建设结合起来，从农村的长远发展目标出发，逐步搞好农村居民点的规划和建设。要紧紧围绕小城镇这个中心，适应各个小城镇的不同特点，发挥区域优势，按照产业化的要求，积极调整农村产业结构，搞好农业综合开发，不断把城镇的建设和农村的发展融为一体。逐步形成城镇建市场，市场为龙头，龙头联基地、基地联农户的城乡经济发展格局。

四、多渠道筹集建设资金，改革户籍管理制度

开展小城镇建设，必须建立多元化投资体制，在积极争取国家扶持的同时，制定优惠政策，以便多渠道筹集建设资金。对基础设施建设，应按照"谁投资、谁受益"的原则，动员社会投资；要采取多种形式，大力鼓励和吸引企业、外地、外商到小城镇投资建设；要根据当地实际，不断吸引有条件的农民进入小城镇定居和投资开发建设小城镇；各级各有关部门要把支持小城镇建设作为自己的任务，积极从资金等方面给予扶持。一是对省计委每年安排用于试点小城镇的500万元小城镇建设基金，应争取按比例分配25万元给我市，同时市计委每年也要从掌握的小城镇建设基金中安排75万元用于试点小城镇，各区市县计委也按此比例配套相应的资金。二是对省财政厅每年给的1000万元小城镇建设基金，应争取按比例分配50万元给我市，同时市财政每年安排小城镇建设基金150万元用于试点小城镇，各区市县财政也按此比例进行相应的配套。三是对20个试点小城镇实行区市县对镇财政包干办法，以1993年为基数，镇财政增收部分应主要用于本城镇基础设施建设。四是工商管理部门收取的试点城镇市场建设管理费，应全部留用于试点城镇的市场建设，对省上每年安排用于试点城镇的200万元市场建设费，应争取按比例分配10万元给我市，市工商局每年也安排30万元市场建设费用于试点城镇，各区、市、县也按此比例进行相应的配套。五是收取的城市维护建设税、市政公用环卫园林设施配套费，应挤出一部分扶持试点城镇。六是对20个试点小城镇建设征用土地的耕地占用税、交通建设附加费、粮食附加费不再上交，全部留镇用于基础设施建设。七是以工代赈，建委、水电、扶贫等部门，要积极向中央和省里争取扶持资金。八是各级建行、农行、信托投资公司和农村信用社，应安排部分专项贷款扶持小城镇建设。市建行、农行每年各为每个试点城镇安排100万元专项贷款。九是属于国道、省道、县道穿过小城镇的路段部分的公路建设、维护由公路交通部门负责。十是对试点小城镇批租土地的增值部分，全部留给试点城镇，用于基础设施建设。

在试点小城镇，要积极探索和建立以居住地划分城镇人口和农村人口，以职业划分农业人口和非农业人口的户籍登记管理制度，实行城乡户口一体化管理。凡在小城镇有固定住所、有稳定生活来源的农村人口，可以在小城镇登记落户，按城镇非农业人口对待，并在医疗、教育、就业等方面与原城镇人口一视同仁。凡取得城镇户口的，应收回原在农村的承包地、

自留地。在户籍管理制度未改革之前,对每个试点城镇给予2000个农转非指标,以解决户口问题。允许试点小城镇对进镇入户的人口,收取适当的城镇建设增容费。

对试点小城镇的土地,要逐步建立新的管理制度。制定小城镇建设用地规划,要从保护耕地出发,建立好基本农田保护区和垦复制度。小城镇建设用地,必须实行统一开发、连片建设、集约用地、节约耕地。对20个试点小城镇建设用地,实行统一规划,一次审批,统一征用,分期分项目划拨、出让,今年每个试点城镇可先一次性批租300亩作启动。出让的土地,转让权必须掌握在政府手里,企业用地,按照有偿使用原则,采取拍卖、招标或协议方式出让。

为了便于上述政策措施的贯彻落实,市级有关部门可根据上述规定中总原则,制定具体实施意见。各区市县可结合自己的实际,提出具体的实施办法。各地应将在建设试点中遇到的新情况和新经验,不断加以总结。各级各部门应将自己制定的具体实施意见和总结的新情况、新经验及时报送市小城镇建设领导小组办公室,以便统一汇总,不断完善加快小城镇建设的政策措施。

中共重庆市委员会
重庆市人民政府
1994年5月12日

重庆市人民政府批转市农委《关于进一步完善土地承包和搞活土地经营使用权的报告》的通知

(1994年9月14日)

各区、市、县人民政府,市政府有关部门:

市政府同意市农委《关于进一步完善土地承包和搞活土地经营使用权的报告》,现批转给你们,请结合本地实际认真贯彻执行。

重庆市人民政府
1994年9月14日

关于进一步完善土地承包和搞活土地经营使用权的报告

市政府:

为了认真贯彻落实中共中央、国务院《关于当前农业和农村经济发展的若干政策措施》(中发〔1993〕11号文)和《关于1994年农业和农村工作的意见》(中发〔1994〕4号文)精神,现结合我市农村实际,对进一步完善土地承包,搞活土地经营使用权的有关问题提出如下意见。

一、充分认识完善土地承包和搞活土地经营使用权的目的和意义

土地是农民不可代替的生产资料和福利保障,是人们赖以生存的物质基础。土地承包关系能否稳定,广大农民对此十分关注。中发〔1993〕11号文件和中发〔1994〕4号文件提出以家庭联产承包为主的责任制和统分结合的双层经营体制,是我国农村经济的一项基本制度,要长期稳定,并不断完善;要稳定土地承包关系,抓好土地使用权的有偿转让,让农民吃"定心丸",增加对土地的投入,调动农民的生产积极性。因此,完善土地承包,搞活土地经营使用权,既是深化农村改革,完善双层经营体制的重要内容,又是加强土地管理制度,提高土地使用效益的一项重大举措;既是进一步调整生产关系,解决农户在承包土地中存在的各种矛盾和问题,优化资源配置,又是加强农业基础地位,引导农民进入市场的一个实际步骤。各地要统一思想认识,充分明确进一步完善土地承包和搞活

土地经营使用权的目的和意义,采取有力措施,认真加以贯彻落实。

二、明确完善土地承包的指导思想、原则和办法

各地在完善土地承包工作中,要以解决现实矛盾,增强农民对土地的稳定感,促进土地合理流动,提高土地效益,促进生产力发展为指导思想。工作中应当坚持以下几个原则:一是坚持土地集体所有不变的原则。二是土地调整坚持"大稳定、小调整"的原则。农民承包地调整面不宜过大,应本着缺啥补啥的要求,保持农户承包地相对稳定。三是坚持因地制宜,尊重群众意愿的原则。完善土地承包,要相信和依靠群众,充分尊重农民的意愿,不搞"一刀切"。四是坚持分类指导的原则。要根据各地自然条件和经济水平不同,确定完善土地承包的具体办法,实行分类指导,区别对待。

各地要根据中发〔1993〕11号文件和中发〔1994〕4号文件精神,联系当地实际,紧紧围绕稳定农村土地承包制这个核心认真做好延长土地承包期和承包合同管理工作。其具体办法是:

(一)正确对待到期与未到期的承包合同,维护原承包合同的严肃性。凡未到期的原已签订的各项承包合同,都要维护其法律效力,要按原签订的合同继续执行,不得随意变更或借机撕毁,对土地承包合同到期的,要及时结清原订合同,再重新签订承包合同,土地承包期再延长30年不变;对于多种经营和工副业承包合同,到期的也应及时结清原承包合同,在重新签订承包合同时,要引入竞争机制,实行公开招标承包。

(二)各地在重新签订土地承包合同时,提倡在承包期内实行"增人不增地,减人不减地"的办法,但在实施这一办法中,可根据当地实际情况而有所区别:

1.对推行"两田制"的合作社,在承包期内预测了农户人口增减变化,口粮地实行了一步到位的,可以实行"增人不增地,减人不减地"的办法。在承包期内未预测农户人口增减变化,新增人口实行逐年到位而承包期未到的,要继续执行合同;对已到承包期的,在重新签订合同时,亦可实行"增人不增地,减人不减地"的办法。

2.农户新增人口实行候轮补缺调整土地的合作社,对人多耕地少,特别是靠近城镇周围的合作社,土地地价高,增人要地矛盾十分突出,可以采取"填平补缺"的办法来调整承包地,以解决现有无地人口包地的矛盾,然后再实行"增人不增地,减人不减地"的办法;对人少耕地多的合作社,可实行承包地一次"终结",不再实行候轮补缺;对于缺乏劳力的农户,也可以允许少承包土地。

3.对有的合作社原已实行了承包地"生不补,死不退"办法的,应维护其原签订合同,可继续实行这一承包办法。

(三)对开发性的荒山、荒地和荒滩,承包期可以延长到50年甚至更长的年限。集体经济组织可采取招标或拍卖使用权的办法,鼓励单位和个人进行投资综合开发,促进"三高农业"发展。开发性生产项目,凡属本集体经济组织成员的,可以继承其承包经营权;属非集体经济组织成员的,可继承死者"承包应得的个人收入"。

(四)对部分农户承包地零碎分散、不便耕作与管理的,应鼓励农户之间相互调换。如果农户要求集体经济组织出面协调的,集体经济组织应予以支持。调整后的承包地,应在双方土地承包合同上过户,并做好记载。

(五)对长期外出务工经商的农民,具有稳定工作和收入的,允许农民自愿放弃土地承包权利,但必须与所在集体经济组织签订好放弃土地使用权的协议书,立约为据。

(六)对于农民到城镇落户,并已取得城镇户口的,根据川委发〔1994〕6号文件的有关规定,集体经济组织应收回其在农村的承包地、自留地。

(七)进一步加强农村承包合同的管理。凡调整变动了乡镇机构的,要及时对乡镇农村承包合同管理机构人员进行调整、完善。乡镇、村设立的农村承包合同管理机构要进一步按照《重庆市农村合作经济组织承包合同条例》的有关规定,履行其职责,以充分发挥其在完善土地承包和建立土地流转机制中的作用。

三、建立土地流转机制,搞活土地经营使用权

随着改革开放的不断深入,商品经济的迅速发展和社会主义市场经济体制的建立,农村大批剩余劳动力从事第二、三产业,不少农户承包地需要转包,这为土地流转机制的建立和发展创造了良好条件。各地要抓住机遇,因势利导,积极引导农民搞好土地转包和开展土地适度规模经营,为加速农村经济发展走出一条新路。

建立土地流转机制,其总的原则是坚持土地集体所有权,不改变土地用途,稳定农户土地承包权,搞活土地经营使用权。要允许并鼓励农民通过互换、转包、转让、租赁和入股联营等多种形式搞活土地经营使用权。在具体流转方式上可采取以下办法:

(一)提倡转包户依靠亲戚朋友、邻里乡亲相互协商转包、转让。

(二)转包户通过村社集体经济组织牵线搭桥向专业大户转包。

(三)村社集体经济组织将农户不愿承包的土地收回,通过调整集中成片,实行集体统一经营,也可承包或租赁给专业大户经营。

(四)土地入股联营,农户凭股参与分配。

在土地流转中,转接双方在处理经济利益上,要本着自愿、互利、协商一致的原则,切不可作硬性规定。各地对当前农村土地使用权的多种流转形式和办法要认真地加以总结和研究,积极探索,走出适合本地的土地流转和适度规模经营的路子,以便推广。无论采取哪种办法实行土地转包、转让、租赁、入股联营,承包方都必须经发包方同意,承包方与第三者双方当事人都必须以文字为依据,明确双方的权利、义务,签订好协议或合同,报村社集体经济组织备案。各地在搞活土地经营使用权中,要紧紧围绕土地资源的配置、土地继承权利、地价评估、土地档案、土地市场等问题开展调查研究,制定出切实可行的土地流转办法,以促进土地流转机制的形成。

四、切实加强领导

完善土地承包,建立土地流转机制,是一项政策性强、涉及面广、工作量大的工作,各级政府应予以高度重视,纳入重要的议事日程,切实加强领导。要认真做好宣传,通过各种宣传工具和各种会议等形式,广泛地向农村干部和群众宣传完善土地承包的目的和办法,消除农民中的各种疑虑。各级政府要有一名领导分管此项工作,并确定有专人具体抓。农业主管部门要积极主动做好调查研究,制定完善土地承包的方案和实施办法,为各级政府当好参谋。要认真搞好试点,以点带面。各级政府要抽调懂政策、熟悉业务的干部深入基层,调查研究,并选择一个乡镇开展完善土地承包的试点工作,取得经验后,在面上推开。要加强分类指导。由于各地自然条件和经济水平的差别较大,其完善的办法亦各不相同,因此,应根据不同地区、不同情况和特点,加强分类指导,使稳定土地承包关系政策落到实处。

以上报告如无不当,请批转各区、市、县人民政府,市政府有关部门执行。

重庆市农业委员会
1994 年 9 月 14 日

中共重庆市委　重庆市人民政府
关于进一步加强农民负担监督管理工作的通知

(1996 年 5 月 2 日)

各区市县委和人民政府,市级有关部门:

近几年来,经过各地、各部门的艰苦努力,我市减轻农民负担工作取得了明显成效。中央、国务院及省、市关于减轻农民负担的一系列方针、政策、法规得

到较好地〔的〕贯彻执行，减轻农民负担管理工作逐步走上了法制化、规范化、制度化的轨道。农民负担反弹势头得到了遏制，定项限额内负担已控制在上年农民人均纯收入的5%以内，其他社会负担基本稳定。但是，我们还应清醒地看到，农民负担过重的问题并未从根本上得到解决，农民负担管理中仍存在许多不容忽视的问题。主要表现在：少数地方和部门对中央提出的"约法三章"贯彻落实不力，变相恢复早已明令取消的收费、集资和达标项目；有的不按规定管理、使用提留统筹费；有的违背农民意愿强行以劳折资、以劳折粮等等。这些问题的发生，严重挫伤了农民的生产积极性，影响了党和政府在群众中的威信。为此，根据全国和省农民负担监督管理工作会议精神及中办发〔1996〕6号文件和川委发〔1996〕8号文件的要求，结合我市实际，现就进一步加强农民负担监督管理工作通知如下：

一、建立减轻农民负担工作行政领导负责制

要把减轻农民负担作为考核各级各部门领导干部的一项重要标准，行政主要领导要亲自抓好减轻负担政策、法规的贯彻落实，按照"约法三章"的要求，确保本地区提留统筹费不超过上年农民人均纯收入的5%，不得擅自出台任何加重农民负担的项目。要严格检查"约法三章"的执行情况，做到令行禁止，有违必究。

二、严格执行有关政策、法规，坚决制止对农民负担乱开口子的行为

要严格执行《农业法》和《农民承担费用和劳务管理条例》及其他关于减轻农民负担的规定。坚持"四个不准"：凡是中央、省、市已明令取消的集资、收费项目和达标升级活动，各地、各部门一律不准恢复和变相恢复；各地、各部门一律不准擅自出台向农民集资、收费项目和擅自决定下放向农民集资、收费的审批权限；各地、各部门一律不得层层加码、搭车收费、非法向农民强行收款收物；各地、各部门一律不准平调、挪用集体提留和统筹费。凡涉及农民的行政事业性收费项目，必须事先征得市以上农民负担监督管理部门同意，并报省、市政府批准。要严格控制向农民集资，兴办集体公益事业确需向农民集资的，必须按照量力而行、量财而为、收取适度的原则，按法定程序审批后方可进行。对擅自乱开口子向农民要钱、要物的单位和个人，要依照党纪国法追究当事人和直接领导者的责任。各地要认真抓好"农民负担监督卡"的发放和监督管理工作。从今年起，农民上缴费用要全部做到凭卡收取。

三、加强提留统筹资金的管理

对提留统筹资金的管理，未理顺的乡镇必须在6月底前将关系理顺，即：将提留统筹费交由乡镇农经站统一管理。乡镇农经站要加强对农村集体资金的统一提取、管理和使用，实行"一个漏斗向下"的管理办法，对资金的使用，改"拨付制"为"报账制"。各乡镇农经站要建立健全预决算制度和专项审计制度。要普遍实行"两公开、一监督"制度，乡村两级凡与农民有关的政务和一切财务收支，包括各种集资、收费都要向群众公布，接受群众监督。对财务管理混乱的乡村，要组织力量及时清理整顿，切实解决平调、挪用、挤占集体资金的问题。

四、加大执法检查力度，严格执法执纪

今年，市"减轻农民负担专项工作办公室"将采取全面检查与专项检查、明查〔察〕与暗访相结合的形式，继续开展对农民负担的监督检查工作。"专项办"要全面履行执法检查的职能，对违反规定强制农民出钱、出物、出工加重农民负担的违法违纪行为及其引发的恶性案件，要坚决查处，并按"谁出主意谁负责，谁签发文件谁负责"，严肃追究有关领导和当事人的责任。

五、进一步抓好对政策、法规的宣传工作

针对当前对有关减轻农民负担的政策、法规宣传力度不够的情况，各地要大力宣传中央、国务院及省市关于减轻农民负担的政策、法规，提高干部和广大群众的法制观念和政策水平，消除宣传教育中存在的

死角。要教育干部依法办事、依法行政；教育广大农民群众认真履行应尽的义务，依法抵制不合理负担。在宣传教育中要注意抓好典型，坚持正面宣传为主，大力宣传和总结推广减轻农民负担工作的好经验、好做法，对于查实的违法违纪典型案件要公开曝光。

各地在切实抓好农民负担监督管理工作的同时，要积极探索减轻农民负担的有效途径，力争从根本上解决农民负担过重的问题。

中共重庆市委
重庆市人民政府
1996年5月2日

中共重庆市委　重庆市人民政府贯彻中共中央国务院《关于深化供销合作社改革的决定》的意见

(1996年11月28日)

万县、涪陵市党委和人民政府，黔江地区党委和行政公署，各区市县党委和人民政府，市委各部委、市级各部门：

中共中央、国务院《关于深化供销合作社改革的决定》（中发〔1995〕5号）是推进农村改革，加强农业基础地位，促进城乡经济发展的重大举措，是指导供销合作社改革与发展具有重要意义的纲领性文件。为加快我市供销合作社的改革与发展，根据《决定》和省委、省政府川委发〔1995〕21号文件精神，结合我市实际，现提出以下贯彻意见，请各级党委、政府高度重视，抓紧贯彻落实。

一、充分认识深化供销合作社改革的重大意义

1.深化供销合作社改革是解决农业、农村、农民问题的关键环节。我市是一个大城市，又是一个大农村，要建立社会主义市场经济体制，把区市县经济推入快车道，农业、农村、农民问题始终是一个根本问题。实践证明，农业、农村是供销合作社生存发展的基础，而供销合作社为农服务的作用也是其他任何经济组织不能替代的。供销合作社的改革不是单纯的流通领域改革，也不单是供销社自身的机构改革，而是整个经济体制特别是农村经济体制改革的重要组成部分。重视、加强供销合作社，农业、农村、农民就得利受益；忽视、削弱供销合作社，农业、农村、农民就受到损害。供销合作社的改革和发展问题，实质上是农业、农村、农民问题。

2.供销合作社是城乡商品流通的主渠道。建国40多年来，特别是党的十一届三中全会以来，我市各级供销合作社立足农村，面向市场，在繁荣城乡市场，保障市场供给，服务农业生产等方面做了大量工作，已经成为一支为农服务和搞活城乡经济的重要力量。但是，目前供销合作社存在着体制不顺，缺乏经营活力，基层供销合作社经营严重困难等问题。这种状况与农村经济发展和农民群众的要求以及建立社会主义市场经济体制的目标很不适应。各级供销合作社一定要增强紧迫感，加快改革和发展的步伐，从而担负起历史重任，真正把供销合作社办成农村综合性的服务中心，成为农村社会化服务体系的骨干力量。

二、供销合作社改革、发展的指导思想和目标

3.深化供销合作社改革的指导思想是：要把深化改革作为供销合作社振兴发展的根本出路，进一步解放思想，抓住机遇，大胆探索，开拓创新；坚持为农业、农村、农民提供综合服务的宗旨，始终把为农服务放在改革和发展的首位；坚持供销合作社的集体所有制性质；坚持自愿、平等、互利、民主的合作制原则，保证农民社员在供销合作社中应有的权利；坚持生产力标准，只要有利于搞活农村经济，都要勇于实践。

4.改革和发展的目标:紧紧围绕把供销合作社真正办成农民的合作经济组织这一总目标,努力恢复和加强组织上的群众性、管理上的民主性、经营上的灵活性;进一步建立和完善农业社会化服务体系,把供销合作社办成农村综合性的服务中心;发展和扩大农民入股,以资本和服务为纽带,与农民结成经济利益共同体;以市场为导向,按照发展大市场、大产业、大公司战略,培育一批实力较强的集团化公司,反哺农业,促进城乡经济协调发展;发挥供销合作社的联合合作优势,按照生产专业化、经营一体化、管理企业化、服务社会化的原则,把供销合作社办成推进我市农业产业化的主力军和依托力量。

三、进一步理顺供销合作社的组织体制

5.理顺政府与供销合作社的关系。各级政府要切实加强对供销合作社的领导,各级供销合作社应积极承担政府委托的任务,行使政府授权的行业管理和某些重要商品的市场调控等职能,列席政府的有关会议。各级政府依照法律和政策,对其进行指导、协调、扶持、监督。

6.理顺各级供销合作社之间的关系。各级供销合作社之间是自下而上的经济联合关系,内部实行联合社为成员社服务,各级联合社为基层社服务的原则。联合社对成员社负有指导、协调、监督和教育培训人员的责任。成员社要自觉遵守联合社章程,执行联合社制定的基本规章制度、发展规划和重大决策,维护联合社的权威。各级联合社的主要职能和任务是:组织宣传和贯彻党中央、国务院及地方党委、政府的有关方针政策;负责研究制定联合社及所属企业和成员社的发展战略、发展规划,指导成员社的改革与发展,按照政府授权对重要农业生产资料、生活资料、农副产品经营进行组织、协调、管理;向政府和有关部门反映农民的要求及成员社的情况与意见,为社员和成员社搞好服务,维护其合法权益;协调与有关部门的关系,指导成员社的业务活动,促进城乡物资交流。

7.理顺供销合作社内部组织体制。供销合作社实行代表会议制,社员代表大会是供销合作社的最高权力机构,有关重大事项必须经社员代表大会讨论和确认。基层供销合作社社员代表大会每届3年,代表由社员推选产生,农民社员代表应占一定的比例;县以上供销合作社代表大会每届5年,代表由成员社和同级联合社推选产生。基层供销社暂设社务委员会,履行理事会和监事会职能。各级供销合作社理事会(社务委员会)由社员代表大会选举产生,是社员代表大会闭会期间的领导和执行机构,向社员代表大会负责,每届任期与社员代表大会相同。县以上供销合作社联合社设置理事会和监事会。监事会成员由政府有关经济部门负责人、社员代表和专家组成,不驻会、不驻社,主要任务是实施监督。各级供销合作社实行理事会主任负责制,理事会主任是供销合作社的法定代表人,对理事会(社务委员会)负责,并接受社员、成员社的监督。

8.理顺供销合作社干部管理体制。基层供销合作社主任由区市县联合社提名,征求当地党委意见后,提交社员代表大会选举产生,区市县联合社管理;副主任由主任提名,按上述程序产生和管理。区市县联合社主任、副主任由当地党委提名(其中主任须征求市供销合作总社意见),提交社员代表大会选举产生,由当地党委管理。市供销合作总社主任、副主任由市委提名,提交社员代表大会选举产生,由市委管理。各级联合社所属企事业单位和本级社部门负责人,由同级社理事会聘任和管理。区市县联合社主任的调动,应事前征得市供销合作总社的同意。各级供销合作社党的工作,按《中国共产党章程》的有关规定办理。

9.理顺各级供销合作社理事会与其所属企事业单位的关系。各级供销合作社理事会(社务委员会)是本社集体财产(包括所属企事业单位财产)的所有权代表和管理者,拥有对所属企事业单位负责人的聘任和解聘权,企业重大经营、投资活动的审批权,企业经营管理的监督检查权,享有财产监督管理权和受益权。各级供销合作社所属企业是独立的企业法人,拥有经营、用工、分配等自主权,实行自主经营、自负盈亏、自我发展、自我约束。

四、强化供销合作社为农服务功能

10.强化综合服务功能。各级供销合作社要把为农服务放在首位,一切活动都要围绕建立和完善农业

社会化服务体系,做好农业、农村、农民服务的工作。供销合作社要进一步从单纯的购销组织向农村经济综合服务组织转变,逐步完善购销、加工、技术、信息、储藏、运输等服务体系,为农民提供综合性、系列化的经济技术服务,引导农民有组织地进入市场。积极发展与乡镇企业、工业企业、商贸企业、农村专业大户和科研、教育及涉农等部门的联合,大力发展以加工、销售企业为龙头的贸工农一体化、产供销一条龙经营,兴办农副产品商品基地和蔬菜副食品基地,发展各类专业合作社和协会,把千家万户的农民与千变万化的市场紧密联系起来,推动农业产业化的发展。

11.切实抓好农资供应。要进一步深化农资流通体制改革,充分发挥供销合作社农资部门的主渠道作用。千方百计组织货源保证供应;积极开展农资科技服务,不断提高服务质量,扩大服务领域;加强农资市场管理,由工商部门委派供销合作社农资部门人员担任农资市场协管员,加强管理和监督。新增农资经营网点由县以上供销合作社审核,工商部门对持证经营单位办理登记及年检手续,各农资经营点实行"一点(经营点)一照(营业执照)"。对经营化肥、农药、农膜等农业生产资料的门点,不得搞个人承包。要认真执行物价部门规定的农资商品价格,严禁经营假冒伪劣商品,切实保护农民利益。

12.积极拓展服务领域,扩大经营范围。只要有利于满足农业、农村和农民的需要,有利于繁荣城乡经济,供销合作社都应当依法积极开展经营服务活动,有关部门应予以大力支持。要重视发挥供销合作社在稳定和繁荣城乡市场中的主渠道作用,各级政府要采取必要措施支持供销合作社增强市场调控能力。凡是农民需要出售的产品和需要供应的生产、生活资料,包括一些专营专卖商品,在依法经营的原则下,应主要通过供销合作社经营或代购、代销、代贮、代运、代加工。粮食、油料在完成国家定购和收购任务后,供销合作社应主动经营,并积极组织市外调剂。对生猪、竹木制品等放开产品,供销合作社要发挥优势,积极开展经营。供应农村的食盐、卷烟、成品油和图书课本等是供销合作社的传统业务,有关部门应支持其搞好经营。为加强农村药品供应网点建设,保证农民对药品的需要,应支持具备药品经营条件的基层供销合作社继续开展药品零售和代批发业务,并发放有关经营证照。蚕茧、报废汽车经营问题,按国务院和省委、省政府有关规定专题研究解决。供销社新发展的各类商品基地,其产品由供销社经营。供销合作社是合作经济组织,应支持其在农村和城市发展社员入股。支持供销合作社向当地政府承包农业开发项目、扶贫项目,计委、农委、财政、银行等部门应予立项和安排资金。供销合作社要更广泛地开展与农民的联合与合作,逐步发展消费合作、生产合作、信用合作、保险合作、运输合作、住宅合作、医疗合作等,使供销合作社与农民群众的经济联系不断向广度、深度发展。

13.积极扩大对外开放。发展对外经济、贸易、技术合作,引进国外资金、技术和先进的管理经验,不断增加出口创汇。各级政府有关部门对供销合作社开展对外经济贸易活动,应给予积极支持,并依法管理。

五、转换和完善供销合作社的经营机制

14.各级供销合作社是自主经营、自负盈亏、独立核算、照章纳税、由社员民主管理的群众性经济组织,具有独立法人地位,依法享有独立进行经济、社会活动的自主权。

15.供销合作社内部要建立和完善多种形式经营责任制。无论实行哪一种经营责任制,都不得改变它的集体所有制性质,都必须确保资产的保值增值,确保社员的经济权益。要进一步改革分配制度,打破"铁饭碗"和平均主义。要积极探索在社会主义市场经济体制下集体资产保值增值以及科学管理的有效形式和途径。

16.按照市政府有关文件精神进一步完善"社有民营"。今后除少数"边、小、微、亏"的专销生活资料和从事饮食、服务业的门店柜组外,不再搞"社有民营"。

17.各级供销合作社所属企业经同级联合社批准,可以打破行业区域界限,组建合资、股份制、股份合作制、独资等多种形式的企业。县以上供销合作社的所属企业,有条件的可进行建立现代企业制度试点

并纳入各级的试点规划,进行企业制度的全面创新,积极探索建立有中国特色的供销合作社的企业制度。

18.调整企业组织结构,扩大经济规模。有条件的区市县可以开展"一区一社""一县(市)一社"的试点;以基层社为基础,以骨干企业为依托,积极发展连锁经营,以专业公司为核心,组建专业经营集团;依托现有骨干企业,以优化资产结构为手段,重组经营机构,组建一批大型流通骨干企业。通过扩大企业规模,形成一批资本雄厚的大公司、总公司和企业集团。

六、加强基层供销合作社建设

19.基层供销合作社是供销合作社的基石,处于为农服务的第一线,各地要大力扶持基层供销合作社的发展。在中心集镇和交通枢纽,要加快建设一批上规模、上档次的网点,扩大对农村的辐射面。

20.按照自愿的原则,更加广泛地动员农民群众入社,积极吸收社员入股,加强供销合作社在资产和利益分配上与农民社员的紧密联系,充分体现它的群众性。要坚持农民入社自愿、退社自由,绝不能搞强迫命令。基层供销合作社的重大决策实行民主协商,经营管理实行民主监督,充分体现民主性。

21.区市县联合社要按照社章赋予的权力〔利〕和义务,坚持为基层供销合作社服务。要加强统筹协调,适时调整经营结构、产业结构、组织结构和资产结构,努力扩大经营范围和服务领域。广泛开展农副产品、废旧物资"分购联销"和工业品"联购分销",提高组织化程度,扩大经营规模。各级联合社要积极牵头办好单个基层供销合作社办不了的事,真正形成几个支柱产业和骨干企业,带动基层供销合作社共同发展。

22.加强领导班子建设是办好基层供销合作社的关键。基层供销合作社领导班子要保持相对稳定,对少数软弱无力的班子,应及时整顿、调整。要大胆启用年富力强、作风正派、事业心强、熟悉业务的同志,把他们选拔到领导岗位上来。各乡镇党委、政府对基层供销合作社要加强领导,对基层供销合作社的改革和发展要大力支持。条件具备的基层供销合作社主任可兼任乡镇长助理或进入乡镇党委。

七、采取有效措施保护和扶持供销合作社

23.要保护供销合作社的财产权益,保障其组织的完整性。任何单位或个人都不得平调供销合作社的财产,不得随意改变供销合作社及其所属企业的隶属关系。凡改变供销合作社及所属企业隶属关系和将基层供销合作社下放给乡镇政府的做法,必须坚决纠正。凡属市政设施、城镇规划和小集镇建设占用供销合作社及所属企事业单位经营服务设施的,要按照国务院和市政府《城镇拆迁条例》规定,就近"拆一还一、占一还一",并给予过渡拆迁补偿;由此而新建的经营设施,在扣除原面积部分后,对扩大面积部分的投资,按规定的适用税率计征投资方向调节税。要继续加强供销合作社内部抗灾统筹工作,发挥互助合作优势,增强自救能力。对各种不合理的收费和乱摊派,供销合作社及所属企业有权予以抵制。除国家政策规定外,安排人员要征得供销合作社同意。

24.各级政府要重视发挥供销合作社的作用,同时要兼顾它的经济利益。供销合作社应积极承担和保质保量完成国家委托的经营业务和社会服务任务。凡政府委托的任务应保障提供必要的资金,由此发生的政策性亏损应予补偿。建立化肥、农药、农膜、棉花等重要商品储备制度,应作为各级政府支农的一项战略措施,市和各区市县储备所需资金由银行贷款解决,储备资金利息由同级财政承担。大宗农副产品、农资商品收购资金,银行要给予优先安排,并执行国家规定的基准利率。同时,在贷款上要积极支持供销合作社搞好农村生活资料供应,开拓新的业务。

25.建立农副产品价格风险基金制度。基金来源:一是农林特产税中每年新增部分安排一定比例;二是由供销合作社按商品销售额1%提取,计入成本。基层供销合作社为农业生产的产前、产中、产后服务所提供的技术服务和劳务所得的收入,免征企业所得税。供销合作社经营生猪与国有食品部门享受同等优惠政策。对供销合作社支付的社员股金红利,免征个人收入所得税。对单独办理营业执照的承包租赁门点上交企业的承包费,由税务部门对其构成进

行审核,其中属企业净收入部分按税法有关规定计征营业税。

26.城镇规划和小集镇建设,应支持供销合作社及所属企业扩大增设经营服务网点,并在征地和收费上给予优惠支持。按照"谁投资、谁受益"的原则,支持供销合作社自建或与其他部门联合兴建各类市场,当地政府应纳入城市和小集镇建设统一规划,执行省、市政府培育和发展市场体系的规定,享受有关优惠政策。鉴于基层供销合作社承担了大量为农服务的任务,目前又面临较大困难,对其租用房管部门的公房,凡经营农业生产资料、农副产品以及为农提供技术、信息等服务的,仍按1994年末的租金执行,暂不提租。

27.对供销合作社过去的债务和承担政府委托的任务所形成的政策性亏损,按中央《决定》精神,由市财办牵头,市财政局、市审计局、农业银行市分行和市供销合作总社参加,共同组织清理,提出具体方案,报市政府审定后,逐步加以解决。

28.供销合作社盘活存量资产兴办的第三产业,其中直接为农服务的劳务性收入可享受免征企业所得税的政策;兴办的加工企业,可享受乡镇企业的有关优惠政策。今后,凡国家对农业、国有商业、乡镇企业制定的扶持优惠政策,同样适用于供销合作社。

29.鉴于历史的原因和现实状况,对市和各区市县联合社机关离退休人员的费用由同级财政解决,其余人员所需经费,按现行办法解决。

八、加强对供销合作社的领导

30.各级党委、政府应充分认识供销合作社在发展农业、振兴农村经济和帮助农民致富中的重要地位和作用,要根据中共中央、国务院《决定》和省委、省政府贯彻意见及我市的实施意见,结合各地实际,制定供销合作社改革和发展的具体目标、规划,真抓实干,付诸实施,力争在3年内使供销合作事业有较大的发展。各级有关部门应从发展农村经济的大局出发,认真研究提出扶持供销合作社发展的配套政策,为其创造一个宽松的环境。各新闻单位要加强对供销合作社宣传的力度。今后,各级党委、政府要把供销合作社的改革和发展纳入重要议事日程,切实加强领导,定期研究供销合作社的工作,并纳入目标管理进行考核,真正把《决定》精神落到实处,推动我市农村经济健康稳步发展。

中共重庆市委
重庆市人民政府
1996年11月28日

二、对内对外开放

(一)对内开放

加强横向联合　发展区域经济
——在重庆经济协作区成立会议上开幕致词

孙同川

(1988年3月26日)

各位代表、同志们：

在贯彻党的十三大精神，稳定经济，深化改革的大好形势下，经过平等协商，万县、涪陵、重庆、遂宁、泸州、内江、自贡、宜宾、乐山、攀枝花市和万县、涪陵、达县、南充、宜宾、遵义、毕节、昭通地区共18个市地联合组织的"重庆经济协作区"，将要在这次会议上正式宣告成立了！这标志着我们18个市地的横向经济联合协作进入了一个新的发展阶段。值此机会，我代表中共重庆市委、重庆市人民政府，对重庆经济协作区会议的召开表示热烈祝贺！对各位市长、专员和代表的到来表示衷心感谢！让我们共庆这一团结的协作盛会，从今以后，我们将更紧密地携起手来，并肩前进。

区域之间的合作是横向经济联合的基本形式之一，是实行对外开放的重要内容，是实现企业跨地区、跨行业联合的重要保证。改革和建设的实践证明，发展社会主义商品经济，不能受行政区划的局限，而应以经济流向、市场联系、资源配置等的经济发展规律为依据。建立区域性的经济协作网络已成为发展经济不可缺少的条件，是商品经济发展的客观要求。建立和发展区域经济，开展联合和竞争，有利于拓展视野，形成大循环中的小气候，使本地区发展经济中的小进小出变为大进大出，为参与国际国内经济大循环创造有利条件，做好基础工作。处于经济不够发达的地区，要加快发展经济，参与竞争和循环，不能单枪匹马、孤军作战，而应搞集团军，形成整体力量。在一定的经济区域内，中心城市和周围地区是互为依托、相互作用的关系。区域内的大中小城市各具特色，各负使命，在经济协作、商品流通、资金融通、科技交流、人才交流、信息交流、产业结构调整和产品优化等方面起着主导作用。以大中小城市为中心来带动区域经济发展，反映了现代大生产与商品经济的客观需要。

重庆经济协作区的成立，可谓"天时，地利，人和"。

论天时：党的十三大报告强调逐步加快西部地区开发。通过相互开放，形成合理的区域分工和地区经济结构，明确以促进横向经济联合作为改革的一项重要任务，要求在横向经济联合中，必须充分发挥城市的作用。城市要敞开大门，为周围农村和它所联系的整个经济区服务。特别是当前沿海地区经济发展战略的实施，为我们内地经济建设既提出了挑战，又提出了发展机遇。我们要积极研究对策，迅速适应沿海地区经济发展战略的要求，加速我们自己发展的步伐。当前全国的区域经济联合发展很快，形成了大大小小的若干经济区,就"长江一线"来看,以沪、宁、汉为中心,建立了上海经济区和南京、武汉两个经济协作区,取得了较好的效果,这种发展趋势对我们是个推动和促进,也为我们组建经济协作区提供了借鉴。

论地利:重庆经济协作区处于长江上游水陆交通汇合处,把云、贵、川三省毗邻地区紧密地联结起来。这里是大西南出海的主要通道,与沿海地区距离较近,作为东西结合部,是实现西部不发达地区与沿海发达地区经济循环交流的桥梁和纽带。我们这个协作区,沿长江上游金沙江、[岷]江、大渡河、涪江、沱江、嘉陵江、乌江、赤水河等水系,自然地理条件优越,水陆交通较为方便。聚集了川东、川南、川北、川西和毗邻云贵战地,幅员面积大,资源丰富,经济各有特色。如钢铁、井盐、煤炭、天然气、水电资源和产业得天独厚;茅台、五粮液、泸州大曲等各种名酒汇集,享誉中外;烟、麻、丝、棉、糖等产品质优量大;粮、油、猪丰益称著;优质水果、珍贵药材,加之名胜古迹多,旅游资源丰富,皆可称之为优势;工业上门类齐全,军工、三线企业、科研机构和技术力量比较强。这些都是我们发展区域经济的有利条件。据1987年统计,重庆经济协作区域总面积49.9万平方公里,总人口9558.37万人,工农业总产值696.19亿元,这些数字说明这个区域有相当的经济基础,是处于中国西部的一个重要地区和不可小视的经济力量。

论人和:我们这个地区自古以来经济文化联系密切,风俗民情相近,人员交往不断。随着改革、开放形势的发展,相互经济联系日益增多。1986年4月建立"五市五地横向经济联席会",在多层次多形式的区域协作活动中,行业之间、企业之间的联合协作更加密切,相互加深了了解,增进了友谊,形成了联合起来共同发展区域经济的强烈愿望。经过较长时间的酝酿协商,大家要求将原来的"五市五地"和"长江沿岸中心城市经济协调会"上游重庆片区,合并扩大为"重庆经济协作区",大家真心诚意,平等互利,自愿结合在一起,以较为紧密的组织形式,谋求共同振兴,加快经济发展。可以说"重庆经济协作区"的建立,是形势发展的要求,是人心所向,水到渠成。建立重庆经济协作区的意义和好处在于:它可以联合起来开发丰富的资源;加快发展名牌优质拳头产品,提高规模经济效益,增强对外吸引力和市场竞争力;可以联合各方面的技术力量,迅速提高企业素质和技术水平,可以促进企业之间、行业之间、科研单位之间的联合,逐步形成以优质产品为龙头,以大中型企业为骨干的企业群体或企业集团;可以促成区域内共同市场体系,有利于广泛开展工业品、农副产品、物资、资金、人才、信息、科技、劳务等的交易和交流活动,疏通流通渠道。由于这个协作区内地理跨度较小,在经济联系和相互支援上更为及时有效,可以亲帮亲,邻帮邻,避免舍近求远;有利于在联合中的竞赛和互助;与其他一些经济协作区相比较,我们这个经济区具有小而实、松散而又紧密、凝集而又开放、内联而又外挤的特点,成立协作区,总的意味着我们各地市之间的横向经济关系更加紧密了,经济利益更加联系在一起而难以分割,相互来往更加密切,感情上更加融洽,还意味着我们在相互支持,共谋振兴的前提下,发展经济上的分工协作,需要从区域全局出发来考虑采取一些共同行动;意味着我们要研究制定和认真执行相互优惠的政策,及时互通信息,做到相互全面开放。

"一水西来分瀚海,万峰东去绕神州。"重庆经济协作区以重庆为名称,这是众兄弟市地对于重庆的极大信任和支持。对此,我们深表谢意。重庆在区域内的城市当中虽然规模较大,但是经济技术实力并不强,一些行业和产品落后于兄弟市地的发展水平,由重庆来牵头,确实显得力不从心。但是,重庆愿意为大家做好服务工作,互相取长补短,共同发展。重庆,是全国人民的重庆,是根基于西南和四川的一个地区性中心城市。重庆的发展与全国人民和周围市地的大力支持与协作是分不开的。周围各市地非常体谅支持重庆,同样,我们重庆也要非常体谅、支持周围各市地。可以说,重庆与周围各兄弟市地是互为依托、互为市场、互相协作支援的特殊关系,是经济共同体。重庆经济协作区成立后,我们要大力加强和发展这种亲密关系,我们已决定把加强重庆经济协作区作为我市经济发展战略的一个重要内容,作为发展横向经济联合格局中的主要依托。我们将进一步向协作区内各市地敞开城门,开放市场,欢迎大家来重庆开展市场竞争。我们将在"自愿参加、平等协商、互惠互利、讲求实效"的原则下,努力搞好经济技术协作;发展商品物资交流和金融协作,开发资源,联合出口,传递信息,培训人才;大力鼓励支持本市的企业,以协作区为主要对象,组织企业集团、企业群体。要向群众宣传协作区的概念和友谊,造成有利于协作区内开展协作活动的社会环境;担负好协作区分配给我们的任务。将有关事项纳入政府部门工作的议事日程,为协作区在重庆进行的各项活动提供方便条件。同时,我们欢迎协作区各市地随时对我们的工作加以指导、批评、督促、帮助,以使我们力求把工作做得好一些,不辜负大家的希望。

重庆经济协作区的成立,必将进一步推动这一区域的改革、开放,促进横向经济联合和商品经济的发展。让我们在重庆经济协作区的有关方针、原则指导下,加强联合搞好协作,努力多办实事,求得实效。

祝愿大会圆满成功!

重庆经济协作区成立会议纪要

(1988年3月28日)

1988年3月26日至28日,在重庆举行了重庆经济协作区成立会议。万县、涪陵、重庆、遂宁、泸州、内江、自贡、宜宾、乐山、攀枝花市和万县、涪陵、达县、南充、宜宾、遵义、毕节、昭通地区,共18个市地的市长(副市长)、专员(副专员)率代表团出席了会议。四川省经协办、贵州省外协办的代表应邀参加了会议。国家经委协作局、国家计委地区局和自贡市政府、毕节地区行署等向会议表示了祝贺。

重庆市人民政府副市长孙同川致了开幕词,达县地区行署副专员熊长富作了原"五市五地"两年来横向经济联合协作的情况报告,中共重庆市委副书记周春山、市顾问委员会主任马力到会讲了话,下届会议主席方、乐山市副市长辜仲江致了闭幕词。会议经过大会发言、小组讨论,审定通过会议文件和参观企业,完成了会议预定的任务,取得了积极的成果。

一

会议按照"自愿参加,平等协商,互惠互利,讲求实效"的原则,经过充分讨论,一致决定正式成立重庆经济协作区。

会议审议通过了《重庆经济协作区若干原则》,制定了商品物资流通、科协、职工技协、信息交流、计划外出口和联办经协总公司等专题协作文件,并商谈了有关协作事项。

会议认为,重庆经济协作区是在贯彻党的十三大精神稳定经济,深化改革,加快实施沿海地区经济发展战略的大好形势下诞生的。是这个区域市地传统的经济文化交往,特别是在近几年来广泛发展横向经济联合、协作的基础上形成的。是进一步联合起来,积极参加国际国内经济大循环的客观要求。协作区的成立,标志着这一区域的横向经济联合、协作进入了一个新的发展阶段,它必将推动这一区域的改革开放、资源开发和社会主义商品经济的发展。

二

会议认为,重庆经济协作区有它自己的特色和优势,发展商品经济的潜力很大。这个协作区,位于长江上游水陆交通和航空的交汇处,是内陆出海的一条主要通道,是东部、西部地区经济文化交流的桥梁和纽带。协作区幅员辽阔,人口众多,资源丰富,大、中、小城市的经济各有特色。据统计,全区域面积近28.77万平方公里,人口9363.20万人,工农业总产值674.32亿元。煤炭、电力、天然气、铁矿石、钢铁、有色金属、原盐等能源、原材料资源和农副土特产品资源丰富。工业门类齐全,军工、三线企业多,重工业和轻工业有相当的基础,有一批大中型骨干企业和优质名牌产品,教育、科研力量较强,具有发展商品经济的良好条件和广阔前景。在国家的扶持下,广泛开展横向经济联合、协作,外引内联,取长补短,优势互补,就能逐步把潜在的资源优势变成商品优势。

三

会议认为,重庆经济协作区的成立,逐步建立健全区域内的经济文化协作网络,为发展区域的经济文化必将创造良好的社会环境。它可以按照经济流向、运输半径、市场需求、资源配置等经济合理的原则,进行专业化协作分工,优化产业结构和产品结构,发展优质名牌拳头产品,提高规模经济效益;可以联合起来开发矿产资源和农副土特产品资源,并进行深度加工;可以联合各方面的技术力量,进行技术改造,提高企业素质和生产技术水平;可以促进企业之间、行业之间、科研单位之间的联合,形成科研生产联合体,企业集团,可以搞活流通渠道,逐步形成区域内市场体系,实现大进大出,为工农业生产发展提供市场条件;可以组织教育、科研协作和信息交流,培训各种人才,开发新产品;可以联合区域内各市地的优势,积极参加国际国内经济大循环。总之,成立协作区,意味着区域内各市地感情上更加融洽,经济联系上更加密切,可以亲帮亲、邻帮邻,在联合协作中,既竞争又互助。

会议认为,要搞好经济技术协作,加快商品经济的发展,关键在政策。要参照沿海地区搞活经济的政策,由区域内各市地的经济杠杆部门和金融部门共同研究制定联合、协作的优先优惠的区域政策,以增强吸引力和辐射力。同时,协作区要更加开放,搞活流通,利用重庆的口岸和现有的基础设施,发展内外贸易,每年举办春秋两季综合性的商品交易会,其他市地也可分别举行交易会,或以优质名牌产品为主的专项商品展销会。

会议充分肯定了原来"五市五地横向经济联席会"所取得的成绩。重庆经济协作区成立后,这一协作组织已光荣地完成了它的历史使命。

会议决定,重庆经济协作区第二次会议,1989年在乐山市举行。

重庆市人民政府关于长江沿岸中心城市经济协调会第五次会议的情况报告

(1990年5月8日)

国家计委:

长江沿岸中心城市经济协调会第五次会议于去年底在重庆召开,经沪、宁、汉、渝等23个城市政府代表团的共同努力,会议开得很成功。大家本着求实的精神,努力多办实事。目前各成员市按照会议精神正在积极贯彻落实。会议确定的邮电、水运、金融、科技、商贸、物资、信息、旅游、社科等9个专题的联合协作正在深入开展,生态环境保护专题正在抓紧筹建。我们要积极努力做好工作,争取在专题协作上取得更大的成效。

现将《长江沿岸中心城市经济协调会第五次会议的情况报告》上报你委,请给予指导和帮助。

重庆市人民政府
1990年5月8日

关于长江沿岸中心城市经济协调会第五次会议的情况报告

长江沿岸中心城市经济协调会第五次会议,于1989年12月21日至23日在重庆举行。上海、南京、武汉、重庆等23个城市的政府代表团和9个专题协作单位的代表参加了会议。国家计委地区经济司有关负责同志到会指导。

这次会议以党的十三届五中全会精神为指导,总结了长江沿岸中心城市经济协调会成立4年来的工作,分析了存在的问题,做出了本届会议期间的工作安排。

4年来,根据第一次会议确定的9个专题协作取得了较大进展。沿江23城市在邮电专题协作中增开了电路834条,使通讯难的问题有所缓解;长江联运联营有了良好开端,联运联营货运量已达5700多万吨,初步形成江、湖、海相通,铁、公、空配套的立体运输网络;金融协作发展迅速,沿江城市单位横向资金拆借总额800亿元;商贸协作日益活跃,各种商品交易会累计成交150多亿元;科技协作得到加强,沿江城市之间签订科技协作项目700多项,推动了科技与生产结合;旅游协作起步较好,以沿江城市为依托的流域性国内旅游协作网初步建成,并在联合中取得了一定的经济社会效益;社会科学专题协作,围绕长江经济带发展战略,组织了多次理论研讨;经济协作专题正在向纵深发展,企业之间达成经济技术协作项目2800多项,并形成了一批企业群体和企业集团;以沿江城市为依托的重庆、武汉、南京三大经济协作区相继建立,构成一根银线联四片、万里长江共开发的区域联合促流域联合的新格局。

到会同志一致认为,在治理整顿的新形势下,在各方面困难较多的情况下,继续发展经济联合协作,是我们经济工作走出困境的重要途径,近期必须紧紧围绕经济调整这个中心,为治理整顿服务,为经济持续、稳定、协调发展助一臂之力。

会议进一步肯定了"抓区域,促流域,抓专题,促联合"的工作方针。认为,联合的重点应继续放在推进流域各段的区域联合上,放在专题协作上。流域跨度很大,各有特点,而区域城市之间又地域相连,山水相依,习俗相近,商贸相通,传统经济联系源远流长,较之流域更具有互补性和凝聚力。专题是联合协作的基础,抓专题是当前条件下办实事求实效的实际行动。以各成员市经济工作中的共同难点作为重点,把注意力投向那些不花钱、少花钱、见效快而又能兼顾长远需要的合作领域,以此促进专题协作进一步深化发展,就有助于经济尽快走出困境,见到实效。9个专题中近期重点是抓好水运和邮电专题。对此,我们特恳请国家计委支持帮助协调解决以下问题:

一、关于长江水运

目前长江干支水域航道利用率不高,航道设施落后;地方港口设施简陋陈旧,重点泊位严重不足,加之油料供应紧张,长江航运面临萎缩的危险,沿江城市为此深感不安。为了实现2000年的经济发展战略目标,亟待国家把振兴长江水运提上议事日程。就近期而言,我们希望国家计委继续支持已列入"七五"计划和将列入"八五"计划的航道整治、干支配套及港口码头建设的项目落实。此外,我们还希望按国家产业政策的要求,对航运企业实行政策倾斜,对水上货运价格做适当调整,相应理顺各种运输方式比价,以引导货主多走水运。同时,对航运所需油料尽可能给予优先照顾。

二、关于邮电通讯

沿江城市邮电全程全网协作已经出现好的势头,我们希望国家继续给予支持,把好势头保持下去。建议:1.沪、渝两市是长江沿岸城市及西南、华东地区通讯枢纽,这些地区相互之间以及与海外联系,均需通过沪、渝两市中转,长途通信量大、面广。仅据沿江中心城市经济发展预测,到1995年,仅汉—渝段就需要电路4680条,到2000年需7560条。而汉渝微波工程仅安排重庆—上海的电路60条,与两市所处通讯地位极不相称,远不能满足长途通讯要求,因此要求将正在建设的汉—渝微波工程安排的重庆—上海的电路由60条增加到240条。2.重庆至山东、安徽、江苏的长话均需中转,而安排建设重庆—南京的电话也仅有60条,仍不能满足需要,建议增为120条。3.长江中上游沿岸,特别是西南进出电路,目前除少量架空明线载波外,其余均为无线模拟微波。而长江沿岸各中心城市交换设备均为数字交换机,既大量增加数模转换设备的投资,又影响通讯质量。而且单靠微波传输手段,适应不了国家对西南、西北地区的开发和长江流域经济发展的需要,因此,恳请按照国家计划,尽快落实汉—渝光缆通讯工程建设,以进一步缓解沿江城市通讯难的矛盾。

特此报告。

长江沿岸中心城市经济协调会第五次会议
(重庆)

中共重庆市委 重庆市人民政府
转报《五省区七方经济协调会第八次会议关于几个问题的请示》的报告

（1991年9月26日）

国务院并报党中央：

现将《五省区七方经济协调会第八次会议关于几个问题的请示》呈报，请批示。

附：五省区七方经济协调会第八次会议关于几个问题的请示

五省区七方经济协调会第八次会议纪要

中共重庆市委 重庆市人民政府
1991年9月26日

五省区七方经济协调会第八次会议关于几个问题的请示

国务院并报党中央：

四川、云南、贵州、广西、西藏、重庆、成都五省区七方经济协调会第八次会议于9月5日至9日在重庆召开。会议以党的十三届七中全会精神和江泽民同志在庆祝中国共产党成立七十周年大会上的重要讲话为指导，以贯彻实施"八五"计划和十年规划为目标，以"改革、开放、开发、改造"为主题，围绕联合开发资源，推进以改组改造加工工业为重点的行业协作和企业联合，培育区域市场、开拓内外贸易，以及建立技术市场网络，加强科技联合攻关等问题，进行了深入研究，并取得一致意见。经过各方对口洽谈，达成了一批新的联合协作项目。全国人大[常委会]副委员长廖汉生、王汉斌同志专门为会议题词，使与会同志受到很大鼓舞。

五省区七方经济协调会建立7年来，在党中央、国务院的亲切关怀下，在国家各有关部门的支持和帮助下，坚持办实事、求实效，使协调会组织不断得到巩固发展，年年都取得新的进步。仅协调会第七次会议以来的一年间，各方之间落实的联合协作项目就有380多个，年新增产值8.14亿元，新增税利1.62亿元，商贸和物资协作金额达85.2亿元。在农业、能源、交通、旅游、金融、建筑等方面的联合和协作，均取得了新的进展。尤其令人欣慰的是，协调会多次酝酿商讨的一批向国家建议的能源、交通、基础原材料建设项目，已被国家纳入10年规划和"八五"计划纲要。7年的实践证明，协调会遵循的"自力更生、多方联合、国家支持、共谋振兴"的方针是正确的，"扬长避短、形式多样、互利互惠、共同发展"的原则是可行的，作为改革开放产物的经济协调会组织是有生命力的。

西南地区的经济建设，当前仍然面临着资源优势与自身经济实力相对较弱的突出矛盾。会议从这一现实情况出发，经过充分讨论和协商，决心进一步解放思想，增强改革开放意识，通过扎扎实实的工作，为国家早日大规模开发西南打下坚实的基础。近期内，我们主要抓好列入国家10年规划和"八五"计划重点项目的实施，继续把农业领域的联合协作放在重要地位，推进以改组改造加工工业为重点的行业协作和企业联合，努力培育和完善具有西南特色的区域市场，健全科技协作网络，加强科技联合攻关，争取把区域联合协作逐年提高到新的水平。

振兴西南经济是项跨世纪的宏伟的系统工程。除了我们自身的努力外，热切地期望得到党中央、国务院及其有关部门的关心和支持。

一、根据国家产业政策和生产力总体布局，利用《西南国土资源综合考察和发展战略研究》成果，建议由国家计委具体指导五省区七方联合制定西南地区发展战略规划，并确定一批联合开发项目，进行超前论证和前期准备工作，分阶段地纳入年度计划组织实施。

二、抓紧长江和珠江上游水土流失的治理工程，搞好大西南生态屏障建设,减少下游的洪涝灾害,这是功在当代、利及子孙的千秋大业。建议在国务院主持下,五省区七方联合起来,统筹规划,协同作战。

三、加快西南经济的发展,离不开投入。除国家的集中投入和五省区七方自身努力外,建议中央从五省区七方上缴利税中划出一块,建立西南开发基金,组建西南开发银行,并授予对外借款担保权。同时,由五省区七方以入股方式向开发银行提供财政信用资金,发行股票、债券,吸引社会资金和海外投资。开发银行在中国人民银行总行的领导下,实行独立核算、自负盈亏。

四、为进一步贯彻落实《民族区域自治法》和党的民族政策,加快少数民族地区经济发展和脱贫致富,需请中央继续给予特殊照顾。建议国家在民族地区多安排一些骨干项目,从减少的财政递增补贴中列出一笔专款,集中解决贫困地区的温饱问题。同时争取利用国际援助和贷款,进行开发扶贫和生态建设。

五、为了充分利用西南地区的区位优势,使之在国家全方位开放的总格局中,发挥前沿地带的作用。建议国务院授权五省区七方经济协调会制定区域性的促进边贸发展的方针政策和优惠扶持办法,以及建立边境贸易特区和对外开放试验区的办法,报国务院批准后实施,以扩大西南地区与周边邻国及南亚、东南亚各国的经济贸易往来,为大西南的开发创造更好的条件。

六、交通不畅仍然是影响西南地区资源开发和对外开放的关键。为了尽快改变这种状况,逐步建成水陆空相结合的发达的综合交通运输体系,恳请国务院及有关部门优先考虑和大力支持西南地区的铁路、公路干线、内河航运、航空和港口建设,加大投资力度,多安排一些项目。这不仅对改善全国生产力布局具有重大意义,而且对巩固西南边陲具有战略意义。

以上请示如无不妥,请批示。

五省区七方经济协调会第八次会议
1991年9月9日

五省区七方经济协调会第八次会议纪要

一

五省区七方经济协调会第八次会议,于1991年9月5日至9日在重庆西南经济区协作大厦召开。四川省副省长马麟、云南省副省长保永康、贵州省副省长陈士能、广西壮族自治区副主席陈仁、西藏自治区副主席拉巴平措、重庆市市长孙同川、成都市副市长朱永明分别率团出席了会议。湖南省的代表列席了会议。国务院办公厅、国家计委、科委、化工部、机电部、邮电部、经贸部、中国电子工业总公司、华能国际电力开发公司等有关部门以及新闻单位的同志应邀参加了会议。

本次会议主席、中共重庆市委书记肖秧主持了会议,贵州省副省长陈士能代表上次会议主席方作了一年工作情况的报告。上次会议主席、中共贵州省委书记刘正威,各方代表团团长、国家科委副主任周平和国务院有关部门的同志分别在会上发了言。全国人大常委会副委员长廖汉生、王汉斌分别为大会作了"加强协作、立足西南、面向全国、走向世界"和"扬长避短、形式多样、互利互惠、共同发展"的题词。彭冲副委员长带来口信表示祝贺。化工部,农业部部长刘中一、副部长陈跃邦和四川省政协主席廖伯康分别给大会发来贺电、贺信。

这次会议,是在江泽民同志"七一"讲话进一步指明了建设有中国特色的社会主义经济、政治、文化的方向和全国开始实施"八五"计划和10年规划的大背景下召开的,是西南各方共谋振兴、共同筹划实现第二步战略目标的一次重要会议。会议以党的十三届七中全会为指针,以贯彻实施10年规划和"八五"计划为目标,以"改革、开放、开发、改造"为主题,总结了协调会过去一年的工作,交流了各方10年规划和"八五"计划的主要设想,就如何进一步巩固发展区域经济联合协作,加强协调会工作,加快90年代西南经济发展等问题达成了共识。

二

一年来,在党的十三届六中、七中全会精神指引下,在国家的大力支持和帮助下,在第七次会议主席方贵州省的主持下,协调会各方紧密配合,真诚合作,认真执行第七次会议商定的事项,各项工作取得了可喜的成绩。农业协作有新的突破,联合开发能源有明显进展,发展交通运输收到显著效果,联合推出国际旅游新线路、完善西南旅游线路网络的设想已着手进行,资金融通活跃,建筑行业发挥群体优势迈出了新步子。

一年来,五省区七方联合协作的特点,一是毗邻地区经济协作进一步深化,对推动区域经济发展产生了越来越大的影响;二是技术协作给企业注入了新的活力,有效地促进了科技与生产的结合;三是区域经济研究和舆论宣传工作得到加强,富有成效;四是联络处逐步成为多功能的办事机构,工作向务实方向发展。所有这些,都有力地推动了联合协作的深化。据不完全统计,各方一年共达成各类协作项目490多个,到目前为止已落实380多个,履约率达77.7%,比上年提高14.3%;年新增产值8.14亿元,新增税利1.62亿元;商贸和物资协作金额达85.2亿元。实践证明,五省区七方经济协调会是符合社会主义有计划商品经济发展规律的,方向是正确的,工作是卓有成效的。

三

会议认为,西南地区的经济建设,仍然面临着资源优势与自身经济实力相对较弱的矛盾。虽然西南地区一批重点项目已纳入国家10年规划和"八五"计划纲要,但90年代国家经济建设的重点毕竟不在西南。从这一现实出发,各方表示,除继续向国家争取一批重大建设项目外,要注意把开发新项目与改造挖潜结合起来,充分发挥现有工业基础的作用。西南拥有雄厚的加工工业基础和科技力量,有不少老工业城市、老工业基地和包括三线企业在内的一大批老企业。大力开展区域内的联合协作,加上国家的支持,有利于挖掘潜力,促进区内资源优势和加工优势的结合,推动西南经济的发展。

会议强调,西南地区历来是我国农业生产的重要基地,在各方的经济中也具有极其重要的战略地位,联合加强农业的综合开发极为重要。一定要把农业的联合协作摆到重要的位置上,加快农业资源的开发,联合办好更多的商品农业、创汇农业基地和企业,促进农村商品经济的发展。

会议认为,近几年来,在五省区七方的共同努力下,已经形成了不同层次的物资、商贸、金融等市场。在此基础上,要进一步促进具有西南特色的区域大市场的发育和完善,按照国家建设社会主义统一市场的要求,建立和健全区域性的市场体系。边贸市场既是区域市场的一个重要部分,又是对外贸易不可忽视的重要渠道。联合发展边贸,重振南方"丝绸之路",是西南对外开放、振兴经济的重头戏,从现在起就要组织力量,着手开展有关准备工作,为下次会议深入研究这个问题打好基础。西南地区有着巨大的商品出口潜力。经贸部已经同意,从明年起,"中国西南对外经济贸易洽谈会"每年召开一次,这是五省区七方对外开放的一件大事。首届会议明年6月在重庆召开,各方表示要共同努力,力争首届洽谈会圆满成功。要充分利用西南地区丰富的旅游资源,积极发展旅游业,以适应扩大对外开放的需要。同时积极为明年2月在昆明举办的第三届中国艺术节做好准备。

会议认为,必须坚持"科学技术是第一生产力"的观点,把科技协作提到更加重要的位置,健全科技协作网络,扩大科技协作规模,建立科技成果交易市场,组织科技联合攻关。只有这样,西南的开发、建设和改造才可能有高的起点,逐步缩小与沿海地区的差距,适应全国经济发展的要求。重庆、成都、桂林三个高新技术产业开发区已列为国家高新技术产业开发区。各方开发区要联合起来,优势互补,充分运用国家赋予的优惠政策,把区内更多的生产企业、科研单位和大专院校吸引进来,共同为西南地区的经济发展和对外开放服务。

现在,国家对地区经济政策作了重大调整,实行产业倾斜与地区倾斜相结合的政策,明确提出了"合理分工、各展其长、优势互补、协调发展"的区域经济发展方针。与会同志一致感到,今后10年,经济协调会发展的目标更清楚了,任务更明确了,责任更重大了。表示一定要下大决心,统一认识,协调行动,用自己扎扎实实的工作,不断开拓区域联合协作的新天地,加快西南地区的经济建设,为争取国家早日大规模开发西南打下坚实的基础。

四

会议期间,围绕会议主题,分别不同层次、不同行业进行了双边和多边对口协商讨论,研究了交通、能源、原材料、物资、商贸、资金融通和企业联合等方面的协作项目及互惠互利办法。会议经过认真讨论和反复协商,部分修订了《五省区七方经济协调会若干原则》;形成了《关于联合开发资源的意见》《关于改组改造传统工业,发展企业群体和企业集团的意见》《关于建立区域科技市场网络,开展联合攻关的意见》《关于大力培育区域市场,发展内外贸易的意见》等4个专题文件。据初步统计,在会上达成联合协作项目360项,其中经济协作95项,技术协作179项,物资商贸协作67项,人才交流培训17项。此外,资金拆借2项、金额6000多万元。

会议对联络处的工作表示满意。协调会要巩固和发展,主席方必须进一步加强对联络处的领导,不断完善职能,按照《若干原则》的要求,充分发挥其应有的作用。

五

振兴西南经济是一项跨世纪的宏伟工程,涉及范围广,资金需要量大,技术要求高,关系到方方面面的利益。除了搞好内部的协调以外,还希望中央给予更多的关注和支持。

(一)根据国家产业政策和生产力总体布局,利用《西南国土资源综合考察和发展战略研究》成果,建议国务院指派有关部门具体指导五省区七方联合制定西南地区发展战略规划,并确定一批重点联合开发项目,进行超前咨询、论证和前期准备工作,以适应国家10年经济发展规划需要,使西南人民大规模开发丰富资源的夙愿能早日实现。

(二)大西南地处长江和珠江两大流域的上游地区,打好大西南生态屏障的建设,不仅对改造大西南农业的生态环境有着重大意义,而且能为长江中下游和珠江中下游地区的经济发展提供有力的保障。这是功在当代,利及子孙,牵动半壁河山的千秋大业。今年全国大面积的灾害,更加重了解决这一问题的紧迫性。希望能在国务院的支持下,五省区七方联合起来,协同作战,有计划、有步骤地把长江上游和珠江上游水土流失治理工程抓好,减少下游地区严重的洪涝灾害。

(三)加快西南经济的发展,离不开投入。除国家的集中投入和五省区七方自身努力外,建议中央从五省区七方上缴利税中划出一部分,建立西南开发基金,组建西南开发银行,并授予对外借款的担保权。同时,由五省区七方以入股方式向开发银行提供财政信用资金,广泛发行股票、债券,吸引社会资金和海外投资。开发银行在中国人民银行总行的领导下,实行独立核算,自负盈亏。

(四)为进一步贯彻落实《民族区域自治法》和党的民族政策,加快少数民族地区经济发展和脱贫致富,需请中央继续给予特殊照顾。建议国家在民族地区多安排一些骨干项目,从减少的财政递增补贴中列出一笔专款,集中解决贫困地区的温饱问题。同时争取利用国际援助和贷款,进行开发扶贫和生态建设。

(五)为了充分利用西南地区的区位优势,使之在国家全方位开放的总格局中,发挥前沿地带的作用。建议国务院授权五省区七方经济协调会制定区域性的促进边贸发展的方针政策和优惠扶持办法,以及建立边境贸易特区和对外开放试验区的办法,报国务院批准后实施,以扩大西南地区与周边邻国及南亚、东南亚各国的经济贸易往来,为大西南的开发创造更好的条件。

(六)交通不畅仍然是影响西南地区资源开发和对外开放的关键。为了尽快改变这种状况,逐步建成水陆空相结合的发达的综合交通运输体系,恳请国务院及其有关部门优先考虑和大力支持西南地区的铁路公路干线、内河航运、航空和港口建设,加大投资力度,多安排一些项目。这不仅对改善全国生产力布局具有重大意义,而且对巩固西南边陲具有战略意义。

经过与会代表的共同努力,会议取得圆满成功,并一致通过了向党中央和国务院的报告。按照《若干原则》安排的顺序,五省区七方经济协调会第九次会议于明年适当时候在云南召开。

1991年9月9日

重庆市人民政府办公厅关于印发市代表团《关于五省区七方经济协调会第十一次会议情况的报告》和《五省区七方经济协调会第十一次会议纪要》的通知

(1995年7月12日)

各区、市、县人民政府，市政府各部门：

现将重庆市代表团《关于五省区七方经济协调会第十一次会议情况的报告》和《五省区七方经济协调会第十一次会议纪要》印发给你们。请你们结合实际认真研究贯彻执行。

重庆市人民政府办公厅
1995年7月12日

关于五省区七方经济协调会第十一次会议情况的报告

市政府：

五省区七方经济协调会第十一次会议于1995年5月9日在广西南宁市召开。我市由市委副书记、市长刘志忠和市委副书记金烈率团参加了会议。现将会议有关情况报告如下。

一、会议概况

本次会议由会议主席、广西区党委书记赵富林同志主持，五省区七方的主要党政领导同志分别率团参加了会议，国家有关部门领导，以及广东、湖南、海南省的代表共250余人出席了会议。各方代表团团长、国家有关部委领导在会上发了言。大会通过了本次会议纪要和向党中央的报告（详见会议纪要）。

二、对会议精神贯彻落实的意见

会议结束后，重庆代表团由金烈同志主持，在桂林进行了总结，提出了贯彻这次会议的意见。

（一）对会议提出研究和通过的6个专题，我市有关部门要及时传达，着重研究具体的落实措施，并指定专人负责。特别是出海大通道高等级公路210国道川黔段的等级及建设问题，市计委和交通局应抓紧同有关方协商，统一规划，统一筹措资金，分段实施，争取国家有关部门的支持，早日开工建设。

（二）关于此次会议上报请示党中央、国务院的几个问题，我市除了配合广西主席开展工作外，市委、市政府研究部门和有关单位，还应进一步开展深入的研究，提出更加可操作的建议意见，促进国家有关部门的认可，以增强区域经济的活力。

（三）我市在会前与各方共达成意向性协作项目37项，由市经协办分发有关部门和单位落实。

三、体会和建议

近年来，广西抓住扩大对外开放的机遇，在沿海港口规划建设和出海的公路、铁路建设方面狠下功夫，很有起色。同时，带动了一批相关产业的兴起和发展。看广西，想重庆，代表们认为确有不少值得我们学习和借鉴的经验。

一是广西在出海通道建设上收到了实效。这既为大西南作出了贡献，又为自身发展提供了动力和后劲。重庆应抓住三峡工程建设和三峡库区开发机遇，既服务于三峡，又发展自己。

二是柳州国有企业搞得好。其亏损面仅为20%左右，一大批企业很有活力。同时，该市的精神文明建设和城市管理也抓得好。该市环境优美,街道清洁卫生,给我们留下了深刻印象。建议组织市、区有关人员到柳州考察学习。

三是充分重视广西沿海城市的窗口作用。已初步形成一个港口群体,是我市出口物资在国内运输距离最短的港口,很有利用潜力。建议由我市经贸委牵头进行南出海通道的考察论证工作,提出建议意见。同时,市政府驻南宁办事处北海联络处要尽快设立。

四是充分发挥西南经济区协作大厦和五省区七方经济协调会联络处的作用。建议市政府对西南经济区协作大厦管理问题和优惠政策问题作一次认真的研究,尽快恢复和健全大厦管委会,充分发挥经协大厦作为五省七方团结协作的象征和联络总部的作用。

此报告若无不妥,建议与会议纪要一起转发市有关部门研究、落实。

重庆市代表团
1995 年 6 月 26 日

五省区七方经济协调会第十一次会议纪要

(1995 年 5 月 11 日通过)

一

五省区七方经济协调会第十一次会议于 1995 年 5 月 9 日至 11 日在广西壮族自治区首府南宁市召开。四川省委书记谢世杰,云南省委书记普朝柱,贵州省委副书记王思齐,广西壮族自治区主席×××,西藏自治区副主席梁公卿,重庆市委副书记、市长刘志忠,成都市委书记黄寅逵分别率领各方代表团出席会议。全国政协副主席杨汝岱亲临会议指导。党中央、国务院 14 个部门和有关方面的领导、同志以及专家、学者应邀参加会议。广东省、湖南省、海南省应邀派员列席会议。参加会议的还有中央和区内外有关新闻单位。出席本次会议的代表、来宾和特邀代表、列席代表共 250 人。

本次会议主席、广西壮族自治区党委书记赵富林主持了会议。四川省委书记谢世杰代表上届会议主席讲了话。各方代表团团长、国务院有关部门的负责同志和海南省的代表发了言。全国政协副主席杨汝岱作了重要讲话。

这次会议的指导思想和主要议题是:以邓小平同志建设有中国特色社会主义理论和党的十四届三中、四中全会精神为指针,在总结五省区七方经济协调会成立 10 年来经验的基础上,进一步加强区域联合与协作,按照建立社会主义市场经济体制的要求,抓住机遇,以联合促开放,开放促开发,继续认真落实国务院颁发的《西南和华南部分省区区域规划纲要》(简称《规划纲要》)和第十次会议通过的关于联合实施《规划纲要》近期工作意见,加速西南出海、出境通道建设,扩大沿海、沿边、沿江对外开放,进一步开拓东南亚、南亚市场,促进联合协作与区域经济发展再上新台阶。

二

会议完全同意上届主席方对第十次会议以来一年多的工作总结。认为,第十次会议以来,在党中央、国务院的关怀和支持下,在主席方四川省卓有成效的主持下,各方密切配合,互相支持,认真贯彻执行《关于联合贯彻实施〈西南和华南部分省区区域规划纲要〉的近期工作意见》等第十次会议决议,在联合促开放,开放促开发,加速建设大西南出海、出境通道,培育和发展区域市场体系,共同开拓东南亚、南亚市场,建立和发展旅游网络体系等方面,做了大量工作,取得了可喜成绩。第十次会议商定的专题和协作项目绝大部分得到落实。各方共实施协作项目 569 个,协作资金总额 29.77 亿元,商贸物资交易总额 27.79 亿元。

会议完全同意上届主席方会同各方于去年 12 月作的 10 年工作总结。认为,西南五省区七方经济协调会的 10 年,是共同解放思想,以联合促开放的 10 年,是抓住机遇,创造条件,推动大西南区域经济合作广泛深入开展,不断踏上新台阶的 10 年,是联合协作,联合开发,各方受益,硕果累累的 10 年。这 10 年不断取得新进展的基本经验有如下五点:一是经济协调会的产生,是顺应和推动发展社会主义市场经济,实现全国统一大市场这一经济发展趋势的必然结果;二是各方领导重视,国家大力支持是经济协调会越办越好的关键;三是经济协调会确定了"平等协商,轮流坐庄,各方都有否决权"的基本原则和"自力更生、多方联合、国家支持、共谋振兴"的方针;四是根据形势的发展变化,确定新的协调主题和新的内容;不断寻找新的"共振点",把经济协调工作不断推向新的水平;五是经济协作等部门为各方的联合协作能落到实处做了大量深入细致的工作,为经济协调工作的顺利开展并持之以恒提供了重要保证。

三

这次会议对当前加强西南区域经济合作的五个重大问题进行了讨论,取得了一致意见,并相应制定或完善了实施方案和措施。

1.关于进一步联合加快西南交通通信等基础设施建设问题。五省区七方在联合发展区域经济中必须把交通通信建设放在突出地位,加强协作,相互配合,促进联合开发,进一步加快交通通信等基础设施特别是重点建设项目的建设速度,加快共建大西南出海、出境通道的步伐。

2.关于继续联合开拓东南亚、南亚市场问题。在我国进一步对外开放整体格局中,加强与东南亚、南亚各国的经贸合作,日益显现其重要性和紧迫性。西南地区要在国家的大力支持下,进一步加强联合协作,充分利用自身的有利条件,发挥国家已经批准的对外开放城市、边境经济合作区的政策优势和口岸优势,努力开拓东南亚、南亚市场。

3.关于联合加快区域市场体系培育和建设问题。发挥西南五省区七方的区位优势、产业优势、资源优势和一定的商品优势,加快区域市场体系的培育和建设,对于深化改革,扩大开放,加速经济发展,加快与国际市场接轨具有重要意义。要进一步解放思想,抓住机遇,强化指导与协调,加快西南区域市场体系的培育和建设步伐。

4.关于联合建立和发展旅游网络体系的有关问题。第十次会议《关于联合建立和发展旅游网络体系的意见》是一个建设性的文件。在今后相当长的时期内,这个文件对于五省区七方旅游业的共同发展有着很重要的指导意义。今后要在继续落实该意见同时,根据新的形势,提出新的要求,进一步促进西南地区旅游业的发展。

5.关于加强科技联合与协作问题。依靠和推进科技进步,是加快五省区七方经济发展的迫切需要和重大战略措施,必须围绕贯彻《规划纲要》和实施区域经济协作的重点,加强科技联合与协作,使区域性经济协作与发展转上依靠科技进步的轨道,尽快提高大西南经济发展的总体水平。

这次会议还先期于1995年4月8日至10日在防城港市举行了经济协作项目洽谈会,各方共达成意向性协作项目184项,协作资金11.4亿元。

四

会议认为,五省区七方经济协调会自1984年成立以来,在党中央、国务院亲切关怀下,各方密切合作,共谋振兴,加快了西南地区经济的发展。但是,由于历史的原因和受自然条件的影响,西南地区经济底子薄,起步晚,资源开发程度较低,许多主要经济指标长期位于全国后列。特别是80年代以来,本区域与全国平均水平之间的差距不但没有缩小,而且在继续拉大,特别是与东部发达地区相比,差距更大。这种状况如果得不到逐步改变,将对全国小康目标的实现和保持社会稳定带来不利影响。

与会各方决心在党中央、国务院的领导下,以邓小平同志建设有中国特色社会主义理论和党的基本路线为指针,发扬自力更生、艰苦奋斗的精神,抓住机遇,解放思想,发挥优势,加强区域联合与协作,特别是要贯彻落实好国务院颁发的《规划纲要》和国家的"八七扶贫攻坚计划",加快经济建设的步伐,为我国的经济发展和社会稳定作出贡献。

会议通过了《五省区七方关于贯彻〈西南和华南部分省区区域规划纲要〉和"八七扶贫攻坚计划"请求党中央、国务院帮助解决的若干政策问题》,恳请国家在制定"九五"计划和经济发展总体布局中,从政策等方面给西南地区大力支持。

1.请求国家在制定"2010年远景规划"尤其是"九五"计划时,将《规划纲要》与国家发展计划紧密衔接起来,在"九五"初期就及早安排和实施《规划纲要》中所列举的一批重点工程项目,加大投资力度,落实好《规划纲要》中提出的联合开发和对外开放的一系列重大政策措施;再次请求国家将西藏纳入西南和华南部分省区区域规划的范围;建议国务院把五省区七方作为联合实施区域规划的试验区,由国家计委牵头、有关部门和西南五省区七方参加组成指导小组,指导、帮助开展试点工作。

2. 请求国家像支持"三西"地区脱贫那样,建立扶贫工程专项资金,用于支持打好1995—2000年"西南喀斯特地区三省区四方(黔、桂、滇和中国科学院)科技扶贫攻坚战役";请求国家增加对西南地区的扶贫专项资金,支持搞好经济开发、移民搬迁、异地安置及改善生产生活基本条件。

3. 请求国家在完善新的财税体制、实行财政转移支付制度时,增加对西南地区的转移支付;请求对西南五省区七方的消费税实行中央和地方共享政策,留给地方一定的比例;请求在中央银行领导下,批准由五省区七方联合建立股份制的西南发展银行,支持西南中心城市设立外资银行分支机构,尽快批准西南地区成立城市合作银行;批准建立一家证券交易所;请求国家增加对西南地区的信贷规模和信贷资金投入;请求在中西部乡镇企业贷款规模中单独给西南五省区七方列出一块,对特困地区既给信贷规模,也给相应的配套资金;对西藏仍执行现行的财税、金融政策。

4. 请求中央准许在"九五"期间西南地区的开放城市继续执行开放城市政策;继续执行国发〔1995〕33号文件所规定的有关边贸政策;请求国家在利用外资项目和项目的配套资金安排及出口商品许可证、出口配额、出口退税指标的分配等方面,对西南地区给予照顾;请求国家批准五省区七方设立一两个保税区。

5. 请求国家增加对西南地区的义务教育、师范教育、高等教育、扫盲教育的经费;请求国家增加对西南地区的科技投入,支持"九五"科技攻关以及星火、火炬、成果推广、社会发展等科技计划的实施。

五省区七方经济协调会第十一次会议
1995年5月11日于南宁

重庆市人民政府关于鼓励与上海等沿海城市经济联合协作的通知

(1996年6月14日)

各区、市、县人民政府,市政府各部门:

为进一步推进我市与上海等沿海城市的经济合作,吸引鼓励上海等沿海城市企事业单位来渝投资、联合、兼并企业等,依照国家及省市有关规定,特将有关政策措施通知如下:

一、工商注册

上海等沿海城市来我市新办企业、兼并企业、联合经营企业等,各级工商行政管理机关要减少程序,优先办理,5天内办完企业注册登记手续;来我市兼并小型企业和困难企业,需要变更登记事项的,免收变更登记费(包括注册资本增加部分的登记费)。

二、信贷

合资企业、合营企业、兼并企业,均保留原信贷关[系]。

局部联营实行独立核算的,可开设独立账户,资金实行封闭运行。

兼并我市亏损企业的,原亏损企业的银行贷款本息按国家和我市有关兼并政策办理。

属高新技术、经济效益好的企业,银行优先提供贷款。

三、财政税收

(一)上海等沿海城市来渝新办的经市科委认定的高新技术企业,从投产年度起,两年内免征所得税,以后年度按15%税率征收所得税。

（二）来渝新办的全资企业,自投产年度起,可全额返还所得税两年,减半返还所得税3年。

（三）合资、合营、兼并、租赁、承包经营、技术入股等形式的生产企业,从投产年度起,经财税部门审定,两年内新增的所得税,全部返给企业,从第3年到第5年度上缴的所得税的50%返给企业。

（四）全资、合资、合营、兼并、租赁、承包经营、技术入股等企业发生年度亏损,可用下一年度利润弥补,弥补不足的,可延续弥补,但最长不超过5年。

（五）对我市亏损企业进行承包、租赁、技术入股,从投产年度起,全部返还所得税两年,减半返还所得税3年,第6年到第8年度返还所得税的40%。

（六）兼并我市亏损企业的,除享受中国人民银行、国家经贸委、财政部联合行文的银发〔1995〕130号文件,关于鼓励和支持18个试点城市企业兼并后贷款本息处理的政策外,从盈利年度起,先用利润弥补亏损,补亏完毕后,再全部返还所得税2年,减半返还所得税3年,以后年度上缴所得税的40%返还给企业。同时增值税、营业税和其他相关的税（地方部分）,3年内均按15%返还给企业。

四、建设规费

新办全资企业中被市科委认定为高新技术企业的,其建设配套费中属地方征收的实行减半征收;一般性加工项目进行改造需征地、建设的,属地方征收的建设配套费可缓交1年。

对我市亏损企业进行合资、合营、兼并、承包经营、技术入股,需要征地、建设的,属地方征收的建设配套费予以减免。

合资、合营、租赁、承包经营、技术入股等形式的生产企业的土地使用权、能源使用权仍以重庆合作方企业名义继续使用,不另交土地出让金和其他有关费用。

五、其他

全资、合资、合营、兼并等企业在股份制改造、债券、股票发行等方面,与我市企业同等对待。

合资、合营、兼并、租赁、承包经营等企业原享有进出口经营权的,可继续享有。

对引荐沿海城市资金实行奖励。按照外来投资者在企业合同、章程中认缴并投足的实际出资额和根据引荐资金者的贡献大小,由受益企业、单位给予引荐单位和个人（党政机关和党政干部除外）相应的奖励。

合资、合作、租赁我市特困企业的,除享受以上政策优惠外,还可个别另行商定特殊优惠政策。

六、适用范围

上海等沿海城市来我市投资、合作、合营等,是指上海等沿海城市的企业、事业单位在我市新办全资企业、合资企业、联合经营企业、兼并企业、租赁经营企业、承包经营企业、技术转让等。

内联、驻渝企业与我市企业再合营,其中客方投资比例在40%以上的,以及外地企业来渝投资符合上述条件者亦可享受以上政策。

各区市县原则上执行上述政策措施,亦可根据上述原则结合本地实际情况制定在本区市县实施的鼓励政策。

重庆市人民政府
1996年6月14日

(二)对外开放

重庆市人民政府关于设立台商投资区的请示

(1990年3月24日)

国务院：

根据重庆市经济发展、对外开放的需要，重庆同台湾、海外有诸多历史联系的有利条件，以及重庆在西南经济协作区中的地位和作用，我市从1986年起就积极筹划在重庆市设立可有效吸引外商投资的经济技术开发区或台商投资区，并逐步进行了前期准备工作。1989年8月，我市派专人到国务院台办和特区办汇报了设立台商投资区的具体设想，由于服从国家政治、经济方面的宏观考虑，尚未付诸行动。

最近，我们接到《国务院关于加强对台经贸工作的通知》，按照文件中指出的"为吸引台资，有条件的地方，经国务院批准，可以设立台商投资区，由当地政府按国务院批准的方案和有关政策，制订规划，组织实施"的精神，特报请批准重庆市设立"丹桂台商投资区"(1.5平方公里)和"金紫山台商投资区"(1平方公里)。现将有关情况和方案报告如下：

一、重庆市设立台商投资区的有利条件

1. 重庆具有资源丰富、劳力充足、技术力量强、工业基础雄厚、商贸活跃等优势。经过10年改革开放，我市去年的工农业总产值248亿元，出口创汇3亿美元，实际利用外资2.2亿美元，开办的三资企业达60余家，在对外经济、技术、贸易合作方面已有一定基础与经验。近年来，重庆的城市基础设施和投资环境也有了很大改善，如新建的江北机场、石门大桥已投入使用，珞璜电厂、江北燃气电厂今年将为我市新增近50万千瓦电力，成渝公路已开工，程控电话正在加紧进行中。

2. 重庆曾经是"陪都"，去台人员达4万多人，现有台属近12万人。与重庆有密切联系的在台人员的层次高，据不完全统计，历任和现任军政高级职务的有1000多人，在社会上有名望、经济上有实力、学术上有造诣的有200多人。近两年来，每年有4万至5万人次台胞到重庆探亲旅游、洽谈商贸，并已有8家台商在本市投资兴办独资、合资企业，另通过亲属投资办了10家台属企业。今年以来，许多台商在台湾经济界"开发长江经济走廊"战略构想的影响下，对到重庆投资的欲望越来越高，对大陆内地设置台商投资区表现出很大兴趣。5月，台湾国际投资发展协会将组织25名企业界高层人士来重庆实地考察和洽谈投资项目。陈立夫、谷正纲等在给重庆亲友的信件中亦表达了愿作巨额投资的意向。

3. 重庆作为我国西南地区的工业重镇、商贸集散地、交通枢纽，通向西南的门户，台商、外商首先涉足重庆投资，也是十分有利的。

二、重庆设立台商投资区的方案

遵照国务院对台商投资区建设"要量力而行，讲求效益，开发一片，建成一片，收益一片"的指示精神，我市拟采取"一次规划，总体设计，分期实施，滚动建设"的方针，并在总体上基本做到：台商投资区的建设与重庆社会经济发展战略相结合，与重庆市城市总体规划相配合。

根据上述方针和原则，我们选定母城南部(长江以南)的南岸区南坪设立"丹桂台商投资区"和母城北部(嘉陵江以北)红黄路地区设立"金紫山台商投资区"。

1. 丹桂台商投资区

南岸区的南坪，是国务院1983年批准的重庆市城市总体规划中规定的全市4个副中心之一，是我市的贸易中心和电子工业生产、科研基地。1985年起，市政府把15平方公里的南坪地区列为我市的经济技

术开发区,几年来投入14亿元人民币开发建设,已初具规模。该地区从连接市中心区的长江大桥南桥头起,以川黔公路为轴线,根据用地功能要求,结合区内地形地质,将区内划分为工业区、商贸区、生活区、文教区、娱乐区,并由区内道路连通。目前,该地区工业性投资仅1亿元左右,是最薄弱的一项,影响到该地区综合效益的发挥。

"丹桂台商投资区"位于南坪的工业区内,1.5平方公里,东靠真武山风景区,西临长江,北靠商贸区和生活区,南接工业预备发展区。投资区地形开阔,地势平缓,地质稳定,界线明确,目前大部分为农地,有1032家农户。投资区距重庆火车站4公里,九龙坡及上桥铁路货场15公里,距朝天门码头6公里,距江北机场28公里。连接公路干线的区内公路已达投资区边缘。南坪地区供水有日产10万吨的水厂,目前实际用量不到6万吨,主要供水管网已铺设到各功能区,我市珞璜电站第一台36万千瓦机组今年底投产后,全市电力供应将大为改善,南坪地区新增11万伏变电站正在规划待建中,南坪原有厂区和新区均已使用天然气,第二气源管道的设计工作已在进行,形成环状供气系统后投资区的供气将得到保证,南坪新建电信分局已完工,正待安装引进的程控电话。

"丹桂台商投资区"周围正从三线地区迁入电子和光学方面具有较高技术水平的3个研究所和3个工厂。距投资区1公里多的公路干线两侧已建成贸易大楼、金融大厦、涉外饭店及一般的商业服务设施和生活设施。这些均为投资区提供了良好的依托条件,并可节省投资区配套设施的投资。

"丹桂台商投资区"确定为工业区,主要吸引以外销为主的、技术先进的、可替代进口的、附加值高的产业进入,并努力与我市重点工业发展项目和技术改造项目相配合,提高全市工业水准与经济效益。在项目的选择上,尽力避免污染重、能耗高和运输量大的项目。在上述原则下,考虑到台商来内地投资初期"投石问路""摸石头过河"的心态,拟不论投资额的大小,产业的多样,可先兼蓄并收,再适时导向。同时,该区以吸引台商投资为主,也不排斥外商、港商的投资。

按照通常的计算,1.5平方公里的"丹桂台商投资区",需投入1.5亿—2亿元人民币进行基础设施的开发,在引进的工业企业全部投产后,将产生20亿元左右的产值,并逐步获得相应的税利和外汇,经济效益将会是好的。土地开发投资拟采取本市自筹为主,先动起来,同时吸引台商小块包片开发。

2."金紫山台商投资区"位于嘉陵江北岸江北区与江北县的结合部,1平方公里,紧靠210国道,四周有红黄路等公路环绕。投资区属浅丘地形,地质结构稳定良好,承载能力较强。该区以北约20平方公里的一大片农地,是吸引台资、外资大面积开发的良好场地。投资区距市中心区5公里,有嘉陵江大桥连通,与老城区有较好的依托关系。该区距重庆火车站6公里,距朝天门码头10公里,江北机场18公里,附近有海关、民航、经贸等大楼。投资区的电力、天然气网络较好,唯给水与排水尚需新投建设项目才能保障。

我们认为,丹桂和金紫山都是较好的吸引台商投资的地区,眼前来看,"丹桂台商投资区"的各项条件要成熟一些,易于开发,因而拟将"丹桂台商投资区"作为起步区,立即动手,"金紫山台商投资区"积极创造条件,随后跟进。

三、设立"丹桂台商投资区"的措施

1.立即成立"重庆市台商投资区管理委员会",由一位副市长牵头,组织有关部门,负责统筹规划、综合协调、监督推进投资区的建设与发展。抽调得力干部,建立精干的管委会办公室(局级),按市政府授予相对独立的职权,实际负责规划、开发、管理投资区各项事务。

2.作为起步,先在本市筹措6000万元人民币,今明两年内完成"丹桂台商投资区"5—6公里区内道路的建设;相应的区内电力、供水、燃气、通讯设施和管线的建设;大约0.5—0.8平方公里内农民的搬迁与安置。

3."丹桂台商投资区"经国务院批准后,迅速编印资料对外介绍,同步吸引台商小块包片开发,洽谈投资建设工业厂房与合资、合作项目等。

4.按国务院批准的权限与政策,制订投资区的管理法规和具体政策,并组织相关部门建立精干高效的办事机构和办事程序,创建良好的软环境。

综上所述,我们请求国务院批准重庆市设立"丹桂台商投资区"和"金紫山台商投资区",给予厦门市杏林、海沧台商投资区相同的权力和政策。

以上报告当否,请予批示。

重庆市人民政府
1990年3月24日

重庆市人民政府关于成立重庆经济技术开发区(台商投资区)管理委员会的通知

(1990年4月28日)

各区县人民政府,市政府各部门:

为进一步贯彻改革开放的国策,加速吸引外商、港商、台商来渝投资,市政府正报请国务院批准设立重庆经济技术开发区或台商投资区。

市政府决定成立重庆经济技术开发区(台商投资区)管理委员会,在市政府的直接领导下,负责开发区的规划开发、政策制订、统筹协调、组织实施等工作。重庆经济技术开发区(台商投资区)管理委员会组成人员名单如下:

主　任:	刘志忠	副市长
副主任:	辛　玉	市政府副秘书长
	丁道三	市城乡建委主任
	郭伟贤	市外经贸委副主任
	王克俊	市台办主任
	金　戈	专职
委　员:	吴家农	市计委副主任
	杨泰琪	市经委副主任
	王泰然	市科委副主任
	张东辉	市外办副主任
	王朝兴	市经协办副主任
	周义正	市侨办负责人
	高　群	市国土局局长
	陈　俭	市规划局局长
	胡安纮	市财政局局长
	李启明	市税务局局长
	周祖孝	市工商局局长
	杨国生	市公安局副局长
	曹均绵	南岸区区长
	刘治华	江北区区长

重庆经济技术开发区(台商投资区)管理委员会下设办公室(局级),办公室主任由金戈同志兼任。

管理委员会及其办公室的职权,经市政府审定后,另行通知。

重庆市人民政府
1990年4月28日

关于报批《重庆经济技术开发区(台商投资区)起步阶段实施方案》的请示

(1990年6月6日)

市政府:

《重庆经济技术开发区(台商投资区)起步阶段实施方案》(以下简称《方案》)是根据市委、市政府领导和市政府两次常务会议有关指示精神,及筹备组和管理委员会多次会议研究决定的问题综合整理形成的。

《方案》提出了经济技术开发区建设的总任务和总目标、总的指导思想和方针以及开发区建设的范围、实施步骤和起步阶段的任务等内容;并已经开发区管委会第一次主任办公会议审定同意。为尽快使引资开发工作走上正轨,加快开发建设步伐,《方案》中根据市府〔1990〕61号文规定的由管委会负责开发区的"规划开发、政策制订、统筹协调、组织实施等工作"的精神,还提出了以下几个需要由市政府正式批示的问题:

1. 根据市政府关于重庆经济技术开发区应实行由管理委员会办公室"一个窗口对外"的原则,建议明确开发区管理委员会及其办公室以下的职责权限:

开发区管委会在开发区范围内,应是代表市政府负责土地规划、征用、开发、出让、管理和引进台(外)资项目、管理"三资"企业的领导和决策机构,行使市一级的管理权限。管委会办公室是其执行机构,负责实施管委会的各项决议和处理日常工作。

在开发区内,由管委会办公室实行"一个窗口对外"的原则。开发区内有关土地规划、开发、建设、出让以及引进台(外)资、兴办"三资"企业等项目,由管委会办公室会同市各有关主管部门,建立联合办公、集体审批的制度,在报经管委会批准后执行。

2. 在起步区内,对南坪一贸易区、二贸易区和四、五生活小区共约23.8万平方米已征未建的地块和丹桂台资区12个合作社共约1.5平方公里的土地,建议由开发区管委会办公室向国土部门一次性办理土地使用权转移和征地审批手续后,由管委会实行统一规划、统一管理、统一出让土地,分期实施征地、开发。

3. 为简化手续,缩短建设周期,建议市计划部门对开发区基本建设计划和建设用地计划每年分两次(即上半年一次,下半年一次)切块下达,保证开发区建设需要。

4. 为统筹安排,合理布局,提高开发建设的经济和社会效益,建议对开发区范围内的规划布局由管委会统一控制。原则是凡能利用来引进(外)资的地块,都应用于引进台(外)资开发。对南坪地区的详规,也应按此原则调整,其中原已规划用于住宅、商品房及其他建筑而尚未建设的,应暂缓办理颁发建筑及施工许可证,待规划调整后再重新审批。

5. 建议市政府对征用丹桂台资区12个合作社土地,免征耕地占用税、菜地建设费和垦复费。将此笔资金用于建立"开发基金",参与"滚动"建设。

6. 关于起动资金5708万元(其中1990年需2033万元)的来源问题,根据市政府常务会议上同川同志指示精神,建议:

(1)市人民银行开发性贷款1000万元,请市人行给予优惠利息,并请市财政给予贴息。

(2)请市财政1990年先筹拨1033万元。

(3)请市城乡建委垫支建设4条道路的资金906.8万元,在以后所收配套费中逐步偿还。

(4)请市计委从能交基金中拨付1662.5万元,其中1990年需款562.5万元。专用于建台资区变电站以及C线延伸1.5公里和4条道路时同步铺设供水管道、供电线路、输气管线和通信电缆等能源、交通项目的垫底资金。

(5)1991年所需资金3675万元,请市政府和市财政局届时另行筹拨。

以上意见当否,请批示。

附件:《重庆经济技术开发区(台商投资区)起步阶段实施方案》

重庆经济技术开发区管理委员会
1990年6月6日

重庆经济技术开发区(台商投资区)起步阶段实施方案

一、总的任务、目标

重庆经济技术开发区、台商投资区(以下简称"开发区")的建设,总的任务和目标是要创造条件大规模引进台(外)资及先进技术,兴办"三资"企业,增强出口创汇和进口替代能力,促进我市产业结构的调整,全面加快重庆经济,特别是外向型经济的发展。"八五"期间,开发区计划在南坪"起步区"内,通过开发1.5平方公里的面积,兴建100—150个"三资"企业,预计可实现产值20亿—30亿元,税收1亿—1.5亿元。

二、总的指导思想和方针

开发区的建设,要在依托重庆市和南坪新区现有的基础上,从实际出发,充分发挥投资效益和各项自然、社会资源的优势,扬我之长,特别是要运用好重庆市与台湾各界各层次的特殊关系,尽量吸引以合资为主,包括港澳地区、外商、侨商等一切外资,到重庆来投资兴办企业、从事房地产开发和基础设施的建设。通过开发区的建设,充分发挥其前沿、先导、催化作用,以带动全市的经济发展。

开发区要切实贯彻党的改革开放的方针,把中央的政策用够用活,运用党的政策去增强对台(外)资的吸引力。本着"互惠互利"的原则,鼓励台(外)商来渝投资办厂,从事房地产开发经营和基础设施建设,并依法保护其正当权益;在政策和法律允许的范围内,尽量给予台(外)商更多的优惠。在外资引进工作中,应从大局出发,从根本上着眼于我们的社会生产力和增强我们的经济实力。

开发区的建设要本着"量力而行,尽力而为"的原则,实行"统一规划,总体设计,分期实施,滚动建设"的方针,努力做到国务院提出的"开发一片,建成一片,收益一片"的要求,坚持发扬艰苦奋斗、勤俭创业的精神,精打细算,尽量降低开发成本,缩短建设周期,加快资金流转,借以加强自我积累、自我发展的能力,逐步加快"滚动"建设速度,切实做到有的放矢,稳扎稳打,稳步前进。

开发区应为投资者创造一个良好的投资环境,一方面要不断完善基础设施配套条件,一方面要十分注重软环境的建设。切实提高办事效率,简化手续。开发区对台(外)商的投资项目,实行由开发区管委会办公室(以下简称"开发区办公室")一个窗口对外,由"开发区办公室"建立与各有关职能部门联合审批项目的制度。按项目投资金额确定批准的权限,并可设立相应的投资服务机构为投资者提供全过程的服务。

三、开发区建设的范围、实施步骤和起步阶段的任务

(一)开发区总的规划和开发建设的范围

"丹桂台商投资区"规划面积1.5平方公里。规划第二步开发回农村一带2.1平方公里。上述两片均可依托南坪经济技术开发区15平方公里现有各项市政基础设施和生产、生活服务设施。

江北"金紫山台商投资区",规划面积1平方公里,其周围金紫山地区可供开发面积约20平方公里。

鉴于南坪现有城市基础设施较为完善,市政府决定以南坪开发区和"丹桂台资区"作为"起步区"。

(二)整个开发区的开发、建设拟分以下三个阶段分期实施

第一阶段,从1990年至1991年,为"起步阶段"。将南坪已征未建的土地23.8万平方米及现有即可提供兴办合资、合作企业或转让办独资企业的厂房16万平方米,作为起步点。同时,兴建1万平方米可供出让的标准厂房。做好"丹桂台资区"的开发准备,并实施开发3个合作社。

第二阶段,从1992年至1995年,为"重点开发阶段"。在开发建设大石坝、老房子、大坪3个合作社的基础上,采取"滚动"的办法,分期完成"丹桂台资区"其余9个合作社的开发建设,并做好下一步全面开发建设的准备工作。

第三阶段,1995年以后,为"全面开发建设阶段"。着手"金紫山台资区"1平方公里,回龙台资区2.1平方公里以及金紫山地区20平方公里的规划和开发建设。并根据当时主、客观条件,再拟定具体的实施方案。

(三)起步阶段的主要任务

1.完善有关手续,并对起步区进行统筹安排合理布局。

(1)办理土地使用权的划拨、征用和出让等有关手续。

近期内对南坪一贸易区、二贸易区和四、五小区共23.8万平方米已征未建的地块和"丹桂台资区"12个合作社,即大石坝、老房子、大坪、洗脚溪、哑巴洞、石盘、上湾、青龙嘴、中嘴、任家湾、丹桂、土地沟合作社,共约1.5平方公里的土地,由"管委会"实行"统一规划,统一征地,统一管理,统一开发,统一出让"的管理办法,以便于集中引资开发,加快资金流转,促进"滚动"建设。

为加快开发区建设步伐,切实做到有计划、有步骤地搞好开发区建设,本着"长期目标与短期任务相结合""节省国家建设开支"的原则,对"丹桂台资区"12个社的征用,实行一次审批,由开发区管委会办公

室,按规划进行控制,统一安排使用土地。在土地未安排使用前,仍由社员耕种,但要冻结社员入户、分户和构、建筑物建设;根据开发区发展需要,分期征用和安排使用土地,分期支付拆迁、补偿、安置费,对起步点23.8万平方米的已征未建土地,一次办理划拨手续,并由开发区办公室负责在有偿出让给台(外)商后,偿还征地单位原征地的成本。

上述土地出让、转让等法定手续及土地档案的保管、存档等技术性问题,由开发区办公室负责同所在地国土部门共同研究解决。

(2)完善现有(含在建)厂房提供合资合作或出让、租赁的内部手续。

开发区办公室应分别同能提供现有厂房合资、合作或转让的企业(在取得其上级主管部门同意的情况下),共同研究确定有关的手续、程序、价格条件等,提出具体方案,报经"管委会"批准后执行(企业同其上级主管部门之间的一切手续,由企业负责办理)。

(3)根据投资者需要本着合理布局的原则,对南坪地区原有的详细规划作适当调整。原则上对凡是可利用于开发引进台(外)资的地块,都应首先用于开发引进台(外)资(包括规划建住宅而尚未动工建设区域)。今后,商品住宅及城市、农村的拆迁、转户房、乡镇企业厂房及其他房屋建筑,都应根据其不同性质、功能,统一调整到不适于开发引资的部位。

目前,在调整南坪开发区详规以前,应暂时冻结开发区范围内新建项目的定点、征地等工作。已完成定点、征地等手续而尚未动工的项目,也应暂缓发给建设施工许可证;在规划调整以后,再办理有关审批手续。今后,凡进入开发区的建设项目,必须征得开发区办公室同意后,方能办理有关手续。

(4)为适应开发区发展的需要,做好引进外资开发的准备,在开发建设中,开发区办公室将根据投资者和开发建设需要,分期分批修建标准厂房、高级住宅、写字楼、"农转非"安置房等生产、生活用房。为了简化手续,缩短建设周期,建议由市计划部门对开发区基本建设计划和建设用地计划每年分2次(即上半年1次,下半年1次)切块下达,保证开发区建设需要。

2.要实施起步点的工作,目前首先必须解决几条主要干线的改造、连通工作。

其中:A线长791米,宽35米,面积27605平方米。现已投资60万元,尚需资金272万元。

C线未完道路长605米,宽30米,面积18150平方米,需资金217.8万元。

F线长553米,宽40米,面积22120平方米,已完成投资50万元,尚需资金215.4万元。

E线长420米,宽40米,面积16800平方米,需资金201.6万元。

以上道路合计长2369米,面积85980平方米。除市城乡建委已下达配套费道路项目计划110万元外,尚需资金906.8万元(以上费用只含道路建设资金)。建议由市城乡建委统筹安排垫支,以后在收取的配套费中解决。其中C线连通605米,还需零星征地18亩左右,其征地费用建议先由南岸区政府垫支,以后在土地征用费中解决。

上述工程完成后,将形成南坪开发区道路循环网络,大大加快开发速度,尽快收到成效。

3.为了适应台商投资的需要及提高开发的经济效益,计划兴建1万平方米标准厂房,作为出让给客商投资办厂的场地。每平方米造价控制在800元内,今年需筹措资金800万元。

4.在加速"起步点"开发的同时,1990年以内,应同步做好"丹桂台资区"详细规划和开发的准备工作,以防止发生"断档""搁浅"的被动局面。

(1)"丹桂台资区"共12个合作社,社员1245户3539人。其中,劳力安置2258人,生活安置637人,耕地面积2093亩,投影面积3240亩,可建地面积2592亩,按初步测算征地费每亩58005元(每亩含耕地占用税5200元,菜地建设费15000元,垦复费5000元,合计"一税两费"每亩25200元),土地开发费每亩45335元(含"七通一平")计算,共需征地费1.5亿元,土地开发费1.17亿元,两项合计2.67亿元。

(2)根据"统一规划,总体设计,分期实施,滚动建设"的方针,决定先期开发大石坝、老房子、大坪3个合作社,其余9个合作社留待以后逐步"滚动"开发。

上述先期开发的3个合作社,共有社员274户734人。其中,劳力安置468人,生活安置111人,耕地面积384.4亩,投影面积594亩,可建地面积475亩。

按前述单位成本价计算,共需征地资金2755万元,土地开发资金2153万元,两项合计4908万元。

实施上述3个合作社的征地和土地开发计划从现在开始,到1991年9月底完成,达到可以出让和建设的程度。要实现这一进度,必须立即着手建设转户农房17325平方米,预计1991年3月完成。为此,今年就必须筹集转户房建设资金693万元(以400元/平方米造价计)。

(3)为了保证"丹桂台资区"这3个社的按期开发建设,今年必须立即实施C线道路延伸1.5公里,通入台资区内。按每公里造价360万元计,共需资金540万元。

5.起步阶段的投资和效益测算。

投资部分:

(1)道路建设(A线、C线、F线、E线)。1990年共需资金906.8万元(不含已下达计划110万元),由市城乡建委统筹垫支以后在收取的配套费中解决。

(2)需市政府筹拨起〔启〕动资金5708万元,其中1990年需用2033万元,1991年3675万元。

具体项目:

建标准厂房1万平方米,800万元,1990年需用。

征用3个合作社土地,征地费2755万元。其中,1990年先建17325平方米转户房,需资金693万元。

3个合作社土地开发费2153万元。其中,1990年C线道路延伸至台资区长1.5公里需要资金540万元(起步阶段投资详见附表,略)。

(3)供电线路、通讯电缆、供水管网、天然气管道的铺设,变电站建设,需由〔国〕家垫付资金1662.5万元(其中:1990年需款562.5万元)。此款以后可陆续收回,但目前就需垫支。建议请市计委从能交资金中拨付。

效益分析:(1)起步区内23.8万平方米现成土地,每平方米成本268元(含征地费98元,"七通一平"开发费170元),总成本6378.4万元(其中征地费2332.4万元,"七通一平"开发费4046万元)。

根据市政府确定的工业用地出让价格280元/平方米—350元/平方米计算。

按低限价出让可收入6664万元,扣除成本6378.4万元,可增值1951.6万元。

(商业用地出让的增值效益尚未计入。)

(2)新建1万平方米标准厂房,单位面积造价按800元/平方米计算,总成本为800万元。

若按低限价(1200元/平方米)出让,可收入1200万元,增值400万元。按高限价(1500元/平方米)出让,可收入1500万元,增值700万元。

(3)"丹桂台资区"3个社可建地475亩,共31.6万平方米。以每亩征地费58005元计算,征地费总额2755万元;土地开发费以每亩45316元计,开发费总额2153万元。扣除每平方米成本155元(含征地费87元,开发费68元)。

按工业用地低限价出让,可收入8848万元,扣除总成本4908万元,可增值3940万元。

按工业用地高限价出让,可收入11060万元,扣除成本4908万元,可增值6152万元。

以上三项增值部分总计(按工业用地出让价计算):

按低限价出让共可增值4625.6万元;

按高限价出让共可增值8803.6万元。

市政府在今明两年筹拨5708万元起〔启〕动资金及市城乡建委在解决906.8万元配套资金后,开发区今后就有可能依靠自我积累来实现整个开发区滚动建设的目标;除江北水厂等个别大型项目外,可不再要市政府投资。

根据大连等沿海经济特区、开发区的经验,"丹桂台资区"完成5年开发任务后,预计可完成我们的总的任务和目标。纵观长远,若南坪开发区和金紫山地区20多平方公里,在21世纪初叶全都完成开发时,则其直接经济效益和社会效益必将更为可观。

四、强化机关内部管理,提高工作效率

为了保证开发区建设的顺利进行,开发区办公室各级干部、全体工作人员,必须坚持党的领导,强化党的思想政治工作,坚持党的"一个中心,两个基本点"的基本路线,树立全心全意为人民服务的思想,发扬艰苦创业的精神,保持清正廉洁的作风,不断加强政策业务水平的学习,在工作上务必做到"高效率、快节奏、满负荷",建立健全各项规章制度,搞好各方面的团结协作,努力完成党和政府交给的一切任务,为重庆市的建设和发展作出应有的贡献。

重庆市人民政府关于设立重庆市人民政府高新技术产业开发区办公室的通知

（1990年6月26日）

各区县人民政府，市级各部门，在渝各高等院校、科研设计单位：

重庆市沙坪坝科技产业开发试验区于1988年5月建立以来，在沙坪坝区委、区政府的领导下，为推动科技成果商品化、产业化，为促进科技与经济相结合发挥了重要作用，取得了很大成效。为了进一步加强领导，有利于推动高新技术及其产业发展，达到振兴经济的目的，经市政府研究决定：

一、将重庆市沙坪坝科技产业开发试验区更名为重庆高新技术产业开发区。

二、设立重庆市人民政府高新技术产业开发区办公室，代表市人民政府组织重庆高新技术产业开发区的建设和发展工作，办公室由市科委归口管理。

重庆市人民政府
1990年6月26日

重庆市人民政府关于申请批准重庆高新技术产业开发区的请示

（1990年7月20日）

国家科委：

根据1985年《中共中央关于科学技术体制改革的决定》和国务院国发〔1988〕29号文的要求，我市于1988年4月30日以重府函〔1988〕46号文批准同意在高校、科研机构比较集中的沙坪坝区建立了重庆市沙坪坝科技产业开发试验区（简称"试验区"），并成立了由主管科技的副市长任组长的试验区工作协调小组，确定了对试验区科技企业的一系列优惠政策和管理法规。同年10月13日，我市以重府发〔1988〕187号文将试验区上报国家科委，申请予以批复。

两年多来，在国家科委的直接领导下，试验区取得了很大的成绩。新创办了229家科技企业，开发了420多项高新技术产品，年新增收入5000多万元，新增税费300余万元。试验区为推动我市科技成果商品化、产业化，为实施"火炬计划"，发展高新技术及其产业起了重大的推动作用，发展势头一直很好，受到社会各界的广泛重视和高度评价。实践证明，这是推动我市科技与经济相结合的好路子，具有强大的活力与生命力，我市决心坚持办下去。

重庆是西南的工业重镇和经济中心城市，拥有较强的工业技术基础，交通方便，内外贸易和科技、文教事业都比较发达。1983年，重庆被国务院第一个批准为进行经济体制综合改革试点城市并实行计划单列，经济得到迅速发展，平均每年以12%的速度递增。重庆是以传统产业为主，急需用高新技术改造传统产业，发展新兴工业。为此，今年市委、市政府、市人大都作出了"依靠科技、振兴重庆"的决议。加强试验区建设是"依靠科技、振兴重庆"的重要内容。为了进一步加强高新技术及其产业开发，市政府最近决定将"重庆市沙坪坝科技产业开发试验区"更名为"重庆高新技术产业开发区",除调整和加强市协调小组的工作外,还新设立了"重庆市人民政府高新技术产业开发区办公室",代表市政府组织开发区的建设和发展工作,由市科委归口管理。

根据重庆的经济发展方向和已有的科技开发能力,结合产业结构和产品结构调整,重庆高新技术产业开发区的重点发展领域确定为:新材料、生物技术、机电一体化技术、激光技术、传感技术、光纤通讯、信息技术、微电子和计算机技术、新能源与环保等方面。

重庆高新技术产业开发区的地域范围,由原来以沙坪坝区行政区划116平方公里调整为45平方公里的地域,即东起化龙桥,西到新桥,南起陈家湾,北到双碑的地域内,重点在沙坪坝中心片和石桥铺两个点上。这一区域覆盖了高等院校11所,科研大院大所90多个,大中型企业300多家,具有环境优良、交通通讯方便、智力密集、工业基础雄厚的优势。

重庆高新技术产业开发区已经具有良好的基础和规模,具有远大的发展前景。现将重庆高新技术产业开发区报请国家科委审查,并请转报国务院予以批准。

重庆市人民政府
1990年7月20日

关于重庆经济技术开发区建设投资规模安排意见的报告

(1990年7月27日)

市人民政府:

重庆经济技术开发区管理委员会办公室已经市政府批准成立,并已着手开发区建设方面的前期准备工作。该办公室以渝开发办〔1990〕10号文要求我委切块下达基本建设投资计划,经研究,现将我们对开发建设及投资计划规模安排意见报告如下:

1. 经济技术开发区的建立是重庆经济发展的需要。通过设立经济技术开发区,吸引外来投资,同时引进先进技术、设备,是带动我市经济、技术的发展,促进对外开放的一条有效途径,也可以加速我市经济发展,进一步缩小与沿海城市和对外开放城市的差距,因此,我们支持开发区独立自主地开展引进工作。

开发区的建设需要大量资金投入,特别在起步阶段,基础设施和公共服务设施的建设需要大量资金的集中投入,在建设过程中,兴办项目的资金,除外商投资外,中方也需投入相当部分的国内资金,为此,在当前国内建设资金短缺、重点项目建设资金不足的情况下,开发区建设应根据资金的可能,采取稳步发展的方式进行。一要充分利用南坪规划区已建成的城市基础设施和公用服务设施,以节约投资;二要以选择项目为入手点,并与之配套建设,标准厂房要依据项目的需要来建设,通过项目建设带动开发区建设,流动前进,最终向既定的建设区方案靠拢,作到积极而稳妥地发展。

2. 经济技术开发区建设所需投资计划规模,建议市政府给予特别政策,不纳入全市投资计划考核规模内,实行单独列报、单独检查、单独统计的办法管理。近几年,国家计委安排我市全民自筹基建考核规模(大约)在2亿元左右,下达规模与我市建设实际需要差距较大,地方规模在首先保证当年度地方能源、交通等重点工程建设需要后,还需要保证一定量的与人民生活息息相关的住宅等方面的建设需要,按开发区建设要求,难以满足需要;从"三资"项目中方投资规模来看,近几年,国家下达我市规模也只在3000万—4000万元左右,倘若全部用于开发区建设,可能都难以满足,况且这还不可能。因此,比照其他城市经济开发区投资管理办法,我们建议重庆设立经济技术开发区在向国务院报批时,要求国务院给予相应的投资政策,并从国家每年下达重庆市的长资规模中单列出来安排。否则,单纯依靠目前地方部分投资规模,将制约开发区的建设和发展。

在国务院批准之前,建议市政府按照上述思路,给予开发区投资特别政策,即在服从于全市总的投资政策前提下,开发区项目投资(含前期建设投资)所需投资规模,不纳入国家下达我市计划规模之内,实行单独列报、单独检查、单独上报统计完成的办法。

3.关于开发区建设项目的审批(含前期建设项目)可采取集中审批或授权审批的办法办理。为简化手续,提高办事效率,开发区项目投资决策可由开发区管理委员会召集有关部门集中审批并由管理委员会办公室下达审批文件,或授权管委会办公室直接审批(办法待定)。今后,凡经审批的项目,应视同计划内项目对待,有关部门应按计划内项目办理有关建设事宜。项目由管委会办公室负责组织实施并设立相应的管理制度和人员,定期将项目的建设进度、财务支出和投资完成额等情况直接向市政府汇报,同时抄送市计委及市有关部门备查。

以上意见当否？请示。

重庆市计划委员会
1990年7月27日

重庆市人民政府关于重庆经济技术开发区(台商投资区)起步阶段所需资金的批复

(1990年10月13日)

重庆经济技术开发区管理委员会办公室：

你办渝开发〔1990〕006号《关于报批〈重庆经济技术开发区(台商投资区)起步阶段实施方案〉的请示》已收悉。按照开发区"统一规划,总体设计,分步实施,滚动建设"的方针,经市政府研究,现对开发区初期建设所需起〔启〕动资金作如下决定：

一、开发区建设起步阶段用于"丹桂台资区"3个合作社征地费用需2755万元,进入"丹桂台资区"1.5公里道路费及市政设施费用需2153万元,1万平方米标准厂房建设需800万元,共计需资金5708万元,其中1990年2033万元,1991年3675万元,资金按以下渠道安排：

(一)1990年所需资金：

1.市人民银行开发性贷款1000万元,请市人民银行按规定利率低息优惠,利息由市财政贴付。

2.由市财政拨付1033万元。

(二)1991年所需资金3675万元,由市财政筹措。

二、开发区4条道路建设资金(A线、C线、F线、E线)906.8万元,由城乡建委、市财政在配套费中予以安排。其中:1990年安排500万元,1991年上半年安排406.8万元。

三、开发区由新建交电站以及供水管道、供电线路、输气管网和通讯电缆等能源、交通项目建设资金1662.5万元,由市计委、市财政在"能交基金"中安排。其中1990年562.5万元,1991年1100万元。

此复

重庆市人民政府
1990年10月13日

重庆市人民政府关于重庆经济技术开发区(台商投资区)若干问题的暂行规定

(1990年10月13日)

为加快重庆经济技术开发区(台商投资区)建设步伐,提高办事效率,进一步促进重庆改革开放和外向型经济发展,经市政府第六十二次常务会议审议,就重庆经济技术开发区(以下简称"开发区")起步阶段若干问题作如下暂行规定:

1. 市人民政府授权开发区管委会对开发区内的规划建设、土地开发利用、引进台(外)资项目等问题,实行统一审查、决定和管理。坚持"一个窗口对外"的原则,经管委会研究决定的事项,各有关部门、区县应认真落实,不得推诿,涉及有关法定手续,由职能部门具体办理,不再研究。管委会决定事项,应在广泛听取各方面意见,充分协调论证的基础上,根据国家有关规定由管委会或管委会主任办公会议作出决定。重大决策应向市政府报告。

管委会实行主任负责制。日常工作由管委会办公室办理,并负责检查、督促、协调管委会各项决定实施的情况和问题。

2. 开发区的规划,由管委会负责组织规划等部门进行编制和调整,报市政府批准后,由管委会组织实施。要本着优先考虑台(外)商投资需要的原则,抓紧编制"丹桂台商投资区"规划方案和南坪片区规划调整方案,以及"金紫山台商投资区"和片区规划方案,并逐步落实详规。在规划报经批准前,由市规划局会同管委会办公室区别不同情况,实行相应的规划控制。

3. 开发区的固定资产投资计划(含基本建设计划和技术改造计划)、建设用地计划以及"农转非"计划等有关开发区建设和引资项目的各种计划,由管委会根据所批准的当年开发建设和引资项目所需计划分别下达,管委会办公室应于年中和年末分两次报市计委纳入计划。

4. 开发区土地的征用、划拨、出让等统一由开发区管委会审查决定,法定手续由国土等部门办理。土地使用权及地上建筑物和附着物的转让、出租、抵押等,经管委会审查后,由土地管理部门、房管部门依法办理登记。开发区土地出让、转让等收取的费用,由管委会统一掌握,用于开发区的开发建设。

5. 市政府指定管委会为开发区内统一管理台、港、澳同胞,海外侨胞和外商投资企业的审批机关。为提高办事效率,管委会在审批前,先由管委会办公室召集有关主管部门和区县,实行联合办公、集体会审,然后报管委会审批。项目审批的具体实施办法,由管委会另行制定。

重庆市人民政府
1990年10月13日

重庆市人民政府关于加强利用外资工作的通知

(1991年3月12日)

各区县人民政府,市政府各部门:

1978年以来,我市在对外开放利用外资方面,头7年进展相当缓慢,协议外资金额仅8000万美元,"七五"期间,利用外资的工作才打开了局面,取得较大进展,共签订项目238个,协议外资金额8.36亿美元,实际使用外资5.9亿美元,约占同期固定资产投资210亿元的14%。引进外资及相应的先进技术和管理经验,加快了我市能源、交通、通讯、供水等基础设施和基础工业的建设;促进了产业结构的调整和一批工业企业的技术进步;增添了三资企业这一支出口创汇的生力军。实践证明,利用外资是推进我市经济发展的重要手段。应当看到,我市利用外资的工作尚处于起步阶段,与沿海地区相比差距还很大,远不能满足我市发展经济的需要。但是仍有不少行业和地区,尚不想、不敢、不会利用外资,没有把这项工作摆到应有的位子上;在工作过程中,常遇到开放意识、投资环境、管理体制、政策法规、程序手续等诸多方面的问题和障碍。为此,我们要在贯彻党中央七中全会精神,制订我市"八五"计划和十年规划中,进一步解放思想,围绕经济建设和社会发展的目标,加快引进外资的步伐。

(一)要进一步解放思想,增强开放意识。七中全会指出,建设有中国特色的社会主义,关键在于继续坚定不移地实行改革开放。重庆这样一个地处内陆的老工业城市近几年的历史告诉我们,重庆经济发展的速度和质量,很大程度上取决于利用外资的规模和引进技术的水平。要缩小同沿海的差距,我们不能等速前进。要加快我市的发展步伐,利用外资和引进国外先进技术与管理,乃是一项重要手段。我们要把利用外资提到贯彻七中全会精神的高度来认识,增强历史的责任感和时代的紧迫感,要思想更解放一点,胆子更大一点,步伐更快一点。

(二)要制订奋斗目标,落实具体规划。思想是否解放,步伐是否加快,要体现在目标的制订与实施上,认识要量化。我市"八五"计划草案,规划在此期间固定资产投入约需230亿元,自筹能力大约160亿元。据此,我们需制订利用外资10亿美元的奋斗目标,其中直接利用外资部分达到3亿美元。实现利用外资的奋斗目标是实现"八五"计划的一个重要组成部分。全市各系统、各行业、各地区、各单位的领导,都要把利用外资提上议事日程,放在突出的位置来抓。要建立健全相应的机构,配备和充实人员,把工作落到实处。要重点结合增强城市基础设施与基础工业实力、结合调整产业结构与产品结构、结合老企业技术改造与进步、结合增加产品出口创汇,规划落实具体项目,积极主动地、扎扎实实地开展引进工作。

(三)要采取灵活多样的方式引进外资,但必须讲求经济效益。在项目规模上,可大中小并举,以中小为主。在吸收资金的方式上,应努力争取外国政府和国际金融组织的长期低息贷款,主要用于基础设施、基础工业、农业和社会福利项目上;效益好、回收快的项目,看准了就要大胆利用国外商业贷款和出口信贷;要多渠道、多层次地吸引外商直接投资,兴办三资企业,发展三来一补。结合老企业的技术改造、产品更新与外资合作的路子应走得宽一点,可以拿一个车间来合资合作,也可以合资合作改造一个老产品或开发一个新产品,可以在老厂区就地卧倒干,也可以拉出去另辟新径做。无论采用何种形式引进外资,都应认真做可行性研究,切实评估经济效益,坚持互惠互利原则,平衡外汇收支和偿还能力,提高成功率。

(四)要改善投资环境,办好三资企业。至1990年底,我市已批准三资企业112家,生产性项目占85%。到"八五"期末,全市三资企业预计达到500家。办好现有三资企业,是进一步吸引外资的最有效宣传。目前,已批准的三资企业在筹备建设和生产经营过程中,遇到不少困难和问题。属于水、电、气、通讯、运输和某些原燃材料供应方面的问题,有关部门要尽力优先解决。政策法规方面,有规定的,在实施中要用足用活;不具体、不明确的,要从实际出发及时配套完善。对某些不尽合理的条条款款,要以是否有利于发展生产力为标准加以审议修正。对出现的新情况、新问题,要通过调查研究,以改革的精神大胆采取措施解决。涉及到重大的政策和权限问题,有关部门应提出建议方案报市政府协调处理。要特别注意简化各种手续,提高办事效率,做好为三资企业的服务工作。对已经反映意见很多的办一个企业要盖几十个图章的做法,要立即加以清理简化。总之,有关的方方面面都要加强协作配合,为兴办三资企业创造一个良好的硬环境和软环境。三资企业本身应充分运用先进管理机制和市场经济特点,搞好经营管理,获得好的经济效益。

(五)要各方配合,加快经济技术开发区的建设。

经济技术开发区是重庆对外开放的一个窗口。要尽快完善开发区的基础设施,健全综合配套功能,实行更为灵活的政策,建立权力集中、程序简化、办事高效的管理体制,创造良好的吸引投资的小环境。要按照"统一规划,总体设计,分期实施,滚动建设"的方针,以南坪片区为起步,再逐步开发江北片区。市、区各有关部门都要以改革的精神支持开发区的建设。

(六)要动员民间的力量为引进外资出力。我市已有的三资企业中,由港澳同胞、台胞、侨胞投资的占85%。不仅因为同种、同文、同俗,相互易于沟通,而且相当数量的投资者在重庆有亲友关系,增加了信任度。台办、侨办、台联、侨联、工商联、海外联谊会等组织,要加强同市里各经济组织的联系,进一步动员台侨眷属宣传重庆和为引进外资牵线搭桥,并做好咨询服务工作。市里制订的奖励个人引荐外资的政策应尽快实施。

重庆市人民政府
1991年3月12日

重庆市人民政府关于重庆高新技术产业开发区的区域范围和面积的请示

(1991年4月19日)

国家科委:

根据国发〔1991〕12号文《国务院关于批准国家高新技术产业开发区和有关政策规定的通知》规定,国务院授权国家科委负责审定各国家高新技术产业开发区的区域范围和面积,并进行归口管理和具体指导。现将重庆高新技术产业开发区的地域范围和面积请示如下:

1988年5月重庆沙坪坝科技产业开发试验区成立时,确定开发区范围为沙坪坝行政区划范围,面积116平方公里。1990年6月将试验区更名为重庆高新技术产业开发区时,按照国家科委意见,将面积调整为45平方公里。今年3月,国务院批准重庆高新技术产业开发区为国家高新技术产业开发区后,我们再次调整开发区面积,压缩到30平方公里,以便集中财力、物力,加速高新技术产业化的发展。

由于重庆的地理条件,城市的发展是以多中心组团式布局。按照各区域的功能,重庆高新技术产业开发区划分为3个小区。其区域范围和面积如下:

1.知识技术密集区:面积20平方公里,在沙坪坝区内,东起化龙桥,西至新桥,南以成渝一级公路为界,北抵杨公桥。

2.高科技工业园:面积5平方公里,在南岸区内,起于川黔公路,往西达长江沙岸边,南北跨回龙和丹桂两个村。

3.高科技工业园预备发展区:面积2平方公里。在江北金紫山、冉家坝一带。

沙坪坝是重庆的科技、文化区,高等院校、科研院所密集,适宜高等院校、科研院所就地进行高新技术产业开发,投资少,见效快。但由于区内城市开发的程度较高,要成片地进行高科技工业的建设难度很大。

长江大桥建成后,市政府在南坪投资17亿元,建立起了重庆贸易金融中心,区内电子工业发达,同时集聚了部分大专院校、科研开发机构。因为是新开发地区,各项市政设施基本齐备,又有可供成片开发的土地,今年市政府投资3000万元,开始了高科技工业园的基础设施建设。江北观音桥地区是近年发展较快的区域之一。重庆江北机场的建成,使该区域更具备开发价值。为了保证高新技术产业发展的需要,在江北金紫山、冉家坝一带划出5平方公里作为高科技工业园的扩展用地。

以上意见当否,请批示。

附:重庆高新技术产业开发区域范围图(略)

重庆市人民政府
1991年4月19日

重庆市人民政府关于贯彻国务院、省政府进一步改革和完善对外贸易体制若干问题决定的通知

(1991年7月31日)

各区县人民政府,市政府有关部门：

根据《国务院关于进一步改革和完善对外贸易体制若干问题的决定》(国发〔1990〕70号,以下简称《决定》)和《四川省人民政府贯彻执行国务院〈关于进一步改革和完善对外贸易体制若干问题决定〉的通知》(川府发〔1991〕53号)精神,结合我市实际,现将贯彻意见通知如下：

一、促进建立外贸自负盈亏机制,努力发展对外贸易

国务院决定对我国对外贸易体制进行重大改革,核心是促使对外贸易逐步走上统一政策、平等竞争、自主经营、自负盈亏、工贸结合、推行代理制、联合统一对外的轨道。这一改革,对我市外贸企业参与国际竞争,发展对外贸易既提供了机遇,又提出了严峻的挑战。对此,各区县人民政府,市政府有关部门应切实加强领导,大力协作,采取有效措施为外贸企业创造一个较为宽松的环境。市经贸委要加强综合运筹和行业管理,与各区县和有关部门密切配合,督促各级各类外贸企业尽快健全自我发展和自我约束机制。外贸企业要坚持自负盈亏,敢于和善于迎接挑战,在确保提高经济效益的同时,大力支持工业生产,扩大地产品出口创汇,为我市经济的稳定发展作出更大贡献。

二、改革外汇分成办法,加强出口收汇和上缴、留成外汇管理,搞活外汇调剂

我市对各类外贸企业出口收汇的分成比例,按国务院的《决定》和国务院国发〔1991〕10号文的规定,确定为：

(一)一般商品出口收汇无偿上缴中央20%,有偿上缴中央30%(其中外贸企业20%,生产供货企业10%通过外贸出口企业兑现),上缴市政府10%,承担出口盈亏的企业留成40%。

(二)机电产品出口收汇有偿上缴中央30%(出口企业20%,生产供货企业10%通过外贸出口企业兑现),上缴市政府5%,承担出口盈亏的企业留成65%。1991年上缴市政府的外汇按1990年的政策执行。

(三)特定科技产品出口收汇有偿上缴中央30%(出口企业20%,生产供货企业10%通过外贸出口企业兑现),承担出口盈亏的企业留成70%。

(四)来料加工工缴费收汇上缴中央10%,承担出口盈亏的企业留成90%。

(五)委托代理出口的商品收汇和委托代签来料加工工缴费收汇的企业留成,原则上应留给委托企业,或由双方签订联营协议,通过外贸出口企业兑现。

对实现外贸出口的留成外汇,市经贸委要按月预拨,按季结算,年终清算。外汇管理部门,结汇银行和海关等单位要加强出口收汇核销管理工作。要进一步办好外汇调剂中心,搞活外汇调剂。出口企业完成上缴外汇任务后,其留成外汇均可进入调剂市场,但要服从市政府提出的调剂导向,优先满足市内需要,也可以跨市调剂。外汇管理部门要积极支持和帮助外贸企业及时调剂外汇。

三、理顺关系,搞好计划管理和综合运筹,继续完善外贸承包经营责任制

(一)已下放的原中央外贸公司和地方外贸公司的财务关系隶属于市经贸委,纳入市级财政预算管理和监督。工贸公司原财务隶属关系不变。

(二)市各类外贸公司承包出口总额、出口收汇、

上缴中央和市政府的外汇额度任务由市经贸委、计委、财政局、外管局联合下达（其中市国际贸易中心、市外商投资服务中心和市外贸彩印中心在未取得进出口经营权之前暂不纳入盈亏大承包）。市各类外贸公司要根据下达的各项承包任务，认真编制本企业内部的出口总额、出口收汇、上缴中央和市政府的外汇额度、出口商品收购计划、出口退税计划和盈亏计划，努力调整和优化出口商品结构，保持出口创汇的稳定增长，保证不出现新的亏损。认真实行内部承包和目标管理，支持各县发展出口商品。各县外贸公司已向市经贸委承包出口供货和定额上缴利润的办法应保持稳定。

四、继续执行并完善国家和地方现行各项扶持、鼓励出口的优惠政策

（一）凡有出口经营权并承担国家出口计划和上缴中央外汇任务的外贸企业，每出口收汇1美元，奖励外汇额度1美分、人民币2分，其中的人民币由市经贸委集中2厘主要用于奖励完成出口和调供任务好的企业，以及鼓励出口的专项奖励。对提供出口商品的生产供货企业，每出口收汇1美元奖励人民币5分，以上奖励金均作为企业留利。奖励和提取办法及用途按财政部、经贸部的有关规定执行。

（二）市经贸委应及时按国务院有关部门规定向有关外贸企业兑现应分的外汇额度，有偿上交国家外汇额度的人民币和出口奖励金。其中出口奖励金由市财政局根据企业出口完成进度按季拨给市经贸委及时兑现到企业，并将兑现情况报市财政局，市财政局应加强其监督管理。

（三）继续执行出口"五优先"的政策和鼓励发展机电产品出口的政策；继续执行鼓励进料加工复出口和"三来一补"的各项政策措施。认真执行出口商品退税政策，加强出口退税计划管理，确保出口退税。

五、鼓励大中型企业扩大出口生产，积极走向国际市场

各区县人民政府，市政府各部门要为大中型企业扩大出口生产，改善出口商品结构，提高出口产品档次和质量，发展外贸业务创造有利条件。要促进工贸结合，逐步完善出口收购制、代理出口制。有条件的大中型企业要积极争取获得出口经营权，承担出口计划任务。力争近年内在大中型企业直接经营外贸业务，扩大出口创汇方面有较大突破。鼓励以现有外贸、工贸公司为龙头，按专业组织松散型、紧密型的出口企业集团。

六、加强对外经济贸易的管理和协调工作，逐步建立健全国外销售网络

市经贸委作为市政府管理全市对外经济贸易的职能部门，要加强管理，搞好协调，做好服务。各外贸企业要逐步调整和优化出口商品结构，增加盈利和低亏商品出口，严格控制高亏商品出口。要管好商品购销价格，加强成本核算。要节约费用开支，积极清仓利库，加快出口收汇，加速资金周转。要严格内部管理，建立健全各项管理制度和责任制。要努力开拓国际市场，逐步建立健全国外销售网络。为此，市经贸委应搞好组织协调工作，选好点，派好人，培养一支思想过硬、精于业务的外销员队伍，为开拓国际市场创造有利条件。

重庆市人民政府
1991年7月31日

重庆市人民政府关于重庆高新技术产业开发区区域范围和面积的请示

（1991年8月12日）

国家科委：

根据国发〔1991〕12号文《国务院关于批准国家高新技术产业开发区和有关政策的通知》中关于审定国家高新技术产业开发区的区域范围和面积的规定，

和你委国科火字〔1991〕22号文《关于国家高新技术产业开发区审定工作的通知》中对划定开发区区域范围的具体要求,现将重庆高新技术产业开发区的地区范围和面积请示如下:

1988年5月重庆沙坪坝科技产业开发试验区成立时,确定开发区范围为沙坪坝行政区划范围,面积116平方公里。1990年6月将试验区更名为重庆高新技术产业开发区时,按照国家科委的意见,将面积调整为45平方公里。今年3月,国务院批准重庆高新技术产业开发区为国家高新技术产业开发区后,我们再次调整开发区面积,压缩到30平方公里,以便集中财力、物力,加速高新技术产业化的发展。

考虑到重庆的地理条件和城市的多中心组团式布局的特点,按照各区域的功能,重庆高新技术产业开发区拟定总面积为30平方公里,其区域范围和面积如下:

1. 重庆高新技术产业开发区建成区:面积25平方公里。在沙坪坝区内,东起化龙桥,西至新桥,南抵石桥铺成渝一级公路,北至杨公桥。建成区所在的沙坪坝区是重庆市知识技术最密集的区域,区内集中了11所高等院校和94个科研开发机构;沙坪坝区工业企业集中,有470多家,其中大中型企业46家,其乡镇企业发展规模水平也在全市前列。

2. 重庆高新技术产业开发区新建区:面积5平方公里。在南岸区内,东起川黔公路东侧,往西达长江沙岸边,南抵回龙村,北到南铜公路,新建区毗邻南坪贸易金融区,区内已有部分大专院校和以微电子技术为主的科研开发机构和企业,还拥有可供成片开发的空地。

在江北金紫山—冉家坝一带预留进一步扩展的预备区。

重庆高新技术产业开发区的建设重点是"一街两园"。沙中路科技一条街:在建成区的沙中路,已基本形成科技开发和经营集中的场所。我们将继续加强基础设施的完善配套,使它成为繁荣的高新技术经营窗口。

石桥铺高科技开发园:在建成区内石桥铺划定1平方公里范围,除已建立了一批科研院所外,还将建设高新技术管理、孵化、服务、培训设施和高新技术企业总部及产品开发经营设施,形成既有科研,又有高新技术产品开发、经营的集中区。

南坪高新技术工业园:在新建区南坪以丹桂村为中心,划出5平方公里,重点兴办投资规模较大的高新技术企业,包括外资、中外合资、中外合作三资高新技术企业。

以上请示,请予审批。

重庆市人民政府
1991年8月12日

重庆市人民政府关于同意重庆高新技术产业开发区总体规划的批复

(1991年9月2日)

重庆市科学技术委员会:

你委重科委发〔1991〕36号文《关于申请批准重庆高新技术产业开发区总体规划的请示》收悉。经研究,原则同意你委委托市规划设计院编制的《重庆高新技术产业开发区总体规划》。

重庆高新技术产业开发区经国务院批准为国家高新技术产业开发区,这对加快我市高新技术产业发展和科技转化为生产力有着重大意义。请你们按批准的总体规划,集中建设"一街两园",加快高新技术产业开发区的建设及其相应配套设施,尽快形成具有一定规模的知识密集、技术密集的经济实体。

此复

重庆市人民政府
1991年9月2日

重庆市人民政府关于进一步办好重庆高新技术产业开发区的报告

(1991年10月9日)

国家科委：

国家科委高新技术产业开发区工作审查小组于9月5日至9月7日按国火办〔1991〕22号文的精神对重庆高新技术产业开发区进行了全面的审查。根据审查组提出的要求，我市研究了落实"发展高科技、实现产业化"的工作，决定进一步贯彻国务院国发〔1991〕12号文件，采取以下实际措施，努力办好重庆高新技术产业开发区：

一、市政府已授权市科委对重庆高新技术产业开发区（包括沙坪坝区沙中路一条街、石桥铺高科技开发园和南岸区南坪高新技术工业园）实行归口管理，按国务院国发〔1991〕12号文精神实行"领导、认定和管理"三统一。

二、同意按国家科委的要求，划定开发区总面积为20平方公里，即沙坪坝区15平方公里、南岸区5平方公里。其中在沙坪坝区石桥铺和南岸区南坪共划出约2平方公里为新建区，集中发展新兴的高新技术产业。

三、为了办好重庆高新技术产业开发区，除我市积极筹措资金外，亦请国家科委给予基建贷款支持。

重庆市人民政府
1991年10月9日

重庆市人民政府关于重庆高新技术产业开发区推进综合改革试点的报告

(1991年12月7日)

国家科委，国家体改委：

重庆高新技术产业开发区建立3年多来，特别是在国务院国发〔1991〕12号文件下达后，各方面的工作有了较大发展。市政府和有关部门制定了一系列政策，对开发区高新技术企业的运行机制、分配制度、劳动人事制度等进行了改革，使企业初步能够按"六自"原则进行经营管理，活力大为增强。同时，按简政放权、提高办事效率的原则，市有关部门在开发区设立了相应的支撑服务机构，大力支持开发区的建设和发展。

继国务院批准重庆高新技术产业区为国家级开发区之后，国家科委和国家体改委又把重庆开发区列为综合改革试点开发区。我们按照两委《关于深化高新技术产业开发区改革，推进高新技术产业发展的决定》的精神，认真制定了开发区深化改革的方案，落实了有关组织措施，加快改革试点工作。通过综合改革，促进高新技术产业开发区的建设和发展，为全市深化改革提供经验和思路。

一、推进综合改革试点的重点是，以3年时间，通过改革理顺企业产权关系，建立企业社会保障制度和促进重点产业发展；用5到10年的时间，围绕这3项重点进行相关的配套改革，在开发区建立起符合商品经济运行规律，适应高新技术产业发展要求和国际惯例的管理体制、运行机制和环境条件，最大限度地解放科技生产力，促进科技和经济的发展。

（一）以股份制理顺企业产权关系。从1992年起，在开发区高新技术企业中逐步推行"有限责任公司"和"股份合作制"形式为主的企业财产组织结构形式,划清参股各方的责、权、利关系,实现所有权与经营权相对分离,企业与职工结成利益共同体,克服行为短期化倾向,使企业真正做到"自主经营、自负盈亏、自我发展、自我约束",实行股份制的原则和要点:

1.在全民和集体所有制企业中,国有股或集体股(包括法人股)应占企业股份总额的60%以上;

2.确保国有股份和集体股份与其他股份同比例增值和分红;

3.企业管理严格按章程规定进行,主管部门或创办单位不得随意干预企业经营自主权;

4.允许企业职工个人集资入股,鼓励企业间相互参股、持股;

5.根据股份制企业的特点制定或修改劳动用工、内部分配、财务会计等方面的规定和办法;

6.股票暂不公开发行,待条件成熟时,再按有关规定上市交易;

7.从1992年起,新办的全民或集体所有制企业和联营企业原则上都实行股份制,对原有企业逐步进行股份制改造(3年内完成)。

(二)根据有计划商品经济的原则和开发区企业新的运行机制及管理体制的要求,在开发区建立健全社会保障制度,即职工退休养老保险制度、医疗保险制度和待业保险制度。其原则和要点:

1.从1992年起,全面推行"以按人储存积累式保险为主导,企业现行退休制度为补充"双轨运行的企业退休养老保险制度,并创造条件,逐步过渡到"全额按人储存积累式的养老保险方式"。允许开发区企业职工养老金的领取标准,适当高于当年全市平均退休工资。保险费由职工个人、企业筹集为主,国家给予适当扶持。开发区办公室每3年根据物价变动情况,提出调整保险费数额及其来源比例的意见,经与有关部门协商同意后执行。

2.从1993年起,在开发区试行企业职工医疗保险和待业保险制度。

3.上述各项社会保障制度,先在开发区范围内封闭运行,待条件成熟时,纳入全市统筹运行。

(三)通过产业政策导向,运用市场机制和经济杠杆,发挥我市微电子与信息技术、机电一体化技术、生物技术及新材料、高效节能技术等重点科研技术优势,促进重点产业、重点项目尽快上规模、上等级。

1.以列入"火炬计划"的项目为龙头,集中发展一批技术水平高、市场前景广阔的高新技术产业和产品。政府在计划、物资、资金、水、电、气等方面给予优先安排和支持。

2.鼓励高新技术企业承包、租赁、兼并其他企业,使现有的存量资产为高新技术产业发展服务。

3.鼓励高新技术企业通过外协加工、协作配套、技术转让等形式把高新技术及其产品向传统产业渗透。

4.对高新技术企业开发和生产的、技术指标优于其他同类产品、质量稳定、有一定规模的产品,市政府及有关部门要运用经济的、行政的手段大力推广,限制或淘汰其他落后产品;能够暂代进口的,不允许使用单位再进口。

二、开发区深化改革的步骤

(一)第一阶段,即1991年至1993年,出台高新技术企业试行股份制办法,开发区退休养老保险办法、医疗保险办法、待业保险办法,高新技术企业承包、租赁、兼并办法,促进横向联合办法,吸引归国留学人员来开发区工作办法,企业贡献突出人员奖励办法,企业信用等级评定办法等文件。加上过去已经出台的文件,以初步建立开发区的政策体系框架,理顺企业产权关系和管理体制,落实企业自主权,使企业按照新的运行机制开展生产经营活动,增强企业活力和科研、开发、生产能力,同时,使社会化支撑服务体系和社会保障制度开始运转。

(二)第二阶段,即1994年至1995年。出台高新技术企业股票发行办法,开发区重点产业优惠扶持办法,开发区企业集团组建及优惠办法等文件。同时,修改完善已经试行的各项改革措施和政策规定,使高新技术企业与外商投资企业享有同等的自主权和政策环境条件。组建20至30家高新技术产品产值超过千万元的大中型企业,生产一批具有国际先进水平的高新技术成果和拳头产品以出口创汇。在国外及港、澳开办企业或设办事处两个,使外商投资企业总数超过20家并呈大幅度增长势头。

(三)第三阶段,即1996年至2000年。全面实现开发区建设规划和改革的长期目标,达到各项改革政策和措施基本配套落实;行政管理实现以服务为主,做到精简、高效、手续简便,一个窗口对外;开发区成为我市高新技术成果的商品化、产业化、国际化基地,高新技术向传统产业渗透的辐射源,对外开放的窗口和深化改革的示范区。

三、推进综合改革试点的组织领导措施

(一)在市委、市政府的领导和国家科委、国家体改委的指导下,有计划有步骤地进行开发区的综合改革试点工作。开发区工作领导小组要定期听取有关问题的汇报,并对重大问题进行协调和决策。

(二)由市科委、市体改委、开发区办公室等部门组成专门的改革试点工作班子,具体研究并制订改革方案,起草有关政策文件,指导改革的实施。

(三)开发区的改革试点,方案要切合实际,操作性强。由市体改委牵头,市委政研室、市政府政研室、开发区办公室参加的"重庆高新技术产业开发区综合改革目标模式及配套改革思路"软科学科研课题,要在1992年8月结题,以便借鉴国际上创办科技园区的成功经验,为开发区改革和发展方向提供理论依据、方案措施及其他参考意见。

以上报告当否,请批示。

重庆市人民政府
1991年12月7日

中共重庆市委　重庆市人民政府关于进一步扩大对外开放的若干实施意见

(1992年7月14日)

各区、市、县委和人民政府,市委各部委,市级各部门,县级以上企事业单位:

党中央、国务院关于扩大对外开放和将重庆列为长江沿岸开放城市的重大决策,为加快我市经济发展带来了极好的机遇。现就进一步扩大我市对外开放的若干问题,提出如下贯彻实施意见。

一、扩大对外开放的指导方针、总体布局和主要目标

(一)以邓小平同志南巡重要谈话为指导,紧紧抓住沿江开放开发、兴建三峡工程、重庆老工业基地改造和综合改革试点的历史性机遇,把深化改革、扩大开放、发展经济有机地结合起来,实行全方位、高起点的整体开放,以开放促开发、促改造、促发展,实现全市经济更好更快地上新台阶,这是我市扩大开放的基本指导方针。

(二)扩大对外开放的总体布局是:以加快重庆经济技术开发区和高新技术产业开发区的建设发展为重点,把两个开发区尽快建成扩大对外开放,开发高新技术的窗口和基地;加快两江沿岸的开放开发,以改造老企业为主,新上一批开发性重大项目,建成结构合理、技术装备先进的沿江工业带和外向型企业群体;在城市中心区域,放手发展以商贸、金融、信息、咨询、服务业为主的第三产业,形成功能齐全、辐射力强的综合服务体系;以一批综合开发小区和工业小区为依托,大力发展乡镇企业和高产优质高效农业,积极发展农村外向型经济;以我市丰富的旅游资源为基础,尽快开发建设独具特色的旅游区。

(三)扩大对外开放,促进经济发展,90年代实现以下主要目标:一是利用外资规模达到35亿—40亿美元,"三资"企业超过3000家,建立起有较强出口生产能力的外向型产业群体,外贸出口高于国民生产总值增长速度。二是经济加速发展,结构明显优化,外向型经济、重化工业、高新技术产业、第三产业、乡镇企业成为新的经济增长点,"八五"期间,工农业总产值年均增长11%,国民生产总值年均增长14%,国民收入年均增长11.6%,分别达到715亿元、400亿元和300亿元,第三产业比重达到40%。三是形成按国际

惯例运作的、适应商品经济大发展的经济体制和运行机制。四是基本形成高效畅通、辐射能力强的综合运输网络和商品大流通网络，成为长江上游的经济、金融、商贸中心和初步现代化的国际城市。

二、加快经济技术开发区和高新技术产业开发区的建设

（四）进一步加强领导，集中力量，把经济技术开发区和高新技术产业开发区办成重庆对外开放的窗口，高新技术产业和出口商品生产的基地，综合改革的试验区，金融、商贸、信息发达，基础设施完善的现代化新区。授权两个开发区管委会代表市政府在各自辖区内的开发建设上，行使统一管理的职权，实行一个窗口对外。凡符合国际惯例、在经济特区和沿海开放城市实行的经营模式、运行机制都可以在开发区试行，全市深化改革的新内容都可以超前试验，国家对沿海经济技术开发区的政策在开发区都适用。"八五"期间，力争两个开发区的"三资"企业发展到500家，年销售收入达到20亿元，利用外资总额和出口创汇均在现有基础上翻两番，形成一批高新技术产品和产业群。

（五）加快重庆经济技术开发区的设施建设和项目引进。按照整体规划、分期实施的原则，加快制定和实施开发区的建设规划。南区规划的15平方公里，要在已投资15亿元的基础上，进一步加快基础设施建设，完善投资环境，增强吸引力。北区"两片一港"（龙头寺、冉家坝两片和寸滩港）20平方公里的开发建设要尽快起步，加快道路、供水、码头等基础设施建设和地块整治，吸引外资进区开发和建设。项目是开发区的生命线，要广开招商门路，采取土地成片批租特别是熟地出让，以及其他国际通行的做法，广泛引进港澳台侨和国外大企业的资金和项目。重点引进一批适用技术和出口创汇项目、资金和技术密集项目，建立一批新兴产业，带动全市相关产业的发展和技术水平的提高。办好保税工厂和公共保税仓库，创办生产资料保税市场，并积极创造条件建立保税区。

（六）加快重庆高新技术产业开发区的开放开发和综合改革。以改善"两园一街"（石桥铺高科技开发园、南坪高新技术工业园、沙坪坝科技街）投资环境为重点，广泛筹集国内外资金，"八五"期间投资5亿元，加快地块整治和经营用房、配套设施建设，尽快树立开发区的形象。发挥我市科技优势，在开发区内外选择一批企业，运用优惠政策，推行股份制，重点扶持发展微电子与信息、机电一体化、生物工程、新材料、节能技术等高新技术产品，形成优势产业。扩大高新技术产业开发区的开放度，吸引外商和市内外科研院所、大专院校和大中型企业到开发区投资创办和联办高新技术企业，研制开发高科技产品，加速科技成果向生产力转化，尽快形成一批高新技术产业群。

三、放手引进资金技术，加快老企业改造

（七）充分利用国家对开放城市技术改造政策和老工业基地改造两个方面的扶持政策，抓住时机加快工业技术改造。这是发挥我市工业基地优势，建立以工业为主体的外向型经济的战略性措施。要广开渠道，更多更快更好地利用外资，引进先进技术装备，重点抓好6大支柱行业、20个产品系列和3个专项440个工业项目的技术改造。要优先发展汽车、光电子、自动化仪表等高新技术产业；重点发展以合成材料和精细化工为主的化学工业和医药工业、以优质合金钢和铝材为主的冶金工业、以丝绸为主的纺织工业、以名优特产品为主的食品工业；积极发展轻工、建材等其他有竞争能力或有潜在优势的产品和项目。支持企业根据国内外市场需要，扩大引进规模，加快引进速度，增加改造强度，扩大生产批量，提高生产技术水平，尽快形成一批产值上十亿、几十亿，利税上亿元、几亿元的明星企业和拳头产品，加大轻型车、微型车、重型车、摩托车的批量生产，建成汽车城，建成西南最大的铝材、特殊钢材、仪器仪表生产基地。今后5年，工业技术改造和技术进步利用外资不少于15亿美元，力争一半以上的大中型企业的产品和技术装备进入全国先进行列，部分企业达到国际先进水平。

（八）大力兴办"嫁接型"合资合作企业。这是引进资金技术和管理经验，加快老企业技术改造，转换企业经营机制，发展外向型经济的好办法。要尽快推出一批基础好的企业，或暂时困难但有发展前途的企业，也可用企业部分厂房、设备，一个或几个车间，一个产品或一条生产线，公开招标，同外商合资合作办

"嫁接型"企业,鼓励实行一厂两制。今后5年内争取一半以上的大中型企业创办"嫁接型"企业。对少数设备落后、技术水平低、产品无销路、资不抵债的大中型企业,可直接租赁或拍卖给外商经营。

(九)扩大军工企业的开放度。支持军工企业引进外资和技术装备,进一步扩大重点拳头产品的生产批量,加速开发高技术、大批量、具有国际竞争能力的拳头产品。鼓励军工企业拿出技术、厂房和土地与外商合资合作经营,发展跨国经营。在军工企业集中的巴县鱼洞镇、江北龙溪镇、江津德感镇、永川永昌镇等地,建立三线企业投资开发区,实行灵活优惠的政策,加速形成军转民基地,推进军工企业"内转外"的第二步转变,带动地方工业企业的共同发展。

(十)发展一批高新技术企业和外向型生产企业。把工业企业技术改造、技术引进同发展外向型经济结合起来,采取合资经营、"两头在外"等多种方式,大力发展高新技术领航的外向型产品,建立一批大宗出口产品生产基地。鼓励有条件的大中型企业到海外投资办跨国企业。

四、大力发展乡镇企业、高产优质高效农业和农村外向型经济

(十一)建立一批开发小区,大力发展乡镇企业。各区县可在城市规划区域外,以县城、集镇和交通干线为依托,以产品为龙头,建立几个综合开发小区或工业小区,实行重点扶持政策,增强吸引外资、引进技术的能力。鼓励农民带资到开发小区、县城、集镇发展二、三产业。要有计划地在开发小区或工业小区集中成片创办乡镇企业,进一步增加乡镇企业的投入,积极支持乡镇企业引进资金技术,兴办"三资"企业和各种形式的联办企业,重点办好一批骨干企业,加快发展速度。"八五"期末乡镇企业产值突破400亿元,力争达到500亿元。

(十二)以发展高产优质高效农业为目标,多渠道利用外资,引进优良种子、种苗、种畜、饲料、农产品出口加工设备等,优化稻谷、水果、生猪、蚕桑、茶叶、蔬菜等农副产品品质,提高加工档次,完善服务手段和功能,增强我市农产品在国内外市场的竞争能力。今后5年内力争引进外资5亿美元,用于提高主要农副产品的优质品率和深加工能力。

(十三)建立优质农产品规模生产、深度加工、出口创汇基地。划出一批农场、林场、牧场、饲养场、水库和成片坡瘠地、坡耕地,与外商和市内外企业合资合作,创办种养加、农工商、内外贸相结合的农林牧副渔生产基地,创办城乡一体的股份制经济实体。重点发展优质粮油、肉类、蚕茧、水果、茶叶、蔬菜生产,深度加工,外贸出口基地和优良种子、种苗、种畜基地。结合农产品基地建设、三峡工程移民和实施农业"三大工程",规划建设一批稳产高产农田、水土保持、水利工程等基础设施。

五、拓宽外商投资领域,加速发展第三产业

(十四)采取综合补偿政策,鼓励和吸引外商投资建设公路、码头、桥梁、供水、供电、通讯设备等基础设施,允许在批准期限内自建自营。外商大额投资建设公路、码头、桥梁的,允许在一定期限内兼营与投资项目配套的车队、船队、仓储等第三产业。

(十五)大力推进土地有偿使用,以地招商,吸引外商投资开发土地,综合开发房地产业。按照土地一级开发由市政府集中统一管理,二级开发放开搞活的政策,在符合城市规划的前提下,鼓励外商直接开发成片土地。要放宽限制,完善管理办法,更多地吸引外资进入城区综合开发房地产,以促进旧城改造和新区开发。

(十六)利用外资加快商业设施建设,发展商业贸易。多渠道筹集资金,集中力量建设一批全国性或区域性批发市场和集贸市场。重点建设钢材、建材、汽车、摩托车、百货、服装、粮油、肉类、水果、药材等批发市场。在市区建设一批大型商场,形成现代化购物中心。试办合资或外商独资的商场、贸易公司和专业市场。

(十七)积极发展与扩大开放相适应的金融业。拓展国际金融业务,加快金融国际化步伐,吸引外资银行在我市设立分支机构,试办外商独资或合资的银行、租赁公司、保险分公司、信托投资公司。筹建符合国际惯例的金融经纪人事务所、会计师事务所和资信评议机构,对外资企业实行境内资产抵押贷款和现汇

抵押贷款。加快发展金融市场，设立证券交易中心，进一步巩固和扩大外汇调剂市场，扩大资金拆借规模，增加各种债券和内部股票发行量，并积极创造条件，争取设立公开股市。

（十八）发展具有"陪都"文化、石刻文化、巴渝文化和山城、三峡特色的旅游业。积极引进外资特别是港澳台侨资金，开发大足宝顶和龙水湖、南泉—南山—南坪、缙云山—北泉—钓鱼城、江津四面山等一批风景旅游区，建设抗战历史博物馆、大足石刻艺术博物馆，开发"陪都"文化遗址。鼓励外商投资或合资兴办旅游公司、旅游船队、兴建度假村、别墅区、饭店和游乐设施，开发名特优旅游商品和纪念品，尽快把旅游业发展成为一大产业，"八五"期末，力争海外游客突破15万人，创汇突破3亿外汇人民币，成为热点旅游城市。

六、大力发展对外经济贸易，扩大出口创汇

（十九）推进外贸多元化战略。巩固扩大老市场，拓展东南亚、独联体、东欧、西欧、中东和非洲市场，实行多口岸、多形式出口。进一步调整出口产品结构，大力发展高新技术、高附加值、换汇成本低、具有较强国际竞争力的出口产品，对生产这类产品的企业、年外贸收购额500万元以上（乡镇企业50万元以上）的企业、出口创汇100万美元的外贸专业公司，在物资能源、资金、外汇调剂、海关、商检、运输、科技服务等方面优先保证。力争"八五"期末，年出口创汇总额占国民生产总值的比重由现在的10%提高到15%—20%。

（二十）改变传统的外贸格局，实行工贸、农贸、商贸、技贸结合，扩大企业外贸自主权。各行各业、各种所有制企业都可以创造条件参与国际市场竞争。积极争取国家再批准一批符合条件的生产性企业和企业集团享有进出口经营权，把更多的企业直接推向国际市场。在出口较多的行业和区县，尽快筹建一批地方农副产品、工业品（含军转民品）进出口公司和民间进出口公司，鼓励企业到境外兴办独资或合资、合作经营的综合性公司、贸易公司、劳务承包公司和出口散件总装企业。没有进出口经营权的公司和大中型企业，可与有经营权的公司联合设立分公司，开展进出口业务。大力发展外贸代理制。推动经营大宗出口产品的外贸公司，采取股份制、贸工农结合的形式，走实业化、集团化、国际化经营的路子。

（二十一）积极发展边境贸易。主动与边境省区联合开发西南和"三北"边境口岸，组建一批行业性的边贸公司，积极拓展边贸业务，鼓励企事业单位到边境口岸办厂设店。

（二十二）扩大对外经济合作。有条件的区县、部门和企业，都可以组建对外工程承包、技术出口和劳务输出公司，并在国外建立机构，拓宽业务，力争短期内劳务输出尤其是民间劳务输出有大的突破。

（二十三）努力办好"三资"企业，扩大出口比重。认真落实"三资"企业的各项优惠政策和措施，积极为现有"三资"企业排忧解难，改善外部条件，支持尽快上规模、上档次、出效益。帮助已注册和在建的"三资"企业加快建设进度，尽快投产运营。鼓励已投产的"三资"企业追加投资，拓展经营范围，提高出口产品比重。积极筹办大型出口创汇的"三资"企业。

七、坚持外引内联并举，大力发展横向经济联合

（二十四）加强与沿江和西南地区的开发性经济联合与协作。针对制约区域经济发展的薄弱环节，协同发展交通、通信、能源、原材料等基础设施和基础产业，开发资源，发展出口。围绕支援三峡工程建设和库区综合开发，加强与库区各地的经济、技术合作，联合实施开发性移民和库区环境综合整治，大力发展工程建设和库区开发所需的设备、机具和建材生产。

（二十五）敞开城门，外引内联。实行优惠的内联政策，欢迎中央各部门和沿海、沿边、沿江和内地各单位到重庆联合办实体。在重庆的内联企业可享受经济技术开发区和开放城市的有关优惠政策。强化我市各级各类经济协作组织的作用，发展各类经济协作公司。充分发挥驻外办事机构外引内联的职能作用，实行小办事处大公司的体制。在广西、云南、黑龙江、新疆等地新办以外引内联为主要职能的办事机构和一批实体性的经协公司。

八、加快基础设施建设，进一步改善投资环境

（二十六）以拓宽东进南下通道、形成内外环交通网络为重点，加快交通干线建设。抓紧成渝公路、渝长公路建设，力争川黔公路尽早动工，形成高等级公路主骨架。与公路主骨架配套的长江二桥1995年竣工通车，菜园坝立交桥和菜袁公路二期工程1993年建成，抓紧建设石板坡至黄花园隧道、嘉陵江黄花园大桥和寸滩长江大桥，三年左右建成滨江路，创造条件早日开工建设市内轻轨交通工程。积极争取国家批准渝怀、川汉铁路尽快上马。

（二十七）改造扩建空港河港主枢纽。按国际空港标准，完善重庆机场配套设施，尽快动工二期扩建工程。充分发挥重庆航空运输的潜力和优势，采取多种形式增加航班和运力，拓展国际国内航空货运，积极创造条件开展国际邮件直通业务。努力争取国家批准重庆兴办航空公司，开辟直航日本、东南亚等国家和地区的国际航线，力争早日直航台湾。按国际河港标准，建设寸滩集装箱码头和万吨级船队泊位，加快朝天门客运港和两江沿岸港口改造，增强重庆河港的吞吐能力。充分利用长江黄金水道，大力发展江海联运。

（二十八）加快通信、供电、供水等设施建设。"八五"期间，新增市内电话交换机25万门，程控电话达到30万门。续建汉渝光缆工程，建设重庆至西安光缆工程，建成重庆卫星通信地球站。争取在"八五"期末建成珞璜电厂二期工程，开工建设合川花滩子50万千瓦水电站。加快江北梁沱水厂建设，为江北地区开放开发创造基础条件。

九、加强领导，转变职能，培训人才

（二十九）大胆解放思想，加快综合配套改革。各级党政领导，要进一步解放思想，增强开放意识，拓宽思路，大胆试验，勇于创新，切实加强对外开放的组织领导，搞好规划统筹和组织协调工作，层层建立对外开放责任制。要深入进行思想大发动，进一步破除影响开放的各种陈旧观念和条条框框，增强紧迫感、机遇感、责任感和全局观念，以崭新的精神面貌和扎扎实实的工作作风，推进对外开放。把扩大开放和综合改革结合起来，配套推进股份制、劳动人事、社会保障、计划、财税、金融等方面的改革，尽快建立适应对外开放的管理体制和运行机制。

（三十）简政放权，转变政府职能，提高办事效率。要把对外开放、对内放开、对下放权结合起来，进一步扩大区县和主管局的管理权限，最大限度地调动各区县各部门改革开放、发展经济的积极性。坚持政企职责分开，落实企业自主权，切实把工作重点转到统筹规划、制定政策、加强服务、改善环境上来。理顺管理体制，简化办事程序，提高工作效率，加快项目审批进度。海关、商检、检疫、金融、经贸、外运等各种涉外机构要充实力量，扩展业务，提高服务质量和水平。修改完善和制定对外开放的政策规章，规范涉外工作。认真学好用好中央给予的各项政策，主动争取中央各部委的支持，及时研究解决对外开放中的重大问题。

（三十一）抓紧培训适应对外开放、发展外向型经济所需的干部和各类专门人才。有计划地组织现职的中青年干部到国外进行短期岗职培训，抓紧培训懂外语的企业管理、财务会计、工程技术、国际营销、国际金融、国际法律等方面的人才，造就一支思想素质好，事业心强，精明能干，精通国际经济贸易的干部队伍。要利用现有院校，增设有关外经、外贸、外事专业，举办各种培训班，建立涉外人才培训基地。

（三十二）坚持两个文明建设一起抓。加强党的基本路线、爱国主义、集体主义宣传教育，提高市民道德文化素质，坚持不懈开展社会治安综合治理，打击各类犯罪活动，建设文明卫生城市，为对外开放创造良好的社会环境。

市委、市政府要求各级党政领导干部，统一思想认识，高度重视对外开放工作，锐意进取，真抓实干，把扩大对外开放的各项措施落到实处，努力开创我市对外开放的新局面。

中共重庆市委
重庆市人民政府
1992年7月14日

重庆市贯彻沿江和内陆开放城市座谈会的情况汇报

(1992年9月15日)

国务院特区办公室：

沿江和内陆开放城市座谈会，传达了国务院关于进一步对外开放重庆等市的通知，听取了国务院和特区办领导同志的重要指示，研究了对外开放政策，学习了兄弟城市的宝贵经验，明确了搞好对外开放工作的方向和要求。我们既感到振奋，深受鼓舞，又感到压力，增强了紧迫感。随着对外开放新格局的形成，开放城市越来越多，优惠政策逐渐趋平，大家处在同一政策的起跑线上，要搞好对外开放，关键就看谁的工作抓得紧，抓得实，谁的政策用得好，用得足。时不我待，不进则退。基于这样的认识，我市在贯彻座谈会精神中，突出一个"实"字，主要抓了以下几项工作：

一、及时传达座谈会精神，进一步端正指导思想，不搞形式主义

我市参加会议的代表回渝后，立即向市委、市政府作了汇报，并将会议材料和《汇报提纲》分送市里几大班子的领导。市政府第43次市长办公会议专题研究了会议的贯彻问题。市委、市政府认为，鉴于我市在座谈会召开之前已按照中央4号文件精神和特区办领导的指示进行了动员部署，制定了进一步扩大对外开放的实施意见，出台了相应的50条政策措施，召开了全市万人动员大会，因此，当前的工作重点是，根据会议精神端正指导思想，调整规划目标，狠抓实施进度，切忌大轰大哄，以实际行动和扎实的工作贯彻好全国开放城市座谈会精神。同时决定：

1. 立即以办公厅的正式文件印发全国座谈会有关文件领导讲话和汇报提纲，要求大家认真学习领会座谈会精神，对照检查本地区、本部门的工作。

2. 突出重点，分专题逐项研究对策措施，狠抓政策到位、项目实施和土地成片开发的规范化。

3. 按特区办指示要求，重新调整重庆经济技术开发区的地域规划方案。

4. 9月上旬召开全市对外开放实施情况汇报会，通过抓检查、抓落实、抓进度的方式，扎扎实实推进工作。

二、抓政策到位，保证各项政策措施的顺畅执行

根据座谈会上印发的8个政策文件和特区办领导的讲话精神，重新核定了我市制定的50条对外开放政策。为了保证这些政策的实施，我们于8月26日召开了有海关、税务、财政、银行、工商等部门参加的专题研究会，传达会议精神，研究政策实施中的具体细节、操作程序，简化手续，提高效率。

市计委、市经贸委、市经委、市工商局等部门，就简政放权下发了专门文件。市外办、市委组织部和外汇管理局，对简化出国人员审批手续、政审、用汇核销等问题，拟定了具体配套措施。为简化外商投资企业审批程序，13个市级综合部门从8月份开始，实行定时定人联合办公制度，集中审项，一次核批。海关、税务部门也采取措施，保证开放政策不折不扣地贯彻执行。

三、狠抓项目落实，用足用好政策

国务院国函〔1992〕93号文规定，对老工业技术改造所需进口设备和发展出口创汇农业进口的加工设备等，在1995年底前，免征进口关税和产品税（增值税）。要用足用好这条时效性强、含金量高的优惠政策，必须争分夺秒地抓项目的落实和实施。

我们按照座谈会要求，结合重庆产业结构调整和

技术引进的实际,对原规划技术改造的440个工业项目进行了分类排队,将条件具备、计划下达、资金到位即可开工的项目以及技术起点高、产品竞争力强、对全市经济有重大影响的项目列为重点。经调整后的规划方案为321个项目,总投资107.7亿元,总用汇11.44亿美元。其中,列入专项的68个项目,用汇1.5亿美元;已批准立项、开始实施的68个项目,用汇9505万元(现已初步落实外汇2.4亿美元);另有30个项目基本完善了前期准备,正积极招商引资;其余项目正抓紧前期准备。

在发展开发性农业方面,已初步规划了一批项目。目前已落实59个项目,用汇6000万美元。

四、抓紧调整重庆经济技术开发区规划范围方案

根据特区办领导同志对我市兴办经济技术开发区的指示和要求,市政府进行了专门研究。市政府领导亲自带队两度到开发区研究规划调整方案。本着"量力而行,小块起步,滚动发展"的方针和"以生产性项目为主、先进技术为主、出口创汇为主"的原则,决定将原规划面积由35平方公里调减为10.5平方公里,作为起步区。该区位于长江大桥南桥头的南坪地区,1990年以来已投资5.6亿元,开发建成面积为7.2平方公里,主要市政基础设施已完成。

全区由电子工业科研区、丹桂台外资工业区、综合加工工业区、回龙外资工业区和第三产业投资区组成。目前正抓紧进行可行性论证,争取10月份向特区办汇报,争取国家早日审批。

五、抓政策学习和人才培训

搞对外开放不懂政策不行,打入国际市场没有专门人才不行。市政府拨专款及时编发了《沿海开放政策法规选编》,收录了座谈会上印发的8个文件、国家有关对外开放政策法规、沿海沿江沿边开放政策和各地的最新动态、政策措施等,并将《选编》发至城乡基层单位,为广大干部学好政策、用好政策,提供依据。

同时,市政府计划在10月份对局以上干部进行国际经济、贸易、金融、法律、国际惯例等知识的集中培训。对局以下干部,已开始按系统、分专业、分期分批进行轮训。市政府办公厅机关在11月以前举办6次专题讲座,8月份以来,已开设海关及关贸总协定、涉外税收、金融知识讲座3次,培训干部达300余人次。

六、抓组织保证,加强领导和协调

为正确执行好政策,认真落实对外开放的各项工作,我市采取有力的组织措施,实行市级领导分线分工负责制,加强领导和协调。市委书记肖秧同志亲自抓对外开放工作,任"对外开放指导协调小组"组长,常务副市长刘志忠同志、副市长章必果同志和市纪委、市人大、市政协的有关领导任副组长。

市政府办公厅为适应工作需要,在不新增编制的前提下,从办公厅、研究室、法制局抽调几位同志组成"对外开放办公室"集中办公,综合情况,研究政策,为市委、市政府领导抓对外开放工作,当好参谋助手。

对市级各部门和区县,要求明确具体分管这项工作的领导,落实承办处室,建立相应的工作制度。及时研究新情况,抓好指导协调和检查督促。

七、召开了全市对外开放实施情况汇报会,抓落实、抓进度、抓成效

在9月8日召开的汇报会上,市级各主要委、办、局都介绍了本系统、本单位贯彻实施对外开放工作的情况、问题和对策。市长孙同川听取汇报并讲了话。会议由常务副市长主持,其余在家的市领导都出席了会议。

从总体上看,我市对外开放工作发展势头良好,政策到位比较顺利,效果较为明显。1—8月,出口创汇1200万美元,完成年计划的120%,比去年同期增长61.99%;新批三资企业203家,协议外资达1.6亿美元;引进资金、技术取得一定成效,借边出境发展迅速。特别是8月底,我市带着座谈会议的新精神,跨出国门,在日本大阪首次独立举办了大型的"1992重庆对外贸易洽谈会",历时3天半,出口成交商品额6540万美元,引进外资4216万美元,新签订了一批经济技术合作项目。洽谈会的成功,树立了重庆对外开

放的新形象,为今后的发展奠定了基础。

在看到成绩的同时,我们也看到面临的挑战和工作中存在的问题。例如,引进资金、技术改造老工业和传统农业,任务十分艰巨,进展不太理想,土地成片开发和区县办工业小区,面积过大,缺乏规范等等。正如孙市长在汇报会上强调的,我们要对外讲优势,关门找差距,埋头抓实干,进一步解放思想,增强开放意识,把全国开放城市座谈会的精神,真正贯彻到对外开放工作中,落实到对外开放的行动上。

附:重庆市外商投资情况表

重庆市人民政府
1992年9月15日

重庆市外商投资情况表

投资数量〔类型〕	企业数量/个			协议外资/万美元			直接利用外资/万美元		
	1—7月	8月	截至8月累计	1—7月	8月	截至8月累计	1—7月	8月	截至8月累计
合资	90	42	273	5281.49					
合作	5	1	26	1317.93					
独资	54	11	96	4130.08					
合计	149	54	395	10729.50	5270.5		14178	5332	

四川省人民政府关于建立重庆经济技术开发区的请示

(1992年12月1日)

国务院:

我们同意重庆市人民政府关于建立重庆经济技术开发区的请示,现予转报,请审批:

附:《重庆市人民政府关于请求转报国务院批准建立重庆经济技术开发区的请示》

1992年12月1日

重庆市人民政府关于请求转报国务院批准建立重庆经济技术开发区的请示

四川省人民政府:

建立重庆经济技术开发区,实行沿海开放城市经济技术开发区的优惠政策,对于更多更好地吸引和利用国外的资金、技术及管理经验,发挥重庆在工业、农业、商业、金融和科学技术方面的优势,带动三峡库区经济的发展有着重要的意义。1990年初,我市在区位优势明显、基础设施较好的南坪地区10平方公里范围内自费试办了重庆经济技术开发区。经过两年多的开发建设,已奠定了良好的基础,尤其是党中央、国务院将重庆列为长江沿江开放城市以后,经济技术开发区和全市一样,对外开放步伐明显加快,招商引资势头旺盛,基础建设进展迅速,已基本具备了国家级经济技术开发区的条件。党中央、国务院和省委、省政府的领导同志曾亲临开发区视察,国务院特区办的领导同志也专程来渝考察了开发区的建设情况,并给予了充分肯定。为了认真贯彻落实十四大提出的各项任务,进一步加快我市对外开放步伐,逐步缩小内陆城市和沿海地区的差距,根据中共中央中发〔1992〕4号文件和国务院国函〔1992〕93号文件有关实行沿海开放城市政策的精神,特将《重庆市人民政府关于建立重庆经济技术开发区的请示》报请省人民政府审查,并请转报国务院审批。

附:《重庆市人民政府关于建立重庆经济技术开发区的请示》

重庆市人民政府
1992年11月30日

重庆市人民政府关于建立重庆经济技术开发区的请示

国务院:

为了落实党的十四大提出的各项任务,进一步加快我市对外开放步伐,更多更好地吸引和利用国外的资金、技术及管理经验,充分发挥长江沿江开放城市和三峡库区最大中心城市的作用,带动周围地区的经济发展,根据中共中央中发〔1992〕4号文件和国务院国函〔1992〕93号文件有关实行沿海开放城市政策的精神,特报请批准建立"重庆经济技术开发区"。

今年以来,在邓小平同志南巡重要谈话精神鼓舞下,尤其是重庆列为沿江开放城市以后,改革开放、经济发展都出现了新局面。今年头10个月,全市新批准外商投资企业301家,协议外资2.6亿美元,分别超过前13年总和的1.6倍和1.4倍;外贸出口总值4.16亿美元,同比增长14.4%;外国及港台来渝人数达11.3万人次,比去年同期增加70%。老企业直接利用外资搞"嫁接式"改造有重大突破。对外开放促进了经济持续增长,预计全年全市国民生产总值达到275亿元,同比增长11%。

1985年我市按照城市建设总体规划,在位于长江以南的南坪地区进行了开发建设。1990年初,市政府决定依托基础设施比较完备的南坪地区,试办重庆经济技术开发区。多年来,该区先后投入4.8亿元用于基础设施建设。建成道路25万多平方米;自来水日供水能力10万吨;铺设给排水管线4万米;变电站3座,容量为40万千伏安,另一座即将开工建设;天然气储备站日供气能力4万立方米;新增万门程控电话已开通,可承担国际国内直拨电话、电传、传真等通讯业务。1990年以后,按照"量力而行,小块起步,滚动发展"和"开发一片,建成一片,收效一片"的原则,

市政府投入开发区启动资金6390万元,主要用于土地、道路、厂房等基础设施建设。共开发土地82.5公顷,已出让37.8公顷;建成标准厂房3.5万平方米,已全部售出。到目前,已回收资金9466.9万元,预计年底全部资金可循环一次。区内还设立了金融、商贸、宾馆和保税仓库等配套服务设施。按照高度统一、灵活高效的要求,已初步建立起适应外商投资需要的管理体制和运行机制。

与此同时,开发区按照"高起点、高水平"和"以外资项目为主、生产项目为主、出口创汇项目为主"的方针,外引内联,大力招商引资。截至今年11月15日,区内已有外商投资企业81家,占全市外商投资企业总数的16.4%,协议投资总额16405.1万美元,协议外资金额6588.2万美元。区内外商投资企业中,属生产性的企业占企业总数的67.9%,属先进技术的企业占35.8%。今年1至11月上旬,全区252户企业实现工业总产值52117万元,上交税费3660万元,出口创汇741万美元。目前,重庆经济技术开发区已基本具备了国家级经济技术开发区的条件,有布局合理的规划,有初具规模的形象,有较好的基础设施为依托,有完善的管理机构,有滚动发展的物质基础。

重庆经济技术开发区紧靠长江,地形开阔,地势平缓,地质稳定,通过长江大桥一桥与繁华的市中心区相连;川黔高等级公路纵贯全区,距重庆火车客运站3公里,距上桥货场和西南最大的九龙坡水陆联运港埠均为15公里,距改造中的高等级重庆港码头6公里,距全天候的国际空港28公里,客商往来和物资集散都十分方便。南坪作为经济技术开发区具有明显的区位优势和优越的地理环境。该区总面积9.6平方公里,其中工业生产用地占75%。开发区地域范围是:东界长江黄桷渡码头、狮子岩、工商银行大厦东侧接川黔路;南界丹龙南路;西界丹龙路接长江电工厂厂界至长江边;北界长江边。

鉴于我市对外开放起步较晚,改造、开发任务繁重,步伐更需加快,恳请国务院尽快正式批准我市建立经济技术开发区,并赋予与沿海开放城市经济技术开发区相同的优惠政策。同时,希望国务院有关部门给予重点扶持。我市将抓住机遇,按照"总体设计,分期实施,滚动发展"的方针,用足用好政策,加快基础

设施建设,注重投入产出比,按照国际惯例,进一步完善管理机构和运行机制,把经济技术开发区建成我市对外开放的窗口、发展外向型经济的基地和综合体制改革的试验区。

附:1.重庆经济技术开发区区位示意图<略>
2.重庆经济技术开发区范围界定图<略>
3.重庆经济技术开发区范围界定说明<略>
4.重庆经济技术开发区基本情况<略>

国务院关于设立重庆经济技术开发区的批复

(1993年4月4日)

四川省人民政府：

你省《关于建立重庆经济技术开发区的请示》(川府发〔1992〕161号)收悉。现批复如下：

一、同意设立重庆经济技术开发区,实行沿海开放城市经济技术开发区的政策。重庆经济技术开发区位于南坪地区,北至长江,南至丹龙南路,西至长江电工厂、丹龙路,东至黄桷渡码头、狮子岩、川黔路,总面积为9.6平方公里,首期开发3平方公里。

二、重庆经济技术开发区要坚持以兴办工业和科技开发项目为主,建设项目的起点要高,以促进重庆市工业结构的调整和国营大中型企业的技术改造。要大力吸引外资,积极扩大出口,发挥外向型经济的窗口作用。

三、要加强对重庆经济技术开发区的领导,搞好全面规划,分期组织实施,做到开发一片、建设一片、收效一片,促进开发区各项工作的发展。

中华人民共和国国务院
1993年4月4日

国务院关于三峡工程库区进一步对外开放问题的批复

(1994年8月25日)

湖北、四川省人民政府：

湖北省人民政府《关于将宜昌市辟为经济特区的请示》(鄂政发〔1993〕23号)和四川省人民政府《关于三峡工程四川库区列为对外经济开放区的请示》(川府发〔1993〕91号)收悉。现批复如下：

一、同意将湖北、四川两省所辖长江三峡工程库区下列各市县列为长江三峡经济开放区,实行沿海经济开放区的政策：

湖北省宜昌市所辖的宜昌、秭归、兴山县;恩施土家族苗族自治州所辖的巴东县。

四川省万县市所辖的巫山、巫溪、奉节、云阳县和开县、忠县;黔江地区所辖的石柱县;涪陵地区所辖的丰都、武隆县;重庆市所辖的长寿、江北县和巴县、江津市。

二、宜昌市、万县市、涪陵市列为沿江开放城市,实行沿海开放城市的政策。

中华人民共和国国务院
1994年8月25日

四川省人民政府关于重庆铁路口岸对外开放的复函

(1996年1月25日)

重庆市人民政府:

根据你市关于对重庆铁路口岸在对外开放前进行验收的请示(重府发〔1995〕207号文),经组织验收,省政府同意重庆铁路口岸自1996年2月4日起,正式对外开放。该口岸对外开放后,有关口岸管理等工作,按省政府验收重庆铁路口岸工作组《关于验收重庆铁路口岸的纪要》精神办理。

此复。

附:《关于验收重庆铁路口岸的纪要》

四川省人民政府
1996年1月25日

关于验收重庆铁路口岸的纪要

经四川省人民政府办公厅川办函〔1994〕35号文同意,设立重庆铁路口岸。有关筹建重庆铁路口岸的工作,在重庆市委、市政府的领导下,经重庆市政府有关部门、国家驻重庆各查验部门和重庆铁路分局的共同努力已圆满完成,具备了对外开放的条件。对此,重庆市政府向省政府提出该口岸正式对外开放前的验收申请。省政府即决定由省长助理许忠民同志代表省政府主持验收工作。由重庆市政府、省口岸办、省外经贸委、成都铁路局和国家驻重庆有关查验部门负责同志组成的验收组,于1996年1月18日对重庆铁路口岸正式对外开放前的准备工作进行了检查验收。重庆市人民政府副市长鲁善昭同志、市政府秘书长章麒同志以及重庆政府有关部门、铁路部门的负责同志参加了检查验收工作。

验收组通过听取汇报和现场检查,一致认为,重庆市人民政府对铁路口岸的建设极为重视,经过铁路、外经贸委和口岸查验单位配合协作,各项筹备工作基本就绪。新建的3600平方米库房、改造的240米环形公路、装修的2000平方米联检办公楼,可以满足外贸货物运输和各查验单位开展工作的需要。为了使该口岸开放后的口岸管理工作有法可依、有章可循,重庆市人民政府以第89号令颁发了《重庆铁路口岸管理办法》,重庆市口岸办公室会同有关部门制定了《重庆铁路口岸货运票据审核传递程序》和《重庆铁路口岸查验单位工作规程》。为此,重庆铁路口岸在硬件和软件建设方面,已基本符合对外开放的要求,可以对外开放。

忠民同志代表验收组肯定了重庆铁路口岸筹建中取得的各项工作成绩,就口岸对外开放的有关工作提出了要求:一是要强化科学管理,按照国家的有关法律、重庆市政府第89号令及各单位共同制定的工作程序办事,做到口岸管理法制化、规范化、科学化;二是口岸各部门要搞好协调配合,完备口岸整体服务功能,尽快实现电脑联网,提高口岸工作效率和质量;三是要强化服务意识,用好国家赋予的权力,将原则性和灵活性相结合,优化投资环境,适应开放型经济发展的需要;四是口岸管理部门要切实发挥综合协调职能,搞好口岸管理、服务工作,确保口岸安全、畅通,将重庆铁路口岸及重庆的航空、水运口岸建成一流水平;五是请重庆市政府妥善解决有关查验部门到铁路口岸执勤的交通问题、筹建口岸时的经费挂账问题。

国家驻重庆有关查验部门、重庆市外经贸委、重庆铁路分局的代表,一致表示:重庆铁路口岸对外开放后,要坚持团结协作的精神,进一步加强口岸查验、服务机构的力量,努力工作,为重庆及四川的对外开放服好务。

重庆市人民政府希望重庆铁路口岸于1996年2

月4日正式对外开放。验收组经过认真研究,同意市政府意见,待报省政府批准后即对外公布。

附:验收重庆铁路口岸签字名单、验收组名单、参加验收工作各单位人员名单<略>

省政府验收重庆铁路口岸工作组
1996年1月18日

重庆市人民政府关于重庆水港口岸对外国籍轮船开放的请示

(1996年7月30日)

省政府:

为贯彻党的十四届五中全会精神和江总书记、李鹏总理关于"努力把重庆建设成长江上游的经济中心","开发三峡,振兴重庆"的指示,落实"九五"计划和2010年远景目标,促进开放型经济的发展,带动三峡库区适应长江经济带整体发展的历史重任,特报请批准重庆水港于1998年至2000年间对外国籍轮船开放。

一、重庆水港对外国籍轮船开放是进一步扩大对外开放,发挥中心城市作用的需要

重庆是长江上游及西南地区最大的工商业重镇,水陆空交通枢纽,又是全国老工业基地之一。全市现辖11区3市7县,面积2.3万平方公里,人口1512万。

重庆位于长江和嘉陵江交汇处,水运优势尤为显著。重庆水港自古即是西南的重要水运港口,19世纪末即有外籍货轮驶入,是西南唯一的对外贸易口岸。1980年经国务院批准为一类水运口岸。借助长江水道优势,重庆作为长江上游经济中心城市的作用在扩大对外开放中得到充分发挥,全市对外经济贸易、对外交往、服务贸易取得突破性进展。以重庆为中心的沿江工业、农业经济带格局基本形成,带动了周边经济的发展。截至1995年底,全市已有外商投资企业2028家,实际利用外资24.1亿美元;与世界140余个国家和地区建立了经贸关系,接待海外游客13万人次以上。全市国内生产总值740亿元,工业总产值989.4亿元,农业总产值112.7亿元,外贸进出口额达14.8亿美元;从重庆口岸进出境的外贸运量24.3万吨,其中50%是通过江海联运方式直接出境,出口日本的货物80%以上通过长江水运。

随着开放型经济的发展和国家扶持中西部发展战略的实施,大量外资逐步向内陆转移,长江经济带的重点建设项目日渐增多,重庆正在成为长江上游和西南地区连接国内外经济的交汇点和枢纽站。但由于承担西南和长江上游物资集散任务的重庆水运口岸不是对外籍轮船开放的口岸,周边国家和地区需直抵重庆或长江上游沿线的物资只能中转运输,致使周期长,损耗大,成本增高,不利于缩小东西部差距。因此,重庆水港对外籍轮船开放已成为西南地区和长江上游提高对外开放质量,加快开放型经济发展的迫切需要。

二、三峡工程和重庆立体交通网络的建设为重庆水港对外开放提供了保证条件

三峡工程建设将使长江上游巨大的潜在航运能力得到充分发挥。届时,139处险滩全部淹没,航道加宽加深,万吨级船队可直达重庆。年通过能力由目前的1000万吨增加到5000万吨,运输成本将降低35%—37%。万县、涪陵等大桥净空高度为18米,进口的大型设备可直接运抵重庆集散。三峡工程建设改善了川江水系,乐山、宜宾、泸州、南充、达县、涪陵、黔江、万县等大中城市和地区通过长江、嘉陵江、赤水河等与重庆连为一体。正在新建的渝怀、川汉铁路和横贯重庆市区的渝长、川黔、成渝等高速公路,形成连接云、贵、川的陆路运输网络,与重庆港相衔接,使重庆水港成为上述地区与新海亚欧大陆桥相连的水陆交通连接点。

三、重庆水上集装箱运输体系完全具备对外开放的条件

重庆港区岸线长达402公里,通过能力632万吨。中心港区码头332个泊位,其中运输生产型码头193个泊位,可泊停1000吨船泊位69个。机械化作业线14条,最大起重能力180吨,一次堆存能力253万吨。

重庆水运口岸设在地处中国内河纵深部位,生产设施良好且管理先进的九龙坡港区。联合国亚太经济社会委员会与我国交通部组成的内河码头和装卸技术考察交流代表团曾对该港给予高度评价。港区现吞吐能力为330万吨,有1000—1500吨级泊位8个,港区专用铁路线17条,有大型露天货场14万平方米,进出口货物监管库房12000平方米,查验单位办公用房200平方米。海关、商检、动植检、卫检、船检、港监和市政府口岸综合管理部门,以及口岸服务系统均在水港口岸设有办事机构。经交通部批准的外轮代理和外轮理货分别成立于1980年和1975年。1993年10月由民生公司承担长江国际集装箱运输以来,已三次调整航班密度,1996年初增加为周班运输,货运量增加了近两倍。1995年共运集装箱近4000箱,目前正在计划开通每周两班班轮。

为满足进出口货运量日益加大和对外开放进一步扩大的需要,"九五"期间将投资2亿元进行九龙坡港区二期扩建工程。新建二座年通过16.6万辆车的滚装码头和一座5万标箱、30万吨杂件泊位的集装箱码头,配套的国际货运检查检验设施同步建设。现已通过二审,进入初设阶段。今年底动工,1998年竣工,届时全港通过能力达1000万吨。与三峡工程竣工后万吨级船队驶入重庆和5000万吨通过能力相匹配的寸滩集装箱港区也正在抓紧规划。设计能力20万标箱,重件及建件杂货70万吨,第一期工程总投资8亿元。九龙坡水港二期改造工程完成后,重庆水运口岸将完全符合对外籍轮船开放的需要;寸滩港区建成后,可达到国际先进水平。

四、查验机构编制及查验场地、办公设施改造计划

(一)查验机构编制。目前,中央驻渝查验单位为支持重庆的经济建设,从内部调剂部分人员,组成驻水港口岸的办事机构,共30人。根据水港口岸的发展规划,在征得查验单位上级主管部门同意与支持的基础上,拟定编400人,其中海关55人,商检50人,边检120人(新组建水港检查站),卫检40人,动植检45人,船检10人,港务监督20人,国家安全局40人,公安局出入境管理20人。

(二)查验设施改造。按国发〔1993〕44号文件规定和国经贸发〔1993〕520号文件的实施标准,拟在九龙坡和寸滩港区修建口岸查验单位办公和生活设施,共21000平方米,总投资1500万元,其中办公用房8500平方米,730万元,生活用房12500平方米,770万元。鉴于重庆水港口岸承担着服务于西南地区和三峡库区及其他兄弟省市65%以上的货运量,并已纳入全国一类口岸开放五年规划,故根据文件精神,建设费用的40%由我市承担,60%由国家拨付,即我市承担600万,国家拨付900万元。

五、重庆水港口岸开放计划

根据三峡工程和重庆水港口岸改造进度、重庆水港口岸对外籍轮船开放拟分三步进行。

1996—1997年底,作为个案,请批准周边国家和地区1500吨级以下的轮船直抵重庆口岸。

1998—2000年,根据三峡水道改善状况,请批准3000吨级的外国籍轮船抵达重庆水港口岸。

2000年以后,请批准重庆水港口岸对外国籍万吨级船队开放。

以上请示如无不妥,请转报国务院批准。

重庆市人民政府
1996年7月30日

三、城市重点建设

重庆市人民政府关于保护民航重庆机场净空和各类设施安全的通告

（1988年1月3日）

为了保护重庆机场净空，加强各种设施的管理，保证机场使用功能的发挥，特通告如下：

一、机场及其各类设施（铁路专用线、油库、输油管道、通信导航台〈站〉、水厂、供电和通信网络）所在地的各级人民政府、企事业单位、群众团体以及公民，都必须严格遵守本通告规定，积极支持公安机关、民航和重庆机场建设总公司的工作，切实保护机场净空及各类设施的安全。

二、严格施工现场管理。非机场施工车辆一律不得驶入工地，施工车辆和人员必须按指定路线行驶，听从指挥，机场工程所有的设备、材料、机械、设施，任何单位和个人不得损坏和侵占，各施工单位在现场不准乱搭乱建，临时设施、安装水电必须按批准的方案实施，符合防火、防洪、防垮塌、防漏电的要求。

三、严格机场净空保护。凡在机场净空保护区域（包括规划发展区域）内和各通信导航台（站）、油库附近规划或兴建各项工程时，必须事先与规划部门联系并征求机场主管部门意见，严格按照国务院、中央军委《关于保护机场净空的规定》和中国民用航空局、重庆市规划局《关于限制机场附近建筑物绝对高程的规定》执行。凡擅自修建超高或影响机场及各类设施安全的建（构）筑物，必须无条件拆除。其损失由建（构）筑物的产权单位负责。

四、机场及各类设施所征用的土地，属国家所有。除民航负责管理外，任何单位和个人不得占用。

五、凡经过批准进驻机场执行任务的单位，必须服从民航的统一规划和管理，不得各行其是。

六、任何单位和个人，不准移动、损坏机场设置的一切标志及各类设施；任何人不得翻越、损坏机场围栏和各类设施的围墙；不准在机场内垦植〔殖〕、放牧、割草、狩猎、拾柴、游玩；不准在机场输电线、通信线下栽竹种树；行人必须按指定的围场路线通行，不得从场内穿越。

七、对违反本通告，危害机场净空和各类设施安全者，公安、保卫部门应依照《中华人民共和国治安管理处罚条例》和民航机场管理的有关规定，视情节轻重，予以警告、罚款、拘留。触犯刑法的，移交司法机关处理。

重庆市人民政府
1988年1月3日

重庆珞璜电厂工程建设领导小组扩大会议纪要

（1988年2月1日）

重庆珞璜电厂一期工程（2×35万千瓦），经过各方面的共同努力，已顺利结束了对外谈判工作，于

1988年1月13日在北京与法国阿尔斯通公司、日本三菱株式会社草签了合同。国家计委已将珞璜电厂工程正式列为1988年新开工项目。为安排好下阶段电厂建设期的各项工作,确保按期完成并争取提前建成投产,孙同川副市长于1988年1月27日主持召开了《重庆珞璜电厂工程建设领导小组扩大会议》。参加会议的有西南电管局,西南电力设计院、市计委、经委、建委、经贸委、规划局、财政局、税务局、环保局,华能重庆分公司,重庆铁路分局,重庆煤炭工业公司,中国人民银行、中国银行和中国工商银行市分行等32个单位的负责同志。

会议听取了华能重庆分公司关于珞璜电厂对外谈判工作和前期准备工作进展情况的汇报;讨论审查了珞璜电厂建设工作计划安排意见;并就电厂铁路专用线、始发编组站,石灰石粉厂,电厂现场外宾招待所和生活区的建设等问题进行了充分的讨论;研究了加强电厂建设组织领导及资金准备等问题。现将会议确定的有关事项纪要如下:

一、珞璜电厂引进设备对外谈判是成功的,利用了国外政府优惠贷款,相应降低了设备价格,为国家节约了外汇,电厂工程前期准备工作进展是顺利的,"五通一平"工作基本完成,为下阶段的土建安装工程开工创造了良好条件;会议同意华能重庆分公司提出的珞璜电厂建设工作计划安排意见,要求电厂的建设必须按照工程进度要求抓紧进行。

二、珞璜电厂一期工程的建设目标为:1990年10月1日第一台机组投产发电,1991年4月1日第二台机组投产发电。为确保目标的实现,会议要求华能重庆分公司作为建设单位,对华能总公司和重庆市人民政府负责,承担起总承包珞璜电厂工程建设的责任,精心组织好施工加强管理,抓好各个环节的工作,保证建设进度和工程质量;要求市计委、经委、建委、经贸委等政府综合部门必须切实履行自己的职责,主动配合,按电厂建设进度的要求;保证做好外部条件的协调工作。市建委要把珞璜电厂列为我市当前最重要的重点工程,请刘法琪副主任负责,领导抓好施工建设中的市内协调工作;要求与电厂建设有关的中央、地方各单位、各部门要积极支持,按期完成所承担的电厂工程项目,收取费用时应按照国家有关规定尽量从优,不得乱收费和提高收费标准。珞璜电厂是向国内外贷款修建的项目,是解决我市严重缺电的重点能源工程,要动员全市人民来关注和支援电厂的建设。

三、为了加强珞璜电厂和全市电力建设的组织领导,会议决定:在原珞璜电厂工程建设领导小组的基础上,调整充实力量,成立重庆市电力建设领导小组(待报市政府批准后正式成立),当前主要抓好珞璜电厂、江北电厂和配套电网工程的建设,每个季度开一次领导小组会议。建立领导小组办公会议制度,每个月开一次会议,检查工程进度完成情况,协调解决有关重大问题。会议确定:成立珞璜电厂工程建设现场指挥部,会后请华能重庆分公司尽快提出人员组成、机构设置及职能的方案报送领导小组核批。

四、请华能重庆分公司抓紧编制出施工组织设计大纲和工程进度总网络图,提出各个施工环节之间的相互保证条件和措施;组织有关部门和专家讨论审定;请西南电力设计院按工程施工进度和要求抓紧完成各项设计并在现场密切配合施工。

五、珞璜电厂征地总图,由华能重庆分公司委托市规划设计院完成,并按规定尽快报批。

六、关于珞璜电厂和珞璜镇的建设规划问题。电厂生产区的规划尊重西南电力设计的意见,生活区、道路等规划与珞璜镇的建设规划问题,请市规划局陈俭局长统一负责搞好这项工作,并作出该地区的总体规划,电厂和珞璜镇均须按此规划进行建设。

七、关于电厂现场外宾招待所及生活区的具体规划和设计问题。请市建委邓申同志负责处理:在元月30日主持召开会议进行审查,确定设计单位,按电厂建设进度要求限期完成设计。

八、珞璜电厂工程,由华能重庆分公司进行招、议标确定施工单位,并纳入重庆市地方招投标管理序列。对每项工程都要求有两个以上的施工单位参加招、议标。市建委有关部门要协助搞好电厂的招、议标工作。

九、关于电厂铁路专用线和整列始发编组站的问题。电厂建设占用铁路用地还地的问题,会后由华能重庆分公司牵头,市国土局主持,市计委、建委、规划局、重庆铁路分局、江津县参加,开会研究解决。首先按照国家有关文件、资料核实占地亩数(请重庆铁路分局和江津县政府提供文件依据),然后遵照土地管理法结合铁路部门的实际情况,协商解决,要求在10天左右签订占地还地协议,但不能影响铁路专用线拆迁工作的进行。其次,要把解决煤炭整列始发编组站的问题提到议事日程上来,但鉴于电厂的资金和工期问题,应本着实事求是精神,从简考虑,建议在麻柳滩改扩建编组站。今后,由市计委和华能重庆分公司牵头,重庆铁路分局、市规划局、重庆煤炭工业公司、重钢、铁二院重庆分院参加到麻柳滩现场踏勘研究,尽快提出方案,报经领导小组审查后委托设计。

十、关于电厂脱硫配套石灰矿工程的问题。今后,请市计委陈之惠副主任与重庆水泥厂研究利用该厂珞璜石灰石矿山的问题。石灰石磨粉机如国内不能解决,就在2月4日的中外第一次联络会上和日本三菱谈判并落实引进设备问题。请重庆煤炭设计院按二种方案抓紧完成可行性研究,以便尽快组织审查。石膏的利用问题,请华能重庆分公司按照和外商签订的协议进行,并和市建材公司联系共同研究。

十一、关于资金问题。我市承担的内资部分的筹集问题另行专题研究。会议确定:按照1987年国家下达我市的电力债券任务(市已垫付2300万元),请市经委和重庆电业局清理出欠交的单位,要求必须补交。凡属中央在渝企业,和各银行联系、协助扣回;凡属地方企业,请市财政局配合,在1987年年终财务决算中能扣回的全部扣回;四川省随购买电力债券分配给我市的卖用电权的1.06万千瓦,请重庆电业局和市经委研究后尽快卖出收回资金;1987年每度电1.4分的价差款收入,由市经委会同重庆电业局和西南电管局进行结算,多余的退还我市。以上3项资金,全部转入我市财政局在建行的电力建设资金专户,统一安排用于珞璜电厂、10万千瓦燃机电厂和配套电网的建设。

1988年2月1日

市重点公路建设领导小组第一次(扩大)会议纪要

(1988年4月14日)

1988年3月31日上午,李长春副市长在市政府303会议室主持召开了重庆市重点公路建设领导小组(扩大)会议。市重点公路建设领导小组成员和有关单位负责人出席了会议。会议听取了市交通局副局长郑道仿对成渝公路重庆段新建工程前期工作的汇报,审议研究了成渝公路重庆段建设工程实施计划及建设工程征地拆迁方案的意见等有关问题。现将会议决定的事项纪要如下:

一、建设投资。成渝公路重庆段新建公路工程总投资暂定为5.164亿元。其资金来源采取世界银行贷款5000万美元(折合人民币1.86亿元),交通部补助7690万元,其余不足部分由市自筹。资金安排由市计委牵头,会同有关部门专题研究落实。

二、施工实施计划。根据国家计委和交通部关于新建成渝公路工程于1993年建成的要求,考虑到与世界银行贷款相衔接和省施工计划一致,成渝公路重庆段新建公路工程按以下安排分期进行:

第一期工程。建设沙坪坝陈家坪至璧山县青杠段一级公路29.16公里(其中包括:中梁山和缙云山两座隧道工程)。其中,1988年完成征地拆迁前期准备工作和招标工作,同时完成走马场至缙云山隧道出口、上桥至中梁山隧道出口的路基工程,为在1989年初全面开工做好准备。1991年该段建成通车。

第二期工程。建设璧山县青杠至荣昌县高家坡段二级公路85.12公里。其中1989年完成征地拆迁和招标工作;1990年全线开工。1993年底全线建成通车。

第三期工程。在分项完成招标工作后,在1993年前逐项建成配套的交通工程和服务设施工程。

三、征地拆迁工作。为加快成渝公路重庆段新建公路的建设,保证国际招标施工的需要、建设工程和工程附属设施用地采取边用地、边办理征地手续的方法。对于第一期工程前期施工用地(走马场至缙云山隧道出口、上桥至中梁山隧道出口路基工程)尽量在今年6月前移交使用。关于征地拆迁方案和政策规定由市交通局牵头,会同有关部门研究提出意见。

四、建立健全组织机构。为加强我市重点公路建设的组织领导,重庆市重点公路建设领导小组扩大有关成员单位,并成立重庆市重点公路建设指挥部,具体负责组织实施我市重点公路建设工作。

五、成渝公路重庆段新建公路工程列为市重点建设工程项目管理,享受有关重点建设工程的优惠政策。

六、成渝公路重庆段新建公路工程所需汽、柴油,火工产品和"三材"纳入市物资分配计划,按市重点建设项目专项安排。工程施工所需电力、通讯、技术人员、工作车辆等问题,由有关部门按规定办理。

七、建设成渝公路工程是一项利国利民的大好事。按照"人民公路人民建"的原则,各有关区、县和部门要大力支持、协同配合,做好工作,为公路建设作出贡献。

1988年4月14日

重庆机场建设领导小组工作会议纪要

(1988年5月9日)

1988年5月3日上午,孙同川副市长主持召开了重庆机场建设领导小组工作会议。在重庆地区的重庆机场建设领导小组成员和市有关部门的负责同志参加了会议。会议听取了机场建设总公司副总经理刘成汉关于重庆机场建设进展情况和存在的主要问题的汇报,听取了民航重庆机场工程办事处副主任卿在心关于重庆机场工程质量问题的汇报,听取了市计委、市物资局关于重庆机场工程"三材"有关问题的汇报,听取了市电信局关于重庆机场有线通信工程进展情况的汇报。会议研究了重庆机场工程建设资金、物资计划、建设工期及各项配套工程的同步建设问题。现将会议决定的事项纪要如下:

一、统一认识,加快重庆机场工程建设进度

重庆机场是国家按合理工期组织建设的重点工程,是重庆市的一项基础工程,关系到重庆的经济振兴和改革开放,急需加快新机场的建设步伐。会议认为,在机场建设上,政策要灵活,进度要抓紧,管理要加强,严格控制建设规模和标准,按照国家批准的重庆机场第一期工程项目,圆满完成各项建设任务,投资要严格控制在2.91亿元之内,力争节约。会议要求,市各有关部门和单位要齐心协力,支持机场建设;及时地、主动地解决机场工程建设中的各种问题,确保重庆机场早日建成,发挥效益,为重庆的改革、开放服务。

二、建设资金和"三材"问题

重庆机场按施工进度今年预计完成投资7500万元,但到目前止,国家下达投资计划仅3000万元(其中:中央1000万元,重庆市自筹2000万元)。今年的投资计划必须要满足工程建设进度的需要。市的有关部门要加强与中央有关部门的联系,争取国家计委下半年再追加3000万元的投资计划。机场进口设备报请民航局抓紧订货,并相应解决外汇额度约259万美元,由市负责借贷现汇。重庆市今年的能交基金投资计划要保重点,集中使用到重庆机场工程上。市能交基金年度投资计划由2000万元调整为2500万元下达。市财政局在拨款时,首先要保证重庆机场重点工程的需要,不得影响工程进度,不能挪用机场计划资金。

"三材"问题,机场建设总公司要加强与物资部门

的计划衔接,及时组织钢材、木材和水泥供应工程需用,保证机场建设工期。目前,水泥暂时不足,机场建设总公司应组织市场水泥调剂解决,市物资部门要保证机场工程对水泥的需要。市各有关部门对机场工程"三材"的计划、组织、运输等要大力给予支持,不得因材料供应影响机场建设进度。机场建设总公司必须加强对工程材料、设备的管理,严格按照国家规定分项目按实核算核销,严禁浪费、挪用、倒卖机场工程的物资和材料。

三、强化工程质量监督,争取全优工程

会议认为,机场工程已进入施工高峰,质量问题至关重要。现场建设总公司要把工程质量放在第一位,对工程质量负全部责任。目前,机场工程在一些项目的一些部位出现了质量差的问题,机场建设总公司必须引起重视,加强质检机构和手段,充实质检人员,强化质量监督,该返工的必须坚决返工,该采取补救措施的必须采取补救措施,一定要建成一个好机场,争取全优工程。会议决定,由市建委负责组织有关部门在今年5月份内对机场工程进行一次质量大检查,并建立每月召开一次工程质量检查联席会议的制度。

四、建设工期

原定重庆机场1988年10月1日开航使用的工期,是在初步设计未完成前确定的,对加快重庆机场工程的开工和建设进度起了一定积极作用,由于国家控制基本建设的规模,资金不能按工程进度安排,再加上一些其他原因,不能按原定计划的工期实现。会议确定,对重庆机场的建设工期进行调整,调整后的工期为:

1989年3月底前完成国家批准的重庆机场第一期工程项目建设任务(除候机楼项目稍推后完工外),4月1日开始交验,验收合格后,5月1日试航,同年7月1日正式开航使用。机场建设总公司要据此编制出工程分项进度和投资安排计划表,报送有关方面。

五、其他事项

1.机场有线通信工程。3个导航台(站)今年7月完成,场内通信设计已完成,待审。沿210国道通信管孔工程必须抓紧开工,对公路部门的施工赔偿费47万元由市邮电局分次付清(第一次付20万元),施工质量由市交通局负责,国道210公路上的管道敷设,按20年控制,不准开挖,今后因改线改路造成的损失,谁引起谁负责。长途客运站至75分局段通信管道施工问题由市规划局协调。重庆长途线务站管孔集资费如不能按时拨付,由市计委垫付,以后必须按规定价格出卖通信管孔。

2.机场安、边检站建站位置移动后,平基土石方由市计委进行核定后,适当增补建站投资。

3.210国道和机场路相交的立交桥项目,在对建设规模和概算组织审查后,按审定的概算由市计委和市交通局各安排一半的投资。

4.重庆机场的各项设计工作应在今年五六月份全部完成,除机场建设总公司负责直接催促外,重庆市设计单位承担的部分由市建委副主任刘法琪负责协调;民航设计院承担的部分由民航四川省局副局长周顺福负责向民航局反映,建议实施行政干预,完成设计任务。

5.会议确定,今年7月份再召开一次机场建设领导小组工作会议,检查本次会议决定事项落实情况,研究解决机场建设过程中的有关问题。

1988年5月9日

关于派员赴法国参加珞璜电厂工程协调会并顺访图卢兹市的请示

(1988年5月26日)

省外事领导小组：

为协调珞璜电厂引进成套设备合同执行中的有关问题，应法国阿尔斯通公司邀请，拟由我市副市长孙同川带队，市城乡建委、市规划局、市环保局、中国人民银行重庆分行、建设银行重庆分行、市外办、华能国际电力开发公司、国务院压油办、经贸部各派1名有关人员，共10人（含翻译）组成代表团，于1988年6月下旬赴法国巴黎参加由中、法、日三方举行的四川重庆珞璜电厂工程第一次协调会议。会毕，我市7人拟顺访法国图卢兹市。在巴黎停留16天、图卢兹3天（均含途中）。在巴黎的食宿、交通费由法国阿尔斯通公司承担，图卢兹市活动的费用由图卢兹市政府提供；其他所需费用，人民币由各派员单位解决，外汇额度由华能国际电力开发公司承担。

请予批准。

重庆市人民政府
1988年5月26日

关于同意重庆市政府派员赴法国的批复

(1988年6月3日)

重庆市政府：

重府发〔1988〕88号文收悉。

经研究，同意你市应法国阿尔斯通公司中国事务执行主任阿特凡尼的邀请，于1988年6月派副市长孙同川，市城乡建委1人、市规划局1人、市环保局1人、中国人民银行重庆分行1人、建筑〔设〕银行重庆分行1人、市外办1人、华能国际电力开发公司1人、国务院压油办1人、经贸部1人组成的10人代表团赴法国参加珞璜电厂工程协调会并顺访图卢兹市。在外时间19天（含路途）。在巴黎的食宿、交通费由法国阿尔斯通公司承担，图卢兹市活动的费用由图卢兹市政府提供，外汇额度由华能国际电力开发公司承担，其他费用由各派员单位自理。

此复

四川省外事工作领导小组
1988年6月3日

重庆市人民政府关于解决重庆珞璜电厂生产准备人员的请示

(1988年6月17日)

省政府：

为了解决四川及重庆长期严重缺电的被动局面，根据中央关于采取多种渠道办电的方针及省政府抓紧能源建设的有关指示精神，我市与华能国际电力开发公司合资新建重庆珞璜电厂。电厂第一期工程为2×36万千瓦火力发电机组。在中央和省政府的关怀下，经过各方的努力工作，重庆珞璜电厂现场的前期准备工作已基本完成，现已进入主厂区建筑、安装的施工阶段。

根据与外商签订的合同要求，第一台机组将于1990年10月1日投产发电，第二台机组将于1991年4月1日投产发电。按照电厂生产准备的要求，生产人员应提前两年进入岗位接受理论和实际操作培训。因此急需解决电厂生产运行的专业技术骨干和技术工人。由于重庆珞璜电厂系全套引进国外设备，自动化程度高，相对要求电厂生产人员应具有较高的文化素质和一定的大机组操作经验。我们意见：无论电厂今后的管理体制如何确定，目前必须尽快解决重庆珞璜电厂的生产准备人员，以保证电厂建成后按期开机发电。因此，请示省政府在四川电力系统内的大、中型火电厂中（如华莹〔蓥〕山电厂、重庆电厂）予以平衡调剂解决。其主要人员是：值长5人，电气主值班5人，汽轮机司机15人，锅炉司炉15人，班长25人和电气、汽轮机、锅炉、热工及自动控制、化学、燃煤运输的维修护理技术工人55人，技术管理工程师10人，以上共需130人。其主要条件：技术工人文化程度在中技以上，技术管理人员文化程度在中专以上；工人年龄在40岁以下，技术干部年龄在45岁以下；都在本岗位从事实际工作3年以上。

另外，四川省电力局1986、1987年两年在重庆电力技工学校定向为重庆珞璜电厂培训的学生共130人（1989年毕业100人，1990年毕业30人），请按照原招生计划分配给重庆珞璜电厂。通过以上措施解决重庆珞璜电厂生产准备人员的需要，为四川及重庆的经济发展作出贡献。

以上意见如无不妥，请批转有关部门执行。

重庆市人民政府
1988年6月17日

市政府关于同意成立重庆市成渝公路工程招标办公室的批复

（1988年7月11日）

市交通局：

为了保证成渝公路重庆段建设工程有关国际招标后对外采购工作的顺利进行，同意成立重庆市成渝公路工程招标办公室。

市成渝公路工程招标办公室受市重点公路工程领导小组领导。负责制订成渝公路重庆段工程招标工作的实施办法，并组织实施；协调、解决工程中的有关重大问题；负责与交通部和省的公路工程招标部门的业务衔接。

为精简机构，市成渝公路工程招标办公室与市重点公路工程领导小组办公室合署办公（不另增人员编制），招标办公室的正、副主任由市重点公路工程领导小组办公室的正、副主任担任。

此复

重庆市人民政府
1988年7月11日

关于成立华能珞璜电厂工程指挥部的通知

（1988年8月11日）

有关区、县人民政府，市级有关部门：

为了加快珞璜电厂的建设，经市电力建设领导小组研究提议，市政府同意成立华能珞璜电厂工程建设指挥部（以下简称"指挥部"）。

指挥部的主要职能是：代表市人民政府和华能国际电力开发公司负责珞璜电厂工程建设的现场领导和指挥；对珞璜电厂工程建设的规划、设计、征地、施工、投资使用、设备引进、现场服务以及生产准备等具体工作行使统一管理，统一调度的职能。

指挥部设指挥长1人，副指挥长5人。

指挥长：杨连昌（重庆电业局党委书记兼华能重庆分公司经理）；

常务副指挥长：张钦河（华能重庆分公司常务副经理），于学倍（市建工局副局长）；

副指挥长：谭永温（四川省电力局电建一公司经理）、傅能光（江津县副县长）、谭祖连（华能重庆分公司副总工程师）；

指挥部成员由市规划局、电业局、市建行、中国银行重庆分行、重庆海关、商检局、市公安局、市人事局、市物资局、重庆铁路分局、重庆煤炭公司、民生轮船公司以及重点施工单位各指定一位负责同志参加组成。

指挥部下设的机构和人员由指挥部本着精干、高效的原则组建。

珞璜电厂的建设是国家的一项重点能源建设工程，对振兴和繁荣我市经济具有至关重要的作用。指挥部要以高度的责任感尽快健全制度、机构，强化指挥。各有关区、县，市级有关部门、单位和参建施工单位要服从指挥，尽职尽责，努力工作，为珞璜电厂的建设作出应有的贡献。

重庆市人民政府
1988年8月11日

请尽快拨给重庆机场建设投资的紧急报告

（1988年8月18日）

国家计委：

重庆机场建设工程是经国务院、中央军委批准，并纳入国家计委按照合理工期组织建设的国家大中型项目。你委计交〔1985〕133号文批准该项目总投资2.6亿元，其中国家投资1.9亿元，重庆市自筹7000万元。

在国家有关部门的关怀支持下，重庆机场建设工程进展顺利。截至今年7月底，累计下达投资计划22500万元，其中：国家计委下达14900万元，占国家应投资19000万元的78.42%；重庆市下达7600万元，已超过国家批准的应投资数额。按照合理工期组织建设的要求，今年需国家投资4000万元，但仅下达投资计划1000万元，不能满足工程建设进度的需要。目前，重庆机场急需支付进度款800万元也无法解决。如国家投资不能及时拨付，将造成全面停工。为了确保该项目按期顺利建成，减少国家损失，特急电告你委，请尽快再拨给投资3000万元。

重庆市人民政府
1988年8月18日

重庆机场建设工作会议纪要

（1988年8月26日）

为了确保重庆机场按期顺利建成投入使用，1988年8月18日上午在市政府一会议室，孙同川市长主持召开了重庆机场建设工作会议。参加会议的有市计委、市建委、市规划局、市重点办、民航重庆机场工程办事处、重庆工程建设总公司等部门的负责同志。会议听取了重庆工程建设总公司关于重庆机场建设进度情况的汇报,研究了加快重庆机场建设的措施和有关问题。现将会议议定事项纪要如下:

一、重庆机场建设情况

重庆机场的形象进度是:机场平基工程,跑道道面的上、下基层半刚性基础,场外供水、供电和排水工程都已建成;无线电通信导航,有线通信,气象工程,生产及辅助生产用房,助航灯光,制冷站等项目的土建安装工程正抓紧施工,将分别于今年底或明年初陆续建成。候机楼工程已经开工。

截至今年7月底,重庆机场工程累计完成投资18589万元,占总投资计划29100万元的63.91%。但是今年1—7月仅完成2217万元,占年度投资计划7000万元的31.67%。会议分析了今年进度较慢的原因:一是上半年主要是土建施工,安装工程还未开展;二是工程质量大检查后,部分工程返工影响;三是机场工程建设在组织管理上和现场指挥方面,力量薄弱,这是主要的原因。

二、急需抓紧解决的有关问题

1.安(边)检站营房建设问题。由于机场安(边)检站营房地址由航站区调整到机场大门口,影响了机场的整体规划,也将增加不必要的投资。会议决定,安(边)检站营房的建设,必须服从机场总体规划,应在现已平整的航站区场地内调整安排安(边)检站建设用地。在设计上,既要满足安(边)检站营房使用功能的要求,又必须节省投资,不能超过已批准的安(边)检站工程投资概算。不搞商业性用房。

2.联检站问题。机场联检站初步设计已经完成,市口岸办已组织有关部门审议,功能上可以满足联检需要。会议决定请市口岸办立即将审定意见函复有关部门,尽快完善各项手续,确保联检站与候机楼同步建设。

3.进场路与210公路立交桥搭接问题。210公路机场立交桥的跨线桥已初步建成,工程建设总公司负责的进场路已经开工。市交通局210公路工程处必须抓紧立交桥匝道的建设,与进场公路互相配合,同步进行,保证按照设计要求,解决好"路"与"桥"的搭接问题。

4.通信管道敷设问题。210公路工程处和四川省邮电通信建设公司承包敷设的有线通信管道工程,由于是在新建的公路路基上敷设管道,210公路工程处必须与市邮电局和省邮电建设公司共同研究,采取可靠的技术措施,防止敷设的通信管道出现沉降、断裂。同时,必须加强施工现场的管理力量,安排熟练的施工队伍进行管道的敷设操作,保证通信管道建设质量,做到万无一失。

5.场道道肩改用特细沙混凝土问题。工程建设总公司必须按照技术设计和施工管理的有关规定,立即向民航设计院、民航局及有关部门报送有关经济和技术文件审批。获准后再抓紧施工。

6.由市贷款现汇支付进口设备款问题。会议决定,按市政府与民航总局领导原商定的意见,由重庆工程建设总公司抓紧向有关银行办理重庆机场进口设备现汇贷款手续。外汇担保,由市计委负责办理。

7.供油工程和有线通信工程都是机场工程的关键项目。当前,供油工程中存在着输油管线敷设质量和进度问题,以及卸油站工程质量问题,工程建设总公司和施工单位必须抓紧研究,落实措施,切实解决。

有线通信工程,工程建设总公司、民航办和市邮电局要密切配合,按照变更后的建设方案,抓紧技术设计和建设准备工作,确保与机场工程同步建成。对按原建设方案订购的通信设备和器材,请市邮电局积极协助工程总公司尽快调剂处理,以减少损失。

三、强化机场组织领导,加快工程建设进度

重庆机场的建设,对重庆市对外开放,改善投资环境、振兴经济至关重要。会议认为,在国家有关部门的关怀支持和市委、市政府的领导下,重庆机场列入了国家计委按照合理工期组织建设的重点项目。从开工以来在资金和物资上都是保证了该项目建设需要的。因此,重庆机场完全具备按期建成的条件。市政府要求,重庆工程建设总公司必须按照重庆机场

工程确定的建设工期(即1989年4月1日开始交验,5月1日试航,7月1日正式通航),保证质量,按期建成。这不仅是经济建设任务,而且是一项重要的政治任务。为此,会议认真研究了加快机场工程进度的措施。

1.当前重庆机场工程最主要的问题,是各个项目全面开工,工程量大,作业面宽,工期又十分紧迫,情况较为复杂。市政府要求重庆工程建设总公司和各个施工单位的领导同志,必须高度重视,认真研究攻坚方案,进一步强化工程建设的组织管理,全力以赴,有条不紊地搞好现场施工。确保质量,不得延误工期。如不能保质按期完成工程建设任务,要追究有关单位领导的责任。

2.重庆工程建设总公司要从工程的全面情况出发,以跑道工程、供油工程、通信导航工程和候机楼工程为主体形象,抓紧制定机场工程的综合施工网络,充分利用工程建设的时间和空间,争分夺秒,立体施工,交叉作业,确保建设工期。

3.请重庆工程建设总公司从工程建设的实际需要出发,抓紧制定符合实际的工程资金综合平衡计划,报送市计委、市财政局、民航工程办事处、市建行及物资部门,以利组织资金和物资。

4.重庆工程建设总公司和各施工单位,必须高度重视工程建设质量。在保证质量的前提下,确保工程工期。要总结经验,吸取教训,加强质量管理,完善施工质量验收手续。请市建委和质监部门加强对工程质量的监督,凡是不合格的工程,要坚决返工重做。质量不好,问题严重的,要追究有关领导的责任。重庆机场的各个项目,都必须达到国家的质量标准。

5.市各有关部门和单位,都要继续积极支持重庆机场工程建设工作,要通力合作,提高办事效率,及时协调、研究、解决有关问题,努力为重庆机场建设作出贡献。

6.必须继续注意节省工程投资,精打细算。对未开工项目,仍要继续采用招标投标的办法,择优选定施工队伍。同时,要加强施工安全管理工作,完善安全生产措施,杜绝安全事故。

1988年8月26日

市政府办公厅关于印发《重庆市电力建设领导小组扩大会议纪要》的通知

(1988年8月29日)

有关区县人民政府,市政府有关部门,各有关单位:

为加快我市珞璜电厂和燃机电厂的建设,市电力建设领导小组于1988年8月23日召开了扩大会议。现将会议纪要印发你们,请遵照执行。

重庆市人民政府办公厅
1988年8月29日

重庆市电力建设领导小组扩大会议纪要

1988年8月23日下午,孙同川市长在市政府一楼会议室主持召开了"重庆市电力建设领导小组扩大会议"。参加会议的有:四川省电力局、西南电力设计院、市计委、市经委、市建委、市经贸委、市财办、市建管局、市财政局、市物资局、市税务局、市邮电局、市交通局、重庆电业局、重庆铁路分局、重庆煤炭工业公司、川东石油开发公司、四川省电建一公司、铁二院重庆分院、人民银行重庆市分行、中国银行重庆市分行、建行重庆市分行、工商银行重庆市分行、江津县政府、江北县政府、江北区政府、市天然气公司、市工程建设总公司、华能重庆分公司、华能重庆燃机电厂筹建处等单位的负责同志。会上,华能重庆分公司杨连昌经理,张钦河、芮坤兴副经理;省电建一公司谭永温经理;市工程建设总公司刘辉明副总经理分别汇报了关于珞璜电厂和燃机电厂工程进展情况;工程网络进度、目前存在的主要问题和加快工程进度的措施;第三次设计联络会以及珞璜电厂开工动员大会的准备情况,会议对此进行了讨论,孙同川市长作了总结发

言,现将会议确定的事项纪要如下:

一、珞璜电厂和燃机电厂的建设工作已全面开展,珞璜电厂主厂区、进水间和水泵房土石方于今年8月1日已正式开挖。会议确定:两个电厂必须按照合同规定的工期建成发电,参加施工的各个单位要按网络进度切实负责完成各自负担的任务,确保珞璜电厂第一台机组在1990年10月1日建成发电;燃机电厂第一台燃机在1989年2月15日建成发电,并力争在1989年1月1日投入运行。

二、这两个电厂是中外合资建设的工程,是我市抢建的重点电力建设项目,市政府要求与这两项工程有工作联系的各主管单位必须以改革的精神提高办事效率,主动积极为工程服务,不得以任何借口影响建设工期。任何单位和部门承担电厂建设的工程都要本着节约投资出发,不准采取"雁过拔毛"的做法,各级审计和监督部门要加强检查,对违纪违法者要严肃处理。

三、必须加强施工现场的组织领导。珞璜电厂工程指挥部要尽快完善组织机构,明确职责和任务,全面开展工作。现场的一切工作要服从指挥部的统一安排,确实协调不了的问题要及时向领导小组汇报。要求华能重庆分公司、市工程建设总公司和省电建一公司必须立即指派一名公司级副经理常驻燃机电厂施工现场(名单速报领导小组、市建委、市计委、市经委)。两个电厂每周的现场调度会议纪要按时报送领导小组正、副组长和市计、经、建委。

四、由市计委牵头,市物资局立即成立一个工作组(名单报领导小组、市计委、市建委,抄送华能重庆分公司和市工程建设总公司),负责两个电厂的物资供应工作。

五、由市财办主任章必果同志负责,尽快召开专题会议研究解决两个电厂现场的生活物资供应问题。

六、国外设备、材料的国内运输要尽量缩短时间,华能重庆分公司、市工程建设总公司和承运单位立即派专人衔接和办好有关手续,尽快和海关联系办妥在上海港监关,在重庆港验关的手续。

七、两个电厂由市负责的建设资金部分,要保证及时提供。由市电力建设资金征收管理办公室组织开会研究,提出具体办法,要求重庆电业局必须加强电力建设资金的征收工作,重庆电业局、工商银行、市财政局和建行重庆市分行共同确定资金的集中、解交、划拨的具体时间,及时满足两个电厂工程用款的需要,不得以任何借口停滞、挪用该专项资金。资金征收和拨款情况由征收管理办公室列表每月上报领导小组、市计委和财政局。

八、两个电厂的生产运行、维修人员要尽快落实。因四川省电力局解决有困难,会议确定采用公开招聘办法,由市经委副主任王式惠同志牵头,市政府办公厅、计委、人事局和公安局等部门参加研究,尽快提出招聘的具体办法,经市有关部门批准后立即见报执行。

九、两个电厂建设期间来重庆参加工作的中外人员较多,请民航、铁路、港口和长航等部门积极支持解决购车、船、机票问题。

十、外事接待方面的有关问题,由市外办协助解决。

十一、两个电厂对国际、国内的通讯问题由市邮电局负责解决。

十二、华能重庆分公司和珞璜电厂在南坪的住宅区所需的用电问题请重庆电业局抓紧解决;天然气请王式惠同志协调解决;水请刘法琪同志解决。

十三、省电建一公司要尽快加强在两个电厂现场的领导和施工力量,集中足够的人员、设备和机具,必须确保工程按网络进度完成。

十四、江津县、江北县、江北区政府要组织安排好现场服务工作,保证工程涉及到的征地、拆迁、赔偿、安置等工作能顺利进行。

十五、关于与法国合办焊接培训中心问题,华能重庆分公司抓紧给阿尔斯通公司和斯坦因公司总裁去电,会议议定焊接培训中心设在重庆锅炉总厂,同时为四川省江油电厂、珞璜电厂、燃机电厂培训焊接技术人员和工人。

关于同意成渝公路(重庆段)工程地方投资部分安排意见的复函

(1988年11月5日)

市计委、市交通局：

市交通局关于《请求确认成渝公路(重庆段)工程地方投资部分安排意见的请示》收悉。经市政府研究，同意你们的安排意见，其中在市自筹投资的25604万元中，由市计委安排投资12802万元，市交通局在养路费中安排投资12802万元，请照此组织落实。成渝公路是国家重点建设项目之一，在开展成渝公路(重庆段)的建设工作中，必须加强领导，做到精心组织、精心安排、精心施工，确保工程进度和质量按计划完成。

1988年11月5日

四、党的建设

中共重庆市委批转市委组织部、市级机关党委《关于加强和改进市级机关党的工作的意见》的通知

(1988年7月20日)

各区、县委,市委各部、委,市级各部门党组(党委):

市委同意市委组织部、市级机关党委《关于加强和改进市级机关党的工作的意见》,现批转给你们,请贯彻执行。

为了适应改革开放的新形势和党政职能分开的需要,必须十分重视加强和改善机关党的工作。市级机关的工作效率和工作质量如何,直接关系到全市改革开放和建设的顺利进行;干部作风和机关作风如何,直接影响着党风。只有把党政领导机关党的建设搞好了,机关党组织的活力增强了,党员的作用充分发挥了,才能更好地完成党的各项工作任务。

在当前的新形势下,各级机关党的组织主要任务是要按照十三大的精神,坚决贯彻执行党在社会主义初级阶段的基本路线和各项方针、政策,集中主要精力,认真履行机关党组织的职责,切实搞好自身建设,加强党员教育和党内监督,努力开拓一条适应改革需要的机关党的工作的新路子,为改革开放服务。各级行政领导,要热情关心和支持机关党的工作,以保证党和政府各项任务的完成。

中共重庆市委
1988年7月20日

关于加强和改进市级机关党的工作的意见

市委:

随着政治体制改革的逐步深入,党政职能分开,撤销政府各部门党组,推行行政首长负责制的工作提上了议事日程,这给市级机关党的工作提出了新课题新要求。按照党的十三大精神,根据中发〔1988〕3号,川委发〔1988〕9号、12号文件的要求和市委的部署,我们就加强和改进市级机关党的工作进行了研究。遵照党政分开、党要管党,加强机关党的建设,加强对机关工作的保证监督作用的原则,结合市级机关的实际情况,现提出以下实施意见。

一、改革机关党的工作领导体制,建立市级机关党的工作委员会

建议撤销"中共重庆市市级机关委员会",建立"中共重庆市市级机关工作委员会",作为市委的派出机构,领导市级党、政、群机关党的工作。

工委的主要职能是:

1.提出市级机关党的建设的规划,指导基层党组

织搞好党的思想、组织和作风建设,做好机关党员的教育管理工作。

2.负责审批市级机关各部门党组织和机关纪委的建立,委员会委员、书记、副书记以及处级专职党务干部的任免。

3.指导机关各级党组织实施对党员特别是领导干部的监督,及时向市委反映市级各部门领导班子、领导干部的情况。

4.按照规定的权限审批机关党员干部违反党纪的处分决定,负责直属党支部(或总支)发展新党员的审批及其他党务工作。

5.按照分工,负责对机关党员干部的培训,轮训基层党的工作骨干和新党员,对入党积极分子进行党的基本知识教育。

6.对机关工会、团委等群众组织实行领导,支持他们独立负责地开展工作。

7.执行市委交办的其他任务。

市级机关党工委按部级纳入市委编制序列。工委的领导成员由市委任命。委员会由9人组成,设书记1人,建议由市委领导同志兼任;专职副书记3人(其中常务副书记1人)。工委下设办公室、研究室、组织处、宣传处等工作部门。市级机关党委党校改为市级机关党工委党校,受市级机关党工委领导、为处级部门。

经与市纪委商定,建议将"中共重庆市市级机关纪律检查委员会"改为"中共重庆市市级机关纪律检查工作委员会",作为市纪委的派出机构,受市纪委和工委的双重领导,领导市级机关各部门党的纪律检查工作。纪工委由7人组成,设书记1名,副书记1至2名。

二、市级机关各部门党组织的任务、机构设置和干部配备

机关各级党组织要切实履行党章规定的基层党组织的基本任务,集中精力搞好机关党的自身建设。其主要任务是:

1.组织党员学习、宣传、执行党和国家的方针政策,以党在社会主义初级阶段的基本路线统一全体党员特别是领导干部的思想和行动,为改革开放和经济建设提供思想、组织保证。

2.从严治党,做好党员的教育管理和发展新党员工作。完善党内生活制度,发挥党员的先锋模范作用。

3.配合行政领导做好职工思想政治工作,支持和协助行政领导完成本部门的各项任务,关心并协助行政领导改善群众的物质文化生活。

4.按照党章和《准则》规定,对党员特别是党员领导干部实行有效的监督,搞好党风。

5.协助行政领导管理机关党群组织的干部,配合人事部门对机关各级行政领导干部进行考核和民主评议,对行政干部的任免提出意见或建议,配合有关部门做好统战工作。

6.对机关工会、共青团等群团组织实行领导,支持他们独立负责地开展工作。

7.承担上级党组织交办的任务。

市级机关各部门,应根据工作需要和党员人数,或由上级党组织决定,分别设立机关党的基层委员会、总支委员会和支部委员会。机关各级基层党组织,应按照民主集中制的原则,由所在单位全体党员或党员代表大会通过差额选举产生,接受市级机关党工委的领导,并对本单位全体党员负责。

机关党的基层委员会(直属总支委员会、支部委员会)的组成,应坚持精干、高效的原则,书记应由本部门的党员领导干部担任,另设副书记1至2名,其中专职1名,一般由处级干部担任。书记、副书记应经党内民主选举产生,应选举党性强,作风正,具有较高思想、政策水平和较强的组织领导能力,并有一定党务工作经验的同志担任。选出的委员会和书记、副书记报市级机关党工委审批。书记和副书记在任职期间一般不要调动,因特殊情况必须调整时,应事先取得工委同意,由工委任免。

机关党的基层委员会应根据党员人数和所属单位的多少,配备一定数量的专职党务干部,编制列入单位行政序列。党员人数和下属单位较多的机关党委,可设1名专职纪检员。确属工作需要的,可建纪委。

机关党组织所需活动经费应从本部门行政包干

经费中统筹解决。

建立市级机关党工委以后，市级各部门所属企事业单位党的隶属关系暂不变，继续由部门机关党组织领导。以后视其具体情况，逐步实行属地管理。

三、切实加强机关党内的监督

在全面改革和现代化建设中，各级机关党组织应大力加强党内监督，以维护党章党规，保证广大党员贯彻执行党在社会主义初级阶段的基本路线。要严格执行党章、《准则》以及中纪委《关于对党员干部加强党内监督的若干规定》，对党员特别是党员领导干部在执行党的路线、方针、政策，遵纪守法，联系群众，反对以权谋私，以及思想作风、工作表现和道德品质等方面加强监督。具体做法是：

第一，加强对党员领导干部民主生活会的管理。机关党工委和基层党组织要做好5项工作：（1）督促领导班子每半年召开一次民主生活会（政府部门党组撤销后，由担任行政领导职务的党员干部主持），和领导成员按时参加所在单位的组织生活；（2）会前收集党员、群众对领导干部的意见，如实转告本人或在会上报告；（3）机关党组织负责人参加领导班子民主生活会；（4）督促党员领导干部根据党内外群众提出的主要意见进行整改；（5）将领导干部执行民主生活会制度、开展批评与自我批评的情况和会上反映出的主要问题，按规定如实地报告上级党组织。

第二，逐步建立健全对话制度，提高机关党内生活的开放程度。定期召开党员大会或干部会议。听取本单位党员行政负责人通报一个时期的主要工作情况，就党内外群众最关心的问题开展协商对话，沟通领导干部与党员的联系。

第三，不担任部门行政领导职务的机关党委书记或专职副书记列席本单位的有关会议，以便了解情况，协助有关部门做好工作。

第四，机关党组织对本单位干部的任免、提调和奖惩，有责任提出意见或建议。

第五，机关纪律检查部门，对党员违纪案件要认真调查核实，耐心教育，严肃处理。对打击报复者要严格执行党的纪律。

四、改进工作方法，正确处理机关党的工作与行政工作的关系

各级行政领导要把机关党的工作作为本单位建设的重要组成部分，给予热情关心和大力支持。党员领导干部要把自己当成普通党员，置身于党组织之内，自觉地接受监督，在各方面起表率作用。机关党组织要围绕本机关的中心工作充分发挥保证作用，及时向行政领导通报有关情况，重要问题要多与行政领导商量解决。

按照党政分开、党要管党的原则，为使机关党组织集中精力抓好党的自身建设，市级机关各级党组织原来承担的一些行政事务性工作，应逐步交给有关行政职能机构办理。但机关党组织要积极协助、配合、支持行政部门做好思想教育工作。

五、加强对机关工会、共青团组织的领导

市级机关应尽快建立机关工会联合会，工会联合会受市总工会和市级机关党工委双重领导；各部门机关工会受市级机关工会联合会和本单位机关党组织双重领导，以机关党组织领导为主。

市级机关共青团的工作，受共青团市委和市级机关党工委双重领导，以工委领导为主；各部门机关团的工作受市级机关团委和本单位机关党组织双重领导，以机关党组织领导为主。

以上意见如无不当，请批转执行。

中共重庆市委组织部
中共重庆市市级机关委员会
1988年6月9日

市委办公厅转发市委组织部《关于开展处置不合格党员试点工作的意见》的通知

(1988年9月27日)

各区、县委,市委各部委,市级各部门党组(党委):

市委组织部《关于开展处置不合格党员试点工作的意见》已经市委同意,现转发给你们,请按此进行试点工作。

中共重庆市委办公厅
1988年9月27日

关于开展处置不合格党员试点工作的意见

市委:

当前,我市党员队伍的状况总的是比较好的,这是主流,必须予以肯定。但是,在改革开放的新形势下,确有少数党员经受不住考验,丧失了先进性,变得不合格或不那么合格;有的在入党时就不具备条件;其中极少数人已经堕落成为腐败分子。他们数量虽小,但严重影响了党组织的先进性,削弱了党的战斗力,损害了党的声誉,妨碍和干扰了改革开放的顺利进行。为了从严治党,纯洁组织,必须在坚决清除腐败分子的同时,对不合格党员进行妥善处置,以保持党的工人阶级先锋队性质,提高党的战斗力。

按照党的十三大提出的从严治党的要求和全国、全省组织工作会议对妥善处置不合格党员工作的部署,现就开展处置不合格党员的试点工作,提出如下意见:

一、指导思想

处置不合格党员,是从严治党的一项重要措施,政策性强,一定要采取严肃认真的态度,克服各种思想障碍,坚决贯彻执行"坚持标准,立足教育,区别对待,综合治理"的方针,以教育为主,着眼于提高广大党员的觉悟,提高党员队伍的素质,建设一支经得起执政和改革开放考验的党员队伍,更好地发挥广大党员在社会主义现代化建设中的先锋模范作用。要在试点取得经验的基础上制定规划,逐步推开,要一批一批地坚持下去,用两年的时间,集中力量,做出成效。

二、试点工作的方法和步骤

为了摸索在各条战线妥善处置不合格党员的基本经验,各区、县要安排一个乡(街道)或一个企事业单位或一个党政机关单位进行试点。

市级机关党工委要在党政机关中选择1至2个单位进行试点。

宣传、经委、财贸、建委、农委、科委、教委、外经贸委、四川兵工局、船舶工业公司应相应选择一个企业、学校和科研单位进行试点。

试点单位确定后,要抓紧开展工作,争取在1989年前完成试点任务。

处置不合格党员试点工作,一般可采取如下步骤:

第一步,学习文件,提高认识。要组织党员认真学习十三大报告、党章、《准则》以及中央和省、市委有关从严治党的文件,进行广泛深入的思想发动,使广大党员明确妥善处置不合格党员的意义和目的,消除顾虑,增强信心。同时,搞好党员队伍状况的调查摸底工作。

第二步,制定标准,民主评议。要根据党章、《准则》和十三大报告等文件的要求,结合实际制定出具体考评标准,提高评议透明度。可以普遍评,即采取自我总结、党内外评议、组织考核等办法,评出优秀、合格、基本合格、基本不合格、不合格等5个档次,也可以评两头,只评定优秀、基本不合格、不合格党员;

还可以只评一头,在党内酝酿评议的基础上,确定基本不合格、不合格党员。

第三步,妥善处理。要针对不同问题,制定出切实可行的处置政策,对不合格党员妥善进行处理。

第四步,建章建制。要针对薄弱环节,订立和健全行得通、办得到的各项规章制度,使考评党员和处置不合格党员制度化、经常化,使基层管党工作有章可循。同时,及时总结试点工作经验。

试点方法提倡探索创新,不搞一个模式。无论采用什么方法,都要以达到妥善处置不合格党员,提高党员队伍素质,改进党的自身建设为目的。一般地讲,处置不合格党员要同"创先争优"、民主评议党员等活动结合起来,要同整顿基层党组织结合起来。首先要普遍进行坚持党员标准的教育,使每一个同志都懂得在新时期怎样才能做一名合格的共产党员。在教育的基础上,通过党内民主评议,听取群众意见,调查核实情况,然后对那些确属不合格的党员,按照党章和有关规定,区别不同情况,分别做出妥善处理。

三、掌握政策,慎重处理

从调查的情况看,不合格党员的主要表现是:革命意志衰退,丧失共产主义信念,不履行党员义务;长期不参加党的组织生活、不交纳党费、不做党组织所分配的工作,根本不起党员作用,不愿意为国家和人民利益牺牲个人利益,甚至有的以权谋私,损公肥私,侵犯群众利益;有的败坏社会风气,大搞迷信、赌博活动;有的拒不执行党的政策;还有的公然宣传反对十一届三中全会以来党的路线的政治观点。

处置不合格党员,要坚持实事求是的原则,从实际出发,有多少就处置多少,不能划比例、定指标。要严格掌握政策,着重考察整党后党员的现实表现,注意划清由于受"左"的影响较深,思想跟不上形势,认识模糊,与反对党的路线、方针、政策的界限;划清愿意接受党的教育、改正错误,并决心用党员标准要求自己,与拒绝接受教育、屡教不改的界限;划清由于党组织不健全,放弃对党员的教育管理,造成党员不能履行党员义务,与党员本人不愿履行党员义务的界限;划清由于经验不足和能力有限,在工作中发生失误,与本人思想品质不好,工作不负责任、损害人民利益的界限;划清由于长期患病或年老体弱、家庭有实际困难等原因,一时无力完成党组织分配的工作,不能参加党的活动,与革命意志衰退,长期消极落后,不起党员作用的界限。同时,把职工党员与农民党员相区别,把干部党员同群众党员相区别,把同一问题的不同背景、原因相区别,坚持客观分析、处理。党组织要以高度负责的精神,严肃认真的态度,正确掌握政策界限,做到既坚持标准,严格要求,又慎重处置,不误伤同志。

对确属不合格的党员,党组织要按照党章和有关规定,区别不同情况,进行严肃认真而又妥善的处理:

1. 对不合格或基本不合格又不愿意改正的党员,劝其退党,劝而不退的,党内予以除名。

2. 对基本不合格,但愿意改正,并且有决心按照党员标准要求自己的党员,采取限期改正的办法。到期不改的,党内予以除名。

3. 对志愿要求退党的党员,应同意其退党。

4. 对没有正当理由,连续6个月不参加党的组织生活,或不交纳党费,或不做党组织分配的工作的党员,按自行脱党处理,党内予以除名。

5. 预备党员经过预备期考察,确属不具备党员条件的,应在讨论其转正时,取消预备党员资格。

6. 属整党中遗留的组织处理问题,按照中央组织部中组发〔1987〕1号文件,即《关于抓紧解决整党中遗留的组织处理问题的通知》的规定办理。整党中已作过结论或处理,本人已认识或已改正了的问题,不再作处理。

7. 党员违反党的纪律,应按照党章规定,给予纪律处分。该开除党籍的就开除党籍,不能以劝退或除名代替,该给其他处分的,也不能以"限期改正"代替。

处置不合格党员,要按照党章规定,严格履行组织处理的手续。坚持做到事实清楚,证据充分,定性准确,处理恰当,手续完备。处置不合格党员,都要经过支部大会讨论。讨论时,应尽量争取让本人到会,认真听取本人的说明和申辩,要允许其他党员为其辩解,按照少数服从多数的原则进行表决,作出处理决定,并逐级上报批准吸收其入党的上级党委审批。党员要求退党,经支部大会讨论后,宣布除名,并报上级党委备案。

要认真做好因不合格而被处置出党的人的思想政治工作。对出党的同志,党组织要热情关心、帮助、团结他们,教育党内外群众不要歧视他们,更不要歧视他们的亲属,要鼓励他们做一个好公民,为改革和两个文明建设作贡献。

四、加强领导,分类指导

处置不合格党员的试点工作,是基层党组织建设面临的一个新课题。各级党组织要切实加强领导,要有一名分管党务工作的领导亲自抓,在深入调查的基础上,制定切实可行的试点工作方案,做好部署,认真组织实施。要抽调精干力量,经过培训,具体帮助和指导试点单位工作,要特别注意掌握情况,检查督促,研究政策,加强分类指导,及时解决工作中的问题,保证试点工作的质量。试点中的情况、问题和经验,应及时报告。试点工作结束后,要向市委和市委组织部写出专题报告。

以上意见如同意,请批转执行。

中共重庆市委组织部
1988年9月24日

中共重庆市委批转市委组织部《关于在部分单位进行党员重新登记工作的意见》的通知

(1990年3月5日)

各区、县委,市委各部委,市级各部门,大专院校及有关单位党委:

市委同意市委组织部《关于在部分单位进行党员重新登记工作的意见》,现批转给你们,请结合本地区、本部门、本单位的实际情况,认真贯彻执行。

党员重新登记工作,是党内政治生活中的一件大事,各级党委必须高度重视,切实加强领导。要坚持从严治党的原则,把思想教育放在首位,着眼于团结和教育大多数,努力提高广大党员的思想政治素质。要把党员登记和民主评议党员有机地结合起来,严格按规定的范围和程序进行<……>要坚持实事求是的原则,严格掌握党的政策,做到不误伤同志。通过党员重新登记工作,达到消除政治隐患,保持党的纯洁性和先进性,提高党的战斗力的目的。

为了加强对党员重新登记工作的领导,经研究决定,由市委民主评议党员和处置不合格党员工作领导小组及其办公室承担党员重新登记工作的领导职责。领导小组由金烈同志任组长,王道渝同志任副组长,李成文同志任顾问,黄兴林、尹佑学、敖明富、王磊同志为成员。

中共重庆市委
1990年3月5日

关于在部分单位进行党员重新登记工作的意见

市委:

根据《中共中央转发〈中央组织部关于在部分单位进行党员重新登记工作的意见〉的通知》的要求,现对我市党员重新登记工作提出如下意见:

一、<略>

二、党员重新登记的范围

1.市级机关的党员。

市级机关包括:市委各工作部门和市委直属事业单位,市顾问委员会机关,市纪律检查委员会机关,市政府各部门和市政府直属事业单位,市人大常委会机关,市政协常委会机关,市中级人民法院、市人民检察院机关,市总工会、团市委、市妇联、市文联、市科协、市社科联、市记协、市台联、市侨联等群众团体的领导机关,以及上述各部门直属的新闻出版、科学研究、文艺团体等单位。

2.大专院校的党员。

3. 党的关系由市委领导的中央和省属地局级管理机关的党员。

4. 由市委认定的需要进行重新登记工作的单位的党员。

市委认定需要进行重新登记工作的单位,由各区、县委,市级各部、委、办党组和中国北方工业(集团)总公司西南地区部、重庆船舶工业公司、重庆航天工业公司党委提出意见,送市委组织部审查后报市委审定。

三、准予登记和不予登记的界限

经过这场斗争的考验,符合党员条件的党员,准予登记。

凡属下列情况之一者,不予登记:

1. 散布、鼓吹资产阶级自由化思想,反对四项基本原则而不改正错误者;

2.《中共重庆市委、重庆市人民政府关于彻底清查、坚决惩处在政治动乱中的犯罪分子的工作意见》(渝委发〔1989〕14号)规定的内部清理对象中不符合党员条件者;

3. 抵制中央关于制止动乱、平息反革命暴乱的方针、决策,经教育仍不改变者;

4. 共产主义信念动摇,对党丧失信心者;

5. 提出退党要求者;

6. 以权谋私、严重官僚主义、损害国家和群众利益以及有其他腐败行为,虽不够开除党籍,但已丧失党员条件者;

7. 革命意志衰退,不履行党员义务,长期消极落后经教育没有转变,不起党员作用者;

8. 没有正当理由连续6个月以上不参加党的组织生活,或不交纳党费,或不做党所分配的工作者;

9. 在规定的期限内,本人不提出登记申请者。

上述第7、8项中,愿意接受党的教育,决心悔改者,可暂缓登记。暂缓登记时间为一年。党员在暂缓登记期间,不能担任党内职务,在党内没有表决权、选举权和被选举权。党员暂缓登记期满后,符合党员条件的,准予登记;仍然不符合党员条件的,不予登记,取消党员资格。党员受留党察看处分尚未期满,没有恢复党员权利的,参加学习和民主评议,暂缓登记。

对他们是否准予登记的问题,在其留党察看期满时与能否恢复党员权利同时进行讨论,作出决定。

预备党员在登记期间,预备期满的,按规定正常办理转正手续,并参加党员登记,预备期未满的,也要参加学习和民主评议,不履行登记手续,属于不予登记的情况之一者,取消预备党员资格。

党员有违纪行为,先按市纪委的有关规定进行处理,然后再考虑是否登记。

党员在民主评议中被评为不合格、基本不合格党员,先按市委关于民主评议党员和处置不合格党员工作的有关规定(渝委组〔1989〕4号)进行处理,然后再考虑是否登记。凡要求退党被宣布除名、自行脱党被宣布除名、劝其退党被宣布除名的党员,不再予以登记。被决定限期改正错误的党员,一般应予以登记,有的也可暂缓登记。

党员的问题一时查不清和难以处理,党员因特殊情况未能参加党员重新登记工作,应暂缓办理登记手续,待党员重新登记工作基本结束后再研究解决。

按照《中央纪律检查委员会关于共产党员和党的组织参加动乱反革命暴乱活动党纪处分的若干规定》(中纪发〔1989〕4号),凡应开除党籍的,必须坚决开除党籍。腐败分子也要坚决开除党籍。

四、方法和步骤

在一个单位,清查、清理工作基本结束,党员情况基本弄清,并按市委组织部、市纪委《关于内清工作几个问题的意见》(渝委组〔1989〕21号)的有关规定分别报经上级领导机关同意,即可进行党员登记。党员登记工作,是特殊形式的党员民主评议。参照《中共中央批转中央组织部〈关于建立民主评议党员制度的意见〉的通知》(中发〔1989〕13号)和《中共重庆市委批转市委组织部〈关于开展民主评议党员和处置不合格党员工作的意见〉的通知》(渝委发〔1989〕4号)规定的民主评议党员的要求和基本方法,一般可分为4个步骤:

第一步:学习。重点学习《中国共产党章程》、《关于党内政治生活的若干准则》、党的十三届四中五中全会文件、邓小平同志关于坚持四项基本原则反对资产阶级自由化的论述和江泽民同志在庆祝中华人民共和国成立四十周年大会上的讲话，进行当前形势和党的基本路线、党的纲领和党员标准、廉洁奉公、党的优良传统和作风、党的纪律5个专题教育。教育内容可从实际出发，有所侧重。要注意有针对性地把思想教育贯穿这项工作的全过程。每个单位学习教育的时间，不得少于30小时。

第二步：个人总结，自我评价，重温入党誓词，申请登记。每个党员都应在同党外群众谈心的基础上，如实写好近两年来的个人总结。个人总结要包括两个方面的内容：一是在这场政治斗争中的思想认识和实际表现，二是渝委发〔1989〕4号文件按中央要求规定的民主评议党员的内容。县级以上党员领导干部，还应对照党章规定的干部条件进行总结。党员申请登记的期限，一般不得超过15天。

第三步：召开支部大会（也可划分小组）进行民主评议，开展批评和自我批评，并采取适当方式听取党外群众意见，支部大会讨论并对每个党员是否予以登记作出决议。党支部对作了个人总结，提出了登记申请并经支部大会通过准予登记的党员，发给《党员登记表》。

第四步：上级党委审批。党员登记表，逐级上报至有发展党员审批权的党委审批。凡不予登记者，支部大会决议要分别逐级报经市级机关党工委、局党组（总公司党委、产业党委）、党的关系由市委领导的中央和省属地局级管理部门的党委（党组）以及各区、县委审批。审批前，要派人同本人谈话。支部大会对每个党员是否予以登记作出的决议，上述党委（党工委、党组）如认为处理不当的，有权予以否决，必要时，有权直接对党员作出准予登记或不予登记的决定。党员领导干部被准予登记或不予登记，其审批结果应抄送干部主管部门。

我市民主评议党员和处置不合格党员工作在试点的基础上，已于去年初在全市范围内分期分批展开。属于党员重新登记范围的单位，"评处"工作尚未进行的，今年不再进行，按规定进行党员重新登记；正在进行"评处"工作的，学习可按原计划和有关规定进行，待清查、清理工作基本结束后，再按规定进行党员重新登记；"评处"工作已经结束的或"评处"工作中的学习、评议阶段已经结束的，要按党员重新登记的要求补上学习、评议内容，并在此基础上进行登记。

为了总结党员重新登记工作的经验，拟在大专院校、市级机关和新闻出版、文化艺术、科研单位选点先行开展这项工作，今年3月以后逐步在面上展开，力争今年9月底在全市结束党员重新登记的工作。

党员登记表由市委组织部统一下发。

五、组织领导

这次党员重新登记工作，是党内政治生活中的一件大事，各级党委必须高度重视，切实加强领导。在党委和"评处"工作领导小组的领导下，各级党委组织部门或"评处"工作办公室具体负责党员登记的日常工作，要有专人负责，力量不足的，可抽调一些优秀党员干部帮助工作。

各级党委组织部门或"评处"工作办公室要和清查、清理工作办公室互相配合，严格执行政策，严格掌握标准，对不符合党员条件的，坚决不予登记。注意防止和克服姑息迁就、组织处理过宽的错误倾向，不走过场，不留后患。要坚持实事求是的原则，认真掌握政策界限，慎重地进行组织处理，不误伤同志。

凡需整顿、改组的基层党组织，应在其上级党委对其进行整顿和改组后，由新的领导班子领导该单位的党员重新登记工作。

不进行党员重新登记的单位，仍按市委的部署和市委组织部的有关要求，分批开展民主评议党员和处置不合格党员工作，表彰优秀党员，清除腐败分子，严肃处理资产阶级自由化倾向严重的人，妥善处置不合格党员。

中共重庆市委组织部
1990年2月1日

中共重庆市委关于批转市纪委《关于目前我市机关党风和廉政建设要着重解决的几个问题的意见》的通知

(1991年11月7日)

各区、县委,市委各部委,市级各部门党组(党委):

市委同意市纪委《关于目前我市机关党风和廉政建设要着重解决的几个问题的意见》,现批转你们,请结合实际,认真贯彻执行。

江泽民同志在"七一"讲话中要求全党"采取切实有效措施,同一切消极腐败现象进行毫不留情的斗争",并在最近召开的中央工作会议上强调指出:"在新的历史条件下,要经得起执政、改革开放和反和平演变的考验,最根本的是两条,一是信念坚定,坚持走有中国特色的社会主义道路;二是艰苦奋斗,作风廉洁,关心人民疾苦,把人民的利益摆在首位。"对此,各级党委、政府一定要认真学习,深刻领会,从反"和平演变"的战略高度,切实加强党政机关党风和廉政建设的领导。要结合机关正在开展的"三清理"工作,抓住当前群众在党风和廉政建设方面反映强烈的问题,采取有力措施,认真解决。

各单位、各部门要在年底前对这个文件贯彻情况进行检查,并将检查情况报市委、市纪委。

中共重庆市委
1991年11月7日

关于目前我市党政机关党风和廉政建设要着重解决的几个问题的意见

市委:

党的十三届四中全会以来,我市各级党组织认真贯彻以江泽民同志为核心的党中央关于加强党风和廉政建设的指示精神,采取一系列措施,在反腐倡廉,解决群众反映的"热点"问题方面,取得了明显效果。但是应当看到,党风和廉政工作是一项长期而艰巨的任务,必须经常抓,反复抓。最近一段时间以来,在部分地方和单位,出现了抓党风廉政工作有所忽视和放松的现象,一些群众反映强烈的问题,如公款吃喝、公款跳舞、公款旅游、公款送礼、领导干部多头领奖以及弄虚作假等不正之风又有所抬头;一些党政机关和职能部门缺乏为基层、为企业服务思想,繁文褥〔缛〕节,办事拖拉,个别单位仍然私设"小金库",搞"三乱"等不正之风。这不仅影响了广大人民群众对我们坚持从严治党、搞好党风和廉政建设的信心,而且阻碍了改革开放和经济建设的顺利进行。对此,必须引起高度重视,并采取有力措施认真加以解决。根据江泽民同志"七一"讲话和最近召开的中央工作会议精神要求,现就贯彻落实省委批转的省纪委《关于认真解决当前党政机关党风和廉政建设几个突出问题的意见》和《党政机关干部党风和廉政建设九项注意》(即川委发〔1991〕36号文件),进一步加强我市党风和廉政建设,提出如下意见:

一、继续认真解决当前党内外干部群众反映强烈的几个突出问题

1.坚决禁止用公款超标准接待。各级党政机关工作人员要坚决贯彻执行中央、国务院办公厅《关于在国内公务活动中严禁用公款宴请和有关工作餐的规定》。凡到下属机关、基层单位执行公务、检查工作、调查研究,以及各单位之间进行公务往来,一律按各级政府制定的对内接待标准吃工作餐,加餐不得超过一次,尽量减少陪餐人员。用餐人员必须按规定交纳伙食费。违反规定的,要追究批准者和有关人员的责任。

2.严格禁止用公款跳舞。党政机关一律不准用公款到营业性舞厅组织舞会。党政干部一律不准用

公款到营业性舞厅跳舞，下基层不得接受下级用公款为其在营业性舞厅购买的舞票和组织专场舞会。违反规定的，所支费用一律由组织者和参与者个人负担，情节严重的要给予纪律处分。

3.坚决制止和纠正公款旅游，特别是公款出国旅游。各级党政干部出国，必须按有关规定和审批权限报批，各级党政领导以及组织、外事、外经部门要严格把好审批关。不准利用职权或采取欺骗手段用公款出国旅游，否则，除必须承担相应的经济责任外，还要视其情节轻重，给予必要的纪律处分。在国内外学习考察要有目的和计划，要坚持勤俭节约的原则。严格禁止以学习考察名义用公款组织到外地旅游，也不准利用外出开会、出差和学习考察之机，用公款绕道旅游。违反者，其开支费用一律自负，情节严重的，要给予相应的纪律处分。

4.严格禁止用公款送礼。各级党政干部不得接受用公款送的礼品及代金券，拒收不了的要如数交公处理。特别是制止在年节期间用公款互相送礼。对违反规定的，要追究批准者的责任，情节严重的还要给予必要的纪律处分。下级单位不得用公款、公物向上级领导机关和领导干部送礼。

5.坚决制止和纠正领导干部多头领奖。对领导干部多头领奖问题，要认真进行调查研究，弄明情况，分清哪些是该得的，哪些是不该得的，哪些是上级主管部门发的，哪是自定的，哪是下级上送的。对确属不该得的奖金，要如数退出。要制订和完善合理分配奖金的办法，并向群众公开。禁止领导干部利用职权为自己发放奖金和接受下级赠送的奖金，也不准下级向上级发放奖金。

6.坚决反对各种弄虚作假的行为。当前，弄虚作假的主要表现：一是采取各种手段违反财经纪律，侵占国家和集体经济利益；二是违反干部人事和劳动纪律，搞假文凭、假户口、假证明、假手续；三是在工作中虚报谎报情况和数据，骗取荣誉和私利等。对各种弄虚作假行为，必须坚决反对和严肃查处。对弄虚作假骗得的荣誉要坚决取消，谋取的私利要坚决清退，对弄虚作假者，要视其手段、情节、后果，给予必要的纪律处分。

二、认真搞好党政机关"三个清理"

江泽民同志在最近召开的中央工作会议上强调，"要把搞好国营大中型企业作为坚持社会主义道路的一件大事，摆到突出位置，集中精力抓下去"。这不仅是企业的大事，也是各级党政机关的大事。为了给企业，特别是国营大中型企业创造良好的外部环境，根据我市实际，当前有必要在市级和区、县党政机关认真开展"三个清理"。

1.清理思想。要认真清理检查本机关，特别是机关领导干部：一是是否树立了服从全局，主动为搞好国营大中型企业服务的观念；二是是否转变作风，提高办事效率，主动深入基层调查研究，主动为企业办实事，排难解忧；三是是否做到尊重知识，尊重人才，主动关心、支持和帮助知识分子，为科学技术的研究和推广运用创造条件。通过清理，进一步转变思想观念，改进服务态度，充分发挥机关宏观协调，中枢指挥，保障服务功能。

2.清理规章制度和办事程序。各单位要对现行的一些规章、条例、办事程序逐一进行清理，对其中限制和束缚生产力发展，不利于企业和基层开展工作的，要坚决予以取消。要坚决制止不必要的检查、评比、达标、升级等形式主义做法，切实减轻企业和基层负担。对必需的制度、规章要进行修订和完善，使之切实可行，手续简便，并逐步做到各项政策、管理制度、办事程序、工作职责公开，以方便基层，提高办事效率。

3.清理财务，制止"三乱"。各单位要将财务公开，对本单位的"小金库"、预算外收入进行认真清理，检查所发奖金、岗位责任奖等是否按市里的规定执行，有无弄虚作假情况。对违反规定的，要坚决制止并纠正。要采取切实有效措施，坚决禁止各种不合理的摊派、收费、罚款，真正给企业和基层减轻负担。要在认真清理的基础上，有针对性地建立健全管理和监督机制，防止死灰复燃。

为了使"三个清理"落到实处，根据市委工作会议部署，一是确定由市级机关党工委牵头负责"三个清理"的组织实施，抓好思想教育和具体清理工作。二是由市纪委牵头，组织监察、审计、物价、财政、工交等部门，负责抓"三个清理"中涉及到党风和廉政建设的重要问题，搞好调查研究，提出切实可行的解决措施，给市委当好参谋。同时，抓住反面典型进行公开处理，以儆效尤。三是集中年底前的一段时间抓好此项工作。市级机关由牵头单位组织有关部门提出具体实施方案。区县的清理工作由各单位自己组织并在春节前将清理情况书面上报。整个清理工作要与贯彻省委36号文件，认真解决群众关心的"热点"问题相结合，作为加强我市党风和廉政建设的一个重要组成部分，认真开展并取得实际效果。

三、几点基本要求

认真解决当前党风和廉政建设中的突出问题和搞好党政机关"三个清理"，是加强党的建设，进一步密切党和人民群众的血肉联系，保证我市十年规划和"八五"计划顺利实施的内在要求，也是反"和平演变"斗争的需要。因此：

1.各级党组织要认真学习、深刻领会江泽民同志讲话和中央工作会议精神，坚持"两手抓"的正确方针，切实加强对党风党纪和廉政建设的领导，采取切实有效的措施，坚持不懈地把这项工作抓紧抓好。对省纪委36号文件的贯彻情况，各地各部门年底前要进行一次检查，并将检查结果报告市委、市纪委。

2.各级党政干部，要严格按照党章、准则要求，自觉遵守市委、市政府有关廉政的八项规定和省纪委制定的《党政机关干部党风和廉政建设九项注意》，特别是领导干部要以身作则，率先垂范，严于律己，并切实管好家属子女和身边工作人员。

3.各单位要紧密结合自身实际，突出重点，继续建立和完善党风和廉政的各项制度规定，并狠抓落实。要坚决反对说得多，做得少，甚至只说不做的坏风气。

4.各级纪检、监察等部门，要认真履行自己的职责，加强协调配合，搞好检查督促，对党风廉政建设成效显著的单位和廉洁奉公、勤政为民的党员干部，要大力表彰宣扬；对以权谋私、违纪违法的典型，要坚决查处并公开处理。

5.全市共产党员都要积极行动起来，坚决同一切消极腐败现象作不懈的斗争，为维护党的纪律，加强党的团结统一，恢复和发扬党的优良传统和作风，保证党的路线、方针、政策的贯彻执行，促进我市两个文明建设作出新的贡献。

以上意见，如无不妥，请批转执行。

中共重庆市纪律检查委员会
1991年10月22日

中共重庆市委批转市委组织部《关于加强党的组织工作，更好地为经济建设和改革开放服务的意见》的通知

（1992年7月9日）

各区、市、县委，市委各部委，市级各部门党组（党委），大型厂矿、大专院校党委：

市委同意市委组织部《关于加强党的组织工作，更好地为经济建设和改革开放服务的意见》，现转发给你们，请认真贯彻执行。

中共重庆市委
1992年7月9日

关于加强党的组织工作，更好地为经济建设和改革开放服务的意见

市委：

在当前进一步深化改革开放的新形势下，党委组织部门应当与党中央保持高度的一致，坚定不移地站在改革的前列，切实加强党的组织工作，卓有成效地为改革开放和经济建设服务。为此，特提出以下意见。

一、进一步解放思想,更新观念

我国改革开放和经济建设已涌现新的大潮,这种形势对组织工作提出了更新更高的要求。要适应新的形势和任务的要求,必须牢固确立组织工作服从服务于改革开放和经济建设的指导思想,把为经济建设服务作为组织工作的出发点和落脚点,围绕经济建设来考虑组织工作,结合经济建设来开展组织工作,用为经济建设服务的成果来检查组织工作,使组织工作与经济工作在思想上同心,在目标上同向,在工作上同步。当前,首先需要破除在识人、用人上的思想偏见和陈旧观念。

(一)破除求稳怕乱的观念。要把组织工作放到改革开放、现代化建设大局中考虑,主动地超前地研究改革开放给组织工作提出的新问题。改变任用干部喜欢稳稳当当、老实听话的,不敢放手使用开拓进取、敢"闯"敢"冒"、能把经济搞上去的干部的倾向,防止配备班子过于求稳怕乱怕担风险的现象,树立开拓进取、勇于创新、敢闯敢冒、敢干敢试的思想。

(二)破除求全责备的观念。要克服评价和使用干部片面注重选"全才""完人"的倾向。对那些有创造、有能力、会干事而在工作中由于经验不足出现某些失误或在小节、支流上有些"小毛病"的干部,要改变提拔不放心、使用不放手、不敢委以重任的状况。要扭转那种听到对干部有一些这样那样的反映和意见后,就犹豫,甚至搁置不用,既限制选才视野,又抑制干部的创新精神的现象,树立全面地、历史地、辩证地评价和使用干部的新思想。

(三)破除论资排辈的观念。改变那种只注重年龄和资历,忽视干部的实际工作能力,选拔任用干部讲"成分"、讲"身份"、讲"辈分"、讲"缘分"的现象,树立不拘一格启用新秀的思想。

在干部工作中还要解决照顾关系、考虑平衡、本位主义严重,宁要弱的不要强的,宁要内部的不要外派进来的等问题。

二、抓住用人这个关键环节,做好新时期的干部工作

1.全面把握德才标准。小平同志关于选用"人民公认是坚持改革开放路线并有政绩的人",是在新的历史时期对我党一贯倡导和坚持的德才兼备标准的具体阐述。当前看待干部的德才,主要看对待党的基本路线的态度和联系实际贯彻执行的实绩。任用干部要以实绩为依据,克服重才轻德、重德轻才两种片面性,坚持德才统一于政绩的观点。

2.不拘一格启用干部。在干部的选拔上,要不为细枝末节所困惑,不被闲言碎语所束缚。识人要拓宽视野,用人不能求全责备。对以下几种有争议的干部要为他们说公道话,敢于大胆启用:(1)大胆改革,因缺乏经验而失误并吸取教训的干部;(2)坚持原则,政绩突出,群众公认,而得罪了一些人,尤其是得罪了少数领导人的干部;(3)各方面表现很好而群众来信有这样那样反映的干部;(4)工作出色而工作方法注意不够的干部;(5)能力强,政绩突出,在复杂的人际关系中评价不一的干部;(6)历史上有过错误,而实践证明又改正了,工作表现突出,成绩出色,群众拥护的干部。对待这样的同志要看大节、看主流,大胆使用,同时在使用中加强培养。

3.大胆提拔一批改革开放中成长起来的优秀年轻干部。结合明年换届,在区县党政班子中分别充实一至二名35岁左右和二至三名40来岁的优秀年轻干部;在部局班子中充实一至二名40岁左右的年轻干部;同时,起用一批40岁以下和45岁以下的年轻干部分别担任区、县和部局党政一把手。对于特别优秀的干部,县以下单位可以破格提拔,跨大步;县以上单位,要让他们小步快跑,尽快成长。提拔优秀年轻干部,可以采取有位置的选准了就进,职满的先进后出的办法。坚持到龄按时离退休制度。对退出现职主要领导岗位的老同志,要根据其具体情况,采用多种途径妥善安排。

4.完善后备干部制度。要在经济建设的第一线上锻炼、培养、选拔大批适应新形势的跨世纪干部。继续坚持干部下派锻炼的制度,今后每年从市级机关选拔100名干部到工农业生产一线挂职,筛选300名40岁以下的青年干部作为部局和区县近期进班子的人选。后备干部的培养选拔,由组织部门统筹管理。要打破部门所有,单位和本人应服从分配。

5.围绕经济建设这个中心配好领导班子。注意

选拔配备懂经济会管理的干部,逐步增大领导班子中熟悉经济的领导干部的比例,在保持领导班子合理的专业结构、年龄梯次的基础上,适当扩大经济部门的人选。区县委常委中,要充实抓工业经济和外向型经济的干部。注意选配好党政一把手,注重从基层经济工作一线选拔领导干部,增强领导班子领导经济工作的能力。

6.加强改革开放中干部政治、业务素质的培训。干部的马列主义教育和培训,必须坚持,但对培训的内容、对象、方式、时间必须改进。在培训内容上,改单一的政治理论培训为政治、经济、管理、科技并重的综合培训;在培训对象上,改统一培训为按干部管理权限的分级培训;在培训方式上,改单一的党校脱产培训为党校脱产培训、组织自学、开设讲座等多种形式的培训;在培训时间上,改统一的半年、3个月的培训时间为根据不同层次干部需要确定为3个月、2个月或1个月的培训时间。组织部门在干部培训工作中要集中精力抓好干部培训的宏观管理和提高培训效果。

三、进一步加强基层党组织建设

1.明确基层党组织在改革开放中的任务。当前,基层党组织的主要任务,就是站在改革的前列,积极参与改革、热情支持改革、大力推进改革,发展社会生产力,在加速经济建设中加强党的建设。同时,要注意防止削弱党的建设的倾向。

2.党的基层组织建设,关键是抓落实。企业党的建设,要毫不动摇地坚持企业党组织的政治核心地位。要围绕企业转换经营机制,加强对企业干部人事制度改革的探索。中小型企业,条件具备的可以党政职务一人兼,也可以党政相互兼职。企业中层行政干部的任免,继续实行由厂长(经理)提名或党委推荐、组织人事部门共同考察,党委和行政领导共同讨论决定,厂长(经理)任免的做法,并注意按照新的情况不断加以完善。农村党的建设,要继续加强以村党支部为核心的村级组织配套建设,加强乡(镇)党委和政府的领导班子建设。要采取切实有效的措施,尽快改变大多数乡镇企业没有建立基层党组织和没有党员的现状,为乡镇企业的发展提供组织保证。

3.切实做好在经济工作一线发展党员的工作。坚持质量,注重把那些拥护党的基本路线,富于创新精神,掌握生产技能、有商品经济意识、又符合党员条件的优秀分子特别是优秀青年吸收到党内来,改善党员队伍的素质和结构,增强党的活力。

4.改进党组织设置。从有利于加强党的建设,有利于生产、经营出发,及时调整不相适应的党组织设置,防止和克服"有党无员、有员无党"现象。党组织的工作机构的设置,由党组织决定。

5.要不断总结党内开展的"创先争优"活动和组织部门开展的"创争"活动的经验,注意把经济建设的成果作为评选先进党支部和优秀党员的重要条件和衡量尺度,以党的自身建设促进经济工作,用党组织和党员的作用来检验党的组织工作。

四、加快干部人事制度改革的步伐,适应改革开放和经济建设的需要

干部人事制度改革,既要积极稳妥,又要加大力度。要克服畏难情绪,敢于开拓进取,看准了的大胆地试、大胆地闯;一时看不准的,就积极论证,先行试点。成功的,加以推广;错误的,及时纠正。当前要力争在以下几个方面有所突破。

1.建立能上能下、能进能出的竞争机制。在企事业单位,要逐步打破干部与工人的界限,积极推行领导干部聘任制和一般干部聘用制,择优用人;市、区、县、乡党政群机关,要进一步健全岗位责任制、目标管理和年度考核制度,积极探索试行干部聘任聘用制度,实行上下双向选择,择优竞争上岗,落聘者待岗、试岗,待岗、试岗期间只发基本工资,在奖金上要拉大差距;要进一步完善各级领导干部的岗位职责制,破除领导职务终身制,职务下调以后,担任什么职务拿什么工资,原则上不保留原待遇。对那些思想保守、反对改革开放,或者对改革开放只说不做,态度消极的要及时调整,不能易地做官。要坚决调整那些精神不振、工作平庸、无所作为,经教育没有改变的干部;对热衷于形式主义、不干实事、不为群众谋利益的干部,也要及时调整。同时还要调整不具备本岗位任职能力的干部。

2.推进干部交流和回避制度。要进一步加强市

级机关干部和区县干部之间的交流,区县党委、政府同人大、政协干部的双向交流,经济工作部门同党委工作部门干部的换岗交流,党政部门同大型企业、大专院校、科研单位之间的干部交流。此外,还要严格按照干部回避政策的有关规定,认真做好需要进行各种回避的干部的交流工作。

3.试行公开选拔领导干部,拓宽选人用人的渠道。采用公开考试与考察相结合的办法,选择条件成熟的市和区县有关部门进行公开选拔局级干部的试点,并且在总结完善公开考试和考察办法的基础上,在一定范围内推开。

4.鼓励党政机关干部离岗兴办经济实体。按照省、市有关政策规定,支持和鼓励党政机关中懂经济、有能力的干部离岗办经济实体或借调到经济实体工作,按干部管理权限履行审批手续。党政机关干部离岗后,不再担任机关职务,其干部身份、职级可以保留。

5.理顺干部条块关系。现在,条条管干部越来越多,不利于地方党委、政府对经济工作的统一领导。为了解决条块分割,政出多门,干部管理不协调的问题,今后,除党章、法律和党中央、国务院有明确规定者外,凡人事、财务关系未实行垂直管理的部门,领导干部的任免不必再征求市级业务主管部门的意见。确需实行双重管理体制的,应报市委组织部重新确定。

6.加强对干部人事制度改革的领导,严格组织人事纪律。(1)要按干部任用程序办事,反对和制止跑官风、说情风。领导干部有权向各级党委推荐干部,但不能点名任用某个干部,更不能干预干部任用。(2)坚持党的组织原则,不许在干部任用上封官许愿,也不准在集体未讨论之前擅自表态,更不能泄露、外传干部讨论过程中的不同意见。(3)干部要有坚强的党性和组织纪律观念,对经组织决定的调动和交流要坚决服从。对那些无正当理由,多次做工作仍不服从组织调动或交流的干部,要就地免职,并在3年之内不得提拔使用。

7.对经营性亏损企业,实行干部冻结。在企业扭亏之前,党政负责人一律不准调离,不能易地做官。

五、充分发挥知识分子在现代化建设中的作用

1.组织部门要认真履行对知识分子工作牵头抓总的责任,大胆地起用优秀知识分子,支持他们在经济建设中大显身手,干出成绩。

2.积极为经济建设发现、引进人才。从大型企业、大专院校、科研单位选拔一批政治思想素质和业务技术较强,同时具有行政领导能力的科技人员充实到市级部、局和市辖各区党政领导班子中任职;明年底要配齐21个区、市、县科技副区、市、县长,加快选配科技副乡(镇)长的工作。

3.继续做好选拔管理优秀专家和拔尖人才工作。动员和组织科技人员围绕经济建设的重点、难点出谋献策,在高新领域攻关,尽快把科研成果转化为生产力。

4.在按国家规定评聘高中级专业技术职称的同时,从全市的实际出发,评聘一批我市范围内认可的高中级专业技术职称,以鼓励那些已经获得省、部以上科技成果奖、科技水平达到国内外领先水平和创造经济价值100万元以上,但学历和资历不够规定要求的优秀青年科技人员。

六、增强组织部门为经济建设服务的本领,进一步提高工作效率和水平

1.学习和研究经济工作。组织部门要加强对经济工作和经济知识的学习和研究,通过多种渠道和方法,了解经济工作的现状和发展趋势,了解党委对经济工作的规划部署,了解经济工作的重点和难点,了解经济工作和经济部门对组织工作的要求,把握经济工作的全局,不断增强为经济建设服务的针对性、主动性和有效性。

2.调整组工队伍结构,充实一些熟悉党务又懂经济的同志。今后组织部门进人,要注意从经济部门或懂经济的干部中物色,挑选有经济工作经历的领导干部到组织部门担任领导职务。组织部门中没有从事过经济工作的干部要进一步熟悉经济工作。对于组织部门中的优秀苗子还可以先到经济部门去工作一段时间以后再回到组织部门。

3.要积极采取措施,有计划地改善组织部门的工

作条件,关心和帮助解决组工干部的实际问题,调动组工干部的积极性和创造性,增强组织部门的战斗力。组织部门要进一步转变工作作风,大兴调查研究之风,深入到改革开放和经济建设的第一线去研究新情况,解决新问题。

以上意见,如无不妥,请批转各地各部门执行。

中共重庆市委组织部
1992年6月21日

中共重庆市委批转市纪委《关于贯彻落实党中央近期反腐败斗争工作部署的实施意见》的通知

(1993年8月31日)

各区市县委,市委各部委,市级各部门党组(党委),大专院校和大中型企业党委,县级以上事业单位党委:

市委原则同意市纪委《关于贯彻落实党中央近期反腐败斗争工作部署的实施意见》,现批转给你们,望结合实际,认真贯彻执行。

中共重庆市委
1993年8月31日

关于贯彻落实党中央近期反腐败斗争工作部署的实施意见

市委:

为了把中央关于近期反腐败斗争的工作部署落到实处,根据中办发〔1993〕12号文件和中纪委二次全会精神,就我市如何贯彻落实中央的部署提出如下实施意见:

一、指导思想和近期目标

反腐败斗争是加强党的建设和政权建设,保证改革开放和经济建设顺利进行的一项重要工作。当前开展反腐败斗争的指导思想是:以党的十四大精神和邓小平同志建设有中国特色社会主义理论为指针,坚持党的基本路线,紧紧围绕经济建设这个中心,为推进改革开放和现代化建设服务。要把落实中央近期反腐败的工作部署同深化改革、加强和改善经济宏观调控紧密结合起来,同廉政教育、法制建设和党的建设紧密结合起来,把惩治腐败的斗争寓于改革开放和经济建设之中来进行,真正做到"两手抓,两手都要硬",以反腐败斗争促进、保证我市经济建设和改革开放的顺利进行。

根据中央决定,结合我市实际,在今年年底我市反腐败斗争应达到以下目标:一是党政机关县(处)级以上领导干部首先是市级局以上领导干部在廉洁自律方面有明显进步,真正给广大党员和干部带个好头;二是基本刹住市级机关及其下属单位利用职权乱收费,以及用公款出国(境)旅游的不正之风;同时,一些经济行政主管部门、公用事业单位和执法执纪监督机关解决本系统突出的不正之风问题要见到效果;三是查结一批大案要案,依法惩办一批腐败分子。以上三方面工作,必须抓紧抓实,务求在年底内取得明显的阶段性成果,使党心民心为之一振。

二、实施步骤

对今年后4个月的反腐败斗争工作,我们建议分4步进行:

第一步,中纪委二次全会后,各级党委、政府要及时组织广大党员干部认真学习讨论江泽民同志在中纪委二次全会上的重要讲话和尉健行同志的报告,并重温邓小平同志关于端正党风、加强廉政建设、反对腐败的重要论述,统一思想认识,实事求是地估计反腐败斗争的现状,认清当前开展反腐败斗争的重要性、紧迫性,把反腐败斗争作为一项重大政治任务来抓,同时,在调查研究的基础上,研究制定本地区、本部门、本单位近期反腐败斗争工作的具体方案和措施。

第二步，9月下旬，召开市纪委二次全体会议，传达贯彻中央部署和中纪委、省纪委二次全会精神。市委、市政府领导同志在会上作动员部署，市检察院等单位发言。市级几大班子的党员负责同志出席大会，各区市县委、政府主要负责同志和市级各部门局以上党员干部及纪检监察的负责同志要参加会议。各区市县、市级各部门要按照党中央、国务院作出的决定和市里的动员部署，结合实际提出自己贯彻落实的具体意见，并认真开展自查自纠。市委定期召开市级部门和区市县主要领导汇报会，进行检查督促和指导。这项工作由市纪委和市委办公厅负责组织协调。

第三步，市委、市政府在10月下旬组织若干个调查组，由市级领导及有关部门负责同志带队，并邀请民主党派和无党派负责人士参加，到一些市级部门和区市县进行调查研究，加强督促检查。这项工作由市纪委和市委办公厅、市政府办公厅具体负责。

第四步，12月底，市级各部门和各区市县要对这4个月的工作进行阶段性总结，并提出明年上半年开展反腐败斗争的任务和措施。

三、落实三项工作的具体措施

按照中央提出近期内反腐败要着重做好三项工作的要求，结合我市实际，分别提出以下具体措施：

（一）关于领导干部廉洁自律问题。全市各级党政机关领导干部要带头廉洁自律，自觉地执行中央在加强党风廉政建设方面已经作出的各项规定，起好表率作用，又要无私无畏，敢抓敢管，领导广大干部群众同腐败现象作斗争。针对当前情况，党政机关县（处）级以上领导干部要对照中央提出的廉洁自律的五条规定进行自查自纠。凡在各类经济实体中兼职（包括名誉职务）的党政领导干部都要如实报告，各部门要负责认真清理，逐个审核，确定其辞去一头的职务。市级领导干部要在10月上旬以前首先做完自查自纠工作，市级各部门在10月底以前清理完毕，并办完辞职手续。各区市县也要对此作出部署，提出时限要求，个别因工作需要必须在经济实体中兼职的，要按干部管理权限及程序审批，并且不得领取任何报酬。对在公务活动中接受礼金和各种有价证券的，必须按规定上交，否则视为获取非法利益，予以处分。市纪委、市委组织部、市监察局要督促检查党政机关县（处）级以上领导干部自觉遵守中央提出的廉洁自律五条规定的情况，对违反规定的要严肃处理，对隐情不报、边查边犯的要加重处理。

（二）关于抓紧查办一批大案要案问题。市纪委、市检察院等职能部门要尽快排出我市的大案要案线索，实行市级领导挂案包案制度，组织强有力的力量进行突破。各级领导干部对自己主管单位和自己直接领导的干部中发生的违纪违法问题的查处都负有不可推卸的责任。市法院、市检察院要尽快排出在9、10月份可以查结宣判的案子、该重判的要重判，应判处死刑的要及时依法判决。市纪委、市监察局在9、10月份也要查结几个要案，对严重违纪应开除党籍的领导干部，要坚决开除党籍，对应受撤职处分的予以撤销职务。同时要有选择、有准备地向社会公布几起大案要案的处理结果。对压案不报、有案不查和干扰阻碍查案工作的，不管是谁，都要坚决处理。为了有利于发动群众检举、揭发，要进一步加强举报工作，市纪委、市监察局要坚持和完善领导干部下基层接待群众制度和常委（局长）轮流值班接待制度，市纪委、市检察院、市监察局要重新向社会公布举报电话、举报地址。

（三）关于狠刹几股群众反映强烈的不正之风问题。要在全市范围内集中力量基本刹住利用职权巧立名目乱收费，以及党政机关干部用公款出国（境）旅游的不正之风。首先要从市委、市政府领导和各部门领导做起，一级抓一级。建议市政府在适当时候召开各部门主要领导干部会议，传达国务院有关会议精神，对刹住乱收费不正之风作出具体安排部署。市级各部门都要认真清理本部门、本系统有哪些乱收费项目，哪些是擅自提高了收费标准的，哪些是自己定的，哪些是下属单位定的。这项工作在10月中旬以前要基本完成并报告市政府，该停收的要首先停收，该纠正的要立即纠正。10月份，有选择地公开宣布第一批取消的乱收费项目。11月份公布第二批。执法部门各种罚没款一律上缴，实行"收支两条线"。各级党政机关一律不准经商，已经经商的，必须按规定同原机关彻底脱钩。对用公款出国（境）旅游的问题，也要在10月中旬以前基本完成清理工作。同时，对行业特点突出的部门和系统,要从实际出发,在近期通过专项治理解决几个重点问题,如铁路系统治理以车以票谋私,金融财政系统围绕"约法三章"刹风,执法监督部门解决徇私枉法和以罚代刑,邮电系统纠正以装电话谋私,电力系统纠正以电谋私,农业部门抓减轻农民负担,卫生系统纠正以医谋私,天然气系统纠正以气谋私等等,这些都要由市级各主管部门在9月底以前确定目标要求,制定出切实有效的措施和办法,在本系统推行。

四、加强领导,建立和落实责任制

为保证党中央和市委提出的近期反腐败要抓的几项工作能真正落到实处,见到实效,各级党委、政府要切实加强领导,并充分发挥各职能部门的作用,对各项工作都要建立和落实责任制。为此,我们建议,这项工作在市委统一领导下,由市委党风廉政建设领导小组负责,涉及日常联系问题,由黄立沛、赵海渔、秦信联、赵俊如、李兵、张文周等同志不定期召开碰头会,重大问题向领导小组或市委常委会请示报告。具体工作由下列单位负责:监督检查党政机关领导干部廉洁自律问题由市纪委、市委组织部负责;治理乱收费问题由市财政局、市物价局负责,以市物价局为主;整顿党政机关经商办企业问题由市工商局负责,市体改委配合;清理纠正用公款出国(境)旅游问题由市政府办公厅、市委组织部、市外办负责,市政府办公厅为主。上述负主要责任的部门要由主要领导亲自抓,在本单位内指定一个业务处(室)或组成一个工作班子承办具体工作。就全市来说,凡涉及解决乱收费、党政机关经商办企业方面的问题,由市政府负责,具体工作由肖祖修同志主管;查办大案、要案涉及法律处理的由市法院、市检察院负责;涉及党纪处分的由市纪委、市监察局负责;反腐败斗争的宣传报道工作,由市委宣传部负责,要有一位部领导抓宣传计划、舆论导向,以及协调各新闻单位的工作;近期反腐败斗争的监督检查和情况综合,由市纪委负责。日常工作要严格按照市委、市政府制定的《关于县级以上党政机关领导班子党风廉政责任制的规定》执行。

反腐败斗争是一项长期、艰巨的任务,必须按照党中央的部署和要求,坚持全党动手,党政一起抓,各方面协调一致,形成合力,紧紧依靠人民群众,严格执行党的政策,做到态度坚决,工作扎实,保证这场斗争健康有序地进行,真正在近期内取得明显的阶段性成果。

中共重庆市纪律检查委员会
1993年8月27日

中共重庆市委 重庆市人民政府
关于县以上党政机关领导班子党风廉政建设责任制的规定

(1993年9月17日)

第一章 总 则

第一条 为全面贯彻落实党的十四大精神,坚持党的"一个中心,两个基本点"的基本路线,坚持"两手抓,两手都要硬"的方针,增强党政机关和党政领导干部搞好党风廉政建设的自觉性和责任感,促进我市改革开放和两个文明建设持续健康发展,根据《中国共产党章程》和上级有关规定,特制定本规定。

第二章 党风廉政建设责任划分

第二条 市委、市政府,各区市县委、政府,市级各部、委、办、局党委(党组)、行政领导班子,应对本地区、本部门、不系统的党风廉政建设负责,一级抓一级,一级带一级,层层抓落实。

第三条 市委书记、市长,各区市县委书记、区市县长,市级各部、委、办、局党委(党组)书记、部长、主任、局长要对本地区、本部门、本系统和本级领导班子成员的党风廉政建设负全面领导责任。

第四条 市委、市政府,各区市县委、政府,市级各部、委、办、局党政领导班子中分管党风廉政建设的领导成员,要对本地区、本部门、本系统的党风廉政建设状况负主要责任,其他成员要对所分管的地区、部门、系统及其这些地区、部门、系统的领导班子成员的党风廉政建设状况负直接责任。

第五条 市纪委、市监察局,各区市县纪委、监察局,市级各部、委、办局纪委(纪检组)、监察室(处),在同级党委(党组)、政府(行政)领导下,对本地区、本部门、本系统的党风廉政建设负组织、协调、监督、检查、指导的责任。

第三章 党风廉政建设责任内容

第六条 市、区市县委、政府及市级部门的责任内容:

(一)认真贯彻落实上级党委、政府、纪检、监察机关党风廉政建设的决议、决定和指示,加强党内监督和执法监督,保证政令畅通、令行禁止,并定期向上级报告贯彻落实情况。

(二)围绕党和国家的中心工作,确定一个时期党风廉政建设的工作重点,把贯彻党中央、国务院有关经济工作和廉政建设的各项政策、措施作为党风廉政建设的重要内容,负责制定本地区、本部门、本系统党风廉政建设的规划、目标、制度、规定,并领导、组织实施。

(三)组织开展党风廉政建设的调查研究,开展党风党纪政纪宣传教育。

(四)加强对反腐败斗争的领导,严肃查处各种违法违纪案件,坚决纠正部门和行业不正之风,指导和支持纪检、监察机关和其他监督部门依法履行监督职能,为改革开放和经济建设创造一个良好的环境。

(五)领导机关和领导干部要廉洁自律、带头模范执行党纪政纪和各项廉政规定,起好表率作用:(1)不准经商办企业;不准从事有偿的中介活动,不准利用职权为配偶、子女和亲友经商办企业提供任何优惠条件。(2)不准在各类经济实体中兼职(包括名誉职务),个别经批准兼职的,不得领取任何报酬;不准到下属单位和其他企业事业单位报销应由个人支付的各种费用。(3)不准买卖股票。(4)不准在公务活动中接受礼金和各种有价证券;不准接受下属单位和其他企业事业单位赠送的信用卡,不准把本单位用公款办理的信用卡归个人使用。(5)不准用公款获取各种形式的俱乐部会员资格,不准用公款参与高消费的娱乐活动。同时,要管好子女亲属和身边的工作人员,教育他们遵纪守法,廉洁奉公。

第七条 各级纪委(纪检组)、监察局(室、处)党风廉政建设责任内容:

(一)协助同级党委(党组)、政府(行政)抓好本地区、本部门、本系统的党风廉政建设工作,并向上级纪委和监察机关报告工作。

(二)在同级党委(党组)、政府(行政)领导下,组织制定并贯彻落实有关党风廉政建设的制度、规定、措施和目标。

(三)按照《党章》和《行政监察条例》规定的范围,对同级党委、政府、行政部门领导班子成员和下一级党委和人民政府进行监督,检查监督下级单位党员领导干部民主生活会的情况。

(四)组织或直接查处本地区、本部门、本系统党风廉政建设方面的重大问题和严重违法违纪案件,指导、检查下级纪检、监察机关的办案工作。

第四章 党风廉政建设责任制的实施和检查

第八条 各级党政机关,特别是党政领导干部,要认真执行本规定,履行职责,加强领导,组织实施,监督检查,切实搞好本地区、本部门、本系统的党风廉政建设。

第九条 党政机关要加强党风廉政教育,提高党员、干部,特别是各级党政领导干部对搞好党风和廉政建设、执行党风廉政建设责任制的认识,使之成为每个党员和党政机关工作人员的自觉行动。

第十条 市委、市政府每年对党风廉政建设工作进行全面部署。各区市县委、政府,市级各部、委、办、局党委(党组)、行政,要按照市委、市政府的部署,结合自身实际,对本地区、本部门、本系统的党风廉政建设工作作出相应安排,并书面上报市委、市政府和市委党风廉政建设办公室。各级党委(党组)、政府(行政)对本地区、本部门、本系统党风廉政建设及执行党风廉政建设责任制的情况要定期进行检查,每年至少进行一次自查。市委、市政府每年要会同市人大、市政协,组织纪检、监察机关和有关部门对部分地区和单位进行重点抽查,总结经验,发现问题,督促工作。党风廉政检查结果要及时向上级党委(党组)、人大、政府(行政主管部门)和纪检、监察机关报告。并向政协通报情况。

第十一条 各级党委(党组)、政府(行政)和党政领导干部对责任范围内的党风廉政方面存在的问题,应及时采取有效措施,进行督促检查,切实加以改正;对责任范围内发生的违纪违法案件要及时进行查处;对群众的控告申诉和上级交办的信件要及时正确处理。

第十二条 要把党风廉政建设的实绩和执行党风廉政建设责任制的情况作为考核、使用干部的重要依据,组织人事部门对干部的考核评议、提拔使用、评选先进等应事前征求纪检、监察机关的意见。

第五章 奖 惩

第十三条 对认真执行党风廉政建设责任制,积极主动负责地抓好党风廉政建设的党政组织和党员、干部要给予表扬、鼓励,成绩突出的要给予表彰奖励。

第十四条 每年要对党政领导干部抓党风廉政建设的情况和自身廉洁情况进行考核,连续两年不合格者,应作组织调整,情况严重的,应给予必要处分。对上述干部,均不得提拔和评选先进。

第十五条 对不认真执行党风廉政建设责任制的地区、部门党政组织和责任者,要给予批评教育;对在党风廉政建设责任制范围内发生了严重问题的要追究该组织和责任者的领导责任:

(一)由于党政组织和责任者失察或检查纠正不力,不履行职责或不正确履行职责,以致在责任范围内发生严重问题造成不良影响的,应按所负责任在领导班子内作出书面检查,并书面报告上级组织,或给予通报批评。

(二)由于党政组织和责任者的严重官僚主义失职、渎职行为以至在党风廉政方面造成重大损失和恶劣影响,并已构成违纪的,应按党纪、政纪规定,对该组织和责任者给予纪律处分或组织处理;造成重大经济损失的,应追究经济责任。

(三)对责任范围内发生严重违纪问题有意包庇、隐情不报的,要根据党纪政纪规定,对责任者给予严肃处理。触犯刑律的,应移送司法机关追究法律责任。

第六章 附 则

第十六条 各地区、各部门应根据实际情况,制定本规定实施意见和办法。

第十七条 本规定适用于本市各国家权力机关、司法机关和人民团体。

第十八条 企事业单位除第六条第(五)款与党政机关有区别外,均可参照本规定执行。

第十九条 本规定的解释权和监督检查权,市委、市政府委托市纪委、市监察局负责。

第二十条 本规定自颁布之日起施行。

1993年9月17日

中共重庆市委关于大力培养选拔优秀年轻干部的通知

(1995年2月25日)

各区市县委,市委各部委,市级各部门党组(党委),大专院校和大中型企业党委,县级以上事业单位党委:

为了贯彻落实党的十四届四中全会《决定》精神,实现中央和省委关于培养和选拔德才兼备领导干部的战略部署,结合我市各级领导班子和干部队伍的实际,现就认真做好培养选拔年轻干部工作通知如下:

一、从全局和战略的高度,充分认识培养选拔优秀年轻干部的重要性和紧迫性

各级党组织和领导干部务必充分认识到,大力培

养造就跨世纪的合格接班人,大力选拔起用在改革开放和现代化建设中政绩突出、群众信任的优秀年轻干部,是提高党的执政水平,加快改革开放步伐,坚持党的基本路线不动摇,保持国家长治久安,把建设有中国特色的社会主义不断推向前进的需要,是新形势下加强党的建设的关键性工程,是事关党和国家前途的大事。前几年,我市在培养选拔优秀年轻干部方面,做了大量的工作,取得了明显的成绩,但离中央和省委的要求,形势和任务的需要,仍有一定的差距。目前还存在像四中全会《决定》指出的"一些领导班子素质不高、年轻干部偏少"的问题。这些问题不解决,势必影响我市的改革开放和经济建设,影响我市社会经济发展目标的实现。因此,各级党组织和领导干部思想上绝不能有丝毫的懈怠,要学习邓小平等老一辈革命家的远见卓识和宽阔胸怀,以对党和人民的事业高度负责的精神,担当起历史赋予的重任,下大决心,花真功夫,抓紧、抓紧、再抓紧,搞好培养选拔优秀年轻干部这一跨世纪的关键性工程。

要做好培养和选拔优秀年轻干部的工作,就必须进一步解放思想,树立正确的用人观。一是要破除论资排辈的旧观念,树立好中选优,优中选青,不拘一格选人才的思想;二是破除以偏概全,求全责备的旧观念,树立用人看本质、看主流、看发展的观念,全面正确地看待年轻干部的优势和潜力;三是破除埋没人才不算错、用错人才是过的观念,树立惜才如金、不失时机用人才的观念;四是破除人才靠自身成长的观念,树立"领导经验来自实践,早压担子早成才"的观念,及时把优秀年轻干部提拔到领导岗位上培养锻炼;五是破除使用干部搞平衡讲照顾的观念,树立"注重实绩,竞争择优"的观念,为优秀年轻干部脱颖而出,施展才干创造条件。各级领导干部,要从战略大局出发,带头更新观念,提高认识。增强自觉性,把培养和选拔优秀年轻干部作为自己重要的政治责任,切实抓好抓紧。

二、明确目标,努力改善各级领导班子的年龄结构

各级党委要立足当前,着眼未来,大力选拔一批优秀年轻干部进入各级领导班子,使各级领导班子中年轻干部所占比例有较大提高。1995年底以前,区市县党政领导班子应至少有一名30岁左右的优秀年轻干部,市级部委办局领导班子应有一名35岁左右的优秀年轻干部。经过3年左右的努力,使领导班子年龄结构趋于合理。区市县党政领导班子由50岁左右、40岁左右、30岁左右三个年龄梯次组成;市级部委办局领导班子由55岁左右、45岁左右、35岁左右3个年龄梯次组成;区市县党政领导班子中35岁以下的干部应各有一名,40岁左右的市级部委办局领导班子正职和35岁左右的区市县党政领导班子正职干部应有一定数量。

今后,领导班子换届调整,要按照上述目标要求选配干部。届中增补或调整领导班子成员,要充分考虑领导班子的年龄结构,没有达到规定要求的,必须补充;一时没有合适人选的,要空出名额,积极物色合适人选;本地区、本部门难以产生合适人选的,由市委统一交流选配;一些职数已满但缺年轻干部的领导班子,经上级党委批准可以采取先进后出的办法充实年轻干部。

在保持领导班子梯次年龄结构的前提下,既要大胆选拔年轻干部,又要合理安排使用其他年龄层次的干部,充分发挥他们的积极作用。

三、坚持德才兼备的原则,严格把好政治素质关

四中全会《决定》提出的领导干部素质的五条要求,是对德才兼备标准的高度概括,是培养和选拔领导干部的基本尺度。各级党组织要以此为目标,努力培养和选拔年轻干部。要全面正确地贯彻干部队伍"四化"方针和德才兼备的原则,既要看他们是否具有跨世纪的年龄优势和较高的科学文化素质,更要看他们在革命化方面是否合格。在考察年轻干部的政治素质时,要特别注意考察其政治表现,理想信念,群众观点,全局观念,清正廉洁,工作作风和道德品质。对那些政治表现不好、党性观念差、思想品质不好,弄虚作假,伸手要官,经不起考验的干部,绝不能提拔重用。

选拔年轻干部，既要坚持以革命化为前提，又要高度重视干部的知识化和专业化。要进一步优化各级领导班子的知识结构，努力实现领导班子成员知识互补和专业配套，特别要注意选拔比较熟悉市场经济，懂得经营管理，懂得法律、金融、外经外贸的年轻干部，不断提高各级领导班子驾驭社会主义市场经济的能力。

四、加快干部选拔任用制度的改革，建立促使优秀年轻干部脱颖而出的用人机制

选拔使用干部，要坚持公开、平等、竞争的原则，扩大民主，拓宽识人视野和选人渠道，广开进贤之路；注重实绩，鼓励竞争，真正做到领导职务能上能下；加强培训，完善考核，推进交流，强化监督，不断完善促使年轻干部脱颖而出，健康成长的保障制度。

进一步扩大选拔任用领导干部的民主程度，采取多种途径，让群众更多地参与荐贤举能。换届选举和调整领导班子，都要在一定范围内通过民主推荐、民意测验或民主评议，举荐一定数量的优秀年轻干部。有条件的地区和部门，可以选择一些领导职位，采取公开推荐与考试考核相结合的办法，选拔年轻干部。公开选拔领导干部工作，按照干部管理权限由县以上党委统一组织实施。

要坚持和完善干部考核制度。着重考核德、能、勤、绩四个方面。要突出实绩考核，把考核实绩作为了解年轻干部德和才的主要途径，把实绩考核的结果作为决定年轻干部升降奖惩的基本依据。通过考核，要注意从重要台阶、关键岗位发现和选拔年轻干部。既要注意在党政机关选拔干部，也要注意从企事业单位中选拔干部。既要坚持选拔干部必须经过一定台阶锻炼，也要敢于破格提拔使用特别优秀的年轻干部。要逐步扩大领导干部实行试用期制度的范围。试用期满，经考核不胜任现职的，不得正式任职。

坚持干部领导职务能上能下制度，切实解决好"能下"的问题，为选拔使用优秀年轻干部创造条件。对经过民主评议和组织考核确认为不胜任现任职务的，要果断地进行调整，不能久拖不决。对身体有病，不能坚持正常工作的，可以提前离退休；对到达离退休年龄的，应按时办理离退休手续。要推行党政领导干部辞职制度，允许领导干部根据本人的工作能力、身体状况或其他原因，申请辞职，按照干部管理权限报任免机关审批；对工作不称职，又拒绝组织调整的干部，组织上应责令其辞职，拒不辞职的，予以免职。

要严格按照规定程序选拔任用干部。无论选任，还是委任、聘任领导干部，都必须严格执行中央规定的程序，对不符合程序或手续不完备的，不予审批。要防止和纠正个人说了算或用传阅、碰头、通气的形式审批干部。各级领导干部在用人方面必须模范地遵守党的原则，维护组织人事工作纪律。

五、进一步加强后备干部队伍建设，保证各级领导班子有充足的后备人选

区市县委和市级部委办局党委（党组）以及组织部门，要在认真总结前些年后备干部工作经验的基础上，不断改进工作方法，加强培养措施，建立一支德才素质好，数量充足，门类齐全，专业配套，上下衔接，既能满足近期领导班子调整需要，又能适应远期领导班子建设要求的党政后备干部队伍。

要按照中央和省、市委的要求，调整补充后备干部队伍。区市县党政领导班子和市级部委办局领导班子后备干部的数量应不少于现班子职数，正职按1∶2，副职按1∶1的比例准备。在年龄结构上要形成30岁左右、35岁左右、40岁左右的梯次，个别特别优秀拟安排近期进班子的年龄可适当放宽。市级部委办局和区市县党政正职后备人选中，40岁以下和35岁以下的干部应分别不少于三分之一。同时，要注意补充一批妇女干部、少数民族干部和非党干部进入后备干部队伍，提高这些干部在后备干部队伍中的比例。市委组织部要重点抓好100名区市县党政领导班子和市级部委办局领导班子正职后备干部；200名近期能进区市县党政领导班子和市级部委办局领导班子的后备干部；300名30多岁跨世纪的优秀年轻干部。要坚持备用结合的原则，提拔领导干部一般应从后备干部中挑选。

后备干部的产生，要严格按照规定的选拔程序，在充分发扬民主的基础上，由党委集体讨论决定。区

市县和市级部委办局党政正职的后备人选,由市委组织部在深入考察、充分听取意见的基础上,报市委确定。各级党委和组织人事部门,要把培养选拔后备干部工作建立在对大批干部全面培养和考察了解的基础上,从中挑选优秀者作为后备干部。考察后备干部,一般应结合考察现任领导班子一道进行。后备干部名单要实行动态管理,对相形见绌的,及时予以调整;对新发现的优秀年轻干部,及时补充进后备干部名单;对德才条件已经具备的人选,要及时起用;对特别优秀的应及早安排到重要领导岗位上进行锻炼;对有培养前途但一时不够成熟的人选,要明确培养目标,采取相应措施加强培养。对区市县党政正职和市级部委办局正职的后备人选,要注意多种岗位和复杂环境的锻炼与考验,使他们尽快取得比较全面的领导工作的经验。

六、强化理论培训和实践锻炼,全面提高年轻干部的素质

加强年轻干部培养教育工作总的要求是:用马列主义、毛泽东思想和邓小平同志建设有中国特色的社会主义理论提高干部的政治素质,用现代科技知识提高干部的业务本领,用多种岗位的实践锻炼丰富干部的工作经验,用党的优良传统增强干部的党性修养,用严格的管理和要求规范干部的行为。

加强理论学习和业务培训。要引导和组织年轻干部认真学习马列主义、毛泽东思想,中心内容是学习邓小平同志建设有中国特色的社会主义理论,把学习理论同改造世界观、增强党性结合起来,同调查研究、总结经验、指导工作结合起来。同时要努力学习社会主义市场经济知识,学习现代科技知识和现代管理知识。要以党校、干校为依托,统一组织,分层培训。市委力争用三五年时间,在上一轮普遍培训的基础上,对所有在职的县处级以上领导干部进行新一轮培训。凡是近期要进入区市县党政领导班子和市级部委办局领导班子但又未经党校培训的,须参加党校学习。市委党校要继续办好中青年干部培训班。重点培训区市县党政班子和市级部委办局领导班子的后备干部,中青班学员的选送,除由各地区、各部门推荐外,市委组织部可直接确定一部分优秀年轻干部参加培训。组织部门要会同党校加强中青干部培训班的管理,不断改进教学方法,丰富教学内容,提高教学质量。要积极鼓励年轻干部业余自学,各单位应为年轻干部在职学习提供必要的条件。要把年轻干部接受培训和自学的情况,作为考察干部的一项重要内容和使用干部的依据之一。

要继续抓好干部下基层锻炼工作。对45岁以下,未在县以下基层单位任过领导职务,缺乏基层领导经验的局、处级干部,未在工厂、学校、科研院所,县以下乡镇、城市街道、商店、医院,部队团以下单位工作过3年的处以下干部和学校直接分配到机关的大中专毕业生,应作出规划,分期分批地派到基层锻炼。没有经过基层两年以上锻炼的,不得提拔担任县处级以上领导职务。同时,要有计划地选拔一些优秀年轻干部到经济发达地区挂职锻炼或到国外学习考察。

对年轻干部要本着"全面锻炼提高,缺什么补什么"的原则,在强化岗位实践锻炼的基础上,有计划地进行交流或岗位轮换,使他们在多种岗位经受锻炼,积累经验,增长才干。各级党委对年轻干部的交流或轮岗,要统筹规划,周密安排,认真做好思想政治工作,严格执行党的纪律,坚决克服干部调不动、派不进的不良现象。

进一步加强对年轻干部的日常教育和管理。各级党组织和领导干部,要满腔热情地关心年轻干部的思想工作和学习,认真搞好传、帮、带,要教育年轻干部自觉接受党和人民群众的监督,过好权力关、金钱关、生活关、亲属关,正确对待名、权、利,自觉抵制拜金主义、个人主义和腐朽生活方式的侵蚀,牢固树立勤政为民、廉洁奉公的思想。

七、培养选拔年轻干部必须着眼于一代人的健康成长

培养造就跨世纪的合格接班人,不仅要培养选拔一大批优秀年轻干部担任各级领导职务,还应着眼于整个年轻一代的培养,着眼于广大青年企业家、科技人员、工人、农民和学生的健康成长。各级党委要组织工会、共青团、妇联等社会各方面力量,发挥各自的

优势，齐心协力地做好年轻一代的培养教育工作。要了解和熟悉青年，针对他们的情况开展思想政治工作。要注意树立和表彰优秀青年典型，用优秀青年典型的先进事迹和成长经验来鼓舞青年，教育青年，引导青年。

对省委组织部每年分到我市的高等院校应届毕业生要做好安排管理教育工作，根据他们的不同情况和培养方向，将他们分配到县以下乡镇或企业工作锻炼二三年，并进行跟踪考察，然后从中挑选在基层锻炼期间表现好的，适合作党政机关工作的优秀分子，逐步补充到县级以上党政机关干部队伍中来。

八、切实加强领导，把培养和选拔优秀年轻干部工作落到实处

培养和选拔跨世纪的合格接班人，是党和国家的百年大计，涉及各行各业和各个方面，必须全党动手。各级党委要把这件大事列入重要议事日程，切实加强领导，党委主要负责同志要亲自抓；组织人事部门要积极当好参谋具体抓，上下配合，齐抓共管，常抓不懈，共同做好这项工作。

各区市县和市级部委办局要根据四中全会《决定》精神和本通知的规定，制定本地区、本部门培养选拔年轻干部的具体规划，落实责任，一级抓一级，逐级负责，狠抓落实。今后，各级党委每年都应结合年终工作总结，对培养年轻干部的工作情况进行一次全面检查，不断总结经验，研究新情况，解决新问题，积极探索培养选拔年轻干部的新办法。要把培养选拔年轻干部工作作为考察一个地方、一个部门党政主要领导干部的一项重要内容。大中型企业和县级以上事业单位，要按照本通知的要求，认真做好本系统、本单位的培养选拔优秀年轻干部工作。1995年11月底以前，区市县委和市级部委办局要把贯彻本通知精神和培养选拔年轻干部工作的情况，向市委写出专题报告。

中共重庆市委
1995年2月25日

中共重庆市委关于加强农村基层组织建设的通知

（1995年2月27日）

各区市县委，市委各部委，市级各部门党组（党委）：

为了认真贯彻落实党的十四届四中全会的《决定》，全面加强以党组织为核心的农村基层组织建设，根据中央《关于加强农村基层组织建设的通知》（中发〔1994〕10号文件）精神，现就我市加强农村基层组织建设的有关问题通知如下：

一、从全局的战略高度，充分认识加强农村基层组织建设的重大意义

一要从农业所处的重要地位来认识加强农村基层组织建设的重要性和紧迫性。农业是国民经济和整个社会主义现代化建设的基础。实现党的第二步战略目标，不抓农业不行。农村安，天下定，农业发展了，农民富裕了，整个国家才能繁荣富强。要解决好农业、农村和农民的问题，关键是要加强农村基层组织建设。

二要从农村基层组织的现状来认识加强农村基层组织建设的重要性和紧迫性。近年来，我市农村基层组织在领导农村的两个文明建设，推进农村的改革和发展中，较好地起到了领导核心和战斗堡垒作用，总体情况是好的。但也存在一些亟待解决的问题。如：部分农村基层组织领导班子整体功能不强，不能很好地带领农民群众致富奔小康；各种形式的新经济组织大量出现，基层党组织的设置和工作内容、工作方法不适应新形势的要求；党员的教育和管理松懈，党员队伍严重老化；有的基层组织甚至处于软弱涣散和瘫痪状态，这些问题严重地影响了党在农村的各项方针政策的贯彻落实，也严重制约了农村经济的发展

和农民奔小康的进程。

三要从全党全国的工作大局来认识加强农村基层组织建设的重要性和紧迫性。我国正处于改革开放和现代化建设的关键时期，全党全国人民正在为本世纪末初步建立起社会主义市场经济体制和实现人民生活达到小康水平的目标努力奋斗。农村基层组织处于农村的最前沿，直接担负着领导农村两个文明建设的重任，把农村基层组织建设好，不仅是农村基层组织所处的地位、担负的任务决定的，也是实现党的总目标、总任务的客观要求。因此，全市各级党组织必须进一步统一思想，提高认识，明确任务，采取措施，扎扎实实地把农村基层组织整顿好、建设好。

二、明确加强农村基层组织建设的指导思想和工作方针

农村基层组织的全部工作，必须以邓小平同志建设有中国特色的社会主义理论和党的基本路线为指导，以大力发展农村经济，带领农民群众致富奔小康为目标，以加强党支部为核心的村级组织配套建设为重点，以建立健全农村基层组织的各项制度为措施，全面加强农村基层组织的思想、组织和作风建设。加强农村基层组织建设的具体指导思想和工作方针是：

1.必须贯彻执行党的基本路线和党在农村的各项方针政策。紧紧围绕经济建设这个中心，以奔小康统揽全局，坚持改革、发展、稳定相统一，既抓基层组织建设，又抓农村经济工作，防止顾此失彼的倾向。

2.必须贯彻从严治党的方针，下大力抓好党组织建设这个关键。要采取有力措施，整顿好软弱涣散的村党支部，要运用多种手段，提高农村基层党组织解决自身问题的能力，处理社会复杂矛盾的能力和驾驭经济工作的能力，充分发挥领导核心作用。

3.必须抓好以党支部为核心的村级组织配套建设。要在抓好党组织建设的同时，配套抓好：以增强服务功能为重点的经营体制建设；以民主管理为主要内容的工作制度建设；以社会治安综合治理为重要措施的法制网络建设，使几项建设紧密结合，互相促进。

4.必须贯彻"两手抓，两手都要硬"的方针。在紧紧抓住发展农村生产力的同时，切实加强社会主义精神文明建设，深入开展创建文明村、镇和农户活动，努力提高广大农民的思想道德水平和科学文化素质，用健康向上、文明进步的道德风尚占领农村阵地。

5.必须用改革的精神，研究新情况，解决新问题。要总结成功经验，创造新鲜经验，运用先进引路，帮助后进赶队，在大胆探索和勇于试验中不断进步，努力把农村组织建设推上一个新台阶。

三、落实加强农村基层组织建设的主要目标和长远规划

（一）主要目标

今后几年，全市农村基层组织建设即乡（镇）村两级，特别是村这一级要努力实现以下五项目标：

1.建立一个团结战斗，坚强有力，群众拥护的好领导班子。尤其要选好一个执行党的路线方针政策坚决，公正廉洁，年富力强，有开拓创新和无私奉献精神，能带领群众勤劳致富的好书记。

2.培养锻炼一支好队伍，共产党员能够发挥先锋模范作用，干部能够发挥示范带头作用，共青团员能够发挥助手和后备军作用。

3.选准一条发展经济、脱贫致富的好路子。通过发挥当地优势，壮大农村集体经济，提高农民收入，坚定农民走社会主义道路的信心，增强基层党组织的凝聚力。

4.完善一个好经营体制。稳定和完善以家庭联产承包为主的责任制和统分结合的双层经营体制，增强经济发展的活力，引导和帮助农民走共同富裕的道路。

5.健全一套切实可行、有效运转的好管理制度。体现民主管理原则，做到村里的事情有人管，上级下达的任务能按期完成，村级各项工作逐步走上制度化、规范化的轨道。

（二）长远规划

各区市县要结合学习贯彻四中全会《决定》和中央〔1994〕10号文件精神，着眼农村基层组织的长远建设，认真制定好如下规划：

1.制定进一步整顿农村后进党支部的两年规划。整顿农村后进党支部要在原来整顿的基础上，做到"四个重新"：重新学习文件，重新修订标准，重新摸

底排队,重新组织整顿。各区市县要下决心抽派干部下乡,保证每个后进村有1至2名机关干部帮助整顿。争取从今年起再用两年时间,分期分批把这部分后进支部的问题解决好。整顿要重点解决三个问题:

一是治"软",解决农村党支部班子不齐不力的问题。对那些年龄老化、力量内耗、以权谋私、脱离群众,既换不了思想,也变不了面貌的支部班子,要进行坚决调整。要通过乡镇下派、企业抽调、邻村交流、专业大户和致富能手中选拔等多种渠道,把代表农村先进生产力水平的党员充实进支部班子,推上支书岗位,使党支部真正成为领导农民奔小康的坚强核心。

二是治"穷",解决农村集体经济发展缓慢的问题。要通过整顿,帮助支部一班人解放思想,更新观念,增强市场经济意识,制定发展规划,找准发展路子。要帮助无村级集体企业的村办起集体企业,增强集体经济的实力。力争3年之内把我市目前集体经济积累在1000元以下的问题解决好。在解决治"穷"的同时,每个区市县每年还要创建1至3个亿元村,并按这个比例递增,全市力争3年内出现100个亿元村。

三是治"乱",解决农村社会治安不好的问题。要把群众关心的"难点""热点"作为整顿的重点,组织精明强干的队伍,采取坚决有力的措施,打击各类刑事犯罪分子,制止违法乱纪行为。力争把偷盗赌博、封建迷信、宗族势力把持村务等混乱现象减少到最低限度。切实搞好依法治村工作,为农村的两个文明建设创造安定的社会环境。

认真搞好检查验收。要按照整顿工作的目标和要求,制定验收标准。整顿是否合格,应被群众公认。区市县要组织力量逐个检查验收,市委组织部要进行抽查,未经市委同意,整顿工作不能结束。

2.制定农村党员教育管理的三年规划。

一是抓好教育。各区市县委每年要利用乡镇党校或区市县委党校,分期分批地对农村党员进行为期5至7天的培训学习,力争3年内完成。培训的主要内容是邓小平同志建设有中国特色的社会主义理论和党章,以及农村实用技术、商品经济、经营管理、法律法规等知识,力争3年内培训完。要通过培训,保证80%以上的党员初步掌握1至2门农村实用技术。使广大农村党员的思想素质和致富能力有较大的提高。

二是抓好管理。各区市县委要在认真总结经验的基础上,对农村党员全面实行目标管理,并把党员参加组织活动、发展商品经济、完成工作任务、带头帮贫致富、遵纪守法以及发挥先锋模范作用等方面的内容,逐项分解,具体量化成各项指标。各党支部要和党员签订目标责任书,使党员明确自己的目标和任务。要把推行农村党员的目标管理同党内开展"三带""三户""双争双创""党员联系户"等活动紧密结合起来,通过开展一年一度的民主评议党员工作,认真总结检查党员完成目标任务的情况,好的要表彰奖励,差的要批评帮助。对少数不履行党员义务、不发挥党员作用的,要按照有关政策规定,进行妥善处置,纯洁党的队伍。同时,要本着"管而不死,放而有序,活而不乱"的原则,进一步加强对农村流动党员的管理。各区市县要采取建立流动党员服务中心,实行流动党员管理证等多种手段,建立和健全农村外出党员的教育管理体系,以保证党员既能正常合理地流动,又能及时接受教育和监督管理。要关心贫困党员的生活,帮助他们发展经济,脱贫致富。

三是抓好党员发展。要按照发展党员工作的"十六"字方针,重点抓好在优秀的青年农民、村社干部、乡镇企业骨干和妇女中发展党员的工作。当前,要特别注重在党员数量少,党的力量薄弱,多年来没有发展党员的村,加强党员的发展工作。要通过3年的努力,使全市农村党员的平均年龄下降3至5岁,文化知识水平有较大提高;逐步解决无党员的合作社,保证村级以上集体企业均能够建立党组织。同时,要探索在外出务工经商人员中发展党员。

3.制定农村小康建设的六年规划。

各区市县要按照渝委发〔1994〕16号文件的精神,结合各地实际,具体地制定出小康建设的进程规划,小康标准每年达到什么目标以及任期内要办几件大的事等,要抓好典型示范,各区市县每年都要确定2至3个小康示范乡镇,3至5个小康示范村,然后逐年扩大示范领域,力争2000年前把我市80%左右的村建设成为小康村,把70%左右的乡镇建设成为小康乡镇。要认真搞好扶贫攻坚,对自然条件差、经济发展慢的贫困乡村,区市县委要重点帮助,要通过党员扶持、机关扶持、富裕乡村对口扶持等形式,搞好扶贫开发,力争在任期内让辖区的农村有计划地摆脱贫困;要发挥地理优势,加大农业投入,稳粮增收调结构,大力发展多种经营和二、三产业,本世纪末使全市农村顺利实现小康目标。

4.制定农村基层干部队伍建设的三年规划。

一是认真抓好培训工作,全面提高基层干部的素质。区市县每年都要安排7至10天时间对乡镇干部和村党支部书记、村委会主任进行培训;乡镇党委每年要安排3至5天时间对村、社干部进行培训。通过培训教育,切实提高广大农村基层干部的政策理论水平和组织领导能力。

二是采取行之有效的措施,保护和调动农村基层干部的积极性。稳定农村基层干部是新时期加强农村干部队伍建设的重要方面,各区市县委务必引起高度的重视。要加快在农村基层干部中实行养老保险制度的进程,研究制定村干部养老保险办法,积极创造条件,逐步实行;集体经济发展好的村,村干部可实行工资制或适当提高补贴金额,也可到集体企业兼职兼薪;经济发展比较落后、村干部报酬低、尚不能兑现的村、乡镇党委要通过各种途径,帮助解决。要继续坚持从优秀村干部中招聘录用乡镇干部的制度,并在实践中加以总结完善。各级党委和政府要积极支持农村基层干部开展工作,认真解决他们在工作和生活上存在的各种困难和问题,对于那些打击报复农村基层干部的行为,要坚决制止,依法严惩。

三是加强农村基层干部的思想作风建设。要进一步建立健全农村基层干部管理教育的各项制度,着重教育他们树立全心全意为人民服务的观念,密切联系群众,一心想着群众,努力改进工作作风,提高办事效率。

四、加强农村基层组织建设的工作重点和主要环节

1.必须努力抓好农村党支部建设。农村党支部是党在农村全部工作和战斗力的基础,是农村两个文明建设的领导核心。因此,要重点抓好三项工作:

一是建好支部班子,尤其是选好党支部书记。要按照德才兼备的原则,选拔认真贯彻党的各项方针政策、公正廉洁、年富力强、能带领群众致富的人担任支部书记。选拔的对象主要是乡镇企业骨干、退伍军人和回乡知识青年中的优秀分子,也可以有计划地从党政机关挑选一批有发展潜力的年轻干部到村任职。要把选拔干部与培养干部工作紧密结合起来,按照1:3的比例,尽快建立村级干部后备队伍。对村级干部的配备,要坚持精干、高效的原则,党支部、村委会、集体经济组织主要领导成员,可以适当交叉兼职,以提高工作效率。

二是合理设置党的组织,以适应农村现代化发展的需要。对经济发展比较快、党员比较多的村,可以逐步成立党委或总支;农工商各业都比较发达的村,可以改变单纯以行政村或居住区域建立党组织的格局,根据需要可在重点行业和规模较大、党员较多的企业建立党组织。各种所有制的经济组织,凡是有党员3人以上,都要建立党组织;不足3人的,可与其他单位联合建立党组织。要通过合理设置党的组织,切实加强党的基层组织建设。

三是建立健全各项制度,促进党支部工作规范化、制度化。要按照民主集中制的原则,进一步建立和完善党支部工作的各项规章制度。重点建好党支部的任期目标、工作报告、交心谈心、"三会一课"、民主评议党员、财务审批、勤政廉洁、民主生活会等制度。要把执行落实制度的情况与考核党支部的工作和考察干部的工作实绩、目标管理有机结合起来,严格奖惩、加强督促检查,使农村党支部的工作逐步走上规范化、制度化的轨道。

在抓好农村党支部建设的同时,各区市县委要重视和抓好乡镇党委班子建设。首先,要坚持用邓小平同志建设有中国特色的社会主义理论教育和武装干部的头脑,努力提高乡镇党委一班人的政策理论水平和驾驭经济工作的能力。其次,要切实加强乡镇党委班子的民主集中制建设,重点帮助他们建立和完善党委的工作议事制度、重大问题集体讨论制度、民主生活会制度和对政府工作的布置、检查、汇报、总结评比

制度,以及对干部的目标管理制度等。此外,要在乡镇班子中广泛开展学习、团结、廉洁、勤政为内容的"四好"活动,以加强班子建设的力度。对软弱涣散的乡镇班子,要在思想教育的基础上进行组织调整,以充分发挥乡镇党委抓基层组织建设的作用。

2.必须努力抓好村民自治组织建设。要按照基层自治组织自我管理、自我教育、自我服务的职能,进一步健全村民委员会和村民小组,完善村民自治制度。党支部要加强对村民委员会的领导,支持村民委员会依法开展工作;村民委员会要积极履行自己的职责,认真完成上级组织安排布置的任务。要着重抓好:(1)村民选举制度。村委会成员,坚持由民主选举产生。选举要依法办事,不准有违法违章行为。(2)村民议事制度。村里的大事,包括经济和社会发展的规划、公益事业的兴办以及群众普遍关心的热点问题的处理等,都必须依照有关法规由村民代表大会或村民大会讨论,不能由个人或少数人说了算。(3)村务公开制度。凡涉及全村群众利益的事情,特别是财务收支、宅基地审批、计划生育指标、土地承包及各种罚款的处理等,都必须定期向村民张榜公布,接受群众监督。(4)村规民约制度。把群众自觉遵守的良好风尚形成制度,以规范村民的行为。要组织力量,认真检查上述4项制度的执行情况,并根据群众的要求,逐步充实和完善,努力促进村级各项工作的制度化、规范化。

3.必须努力抓好共青团、妇女、民兵和治保调解组织的建设。农村党组织要加强对共青团、妇女、民兵、治保调解组织的领导,鼓励他们为发展经济、共奔小康建功立业。所有的群团组织要围绕党的中心工作调整组织设置,改进工作方式,积极开展活动。对有组织、无活动,有活动、无效果的,党组织要帮助他们进行整顿,并限期解决问题,同时,要建立健全村社治保组织和调解组织,切实保证民事纠纷有人调解,不法行为有人惩治。

五、切实加强农村基层组织建设的组织领导和具体指导

1.要明确领导责任。加强农村基层组织建设,区市县委是关键,书记是第一责任人。要按照省委的要求尽快把农村基层组织建设工作领导小组成立起来。具体职责是:制定本地农村基层组织建设的规划,确定每年的目标,并拿出实现目标的措施;组织力量调查研究,掌握基层组织建设的情况,及时解决带倾向性的问题;抓好村级主要干部的培训工作,研究稳定村级干部的具体办法,督促乡镇党委抓好村级组织建设各项工作的落实。乡镇党委对村级组织建设负有直接责任,乡镇党委每个成员,包括每个乡镇干部,都要蹲点住村分片负责。同时,每年都要组织村干部和人民代表对乡镇干部"包村建设"的情况进行评议,并将评议结果作为决定升降奖惩的依据。各级党委组织部门和有关职能部门要密切协同,齐抓共管,具体负责抓好有关基层组织建设的检查、监督和协调等工作。今后,凡是农村基层组织建设抓得不力的领导班子,不能被评为本年度市委、市政府表彰的"四好班子"和先进单位,党政主要领导不能被评为先进个人。

2.要建立健全制度。(1)形势分析制度。各区市县委每季度要召开一次会议,专题分析研究农村基层组织建设的形势,不断提出措施和办法。(2)定点联系制度,区市县级领导干部要定点联系1至2个乡镇或2至3个村,经常深入下去,搞好调查研究,面对面地帮助点上解决实际问题。(3)责任包干制度。乡镇党政领导干部都要包村包社,责任到人。特别是乡镇主要领导每年下村社蹲点的时间不能少于1/3。其具体责任是:负责牵头制定经济发展规划,并指导实施;负责抓好基层党建各项工作,并督促落实;负责社会治安综合治理,并抓出成效;负责协调发展地方社会事业,不上推下卸矛盾,独立负责解决各种问题。

3.要搞好分类指导。一要进行合理分类。要逐级划分出基层组织建设情况的"好中差",对"好"的特点,"差"的问题,"一般化"的表现,都要进行分析,做到心中有数。二要搞好检查督促。要定期不定期地对基层组织建设情况进行检查,督促其把各项制度、规定、措施真正落到实处。检查督促的方法,可以一级抓一级,也可以一杆子插到底。三要树立先进典型。市里拟每年宣传3至5个抓农村基层组织建设成绩突出的区市县;每个区市县每年要树立3至5个抓

农村基层组织建设的先进乡镇;每个乡镇每年要抓好1至2个基层组织建设工作搞得好的样板村。要抓先进、促后进,抓两头、带中间,全面推进农村基层组织建设。

各区市县委每年要将农村基层组织建设工作的进展情况,向市委写出报告。

中共重庆市委
1995年2月27日

中共重庆市委关于加强和改进现代企业制度试点企业党建工作的意见

(1995年12月8日)

各区市县委,市委各部委,市级各部门党组(党委),各国有大中型企业党委:

中共中央《关于建立社会主义市场经济体制若干问题的决定》,提出转换国有企业经营机制,建立现代企业制度的任务后,市委、市政府作出了对66家国有大中型企业进行现代企业制度改革试点的决定。目前,试点工作正逐步展开。为从组织上保证现代企业制度试点工作的顺利进行,推动全市国有企业改革的不断深化,根据《中国共产党章程》和《中华人民共和国公司法》规定,按照"川委发〔1995〕32号"文件精神。现就加强和改进试点企业党组织建设工作提出如下意见。

一、充分认识加强和改进公司党组织建设工作的重要意义

党的十四届三中全会和四中全会决定,在提出建立现代企业制度的同时,都重申了加强和改进企业党组织建设工作的问题。五中全会强调,要继续按照十四届四中全会关于党的建设的部署,全面加强党的基层组织建设。在现代企业制度试点企业中,加强和改进企业党组织建设工作,是从我国基本国情出发,在试点中必须坚持的一个重要原则。当前,要把各级党政领导、企业广大党员和职工的思想统一到党的十四届三中全会、四中全会和五中全会精神上来,从巩固党的执政地位的战略高度,充分认识加强和改进公司党组织建设工作的重要性。我们党是经济建设和改革开放的领导核心,企业党组织是实现党对企业领导的组织形式,是党在企业全部工作和战斗力的基础。

企业党的建设,必须在改革中不断加强,不能削弱。进行公司制试点,建立现代企业制度,必须加强党的建设。不能把加强党的建设同建立现代企业制度对立起来。建立现代企业制度,是一项艰巨复杂的任务,只有加强和改进试点企业党的建设工作,充分发挥党组织的政治核心作用,紧紧依靠党组织的政治优势,通过强有力的思想政治工作,组织和发动职工群众,调动各方面的积极性。才能保证企业改革的社会主义方向,保证现代企业制度试点取得成功。

二、明确公司党组织的地位、职权和任务

党章第32条规定:"全民所有制企业中党的基层组织,发挥政治核心作用。"《公司法》第十七条规定:"公司中中国共产党基层组织的活动,依照中国共产党章程办理。"党的十四届四中全会重申:"国有企业建立现代企业制度,要坚持发挥党组织的政治核心作用。"这就从政策和法规上明确了公司党组织处于政治核心地位,发挥政治核心作用。

公司党组织,必须按照中央的精神,严格履行党章的规定,坚持党的基本路线,坚持党要管党、从严治党的方针,坚持全心全意依靠工人阶级,充分发挥政治核心作用,对企业实行政治领导。公司党委(含不设党委的公司总支部委员会或支部委员会,下同)的主要职权和任务是:

1. 保证监督党和国家的方针政策在本公司的贯彻执行。

2. 参与公司重大问题决策。

3. 加强党组织的思想、组织、作风建设,充分发挥

党支部的战斗堡垒作用和共产党员的先锋模范作用。

4.坚持党管干部原则,负责管理公司党群系统干部,参与公司人事管理工作。

5.领导公司的思想政治工作和精神文明建设,培养造就有理想、有道德、有文化、有纪律的职工队伍。

6.支持股东会(股东大会,下同)、董事会、监事会和经理(总经理,下同)依法行使职权,保证监督国有资产保值增值。

7.领导工会、共青团等群众组织,支持职工代表大会开展工作,动员职工群众搞好民主管理,充分发挥工人阶级的主人翁作用;协调公司内部各方关系。

三、下大力加强公司党政领导班子建设

公司党政领导班子建设,既是公司制改革试点的关键,也是公司党建工作的关键。公司党政领导班子,要坚持开展以"学习、团结、勤政、廉洁"为主要内容的四好班子活动,把班子建设成坚强的领导集体。具体抓好三个建设:

1.思想建设。坚持用马列主义、毛泽东思想和邓小平同志建设有中国特色社会主义的理论武装领导班子成员头脑,不断提高他们的政治理论和社会主义市场经济理论水平,增强他们贯彻党的基本路线的自觉性和驾驭社会主义市场经济的能力。

2.组织建设。

(1)抓好领导班子的选配。大型企业党委一般由9—11人组成,设立党委常委的,党委一般由15—21人组成;中型企业党委一般由7—9人组成。党委会要保持适当的党员行政领导的比例,做到年龄梯次结构和知识互补。党委成员应与公司董事、监事、经理、副经理交叉任职。公司党委负责人,按照法定程序进入董事会、监事会;公司董事、监事、经理、副经理进入党委班子,按照党章规定履行程序。

要选拔党性强、善于做思想政治工作、懂经营管理、有开拓创新精神、廉洁勤政的党员担任党委书记。条件具备的,党委书记应担任董事长;党委书记、董事长分设的,党委书记应兼任副董事长;董事长一般不兼任总经理;党委书记、董事长由一人兼任的,要配备一名以主要精力抓党的工作的党委副书记。

(2)抓好民主集中制原则的贯彻。坚持党委会集体领导制度、董事会集体决策制度、领导干部中心组学习制度和民主生活会制度,保证民主集中制原则的贯彻,增强班子团结。党员行政领导干部,要加强党性修养,增强民主集中制意识,无论在党委班子还是在行政班子中,都要自觉贯彻执行民主集中制原则。

(3)抓好用人制度的改革。当前,要加强企业经营管理人才的选拔培养,逐步建立企业家的选拔、激励和制约机制,为企业家的脱颖而出创造条件。要改变单一的企业领导干部委任制形式,根据企业的不同情况,采取委任、聘任、选任、考任等多种任职形式,不拘一格选拔人才。

3.作风建设。

(1)要勤政务实。围绕企业生产经营开展党的工作,努力抓好企业精神文明和物质文明建设。(2)要廉洁奉公。严格执行中央和省市有关党员领导干部廉洁自律的规定,并建立和落实公司党政领导干部个人收入申报制度,个人收受礼品登记制度,直系亲属工作安排和利益分配回避制度,经理离任审计制度,向职工公布企业应酬费制度等。党组织要定期检查这些制度的落实情况,强化监督措施,使领导干部做到自觉抵制拜金主义、享乐主义和极端个人主义的侵蚀,保持同群众的密切联系。

四、明确公司党组织参与重大问题决策的范围、方法和制度

1.参与范围。

(1)参与公司提交股东会、董事会审议决定的重大问题的决策。具体是:参与制定公司改革试点方案,公司经营方针、经营计划和投资方案、公司年度财务预算方案和决算方案、利润分配方案和弥补亏损方案,公司增加或者减少注册资本方案、债券发行方案和转让出资方案。公司合并、分立、变更形式、解散的方案,公司人员编制、机构设置和调整方案,涉及公司职工切身利益的重大方案。

公司生产经营中关键性的重大问题,党委也要参与研究。

(2)参与公司人事管理问题的决策。公司的人事管理问题,是公司党委参与决策的重要范围。公司党委在人事管理问题中,要保证监督党的干部路线、方

针、政策和德才兼备原则的贯彻执行,既要坚持党管干部的原则,又要适应现代企业制度的特点,改进党管干部的方法。其主要责任是:协助上级党组织和国家授权投资机构或部门推荐董事会、监事会的组成人选,并提出意见或建议;参与公司中层以上行政管理人员聘任、解聘的考察和讨论研究,并提出意见或建议;负责抓好公司各级各类管理人员日常的培养、教育、考察、监督和管理工作;抓好后备干部队伍建设,监督和保证公司管理人员的提拔从后备干部队伍中产生。

2.参与方法。参与方法,既是公司党委参与企业重大问题决策的重要环节,又是其工作方法的集中体现。因此。公司党委必须注意改进参与方法,坚持两个程序:

(1)坚持重大问题决策的基本程序。重大问题决策前,党员董事长或党员经理要把董事会、股东会和经理办公会准备讨论的重大问题报告党委,党委对拟讨论的重大问题要深入调查研究,广泛听取意见。进行可行性论证,提出初步意见。帮助董事会形成决策预案。

重大问题决策中,召开党委会或党委扩大会,对决策预案进行认真讨论研究。向董事会提出意见或建议。对某些涉及全局的重大问题和原则问题,党委要把意见正式通知董事会;党员董事要按照党的方针政策和国家的法律法规行使职权,并自觉把党委的意见体现到董事会、股东会的决策中去;对董事会、股东会审议决定的重大决策,或经理在生产经营方面的重大问题,党委必须积极参与,认真提出意见或建议,但不要直接决策和指挥。

重大问题决策后,党委要加强组织协调,动员全体党员和职工贯彻实施决策;加强思想政治工作,充分发挥共产党员的先锋模范作用、共青团员的生力军作用、职工群众的主人翁作用,保证决策的顺利实施。

(2)坚持重要人事的聘任、解聘程序。公司董事长、监事会主席,由上级党组织和国家授权投资机构或部门提名,同级组织部门考察(公司党委协助考察)后,推荐给董事会(股东会)依法选举产生。

公司经理,由董事长提名或党委推荐,公司党委协助上级党组织进行考察,并根据上级党组织的意见,集体讨论形成意见或建议,由董事会聘任或解聘。

公司副经理、"三总师"、财务负责人,由经理提名或党委推荐,公司党委协助上级党组织考察后,提出意见或建议,由董事会聘任或解聘。

公司行政中层管理人员,由经理提名或党委推荐,公司党委组织部门和行政人事部门共同考察,党委会或党委扩大会讨论研究,由经理聘任或解聘。

公司中层党群领导的任免,在征求经理意见后,由公司党委研究决定。

3.参与制度。为保证公司党委有效参与企业重大问题决策,应建立并严格执行决策前党政主要领导磋商制度、党员经理定期向党委报告工作的制度、召开党委扩大会或党政联席会讨论企业重大问题的制度、决策中坚持民主集中制原则的制度。同时党委要注意发挥监事会、职代会、工会在决策形成和实施中的监督作用,以保证决策的科学性、民主性和决策实施的规范性。

五、适应公司制特点,建立健全公司党组织及其工作机构

1.党组织的设置和领导关系。试点企业进行公司制改组时,要根据公司组织结构的变化、党员分布状况和工作的需要,及时调整党组织设置。公司党委建立初期,如果党内选举条件不成熟,党委领导成员可先由上级党组织指派;条件成熟后,应按照《党章》规定选举产生。

要从有利于开展党的工作出发,根据不同情况,确立公司党组织的领导关系。

(1)试点企业改组成公司后,党组织原由重庆市委有关部委领导或由重庆市所属地方党委领导的,其领导关系一般不变;原由市级主管部门党组织领导的,一般改由国家授权投资机构或部门的党组织领导。

(2)经市政府授权,成为国有资产投资主体的国有独资公司和集团公司党组织,由市委有关部委领导。

(3)公司与控股机构或控股部门跨重庆市以外地区设立的,其党组织原则上由所在地区党组织领导;

需由控股机构或控股部门党组织领导的,由控股机构或控股部门与公司所在地党组织协商解决。

(4)公司在重庆地区的全资或控股子公司党组织,一般由公司党组织领导。

(5)股权比较分散的公司,其党组织由所在地党组织领导。

2.党组织工作机构的设置和工作人员的配备。公司党组织工作机构的设置和工作人员的配备,应按照有利于加强党的建设和思想政治工作,有利于促进公司改革和生产经营的发展,精干、高效、协调的原则确定。具体方案,应在上级党组织的指导和协调下,由公司党组织根据实际情况征求董事会意见后讨论决定。

大中型公司党委一般分设组织、宣传、办公室等工作部门;小型公司也可以设立一个统一的党的工作部门,内部实行分工。

公司按照中央和中纪委有关文件规定,设置党的纪律检查机构,配备工作人员。

公司专职党务工作人员的配备,应根据企业实际,保持适当比例,一般不低于职工总数的1%。专职党务工作人员的待遇,与同级行政管理人员相一致。要重视党务工作者队伍建设,加强对党务工作人员的政治理论和专业技术培训,提高他们做好本职工作和参与经济工作的能力。公司党务工作人员与行政管理人员应定期换岗交流。

3.党组织活动方式。要从企业改革和生产经营的实际出发,结合公司特点,因地制宜,采取灵活多样的活动方式。要把"双学"活动、"双创双争"活动、党员"责任区"活动和民主评议党员工作有机结合起来进行,注意讲究实效,防止形式主义。组织生活每月不得少于两次。

4.党组织活动经费。从公司管理费中列支部分,年初由公司党委根据工作需要,编制年度预算,一般按本企业年度标准工资总额的1%列入公司财务计划。在计划范围内,日常开支由党委书记审批。经费不够时,行政领导应予以支持。

六、切实加强对试点企业党建工作的领导

上级党组织要切实加强对试点企业党的工作的领导。

1.要指导试点企业把公司党建工作纳入试点方案内容,完善试点方案。以保证公司试点工作和党的建设工作同步部署、同步实施、同步检查考核。

2.对公司党组织的设置及领导关系、领导班子的选配、党务工作机构的设置和工作人员的配备等问题,要及时提出指导性意见。

3.要加强调查研究,搞好分类指导,注意总结推广好的经验,善于发现新情况,及时解决新问题。

4.各级党委(党组)、市委有关部委,要建立试点企业党建工作目标责任制,一把手要亲自抓,分管领导具体管,以卓有成效的工作,加强对试点企业党建工作的领导,切实加强和改进试点企业党的建设工作,保证现代企业制度试点顺利进行。

中共重庆市委
1995年12月8日